Le Grand Carnet d'adresses de la littérature à Paris

LE GRAND CARNET D'ADRESSES DE LA LITTÉRATURE À PARIS

GILLES SCHLESSER

SÉGUIER

Couverture :
- Conception graphique : Justine Dupré.
- Illustrations : Laure Wilmot.

Cartes et illustrations d'arrondissements : Agnès Marie.

Maquette intérieure :
- Conception graphique : Justine Dupré.
- Mise en pages : Nord Compo.

ISBN : 978-2-84049-920-6

Séguier : 92, avenue de France – 75013 Paris
contact@editions-seguier.fr

Catalogue en ligne : www.editions-seguier.fr

SÉGUIER

• Éditeur de curiosités •

DU MÊME AUTEUR

Romans

La Natchave, Denoël, 1971.
Abracada pub : contes et légendes de la publicité, Institute, 1991 (rééd. L'Harmattan, 2002).
Trois bulles d'éternité, Presses de la Renaissance, 1991.
1 franc ou L'étonnante destinée de six grammes de nickel, de 1960 à 2002, L'Harmattan, 2001.
Nuages, L'Harmattan, 2009.
Mortelles voyelles, Parigramme, 2010 (rééd. Points, 2012).
Saga parisienne :
- *1942-1958. Un balcon sur le Luxembourg*, Parigramme, 2011 (rééd. Pocket, 2016).
- *1959-1981. D'une rive à l'autre*, Parigramme, 2011 (rééd. Pocket, 2016).
- *1981-2003. Au rendez-vous de L'Heure bleue*, Parigramme, 2012 (rééd. Pocket, 2016).
- *Saga parisienne (1942-2003)*, Parigramme, 2014.

La Mort n'a pas d'amis, Parigramme, 2013.
Mortel tabou, Parigramme, 2014.
Sale époque, Parigramme, 2015.
La Liste Héraclès, Parigramme, 2016.
Mort d'un académicien sans tête, City, 2017 (rééd. City poche, 2019).

Poésie

49 poégraphies, Paris, La Pensée universelle, 1984.
Nomade's land, Paris, Caractères, 1989

Essais

Le Cabaret « rive gauche » : de la Rose rouge au Bateau ivre, 1946-1974, Paris, L'Archipel, 2006.
Saint-Germain-des-Prés : Les lieux de légende, Parigramme, 2014.

Biographie

Mouloudji, Paris, L'Archipel, 2009.

Bande dessinée

Rose de Paris (dessins d'Éric Puech), Parigramme, 2015.

Guides culturels

Promenades littéraires dans Paris, Parigramme, 2017.
Paris dans les pas de Patrick Modiano, Parigramme, 2019.
Le Paris de Barbara, Parigramme, 2019.
Paris Gainsbourg, Parigramme, 2019.
Picasso à Paris, Parigramme, 2022.

À Paris, si on ne fait pas attention,
on se met vite à marcher dans un livre.

— Katrina Kalda

La rue, que je croyais capable de livrer à ma vie ses
surprenants détours, la rue avec ses inquiétudes
et ses regards, était mon véritable élément :
j'y prenais comme nulle part ailleurs
le vent de l'éventuel.

— André Breton

AVANT-PROPOS

« Vous vous lancez, m'avait écrit Jérôme Garcin, dans une folle (et singulière) aventure. » Il savait ce dont il parlait. N'avait-il pas publié en 1988 *Le Dictionnaire. Littérature française contemporaine*, une encyclopédie tenant, selon ses propres termes, « davantage du palais du Facteur Cheval que du Panthéon de Diderot » ?

« Folle », l'adjectif ne m'avait pas spécialement alarmé. Plutôt encouragé. « Singulière » (surtout mis entre parenthèses) m'avait, lui, un peu inquiété. L'ouvrage était-il promis à n'être qu'un « livre-que-c'est-pas-la-peine », comme disait Jean Paulhan ?

Au terme de plus de mille écrivains recensés, autant de rues, avenues ou boulevards, de plusieurs milliers d'adresses inventoriées, je ne regrette pas d'avoir entrepris cette immense balade dans la « capitale aux cent mille romans », d'avoir frappé à la porte des rues pour tenter d'en dresser le paysage littéraire, de « faire les poches des écrivains » comme le dit Philippe Soupault, de flâner ou fureter dans les pas de Jean Follain, Henri Calet, André Hardellet, Raymond Queneau… Car Paris est une ruche qui bombille en permanence, la littérature est son miel, et chaque quartier se nourrit de milliers de livres tissant une toile inépuisable.

Dans cette carte littéraire à parcourir « à sauts et à gambades », les surprises sont parfois au coin de la rue : Jacques Prévert et Léo Malet n'ont-ils pas occupé le même immeuble du 15e arrondissement sans se rencontrer ? Aragon et Montherlant n'ont-ils pas vécu à la même adresse, mieux, successivement dans le même appartement ? Pendant la guerre, au 5, rue Saint-Benoît, un simple plafond ne séparait-il pas un écrivain collaborationniste (Ramon Fernandez) et une écrivaine résistante (Marguerite Duras) ? Et dans les années 1950, ne trouvait-on pas quatre écrivains résidant simultanément dans le même immeuble, au 42, rue Bonaparte (Jean-Paul Sartre, Béatrix Beck, Gaston Criel, Philippe Dumaine) ?

Quant à Lamartine, Colette et Jules Janin, n'ont-ils pas vécu… dans un chalet en plein Paris ?

Ce carnet d'adresses est évidemment incomplet, plus anecdotique que synthétique, parfois insolent ou prétentieux, de parti pris dans ses amitiés ou inimitiés, friand de commérages, inégal dans ses sources. Son seul mérite est d'exister et de faire exister « dans leurs meubles » aussi bien les inamovibles célébrités que les oubliés de l'histoire littéraire.

L'adresse, me dira-t-on, fait-elle l'écrivain ? Sans être vraiment signifiante, elle n'est pas pour autant totalement anodine et à chacun d'en apprécier l'adéquation. Car des passerelles existent : Hugo, succès assuré, choisit d'habiter le 16e, « dans son avenue » ; Cocteau ne peut résider qu'au centre de tout, dans le 8e. Marcel Aymé, le frondeur, ne pouvait habiter que le haut de Montmartre. Et des écrivains comme Michel Houellebecq ou Christiane Rochefort choisiront délibérément des quartiers populaires.

Dans cette grande carte géolittéraire (on ne franchit pas le périphérique), les arrondissements n'écrivent pas égaux. En ce qui concerne le nombre d'adresses, le 16e arrondissement l'emporte nettement, suivi par le 6e puis le 8e. En queue de peloton, les arrondissements du nord-est – 19e, 20e – et un arrondissement curieusement délaissé par le monde des lettres : le 12e.

Pour ce qui est des rues, mention spéciale à la rue Jacob, la rue de l'Université, la rue de Tournon, la rue Bonaparte, la rue de Seine, le boulevard du Montparnasse…

Quelques remarques pratiques

Certaines rues traversent plusieurs arrondissements. J'ai choisi de les tronçonner et l'on trouvera ainsi la rue de Sèvres dans les 6e et 7e arrondissements.

Lorsqu'un écrivain est répertorié à plusieurs adresses (de deux, comme Audiberti, jusqu'à plus de vingt, comme Baudelaire), un index de fin d'ouvrage permet de les identifier pour éventuellement s'y rendre.

Seigneur ! s'exclame Bernard Pivot. Que de brillants écrivains ont cassé leur pipe dans le 1er arrondissement ! Diderot au 39 de la rue de Richelieu, Molière au 40, Bossuet au 46 rue Sainte-Anne, Corneille au 6 rue d'Argenteuil, Musset au 6 de la rue du Mont-Thabor, La Fontaine au 61 rue Jean-Jacques-Rousseau, Colette au 9 rue de Beaujolais. Il faut conseiller aux auteurs superstitieux de fuir le 1er arrondissement…

LE 1ER ARRONDISSEMENT

ARBRE-SEC (rue de l')

Ce n'est donc pas sans regret que Marcoussis déménagea de la rue de l'Arbre-Sec à la rue Delambre. On peut dire que dans cette conjoncture il éprouva les sentiments d'un homme qui rompt avec une maîtresse aimée pour faire un mariage de raison.

— Jean Dutourd, *L'Assassin*, 1993

Au 22, Kafka dans le métro

« Le métro fournit à l'étranger la meilleure occasion d'imaginer qu'il a compris, rapidement et correctement, l'essence de Paris », écrit Kafka dans son *Journal*. Entre 1910 et 1911, durant une quinzaine de jours, l'écrivain pragois visite Paris en compagnie de son ami Max Brod. Ils logent à l'hôtel Sainte-Marie, à l'angle de la rue de l'Arbre-Sec et de la rue de Rivoli, sillonnent la capitale : les Halles, le Bon-Marché, le Louvre, les quais, le métro, déambulations mi-réelles mi-fictives que décrit Xavier Mauméjean dans son *Kafka à Paris*, entraînant le lecteur dans vingt-cinq lieux de la capitale dont le bordel du 7, rue de Hanovre, curieux choix pour un Kafka qui admettait les femmes comme source d'inspiration à condition qu'elles se tiennent à distance.

Le Pragois, contrairement aux idées reçues, aimait s'amuser : « S'il y avait bien un type rigolo dans la vie, c'était Franz Kafka », déclare dès la première phrase Xavier Mauméjean. Un jugement que confirme Alexandre Vialatte, qui traduisit la quasi-intégralité de son œuvre et qui le considérait comme un auteur plein d'humour. Cité par Jean Dutourd dans *La Chose écrite*, Max Brod relate une lecture du *Procès* : « Lorsqu'il fit entendre à ses amis – dont j'étais – le premier chapitre du *Procès*, tous furent saisis d'un rire irrésistible et lui-même riait tellement que par instants, il ne pouvait continuer sa lecture. »

Mais l'humour mène à tout et même à l'horreur : par ses livres – *Le Procès* (1925), *Le Château* (1926) –, Kafka pressentira le destin des Juifs et les monstruosités à venir du XXe siècle. Et peut-être celles du XXIe.

ARGENTEUIL (rue d')

Rue d'Argenteuil, presque en face du Gagne Petit, ce vieux magasin noir où l'on vend du blanc, dans cette rue où l'imagination loge volontiers, sous la tuile, la misère d'un Restif de la Bretonne…

— Edmond et Jules de Goncourt, *Journal des Goncourt. Mémoires de la vie littéraire*, 1887

Au 18, la mort de Corneille

Parmi les maisons de la rue d'Argenteuil démolies en 1876 ou 1877, celle dans laquelle mourut Corneille en octobre 1684 se situait à hauteur du no 18 (à l'ancien no 6), près de son frère Thomas qui résidait alors rue du Clos-Georgeau. « Le mérite de la rue d'Argenteuil, écrit André Le Gall, tient dans sa proximité avec le Louvre où siège l'Académie. Or l'Académie est un des lieux auxquels Corneille reste le plus longtemps fidèle. »

Après l'échec de *Pulchérie* en 1672, puis de *Suréna* en 1674, les deux dernières de ses trente-trois pièces, Pierre Corneille met fin à son activité d'auteur dramatique et se consacre à l'édition complète de son théâtre. Il vit dans un certain inconfort et doit vendre, en 1683, sa maison de Rouen. Il restera alité durant sa dernière année, incapable de se rendre aux séances de l'Académie qui regardera sa mort comme un des plus rudes coups qui la pût frapper[1].

Suréna prendra la poussière pendant deux cent cinquante ans avant de réapparaître en 1943 à la Comédie-Française.

BEAUJOLAIS (rue de)

Un soir de l'hiver 1942 Gaston et Jeanne Gallimard vinrent partager notre dîner, rue de Beaujolais. Lorsque Gaston Gallimard avait quelque chose d'important à dire ou à obtenir de son interlocuteur, il commençait toujours par un récit qui n'avait aucun rapport avec la question qui le préoccupait, plaçant son interlocuteur sous le charme de sa conversation.

— Denise Tual, *Le Temps dévoré*, 1980

Au 9, les deux étages de Colette

L'auteure des *Claudine* adorait son quartier : « Le Palais-Royal, écrit-elle, est une petite ville de province dans Paris. Tout le monde s'y connaît et s'y parle. Le soir, on ferme les grilles à pointes d'or et nous sommes chez nous. » En 1927, après l'immense succès du *Blé en herbe* et de *Chéri*, Colette s'installe à l'entresol du 9, rue de Beaujolais, dans ce qu'elle nomme son « tunnel » et qu'elle loue à son amie Alba Crosbie : « Il était noir ! Il fallait de la lumière toute la journée. Il était si étroit qu'on n'y pouvait manger que de l'anguille. »

C'était en fait – comme elle le dit joliment – un « poste de guet pour demoiselles de plaisir », soit un ancien et petit bordel de poche. Elle y restera quatre ans, le quittera en 1930 puis, huit ans plus tard, retrouvera le 9, rue de Beaujolais, mais cette fois au premier étage, « l'étage ensoleillé » dans lequel elle rédigera une grande partie de son œuvre, dont *Sido*, *Mes apprentissages* et, pendant la guerre, *Paris de ma fenêtre*, ouvrage dans lequel elle témoigne du quotidien et des souffrances des Parisiens.

Au terme d'une quinzaine d'adresses dans la capitale, l'écrivaine avoue : « Quarante-cinq ans de Paris n'ont pas fait de moi autre chose qu'une provinciale en quête, sur vingt arrondissements et deux rives de fleuve, de sa province perdue… »

Jusqu'à sa mort, en 1954, elle restera « obstinée à [son] Palais-Royal comme un bigorneau à sa coquille », heureuse de vivre « au beau milieu, au très beau milieu de Paris ».

Au 15, Stefan Zweig à l'hôtel de Beaujolais

Lorsqu'il revient à Paris, en 1911, l'écrivain viennois s'installe dans cet hôtel situé à gauche du Grand Véfour, hôtel dans lequel il fera de nombreux séjours[2]. Cette ville, où histoire et littérature restent pour lui indissociables, le fascine : « Avec mes sens en éveil, j'étais aussi en quête du Paris de Henri IV, de Napoléon, et de la Révolution, du Paris de Rétif de la Bretonne, et de Balzac, de Zola et Louis-Philippe, avec toutes ses rues, ses visages et ses événements. » Zweig s'est lié d'amitié avec Romain Rolland, partageant avec lui un pacifisme militant et l'attachement à une unité culturelle de l'Europe. Lors de la déclaration de la Grande Guerre, en 1914, Romain Rolland lui écrira : « Je suis accablé. Je voudrais être mort. Il est horrible de vivre au milieu de cette humanité démente et d'assister, impuissant, à la faillite de la civilisation. » Zweig lui aussi voudra « être mort ». En 1942, devant les mille ans du Reich qui s'annoncent, il se suicidera au Brésil après avoir posté à son éditeur *Le Monde d'hier*, récit autobiographique qui relate les splendeurs et les déboires de l'Europe, depuis la Vienne impériale jusqu'à son anéantissement. En 2003, la Ville de Paris rendra hommage à l'auteur du *Joueur d'échecs* (posthume, 1943), en érigeant son buste au jardin du Luxembourg, tout près du carré… des joueurs d'échecs.

De même que Cocteau…

Jean Cocteau y rejoint son grand ami Christian Bérard en décembre 1939, après avoir été hébergé au Ritz par Coco Chanel puis par Violette Morris dans son appartement. « Sa chambre, après quelques jours, ressemblait déjà à toutes celles qu'il avait occupées. C'est comme la coquille de certains crustacés, elle se reforme », note son biographe Roger Lannes. Dans une lettre adressée à Jean Marais qu'il rejoindra à Perpignan, Cocteau écrit : « Mon bel ange. Voilà : demain je vais habiter l'hôtel de Bébé[3], Hôtel de Beaujolais, rue du Beaujolais… Yvonne[4] a lu *La Machine à écrire*. Elle trouve la pièce magnifique et que ton rôle est presque trop écrasant[5]… »

Cocteau séjournera quelques mois à l'hôtel avant de louer, au printemps 1940, le fameux entresol du 36, rue de Montpensier que lui a indiqué Emmanuel Berl. Ce sera son dernier domicile parisien.

… et Jean Giraudoux

Chassé pour cause d'infidélité(s) par son épouse Suzanne, Giraudoux a déserté vers 1936 le 89, quai d'Orsay, et, depuis, erre d'hôtels en locations meublées. Après l'hôtel de Castille, en 1941, il s'installe « au Beaujolais » à l'été 1942, dans une chambre du troisième étage donnant sur les jardins du Palais-Royal. Lui qui ne supportait pas le moindre bruit reçoit avec émotion les cris d'un bébé : « Hôtel du Beaujolais, 20 août 1942. Tous les matins, vers onze heures, à l'heure où je commence à écrire, un enfant de quelques mois se met à pleurer au-dessous de moi, dans le Palais-Royal. Il a une plainte faite de charmants petits sanglots qui rachètent tous les cris d'enfants qui ont gâté mes nuits ou mes jours. C'est une charmante petite désolation qui ne hurle jamais, ne s'époumone jamais, le murmure de la vie sur les premiers cailloux. Parfois il s'arrête et le sanglot finit en extase. Je pensais que sa nourrice l'allaitait ou le berçait. Je viens de regarder. Il est tout seul dans le jardin solitaire, dans sa voiture, en plein soleil. Nulle mère, nulle bonne. C'est mon enfant à moi[6]. »

Au 17, Lucien (de Rubempré) dîne chez Véry

Dans *Les Illusions perdues*, le très provincial Lucien Chardon, futur « de Rubempré », se rend chez Véry[7], réputé pour être le meilleur restaurant de la capitale. « Il savoura cette petite débauche en pensant à faire preuve d'esprit ce soir auprès de la marquise d'Espard, et à racheter la mesquinerie de son bizarre accoutrement par le déploiement de ses richesses intellectuelles. Il fut tiré de ses rêves par le total de la carte qui lui enleva les cinquante francs avec lesquels il croyait aller fort loin dans Paris. Ce dîner coûtait un mois de son existence d'Angoulême. »

BERGER (rue)

Les Halles débordaient. Il essaya de sortir de ce flot qui l'atteignait dans sa fuite ; il tenta la rue de la Cossonnerie, la rue Berger, le square des Innocents, la rue de la Ferronnerie, la rue des Halles. Et il s'arrêta, découragé, effaré, ne pouvant se dégager de cette infernale ronde d'herbes qui finissaient par tourner autour de lui en le liant aux jambes de leurs minces verdures.

— Émile Zola, *Le Ventre de Paris*, 1873

Au 8-10, Nerval chez Baratte

L'auteur de *Sylvie* fut également un gourmet parisien (du temps de sa splendeur financière), capable de distinguer la « petite truite bleue » de la « truite genevoise », et il publia en 1851 sous le titre *Voyage en Orient* diverses expériences gourmandes.

Dans *La Bohème galante* (1852), il relate ses visites chez Baratte : « Il ne faut pas se dissimuler que c'est là le restaurant des aristos. L'usage est d'y demander des huîtres d'Ostende avec un petit ragoût d'échalotes découpées dans du vinaigre et poivrées, dont on arrose légèrement lesdites huîtres. Ensuite, c'est la soupe à l'oignon, qui s'exécute admirablement à la Halle, et dans laquelle les raffinés sèment du parmesan râpé. Ajoutez à cela un perdreau ou quelque poisson qu'on obtient naturellement de première main, du bordeaux, un dessert de fruit premier choix, et vous conviendrez qu'on soupe fort bien à la Halle. C'est une affaire de sept francs par personne environ[8]. »

On retrouve Baratte chez Zola dans le chapitre I du *Ventre de Paris* où Claude Lantier raconte à Florent « un souper qu'un ami lui avait payé chez Baratte, un jour de splendeur ».

BOULOI (rue du)

Je suis très content de t'avoir indiqué la maison de la rue Bouloi : le matin, un camarade a reçu un colis envoyé par ce service, il avait mis 5 jours seulement. C'est épatant, surtout pour ce prix.

— Roland Dorgelès, *Je t'écris de la tranchée. Correspondance de guerre 1914-1917*

Au 5, la Justine de Sade

Dans cette ancienne rue du Bouloir, dans un bâtiment aujourd'hui disparu, Donatien Alphonse François de Sade emménage après sa libération de l'asile d'aliénés de Charenton. Il a 50 ans, sort de treize années de captivité et n'a plus un sou. À la Bastille, il a rédigé en 1787 une première version de *Justine ou les Malheurs de la vertu* et, sur un rouleau de papier long de douze mètres et large de 11,3 centimètres, *Les Cent Vingt Journées de Sodome*.

Avant la publication de *Justine*, premier ouvrage publié de son vivant, il écrit à son avocat : « On imprime actuellement un roman de moi, mais trop immoral pour être envoyé à un homme aussi pieux, aussi décent que vous. J'avais besoin d'argent, mon éditeur me le demandait bien poivré, et je lui ai fait capable d'empester le diable. On l'appelle *Justine ou les Malheurs de la vertu*. Brûlez-le et ne le lisez point s'il tombe entre vos mains : je le renie. »

Au 18, Aloysius Bertrand à l'hôtel du Commerce

Il avait séjourné à l'hôtel de Normandie, dans cette même rue, fin 1828, avait présenté ses poèmes à Hugo, Charles Nodier, Sainte-Beuve, puis était reparti à Dijon. « Il nous récita, se souvient ce dernier, sans trop se faire prier et d'une voix sautillante, quelques-unes de ses petites ballades en prose [...], entre autres, la petite drôlerie [du Maçon], laquelle se grava à l'instant dans nos mémoires. »

En 1833, Aloysius Bertrand revient à Paris et séjourne à l'hôtel du Commerce. Il trouve un éditeur – Eugène Renduel – qui accepte de programmer la publication de son *Gaspard de la nuit*, recueil de courts poèmes (en prose) inspirés du romantisme allemand, œuvre que Bertrand qualifia de « fantaisies à la manière de Rembrandt et de Callot » et qui préfigure le courant symboliste. Renduel ne donnera jamais suite, il faudra attendre la mort du poète (à 34 ans) pour que l'ouvrage soit publié grâce à David d'Angers, ami et légataire universel. Il s'en vendra vingt exemplaires.

CAMBON (rue)

Je fis faire les valises et me transportai à l'hôtel de Castille, rue Cambon. Là me retrouva le marquis, on ne peut plus alarmé, craignant que ma douleur ne m'empêchât de vaquer à nos affaires.

— Maurice Sachs, *La Chasse à courre*, 1949

Au 14, Auguste Romieu

Dans cette ancienne rue Neuve-Luxembourg, l'ancien préfet puis inspecteur général des bibliothèques de la Couronne vécut au 14 dans les années 1840. Il nous laisse un *Code gourmand. Manuel complet de gastronomie contenant les lois, règles, applications et exemples de l'art de bien vivre* (1827), un *Mérinos Béliéro ou l'Autre école des vieillards* (pièce en vers et en cinq actes, 1829), un roman qui connut un joli succès – *Le Mousse* (1851) –, et divers ouvrages écrits en collaboration sous le pseudonyme de Vicomtesse de Chamilly. Ses facéties, relatées notamment par Alexandre Dumas dans ses *Mémoires*, lui valurent le titre d'« homme le plus gai de France ».

Au 21, la naissance d'Eugène Sue

C'est au 160, rue Neuve-Luxembourg (21, rue Cambon) que naît en 1804 celui qui allait – quarante ans plus tard – révolutionner le roman d'aventures. La famille y réside jusqu'en 1810, date à laquelle elle déménage au 2, boulevard Malesherbes. Rien ne prédispose le jeune Eugène à devenir écrivain. Il vivra une jeunesse dorée (il est le fils d'un médecin de l'Empereur puis de Louis XVIII, filleul de l'impératrice Joséphine), il effectuera des études médiocres qu'il interrompra pour devenir infirmier militaire, puis chirurgien de marine. Riche héritier à l'âge de 26 ans, plus ou moins ruiné à 33, il se tournera alors vers la littérature, écrira des romans exotiques et historiques puis accédera à la gloire avec *Les Mystères de Paris* (1842).

Au 27, Jean-François Marmontel

Son premier écrit, une ode sur *L'Invention de la poudre à canon* (1740), n'obtint aucun succès au concours de l'Académie des Jeux floraux et il s'en plaignit à Voltaire, lequel le réconforta et lui en fit compliment, prémices d'une amitié de trente-cinq ans.

Dramaturge (une vingtaine de pièces), il se distingua par la parution de *Bélisaire* (1767), ouvrage qui prône une tolérance religieuse et qui sera condamné pour ses « trente-sept impiétés » par la faculté de théologie de la Sorbonne.

L'Académie française, qui l'élut en 1763 et en fit son secrétaire perpétuel de 1783 à 1799, n'est guère tendre avec lui : « Disciple de Voltaire, poète médiocre », peut-on lire sur son site. Marmontel vécut rue Cambon dans les années 1770 et ses *Mémoires*, toujours selon l'Académie, seraient « intéressants pour l'histoire des mœurs et de la Société française à cette époque ».

COLETTE (place)

J'ai passé entre les sommets ou périscopes d'icebergs réglisse-menthe des colonnes Buren, évitant de glisser entre leurs excroissances, sur les grilles humides, visqueuses, savonnées de feuilles beiges écrasées. Et je suis sorti sans surprise place Colette...

— Jacques Roubaud, *Le Grand Incendie de Londres*, 1989

Au 1, la bataille d'*Hernani* à la Comédie-Française

Un an après *Henri III et sa cour* d'Alexandre Dumas, le Théâtre-Français accueille l'*Hernani* de Victor Hugo. Les « classiques » sont bien décidés à torpiller ce qui apparaît comme le manifeste d'un nouveau théâtre – le drame romantique –, et les amis de Hugo non moins prêts à le défendre, Dumas et Théophile Gautier (avec son gilet rouge) en tête.

Après des débuts triomphaux, la presse réactionnaire va se déchaîner et la bataille faire rage entre laudateurs et cabaleurs. Si Chateaubriand couvre Hugo de louanges, Sainte-Beuve n'apprécie guère. Pas plus que Balzac, qui s'y connaît en drame raté : « Tous les ressorts de cette pièce sont usés ; le sujet, inadmissible ; les caractères, faux ; la conduite des personnages, contraire au bon sens… »

COQ-HÉRON (rue)

Et il sortit, accablé d'une sorte d'étonnement et sentant qu'il allait être malade. Il le fut, en effet, et se mit au lit dans l'hôtel de la Victoire, rue du Coq-Héron.

— Anatole France, *Crainquebille, Putois, Riquet et plusieurs autres récits profitables*, 1900

Au 5, *Le Mousquetaire* de Dumas

« Je vais faire un journal pour les mettre au pied du mur, nous verrons si on l'arrêtera. » Fatigué de voir ses écrits censurés, Alexandre Dumas décide de créer son propre journal. Il trouve un imprimeur, recrute une équipe rédactionnelle et *Le Mousquetaire*, feuille littéraire diffusée à près de dix mille exemplaires, voit le jour le 12 novembre 1853. Dumas abonne gratuitement ses amis – Hugo, Lamartine, Michelet, Gautier, Vigny, Sand, Lamartine… –, sollicite leur soutien, qu'il obtient sans peine. « Vous êtes surhumain, lui écrit ce dernier, mon avis sur vous, c'est un point d'exclamation ! On avait cherché le mouvement perpétuel, vous avez fait mieux, vous avez créé *l'étonnement perpétuel*. Adieu, vivez, c'est-à-dire écrivez ; je suis là pour lire. » Le quotidien, dans lequel Dumas commence la rédaction de ses *Mémoires*, perdurera jusqu'en 1857.

Au 13, le fabuleux destin d'Edmond Dantès

Au 13 de la rue Coq-Héron (adresse fictive) réside Noirtier de Villefort auquel Edmond Dantès doit remettre la lettre confiée à l'île d'Elbe par le maréchal Bertrand. Cette lettre sera à l'origine de ses malheurs puis de la (terrible) vengeance du comte de Monte-Cristo.

COQUILLIÈRE (rue)

Je me rappelle, à Saint-Eustache, on habitait rue Coquillière, tu ne te souviens pas, tu étais trop petite, toi, mais à l'époque, c'était encore un quartier bien habité, je me rappelle, il y avait pourtant des odeurs, en été, des odeurs de viande…

— Marcel Aymé, *Le Bœuf clandestin*, 1939

Au 8, naissance de Fargue, piéton de Paris

Dans cette artère célèbre pour le beurre de la crémerie Nortier (au 10) et pour les pâtés en croûte de la charcuterie Battendier (au 8, dans son immeuble), le petit Léon-Paul voit le jour en 1876. Il ne sera reconnu par son père que seize années plus tard, blessure qui explique pour partie son caractère mélancolique et hypersensible. Jeune homme, il fera de bonnes études au lycée Rollin (où il a comme professeur d'anglais Stéphane Mallarmé), puis au lycée Henri-IV, où, en khâgne, il suit avec Alfred Jarry les cours de Bergson, Jarry qui sera son indéfectible ami (même un peu plus) et qui va l'introduire dans les milieux littéraires.

Admiré par Valery Larbaud et Saint-Exupéry, considéré par Rilke comme le plus grand des poètes, il sera un inlassable et solitaire piéton de Paris : « Je ne suis ni philosophe, ni théologien, ni partisan, écrit-il dans *Haute Solitude.* Peut-être ne suis-je poète que par le drame de voir mourir autour de moi des physionomies et des façades. Je voudrais n'être qu'un pardessus jeté sur ma vieille âme, et trottiner avec mon sac à tendres malices et ma boîte à regrets dans ces appartements que sont les grandes villes… »

Au 42, Balzac

En 1816-1817, parallèlement à ses études de droit, Balzac travaille comme clerc de notaire dans l'étude Guillonnet-Merville située rue Coquillière. Il s'en souviendra pour créer le personnage de l'avoué irréprochable – Me Derville – qui apparaît dans quatorze romans de *La Comédie humaine*[9] et dont on ne connaîtra jamais le prénom.

COSSONNERIE
(rue de la)

Il glissa un solide poignard dans son pourpoint, prit, à tout hasard, une bourse convenablement garnie, et partit aussitôt pour la rue de la Cossonnerie.

— Michel Zévaco, *La Fin de Pardaillan*, posthume, 1926

Au 10, Guy Goffette

Son adresse est un poème (« Ô vertige des nombres ! / Depuis plus de vingt ans / J'habite entre deux ombres / De sorbiers frissonnants / Un appart au premier / Étage du 10 rue / De la Cossonnerie ») et la bâtisse des Halles n'est pas son amie (« Laissons la Canopée des Halles aux badauds / Et tirons-nous en douce / Dans la rue Saint-Denis / Où jour et nuit des dames / Procurent aux quidams / Maintes câlineries »).

Poète, essayiste et romancier (belge), il reçut plus de quinze prix littéraires dont un Goncourt de la poésie en 2010. Errance, voyage et retour furent certains de ses thèmes majeurs : « Je fus longtemps moi aussi exposé à l'errance, lit-on dans *Partance et autres lieux*, jusqu'à ce qu'un poète, mort il y a un siècle et des poussières, Verlaine, ce fils prodigue de l'Ardenne et de la pluie, me ramène au pays des loups gris, des sapins bleus et du tabac. »

COUR-DES-FONTAINES
(passage de la)

Et le Grand Larousse universel du XIXe siècle indique que l'on vit longtemps, dans le passage de la Cour des Fontaines à Paris…

— Didier Decoin, *Dictionnaire amoureux des faits divers*, 2014

Au 27, Choderlos de Laclos

De juillet 1780 à septembre 1781, en garnison à l'île d'Aix, le commandant Laclos écrit *Les Liaisons dangereuses*, manuel de la conquête amoureuse qui annonce le roman d'analyse psychologique. Giraudoux, à propos de Valmont et de Mme de Merteuil, évoquera un « superbe assemblage » et verra en

Laclos – futur général de brigade et grand artisan de la victoire française de Valmy en 1792 – « un petit Racine aidé par Vauban ».

Mis en congé sur sa demande en octobre 1788 (il a 47 ans), Laclos devient secrétaire des commandements du duc d'Orléans. Il s'installe avec sa famille au 27, cour des Fontaines, une dépendance du Palais-Royal.

Laclos présente quelques similitudes avec… le général de Gaulle. Petite noblesse, officier du génie, inventeur militaire (un nouveau boulet de canon), exil à Londres (en 1789, accusé d'avoir fomenté des émeutes). Tous deux sont généraux, tous deux sont écrivains. Mais on n'imagine pas le général publiant *Les Liaisons dangereuses*. Cela étant, de Gaulle publia beaucoup plus que Laclos, ce dernier n'ayant écrit qu'un seul livre et une lettre à l'Académie française faisant l'éloge de Vauban[10].

CROIX-DES-PETITS-CHAMPS (rue)

Je m'en souviens comme si c'était hier, son salon se trouvait derrière le Louvre à côté de la rue de Valois, rue Croix-des-Petits-Champs ; ça vous dit quelque chose ? Bon, aucune importance. Buvez, buvez, mon bon ami…

— René-Jean Clot, *Empreintes dans le sel*, 1950

Au 13, la demeure de François de Malherbe

Malherbe vécut rue Croix-des-Petits-Champs de 1606 à 1627. En 1605, à 50 ans, il est devenu poète officiel du roi (Henri IV), titre qu'il gardera jusqu'à sa mort. Durant le XVIIe siècle, le poète sera la référence des théoriciens classiques et, dans son *Art poétique*, Boileau lui rendra hommage avec son célèbre « Enfin Malherbe vint ». Si Boileau l'encense, Tallemant des Réaux le considère comme « rustre et incivil », obsédé par la pureté de la langue.

Au 39, Jean-Pierre Claris de Florian

Ce « neveu par ricochets[11] » de Voltaire réside de 1770 à 1793 à l'hôtel de Toulouse (qui deviendra la Banque de France), demeure de son protecteur le duc de Penthièvre. Il y compose une centaine de fables que l'on comparera parfois à celles de La Fontaine. Subsistent de son œuvre quelques vers passés dans le langage courant : « Pour vivre heureux, vivons cachés » (*Le Grillon*), et la reprise d'un proverbe : « Chacun son métier, les vaches seront bien gardées » (*Le Vacher et le Garde-chasse*).

DAUPHINE (place)

Mais M. Palladion, debout, précisait ses accusations : « Et alors, monsieur, on commence par raser un petit îlot par-ci par-là et puis on retaille un boulevard qui fait sauter Saint-Eustache ; on flanque en l'air la place Dauphine et Carnavalet et hop ! on ratatine le Louvre… »

— Jacques Perret, *La Bête Mahousse*, 1951

Quelque part sur la place, Yves Simon

Le chanteur-écrivain y vit depuis la fin des années 1970. Lorsqu'il écrit et chante « rue de la Huchette / Y a Paris et un peu de pluie / Du goudron sur des vieux pavés / Où traînent des rêves infinis », il a déjà publié deux romans : *Les Jours en couleur* et *L'Homme arc-en-ciel.* Suivront *Le Voyageur magnifique* (Prix des libraires 1988) et *La Dérive des sentiments* (prix Médicis 1991).

Auteur d'une quinzaine d'albums et de plus d'une trentaine de romans et de recueils, il est, avec Leonard Cohen et Patti Smith aux États-Unis ou Marie Modiano en France, un des rares artistes maîtrisant les deux modes d'expression.

Sur la place, le petit commerce de Tabarin

Au XVIIe siècle, Tabarin et Mondor dressaient leurs tréteaux sur la place, proposant au public de petites pièces satiriques ou des chansons lestes. Henri IV, dit-on, se mêlait aux badauds incognito pour les écouter. Les deux compères en profitaient pour vendre baumes aphrodisiaques et potions opiacées, petit commerce que le Parlement décida de stopper en les chassant vers 1620. Tabarin écrivait et n'eut bientôt plus à faire la manche : son *Inventaire universel des œuvres de Tabarin, contenant ses fantaisies, dialogues, paradoxes, gaillardises, rencontres, farces & conceptions* (1622) connut un grand succès et, selon l'éminent historien Gustave Lanson, aurait influencé Molière et La Fontaine.

Au 12, Vidocq

En 1837, l'ancien bagnard et ex-chef de la police séjourne place Dauphine pour quelques mois, avant de s'installer au 39, rue Neuve-Saint-Eustache[12]. Neuf ans auparavant, il a publié ses *Mémoires*, dont on attribue l'écriture à ses « teinturiers » (les prête-plumes d'aujourd'hui) : Louis-François L'Héritier de l'Ain et Émile Morice. Vidocq est déjà une légende vivante et son ombre portée fera carrière dans la littérature : Balzac s'en souviendra pour son Vautrin, Hugo pour son Valjean. Sans oublier Eugène Sue pour Rodolphe de Sombreuil (*Les Mystères de Paris*), Edgar Poe pour Auguste Dupin (*Double Assassinat dans la rue Morgue*) ou encore Émile Gaboriau pour M. Lecoq (*Le Crime d'Orcival*)…

Au 15, vent bleu et fenêtre rouge

En 1926, André Breton dîne avec Nadja à la terrasse de chez Paul, restaurant créé en 1894. Nadja soutient qu'il existe sous leurs pieds un souterrain, évoque la présence d'un vent bleu. Voyante ? Fixant la fenêtre d'une des maisons qui bordent la place, elle déclare : « Dans une minute, cette fenêtre va s'éclairer. Elle sera rouge. » Prophétie accomplie. Breton ébahi.

Au 25, André Breton et Nadja à l'hôtel Henri IV

En cette même année, pour un après-midi ou deux, André Breton réserve l'une des dix chambres de l'hôtel Henri IV afin d'y passer quelques heures en compagnie de Nadja. La forme triangulaire de la place, lovée entre deux « cuisses » de Seine, évoque pour lui un pubis féminin et il la considère comme « le sexe de Paris ».

Amour fou ? Oui, mais momentané. « André, André, lui a-t-elle dit, tu écriras un roman sur moi. Je t'assure. [...] De nous il faut que quelque chose reste... » Quelque chose restera : *Nadja*, considérée par Breton comme la clé de voûte de son œuvre, paraîtra en juin 1928, alors que la jeune femme est enfermée dans un asile de fous, à Lille, où elle décédera en 1941.

Au 29, Breton et Nadja au City Hotel

Breton passa quelques nuits en compagnie de Nadja au City Hotel. « Cette place Dauphine, écrit-il, est bien un des lieux les plus profondément retirés que je connaisse, un des pires terrains vagues qui soient à Paris. Chaque fois que je m'y suis trouvé, j'ai senti m'abandonner peu à peu l'envie d'aller ailleurs, il m'a fallu argumenter avec moi-même pour me dégager d'une étreinte très douce, trop agréablement insistante et, à tout prendre, brisante. De plus, j'ai habité quelque temps un hôtel jouxtant cette place, "City Hotel", où les allées et venues à toute heure, pour qui ne se satisfait pas de solutions trop simples, sont suspectes. Le jour baisse. Afin d'être seuls, nous nous faisons servir par le marchand de vins. Pour la première fois, durant le repas Nadja se montre assez frivole[13]. »

DEUX-BOULES (rue des)

Ah ! il y a une porte qui s'ouvre sur la rue des Deux-Boules ? peste ! comme c'est commode cela ! Et le bruit que l'on fait ici ne l'incommode-t-il point ?

— Alexandre Dumas, *Une fille du Régent*, 1845

Au 7, Henri Rochefort

Le célèbre polémiste y résida (chez ses parents) dans les années 1860. Sujet à des accidents de mémoire, il oubliait souvent où il habitait et lançait au conducteur de fiacre : « Cocher, chez moi. » Après son renvoi du *Figaro* (articles trop violents), et grâce à son journal satirique *La Lanterne*, il fut l'un des écrivains les plus populaires de son époque. Député, hostile aux Versaillais mais pas totalement communard, il sera arrêté et déporté en Nouvelle-Calédonie (notamment avec Louise Michel), d'où il s'évadera.

Réélu député (de la Seine) en 1886, il deviendra l'un des plus chauds partisans de Boulanger et antidreyfusard convaincu. Il laisse une dizaine de pièces de théâtre et quelques romans dont *Les Dépravés* (1882), le plus connu. « Il y a deux sortes de bergers parmi les pasteurs des peuples, écrivit ce journaliste-écrivain-politicien qui passa de l'extrême gauche à l'extrême droite. Ceux qui s'intéressent à la laine et ceux qui s'intéressent aux gigots. Aucun ne s'intéresse aux moutons. »

ÉCHELLE (rue de l')

... la cigarette achevée, il s'évadait d'un bond ; et, dès le seuil, il respirait cette vie de la rue qui le dispensait de vivre lui... Tous les amis demeuraient sur la ligne : Bernard, rue de l'Échelle ; Halliez, au coin du quai ; Coczani, rue Saint-Sulpice ; Cayrouse, rue d'Assas ; Fink, rue Mazarine.

— Roger Martin du Gard, *Les Thibault*, 1922-1940

Au 7, Mark Twain à l'hôtel Normandy

L'écrivain américain y séjourne trois mois, en 1879. *Tom Sawyer*, souvenirs de sa vie sur le Mississippi, est paru trois ans auparavant, révélant son talent d'écrivain. *Huckleberry Finn*, considéré comme un des chefs-d'œuvre de la littérature américaine, paraîtra en 1884.

C'est dans cet hôtel qu'il imagine et lit le soir à ses deux filles un conte mettant en scène un enfant pauvre prénommé Johnny. Les héritiers de Mark Twain, soucieux de faire (re)vivre les seize pages de notes retrouvées un siècle plus tard, confient à Philip Stead le soin de prolonger les aventures du petit Johnny. Erin Stead, son épouse, chargée des illustrations, dessine un Johnny... noir. Tumulte et controverses chez les spécialistes de Mark Twain.

HALLES (rue des)

Le jeune homme s'écarta brusquement de cette grotte à clochards pour regagner les lumières, dépassant le grand magasin Citrons Primeurs, pour gagner le carrefour qui abouche la rue des Halles, la rue du Pont-Neuf et la rue Berger.

— Louis Aragon, *Les Beaux Quartiers*, 1936

Au 20, Tristan Derème

Il s'appelait Philippe Huc, il était contrôleur des contributions directes et se présentait souvent comme « poète agricole » ou « berger d'escargots ». Fondateur de l'École fantaisiste (avec Francis Carco, Paul-Jean Toulet, Tristan Klingsor, Franc-Nohain, Robert de La Vaissière...), il vécut avenue d'Orléans (au 25) avant de s'installer rue des Halles, faisant paraître de nombreux recueils chez Émile-Paul frères comme *Le Poème de la pipe et de l'escargot* ou *La Verdure dorée* : « La lune pend, rouge abricot, / Aux branches jaunes de la berge / et j'enroule un fil de vierge / Sur les cornes d'un escargot. »

HARLAY (rue de)

Chez un petit restaurateur de la rue de Harlay, on a, pour douze sous, la soupe, le bouilli, une entrée, une pomme et un morceau de fromage, et tout le service se fait en vaisselle plate.

— G. Lenotre, *Nos Français*, 1942

Au 2-4, la brasserie de Maigret

En bordure de la place Dauphine se tenait la brasserie *Les Trois Marches*, fort prisée de ces messieurs de la PJ. Simenon, dans ses romans, la rebaptisa brasserie Dauphine, d'où notre commissaire un tantinet bourru fait monter force demis et sandwichs pour les interrogatoires serrés qui perdurent toute la nuit. Maigret y déjeune souvent, privilégiant le petit salé ou cette crémeuse blanquette de veau que l'on hume dans *Un échec de Maigret*.

HÉROLD (rue)

J'étais prêt à arpenter, sur les pas de la belle, toutes les rues de plus en plus désertes du 2e arrondissement avec, en tête, la certitude de ne pas faire fausse route lorsque, débouchant à sa suite rue Hérold, je me retrouvai subitement seul.

— Lionel Salaün, *Et Mathilde danse*, 2020

Au 11, André Vers

« Je suis né rue Hérold, dans le quartier des Halles, l'année du Manifeste du Surréalisme et je n'ai jamais été domicilié ailleurs. [...] J'ai déménagé deux fois, la première pour aller du numéro 4 au numéro 11 et la deuxième pour changer d'étage. » Ainsi parle André Vers dans *C'était quand hier ?*, gros livre de souvenirs publié en 1990, ouvrage qui relate le Paris occupé de son adolescence et ses liens avec ses copains-écrivains de bistrot, Cendrars, Prévert, André Hardellet, René Fallet, Hubert Juin...

Dans *Ils étaient chouettes, tes poissons rouges*, il évoque ses années 1950-1960 : « Le soir, dans la chambre qu'on n'appelait pas encore un studio, on gambergeait : un jour, on l'aurait, la deux-chevaux, et peut-être même le pavillon, avec les nains sur la pelouse. Mais avant de s'endormir, on rêvait surtout des jambes de la voisine du deuxième, des seins de la boulangère, de la démarche de la serveuse... L'amour, c'était là la grande affaire. »

André Vers décède en 2002 : « Les nuits sont longues aujourd'hui / Pourtant demain est déjà là. / C'était quand, hier ? »

Quelque part dans la rue, Alexandre Dumas

En 1823, Alexandre Dumas décide de faire carrière dans le théâtre. Il a 20 ans, il quitte Villers-Cotterêts et rejoint Paris en diligence. Il s'installe à l'hôtel des Vieux Augustins, rue Hérold, ancienne rue d'Argout, et cherche du travail auprès des anciens amis de son père, le général Dumas. Quelques jours plus tard, grâce à sa belle écriture, il entre au secrétariat du duc d'Orléans et prend une chambre au 1, carré des Italiens, l'actuelle place Boieldieu, face à l'Opéra-Comique. Il ne lui faudra qu'un an pour que soit jouée sa première pièce, *La Chasse et l'Amour*, petit vaudeville écrit avec son ami Adolphe de Leuven, pièce « tout à fait vulgaire et médiocre » selon André Maurois dans ses *Trois Dumas* (1957).

HORLOGE (quai de l')

Mais le taxi s'était arrêté quai des Orfèvres. Il était cinq heures du matin. Un brouillard jaunâtre montait de la Seine. La portière claqua. « Il est au Dépôt ? Viens avec moi… » Il leur fallait contourner le Palais de Justice pour gagner le quai de l'Horloge et ils le firent lentement.

— Georges Simenon, *Les Caves du Majestic*, 1942

Au 39, Daniel Halévy

Quand on est fils d'académicien (Ludovic Halévy) et frère de philosophe (Élie Halévy), difficile de se faire un prénom. Daniel Halévy va pourtant prendre la tête des « Cahiers verts », cette collection littéraire créée en 1921 et qui règne durant l'entre-deux-guerres sur l'édition parisienne. Dans son salon du premier étage de l'hôtel des Breguet, Daniel Halévy reçoit jusqu'au milieu des années 1930 André Chamson, Malraux, Louis Guilloux, Mauriac, Jean Grenier, Drieu la Rochelle, Jean Guéhenno, Julien Benda, Emmanuel Berl… Historien nostalgique de la civilisation rurale, auteur (notamment) de *La Fin des notables* (1930) et de *La République des ducs* (1937), Halévy va glisser lentement vers la droite maurrassienne, se marginaliser sur le plan littéraire et disparaître du paysage éditorial. Il décède en 1962, à l'âge de 90 ans.

JEAN-JACQUES-ROUSSEAU (rue)

« C'étaient Jean-Jacques et Thérèse. De temps en temps, il naissait là de petits êtres. Thérèse les enfantait, Jean-Jacques les enfantrouvait. » Et Enjolras rudoyait Courfeyrac. « Silence devant Jean-Jacques ! Cet homme, je l'admire. Il a renié ses enfants, soit ; mais il a adopté le peuple. »

— Victor Hugo, *Les Misérables*, 1862

Au 25, bœuf mode et pataphysique à l'Épi d'or

Le 28 mai 1955, un banquet pataphysique est donné à l'Épi d'or, réunissant Queneau, Ionesco, Prévert, Miró, Vian… On joue aux chaises musicales et l'on célèbre la publication du théâtre inédit de Vian comprenant notamment *Série blême*, *Les Bâtisseurs d'empire* et *Le Goûter des généraux*.

Les pataphysiciens se retrouveront à l'Épi d'or en mai 1959, précisément le « 11 merdre » (selon le calendrier en usage dans la confrérie de la Grande Gidouille), pour faire élire (par l'électeur unique Raymond Queneau) le Baron Mollet comme vice-curateur du Collège.

Au 61, la mort de La Fontaine

À partir de 1691, pour l'illustre La Fontaine, rien ne va plus. Celui que Sainte-Beuve qualifiera de « notre Homère » est âgé de 70 ans ; *Astrée*, sa tragédie lyrique, a fait un flop à l'opéra. En 1693, gravement malade de la tuberculose, il se convertit au catholicisme et, sentant sa mort prochaine, craignant le jugement de Dieu, il renie ses contes licencieux. Deux ans plus tard, il est pris de malaises en revenant de l'Académie et décède à l'hôtel d'Hervart, qui se situait alors à l'est de l'hôtel des Postes.

Au 68, Rousseau et Louise Dupin

Elle tenait un salon littéraire et scientifique des plus brillants et, selon Voltaire, incarnait « la déesse de la beauté et de la musique ». En 1741, Louise Dupin reçoit le jeune Savoyard pour un poste de secrétaire et de précepteur de son fils. Le petit provincial tombe amoureux : « Madame Dupin était encore, quand je la vis pour la première fois, une des plus belles femmes de Paris. Elle me reçut à sa toilette. Elle avait les bras nus, les cheveux épars, son peignoir mal arrangé. Cet abord m'était très nouveau. Ma pauvre tête n'y tint pas. Je me trouble. Je m'égare. Et bref, me voilà épris de Madame Dupin. Mon trouble ne parut pas me nuire auprès d'elle, elle ne s'en aperçut point. Elle accueillit le livre et l'auteur, me parla de mon projet en personne instruite, chanta, s'accompagna au clavecin, me retint à dîner, me fit mettre à table à côté d'elle. Il n'en fallait pas tant pour me rendre fou. Je le devins. »

Au 60, Rousseau revient

Trente ans après son coup de cœur pour Mme Dupin, en décembre 1770, Rousseau revient à Paris avec sa femme Thérèse. Le couple réside quelque temps à l'hôtel du Grand Esprit puis emménage dans un immeuble de la rue Plâtrière, adresse correspondant au n° 58 ou 60 de l'actuelle rue Jean-Jacques-Rousseau, dans un deux-pièces situé au troisième étage. Rousseau a 58 ans, il y termine ses *Confessions* (entreprises depuis 1764) qui ne seront éditées qu'après sa mort.

Rousseau restera huit ans rue Plâtrière, quittant la capitale pour Ermenonville où il meurt en 1778. « Avec Voltaire, aurait dit Goethe à Schiller, c'est un monde qui finit. Avec Rousseau, c'est un monde qui commence. »

LA REYNIE (rue de)

Il s'agit décidément de souper, dit mon compagnon. Voici Bordier, mais la salle est étroite. C'est le rendez-vous des fruitiers-orangers et des orangères. Il y a un autre Bordier qui fait le coin de la rue aux Ours, et qui est passable ; puis le restaurant des Halles, fraîchement sculpté et doré, près de la rue de La Reynie…

— Gérard de Nerval, *Aurélia*, 1855

Au 25, la naissance de Scribe

Eugène Scribe naquit le 24 décembre 1791 dans une maison située à l'angle de la rue de La Reynie (ancienne rue Troussevache) et de la rue Saint-Denis. Dans cette maison, détruite en 1913, son père tenait une boutique de soieries à l'enseigne du Chat Noir. Après des études secondaires au collège Sainte-Barbe puis à la faculté de droit, le jeune homme va se passionner pour le théâtre. Inventeur du vaudeville moderne, il signera (ou cosignera) près de quatre cent vingt pièces, sans compter ses romans-feuilletons et ses nouvelles.

LA SOURDIÈRE (rue de)

Cette rue de La Sourdière, où je n'ai jamais pu passer sans avoir le frisson, n'est ni infâme, ni précisément infecte, ni misérable, ni criminelle. Elle est terrible tout uniment, terrible de froid, d'abandon, de silence.

— Paul Féval, *Les Habits noirs*, 1863

Au 18, Louis (Aragon) et Elsa (Triolet)

Il aimait laisser allumées toutes les lampes de l'appartement et elle s'écriait poétiquement : « Louis, tu vas faire sauter les plombs ! » Aragon et Elsa Triolet habitent le 18, rue de La Sourdière de février 1935 à mars 1960, date à laquelle le couple s'installera au 56, rue de Varenne. Il s'agit d'un deux-trois-pièces situé au deuxième étage auquel on accède par un bel escalier en spirale. Du sol au plafond, des livres. Un logement exigu, mais sans pour autant, comme le veut la légende, obliger l'écrivain à sortir travailler sur un banc des Tuileries. L'espace faisant cependant défaut, Elsa l'agençait selon les besoins. De longues planches sur tréteaux pour un plan de travail ou debout dans un angle de la pièce pour laisser la place à des fauteuils de rotin…

LOUVRE (quai du)

On pouvait, du pavillon de Flore, voir au Levant, déjà au quai du Louvre, l'armée vengeresse du peuple, la forêt de ses baïonnettes, flamboyante des feux du matin.

— Jules Michelet, *Histoire de la Révolution française*, 1847-1853

Au 2, le rêve de Louis-Sébastien Mercier

Louis-Sébastien Mercier naquit chez ses parents, dans un magasin de fabrique d'épées à l'enseigne de la Garde d'Or et d'Argent situé sur le quai des Écoles (devenu quai du Louvre), à l'emplacement de l'actuelle Samaritaine. Prenant le contre-pied de toutes les théories, il soutenait que la Terre était plate, que Racine et Boileau étaient des « pestiférés de la littérature » et, à la fin de sa vie, qu'il était temps de renouveler le langage en y insufflant quelques milliers de mots nouveaux (*Néologie ou Vocabulaire de mots nouveaux*, 1801). Connu pour son *Tableau de Paris* (1781), Mercier publia dix ans auparavant ce qui peut être considéré comme le premier roman d'anticipation. Dans *L'An 2440, rêve s'il en fut jamais*, Mercier imagine, au terme d'un sommeil de sept siècles, un Paris conforme aux vœux humanistes de son ami Diderot, une capitale idéale, démocratique et « écologique », un Paris utopique en matière d'éducation, de morale ou de politique, à l'opposé de celui qu'il décrit dans son *Tableau de Paris*. Malgré l'immense succès de ses écrits, en France et en Europe, il fut ignoré ou tourné en dérision : « le littérateur le plus extravagant et le plus ridicule », selon le critique Fréron, en 1775.

Au 29, l'éditeur Charpentier

À la mort du fondateur de la maison Charpentier, son fils, Georges-Auguste Charpentier, décide de révolutionner la profession en renouvelant les rapports entre l'éditeur et les auteurs. En 1872, il va trouver Émile Zola, sans éditeur depuis la faillite d'Albert Lacroix, rachète à ce dernier les droits de rééditer les deux premiers volumes des *Rougon-Macquart* et propose à l'auteur un nouveau contrat : deux romans par an en échange d'une rente mensuelle de cinq cents francs. Il agira de la même façon avec Flaubert, qui qualifiera cette démarche de « procédé inouï de la part de ses pareils ». Zola sera le parrain de son fils Paul-Émile-Charles et Flaubert, celui de son autre fils, Marcel-Gustave Charpentier.

En 1896, ses deux fils étant décédés, Georges Charpentier cédera sa librairie à Eugène Fasquelle, son secrétaire depuis 1886 puis son associé dès 1890.

LOUVRE (rue du)

Ingrid faisait les cent pas, au coin de la rue de Rivoli et de la rue du Louvre. Lorsqu'elle l'aperçut, Mme Zaguri lança, c'était prévisible, que la jeune femme eût pu avoir la décence de ne pas mettre une mini jupe.

— Serge Bramly, *Madame Satan*, 1992

Au 2, Paul Auster

En quittant la rue Jacques-Mawas, dans le 15e arrondissement, Paul Auster se sépare de sa compagne et déménage rue du Louvre dans une chambre de bonne que lui prête le poète Jacques Dupin, au-dessus de son appartement.

Dans *La Plume et le Zinc*[14], l'écrivain se souvient de la petite chambre : « J'habitais cette année-là un sixième étage, dans une chambre de bonne minuscule. [...] Face aux fenêtres et au petit balcon, un ange de pierre surgissait de Saint-Germain-l'Auxerrois ; à ma gauche, le Louvre, les Halles à ma droite et Montmartre droit devant dans le lointain... [...] Beaucoup de poèmes parus ensuite dans mon premier livre y ont été écrits. »

Au 44, le caleçon d'Arrabal à La Promenade de Vénus

C'était un café et ce fut l'un des derniers fréquentés par le clan. Après le Certà, le Cyrano, le café Fontaine, le Radio, le Grillon, le bar du Château, le Batifol, le café de la place Blanche, le Musset, le Côte d'Or, le café du Globe, les Deux Magots, le Prophète, La Promenade de Vénus accueille les surréalistes des années 1950. « J'étais, ce jour-là, le troisième à gauche d'André Breton et face à la glace géante du café La Promenade de Vénus, se souvient Arrabal. Jodorowsky était le quatrième à sa droite et, en m'apercevant, il m'a interrogé du regard sur ma pérégrination annuelle à New York. À ce moment j'ai extrait le caleçon de ma poche. Je l'ai tendu à deux mains entre mes pouces et mes index. Jodorowsky, peut-être trop éloigné pour bien voir le motif, n'a pas compris de quoi il s'agissait. J'ai alors pensé qu'il serait plus utile de lui lancer l'objet. Et de mes mains jusqu'aux siennes, le caleçon a volé et passé devant André Breton. Son nez pour être précis. »

MADELEINE (boulevard de la)

Le boulevard est jeune par un bout et vieux par l'autre. La Madeleine est son enfance et la Bastille sa vieillesse.

— Guy de Maupassant, *Chroniques*, 1880

Au 11, la Dame aux camélias

Le mardi 23 février 1847, une foule se presse au domicile de Marie Duplessis, courtisane que Dumas fils mettra en scène un an plus tard dans sa *Dame aux camélias*, et dont on dresse l'inventaire post-mortem. Charles Dickens, présent à Paris, s'étonne : « Paris est corrompu jusqu'à la moelle, écrit-il à son ami le comte d'Orsay. Depuis quelques jours, toutes les questions politiques, artistiques et commerciales sont délaissées par les journaux. Tout s'efface devant un événement d'une bien plus haute importance : la mort romanesque d'une de ces gloires du demi-monde, la célèbre Marie Duplessis. »

Avant d'être immortalisée par la littérature et l'opéra (elle inspire indirectement *La Traviata* de Verdi), Marie Duplessis était née Alphonsine Plessis en 1824. Petite paysanne pauvre arrivée à Paris à l'âge de 14 ans, elle s'y éteint à l'âge de 23 ans, après être devenue l'une des demi-mondaines les plus convoitées de la capitale.

La belle était cultivée et, parmi les objets en vente, se trouvait une bibliothèque de deux cent douze volumes où figuraient Rabelais, Marivaux, Hugo, Lamartine, Eugène Sue, Walter Scott, Cervantès, et... Alexandre Dumas (père).

MAUCONSEIL (rue)

Après avoir ainsi parlé, le Réchin salua de nouveau, et, devançant le baron, il se dirigea vers une ruelle qui coupait la rue Mauconseil à l'angle du Palais...

— Honoré de Balzac, *L'Excommunié*, 1837

Au 32, le théâtre « italien » de l'hôtel de Bourgogne

Le 13 mai 1697, la troupe des « Italiens » est chassée de l'hôtel de Bourgogne qu'elle occupait depuis 1680 pour avoir interprété (certains disent simplement annoncé) *La Fausse Prude*, pièce satirique dans laquelle la maîtresse du roi, Mme de Maintenon, se serait reconnue. Ce bannissement, qui durera jusqu'à la mort du roi, fut sans doute le fruit d'une pression de la troupe de la Comédie-Française (de l'hôtel Guénégaud), soucieuse d'éliminer un rival bien encombrant.

MOLIÈRE (rue)

Les automobiles quittent la rue Molière par l'avenue de l'Opéra. Elles ne peuvent pas faire autrement.
— Jacques Roubaud, *Paris/Sirap*, 1999

Au 20, César Vallejo et son Dieu malade

« Je suis né un jour / où Dieu était malade », écrivit-il. Dans cet hôtel de la rue Molière demeura, de 1924 à 1927, le Péruvien César Vallejo, souvent considéré comme le plus grand poète latino-américain du XXe siècle. Misère, désespoir et angoisse seront les tonalités dominantes de sa vie et de son œuvre qui s'apparente à « une décharge d'angoisse et de tristesse qui marque comme un fer chauffé à blanc appliqué directement sur la peau[15] ». Après sa rencontre avec Georgette Marie Philippart Travers, qui deviendra sa femme, il s'installera au 41, boulevard Garibaldi puis à l'hôtel du Maine. En 1936, lorsque la guerre d'Espagne éclate, Vallejo s'engage dans la lutte antifasciste, période durant laquelle il crée ses textes les plus intenses dans le recueil *Espagne, éloigne de moi ce calice.*

« Je mourrai à Paris, un jour d'averse, un jour dont j'ai déjà le souvenir », avait-il écrit. Il meurt à Paris en 1938, dans le plus grand dénuement, à 46 ans.

Au 21, le *Zadig* de Voltaire

Dans cette ancienne rue Traversière, au n° 43, Voltaire coloua en 1746 puis en 1749-1750 une maison avec les Du Châtelet, maison dans laquelle il occupa le rez-de-chaussée sur cour et où était aménagé un petit théâtre d'une centaine de places.

Après le décès d'Émilie du Châtelet, il reprendra le bail de la maison complète et y installera sa nièce (et maîtresse) Marie-Louise Denis. C'est à cette adresse qu'il aurait rédigé *Memnon*, bientôt rebaptisé *Zadig ou la Destinée*, ouvrage paru en 1747 et qu'il aurait plus ou moins renié, le considérant comme une « couillonnerie ».

Au 37, naissance de Paul Léautaud

Fils d'un comédien souffleur à la Comédie-Française et d'une concubine passagère de son père, l'enfant, très tôt, fut obligé de subvenir à ses besoins. Serait-ce la raison de sa détestation des enfants ? « Lorsque l'enfant paraît, je prends mon chapeau et je m'en vais. » Il aura un enfant, un enfant de papier : son *Journal* dont il entame la rédaction à l'âge de 21 ans (1893), et qu'il tiendra durant soixante-trois ans, jusqu'à sa mort. On y apprend que Vigny est « un sot » (de même qu'Alain, Claudel et Giraudoux), que Gide est « un faux grand homme », Romain Rolland, un « âne à phrases », Mauriac, « le dernier des niais », etc.

MONDOVI (rue de)

Malgré la pluie fine et le froid, Hortense erra dans le quartier, scrutant portes, fenêtres, voitures avec l'espoir d'apercevoir son amant. Elle rentra rue Mondovi, la mort dans l'âme. Sa sœur l'attendait.

— Ariane Charton, *Le Roman d'Hortense*, 2009

Au 3, la belle Hortense Allart

Cette écrivaine-essayiste et féministe française d'une grande beauté est essentiellement connue pour ses amours, dès ses 28 ans, avec l'ambassadeur sexagénaire René de Chateaubriand. Elle s'en souviendra dans *Les Enchantements de Prudence* (1872), ouvrage dans lequel elle évoque leurs rencontres amoureuses à Rome et à Paris.

Elle résida rue de Mondovi de 1832 à 1837 avant de s'installer et tenir salon au 19, rue Bleue. Très érudite, de mœurs libres, elle fut l'amie de Béranger, de Sainte-Beuve, de George Sand et de Marie d'Agoult, conjuguant avec bonheur et parfois scandale féminité, liberté et romantisme.

MONNAIE (rue de la)

Vers trois heures, Carteaux vit s'avancer par la rue de la Monnaie une colonne si forte, que le front en remplissait toute la rue…

— Alexandre Dumas, *Les Blancs et les Bleus*, 1867

Au 20, Jean-François Ducis

Ce dramaturge vit à Versailles et séjourne chez sa femme rue de la Monnaie lorsqu'il vient à Paris. En 1768, il fait jouer à la Comédie-Française sa tragédie *Amélise*, pièce qui, selon Charles Collé, « fut huée depuis un bout jusqu'à l'autre ». Ducis prendra sa revanche l'année suivante avec son *Hamlet* imité de Shakespeare. En 1783, il réitérera avec un *Roi Lear* larmoyant, pièce qui connaîtra un immense succès : acclamé, l'auteur est porté en triomphe sur la scène et se persuade qu'il a du génie.

Il fut élu à l'Académie française en 1778 au fauteuil de Voltaire, et Maurice Allem, historien et spécialiste de la littérature française du XIXe siècle, ne l'épargna pas : « Comme poète dramatique, il est lent, incolore ; et si l'on peut trouver de l'intérêt et de l'éclat à quelques scènes, aucun de ses ouvrages ne mérite en son entier de retenir l'attention. »

MONT-THABOR
(rue du)

« Croyez-vous que votre client consentirait-il à vendre son château ? – Je ne crois pas. C'est un château historique, du plus pur style Louis XIII. Mon client y tenait beaucoup, et s'il n'a pas changé d'avis… – Vous pouvez me donner son nom, son adresse ? – Louis Valméras, 34, rue du Mont-Thabor. »

— Maurice Leblanc, *L'Aiguille creuse*, 1909

Au 6, la mort d'Alfred de Musset

Alcool, infections syphilitiques, insuffisance de l'aorte (qu'on nommera « signe de Musset »), la santé du poète-dramaturge n'est pas fameuse lorsqu'il s'installe rue du Mont-Thabor en automne 1856. À partir d'avril de l'année suivante, hanté par une angoisse datant de son enfance, il ne quitte plus son appartement : il redoute plus que tout d'être enfermé dans un asile. Quelques jours avant sa mort, en mai 1857, son ami Arsène Houssaye lui rend visite. « Il était temps, mon cher ami, lui déclare Musset, cinq minutes plus tard, vous ne me trouviez plus de ce monde. Je ne suis même pas bien sûr de n'être pas un revenant. » Musset décède à l'âge de 46 ans. Si sa poésie a considérablement vieilli, son théâtre (*Lorenzaccio*, *On ne badine pas avec l'amour*) n'a pas pris une ride.

Au 34, Arsène Lupin se cache

34, rue du Mont-Thabor, une adresse idéale pour surveiller les joailliers du quartier. Sous le nom de Louis Valméras, dans un immeuble tranquille, Arsène Lupin se cache et observe. Dans la cour pavée, un vélo ordinaire peut lui permettre de s'échapper en toute discrétion.

MONTPENSIER
(galerie de)

Dans les jardins du Palais-Royal, les feuilles mortes ocre, ocre-rouille, rousses, déjà noires parfois, se collaient à mes semelles, faisaient « sou-ich », « soui-ch », « souissh » à chaque pas.

— Jacques Roubaud, *Le Grand Incendie de Londres*, 1989

Au 18, Chamfort

Avant la Révolution, Chamfort fut un des écrivains les plus appréciés par les salons parisiens, fit pleurer le roi Louis XVI par ses tragédies et fut élu à l'Académie française en 1781. Après avoir logé chez le courtisan Vaudreuil, dans le faubourg Saint-Germain, Chamfort s'installe en 1787 dans une maison située au n° 18 de la galerie de Montpensier, d'où il peut assister aux grandes fêtes organisées par le duc d'Orléans. S'il fustige les inégalités sociales, il estime que « les mouvements généreux du peuple vers la liberté » ne doivent pas nuire aux « citoyens estimables ». Il restera quatre ans galerie de Montpensier et prendra une part active à une révolution qui lui sera fatale.

Au 22, l'épicier Chevet et Balzac

Balzac aurait-il inventé le « placement de produit » ? L'incorrigible endetté s'approvisionne régulièrement chez le célèbre épicier Chevet – qui tient boutique dans le « bazar ignoble[16] » – et le cite une vingtaine de fois dans son œuvre, remboursant ainsi les dettes qu'il y laisse périodiquement. Dans *Les Comptes dramatiques de Balzac*, Bouvier et Maynial font état d'une facture (impayée ?) de cent dix-sept francs pour la commande d'un repas composé d'un jambon rôti, d'un pluvier au gratin, de grenadins de veau, d'asperges blanches et de beignets d'ananas.

Au 36, Walter Scott et la Belle Limonadière

Au café des Mille Colonnes, le punch à la glace est renommé et la maîtresse de maison – Mme Romain, dite « la Belle Limonadière » –, passe pour être la plus belle femme de Paris. Lors de son séjour d'une semaine dans la capitale, en novembre 1826, séjour consacré à des recherches sur la vie de Napoléon Bonaparte, l'auteur de *Rob Roy* (1817), d'*Ivanhoé* (1819) et de *Quentin Durward* (1823) ne fut pas insensible à sa beauté.

Balzac, dans *César Birotteau*, compare Constance Pillerault, première demoiselle du magasin de nouveautés Le Petit Matelot, à la Belle Limonadière des Mille Colonnes.

MONTPENSIER
(rue de)

... acheminez-vous vers la rue de Montpensier, étroite et spectrale comme une tranchée, un autre spectacle vous attend.

— Léon-Paul Fargue, *Le Piéton de Paris*, 1939

Au 20, Jean-Louis Vaudoyer

Cet auteur de romans et poèmes post-symbolistes, beau-frère de Daniel Halévy, organise durant les années 1910 dans son appartement mansardé de la rue de Montpensier un goûter hebdomadaire réunissant des écrivains catholiques admirateurs de Maurice Barrès : Edmond Jaloux, Jean Giraudoux, Paul Drouot, Charles du Bos, Paul Bourget... Après sa période dandy et la Première Guerre mondiale, Vaudoyer soutiendra l'Action française, avant de soutenir plus tard le maréchal Pétain. Maurice Martin du Gard[17] le décrit dans ses *Mémorables* par les termes suivants : « Une politesse égale, sans flatterie, point de masque, c'est l'honnête homme... » Honnête homme ? Vaudoyer fut accusé à la Libération d'avoir mis la Comédie-Française, qu'il dirigeait, « à la disposition de l'ennemi ». Comme de nombreux hauts fonctionnaires, il échappera à l'épuration et sera élu en 1950 à l'Académie française.

Au 26, Paul Morand

En octobre 1916, à 28 ans, Paul Morand s'installe rue de Montpensier dans un appartement que lui sous-loue l'auteur dramatique américain Edward Knoblock. La publication de la nouvelle *Clarisse ou l'Amitié* dans le *Mercure de France*, revue où officie Henri de Régnier, ami d'Eugène Morand, son père, marque ses débuts littéraires. Suivra l'ouvrage *Tendres Stocks*, préfacé par Marcel Proust, qui inaugure la brillante carrière littéraire de ce diplomate-globe-trotteur cosmopolite, mondain invétéré, jeune homme pressé qui devient pendant les Années folles la coqueluche du Tout-Paris. En 1931, *Ouvert la nuit*, publié en 1922, en sera à sa cent trente-cinquième édition, *Lewis et Irène* de 1924, à sa cent dix-huitième.

Dès l'âge de 40 ans, Morand sera un des écrivains les plus lus de son époque, réhabilitant le genre de la nouvelle dont il sera le maître incontesté, avec un style novateur que Proust qualifia de « singulier ».

Dans *Les Hauts Lieux de la littérature à Paris*, Jean-Paul Clébert rappelle que Morand pouvait apercevoir l'appartement de Colette et qu'il lui téléphonait pour lui dire : « Regarde par la fenêtre, je t'envoie un nuage[18] ! »

Ne résistant pas à un bon mot, il fut un peu moins tendre après la mort de son autre voisin, Jean Cocteau : « À force de sauter dans tous les trains en marche depuis 1906, on comprend que le cœur ait cédé ! »

Au 36, le « minuscule » appartement de Jean Cocteau

Jean Cocteau s'installe au printemps 1940 dans un appartement biscornu du premier étage dans le même immeuble qu'Emmanuel Berl et sa femme Mireille. Deux chambres, une cuisine, une salle de bains et une dernière pièce où l'on n'entre que par la chambre à coucher. « J'ai loué cette cave minuscule[19], relate-t-il dans *La Difficulté d'être*, prise entre le théâtre du Palais-Royal et le pâté de maisons qui se termine par la Comédie-Française, en 1940, lorsque l'armée allemande marchait sur Paris. J'habitais alors l'hôtel du Beaujolais, à côté de Colette, et ne devais m'installer au 36, rue de Montpensier, qu'en 1941, après l'exode. Les amis pour lesquels j'avais loué un peu inconsidérément ce tunnel bizarre avaient dû fuir l'immeuble. Les Berl, les Mille, les Lazareff. J'y ai vécu quatre années sous les insultes, frappé dans mon œuvre et dans ma personne. Je m'y soigne à présent par fatigue, à cause de l'impossibilité de trouver un logement convenable, à cause aussi d'un charme (dans le sens exact du terme) que le Palais-Royal opère sur certaines âmes. »

Au 36, le cinquième étage d'Emmanuel Berl

Dans les années d'après-guerre, les jardins du Palais-Royal sont un havre littéraire : Colette, Jean Cocteau, Emmanuel Berl… Historien, journaliste, essayiste, neveu de Bergson, Berl était apparenté à Proust, avec lequel, pourtant, il se fâcha après une vive discussion sur l'amour partagé, concept auquel l'auteur de la *Recherche* ne croyait pas. (De rage, Proust lança à la figure de Berl une de ses pantoufles et le congédia.)

Berl fut une figure centrale du monde littéraire de l'entre-deux-guerres et Drieu en fit un personnage de roman (Gabriel Cahen) dans *Drôle de voyage* (1933). Après la défaite, en 1940, quoique juif et issu d'une famille dreyfusarde, il mit imprudemment et brièvement sa plume au service de Pétain, lui soufflant, dit-on, le célébrissime « Je fais à la France le don de ma personne ».

Habitant dans le même immeuble que Cocteau, Berl s'agaçait du snobisme de l'homosexualité dans le monde littéraire : « Je voudrais, écrit-il, que les invertis pratiquent sans être inquiétés la sodomie [mais] renoncent à un sodomisme qui devient une sorte de nationalisme avec cérémonie et fanfares, haine de l'étranger, culte des grands hommes, panthéon des invertis célèbres et, sous l'Arc de triomphe, la tombe du pédéraste inconnu. »

Un jeune invité chez Emmanuel Berl : Patrick Modiano

En 1968, Patrick Modiano est invité rue de Montpensier. Berl a été touché de voir citer dans *La Place de l'Étoile* le nom de son cousin, Henri Franck, jeune poète, mort à 23 ans. Séduit par ce témoin capital de l'entre-deux-guerres, Modiano se lance dans un livre d'entretiens qui sortira fin 1976 alors que Berl vient de mourir. Modiano sera l'exécuteur testamentaire de l'auteur d'*Il fait beau, allons au cimetière*. C'est rue de Montpensier qu'il fait la connaissance de Françoise Hardy en visite chez Mireille, la femme de Berl, animatrice du célèbre *Petit Conservatoire de la chanson*. Pour la jolie Françoise, Modiano écrira quelques chansons et notamment *Étonnez-moi, Benoît... !*.

Et André Malraux...

Mais à quel numéro de la rue était-ce donc ? Il s'agit certainement d'un secret d'État jalousement sauvegardé, car il (m')est impossible d'en retrouver la trace ! Le 6 décembre 1967, alors que ses *Antimémoires* viennent d'être publiés, Malraux achète un duplex de cinq pièces rue de Montpensier. Il compte habiter le troisième étage, Louise de Vilmorin s'installerait au deuxième, chacun disposant d'une entrée indépendante. Ils ne l'habiteront jamais, Vilmorin décédant deux ans plus tard.

L'appartement sera vendu pour éponger les dettes laissées par Malraux, environ trois millions de francs dont un tiers envers le fisc, un tiers envers Gallimard et un tiers en divers. Restera un mystère : « Dans une boîte à chaussures, on découvrira un revolver. Tenant une promesse faite à son père, Florence brûla une épaisse enveloppe[20]. » (Mais l'homme n'est-il pas ce qu'il cache, c'est-à-dire « un misérable petit tas de secrets » ?)

JCDecaux

Chère Madame, Cher Monsieur,

Sous l'impulsion de son fondateur, JCDecaux a toujours fait preuve d'un grand attachement au patrimoine de la France et de sa capitale. A Paris, depuis près de 40 ans, les colonnes et les mâts porte-affiches que nous avons l'honneur d'opérer participent activement à la vie et à la vue de la culture dans l'espace public – théâtre, cinéma, spectacle vivant et bien sûr livre.

Cet ouvrage est un hommage et un voyage.

C'est la littérature qui est ici célébrée. Dans notre pays, la participation des écrivains et la contribution de leurs œuvres à l'histoire collective sont une permanence. Nous sommes une nation littéraire.

Le roman y occupe une place singulière. Espace de la complexité et de la nuance, de la transmission entre les générations de la liberté, de la pluralité et de la langue, il est essentiel à nos vies.

Forgée par les mots, la littérature est faite aussi de lieux. Familiers ou inconnus, ils accueillent les héros et les héroïnes des livres. Ils sont aussi, avec la passion de l'imaginaire et de l'écrit, ce qui rassemble des auteurs et des autrices que beaucoup et parfois tout – le style, l'engagement, la postérité – sépare.

De Paris, Balzac écrit dans *Ferragus* qu'elle est la « ville aux cent mille romans ». C'est à une promenade à travers ses rues, avenues, boulevards que les éditions Séguier, avec le soutien de JCDecaux, convient lecteurs et lectrices.

Au fil des adresses réelles ou fictionnelles, ce « Grand Carnet » mobilise érudition et anecdotes, descriptions et explications, textes et contexte, au service de l'écriture, de la lecture, de la culture dont la France et Paris, ouvertes au monde et aux créateurs, sont les actrices et les protectrices.

J'ai plaisir à vous l'adresser.

Jean-Charles Decaux

MOULINS (rue des)

Peu avant la guerre, m'étant rencontré avec M. Michel Pons, le restaurateur-poète qui eut, à une élection académique, la voix de Maurice Barrès, il m'invita à aller le visiter. Et quelques jours après cette rencontre, j'arrivai au Bouillon Michel Pons, rue des Moulins, vers 5 heures de l'après-midi.

— Guillaume Apollinaire, *Le Flâneur des deux rives*, 1918

Au 6, le bordel de Charles Virmaître

De 1860 à 1946 se tenait au n° 6 une maison close, La Fleur blanche, qui fut fréquentée par Toulouse-Lautrec et par l'écrivain Charles Virmaître, qui en fait une longue description dans *Paris-Impur*. Ce journaliste-historien contemporain de Zola fut l'un des physiologistes les plus prolifiques du Paris de la deuxième moitié du XIXe siècle. On lui doit notamment une trentaine d'ouvrages sur la capitale dont *Les Curiosités de Paris* (1868), *Paris oublié* (1886), *Paris-Police* (1886), *Paris qui s'efface* (1887), *Paris-Escarpe* (1887), *Paris-Canard* (1888), *Paris-Palette* (1888), *Paris-Boursicotier* (1888), *Paris-Impur* (1889), *Paris croque-mort* (1889), *Paris-Médaillé* (1890), *Paris-Galant* (1890) ou *Paris-Cocu* (1890).

Au 8, dîners encyclopédiques chez le baron d'Holbach

Profondément athée et matérialiste, le baron plaçait l'homme au centre de tout et publia sous pseudonyme un *Système de la nature* – scandale ! –, livre qui fut condamné à être lacéré et brûlé au pied du grand escalier du Palais de Justice. De 1760 à 1780, le dimanche et le jeudi, d'Holbach recevait dans son hôtel de la rue Royale (aujourd'hui rue des Moulins). Parmi les familiers, Buffon, d'Alembert, Helvétius, Mercier ou Rousseau, lequel cessa de se rendre rue Royale lorsqu'il apprit que d'Holbach le surnommait « le petit cuistre ». Durant ces dîners, « on y disait des choses à faire tomber cent fois le tonnerre sur la maison[21] ». On y travaillait également sur des articles de l'*Encyclopédie* et le baron d'Holbach en rédigea personnellement près de quatre cents.

OPÉRA (avenue de l')

… cette avenue de l'Opéra, longue et désolée, qui semblait nous conduire nulle part…

— Philippe Vilain, *La Fille à la voiture rouge*, 2017

Au 22, Francis Scott Fitzgerald

En 1924, Zelda et Francis Scott Fitzgerald résident à l'hôtel des Deux Mondes, avenue de l'Opéra. C'est en grande partie là que l'écrivain américain rédige *Gatsby le magnifique*, roman commencé en juillet 1923[22], qu'il achèvera à l'hôtel Continental de Saint-Raphaël. L'auteur, un an plus tôt, avait confié à son éditeur qu'il souhaitait produire « quelque chose de neuf – quelque chose d'extraordinaire, et beau, et simple, et méticuleusement composé ». Publié aux États-Unis en avril 1925, l'ouvrage sera rapidement retiré des librairies, faute de lecteurs, et ne sera réellement « découvert » qu'après-guerre.

Le manuscrit original de *The Great Gasby* a été publié en 2017 aux éditions des Saints Pères. On y découvre la belle (et très lisible) écriture de Francis Scott Fitzgerald et les paroles d'une chanson que Gatsby aurait écrite lorsqu'il était adolescent.

ORATOIRE (rue de l')

« Et où demeure cet ouvrier, monsieur ? – Dans un méchant garni de la rue de l'Oratoire-du-Louvre, n° 3. – Et son nom ? demanda le grec en inscrivant l'adresse sur son carnet, son nom, je vous prie ? – Michel. – Je vous remercie, monsieur. »

— Eugène Sue, *La Famille Jouffroy*, 1854

Au 6, Auguste Comte

En mai 1821, Auguste Comte rencontre Caroline Massin, ancienne prostituée avec laquelle il s'installe trois ans plus tard rue de l'Oratoire. Ils se marient l'année suivante, ce qui permettra à la jeune femme d'être radiée des registres de police. Les relations deviendront vite conflictuelles, ils se sépareront définitivement en 1842. À la mort de Comte, en 1857, un combat s'engagera entre la veuve et les disciples de Comte concernant la propriété littéraire de l'œuvre. Caroline Massin le perdra, malgré le soutien de Littré.

ORFÈVRES (quai des)

J'ai reçu une convocation de la police en bonne et due forme au quai des Orfèvres, là même où Simenon croquait les mimiques du commissaire Nicole pour inventer son Maigret. On m'attend le 19 courant au bureau de l'inspecteur Blaise, brigade criminelle, pour quinze heures trente. Il y a du nouveau.

— Yann Queffélec, *Le Plus Heureux des Hommes*, 2007

Au 36, Jules Maigret, commissaire divisionnaire

« Il s'engouffra sous la voûte de la P.J. où régnait un courant d'air, fonça vers l'escalier et alors, tout de suite, en retrouvant l'odeur comme "sui generis" de la maison, la lumière glauque des lampes encore allumées, il fut triste à l'idée que, dans si peu de temps, il ne viendrait plus ici chaque matin. » Dans *Maigret et les témoins récalcitrants*, le commissaire évoque sa retraite prochaine. Tout avait commencé en 1930 quand Simenon, jeune journaliste et romancier, avait créé le personnage de Maigret dans *Pietr-le-Letton* puis dans *Le Charretier de « la Providence »*, romans publiés en 1931. Il y campait un policier dans un style qui rompait radicalement avec la tradition littéraire en vigueur. Caractère grognon, méthodes personnelles, mais très efficaces. Xavier Guichard, le directeur de la Police judiciaire parisienne, apprécie ce nouveau venu mais fulmine : pour une fois qu'un auteur montre un aspect positif de la police, il appartient à la maison d'en face, la Sûreté, qui dépend du ministère de l'Intérieur. Simenon rectifiera et installera Maigret quai des Orfèvres, dans le sillage de ses modèles, les commissaires Guillaume, Massu et Nicole.

Au 38, la naissance de Voltaire

Dans ce qui est alors la rue de Jérusalem, François-Marie Arouet naît le 21 novembre 1694. Il soutiendra souvent qu'il était né le 20 février 1694 à Châtenay-Malabry, où son père, notaire au Châtelet, possédait une propriété, le château de la Petite Roseraie. À 3 ans, son très libertin parrain, l'abbé de Châteauneuf, lui fait réciter les *Fables* de La Fontaine et un poème agnostique, *La Moïsade*. « Il n'a que trois ans et il sait toute *La Moïsade* par cœur », confie fièrement le précepteur à Ninon de Lenclos. L'abbé apprendra à l'enfant la versification, à se méfier des fanatiques et en particulier de son frère Armand, janséniste dévot aux idées étroites.

Au 58, Jean Bruller alias Vercors

Jean Bruller, alias Vercors, y résida (dans une ancienne imprimerie) et y décéda le 10 juin 1991. Son *Silence de la mer* (1942) fut le premier ouvrage publié par les Éditions de Minuit[23], maison qu'il avait cofondée l'année précédente avec Pierre de Lescure et qui est connue pour ses publications « hostiles à la littérature bourgeoise et réconfortante ».

Dix ans après *Le Silence de la mer*, Vercors publiera *Les Animaux dénaturés*, roman mettant en scène les Tropis, chaînon manquant entre l'homme et le singe.

On lui doit également une œuvre de jeunesse : *21 recettes pratiques de mort violente : à l'usage des personnes découragées ou dégoûtées de la vie pour des raisons qui, en somme, ne nous regardent pas.* Dans son introduction, Bruller évoque son cas personnel : « Lors de la publication de mon livre en 1926, l'éditeur me fit remarquer que de paraître résister à mes propres recettes [...] risquait de compromettre gravement la diffusion de mon ouvrage. Je dus me rendre à ses raisons et préparai mon suicide avec soin. [...] J'attachai une corde à un arbrc, [...] au-dessus de la Dordogne. Je chargeai un revolver. Me procurai un poison violent. Puis [...] je me passai la corde autour du cou, avalai le poison, et sautai dans le vide en me tirant un coup de revolver dans la tempe droite. [...] Je n'avais pas prévu que le choc dévierait le coup ; que la balle couperait la corde ; que je tomberais dans la Dordogne ; qu'un pêcheur de truites me ramènerait au rivage ; que cette demi-noyade enfin me ferait vomir le poison. »

PALAIS (boulevard du)

Une nuit où j'étais plus découragé que de coutume,
j'ai failli demander aux gardiens de la grande porte,
boulevard du Palais, la permission d'entrer.
Je comprenais mal l'attirance que la police exerçait
sur moi. D'abord j'ai pensé qu'il s'agissait du vertige
que l'on éprouve lorsqu'on se penche au-dessus
du parapet d'un pont, mais il y avait autre chose.

— Patrick Modiano, *Les Boulevards de ceinture*, 1972

Au 4, Flaubert et Baudelaire en correctionnelle...

Le 29 janvier 1857, vers onze heures du matin, Gustave Flaubert comparaît devant la sixième chambre du tribunal correctionnel de la Seine. Il est accusé d'avoir outragé la morale publique et religieuse et les bonnes mœurs par son premier roman, *Madame Bovary*. Il est acquitté, non sans avoir reçu une leçon de littérature de la part des juges.

Six mois plus tard, le procureur Ernest Pinard peut (enfin) exulter : Charles Baudelaire, pour ses « peintures lascives », est condamné pour « outrage à la morale publique ». Six des poèmes du recueil *Les Fleurs du mal* sont censurés, le poète écope par ailleurs d'une amende de trois cents francs. La Cour de cassation ne réhabilitera Baudelaire et ses poèmes qu'en 1949, l'année où Jean Genet obtient une grâce présidentielle de Vincent Auriol grâce aux efforts de Jean Cocteau et de Jean-Paul Sartre.

... Céline s'en sort bien...

Le 21 février 1950, l'auteur de *Bagatelles pour un massacre* (1937), de *L'École des cadavres* (1938) et des *Beaux draps* (1941) est condamné par contumace par la chambre civique de la cour de justice de Paris pour collaboration avec l'Allemagne nazie : un an d'emprisonnement (couvert par son incarcération danoise), indignité nationale, confiscation de la moitié de ses biens et cinquante mille francs d'amende. Indulgence littéraire ? D'autres ont bénéficié de moins de clémence. Robert Brasillach, rédacteur en chef de la revue *Je suis partout*, a été fusillé le 6 février 1945. Lucien Rebatet, auteur du brûlot antisémite de l'Occupation (*Les Décombres*, 1942), ami de Céline, a été condamné à mort par cette même cour de justice cinq ans auparavant. À l'indulgence s'ajoute le gag : le 20 avril 1951, Tixier-Vignancour – un de ses avocats – porte le dossier devant le tribunal militaire de Paris pour une demande d'amnistie. Elle est acceptée après une erreur du président du tribunal qui a oublié le nom de naissance de Céline, Destouches.

... et Cocteau défend Genet

« Je me suis voulu traître, voleur, pillard, délateur, haineux, destructeur, méprisant, lâche », écrit-il dans son *Journal du voleur*. En juillet 1943, Jean Genet comparaît devant le tribunal correctionnel pour le vol d'une édition de luxe des *Fêtes galantes* (de Verlaine) dérobée chez un libraire parisien. Cocteau est à la défense : « Que vous dire de Jean Genet ? C'est le plus grand écrivain du siècle, et croyez-moi, je m'y connais ! »

Au 8, Raymond Queneau, Zazie, et la Sainte-Chapelle

Dans *Zazie dans le métro*, la visite de la Sainte-Chapelle pour les touristes du car dans lequel ont pris place Zazie et son oncle Gabriel s'avère un chouïa compliquée : « Ouvrez grand vos hublots, tas de caves, dit Fédor Balanovitch. À droite vous allez voir la gare d'Orsay. C'est pas rien comme architecture et ça peut vous consoler de la Sainte-Chapelle si on arrive trop tard ce qui vous pend au nez avec tous ces foutus encombrements à cause de cette grève de mes deux. »

PÉLICAN (rue du)

Dans sa chambre de la rue du Pélican, il n'y avait rien d'aimable, rien à quoi il pouvait tenir, rien, sauf le livre que sa main aveugle avait ramené de la maison abandonnée dans le déluge, un livre sur Molière, un petit volume relié…

— Jacques Audiberti, *Les Jardins et les fleuves*, 1954

Au 13, Gérard de Nerval

Dans cette ancienne rue du Poil-au-Con, devenue « Pélican » par transformation du nom, la prostitution prospérait au XIVe siècle et les boutiques étaient nommées « bouticles à peschié » (boutiques à péché). Lorsque Nerval s'y réfugie, en octobre 1854, dans un hôtel situé au no 13, la rue est toujours aussi misérable, comme le sera la fin du poète que l'on retrouvera pendu quelques mois plus tard, avec la seconde partie d'*Aurélia* dans sa poche.

PETITS-CHAMPS (rue des)

La rue des Petits-Champs est également présente dans le 2e arrondissement.

Rue des Petits-Champs. C'était mon lot… J'dépassais jamais la rue du Louvre et le Palais-Royal d'un côté, tu vois d'ici… Je faisais le matin des commissions pour les commerçants… Une livraison dans l'après-midi de temps en temps, je bricolais, quoi.

— Céline, *Voyage au bout de la nuit*, 1932

Au 5, Nestor Burma mène l'enquête

Est-ce parce que, dans les années 1930, il tenait un magasin de journaux à l'angle des rues Sainte-Anne et des Petits-Champs que Léo Malet y situe Fiat Lux, l'agence de son célèbre détective « de choc » ? Le premier Burma (*120, rue de la Gare*) paraît en 1943. Après avoir publié huit romans relatant les enquêtes de ce détective privé désinvolte et cynique, Malet décide d'écrire à partir de 1954 une série de vingt romans, *Les Nouveaux Mystères de Paris*, chacun mettant en scène Nestor Burma dans un arrondissement spécifique de la capitale. Pour des raisons de santé, l'inventeur du roman noir français (selon Jean-Patrick Manchette qui ajoute « peut-être ») n'ira pas plus loin que le quinzième volume (*Les Eaux troubles de Javel*).

Au 57, le mystère Rousseau

Dans cette ancienne rue Neuve-des-Petits-Champs, à l'angle de la rue de Ventadour, au début de sa liaison avec

Thérèse Levasseur, vers 1745, Jean-Jacques Rousseau réside dans une mansarde au n° 57. Il aurait eu avec cette jeune lingère cinq enfants et la légende veut, comme il l'a confessé, qu'il les ait abandonnés. Certains, comme Louis-Sébastien Mercier, mirent en doute la paternité de Rousseau. George Sand (suivie en cela par plusieurs médecins) émit l'hypothèse qu'il était impuissant et que ses aveux servaient à masquer un handicap dont il avait honte. Frederika Macdonald, dans *La Légende de Jean-Jacques Rousseau* (1909), soutient que Thérèse n'a jamais eu d'enfant et que ces abandons sont une invention : « L'abandon des cinq enfants entre 1746 et 1753 n'est qu'une fable inventée en premier lieu par les Levasseur, mère et fille, en vue de lier Rousseau à Thérèse. »

À cette époque, Rousseau ne vit que pour la musique. En 1742, il a imprimé à ses frais un mémoire sur la notation musicale, proposant de supprimer la portée et de la remplacer par un système chiffré. Sans aucun succès. Sa première œuvre importante sera son *Discours sur les sciences et les arts*, publié après qu'il a gagné un concours organisé par l'Académie de Dijon.

PLAT-D'ÉTAIN
(rue du)

Tu vas courir chez Frédéric Schoultz, dans la rue du Plat-d'Étain, et chez M. le percepteur Hâan, à l'hôtel de la Cigogne… tu m'entends ?
— Erckmann-Chatrian, *Contes et romans populaires*, 1867

Au 1, d'Alembert et Diderot

Dans *La Chère Emma Bovary*, Léo Larguier évoque cette rue « ancienne et povrette » et le célèbre Plat-d'étain, cabaret dans lequel Diderot, « un homme robuste au visage sanguin et au front solide », cherchait à intéresser d'Alembert à sa conversation, nettement plus intéressé par la jolie servante du lieu. Les deux hommes seront les piliers de l'*Encyclopédie ou Dictionnaire raisonné des sciences, des arts et des métiers* dont la préface stipule : « Le but d'une Encyclopédie est de rassembler les connaissances éparses sur la surface de la terre, d'en exposer le système général aux hommes avec qui nous vivons et de le transmettre aux hommes qui viendront après nous ; afin que les travaux des siècles passés n'aient pas été des travaux inutiles pour les siècles qui succéderont, que nos neveux, devenant plus instruits, deviennent en même temps plus vertueux et plus heureux, et que nous ne mourions pas sans avoir bien mérité du genre humain. »

PONT-NEUF (rue du)

Descendu rue de Rivoli, à la rue du Pont-Neuf, l'idée me vient d'entrer à la Belle Jardinière. Des chapeaux comme je voulais. À un prix abordable : 45 francs. J'en ai pris deux. Demain, j'irai en chercher deux autres. Je n'avais pas assez.

— Paul Léautaud, *Journal littéraire. 1937-1940*

Au 31, Molière

Le n° 31 de la rue du Pont-Neuf, situé à l'angle de la rue Saint-Honoré, est orné d'un joli buste de Molière. Ce serait selon l'inscription la maison natale de M. « de » Molière. C'est évidemment inexact, puisque Molière est né au 96, rue Saint-Honoré. Quant à sa date de naissance, elle est également erronée : 1620 au lieu de 1622. Que serait devenu Jean-Baptiste Poquelin sans la rencontre avec Madeleine Béjart, au début des années 1640 ? Peut-être aurait-il fait une carrière de tapissier, comme son père.

Au 33, le pour et le contre entrent au Chien qui fume

Un chien qui fume ne pouvait qu'attirer le pape du surréalisme. André Breton évoque ce restaurant dans un poème de *L'Amour fou* : « La voyageuse qui traversa les Halles à la tombée de l'été / Marchait sur la pointe des pieds / Le désespoir roulait au ciel ses grands arums si beaux / Et dans le sac à main il y avait mon rêve ce flacon de sels / Que seule a respirés la marraine de Dieu / Les torpeurs se déployaient comme la buée / Au Chien qui fume / Où venaient d'entrer le pour et le contre. »

PRÊTRES-SAINT-GERMAIN-L'AUXERROIS (rue des)

Quant à la rue des Prêtres-Saint-Germain-l'Auxerrois, jadis du Cloitre, on peut la comparer à un serpent sans queue ni tête...

— Marc Alyn, *Paris point du jour*, 2006

Au 19, la bohème du café Momus

S'y tenait en 1841, au rez-de-chaussée d'une maison à pignons jouxtant les locaux du célèbre *Journal des débats*, le café Momus fréquenté par les artistes bohèmes, rapins, musiciens sans commandes et poètes désargentés. C'est là[24] que Gustave Colline, l'immense philosophe, Marcel, l'immense peintre, Schaunard, l'immense musicien, et Rodolphe, l'immense poète, se retrouvent dans les *Scènes de la vie de bohème* d'Henry Murger, feuilleton qui connut un immense succès.

Ce café, où « le premier devoir du vin est d'être rouge », fut notamment fréquenté par Chateaubriand, Hugo, Balzac, Baudelaire, Champfleury et bien sûr Murger. Il ferme en 1856, remplacé en 1860 par la Maison-Colin, marchand de couleurs.

Au 19, le *Journal des débats*

Son premier numéro parut le 30 août 1789 et il fut un foyer politique et littéraire où se retrouvèrent les plus illustres personnages de l'époque, et qualifié, selon un mot célèbre, de « quatrième pouvoir de l'État ». La liste de ses collaborateurs fut impressionnante, avec les noms de Chateaubriand, Lamartine, Nodier, Maupassant, Heredia, Musset, Taine, Sainte-Beuve, Renan, Lemaître, France, Bourget… La publication, à partir de 1842, des *Mystères de Paris*, par Eugène Sue, fut un événement : on vit des lecteurs s'aligner le matin dans la rue pour attendre le numéro à sa sortie. Deux ans plus tard, Dumas récidivait avec *Le Comte de Monte-Cristo*.

PYRAMIDES (rue des)

La camionnette de mon voisin m'a déposé devant un bar de la rue des Pyramides, où j'ai pris l'apéritif avec des amis. Nous avons encore parlé de la Corée et des Chinois. À cette époque-là, et à cette heure-là, c'était le sujet de bien des conversations, dans tous les bars du monde, et dans bien d'autres lieux aussi.

— Roger Vailland, *Boroboudour, voyage à Bali, Java et autres iles*, 1951

Au 2, Émile Augier

L'auteur dramatique Émile Augier y séjourna de 1858 à 1862, dans un immeuble qu'il dut quitter lorsque celui-ci devint l'hôtel Régina (qu'évoque Patrick Modiano dans *Accident nocturne*). Après les succès de *La Ciguë* (1844), *L'Habit vert* (1849), *Sapho* (opéra en trois actes, musique de Charles Gounod, 1851) ou *Le Gendre de M. Poirier* (avec Jules Sandeau, 1854), pièce qui actualise le thème du bourgeois gentilhomme, sa carrière est à son apogée. Écrivain du Second Empire, dramaturge et poète de la grande bourgeoisie, académicien moralisant et conservateur, Émile Augier ne survivra pas à son époque. Sa statue elle aussi disparaîtra : érigée sur la place de l'Odéon avant la Seconde Guerre mondiale, son bronze sera fondu sous le régime de Vichy.

Au 5-7, Joseph-Philippe Simon dit Lockroy

De 1827 à 1863, cet acteur-auteur dramatique écrivit seul ou en collaboration (avec Scribe notamment) un grand nombre de drames et comédies-vaudevilles comme *Catherine II* (1831) ou *Un duel sous le cardinal de Richelieu* (1832). Dans les années 1840, il résida rue des Pyramides avant de s'installer au 32, rue Washington, où il décéda en 1891.

RADZIWILL (rue)

Je l'ai raccompagnée dare-dare jusqu'à la rue Radziwill… À ce moment-là, je lui ai dit : « Allez devant toujours, Madame, mais maintenant vous pressez plus ! Allez tout doucement ! »

— Louis-Ferdinand Céline, *Voyage au bout de la nuit*, 1932

Au 13, Baudelaire

« Il me semble que je serais toujours bien là où je ne suis pas », écrira-t-il dans *Le Spleen de Paris*. Après être passé d'hôtel en hôtel à six reprises durant un mois, Baudelaire séjourne dans cette rue Neuve-des-Bons-Enfants au mois de juin 1855. Son ouvrage majeur n'est pas loin d'éclore : dix-huit poèmes viennent de paraître dans la *Revue des Deux Mondes* sous le titre *Fleurs du mal*, titre qui avait été suggéré par un de ses amis, l'écrivain et critique littéraire Hippolyte Babou, après le rejet de *Les Lesbiennes* (envisagé en 1845) puis de *Les Limbes* (envisagé en 1848).

RAMBUTEAU (rue)

Ils dînaient au Bouledogue, rue Rambuteau,
une de leurs cantines, tenue par deux bons copains,
Jean-Pierre et Didier. Chaque fois que Nil s'y rendait,
traversant la Seine, remontant la rue du Temple,
il ressentait un pincement au cœur…

— Gabriel Matzneff, *Voici venir le fiancé*, 2006

Au 106, la maison natale de Pierre Carlet, dit Marivaux

Selon le *Guide littéraire de la France*, la maison natale de Marivaux était située à l'emplacement du 106. Sa première pièce, *Le Père prudent et équitable* (qui puise allègrement chez Molière et Regnard), est écrite à l'âge de 20 ans. Les débuts littéraires sont difficiles, avec deux romans (*Les Effets surprenants de la sympathie*, 1713, où des récits sont intégrés dans le récit, *La Voiture embourbée*, 1714, sur le thème du vrai opposé au vraisemblable) et une tragédie rimée (*Annibal*) rapidement abandonnée. Il faudra attendre 1720 pour que son génie théâtral séduise tout Paris avec *La Surprise de l'amour*, premier acte de deux décennies triomphales.

RENÉ-CASSIN (place)

La modernité devant le sacré : une statue en grès de 70 tonnes est posée place René-Cassin à côté de l'église. Elle a été créée par le sculpteur Henri de Miller en 1986. Elle représente une tête penchée sur une main et s'appelle Écoute.

— Fanny Bourgois, *Les Monuments de Paris et leurs petites histoires*, 2006

Au 1, le Ventre de Paris

La statue d'Henri de Miller est située à peu près à l'épicentre de ce que furent les anciennes Halles centrales de Paris. En littérature, ces halles restent indissociables du *Ventre de Paris* (1873), troisième volume des *Rougon-Macquart* d'Émile Zola, œuvre décrivant ce monstre tentaculaire en perpétuel mouvement roulant dans la même vague odeurs, bruits et fureurs réunis : « Au fond de la rue Rambuteau, des lueurs roses marbraient le ciel laiteux, sabré, plus haut, par de grandes déchirures grises. Cette aube avait une odeur si balsamique que Florent se crut un instant en pleine campagne, sur quelque colline. Mais Claude lui montra, de l'autre côté du banc, le marché aux aromates. Le long du carreau de la triperie, on eût dit des champs de thym, de lavande, d'ail, d'échalote ; et les marchandes avaient enlacé, autour des jeunes platanes du trottoir, de hautes branches de laurier qui faisaient des trophées de verdure. C'était l'odeur puissante du laurier qui dominait. »

En 1969, fin de partie, direction Rungis. « Les Halles, écrit René Fallet, ce refuge du fantastique poétique, ce bateau ivre ancré dans la ville en a été arraché comme une molaire. »

RICHELIEU (rue de)

La rue de Richelieu est également présente dans le 2e arrondissement.

Elle raconte tout bien, comme quoi les fusées Machin, et la Chine qui ceci cela, et puis môssieur le Pommier sinistre qu'a eu un entretien d'une heure avec le chef d'Étretat ; et enfin un hold-up rue de Richelieu dans des circonstances qui que quoi dont où.

— San-Antonio, *San-Antonio, les années 1980*

Au 6 (ancien no 13), George Sand et *La Cause du peuple*

George Sand ne saurait être réduite à ses amours mouvementées avec Sandeau, Musset, Pagello, de Bourges, Chopin, Manceau, etc., à des romans féministes ou régionalistes ou au concept suranné de « bonne dame de Nohant ». Elle fut également une journaliste engagée, adhéra aux idées socialistes dès 1840, et prôna la création de communautés capables de dépasser les antagonismes de classes. En février 1848, alors qu'à Nohant, sous ses fenêtres, les manifestants scandent : « À bas Mme Dudevant, à bas les communistes ! », elle participe activement, rue de Richelieu, à la révolution et à l'avènement de la République. Elle rédige des brochures populaires et fonde *La Cause du peuple* en avril 1848, journal installé à son adresse et qui ne comptera que trois numéros dans lesquels elle publiera *Le Roi attend*, pièce mettant en scène l'avènement du peuple souverain.

La Cause du peuple renaîtra cent vingt ans plus tard, et l'on verra Jean-Paul Sartre le distribuer dans la rue, narguant le pouvoir en place, comme le fit Sand. Mais, comme déclara le général de Gaulle : « On ne met pas Voltaire en prison. » Sand, pour sa part, rentrera chez elle.

Au 18 puis au 12, Marie-Joseph Chénier

Le jeune frère d'André Chénier, coauteur du *Chant du Départ*, résida au no 18 de 1805 à 1807, puis au no 12 de 1808 à 1811. Il avait débuté à la Comédie-Française (en 1785) par un drame en deux actes, *Edgar, ou le Page supposé*, qui fut – paraît-il – sifflé du début à la fin.

Député à la Convention, membre du Club des Cordeliers et de la Commune de 1792, il ne put éviter la guillotine à son frère André. On l'accusa, à tort, d'avoir contribué à le faire exécuter. Poursuivant sa carrière de poète-dramaturge, il finira à l'Académie française en 1803. Sa propension à l'emphase et à l'autosatisfaction fut souvent raillée, notamment par Chateaubriand qui lui succéda dans le fauteuil 19. Mme de Staël s'en amusa : « C'était un homme d'esprit et d'imagination, mais tellement dominé par son amour-propre qu'il s'étonnait de lui-même, au lieu de travailler à se perfectionner. »

Au 28, Maxime Formont

Ce poète dont l'œuvre gravite autour du thème symboliste de la rose (*Triomphe de la rose*, 1897) fut également romancier, produisant une quinzaine de romans (à l'eau de rose) : *Le Baiser rouge*, *Amants modernes*, *Le Visage de l'amour*…

Au 28 bis, Ollendorff pas très *Swann*

En 1875, Paul Ollendorff ouvre sa librairie-maison d'édition. Son premier grand succès intervient en 1882 avec Georges Ohnet et son *Maître de forges*, suivi par Maupassant et *Le Horla* en 1887, puis Octave Mirbeau, Paul Féval fils, Jules Renard… Vingt ans après sa création, avec plus de deux mille titres, Ollendorff est devenu un éditeur incontournable, obtenant le Goncourt en 1905 avec *Les Civilisés* de Claude Farrère. Comme la *NRF* et Fasquelle, la maison passera à côté de la pépite d'or. Louis de Robert, ayant recommandé *Swann* auprès de Humblot, lecteur chez Ollendorff, se voit répondre : « Cher ami, je suis peut-être bouché à l'émeri, mais je ne puis comprendre qu'un monsieur puisse employer trente pages à décrire comment il se tourne et se retourne dans son lit avant de trouver le sommeil. » Après trois refus, l'auteur de la *Recherche* se décidera à publier son livre à compte d'auteur, chez Grasset. Le fonds Ollendorff sera racheté par Albin Michel en 1924.

Au 34, Auguste Comte

Auguste Comte y réside en 1834 et 1835, travaillant sur la publication de son *Cours de philosophie positive* prévu en six tomes. Le premier, *Les Préliminaires généraux et la philosophie mathématique*, paraît en 1830, le deuxième, *La Philosophie astronomique et la philosophie de la physique*, en 1835. Son mariage prend l'eau, la chaire d'analyse et de mécanique à l'École polytechnique lui échappe, ses crises de folie se multiplient. Il faudra attendre 1845 pour que l'horizon s'éclaircisse avec la rencontre de Clotilde de Vaux.

Au 39, la mort de Diderot

Début juin 1784, Diderot quitte la rue Taranne et emménage dans l'hôtel dit de Bezons, loyer pris en charge par Catherine II, soucieuse de lui éviter l'ascension de quatre étages. Il y restera deux mois et y décédera d'un emphysème le 31 juillet à l'âge de 71 ans. Patrice Delbourg, dans *Les Jongleurs de mots* (2008), rappelle que l'abbé de la paroisse lui proposa « une petite rétractation » de ses écrits, arguant que cela ferait « un fort bel effet dans le monde ». Diderot déclina : « Convenez, monsieur le curé, que je ferais un impudent mensonge. »

Dans ses *Mémoires*, Mme de Vandeul relate la fin de son père : « Il se mit à table, mangea une soupe, du mouton bouilli et de la chicorée. Il prit un abricot ; ma mère voulut l'empêcher de manger ce fruit. “Mais quel diable veux-tu que cela me fasse ?” Il le mangea, appuya son coude sur la table pour manger quelques cerises en compote, toussa légèrement. Ma mère lui fit une question ; comme il gardait le silence, elle leva la tête, le regarda : il n'était plus. »

Au 40 (ancien 34), la mort de Molière, tapissier

Le 17 février 1673, après un malaise survenu sur scène lors de la quatrième représentation du *Malade imaginaire*, Molière décède d'une attaque foudroyante. Il n'a pas signé de renonciation au métier de comédien (précaution nécessaire quand on sent sa fin venir) et, conséquemment, ne peut bénéficier d'une sépulture chrétienne (depuis le quatrième siècle, les comédiens sont excommuniés par l'Église). Molière aurait demandé à recevoir les derniers sacrements, deux prêtres auraient refusé de venir, un troisième serait arrivé trop tard. Grâce à l'intervention de Louis XIV, il eut finalement droit à une sépulture (sans faste et de nuit) au sein du cimetière Saint-Joseph, situé entre les actuelles rue du Croissant, rue Montmartre et rue Saint-Joseph. Aucune inscription sur sa pierre tombale et, sur le registre des enterrements, la mention « Jean-Baptiste Poquelin, tapissier[25] ».

Au 45, Stendhal décide de devenir écrivain

Quittant Milan fin juin 1821, Beyle-Stendhal s'installe à Paris à l'hôtel de Bruxelles de la rue de Richelieu, décidé à quitter la carrière diplomatique et à devenir écrivain. Sa désillusion avec Matilde Dembowski l'a conduit à écrire *De l'amour*, essai sur le sentiment amoureux, dont à peine quarante exemplaires seront vendus l'année suivante. Ce n'est qu'en 1827 que commencera sa carrière littéraire, avec *Armance*, publié sans nom d'auteur. Ce roman sur l'impuissance serait en fait un roman sur l'homosexualité, comme le pensèrent André Gide ou Paul Morand. Lequel écrivit, dans *L'Eau sous les ponts* (1954), un chapitre intitulé « Armance ne rime peut-être pas avec… impuissance ».

RIVOLI (rue de)

La rue de Rivoli est également présente dans le 4e arrondissement.

Il existe, rue de Rivoli, un petit hôtel confortable et secret qui ne figure sur aucun guide, où l'on ne vend que du bonheur, du champagne, des fleurs et des mets succulents.

— Christine de Rivoyre, *La Mandarine*, 1957

Au 59, Léon Pierre Édouard Pujol dit P.-L. Flers

Il naît rue de Rivoli en 1865, résidera essentiellement au 242, boulevard Voltaire avant de s'installer dans le Midi. Malgré ses comédies, opérettes et vaudevilles joués entre 1894 et 1923, ses nombreuses chansons (dont *Les Deux Nichons*, sur une musique de Rodolphe Berger), ce dramaturge resterait sans doute méconnu s'il n'avait pas inventé la revue à grand spectacle, comme les inoubliables *Veux-tu grimper ?* (1901) ou *C'est d'un raid !* (1902).

Au 59, Marceline Desbordes-Valmore

« N'écris pas », chante Julien Clerc, tombé amoureux d'un texte de la poétesse Marceline Desbordes-Valmore que Vigny (petite aventure) et Hugo (grande amitié) tenaient en haute estime littéraire. Comédienne dès l'âge de 16 ans, elle se produit à l'Odéon et à l'Opéra-Comique puis quitte le théâtre pour se consacrer à l'écriture. Par ses recueils, *Élégies et poésies nouvelles* (1824), *Les Pleurs* (1833), *Pauvres fleurs* (1839), *Bouquets et Prières* (1843), elle ouvre la voie à la poésie moderne, notamment à Verlaine qui salue son rôle majeur dans l'évolution de l'écriture : « Nous proclamons à haute et intelligible voix que Marceline Desbordes-Valmore est tout bonnement [...] la seule femme de génie et de talent de ce siècle et de tous les siècles. [...] Marceline Desbordes-Valmore a, le premier d'entre les poètes de ce temps, employé avec le plus grand bonheur des rythmes inusités, celui de onze pieds entre autres. »

Surnommée « Notre-Dame-des-Pleurs » pour les nombreux drames survenus durant sa longue vie, mais peut-être également pour une certaine tendance aux larmoiements dans ses écrits (« Marceline, poète plus geignard que Lamartine[26] »), elle meurt au 59, rue de Rivoli, en 1859[27].

Au 99, sur la place du Carrousel, l'impasse du Doyenné de Gérard de Nerval

Vestige du vieux Paris, le quartier du Doyenné était situé sur l'actuelle place du Carrousel, un « champ de baraques », des « tas de chapiteaux ébauchés et de fûts », de « gros blocs verdis par l'eau des flaques » comme l'écrit Baudelaire[28].

En juillet 1834, Gérard Labrunie (pas encore Nerval) hérite de son grand-père une coquette somme. Son adresse est alors 6, rue du Paon, adresse très provisoire car, fin 1834 ou début 1835, il informe son ami Papion du Château qu'il faut désormais lui écrire impasse du Doyenné, n° 3. Il s'y installe chez le peintre Camille Rogier, suivi par Arsène Houssaye, Roger de Beauvoir et Charles Lassailly. Théophile Gautier, qui réside à une trentaine de mètres, y poursuit la rédaction de *Mademoiselle de Maupin*. Nerval entame alors une période dorée : bohème parisienne, premier voyage en Italie, passion pour l'actrice Jenny Colon, lancement de la revue littéraire *Le Monde dramatique* et choix définitif du nom de Nerval. Sa passion pour l'actrice ne sera pas partagée et la revue fera faillite. Arsène Houssaye se souvient de Nerval dans *Les Confessions, souvenirs d'un demi-siècle* (1885). « C'était un sous-locataire bien facile à vivre, puisqu'il ne couchait jamais chez lui. On ne le voyait çà et là que dans les belles heures de la journée ; le soir il courait les théâtres, la nuit il vivait en noctambule et en illuminé dans la fièvre de l'inspiration. Il finissait de guerre lasse par s'endormir où cela se trouvait... »

Nerval évoque avec tendresse le Doyenné dans ses *Petits Châteaux de Bohême* (1853). Balzac l'évoque également dans *La Cousine Bette* (1847), décrivant un « pâté sombre et désert où les habitants sont probablement des fantômes, car on n'y voit jamais personne ».

Au 194, les conquêtes de Chateaubriand

Entre 1812 et 1814, Chateaubriand occupe un appartement rue de Rivoli. Précurseur du romantisme, il est célèbre pour son *Génie du christianisme*, apologie de la religion, ouvrage accompagné d'*Atala* et de *René*, deux courts récits au prodigieux succès. Monarchiste, il applaudit le retour des Bourbons et, en mars 1814, publie contre l'empereur déchu un virulent pamphlet qui, selon lui, « sert plus le roi que cent mille hommes ». Il en sera récompensé par un éphémère poste de ministre de l'Intérieur en 1815, ce qui fera dire à Talleyrand : « Monsieur de Chateaubriand croit qu'il devient sourd car il n'entend plus parler de lui. »

Le futur ministre reçoit-il ses féminines conquêtes rue de Rivoli ? C'est avéré pour Natalie de Noailles, qu'il décrit sous les traits de Bianca dans *Les Aventures du dernier Abencérage*. Et probable pour l'écrivaine et influente salonnière Claire de Kersaint, duchesse de Duras, qui favorisera sa nomination comme ministre des Affaires étrangères en 1822.

Au 200, Henri Troyat

Au terme de quatre décennies passées rue Bonaparte, Henri Troyat s'installe en 2003 rue de Rivoli, à quelques dizaines de mètres du domicile qu'occupa un autre géant russe : Tourgueniev. L'académicien aux cent romans, essais et biographies écrira jusqu'au terme de sa vie, publiant à près de 95 ans un dernier ouvrage : *La Traque*. Il décède rue de Rivoli en 2007 et Hélène Carrère d'Encausse déclare dans *La Croix* : « Il était le doyen de l'Académie depuis 1987, ce qui lui donnait un statut de révérence particulier. Il était notre mémoire, celui vers lequel nous nous tournions le plus volontiers. Sa vie fut admirablement remplie et sa conception de la fonction de l'écrivain guidait son écriture : écrire pour être lu et atteindre un public… »

Dans *Le Figaro*, Maurice Druon signe un article intitulé « Henri Troyat, la fin d'une histoire russe », article qui commence par cette phrase : « L'écrivain préféré des Français est mort. »

Au 202, l'hôtel Saint-James Albany de Marguerite Yourcenar

Celle qui s'appelait Cleenewerck de Crayencour (Marguerite Yourcenar est un quasi-anagramme) fut une habituée de l'hôtel Saint-James Albany lorsqu'elle délaissait son exil américain dans le Maine et ses vagabondages à travers le monde. Elle n'eut jamais d'adresse fixe parisienne et obligeait Plon, un de ses éditeurs, à lui servir de banquier. Quant à son second banquier, Gaston Gallimard, elle fut sans doute la seule à le « convoquer », après qu'il a osé lui donner du « mademoiselle » au lieu du « madame ». Comme le note sa biographe Josyane Savigneau, « chez Marguerite, le flacon de vitriol n'est jamais loin de la théière ».

L'auteure de *L'Œuvre au noir* et des *Mémoires d'Hadrien* fut la première femme élue membre de l'Académie française. « C'est une victoire de la littérature, écrit Jean d'Ormesson dans l'édition du 7 mars 1980 du *Figaro*. En faisant honneur à Marguerite Yourcenar, l'Académie française s'est fait honneur à elle-même. » Farceur, d'Ormesson fit remarquer qu'il y aurait désormais deux toilettes à l'Académie. L'une marquée « Messieurs », l'autre marquée « Marguerite Yourcenar ». Elle n'aura pas l'occasion de les utiliser, car elle ne mettra plus les pieds à l'Académie après y avoir été reçue. « En acceptant d'entrer à l'Académie puis en refusant superbement d'y remettre jamais le cothurne ou la sandale, écrit Jean-Marie Rouart, elle a montré qu'après avoir condescendu à accepter l'hommage sans précédent de trente-neuf soupirants hors d'âge, elle n'était pas prête pour autant à se commettre avec eux dans leurs jeux idiots. »

Au 202 également, Fitzgerald, Sinclair Lewis et Graham Greene

Situé sur l'emplacement qu'occupait l'ancien hôtel de Noailles, l'hôtel Saint-James Albany accueille Francis Scott Fitzgerald et sa femme Zelda en avril 1921 (qui, paraît-il, y semèrent une joyeuse pagaille), puis Sinclair Lewis six mois plus tard, alors qu'il travaille sur *Babbitt*. L'hôtel est également une des étapes de la « Tante Augusta » (femme excentrique de 70 ans, charmante et volage) dans les *Voyages avec ma tante* de Graham Greene.

Au 206, Tolstoï ne fait que passer

En février 1857, Tolstoï rejoint Tourgueniev à Paris. Il s'installe au 206, rue de Rivoli dans une pension de famille et découvre, grâce à son ami et aîné de onze ans, les « jouissances de l'art ». Les deux hommes sont très proches, mais les divergences littéraires sont nombreuses : pour Tolstoï, Baudelaire est un « rimailleur malsain », Verlaine un ivrogne, l'œuvre de Shakespeare est un ramassis de lieux communs, une insulte au bon sens et il faut notamment l'intervention de leurs amis pour éviter un duel à ce propos.

Tolstoï est maussade : Paris le navre, la ville est laide, les Parisiens dépravés, les monuments détournés. « Suis allé à l'hôtel des Invalides, écrit-il. Cette déification d'un malfaiteur est horrible. »

En avril, il assiste à l'exécution d'un certain François Richeux devant la prison de la Roquette. Dans sa *Confession*, il relatera : « Quand je vis la tête se détacher du corps et, séparément, tomber dans le panier, je compris, non par la raison, mais par tout mon être, qu'aucune théorie sur la rationalité de l'ordre existant et du progrès, ne pouvait justifier un tel acte. » Choqué, Tolstoï quitte la France pour la Suisse. Paris n'est pas pour lui.

Au 208, Bjornstjerne Bjornson

Aux côtés de Henrik Ibsen, Jonas Lie et Alexander Kielland, Bjørnstjerne Bjørnson est considéré comme l'un des plus grands écrivains norvégiens. En 1903, il recevra le prix Nobel de littérature « en signe de reconnaissance pour la noblesse et la magnificence d'une poésie aux multiples facettes, qui s'est toujours distinguée par la fraîcheur de son inspiration et la rare pureté de l'esprit qui l'habite ». Il décède à Paris en 1910.

Au 210, ce bon géant Tourgueniev

Dans les années 1847-1848, Tourgueniev s'est déjà rendu en France, résidant en particulier au 1, rue Tronchet. En 1856, fidèle au quartier, il s'installe rue de Rivoli où il séjournera avec sa fille Pauline jusqu'en 1864. Le doux géant, ami de Théophile Gautier, y écrit *Pères et Fils*[29], roman qui popularisera le terme de « nihilisme ». Proche de Tolstoï, il fut également l'ami de Flaubert, malgré quelques différends comme, notamment, la façon de cuisiner le poulet. Les deux hommes faisaient partie du Groupe des cinq (Flaubert, Tourgueniev, Edmond de Goncourt, Zola, Alphonse Daudet) dénommés également « les auteurs sifflés », car tous avaient subi des revers au théâtre. Tourgueniev avait trois passions : la cantatrice Pauline Viardot, la chasse, et le jeu d'échecs.

Après la rue de Rivoli, le père et sa fille Pauline logèrent au 11, rue de l'Arcade, non loin du célèbre café de la Régence où Tourgueniev officiait en qualité de « Chevalier du Fou », du fait de son amour pour cette pièce échiquéenne. Considéré comme un très bon joueur, il se mesura au maître international Władysław Maczuski et la partie qu'il gagna contre lui fut relatée dans la revue *La Nouvelle Régence.*

Au 224, Paul Ginisty

Se souviendrait-on de Paul Ginisty (1855-1932), journaliste, auteur de romans, d'écrits historiques et de pièces de théâtre, s'il n'avait figuré dans *L'Abécédaire* d'André Breton, abécédaire accompagnant ses gravures sur pomme de terre réalisées à Saint-Cirq-Lapopie ? On le devrait, car les écrits de Ginisty sur le théâtre ont perduré et son *Paris à la loupe* (portraits et articles sur le « boulevardisme », les fumeurs de kif, les polices privées, etc.) est réjouissant.

Au 226, Walter Scott à l'hôtel Windsor

Considéré comme un génie par Balzac, Dumas, Hugo, Dickens, Pouchkine, il fut l'écrivain le plus célèbre d'Europe dans la première moitié du XIXe siècle. En 1826, l'auteur (écossais) de *Rob Roy* et de *Quentin Durward* effectue un second séjour[30] en France, aux fins d'effectuer des recherches pour son ouvrage sur la vie de Napoléon Bonaparte. Il y rencontre Alfred de Vigny, qui lui offre un exemplaire dédicacé du *Cinq-Mars*, et un autre auteur anglo-saxon, également célèbre pour ses romans d'aventures : l'Américain James Fenimore Cooper, l'auteur du *Dernier des Mohicans.*

Au 228, Dickens à l'hôtel Meurice

Dickens séjourna en 1844 à l'hôtel Meurice, hôtel apprécié pour son charme anglais, sa bonne compagnie et (à l'époque) « ses prix modiques ».

Fargue rappelle qu'en 1806, le Meurice était situé au 223. Et il paraphrase

Saint-Saëns, en évoquant les clientèles d'hôtel : « On peut poser en principe qu'il y a trois sortes de clientèles : la bonne, la mauvaise et celle du Meurice. » Pense-t-il à Edmond Rostand, client fidèle, qui, rappelle-t-il, composa *Chantecler* rue de Rivoli ?

Au 228, Modiano et Mai 68 à l'hôtel Meurice

En mai 1968, Patrick Modiano fréquente les barricades en qualité de journaliste (pour *Vogue*). Dans cette revue pas vraiment gauchisante, il signe un article ironique intitulé « Un printemps unique ». Le jeune écrivain, qui vient de publier un premier roman plein de bruit et de fureur sur l'Occupation – *La Place de l'Étoile*, prix Roger-Nimier –, a du mal à prendre au sérieux l'embrasement de la rue Gay-Lussac : « Je doute, écrit-il un peu trop imprudemment, que les dates de notre guerre en dentelles figurent un jour dans l'histoire au même titre que la bataille de Poitiers… »

Le 22 de ce joli mois de mai, Modiano se rend rue de Rivoli pour recevoir son prix. Séjournent notamment au Meurice le milliardaire américain J. Paul Getty (persuadé que les émeutiers vont venir l'égorger et qui a rédigé son testament sur le papier à lettres de l'hôtel), Salvador Dalí (qui, dans l'ancienne suite d'Alphonse XIII, se réjouit des « événements ») et, dans la suite 250-252-254, résidente à l'année, la non moins milliardaire Florence Gould (surnommée « Mme Racine », car elle distribue allègrement des billets de cinquante francs à l'effigie de l'écrivain), mécène du prix Roger-Nimier, bien décidée à honorer ce grand jeune homme dont on lui a dit beaucoup de bien. Le palace, qui fut le siège de la Kommandantur et logement de fonction du général von Choltitz, accueille donc le 22 mai 1968 le très jeune lauréat pour *La Place de l'Étoile*, roman à charge féroce contre l'antisémitisme. Ironie de l'histoire, le jury compte d'anciens écrivains collaborationnistes comme Jacques Chardonne, Marcel Jouhandeau ou Paul Morand[31].

Au 228, l'hôtel Meurice fête la fin des années 1980

Le 31 décembre 1989, à l'instigation de Jean-Paul Bertrand, directeur des Éditions du Rocher, neuf (jeunes) écrivains, héritiers supposés des « Hussards », furent enfermés chacun dans une suite de l'hôtel Meurice pour y écrire une nouvelle enterrant les années 1980. Au menu : Thierry Ardisson, Frédéric Berthet, Patrick Besson, Alain Bonnand, Olivier Frébourg, Jean-Michel Gravier, Marc-Édouard Nabe, Éric Neuhoff et Jean-René Van der Plaetsen. Deux jours plus tard, *10 ans pour rien ?*, somme des neuf nouvelles, était dans toutes les librairies. Éditions du Rocher, évidemment.

Au 238, le premier salon de Mme Adam

Née Juliette Lambert (en 1836), épouse de l'avocat-député Edmond Adam, elle publia dès 1858 (sous le nom de Juliette La Messine) *Idées anti-proudhoniennes sur l'amour, la femme et le mariage*, essai qui vole au secours de son amie George Sand malmenée par Proudhon, et qui sera suivi de quatre romans. Elle ouvre son salon en 1865, recevant le lundi. Poétesse, romancière, journaliste, conseillère de nombreux politiciens, elle va occuper le devant de la scène politico-culturelle française pendant de longues décennies, faisant migrer son salon boulevard Poissonnière en 1871 puis boulevard Malesherbes en 1887.

Au 240, Félix Galipaux

Après le 6, rue Mayran (en 1905) puis le 4, square La-Bruyère (en 1924), Galipaux emménage au 240, rue de Rivoli, où il décédera à 70 ans. Cet écrivain humoriste, auteur de pièces boulevardières (et remarquable violoniste !), verra la consécration du mot « galipette » à la suite de la publication de ses recueils d'histoires intitulés *Galipettes* qui connurent un grand succès à la fin du XIXe siècle.

SAINT-HONORÉ (rue)

La rue Saint-Honoré est l'asile d'un bottier féroce qui a juré de boire votre sang jusqu'à concurrence de cent cinquante-sept francs. Fuyez la rue Saint-Honoré, si vous ne voulez pas fournir à ce cannibale altéré une limonade prise ainsi dans vos veines.

— Louis Huart, *Physiologie du flâneur*, 1841

Au 96, la naissance de Molière

Molière a-t-il existé en double exemplaire ? Dans la rue Saint-Honoré, à la jonction de celle-ci et de la rue du Pont-Neuf, on peut lire sur la maison qui porte le n° 31 : « J.-B. POQUELIN DE MOLIERE. Cette maison a été bâtie sur l'emplacement de celle où il naquit. » Il s'agit évidemment d'une erreur : Molière naît en 1622 dans la « maison des singes », à la hauteur du 96, rue Saint-Honoré, à l'angle de la rue Sauval, dans une maison détruite et reconstruite en 1802[32].

« Les époux Poquelin, écrit Sainte-Beuve, occupaient dans la maison de la rue Saint-Honoré une boutique avec salle à la suite servant de cuisine et probablement de salle à manger, et au-dessus de cette salle une soupente ; entre le rez-de-chaussée et le premier étage se trouvait une sorte d'entresol dans lequel étaient la chambre à coucher et un cabinet ; le premier étage était transformé en magasin. La chambre au-dessus de la boutique et qui a vue sur la rue Saint-Honoré est évidemment celle des époux Poquelin, celle où a dû naître Molière. »

S'il est né à deux endroits différents, l'auteur du *Tartuffe* est par ailleurs mort deux fois : au n° 34 de la rue de Richelieu, comme l'affirme une plaque noire, et au n° 40, comme l'affirme une plaque blanche.

Au 155, Jacques Chardonne et la librairie Delamain

Il s'appelait Jacques Boutelleau[33] et, en 1921, il prend la codirection (avec Maurice Delamain) de la librairie Stock, Delamain et Boutelleau située rue Saint-Honoré.

Parallèlement à son travail d'éditeur, il publie quelques ouvrages chez Grasset, notamment *Claire*, en 1931, qui obtient le Grand Prix du roman de l'Académie française.

Dès 1939, il se fait remarquer pour ses écrits collaborationnistes et en octobre 1941, il se rend à Weimar avec sept autres écrivains français dont Pierre Drieu la Rochelle, Marcel Jouhandeau et Robert Brasillach, séjour dont il revient favorable à Hitler. Pétainiste convaincu, il écrit : « Pétain est le seul grand. Je le trouve sublime. Il est toute la France. Je vomis les juifs, Benda, et les Anglais – et la Révolution française. C'est une grande date que 1940. »

Diable ! Après de sérieux ennuis à la Libération, il sera avec Paul Morand un des mentors des « Hussards » (Roger Nimier, Jacques Laurent, Antoine Blondin, Michel Déon...). Épistolier effréné voire compulsif, il envoya des milliers de lettres à ses amis et autres contemporains (sur du papier blanc, le papier à mensonges, ou sur du papier quadrillé, le papier de la vérité). Sa longue correspondance avec Paul Morand dont il était très proche commencera à être éditée en 2013 par Gallimard. Son style précieux et raffiné impressionna de Gaulle, puis Mitterrand, et suscita l'admiration de très nombreux critiques littéraires.

Au 155, le café de la Régence

À l'emplacement du 155, qui correspondait à l'angle occidental de l'ancienne place avec la rue Saint-Honoré, se tenait le café de la Place du Palais-Royal, renommé après 1750 café de la Régence[34]. Haut lieu du jeu d'échecs, il fut fréquenté notamment par Voltaire, d'Alembert, Rousseau et Diderot qui l'évoque dans son *Neveu de Rameau*. « Qu'il fasse beau, c'est mon habitude d'aller vers les cinq heures du soir me promener au Palais-Royal. [...] Si le temps est froid ou pluvieux, je me réfugie au café de la Régence, là je m'amuse à voir jouer aux échecs. Paris est l'endroit du monde et le café de la Régence est l'endroit de Paris où l'on joue le mieux à ce jeu ; c'est chez Rey que font assaut le Legal profond, Philidor le subtil, le solide Mayot... »

Transféré plus tard au 161, il accueillit souvent Musset venu s'enivrer de solitude mélancolique, de hargne et d'absinthe. « Connaissant l'état de l'académicien, écrit Gaubert dans *Les Poètes au café* (1910), un jour, le patron [...] interdit au garçon de renouveler le verre de l'enfant du siècle. Musset insiste, le garçon explique l'ordre reçu. Le poète se lève et d'un mot cloue à son comptoir le cabaretier terrifié : "À l'étal !" »

De son passage au café de la Régence subsistera un cocktail, le Musset, mélange d'absinthe, de bière et de rhum.

Au 203, le spleen de Georges Perec

Perec a connu deux adresses rue Saint-Honoré. La première, au premier semestre 1957, au n° 203, sixième étage sans ascenseur. Dans *Un homme qui dort*, il évoque l'étroite et minuscule chambre (2,92 mètres sur 1,73 mètre), le clocher de Saint-Roch qui « ne distingue pas le quart, ni la demie, ni les trois quarts, l'alternance des feux croisement de la rue Saint-Honoré et de la rue des Pyramides ». Dans ce roman, Perec tutoie le lecteur et raconte l'histoire d'un étudiant en sociologie « qui ne s'est pas levé de bonne heure » et qui refuse de se rendre à son examen.

La seconde adresse est le 217, « un peu plus loin, au premier étage, pendant les six premiers mois de 1959 » comme il l'écrit dans « Saint-Honoré, souvenir 1 », stipulant qu'il y écrit *Gaspard pas mort* en trois semaines, roman qui deviendra *Le Condottière*, publié au Seuil en 2012.

Au 263, la mort de Fontenelle

Né en 1657, neveu des frères Corneille, il fut poète, auteur dramatique, philosophe, prit parti pour les modernes (avec Perrault) contre les anciens (Boileau, Racine, La Bruyère), opéra la transition entre le Grand Siècle et le siècle des Lumières et régna sur le salon de Mme de Lambert. « On peut, déclara Voltaire, le regarder comme l'esprit le plus universel que le siècle de Louis XIV ait produit. » Fontenelle, doyen de l'Académie française, apparaît dans son *Micromégas* (1752) lorsque le héros arrive sur Saturne et rencontre un personnage étonnant : « Il lia une étroite amitié avec le secrétaire de l'Académie de Saturne, homme de beaucoup d'esprit, qui n'avait à la vérité rien inventé, mais qui rendait un fort bon compte des inventions des autres, et qui faisait passablement de petits vers et de grands calculs. » Fontenelle vécut cent ans moins un mois, décédant rue Saint-Honoré en 1757.

Au 284, Louis de Fontanes

Ce Niortais monte à Paris en 1777 afin d'exercer une carrière poétique. Les débuts – notamment dans l'*Almanach des muses* – sont prometteurs : « On s'étonna, écrit le comte Molé, de trouver dans un aussi jeune homme un goût si sûr, un talent aussi mûr, un style aussi élégant et si correct[35]... » Pris dans le tourbillon de la Révolution, il doit s'exiler en Angleterre puis revient en France, résidant dans un petit logement de la rue Saint-Honoré. Rallié à Bonaparte, il va laisser sa carrière prendre le pas sur la poésie. Elle sera éclatante : installé au 36, rue de la Chaussée-d'Antin, il sera député en 1802, membre de l'Académie française en 1803, membre puis président du Corps législatif en 1804-1805, comte de l'Empire en 1808, grand-maître de l'Université, pair de France en 1814.

La poésie y a-t-elle perdu ? Selon Sainte-Beuve, « Fontanes représente exactement le type du goût et du talent poétique français dans leur pureté et leur atticisme, sans mélange de rien d'étranger ; goût racinien, fénelonien, grec par instant ». Bref, un enterrement de première classe.

Au 374, le salon de Mme Geoffrin

En 1755, les Lumières sont à leur apogée, Paris en est le centre et ses salons attirent toute l'Europe des lettres et des arts. Lieux de libertés, lieux de débat en dehors du contrôle de l'Église et de l'État, ces salons organisent la vie intellectuelle. Celui de Mme Geoffrin – de 1749 à 1777 – rassemble notamment Fontenelle, Montesquieu, Voltaire, Grimm, d'Alembert, Helvétius, Diderot ou Hume autour d'une table richement servie. « Il m'en souvient, écrit l'abbé Delille, j'ai vu l'Europe entière / D'un triple cercle entourer son fauteuil. »

Le célèbre tableau d'Anicet Charles Gabriel Lemonnier témoigne de l'engouement pour ce célèbre salon. Souvent dénommé *Le Salon de Madame Geoffrin*, il fut en fait commandé par Joséphine de Beauharnais et rend compte – à posteriori et de façon fictive – de la lecture par l'acteur Lekain d'une pièce de théâtre de Voltaire, *L'Orphelin de la Chine*.

On assista au milieu du XVIIIe siècle à une véritable guerre des salons et Mme Geoffrin dut subir la concurrence farouche de la marquise du Deffand qui suspecta « la Geoffrin » d'avoir encouragé Mlle de Lespinasse à monter contre elle son propre salon.

Au 382, le salon de Mme de Tencin

« On voit bien, à la façon dont Il nous a traitées, que Dieu est un homme[36]. » Féministe de la première heure, Mme de Tencin, mère de d'Alembert, tint rue Saint-Honoré un salon incontournable quelques décennies avant celui de Mme Geoffrin. L'hôtesse accueillait dans sa « ménagerie » l'ensemble de ses « bêtes » : Montesquieu, Marivaux, Fontenelle, Mme du Deffand, Mme Geoffrin, Helvétius, l'abbé Prévost, et tous les grands esprits de l'époque, hormis Voltaire, qu'elle détestait. « Voltaire, disait-elle, c'est la perfection des idées communes. »

Chez elle, écrit Marivaux, « il n'est point question de rang ni d'état. Personne ne se souvient du plus ou moins d'importance qu'il a ; ce sont des hommes qui parlent à des hommes ». Elle fut également femme de lettres, publiant avec succès quelques romans dont les *Mémoires du comte de Comminge*, *Le Siège de Calais* et *Les Malheurs de l'amour*.

Entremetteuse, arriviste et âpre au gain, cette ancienne maîtresse du Régent (puis de son premier ministre Dubois) était détestée des Parisiens. Elle meurt en 1749 accompagnée par un petit quatrain populaire : « Crimes et vices ont pris fin / Par le décès de la Tencin. / Hélas ! me dis-je, pauvre hère, / Ne nous reste-t-il pas son frère ? »

Au 397, la « Reine des roses » de César Birotteau

C'est au 397 que Balzac situe le magasin La Reine des roses, commerce qui fut prospère grâce au lancement de produits à succès comme « l'Eau Carminative » ou « la Double Pâte des Sultanes ». Le magasin va pourtant faire faillite, entraîné vers le fond par la folie des grandeurs et les spéculations de Birotteau. Balzac aurait-il songé, par cette faillite, à faire trembler l'insolente réussite de Pierre-François-Pascal Guerlain, qui ouvrit sa boutique rue de Rivoli en 1828 ?

SAINT-ROCH (rue)

Il s'approcha, il les écouta. « Et je les ai suivis, disait le gros. Ils ont pris la rue Saint-Honoré, la rue Saint-Roch, la rue de la Chaussée-d'Antin, la rue La Fayette… – Enfin, vous leur avez parlé ? demanda le mince, d'un air de profond intérêt. – Non, j'ai eu peur de me mettre en colère. »

— Émile Zola, *L'Œuvre*, 1886

Au 5, Mélanie Waldor

Née en 1796, « frêle, jolie avec des yeux caressants et des mines pudiques qui affolent » selon André Maurois, elle est surtout connue pour avoir été la maîtresse de Dumas et l'inspiratrice d'*Antony*, pièce dans laquelle le dramaturge exprime sa passion : « *Antony* n'est point un drame, écrit-il, *Antony* n'est point une tragédie, *Antony* n'est point une pièce de théâtre, *Antony* est une scène d'amour, de jalousie, de colère, en cinq actes. »

La belle, meurtrie par l'extinction rapide de la passion chez Dumas, devint ensuite la maîtresse de Cavour, produisit un recueil de poèmes, *Poésies du cœur* (1835), qui sera suivi durant une trentaine d'années par une quinzaine de romans et quelques pièces de théâtre.

Au 7, Édouard Ourliac

Ce romancier (*Jeanne la Noire*, 1833), nouvelliste, poète et journaliste collabora avec Balzac et écrivit pour le théâtre, notamment pour la jeunesse, fournissant au *Journal des enfants* une série de pièces dramatiques qui deviendront le *Théâtre du seigneur Croquignole*.

« Il vivait, écrit Arsène Houssaye, avec son père et sa mère, rue Saint-Roch. […] On ne l'y voyait que le soir ou le dimanche, car il était attelé à un petit emploi de douze cents francs aux Enfants-Trouvés. Il avait beaucoup de camarades et peu d'amis. C'était dans notre poétique Bohème de l'impasse du Doyenné que nous vivions en familiarité avec ce charmant esprit. Édouard Ourliac venait tous les matins nous voir dans ce royaume de la fantaisie. […] Nous n'avions pas d'argent, mais nous vivions en grands seigneurs ; nous donnions la comédie ; ces dames de l'Opéra soupaient chez nous, vaille que vaille, et daignaient danser pour nous à la fortune de leurs souliers. Édouard Ourliac surtout donnait la comédie. C'était le Molière de la bande. Il était auteur et acteur avec la même verve et la même gaieté. »

SAINTE-ANNE (rue)

Rue Sainte-Anne, rue Sainte-Anne, je ne vois rien venir !

Jacques Roubaud, *Paris/Sirap*, 1999

Au 14, Ernest Legouvé

Écrivain, poète et dramaturge, il naquit rue Sainte-Anne et y décéda en 1807. Après une période « romans », avec *Max* (1833), *Les Vieillards* (1834), et *Édith de Falsen* (1840), il se consacra au théâtre avec notamment *Louise de Lignerolles* (1838) et surtout *Adrienne Lecouvreur* (1849), comédie-drame écrite en collaboration avec Scribe, son grand triomphe théâtral.

Il fut par ailleurs un des premiers militants féministes et publia en 1849 un ouvrage intitulé *Histoire morale des femmes*, affirmant que la révolution de 1848 avait échoué parce qu'elle n'avait rien fait pour l'émancipation des femmes. Comme son père, il fut élu à l'Académie française (en 1855, au fauteuil n° 30).

Au 16-18, la grande lumière d'Helvétius

A-t-il, comme le disait Stendhal, « ouvert les portes de l'homme à deux battants » ? Souvent considéré comme l'auteur d'un unique ouvrage (*De l'esprit*, en 1758, qui fut à l'origine du plus grand scandale littéraire du XVIIIe siècle), le philosophe matérialiste et antireligieux Claude-Adrien Helvétius habita à l'ancien n° 18 de la rue Sainte-Anne avec son beau-frère, le fermier général Nicolas de Delay de La Garde. Considérant que l'homme est la résultante de son éducation et de son environnement, que les petits événements de la vie infantile entraînent une différenciation profonde entre les êtres, et que les religions, notamment la religion (catholique), ne sont qu'un despotisme destiné à une meilleure exploitation des hommes, il s'inscrit parmi les penseurs le plus novateurs des Lumières. En 1792, vingt et un ans après sa mort, la rue Sainte-Anne prendra le nom d'Helvétius. Elle retrouvera son nom initial en 1814.

Au 46, la mort de Bossuet

Ô nuit désastreuse ! ô nuit effroyable ! où retentit tout à coup comme un éclat de tonnerre cette étonnante nouvelle, Bossuet se meurt ! Bossuet est mort !

Trente-quatre ans après la mort de la duchesse d'Orléans et son oraison qui fit pleurer toute la cour, « l'Aigle de Meaux » décède en 1704 à quatre heures du matin de la « maladie de la pierre », affection résultant de la formation de calculs dans les reins ou les voies urinaires.

Outre ses célèbres sermons, ses oraisons et son *Discours sur l'histoire universelle* écrit pour le Dauphin (le fils de Louis XIV, dont il fut le précepteur), Jacques-Bénigne Bossuet combattit par ses écrits : les jansénistes, les protestants, les comédiens, les libertins et les mondains. Son *Traité de la concupiscence* sera publié à titre posthume.

VALOIS (rue de)

Victorin l'a rencontré sur les cinq heures du soir, au moment où il entrait dans un restaurant à vingt-cinq sous, rue de Valois ; il l'a pris à jeun par les sentiments et l'a ramené rue Louis-le-Grand.

— Honoré de Balzac, *La Cousine Bette*, 1847

Au 6, les prémices de l'Académie française

Présidées par Valentin Conrart, poète sans prétention, les séances des vingt-deux premiers « académistes », comme on les appela jusqu'en 1636, se tinrent dans une maison située à la hauteur du 6, rue de Valois. La première réunion ayant fait l'objet d'un compte rendu eut lieu le 13 mars 1634. Boileau n'aimait pas Conrart, maître de la langue et du style, et condamna ce premier secrétaire de l'Académie française[37] « à la moquerie et aux oubliettes de l'histoire littéraire[38] ».

À partir du 16 février 1643, après la mort de Richelieu, l'Académie française tint ses séances dans l'hôtel de son nouveau protecteur, Pierre Séguier. Elle ne s'installera quai de Conti qu'en 1805.

Au 9, Edmond Jaloux

Il y habite depuis 1914, dans une maison où s'était installé à ses débuts le comité exécutif du Parti radical-socialiste. Auteur prolifique – romans, nouvelles, préfaces, récits, poèmes –, Edmond Jaloux fut connu et reconnu pour son intense activité de critique littéraire. De 1924 à 1940, il collabora régulièrement aux *Nouvelles littéraires* et regroupa ses articles dans *L'Esprit des livres*, ouvrage en sept volumes. Il produisit une *Introduction à l'histoire de la littérature française*, s'intéressa aux littératures étrangères, fit connaître Henry James, publia une *Vie de Goethe* (1933) et un essai sur Rainer Maria Rilke (1927).

« Edmond Jaloux, écrit Stefan Zweig, a écrit beaucoup de romans. La plupart ne sont guère épais. Pas plus que l'aquarelle ne saurait s'adapter aux amples dimensions de la fresque, son art délicat ne saurait entrer dans le cadre épique d'une saga en plusieurs volumes. Il trace un décor étroit, mais il le remplit tout entier. »

Jaloux fut élu à l'Académie française en 1936, au fauteuil de Paul Bourget. Dans *Qu'est-ce que la littérature ?*, une dizaine d'années plus tard, Sartre le rangea dans la catégorie suspecte, voire honteuse, des « écrivains bourgeois », où il tint compagnie à d'autres gloires littéraires telles que Paul Bourget, Henry Bordeaux ou Marcel Prévost. Au pilori, les pas modernes !

Au 20, Voltaire et la comtesse

En 1731, à la hauteur du 20 de ce qui sera en 1782 la rue de Valois, Voltaire s'installe chez la comtesse de Fontaine Martel dans un petit appartement situé en dessous des toits de son hôtel particulier. Il a 38 ans, elle 70, ils reçoivent et organisent de petites représentations théâtrales. Voltaire y résidera deux ans, jusqu'à la mort de son hôtesse. Voltaire aimait remercier ses (nombreuses) « hôtesses » par quelques vers : « Ô très singulière Martel, / J'ai pour vous estime profonde ; / C'est dans votre petit hôtel, / C'est sur vos soupers que je fonde / Mon plaisir, le seul bien réel / Qu'un honnête homme ait en ce monde[39]. »

Au 41, Marcel Schwob

En 1900, ce fantastique conteur, poète, philologue, historien, chroniqueur, essayiste, fervent de Villon, explorateur du jargon des bandits de grand chemin et traducteur de Shakespeare s'installe rue de Valois avec Marguerite Moreno. Dreyfusard, il s'est fâché avec ses amis

Léon Daudet et Paul Valéry. Malade de l'estomac, il tente de calmer la douleur avec l'éther, la morphine et l'opium. L'année suivante, il partira pour les îles Samoa sur les traces de Stevenson, mort en 1894, avec lequel il entretenait une correspondance.

En décembre 1902, le couple s'installera dans l'île Saint-Louis, où Schwob décédera en 1905, à l'âge de 37 ans avec sur le visage, selon Jules Renard, « cet air en colère de certains morts qui s'en vont trop jeunes ».

VENDÔME (place)

Si vous étiez sur la colonne de la place Vendôme, essayeriez-vous de vous jeter dans les airs ?

— Honoré de Balzac, *La Peau de chagrin*, 1831

Au 12, Marie-Joseph Chénier

Quinze ans après le four intégral de son *Edgar, ou le Page supposé* (1785) à la Comédie-Française, Marie-Joseph Chénier peut savourer son opiniâtreté : il a enfin triomphé sur les planches avec son *Charles IX* (1789), il a produit une dizaine de pièces, signé le célèbre *Chant du Départ*. Il a été député, membre du Conseil des Cinq-Cents. En 1803, date de son élection à l'Académie française, il réside place Vendôme, avant de s'installer rue de Richelieu en 1805.

Ne subsiste de ce poète plutôt laborieux que l'image d'un vote en faveur de la mort de Louis XVI et son incapacité à sauver son frère de la guillotine.

Au 15, le Ritz d'Oscar Wilde, de Proust et de Hemingway

On ne sait guère que le fondateur de l'hôtel Ritz fut un homme comme vous ou moi, et qui s'appelait réellement et tout simplement M. Ritz, comme Flaubert s'appelait Flaubert et M. Thiers M. Thiers.

— Léon-Paul Fargue, *Le Piéton de Paris*, 1939

Oscar Wilde ne fut pas vraiment séduit par le modernisme et le confort du palace parisien. Il se plaignit des ascenseurs qui vont trop vite, de la lumière crue (« hideuse qui vous abîme les yeux »), et surtout, des bidets : « Qui peut bien vouloir d'une cuvette fixe pour se laver dans sa chambre ? Moi pas. Cachez donc cette chose. Je préfère sonner pour qu'on m'apporte de l'eau quand j'en ai besoin. »

Proust, en revanche, fut un inconditionnel. « Au Ritz, écrit-il, personne ne vous bouscule. » Il aimait y dîner (Céleste n'aimait pas faire la cuisine) et fit de l'endroit un personnage à part entière, où l'on voit « des dames en chemise de nuit ou même en peignoir de bain [qui rôdent] dans le hall "voûté" en serrant sur leur cœur des colliers de perles ». Depuis l'inauguration en 1898, il apprécie l'atmosphère du palace : « Le clair de lune semblait comme un doux magnésium continu permettant de prendre une dernière fois des images nocturnes de ces beaux ensembles comme la place Vendôme… » Il s'y rend deux à trois fois par semaine, emmitouflé dans son manteau en peau de loutre, loue parfois une chambre pour écrire. Mais ce qui l'intéresse, c'est la clientèle, afin de nourrir sa *Recherche* : « Proust allait rejoindre sous les combles un domestique de l'hôtel, relate Coco Chanel. Il le payait pour lui noter les noms de tous les clients, ce qu'ils avaient mangé, comment ils étaient habillés. [...] Chacun désirait s'offrir au regard livide de Proust sous son meilleur jour, par peur ou désir d'être pris pour modèle d'un de ses personnages. »

Proust se fait également aider par Olivier Dabescat, premier maître d'hôtel, ancien du Savoy de Londres, qui le fournit en amants parmi les jeunes serveurs (Rochat, Vanelli...) et lui procure son matériau littéraire.

Proust se rendra au Ritz jusqu'en 1922, année de sa mort. Souvent seul. Sur son lit de mort, il demandera que ce brave cocher d'Odilon aille y chercher une bière bien frappée qui arrivera avant son dernier soupir.

Hemingway fait également partie de la légende du palace. En mai 1944, correspondant de guerre pour le magazine *Collier's*, il n'a qu'une idée en tête : être le premier Américain à Paris et « libérer le Ritz ». Il suit les troupes américaines remontant vers la capitale et le 25 juillet, avec un groupe de résistants français, arrive en Jeep place Vendôme, fait irruption dans le palace fusil-mitrailleur à la main. « Il portait l'uniforme et donnait des instructions avec une telle autorité que beaucoup pensaient qu'il était général », raconte Colin Peter Field, le chef barman du Ritz.

« Je viens libérer le Ritz ! déclare Hemingway au directeur de l'hôtel, Claude Auzello.
— Mais monsieur, ils sont partis depuis très longtemps ! Et je ne peux pas vous laisser entrer avec une arme ! »

L'affaire se terminera au bar, où Hemingway ferraillera avec Malraux pour savoir qui d'entre eux est le plus grand écrivain-héros et « Hem » laissera une ardoise historique de cinquante et un Dry Martini. « Lorsque je rêve de l'au-delà, du paradis, écrira-t-il plus tard, je me trouve toujours transplanté au Ritz, à Paris ! [...] Je me glisse dans l'un de ces grands lits en cuivre. Sous ma tête il y a un traversin de la taille d'un zeppelin et quatre oreillers carrés remplis de vraies plumes d'oie – deux pour moi et deux pour ma compagne, délicieuse. »

Hemingway avait connu le Ritz grâce à Francis Scott Fitzgerald. Il y avait séjourné dans les années 1920, oubliant (en 1928) une malle contenant des vestiges de ses premières années à Paris : pages de romans dactylographiées, carnets de notes relatives au *Soleil se lève aussi*, livres, coupures de presse, vieux vêtements. Ayant trouvé la malle à la cave, le palace l'envoya à Cuba en 1956 où l'auteur put reprendre l'écriture de ses *Vignettes parisiennes* – premier titre de *Paris est une fête*. L'ouvrage sera publié en 1964, soit trois ans après son suicide.

Au 15, les meilleurs romans du demi-siècle

Sur une idée de Francis Carco est créé, en 1950, un prix littéraire regroupant les douze meilleurs romans de langue française publiés entre 1900 et 1950. Après une première sélection de vingt-cinq ouvrages, douze d'entre eux doivent être couronnés au Ritz. Finalement, ce sera : *Fermina Márquez* (Valery Larbaud), *Les Dieux ont soif* (Anatole France), *La Colline inspirée* (Maurice Barrès), *Un amour de Swann* (Marcel Proust), *Confession de minuit* (Georges Duhamel), *Silbermann* (Jacques de Lacretelle), *Les Faux-monnayeurs* (André Gide), *Thérèse Desqueyroux* (François Mauriac), *La Condition humaine* (André Malraux), *Journal d'un curé de campagne* (Georges Bernanos), *La Nausée* (Jean-Paul Sartre), *La Douceur de la vie* (Jules Romains). Trois grands oubliés, Romain Rolland, Martin du Gard et Céline, qui se plaint auprès de Paulhan qu'on lui refasse le coup du Goncourt : « Toutes les coteries, fulmine-t-il, sont équitablement servies. Les Enculés, les Palestiniens, les Jésuites, les Garçons, les Garçonnes, le RPF, l'Alsace-Lorraine, l'Académie, les Rien du tout. »

Sur la place, le godemichet de Théophile Gautier

L'auteur d'*Émaux et Camées* ne portait pas l'Empereur (ou sa colonne) dans son cœur. Ainsi peut-on lire, dans *Le Godemichet de la gloire* (1864) : « Un vit, sur la place Vendôme, / Gamahuché par l'aiguillon, / Décalotte son large dôme, / Ayant pour gland Napoléon. / Veuve de son fouteur, la Gloire, / La nuit, dans son con souverain, / Enfonce – tirage illusoire ! – / Ce grand godemichet d'airain. »

Théophile Gautier sera entendu : sept ans plus tard, la Commune va décider sa destruction. « La Commune de Paris, considérant que la colonne impériale de la place Vendôme est un monument de barbarie, un symbole de force brute et de fausse gloire, une affirmation du militarisme, une négation du droit international, une insulte permanente des vainqueurs aux vaincus, un attentat perpétuel à l'un des trois grands principes de la République française, la fraternité, décrète : Article unique : la colonne Vendôme sera démolie[40]. »

29-JUILLET (rue du)

Rocambole surveillait attentivement les deux grilles, celle de la rue de Castiglione et celle qui s'ouvre presque en face de la rue du 29-Juillet.

— Pierre Alexis Ponson du Terrail, *Le Dernier Mot de Rocambole*, 1867

Au 7, Émile Augier

L'académicien-dramaturge s'installe rue du 29-Juillet en 1862. Il est âgé de 42 ans, ses pièces – « comédies sérieuses » – abordent désormais les sujets sensibles qui agitent l'opinion, comme *Les Effrontés* (1861), pièce qui démonte les tripotages des agioteurs et de la presse, ou *Le Fils de Giboyer* (sa dix-huitième pièce, 1862) qui traite de la place de l'Église dans la société et où l'on voit les libéraux l'emporter sur les cléricaux. Cette dernière va provoquer un énorme scandale, générant batailles dans les journaux, provocations, duels, poursuites judiciaires. Dramaturge à succès, sénateur, académicien, Augier abandonne la scène en 1878 avec *Les Fourchambault*. Il décède en 1889, à 69 ans. Son moralisme terre à terre et son obséquiosité envers les classes bourgeoises enrichies condamneront sa postérité. « Augier est le poète sans idéal et sans profondeur, écrit Barbey d'Aurevilly. C'est essentiellement le poète du bourgeois. Il le rend heureux. »

Notes

1. Dans le discours prononcé par Thomas Corneille lors de sa réception à l'Académie française, le 2 janvier 1685.

2. Lorsque l'hôtel de Beaujolais est en travaux, comme en 1922, Zweig réside à l'hôtel des Colonies, 27, rue Paul-Lelong, ou, dans les années 1930, à l'hôtel Louvois, près de la Bibliothèque nationale.

3. Christian Bérard.

4. La comédienne Yvonne de Bray.

5. Jean Cocteau, *Lettres à Jean Marais*, Albin Michel, 1987.

6. Jean Giraudoux, *Souvenir de deux existences*, Grasset, 1975.

7. Créé en 1808, le restaurant sera absorbé par Le Grand Véfour.

8. Gérard de Nerval, *Les nuits d'octobre. Paris–Pantin–Meaux*, XIV « Baratte », *L'Illustration*, octobre-novembre 1852.

9. Me Derville intervient dans *Le Colonel Chabert*, *Splendeurs et misères des courtisanes*, *Gobseck*, *César Birotteau*, *Un début dans la vie*, *Le Père Goriot*, *Les Petits Bourgeois*, *La Maison Nucingen*, *La Rabouilleuse*, *Le Cabinet des Antiques*, *Le Député d'Arcis*, *Les Employés*, *Une ténébreuse affaire*, *Ursule Mirouët*.

10. Choderlos de Laclos, *Lettre à MM. de l'Académie françoise, sur l'éloge de M. le maréchal de Vauban, proposé pour sujet du prix d'éloquence de l'année 1787*, Durand neveu, 1786.

11. Dans la correspondance de Voltaire, son grand-oncle par alliance.

12. Avec la rue des Fossés-Saint-Jacques et la rue de Bourbon-Villeneuve, elle deviendra rue d'Aboukir.

13. André Breton, *Nadja*, Gallimard, 1999. Première édition en 1928.

14. Jeanne Hilary, *La Plume et le Zinc*, Hazan, 1998.

15. Americo Ferrari, dans sa présentation d'un choix de poèmes traduits par Georgette Vallejo.

16. « À cette époque, écrit Balzac dans *Les Illusions perdues*, les Galeries de Bois constituaient une des curiosités parisiennes les plus illustres. Il n'est pas inutile de peindre ce bazar ignoble ; car, pendant trente-six ans, il a joué dans la vie parisienne un si grand rôle, qu'il est peu d'hommes âgés de quarante ans à qui cette description, incroyable pour les jeunes gens, ne fasse encore plaisir. »

17. Journaliste, critique et écrivain, petit-cousin de Roger Martin du Gard.

18. Est-ce Colette ? Jean Hugo relate que Paul Morand « envoyait un nuage » à sa Valentine Gross, qui habitait également rue de Montpensier, dans la maison voisine de celle de Morand.

19. L'appartement mesure quand même quatre-vingt-seize mètres carrés et il sera proposé à la vente un million neuf cent cinquante mille euros en 2016.

20. Olivier Todd, *André Malraux. Une vie*, Gallimard, 2001.

21. Abbé Morellet, dans ses *Mémoires*.

22. La première ébauche du roman, esquisse de dix-huit mille mots, a été écrite par F. Scott Fitzgerald dès juin 1923, dans le Minnesota.

23. Jean Bruller, écrivain et illustrateur, est le concepteur du logo à l'étoile des Éditions de Minuit qui est utilisé à partir de 1945.

24. Au n° 19. Certains auteurs comme Jean-Paul Clébert (*Les Hauts Lieux de la littérature à Paris*) signalent le n° 17, alors que les actes, annonces et annuaires de l'époque signalent toujours le n° 19.

25. La tombe « officielle » de Molière est désormais au Père-Lachaise, depuis le transfert de sa dépouille au musée des Monuments français en 1792 puis au Père-Lachaise en 1817. Mais il est probable que sa sépulture ait été rapidement retirée du cimetière Saint-Joseph pour rejoindre celui des Innocents. Ses restes reposeraient donc dans les catacombes.

26. Charles Dantzig, *Dictionnaire égoïste de la littérature française*, Grasset, 2005.

27. Sans égaler le palmarès de Dumas ou de Baudelaire, Marceline Desbordes-Valmore cumule (selon le site de la Société des études Marceline Desbordes-Valmore, https://www.societedesetudesmarcelinedesbordesvalmore.fr/?p=212) une vingtaine d'adresses à Paris. 18, place Vendôme, puis rue de l'Odéon, puis rue Molière (rue Rotrou)

en 1813. Rue du Paon-Saint-Germain en 1819. 12, rue de Lancry puis 19, boulevard Saint-Denis, en 1833. 1, rue de l'Est en 1837. 34, rue de Montpensier en 1838. 8, rue La Bruyère en 1838. 345, rue Saint-Honoré en 1840. 6, rue d'Assas, en 1841. 8, rue de Tournon, en 1842. 10, boulevard Bonne-Nouvelle, en 1845. 89, rue de Richelieu, en 1847. 74, rue de Richelieu, en 1848. 10, place Vendôme, en 1850. 26, rue Feydeau, en 1852. 52, rue Laffitte, en 1853. 59, rue de Rivoli, en 1854.

28. Baudelaire, « Le Cygne », *Les Fleurs du mal*, Poulet-Malassis et de Broise, 1857.

29. La première traduction française parue en 1863 porte le titre *Pères et Enfants*.

30. Il se rendit pour la première fois à Paris en 1815, lors de l'occupation de la capitale. Lors de son second séjour, il ne fut pas indifférent aux charmes de la Belle Limonadière, épouse de Romain, le tenancier du café des Mille Colonnes au Palais-Royal.

31. En 2017, signé Pauline Dreyfus, est sorti chez Grasset *Le Déjeuner des barricades*, récit divertissant sur ce palace en plein délire le 22 mai 1968.

32. L'adresse exacte de la naissance de Molière est le 3, rue de la Tonnellerie, dans une maison qui communiquait avec celle de la rue Saint-Honoré, au coin des piliers des Halles.

33. Chardonne est le nom d'un village suisse dans lequel il séjourne en 1908.

34. Il fut transféré plus tard au 161, rue Saint-Honoré, à l'emplacement de l'actuel office du tourisme marocain.

35. Mathieu Molé, *Souvenirs d'un témoin de la Révolution et de l'Empire*, Éditions du Milieu du Monde, 1943.

36. Claudine Alexandrine Guérin, marquise de Tencin, *Mémoires*, 1786.

37. Valentin Conrart occupa ce poste durant quarante et un ans, jusqu'à sa mort, à l'âge de 72 ans.

38. Nicolas Boileau, *Épître I*, 1669.

39. Voltaire, « Épître 37, à Mme de Fontaine-Martel », 1732.

40. Décret paru dans le *Journal officiel de la République française* de 12 avril 1871.

Quand il fait chaud à Paris, il fait toujours un peu plus chaud qu'ailleurs. Et dans Paris, il fait encore plus chaud dans le 2e arrondissement. On est au centre, c'est-à-dire, dans les capitales, au milieu de nulle part, comme dans les déserts. L'air n'arrive plus mais le temps se sédimente mieux qu'ailleurs. Il faut dire qu'il est dans le plus petit arrondissement de Paris : il y a comme un effet de concentration.

— Jérôme Leroy, in *Merci Paris !*, 2017

LE 2E ARRONDISSEMENT

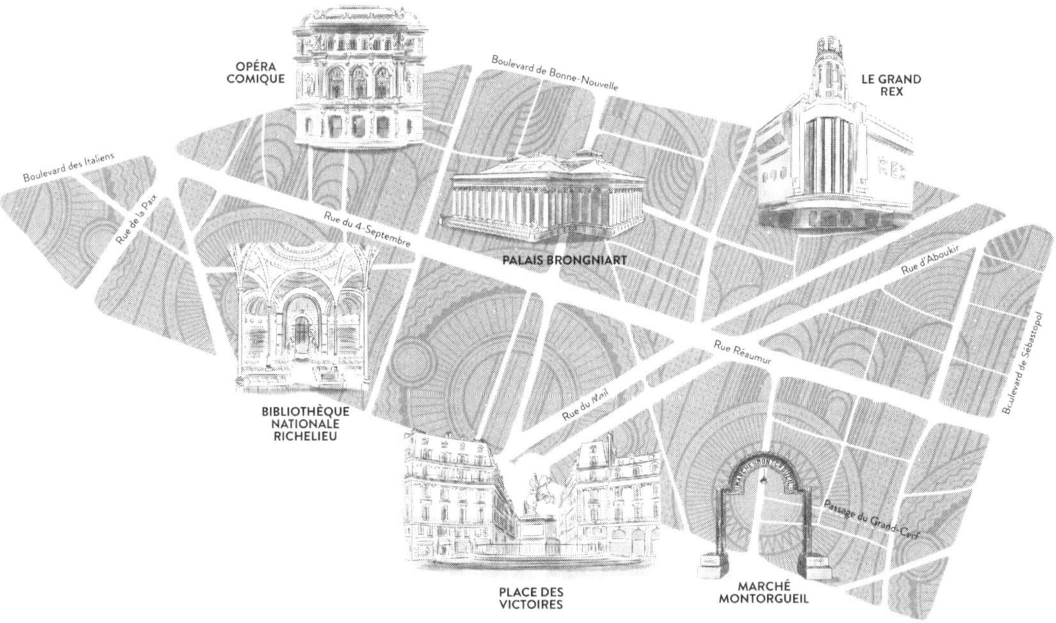

ABOUKIR (rue d')

Tout ça, c'est bien joli, mais un tueur sévit aux alentours de la rue d'Aboukir. Première victime : la tête tournée vers les grilles closes du passage du Caire, les jambes dirigées vers la succursale de la banque qui donne sur la placette.

— Marc Lemonier, *Panique à Paname*, 1998

Au 50, Crapule m'embête

En 1866, Catulle Mendès épouse Judith Gautier, une des filles de Théophile Gautier (qui s'oppose au mariage, déteste son gendre et le surnomme « Crapule m'embête »). Le couple s'installe rue d'Aboukir et, en à peine deux ans, l'union tourne au fiasco. Mendès va entretenir une liaison avec la compositrice Augusta Holmès[1], Judith Gautier va tomber amoureuse de Wagner, rencontré en Suisse.

Auteur caméléon, Catulle Mendès va sauter du Parnasse au décadentisme, de la poésie à la nouvelle, s'essayer au livret d'opéra et… au roman policier. (Il situera l'action de *Rue des Filles-Dieu, 56*[2] au 7, rue d'Aboukir.) Homme-orchestre de la vie littéraire du Second Empire et de la Troisième République, il sera de tous les genres – poésie, roman, conte, nouvelle, pièce de théâtre, livret d'opéra, critique littéraire et théâtrale, historien de la Commune –, signant près de cent cinquante ouvrages.

Avant que son image ne s'estompe dans la mémoire littéraire, Mendès suscita les commentaires les plus contradictoires. « Pourquoi nous embête-t-on alors avec des étiquettes, écrit Octave Mirbeau, puisqu'un même homme, un même artiste comme Mendès résume en lui toutes les qualités possibles du plus parfait des écrivains. »

En revanche, Paul Léautaud – mais c'est son habitude – ne fut pas vraiment tendre avec lui : « … le plus bel exemple de chiqué littéraire, d'imitation, de démarquage, de faux art. Le triomphe de l'échec, l'apothéose du puffisme. Rien que des fours, rien que des insuccès, romans pas lus, pièces jouées huit jours, et cependant une situation littéraire assez imposante ! C'est à se tordre, et la plupart des gens qui l'adulent n'en doivent pas croire un mot au fond d'eux-mêmes. »

BASFOUR (passage)

Le jeune homme dont nous avons parlé ce matin comme ayant été sauvé par un sergent de ville s'appelle Huson ; il demeure chez M. Geslain, passage Basfour.

— Henri Gisquet, *Mémoires de M. Gisquet*, 1840

Quelque part dans la rue, Anne Weber

Anne Weber a deux amours, son pays (l'Allemagne) et Paris. Dans *Paris par écrit* (2002), vivant passage Basfour, elle nous entraînait avec bonne humeur dans un sex-shop du 2e arrondissement très bien pourvu en articles divers. En a-t-elle écrit une version allemande, ce qu'elle fait – paraît-il – pour chacun de ses ouvrages ? Vingt ans après son premier roman (*Ida invente la poudre*, 1998), suivi d'une vingtaine d'ouvrages, elle publie *Kirio* (2017), conte philosophique suivant à la trace un curieux saint moderne qui marche sur les mains, joue de la flûte, renverse les perspectives et effectue des miracles sans s'en apercevoir. Anne Weber, traductrice renommée, a notamment traduit vers l'allemand Marguerite Duras, Éric Chevillard ou Georges Perros.

BOIELDIEU (place)

Fréquemment il leur arrivait d'accueillir dans leur petit deux-pièces de la place Boieldieu jusqu'à quarante invités qui ne repartaient qu'à l'aube.

— Charles Lancar, *Passion bleu nuit*, 1987

Au 1, le premier logis d'Alexandre Dumas

En avril 1823, sur cette ancienne place des Italiens, le jeune (et pauvre) Alexandre Dumas s'installe sous les toits dans une chambre du quatrième étage, se gave de lectures, fréquente les théâtres et sa voisine, une jolie lingère du nom de Laure Labay. Naîtra de cette rencontre en juillet 1824 un fils nommé Alexandre, futur auteur de *La Dame aux camélias*, enfant qui ne sera reconnu par ses parents qu'à l'âge de 7 ans. Mis en pension deux ans plus tard, il y restera jusqu'à ses 17 ans. Toute sa vie, il traînera le boulet de la bâtardise et les blessures d'une enfance plombée par l'ombre d'un père aussi génial que fantasque.

Dans *Le Fils naturel*, Dumas fils critiquera avec force le sort réservé aux femmes abandonnées et aux enfants illégitimes. Outre le prénom, le père et le fils auront en commun une vie mondaine ruineuse, de gigantesques dettes, une exceptionnelle carrière théâtrale et un fauteuil à l'Académie française. Les différences ? Le caractère, d'abord : « Le fils était pour l'ordre et le père pour le désordre, à moins qu'il n'ait été naturellement désordonné. Malgré leur grande passion l'un pour l'autre, leur grande divergence se situait là[3]. » L'écriture, ensuite : celle du père s'inscrit dans le courant romantique, le fils inaugure le réalisme social.

BOURSE (place de la)

La place de la Bourse est babillarde, active, prostituée ; elle n'est belle que par un clair de lune, à deux heures du matin : le jour, c'est un abrégé de Paris ; pendant la nuit, c'est comme une rêverie de la Grèce.

— Honoré de Balzac, *Ferragus*, 1833

Au 12, Nikolaï Gogol

Gogol, grand voyageur, séjourna à Paris de novembre 1836 à février 1837, à l'angle de la place de la Bourse et de la rue Vivienne. La contemplation du palais Brongniart inauguré dix ans plus tôt l'aurait-elle inspiré dans la création du personnage de l'escroc dans *Les Âmes mortes* ? « Dieu a étendu ici sa protection sur moi, écrit-il à son ami le poète Vassili Joukovski, et a fait un miracle : il m'a indiqué un appartement chaud, au soleil, avec un poêle. Cela m'enchante et la gaieté m'est revenue. Je travaille aux *Âmes mortes* avec plus d'entrain et de vigueur qu'à Vevey ; [...] L'idée que j'écris les *Âmes mortes* à Paris me paraît drôle. »

Dans « Rome », récit faisant partie des *Nouvelles de Pétersbourg*, le héros évoque son passage à Paris, ville où il se sent « happé, tiraillé en tous sens par la prodigieuse capitale, fasciné par l'éclat et le mouvement des rues, le désordre des toits, l'épaisseur des cheminées, l'entassement désordonné des maisons, le bariolage des boutiques collées les unes sur les autres, la hideur des pignons dénudés, la sarabande des lettres dorées escaladant les murs ».

Au 13, le premier prix Goncourt chez Champeaux

Le 21 décembre 1903, neuf des dix écrivains membres de l'académie Goncourt (Rosny jeune, absent, a confié son vote à Joris-Karl Huysmans) se réunissent pour dîner au restaurant Champeaux. Par six voix (contre trois à Camille Mauclair pour *La Ville lumière* et une à Jean Vignaud pour *Les Amis du peuple*), ils décernent le premier prix Goncourt à un quasi-inconnu, « le moins parisien de nos hommes de lettres », selon *Le Figaro*, un certain John-Antoine Nau pour *Force ennemie*, roman paru à compte d'auteur.

Champeaux était un petit restaurant avec jardin situé à l'angle de la rue Vivienne et de la rue des Filles-Saint-Thomas. Rendez-vous des financiers, écrivains et journalistes, il figure dans l'incipit de *L'Argent* de Zola (1891) : « Onze heures venaient de sonner à la Bourse, lorsque Saccard entra chez Champeaux, dans la salle blanc et or, dont les deux hautes fenêtres donnent sur la place. »

La presse ne fit pas ses choux gras du premier prix Goncourt : « Quelque chose comme l'histoire d'un fou », écrivit *L'Aurore*. À l'issue du dîner, Joris-Karl Huysmans envoya un télégramme au lauréat pour le prier de passer retirer son chèque de cinq mille francs.

CAPUCINES (rue des)

Un jour, par exemple, au bureau de poste de la rue des Capucines, je vis une ouvrière recevoir une lettre, au guichet des « restantes ». C'était une jeune fille d'une vingtaine d'années, blonde et jolie, avec une chevelure ébouriffée, une robe noire toute semée de fils blancs.

— Pierre de Coulevain, *Le Roman merveilleux*, 1913

Au 24, la chute de Stendhal

« Il n'y a pas de ridicule à mourir dans la rue quand on ne le fait pas exprès », avait-il écrit à un ami en 1841. Un an plus tard, le 22 mars 1842 vers dix-neuf heures, l'écrivain s'effondre sur le trottoir au coin du boulevard et de la rue (Neuve) des Capucines. Il décède le lendemain à l'hôtel de Nantes, au 78 de l'actuelle rue des Petits-Champs. Inconnu du grand public, Stendhal avait prédit que sa célébrité posthume interviendrait vers 1880. Il ne s'était pas trompé.

CHABANAIS (rue)

… sortant de la Bibliothèque nationale et grelottant, toussant, étouffant, je suis entré dans un des petits cafés qui sont au coin de la rue Rameau et de la rue Chabanais.

— Valery Larbaud, *Jaune bleu blanc*, 1927

Au 1, le grenier d'Étienne Delécluze

Il fallait gravir quatre-vingt-seize marches pour accéder à ce fameux grenier où, au début des années 1820, se retrouvaient chaque dimanche autour du peintre et critique d'art Delécluze (« appelez-moi Étienne ! ») des artistes, architectes et écrivains, membres d'un cercle dénommé « Le Romantisme », sorte d'anti-cénacle de l'Arsenal prônant un « romantisme réaliste » en opposition avec l'emphase hugolienne. S'y pressaient notamment Sainte-Beuve, Mérimée et Stendhal[4], qui publie à cette époque une seconde version de *Racine et Shakespeare* (1825), ouvrage dans lequel il définit le « romanticisme » comme une littérature en phase avec son temps, loin des conventions sclérosées du classicisme.

Delécluze, écrit Henri Martineau, « nous montre Beyle passionné d'idées et de paradoxes, en quête d'arguments pour ses articles. Ce n'était pas seulement pour s'étourdir, en effet, que cet esprit original se jetait avec tant de feu dans la conversation, mais tour à tour critique littéraire, critique musical et critique d'art, il lui fallait pêcher partout de quoi alimenter sa collaboration aux divers périodiques. C'était alors le plus clair de ses revenus[5] ».

Au 10, le suicide de Chamfort

À partir du 19 août 1792, nommé à la Bibliothèque nationale, Chamfort partage un appartement de fonction au 49, rue de Richelieu. Hostile à Robespierre, persuadé de devoir finir sur l'échafaud, il se réfugie en 1794 dans un entresol du 10, rue Chabanais et parachève son suicide, s'ouvrant les veines avec un rasoir. Son œuvre la plus célèbre – *Maximes et pensées. Caractères et anecdotes* – sera publiée deux ans plus tard par son ami Pierre-Louis Ginguené. « Sous couleur de penser, écrit *Le Monde*[6], Chamfort réglait ses comptes avec le monde qui pourtant l'avait adulé et régalé de ses faveurs. Mais l'anecdotier est de premier ordre, et il se lit toujours avec amusement, ses pointes et ses drôleries d'expérience étant d'ailleurs souvent mêlées de propos rapportés et d'emprunts faits à Retz, à Saint-Simon, à Ninon de Lenclos, à Duclos et à beaucoup d'autres. »

CHOISEUL (passage)

Dans le passage Choiseul, la société est fort mêlée ; les gens bien mis y sont en majorité, ce qui ne veut pas dire que ce soit bien composé ; le soir, vous y rencontrerez beaucoup de jeunes femmes privées de cavalier et qui ont presque l'air d'en chercher.

— Paul de Kock, *Un bal dans le grand monde*, 1845

Au 23, l'éditeur de Verlaine

« [Lemerre] occupait dans le passage Choiseul, écrit Adolphe-Mathurin de Lescure, une boutique ouverte à tous les vents et bizarrement encombrée de piles de bouquins, où se réunissait tous les jours, entre quatre et six heures de l'après-midi, un groupe de jeunes poètes, tumultueux et chevelus, jadis épars dans la grand'ville et qui avaient enfin découvert et adopté ce lieu d'asile[7]. »

En novembre 1866, dans l'indifférence générale, Paul Verlaine publie chez Lemerre (à compte d'auteur) ses *Poèmes saturniens*, tirés à cinq cents exemplaires : « Je fais souvent ce rêve étrange et pénétrant / D'une femme inconnue, et que j'aime, et qui m'aime… » Il s'agit de son premier recueil composé d'écrits de jeunesse, datant parfois du temps où il était lycéen. Suivront, toujours à compte d'auteur, les *Fêtes galantes* (1869) et *La Bonne Chanson* (1870).

Alphonse Lemerre sera le grand éditeur du Parnasse créant, en 1867, la collection « Poètes contemporains » dans laquelle seront publiés Verlaine, Banville, Bergerat, Coppée, Dierx, Sully Prudhomme…

Anatole France y entre comme lecteur à 25 ans, en 1869. Il y demeurera jusqu'en 1878. Ce qui ne l'empêchera pas de poursuivre Lemerre en justice en 1911 pour un problème de droit d'auteur[8].

Au 64, Louis-Ferdinand Céline

En juillet 1899, les Destouches s'installent dans une boutique (et un appartement) au 67, passage Choiseul, local qu'ils quitteront en 1904 pour un autre emplacement, au 64. Le petit Louis y passera la plus grande partie de son enfance, de 1899 à 1907. « Moi, écrit-il dans ses *Cahiers*, j'ai été élevé au passage Choiseul dans le gaz de 250 becs d'éclairage. Du gaz et des claques, voilà ce que c'était, de mon temps, l'éducation. J'oubliais : du gaz, des claques et des nouilles. Parce que ma mère était dentellière, que les dentelles, ça prend les odeurs et que les nouilles n'ont aucune odeur. »

Le passage Choiseul, lieu central de l'enfance de l'écrivain, constitue sous le nom de passage des Bérésinas l'un des principaux décors de *Mort à crédit* : « Il faut avouer que le Passage, c'est pas croyable comme croupissure. C'est fait pour qu'on crève, lentement mais à coup sûr, entre l'urine et les petits clebs, la crotte, les glaviots, le gaz qui fuit. C'est plus infect qu'un dedans de prison. Sous le vitrail, en bas, le soleil arrive si moche qu'on l'éclipse avec une bougie. Tout le monde s'est mis à suffoquer. Le Passage devenait conscient de son ignoble asphyxie !… »

CHOISEUL (rue de)

En vingt-quatre heures, par un tour de passe-passe administratif, le siège du Sport parisien se trouve transféré au 14 de la rue de Choiseul. Là même où, sans doute par pure coïncidence, M. Regimbaud a ses écuries…

— Christophe Donner, *À quoi jouent les hommes*, 2012

Au 24 bis, Flaubert et Mme Arnoux

Au début du roman, les Arnoux résident au deuxième étage du 24 bis, dans « un endroit paisible, honnête et familier tout ensemble ». Frédéric Moreau y fait son « éducation sentimentale ». Pour écrire son troisième grand roman (après *Madame Bovary* et *Salammbô*), Flaubert a travaillé « comme un bœuf » ou « comme trente nègres[9] », ne voyant devant lui qu'« une montagne à gravir » ou une « lourde charrette de moellons à traîner ».

« Vous ne savez pas, écrit-il à George Sand, ce que c'est que de rester toute une journée la tête dans ses deux mains à pressurer sa malheureuse cervelle pour trouver un mot. L'idée coule chez vous largement, incessamment, comme un fleuve. Chez moi, c'est un mince filet d'eau. Il me faut de grands travaux d'art avant d'obtenir une cascade. Ah ! je les aurai connues, les affres du style[10] ! »

CLÉRY (rue de)

Connaissez-vous la rue de Cléry ? C'est une pauvre voie, étroite et sombre, hantée par des jeunes filles qui fabriquent, comme Dieu, des fleurs. Mais avec du drap et du papier…

— Francis de Miomandre, *Le Cabinet chinois*, 1936

Deux Corneille rue de Cléry

Les deux frères Corneille, qui ont épousé deux sœurs, s'installent ensemble rue de Cléry en 1665, Thomas au rez-de-chaussée, Pierre au-dessus. Ils y resteront jusqu'en 1681. Pierre Corneille y écrira notamment *Tite et Bérénice*, une de ses dernières pièces.

Son frère Thomas fut un auteur très productif : une quarantaine de pièces entre 1647 et 1685, dont *Timocrate* (1656), tragédie – paraît-il – la plus jouée au XVIIe siècle, devant *Le Cid* et *Andromaque*.

Le cadet, de dix-huit ans plus jeune, était un véritable dictionnaire et, bien souvent, l'aîné ouvrait une trappe ménagée dans le plancher pour lancer un mot et crier à son frère : « Thomas, envoie-moi des rimes ! »

Les deux frères furent inséparables et l'Académie française honora cet amour fraternel : en 1685, un an après la mort de Pierre, Thomas lui succéda dans le même fauteuil.

Au 97, André Chénier et sa jeune Tarentine

« Oiseaux chers à Thétis, doux alcyons, pleurez / Elle a vécu, Myrto, la jeune Tarentine… » : des générations d'élèves ont ânonné les vers de Chénier sans rien y comprendre, elles ont frémi en imaginant la tête tranchée par la guillotine. « La République n'a pas besoin de poète », avait lancé Fouquier-Tinville.

Les vers d'André Chénier sont bien loin, mais subsiste de sa maison une photo d'Atget datant de 1907 sur laquelle on distingue l'enseigne d'une boutique située au rez-de-chaussée : Au Poète de 93. Que pouvait-elle bien vendre ?

COLBERT (rue)

Il avait atterri à l'endroit où la rue Colbert s'engage dans la rue Vivienne, l'œil unique de l'idée fixe au milieu du front.

— Jean-Christophe Valtat, *Exes*, 1997

Au 12 (et 58 bis, rue de Richelieu), les mardis de Mme de Lambert

« La curiosité, écrivit-elle, est une connaissance commencée. » Par ces quelques mots, Mme de Lambert inaugure le siècle des Lumières. Dès 1698, le mardi, cette femme de lettres tint un salon littéraire incontournable dans l'hôtel de Nevers (où s'installera la Bibliothèque nationale) dont elle louait la moitié nord-ouest. On y parlait littérature, philosophie, et chaque invité – on y voyait Fénelon, Marivaux, Fontenelle, Montesquieu… – était prié de lire des extraits de ses dernières œuvres. Son salon – véritable tribunal littéraire – passait pour l'antichambre de l'Académie française et, selon le marquis d'Argenson, Mme de Lambert aurait fait nommer la moitié des académiciens de son époque.

CROISSANT (rue du)

Les fenêtres de la salle à manger seules donnaient sur la rue de derrière, cette rue du Croissant, déjà bruyante et enfiévrée, répandant chaque jour des millions de journaux aux quatre coins de Paris, de la France, du monde entier.

— Paul Alexis, *Émile Zola. Notes d'un ami*, 1882

Au 5, François Baculard d'Arnaud

Ce poète, romancier et dramaturge ne manque pas de saveur. 1. À l'âge de 15 ans, il aurait écrit trois tragédies, *Didon*, *Idoménée*, *Coligny, ou la Saint Barthélemi.* 2. Il fut enfermé à la Bastille en 1741 pour avoir fait imprimer *L'Art de foutre*, ballet (comique) dont l'action se déroule dans une maison close. 3. Il eut une liaison avec Mme Denis, ce qui contraria fort le grand Voltaire. 4. Avec *Les Amants malheureux ou le Comte de Comminges* (1767), drame en trois actes, il créa le genre « sensible » (qui connut un incroyable succès), des drames écrits, selon Charles Monselet, « dans ce style attendri, désolé, qui se nourrit de points d'exclamation, d'hélas, de soupirs et dont l'humidité larmoyante traverse les plus solides reliures ».

DANIELLE-CASANOVA (rue)

Dans le café de la rue Danielle-Casanova où nous attendions, hier, de rejoindre Foucault et d'autres groupes devant le ministère de la Justice, pour protester contre la suppression des colis de Noël des prisonniers…
— Claude Mauriac, *Et comme l'espérance est violente*, 1976

Au 20, petit Hugo deviendra grand

« Ce siècle avait deux ans ! Rome remplaçait Sparte, / Déjà Napoléon perçait sous Bonaparte. » C'est donc en 1802 que la famille Hugo – Joseph Hugo, Sophie et leurs trois enfants – s'installe au 76 de la rue Neuve-des-Petits-Champs (correspondant à l'actuel 20 de la rue Danielle-Casanova). Elle y restera cinq ans.

Au 22, la mort de Stendhal

Après sa crise d'apoplexie qui le foudroie rue des Capucines, Stendhal est transporté dans la pharmacie voisine. Il murmure son nom et son adresse : M. Beyle, à l'hôtel de Nantes, 78, rue Neuve-des-Petits-Champs (renumérotée et devenue Danielle-Casanova en 1944). Il y décède le lendemain, le 23 mars 1842. Ils ne seront que trois à suivre son enterrement, son cousin, confident et exécuteur testamentaire Romain Colomb, Mérimée, et probablement Tourgueniev. Mérimée relatera la triste cérémonie dans *H.B.*, petite brochure publiée huit ans plus tard, en 1850, vingt-cinq exemplaires, sans nom d'auteur.

Au 26, Picabia et son *Jésus-Christ rastaquouère*

Francis Picabia y naquit en 1879, il y décédera en 1953. À 40 ans, le célèbre peintre devient une figure majeure du mouvement dada, publiant en 1920 son *Jésus-Christ rastaquouère*, ouvrage dédié « à toutes les jeunes filles », manifeste dada, courant anti-tout qu'il revendique d'avoir (co)inventé : « J'ai inventé le dadaïsme ainsi qu'un homme met le feu autour de lui, au cours d'un incendie qui gagne, afin de ne pas être brûlé », écrira-t-il en 1947.

Initiateur du surréalisme, il fut, selon André Breton, « le premier à comprendre que tous les rapprochements de mots sans exception étaient licites et que leur vertu poétique était d'autant plus grande qu'ils apparaissaient plus gratuits ou plus irritants à première vue ». En témoigne *Nager*, poème de 1919 : « Je suis le mirage au-dessus de la littérature / des absinthes bourgeoises. / Supposition tendre d'alcoolique buvard, / auteur fantôme d'un travail nouveau ! / La route est discrètement sauvage, / coupée d'illuminations. / La mort, occasion unique / des splendeurs invisibles, / est couchée sur un lit de repos. / Comme un poète impair, / Je suis l'auteur de la mauvaise tenue. »

L'amitié avec Breton sera de courte durée. Tandis que paraît le *Manifeste du surréalisme* (1924), Picabia écrit son unique roman – *Caravansérail* –, satire déguisée des années dada dont l'un des personnages, Claude Lariençay, caricature Breton avec férocité.

Au 83, Chamfort

À l'automne 1791, quand l'assemblée législative s'installe, Chamfort déménage au 83, rue Neuve-des-Petits-Champs, aujourd'hui rue Danielle-Casanova, dans un entresol, à deux pas du Palais-Royal. Au début de la Révolution, il en a adopté les idées et a composé contre l'Académie française (dont il fait partie) un véritable réquisitoire que Mirabeau a prononcé à la tribune de l'Assemblée constituante. Lié à Sieyès, il a participé à la brochure et trouvé le titre de *Qu'est-ce que le Tiers-État ?*. La Révolution lui sera fatale. S'opposant au bain de sang orchestré par Robespierre et Marat, il fait l'objet d'un ordre d'arrestation par le Comité de salut public et, pour échapper à la guillotine, décide de se suicider.

DUSSOUBS (rue)

Je prends Lerond contre moi. On enfile la rue Dussoubs, le passage du Grand-Cerf… Il pèse une tonne… L'heure qu'il est ? Une heure, deux heures du mat !… Des zonards aux alentours s'invectivent, s'interpellent…

— François Cérésa, *Merci qui ?*, 2013

Au 21, Carlo Goldoni et ses *Rustres*

Installé à Paris en 1762, Goldoni s'insurge contre la commedia dell'arte à la française, déplorant « de dégradantes arlequinades, de honteuses et scandaleuses galanteries, d'immondes jeux de mots, des intrigues mal venues et, de plus, malmenées, sans mœurs, sans ordre… ». Son propos : remplacer les traditionnelles pièces à canevas par des pièces écrites de bout en bout, supprimer les masques et proposer de véritables comédies de caractère. Auteur pléthorique, il sera un farouche féministe, reconnaissant à la femme une prééminence dans tous les domaines, arts, politique et relations sociales. Le « Molière italien » a laissé plus de deux cents pièces dont *Arlequin serviteur de deux maîtres*, *La Locandiera*, *Les Rustres*… Au 21, rue Dussoubs se trouve une plaque à sa mémoire, alors que, selon Jacques Hillairet, il serait décédé au 25 de la rue Tiquetonne (ancienne rue Pavée-Saint-Sauveur).

Au 23, Cyrano de Bergerac

Gascon ? Pas du tout. Parisien. Personnage de théâtre ? Oui, mais plus tard. Il s'appelait Hercule Savinien Cyrano de Bergerac et fut un écrivain à l'imagination déconcertante, athée et matérialiste, parfois délirant, n'hésitant pas à s'attaquer aux dieux dans *La Mort d'Agrippine* (1654), pièce qui fit scandale. Sa comédie *Le Pédant joué* ne serait guère connue si elle n'avait contenu une célèbre réplique dont se souviendra Molière dans *Les Fourberies de Scapin* : « Qu'allait-il faire dans cette galère ? » Il fut par ailleurs un des premiers auteurs de « science-fiction » avec *Histoire comique des États et Empires de la Lune* (1657) et *Histoire comique des États et Empires du Soleil* (1662). Fulcanelli vit en lui « le plus grand philosophe hermétique des temps modernes », Voltaire le traita de fou, Charles Nodier loua son génie et Edmond Rostand en fit l'usage que l'on sait.

FILLES-SAINT-THOMAS (rue des)

J'aurais pu m'en aller par la rue des Filles-Saint-Thomas, la curiosité me retint. Je battis en retraite jusqu'au café du théâtre des Nouveautés. Autant que je puis me le rappeler, il était tenu par un nommé Gobillard, excellent garçon.

— Alexandre Dumas, *Mes Mémoires*, 1852

Au 11, Tallemant des Réaux

Gédéon Tallemant des Réaux est connu pour ses *Historiettes* rédigées entre 1657 et 1659. Ces recueils d'anecdotes et de portraits (trois cents, dont ceux de Voiture, Guez de Balzac, Conrart, Scarron, Malherbe, La Fontaine, Pascal, Pierre Corneille…) égratignent parfois et déchirent souvent avec férocité la cour de Louis XIII et, à ses débuts, celle de Louis XIV. L'auteur mourut en 1692 dans son hôtel de Brouilly, rue des Filles-Saint-Thomas, ne laissant derrière lui aucune œuvre imprimée. Le manuscrit des *Historiettes* ne sera retrouvé qu'en 1834.

GAILLON (rue)

Comme elle débouchait enfin sur la place Gaillon, la jeune fille s'arrêta net : « Oh ! dit-elle, regarde un peu, Jean ! En voilà un magasin ! »

— Émile Zola, *Au Bonheur des Dames*, 1883

Au 16-18, l'académie Goncourt…

En 1880, Drouant n'est qu'un café-tabac fréquenté notamment par les Daudet père et fils, Octave Mirbeau, les frères Rosny et Edmond de Goncourt. Il deviendra à la fin du siècle un restaurant, qui sera « découvert » par l'écrivain Ajalbert : « Je puis vous donner l'adresse d'une maison encore assez modeste où j'ai fort bien déjeuné quelquefois. Honorable cuisine et vins loyaux. Des prix assez doux. C'est le restaurant Drouant, place Gaillon ! »

En 1892, par testament, Edmond de Goncourt institue son prix littéraire. Attribution : cinq mille francs or[11] pour le lauréat, et le premier Goncourt est décerné en 1903. Mais de placements hasardeux en dévaluations, la rétribution va fondre et se transformer un siècle plus tard en un chèque de dix euros. En 1932, Céline aurait tout de même pu toucher l'équivalent de cinq mille euros. Mais du fait d'une « crassouillerie » de Rosny aîné et d'une petite lâcheté de Dorgelès, le

Voyage au bout de la nuit rate le Goncourt au profit des *Loups* de Guy Mazeline[12]. Quant à Julien Gracq, retiré sur son rivage, il ne touchera rien, ayant refusé le prix en 1951.

Depuis sa création, environ quatre-vingt-dix pour cent des lauréats sont des hommes. La première femme couronnée fut Elsa Triolet, en 1945, pour *Le premier accroc coûte deux cents francs*, un recueil de nouvelles. Prix de circonstances ? A-t-on voulu, à travers la dame, honorer l'armée russe, la Juive et la communiste ? « C'est cousu de fil rouge », commente l'inévitable Léautaud.

… et le prix Renaudot

Gaston Picard : « Pourquoi est-ce que nous ne décernerions pas, nous aussi, un prix ? » Georges Charensol : « Je ne suis pas contre ton idée, mais à une condition, c'est que ce soit un prix à la blague. Nous n'allons pas essayer de rivaliser avec les Goncourt, nous, jeunes journalistes. Faisons un peu la blague, on va rigoler, on va essayer de trouver un bouquin marrant. »

Dans les années 1920, le jury du prix Goncourt était très divisé et les délibérations pouvaient durer plusieurs heures. Certains s'agaçaient de cette attente qui coïncidait souvent avec l'heure du repas. En 1926, un groupe de journalistes et de critiques littéraires qui tentent de tuer le temps décide de créer un prix supplémentaire au restaurant Drouant. Un jury composé de dix membres se réunira dans le salon Renaudot en même temps que celui du prix Goncourt et deux livres seront désignés, au cas où le lauréat du Renaudot aurait déjà le Goncourt. Il est d'usage de dire que le Renaudot répare les éventuelles injustices du Goncourt. En témoignent notamment Marcel Aymé, Céline, Aragon, Georges Perec, Michel Butor, Jean-Marie Le Clézio…

GRAMONT (rue de)

Il travaillait à « La Providence », une grande Compagnie d'Assurances de Paris, rue de Gramont, près de l'Opéra-Comique. Mais les accidents, les incendies, ça ne l'intéressait que médiocrement. « Je fais ça en attendant », disait-il…

— Jacques Prévert, *Choses et autres*, 1972

Au 30, *Du vent dans les branches de sassafras*

En janvier 1965 a lieu au théâtre Gramont la première parisienne de la pièce de René de Obaldia, avec Michel Simon dans le rôle principal de John Emery Rockefeller. La troupe est inquiète : le génial comédien est sujet à des trous de mémoire et son rôle comporte plus de neuf cents lignes. Heureusement, Michel Simon s'en sort parfaitement. Après les ovations, il prend la parole : « La pièce que nous avons eu l'honneur de représenter devant vous pour la première fois est de… est de… la pièce que, que… Merde ! J'ai oublié le nom de l'auteur[13]. »

Au 35, Théophile Gautier

En 1857, après avoir quitté la rue de la Grange-Batelière, Théophile Gautier s'installe à Neuilly[14] avec sa compagne Ernesta Grisi, ses filles Judith (qui épousera Catulle Mendès) et Estelle (qui épousera Émile Bergerat), ainsi que ses deux vieilles sœurs. Pour s'aérer l'esprit, il loue un pied-à-terre à Paris, rue de Gramont, qu'il utilisera en 1857 et 1858. Il y termine son *Roman de la Momie* qui paraît en feuilleton dans *Le Moniteur universel* (où il est critique d'art et de spectacles) puis en livre chez Hachette (1858), une histoire d'amour à l'époque des pharaons. Suivra *Le Capitaine Fracasse*, en 1863, dernier des huit romans de Gautier.

ITALIENS (boulevard des)

Ce petit espace, souillé de poussière et de boue, est cependant un des lieux les plus agréables qui soient au monde. C'est un des points rares sur la terre où le plaisir est concentré.

— Alfred de Musset, in Léon Séché, *Étude d'histoire romantique*, 1907

Au 5, Aragon et Breton à l'Électric

En octobre 1911, à l'emplacement des anciens locaux du journal *Le Temps* s'ouvrit l'Électric-Palace, fréquenté après la guerre par les surréalistes. « Rien n'est plus frais en été, écrit Aragon dans *Anicet*, que les salles des cinémas les après-midis de semaine, et les deux amis s'étaient réfugiés dans l'asile d'ombre de l'Électric-Palace. Sans se préoccuper des voisins, ils parlaient à voix haute et mêlaient à leurs discours des jugements sur les films. » L'Électric-Palace se retrouve dans *Nadja*, récit dans lequel Breton se souvient de « la femme nue » : « À la fin d'un après-midi, l'année dernière, aux galeries de côté de l'"Électric-Palace", une femme nue, qui ne devait avoir eu à se défaire que d'un manteau, allait bien d'un rang à l'autre, très blanche. C'était déjà bouleversant. Loin, malheureusement, d'être assez extraordinaire, ce coin de l'Électric étant un lieu de débauche sans intérêt. »

Au 15, *La Folle Journée* de Beaumarchais

En mai 1782, à l'hôtel de Lévis, demeure de l'ambassadeur de Russie, Beaumarchais organise une lecture clandestine de *La Folle Journée*. Écrite en 1778, fustigeant l'injustice des privilèges accordés à la noblesse, la pièce a été lue à la Comédie-Française en 1781, et Louis XVI l'a qualifiée « d'exécrable, qui se joue de tout ce qui est respectable ». Il faut dire que Beaumarchais a osé écrire : « Parce que vous êtes un grand seigneur, vous vous croyez un grand génie !... Noblesse, fortune, un rang, des places, tout cela rend si fier ! Qu'avez-vous fait pour tant de biens ? Vous vous êtes donné la peine de naître, et rien de plus ! » Au terme de six ans de censure, *La Folle Journée ou le Mariage de Figaro* sera jouée officiellement en avril 1784 au Théâtre-Français, l'actuel Odéon. Selon les Mémoires de plusieurs contemporains, il y eut « à la soixante-douzième représentation [...]

autant de monde qu'à la première » et l'on vit une duchesse « envoyer dès onze heures des valets de pied au guichet, attendre la distribution des billets indiquée pour quatre heures seulement ».

JEÛNEURS (rue des)

... il lui était tombé du ciel presque une fortune : cinq cents francs ! C'était la succession d'un sien oncle, qui avait amassé du bien, étant commissionnaire médaillé au coin de la rue des Jeûneurs.

— Émile Gaboriau, *Les Petites Ouvrières*, 1862

Au 7, le jeune Eugène Scribe

Eugène Scribe y réside avec son frère, en 1809. Il a 18 ans, il a travaillé – quelques années avant le jeune Balzac – comme « scribouillard » chez Me Guillonnet-Merville, avoué rue Coquillière, et il y produit la première des quelque quatre cent vingt pièces de théâtre qui feront sa fortune, *Les Dervis*, vaudeville écrit avec son ami et camarade d'études Germain Delavigne, frère du poète Casimir Delavigne.

Quelque part dans la rue, Philippe Le Guillou

Au terme d'une enfance à Morlaix, où se situe l'action de son premier roman, *L'Inventaire du vitrail* (1983), d'études puis d'un professorat de lettres à Rennes, après avoir publié plusieurs romans au Mercure de France puis chez Gallimard, il s'installe à Paris en 1996 rue des Sauveurs. L'année suivante, Prix Médicis pour *Les Sept Noms du peintre*, il emménage rue des Jeûneurs. Paris (comme la Bretagne) va nourrir son œuvre, et en particulier le quartier du Sentier qu'il ausculte déjà dans *Paris intérieur* (Gallimard, 2015) avec cette épigraphe tirée des *Vingt Arrondissements de Paris*, signée Léon-Paul Fargue : « Le centre du papier imprimé et crié, c'est la rue des Jeûneurs, la rue du Croissant, la rue Saint-Joseph et tous ces tortillons de rues qui dessinent le ciel en forme de lézard, c'est la ruche de ce coin de la rue Montmartre qui sent encore les Halles... »

LA MICHODIÈRE (rue de)

Le 8 de la rue de La Michodière était un immeuble de l'autre siècle, bâti sur l'emplacement de l'hôtel des Deux Ponts, séparé en appartements, dont M. Géricault occupait jusqu'en 1813 le bel étage, l'appartement qui faisait le fond de la cour...

— Louis Aragon, *La Semaine sainte*, 1958

Au 2, le Bonheur des Dames

« C'était, à l'encoignure de la rue de La Michodière et de la rue Neuve-Saint-Augustin, un magasin de nouveautés dont les étalages éclataient en notes vives... »

Le roman de Zola paraît en 1883 après un gros travail de documentation de l'auteur qui, dans un Paris en pleine mutation, s'est souvent rendu au Bon Marché, aux Grands Magasins du Louvre, sur la place Clichy et au Paradis des Dames (situé rue de Rivoli) pour étudier la grande innovation du Second Empire.

« Mais ce qui remuait le quartier plus encore, peut-on lire dans ce onzième volume de la série des *Rougon-Macquart*, c'étaient les travaux entrepris au Bonheur des Dames. On parlait d'agrandissements considérables, de magasins gigantesques tenant les trois façades des rues de la Michodière, Neuve-Saint-Augustin et Monsigny. [...] Partout, le Bonheur rachetait les baux, les boutiques fermaient, les locataires déménageaient. »

Sous forme de feuilleton dans *Gil Blas*, le roman va paraître en soixante-quinze livraisons, du 17 décembre 1882 au 1er mars 1883. Innovation : une fois n'est pas coutume dans l'œuvre de Zola, la vertu est récompensée et le vice ne reste pas impuni.

Au 4 bis, *Vient de paraître* d'Édouard Bourdet à la Michodière

Deux éditeurs qui s'affrontent sur quatre actes. Dans cette pièce créée en novembre 1927 au théâtre de la Michodière, le Tout-Paris littéraire a reconnu Grasset (Moscat) et Gallimard (Chamillard, qui n'apparaît jamais sur scène), deux filous qui jouent à celui qui sera le plus roublard, voire le plus malhonnête, en ce qui concerne les chiffres de vente :

« On tirera à 20 000 pour commencer.
— 20 000 ?
— Et puis tu sais ici, ce sont de vrais mille, des mille de 500 !
— Comment ?
— Oui, parce que chez Chamillard, par exemple, les mille sont de 250[15]... »

MAIL (rue du)

Je n'ai pas tardé à me rendre rue du Mail, à deux pas de la place des Victoires, siège de Claude Tchou Éditeur et du Cercle du livre précieux.

— Jean-Claude Zylberstein, *Souvenirs d'un chasseur de trésors littéraires*, 2018

Au 9, les premiers pas de Chateaubriand

Le jeune Breton arrive à Paris en août 1788. Il a 20 ans et souffre d'une gaucherie toute provinciale. « Chateaubriand se montre singulièrement niais pour un garçon de son âge. Enfermé dans sa chambre au troisième étage de l'hôtel de l'Europe, il est angoissé, au point de songer à repartir aussitôt pour sa Bretagne. [...] Questionné par son frère sur l'occupation de ses journées, il répond qu'il ne fait rien. Navré, l'aîné hausse les épaules, lui tourne le dos, pronostique qu'il mourra ignare et inutile à sa famille[16]. »

Les premiers pas littéraires du capitaine et vicomte François-René de Chateaubriand prendront la forme de quelques vers, ceux de « L'Amour de la campagne » dans le célèbre *Almanach des muses*, poème dans lequel on peut lire : « J'y veux terminer ma carrière ; / Rentré dans la nuit des tombeaux, / Mon ombre, encor tranquille et solitaire, / Dans les forêts cherchera le repos. »

Au 9, Gérard de Nerval

En janvier-février 1852, hospitalisé à la maison municipale de santé du Dr Dubois pour un érysipèle, Nerval donne pour adresse le 9, rue du Mail, hôtel dans lequel il avait déjà logé en 1848. Sa chambre possède une vue « sur deux ou trois arbres occupant un certain espace, qui permet à la fois de respirer et de se délasser l'esprit en regardant autre chose qu'un échiquier de fenêtres noires ».

Après un périple en Belgique et aux Pays-Bas, il est revenu à Paris en juin pour la parution de son dernier livre, *Les Illuminés* (« Nous allons vous raconter la folie d'un personnage fort singulier, qui vécut vers le milieu du XVIe siècle »), et pour la signature des *Petits Châteaux de Bohème* : « Rebâtissons, ami, ce château périssable / Que le souffle du monde a jeté sur le sable. / Replaçons le sopha sous les tableaux flamands… »

MARIE-STUART (rue)

Un soir de mars 1837, le frère de Champfleury, ce grand archéologue qui a signé des in-folios, me conduisit rue Marie-Stuart dans un atelier de fleuriste où il étudiait l'histoire des races préadamites.

— Arsène Houssaye, *Les Confessions, souvenirs d'un demi-siècle*, 1885

Quelque part dans la rue, Pascal Bruckner

Élève de Vladimir Jankélévitch et de Roland Barthes, il rencontre le succès en 1977 en signant un livre (avec Alain Finkielkraut) sur la révolution sexuelle : *Le Nouveau Désordre amoureux*. Outre de nombreux essais comme *La Tentation de l'innocence* (prix Médicis 1995), Bruckner a publié une quinzaine de récits ou romans, dont *Les Voleurs de beauté* (prix Renaudot 1997). Il fut, dit-on, très contrarié de ne pas avoir été élu à l'Académie française en novembre 2018 et on put lire dans *Le Monde* : « Cette institution fonctionne par segments, ils ont dû se dire qu'avec Alain Finkielkraut le segment du philosophe grincheux d'un certain âge était déjà occupé. » Lot de consolation, Pascal Bruckner deviendra membre du jury Goncourt début 2020.

Au 6, l'aube de Calmann-Lévy

En 1836, un certain Simon Lévy loue un petit local au 6, rue Marie-Stuart, l'ancienne rue Tire-Boudin, afin d'ouvrir, avec ses fils, un cabinet de lecture-librairie. C'est son plus jeune fils, Michel, qui va prendre en main l'affaire et, alors qu'il n'a pas encore 20 ans, la transformer en maison d'édition, publiant notamment Théophile Gautier en 1841 ou Baudelaire-Dufaÿs en 1846. En 1850, Michel Lévy déménage au 2 bis, rue Vivienne et lance un « livre à un franc » qui va révolutionner la profession. En quelques décennies, la petite entreprise va devenir Calmann-Lévy, l'une des plus prestigieuses maisons d'édition littéraire du XXe siècle.

MARSOLLIER (rue)

Et remarquez que deux de ces magasins sont au centre de Paris, l'un place Louvois, l'autre rue Marsollier ; ils valent, comme terrain, quinze cent mille…

— Alexandre Dumas, *Causeries*, 1857

Au 11, Céline de temps en temps

Le 11, rue Marsollier fut avant tout l'adresse des parents de l'écrivain qui s'y installèrent en 1907. Mais l'appartement sera pour Céline un lieu de refuge quand sa vie sera un peu trop chahutée comme lors de son retour, malade, du Cameroun en 1916 ou, en 1939, après l'échec de son cabinet médical de Saint-Germain-en-Laye.

MÉHUL (rue)

Mais voilà qu'une cavalcade de « la Garde » débouline par la rue Méhul…

— Louis-Ferdinand Céline, *Mort à crédit*, 1936

Au 4, Dumas prête-plume !

En janvier 1839 est représenté à la salle Ventadour (sur l'emplacement de l'actuelle Banque de France) un drame en trois actes, *Bathilde*, pièce signée Auguste Maquet. Il s'agit de la première collaboration entre Dumas et Maquet, mais dans le sens inverse de celui qui s'instaurera durant des décennies. Maquet, mécontent de sa pièce, a demandé à Nerval de lui trouver un « collaborateur ». Nerval lui a présenté Dumas, qui a réécrit la pièce et ne l'a pas cosignée. À cette occasion, Dumas rencontre l'actrice Ida Ferrier qu'il épousera bientôt.

MONSIGNY (rue)

Le passage Choiseul s'étant présenté, elle y entra, se trouva rue Monsigny sans savoir comment, retomba dans la rue Neuve-Saint-Augustin.

— Émile Zola, *Au Bonheur des Dames*, 1883

Au 6, la bohème d'Henry Murger

En 1838, à 16 ans, Louis-Henry Murger s'installe rue Monsigny, dans un appartement du sixième étage duquel il contemple le théâtre Ventadour. Est-il chez lui lorsqu'est donnée sous ses pieds la première du *Ruy Blas* de Hugo, le 8 novembre 1838 (« Ô ministres intègres ! / Conseillers vertueux ! Voilà votre façon / De servir, serviteurs qui pillez la maison ! ») ou, en avril 1839, durant les créations de *L'Alchimiste* et de *Paul Jones*, d'Alexandre Dumas ? Déménageant sans cesse « à la cloche de bois », Murger occupera de nombreux logements, obéissant strictement au code d'honneur de la bohème : 1. Un loyer ne doit jamais être payé. 2. Tout déménagement s'effectue par la fenêtre. 3. Tailleurs, bottiers, chapelier, restaurateurs appartiennent tous à la famille de M. Crédit. Après les années de bohème, Murger connaîtra la célébrité avec ses *Scènes de la vie de bohème*, publiées en feuilleton de 1845 à 1849.

Au 8, Henry Monnier

Dans *L'Ordre de Paris* de 1877, on peut lire qu'Henry Monnier, en dépit de sa renommée, était mort pauvre et qu'il « habitait, avec sa nombreuse famille, rue Monsigny, un petit appartement bourgeoisement meublé, où les seules richesses pendantes aux murs consistaient en quelques aquarelles de lui et des souvenirs d'amis ». Outre ses talents d'illustrateur et de caricaturiste, le créateur de Monsieur Prudhomme – illustration type du bourgeois imbécile – écrivit pour le théâtre une dizaine de pièces entre 1829 et 1864, la dernière étant *Les Deux Gougnottes*, publiée sous le pseudonyme de... Joseph Prud'homme. Sacha Guitry s'inspirera de la vie d'Henry Monnier pour écrire *Monsieur Prud'homme a-t-il vécu ?*.

MONTMARTRE (boulevard)

Le carrefour le plus dangereux, surnommé le « carrefour des écrasés », c'est celui du boulevard Montmartre, des rues Montmartre et du Faubourg-Montmartre...

— Antoine Compagnon, *Un été avec Baudelaire*, 2015

Au 6, le café de Madrid

Le Procope du XIXe siècle, écrivit Alfred Delvau. Dans cet illustre café créé en 1854 se réunissaient rédacteurs des grands journaux, poètes et littérateurs. « Il n'y avait eu là, jusqu'alors, relate Alphonse Daudet, qu'une grande taverne assez mélancolique, divans fanés, glaces éteintes, [...] et quelques Espagnols, dorés, gaufrés comme du cuir de Cordoue qui buvaient silencieusement des bavaroises au chocolat. La bruyante invasion des lyriques dispersa tous ces hidalgos ; mais le limonadier n'y perdit rien. Cette machine à poignées de main qu'on appelle Carjat, installée à la vitrine du café, harponnait les gens au passage, et grâce à son jeu puissant et continu, le café de Madrid devint en peu de temps la buvette littéraire à la mode... »

S'y croiseront Jules Vallès, Alfred Delvau, Théodore de Banville, Baudelaire et, parfois, un Verlaine quittant son 5e arrondissement.

MONTMARTRE (rue)

Quelques rues, ainsi que la rue Montmartre, ont une belle tête et finissent en queue de poisson.

— Honoré de Balzac, *Ferragus*, 1833

Au 76, Jean-François de La Harpe

Il aimait faire des éloges, *Éloge de Fénelon* en 1771, *Éloge de Racine* en 1772, *Éloge de La Fontaine* en 1774, *Éloge de Voltaire* en 1780, et ses cours de littérature au lycée Thélusson (dans le 9e arrondissement), réunis en dix-huit volumes et publiés en 1799, sont considérés comme un sommet de la critique théâtrale.

Auteur dramatique, poète et critique littéraire, élu à l'Académie française en 1779, anticlérical puis converti, il est l'auteur d'une *Histoire générale des voyages* en trente-deux volumes et d'une quinzaine de pièces sans grand succès. Louis-Sébastien Mercier, dans sa *Néologie*, le traite de « fakir littéraire » et se demande s'il est « jamais sorti de la vanité collégiale, de la prévention ignorante ou de la pédanterie académique ».

Au 89, le jeune Félix Tournachon

À la fin des années 1840, Félix Tournachon devient Nadar et se destine à une carrière littéraire. Logé dans une mansarde de la rue Montmartre, à l'âge de 19 ans, il fréquente les Buveurs d'eau regroupés autour d'Henry Murger, rencontre Dumas, Nerval, Gautier. Avant de se tourner vers la photographie, il va publier des critiques dramatiques, des nouvelles et un roman : *La Robe de Déjanire*. Le futur auteur de *Quand j'étais photographe* (1899) aime les mots et sait s'en servir : « Je suis né aux approches de ces temps d'innocence où un ministre ne volait pas plus de cent mille francs : encore s'y mettaient-ils à deux, comme pour se faire mieux prendre et plus étrange encore, condamner. Les mœurs étaient douces, les cœurs simples. Un assassinat nous faisait deux ans : les conversations s'en contentaient. »

Au 112, Frédéric Mistral et son Mirèio

En 1859, Mistral est à Paris pour la publication de *Mireille* et descend comme d'habitude dans un petit hôtel meublé au 112, rue Montmartre. Il doit rencontrer son ami Dumas ainsi que Lamartine auquel il a dédié l'ouvrage, un Lamartine qui s'enthousiasme pour ce long poème en provençal, en vers et en douze chants, racontant les amours contrariées de Vincent et Mireille : « Oui, ton poème épique est un chef-d'œuvre ; [...] le parfum de ton livre ne s'évaporera pas en mille ans. »

Le parfum de *Mireille* parviendra jusqu'à Stockholm : en 1904, le poète de la langue d'oc reçoit le prix Nobel de littérature (prix qu'il partage avec l'Espagnol José de Echegaray).

MONTORGUEIL
(rue)

Pour cette raison encore, quitter la rue Montorgueil, fuir les ténèbres de cet escalier où on l'avait retrouvée, cadavre encore chaud d'excès de vie, eût été un remède pire que le mal.

— Catherine Paysan, *Le Clown de la rue Montorgueil*, 1978

Au 50, Pierre-Jean de Béranger

« Dans ce Paris plein d'or et de misère, / En l'an du Christ mil sept cent quatre-vingt, / Chez un tailleur, mon pauvre et vieux grand-père, / Moi nouveau-né, sachez ce qui m'advint... »

Le célèbre chansonnier naît rue Montorgueil le 19 août 1780, face au « cul-de-sac de la bouteille », et sera élevé par son grand-père, le père étant en Belgique et la mère insouciante vivant dans le Marais. Il va peiner à l'école (une pension du faubourg Saint-Antoine) et verra à l'âge de 9 ans les têtes des gardes versaillais plantées en haut de longues piques lors de la prise de la Bastille. L'enfant du peuple pâlot et chétif deviendra un chansonnier de légende, véritable poète souvent comparé à Pindare ou à La Fontaine.

Au 59-61, le Rocher de Cancale

Situé en face de l'actuel Rocher de Cancale, fondé en 1804, le restaurant était apprécié pour ses huîtres que l'on venait déguster par dizaines après le spectacle. La carte à elle seule pouvait provoquer une indigestion : dix entrées de mouton, dix-sept entrées de veau, onze entrées de bœuf, vingt-deux de volaille, vingt-sept entremets et trente desserts. Le restaurant fut fréquenté par Alexandre Dumas père, Théophile Gautier, Stendhal, et bien sûr Balzac qui, dans sa *Comédie humaine*, y convie de nombreux personnages comme Honorine, dans *La Rabouilleuse* : « Retrouver Paris ! Savez-vous ce que c'est, ô Parisiens ? C'est retrouver… la cuisine du Rocher de Cancale… »

Au 64, le « dîner des gens d'esprit »

En 1856, six ans avant le dîner Magny, le « dîner des gens d'esprit » ou « dîner du Vendredi » réunissait au restaurant Philippe artistes et gens de lettres, dont Alexandre Dumas père, Émile Augier, Fromental Halévy, Prosper Mérimée. Ces dîners prendront le nom de « dîner Bixio » après la mort du cofondateur de la *Revue des Deux Mondes* et se déplaceront au Brébant, puis au café Anglais, puis chez Larue. Barbey d'Aurevilly fustigeait cette « littérature qui mange » mais la mode perdura longtemps. Le prestige de ses membres était tel que le dîner Bixio fut familièrement appelé « le dîner académique », la légende voulant qu'il était plus difficile d'y prendre part que de trouver un fauteuil quai de Conti.

NOTRE-DAME-DE-RECOUVRANCE (rue)

Pendant l'espace d'un petit nombre d'années, Élisa faisait ainsi les maisons des rues, qu'un ancien livre nomme « des rues chaudes », les maisons de la rue Bourbon-Villeneuve, de la rue Notre-Dame-de-Recouvrance, de la rue de la Lune…

— Edmond de Goncourt, *La Fille Élisa*, 1877

Au 21, Charles Barbara

Il fut l'ami d'Henry Murger, mais celui-ci le ridiculisa sous le nom de Carolus Barbemuche dans ses *Scènes de la vie de bohème*, ce que Barbara ne lui pardonna jamais. Il fut également l'ami de Baudelaire, lui fit probablement découvrir Edgar Poe en 1847, un Baudelaire qui l'aida dans la recherche d'éditeurs.

En 1855 est publié *L'Assassinat du Pont-Rouge*, roman salué par Barbey d'Aurevilly, précurseur du roman policier français et dont Dostoïevski s'inspirera largement pour écrire dix ans plus tard *Crime et Châtiment*. Zola s'en serait-il également inspiré pour écrire *Thérèse*

Raquin ? « C'est le même adultère, la même noyade du mari, la même tragédie du remords », écrivent Léon Deffoux et Émile Zavie dans *Le Groupe de Médan* (1920).

Dans *L'Assassinat du Pont-Rouge*, Barbara cite un sonnet de Baudelaire, « Que diras-tu ce soir, pauvre âme solitaire », qui ne paraîtra que deux ans plus tard, lors de la parution des *Fleurs du mal.* Barbara y décrit l'auteur (non nommé) : « Un poète chez lequel une aptitude décidée pour les spéculations les plus ardues n'excluait pas une poésie chaude, colorée, essentiellement originale et humaine. »

Si Charles Barbara « inventa » le roman policier, il « inventa » également le roman d'anticipation avec *Le Major Whittington*, conte d'utopie scientifique mettant en scène le télégraphe électrique, le phonographe, les gratte-ciels, la machine à calculer, l'anesthésie, les automates…

Charles Barbara décède à la « maison de santé Dubois » en 1866 et Alphonse Daudet lui rendra hommage dans *La Légende de l'homme à la cervelle d'or* (1866) : « À l'heure même où j'écris ces lignes, je viens d'apprendre la mort misérable du pauvre Charles Barbara ; et mon moulin en est tout en deuil. Adieu les courlis et les cigales ! Je n'ai plus le cœur à rien de gai… »

NOTRE-DAME-DES-VICTOIRES

(rue)

J'étais au milieu de la grande cour des Messageries, rue Notre-Dame-des-Victoires, attendant une voiture, et sans me douter que j'allais être dans l'alternative d'écrire des niaiseries ou de faire d'immortelles découvertes.

— Honoré de Balzac, *Théorie de la démarche*, 1833

Au 20, Raymond Queneau

Si Raymond Queneau fleure bon les années 1950, Saint-Germain-des-Prés, Zazie, l'Oulipo et le Collège de 'Pataphysique, on a du mal à imaginer qu'il fut, grâce à son ami sorbonnard Pierre Naville, un des premiers compagnons de Breton et du surréalisme, signant un « Rêve » dans le troisième numéro de *La Révolution surréaliste*, en 1925. En 1927, après son service militaire au Maroc (dans les zouaves !), il s'installe rue Notre-Dame-des-Victoires et y restera deux ans, délaissant la rue Fontaine et le Cyrano pour la rue du Château de Jacques Prévert, Yves Tanguy et Marcel Duhamel, puis s'installera square Desnouettes.

Ce licencié en philosophie, passionné de mathématiques, du jeu d'échecs, de cinéma et de billard, va, en cinquante ans, côtoyer tous les courants littéraires sans jamais s'inféoder. Il laissera une œuvre diversifiée alliant poésie, malice, cocasserie, hermétisme parfois et fascination pour le langage.

Avec *Le Chiendent*, en 1933, roman dans lequel il malmène la syntaxe, il marque son entrée en littérature et ses premières contraintes oulipiennes.

Amoureux de Paris, il écrira en 1967 *Courir les rues*, balade-poème dans la capitale, premier volet d'une trilogie qui sera complétée par *Battre la campagne* (1968) et *Fendre les flots* (1969). On y lit un détournement d'une chanson de Trenet : « Longtemps longtemps longtemps après que les pigeons auront disparu / on verra encore leurs chiures dans les rues également dans mes poèmes / et les gens se demanderont quelle importance ça avait les pigeons quoi c'était / quelque chose dans le genre de l'aurochs ou du ptérodactyle du cœlacanthe ou du dodo / mais personne ne lira plus mes poèmes. » Et Queneau se désolera : « Le Paris que vous aimâtes / N'est pas celui que nous aimons / Et nous nous dirigeons sans hâte / Vers celui que nous oublierons. »

Jacques Roubaud lui répondra, dans *La forme d'une ville change plus vite, hélas, que le cœur des humains* : « Le Paris où nous marchons / N'est pas celui où nous marchâmes / Et nous avançons sans flamme / Vers celui que nous laisserons. » Et il ne manquera pas d'adresser un salut nostalgique à son oulipote : « En ces temps-là / On vous poinçonnait le ticket et pas qu'aux Lilas / Il y avait les voitures de première classe / Qui sentaient la première classe / Comme Mireille Balin dans *Pépé le Moko* / Avant d'entrer dans les stations on lisait / Sur le mur du tunnel / "Du Bo du Bon Dubonnet" / Et ça rappelait l'avant-guerre à ceux qui ne l'avaient pas vécue / (Aux autres aussi d'ailleurs) / Pierre Dac / Vendait des enclumes "à la sauvette" / Dans les couloirs de la station *Campo-Formio* / Ah jeunesse ! / Ah jeunesse ! / Ah ! / Mais *en ces temps-là* / N'est-ce pas / Il n'y avait pas de station dont le nom de baptême fut / Bobigny-Pantin-Raymond Queneau / Ceci / Compense / Cela. »

Au 23, Isidore Ducasse, dit comte de Lautréamont

Fin 1867, tout juste débarqué de son Uruguay natal, Lautréamont prend une chambre d'hôtel rue Notre-Dame-des-Victoires, afin de suivre des cours à l'École polytechnique ou à l'École des mines. « C'était, écrit Léon Genonceaux, un grand jeune homme brun, imberbe, nerveux, rangé et travailleur. Il n'écrivait que la nuit, assis à son piano. Il déclamait, il forgeait ses phrases, plaquant ses prosopopées avec des accords. Cette méthode de composition faisait le désespoir des locataires de l'hôtel qui, souvent réveillés en sursaut, ne pouvaient se douter qu'un étonnant musicien du verbe, un rare symphoniste de la phrase cherchait, en frappant son clavier, les rythmes de son orchestration littéraire. »

Le piano d'Isidore Ducasse connaîtra un curieux destin : acheté par Marcel Proust quarante ans après la mort du poète, il fut placé dans sa chambre, y resta durant toute l'écriture de la *Recherche*. Mais n'était-ce pas son karma ? Proust, né en 1871, n'a-t-il pas été obsédé par l'idée d'être le fils naturel d'Isidore Ducasse, mort à 24 ans en 1870[17] ?

PALESTRO (rue de)

Rue de Palestro, il s'arrêta pile devant Biquette. Il la trouvait belle. C'était du tout neuf, qui lui sortait par les yeux : les deux boules de ses lunettes semblaient mûrir sur un arbre de Noël. Il « monta » avec elle.

— Jean-Pierre Chabrol, *L'Illustre Fauteuil*, 1967

Au 17, Roger Vitrac

Il fut, avec Pierre Albert-Birot et Tristan Tzara, un des rares auteurs surréalistes à avoir créé une véritable œuvre dramatique. L'auteur de *Victor ou les Enfants au pouvoir* (1928) habita pendant quinze ans rue Palestro en compagnie d'un « marchand de parapluies, un marchand de cartes postales, une clinique, quelques employés, un comédien et sa compagne tous deux choristes à la Gaîté Lyrique », personnages dont il se souviendra dans son théâtre.

Poète et dandy désinvolte, il fut un compagnon de la première heure des dadaïstes puis des surréalistes, mouvement dont il sera exclu en 1926 : Breton fustige son alcoolisme, sa défiance envers les expériences de rêve éveillé, le traite de « souillon des idées » et lui reproche d'abandonner la poésie pour le théâtre, genre qu'il déteste. Vitrac se lie alors avec Antonin Artaud (autre excommunié) avec lequel il fonde le théâtre Alfred-Jarry. En 1934, son *Coup de Trafalgar* – pièce burlesco-surréaliste – obtiendra un beau succès, sorte de vaudeville métaphysique à la violence satirique habité par un nonsense qui préfigure les écrits de Roussel, Queneau, Vian ou Ionesco, et qui remportera le premier prix Cazes de la brasserie Lipp.

Après la guerre, Vitrac s'installera 84, rue du Faubourg-Saint-Honoré. Oublié et malade, il meurt en 1952, persuadé d'avoir raté sa vie. Dix ans plus tard, Pierre Voltz écrit dans *La Comédie* : « L'œuvre de Vitrac, totalement ignorée de son temps, paraît, avec le recul, comme la plus importante de l'entre-deux-guerres. Parce qu'il est le seul surréaliste pour qui l'expression dramatique soit une nécessité [...] Vitrac est amené à poser et à résoudre les problèmes du surréalisme au théâtre en dramaturge ; avec lui, le théâtre nouveau sort des manifestes et des scandales pour atteindre à la vie théâtrale : il tente, dans son œuvre, une curieuse et nécessaire synthèse du "métier" cher au Boulevard, avec les découvertes de l'Avant-garde. »

Et quand Anouilh montera à son tour *Victor ou les Enfants au pouvoir*, en 1962, Max Favalelli écrira : « Et le miracle a eu lieu. Cette pièce, inconnue ou méconnue, apparaît d'une insolente jeunesse. Non seulement elle n'a pas vieilli d'une seule ride, mais encore elle installe son auteur au rang des précurseurs. »

PANORAMAS
(passage des)

Ô passage des Panoramas, passage de l'Opéra,
si la reconnaissance n'était pas une chimère,
on lirait sur votre fronton : Aux Flâneurs des Passages
reconnaissants !

— Louis Huart, *Physiologie du flâneur*, 1841

Au 17, Nana et le comte Muffat

Plus ancien passage couvert de Paris, s'ouvrant au 11, boulevard Montmartre, les Panoramas sont longuement décrits dans *Nana.* C'est là que se situe la sortie des artistes du théâtre des Variétés où la demi-mondaine effectue sa promenade et prend rendez-vous avec le comte Muffat. « Elle adorait le passage des Panoramas. C'était une passion qui lui restait de sa jeunesse pour le clinquant de l'article de Paris, les bijoux faux, le zinc doré, le carton jouant le cuir. Quand elle passait, elle ne pouvait s'arracher des étalages, comme à l'époque où elle traînait ses savates de gamine, s'oubliant devant les sucreries d'un chocolatier, écoutant jouer de l'orgue dans une boutique voisine, prise surtout par le goût criard des bibelots à bon marché, des nécessaires dans des coquilles de noix, des hottes de chiffonnier pour les cure-dents, des colonnes Vendôme et des obélisques portant des thermomètres. »

PETITS-CHAMPS
(rue des)

La rue des Petits-Champs est également présente dans le 1er arrondissement.

La rue des Petits-Champs est parmi celles
où l'on rencontre les plus jolies femmes de Paris,
songeait rêveusement Nestor Burma lorsqu'entra
dans son bureau Esther Lévyberg.

— Léo Malet, *Des kilomètres de linceuls*, 1955

Au 54, Rousseau, Thérèse et leurs enfants

Vers 1754, Rousseau et Thérèse Levasseur – rencontrée en 1745 alors qu'elle officiait comme lingère dans le même hôtel que lui – résident rue des Petits-Champs. Selon Jacques Hillairet, il s'agit d'une jeune fille « fidèle, commune et bornée ». Pour Hume, « elle est méchante, querelleuse, bavarde, mais elle a sur lui l'empire d'une nourrice sur son enfant ». Elle lui a déjà donné quatre enfants (elle en aura un cinquième en 1755), tous placés – information parfois controversée – à l'hospice des Enfants-Trouvés. Il y prépare son *Discours sur l'origine et les fondements de l'inégalité parmi les hommes*, qu'il enverra à Voltaire.

Voltaire n'apprécie guère et lui répond : « On n'a jamais employé tant d'esprit à vouloir nous rendre bête ; il prend envie de marcher à quatre pattes quand on lit votre ouvrage. Venez donc à Genève boire du lait de nos vaches et brouter nos herbes. » À quoi Rousseau rétorque : « Je vous haïrais davantage si je vous méprisais moins. »

POISSONNIÈRE (boulevard)

Le boulevard Poissonnière est également présent dans le 9e arrondissement.

Et la malheureuse remonta dans sa Rolls, et rentra boulevard Poissonnière sans avoir le droit de montrer ses larmes.

— Armand Salacrou, *Dans la salle des pas perdus*, 1974

Au 23, le deuxième salon de Mme Adam

Après avoir officié au 238, rue de Rivoli, la célèbre salonnière s'installe en 1871 boulevard Poissonnière. Farouche républicaine, ulcérée par la défaite, elle rêve d'une revanche sur la Prusse et d'une république gambettiste. Sur le tard, son éloignement de Gambetta la rapprochera un peu plus de la littérature. En 1879, elle fonde une *Nouvelle Revue* qui se veut concurrente de la *Revue des Deux Mondes*, revue qu'elle animera vingt ans durant et où elle publiera les premiers écrits de Paul Bourget, Octave Mirbeau, Pierre Loti ou Léon Daudet. Son salon, dit-on, servit de modèle à Édouard Pailleron pour écrire sa comédie *Le Monde où l'on s'ennuie*. Elle résidera boulevard Poissonnière jusqu'en 1887 pour déménager au 190, boulevard Malesherbes.

Au 23, Maurice Larrouy

Dans la lignée de Pierre Loti ou Claude Farrère, cet officier de marine produisit sous le nom de René Milan de nombreux romans maritimes dont *L'Odyssée d'un transport torpillé*, prix Femina 1917, *Coups de roulis* (1925) ou *Le Trident* (1929).

PRINCES (passage des)

Un jour, à l'angle que forme le passage des Princes, Robert rencontra Jean, face à face. Il ne l'avait pas aperçu. Impossible de l'éviter.

— Paul Reboux, *Trio*, 1927

Au 36, Coco Mal-Perché

C'était son ami, son éditeur, son frère en esprit, Baudelaire le surnommait « Coco Mal-Perché ». Cinq ans après la publication des *Fleurs du mal*, Poulet-Malassis s'installe passage Mirès, qui deviendra plus tard passage des Princes. Condamné pour dettes, il est emprisonné durant plusieurs mois puis s'exile en Belgique. Baudelaire lui écrira, subsiste une enveloppe datée de 1866, précisant comme adresse : « Monsieur Auguste Malassis / Rue de Mercélis / Numéro trente-cinq bis / Dans le faubourg d'Ixelles, / Bruxelles. » L'enveloppe qui portait ces vers n'a pas été détruite, mais la lettre qu'elle contenait a été perdue.

RICHELIEU (rue de)

La rue de Richelieu est également présente dans le 1er arrondissement.

Le vieil appartement de ses parents, rue de Richelieu,
morts tous les deux depuis bien des années,
allait retrouver une nouvelle jeunesse.
— Elsa Triolet, *Roses à crédit*, 1959

Au 61, Stendhal change d'hôtel

En mai 1822, après la signature de son contrat avec son éditeur Pierre Mongie pour *De l'amour*, Stendhal quitte l'hôtel de Bruxelles et s'installe à l'hôtel des Lillois, au 63 (au 61 actuel). Est-ce pour loger dans la même maison que Mme Pasta, l'actrice-cantatrice dont il est entiché ? Il y fréquente les salons, poursuit sa vie mondaine et sa quête féminine : « Un salon de huit ou dix personnes dont toutes les femmes ont eu des amants, où la conversation est gaie et où l'on prend du punch léger à minuit et demi est l'endroit du monde où je me trouve le mieux », écrira-t-il dans ses *Pensées et impressions*.

Au 66, Ninon de Lenclos

En 1654, après avoir vécu pendant deux ans avec le marquis de Villarceaux dans l'hôtel de leur ami Boisrobert, au coin de la rue Richelieu et de la rue Neuve-Saint-Augustin, Anne de Lenclos dite Ninon de Lenclos – femme de lettres et courtisane de légende – loua une maison juste en face de l'hôtel et y tint salon entre 1653 et 1657 avant de s'installer dans son hôtel de la rue des Tournelles en 1657.

Parmi les *Historiettes* de Tallemant des Réaux figure évidemment Ninon de Lenclos. Il explique notamment comment et sur quels critères elle choisissait ses amants. Tallemant et la belle Ninon étaient-ils liés ? Le mémorialiste décède en 1692 dans la maison qu'elle occupa, au 66, rue de Richelieu.

Au 69, sur les traces de Stendhal

« Le plus grand plaisir du voyage est peut-être l'étonnement du retour », écrit l'homme aux deux cents pseudonymes dans ses *Promenades dans Rome*. Après le 45 (1821), puis le 61 (1822), Stendhal s'installe au 69 (ancien 71) après son séjour en Italie. Il y restera jusqu'en 1830, et, dans cet hôtel de Valois, écrira *Promenades dans Rome* et achèvera *Le Rouge et le Noir* (commencé à Marseille). Il y séjournera à nouveau brièvement, en 1833.

Henri Beyle-Stendhal, provincial solitaire, Parisien intermittent, a résidé dans plus de trente meublés, chambres d'hôtel et autres logements, et aura passé quelque dix-sept ans, soit le tiers de sa vie, dans la capitale.

Au 80, Regnard suit Molière

Il était né sous les piliers des Halles, en février 1655, trente-trois ans après Molière[18], et résida rue de Richelieu, comme on peut le lire dans le *Dictionnaire administratif et historique des rues et des monuments de Paris* de Félix et Louis Lazare : « À l'angle de la rue de Richelieu et de celle Feydeau, à côté de la porte de Richelieu, dans une maison qui porte le nº 80, demeurait le poète Regnard [qui] dans sa maison de Paris citée pour sa table et sa cave, comptait parmi ses hôtes, outre l'élite des littérateurs, le prince de Conti et le grand Condé. »

Regnard écrivit pour le Théâtre-Italien et pour le Théâtre-Français, produisant une vingtaine de comédies depuis *Le Joueur* (1695) jusqu'au *Légataire universel* (1708), et fut considéré de son temps comme le meilleur poète dramaturge français après Molière. « Regnard est plaisant comme le valet, et Molière comique comme le maître », nuance le moraliste Joubert. Mais « qui ne se plaît pas avec Regnard n'est pas digne d'admirer Molière », déclarera Voltaire.

Au 96, la mort de Marivaux

Marivaux décède en 1763 dans une maison située à l'angle des rues Richelieu et Ménars, un modeste appartement donnant sur le Palais-Royal.

Vingt ans auparavant, il a été reçu à l'Académie française à la suite d'une cabale de la faiseuse de rois Mme de Tencin, désireuse de barrer la route à Voltaire. Son élection coïncida avec la fin de son règne théâtral, son talent s'étiola et il mourut dans la plus grande indifférence. Il faut dire qu'il était lui-même indifférent à la littérature : dans l'inventaire qui suivit son décès, on ne trouva que trois douzaines de livres.

Pendant longtemps, Marivaux sera considéré avec indulgence comme un « petit-maître du XVIIIe siècle », même si certains, comme le critique Francisque Sarcey, le gratifient d'auteur « de premier ordre dans le second » ou si, comme Émile Faguet, on évoque « cette coquette, cette caillette, cette petite baronne de Marivaux ».

Au 100, le bureau de Roger Nimier

En 1951 et 1952, Roger Nimier est rédacteur en chef de l'hebdomadaire *Opéra*, domicilié rue de Richelieu. Il a publié en 1948 *Les Épées*, roman relatant l'histoire d'un jeune homme passant de la Résistance à la Milice, puis en 1950 *Le Hussard bleu*, roman écrit à plusieurs voix où l'on retrouve le personnage de François Sanders. Dans un article paru en décembre 1952, Bernard Frank s'inspire du titre du roman pour lancer l'expression « les Hussards », mouvement qui prône l'impertinence et défend l'amour du style, plus mondain que littéraire, en opposition au tout-puissant existentialisme sartrien d'après-guerre. « Nous étions quatre à créer une sorte de club : Roger Nimier, Jacques Laurent, Michel Déon et moi », écrit Antoine Blondin.

S'ils formèrent une sorte de club, les « hussards » ne constituèrent pas une école littéraire.

« Sous cette appellation, déclare Félicien Marceau en réponse au discours de réception prononcé par Michel Déon à l'Académie française, la manie classificatrice a rangé quelques écrivains qui, bien qu'ils eussent chacun leur tempérament propre et leur originalité, présentaient, il est vrai, quelques traits communs. Et d'abord celui d'avoir à peu près le même âge et d'avoir débouché dans la littérature à peu près dans le même temps. D'autres traits communs venaient s'y ajouter : une turbulence, une désinvolture qui pouvait aller jusqu'à l'espièglerie, une certaine façon d'aborder les sujets par un biais surprenant, un irrespect pour les tabous de l'époque, le dédain des doctrines, le goût d'une écriture vive, rapide, volontiers insolente, une certaine manière de prendre la littérature comme un plaisir plus que comme un devoir. »

Jacques Laurent, pour sa part, fut moins nuancé : « C'était une connerie à l'état pur de nous avoir réunis littérairement. »

Au 101, Jean-Jacques Barthélemy, dit l'abbé Barthélemy

L'abbé Barthélemy y réside de 1788 à sa mort, en 1795, travaillant notamment sur son *Voyage du jeune Anacharsis en Grèce*, ouvrage d'érudition minutieuse sur la vie antique qui lui aura pris trente années de travail. Publié en 1788, l'ouvrage rencontrera un succès considérable et vaudra à son auteur d'intégrer l'Académie française. Épousant le mouvement néoclassique amorcé dans la seconde moitié du XVIIIe siècle, il rejoint André Chénier qui, dans son poème *L'Invention*, prône le « retour à l'antique » : « Allumons nos flambeaux à leurs feux poétiques ; / Sur des pensers nouveaux faisons des vers antiques. » L'écrivain-journaliste Louis de Fontanes lui rend hommage par quelques vers : « D'Athènes et de Paris la bonne compagnie / A formé dès longtemps et vos goûts et vos mœurs ; / Toute l'Antiquité par vos soins rajeunie / Reparaît à nos yeux sous ses propres couleurs, / Et vous nous rendez son génie. »

Au 102, Voltaire et sa nièce Mme Denis

À cette adresse, Voltaire acheta avant sa mort un hôtel (aujourd'hui disparu) dans lequel Marie-Louise Mignot dite Mme Denis (sa nièce, gouvernante et compagne) vécut et tint salon de 1778 à 1790. Gaie et maternelle, parfaite musicienne, férue de théâtre, elle avait succédé à Émilie du Châtelet dans le cœur du philosophe, gérant son cœur et ses affaires. Après sa mort, en mai 1778, elle vendit en qualité de légataire universelle le château de Ferney au marquis de Villette, les papiers et la bibliothèque de Voltaire à Catherine II, et conserva la maison de la rue de Richelieu. « Maman Denis » furent les derniers mots que prononça Voltaire en mourant. De leur relation amoureuse, professionnelle et amicale subsiste une correspondance de plusieurs centaines de lettres, témoignage précieux sur le caractère du philosophe. Aurait-elle inspiré le personnage de Cunégonde dans *Candide* ? Beaucoup le pensent.

Au 104, Musset et George Sand au restaurant Lointier

Sand et Musset y font connaissance en juin 1833, lors d'un dîner organisé par François Buloz, directeur de la *Revue des Deux Mondes*. L'écrivaine vient de quitter Jules Sandeau et – en quête d'un nouveau parti ? – elle sollicite Sainte-Beuve pour être placée près d'Alexandre Dumas. Dumas est indisponible, ce sera Musset.

Au 109, Alexandre Dumas (père) se met au roman

Au 109 était situé l'hôtel de Paris où Dumas réside lors de ses séjours à Paris, durant l'année 1841 puis en 1842, année au terme de laquelle il publie *Le Chevalier d'Harmental*, premier de ses grands romans historiques (en collaboration avec Auguste Maquet). De dramaturge, il va se faire romancier à succès, préparant *Les Trois Mousquetaires* qui paraîtront deux ans plus tard.

Au 110-112, Balzac et son Vautrin pour demain

À l'angle de la rue Richelieu et du boulevard Montmartre, Balzac loue sous les toits un petit pied-à-terre à son tailleur Jean Buisson. Théophile Gautier relate qu'un soir de 1840, Balzac le convoque en même temps que ses amis et prête-plumes Laurent-Jan, Édouard Ourliac et de Belloy.

« Je dois, leur confie Balzac, remettre demain à Harel un drame en cinq actes. Et je n'ai pas écrit la moindre ligne. Mais j'ai un plan : nous allons bâcler la chose pour toucher la monnaie. Gautier fera un acte, Ourliac un autre, Laurent-Jan le troisième, de Belloy le quatrième, moi le cinquième et je remettrai le drame à midi comme il est convenu. Un acte chacun, ce n'est pas plus de quatre ou cinq cents lignes que l'on peut faire dans la journée et dans la nuit.
— Indiquez-moi le sujet, dit Théophile Gautier, le plan, dessinez-moi rapidement les personnages et je me mets à l'œuvre.
— Ah ! Malheureux ! s'écrie Balzac, s'il faut vous conter le sujet, nous n'aurons jamais fini. »

Le 1er avril 1842, n'ayant pas payé son loyer à son cher tailleur, Balzac fut expulsé.

Au 112, Alexandre Dumas père

Rentrant d'Italie en 1864, Dumas trouve à se loger au 112, rue de Richelieu, cinquième étage, face au photographe Reutlinger. Pour écrire, il descend au tout nouveau *Petit Journal*, dont les bureaux sont situés dans l'immeuble. Sa signature restant synonyme de fort tirage, le directeur lui propose de prendre la place d'un rédacteur qui signe Timothée Trimm. Dumas refuse en précisant : « Je ne me sens pas de force à faire des articles plus crétins que ceux de ce monsieur. »

SAINT-AUGUSTIN (rue)

Je pris aussitôt mon chapeau, je me jetai dans l'escalier et fus en un instant rue Saint-Augustin.

— Marquise de Mannoury d'Ectot, *Le Roman de Violette*, 1870

Au 43, Benjamin Constant

En 1810, lorsqu'il réside rue Saint-Augustin, Benjamin Constant est déjà célèbre pour ses nombreux essais politiques et sociétaux. En 1794, il a rencontré Germaine de Staël, dont il est tombé amoureux. « Son esprit m'éblouit, racontera-t-il, sa gaieté m'enchanta, ses louanges me firent tourner la tête. Au bout d'une heure, elle prit sur moi l'empire le plus illimité qu'une femme ait peut-être jamais exercé. » Au terme d'une dizaine d'années d'une relation complexe et passionnée, le cœur en lambeaux, il entame (en 1806) la rédaction d'une sorte d'autofiction s'inspirant de ses déboires amoureux : ce sera *Adolphe*, best-seller qui fera pleurer la France en 1816.

Curiosité – la rédaction d'*Adolphe* s'accompagne d'un abondant paratexte : deux préfaces, un avis de l'éditeur et, à la fin du roman, une lettre de l'éditeur et une réponse, cinq apartés censés donner des explications sur la prétendue transmission du manuscrit et des renseignements qui complètent le récit.

SAINT-DENIS (rue)

Rue Saint-Denis ! Je sais pas exactement où, mais c'est rue Saint-Denis, vers le sommet, je sais pas le numéro, j'y suis jamais allé !

— Lionel Salaün, *Et Mathilde danse*, 2020

Au 30, le destin tout tracé de Beaumarchais

Beaumarchais naît rue Saint-Denis en 1732 et son destin semble limpide : comme son père, il deviendra horloger. Apprenti dans l'entreprise paternelle dès l'âge de 13 ans, il invente à 21 ans l'échappement à double virgule, évolution novatrice de l'échappement à cylindre permettant d'améliorer la précision des montres. L'horloger du roi, Lepaute, s'attribuera son invention, le jeune homme en appellera à l'Académie des sciences, récupérera la paternité de sa découverte et… remplacera Lepaute pendant quelque temps comme horloger du roi. Il sera ensuite homme d'affaires, professeur de harpe des quatre filles de Louis XV (grand mélomane, il jouait également de la viole, de la flûte et de la guitare), génie financier, négrier, espion, écrivain, initiateur de la reconnaissance du droit d'auteur et… pyromane : n'a-t-il pas avec *Figaro* allumé la mèche du baril de poudre révolutionnaire ?

Au 126, la naissance de Léon Blum

Souvent crédité d'une naissance au 151, rue Saint-Denis, Léon Blum naît en 1872 au 243 (actuel 126). Études studieuses, lycée Charlemagne, puis Henri-IV où il croise André Gide. Un rêve : devenir un grand écrivain. Tout en programmant une carrière de haut fonctionnaire au Conseil d'État, il s'essaie à la poésie (dans la revue *La Conque* de Pierre Louÿs), puis règne dès 1893 sur la critique littéraire parisienne à *La Revue blanche*. Il faudra attendre l'affaire Dreyfus pour que le jeune dandy promis à un grand avenir auprès de Proust, Barrès ou Gide délaisse son rêve littéraire et s'engage en politique.

Au 224, la naissance de Jules Michelet

La rue Saint-Denis occupe une place peu enviable dans la littérature. Dans *Tropique du Cancer*, Henry Miller la décrit comme « une énorme verge gangrenée », Carco y fait assassiner une concierge dans *L'Homme traqué* et ses innombrables prostituées racolent à ciel ouvert dans de nombreux romans. Jules Michelet y naît le 21 août 1798 dans l'ancienne église des Dames-de-Saint-Chaumont transformée en une maison d'habitation, dans laquelle l'imprimerie de son père produit des assignats (au coin de la rue Saint-Denis et de la rue Tracy).

Élevé au milieu du petit peuple de Paris, Michelet vécut une enfance difficile : pauvreté, froid, faim, père enfermé pour dettes à Sainte-Pélagie en 1808, études primaires difficiles, lycée Charlemagne dans lequel il se sent « comme un hibou en plein jour, tout effarouché ». Mais l'enfant est coriace. Fils de la Révolution et du siècle des Lumières, il avance à marche forcée vers son destin d'historien : baccalauréat en 1817, licence ès lettres en 1818, doctorat en 1819 (thèse sur Plutarque), troisième place au concours de l'agrégation. En 1827, il intégrera l'École normale comme maître de conférences en philosophie et histoire puis, quatre ans plus tard, publiera son premier grand ouvrage historique : *Introduction à l'histoire universelle*. Héros pour Hugo, charlatan pour Sainte-Beuve, Jules Michelet par son style va révolutionner la présentation de l'histoire de France.

SAINT-JOSEPH
(rue)

C'était une chambre, rue Saint-Joseph, une chambre avec une fenêtre donnant sur une cour, une fausse cour faisant caisse de résonance. J'y entendais les rotatives de la presse de la rue du Croissant ; j'y crevais de froid et de solitude.

— Charles Le Quintrec, *Les Ombres du jour. 1970-1980*, 1985

Au 10, la naissance de Zola

Né le 2 avril 1840 rue Saint-Joseph, au quatrième étage d'un immeuble toujours debout, l'enfant ne restera que trois ans à Paris, ses parents s'installant ensuite à Aix-en-Provence. Il ne reviendra à Paris qu'en 1858 avec sa mère, son père étant décédé alors qu'il avait 7 ans. En juillet 1859, il échoue une première fois au baccalauréat puis, lors de la session de novembre, une seconde fois pour insuffisance en français. La route va être longue. Le père a laissé sa famille dans une situation précaire, mère et fils vont entamer un long cycle de déménagements dans la capitale : dix adresses en six ans.

SAINTE-ANNE (rue)

« De quoi parlez-vous ? dit-elle, que voulez-vous dire ? – De mon mari, dit Mme Legris. Vous êtes la maîtresse de mon mari ; vous le rejoignez tous les samedis ici et vous montez ensemble dans la garçonnière qu'il a louée rue Sainte-Anne. »

— Simone de Beauvoir, *Anne ou Quand prime le spirituel*, 1979

Au 6, Charles Baudelaire à l'hôtel d'York

L'hôtel s'appelle aujourd'hui Hôtel Baudelaire Opéra, un portrait du poète y trône dans l'entrée, mais il n'y résida que quelques jours en février 1854. C'est l'époque où le poète s'investit totalement dans ses traductions d'Edgar Poe, écrivain qu'il considère comme son double : « La première fois que j'ai ouvert un livre de lui, j'ai vu, avec épouvante et ravissement, non seulement des sujets rêvés par moi, mais des PHRASES pensées par moi, et écrites par lui vingt ans auparavant. »

Obsédé par l'Américain, comme il le confesse dans son journal *Mon cœur mis à nu*, Baudelaire se propose d'introniser Poe comme grand écrivain et écrit à Sainte-Beuve : « Il faut, c'est-à-dire que je désire qu'Edgar Poe qui n'est pas grand-chose en Amérique, devienne un grand homme pour la France. »

Baudelaire et Poe, frères jumeaux ? La parenté entre les deux hommes, que douze ans séparent, est évidente : vie malheureuse, débauche, perpétuelles difficultés financières, talent poétique, refuge dans l'art pour l'art. Tous deux mourront prématurément. Poe à 40 ans, Baudelaire à 46.

Au 69, Roger Martin du Gard

Le futur Prix Nobel 1937[19] y passa une partie de sa petite enfance, ses parents s'étant installés rue Sainte-Anne en 1885 quand il avait 4 ans. Il fréquentera l'école Fénelon, le lycée Condorcet puis Janson-de-Sailly, où il se liera avec le jeune Gaston Gallimard. Sa vocation littéraire interviendra à l'âge de 17 ans lors de la découverte de *Guerre et Paix*.

« La lecture de *La Guerre et la paix*, tant de fois reprise avec la même ferveur, la même surprise extasiée, m'a définitivement orienté vers le roman – et, plus précisément, vers le roman de longue haleine, à personnages nombreux et à multiples épisodes[20]. » Ses premiers écrits seront *Jean Flers* et *La Méprise* (nouvelles, 1903) puis *Il est d'exquises fleurs* (1904), texte qu'il reniera et détruira.

SÉBASTOPOL (boulevard de)

Qu'importe ! dans le haut du boulevard de Sébastopol je suis redevenu Tahar avec deux « a » comme les deux « o » de Sébastopol. Le tout-puissant Tahar, j'ai retrouvé la violence, la tension. Je ne suis plus un des leurs, ce peuple mou.

— Fabienne Jacob, *L'Averse*, 2012

Au 84, *La Madone* de Maurice Dekobra

« Chaque fait isolé géographique [...] dans chaque livre que j'ai écrit a été examiné avec soin et il est scrupuleusement avéré », a-t-il déclaré. Il fut en effet un des premiers écrivains à faire de la précision géographique un impératif narratif et fut également un des premiers écrivains à mettre au point (avec son éditeur) un redoutable marketing littéraire pour lancer ses ouvrages. C'est ainsi que sa *Madone des sleepings* fut vendue à plus de trois cent mille exemplaires l'année de sa sortie, en 1925. Selon Bernard Pivot, ce roman constitue « la référence d'une littérature policière audacieuse, déjantée, un sommet du kitch des années folles ».

Plus stylée que *La Garçonne* de Victor Margueritte, *La Madone* ne lui cède rien en matière de libération de la femme : « Je ne suis, déclare l'héroïne, ni une demi-folle, ni une nymphomane. Je vis ma vie comme une affranchie qui a secoué dès sa puberté les chaînes de l'hypocrisie chère à ses compatriotes. »

Maurice Dekobra, écrivain-aventurier, cousin littéraire de Pierre Benoit, a produit plus de cent romans « populaires » en un demi-siècle, vendant ainsi près de cent millions d'exemplaires. Sa notoriété était telle que, selon les journaux de l'époque, une séance de dédicace au Waldorf-Astoria à la fin des années 1920 généra six kilomètres de file d'attente.

VICTOIRES (place des)

« Ce matin, à six heures, place des Victoires, une patrouille a découvert, dans le coffre d'un véhicule » [...] Il se mit à trembler. Pourquoi place des Victoires ?

— Metin Arditi, *Juliette dans son bain*, 2015

Au 9, Bossuet

L'hôtel particulier de Simon Arnauld de Pomponne se tenait à l'emplacement de l'actuel n° 9 et accueillit quelque temps Bossuet en 1696, après la publication de ses *Maximes et réflexions sur la comédie*, véhémente condamnation du théâtre au nom de la morale chrétienne. L'opprobre ne concerne pas uniquement les comédiens et la comédie : l'évêque de Meaux condamne également les tragédies de Corneille et Racine. « La passion, explique-t-il, passe de l'âme des acteurs dans celle des spectateurs. On devient bientôt un acteur secret de la tragédie : on y joue sa propre passion. Les représentations tendent directement à allumer des flammes dans notre cœur. »

« écrivains ravalés, dangereux loustics, farceurs au quarteron, sombres mystificateurs, véritables aliénés, qui mériteraient de peupler Bicêtre. Leurs têtes crétinisantes, d'où une tuile a été enlevée, créent des fantômes gigantesques, qui descendent au lieu de monter ».

VIVIENNE (rue)

Elle a vu dans la rue Vivienne un cheval emballé ! Elle est revenue décomposée ! Ça lui a retourné tous les sangs !

— Louis-Ferdinand Céline, *Mort à crédit*, 1936

Au 15, Lautréamont

En 1870, quelques mois avant sa mort, Lautréamont quitte le 32, rue du Faubourg-Montmartre et s'installe au 15, rue Vivienne. « Les magasins de la rue Vivienne, écrit-il dans *Les Chants de Maldoror*, étalent leurs richesses aux yeux émerveillés. Éclairés par de nombreux becs de gaz, les coffrets d'acajou et les montres en or répandent à travers les vitrines des gerbes de lumière éblouissante. »

Sous son nom officiel – Isidore Ducasse –, il publie *Poésies I* et *Poésies II* à la Librairie Gabrie. Pas le moindre vers dans ce qui s'intitule *Préface à un livre futur*, mais des leçons de morale, des maximes, des aphorismes et des avis tranchés sur la littérature, grand jeu de massacre envers les romans où défilent Rousseau, Sand, Balzac, Dumas fils, Hugo… Et de s'insurger contre les

Au 45-46-47, la librairie Jousseaume

La librairie Petit-Siroux et son cabinet de lecture (on venait y lire les feuilletons en payant « à la feuille ») fut inaugurée en même temps que la galerie Vivienne, en 1826. Devenue la librairie Jousseaume à la fin du XIXe siècle, elle fut fréquentée par Jarry, par les surréalistes puis, plus tard, par Emmanuel Berl, Colette et Cocteau qui habitaient à quelques pas.

Au 46, Alphonse Karr

L'écrivain-journaliste adepte du « bon mot » s'installe rue Vivienne en 1836. Il y restera quatre ans, accumulant les dettes pour assurer sa vie de dandy, servi par un domestique mulâtre vêtu de rouge écarlate. C'est l'époque de sa revue satirique *Les Guêpes*, dans laquelle il conspue allègrement toutes les célébrités de l'époque et fait preuve de son esprit coluchien avant l'heure : « La politique, plus ça change, plus c'est la même chose. » Sa liaison avec la belle actrice Juliette Drouet est déjà lointaine, il lui a emprunté beaucoup d'argent qu'il n'a pas rendu. En subsiste un roman publié en 1833 – *Une heure trop tard* –, dans lequel il fait de la future maîtresse de Victor Hugo son personnage principal, une femme trop aimée par deux hommes.

Dans sa chambre du 46, sur le mur, est exposé le couteau avec lequel Louise Colet, son ancienne amante, furieuse de l'entendre commenter ses amours (avec Musset, Flaubert, ou Victor Cousin), l'a poignardé (sans gravité) par-derrière. Avec l'inscription : « Donné par Louise Colet… dans le dos. »

Notes

1. Il aura cinq enfants avec elle, dont trois filles que l'on aperçoit dans un tableau de Renoir autour d'un piano (*Les Filles de Catulle Mendès*, 1888). La dernière de ses filles, Hélyonne, épousera Henri Barbusse.

2. Le titre complet est *Rue des Filles-Dieu, 56, ou l'Héautonparatéroumène*, ouvrage paru en 1895. L'héautonparatéroumène : celui qui s'épie lui-même.

3. Marianne et Claude Schopp, *Dumas fils ou l'Anti-Œdipe*, Phébus, 2017.

4. Dans les *Souvenirs d'égotisme*, Stendhal raconte sa première visite chez Delécluze en 1822.

5. Préface d'Henri Martineau, in Stendhal, *Souvenirs d'égotisme*, Le Divan, 1927

6. Patrick Kéchichian, « Henri Pichette », *Le Monde*, 2 novembre 2000, https://www.lemonde.fr.

7. Adolphe-Mathurin de Lescure, *François Coppée, l'homme, la vie et l'œuvre*, A. Lemerre, 1889.

8. Selon Wikipédia, Alphonse Lemerre publia Anatole France sans autorisation. France lui intenta un procès et, défendu par Raymond Poincaré, obtint de l'éditeur la restitution d'un manuscrit et des trois mille francs avancés par l'auteur.

9. Le terme « nègre » a été conservé lorsqu'il concerne un nom propre ou lorsqu'il figure dans une citation. Sinon, le terme « prête-plume » lui est substitué.

10. Gustave Flaubert, « Lettre à George Sand, 27 novembre 1866 » in *Correspondance*, vol. 5, Éditions Conard, 1929.

11. L'équivalent d'environ trente mille euros actuels.

12. L'académie Goncourt se ridiculise : elle couronne *Les Loups* de Guy Mazeline, jeune auteur choyé par la *NRF*. Il faut dire que Rosny aîné, président du jury, a vendu (très cher) à *L'Intransigeant* son dernier roman sous forme de feuilleton, journal dans lequel Mazeline tient une rubrique littéraire.

13. Relaté par l'auteur, René de Obaldia, dans son discours de réception à l'Académie française.

14. 32, rue de Longchamp, dans une maison qui sera partiellement détruite durant la Commune.

15. Cité par Pierre Assouline dans *Gaston Gallimard*, Balland, 1984.

16. Jean-Paul Caracalla, *Vagabondages littéraires dans Paris*, La Table ronde, 2003.

17. Hypothèse « plausible », mais « statistiquement faible » selon François Bon dans *Proust est une fiction*, Seuil, 2013.

18. D'après *Les Quarante-huit Quartiers de Paris*, de Girault de Saint-Fargeau (1846), « dans la même maison, et probablement dans la même chambre, est né, le 8 février 1655, le poète Regnard, le plus grand de nos auteurs comiques après Molière ». Cette hypothèse est réfutée par L. F. Beffara, qui effectua des recherches sur le sujet : « Grimarest et Voltaire, dans les Vies de Molière, ont prétendu qu'il était né sous les piliers des Halles. Il serait bien singulier que nos deux plus grands poètes comiques fussent nés dans cet endroit ; l'un d'un tapissier, l'autre d'un marchand de salines, épicier ; tous deux qualifiés d'honorables hommes dans beaucoup d'actes de l'état civil. Mais je crois avoir démontré, dans ma *Dissertation sur J. B. Poquelin Molière*, que ses père et mère demeuraient rue Saint-Honoré, et non sous les piliers des Halles, et que Molière n'y est pas né. »

19. « Pour le pouvoir artistique et la vérité avec laquelle il a décrit les conflits humains et certains des aspects fondamentaux de la vie contemporaine dans sa suite romanesque *Les Thibault* », selon la fiche qui lui est consacrée sur le site du prix Nobel (http://www.nobelprize.org/nobel_prizes/literature/laureates/1937).

20. Roger Martin du Gard, *Souvenirs autobiographiques et littéraires*, 1955.

On y naît peu (George Sand, Paul Féval fils…), on y passe parfois ses jeunes années (Balzac, Bernanos, Desnos…), on y vit parfois assidûment (Mme de Sévigné), mais, c'est vrai, c'est un peu mince.

LE 3E ARRONDISSEMENT

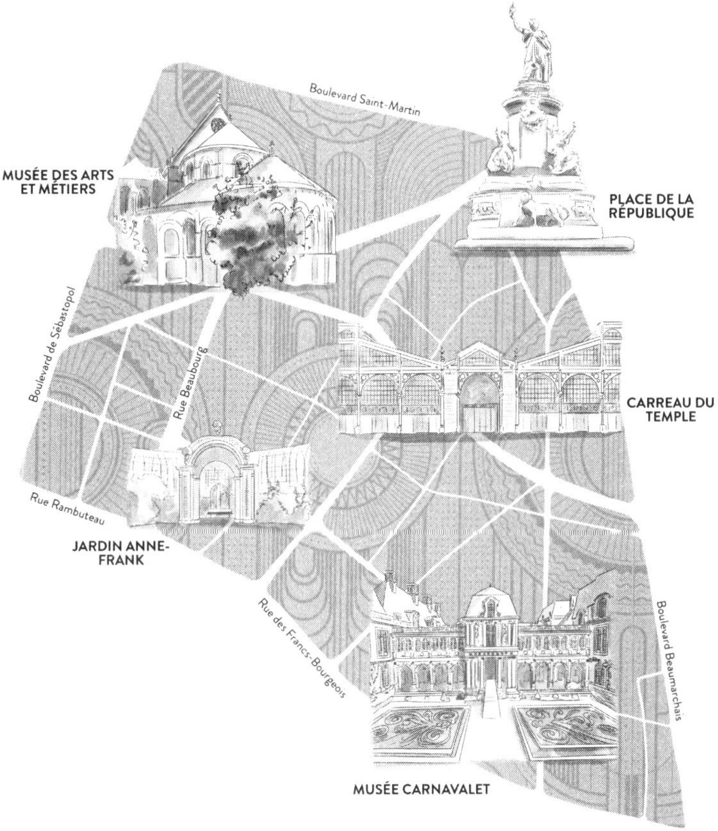

ARCHIVES (rue des)

Par la rue des Archives, il pénétrait à nouveau dans le ghetto, suivait un peu plus tard la rue des Rosiers.

— Georges Simenon, *Maigret et son mort*, 1948

Au 58, les deux Corneille chez Guise

En octobre 1662, les familles de Pierre et de Thomas Corneille quittent Rouen et, sur l'invitation du duc Henri II de Guise, protecteur officiel de Pierre Corneille, s'installent gracieusement dans son hôtel de la rue des Archives.

Les deux frères et leur famille y resteront deux ans, jusqu'à la mort du duc en juin 1664, dans « la plus parfaite union qu'on ait jamais vue entre deux frères[1] ». La compétition, toute fraternelle qu'elle soit, est pourtant réelle : *Maximian* (Thomas) et *Sertorius* (Pierre) ont été jouées simultanément à l'hôtel de Bourgogne. La critique n'est pas toujours tendre avec le petit frère. « À force de vouloir surpasser son aîné, il tombe fort au-dessous de lui, et son élévation le rend obscur sans le rendre grave », écrit Jean Chapelain dans sa *Liste de quelques gens de lettres français vivants en 1662.*

Au 74, le jeune Bernanos

Après quelques années d'internat près de Fressin, dans le Pas-de-Calais, Georges Bernanos, jeune homme de 17 ans, se rend à Paris en 1906 et loge chez sa sœur rue des Archives afin de suivre des études de droit. Catholique et monarchiste convaincu, il milite à l'Action française, mouvement qu'il soutiendra jusqu'aux années 1930 avant de s'en détacher, notamment lors de son implication dans la guerre d'Espagne. La première œuvre de Bernanos sera *Madame Dargent*[2], publiée dans *La Revue littéraire* en septembre 1922. Une œuvre sombre, comme le seront *Sous le soleil de Satan* ou *Journal d'un curé de campagne.* Mais, comme il le confiera plus tard, « le Bon Dieu ne m'a pas mis une plume entre les mains pour rigoler ».

Au 92, Ferragus

Le 92, rue des Archives correspond à l'ancien 12, rue des Enfants-Rouges. Balzac y loge le forçat évadé Ferragus, caché sous le nom de Camuset chez Mme Gruget. *Ferragus, chef des Dévorants* est le premier volet de l'*Histoire des Treize* qui comprend *Ferragus*, *La Duchesse de Langeais* et *La Fille aux yeux d'or.*

Dans le début du roman, Balzac nous offre une ode à la diversité des rues de Paris : « Il est dans Paris certaines rues déshonorées autant que peut l'être un homme coupable d'infamie ; puis il existe des rues nobles, puis des rues simplement honnêtes, puis de jeunes rues sur la moralité desquelles le public ne s'est pas encore formé d'opinion ; puis des rues assassines, des rues plus vieilles que de vieilles douairières ne sont vieilles, des rues estimables, des rues toujours propres, des rues toujours sales, des rues ouvrières, travailleuses, mercantiles. Enfin, les rues de

Paris ont des qualités humaines, et nous impriment par leur physionomie certaines idées contre lesquelles nous sommes sans défense. Il y a des rues de mauvaise compagnie où vous ne voudriez pas demeurer, et des rues où vous placeriez volontiers votre séjour. »

ARQUEBUSIERS (rue des)

Rue des Arquebusiers, rue du Roi-Doré, rue Villehardouin, quels noms ! Voyons ce qu'il y a de nouveau, disait-il au commencement de la promenade.

— Marcel Schneider, *L'Éternité fragile*, 1989

Au 12, Edgar Morin

Le sociologue-philosophe Edgar Morin (de son vrai nom Edgar Nahoum, fils d'un des survivants de la Salonique séfarade) s'y installe en 1984 et il y restera jusqu'en 2009. Né au pied de la rue Montmartre (en 1921), il a affectionné les 3e et 4e arrondissements. Rue des Arquebusiers, il écrit *Vidal et les siens*, récit biographique intimiste publié en 1989 dans lequel il rend hommage à son père, Vidal Nahoum.

BEAUBOURG (rue)

Au 27-29, rue Beaubourg, sur le flanc droit du musée déjà debout, deux vieux immeubles en pierre de taille attendent d'être détruits.

— Joy Sorman, *Gros œuvre*, 2009

Au 44, le très savant Blaise Pascal

Après la mort de son père, Blaise Pascal quitte l'hôtel de la rue de Touraine au loyer trop onéreux et sous-loue une partie d'une maison située à la hauteur du 44, rue Beaubourg, paroisse Saint-Nicolas-des-Champs. Il s'y installe le 25 décembre 1651 avec sa sœur Jacqueline et y demeurera jusqu'au 1er octobre 1654. Durant ces trois ans que l'on qualifie souvent de « période mondaine », il fréquente les salons et se consacre essentiellement au travail scientifique : il achève un *Traité de l'équilibre des liqueurs* et un *Traité du triangle arithmétique*, fonde le calcul des probabilités. Cette période se termine par sa « nuit de feu », le 23 novembre 1654, où deux heures de ravissement s'achèvent par un « oubli du monde et de tout, hormis Dieu ».

Au 44, André Hardellet

Trois siècles après Pascal, le poète André Hardellet s'installe rue Beaubourg où il vivra plusieurs décennies et décédera en 1974. « Rencontrer André Hardellet, écrit en 1977 Hubert Juin dans *Le Monde*, équivalait à s'abandonner à d'étonnantes rêveries. Il y avait chez lui deux pôles : la banlieue et ce cœur de Paris, aujourd'hui ravagé, qui est Saint-Merri. Nous n'allions jamais seuls dans nos bistrots élus : il fallait inclure à notre dialogue la voix de Gérard de Nerval, qui est né, qui est mort, dans les environs de notre "place-forte". »

Quelques pas avec Hardellet ? « Les muses du quai de Bercy / M'avaient conduit jusqu'à Grenelle / Et leurs sœurs de la Grange-aux-Belles / Vers les jardins clos de Passy, / La nuit s'entendait avec elles, / Les muses du quai de Bercy. / J'allais dans Paris, port de songe / Ouvert au piéton noctambule, / Avec des amis de toujours / Embarqués vers le crépuscule… »

« Hardellet fait partie, écrit Patrice Delbourg, des écrivains singuliers, à l'écart du grand tintamarre, dont nous avons plus que jamais une urgente nécessité. » À défaut d'être lu, le poète est souvent fredonné : « Si tu reviens jamais danser chez Temporel / Un jour ou l'autre… »

BEAUCE (rue de)

Charles détestant les pédants et Viviane se plaisant dans la compagnie des dévots, Anne-Sophie se rendait seule rue de Beauce tous les samedis.

— Catherine Hermary-Vieille, *Le Siècle de Dieu*, 2013

Madeleine de Scudéry

En 1670, Madeleine de Scudéry quitte la rue du Temple et s'installe rue de Beauce, à l'angle de la rue des Oiseaux. Elle y séjournera jusqu'en 1701, date de sa mort. La créatrice de la carte du Tendre y reçoit, le mardi et le samedi, ces « précieuses » et « précieux » chers à Molière, Molière qui la ridiculise en tant que Magdelon, diminutif de Madeleine, dans ses *Précieuses ridicules*.

Sous la signature de son frère Georges, elle publie avec succès des romans galants à clé dans lesquels les mœurs et personnages de la cour sont transposés dans l'Antiquité. L'un d'eux (*Artamène ou le Grand Cyrus*) est sans doute le plus long roman français jamais écrit : plus de treize mille pages pour deux millions cent mille mots et quatre cents personnages. L'hôtel particulier a disparu, mais, attenant à un lavoir public, subsiste un jardin qui fit sans doute partie de celui de l'hôtel.

BEAUMARCHAIS
(boulevard)

Le boulevard Beaumarchais est également présent dans le 11e arrondissement.

« Et le boulevard Beaumarchais ? demande Blanche.
– Le boulevard Beaumarchais est toujours aussi lugubre, dit Charles. Il résiste au changement avec une belle obstination. »

— Jean-Pierre Vivet, *La Maison à travers la grille*, 1991

Au 37, Léon Guillot de Saix

En 1937, ce dramaturge et romancier sollicite la Légion d'honneur, ce qui entraîne une petite enquête de police. La fiche des Renseignements généraux précise : « M. GRAMOND, Jean, Pierre, plus connu sous le pseudonyme de Guillot de Saix né le 21 février 1881 à Bergerac (Dordogne) est célibataire. Depuis trois ans environ, il occupe 37, boulevard Beaumarchais à Paris (3e), un appartement d'un loyer annuel de 7 500 francs. Précédemment il habitait 27, rue Beaurepaire. Auteur dramatique et homme de lettres, il fait aussi du journalisme, collabore à l'hebdomadaire illustré "L'Humour" dont il est d'ailleurs un des fondateurs. [...] Comme homme de lettres, M. Gramond est l'auteur de très nombreuses œuvres, notamment "Myrtil et Sylvanie", "Une nuit d'Omphale", "Fronsac" avec préface de Jean Nohain, etc. Comme auteur dramatique, il a composé plusieurs pièces dont : "Deux pigeons s'aimaient d'amour tendre", "Le Bon Moyen", "L'Amour au masque", "Le Péage de Montluçon", etc. [...] M. Gramond n'est pas noté aux Sommiers Judiciaires. »

Le problème, soulève le *Bulletin Quintesfeuilles* de 2017, c'est que la notice biographique du *Who's Who* précise que l'écrivain s'appelait Léon Marie Guillot, qu'il était né à Paris en mai 1885 et qu'il y mourut en 1964. Qui était donc vraiment Léon Guillot de Saix ?

Au 69, Paul Féval

Paul Féval réside boulevard Beaumarchais à la fin des années 1850, alors que *Le Bossu* paraît sous forme de feuilleton dans le journal *Le Siècle*, relatant les exploits du chevalier de Lagardère. (« Si tu ne viens pas à Lagardère, Lagardère ira z'à toi ! »)

Dans cette œuvre qui connut un prodigieux succès, Paul Féval inaugure le *name dropping*, introduisant dans le roman des personnages historiques réels comme le régent Philippe d'Orléans ou le banquier John Law.

Avec une trentaine de romans publiés, la renommée de l'écrivain est alors comparable à celle d'Honoré de Balzac ou d'Alexandre Dumas. Maître incontesté du feuilleton, il verra son étoile se ternir à partir des années 1860-1870, éclipsée par celle de Ponson du Terrail et de son Rocambole.

BÉRANGER (rue)

Du côté de la rue Béranger, mon exaltation tombe. La République est une place échouée à un mauvais endroit, un lieu absurde et chaotique.

— Arnold Mandel, *Les Temps incertains*, 1950

Au 5 de cette ancienne rue Vendôme, Pierre-Jean de Béranger

Père de la chanson moderne et authentique poète, Béranger a exploré tous les genres, chanson bachique, satirique, romantique, sociale et bien sûr politique, comme en témoigne *Le Retour d'un bon roi* (Louis XVIII) : « Je vous revois, peuple fidèle / Qui m'aviez donné mon congé ; / Pardon, si la goutte cruelle / M'ôte le peu d'esprit que j'ai : / Les grands rois, les hommes de tête, / Font le malheur de leur pays ; / Pour être heureux, faut être bête… / Vive le roi, vive Louis ! »

Le célèbre poète-chansonnier – immortalisé par *Le Sénateur*, *Le Petit Homme gris* et *Le Roi d'Yvetot* – meurt à l'hôtel de Vendôme, en 1857. Pour ses funérailles, le gouvernement impérial redoute des manifestations hostiles à « Napoléon le Petit » et le chansonnier national est enterré sous forte escorte militaire. Celui qui avait modifié à son usage la devise des drapeaux de Jemmapes, la transformant en « Liberté, Pauvreté, Charité », va pourtant être accompagné par des centaines de milliers de Parisiens : « Pas un pavé qui ne portât un homme, écrit Lamartine ; pas une fenêtre qui ne regardât passer en pleurant le char ; pas un toit qui ne vociférât un cri d'adieu ou une exclamation d'amour ; pas un pan de ciel d'où ne tombât une pluie de couronnes d'immortelles – fleurs funèbres qui n'ont pour rosée que les larmes et n'ont de parfum que dans le souvenir et dans l'éternité. »

BRETAGNE (rue de)

Les gens qui avaient assez d'argent pour grouper leurs achats allaient plus volontiers rue du Temple ou rue de Bretagne. Jalamoi était tendrement communiste. Il ne lisait guère les journaux.

— Marcel Aymé, *Uranus*, 1948

Au 49, Aragon et Breton vont s'inscrire au PCF

En janvier 1921, Aragon et Breton décident d'adhérer au tout jeune parti communiste et se rendent au siège de ce qui s'appelle encore la Fédération de Paris du parti socialiste. Dans *Les Yeux et la Mémoire*, Aragon se souvient : « Cet après-midi là je fus rue de Bretagne […] / Le ciel gris de Paris au sortir du local / J'errais / Il y avait par-là dans ce quartier / Le siège de la Première Internationale… »

L'adhésion tourne court : quelques mots aigres-doux avec un « gros homme » nommé Georges Pioch drapé d'une « espèce de fausse bonhomie » leur font rebrousser chemin. Entre les deux hommes, des divergences politiques vont bientôt apparaître puis générer une véritable fracture, en 1932, après la publication par Aragon de *Front rouge*, poème de propagande inspiré de Vladimir Maïakovski truffé de slogans communistes plus ou moins belliqueux : « Pliez les réverbères comme des fétus de paille / Faites valser les kiosques les bancs les fontaines Wallace / Descendez les flics / Camarades / descendez les flics… »

CHAPON (rue)

Mon père, blanc de peur, me confiait le travail d'une semaine et je fonçais rue Chapon. Ce que j'allais y rencontrer ? Les prostituées.

— Claude Gutman, *L'Enfant qui m'accompagne*, 2008

Au 3, René Fallet

« J'ai eu, écrit-il, la chance, d'avoir des parents trop pauvres pour ne pas me pousser au-delà du certificat. Grâce à eux, je ne suis pas devenu un intellectuel. » Est-ce pour cette raison que cet ennemi des curés, des militaires, des flics ou des pompiers fut un grand flingueur littéraire ? Claudel et Mauriac forment en effet « les Katolic's épiciers band », Jouhandeau est un « Montherlant rétréci au lavage » et Queneau un « cachalot rigolard échoué sur la plage des Goncourt entre la seiche Bauer et le bon crabe Carco ».

Son premier roman, *Banlieue sud-est*, fut un succès populaire. Il avait 20 ans, il décida de persévérer. Suivra ainsi une vingtaine de livres fleurant bon l'amitié et le beaujolais. Prix Eugène-Dabit du roman populiste en 1950 pour ses trois premiers romans (*Banlieue sud-est*, *La Fleur et la souris*, *Pigalle*), il sera également Prix Interallié (1964) pour *Paris au mois d'août*.

CORDERIE (rue de la)

Elle marche, les rues sont plus étroites qu'à Rennes, la pierre plus sombre. L'air laisse un goût de sel sur sa langue. Voilà, elle y est. 4, rue de la Corderie.

— Valentine Goby, *L'Échappée*, 2007

Au 14, L'Assommoir et Zola

Dans cet ancien 6, place de la Corderie-du-Temple était située une goguette ne portant pas de nom mais surnommée L'Assommoir par les habitants du quartier. Zola s'en inspira-t-il pour son roman du même nom, publié en feuilleton en 1876 dans *Le Bien public* ? Parmi d'autres modèles possibles figure un café situé au 9 bis de la rue Puget[3], plus proche du quartier de la Goutte-d'Or où se situe l'action.

Le Bien public est la propriété d'Émile Menier, le célèbre chocolatier, qui doit interrompre la publication de *L'Assommoir* pour « insulte à la classe ouvrière ». Les critiques, de droite comme de gauche, fusent : « Ça pue ferme », « pornographie », peut-on lire. Victor Hugo s'insurge : « Vous n'avez pas le droit de nudité sur la misère et le malheur. » La publication reprendra un mois plus tard (avec des coupures) dans *La République des lettres* de

Théodore de Banville. L'ouvrage, dédicacé au « grand ami Flaubert, en haine du goût », sortira en livre début 1877. Alcool et misère de la condition ouvrière vont connaître un grand succès de librairie. « J'ai montré des plaies, écrit Zola, je laisse au législateur le soin de trouver les remèdes. »

ELZÉVIR (rue)

Gorloge, il s'appelait, il demeurait rue Elzévir, en appartement, au cinquième. Il donnait surtout dans la bague, la broche et le bracelet ouvragé, et puis les petites réparations. Il bricolait tout ce qu'il trouvait. Il se défendait d'un jour à l'autre. C'était pas un homme difficile.

— Louis-Ferdinand Céline, *Mort à crédit*, 1936

Au 2, l'eau bénite de Payot de Lignières

L'hôtel dit de Lusignan fut habité par le poète Payot de Lignières, qui avala un jour tout le contenu d'un bénitier, parce qu'il avait vu l'eau bénite frissonner de plaisir au contact des doigts gantés de sa maîtresse. « Ce fut, dit Boileau, le seul acte de piété de sa vie. » Pour apercevoir Lignières, se rendre dans *Cyrano de Bergerac* d'Edmond Rostand, acte I, scènes 2 et 3.

Au 14, Mme de Sévigné

En 1672, à 46 ans, Mme de Sévigné loue un appartement rue Elzévir (à cette époque, rue des Trois-Pavillons) et l'occupe avec son oncle Christophe de Coulanges. Elle y restera jusqu'en 1677, date à laquelle elle déménagera au 8, rue de Montmorency.

Sa fille Françoise, de passage à Paris, y accouche en 1674 de son second enfant, Pauline, future marquise de Simiane[4], avant de retourner au château de Grignan. Depuis trois ans, la mère et la fille correspondent à raison de trois missives par semaine. Cette correspondance perdurera pendant environ vingt-cinq ans, pour un total de mille deux cents lettres connues.

FILLES-DU-CALVAIRE (rue des)

À l'angle de la rue des Filles-du-Calvaire, je l'ai aperçue qui se hâtait. Elle ne me voyait pas. Elle parlait à un interlocuteur invisible…

— Jacques de Bourbon Busset, *La Nuit de Salernes*, 1965

Au 6, le grand-père de Marius Pontmercy dans *Les Misérables*

Dans *Les Misérables*, M. Gillenormand, le grand-père de Marius, bourgeois « frivole et grand qui tient du dix-huitième siècle », loge au 6, rue des Filles-du-Calvaire, voie qui prolonge au nord la rue Vieille-du-Temple. Le jeune homme, découvrant la misère du peuple parisien, s'est rallié au socialisme. Le soir du 5 juin (première journée des émeutes de 1832), il a rejoint la barricade de la rue de la Chanvrerie, et, grâce à Jean Valjean, s'en est sorti vivant. C'est au 6, rue des Filles-du-Calvaire qu'il s'installera plus tard avec Cosette, devenue sa femme.

FOREZ (rue du)

Guidée par Haneuse, qui connaissait à fond le terroir, elle coupa successivement par la rue Perrée, la rue du Forez, la rue Charlot, la rue de Bretagne, la rue Froissart, le boulevard des Filles-du-Calvaire, la rue du Passage…

— J.-H. Rosny (aîné), *La Vague rouge*, 1910

Au 6, Michel Sedaine

Il commença comme tailleur de pierres et termina à l'Académie française (1786), signant sur quarante ans une quarantaine d'opéras-comiques (*Rose et Colas*, *Richard Cœur de Lion*…). Il signa également quelques pièces de théâtre dont *Le Philosophe sans le savoir*, la plus connue. Elle plut sans doute à Diderot qui écrivit à Grimm à propos de Sedaine, après la première de ce drame bourgeois : « Cet homme me coupe l'herbe sous le pied. » La légende veut que l'intérêt pour Sedaine se soit estompé durant la Révolution, les royalistes ayant choisi comme chant de ralliement l'un des airs de *Richard Cœur de Lion*.

FRANCS-BOURGEOIS (rue des)

Il fronça les sourcils quand il vit la petite auto bleue du Dr Aubonne tourner l'angle de la rue des Francs-Bourgeois, s'engager dans la rue de Turenne…

— Georges Simenon, *La Porte*, 1962

Au 10, Hugues Rebell

Ce romancier et poète obtint, soixante ans après sa mort, le prix Nocturne pour *Les Nuits chaudes du Cap français*, prix récompensant une œuvre « fantastique ou insolite ». Souvent considéré comme un auteur érotique, Rebell publia une quinzaine de romans entre 1886 et 1905, dont *La Nichina* (1896), qui se vendit à quarante mille exemplaires, gros succès pour l'époque. C'était, écrit Paul Léautaud, « un bel esprit, fin, curieux, très raffiné. Un curieux individu, aussi, sorte de sadique, de corrompu à l'excès ». Après avoir vécu rue de Bassano puis boulevard des Batignolles, l'écrivain sulfureux, esthète morphinomane, meurt rue des Francs-Bourgeois à l'âge de 37 ans. Pour faire disparaître une tache ignominieuse sur son nom (Hugues Rebell est né Grassal de Choffat), la famille abandonna aux Domaines la propriété littéraire de son œuvre.

En 1894, Rebell avait publié les *Chants de la pluie et du soleil*, dont Gide se souvint pour ses *Nourritures terrestres* parues en 1897. Gide ne reconnut jamais cette source d'inspiration et écarta Rebell de son anthologie de la poésie française.

MESLAY (rue)

J'émerge dans la rue Meslay. Une boucherie, avec ses émaux et ses grilles, a la délicatesse d'un kiosque en marqueterie dans un parc impérial de la Chine.

— Paul Guth, *Paris naïf*, 1962

Au 20, François-Augustin Paradis de Moncrif

« Homme du monde, courtisan accompli, Moncrif fit une carrière prudente, mais réussie au point d'entrer à l'Académie française […]. [Il] a laissé des contes, des romans, des comédies, des ballets, des pastorales, un opéra, un *Essai sur la nécessité et sur les moyens de plaire* (1738), des poésies diverses. D'une œuvre aussi abondante et aussi variée, il ne reste rien », se permet d'écrire l'encyclopédie *Universalis*.

D'aucuns pourtant font grand cas de son *Histoire des chats*, hormis Voltaire qui qualifia l'auteur d'« historiogriffe ».

Quelque part dans la rue, Hector Bianciotti…

Premier écrivain d'origine hispanique à être élu à l'Académie française, Bianciotti s'est fixé en France début 1961. « Changer de langue, disait-il, c'est modifier sa façon d'être, sentir différemment. Au point de pouvoir être désespéré dans une langue et à peine triste dans une autre. » Il reçoit le prix Médicis étranger (1977) pour *Le Traité des saisons*, le Prix du meilleur livre étranger (1983) pour *L'Amour n'est pas aimé*, le prix Femina (1985) pour son premier roman français, *Sans la miséricorde du Christ*. Il fut reçu à l'Académie française en 1996 ; son épée d'académicien s'ornait de lettres serties en désordre sur le pommeau, dont A pour « amitié » et L pour « littérature ». Prémonition ? Atteint de la maladie d'Alzheimer, il s'éteint en 2012.

… et Angelo Rinaldi

Que ce soit au *Nouvel Obs*, au *Figaro littéraire* ou à *L'Express*, ce critique littéraire spécialiste de l'éreintement les étrilla tous : García Márquez, Robbe-Grillet, Michel Tournier, Philippe Djian (« le Henry Miller des salles de baby-foot »), Claude Simon, Christine Angot (« Bécassine sur le divan »), Michel Houellebecq, Kundera, avec une mention spéciale « lance-flammes » pour Aragon et Marguerite Duras. Lui-même écrivain – dont un prix Femina 1971 pour *La Maison des Atlantes* –, il rejoignit en 2001 son compagnon Hector Bianciotti à l'Académie française. Ils forment le premier couple officiellement homosexuel à siéger quai de Conti.

Au 46 (ex-n° 15), naissance de George Sand

« Si mon père, écrit-elle, était l'arrière-petit-fils d'Auguste II, roi de Pologne, et si, de ce côté, je me trouve d'une manière illégitime, mais fort réelle, proche parente de Charles X et de Louis XVIII, il n'en est pas moins vrai que je tiens au peuple par le sang, d'une manière tout aussi intime et directe. »

Aristocrate par son père, plébéienne par sa mère (son grand-père maternel vendait des serins sur le quai aux Oiseaux), Sand se sentira toujours « à cheval » entre ces deux mondes. Après sa naissance dans l'actuelle rue Meslay, ses trois premières années se dérouleront rue de la Grange-Batelière, avant qu'elle n'aille grandir à Nohant.

MICHEL-LE-COMTE (rue)

Mais, arrivée au tiers de la rue Michel-le-Comte, un homme vint se placer devant elle, et, lui barrant le chemin en se cachant la figure dans son manteau : « Tu es contente, lui dit-il, tu as tué ton enfant. – Tué mon enfant ? tué mon enfant ? s'écria la pauvre mère. Non, non, il n'est pas possible… »

— Alexandre Dumas, *Le Chevalier de Maison-Rouge*, 1846

Au 24, l'enfance de d'Alembert

Abandonné par sa mère – la marquise de Tencin – sur les marches de l'église Saint-Jean-le-Rond, d'Alembert sera confié à une nourrice demeurant dans le quartier de l'Arsenal et qui s'installera rue Michel-le-Comte après son second mariage avec le vitrier Rousseau. Après ses études (à la pension Berée, faubourg Saint-Antoine, de 1721 à 1729, puis au collège des Quatre-Nations), d'Alembert reviendra vivre chez elle pendant plus de trente ans, jusqu'en 1765. Parallèlement à sa carrière scientifique, il sera avec Diderot le directeur de l'*Encyclopédie* dont il rédigera le célèbre *Discours préliminaire*.

Au 28, naissance de Mme de Staël

Fille de Jacques Necker, futur ministre des Finances de Louis XVI, et de Suzanne Necker, qui tint un salon littéraire rue de Cléry, Mme de Staël naît Germaine Necker en 1766, dans l'hôtel d'Hallwyll. Très précoce, elle brille dès l'âge de 15 ans dans le salon de sa mère que fréquentent Buffon, Marmontel, Grimm, Gibbon… Dès 1785, elle tient un journal intime et, en 1786, à 20 ans, elle écrit une pièce de théâtre, *Sophie ou les Sentiments secrets*. Sa vie sera un roman, elle deviendra une des premières femmes philosophes, préfigurera le courant romantique en même temps que Chateaubriand et inspirera (pour partie) *Adolphe* à Benjamin Constant.

MONTMORENCY
(rue de)

*Nous irons du portail de l'évêque Guillaume
et de Saint-Jean-le-Rond à la Sainte-Chapelle,
puis à la maison de Nicolas Flamel, rue Marivault,
à son tombeau, qui est aux Saints-Innocents, à ses deux
hôpitaux, rue de Montmorency.*
— Victor Hugo, *Notre-Dame de Paris*, 1831

Au 5, Théophile de Viau à l'hôtel Vieux

Ce poète et dramaturge satirique, baroque et libertin, fut le poète le plus lu au XVIIe siècle. Suspecté d'apologie de la sodomie, il fut condamné en 1622 à apparaître nu-pieds devant Notre-Dame de Paris pour y être brûlé vif. Le poète se cacha et la sentence fut exécutée en effigie. Poursuivi par la justice, il se réfugia dans l'hôtel Vieux du comte de Montmorency dans ce qui était alors la rue Courtauvillain, demeure où il mourut à l'âge de 36 ans, en 1626. Outre ses poèmes, on lui doit plusieurs tragédies, dont *Les Amours tragiques de Pyrame et Thisbé*, pièce qui, donnée en 1621, remporta un vif succès et qui contient le célèbre « Il en rougit, le traître[5] ! ».

Au 8, Mme de Sévigné

Fidèle au quartier du Marais et avant de s'installer dans sa « Carnavalette », Mme de Sévigné réside rue de Montmorency en 1676 et 1677, dans une maison aujourd'hui disparue et qu'elle considère comme trop humide. Est-ce à cette adresse qu'elle aurait reçu de sa fille une lettre mentionnant l'identité du fameux Masque de fer ? Comme on le sait, les lettres de la comtesse de Grignan à sa mère ont disparu après la mort de l'épistolière.

Au 14, le *Rhum* de Blaise Cendrars

Existait en 1920 une fonderie d'or au 14 de la rue, dirigée par l'homme d'affaires-aventurier-député Jean Galmot, qui finira assassiné à Cayenne. Cendrars, qui admirait Galmot et le comparait à don Quichotte, évoque la rue de Montmorency dans son roman-biographie : *Rhum, l'aventure de Jean Galmot*, publié en 1930.

OURS **(rue aux)**

*Tout le Marais on l'a battu, porte après porte, et encore
les transversales, rue Quincampoix, rue Galante,
rue aux Ours, la Vieille-du-Temple... Tout ce parage-
là, on peut le dire, on l'a dépiauté par étages...*
— Louis-Ferdinand Céline, *Mort à crédit*, 1936

Au 8, Dada au Palais des fêtes

Ce « Palais » disposait d'une seconde entrée au 199, rue Saint-Martin et abritait dans les années 1920 deux salles de cinéma superposées. Cinq jours à peine après l'arrivée de Tristan Tzara dans la capitale[6], Dada y organise sa première soirée parisienne. Le groupe Littérature y lit ses textes et Picabia y expose son tableau *Le Double Monde* sur lequel est inscrit le célèbre LHOOQ[7], provoquant la fureur de l'assistance[8], fureur qui ne se calme guère après la lecture par Aragon de l'abscons poème de Tzara intitulé *Le Géant blanc lépreux du paysage*, poème contenant les célèbres vers « tzantzantza ganga / bouzdouc zdouc nfoùnfa mbaah mbaah nfoùnfa ».

PARC-ROYAL (rue du)

En traversant la rue du Parc-Royal il sentit le besoin de se dédommager du chausson de pommes impossible, et il se donna l'immense volupté de déchirer en plein jour les affiches de spectacle.

— Victor Hugo, *Les Misérables*, 1862

Au 4, le jeune Théophile Gautier

Avant de s'installer place des Vosges dans un appartement mitoyen de celui des Hugo, la famille Gautier réside rue du Parc-Royal en 1828. Le jeune Théophile a fait ses études au lycée Louis-le-Grand puis au lycée Charlemagne, où il s'est lié d'amitié avec Gérard de Nerval et passionné pour un courant littéraire novateur porté par Victor Hugo : le romantisme. Avec sa chevelure à la diable, son gilet rouge et sa canne à pommeau d'argent, le jeune homme sera de toutes les batailles, dont celle d'*Hernani*, en 1830, année de la publication de son premier recueil de vers, financée par son père. *La Cafetière*, son premier conte fantastique, paraît en mai 1831 : il a tout juste 20 ans.

PORTEFOIN (rue)

Avec une discrétion non exagérée, j'ai claqué la portière, et, boitillant, je m'en suis allé – ouf ! un peu d'air frais et désodorisé – le long de la petite rue Portefoin.

— Jack Thieuloy, *La Geste de l'employé*, 1976

Au 3 et au 17, Laure de Berny et Honoré de Balzac

Les Berny, amis et voisins de la famille Balzac à Villeparisis, possèdent une résidence d'hiver au 3, rue Portefoin. Les parents du jeune Honoré y possèdent également un pied-à-terre au n° 17, logement dans lequel Honoré va résider de 1819 à 1823 et coécrire sous pseudonyme une vingtaine de romans alimentaires. Dès 1822, Laure de Berny et Balzac sont devenus amants. Il a 23 ans, elle en a 44 et elle est mère de neuf enfants. Elle sera la première et la plus grande passion de l'écrivain.

QUATRE-FILS (rue des)

Dans la rue des Quatre-Fils, en face les jardins de l'hôtel de Guise, s'élevait une maison d'un seul étage, élégante, mais assez délabrée ; le logis datait de François Ier.

— Michel Zévaco, *L'Héroïne*, 1910

Au 22, le premier salon de Mme du Deffand

Marie de Vichy-Chamrond, marquise du Deffand par son mariage, tint son premier salon rue des Quatre-Fils. Séparée très tôt de son mari, elle se lance dans la « fête galante » qui agite la capitale à la mort de Louis XIV et commence à recevoir. Sa maison de la rue des Quatre-Fils devient le rendez-vous de tout ce que la cour, la robe et surtout la littérature renferment de sommités, à l'exception des philosophes qu'elle ne supporte pas. Très intelligente, originale, indépendante et athée, elle n'a qu'une crainte : s'ennuyer. C'est rue des Quatre-Fils qu'elle fait la connaissance de Voltaire, son ami pour la vie, et de Horace Walpole, l'écrivain fantasque et fils du Premier ministre anglais, avec lesquels elle entretiendra une volumineuse correspondance. À la mort de son mari, en 1755, elle s'installera rue Saint-Dominique.

ROI-DORÉ (rue du)

… une mortelle tristesse la prenait, surtout lorsque au retour sa mère lui parlait d'entrer comme apprentie chez une demoiselle Le Mire, amie des Delobelle, qui avait, rue du Roi-Doré, un grand magasin de perles fausses.

— Alphonse Daudet, *Fromont jeune et Risler aîné*, 1874

Au 7, Balzac pas encore Balzac

Balzac s'installe en 1822 rue du Roi-Doré, frais pris en charge par son père qu'il s'engage à rembourser. Il vient de signer sous le nom d'Horace de Saint-Aubin l'un de ses premiers contrats avec l'éditeur-libraire Pollet (pour *Le Centenaire* et *Le Vicaire des Ardennes*) et, dans sa petite chambre, il écrit *Annette et le Criminel*, puis *La Dernière Fée ou la Nouvelle Lampe merveilleuse*, ultimes manifestations de ce qu'il appellera ses « petites opérations de littérature marchande ». Il restera rue du Roi-Doré jusqu'en août 1824 et y logera Sébastien de La Roche dans *Splendeurs et misères des courtisanes.*

SAINT-MARTIN
(rue)

La rue Saint-Martin est également présente dans le 4e arrondissement.

Je n'aime plus la rue Saint-Martin / Depuis qu'André Platard l'a quittée. / C'est mon ami, c'est mon copain. / Nous partagions la chambre et le pain. / Je n'aime plus la rue Saint-Martin.

— Robert Desnos, « Couplets de la rue Saint-Martin », *État de veille*, 1943

Au 168, Gérard Labrunie dit de Nerval

L'homme qui n'eut jamais de maison naît le 22 mai 1808 au n° 96 (actuellement n° 168), près de la pharmacie de son oncle Gérard Dublanc. Dès le lendemain, il est baptisé. Et quinze jours plus tard, son père doit rejoindre l'armée du Rhin, en qualité de médecin de la Grande Armée. Dans *Gérard de Nerval et son temps*, Pierre Gascar relate que Nerval – adepte des signes et des prémonitions – ignorera toute sa vie que la maison où il est né avait servi au Moyen Âge de refuge aux ménestrels de passage à Paris. Sa mère ayant suivi son mari en Allemagne, l'enfant est placé en nourrice. Puis, au décès de sa mère, en 1810, il sera envoyé en Valois, près de Mortefontaine où vit sa famille maternelle Boucher.

Au 203-203 bis, Guillaume Budé

Le célèbre helléniste s'installe rue Saint-Martin en 1519. À partir de 1516, il a entrepris une correspondance avec Érasme, qui le considère comme « le prodige de la France » mais lui reproche son style trop « diamant ». Ce à quoi Budé répond modestement : « Pris par la joie d'écrire dès que mes ailes déployées je me suis laissé emporter au large, j'oublie de les replier… »

Mû par l'obsession d'un lieu permettant d'étudier en paix les langues anciennes, Budé sollicita François Ier : « Qu'il te souvient […] avoir promis […] de vouloir fonder un collège comme une pépinière de gens qui deviendraient à l'avenir par doctrine recommandables et que ce serait en notre ville laquelle serait alors le séjour des Muses de toute la Gaule. » Promesse tenue. Ce Collège des lecteurs royaux, futur Collège de France, permettra l'enseignement des disciplines jusqu'alors négligées par l'Université, tel le grec ou l'hébreu[9].

SAINTE-ANASTASE (rue)

Quatre hommes […] s'échappèrent après les barricades prises et trouvèrent asile dans une maison de la rue Sainte-Anastase. Les gardes nationaux et les gardes mobiles les cherchaient pour les fusiller. […] J'allai rue Sainte-Anastase et je sauvai les quatre hommes.

— Victor Hugo, *Histoire d'un crime*, 1877

Au 12, Juliette attend Toto

Juliette Drouet s'installe en 1845 dans un rez-de-chaussée doté d'un « petit jardin à fleurs et à fruits ». L'ancienne actrice a 39 ans et ne vit plus que pour son « Toto », entourée de « Joujou » (le chat) et de « Jacquot » (le perroquet vert). En attendant son amant, elle coud, lit, et lui écrit : « Bonjour mon Toto, bonjour qu'on vous dit. Ça va bien et vous ? J'ai rêvé toute la nuit voyage, lacs, montagnes et légendes. [...] Hélas ! il n'est pas probable que cet heureux temps de voyage, de liberté, de loisir et d'amour revienne pour moi. Je suis condamnée à la rue Sainte-Anastase à perpétuité... [...] Je donnerais avec joie tout ce qui me reste à vivre pour une journée entière d'amour auprès de toi[10]. » Elle lui écrivit, dit-on, plus de vingt-deux mille lettres, plus d'une par jour, de 1833 à 1883.

SAINTONGE (rue de)

Quelque temps après, passant par la rue Saintonge, le 14 septembre, je regardai la fenêtre de l'appartement où j'avais été si heureux ! Je m'attendris.

— Restif de La Bretonne, *Monsieur Nicolas*, 1794

Au 13 (4, rue de Touraine-au-Marais), Blaise Pascal

De 1648 à 1651, en compagnie de ses deux sœurs, Pascal loge chez son père et mène ses recherches sur le vide, après avoir inventé et présenté sa « machine arithmétique ». Il publie son *Récit de la grande expérience de l'équilibre des liqueurs* et commence la rédaction d'un *Traité du vide*, qui restera inachevé. La mort de son père, en septembre 1651, entraîne un déménagement pour la rue Beaubourg où il résidera jusqu'en 1654. De cette période, le génial mathématicien nous laisse un certain pari : « Pesons le gain et la perte en prenant le parti de croire que Dieu est. Si vous gagnez, vous gagnez tout ; si vous perdez, vous ne perdez rien. Pariez donc qu'il est, sans hésiter. »

Au 54, Robert Challe, écrivain clandestin

La carrière littéraire de cet aventurier-philosophe s'effectua dans une discrétion totale et il fallut attendre le XXe siècle pour découvrir son œuvre. Né en 1659, il mena une vie tumultueuse, guerroya sur terre et sur mer, voyagea tout autour du globe, découvrit des civilisations lointaines, connut la captivité et l'exil. Discret, parfois trop : son ouvrage majeur, *Difficultés sur la religion*, traité déiste clandestin, fut attribué au jeune Voltaire et il publia anonymement en 1713 *Les Illustres Françaises, histoires véritables*, ouvrage comportant sept nouvelles dont l'action se déroule dans les quartiers de Saint Antoine ou du Marais.

SÉVIGNÉ (rue de)

Il occupait un petit deux-pièces rue de Sévigné que Nina avait rendu confortable et où les fleurs ne manquaient jamais. Comme toutes les Méridionales, Nina était accueillante. Elle avait une allure décidée qui me plaisait.

— Jacques Brenner, *La Fête au village*, 1963

Au 23, la « Carnavalette » de Mme de Sévigné

En 1671, Mme de Sévigné – née Marie de Rabutin-Chantal – est âgée de 45 ans. Elle adore sa fille et sa fille l'a quittée : elle s'est installée à Grignan, en Provence, dont son mari a été nommé gouverneur. La première lettre de leur correspondance est datée du 6 février 1671, correspondance qui durera un quart de siècle. La marquise n'a encore jamais écrit, mais son style révèle immédiatement un grand talent épistolaire. Saint-Simon s'en émerveillait : « C'est un torrent d'esprit naturel, aisé, facile, agréable et gai, qui ne se piquait de rien et qui s'ignorait lui-même, d'ailleurs juste, sage et plein de bonté quand l'intérêt de sa fille lui laissait sa liberté. »

L'appartement où elle loge s'avérant trop petit pour accueillir le couple lorsqu'ils viennent à Paris, elle cherche un nouvel appartement dans son cher Marais. Ce sera l'hôtel Carnavalet, qu'elle loue à un financier, dès 1677. Elle y résidera jusqu'en 1696, amoureuse de sa « Carnavalette » : « Beau quartier, bel air, belle cour, beau jardin. »

Jacques Demy appréciait-il la prose de la marquise de Sévigné ? Dans son délicieux *Peau d'âne* (1970), le héraut annonce « la marquise Marie de Rabutin-Chantal » lors de la séance d'essayage de la bague.

Au 36, André Pieyre de Mandiargues

L'auteur de *La Motocyclette* et de *La Marge* s'y installe en 1969. Il y écrira notamment *Mascarets* (récits, Gallimard, 1971), *Sous la lame* (récits, Gallimard, 1976), et *Le Deuil des roses* (nouvelles, Gallimard, 1983). Il décédera en 1991 et, à quelques années près, il aurait eu 100 ans. Cent ans et neuf mois, aurait-il revendiqué. Car selon lui, les neuf mois dans le ventre maternel doivent être pris en compte dans toute biographie.

Au 50, Charles Baudelaire a 20 ans

L'une des quelque quarante adresses parisiennes de Baudelaire, de 1840 à 1842, après le 73, rue de Lille et avant le 22, quai de Béthune. En 1841, Baudelaire a 20 ans, mène une vie scandaleuse (selon sa famille) et devra bientôt embarquer vers l'île Maurice, s'étonnant des albatros « qui suivent, indolents compagnons de voyage, le navire glissant sur les gouffres amers ».

TURBIGO (rue de)

J'ai fait le tour de Saint-Nicolas-des-Champs, retraversé la rue et comme je m'engageais dans la rue de Turbigo, je me suis trouvé nez à nez avec Valérie. C'était une petite brune platinée, bien faite et d'un joli visage, les yeux vifs.

— Marcel Aymé, *Les Tiroirs de l'inconnu*, 1960

Au 69, Robert Desnos au lycée Turgot

0/20 en maths. 20/20 en rêverie. Fantasque et indiscipliné, le jeune Desnos néglige les cours pour se réfugier dans *Fantômas* ou dans *L'Épatant*. Après l'obtention du brevet élémentaire, il quitte l'école et devient commis chez un droguiste du quartier. Sa voie est claire : il sera poète. Ses premiers poèmes seront publiés en 1918 dans *La Tribune des jeunes*, revue à tendance socialiste. Six ans plus tard, André Breton déclarera dans *Le Journal littéraire* : « Le surréalisme est à l'ordre du jour et Robert Desnos est son prophète. »

Au 69 également, Malraux imite Robert Desnos

Dans *André Malraux. Un écrivain au cœur du siècle*, Guillaume Belin précise qu'« [André Malraux] décide d'arrêter sa scolarité à 17 ans, alors qu'il est encore au lycée ». En fin de volume, une chronologie indique pour l'année 1918 : « Malraux refuse de passer le baccalauréat. » Le futur écrivain, éconduit de Condorcet, a en fait renoncé à aller en classe. Ce qui ne l'empêchera pas de devenir ministre de la Culture. Comme quoi, dirait Marcel Aymé…

TURENNE (rue de)

Elle était plus simple que je ne l'avais imaginé ; elle était même très simple. Après les fantômes de la rue de Turenne, elle me paraissait humaine.

— Georges Bataille, *Le Bleu du ciel*, 1957

Au 26, Jean Rolin

Ce grand voyageur – frère d'Olivier Rolin – a longtemps aimé ne pas avoir d'adresse parisienne fixe, résidant chez des ami(e)s éloigné(e)s de leur logement, plus ou moins durablement, selon les circonstances. L'un des premiers fut un studio situé rue de Turenne (avec toilettes au demi-étage dans l'escalier), studio qu'il occupa en qualité de « squatter amical » au début des années 1970 alors qu'il officiait dans la mouvance maoïste. Suivra jusqu'aux années 1980 un appartement plus spacieux rue Saint-Honoré, date correspondant à son premier livre, *Chemins d'eau*, superbe balade le long des chemins de halage des canaux français. Ce livre de commande va générer une trentaine d'ouvrages, romans, récits de voyage, essais, dont un livre un peu à part, *Joséphine*, « un livre admirable, sec et doux, et [qui] fait de Joséphine, selon *L'Express*[11], une inoubliable héroïne tout droit sortie d'un roman du début du XXe siècle ».

Au 37 (ancien 9, rue Saint-Louis), Balzac à la pension Lepître

Cette pension accueille le jeune Balzac en janvier 1815 alors qu'il étudie au lycée Charlemagne. François Lepître est un personnage au physique un peu ingrat : « Il était, dit Balzac, gros comme Louis XVIII et pied-bot. » Royaliste, connu pour avoir envisagé de libérer la reine Marie-Antoinette de sa prison du Temple, Lepître se heurte aux inclinations bonapartistes de ses élèves. Balzac quittera la pension au bout de quelques mois pour rejoindre celle de l'abbé Ganser, rue de Thorigny. Il s'en souviendra, dans *Le Lys dans la vallée*, pour y loger le jeune Félix de Vandenesse : « La pension [Lepître] était installée à l'ancien hôtel Joyeuse, où, comme dans toutes les anciennes demeures seigneuriales, il se trouvait une loge de suisse. Pendant la récréation qui précédait l'heure où le gâcheux nous conduisait au lycée Charlemagne, les camarades opulents allaient déjeuner chez notre portier, nommé Doisy. »

Au 56, Scarron et son « cul qu'il n'a plus »

« À l'angle de la rue de Turenne (n° 56) et de la rue de Villehardouin (n° 15) résidèrent de 1654 à 1660, l'illustre Scarron et son "fauteuil de commodité". Marié avec Françoise d'Aubigné, future marquise de Maintenon, de vingt-six ans sa cadette, il a perdu l'usage de ses jambes, souffre d'une paralysie de la colonne et de la nuque, mais l'esprit est intact : "Revenez mes fesses perdues, / Revenez me donner un cul, / En vous perdant j'ai tout perdu. / Hélas ! qu'êtes-vous devenues ? / Appui de mes membres perclus, / Cul que j'eus et que je n'ai plus…" »

La maladie ne l'empêche pas d'écrire, notamment des comédies comme *Jodelet ou le Maître valet* (1645), *L'Héritier ridicule* (1650), ou *Don Japhet d'Arménie* (1653). Mais son œuvre la plus notable est *Le Roman comique*, très inspiré de Cervantès. Théophile Gautier, à son tour, s'en inspirera pour son *Capitaine Fracasse.*

Scarron n'était pas tendre avec la capitale : « Un amas confus de maisons / Des crottes dans toutes les rues / […] Force gens noirs, blancs, roux, grisons / Des prudes, des filles perdues, / Des meurtres et des trahisons, / Des gens de plume aux mains crochues[12]. »

Au 56 également, Crébillon (père)

En 1741, Crébillon père (Prosper Jolyot de Crébillon, dit « le tragique ») s'installe dans la maison qu'occupa Scarron près d'un siècle avant lui, dans un appartement désert peuplé de chats et de corbeaux apprivoisés. Dramaturge à succès, académicien depuis dix ans, chargé par la cour de concurrencer Voltaire, il s'attache à ne pas imiter le grand Racine[13] et innove en délaissant la psychologie et privilégiant l'action, convoquant dans ses pièces parricide, infanticide, fratricide, inceste… « J'aime mieux encore, écrit-il dans la préface de *Rhadamiste et Zénobie*, avoir chargé mon sujet d'épisodes que de déclamations. » S'il est moins connu que son fils (Crébillon dit « le gai »), ses tragédies souvent sanguinolentes annoncent les mélodrames du XIXe siècle.

Au 56, Lesage et son Gil Blas

Rien de tel que le diable pour se transporter sur le toit des maisons et observer ce qui s'y passe. Si *Le Diable boiteux* (1707) fut un succès considérable, si, avec *Turcaret*, Lesage se montre digne de Molière, c'est son *Histoire de Gil Blas de Santillane* – série de douze livres écrits entre 1715 et 1735 – qui assurera sa postérité. Avec valets fripons, maîtres voleurs, femmes adultères, maris cocus et contents de l'être, poètes ridicules, médecins incompétents, Lesage y pulvérise les mœurs de son temps. « Je ne me lasse pas de *Gil Blas*, écrit Nietzsche, je respire plus librement, aucune sentimentalité, aucune rhétorique comme chez Shakespeare. »

VIEILLE-DU-TEMPLE (rue)

La rue Vieille-du-Temple est également présente dans le 4e arrondissement.

Quand je me présentais au nom de la maison Quiche, Théodore Quiche fils et successeur, on me reprenait : « Joséphin Quiche, voulez-vous dire, rue Vieille-du-Temple, la grosse maison de vernis en tous genres… »
— Jean Cassou, *Les Massacres de Paris*, 1935

Quelque part dans la rue, Patrice Delbourg

Poète lauréat des prix Apollinaire et Max-Jacob, romancier, essayiste, arpenteur des chemins de traverse de son cher Marais sur les traces de Desnos ou d'Henri Calet, Patrice Delbourg a publié une cinquantaine d'ouvrages d'un moralisme frondeur comme *Les Chagrins de l'Arsenal* (2012), où un conservateur de la bibliothèque « libricide » détruit les ouvrages de grands auteurs classiques, ne conservant que poètes et humoristes ; ou *Fils de Chamaille* (2019), un duel singulier et jouissif entre Aimé Ratichaud, vieil écrivain à court de lecteurs, et Gaétan Malinois, jeune directeur littéraire des éditions Bonnemaison & Cie, dans lequel l'éditeur, qui refuse de le publier, se fait traiter de bélitre profane, de mirliflore, de bléchard, de ruffian de pacotille, de gommeux, de coqueplumet, de brummel de quincaille, de jeune cocodès, de graine de béjaune…

Au 86, la première du *Cid*

Inauguré en 1629 dans l'ancien jeu de paume des Maretz, le théâtre du Marais faisait concurrence à l'hôtel de Bourgogne et aux comédiens du roi. *Le Cid* – dont le rôle-titre est interprété par Montdory trois cent quatorze ans avant Gérard Philipe – y fut représenté pour la première fois le 5 janvier 1637. Triomphe. Le célèbre Montdory peut écrire à Guez de Balzac : « Le Cid a charmé tout Paris. »

Au 87, le collier de la reine de Dumas

L'hôtel de Rohan fut la demeure du cardinal de Rohan, évêque de Strasbourg, victime de l'affaire dite du « collier de la reine » qui discrédita Marie-Antoinette. Le collier, qui inspira Alexandre Dumas pour son roman du même nom (publié en 1849 dans *La Presse*), sera plus tard volé par le jeune Arsène Lupin (*Le Collier de la reine*) pour réapparaître notamment chez Blake et Mortimer (*L'Affaire du collier*) et dans *Les Diamants de la guillotine* de Pierre Combescot.

VOLTA (rue)

Non, elle aimait le thé. Elle commandait le Ceylan à la Compagnie coloniale, 19, rue Volta, à Paris, dans le 1er arrondissement.

— Hortense Dufour, *Le Bois des abeilles*, 2005

Au 18, Michel Zévaco

À sa sortie de l'armée, en 1888, Zévaco s'installe rue Volta. Après avoir pourchassé Paul Ginisty (un journaliste du *Gil Blas*) jusque chez lui pour lui faire lire son manuscrit, il parvient à faire éditer son premier roman, directement inspiré de sa vie militaire, *Le Boute-Charge. Physiologie du quartier.*

Journaliste d'obédience extrême gauche, il se fait régulièrement emprisonner à Sainte-Pélagie pour ses articles incendiaires, comme, notamment, un de ses nombreux appels au meurtre dans le cadre de l'affaire Ravachol : « Les bourgeois nous tuent par la faim ; volons, tuons, dynamitons, tous les moyens sont bons pour nous débarrasser de cette pourriture. »

Il fait ses premières armes dans le feuilleton (politique) avec *Roublard et Compagnie* (1889), se lance également dans le roman-feuilleton historique avec *Le Chevalier de La Barre*. Abandonnant peu à peu le journalisme, il se consacre à ce qui fera sa gloire : le roman de cape et d'épée, avec *Le Capitan* et ses *Pardaillan*. « Non seulement Michel Zévaco égale Dumas par sa fantaisie, écrira *La Petite République socialiste* en 1903, mais il le dépasse par l'emballement de son imagination. »

Notes

1. Thomas Corneille, dans son discours de réception à l'Académie française, en 1685.
2. Sur le point de mourir, la femme d'un romancier apprend à son mari qu'elle était au courant des divers scandales qu'il lui avait cachés.
3. Ou au 10, selon le site Paris révolutionnaire (https://www.parisrevolutionnaire.com/spip.php?article2207).
4. C'est elle qui décidera de confier la publication des lettres à un éditeur d'Aix-en-Provence, Denis-Marius Perrin. Mais elle modifiera certaines lettres et fera disparaître tous les écrits de sa mère Françoise, ne laissant ainsi qu'un monologue de la marquise de Sévigné.
5. Phrase prononcée par l'infortunée Thisbé qui contemple le poignard avec lequel son amant Pyrame vient de se suicider. Phrase que l'on retrouve dans *Cyrano de Bergerac* : « Enfin parodiant Pyrame en un sanglot : / "Le voilà donc ce nez qui des traits de son maître / A détruit l'harmonie ! Il en rougit, le traître !" / — Voilà ce qu'à peu près, mon cher, vous m'auriez dit / Si vous aviez un peu de lettres et d'esprit… »
6. En janvier 1920, Tzara débarque à Paris, chez son ami le peintre Picabia qu'il a rencontré en 1915. Le bébé de Picabia pleure, Tzara le calme aussitôt en lui faisant répéter : « Dada, dada, dada. »
7. « Elle a chaud au cul. »
8. Autre raison de mécontentement et d'incompréhension : sur le programme a été indiqué « La crise du change par André Salmon ». Des commerçants sont venus, persuadés qu'il s'agissait d'une conférence sur le thème monétaire.
9. Marie-Joséphine Strich, *Guillaume Budé*, FranceArchives (https://francearchives.gouv.fr).
10. Lettre à Victor Hugo, 21 novembre 1846.
11. Baptiste Liger, « Les tribulations de Jean Rolin », *L'Express*, 4 août 2010.
12. Paul Scarron, « Sur Paris », *Poésies diverses*, 1654.
13. Crébillon déclara, après la disparition de Corneille et de Racine : « Corneille a pris le ciel, Racine la terre, il ne me reste plus que l'enfer. »

Pour autant il ne faudrait pas négliger la vocation navigable et aventurière du 4e arrondissement, son versant pour tout dire exotique, car pour minuscule que soit ce territoire, il n'en recèle pas moins deux îles et un vrai port.

— Serge Joncour

Depuis toujours, Paris est le centre du monde, du moins touristiquement s'entend, et depuis toujours le 4e arrondissement est le centre de ce centre-là. Rien de moins que le centre du monde.

— Gérard Mordillat

LE 4E ARRONDISSEMENT

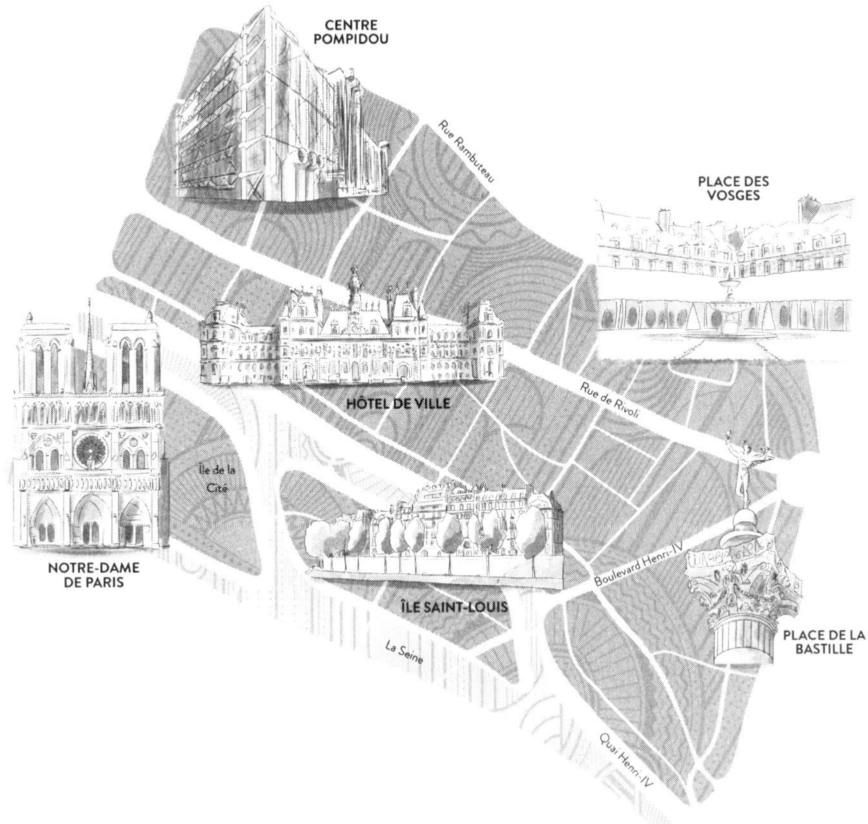

ANJOU (quai d')

Maria-Barbara dûment consultée et plusieurs fois amenée à Paris pour cette délicate entreprise avait fixé son choix sur le quai d'Anjou de l'île Saint-Louis, dont l'horizon de feuilles, d'eaux et d'absides s'harmonisait à la vie calme et horizontale qui lui était propre.

— Michel Tournier, *Les Météores*, 1975

Quelque part sur le quai, Frédéric Vitoux

Auteur d'une trentaine d'ouvrages, romans et essais, récompensé par une dizaine de prix littéraires (dont le Goncourt de la biographie pour une *Vie de Céline*), cet académicien vit dans un appartement acheté par son grand-père au début du XXe siècle. « C'est le privilège des appartements que l'on occupe d'une génération à l'autre, écrit *Le Monde* en mars 2003. On touche du doigt les sédiments, la poussière de son enfance. Une poussière plus vieille encore. Celle des grands-parents que l'on n'a pas connus. Ou des disques qu'ils ont achetés, entendus et aimés. On les retrouve sans les chercher. »

Frédéric Vitoux est par ailleurs l'auteur d'un *Dictionnaire amoureux des chats*. « Pourquoi les écrivains aiment-ils autant les chats ? » se demande-t-il en invoquant Du Bellay, Montaigne, Baudelaire et le Bébert de Céline. Et de citer Vialatte : « Dans sa grande bonté, Dieu a fait le chat pour que l'homme puisse caresser le tigre. »

Au 17, Baudelaire à l'hôtel Pimodan

Baudelaire réside à l'hôtel Pimodan (qui deviendra l'hôtel de Lauzun) à partir de novembre 1843. Au troisième étage, entre l'étage noble et les combles, le dandy de 22 ans loge dans un appartement exigu, très haut de plafond, composé de petites pièces sans destination spéciale, dont les fenêtres permettent de voir la Seine et la Tour d'Argent[1] où il dîne souvent. Dans l'hôtel Pimodan, il fréquentera le club des Haschischins et, au rez-de-chaussée, achètera à l'antiquaire-brocanteur Arondel des meubles et des (faux) tableaux de Jacopo da Ponte (dit Le Bassan), ce qui l'endettera à vie.

Au 17, le club des Haschischins

« Un soir de décembre, obéissant à une convocation mystérieuse, rédigée en termes énigmatiques compris des affiliés, inintelligibles pour d'autres, j'arrivai dans un quartier lointain, espèce d'oasis de solitude au milieu de Paris. [...] Il était difficile, le long de ce quai désert, dans cette masse de bâtiments sombres, de distinguer la maison que je cherchais ; cependant mon cocher, en se dressant sur son siège, parvint à lire sur une plaque de marbre le nom à moitié décoré de l'ancien hôtel, lieu de réunion des adeptes. » Ainsi Théophile Gautier décrit-il sa découverte de l'île Saint-Louis et sa première séance au club des Haschischins.

Objectif du club : trouver « l'électricité intellectuelle » grâce à l'opium, le haschisch et surtout le dawamesk, confiture pâteuse élaborée à partir de résine de cannabis mélangée à des corps gras et à des pistaches, ce qui lui confère une couleur verdâtre. Les séances mensuelles (les « fantasias ») ont lieu dans un appartement situé au second étage, sous celui de Baudelaire qui participe dans un premier temps en observateur.

Gautier se retire au terme d'une dizaine de séances, Baudelaire persiste : il racontera comment, à l'occasion d'une « fantasia », il s'est senti « devenir Dieu ». Les deux hommes noueront une amitié plus ou moins sincère. Gautier, dédicataire, rédigera la préface des *Fleurs du mal.* Baudelaire, en souvenir des Haschischins, écrira *Les Paradis artificiels*, essai paru en 1860.

Au 17, Roger de Beauvoir

Delphine de Girardin surnomma « le Musset brun » ce grand ami d'Alexandre Dumas dont il fut, avec Chateaubriand, le témoin lors de son mariage avec Ida Ferrier. Après avoir résidé rue de la Paix, ce séduisant dandy loue en 1844-1845 les salons du premier étage de l'hôtel de Lauzun où il était né en 1807, appartement dans lequel il organise des fêtes réunissant plusieurs centaines de personnes, ce dont se plaint parfois Baudelaire qui habite au-dessus.

« Il avait alors un peu plus de trente ans, relate le journaliste Hippolyte de Villemessant, mais il ne les portait pas. Sa magnifique chevelure noire bouclée foisonnait autour de sa tête intelligente et remarquablement belle. Il avait quelque chose de fier et d'impertinent dans le regard, qui lui seyait bien [...]. Il avait les qualités brillantes de la séduction, qu'il exerçait sur une vaste échelle. Les femmes en raffolaient, il eut des aventures célèbres et inspira de grandes passions. »

De Beauvoir déménage au terme d'un an pour s'installer 18, rue de Rivoli. Il poursuivra sa carrière littéraire brillamment amorcée avec *Le Chevalier de Saint-Georges* (1840) en publiant notamment ses *Mystères de l'île Saint-Louis. Chroniques de l'hôtel Pimodan* (1859). L'ancien dandy, perclus de goutte, décédera au 37, rue Lemercier, en 1866. Alexandre Dumas lui rendra hommage : « J'ai connu à peu près tous les hommes d'esprit de notre époque. Je ne crains pas de dire que pas un peut-être n'avait la verve de Roger de Beauvoir. »

Au 29, Bubu de Charles-Louis Philippe à l'hôtel de la Paix

Malade depuis l'enfance, il se dépeignait comme « pauvre, laid, timide, solitaire, irascible et bon ». Après avoir résidé rue des Mauvais-Garçons, Charles-Louis Philippe loue en 1899 une petite chambre meublée à l'hôtel de la Paix dans laquelle il termine *Bubu de Montparnasse*, roman préfigurant les écrits de Carco ou de Mac Orlan et qui sera publié en 1901. Léon Bloy se déclara horrifié par ce regard trop réaliste sur la prostitution : « Lu un horrible roman [...] que j'ai voulu connaître parce qu'il passe pour un chef-d'œuvre : *Bubu de Montparnasse*, auteur, Charles-Louis Philippe. Talent tout à fait supérieur, jusqu'à donner la sensation du génie, mais quelle ignorance de Dieu et quelle sentimentalité monstrueuse pour le remplacer. La lecture de ce livre m'a pénétré d'horreur. »

Dans son petit hôtel dans lequel résidera Michel Tournier, Charles-Louis Philippe commence la rédaction du *Père Perdrix*. En 1903, la revue *Gil Blas* organise une consultation d'écrivains afin de désigner leur préférence pour le prix Goncourt. *Le Père Perdrix* remporte les suffrages, mais c'est *Force ennemie* de John-Antoine Nau qui est couronné. Charles-Louis Philippe échouera à nouveau de peu l'année suivante pour *Marie Donadieu* et en 1906 pour son *Croquignole*. Dans son autoportrait, il aurait pu ajouter « malchanceux ». Lors de sa disparition prématurée, début 1909, Octave Mirbeau se plaindra de ce que l'académie n'ait pas rempli sa mission d'aide à un auteur dans le besoin : « Si vous saviez quelle colère j'éprouve contre cette académie stupide, plate et méchante, contre Descaves surtout – qui n'a pas su donner à ce grand artiste un peu de bonheur, un peu de tranquillité… »

Au 29, l'hôtel de la Paix de Michel Tournier

« Nous étions, écrit Michel Tournier dans *Voyages et paysages*, une bande de saltimbanques logés ensemble dans un drôle de garni, l'hôtel de la Paix, 29, quai d'Anjou. Il y avait là Yvan Audouard […], Georges Arnaud […], Pierre Boulez, Karl Flinker, Gilles Deleuze, Armand Gatti, et surtout Georges de Caunes qui jouissait d'une notoriété inouïe parce qu'il présentait le tout nouveau journal télévisé de 20 heures sur l'unique chaîne de l'époque. L'inconfort des chambres n'avait d'égal que la beauté du paysage parisien – la Seine et ses quais – qui s'encadrait dans les fenêtres. Il y a encore rue des Deux-Ponts un établissement de bains-douches municipal où nous nous rendions tous en robe de chambre et en savates, faute d'équivalent dans notre hôtel. Nous vivions pratiquement dans les bistrots, et certains en ont gardé des habitudes de nomadisme alimentaire assez peu hygiéniques. »

La vie littéraire de Michel Tournier sera tardive mais brillantissime : il publie son premier roman, *Vendredi ou les Limbes du Pacifique*, à l'âge de 42 ans, en 1967. Énorme succès de librairie. Suivra, trois ans plus tard, *Le Roi des Aulnes*, prix Goncourt à l'unanimité des voix.

Au 29, l'imprimerie de Ford Madox Ford

Dans les années 1920, le 29, quai d'Anjou abritait au sous-sol les éditions Three Mountains Press dirigées par William Bird, qui imprima notamment sur sa presse datant du XVIIe siècle le deuxième livre de Hemingway, *In Our Time*, à cent soixante-dix exemplaires. « Nous imprimions et publiions, se souvient Ford Madox Ford, dans une cave à vin voûtée, excessivement vieille et resserrée. » S'y trouvait également sa revue *The Transatlantic Review*, qui cessa au terme de douze numéros et qui publia non seulement ses compatriotes (Hemingway, Pound, etc.) mais également Cocteau et Valery Larbaud, de même que les premiers extraits de *Work in Progress*, de Joyce, texte qui deviendra des années plus tard *Finnegans Wake*.

Au 33, Marin Le Roy de Gomberville

Son ouvrage le plus achevé et son plus grand succès est un roman intitulé *Polexandre* (cinq volumes, de 1632 à 1637), ancêtre du roman d'aventures, dans lequel un héros erre dans des milliers de pages à la recherche d'une princesse, récit plein de combats singuliers, de batailles, de tempêtes, d'enlèvements, de combats navals en Méditerranée.

La Fontaine déclara l'avoir « lu vingt et vingt fois » et Guez de Balzac le considéra comme « un ouvrage parfait en son genre ».

Précédant Perec dans un exercice de disparition littéraire, de Gomberville s'obligea à bannir la conjonction « car » de ses cinq mille pages, suivant les injonctions de Malherbe[2] qu'il admirait.

Il fut le premier écrivain à occuper le fauteuil n° 21 de l'Académie française, occupé près de quatre siècles plus tard par Alain Finkielkraut.

Au 33, le rendez-vous des mariniers et des Américains

Au début des années 1920, Au Rendez-vous des Mariniers accueille ses clients sans faire de chichis. On y mange de petits poissons frits à même le marbre, les couverts sont en fer-blanc, l'addition est présentée sur une ardoise. La patronne, Mme Lecomte, a accroché une pancarte sur la porte : « *Here dining well is almost no cost.* » Dos Passos et Hemingway (qui mentionne le bistrot dans *Le soleil se lève aussi*) se désolent de la cohue : les Mariniers sont devenus une colonie américaine. Les Français y reprendront place après la crise de 1929 et on y verra, en mars 1933, Céline dîner avec… François Mauriac, le souffre et l'eau bénite s'affrontant sous le regard amusé du Prix Femina (*Le Pari*) et futur fasciste Ramon Fernandez[3].

Au 33, à l'étage, Dos Passos

En 1919-1920, alors qu'il étudie l'anthropologie à la Sorbonne, Dos Passos habite une chambre située au-dessus du Rendez-vous des Mariniers, chambre dans laquelle il écrit son troisième roman : *Trois Soldats*. Il deviendra célèbre en 1925 avec *Manhattan Transfer* et, quarante ans et onze romans plus tard, publiera quelques souvenirs de sa vie à Paris dans *La Belle Vie*, ouvrage austère sans la moindre empathie pour la vie ou la capitale, salué lors de sa sortie (1966) comme « le mauvais livre d'un grand écrivain ». On y trouve notamment le portrait très terne de Francis et Zelda Fitzgerald. « C'est dit sur un ton de mode d'emploi de médicament, observe François Weyergans qui en écrivit une préface. Il y a peu d'écrivains qui, comme lui, ont renoncé à Dieu à ce point, et renoncé à confondre le style et les tranquillisants. L'émotion n'est pas dans le texte. »

Devant le 33, l'*Ostrogoth* de Simenon

Georges Simenon, pipe au bec, aimait amarrer son bateau, l'*Ostrogoth*, qu'il avait fait baptiser au square du Vert-Galant par le curé de Notre-Dame en avril 1929, devant le Rendez-vous des Mariniers.

Deux ans plus tard, en juillet 1931 et devant l'île Saint-Louis, il y écrit *Le Relais d'Alsace*, aussitôt publié chez Fayard. Riche de ses premières adaptations au cinéma (*La Nuit du carrefour*, *Le Chien jaune*), Simenon décide alors d'abandonner le statut d'écrivain-marinier. Il vend l'*Ostrogoth* au « gigolo d'une vieille dame richissime », comme il le relate dans *Point-virgule* (1979).

Sous dix-sept pseudonymes différents, Simenon a déjà publié deux cents romans. Entre 1931 et 1972 (année où il cessera d'écrire), il publiera sous son nom propre plus de cent quatre-vingts nouveaux romans. Prolifique, le père de Maigret est pourtant loin du romancier brésilien Ryoki Inoué : mille quatre-vingt-dix-neuf ouvrages publiés sous une quarantaine de pseudonymes.

BEAUTREILLIS
(rue)

Trimbach avait rôdé dans Paris pour photographier les vieilles maisons un peu penchées qui s'entassent derrière l'église Saint-Paul, rue des Lions, rue Beautreillis.

— François Sauteron, *Une si jolie usine*, 2008

Au 16, Victorien Sardou

Victorien Sardou naît à l'hôtel de Charny, un ancien jeu de paume, en 1831. Tout gamin, place de la Bastille, il découvre derrière une palissade un parc en friche où se dressent de grands arbres. Au milieu des herbes folles, un pavillon est abandonné : il s'agit de l'ancienne demeure de Beaumarchais, un Beaumarchais dont il se souviendra en écrivant *Les Premières Armes de Figaro* (1859).

Dès 1854, à 23 ans, il donne à l'Odéon une petite pièce, *La Taverne des étudiants*, dont deux vers vont provoquer la colère du jeune public : « On n'a plus de jeunesse, on n'a plus de pudeur, / Et l'on se croit savant, et l'on se croit penseur. » La pièce ne sera représentée que trois fois et l'on peut lire dans *L'Illustration* : « *La Taverne des étudiants*, une comédie qui sort de nourrice et qui a de la peine à se tenir sur ses hémistiches ; d'intrigue, peu ou point, pas l'ombre d'un caractère, et une action des plus dévergondées, mais dans ce vers d'une facilité trop facile circule une sève heureuse qui doit mûrir à la clarté de la lampe ou au soleil de l'étude. » Des griefs, donc, mais des promesses. Suivront quatre années dans le quartier Saint-Séverin, aussi misérables que sera glorieux, à partir de 1860, son destin de dramaturge. Les relations de sa femme avec Déjazet vont lui ouvrir toutes les portes du succès. Il fera jeu égal avec les deux maîtres, Émile Augier et Alexandre Dumas fils, produisant plus de quarante pièces dont *Madame Sans-gêne* et *La Tosca*.

Au 22, Baudelaire chez sa Vénus noire

Baudelaire fait la connaissance de Jeanne Duval en 1842 au théâtre du Panthéon et, dans ses *Souvenirs*, Théodore de Banville évoque une « brune tête ingénue et superbe, couronnée d'une chevelure violemment crespelée et dont la démarche de reine, pleine d'une grâce farouche, avait quelque chose de divin et de bestial ».

Douze ans plus tard, de mi-novembre 1858 à juin 1859, le poète-vagabond réside chez sa maîtresse, mais la passion s'est étiolée. Elle a vieilli, il voit en elle une pauvre épave. Pourtant, il ne veut pas rompre : « Ma liaison, écrit-il, liaison de quatorze ans avec Jeanne est rompue. J'ai fait tout ce qu'il était humainement possible de faire pour que cette rupture n'eût pas lieu. […] Moi, je sais que, quelque agréable aventure, plaisir, argent, ou vanité qui m'arrive, je regretterai toujours cette femme. »

Cette liaison orageuse inspirera Baudelaire. Dans *Le Balcon*, Jeanne Duval est la « maîtresse des maîtresses » et on la devine dans *Parfum exotique*, *La Chevelure*, *Le Serpent qui danse…*, série de poèmes des *Fleurs du mal* souvent considérée comme le « cycle de la Vénus noire ».

BÉTHUNE (quai de)

Les quais où les grands peupliers penchent vers le fleuve, sur le quai de Béthune, sont presque déserts. Personne n'est assis, le dos contre le mur, à quelques pas de l'eau. Où sont-ils passés ceux qui grouillaient là, ce terrible été ?

— Henri Thomas, *Une saison volée*, 1986

Au 18, Guillaume Livet

Ce docteur en médecine, connu pour ses travaux de recherche sur le cancer, naquit en 1856 au 18, quai de Béthune. Il écrivit de nombreuses pièces de théâtre à succès, publia une quinzaine de romans d'amour puis, lors de la Grande Guerre, des romans sur la vie dans les tranchées. Son roman *Marraines de poilus*, publié en 1915, fut vendu à quarante mille exemplaires.

Au 18, Carco à sa fenêtre

L'auteur de *L'Homme traqué*, ex-mauvais garçon, inventeur de l'expression

« le milieu » et académicien Goncourt depuis 1937, s'installe quai de Béthune en 1948. Dans son poème *Carco*[4], qui sera mis en musique et chanté par Ferrat, Aragon écrit : « Il avait toujours dans la tête / Le manège d'anciens tourments / De la fenêtre par moment / Parvenaient des bouffées de fête. » C'est en écoutant *L'Ajaccienne* jouée par la Garde républicaine sous ses fenêtres que l'écrivain meurt le 26 mai 1958, à vingt heures. Mac Orlan, l'éternel ami, trouvera sur la table de travail quelques mots inscrits sur un bristol bleu : « La brume qui descend sur mon quai de Béthune / Se lèvera-t-elle demain ? »

Au 22, Charles Baudelaire

Baudelaire s'installe au 10, quai de Béthune – actuel nº 22 – en mai 1842, dans une « oasis de solitude », selon la formule de Théophile Gautier. Il réside dans une grande et unique pièce située au rez-de-chaussée. Mobilier disparate, dont un lit en forme de cercueil sculpté. Il a 21 ans. Le choix de l'île Saint-Louis témoigne de l'excentricité du jeune dandy. Habiter l'île Saint-Louis est une hérésie. On se croirait « à cent lieues de Paris[5] », il faut s'acquitter d'un péage pour s'y rendre. Il y noue ses premières relations littéraires, Hugo, Gautier et un Honoré de Balzac qu'il croise sur les quais. Dans *Ferragus*, Balzac évoque l'île Saint-Louis de Baudelaire en termes attristés : « Si vous vous promenez dans les rues de l'île [...], ne demandez raison à la tristesse nerveuse qui s'empare de vous qu'à la solitude, à l'air morne des maisons et des grands hôtels déserts. » Après une incursion rue Vaneau, en avril 1843, Baudelaire va s'installer de l'autre côté de l'île, dans l'hôtel Pimodan.

Au 22, Roger Dévigne

Résidant au 22, il installa sa revue *L'Encrier* au 29, quai d'Anjou, un petit rez-de-chaussée dans lequel il fit entrer une presse à bras. Il y publia de nombreux ouvrages, dont en particulier « une fameuse et néanmoins introuvable revue *Le Sémaphore de l'île Saint-Louis* ».

En 1961, France 2 diffusa le conte radiophonique *Souvenirs de l'île Saint-Louis*, d'après son manuscrit *L'Île amoureuse et galante*, et, cette année-là, Dévigne obtint le Grand Prix de poésie des poètes français. Il décède quai de Béthune en 1965.

Au 24, Claude Mauriac

Il épousa Marie-Claude Mante, petite-nièce de Marcel Proust (par sa mère) et d'Edmond Rostand (par son père), quitta l'appartement familial de l'avenue Théophile-Gautier et s'installa quai de Béthune avec sa femme, où il résidera jusqu'à sa mort, le 22 mars 1996. Le fils mal-aimé de François Mauriac produira une quinzaine de romans (en faisant un détour par le Nouveau Roman – *Le Dîner en ville*, *L'Agrandissement* –), des essais, du théâtre, et surtout un journal publié chez Grasset. « Le monumental Journal de Claude Mauriac, écrit Nathalie Mauriac Dyer, journal d'un témoin scrupuleux tenu presque sans interruption pendant plus de soixante années, constitue un document de premier ordre sur la vie intellectuelle et politique française des années 1930 à 1990, mais aussi sur la personnalité fondamentalement inquiète, insatisfaite, frémissante de son auteur[6]. »

BIRAGUE (rue de)

Je suis au coin de la rue de Birague. Je vois la théorie infinie des portiques, sans âme qui vive, je préférerais qu'il fasse noir, mais la lumière jaune des lampes s'y répand. Je pourrais crier et personne ne m'écouterait.

— Umberto Eco, *Le Pendule de Foucault*, 1990

Au 16, Jean-Edern Hallier

« Cet écrivain sera un jour à l'Académie française », déclare Bernard Pivot en 1974 à l'occasion de la sortie de *Chagrin d'amour* dans *Ouvrez les guillemets*. Mais le pamphlétaire de gauche, le borgne rebelle qui roule en Ferrari va bientôt faire oublier le romancier et compromettre la prédiction de Pivot. Le « fou Hallier » que n'aurait pas désavoué Maurice Sachs devient un aventurier de la politique, histrion polémiste et maître-chanteur laissant son talent d'écrivain au vestiaire.

Michel Brudeau, qui vécut dans les années 1970 dans le même immeuble de la rue de Birague, n'est pas tendre avec lui : « Il avait, écrit-il, un visage dur et brun, une bouche dédaigneuse aux coins abaissés comme celle d'une carpe, une auréole de cheveux vaporeux à la Chateaubriand. Il était à la fois brutal et maniéré, précieux et débraillé, avec une voix trop forte, affectée, un accent bourgeois snob. »

Jean-Edern Hallier meurt à 60 ans d'une chute de vélo, à Deauville. Assassiné par les Services secrets, dirait-il, s'il vivait encore.

BLANCS-MANTEAUX (rue des)

Dans la rue des Blancs-Manteaux / Le bourreau s'est levé tôt / C'est qu'il avait du boulot / Faut qu'il coupe des généraux / Des évêques, des amiraux, / Dans la rue des Blancs-Manteaux…

— Jean-Paul Sartre, « Rue des Blancs-Manteaux », *Huis clos*, 1944

Au 38 puis au 35, Edgar Morin

Dans *Le Nouvel Obs*[7], en 2013, le sociologue évoque ses « années Marais » : « J'ai commencé à habiter le quartier à la fin de la guerre d'Algérie, en 1962. Le 38 de la rue des Blancs-Manteaux est un hôtel du XVIIe dont le premier étage, à plafond élevé, était occupé par les anciens métiers à tisser flamands d'Yvette Cauquil-Prince, réputée pour ses "traductions" en tapisserie des toiles de peintres célèbres comme Chagall, Picasso ou Ernst. […] Après le 38, je passai au 35 […]. À l'époque, les Halles, toutes proches, n'avaient pas encore déménagé à Rungis. […] Dans mon coin, la population était merveilleusement cosmopolite : il y avait des juifs que le trop-plein de la rue des Rosiers avait repoussés vers l'est du quartier, les Arabes des Halles qui s'entassaient à plusieurs dans de minuscules appartements, la colonie chinoise déportée pendant la guerre de 14 de la concession française de Shanghai et dont les descendants s'étaient spécialisés dans la maroquinerie, une petite colonie martiniquaise... »

BOURBON (quai de)

Il se contentait très bien, n'ayant rien installé pour ça chez lui, du petit bistro sur le quai de Bourbon, un restaurant bon marché où mangeaient les mariniers. Depuis trois ans, il campait ainsi.

— Louis Aragon, *Aurélien*, 1944

Au 19, Maurice Maindron

Homme de dictionnaires et d'encyclopédies, cet entomologiste émérite va abandonner les coléoptères pour se lancer (avec succès) dans le roman historique. *Le Tournoi de Vauplassans* (1895) et *Saint-Cendre* (1898) vont le rendre célèbre. Il épouse en 1899 la fille aînée de José Maria de Heredia, ce qui fait de lui le beau-frère d'Henri de Régnier et de Pierre Louÿs. Le jeune couple s'installe alors au 19, dans l'immeuble habité au rez-de-chaussée par Camille Claudel, et les « dimanches » de la maîtresse de maison deviennent rapidement un rendez-vous mondain fréquenté dans lequel Maindron entretient sa réputation de brillant causeur, comme en témoigne Apollinaire qui déclare ne goûter que médiocrement les romans de Maindron, mais s'avoue fasciné par son aspect et sa conversation[8].

Au 31, Charles-Louis Philippe

« Je crois être en France le premier d'une race de pauvres qui soit allée dans les lettres. » C'est ce qu'écrit Charles-Louis Philippe à Maurice Barrès pour le remercier de lui avoir trouvé un (petit) poste dans l'administration. Les fins de mois sont enfin assurées et il s'installe en 1904 au sixième et dernier étage du 31, quai de Bourbon, dans une chambre de bonne meublée d'un lit de fer, une table avec un fauteuil en osier, quelques chaises et une bibliothèque faite de six planches. Durant les deux ans passés dans sa mansarde, il y écrit *Croquignole*, tableau de la vie morose d'un petit employé, et ébauche *Charles Blanchard*, autobiographie paternelle. Il a 31 ans, il ne lui en reste que cinq à vivre.

Au 41, Philippe Soupault

Le moins connu des trois fondateurs du surréalisme, neveu de Louis Renault (et qui déteste les automobiles), découvre en 1917, dans le rayon mathématiques d'une librairie, un exemplaire des *Chants de Maldoror*. Il va confier sa trouvaille à André Breton et Louis Aragon, trouvaille constituant les prémices d'un véritable séisme dans les lettres françaises.

En 1919, André Breton réside à l'hôtel des Grands Hommes place du Panthéon, Soupault habite l'île Saint-Louis avec sa femme Mic Verneuil, à l'entresol de l'ancien hôtel de Nevers. Les deux hommes ont créé la revue *Littérature* et se rencontrent fréquemment. Ils errent tous les jours dans Paris, désespérant de ne pas pouvoir écrire « le livre par quoi tout commence ». Puis, un soir, c'est l'étincelle : « Nous nous rencontrions chaque jour et nous marchions en parlant de poésie et de l'impossibilité de vivre. Nous eûmes une "illumination" : l'écriture automatique. » Les deux hommes vont écrire à quatre mains *Les Champs magnétiques*, ouvrage préfigurant le surréalisme.

Au 43, Paul Claudel

En 1891, Claudel vient d'achever *Tête d'or* et travaille sur *La Ville*. Il a 29 ans, il a été reçu premier au concours des Affaires étrangères et il quitte l'appartement familial du boulevard de Port-Royal pour s'installer quai de Bourbon, où il résidera en 1892 et 1893 avant de partir pour New York. De retour à Paris en février 1895, il loge chez ses sœurs, soit chez Louise, quai d'Anjou, soit chez Camille, quai de Bourbon, puis repart pour la Chine. En 1913, l'écrivain-diplomate ne s'opposera pas à l'internement de sa sœur et Camille Claudel sera internée à Ville-Évrard. Durant ses trente ans d'enfermement, son frère ne lui rendra visite qu'une douzaine de fois.

Au 45, Charles-Louis Philippe

Au terme de deux ans passés dans sa mansarde du 31, l'auteur de *Bubu de Montparnasse* s'installe en 1907 dans un petit appartement du troisième étage. Avec Henri Ghéon, Eugène Montfort, André Ruyters, et Michel Arnauld (pseudonyme de Marcel Drouin, beau-frère d'André Gide), il sera à l'origine, au début de l'année 1908, de la création d'une revue littéraire mensuelle promise à un certain avenir : *La Nouvelle Revue française*. Alors qu'il travaille sur un nouveau roman, *Charles Blanchard*, l'écrivain tombe malade et décède à la maison de santé Velpeau, rue de la Chaise, victime d'une méningite foudroyante.

Au 45, André Billy

Avant de s'installer rue de Seine, André Billy résida quai de Bourbon (entre 1911 et 1914) dans un appartement situé au troisième étage. Serait-ce le même appartement que celui occupé par Charles-Louis Philippe quelques années auparavant ? Critique littéraire à *Paris-Midi*, il a, en 1907, publié son premier roman, intitulé *Bénoni*, avec pour thème la quête de Dieu et l'impossibilité de le trouver. Il s'est lié d'amitié avec Francis Carco, André Salmon, Max Jacob, Paul Léautaud et surtout avec Guillaume Apollinaire. C'est lui qui, en 1911, a l'idée des *Soirées de Paris*, afin de réconforter Apollinaire à la sortie de son court séjour à la prison de la Santé.

En 1912, son ami Paul Léautaud, avec qui il entretiendra une correspondance de plus de trente ans, dresse son portait : « M. André Billy a tout de la jeunesse. Il aime la vie, il s'intéresse aux choses, il jouit d'elle, il a comme écrivain des idées et un style clairs, et aussi, il est ambitieux, plein de désirs. Je l'imagine souvent comme le Rastignac de Balzac sur la colline du Père La Chaise, adressant à Paris des paroles de conquérant. »

Au 45, l'Aurélien d'Aragon

En 1925, seize ans après la mort de Charles-Louis Philippe, l'appartement du quai de Bourbon est occupé par Drieu la Rochelle. L'écrivain servira de modèle pour *Aurélien*, qu'Aragon loge à cette même adresse, à l'endroit où le quai fait un coude pour rejoindre le quai d'Orléans. Belle vue : « Le dernier lambeau du jour donnait un air de féerie au paysage dans lequel la maison avançait en pointe comme un navire. [...] Il y avait Notre-Dame, tellement plus belle du côté de l'abside que du côté du parvis, et les ponts, jouant à une marelle curieuse, d'arche en arche entre les îles, et là, en face, de la Cité à la rive droite... et Paris, Paris ouvert comme un livre avec sa pente gauche la plus voisine vers Sainte-Geneviève, le Panthéon, et l'autre feuillet, plein de caractères d'imprimerie difficiles à lire à cette heure jusqu'à cette aile blanche du Sacré-Cœur... [...] Et tout d'un coup, tout s'éteignit, la ville devint épaisse, et dans la nuit battit comme un cœur[9]. »

Au 45, la princesse Marthe Bibesco

La princesse Bibesco conjuguait intelligence, beauté et érudition. Dotée de toutes ces qualités, elle se jugeait trop comblée. « Je suis humiliante sans le savoir », confiait-elle. Ses souvenirs de voyage encensés par la critique paraissent en 1908, suivra une carrière littéraire féconde illustrée par deux romans, *Le Perroquet vert* (1924) et *Katia*, paru en 1938 et dont l'héroïne fut immortalisée au cinéma par Danielle Darrieux puis par Romy Schneider. En 1948, la princesse s'installe dans un appartement que lui a laissé son cousin le prince Antoine Bibesco, au premier étage de son hôtel particulier du 45, quai de Bourbon. Elle y tient son salon littéraire et l'habitera jusqu'à sa mort, en 1973.

Au 51, Marc Chadourne

Traducteur de Joseph Conrad, il fut lui-même écrivain-voyageur, publiant en 1927 *Vasco*, roman se déroulant en Polynésie, écrit à la mémoire de son frère Louis (qui frôla le prix Goncourt en 1920 pour *L'Inquiète Adolescence*). Marc Chadourne obtiendra le Femina 1930 pour *Cécile de La Folie*, roman sur les traumatismes de la guerre. François Mesnace, le héros, reviendra après cinq années de combat et se détachera de celle qu'il aima, celle avec laquelle il avait découvert avant la guerre le « livre merveilleux » d'un auteur inconnu : *Du côté de chez Swann*.

Au 53, Stuart Merrill

Le poète d'origine américaine vécut au 53 de 1893 à 1908. En 1887, il a publié son premier recueil de vers, *Les Gammes*, dans le courant symboliste qui s'élabore autour de Mallarmé. Il s'intéressa au caractère purement musical de la poésie, utilisant les mots comme des notes sur une portée (« Seul, à mi-mort, un rossignol de nuit /

Module en mal d'amour sa molle mélodie »), et faisant alterner de manière singulière alexandrins et vers de quinze syllabes. Il fut également le traducteur en anglais de plusieurs poètes français, notamment Baudelaire et Aloysius Bertrand.

Au 55, Jean-François Revel

Pourquoi des philosophes ? Cet essai paru en 1957, prélude à sa carrière littéraire, connut un grand succès. Jean-François Revel y expliquait comment la philosophie avait épuisé son rôle historique qui était de donner naissance à la science et était devenue de la littérature. Socialiste jusqu'en 1970, il change d'orientation en publiant un essai politique, *Ni Marx ni Jésus* (1970), qui sera traduit dans plus de vingt langues. Suivront, en 1976, *La Tentation totalitaire*, puis, un an plus tard, *La Nouvelle Censure*. Journaliste et écrivain, directeur de *L'Express* durant la décennie 1970, il fut élu à l'Académie française en 1997. Incisif et polémique : « Ce qu'on nomme culture, écrit-il, consiste, pour une partie des intellectuels, à persécuter l'autre partie. »

Au 55, Claude Sarraute

Fille de Nathalie Sarraute, elle souhaitait devenir actrice : « J'ai joué [...] du théâtre d'avant-garde, le seul qui comptait aux yeux de mes parents. Contrairement au boulevard, où il fallait parler le plus naturellement possible, l'avant-garde nécessitait de parler différemment. Comme je parlais faux, j'étais prise. » La littérature l'accompagnera toute sa vie, car elle deviendra écrivaine et épousera successivement l'historien Stanley Karnow, le fils de Tristan Tzara puis Jean-François Revel.

Journaliste, elle assura pendant trente-cinq ans une chronique quotidienne – « Sur le vif » – dans *Le Monde*. À 90 ans, elle publie chez Flammarion son treizième ouvrage : *Encore un instant*. Avec humour, elle y relate, sans rien cacher, le poids de la vieillesse.

BOURDON (boulevard)

Au-delà, le boulevard Bourdon n'est plus Paris :
c'est la campagne, c'est le faubourg, c'est la grande route,
c'est la majesté du néant.

— Honoré de Balzac, *Histoire et physiologie des boulevards de Paris*, 1845

Au 24, sur un banc, Bouvard et Pécuchet

« Comme il faisait une chaleur de 33 degrés, le boulevard Bourdon se trouvait absolument désert. [...] Deux hommes parurent. L'un venait de la Bastille, l'autre du Jardin des Plantes. [...] Quand ils furent arrivés au milieu du boulevard, ils s'assirent, à la même minute, sur le même banc. »

Ainsi commence *Bouvard et Pécuchet*, drolatique raillerie de Flaubert sur la vanité de ses contemporains, projet que l'écrivain couvait depuis 1872 et dont il avait fait part à George Sand. Publié dans *La Nouvelle Revue* (de décembre 1880 à mars 1881) puis en volume, l'ouvrage reçoit un accueil mitigé. « La critique, écrit Auguste Sabatier dans la *Tribune de Genève*, est restée visiblement déconcertée devant la dernière œuvre de G. Flaubert. Elle hésite et semble n'oser prononcer son verdict ; elle se demande si elle est en présence d'une colossale erreur de l'illustre romancier ou s'il y a, dans cette création étrange, un sens caché, un mystère qu'elle n'a pas découvert. Je comprends très bien cette hésitation et cet embarras. Quand les apparences bizarres vont jusqu'à l'absurde, quand les défauts que l'on signale sont de grossières fautes d'écolier, quand personnages, action, plan, invention semblent être autant d'insultes au sens commun, il est prudent de se défier. »

BRETONVILLIERS (rue de)

Hier matin, mes parents étaient déjà là lorsque nous arrivâmes rue de Bretonvilliers, dans la petite chapelle du cours Saint-Louis-en-l'Isle.

— Claude Mauriac, *Le Temps immobile*, 1974

Au 3, Hippolyte Taine

« J'ai beaucoup étudié les philosophes et les chats. La sagesse des chats est infiniment supérieure », écrivit-il. Ce philosophe libre penseur, historien et critique d'art fut locataire, de 1856 à 1868, d'un appartement au premier étage à droite, avec fenêtres sur la rue Saint-Louis-en-l'Île. Il y écrivit *Les Philosophes français du XIXe siècle* et ses *Essais de critique et d'histoire*. C'est dans l'introduction à son *Histoire de la littérature anglaise* qu'il développe sa théorie du déterminisme par trois facteurs : « la race, le milieu, le moment ». Célèbre pour ses cours à l'école des Beaux-Arts, il vivait modestement, refusait les invitations : « Je suis un reclus, une espèce de castor intellectuel de l'île Saint-Louis, habitué et contraint à la vie sédentaire et solitaire. » En 1868, il quitte l'île Saint-Louis pour résider avec sa femme au 28, rue Barbet-de-Jouy.

BUDÉ (rue)

Quelqu'un ayant crié que les chars s'engageaient sur le pont, nous rampons jusqu'à la rue Budé pour remonter la rue Saint-Louis.

— Édouard Bled, *Mes écoles*, 1977

Au 1, Félix Arvers

L'écrivain-dramaturge, auteur d'une dizaine de comédies légères, dandy proche de Musset et amoureux malheureux de la fille de Charles Nodier, naquit rue Budé[10], ancienne rue Guillaume, en 1806. Ne subsiste de lui que le premier vers de son *Sonnet*[11] : « Mon âme a son secret ; ma vie a son mystère », sonnet de quatorze vers qui se termine par « Quelle est donc cette femme ? », très probablement dédié à Marie Nodier, rencontrée lors des soirées de l'Arsenal.

Secret et abscons, le sonnet ? Mallarmé le facétieux en fera un pastiche : « Sa vie a son secret, sa plume a son mystère : / Un sonnet sibyllin en un moment conçu. / N'en cherchez point le sens, lecteurs, sachez vous taire, / Car celui qui l'a fait n'en a jamais rien su. »

Au 1, Lucie Delarue-Mardrus

Vers 1905, la poétesse et son mari logent dans cette maison du XVIIIe siècle où Félix Arvers avait résidé, à côté de la demeure de Jean de La Ville de Mirmont, mort à la guerre en 1914, chantre de l'île Saint-Louis et auteur de *L'Horizon chimérique* mis en musique par Gabriel Fauré. Face à eux, sur les murets de la Seine, les graffitis de Restif de La Bretonne sont toujours présents. Elle va tenir salon, se lier avec Natalie Barney et Renée Vivien, être la « panthère noire » d'Henri de Régnier, la princesse lointaine d'Edmond Rostand. Puis, après un voyage en Orient, le couple se désintègre, divorce, tous les meubles, bibelots, tableaux sont vendus aux enchères par le Dr Mardrus. Lucie Delarue-Mardrus se retrouve seule et pauvre, dans un cinquième étage du quai Voltaire.

Au 1, Ramon Fernandez

« Mon père, relate l'académicien Dominique Fernandez, était un locataire très instable, toujours en train de déménager. Après avoir habité chez sa mère, 44 rue du Bac, jusqu'en 1920, il essaya, sans grand succès de se trouver un domicile indépendant – 1 rue de Budé, dans l'île Saint-Louis et 10 rue Oudinot, parmi d'autres adresses. »

Au début des années 1930, Ramon Fernandez résidera au 1, rue Mornay, au coin du boulevard Bourdon. Essayiste, romancier (prix Femina 1932 pour *Le Pari*), critique à la *NRF*, il sera au centre de la vie littéraire parisienne. Durant la guerre, collaborationniste notoire mais ambigu (il n'est pas antisémite, fréquente des résistants), il résidera rue Saint-Benoît, au-dessous de chez Marguerite Duras, et échappera à l'épuration en décédant d'une crise cardiaque en 1944.

CÉLESTINS (quai des)

Les miens m'avaient inscrit chez les louveteaux, puis les scouts de l'école Massillon, juste en face de chez nous, quai des Célestins.

— Frédéric Vitoux, *Longtemps, j'ai donné raison à Ginger Rogers*, 2020

Au 8, Yves Navarre

Son premier roman, *Lady Black*, sort en 1971 chez Flammarion, après qu'il s'est vu refuser dix-sept manuscrits chez les éditeurs. En décembre 1973, il quitte la rue Saint-Benoît où il réside près de son amie Duras et s'installe quai des Célestins, adresse qu'il conservera jusqu'à juin 1981. Il y écrit notamment *Le Jardin d'acclimatation*, prix Goncourt 1980. Homosexuel militant, porte-parole des gays durant les campagnes électorales de François Mitterrand de 1981 et 1988, il fut, comme Jean-Louis Bory ou Guy Hocquenghem, un des rares visages des homosexuels dans les médias à l'aube des années sida. Doté d'un pessimisme noir, inapte au bonheur, il se suicidera à l'âge de 53 ans, laissant une trentaine de romans et une quinzaine de pièces de théâtre.

CERISAIE (rue de la)

Il passe devant la caserne de la Garde républicaine à cheval, hume le parfum de fumier, tourne à droite dans la rue de la Cerisaie, la seule rue de Paris, avec la rue Lucien-Leuwen, à porter le nom d'une œuvre littéraire.

— Jacques Jouet, *Agatha de Mek-Ouyes*, 2012

Au 4, le cardinal de Retz

L'archevêque frondeur et conspirateur, aussi factieux que scandaleux, passa les dernières années de sa vie à l'hôtel de Lesdiguières, à l'emplacement approximatif du 4, rue de la Cerisaie, où Mme de Sévigné veilla sur lui : « Nous tâchons, relate-t-elle dans une de ses *Lettres*, d'amuser notre bon cardinal. Corneille lui a lu une pièce qui sera jouée dans quelque temps et qui fait souvenir des anciennes ; Molière lui lira samedi Trissotin, qui est une fort plaisante chose ; Despréaux lui donnera son Lutrin et sa Poétique : voilà tout ce qu'on peut faire pour son service. »

Le cardinal de Retz, quatre ans avant sa mort en 1679, rédige ses *Mémoires* (probablement dédiés à Mme de Sévigné), pavé de trois mille pages qui va le consacrer comme un très grand écrivain.

CHANOINESSE (rue)

À huit heures, il était dans l'étroite rue des Chanoinesses, au pavé inégal, au trottoir quasi inexistant, bordée de vieux hôtels flanqués de bornes de pierre.

— Georges Simenon, *L'Aîné des Ferchaux*, 1945

Au 16, l'abbé Henri Bremond

Prêtre et académicien (en 1923), cet historien résida dans une petite maison du 16, de 1924 jusqu'à sa mort, en 1933. Il laisse une monumentale *Histoire littéraire du sentiment religieux en France. Depuis la fin des guerres de Religion jusqu'à nos jours* (1916-1936). Proche de Valéry, il s'intéressa à la dimension mystique de la poésie à travers deux essais : *La Poésie pure* (1926) et *Prière et poésie* (1926).

CHARLEMAGNE (rue)

L'étroite rue Saint-Paul et la rue Charlemagne nous mettaient au petit lycée, où me quittait Alphonse Daudet. En chemin nous parlions de mes leçons, de mes devoirs, des mots latins, des étymologies françaises…

— Léon Daudet, *Paris vécu*, 1929

Au 16, Perec et ses amis

En 1957, Georges Perec partage un appartement avec quelques amis dont le producteur-séducteur Raoul Lévy et l'ébéniste-pataphysicien Isidore Bernhart. Deux ans auparavant, il a entrepris un premier roman (*Les Errants*) dont le manuscrit est à ce jour perdu. En juillet, il part pour un séjour en Yougoslavie, revient quelques mois plus tard et dicte à un ami un nouveau roman, *L'Attentat de Sarajevo*, tapuscrit perdu puis retrouvé après sa mort.

Il faut attendre 1960 pour qu'un troisième ouvrage voie le jour, le « premier roman à peu près abouti » selon Perec. Terminé le 25 août 1960, il sera refusé par les éditeurs, puis publié à titre posthume sous le titre *Le Condottière* (2012). La série des manuscrits perdus ne s'arrête pas là : un quatrième ouvrage intitulé *J'avance masqué*, rédigé en Tunisie en 1960 et 1961, va être à nouveau refusé puis disparaître à son tour. Un bon tir groupé pour le futur auteur de *La Disparition*.

CHARLES-V (rue)

François, baron des Ygrées (baronnie postiche, au demeurant), se disait le dernier rejeton d'une noble maison de Provence et professait le blason au sixième étage d'un immeuble de la rue Charles-V.

— Guillaume Apollinaire, *Le Poète assassiné*, 1916

Au 7, Paul Braffort

Cet oulipote de Queneau et de Perec, pataphysicien et grand pote de Boris Vian, fut à la fois savant atomiste, informaticien et poète. À l'occasion, il troussait des chansons : « C'est moi que je suis la Joconde », chanté par Barbara, c'est lui. Lorsqu'il sentit qu'il fallait laisser la place (en 2018), il prit à nouveau la plume : « La civilisation entre, une fois encore, dans une période troublée, une phase critique. Peut-être va-t-elle subir la plus ample et plus radicale crise de métamorphose qu'elle ait connue. Des convulsions sociales et nationales, de véritables séismes, seront le lot sans doute du prochain avenir. Les descendants immédiats et lointains de notre génération auront, s'il en est ainsi, une destinée assez rude. Selon le vœu téméraire de Nietzsche, ils vivront dangereusement. Ils verront des choses d'un grand intérêt, que nous n'avons pas prévues, nos connaissances sociologiques n'étant pas assez profondes. Mais la place au spectacle sera d'un prix fabuleux. [...] Peut-être nos successeurs nous plaindront-ils d'avoir vécu une vie si terne à leur jugement, et si peu dans leurs tendances. Elle eut pour nous quelque charme. »

CHÂTELET (place du)

Place du Châtelet, il dégringola littéralement de l'autobus et courut le long du quai des Orfèvres.

— Georges Simenon, *Les Fiançailles de Monsieur Hire*, 1933

Au 2, la mort de Nerval et le trou du souffleur

« Que va-t-il arriver quand les hommes s'apercevront qu'il n'y a plus de soleil ? » se demande Nerval dans *Aurélia ou le Rêve et la vie*. Ce soleil disparaît en janvier 1855, quand on retrouve le poète pendu aux barreaux de la grille du serrurier Boudet (qui ferme un égout de la rue de la Vieille-Lanterne), son chapeau haut-de-forme sur la tête. Assassinat par des rôdeurs ? Suicide ? Souhaitait-il, comme l'écrit Baudelaire, « délier son âme dans la rue la plus noire qu'il pût trouver[12] » ?

La légende veut que l'emplacement exact de la mort de Nerval corresponde à celui de la boîte du souffleur au théâtre de la Ville, ex-théâtre Sarah-Bernhardt. Mais selon une lettre de la comédienne, cette légende présenterait quelques trous. « Jamais je n'ai eu de souffleur, vous chercheriez vainement sa boîte sur mon théâtre, et jamais je n'ai consenti à l'admettre dans ma troupe, mes artistes le savent. Ils apprennent leurs rôles, ils les connaissent aussi bien que possible et peuvent les interpréter sans défaillance[13]. »

CLOÎTRE-NOTRE-DAME (rue du)

« Ça a quand même de la gueule », dit Gaston. « C'est très beau », dit Anne. Nous étions maintenant dans la rue du Cloître-Notre-Dame. « Tout le monde suit ? »

— Michel Joseph, *Que tes jours soient longs avant ta mort*, 1964

D'Alembert sur les marches de l'église

L'église Saint-Jean-le-Rond était accolée à Notre-Dame, à l'emplacement actuel de la rue du Cloître-Notre-Dame. Le 17 novembre 1717, un bébé est déposé sur les marches par un serviteur de la mère, Mme de Tencin. L'enfant deviendra philosophe, sous le nom de Jean Le Rond d'Alembert.

CLOÎTRE-SAINT-MERRI (rue du)

Rue du Cloître-Saint-Merri / Où je cherchais aventure / Rôdaient trois quatre houris / Souriant de la denture...

— Maurice Fombeure, *Sortilèges vus de près*, 1947

Au 18, Blaise Pascal se fâche

Pascal s'y installe avec sa sœur en 1647. Il a 24 ans, s'apprête à composer son grand *Traité du vide*. Il vient de se convertir, sa sœur envisage « d'entrer en religion » et il défend sa foi lors de « l'affaire Saint-Ange » dans laquelle il s'oppose à Jacques Forton, sieur de Saint-Ange, ancien capucin et docteur en théologie, qui soutient que la Vierge Marie est faite d'une substance qui ne lui viendrait pas de ses parents mais d'une « matière nouvellement créée ». Diable ! Pascal l'obligera à se rétracter.

CORSE (quai de la)

Deux ou trois semaines plus tard, je dépose donc mon bilan quai de Corse, à Paris. L'audience est fixée à la semaine suivante.

— Marc Simoncini, *Une vie choisie*, 2018

Flaubert chez Maxime du Camp

En 1843, Maxime du Camp partage un appartement avec Ernest Le Marié sur ce qui est alors le quai Napoléon[14]. Un soir, Le Marié lui présente un grand garçon portant une belle barbe blonde : « Je te présente un de mes amis d'enfance, un de mes camarades de collège : c'est Le Vieux Seigneur ! De son vrai nom Gustave Flaubert[15]. »

Flaubert habite alors rue de l'Est (à la hauteur actuelle des n°s 105 à 137 du boulevard Saint-Michel). Du Camp et Flaubert vont se lier d'amitié, partiront ensemble en Orient (1849-1851), voyage que Du Camp relatera dans *Égypte, Nubie, Palestine et Syrie* (1852). Les clichés qu'il rapporte de ce périple vont le consacrer comme l'un des premiers reporters-photographes.

Du Camp est par ailleurs auteur de plusieurs ouvrages sur Paris, dont *Paris. Ses organes, ses fonctions et sa vie dans la seconde moitié du XIXe siècle*, parus entre 1869 et 1876.

DEUX-PONTS (rue des)

Diderot parvint à s'échapper et à regagner Paris. Il allait avoir 30 ans. C'est alors qu'il s'installa pour quelques mois rue des Deux-Ponts.

— Frédéric Vitoux, *L'Ours et le Philosophe*, 2022

Au 4, Charles du Bos

« La littérature, c'est la pensée accédant à la beauté dans la lumière », écrivit-il dans *La Notion de littérature et la beauté du langage*. Écrivain et critique littéraire, il vécut sur l'île Saint-Louis pratiquement toute sa vie, quai d'Orléans puis rue des Deux-Ponts. Il laisse un *Dialogue avec André Gide* (1929) et un *François Mauriac et le problème du romancier catholique* (1933). Ce fut un des critiques littéraires les plus érudits de l'entre-deux-guerres : comme disait André Gide lorsqu'une recherche un peu pointue se faisait nécessaire, « allez voir Du Bos, il connaît tout ».

FLEURS (quai aux)

Le ciel est plus lourd que jamais, lourd comme ces chalands aveugles qui poussent une étrange plainte en passant devant le quai aux Fleurs.

— Malek Haddad, *Le Quai aux Fleurs ne répond plus*, 1961

Au 1, Edmond Fleg

Romancier, dramaturge, poète et essayiste, il vécut quai aux Fleurs de 1908 à 1963 et se fit pendant cinquante ans le chantre du peuple juif, de sa culture et de ses traditions. Œuvres les plus marquantes : *Anthologie juive* (1923), *Pourquoi je suis juif* (1927), *Écoute, Israël* (poèmes écrits entre 1913 et 1948) et *Jésus raconté par le juif errant* (1933).

Au 5, Edmond Haraucourt et son chien Daâh

Ce poète et romancier entama sa carrière littéraire par la publication d'un recueil sulfureux, *La Légende des sexes* (1882), recueil de poèmes hystériques et profanes contenant le « Sonnet pointu » (« Reviens sur moi ! Je sens ton amour qui se dresse ») qui préfigure les *Calligrammes* de Guillaume Apollinaire. Après avoir résidé rue Gay-Lussac, il vécut puis décéda quai aux Fleurs. Subsistent de son œuvre un vers immortel : « Partir, c'est mourir un peu », et une dédicace à son chien Daâh dans son *Livre de mon chien* : « À mon chien, machine à aimer, hommage respectueux de son maître, machine à écrire. »

Au 13, l'« amour voué au désastre » de Francis Carco

En 1913, de retour de Nice, Francis Carco réside au 13, quai aux Fleurs (à l'époque quai Napoléon), au troisième étage. Il rencontre Katherine Mansfield, écrivaine et poétesse néo-zélandaise qui va vivre avec lui jusqu'à son départ pour son corps d'aviation l'année suivante. Il lui déclare : « Je me ferai un nom comme écrivain des bas-fonds, mais pas comme d'autres l'ont fait avant moi. Oh ! non… Avec beaucoup de naïveté et une sorte d'humour tendre, aperçu du dedans, comme si c'était tout simple, tout naturel. »

Il l'aime, mais Katherine Mansfield ne l'aime pas : « Sa nature est semblable à celle des chats, étrangère, réservée, solitaire et aux aguets », écrit Virginia Woolf. Cette liaison de quelques mois (« un amour voué au désastre », selon les propres termes de Carco) le marquera pour la vie. Il évoquera le coup de griffe de la belle écrivaine à travers le personnage de Winnie dans *Les Innocents*. À la suite de leur séparation, Carco s'interdira toute promenade le long de la Seine, « pour ne pas [se] jeter à l'eau ». Et cherchera vengeance dans la littérature : « Je me promets, écrit-il en octobre 1915 à son ami Léopold Marchand, de foutre, en pleine gueule des bourgeois, des romans musclés et pourris dont ils se lécheront les babines. »

Pas de chance pour l'amour sur ce quai aux Fleurs : Abélard y sera sévèrement puni et Frédéric Moreau, dans

L'Éducation sentimentale, y rêve de Mme Arnoux.

Au 13, Max Jacob reçoit Picasso

Au lendemain de sa première rencontre avec Max Jacob dans son atelier du boulevard de Clichy, en juin 1901, Picasso se rend avec ses amis espagnols dans la petite chambre que le poète loue sous les toits. « Toute la bande, relate Max Jacob, vint chez moi et Picasso fit mon portrait au milieu des livres, des papiers. Je lui lus la nuit entière les poèmes que je m'amusais à griffonner depuis mon enfance[16]. » Le portrait de Max Jacob peint durant la nuit par Picasso sera retrouvé soixante-dix ans plus tard sous *Femme accroupie et enfant*, tableau peint six mois après la soirée.

Au 23, naissance de Marcel Allain

Le futur coauteur de *Fantômas* naît quai aux Fleurs en 1885. Après une esquisse de carrière comme clerc d'avoué, il se lance dans le journalisme et rencontre Pierre Souvestre, de dix ans son aîné, qui recherche un assistant pour ses revues automobiles. Propriétaire du magazine *Le Poids lourd*, Souvestre teste Marcel Allain en lui confiant un article sur le Darracq-Serpolet, un nouveau camion. Affaire conclue. À partir de 1911, les deux hommes s'aventurent dans la littérature policière, naîtra ainsi un feuilleton populaire au prodigieux succès : *Fantômas*. À la mort de Souvestre, en 1914, Marcel Allain continuera seul la série et épousera la compagne de son ami, Henriette Kistler, immortalisée dans *Fantômas* sous les traits de Lady Beltham. Aussi prolifique que Simenon, il publiera plus de quatre cents ouvrages dont la réjouissante série des *Naz-en-l'air*, également coécrite avec Pierre Souvestre.

GEOFFROY-L'ASNIER (rue)

Et le coiffeur sur le pas de sa porte / contemple avec stupeur / ce paysage ébréché / et il jette un coup d'œil désespéré / vers la rue Geoffroy-l'Asnier.

— Jacques Prévert, *Histoires*, 1946

Au 26, le rez-de-chaussée de D'Annunzio

En 1914, le poète et romancier italien – « un petit homme sombre à la moustache en croc[17] » – loue le rez-de-chaussée de cet hôtel dont le portail sur rue est conçu en arc de triomphe. Ce sera son dernier domicile parisien. « Dans un petit hôtel particulier du Marais, écrit Vallery-Radot[18], animé du charme d'une époque disparue, il recevait en des soirées fastueuses presque tout ce que Paris possédait d'artistes connus, d'hommes de lettres renommés, de femmes séduisantes. Quel raffinement dans cette atmosphère très suave où les yeux se reposaient, à travers une lumière tamisée, sur des robes somptueuses, des soieries de Venise, des verres de Murano, des fleurs partout répandues : il y avait ici des lys sauvages, tels qu'il les avait décrits dans *Le Triomphe de la Mort*, "d'un parfum si aigu que l'on trouvait souvent au fond du calice un insecte pâmé d'ivresse" ; là des roses dont certaines étaient telles qu'il les avait évoquées dans *Le Feu*, "voluptueuses comme les plus voluptueux contours du corps féminin". » Le poète italien ne connaît que deux occupations : la littérature et les femmes. Insatiable, il collectionne les aventures, s'attirant le bon mot de Natalie Barney : « La femme qui n'a pas couché avec lui devient ridicule. »

Durant son exil français, il écrira *La Léda sans cygne* (1916) et fera plus tard l'admiration de Marguerite Yourcenar : « Il est certainement dans l'ensemble de son œuvre, écrit-elle, le plus grand artiste que l'Italie moderne ait possédé, et l'un des plus grands qui aient jamais existé. »

GEORGES-POMPIDOU (place)

En 1960, c'est un terrain vague qui sert de parking.

— Site Histoire de l'art. Centre Georges Pompidou[19]

Barjavel, Baudrillard et d'Ormesson ne votent pas pour Pompidou

« Dieu que c'est laid ! » s'exclame Barjavel dans *Le Journal du dimanche*. « Est-ce une raffinerie destinée à récupérer les boues de la Seine pour en faire de l'essence ? » s'interroge dans un autre style Jean Baudrillard qui ajoute : « Cette carcasse de flux et de signes, de réseaux et de circuits [est un] monument de dissuasion culturelle[20]. »

Avant d'en faire l'éloge sur le tard, Jean d'Ormesson n'est pas plus tendre dans les colonnes de son *Figaro* : « C'est atroce. On dirait une usine, un paquebot, une raffinerie. Une espèce d'écorché monstrueux et multicolore, avec ses tripes à l'air. »

GUÉMÉNÉE (impasse)

Il fallait aller rue de Turenne, qui n'était pas très loin de l'impasse Guéménée. Normalement, je ne pouvais pas me tromper.

— Jean-Baptiste Chaudet, *Marchand de vin*, 1977

Au 2, René-Louis Doyon

René-Louis Doyon dit « le Mandarin » fut libraire et éditeur, à l'enseigne de La Connaissance, librairie où travailla le tout jeune Malraux en 1919, et dont le fonds fut racheté par Robert Denoël en 1937.

Auteur de quatre romans, dont *L'Enfant prodiguée* (1927), le fantasque Doyon publia des essais sur Barbey d'Aurevilly (1934), Jehan Rictus (1943), Joséphin Péladan (1946). Il laisse un livre de souvenirs, *Mémoire d'homme, souvenirs irréguliers d'un écrivain qui ne l'est pas moins* (1953).

Il décède en 1966 dans une misère noire : « On l'a trouvé inanimé en bas de chez lui, relate Jules Roy, à l'aube de la Toussaint, au moment où il allait faire ses courses dans ce quartier dont il connaissait toutes les pierres et tous les chats. Le lendemain, pour la fête des morts, il avait 81 ans. Pendant quelques jours on le crut sauvé et il reprit sa lucidité. On lui lut une lettre dans laquelle le nouveau directeur général des Arts et Lettres[21] lui annonçait qu'une pension allait lui être versée. Ce fut sa dernière joie. Il dit : "Je vois qu'on ne m'oublie pas." En fait, il avait sombré[22]. »

HENRI-IV (quai)

« Vous connaissez le quai Henri-IV ? – Du côté de la Bastille ? – Exactement. »

— Georges Simenon, *Maigret tend un piège*, 1955

Au 6, Olivier Séchan

Que retenir d'Olivier Séchan ? Il fut lauréat du prix des Deux Magots en 1942 pour *Les corps ont soif*, auteur de romans policiers dans les années 1950 (*Vous qui n'avez jamais été tués*, *Voulez-vous mourir avec moi ?*, etc.), de romans pour la jeunesse (série des *Luc et Martine*). Il fut également le père du chanteur Renaud, qui découvrira dans le journal intime de son père une phrase difficile à interpréter : « Le succès de mon fils me tue. »

JARDINS-SAINT-PAUL (rue des)

Je me mets d'accord avec un brocanteur de la rue des Jardins-Saint-Paul, et lui cède le tout pour cinq cents francs. Il m'explique qu'il appartient à une famille de ferrailleurs de Clichy et qu'il a bien connu Joanovici.

— Patrick Modiano, *Un pedigree*, 2005

Au 6, la difficile année de Jean-Baptiste Poquelin, devenu Molière

Après s'être produit en 1644 au jeu de paume des Métayers, à l'emplacement de l'actuel 23, rue de Seine, l'Illustre Théâtre de Jean-Baptiste Poquelin s'installe au jeu de paume de la Croix-Noire, rue des Barrés, à l'emplacement de l'actuel 32, quai des Célestins. Poquelin, qui prend le nom de Molière, s'installe alors dans une maison toute proche, située au niveau du n° 6 de la rue des Jardins-Saint-Paul, y passe les premiers mois de 1645, avant d'être brièvement emprisonné pour dettes au Châtelet.

Au 8, la mort de Rabelais

« Je n'ai rien, je dois beaucoup, je donne le reste aux pauvres », aurait précisé François Rabelais (alias Alcofribas Nasier et Séraphin Calobarsy[23]) avant de décéder en janvier 1553 dans une maison de la rue des Jardins-Saint-Paul.

Le temps a détruit sa tombe, mais on montrait encore, avant la Révolution, l'arbre au pied duquel il avait été inhumé.

Le père de Pantagruel et de Gargantua parlait l'hébreu, le grec, le latin, l'italien, l'espagnol, l'allemand, l'anglais et l'arabe. Fin lettré, il préféra cependant privilégier bouffonneries et paillardise, faisant dire à La Bruyère qu'il « semait l'ordure dans ses écrits ».

« Peut-on imaginer aujourd'hui un bonhomme de la sorte ? se demande Jean-Marie Rouart. La verve décapante d'un Coluche, puisant dans l'érudition d'un Fumaroli ou d'un Borges, assaisonné du cocasse d'Alfred Jarry, du burlesque absurde de Ionesco, brochant sur un art de la narration digne d'Alexandre Dumas[24]. »

JEAN-PAUL-II
(place)

La Lincoln parvint bientôt en vue des tours de granit de la cathédrale. Une brume de chaleur tremblait au-dessus de la place Jean-Paul-II.

— Mary Jane Clark, *Puis-je vous dire un secret ?*, 2019

Au 6, « Asile ! » de Quasimodo

« Asile ! » crie Quasimodo d'une voix formidable en élevant la jeune fille au-dessus de sa tête. La cote d'amour de Notre-Dame dans la littérature ne dépasse pas sa flèche : Zola s'étonne de sa « longue échine de monstre » ; Huysmans déplore ses « tours mastoques et sombres, presque éléphantes » ; Théophile Gautier lui attribue des « arcs-boutants semblables à des côtes de poisson gigantesque… » ; et Léon-Paul Fargue avoue son horreur « d'avoir ce monument devant les yeux ». Rabelais, pour sa part, fraîchement arrivé dans la capitale, ne se posa pas de questions. Il grimpa au sommet, « destacha sa belle braguette » et compissa copieusement les milliers de « maroufles » massés devant l'entrée.

LE REGRATTIER
(rue)

J'avais envie de pleurer, de hurler, rien ne sortait, je marchais comme un automate, le quai d'Anjou, la rue Le Regrattier.

— Denis Tillinac, *Le Patio bleu*, 2020

Au 1, Louis Aragon et l'amour de sa vie

En 1924, l'appartement de la belle et excentrique Nancy Cunard, fille de l'héritier de la fameuse Cunard Line, devient un haut lieu des rendez-vous littéraires. On croise chez « l'ogresse maigre, d'une beauté farouche[25] » tous les talents de l'époque et en particulier Louis Aragon, qui devient son amant en février 1926.

De 1926 à 1928, il ne quitte plus la rue Le Regrattier, avant que la belle Anglaise ne l'abandonne pour un musicien de jazz noir lors d'un voyage à Venise. « Elle n'aimait que ce qui passe, écrit-il dans *Le Roman inachevé*, et j'étais la couleur du temps. Et tout de même l'île Saint-Louis n'était pour elle qu'un voyage. Elle parlait d'ailleurs. Toujours d'ailleurs. Je rêvais l'écoutant, comme à la mer un coquillage. »

Dans *Blanche ou l'Oubli*, le poète évoque la « petite salle à manger donnant sur la rue étroite, où l'on déjeune aux chandelles en plein midi et, dans la chambre à coucher, le quai, la Seine, le cri égorgé des remorqueurs, le soleil qui descend du Panthéon comme un chien jaune ».

Au 6, la Vénus noire de Baudelaire

Ils se sont rencontrés en avril ou mai 1842. Baudelaire, qui habite à l'hôtel Pimodan, installe sa maîtresse et muse rue de la Femme-sans-Tête, future rue Le Regrattier. Jeanne Duval[26] sera son inspiratrice et son réconfort tout au long des nombreuses cohabitations, séparations, ruptures et réconciliations. Il ne peut s'en passer mais ne l'estime guère : « La bêtise, écrit-il à son propos en 1846, est toujours la conservation de la beauté ; elle éloigne les rides[27]. »

La mère du poète ne supporta pas la présence de la mulâtresse auprès de son fils : « La Vénus noire, écrit-elle, l'a torturé de toutes manières. Oh ! si vous saviez ! Et que d'argent elle lui a dévoré ! Dans ses lettres, j'en ai une masse, je ne vois jamais un mot d'amour. »

Au 10, Jean-Jacques Brousson

Difficile de dissocier le nom de Brousson de celui d'Anatole France. Le jeune homme arrive à Paris en 1902 et devient en 1904 son secrétaire littéraire, engagé pour terminer la *Vie de Jeanne d'Arc* du maître. « Anatole France, écrit le peintre Pierre Calmettes, se plaisait beaucoup dans la compagnie de ce jeune homme intelligent, spirituel, incisif et subtil, qui savait être méchant avec une habile candeur… » Les deux hommes se fâcheront en 1909 et Brousson s'installera rue Le Regrattier. À la mort de France, en 1924, il va publier un caustique *Anatole France en pantoufles*, ouvrage qui fera scandale. Résultat : cent mille exemplaires vendus.

LESDIGUIÈRES
(rue de)

Rue Lesdiguières, ils avaient rencontré un vieillard qui cheminait. Ce qui avait appelé leur attention, c'est que ce bonhomme marchait en zigzag…

— Victor Hugo, *Les Misérables*, 1862

Au 9, Balzac et son *Cromwell*

Un escalier sale et fragile menant au cinquième étage, une mansarde délabrée ouverte à tous vents, c'est le royaume du jeune Balzac, 20 ans, qui a supplié ses parents de lui laisser une chance de devenir écrivain. Il dispose d'une petite pension pour se nourrir et de deux années pour faire ses preuves. En 1819 et 1820, il y rédige laborieusement *Cromwell*, tragédie en cinq actes et en alexandrins. Verdict d'un ami de la famille, François

Andrieux, de l'Académie française : le jeune homme peut tout faire, sauf de la littérature.

LIONS-SAINT-PAUL (rue des)

Mais, tout à coup, je lus : « Rue des Lions. » Le nom de l'animal y était. Je connaissais dans le même quartier la rue des Jardins qui était dénommée rue des Jardins-Saint-Paul, à cause de l'église du même nom.

— Ambroise Vollard, *Souvenirs d'un marchand de tableaux*, 1937

Au 11, Marie de Rabutin-Chantal, marquise de Sévigné

Guidée par ses oncles, Marie épouse à 18 ans le bel Henri de Sévigné, propriétaire du château des Rochers. Ils s'installent en 1645 au 11, rue des Lions-Saint-Paul, où ils résideront cinq ans. Auprès d'un mari qu'elle « aimait sans l'estimer et qui l'estimait sans l'aimer » commence pour la jeune femme une vie mondaine brillante. Mais les frasques financières de son époux et sa liaison avec Ninon de Lenclos précipitent la séparation. La marquise de Sévigné se retire en Ille-et-Vilaine en 1650, Henri de Sévigné meurt l'année suivante lors d'un duel avec le chevalier d'Albret, « un fort joli garçon qui tuait très bien son monde[28] ».

De leur brève union est né un enfant, Françoise-Marguerite, qui deviendra comtesse de Grignan et avec laquelle, vingt ans plus tard, Mme de Sévigné entamera sa célèbre correspondance.

LOMBARDS (rue des)

Je crois que j'avais décidé, ce jeudi de décembre, de passer sur la rive droite et d'aller boire un verre dans le petit café de la rue des Lombards où Mme Léonie regarde les lignes de ma main et me prédit des voyages et des surprises.

— Julio Cortázar, *Marelle*, 1963

Au 28, Boccace

Fils de Michelino Boccace, banquier rue des Lombards[29], Giovanni Boccace est sans doute né à Paris, bien que la ville de Florence soit le plus souvent citée. « Boccace est bien italien par le génie, et sa gloire est incontestablement florentine ; mais il est né à Paris. Il nous apprend lui-même que son père était à Paris le 11 mars 1314 ; et il était naturel que le fils n'oubliât pas cette date. Le vieux Boccace assistait à l'exécution de Jacques de Molay, grand-maître des Templiers. Ce souvenir fixe l'époque de son séjour à Paris. Si le père était à Paris en 1314, si le fils, comme Pétrarque nous l'apprend, est né en 1313, ces faits viennent à l'appui du récit que l'on trouve dans une ancienne chronique. Boccace le père, étant à Paris pour ses affaires, s'éprit d'une jeune fille "de condition moyenne, entre noble et bourgeoise". Il ne la trouva point sévère, et en eut un fils. On aimera peut-être à se rappeler, en lisant le *Décaméron*, que Boccace avait pour mère une pauvre fille, folle et légère, de notre vieux Paris écolier et joyeux[30]. »

Après avoir passé son enfance à Florence, Boccace revint faire des études de droit canonique à Paris dans les années 1330 mais, plutôt que « d'entrer dans les affaires » comme son père, préféra cultiver ses connaissances littéraires – Dante, Pétrarque, les romans courtois français. Son œuvre majeure – *Le Décaméron* – s'ouvre sur la peste noire qui sévit à Florence en 1348. Boccace, comme Dante pour la poésie, est considéré comme le créateur de la prose italienne.

MASSILLON (rue)

Souriante, désinvolte, Louise était heureuse dans son nouvel appartement tout près de la rue Massillon. C'était le quartier des damnés antiquaires.

— René-Jean Clot, *Pourquoi les femmes pleurent*, 1995

Au 1, Joachim du Bellay

À l'angle de la rue Chanoinesse et de la rue Massillon était située la demeure de Joachim du Bellay, dans laquelle le poète mourut le 1er janvier 1560 à l'âge de 37 ans. (Certains sites indiquent le nº 6 et Jacques Hillairet ne mentionne pas Du Bellay dans cette rue.)

En 1549, Du Bellay publie *La Défense et illustration de la langue française*, texte considéré comme le « manifeste » des poètes de la Pléiade. Ce groupe composé de Pierre de Ronsard, Joachim du Bellay, Étienne Jodelle, Rémy Belleau, Jean-Antoine de Baïf, Jacques Peletier et Pontus de Tyard a pour objectif de faire du français une langue littéraire aussi noble que le latin et faire reculer le « Monstre Ignorance ».

Au 4, haro sur Gilles Ménage

Ce grammairien-historien-écrivain est surtout connu pour avoir servi de modèle à Vadius, le plagiaire pédant des *Femmes savantes* de Molière. « Il sait cueillir les fleurs écloses / Dans tous les parterres d'autrui », écrit Charles Cotin, lui-même épinglé par les satires de Boileau et modèle de Trissotin dans ces mêmes *Femmes savantes*. Ménage se fit également remarquer pour son outrecuidance, comme le relate Jacques Hillairet : « Mazarin lui ayant demandé une liste d'écrivains à pensionner, il s'inscrivit en tête de liste en indiquant, de plus, le montant de la pension à lui accorder. »

MAUVAIS-GARÇONS (rue des)

Elle me montra une carte qui indiquait le 9, 30 rue des Mauvais-Garçons : je fus séduit.

— Patrick Grainville, *La Toison*, 1972

Charles-Louis Philippe dans sa petite chambre

Charles-Louis Philippe s'installe à l'hôtel du Loiret, rue des Mauvais-Garçons, en

1896, dans une petite chambre du cinquième étage. Il y restera trois ans avant de migrer quai d'Anjou, dans l'île Saint-Louis. Il y écrit *La Bonne Madeleine et la pauvre Marie* et y situera la dernière scène de son *Bubu de Montparnasse*.

MORLAND (boulevard)

Ils traversèrent une seconde fois la Seine, où il y avait des fanaux verts et des fanaux rouges, virent tout droit et tout noir devant eux le boulevard Henri-IV, mais prirent le boulevard Morland…
— Abel Hermant, *La Mission de Cruchod*, 1885

Au 23, l'homme aux semelles devant

Certes, Ipoustéguy est un grand sculpteur. Mais qu'a-t-il transformé « l'homme aux semelles de vent » en « homme aux semelles devant » ? Pauvre calembour architectural et pauvre Rimbaud ! L'œuvre en bronze fut inaugurée en 1988 place du Père-Teilhard-de-Chardin, en face de la bibliothèque de l'Arsenal. Hauteur un mètre et demi, largeur quatre mètres, profondeur deux mètres. À quoi rêve-t-il, notre Rimbaud, « tandis que, sur le fleuve, / Descendent vers les ports de puissants remorqueurs, / Que les piles des ponts mettent des robes neuves[31] » ?

ORLÉANS (quai d')

Il demeurait maintenant dans un vieil hôtel où il entassait ses collections et que ma grand-mère rêvait de visiter, mais qui était situé quai d'Orléans, quartier que ma grand-tante trouvait infamant d'habiter.
— Marcel Proust, *Un amour de Swann*, 1913

Au 8, Jean de La Ville de Mirmont

Poète romantique, proche par son style de Baudelaire et Mallarmé, il chante la mer et les vaisseaux, l'ennui du port désert de Bordeaux et ses « rêves de grands départs inassouvis ». En 1911, il « monte » à Paris, et, après avoir résidé rue Racine, rue du Bac et rue Vaneau, il s'installe quai d'Orléans et écrit à sa mère : « La maison ressemble à une vieille demeure d'armateurs. Je pourrai travailler en regardant les chalands descendre la Seine. On vient de supprimer l'autobus qui passait provisoirement quai d'Orléans. On baigne chaque jour des chevaux devant ma future fenêtre, et j'entendrai le bruit frais de l'eau. »

L'île Saint-Louis sera son refuge : « Et puis voici l'île Saint-Louis, / La plus tranquille, / La plus déserte de toutes les îles, / Sans Robinson, sans Vendredi, / Vaisseau manqué, jamais parti / Vers les Antilles ! »

Fonctionnaire à la préfecture de la Seine, il publia un unique roman – *Les Dimanches de Jean Dézert* – avant d'aller mourir à l'âge de 27 ans dans les Ardennes, aux premiers temps de l'offensive allemande. Comme Alain-Fournier ou Louis Codet, Jean de La Ville de Mirmont fait partie des écrivains dont la Grande Guerre faucha l'avenir et chez lesquels on pressentait les prémices d'une possible grande œuvre. Selon Jacques Hillairet, ses derniers vers pourraient être les suivants : « Cette fois, mon cœur, c'est le grand voyage / Nous ne savons pas quand nous reviendrons… »

Au 10, le soldat James Jones

Ancien soldat de la Seconde Guerre mondiale sur le front du Pacifique, James Jones s'inspire de son expérience et devient romancier, connaissant aussitôt le succès en 1951 avec *Tant qu'il y aura des hommes*. Suivra *The Thin Red Line*, édité en France sous le titre *Mourir ou crever*. Il vécut quai d'Orléans avec sa famille de 1958 à 1975, et en 1971, publia ses impressions sur Mai 68 dans *Le Joli Mois de mai*. Sa fille retracera les années parisiennes dans *La fille d'un soldat ne pleure jamais* (1990).

Au 12, la poétesse Lucie Delarue-Mardrus

Elle fut singulière. Dès 13 ans, elle reçut les compliments d'Edmond Rostand pour ses premiers vers et, à 18 ans, ses parents lui refusèrent la main du capitaine Philippe Pétain (42 ans, aucun avenir). Elle épousa en 1900 l'orientaliste Joseph-Charles Mardrus et le couple s'installa dans le plus bel appartement de l'immeuble. Elle devint l'amante de Natalie Barney et Germaine de Castro, publia une dizaine de romans et quatre recueils de poèmes, envisagea de s'engager dans les dragons en 1914 (parfaite cavalière), se contenta d'être infirmière sur le front.

Le couple se sépare en 1915, elle s'installera quai Voltaire et l'appartement du quai d'Orléans sera repris par le critique littéraire Charles du Bos.

Au 16, Gabriel Julliot de La Morandière

Ce poète féru d'ésotérisme publia en 1911 un texte intitulé *Térandros*, pastiche-démarcation habile des *Chants de Maldoror* de Lautréamont, ouvrage qui intéressa particulièrement André Breton. Autres publications : *Les Chants du Mystère* (1909), *Hermès et l'œuvre d'Homère* (1917), *Légendes dramatiques* (1925).

Au 26, Élémir Bourges

Fraîchement marié, Élémir Bourges s'installe au 26 en 1883. Il est alors critique dramatique au Parlement, fonde avec Henri Signoret la *Revue des chefs-d'œuvre* et entreprend son premier roman, *Le Crépuscule des dieux* (1884).

Au 32, Raymond Escholier

Journaliste, romancier et critique d'art, né rue des Abbesses en 1882, il fut notamment conservateur de la maison de Victor Hugo, créateur de la revue *Demain*, conservateur du Petit-Palais, confident de Matisse et ami du général de Gaulle. Son œuvre de fiction comprend une quinzaine de romans, dont *Cantegril*, prix Femina-Vie heureuse 1921, écrit avec son épouse.

Au 42, Thogorma

Il s'appelait Édouard Guerber, était vétérinaire, écrivait sous le nom de Thogorma et il nous laissa un étonnant *L'Homme bleu* (1919) : « Ceux qui n'ont pas entendu le tonnerre de Verdun, ceux qui n'ont pas vu, de l'abîme où bouillonnait la ville, jaillir ces rafales de feu qui bousculaient la nuit en l'incendiant, ceux-là n'ont aucune idée de ce qu'est le canon dans la guerre moderne et de la fantastique beauté qu'il communique à celle-ci. Ivre d'enthousiasme, j'assistais à cette fête comme à la plus prodigieuse à laquelle il eût jamais été donné à un mortel d'assister. »

PAS-DE-LA-MULE (rue du)

Parfois, de quelque vieil hôtel de la rue du Pas-de-la-Mule, de la rue Geoffroy-l'Asnier ou de la rue Barbette, sort un vieil aristocrate rabougri, sorte de capitaine Fracasse, décoré de la Légion d'honneur…

— Léon-Paul Fargue, *Le Piéton de Paris*, 1939

Au 3, la Fosse aux lions

Ce célèbre cabaret des années 1640, rendez-vous des poètes, était situé à l'emplacement du n° 3. Fréquenté notamment par Tallemant des Réaux, Saint-Amant ou Voiture, il était tenu par « la Coiffier », dont reste un quatrain à l'auteur non identifié : « Sus ! Allons chez la Coiffier / Ou bien au Petit Maure / Je vous veux tous défier / De m'enivrer encore. »

PAVÉE (rue)

Mais chaque jeudi de quinzaine venaient surtout dîner rue Pavée, ceux que j'appelais « les géants », c'est-à-dire Flaubert, Edmond de Goncourt, Tourgueniew et Zola…

— Léon Daudet, *Quand vivait mon père*, 1940

Au 6, Marguerite Yourcenar

Lorsqu'elle est à Paris, l'académicienne délaisse parfois l'hôtel pour venir rue Pavée, hébergée par un ami, Jerry Wilson. Elle allait alors boire son thé au Loir dans la théière, endroit à la mode créé par Gilles Moinot, l'auteur de *Terres brûlées* (1991), situé à deux pas, rue des Rosiers.

Au 24, Alphonse Daudet

Quelques semaines après la publication des premiers épisodes, en novembre 1866, du *Petit Chose* dans *Le Petit Moniteur universel*, Alphonse Daudet s'installe dans un appartement de l'hôtel Lamoignon, rue Pavée. Avec sa femme Julia, durant neuf ans, il loge dans un des pavillons qui encadrent le bâtiment principal, ancien hôtel d'Angoulême (actuellement Bibliothèque historique de la ville de Paris). Il y terminera les *Lettres de mon moulin*, *Tartarin de Tarascon*, *Les Contes du lundi*[32] et son fils, Léon Daudet (1867-1942), naîtra à cette adresse.

PAYENNE (rue)

Le fantôme s'était arrêté sur le seuil de l'aile droite. On ne l'apercevait plus… La clé de la porte du jardin donnant sur la rue Payenne y manquait.

— Paul Féval, *Les Amours de Paris*, 1845

Au 11, André Pieyre de Mandiargues à l'hôtel de Marle

En 1935, quittant le boulevard Saint-Germain, Mandiargues installe Léonor Fini dans l'un des deux appartements qu'il acquiert dans l'hôtel de Marle et loge dans l'autre. De la fenêtre de son bureau, il jouit d'une vue unique sur le petit jardin du musée Carnavalet. D'une timidité maladive, il ne publiera (à compte d'auteur) son premier recueil (*Dans les années sordides*) qu'en 1943, ouvrage réédité en 1948 par Gallimard. Onirisme et érotisme caractérisent une écriture précieuse et trop singulière pour s'insérer totalement dans le courant surréaliste. La liaison avec Léonor Fini se terminera en 1951, à la suite du mariage de Mandiargues avec Bona Tibertelli De Pisis, nièce de leur ami commun le peintre Filippo De Pisis.

Rue Payenne, Mandiargues connaîtra la renommée littéraire avec *La Motocyclette* (1963) et *La Marge*, prix Goncourt 1967. Fin 1968, il achètera un appartement rue de Sévigné (au 36) et s'y installera l'année suivante.

PETIT-MUSC (rue du)

La rue du Petit-Musc était silencieuse et déserte, comme d'habitude.

— Paul Féval, *Le Cavalier Fortune*, 1869

Au 35, la boulangère de Victor Hugo

Au 35, rue du Petit-Musc se tenait l'auberge de la Herse d'Or où Victor Hugo, ce « colosse libidineux[33] », entraînait la jolie boulangère tenant boutique au coin de la Cerisaie. La rue s'appelait autrefois rue de la Pute-y-Musse[34], ce qui lui fit écrire, dans *Les Misérables*, que cette rue (et sa boulangère) fit « ce qu'elle a pu pour changer en bonne odeur sa mauvaise renommée ».

PICARDIE (rue de)

Il cherchait où quelque chose de nouveau allait se produire. Rien à espérer par la rue de Picardie, la rue Charlot, évidemment…

— André Stil, *Pignon sur ciel*, 1966

Au 18, Anaïs Ségalas

Sainte-Beuve la qualifia de « poète des mères, des enfants et de la famille » et ses poèmes servirent longtemps comme modèles de comportement pour tout bon catholique. Elle fut également dramaturge à succès, après la représentation (en 1847) de sa première pièce *La Loge de l'opéra*, suivie du *Trembleur*, des *Deux Amoureux de la grand'mère* puis, en 1852, des *Absents ont raison*.

Dans *Le Journal pour rire* de mai 1852, on peut lire : « Madame Ségalas joint à une rare finesse d'observation toute la grâce de l'esprit féminin et son style plein de simplicité et de bon goût ne manque pas d'une certaine élégance. » En 1917, l'Académie française créera le prix de littérature et de philosophie Anaïs-Ségalas, récompensant « l'œuvre d'une femme de talent ».

QUINCAMPOIX (rue)

Qu'est-ce que la rumeur de New York du haut d'un trentième étage comparée aux hasards discordants d'une cour de la rue Quincampoix ?

— Paul Morand, *L'Heure qu'il est*, 1938

Au 54, le bossu de la rue Quincampoix

Au 54 se trouvait le cabaret de L'Épée de Bois[35] décrit dans *Le Bossu*, roman qui paraît en feuilleton dans *Le Siècle* en 1857 et qui évoque l'aventure de Law :

« As-tu ouï parler du bossu de la rue Quincampoix ?
— Celui qui prête sa bosse aux endosseurs d'actions.
— Il ne la prête pas, il la loue, et depuis deux ans il a gagné, dit-on, quinze cent mille livres.
— Pas possible ! s'écria le Gascon en éclatant de rire.
— Tellement possible qu'il va épouser une comtesse.
— Quinze cent mille livres ! répétait Cocardasse ; une simple bosse ! ventrediéou ! »

RIVOLI (rue de)

La rue de Rivoli est également présente dans le 1er arrondissement.

Des Esseintes considéra les arcades de la rue de Rivoli, noyées dans l'ombre et submergées par l'eau, et il lui sembla qu'il se tenait dans le morne tunnel creusé sous la Tamise.

— Joris-Karl Huysmans, *À rebours*, 1884

Au 9, Robert Desnos dans sa chambre de bonne

En 1922, Desnos s'installe dans la chambre de bonne de ses parents, au sixième étage. Employé au Cercle de la librairie, boulevard Saint-Germain, il est chargé des expéditions, puis est engagé à la librairie Baillière. Ne rêvant que de poésie, il rejoint le groupe Littérature[36] et inaugure les expériences de sommeil hypnotique chères à Breton dans lesquelles il fait merveille. (Parfois trop, on a pu suspecter le père des *Quatre sans cou* de simuler, le « rêveur éveillé » le plus étonnant dans ce domaine étant plutôt René Crevel.) De ces exercices bretonnesques naîtront entre 1922 et 1923 les cent cinquante aphorismes de *Rrose Sélavy*. Aphorisme no 13 : « Rrose Sélavy connaît bien le marchand du sel » (c'est-à-dire Marcel Duchamp). Ce travail sur le langage est complété par *L'Aumonyme* et *Langage cuit*, recueils qui seront regroupés dans *Corps et Biens*, ouvrage paru en 1930.

Au 14, les affres d'Eugène Ionesco

Ionesco et sa femme s'installent rue de Rivoli en 1960, ils y resteront quatre ans. Même si l'auteur de *Rhinocéros* – grand succès monté par Barrault – est depuis des années un auteur reconnu, dramaturge phare de la modernité, ce n'est pas vraiment la joie dans le ménage. Ionesco est alcoolique et ne songe qu'au suicide, demandant des conseils à son ami Cioran, expert en idées noires. Et de se lamenter : « J'aurais dû rester un petit fonctionnaire modeste, ne s'occupant que de sa femme et de sa fille, j'aurais été infiniment plus heureux. » Les droits que lui verse Gallimard vont le réconforter, il va changer d'appartement et s'installer à Montparnasse.

Au 28, Joseph Kessel va bientôt s'engager dans l'armée

Après une enfance niçoise, « Jeff » rejoint en 1914 la maison paternelle du Dr Samuel Kessel, rue de Rivoli. Fin 1916, à 18 ans, il s'engage dans l'armée, découvre les débuts de l'aviation de guerre en tant qu'observateur. À 21 ans, toujours militaire, il fait le tour du monde et commence une carrière de reporter-romancier qui le mènera à l'Académie française (1962) et à une entrée dans la prestigieuse « Pléiade » en 2020.

Au 39, l'amour fou de Breton pour la tour Saint-Jacques

Avec ses soixante-deux mètres de hauteur – environ trois cents marches –, la tour offre une vue imprenable, à trois cent soixante degrés sur la capitale, comme le constata Blaise Pascal venu répéter ses expériences du puy de Dôme sur la pesanteur[37]. André Breton adorait cette tour « pareille à un tournesol » qu'il considérait comme « le plus grand monument du monde à l'irrévélé ». Il l'évoque notamment dans *L'Amour fou* (1937) : « J'étais de nouveau près de vous, ma belle vagabonde, et vous me montriez en passant la tour Saint-Jacques sous son voile pâle d'échafaudages [...]. Vous aviez beau savoir que j'aimais cette tour, je revois encore à ce moment toute une existence violente s'organiser autour d'elle pour nous comprendre, pour contenir l'éperdu dans son galop nuageux autour de nous. »

ROI-DE-SICILE
(rue du)

La rue du Roi-de-Sicile, ce nom pour crimes balzaciens, se poursuit et glisse vers un horizon de tristesse.
— Léon-Paul Fargue, *Le Piéton de Paris*, 1939

Au 7, le racisme de Maigret

Selon *Les Mémoires de Maigret*, publiés en 1951, c'est rue du Roi-de-Sicile que le bougon commissaire effectue sa première arrestation. L'ouvrage est atypique puisque Maigret en est le narrateur et Simenon… un personnage. Dans *Pietr-le-Letton*, la rue du Roi-de-Sicile permet à Simenon d'exposer ses conceptions légèrement antisémites : « Une famille juive mangeait… on souleva un carreau du guichet, une odeur rance s'échappa… le juif avait une calotte noire sur la tête… […] Chaque race a son odeur que détestent les autres races… de sourds relents… l'hôtel du Roi de Sicile en était imprégné… »

SAINT-ANTOINE (rue)

Quand nous habitions rue Saint-Antoine,
après ta tournée au bistrot du dimanche matin,
tu m'achetais ces bonbons chez un marchand de journaux.
Je les attendais avec une impatience démesurée.

— Clémentine Autain, *Dites-lui que je l'aime*, 2019

Au 62, Voltaire se fait rosser

En 1726, le jeune Voltaire dîne à l'hôtel de Sully chez le chevalier de Rohan-Chabot et se permet un mot d'esprit aux dépens de son hôte. Une demi-heure plus tard, il se voit remettre un billet indiquant qu'on l'attend en bas pour une affaire urgente. L'affaire s'avère être une volée de coups de bâton, administrée par trois laquais du chevalier. Rohan-Chabot, assistant à la scène, aurait déclaré : « Ne frappez pas sur la tête, il peut encore en sortir quelque chose de bon. »

SAINT-LOUIS-EN-L'ÎLE (rue)

Dans les mythes de la création du monde, les dragons apparaissent comme des êtres violents que les Dieux doivent affronter rue Saint-Louis-en-l'Île, Paris 4e.

— Christian Gatard, *Le Peuple des têtes coupées*, 2005

Au 2, Voltaire à l'hôtel Lambert

En 1732, l'hôtel est acheté par le fermier général Claude Dupin. Mme Dupin y tient un salon littéraire fréquenté notamment par Voltaire, Fontenelle, Marivaux, Montesquieu et Rousseau, auquel Dupin avait confié l'éducation de ses enfants. L'hôtel est ensuite acheté par le marquis du Châtelet dont la femme, Émilie du Châtelet, aura pendant plus de quinze ans une liaison avec Voltaire. « C'était alors le rendez-vous de tous les beaux esprits : Madame du Châtelet y trônait, Voltaire y habitait et l'hôtel Lambert rayonnait sur Paris ébloui » (Georges Cain, *Coins de Paris*). Voltaire, qui aurait résidé dans un cabinet décoré par Le Sueur, qualifiait l'hôtel Lambert de « maison faite pour un souverain qui serait philosophe ».

La vue et l'emplacement peuvent faire rêver mais Gide, dans son *Journal*, écrit que le 3 voisin est l'endroit qu'il aurait le mieux aimé habiter.

Au 11, la fin de Marcel Schwob

Marcel Schwob et sa femme – Marguerite Moreno – s'installent rue Saint-Louis-en-l'Île fin 1902. Depuis dix ans, ce journaliste-critique très redouté dirige le supplément littéraire de *L'Écho de Paris*, au sein duquel il a introduit Alfred Jarry en 1894 – *Ubu roi*, en 1896, lui est d'ailleurs dédicacé. Figure centrale du monde littéraire, phénoménal érudit, auteur d'une œuvre de fiction remarquée (*Cœur double*, *Le Roi au masque d'or*, *Mimes*, *Le Livre de Monelle*, *Vies imaginaires*, *La Croisade des enfants*), il rédige également de petits contes flirtant avec le poème en prose, procédé dont s'inspirera Gide dans *Les Nourritures terrestres* mais également Faulkner et Borges. Il décède dans son appartement en 1905, à l'âge de 37 ans.

Au 66, Roland Dorgelès et Jules Verne

Dans les années 1890, la famille Lecavelé réside dans l'île Saint-Louis et le petit Roland, futur Dorgelès, se rend souvent à Amiens, où il est né, rejoindre son grand-père. Il a environ 10 ans lorsqu'il rencontre Jules Verne et lui reproche d'avoir tué le capitaine Némo à la fin de *Vingt Mille Lieues sous les mers*, signant ainsi sa première manifestation de critique littéraire.

Au 70, Drieu la Rochelle

En septembre 1927, Drieu a épousé Olesia Sienkiewicz et le couple s'installe dans l'île Saint-Louis dans un grand deux-pièces haut de plafond et dépourvu de confort, conforme au « coûteusement vide » qu'il affectionnait. Berl fera remarquer que Drieu « avait toujours habité des appartements qui ne permettent pas de supposer qu'il ait jamais sérieusement souhaité avoir des enfants[38] ». Drieu a 35 ans, il vient de publier *L'Homme couvert de femmes*, dans lequel Gilles – son double – expose ses déboires sexuels et sentimentaux. « L'homme que l'on disait couvert de femmes, écrit Pierre Assouline, était hanté par l'impuissance, le contact charnel, la souillure féminine, les dangers des débordements sensuels, les caresses, la fellation et une homosexualité difficilement refoulée. » Drieu vient de terminer un second roman, *Blèche*, tapé à la machine par sa jeune épouse et qui paraît en 1928. Blaquans, l'autre double de Drieu, n'y est pas épargné : il y est décrit comme « égoïste, cynique et misogyne. Il est incapable de sortir de lui-même ou de comprendre l'autre[39] ». *Blèche* n'aura aucun succès.

Au 84, Marcel Bisiaux

Écrivain, homme de revue (fondateur de la revue *84*[40]), journaliste, il publia de nombreux romans. Avec Catherine Jajolet, il signe *40 écrivains parlent de la mort*, ouvrage qui paraîtra… après sa mort, en mai 1990. Répondant à une sollicitation de Jérôme Garcin pour s'auto-interviewer dans le *Dictionnaire des écrivains contemporains de langue française par eux-mêmes*, l'écrivain déclara qu'il « accepterait d'être incinéré à condition d'être préalablement mis en croûte et qu'un parfum de cuisson, s'échappant du crématorium, enveloppât les assistants ». Son ouvrage *Mécontes* reçut le Grand Prix de l'humour noir 1985.

SAINT-MARTIN
(rue)

La rue Saint-Martin est également présente dans le 3ᵉ arrondissement.

Au coin des rues Saint-Martin et de la Verrerie / Une plume flottait au ras du trottoir / Avec de vieux papiers chassés par le vent / Un chant d'oiseau s'éleva square des Innocents...

— Robert Desnos, *Les Portes battantes*, 1936

L'agence d'Eugène Tarpon

« Le grand reproche qu'on peut faire au polar français, c'est qu'il n'est pas américain », déclarait Jean-Patrick Manchette. Fort de cet axiome, il s'engagea sur les traces du « *hard-boiled* » d'outre-Atlantique et, après *Morgue pleine*, publia *Que d'os !* (1976), roman dans lequel on retrouve l'ancien gendarme Eugène Tarpon. Est-ce rue Saint-Martin ? Possible. Au 1 ? Pourquoi pas ? Le détective occupe un appartement qui lui sert de bureau : antichambre comportant un canapé transformé en lit pour la nuit, bureau, petite cuisine, W.-C. sur le palier. Initiateur du « néo-polar », en rupture radicale avec le roman policier des années 1950-1960 du type Simonin ou José Giovanni, Manchette fit entrer la politique et le sociétal dans la « Série noire », remplaçant la violence du milieu par celle des rapports sociaux.

Au 11, l'enfance de Robert Desnos

La famille Desnos quitte le boulevard Richard-Lenoir vers 1908 et s'installe rue Saint-Martin. Rêveur et indiscipliné, privilégiant la lecture de *Fantômas* à celle de Racine, le jeune Robert va quitter rapidement l'école et devenir employé à 17 ans dans une droguerie de la rue Pavée. Il restera toujours proche de cette rue de son enfance, sauf dans les « Couplets de la rue Saint-Martin » (*État de veille*, 1943), dans lesquels il évoque son ami André Platard, disparu un matin, et exécuté par les nazis : « Je n'aime plus la rue Saint-Martin / Depuis qu'André Platard l'a quittée. / Je n'aime plus la rue Saint-Martin, / Je n'aime rien, pas même le vin. / Je n'aime plus la rue Saint-Martin / Depuis qu'André Platard l'a quittée. / C'est mon ami, c'est mon copain. / Nous partagions la chambre et le pain. / Je n'aime plus la rue Saint-Martin... »

Au 16, le poète Albert Samain

À partir de 1886 et jusqu'à sa mort, en 1900, Albert Samain réside rue Saint-Martin avec sa mère, dans un petit appartement. André Billy évoque son aspect quelque peu guindé de bon fonctionnaire, le rat qu'il élevait dans un carton vert de son bureau de la préfecture. Samain fut l'un des fondateurs du *Mercure de France* et se fit connaître comme poète en 1893 par son recueil *Au jardin de l'infante.*

« Albert Samain, écrit François Coppée, est un poète d'automne et de crépuscule, un poète de douces et morbides langueurs, de noble tristesse. » Poète du symbolisme avec Régnier et Moréas, poète de l'instant fugitif, il se rapproche de Verlaine et parfois de Baudelaire : « Il est d'étranges soirs, où les fleurs ont une âme… » Son recueil posthume, *Le Chariot d'or*, consacrera pour quelques années un style travaillé et délicat, avant que le temps en estompe les nuances pastel.

Au 81, Chapelain se fait siffler

Il était né en 1595, habitait à la hauteur du n° 81, avait fort peu publié mais jouissait d'une haute considération du fait de ses connaissances littéraires et de son appartenance, dès 1634, à ce qui sera la toute nouvelle Académie française. Il faisait souvent allusion à son chef-d'œuvre en préparation et l'on attendait patiemment la merveille qui ne manquerait pas de parachever sa gloire. Quand parut enfin (après vingt ans d'efforts !) *La Pucelle ou la France délivrée*, ce fut la consternation et Boileau ne se priva pas d'ironiser : « Chapelain veut rimer, et c'est là sa folie. / Mais bien que ses durs vers, d'épithètes enflés, / Soient des moindres grimauds chez Ménage sifflés, / Lui-même il s'applaudit, et, d'un esprit tranquille, / Prend le pas au Parnasse au-dessus de Virgile. »

S'il versifiait faux, Chapelain administrait juste : il conçut le plan du fameux *Dictionnaire*, en institua la méthode de travail et, avec Vaugelas et Guez de Balzac, anima sans relâche la toute nouvelle Académie française.

Au 135, Valentin Conrart

Les origines de l'Académie française peuvent être situées au 135 de la rue Saint-Martin, où Valentin Conrart, qui sera le premier secrétaire de l'institution, recevait chez lui (et secrètement) au début des années 1630 une dizaine d'hommes de lettres – dont Chapelain, qui logeait à une centaine de mètres – formant ce qu'on appelait le « cercle Conrart ». Par la volonté de Richelieu, ce cercle formera le noyau de l'Académie française qui voit officiellement le jour le 29 janvier 1635.

SÉVIGNÉ (rue de)

« J'oubliais de vous dire, Sophie, que la concierge de la rue de Sévigné m'a dit que le Solex d'Octave était resté dans son réduit, au fond de la cour. »

— Frédéric Vitoux, *Les Désengagés*, 2015

Au 11, *La Mère coupable* de Beaumarchais

Construit aux frais de Beaumarchais en 1790 avec des pierres de la Bastille, l'Athénée des étrangers fut le troisième théâtre du Marais. En 1792, on y représenta *L'Autre Tartuffe ou la Mère coupable*, troisième pièce de la trilogie de *Figaro*, au bénéfice, disait l'affiche, « du premier soldat qui enverra au citoyen Beaumarchais l'oreille d'un Autrichien[41] ».

La critique sera mitigée : « … des redites continuelles, des sorties non motivées, des longueurs, des déclamations, des épisodes qui ne sortent point du fond du sujet, en obstruent à chaque instant la marche[42]… »

SULLY (rue de)

Peu de choses surprennent la perception du promeneur, l'exaltent et le troublent comme l'odeur du crottin dans la rue de Sully, entre la bibliothèque de l'Arsenal et la muraille de la Garde républicaine.

— Maël Renouard, *Éloge de Paris*, 2019

Au 3, Charles Nodier et sa fille

Après le 1, rue Choiseul puis le 63, boulevard Beaumarchais (à l'angle de la rue Saint-Gilles), Nodier s'installe en 1825 dans son appartement de fonction de la bibliothèque de l'Arsenal. Il a 45 ans, il a publié *Jean Sbogar* (1818), *Smarra* (1821) et *Trilby* (1822), mais n'a pas encore écrit les contes qui assureront sa survie littéraire. Au salon dominical de l'Arsenal, on retrouve Hugo, Sainte-Beuve, Dumas, Vigny, et un Alfred de Musset particulièrement sensible à la beauté de Marie Nodier, la fille du maître de maison, la muse du salon : « Le dimanche / Nous rendions parfois matinal / L'Arsenal. / La tête coquette et fleurie / De Marie / Brillait comme un bluet mêlé / Dans le blé[43]. »

Poète, romancier, bibliophile, grammairien (et académicien en 1833), Charles Nodier sera un des précurseurs du romantisme, du conte fantastique, et l'auteur d'un *Questions de littérature légale. Du plagiat, de la supposition d'auteurs, des supercheries qui ont rapport aux livres* (1828), ouvrage dans lequel il traite du plagiat, du vol littéraire et définit toutes les sortes d'écritures « qui ne relèvent pas de l'invention nouvelle ». Nodier est par ailleurs l'auteur d'un *Paris historique. Promenade dans les rues de Paris*, paru en 1838.

Au 3, Catulle Mendès

Ce fut, dans un petit pavillon, le dernier domicile parisien de Catulle Mendès, où l'on transporta son corps en février 1909 après sa chute du train et sa mort dans le tunnel de Saint-Germain-en-Laye.

Critique, poète, conteur, dramaturge, romancier, admiré ou méprisé pour sa grande habileté à passer d'une tendance littéraire à une autre, il fut un acteur majeur et chef d'orchestre de la vie littéraire entre 1880 et la fin du siècle.

En 1900, lors d'un dîner chez des amis rue de Saint-Pétersbourg, alors que l'on commentait la mort par phtisie d'Albert Samain, il avait déclaré : « Quand je pense à ma mort, j'ai dans les yeux comme une vision d'horreur et il me semble que je disparaîtrai dans une catastrophe, un incendie de théâtre, un accident de chemin de fer. »

TEMPLE (rue du)

Richard m'avait donné rendez-vous au Raid, rue du Temple, un bar gay qui avait été le premier à copier les bars new-yorkais.

— Joseph Macé-Scaron, *Ticket d'entrée*, 2011

Au 17, la pipelette d'Eugène Sue

Dans *Les Mystères de Paris*, feuilleton puis roman-fleuve s'apparentant au roman social et dont Paris constitue le personnage principal, Rodolphe de Gerolstein, grand-duc (et justicier), occupe occasionnellement au n° 17 une maison gardée par des concierges très bavards, M. et Mme Pipelet, couple dont les propos, en 1842-1843, font rire tout Paris et dont le nom passera à la postérité.

Pourquoi les concierges ont-ils si souvent été traînés dans la boue ? En 1881, un journal dénommé *L'Anti-concierge*, fondé par Sapeck et Jules Jouy, se charge de la besogne en publiant un dessin sous-titré : « Essuyez vos pieds, S.V.P., quand ils sont bien sales, sur la tête de votre concierge. »

La concierge, fort occupée, ne déteste pas se glisser dans un roman quand elle a le temps : *Échec à la concierge*, d'André de Richaud, *L'Élégance du hérisson*, de Muriel Barbery, *La Fille du concierge*, de Micheline Tremblay…

Au 43, *La Quinzaine* de Maurice Nadeau

Le 15 mars 1966 parut le premier numéro de *La Quinzaine littéraire*, revue austère de trente-deux pages à couverture orange créée par Maurice Nadeau et François Erval. Après avoir été domiciliée rue de Nesle dans quelques mètres carrés prêtés par le Club du livre, *La Quinzaine* s'installe pour de longues années au dernier étage d'un vieil immeuble de la rue du Temple. « Avec François Erval, écrivit Maurice Nadeau, on considérait que tous les journaux littéraires étaient à la solde des éditeurs. On s'est dit – quelle prétention ! –, on va faire un journal littéraire pour les auteurs. […] Ne dépendre de personne, ni des puissants ni des amis, pas davantage de partis ou de coteries. Qu'aucune des lignes publiées dans notre journal ne soit suspectée[44]. »

Les compagnons de route auront de beaux noms – Samuel Beckett, Henri Michaux, Michel Foucault, Marguerite Duras…

Selon Thierry Paquot, un bon éditeur serait celui qui piocherait dans les sommaires des revues pour y découvrir la perle rare. Nul doute que l'on piocha à foison dans ceux de *La Quinzaine* jusqu'à la mort de Nadeau, en 2013, à l'âge de 102 ans. Nadeau qui déclarait, à propos de son âge : « C'est quand même curieux de mourir à petit feu. »

Au 79, Molière et ses trois Tartuffe

En 1664, Henri de Montmort, premier titulaire du fauteuil 40 de l'Académie française, reçoit Molière dans son hôtel pour une lecture de son *Tartuffe*, cette « comédie morale » qui vient de subir la censure royale pour anticléricalisme. Molière devra remanier le texte et une seconde version sera jouée en 1667, sous le titre *L'Imposteur*. Elle ne tiendra qu'une seule représentation et il faudra attendre une troisième version, jouée en 1669, pour que la pièce soit enfin acceptée (et fasse un triomphe).

THORIGNY (rue de)

Rue de Thorigny, tout était paix et silence.
Cette apathie, propre au Marais, contrastait
avec la vaste rumeur environnante.
— Victor Hugo, *Les Misérables*, 1862

Au 8, les premières lettres de Mme de Sévigné

Dans un hôtel aujourd'hui disparu, Mme de Sévigné, en 1669, a marié sa fille avec le comte de Grignan. Le jeune couple réside chez elle lorsque, en automne, le gendre est nommé lieutenant général du Languedoc. La fille doit donc quitter le giron maternel et une correspondance va s'engager entre les deux femmes. Les premières lettres écrites rue de Thorigny (en février 1671) témoignent de la douleur et du ressentiment de Mme de Sévigné devant cette séparation. Mais, très vite, la marquise va se ressaisir et s'attacher à divertir sa fille, en lui donnant des nouvelles de la cour, correspondance alimentée par les potins recueillis chez ses cousins Coulanges ou chez Mme de Lavardin, dite Mme de Bavardin, spécialiste ès commérages.

TOURNELLES (rue des)

*Mon oncle, le chevalier de *** habitait une*
petite maison donnant d'un côté sur la triste
rue des Tournelles et de l'autre sur le triste
boulevard Saint-Antoine.
— Théophile Gautier, *Omphale*, 1834

Au 36, Anne de Lenclos dite Ninon de Lenclos

« La beauté sans grâce est un hameçon sans appâts », déclara-t-elle. Celle que Walpole surnomma « Notre-Dame des amours » fut une courtisane cultivée et indépendante, épistolière et femme de lettres, une « influenceuse » qui accueillit avec esprit, à partir de 1657 et sur plusieurs décennies, François de La Rochefoucauld, Jean-Baptiste Lully, Jean de La Fontaine, Philippe d'Orléans ou le duc de Saint-Simon… C'est dans son salon qu'eut lieu la première lecture de *Tartuffe*. Et, athée assumée, Ninon de Lenclos y apporta, à la demande de Molière, quelques corrections. Les nombreux amants qui se pressaient à ses « cinq à neuf » étaient divisés en trois catégories : les payeurs, les martyrs, et les favoris. Dans son salon de l'hôtel de Sagonne, hôtel de trois étages sans luxe ostentatoire, elle recevra jusqu'à 1705, année de sa mort à l'âge de 85 ans. « Une femme qui a les qualités d'un honnête homme est ce qu'il y a au monde de plus délicieux », dit d'elle La Bruyère. Et le jeune Voltaire, auquel elle offrit une coquette somme pour qu'il achète des livres, ajouta plus tard : « Mon Dieu, faites de moi un honnête homme et n'en faites jamais une honnête femme. »

Au 43, Jean-Philippe Toussaint

« J'ai écrit, peut-on lire sur son blog, la première phrase de mon premier livre dans ma chambre de la rue des Tournelles, dos à la porte, en face du mur. [...] La décision que j'ai prise ce jour-là était plutôt inattendue pour moi. J'avais vingt ans (ou vingt et un ans, peu importe, je n'ai jamais été à un an près dans la vie), et je n'avais jamais pensé auparavant que j'écrirais un jour. »

Il écrivit une vingtaine de livres aux Éditions de Minuit, dont un prix Médicis en 2005 pour *Fuir* et un prix Décembre en 2009 pour *La Vérité sur Marie*.

Il fut champion du monde junior de Scrabble, joueur d'échecs, et se rappelle avoir proposé à Samuel Beckett une partie par correspondance. « E4 », envoya-t-il. « Les noirs abandonnent », répondit Beckett par retour du courrier.

Au 47, Raoul Stéphan

L'écrivain nîmois, essayiste et poète, y résida de 1936 à sa mort, en 1965. Il produisit quelques romans ayant pour cadre les Cévennes, comme *Monestié le Huguenot* (prix Montyon, 1927), et des essais dans son domaine de prédilection : le protestantisme.

URSINS (rue des)

La rue des Ursins, en la Cité, n'a pas toujours ressemblé à une cave.

— Amédée de Bast, *Les Galeries du palais de justice de Paris*, 1851

Au 7, Racine

Selon Rochegude, entre 1673 et 1676, Jean Racine habite au deuxième étage de l'hôtel des Ursins, hôtel donnant également sur le 16, rue Chanoinesse. En 1669, au sommet de sa renommée, le dramaturge a fait jouer *Britannicus*, suivi de *Bérénice* en 1670 et de *Bajazet* en 1672. L'année suivante, il est reçu à l'Académie française, alors qu'est représenté *Mithridate*. Rue des Ursins, il écrit *Iphigénie*. Il prépare également *Phèdre*, pièce qui sera jouée en 1677 et fera l'objet d'une cabale pour immoralité, ce qui le conduira à abandonner le théâtre pendant douze ans.

VERRERIE (rue de la)

Au carrefour de la rue de la Verrerie et de la rue des Archives, il retrouve sa Dauphine poussiéreuse, qu'il avait garée là vers deux heures du matin. La voiture est vide : le chien noir qu'il croyait encore endormi sur la banquette a disparu.
— Alain Jouffroy, *Un rêve plus long que la nuit*, 1963

Au 67, les débuts de Labiche

Labiche naît rue de la Verrerie en 1815 et, vingt ans plus tard, s'associe avec deux camarades – Auguste Lefranc et Marc-Michel – pour créer des pièces de théâtre sous le pseudonyme commun de Paul Dandré. Est-ce le cousinage d'Auguste Lefranc avec l'illustre Scribe qui leur ouvre les portes ? Leurs pièces sont aussitôt acceptées et Labiche relatera plus tard : « Je suis vraiment honteux de la simplicité de mon début. [...] Je n'ai eu qu'à tirer le cordon pour entrer. »

Il signera deux cents pièces, s'attirant cette remarque de son père : « Vois-tu, Eugène, tes pièces sont gentilles, mais il te manque quelque chose : tu n'as pas la petite larme[45]. »

Labiche n'écrira qu'un unique roman, *La Clef des champs*, publié en 1839. Mécontent de son texte, lorsque son éditeur[46] fermera définitivement, il achètera les exemplaires restants et s'opposera ensuite à toute réimpression. « Pourquoi, après ce roman, délaissé pour la scène, et qui est fort joli, M. Labiche ne revint-il plus au livre ? se demande Jules Claretie. Je l'ignore. Il annonçait pourtant alors comme sous presse trois autres romans, à la fois *Si Jeunesse savait*, *Le Curé de Pomponne* et *Les Aventures d'Alcibiade, premier cabotin de France*. Tout cela est resté dans les limbes et rentre, comme la *Quiquengrogne* de Victor Hugo[47] et *Le Maréchal-ferrant* de Dumas[48], dans la catégorie des livres qui ne seront jamais écrits[49]. »

VIEILLE-DU-TEMPLE (rue)

La rue Vieille-du-Temple est également présente dans le 3e arrondissement.

« N'est-ce pas l'homme de loi, dit-elle, qui a tiré la mercière de la rue Vieille-du-Temple, madame Florimond, de la mauvaise passe où elle était, rapport à cet héritage de son bon ami ? »
— Honoré de Balzac, *Le Cousin Pons*, 1847

Au 47, Beaumarchais sur tous les fronts

C'est en 1776, dans l'hôtel des Ambassadeurs de Hollande (que loue Bcaumarchais), qu'cst ćcrit pour par tie *Le Mariage de Figaro*. La pièce ne sera jouée que cinq ans plus tard. Beaumarchais s'active : dès la mort de Voltaire, il lance l'édition de ses œuvres complètes, écrit *Tarare*, livret d'opéra se moquant du despotisme oriental, et, grâce au financement du roi d'Espagne et du ministre Vergennes, crée la société de commerce Roderigue Hortalez, afin d'armer les « insurgents » américains contre les Anglais. L'année suivante, en 1777, après avoir refusé d'être payé au forfait par la Comédie-Française pour *Le Barbier de Séville*, il fonde une autre société, la société des auteurs dramatiques, future SACD, qui reconnaît aux auteurs le droit de propriété littéraire. Il restera rue Vieille-du-Temple jusqu'en 1787, date à laquelle il s'installe place de la Bastille.

VOSGES (place des)

De nos jours, la place des Vosges n'est plus que le refuge des cartomanciennes, des petits armuriers, des usuriers et des avoués.

— Léon-Paul Fargue, *Le Piéton de Paris*, 1939

Au 1 bis, Mme de Sévigné

Mme de Sévigné, née Marie de Rabutin-Chantal, naît place des Vosges en 1626 dans l'hôtel de Coulanges. Son père meurt l'année suivante au siège de La Rochelle, sa mère décède six ans plus tard. La petite orpheline vivra place des Vosges avec ses grands-parents jusqu'en 1636, date de la mort de son grand-père. Elle est alors confiée à l'aîné de ses oncles maternels, Philippe II de Coulanges, et est élevée par un autre de ses oncles, l'abbé de Coulanges, qu'elle appellera plus tard le « Bien Bon ». C'est probablement dans l'immense bibliothèque de son grand-oncle maternel qu'elle acquerra le goût des lettres et se prendra de passion pour Corneille, comme elle l'écrira plus tard : « Je suis folle de Corneille… Ma fille, gardons-nous bien de lui comparer Racine… Corneille, lui, vient de Rouen, la fleur des bonnes villes, et n'a nul besoin de se coucher au pied du lit du Roi pour lui lire des pièces pendant ses insomnies. »

Au 6, Victor Hugo dans ses deux cent quatre-vingts mètres carrés

Quittant la rue Jean-Goujon, la famille Hugo s'installe place Royale (aujourd'hui place des Vosges) en octobre 1832 dans un vaste appartement de deux cent quatre-vingts mètres carrés au deuxième étage de l'hôtel de Rohan-Guémené qu'elle occupera jusqu'en 1848.

L'emménagement est un calvaire et Hugo écrit à une amie : « Il faut que vous me plaigniez […] d'être depuis huit jours dans l'exécrable tohu-bohu d'un déménagement, fait à l'aide de ces machines prétendues commodes qui ont aidé tant de pauvres diables à déménager en masse et pour leur dernier logis à l'époque du choléra. Voilà huit jours que je suis dans le chaos, que je cloue et que je martèle ; que je suis fait comme un voleur. C'est abominable. »

L'auteur d'*Hernani* (1830) et de *Notre-Dame de Paris* (1831) a onze personnes à charge plus sa nouvelle maîtresse, Juliette Drouet, qu'il loge à deux pas. Dans son cabinet de travail, il écrira notamment *Lucrèce Borgia*, *Les Burgraves*, *Ruy Blas*, *Marie Tudor*, *Les Chants du crépuscule*, *Les Voix intérieures*, *Les Rayons et les Ombres*, une grande partie des *Misérables*, le début de *La Légende des siècles* et des *Contemplations*. En 1847, en visite, Charles Dickens évoque un endroit

« absolument extraordinaire, tenant du magasin d'antiquités ou d'accessoires d'un vieux théâtre vaste et sombre ». Arsène Houssaye goûte l'esprit des lieux, mais un peu moins les collations : « Je trouvais que le grand poète était logé comme un prince, mais je fis remarquer à Théophile Gautier qu'on soupait peu chez lui. [...] Il fallait y aller tout esprit en laissant son estomac dans l'antichambre. »

Le 24 juin 1848, les révolutionnaires investissent la place : « Quatorze balles ont frappé ma porte cochère, onze au-dehors, trois en dedans », note-t-il dans son journal. La famille Hugo déménage aussitôt et va s'installer dans la Nouvelle Athènes, rue d'Isly. Le 2 décembre 1851, nouveau soubresaut. « Napoléon le Petit » prend le pouvoir, Hugo doit s'exiler. Il ne rentrera à Paris qu'en 1870.

Au 8, Théophile Gautier

En 1828, la famille Gautier emménage place des Vosges. Le jeune Théophile, à peine 20 ans, est membre du cénacle romantique de la rue Notre-Dame-des-Champs, chez Hugo. En 1830, il parti cipe à la « bataille d'*Hernani* », arborant un gilet rouge vite devenu célèbre, et, place des Vosges, écrit pour les journaux et travaille à son premier grand roman, *Mademoiselle de Maupin*. La famille Hugo rejoint les Gautier place des Vosges en 1832, s'installant dans l'appartement mitoyen. Théophile Gautier sera un habitué du 6, et, pendant de longues années, chaque dimanche soir, son couvert sera dressé d'office à la table familiale. À sa mort en 1872, Victor Hugo lui dédiera un long poème : « Ami, poète, esprit, tu fuis notre nuit noire. / Tu sors de nos rumeurs pour entrer dans la gloire ; / Et désormais ton nom rayonne aux purs sommets. / Moi qui t'ai connu jeune et beau, moi qui t'aimais[50]... »

Au 11, Alexis de Tocqueville

À son retour d'Amérique, en 1835, Alexis de Tocqueville rédige le premier tome de son ouvrage *De la démocratie en Amérique*, livre qui connaît un énorme succès. Il se marie, s'installe place des Vosges. Ses adresses ultérieures seront le 12, rue de Bourgogne (1836-1839), le 11, rue de Castellane (1840-1845) et le 30 bis, rue de la Madeleine (aujourd'hui rue de Pasquier) en 1847, où il rédige *L'Ancien Régime et la Révolution*, dont le début paraît en 1856.

Il fut un grand visionnaire, anticipant la guerre de Sécession, la disparition des tribus indiennes et l'émergence de deux superpuissances : « Il y a aujourd'hui sur la terre deux grands peuples qui, partis de points différents, semblent s'avancer vers le même but : ce sont les Russes et les Anglo-Américains. Tous deux ont grandi dans l'obscurité ; et tandis que les regards des hommes étaient occupés ailleurs, ils se sont placés tout à coup au premier rang des nations. »

Au 17, Jacques-Bénigne Bossuet

« L'Aigle de Meaux » s'installe à Paris en 1659 et devient rapidement célèbre pour ses sermons. De 1660 à 1680, c'est l'époque des *Carêmes* et des *Avents* pour lesquels les « belles dames » n'hésitent pas à réserver leur place à Saint-Thomas-du-Louvre, au Val-de-Grâce, à Saint-Germain-en-Laye, à Versailles. Bossuet résida place des Vosges de 1678 à 1682 et y écrivit son *Discours sur l'histoire universelle*. « On fut étonné, écrit Voltaire, de cette force majestueuse avec laquelle il a décrit les mœurs, le gouvernement, l'accroissement et la chute des grands empires, et de ces traits rapides d'une vérité énergique, dont il peint et juge les nations[51]. »

Au 21, Simenon s'embourgeoise

En avril 1924, ses revenus s'améliorant, fort de son premier roman populaire (*Le Roman d'une dactylo*), Simenon quitte l'hôtel Beauséjour de la rue des Dames et, avec Tigy, va s'installer place des Vosges dans l'ancien hôtel du maréchal de Richelieu, un rez-de-chaussée donnant sur une cour intérieure. Tigy décrit « une assez grande pièce qui nous servira de studio, flanquée d'un réduit dont nous ferons encore cuisine et cabinet de toilette. Il n'y a pas d'eau courante – qu'il faut aller chercher dans une petite cour – mais le vieil immeuble a de l'allure et nous sommes ravis ». Simenon, lui, décrit les lieux dans *Un homme comme un autre* : « Nous occupions une vaste pièce, très haute de plafond [qui] servait à peu près de tout. Un divan tenait lieu de lit. Une grande table était à la fois mon bureau et la table de salle à manger. »

C'est ici que Simenon va se transformer, selon les mots de Tigy, en « usine à romans ». Il écrit, elle peint. Ils occuperont bientôt le second étage, disposeront d'un grand salon donnant sur la place et l'écrivain croisera tous les jours, dit-on, un certain Dr Paul Maigret, qui habite l'immeuble.

Au 21, Alphonse Daudet

En 1873, Alphonse Daudet emménage place des Vosges, à quelques mètres du futur appartement de Simenon. Il y résidera jusqu'en 1879, y écrivant *Fromont jeune et Risler aîné* (1874), *Jack* (1876), *Le Nabab* (1877) et *Les Rois en exil* (1879), roman sur la décadence qui atteint un roi des Balkans exilé à Paris : « J'ai écrit *Les Rois* place des Vosges, précise-t-il dans ses *Souvenirs d'un homme de lettres*, au fond d'une grande cour où des touffes d'herbe verte découpaient en carrés les pavés inégaux, dans un petit pavillon envahi d'un reflet de vignes vierges, pan oublié de l'hôtel Richelieu. Dedans, vieilles boiseries Louis XIII, dorures presque éteintes, cinq mètres de plafond : dehors, balcon en fer forgé mangé de rouille à sa base. C'était bien le cadre qu'il fallait à cette histoire mélancolique. »

Daudet quittera la place des Vosges en 1879 et ira s'installer avenue de l'Observatoire, près du jardin du Luxembourg.

Au 24, Jean Follain

Jean Follain quitte la rue Ferdinand-Fabre en 1954 et emménage place des

Vosges. Sa poésie se concentre sur l'instant immobile, sur le banal, sur l'intimisme de l'objet ou du lieu qui peut prendre une dimension galactique : « Dans une quincaillerie de détail en province / des hommes vont choisir des vis et des écrous / et leurs cheveux sont gris et leurs cheveux sont roux / ou roidis ou rebelles. / La large boutique s'emplit d'un air bleuté, / dans son odeur de fer / de jeunes femmes laissent fuir / leur parfum corporel. / Il suffit de toucher verrous et croix de grilles / qu'on vend là virginales / pour sentir le poids du monde inéluctable. / Ainsi la quincaillerie vogue vers l'éternel / et vend à satiété / les grands clous qui fulgurent. »

Jean Follain, l'amoureux de la campagne, décédera en pleine ville en 1971. Près de la place de la Concorde, renversé par une de ces voitures qu'il détestait.

Quelque part dans la rue, Michel Braudeau

« Ce n'était pas encore un quartier mort et embaumé, un mausolée touristique. Aucun ogre déchu de la politique n'y rôdait, plutôt de vieilles marquises ruinées que le fisc et les agents immobiliers persécutaient. » Ainsi commence *Place des Vosges*, récit autobiographique de Michel Braudeau.

L'écrivain y vécut en communauté dans les années 1970, puis seul au troisième étage, dans un deux-pièces dont les fenêtres s'ouvraient sur la place.

Journaliste littéraire, critique de cinéma et grand reporter au *Monde*, directeur de *La Nouvelle Revue française* et conseiller éditorial chez Gallimard, Michel Braudeau est l'auteur d'une trentaine d'ouvrages dont *Place des Vosges* (2017), *Rue de Beaune* (2018), et *La Porte dorée* (2021).

Notes

1. Selon d'autres sources, l'appartement aurait donné sur les communs, au fond de la cour. Selon Jacques Hillairet, un petit appartement au deuxième étage donnant sur le quai, au loyer annuel de trois cent cinquante francs.
2. La conjonction de coordination « car », issue du latin *quare*, fut critiquée au XVIIe siècle par les puristes et faillit disparaître au profit de « pour ce que ». Heureusement, « car » fut sauvé par... Voiture.
3. Selon Frédéric Vitoux, le repas se serait bien passé puisque Céline invita Mauriac et Fernandez à finir la soirée chez lui, rue Lepic.
4. Paru en mai 1958 dans *Les Lettres françaises* sous le titre *Adieu à Francis Carco*.
5. Selon Privat d'Anglemont.
6. Nathalie Mauriac Dyer, « "Le temps, le temps, le temps pur..." Claude Mauriac, du Journal au *Temps immobile* », Institut des textes et des manuscrits modernes, s. d. (http://www.item.ens.fr).
7. Gérard Muteau, « Edgar Morin : "Paris change beaucoup, mais..." », *Le Nouvel Observateur*, 1er mars 2013 (https://bibliobs.nouvelobs.com).
8. Guillaume Apollinaire, *Anecdotiques*, Gallimard, 1955.
9. Louis Aragon, *Aurélien*, Gallimard, 1944.
10. L'immeuble du 1, rue Budé a une autre entrée au 12, quai d'Orléans.
11. En 1961, Serge Gainsbourg s'en inspirera pour écrire *Le Sonnet d'Arvers*.
12. Gérard de Nerval, *Le Rêve et la Vie*, 1855.
13. Lettre adressée le 20 septembre 1907 au journal *L'Intermédiaire des chercheurs et curieux*, selon le site Autour du Père Tanguy.
14. Dans une maison qui sera remplacée par l'Hôtel-Dieu.
15. André Finot, *Les Amis de Flaubert. Maxime du Camp*, 1949.
16. Hélène Seckel, *Max Jacob et Picasso*, Réunion des musées nationaux, 1994.
17. Jean Prasteau, *Les Heures enchantées du Marais*, Perrin, 1974.
18. À l'occasion du centenaire de la naissance de D'Annunzio (2 octobre 1963), célébré par l'Académie française.
19. Jonathan Zribi, Netaniel Cohen, Raphaël Bouaziz, « I L'histoire du Centre Pompidou », Histoire de l'art. Centre Georges Pompidou, 2011 (https://centre-pompidou-hda.pagesperso-orange.fr/grand1.html).
20. Jean Baudrillard, *L'Effet Beaubourg. Implosion et dissuasion*, Éditions Galilée, 1977.
21. Pierre Moinot.
22. Jules Roy, « Mort de l'écrivain René-Louis Doyon », *Le Monde*, 16 novembre 1966.
23. Anagrammes de François Rabelais.
24. Jean-Marie Rouart, *Ces amis qui enchantent la vie*, Robert Laffont, 2015.
25. Selon Marcel Jouhandeau.
26. Même son nom n'est pas connu avec certitude : pour fuir ses créanciers, elle apparaît sous des patronymes aussi divers que Duval, Lemer, Lemaire ou Prosper (Wikipédia).
27. Charles Baudelaire, *Choix de maximes consolantes sur l'amour*, 1846.
28. Tallemant des Réaux, « Sévigny et sa femme », *Historiettes*, 1840.
29. Sous Philippe le Bel, les banquiers étaient essentiellement florentins, génois ou vénitiens, que les Parisiens désignaient sous le nom de « Lombards ».
30. Henry Cochin, « Boccace, d'après ses œuvres et les témoignages contemporains », *Revue des Deux Mondes*, 1888.
31. Robert Desnos, « "Les Veilleurs" d'Arthur Rimbaud », dans *La Liberté ou l'amour !*, Simon Kra, 1927.
32. Selon Jacques Hillairet, Daudet vécut rue Pavée au moins jusqu'en 1876, où il écrivit *Fromont jeune et Risler aîné* en 1874, puis *Jack* en 1876.
33. Selon Huysmans.
34. À ses débuts, la rue s'appelait « Pute-y-Muse », c'est-à-dire « putain y flâne ». Pute-y-Muse devint Pute-y-Musse, puis Petit-Musc.

35. Célèbre depuis 1658, fermé en 1958.

36. Créé par les « trois mousquetaires » : Breton, Aragon, Soupault.

37. Lieu controversé. Pascal aurait effectué ses expériences barométriques du clocher de Saint-Jacques-du-Haut-Pas.

38. Cité par Pierre Andreu, Frédéric Grover, *Drieu la Rochelle*, Hachette, 1979.

39. Selon Nathalie Piégay-Gros, dans Pierre Drieu la Rochelle, *Romans, récits, nouvelles*, Gallimard, 2012.

40. Marcel Bisiaux fonde la revue *84* avec Henri Thomas, André Dhôtel et Alfred Kern.

41. Georges Cain, *Coins de Paris*, 1905.

42. *L'Esprit des journaux françois et étrangers par une société de Gens-de-Lettres*, septembre 1792.

43. Alfred de Musset, « Réponse à Monsieur Charles Nodier », *Poésies nouvelles*, Charpentier, 1857.

44. Maurice Nadeau, en 2009, lors de la parution du millième numéro.

45. Cité par Charles Vildrac dans ses *Pages de journal 1922-1966*, Gallimard, 1968. Vildrac ajoute que Labiche n'a écrit seul que quatre pièces sur deux cents.

46. Gabriel Roux, éditeur, 2, rue des Beaux-Arts, Paris 6e.

47. Suite envisagée de *Notre-Dame de Paris*.

48. Dans *Le Mousquetaire* du 17 janvier 1854, Dumas annonce une suite au *Vicomte de Bragelonne*, intitulée *Le Maréchal-ferrant*.

49. Jules Claretie, *Eugène Labiche*, A. Quantin imprimeur-éditeur, 1883.

50. Victor Hugo, « À Théophile Gautier », in *Le Tombeau de Théophile Gautier*, 1873.

51. Voltaire, « Siècle de Louis XIV », *Œuvres complètes de Voltaire*, Desoer, 1817, p. 1401.

« Sur une centaine de boulevards, avenues, rues / citées dans *À la recherche du temps perdu* / il y en a environ quatre-vingts pour cent / qui se trouvent dans les neuf premiers arrondissements / à l'exception du cinquième / dont aucune voie n'est nommée / il y a là un mystère extrême / qui méritait d'être chanté », écrit Raymond Queneau dans *Courir les rues*.

Est-ce à dire que la littérature n'aime pas le 5e arrondissement ? Certes, il y a la Sorbonne, Normale sup', les prestigieux lycées Henri-IV et Louis-le-Grand, l'omniprésence de Verlaine, l'enfance de Mérimée et celle de Sartre, l'empreinte de Georges Perec, des étoiles qui clignotent ici et là : Diderot, Hugo, Zola, le père Goriot, Péguy, Breton, Jean Paulhan, Michel Butor, le discret et prodigieux Eugène Guillevic, mais c'est bien peu par rapport à son illustre voisin, le 6e arrondissement. Le 5e arrondissement, le plus vieux de Paris, n'est pas « résidentiel ». On y apprend, on n'y reste pas. Il faut dire qu'il fut jusqu'aux années 1950 un quartier populaire et désargenté et que le « continent Contrescarpe » cher à Guy Debord était encore en ce temps-là *terra incognita*.

LE 5E ARRONDISSEMENT

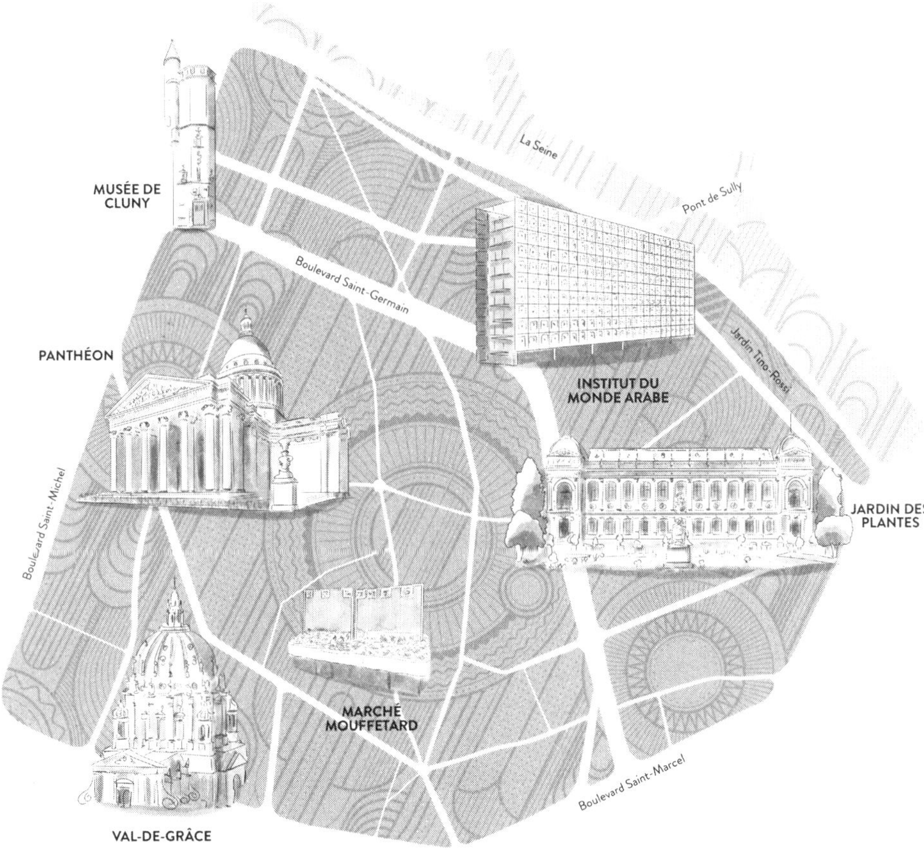

ABBÉ-DE-L'ÉPÉE (rue de l')

Il y a certains urinoirs que je me détourne de mon chemin pour visiter, tel ce vieux machin délabré devant l'asile des sourds-muets, au coin de la rue Saint-Jacques et de la rue de l'Abbé-de-L'Épée.
— Henry Miller, *Printemps noir*, 1936

Au 3, Rainer Maria Rilke

Après avoir habité au 11, rue Toullier, Rilke réside dans un hôtel de la rue de l'Abbé-de-L'Épée comme en atteste une lettre que lui adresse Rodin. Rilke et le sculpteur ont sympathisé dès leur première rencontre, Rodin l'engagera comme secrétaire et l'accueillera chez lui (villa des Brillants, à Meudon), entre septembre 1905 et mai 1906.

Au 3, Gilles Lapouge, l'étonnant voyageur

Un demi-siècle après Rilke, Gilles Lapouge résida lors de ses premières années parisiennes rue de l'Abbé-de-L'Épée. Il sera journaliste, écrivain, étonnant voyageur. (Mais, disait-il, « je suis plutôt un voyageur étonné qu'un étonnant voyageur ».) Ce « butineur qui va et vient » frôla le Goncourt en 1986 avec *La Bataille de Wagram* et publia une trentaine d'ouvrages, romans, essais et recueils, dont un étonnant *L'Âne et l'Abeille*, Goncourt des animaux 2014, ou un livre de souvenirs, *Le Flâneur de l'autre rive* (2011) : « On me dit que j'ai l'allure d'un flâneur. Je laisse dire, je ne flâne jamais. Je cours sans cesse après le temps qui court. […] Si je flâne cependant, c'est sur l'autre rive de moi-même, dans ces terrains vagues où se déploient lentement, et sans mon consentement, les souvenirs de celui que je fus. »

En 2020, le 31 juillet, Bernard Pivot tweete : « Mort à 96 ans d'un grand journaliste et d'un grand écrivain : Gilles Lapouge. »

Au 14, Ioánnis Papadiamantopoulos dit Jean Moréas

Le poète d'origine grecque, auteur des *Cantilènes*, y réside dans les années 1890. En 1886, il a publié dans *Le Figaro* un « Manifeste du symbolisme » s'opposant au Parnasse et se réclamant de Baudelaire, Rimbaud, Verlaine, Mallarmé… Le manifeste brille essentiellement par son opacité. C'est vague, confus, voire sibyllin : « Ennemie de l'enseignement, écrit Moréas, de la déclamation, de la fausse sensibilité, de la description objective, la poésie symboliste cherche à vêtir l'idée d'une forme sensible qui, néanmoins, ne serait pas son but à elle-même, mais qui, tout en servant à exprimer l'idée, demeurerait sujette. » Moréas (« un quidam assez malappris », selon Laurent Tailhade) s'éloignera du symbolisme pour fonder l'École romane, courant poétique partant en guerre contre… l'hermétisme.

ARBALÈTE (rue de l')

Ils se retrouvèrent rue de l'Arbalète, mal éclairée, où Ramon tendit, comme en hommage ou en tribut de loyauté, le lapin à son ami.

— Georges Simenon, *Le Petit Saint*, 1965

Au 7, Bruno Durocher

Déporté, ayant passé six ans à Sachsenhausen puis à Mauthausen, ce « Rimbaud polonais », tel qu'on le surnomma, s'installe à Paris et publie en 1949 chez Seghers sa première œuvre en français : *Chemin de couleur*. Un an plus tard, il crée sa maison d'édition dans laquelle il s'autoéditera et accueillera de nombreux poètes, Jouve, Cocteau, Rousselot, Queneau, Tzara… Il éditait ses livres « à l'ancienne », utilisant pour ses recueils la Linotype et les caractères en plomb.

Son *Livre de l'homme*, publié en 1979, est une interrogation de la souffrance. « Bien souvent, écrit Gaston Bachelard, lisant votre livre, j'ai interrompu ma lecture. J'avais le cœur étreint. Vous allez au fond de la misère humaine. Et dès qu'on atteint cette profondeur de souffrance, le monde change de couleur, l'azur du ciel est un cercueil – vous le dites quelque part –, a des rayons brûlants de froid. »

ARÈNES (rue des)

Oh Paulhan, depuis qu'il est toréador rue des Arènes, il ne se connaît plus ! Il me traite de tout ! Il me banderille !

— Louis-Ferdinand Céline, dans une lettre à Gaston Gallimard en 1955

Au 5, les fleurs de Jean Paulhan

Au 5 se dresse un hôtel particulier de style gothique que la mère de l'ex-dadaïste-surréaliste acheta en 1935 pour ouvrir une pension de famille. L'établissement ferme en 1940 et Jean Paulhan, directeur depuis 1925 de la toute-puissante *NRF*, s'y installe. L'adresse sera un des hauts lieux de la Résistance. En 1941, Paulhan fonde avec Jacques Decour *Les Lettres françaises* (quelques feuilles ronéotypées), et, l'année suivante, avec Vercors, participe à la fondation des Éditions de Minuit. Dénoncé en mai 1944 comme « juif » par la femme de Marcel Jouhandeau, Paulhan parvient à s'enfuir par les toits. Après la guerre, il participe à la fondation des *Temps modernes* et reprend la *NRF*. Indéfectible pilier de la maison Gallimard, académicien en 1963, Paulhan vivra rue des Arènes jusqu'à son décès, en 1968.

Son essai sur le langage, *Les Fleurs de Tarbes*, reste célèbre par son incipit : « On voit, à l'entrée du jardin public de Tarbes, cet écriteau : il est défendu d'entrer dans le jardin avec des fleurs à la main. On le trouve aussi, de nos jours, à l'entrée de la Littérature. »

Au 7, Paul Flamand

La courte rue des Arènes est-elle prédisposée aux éditeurs ? Dans les années 1930 y réside Paul Flamand, cofondateur en 1937 avec Henri Sjöberg et Jean Bardet des Éditions du Seuil, nom choisi par l'abbé Plaquevent, initiateur du projet, pour sa signification spirituelle : « Le seuil tout neuf que nous refaisons à la porte de l'église pour permettre à beaucoup d'entrer. »

BERNARDINS (rue des)

Il habitait au coin de la rue des Bernardins et du quai de la Tournelle, de l'autre côté de la Seine, près de la place Maubert, dans une maison de chambres meublées que tenait un socialiste belge...
— Roger Martin du Gard, *L'Été 1914*, 1936

Au 10, Restif de La Bretonne

Ce paysan devenu citadin, célèbre depuis 1775 pour son *Paysan perverti*, y vécut de 1781 à 1788, y rédigeant les quarante-deux volumes de ses *Contemporaines*, série de nouvelles et de récits publiés de 1780 à 1785, ouvrage qu'il présente comme « l'histoire complète des mœurs du XVIIIe siècle ». Précédant Balzac, Restif établit des correspondances entre ses nouvelles et pratique la récurrence des personnages. Auteur prolifique, libertin et visionnaire, il écrira près de deux cents ouvrages.

BERTHOLLET (rue)

Je suis à Paris, assez malade de l'estomac et du ventre.
J'habite chez un petit peintre amical et dévoué,
10 rue Berthollet, M. Dubuffet.
— Max Jacob, cité par Béatrice Mousli dans *Max Jacob*, 1979

Au 5, Jules Laforgue

La famille Laforgue (le père et ses onze enfants) quitte le 66, rue des Moines en 1879 et s'installe au 5, rue Berthollet. Le jeune Jules (second des onze) échoue trois fois au baccalauréat de philosophie, sa timidité le rendant incapable de réussir l'oral. Il sera poète symboliste, adepte du vers libre, poésie souvent mélancolique marquée par le spleen et un humour désinvolte. En 1881, il écrit une lettre à son ami Charles Henry : « Je m'ennuie prodigieusement. [...] Si j'avais de l'argent et pas de famille, je planterais l'Europe là, pour m'en aller dans des pays fous et bariolés, oublier mon cerveau. » Dans ses *Complaintes*, il s'interroge : « Et les vents s'engueulent, / Tout le long des nuits ! / Qu'est-c'que moi j'y puis, / Qu'est-ce donc qu'ils veulent ? » et s'autoflagelle : « Ah ! qu'est-ce que je fais ici, dans cette chambre ! »

Figure majeure (avec Tristan Corbière) des poètes méconnus de la fin du

XIXe siècle, Jules Laforgue disparaît à l'âge de 27 ans.

Au 16, Jean Amrouche beau comme un dieu

« Quand tu verras un être à la démarche noble, écrit Jules Roy, beau comme un dieu et couronné d'astéroïdes, tu pourras dire : le voici. » En 1945, le poète kabyle Jean Amrouche, premier écrivain algérien de langue française (*Cendres*, *Étoile secrète*), s'installe avec sa femme et sa fille Catherine rue Berthollet, dans l'appartement prêté par des amis. Il y restera trois ans, avant de rejoindre le boulevard Malesherbes. La guerre a interrompu son œuvre poétique, il va désormais se consacrer à ses – très célèbres – entretiens littéraires à la Radiodiffusion française.

Au 17, Clara (n'aime plus) Malraux

Elle a épousé André Malraux en 1921 et ils se sont juré l'un à l'autre une très grande liberté, avec le pouvoir de divorcer à leur guise. Ce sera fait dans la douleur en 1947, au terme de dix années tumultueuses d'amour-haine. C'est en 1945 que Clara Malraux prendra son indépendance et emménagera avec sa fille Florence au 17, rue Berthollet, dans un trois-pièces avec vue sur le Val-de-Grâce. Ce sera le départ de sa nouvelle vie, devenant à son tour écrivaine et mémorialiste. Pendant trente ans, André Malraux refusera d'adresser la parole à son ex-femme. De son côté, elle ne cessera de fustiger le pouvoir gaulliste dont Malraux sera l'un des piliers.

Au 17, Jean Duvignaud

Écrivain, sociologue de l'art et du théâtre, dramaturge, essayiste, scénariste, anthropologue, il fut animateur de revues comme *Contemporains*, créée rue Berthollet en 1950 avec son épouse Clara Malraux, revue consacrée à la politique mais ouverte à la littérature et en particulier la poésie : Ponge, Supervielle, Joë Bousquet, Jean Cassou, Jean Follain…

Professeur de philosophie, il eut Georges Perec comme élève à Étampes, dont il devint par la suite ami et complice et qu'il évoquera en 1993 dans *Perec ou la Cicatrice.*

Au 21, Fernand Fleuret

Selon Wikipédia, ce « poète, érudit et mystificateur » mena « la vie agitée de beaucoup de poètes », comme en témoignent, sur une vingtaine d'ouvrages, *Les Procès de sodomie aux XVIe, XVIIe et XVIIIe siècles* (1920), *Les Derniers Plaisirs* (1924) ou *Histoire de la bienheureuse Raton, fille de joie* (1926). Wikipédia ne précise pas qu'il craignait que le démon entre en lui par les pieds et qu'il dessinait à cet effet des croix sur la semelle de ses souliers. Il passera de longues années à Sainte-Anne avant de décéder en 1945.

Au 22, Charles Vildrac né Messager

Il naquit rue Berthollet en 1882 et s'appelait Charles Messager, prenant le nom de Vildrac en hommage à Wildrake, le héros de Walter Scott. Poète adepte du vers sans rime mais chargé d'assonances, il reste connu pour son théâtre et, en particulier, pour *Le Paquebot Tenacity*, créé en 1920. Georges Duhamel, dont il épousa la sœur en 1905, s'inspira de son ami pour camper le personnage de Justin Weill dans la *Chronique des Pasquier* parue de 1933 à 1945.

BIÈVRE (rue de)

Combien de fois, seul rue de Bièvre, a-t-il ainsi cherché, dans son double de plâtre, la clef de son propre mystère ?

— Christophe Barbier, *Les Derniers Jours de François Mitterrand*, 1997

Au 2 bis, Max-Pol Fouchet dans sa demeure d'écureuil

Il vécut à Alger de 1923 à 1945, ville où il fonda en 1939 la revue *Fontaine*, découvreuse de Gascar, Beckett, Adamov, Pichette, Gaëtan Picon… Grand ami de Camus, il vit ce dernier lui faucher sa fiancée (Simone Hié) puis l'épouser en juin 1934. Poète, romancier, essayiste, critique et homme de télévision, Max-Pol Fouchet reste indissociable de la promotion de la culture à la télévision, créant notamment l'émission *Lectures pour tous* en 1953 avec Pierre Desgraupes et Pierre Dumayet. Il résida rue de Bièvre dans sa petite maison de trois étages, sa « demeure d'écureuil », de 1955 à 1980.

Au 22, François Mitterrand écrivain

L'appartement mesurait soixante-dix-neuf mètres carrés et il y vécut de 1971 à sa mort. Il dormait au second et possédait au grenier un bureau avoisinant une bibliothèque. Mitterrand, écrivain ? Ses *Lettres à Anne* (que la destinataire trouvait « trop belles ») pourraient le faire penser. Mais il n'eut ni le temps ni peut-être l'envie de le devenir[1]. « Je ne crois pas, quand j'y réfléchis bien, qu'il aurait pu accoucher d'un grand roman, ou d'une grande biographie, déclare dans *L'Express* un vétéran du Parti socialiste. Il était trop tourné sur lui-même et sur ses passions, comme celle qu'il éprouvait pour Anne Pingeot. Il voulait être écrivain et les gens de lettres qui l'entouraient – Régis Debray, Erik Orsenna, Françoise Sagan… – lui ont taillé une statue de commandeur littéraire qui perdure aujourd'hui. »

Alors, quel écrivain aurait-il été ? Toujours selon *L'Express*, « une demi-douzaine d'adjectifs dessinerait assez bien son profil. Mitterrand est un écrivain élégiaque, républicain, éloquent, sarcastique, solennel et méchant ».

Au 44, Restif de La Bretonne dit « le hibou »

Restif s'y installe en 1776, il y résidera jusqu'en 1781. C'est l'époque où – se surnommant lui-même « le hibou » – il parcourt la nuit les rues de Paris, écrivant sur les ponts et sur les murs. Il poursuit la rédaction de ses *Nuits de Paris*, ouvrage aux allures de fiction autobiographique, document étonnant sur le Paris prérévolutionnaire où il fait le récit de trois cent quatre-vingts promenades nocturnes dans un climat d'étrange et de fantastique.

Et Dante... ?

Dante Alighieri aurait-il logé rue de Bièvre, entre 1303 et 1308, et commencé à y écrire sa *Divine Comédie* ? La tradition le veut.

BÛCHERIE (rue de la)

C'est curieusement à cet endroit que Sonny eut certaines de ses violentes hallucinations, en suivant Dieu sait qui jusque le devant du 13-15 rue de la Bûcherie, correspondant à l'ancienne école de médecine.

— Alexandre Mathis, *LSD 67*, 2013

Au 11 puis au 16, Restif de La Bretonne

Après la rue de Bièvre puis la rue des Bernardins, Restif s'installe en 1788 au 11, rue de la Bûcherie, où il demeurera jusqu'en 1797. Il déménagera ensuite pour le 16 de la rue, son dernier domicile, où il mourra ruiné par les assignats.

Grand marcheur nocturne, il publia de très nombreux témoignages sur la capitale. Il faut dire qu'il était probablement « mouche », c'est-à-dire indicateur de police. Son œuvre majeure est une autobiographie en huit volumes – *Monsieur Nicolas* –, les mineures étant des ouvrages érotiques comme *L'Anti-Justine*. (Féru de néologismes, Restif de La Bretonne serait l'inventeur du mot « pornographe », titre d'un de ses romans en 1769.)

Gérard de Nerval lui consacrera une biographie (dans *Les Illuminés*) et, après être tombé dans l'oubli, Restif sera salué par les surréalistes.

Au 11, de Mouloudji à Simone de Beauvoir

Quittant la rue de Seine et l'hôtel La Louisiane – tandis que Sartre va habiter chez sa mère rue Bonaparte –, le « Castor » emménage fin 1946 dans un petit trois-pièces du cinquième étage qu'occupaient précédemment Mouloudji et sa femme Lola. Beauvoir va y résider avec le journaliste Claude Lanzmann et y écrire *Le Deuxième Sexe* (1949), essai fondateur du féminisme et scandale médiatique. François Mauriac écrit : « Nous avons atteint les limites de l'abject », conspue les féministes, ces « connes pédantes et piaillantes, il faudrait les mettre dans une garderie d'enfants à torcher les derrières et à vider des pots jusqu'à la mort ».

Montherlant (et Roger Nimier) fulmine(nt), Camus lui reproche de ridiculiser le mâle français, ce à quoi elle répond, dans *La Force des choses* : « Méditerranéen, cultivant un orgueil espagnol, il ne concédait à la femme que l'égalité dans la différence et évidemment, comme eût dit George Orwell, c'était lui le plus égal des deux. »

Rue de la Bûcherie, Simone de Beauvoir écrira également *Les Mandarins*, roman à clé largement autobiographique qui lui vaudra le prix Goncourt en 1954, prix lui permettant d'acheter un appartement rue Victor-Schoelcher et de retourner à Montparnasse.

Au 37, Shakespeare and Company, acte II

L'Américain George Whitman ouvre en 1951 la librairie anglophone Mistral et, à la mort de Sylvia Beach, en 1962, en hommage à la mythique librairie de la rue de l'Odéon, reprend le nom de Shakespeare and Company. Le 37, rue de la Bûcherie va devenir tout aussi légendaire, invitant dès son ouverture chaque visiteur à séjourner s'il le souhaite parmi les livres, voire à y dormir, à charge de faire son lit le matin, de lire un livre par jour, et de donner un coup de main dans la journée. Plus de cent mille personnes – dit-on – auraient dormi depuis dans « cette utopie socialiste déguisée en librairie[2] ».

La fille de George Whitman, Sylvia – comme Sylvia Beach –, reprendra la boutique en 2001. Le lieu semble flotter hors du temps et l'esprit de la première éditrice de l'*Ulysse* de Joyce est toujours présent : « *All the writer requires is a sensitive skin, a beard, the right kind of electricity in his brain-waves and a world that is sufficiently disorganized to allow him to subvert it*[3]. »

Patrick Modiano, grand amateur de librairies, en fut un fidèle client : « J'y allais souvent, écrit-il dans *Du plus loin de l'oubli*. Cette librairie se composait d'un dédale de petites pièces tapissées de volumes où l'on pouvait s'isoler. […] À peine passé le seuil, on se serait cru à Amsterdam ou à San Francisco. »

BUFFON (rue)

Des enfants jouaient dans le bosquet qui longe la rue Buffon ; elle fit un mouvement comme pour courir vers eux.

— Paul Féval, *L'Avaleur de sabres*, 1867

Au 29, Georges-Louis Leclerc, comte de Buffon

Il entra à l'Académie des sciences à l'âge de 26 ans et commença dès cet âge à écrire sa monumentale *Histoire naturelle.* Après avoir vécu au 29 de la rue qui porte désormais son nom, le naturaliste-écrivain fit construire à l'actuel n° 26 sa « maison de Buffon » et deviendra Buffon, un écrivain aussi célèbre et influent que Voltaire. Il y décédera en 1788 à l'âge de 81 ans, après avoir été l'intendant du Jardin des plantes (le Jardin du roi) pendant quarante ans.

Au 41, Jacques Perret a quitté Saint-Germain-des-Prés

Vers 1937, alors que Gallimard publie son second roman – *Ernest le Rebelle* –, Jacques Perret décide de déménager et quitte Saint-Germain-des-Prés pour la rue Buffon. « Comme tous les paresseux de bonne race, écrit Jean Raspail, il travaillait énormément, honteux à la seule idée d'une journée sans labeur arraché. Sur la table, aucun accessoire, pas de dictionnaires ni de garde-langage en six volumes. Perret avait toute la langue française sur le pied de guerre dans sa tête sans qu'il y manquât un seul mot juste. Pas d'autre outil qu'un encrier d'écolier et un porte-plume Sergent-Major. Il lui fallait "l'outil dans la main, la plume emmanchée dans le porte-plume comme le fer de houe dans son manche". »

La guerre ne va plus tarder, engendrant deux œuvres majeures : *Le Caporal épinglé* et *Bande à part*.

CARDINAL-LEMOINE (rue du)

Dans le bistrot qui se trouve au coin de la rue Monge et de la rue du Cardinal-Lemoine, les gens lèvent la tête et se taisent.

— Rafaël Pividal, *Plus de quartier pour Paris*, 1970

Au 2, Verlaine et le 160e bataillon

En 1870, les époux Verlaine résident à l'angle du quai de la Tournelle, quatrième étage, vue imprenable sur le quai, mille francs de loyer annuel alors que le poète n'en gagne que le triple comme expéditionnaire à l'Hôtel de Ville. La guerre éclate, il s'enrôle dans le 160e bataillon. « Tous les deux jours, armé de mon fusil à piston qui devait bientôt se promouvoir en fusil "à tabatière", je montais des gardes combien inutiles ! Dans les commencements, c'était véritablement charmant, véritablement et je n'exagère en rien[4]. »

Renvoyé à l'Hôtel de Ville pour cause de bronchite, Verlaine échappe ainsi au sort de ses camarades : en mai 1871, durant la Commune, son bataillon est massacré par les Versaillais. Craignant d'être fusillé comme ex-communard – et incapable de payer son loyer –, il se réfugie avec Mathilde chez les parents de cette dernière en août 1871, 14, rue Nicolet.

Au 27, la mort de Blaise Pascal

La petite maison où mourut Blaise Pascal était située sur le flanc méridional de la montagne Sainte-Geneviève, à la hauteur de l'actuel 67, rue du Cardinal-Lemoine. Fin juin 1662, il a cédé son logis de la rue Monsieur-le-Prince à un pauvre homme et sa famille, dont le fils était atteint de petite vérole, et s'est fait transporter chez sa sœur Gilberte, femme de Florin Périer.

Cela fait deux ans qu'il ne peut plus travailler et qu'il passe ses journées à prier. Il décède le 19 août 1662, laissant inachevée son *Apologie de la religion chrétienne* (qui deviendra les *Pensées de M. Pascal sur la religion et sur quelques autres sujets*), ouvrage publié après sa mort. Le philosophe y souligne la misère de l'homme privé de Dieu : « Car enfin, qu'est-ce que l'homme dans la nature ? Un néant à l'égard de l'infini, un tout à l'égard du néant, un milieu entre rien et tout. »

Au 49, Georges-Louis de Buffon à l'hôtel Le Brun

Aux nos 47-49 se tenait l'hôtel Le Brun où le peintre Watteau occupa une dépendance de 1718 à 1721 et où Buffon résida en 1766. Il y rédige le quinzième chapitre de sa monumentale *Histoire naturelle, générale et particulière, avec la description du Cabinet du Roy* (trente-six volumes parus de 1749 à 1789, plus huit autres après sa mort). On reprocha à Buffon son style plus poétique que scientifique. Dans son discours de réception à l'Académie française, Buffon expose son célèbre point de vue : « Bien écrire, c'est tout à la fois bien penser, bien sentir et bien rendre, c'est avoir en même temps de l'esprit, de l'âme et du goût [...]. Les ouvrages bien écrits seront les seuls qui passeront à la postérité. La quantité des connaissances, la singularité des faits, la nouveauté même des découvertes ne sont pas de sûrs garants de l'immortalité [...]. Ces choses sont hors de l'homme, le style est l'homme même. Le style ne peut donc ni s'enlever, ni se transporter, ni s'altérer. »

Au 71, Valery Larbaud et James Joyce

Il organisait chez lui des batailles rangées de soldats de plomb, il compta parmi ses ancêtres des compagnons d'armes de Jeanne d'Arc, il était propriétaire de la source Vichy Saint-Yorre et sa bibliothèque contenait plus de cinquante mille volumes, reliés par des maîtres. Il vécut en fastueux dandy avant d'être frappé en 1935, comme Baudelaire, d'une hémiplégie accompagnée d'aphasie, qui lui faisait répéter inlassablement « Bonsoir les choses d'ici-bas ». Il décédera en 1957.

Larbaud reste connu pour *Fermina Márquez* (1911), roman traitant des amours adolescentes que l'on a souvent comparé au *Grand Meaulnes* : « Tous ceux qui l'approchaient, tous ceux auxquels elle parlait, ceux qui jouaient avec elle, formaient, autour d'elle, une sorte de cour d'amour ; c'étaient ses chevaliers. Les chevaliers de Fermina Márquez, donc, étaient admirés de tous les élèves, et peut-être même des plus jeunes parmi les surveillants. De ces belles promenades dans le parc, nous ne rapportions plus l'odeur du tabac fumé en cachette, mais le parfum des petites Américaines. Était-ce le géranium ou le réséda ? »

Mais c'est également pour son rôle auprès de James Joyce que Valery Larbaud reste (re)connu. En juin 1921, il lui prête son petit appartement situé dans la venelle du 71, appartement où l'écrivain anglais se remet d'une opération des yeux (rue du Regard !) et achève la rédaction d'*Ulysse*. Larbaud reviendra à Paris en automne et Joyce devra déménager dans une chambre de la rue de l'Université.

Au 74, Hemingway sans eau chaude ni toilettes

En 1921, l'écrivain Sherwood Anderson (*Winesburg, Ohio*, 1919) recommande au couple Hemingway (qui réside alors à l'hôtel, rue Jacob) un appartement situé au troisième ou quatrième étage d'un immeuble abritant un bal musette. L'ex-ambulancier et désormais journaliste emménage en janvier 1922. « C'est tout en haut d'une colline, écrit-il à Dos Passos, dans le plus vieux quartier de Paris, juste au-dessus d'un agréable endroit qui s'appelle le Bal du Printemps. »

C'est là – et dans une chambre qu'il loue en même temps rue Mouffetard – qu'il produit ses premiers écrits.

Dans *Paris est une fête*, qu'il rédige alors, il évoque « une adresse des plus misérables », des murs qui sentent « le moisi et le chou », mais fait montre pour les lieux d'une certaine tendresse : « Notre logement, rue du Cardinal-Lemoine, était un appartement de deux pièces, sans eau chaude courante, ni toilettes, sauf un seau hygiénique, mais non pas entièrement dépourvu de confort pour qui était habitué aux cabanes du Michigan. C'était un appartement gai et riant, avec une belle vue, un bon matelas et un confortable sommier posé à même le plancher et des tableaux que nous aimions, accrochés aux murs. »

CARMES (rue des)

Demain, je vais dire la messe à Sainte-Gudule. À huit heures et demie, en sortant après mon action de grâces, je passerai par la rue des Carmes et monterai chez le respectable Le Canu.

— Stendhal, *Lucien Leuwen*, 1894

Au 5, Giuseppe Ungaretti et le plus petit poème du monde

Avec Eugenio Montale (Prix Nobel de littérature 1975) et Salvatore Quasimodo, Giuseppe Ungaretti figure parmi les grands poètes italiens. En 1912, à l'âge de 24 ans, il s'installe à Paris où il suit les cours de Bergson au Collège de France, rencontre Apollinaire. Ses différentes adresses sont le 5, rue des Carmes (à l'hôtel d'Orléans), le 31, rue des Écoles, et le 9, rue Campagne-Première. Il séjournera deux ans dans la capitale puis rentrera à Milan pour être incorporé. Son entrée en poésie aura lieu durant la guerre, avec un texte écrit en français : *La Guerre. Une poésie* (1917).

Cette même année, le 26 juin, dans une tranchée aux abords de Trieste, il aperçoit la mer et compose alors le plus petit poème du monde : « *M'illumino / d'immenso*[5] *!* » Le prix Nobel de littérature lui sera refusé en 1969, pour sa proximité avec Mussolini avant et après la Première Guerre mondiale, tentation fascisante dont il s'éloigna pourtant radicalement.

CHAMPOLLION (rue)

René avait en effet trouvé aisément une chambre rue Champollion, et même deux ou trois leçons de grec et de latin.

— Robert Brasillach, *Les Sept Couleurs*, 1939

Au 3, l'enfance de Littré

Émile Littré passe sa petite enfance à l'ombre de l'antique Sorbonne dans un petit appartement de l'actuelle rue Champollion. Son père possède une grande bibliothèque qui lui donne accès à un monde de connaissance très diversifié. Inscrit au collège royal Louis-le-Grand, il y fait la connaissance de son futur éditeur Louis Hachette. Doué d'une mémoire phénoménale qui étonne ses professeurs, il reçoit à 16 ans le premier prix de discours français lors du concours général.

Tenté par l'École des chartes, il opte pour des études de médecine, voie qu'il abandonne pour l'écriture, devenant le vulgarisateur et le soutien d'Auguste Comte, se liant avec Balzac, Hugo, Lamartine et Sainte-Beuve. Louis Hachette lui suggère d'écrire un *Dictionnaire étymologique de la langue française*. D'étymologique, le projet prend de l'ampleur pour devenir un *Dictionnaire de la langue française*. Littré est alors âgé de 40 ans, son dictionnaire va occuper vingt ans de sa vie.

Au 16, les derniers feux de Jean Racine

Au terme de cinq années passées rue Saint-André-des-Arts, au coin de la rue de l'Éperon, Jean Racine s'installe dans cette ancienne rue des Maçons-Sorbonne de 1686 à 1692, date à laquelle il s'installera rue Visconti (à l'époque rue des Marais-Saint-Germain).

Ayant renoncé au théâtre, devenu historiographe du roi, il y écrivit cependant, sur la demande de Mme de Maintenon, deux courtes tragédies, *Esther* (1689) et *Athalie* (tragédie religieuse, 1690), afin d'exercer à la déclamation des demoiselles de Saint-Cyr. *Athalie* ne parvint pas à convaincre et les jaloux ne furent pas avares de sarcasmes : « Racine, de ton "Athalie" / Le public fait bien peu de cas : / Ta famille en est anoblie, / Mais ton nom ne le sera pas. »

Dans son *Génie du christianisme*, Chateaubriand verra dans *Athalie* « l'œuvre la plus parfaite du génie inspiré par la religion » et Hugo déclarera : « Il y a du génie épique dans cette prodigieuse *Athalie*, si haute et si simplement sublime que le siècle royal ne l'a pu comprendre. »

Au 19, Adamov

Avant la guerre, Adamov a résidé rue des Canettes, dans le même hôtel que Roger Gilbert-Lecomte. Suivront, à la Libération, le 4, rue Laplace (dans un hôtel), puis le 5, passage de la Petite-Boucherie (hôtel des Vosges dans les années 1950), le 52, rue de Seine (hôtel de Seine de 1957 à 1967) avant qu'il ne s'installe à partir de 1967 dans ce qui constitue son premier appartement, rue Champollion.

Les pièces « de l'absurde », terme qu'il récusait, sont déjà loin. L'anarchiste s'est fait militant de gauche et a bifurqué vers des pièces politisées traitant des oppressions sociales ou coloniales, souhaitant que le théâtre soit « le lieu où le monde visible et le monde invisible se touchent et se heurtent ».

Grande figure du Saint-Germain-des-Prés d'après-guerre au regard de revenant, chaussé de ses légendaires sandales, Adamov marquera l'adolescence de Modiano qui l'évoque dans *Les Inrockuptibles* en 1996 « toujours au bras d'une jolie femme qui a l'air de lui servir de canne ». Modiano se souviendra à nouveau de lui en 2007 en évoquant sa présence dans *Dans le café de la jeunesse perdue*.

Souffrant d'une pleurésie tuberculeuse et de troubles neurologiques, Adamov se suicide en 1970.

CHARTIÈRE (impasse)

À part quelquefois pour allumer un stick avec d'autres, Liliane ne s'est pas aventurée dans l'impasse Chartière, long boyau pas éclairé à droite du Coupe-chou.

— Alexandre Mathis, *LSD 67*, 2013

Au 11, le collège de Coqueret

Situé derrière le Collège de France, dans la basse-cour – dit-on – de l'ancien hôtel de Bourgogne, ce collège accueillit notamment (en 1548 ?) Pierre de Ronsard, Jean-Antoine de Baïf, Étienne Jodelle et Joachim du Bellay, futurs piliers de la Pléiade. Une photo d'Atget datant de 1899 représente le porche du collège au 11, impasse Chartière.

CLAUDE-BERNARD (rue)

Ce jour-là, je planquais une vieille dame, la mère d'un assassin, dans le quartier des Gobelins, au coin d'une sorte de patte-d'oie formée par le bout de la rue Claude-Bernard, la rue Monge, la rue Censier, avec l'église Saint-Médard au milieu de tout ça. Il pleuvait.

— Philippe Labro, *Un début à Paris*, 1994

Au 47, l'immense Eugène Guillevic

« Dehors, – l'air qui s'ennuie – devient le vent » : son premier recueil, *Terraqué*, parut chez Gallimard en 1942. Le poète breton publiera ensuite une trentaine de recueils, couronnés de nombreux prix dont celui de l'Académie française et le Grand Prix national de la poésie. Guillevic, c'est le roc, le minéral, mais aussi la mer, le végétal et le cosmique. Traduit en une cinquantaine de langues dont le chinois, le bengali, le turc ou le kirghiz, Guillevic vécut rue Claude-Bernard de 1935 jusqu'à sa mort, en 1997. « On peut rêver / de partir /, écrit-il, On peut rêver / de rester. / Le mieux / est de partir dans le rester. »

Écriture dégraissée, simplicité, les mots sont son royaume : « Prenez un toit de vieilles tuiles / Un peu avant midi. / Placez tout à côté / Un tilleul déjà grand / Remué par le vent. / Mettez au-dessus d'eux / Un ciel bleu, lavé / Par des nuages blancs. / Laissez-les faire. Regardez-les. »

Au 90, George Sand a 60 ans

En juin 1864, l'écrivaine est âgée de 60 ans, telle qu'on peut la voir en robe de moire sur la fameuse photo de Nadar. Elle quitte Palaiseau et emménage au premier étage du 97, rue des Feuillantines (devenu 90, rue Claude-Bernard). « J'ai passé, écrit-elle à son mari, une heure dans mon logement de Paris. Figurez-vous un wagon divisé en trois pièces, mais c'est charmant tout de même, une maison flambant neuve, propre, reluisante comme une assiette qu'on vient de laver. » Son fils Maurice y loua, en mai 1866, un appartement à l'entresol. L'écrivaine restera quatre ans rue des Feuillantines, avant de s'installer à quelques centaines de mètres, au 5, rue Gay-Lussac. Elle y écrira notamment *Monsieur Sylvestre* (1865) et *Le Dernier Amour* (suite de *Monsieur Sylvestre*, 1866).

Si 1848 fut pour elle l'année d'un espoir républicain et socialiste, 1871 et la Commune n'auront pas ses faveurs[6]. « Tout va bien pour les Versaillais, écrit-elle. La déroute des Fédérés est complète. [...] Les exécutions vont leur train. C'est justice et nécessité. »

George Sand meurt douze ans plus tard et Hugo écrit pour l'éloge funèbre : « Je pleure une morte, je salue une immortelle ! »

CLÉ (rue de la)

On redescend dans la rue. On remonte dans l'appartement. Ça y est, je l'ai retrouvée...
Mais où donc perche maintenant cette rue de la Clé ?
— Théo Lésoualc'h, *L'Homme clandestin*, 1988

Au 13, le caporal Jacques Perret

Écrivain mais également aventurier, professeur, journaliste – voire chercheur d'or –, Jacques Perret est surtout connu pour son *Caporal épinglé* qui rata de peu le prix Goncourt en 1947.

Quand survient la guerre, en 1939, Perret réside rue de la Clé depuis trois ans. Prisonnier en Allemagne, il parvient à s'échapper (en 1942) et rejoint Paris : « Derrière moi, les catalpas, Saint-Médard et la Mouffetard ; en face, le tabac Mirbel ; à droite, le marchand de couleurs, tout cela très assoupi, mais bien en ordre. On ne s'était pas aperçu de mon absence, j'avais décroché du quartier et j'y rentrais en douce avant l'aube, sur la pointe des pieds. C'est ainsi qu'un prisonnier doit rentrer, sans *Marseillaise* et sans discours. Rue de la Clef, la porte cochère était entr'ouverte, j'en franchis le seuil avec une joie bien lucide et le désir aussitôt refoulé d'aller embrasser la concierge dans son lit. »

Avec l'argent du prix Interallié pour *Bande à part* (1951), il s'achètera un sloop et publiera *Le Vent dans les voiles* et *Rôle de plaisance*. Remarquable nouvelliste (*La Bête Mahousse*, *Le Machin*, *Objets perdus*...), d'une écriture virtuose à la fois populaire et élitiste, il laisse une œuvre tendrement ironique, un peu délaissée pour la coloration droitière de son auteur. Dans les années 1970, il quittera la rue de la Clé pour la rue Guy-de-La-Brosse.

Au 47, la prison de Sainte-Pélagie

La prison se situait au niveau de l'actuel groupe d'immeubles portant le n° 47 de la rue de la Clé, au coin de la rue du Puits-de-l'Ermite. Initialement prison pour femmes (débauchées), elle devint prison pour dettes, prison politique, prison de droit commun, et accueillit de nombreuses personnalités. « Sainte-Pélagie, écrit Dumas, finit par ressembler, en mieux, à un quelconque Bottin mondain. »

Parmi les prisonniers « littéraires », citons notamment Béranger (en 1828 pour outrage au roi), Nerval (quelques jours en 1832, pour tapage nocturne), Charles Nodier (en 1803, pour la publication de *La Napoléone*, ode critiquant l'Empereur), Sade (en 1801, pour un pamphlet contre Joséphine), Jean Richepin (un mois de prison en 1876 pour la publication de *La Chanson des gueux*), Michel Zévaco (quatre mois en 1889, pour provocation au meurtre), mais également Lamennais, Jules Vallès... La prison fut détruite en 1899, soixante-sept ans après que Nerval a écrit : « Dans Sainte-Pélagie, / Sous ce règne élargie, / Où, rêveur et pensif, / Je vis captif, / Pas une herbe ne pousse / Et pas un brin de mousse / Le long des murs grillés / Et frais taillés. »

CLOVIS (rue)

Je passais, quatre fois par jour, rue Clovis, au pied d'une grosse butte de terre enclavée dans les masures comme un nœud de forêt sauvage.

— Georges Duhamel, *Le Clan Pasquier*, 1933

Au 23, le lycée Henri-IV d'Alfred Jarry et Léon-Paul Fargue

En 1891-1892, les deux jeunes gens sont tous deux en classe de rhétorique supérieure et Jarry tombe amoureux de Fargue. « Il ressemble à Rimbaud, écrit Noël Arnaud, comment résister à cette réincarnation ? » L'amitié entre les deux élèves devient si intime que les parents de Fargue exilent leur fils en Allemagne pour les vacances. Jarry racontera sans détour leur relation dans *Haldernablou*[7] puis dans *Les Paralipomènes d'Ubu*.

Viendront Georges Perec...

C'est le fils d'un ouvrier (et d'une coiffeuse) qui intègre en octobre 1954 le très élitiste lycée pour effectuer des études de lettres. Ses professeurs ne sont pas éblouis par ses capacités littéraires : « Des qualités de construction cohérentes. Mais des vues courtes. Attention à l'expression et à l'orthographe[8]. » Trois ans plus tard, Perec achève son premier roman (*L'Attentat de Sarajevo*). Manuscrit refusé par les éditeurs, puis égaré. La route sera longue avant le triomphe des *Choses* (1965).

... et Patrick Modiano

Dans *Éphéméride*, Modiano évoque son internat lorsque, dix ans après Georges Perec, il entre à Henri-IV en qualité d'interne, en classe de philosophie : « Mon père est venu une seule fois me rendre visite dans cet établissement. Le proviseur du lycée, qu'il avait averti par téléphone de son passage, m'avait donné l'autorisation de l'attendre sous le porche de l'entrée. Ce proviseur portait un joli nom : Adonis Delfosse. Je revois la silhouette de mon père, là, sous le porche, mais je ne distingue pas son visage, comme si sa présence dans ce décor de couvent médiéval me paraissait irréelle. La silhouette d'un homme de haute taille, sans tête. »

Enfin, au 23, du beau monde à foison

Littérature et Henri-IV ont toujours fait très bon ménage. Parmi d'autres célèbres élèves, citons notamment Musset, Maupassant, Mérimée, André Gide, Julien Gracq, Jean d'Ormesson, Sartre… sans oublier Jean-Bernard Pouy et son *H4Blues* dans la « Série noire ».

CONTRESCARPE
(place de la)

Vers le milieu de la journée et à midi, je me trouvai et montai sur la plate-forme et la terrasse arrière d'un autobus et d'un véhicule des transports en commun bondé et quasiment complet de la ligne S et qui va de la Contrescarpe à Champerret.

— Raymond Queneau, *Exercices de style*, 1947

Face au 1, le cabaret de la Pomme de Pin

Pour François Villon, il n'y avait pas de plus grand plaisir que « d'aller sans chausse, en eschappin, / Tous les matins, quand on se liève, / Au trou de la Pomme de Pin ».

Vanté par Rabelais, qui, devant une pinte d'hypocras, y retrouvait Clément Marot, la Pomme de Pin fut également le lieu de réunion de la Pléiade, réunissant Ronsard, Baïf, Joachim du Bellay, Dorat, Rémi Belleau, puis, plus tard, Racine, Boileau, La Fontaine, Molière, et Chapelle[9]. La mode des cafés venant, le cabaret perdit sa clientèle « littéraire » au profit du Procope et ferma en juillet 1853.

CUJAS (rue)

À midi, en sortant de la Charité, il se contentait d'un café-crème avec des croissants, au bar qui faisait le coin de la rue Cujas et du boulevard.

— Louis Aragon, *Les Beaux Quartiers*, 1936

Au 11, Alfred Jarry

En juin 1891, la famille Jarry s'installe rue Cujas. Après avoir échoué au concours d'entrée de l'École normale supérieure, Alfred Jarry poursuit ses études de rhétorique supérieure au lycée Henri-IV, avec Henri Bergson comme professeur de philosophie.

En septembre 1892, réformé de l'armée pour « imbécillité précoce », le jeune homme prend son autonomie et s'installe au 84, du boulevard de Port-Royal. Sa carrière va débuter par sa participation, en 1893, à des concours organisés par le supplément littéraire de *L'Écho de Paris*. Il gagne quatre prix, dont l'un avec *Guignol*, première manifestation imprimée du Père Ubu.

Au 16, Raoul Ponchon à l'hôtel de Flandre

Selon Verlaine, « sa conversation est charmante de verve malicieuse comme il faut… mais c'est surtout d'être lu qu'il mérite ! ».

Raoul Ponchon (la Plonche pour les intimes) vécut longtemps à l'hôtel du Périgord, place de la Sorbonne, puis à l'hôtel de Flandre (qui deviendra l'hôtel des Trois Collèges), où il résidera jusqu'à sa mort, de 1911 à 1937. « Dernier de nos poètes bachiques », selon Apollinaire, il se considérait comme un poète du dimanche, indigne de toute publication officielle et subsista pendant vingt ans en publiant une « gazette rimée » hebdomadaire commentant l'actualité. Ce qui ne l'empêcha pas d'être élu à l'académie Goncourt en octobre 1924. On lui doit plus de cent cinquante mille vers et quelques aphorismes dont « quand mon verre est vide, je le plains, quand il est plein, je le vide ». En 1920, à 72 ans, sera publié *La Muse au cabaret*, seul ouvrage de Ponchon publié de son vivant. Il haïssait, semble-t-il, les tours de Saint-Sulpice (« Je hais les tours de Saint-Sulpice / Quand par hasard je les rencontre / Je pisse / Contre ») et n'était jamais à court d'un bon mot : « Si les muets pouvaient parler, ils gueuleraient comme des sourds. »

Au 16, García Márquez à l'hôtel des Trois Collèges

C'est dans l'ancien hôtel de Flandre que Gabriel García Márquez écrit en 1956 *Pas de lettre pour le colonel.* Publié en 1961, l'ouvrage se vend à huit cents exemplaires. Peut-être aurait-il fait mieux en gardant son titre initial : *Un village de merde.* L'auteur devra attendre six ans pour que son talent soit unanimement reconnu : *Cent ans de solitude* et son réalisme magique (« les tapis volent, les morts ressuscitent, on assiste à des pluies de fleurs ») paraît en 1967, ouvrage dont l'incipit est presque aussi connu que celui d'*À la recherche du temps perdu* : « Bien des années plus tard, face au peloton d'exécution, le colonel Aureliano Buendía devait se rappeler ce lointain après-midi au cours duquel son père l'emmena faire connaissance avec la glace[10]. »

Celui que les Sud-Américains surnomment affectueusement « Gabo » obtient en 1982 le prix Nobel de littérature.

Au 19, pas d'eau pour le club des Hydropathes

Hydropathes : ceux que l'eau rend malades. Ce club fut créé par Émile Goudeau en octobre 1878 et ses membres se réunissaient dans l'hôtel meublé Boileau, 19, rue Cujas.

Objectif : célébrer la littérature et en particulier la poésie, dans un climat anticlérical, antipolitique et antibourgeois. Parmi les centaines de membres affiliés, citons François Coppée, Alphonse Allais, Léon Bloy, Paul Bourget, Charles Cros, Jules Laforgue, Jean Richepin, Maurice Rollinat, Laurent Tailhade…

Au 20, Maurice Barrès

En janvier 1883, âgé de 21 ans, sur les conseils de Leconte de Lisle et d'Anatole France, Maurice Barrès quitte Nancy et s'installe à Paris, prenant une chambre au deuxième étage de l'hôtel de l'Univers, hôtel où il logera Rœmerspacher dans *Les Déracinés* (1897). Jeune journaliste, il fréquente les cercles littéraires, les bibliothèques, en particulier celle du Sénat : « Je la connais bien cette bibliothèque ; avec des sentiments de vénération, j'y suis cinquante fois monté quand j'avais vingt ans : Leconte de Lisle et Anatole France m'y faisaient un accueil dont je leur demeure profondément reconnaissant. Et l'on pense que je ne pourrais pas blâmer cette coutume de faire garder les livres par les poètes puisqu'elle donna le loisir à deux maîtres de s'intéresser à mes modestes débuts. »

Ne trouvant pas d'éditeur pour ses premiers textes, le jeune homme crée une petite revue – *Les Taches d'encre* – dont il sera l'unique rédacteur sur ses quatre numéros. En 1886, il quittera sa petite chambre d'hôtel pour s'installer rue Chaptal.

Quelque part rue Cujas, l'*Anicet* d'Aragon

À la fin du roman, Anicet habite rue Cujas. On y apprend, par le « témoignage accablant » de Mme Floche, concierge de l'immeuble, que son locataire « menait une vie extrêmement irrégulière, rentrait souvent avec des femmes, jamais avec la même. Il salissait terriblement l'escalier, n'avait pas d'heures, ne lisait pas le journal, enfin ne faisait rien comme tout le monde ».

CUVIER (rue)

Ils laissaient derrière eux le Treizième tout proche, dont ils ne connaissaient guère que l'avenue des Gobelins, à cause de ses quatre cinémas, évitaient la sinistre rue Cuvier, qui ne les eût conduits qu'aux abords plus sinistres encore de la gare d'Austerlitz…

— Georges Perec, *Les Choses*, 1965

Au 57, Musset et la cage aux lions du Jardin des plantes

« Le Jardin des plantes est un jardin de rêverie et d'amour, une curiosité incomparable de Paris », écrit Léon-Paul Fargue. En juin 1852, l'infatigable coureur de jupons Alfred de Musset entreprend une cour assidue auprès de Louise Colet, ex-amante d'Alphonse Karr, de Gustave Flaubert et d'Alfred de Vigny. Il l'emmène devant la cage aux lions du Jardin des plantes et lui déclare en souriant : « Et si nous nous cajolions ? »

Le jardin serait-il propice aux rencontres amoureuses ? Selon André Billy, Edmond de Goncourt y chassait « des femmes bizarres que le contact de l'animalité semblait disposer aux expériences amoureuses ».

DESCARTES (rue)

Il m'avait entraîné vers la rue Descartes. Peut-être par déformation professionnelle, il me vint à l'esprit de retracer, pour lui seul – quel public en or ! – l'histoire, la « petite histoire » surtout, des rues déjà assoupies que nous arpentions. En doublant le tabac des Quatre Sergents, ses souvenirs affluèrent.

— Jacques Yonnet, *Rue des Maléfices*, 1954

Au 29, Paul Auster

Revenant du Mexique, où il a aidé sa femme à écrire un livre commandé par un éditeur anglais, Paul Auster réside une dernière fois à Paris en 1973. Il y poursuit ses travaux poétiques et ses essais critiques, persuadé que son écriture fictionnelle est de mauvaise qualité. Il faudra attendre *White Spaces*, texte écrit dans la nuit du Nouvel An 1979, pour que soit édité à New York son premier ouvrage en prose.

Au 39, la mort de Verlaine face au portrait de son père

Mort ! : ce fut le titre de son dernier poème. Après un séjour à Saint-Louis puis à Bichat, Verlaine s'installe en septembre 1895 avec Eugénie Krantz au 39, rue Descartes. Il y meurt (d'une congestion pulmonaire) le 8 janvier suivant, alors que sa compagne boit un verre chez le voisin[11]. Nu sur le carrelage, le poète est resté seul face au portrait de son père qu'il avait lardé de sa canne à bout ferré (en évitant cependant de lacérer le visage). Le lendemain de sa mort, des milliers de Parisiens suivirent le cortège.

« Son enterrement, écrit Philippe Sollers, est une sorte d'événement, surtout si on le compare à celui, sinistre, de Baudelaire. Le discours le plus tarabiscoté est de Robert de Montesquiou. Le plus niaisement politique, celui de Barrès. Il y en a d'autres, purs bla-bla. Voici enfin Mallarmé, le seul à comprendre qu'il doit assumer la transmission dans un océan d'ignorance[12]. »

Au 39, au dernier étage, le bureau de Hemingway

Hemingway savait-il qu'il s'agissait de l'immeuble où mourut Verlaine ? Dans *Paris est une fête*, l'écrivain laisse entendre qu'il y aurait loué une chambre au septième étage – en 1922 ou 1923 –, sans doute comme bureau d'appoint à son appartement de la rue du Cardinal-Lemoine.

« Il n'y avait jamais de fin à Paris et le souvenir qu'en gardent tous ceux qui y ont vécu diffère d'une personne à l'autre. [...] Paris valait toujours la peine, et vous receviez toujours quelque chose en retour de ce que vous lui donniez. Mais tel était le Paris de notre jeunesse, au temps où nous étions très pauvres et très heureux. »

Quelque part dans la rue, André Schwarz-Bart

Dans les années 1950, Schwartz-Bart réside rue Descartes, fréquentant les cabarets de la Contrescarpe et en particulier le Cheval d'Or, où il vient en ami en compagnie d'Audiberti et de Truffaut. En 1959 paraît *Le Dernier des Justes*, premier roman français de fiction sur la Shoah, destin d'une famille juive de la première croisade jusqu'à Auschwitz, ouvrage qui reçoit le prix Goncourt et dépasse dans l'année le million d'exemplaires. Mais la carrière littéraire d'André Schwarz-Bart s'arrêtera là, malgré un roman cosigné avec sa femme (*Un plat de porc aux bananes vertes*) et puis un roman écrit seul, *La Mulâtresse Solitude*, deux ouvrages qui ne rencontrent aucun succès. L'écrivain, qui vit à la Guadeloupe, cessera de publier.

ÉCOLES (rue des)

À peine lavés, ils partaient tous les trois pour la Sorbonne, ils prenaient la rue des Écoles. « Voilà une rue qu'il faudrait débaptiser », criait Pola.

— Christine de Rivoyre, *Fleur d'agonie*, 1970

Au 5, Rachilde en pantalon

En atteignant la majorité en 1881, et avec les deux mille francs que son père a réalisés en vendant sa meute de chiens, Marguerite Eymery dite Rachilde s'installe à Paris dans un petit appartement au 5, rue des Écoles. Elle publie à Bruxelles, en 1884, le célèbre *Monsieur Vénus*, roman à scandale aussitôt condamné pour obscénité[13]. Il relate l'étrange liaison d'une aristocrate dominatrice et d'un ouvrier fleuriste, sur un thème cher à son auteure : l'inversion des sexes. S'habillant et se coiffant à la garçonne, Rachilde demanda et obtint en 1885 une permission de travestissement de la préfecture de police, afin de s'habiller en homme, privilège exceptionnel réservé à l'époque à trois autres femmes[14]. Elle fit par ailleurs imprimer des cartes de visite portant la mention : « Rachilde. Homme de Lettres. » Après avoir tenu salon rue des Écoles, recevant écrivains et poètes, elle épouse Alfred Vallette, fondateur et directeur du *Mercure de France*. Le couple s'installe alors dans un confortable appartement de fonction au 26, rue de Condé, au-dessus des locaux occupés par la revue.

Au 17, Jacques Yonnet

Jacques Yonnet est célèbre par son étonnante *Rue des Maléfices*[15], chronique poétique des bas-fonds d'un vieux Paris peuplé de chiffonniers, de gitans, de piliers de bistrot, d'artisans de l'ombre aux métiers insolites, roman salué comme l'un des plus grands ouvrages consacrés à Paris et qui fascina notamment Raymond Queneau, Audiberti et Jacques Prévert. Yonnet fut également connu pour les quinze à vingt bistrots qu'il fréquentait chaque jour (et chaque nuit), en compagnie de Doisneau et Robert Giraud.

Au 29, Sébastien Japrisot

À 18 ans, en 1949, Jean-Baptiste Rossi dépose le manuscrit de son premier roman – *Les Mal Partis* – chez Robert Laffont. Le manuscrit a été tapé gracieusement par une jolie dactylo – Germaine Huart, dite Doudou – qui deviendra sa femme. Après avoir vécu quai de l'Horloge chez la tante de cette dernière, le couple s'installe dans un « garni » rue du Chevalier-de-La-Barre et le jeune homme attend la réponse de l'éditeur : « Pour tromper mon impatience, j'écrivis les quatre nouvelles [...]. La première était un conte très méchant, *Aquarelle pour un petit garçon*, dans lequel un enfant extasié se faisait écraser par une belle voiture. Elle parut dans une revue aussi soignée qu'était confidentiel son tirage : *La Pipe en écume*. Ensuite furent publiées deux nouvelles plus longues dans *La Gazette des lettres* : *Les Vagabonds* et *Mood Indigo*. La quatrième et dernière, mais pas la moins redoutable, s'intitulait *La Voix morte* et trouva refuge à *La Nef*, la revue de Lucie Faure. Je ne saurais quoi dire aujourd'hui de ces balbutiements, sinon comme mon érudit ami Bernard Wallet, l'as du slogan chez Denoël : "Il faut bien que jeunesse se pâme[16]." »

Les Mal Partis, roman sulfureux relatant une liaison amoureuse entre un jeune homme et une religieuse dans la débâcle de 1940, paraît en 1950, accueilli par quelques critiques acerbes mais un satisfecit de la part de Roger Nimier dans *La Table ronde*. L'ouvrage est réédité, la traduction anglaise est en cours, le couple quitte Montmartre et s'installe rue des Écoles, à l'hôtel des Nations. La carrière de Sébastien Japrisot, quasi-anagramme de Jean-Baptiste Rossi, est lancée. Sous ce pseudonyme, il va publier cinq romans à succès, depuis *Compartiments tueurs* (1962), *L'Été meurtrier* (1977, prix des Deux Magots), jusqu'à *Un long dimanche de fiançailles*, prix Interallié 1991. Il travaillera également comme scénariste pour les films *Adieu l'ami* (1968), *La Course du lièvre à travers les champs* (1972) ou *Le Passager de la pluie* (1992) dont il publiera les réécritures sous forme de roman.

Au 41, la revue *La Vogue*

Domiciliée chez Barbou, librairie située au 41, rue des Écoles, cette revue révéla le jeune Arthur Rimbaud, publiant notamment en 1871 *Les Premières Communions* (« J'étais bien jeune, et Christ a souillé mes haleines. / Il me bonda jusqu'à la gorge de dégoûts ! / Tu baisais mes cheveux profonds comme les laines, / Et je me laissais faire… ah ! va, c'est bon pour vous »). Revue emblématique des « poètes maudits » (selon le titre d'un essai de Verlaine publié par la revue), elle accueillera plus tard des auteurs moins sulfureux comme Paul Bourget et Édouard Dujardin, ou très sulfureux comme Joris-Karl Huysmans et Jean Lorrain.

Au 49, le très littéraire Balzar

« À la brasserie Balzar, rue des Écoles, écrit Patrick Roegiers dans *La Traversée des plaisirs*, me revient toujours en mémoire l'image de Georges Perec, attablé gaiement face à l'entrée. Je revois son sourire timide et ses yeux verts, pétillants de malice […]. A-t-il siroté un cocktail Queneau, mélange de Schweppes et de San Pellegrino ? »

Ce fut un des restaurants favoris de Jean-Paul Sartre qui s'étonnait : « Bien que Lipp et le Balzar aient la même direction et vraisemblablement les mêmes fournisseurs, pourquoi la nourriture est-elle infiniment supérieure au Balzar ? » Dans *L'Âge de raison*, c'est sur le trottoir face à la brasserie que Mathieu décide de passer à l'acte en volant un livre. Et c'est en sortant du Balzar que Roland Barthes, rêveur, fut mortellement percuté par une camionnette.

ÉPÉE-DE-BOIS
(rue de l')

Il fit un circuit, tourna le passage des Patriarches qui était fermé à cause de l'heure, arpenta la rue de l'Épée-de-bois et la rue de l'Arbalète et s'enfonça dans la rue des Postes.

— Victor Hugo, *Les Misérables*, 1862

Au 7, Edmond Jabès et Max Jacob

Proche des surréalistes mais en marge du mouvement, Edmond Jabès rencontre Max Jacob en 1935 : « J'avais envoyé des textes à Max Jacob et il m'avait donné l'impression de ne pas les trouver trop mauvais. Cela m'avait encouragé à mettre au point un recueil que je lui avais soumis dès mon arrivée. Je revois Max, me répétant, tout en feuilletant le manuscrit : "J'aime ça. C'est bien. Quelle belle image !…" Nous nous retrouvâmes le lendemain matin chez lui. […] C'est alors seulement qu'il revint au recueil. "Je l'ai bien lu, me dit-il, et, si tu le permets, je vais maintenant le déchirer pour que nous puissions en parler plus librement." Il le déchira effectivement, à ma grande stupéfaction, et le jeta dans sa corbeille à papiers. "C'est excellent, me dit-il, mais ce n'est pas toi. Tu m'imites, et j'ai fait mon temps." »

Quittant l'Égypte en juin 1957 pour un exil définitif, Jabès entreprend une œuvre dont, selon René Char, « on ne voit pas d'égal en notre temps ». L'écrivain qui n'oublie jamais la question « Comment écrire après Auschwitz ? » sera le poète de la judaïté, interrogeant l'indicible et la divinité. Il décède à son domicile de la rue de l'Épée-de-Bois en janvier 1991, car « il faut bien, un jour, consentir à se taire quand les mots n'ont plus besoin de vous ».

ESTRAPADE (place de l')

Jean Vilar habitait place de l'Estrapade et nous, sous ses fenêtres, on avait installé une sorte de grande tente, qui était un lieu totalement déjanté. C'est donc là qu'on voit un premier spectacle de Jérôme Savary, Les Boîtes.

— Christine Crombecque, *Alain Crombecque. Au fil des rencontres*, 2018

Au 11, Charles Baudelaire à la pension Bailly

Au terme de ses études au lycée Louis-le-Grand, puis au lycée Saint-Louis, baccalauréat en poche, le jeune dandy fréquente la pension Lévêque-Bailly, place de l'Estrapade, où il fait la connaissance de Gustave Le Vavasseur et d'Ernest Prarond. « Je le vois encore, écrit son camarade et historien Ernest Prarond, descendre un escalier de la maison Bailly, mince, le cou dégagé, un gilet très long, des manchettes intactes, une légère canne à petite pomme d'or à la main, et d'un pas souple, lent, presque rythmique. »

ESTRAPADE (rue de l')

La crainte d'un malheur faisait trembler leur voix. Qu'était-il advenu de la rue de l'Estrapade ? Était-elle toujours aussi glissante ?
— Jean Guéhenno, *Aventures de l'esprit*, 1954

Au 3, Denis Diderot est dangereux

En 1747, Diderot quitte la rue Mouffetard et emménage rue de l'Estrapade, au deuxième étage d'une maison qui n'en compte alors que trois. Son brûlot athéiste *Lettre sur les aveugles à l'usage de ceux qui voient* n'est pas passé inaperçu : « Si vous voulez que je croie en Dieu, il faut que vous me le fassiez toucher », a-t-il écrit. Pour cette profession de non-foi, le matin du 24 juillet 1749, le commissaire du Châtelet Miché de Rochebrune vient l'arrêter. Le philosophe passera trois mois au donjon puis au château de Vincennes, sa fiche d'identité le signalant comme « un jeune homme qui fait le bel esprit et se fait trophée d'impiété, très dangereux ».

Au 7, Bernard Grasset à l'hôtel Bony

Après que les Allemands ont réquisitionné sa maison de Garches, Bernard Grasset s'installe à l'hôtel Bony, dans un appartement très haut de plafond doté de boiseries et de fresques datant du XVIIe siècle. À la Libération, l'éditeur sera poursuivi pour son attitude collaborationniste et les communistes demanderont « le juste châtiment des traîtres ». « La vengeance est vaine, écrira Beauvoir, mais certains hommes n'avaient pas leur place dans le monde qu'on tentait de bâtir. »

Au 11, Paul-Louis Courier

À travers ses écrits, ce polémiste dénonça la petitesse des grands et loua la grandeur des petits, notamment avec sa *Pétition pour des villageois que l'on empêche de danser* (1822). Pamphlétaire au style mordant (*Pamphlet des pamphlets*, 1824), libéral et anticlérical, il se fit de nombreux ennemis et mourut assassiné en 1825. « Lisez Paul-Louis Courier, je vous promets de belles surprises », écrira Robert Desnos dans le quotidien *Aujourd'hui*, en 1941.

Au 19, le jeune Prosper Mérimée

Il y habita en 1814, lorsqu'il étudiait au lycée Napoléon (devenu lycée Henri-IV à la Restauration), où son père était professeur de dessin. Il y restera un an et demi, avant que la famille ne s'installe au 25, rue Neuve-Sainte-Geneviève, aujourd'hui rue Tournefort. Il souffrira d'une mère peu aimante, susceptible, selon Stendhal, « d'attendrissement une fois par an », ce qui peut expliquer l'aspect parfois glacé de sa poésie.

Au 21 (ancien 7), Charles Péguy et sa *Jeanne*

En octobre 1897, âgé de 24 ans, Péguy vient de démissionner de l'École normale supérieure (rue d'Ulm), et publie en décembre sa *Jeanne d'Arc*, drame en trois pièces : *À Domrémy*, *Les Batailles*, *Rouen*. Marié avec la sœur de son ami Marcel Baudouin, il s'installe au quatrième étage du 7, rue de l'Estrapade, rue que décrit Balzac dans sa *Peau de chagrin*. Les débuts sont difficiles, mais la fin sera triomphale. « Il avait, il est vrai, beaucoup de choses contre lui, note Jean-Marie Rouart : sa personnalité rude, sa figure austère, son style pesant et peu affriolant [...], sa position en faveur de Dreyfus [...]. Miracle, sa conversion au nationalisme, son enthousiasme pour la guerre et sa mort au front en firent subitement une gloire littéraire. »

Au 21, Louis Pergaud Prix Goncourt

Pergaud, pour sa part, s'y installe en novembre 1907 et, avant de publier *La Guerre des boutons* (1912), reçoit le prix Goncourt 1910 pour son recueil de nouvelles *De Goupil à Margot. Histoires de bêtes*[17]. Instituteur adjoint à Maisons-Alfort, il apprend son succès alors qu'il fait la classe à une vingtaine de marmots. Pergaud (comme Péguy) décédera en 1915 au début du conflit et *Lebrac bûcheron*, roman dans lequel il fait grandir les héros de *La Guerre des boutons*, ne sera jamais terminé.

Au 21, Chester Himes écrit *L'Aveugle au pistolet*

En 1967, quittant la rue de Bourbon-le-Château, le romancier américain loge au 21, rue de l'Estrapade, avant de s'installer rue Abel-Ferry en 1968.

Le père d'Ed « Cercueil » Johnson et de Grave « Fossoyeur » Jones commence à rédiger *L'Aveugle au pistolet*, roman de l'exaspération raciale dans lequel un Noir aveugle décharge son pistolet sur des adversaires (supposés) qu'il ne peut pas voir. Deux ans plus tard, en 1969, Himes quittera Paris et ira s'installer en Espagne où il écrira les deux tomes de son autobiographie puis décédera en 1984.

Avant de mourir, Himes donnera son accord pour que soit publié *Plan B*, dernier roman (inachevé) dans lequel l'auteur fait disparaître ses deux héros au milieu d'un affrontement meurtrier entre Blancs et Noirs.

Au 24, Alexandre Privat d'Anglemont

Héritier de Villon, précurseur des Henri Calet, Jacques Yonnet ou Jean-Paul Clébert, ami d'Eugène Sue, de Musset, de Balzac, de Dumas et de Baudelaire, Alexandre Privat d'Anglemont fut, comme Murger, l'incarnation de la bohème à Paris. Il est essentiellement connu pour deux livres sur la capitale, *Paris anecdote* (1854) et *Paris inconnu* (1861). Ancien compagnon de Baudelaire à la pension Lévêque-Bailly, il le suivra dans l'île Saint-Louis, comme il le relate dans « Histoire d'une chemise » : « J'habitais l'hôtel Pimodan depuis six mois environ, en compagnie de quelques gens de lettres et de quelques artistes. Nous avions des appartements princiers, mais nous n'avions pas le moindre meuble. À quoi bon des meubles, d'ailleurs, puisque nous n'avions rien à mettre dedans ? »

FEUILLANTINES
(rue des)

La vieille rue des Feuillantines, la vraie rue des Feuillantines, celle que vous avez célébrée, personne ne songe à y toucher. Comme vous le dites, c'est un tronçon, mais un tronçon que je respecte.

— Victor Hugo, *Correspondance*, 1881

Au 2, l'enfance de Victor Hugo

Le 2, rue des Feuillantines correspond à un ancien couvent situé alors au 12, impasse des Feuillantines, dont les dépendances furent transformées en logements après la Révolution. Sophie Hugo s'y installe avec ses enfants en juin 1809, dans un vaste appartement situé au rez-de-chaussée donnant sur un immense jardin abandonné. « Il y avait dans cet Eden, rapporte Marcel Schneider dans *Paris, lanterne magique*, un puisard à sec où gîtait "le Sourd". C'était un monstre noir et velu inventé par les enfants, un ogre dévorant, un bourreau obèse et pervers qui répandait des effluves répugnants. »

La famille quittera momentanément la maison (de mars 1811 à avril 1812, pour rejoindre le colonel Hugo en poste à Madrid), puis reviendra pour y résider jusqu'en décembre 1813.

De 7 à 11 ans, aux Feuillantines, Victor Hugo vivra une enfance enchantée en compagnie de ses frères (Abel et Eugène) et de leurs petits voisins (Paul et Adèle Foucher, qu'il épousera). Il évoque longuement ce lieu dans *Les Rayons et les Ombres* et, dans *Les Voix intérieures* (1837), « les jours radieux des vertes Feuillantines ».

Au 2, le dérangeant abbé Lamennais

Deux ans après le départ de la famille Hugo pour la rue des Vieilles-Tuileries (rue du Cherche-Midi), Lamennais s'installe aux Feuillantines. Ordonné prêtre quelques mois plus tard, il se fait rapidement un nom en publiant en 1817 un très dérangeant *Essai sur l'indifférence en matière de religion*, grand succès de librairie dans lequel il ferraille avec Voltaire et les encyclopédistes. Précurseur de la démocratie chrétienne, il renoncera en 1833 à ses fonctions ecclésiastiques et publiera *Paroles d'un croyant*, ouvrage condamné par le pape Grégoire XVI.

Au 7, pauvre Zola

Abandonnant le 62, rue de la Pépinière, actuelle rue Daguerre, Zola et sa mère emménagent fin 1863 au 7, impasse des Feuillantines. Suivront le 278, rue Saint-Jacques en 1864, puis le 142, boulevard du Montparnasse en 1865. Sans père, sans fortune et sans diplôme, l'avenir du jeune homme s'annonce difficile. Car « être pauvre à Paris, c'est être pauvre deux fois[18] ».

Au 16, Guillaume Dustan

« Tu écrivais, notera dans *Le Monde* Virginie Despentes dix ans après sa mort, des romans rapides, avec beaucoup de descentes. Tu n'étais pas un gars sympa, tu n'étais pas une bonne personne. Mais tu étais drôle, et tu aimais l'adrénaline. Parfois tu étais sentimental, jusqu'à l'imbécillité, ce qui t'allait bien. Te lire, c'est se retrouver collé à ta nuque, comme une caméra à la Dardenne, mais chez toi Rosetta est sérieusement détraquée. Tu étais à mi-chemin entre la pétasse adolescente décérébrée et le khâgneux militant intello. »

Haut fonctionnaire, éditeur et écrivain, figure gay controversée, l'énarque sulfureux naquit à la littérature avec *Dans ma chambre* (1996), roman suivi de *Je sors ce soir* (1997) et *Plus fort que moi* (1998), dernier tome de sa trilogie « autopornographique ».

« Alors je me dégoûterai tellement que ce sera enfin le moment de me tuer », peut-on lire dans son premier roman. Malade du sida, il meurt d'une intoxication médicamenteuse, en 2005, à l'âge de 39 ans, rue des Feuillantines.

Au 25, le poète étoilé André Verdet

Né en 1913, décédé en 2004, Verdet résida rue des Feuillantines dans ses jeunes années. Grand résistant (il était le commandant Duroc à la tête du réseau auquel appartint Robert Desnos, arrêté en même temps que lui), il revint de Buchenwald et publia en 1949 un recueil de poèmes, *Les Jours, les nuits et puis l'aurore*, et un roman, *La nuit n'est pas la nuit*. Cet ami d'Éluard, de Giono et de Prévert, confident des plus grands peintres de l'époque et ami des étoiles, fut un poète-astronome naviguant sans cesse entre rêverie poétique et découverte scientifique. Il laisse plus de deux cent cinquante ouvrages, poésie, romans et ouvrages d'art.

Au 33, André Salmon dépanne Apollinaire

Avec la rue Soufflot, la rue Boissonade, la rue Gay-Lussac (au 46, à l'hôtel d'Égypte), la rue Broca, la rue Saint-Jacques, ce fut une des adresses de jeunesse du poète, en 1905 ou 1906. Apollinaire, lorsqu'il ratait son train pour Le Vésinet, venait souvent dormir dans son étroite chambre de l'hôtel des Feuillantines. Dans ses *Souvenirs sans fin*, Salmon évoque les propriétaires de l'hôtel, les Lejeloux, « ménage sérieux qui ne se donne du plaisir qu'une fois par an ».

FLATTERS (rue)

Il est curieux que ces mêmes maisons, quand j'habitais rue Flatters, m'aient paru vivantes, je me sentais protégée, enveloppée doucement dans leur grisaille jaunâtre… et elles conduisaient aux amusements, à l'insouciance des jardins du Luxembourg où l'air était lumineux, vibrant.

— Nathalie Sarraute, *Enfance*, 1983

Au 3, la petite Nathalie Sarraute

Nathalie Sarraute est âgée de 2 ans lorsque sa mère Pauline, arrivant de Russie après son divorce, s'installe en 1902 au 3 de la rue Flatters avec son compagnon dans un appartement « à peine meublé et assez sombre ». Elle y vivra jusqu'à l'âge de 6 ans, aimant, les soirs où des amis rendaient visite à sa mère, écouter les conversations adultes jusqu'à sombrer dans le sommeil. La rue Flatters restera la rue de référence de son enfance avant la rue du Loing puis la rue Marguerin, près du parc Montsouris.

Au 18, Roger Vailland a 4 ans

La famille Vailland, venant de l'Oise, s'y installe en 1911. Roger Vailland passera la plus grande partie de son enfance à Paris puis, de 1919 à 1925, à Reims. Il évoquera sa vie de province (à « Reims la plate ») dans la première partie d'*Un jeune homme seul* (1951).

FOSSÉS-SAINT-BERNARD (rue des)

On avait admiré leurs coiffures gonflées rue Pierre-Charron, on les retrouvait rue des Fossés-Saint-Bernard, aussi gonflées, flottant comme des étendards au vent parfumé de hashich de la new-révolution.
— Christine de Rivoyre, *Archaka*, 2007

Au 30, Balzac à l'hôtel des Haricots

Transférée en 1800 rue des Fossés-Saint-Bernard, la maison d'arrêt de la garde nationale surnommée « l'hôtel des Haricots[19] » connut une importante fréquentation littéraire chez les réfractaires à l'institution militaire : Musset, Gautier, Sue, Balzac… Au mois de mai 1836, ce dernier y fut emprisonné pour avoir refusé d'être mobilisé. Désargenté, il fut obligé de partager les repas que recevait de l'extérieur Eugène Sue, écrivain qu'il détestait. Il y séjournera une semaine, son *Lys dans la vallée* paraîtra un mois plus tard.

FOSSÉS-SAINT-JACQUES (rue des)

Ensuite ils étaient revenus dans leur quartier sage de la rue des Fossés-Saint-Jacques, mais cela n'avait plus aucune importance. Il était trop tard.
— Patrick Modiano, *Fleurs de ruine*, 1991

Au 2, Léon Deubel, poète maudit

Admirateur de Verlaine, de Paul Fort, d'Émile Verhaeren et de Jules Laforgue, il vécut misérablement, passant d'hôtel en hôtel, dormant parfois dans la rue. Il aimait, écrit son biographe Léon Bocquet, « d'un amour insensé et romanesque la poésie, il lui sacrifia tout ici-bas : famille, amitiés, l'argent quand il en eut, bien-être possible, joies charnelles et santé. Lorsqu'il n'eut plus rien à donner, il lui dévoua sa vie. À l'attitude que Léon Deubel avait adoptée, il n'y avait point d'autre issue que ceci : la mort ou la gloire – ou la gloire au prix de la mort ».

Ce fut la mort sans la gloire, malgré les nombreux hommages littéraires posthumes. Deubel, l'ami de Louis Pergaud, se suicida en 1913 à l'âge de 34 ans, en faisant disparaître tous ses manuscrits. Sur sa tombe est écrit : « J'ai voulu que ma vie entière / Fût comme une arche de clarté / Dont la voussure, large et fière / Descendît vers l'éternité / Et traversât dans la lumière / Le torrent noir de la cité. »

Au 16, Charles Derennes

Poète, romancier, essayiste et critique, il publia une cinquantaine d'ouvrages dont *Le Peuple du Pôle*, roman « merveilleux-scientifique » publié en 1907, ou *Émile et les autres* (1924), troisième volume de son *Bestiaire sentimental.*

Au 19, Jean Tharaud

Le 19 rue des Fossés-Saint-Jacques fut la demeure de Jean Tharaud, lorsqu'il inaugura avec son frère la revue *Cahiers de la quinzaine.* À partir de 1905, ils écrivent à quatre mains, le cadet se chargeant du premier jet, l'aîné, Jérôme, de la mise au point. *Dingley l'illustre écrivain* obtient le prix Goncourt en 1906 et lance leur carrière, inaugurant une œuvre d'un demi-siècle marquée par le conformisme, le nationalisme, le racisme et l'antisémitisme.

Ils furent tous deux élus à l'Académie française, Jérôme en 1938, Jean après la guerre. La première élection posa aux académiciens un cas de conscience : on ne pouvait pas installer les deux frères dans le même fauteuil et ils n'étaient chacun qu'un demi-écrivain. On se promit de s'occuper du frère ultérieurement et, quand Jean fut à son tour élu en 1948, Antoine Blondin put déclarer : « Encore un Tharaud de casé ! »

GALANDE (rue)

Il avait un studio coquet, rue Galande, qu'avaient acheté ses parents. Il consacrait l'essentiel de son énergie à passer au crible ceux qui les entouraient, pour démontrer en quoi ils étaient, finalement, eux, des vendus, des faux frères, des planches pourries et des imposteurs.

— Virginie Despentes, *Vernon Subutex*, 2015

Au 57, Huysmans au Château Rouge

Démoli en 1899, ce cabaret fut l'un des plus infâmes bistrots tord-boyaux du quartier Maubert. Huysmans l'évoque dans *La Bièvre et Saint-Séverin* : « Le Château-Rouge, connu aussi sous le nom de Guillotine et situé 57 rue Galande, est le lieu le plus clément aux escarpes et surtout aux purotins. Son rez-de-chaussée se compose de trois pièces. La première, celle qui donne sur la cour, est immense ; elle est à peine éclairée, le soir ; la seconde est grande et le gaz y brûle furieusement ; la troisième est minuscule et toute noire ; des vagabonds somnolent dans la première ; des marlous et des scélérats jouent et boivent dans la seconde ; des gens ivres morts dorment dans la troisième. [...] Une odeur fade à faire vomir, une odeur qui est un mélange d'une sorte de panade, d'eau de javel et d'ipéca s'évade de ces corps serrés sous leurs guenilles dans des collants de crasse. »

GAY-LUSSAC (rue)

Sartre me donne rendez-vous dans un café de la rue Gay-Lussac. Vif, petit, râblé, je le connaissais par les photos qui avaient accompagné des articles sur La Nausée *et sur* Le Mur. *Déjà glorieux.*

— Maurice Nadeau, *Grâces leur soient rendues*, 1990

Au 3, le père du Père Castor

Paul Faucher, écrivain et éditeur, vécut rue Gay-Lussac de 1938 à 1967. Il lança la collection de littérature enfantine du « Père Castor » en 1931 (plus de trois cents titres en cinq décennies, dont les célèbres *Boucle d'or et les trois ours*, *Froux le lièvre*, *Michka*, etc.) et créa après-guerre la célèbre école du Père Castor, au 131, boulevard Saint-Michel.

Au 5, le dernier domicile parisien de George Sand

George Sand a toujours disposé d'un pied-à-terre parisien. Après le 90, rue Claude-Bernard, elle loue en 1868 l'entresol du 5, rue Gay-Lussac, à quelques dizaines de mètres du jardin du Luxembourg, appartement dans lequel elle réside occasionnellement jusqu'en 1871.

C'est rue Gay-Lussac que Leconte de Lisle rencontre pour la première fois celle qu'il admire. Elle a 64 ans, il en a 50 : « Je vis une petite femme à grosse tête, avec un front large et de grands yeux calmes. [...] Elle me tendit la main, me fit signe de m'asseoir, s'assit elle-même derrière un bureau encombré de papiers, m'offrit un cigare, alluma une cigarette, et se mit à me regarder fixement sans rien dire. »

George Sand exerça une forte influence sur le poète dont les tentatives de romans rappellent parfois ceux de la dame de Nohant.

Au 9, Philippe Soupault

En 1964, quittant la rue de l'Université, Philippe Soupault achète un appartement rue Gay-Lussac dans lequel il s'installe avec sa compagne Muriel Reed (soucieux de la protéger, n'étant pas divorcé, il met l'appartement à son nom). Un an plus tard, dépressive, elle va se suicider en se jetant par la fenêtre du cinquième étage. Désespéré, Soupault se réfugie à l'hôtel du Quai Voltaire. Il y résidera huit ans.

Au 12, Paul Valéry, un décadent dont l'administration n'a que faire

Valéry et sa mère s'installent en septembre 1891 à l'hôtel Henri IV, pension de famille située au 12, rue Gay-Lussac. Son rêve parisien est d'écrire des poèmes, « cette hésitation prolongée entre le son et le sens ». Il participe bientôt aux « mardis » de Mallarmé, se lie avec Gide, Régnier, Louÿs, Heredia. Le soir, en rentrant à l'hôtel, il croise souvent un homme qu'il décrit comme « effroyable, fardé de vieux alcools qui se révoltent, mâchant la pipe blanche », qui « gesticule derrière l'absinthe de minuit ». Il s'agit de Verlaine.

Après un séjour à Montpellier, Valéry revient à Paris en mars 1894, toujours dans le même hôtel, louant une petite chambre au premier étage qu'évoque Léautaud dans son *Journal* : « À cette époque, Valéry habitait à l'Hôtel Henri IV, rue Gay-Lussac, sa chambre dont je revois très bien la disposition (le guéridon, avec le cahier de papier écolier couvert de notes, le tableau noir), donnant sur l'impasse Royer-Collard. Moi, 11, rue de Condé. Presque chaque soir nous partions en promenade dans Paris. Nous montions sur l'impériale d'un omnibus et nous allions de terminus en terminus, jusque dans les quartiers les plus excentriques. »

Rue Gay-Lussac, Valéry rédige les premiers des deux cent cinquante-sept cahiers sur lesquels, pendant cinquante et un ans, il va consigner ses réflexions. Il a renoncé à la poésie, comme en atteste une lettre à Pierre Louÿs datée du 20 mars 1892 : « Je crois aussi que le monde n'a pas besoin d'un Dierx, d'un Leconte de Lisle, même, de plus. » Valéry va selon ses termes « guillotiner intérieurement la littérature[20] », avant de la retrouver avec *La Jeune Parque* en 1917.

Suivant le conseil de Joris-Karl Huysmans, il passe en mai 1895 un concours pour entrer comme rédacteur au ministère de la Guerre. La note est sévère : « Le candidat est un esprit absolument nuageux qui ne sera jamais un rédacteur. Sa place est dans un mauvais journal. C'est un vulgaire décadent, un Paul Varlaine [*sic*] en prose dont l'administration n'a que faire. »

Au 17, le très solide Victor Cherbuliez

Ce Genevois habita rue Gay-Lussac avant de s'installer au 12, rue de Tournon, en 1889. Romancier à la mode comme Jules Sandeau ou Octave Feuillet, il fut un pilier de la très droitière *Revue des Deux Mondes*. Albert Thibaudet juge ses romans « aussi solides que les meubles second Empire ». Naturalisé français en 1880, il est élu à l'Académie en 1881. « Oh ! la reconnaissance, la reconnaissance ! C'est un boulet que je traîne au pied depuis dix ans », fait-il dire à un de ses personnages. La mort venue, en 1899, Victor Cherbuliez ne connaîtra pas ce désagrément.

Au 26, Marcel Jouhandeau à 20 ans

En 1908, Jouhandeau s'installe à Paris pour suivre des cours à la Sorbonne. Il a 20 ans. « J'habitai d'abord l'hôtel, écrit-il dans *Les Miens*, rue Meslay et rue Casimir-Delavigne, puis des mansardes, après l'achat de quelques meubles, 26, rue Gay-Lussac et 27, boulevard de Grenelle. » Profondément catholique, le jeune homme prend conscience de son homosexualité, et cette dualité conflictuelle dominera sa vie et son œuvre. Auteur prolifique, il signera plus de cent vingt ouvrages.

Au 34, Paul Fort (et son petit cheval blanc)

Succédant à Verlaine, Mallarmé et Léon Dierx, Paul Fort est élu en 1902 « prince des poètes », ce qui n'empêche pas Guillaume Apollinaire de le traiter de « prince des poètes à la manque ». Trois ans plus tard, il s'installe rue Gay-Lussac dans un appartement qu'il ne quittera qu'en 1960. Son petit cheval (« dans le mauvais temps, qu'il avait donc du courage ») et son bonheur dans le pré (« cours-y vite. Il va filer… ») marqueront des générations d'écoliers.

Au 49, les débuts de Bernard Grasset

En 1907, âgé de 26 ans, Grasset fonde, avec les trois mille francs hérités de sa mère, les Éditions nouvelles afin de publier le roman de son ami Henry Rigal intitulé *Mounette*. L'ouvrage, très mince (quatre-vingt-douze pages), se vendra à moins de trois cents exemplaires. Au terme d'un an dans son deux-pièces, le jeune homme déménagera pour la rue Corneille, où les Éditions nouvelles deviendront les Éditions Bernard Grasset. Jean Giraudoux sera le premier auteur à le rejoindre et Grasset deviendra dans l'entre-deux-guerres le principal concurrent de Gallimard. Un siècle plus tard, le catalogue de la maison comptera plus de quatre mille titres.

Au 50, l'hôtel de l'Avenir de Modiano

Patrick Modiano, dans *Fleurs de ruine*, évoque la rue Gay-Lussac qu'il croisa souvent dans ses pérégrinations des années 1980-1990 : « J'avais le sentiment que les lieux étaient restés dans l'état où je les avais laissés au début des années soixante et qu'ils avaient été abandonnés à la même époque, voilà plus de vingt-cinq ans. Rue Gay-Lussac – cette rue silencieuse où l'on avait jadis arraché des pavés et dressé des barricades –, la porte d'un hôtel était murée et la plupart des fenêtres n'avaient plus de vitres. Mais l'enseigne demeurait fixée au mur : Hôtel de l'Avenir. »

GEOFFROY-SAINT-HILAIRE (rue)

Elle aimait surtout la place où elle attendait Armand, la mince et longue terrasse dont le parapet longe la rue Geoffroy-Saint-Hilaire.

— Paul Bourget, *Un crime d'amour*, 1886

Au 51, l'éditorialiste Thierry Maulnier

Dans les années 1950, Thierry Maulnier réside rue Geoffroy-Saint-Hilaire. Cet éditorialiste d'ultradroite proche des Hussards, hostile à la décolonisation et au passé controversé durant la guerre, va se consacrer à l'écriture théâtrale avec notamment *La Maison de la nuit* (1951) ou *La Ville au fond de la mer* (1953). En 1964, il sera élu à l'Académie française. Comment imaginer qu'à l'âge de 17 ans, il écrivit *Fulgur* (avec huit élèves du lycée Louis-le-Grand, dont Roger Vailland et Robert Brasillach), roman d'aventures fantastico-scientifique relatant les aventures d'une belle criminelle qui va ressusciter l'ancien royaume de Catalogne et déchaîner l'Asie contre l'Europe ?

GEORGES-BERNANOS (avenue)

Le samedi soir, je pris le bus 38, qui me déposa au bout du boulevard du Montparnasse du côté de l'avenue de l'Observatoire[21]*, devant le Bullier. Il était 18 h 45.*

— Catherine Choupin, *Les Deux Destins de Rose*, 2016

Au 31, Prévert et l'avènement d'Hitler

Le 31 janvier 1933, le groupe Octobre joue dans la salle du bal Bullier, espace situé face à la Closerie des Lilas, à la hauteur de l'actuel 31, avenue Georges-Bernanos, ex-avenue de l'Observatoire. La pièce s'intitule *L'Avènement d'Hitler*, texte que Prévert a sans doute écrit dans la nuit puisque Hitler a été nommé chancelier la veille, et dans lequel il joue le rôle de ce dernier : « On le présente aux ouvriers / C'est un ami presque un frère / Un ancien peintre en bâtiment / Le moindre mal quoi / C'est moins dangereux qu'un général un ancien peintre en bâtiment / Et maintenant / Les quartiers ouvriers sont peints couleur de sang. »

GUY-DE-LA-BROSSE (rue)

Il convient d'ajouter tout de suite que cette rue Guy de la Brosse, qui va de la rue de Jussieu à la rue Linné, fait partie d'une véritable petite province bornée par le jardin des Plantes, l'hôpital de la Pitié, l'entrepôt des vins et les premières rampes de la montagne Sainte-Geneviève.

— Paul Bourget, *Le Disciple*, 1889

Au 13, Jacques Perret au Jardin des plantes

L'auteur du *Caporal épinglé* s'installe dans les années 1970 dans un troisième étage du 13, rue Guy-de-La-Brosse. Royaliste convaincu, il ne peut qu'apprécier l'ancien Jardin du roi. Quel que soit le temps, il enfile son imperméable « à la Humphrey Bogart », coiffe son chapeau de toile et, avant d'aller flâner dans le labyrinthe des philosophes du Jardin des plantes, s'arrête devant la statue de Bernardin de Saint-Pierre, qui, une fesse en l'air, donne l'impression de péter[22].

Rue Guy-de-La-Brosse, Perret écrira de nombreuses nouvelles (*Tirelires*, 1981) et des récits-souvenirs, comme *Raisons de famille* (1976), *Belle Lurette* (1982) ou *Le Jardin des plantes* (1985). Il décède en 1992.

HENRI-BARBUSSE (rue)

Quand une partie de la rue Denfert-Rochereau fut rebaptisée rue Henri-Barbusse, Hélène Moissac eut un accès d'humeur.

— Pierre Sergent, *Le Coup de grâce*, 1990

Au 25, Benjamin Crémieux

Critique littéraire et théâtral, traducteur et romancier, chroniqueur à la *NRF*, il publia dans l'entre-deux-guerres quatre romans (dont l'un autobiographique, *Le Premier de la classe*), une étude sur Proust (1929) et de nombreux essais sur la littérature italienne, notamment sur Pirandello dont il fut le révélateur-traducteur en France. Résistant dès 1941, il meurt à Buchenwald en 1944.

HUCHETTE (rue de la)

Rue de la Huchette / Y a Paris et un peu de pluie / Du goudron sur des vieux pavés / Où traînent des rêves infinis / Où traînent des rêves infinis.

— Yves Simon, *Rue de la Huchette*, 1973

Au 4, *Manon Lescaut* à la Hure d'Or

Est-ce à la Hure d'Or ou au Petit More ? Quoi qu'il en soit, c'est dans un cabaret de la rue de la Huchette que l'abbé François Prévost (dit Prévost d'Exiles) écrit une partie de *Manon Lescaut* entre 1728 et 1731.

Au 10, Boby Lapointe

En 1963, Boby Lapointe tente de monter son propre cabaret, le Cadran Bleu, endroit loufoque doté d'une pointeuse, ce qui justifie la devise affichée à l'entrée : « Chez Lapointe, on s'pointe et on pointe ! » Tous les soirs, c'est des catins décaties, un Russe blanc qui est noir, car « Tic-tac, tic-tac / Ta Katie t'a quitté ». Le chanteur compositeur, qui connut des hauts et des bas (scaphandrier et poseur d'antennes de télévision), y passe les plats, chante, joue du violon, drague les filles, fait faillite en quelques mois et retourne au Cheval d'Or, rue Descartes, retrouver ses zélés fans.

Au 23, *La Cantatrice chauve*

Roumain de mère française, Ionesco écrivit son « antipièce » en s'inspirant de la méthode Assimil : phrases courtes, clichés, coq-à-l'âne, tout ce qu'il faut pour élaborer des dialogues « absurdes ». La pièce, initialement, devait s'appeler *L'Anglais sans peine*. Le titre fut changé à la suite d'un trou de mémoire d'un comédien qui prononça lors d'une répétition « cantatrice chauve » au lieu d'« institutrice blonde ».

La pièce est créée en mai 1950 aux Noctambules de la rue Champollion, un de ces petits théâtres off que Camus qualifiait de « pissotières ». Le succès n'est pas au rendez-vous.

« Je ne crois pas que M. Ionesco ait quelque chose à dire, écrit Jean-Jacques Gautier dans *Le Figaro*. Je crois que

M. Ionesco est un plaisantin, un mystificateur, donc un fumiste. »

La pièce sera reprise en février 1957 (en compagnie de *La Leçon*) par le petit théâtre de la Huchette pour une période d'un mois. Depuis cette date, les deux pièces sont toujours à l'affiche dans leur mise en scène d'origine et ont vu passer plus de deux millions de spectateurs.

Au 28, l'hôtel du Mont Blanc

Dans les années 1920, le journaliste et romancier Elliot Paul y écrivit *C'est ici que je découvris Paris* et un livre à la gloire de la rue : *A Narrow Street*. Peut-être y croisa-t-il Henry Miller et Hemingway, qui fréquentèrent également l'hôtel à cette époque. En 1939, c'est Pablo Neruda, nommé consul à Paris, qui séjourne à l'hôtel. Le poète chilien retrouvera Paris trente ans plus tard, nommé ambassadeur lorsque la gauche viendra au pouvoir. Il y publie *L'Épée de flammes* et *Les Pierres du ciel*, puis, en octobre 1971, devient le troisième écrivain d'Amérique latine à se voir décerner le prix Nobel de littérature après la poétesse chilienne Gabriela Mistral en 1945 et le poète-écrivain guatémaltèque Miguel Ángel Asturias en 1967.

LAPLACE (rue)

Elle habitait un rez-de-chaussée donnant sur la rue Laplace, quelques immeubles avant celui de Rocroy. Chaque fois qu'elle devait ouvrir sa fenêtre, elle le faisait avec crainte, s'imaginant qu'un criminel la guettait, prêt à l'attaquer.

— Robert Sabatier, *Canard au sang*, 1958

Au 4, Arthur Adamov

Réfugié à Paris à l'âge de 16 ans, héritier ruiné des puits de pétrole de son père à Bakou, il côtoie les surréalistes dans les années 1920 sans pour autant se joindre au mouvement. En 1938, dans son hôtel de la rue des Canettes, il écrit *L'Aveu*, essai autobiographique qui sera publié en 1945 et salué par Antonin Artaud.

Après la guerre, Adamov s'installe rue Laplace. Comme Ionesco ou Beckett, son théâtre va s'apparenter au courant de l'absurde avec notamment *La Grande et la Petite Manœuvre*, créée par Jean-Marie Serreau en 1950. Les pièces se succèdent mais, en 1953, Adamov se fâche avec Ionesco et refuse que, désormais, ses œuvres soient publiées sous le vocable de « théâtre de l'absurde ».

« Adamov était plus commode [qu'Artaud], écrit Gilles Lapouge dans *Le Flâneur de l'autre rive*. Il traînait tout le temps dans les rues de Saint-Germain-des-Prés. [...] Nous plaisantions bêtement. "J'ai aperçu Adamov. Est-ce qu'il a fait ses deux heures d'angoisse aujourd'hui ?" »

LARREY (rue)

Mais les marmites de la rue Larrey, de la rue des Blancs-Manteaux, de la rue du Château et de la rue Berzélius n'admettaient comme consommateurs que leurs membres adhérents.

— Lucien Descaves, *Philémon, vieux de la vieille*, 1913

Au 11, Michel Waldberg

Il habita avec sa mère près de la mosquée, au 11, rue Larrey, dans l'appartement que Marcel Duchamp leur avait laissé lorsqu'il partit pour les États-Unis.

Poète, romancier, traducteur (Truman Capote, Philip Roth...), redoutable polémiste, il fit de l'irrévérence et de la désacralisation sa toile de fond. Il est l'auteur d'une vingtaine d'ouvrages, poèmes (*Vivant ou mort*, 1979), romans (*La Boîte verte*, 1995, *La Caissière*, 2001), de récits, d'essais sur l'art et sur l'histoire des religions.

LE GOFF (rue)

L'appartement du docteur Sourdil est au coin de la rue Le Goff. Paul retrouva le salon qu'il connaissait, alla vers la fenêtre de gauche (celle de droite était masquée par le piano) d'où il apercevait l'entrée du jardin.

— Henri Kaufmann, *L'Amour en soi*, 1980

Au 1, Jean-Paul Sartre dit « Poulou »

Jean-Paul Charles Aymard Sartre perd son père à l'âge de 1 an, il est élevé par sa mère Anne-Marie Schweitzer et son grand-père maternel, Charles Schweitzer, cousin du célèbre docteur. Le grand-père Karl et la grand-mère voltairienne qui forment l'entité « Karletmamie » s'installent rue Le Goff, à l'angle de la rue Soufflot, en 1911, avec leur fille et leur petit-fils. Poulou joue à l'enfant sage, invente des mots « au-dessus de son âge », se complaît dans le rôle de petit prodige. « Seul au milieu d'adultes, écrit-il, j'étais un adulte en miniature. » À 58 ans, il relatera ses années d'enfance dans *Les Mots*, récit qui s'arrête à l'année 1917, lorsque sa mère se remarie avec Joseph Mancy, le beau-père tant haï.

Au 10, Sigmund Freud n'aime pas Paris

Jacques Hillairet, dans son *Dictionnaire historique des rues de Paris*, indique que Sigmund Freud habita durant six semaines l'hôtel du Brésil, du 15 janvier à fin février 1886, afin de suivre les cours de Charcot à la Salpêtrière, considérée à l'époque comme la Mecque des neurologues. « Pendant bien des années, écrit Freud, je ne rêvais que de Paris, et le bonheur extrême que je ressentis en posant pour la première fois le pied sur ses pavés me sembla garantir la réalisation de mes autres désirs[23]. » Il déchantera : la pluie, la boue, et des Parisiens qu'il juge arrogants et inaccessibles.

Freud, romancier ? Il en rêvait, depuis que son père lui avait offert, pour ses 14 ans, *L'Art de devenir un écrivain original en trois jours* de Ludwig Börne. Et il considérait que son essai sur Léonard de Vinci pouvait se lire comme un « roman psychanalytique ».

LHOMOND (rue)

Qui savait que Janvier serait de garde cette nuit-là, rue Lhomond ? C'était à lui-même qu'il posait cette question. Ce fut Lucas qui répondit.
— Georges Simenon, *Maigret en meublé*, 1951

Au 10, Jules Michelet écrit l'Histoire

Après avoir obtenu, en 1838, une chaire d'histoire et de morale au Collège de France, Michelet perd sa femme et va s'installer au 10 de ce qui est alors la rue des Postes. Il tombe amoureux de la mère d'une de ses élèves qui décédera à son tour deux ans plus tard. En dehors de ses cours, Michelet poursuit son œuvre majeure, l'*Histoire de France*, fresque immense commencée en 1833 racontant la marche de la nation vers son émancipation. Certains lui reprocheront son écriture romancée, son manque de rigueur et ses idées politiques influant sur sa vision de l'histoire. Mais personne ne lui conteste une plume remarquable.

Génie pour Victor Hugo, charlatan pour Sainte-Beuve, Michelet reste l'un des plus grands historiens français.

Au 23, le jeune Léautaud

Paul Léautaud est âgé de 21 ans lorsqu'il réside dans le quartier de la Contrescarpe : « J'ai habité tout jeune homme, rue Amyot, un petit hôtel d'un seul étage, au coin de la rue Lhomond. La rue Amyot et cette petite maison d'un seul étage (ma chambre avait deux fenêtres sur la rue) étaient charmantes. »

Au 33, Cosette et Jean Valjean

« Cosette commençait à se fatiguer et ne marchait plus aussi vite, lit-on dans *Les Misérables*. Il la prit dans ses bras et la porta. Il n'y avait pas un passant, et l'on n'avait point allumé les lumières à cause de la lune. En quelques enjambées il fut à la rue du Pot-de-Fer-Saint-Marcel qui coupe […] la rue des Postes à angle droit. Il allait s'y jeter lorsqu'il aperçut à l'autre bout de la ruelle, au coin de la rue Neuve-Sainte-Geneviève, un fantôme debout et immobile qui gardait le passage. C'était un des hommes qui accompagnaient Javert. »

Par l'entrée du 33, Cosette et Jean Valjean vont trouver refuge dans le couvent (imaginaire) du Petit-Picpus et échapper ainsi à Javert.

Au 34, Francis Ponge et son abricot

En automne 1945, quittant le 37, rue de Lille, Francis Ponge s'installe rue Lhomond dans l'appartement qu'occupait Jean Dubuffet. En 1942, *Le Parti pris des choses* marque son entrée dans le monde littéraire et, en 1956, paraîtra un numéro spécial de la *NRF*, avec des hommages de Braque, Camus, Jean Grenier, André Pieyre de Mandiargues, Philippe Sollers, etc. L'ambition du poète : faire exister les choses à travers les mots, le poème devenant l'objet qu'il prend pour thème, comme son abricot, cette « palourde du verger », ces « deux cuillerées de confiture accolées ».

« Nous sommes vite devenus amis, écrit Sollers, je repense aux heures de conversation chez lui, rue Lhomond. Ponge, à l'époque, était très seul, pauvre, son souci était celui de la transmission, le moment des "œuvres complètes" était loin, il craignait d'avoir travaillé pour l'ombre. Et en même temps, très sûr de lui, "tremblement de certitude". J'ai été heureux de publier certains de ses plus beaux textes[24]… »

Au 35, Georges Limbour

Brièvement surréaliste (il signa le premier *Manifeste*), familier du groupe de la rue Blomet d'André Masson où il se lia à Michel Leiris et à Georges Bataille, ce professeur de philosophie laisse une œuvre disparate comprenant de la poésie, de la critique littéraire et picturale, quatre romans (dont *Les Vanilliers*, 1938, et *La Chasse au mérou*, 1963, qui le fit connaître), une pièce de théâtre (*Élocoquente*, 1967) et des récits rassemblés dans *Contes et récits* et *Soleils bas* (1972). « Souvent plus proche d'un Baudelaire ou d'un Nerval que d'un Breton, peut-on lire sur le site de Uga Éditions, Limbour nous laisse ainsi une œuvre élégante et gouailleuse, parfois nostalgique, qui porte jusqu'à l'orée des années 1970 les derniers feux du romantisme. »

LINNÉ (rue)

Elle compte passer d'abord rue Linné, voir si Éric est là, ou s'il est venu mettre la clé derrière les compteurs du palier, comme d'habitude.

— François Weyergans, *Le Pitre*, 1973

Au 13, *La Vie mode d'emploi* de Georges Perec

Dans le deuxième chapitre de *Penser/Classer* – œuvre posthume –, Perec détaille son adresse : « Si quelqu'un à Paris me demande où je crèche, j'ai le choix entre une bonne dizaine de réponses. […] Par exemple : "j'habite rue Linné, à côté de la clinique Saint-Hilaire" […] ou "j'habite rue Linné, c'est à Jussieu" ou "j'habite rue Linné, à côté de la faculté des sciences" ou bien "j'habite rue Linné, près du jardin des

Plantes" ou encore "j'habite rue Linné, pas loin de la mosquée". [...] Par contre, je risque fort de ne pas être compris si je dis des choses comme "j'habite par 48°50 de latitude nord et 2°20 de longitude est" ou "j'habite à 890 kilomètres de Berlin, 2600 de Constantinople et 1444 de Madrid". »

Le logement qu'occupe Perec rue Linné est un trois-pièces situé à l'entresol et qui s'ouvre de plain-pied sur une cour-terrasse. L'écrivain l'a acheté en 1973 et s'y installe en 1974. Il y écrit notamment une grande partie de *La Vie mode d'emploi*, publié en 1978 (prix Médicis). Après avoir tapé le mot « fin », Georges Perec constata que son IBM à boule avait rendu l'âme. Issue logique après six cents pages (sans compter les annexes), quatre-vingt-dix-neuf chapitres et deux mille personnages dans un immeuble où tout s'imbrique dans un gigantesque puzzle.

Au 15, Stanislas Fumet

Essayiste, poète, éditeur et critique d'art, il fut une grande figure du catholicisme social et vécut rue Linné de 1920 à 1983. Tout en respectant l'homme et l'œuvre, comment ne pas être agacé par le côté hagiographique de certaines notices ? Selon un contributeur sur Wikipédia, « parmi ses premiers livres, *Notre Baudelaire* aussi bien que *Mission de Léon Bloy* [sont des] authentiques chefs-d'œuvre d'intelligence et d'analyse ». Wikipédia loue par ailleurs « ses lumineuses analyses sur Braque et sur Picasso » et précise qu'il fut producteur d'émissions littéraires à l'ORTF « dont certaines s'inscriront dans l'histoire des ondes ». Diable. Pour en savoir (encore) plus, sans doute faut-il lire *Histoire de Dieu dans ma vie*, de Stanislas Fumet (1978).

MALEBRANCHE
(rue)

Un peu plus loin, rue Malebranche, habite Maurice Nadeau que nous fréquentons. Violette aime aussi recevoir les Queneau dont elle est devenue l'amie.

— Edgar Morin, *Mon Paris, ma mémoire*, 2013

Au 8, les six décennies de Maurice Nadeau

« Il y a, écrit-il, des livres contre lesquels on se blottit, ils vous protègent, avec eux, on peut se laisser aller. » Des livres contre lesquels se blottir ou dont on se sert comme étendard, Nadeau en a découvert beaucoup. Avec son look loubard, son caractère insolent et sa gouaille naturelle, il vécut près de six décennies rue Malebranche, disparaissant à l'âge de 102 ans.

Auteur d'une *Histoire du surréalisme*, fondateur en 1966 de *La Quinzaine littéraire*, il fut un éditeur marginal et essentiel, assurant les débuts de Claude Simon, Roland Barthes, Nathalie Sarraute, Robert Antelme, Arthur Koestler, Louis Guilloux, Georges Perec, Hector Bianciotti... Et, plus tard, d'un certain Michel Thomas, futur Michel Houellebecq, en faisant paraître en 1994 *Extension du domaine de la lutte*, ouvrage refusé un peu partout et qui se vendra à plus de deux cent mille exemplaires, toutes collections confondues.

MONGE (place)

Au métro Place Monge, j'eus la mauvaise idée de prendre la sortie « Arènes de Lutèce ».
— Michel Houellebecq, *Soumission*, 2015

Au 3, Claude Simon depuis sa fenêtre

« Comment peut-on vivre ailleurs que place Monge ? » s'interrogea-t-il. Depuis sa table de travail, Claude Simon peut observer le passage des saisons, le démontage du marché, les Parisiens sortant de la bouche du métro. Certaines pages de *La Bataille de Pharsale* et du *Jardin des plantes* sont inspirées de ce qu'il apercevait par la fenêtre de son appartement, au cinquième étage. En 1976, sur France Culture, le futur Prix Nobel de littérature (1985) exposait sa conception de l'écriture : le sujet d'un roman, c'est l'écriture, et l'inspiration ne joue aucun rôle. Est-ce pour cela que certains peuvent le trouver, selon ses propres mots, « confus », « ennuyeux », voire « illisible » ? Avec *Le Vent*, avec *L'Herbe*, et plus encore dans les années suivantes, avec *La Route des Flandres*, *Le Palace* et *Histoire*, l'œuvre de Claude Simon, peut-on lire dans *Le Monde* au lendemain de sa mort, « s'impose comme l'une des aventures littéraires les plus vastes entreprises depuis Proust ».

Au 4, Saint-Pol-Roux, le poète assassiné

Il s'appelait Paul-Pierre Roux, on l'appelait « Le Magnifique », il pensait que le poète est un prolongement de Dieu et il fit – selon certains – la jonction entre symbolisme et surréalisme. Le mouvement dada en fit peu de cas, Picabia déclarant en mai 1924 à *Paris-Journal* : « Saint-Pol-Roux, j'ai horreur de ce qu'il a pu faire et il a eu raison de foutre le camp en Bretagne. » Un an plus tard, André Breton ne manquera pas de prendre le contre-pied de Dada et, dans *Les Nouvelles littéraires* de mai 1925, il publiera un « Hommage à Saint-Pol-Roux », le considérant comme « le seul authentique précurseur du mouvement dit moderne ».

Sa principale résidence parisienne fut le 4, place Monge, où il vécut en 1882 et de septembre 1896 à fin 1899, date à laquelle il quitta Paris pour s'installer en Bretagne. Son nom reste indissociable du fameux banquet très mouvementé donné en son honneur par Breton et ses amis, à la Closerie des Lilas, le 2 juillet 1925.

Saint-Pol-Roux est mort en 1940, quelques mois après le meurtre de sa servante et le viol de sa fille par un soldat allemand. Vercors dédiera *Le Silence de la mer* au « poète assassiné ».

MONGE (rue)

Je l'entends, je le sens descendre la rue Monge. Il va contourner la place, prendre le boulevard sur la gauche. Je le « vois ». J'en suis sûr.

— Jacques Yonnet, *Rue des Maléfices*, 1954

Au 2, Jacques Prévert et Notre Père

Enfant, le petit Jacques venait goûter le dimanche après-midi chez son grand-père, catholique et royaliste, directeur de l'Office central des pauvres de Paris et marguillier de l'église Saint-Nicolas-du-Chardonnet. On connaît la suite : « Notre Père qui êtes aux cieux, restez-y[25] » !

Au 31, le jeune Romain Rolland et Claudel

Né en 1866, Romain Rolland a 14 ans lorsque ses parents quittent la rue de Tournon pour s'installer au cinquième étage du n° 31 de la rue Monge. Il suit alors les cours du lycée Saint-Louis puis du lycée Louis-le-Grand. En 1886, il sera reçu à l'École normale supérieure où il se lie avec Paul Claudel. Rolland et Claudel se fréquenteront sans vraiment s'apprécier. Une cinquantaine d'années plus tard, durant la « drôle de guerre », les deux hommes se croisent de nouveau à Vézelay. « Rolland jugea sévèrement Claudel à la suite de cette rencontre. Il lui trouvait un physique de paysan champenois, d'où il était d'ailleurs originaire, petit et gros, la tête massive, presque sourd et parlant difficilement à cause d'un dentier mal fixé, ce qui n'était pas l'idéal pour un ambassadeur de la République. Il le trouvait grossier et rustre : à table, il piquait sa fourchette dans le plat de viande, et mangeait sa salade à même le saladier[26]. »

Au 49, les arènes de Lutèce et Victor Hugo

Découvertes par hasard en 1860 et mises au jour par la Compagnie générale des omnibus, les arènes de Lutèce devaient servir d'entrepôt à la compagnie. Victor Hugo, grand défenseur de la préservation de Paris, évita aux Parisiens cette honte culturelle. En témoigne la lettre qu'il adressa à l'Hôtel de Ville le 27 juillet 1887 : « Monsieur le Président, il n'est pas possible que Paris, la ville de l'avenir, renonce à la preuve vivante qu'elle a été la ville du passé. Le passé amène l'avenir. Les arènes sont l'antique marque de la grande ville. Elles sont un monument unique. Le conseil municipal qui les détruirait se détruirait lui-même. Conservez les arènes de Lutèce. Conservez-les à tout prix. Vous ferez une action utile, et, ce qui vaut mieux, vous donnerez un grand exemple. »

Au 59, Émile Faguet est bien chez lui

Cet écrivain, chroniqueur et critique littéraire, occupait un modeste appartement au cinquième étage. Détestant la campagne et les fâcheux – fussent-ils académiciens –, il ne sortait guère de chez lui à la fin de sa carrière. Auteur d'essais littéraires sur

Corneille, La Fontaine, Voltaire, Flaubert, Rousseau, Nietzsche…, cet antidreyfusard proche de Jules Lemaître fustigea les « idées de clerc de notaire de province » de Balzac (et les « vulgarités de son style »), débina sans complexe Victor Hugo (un auteur « creux » quoique maîtrisant la rime et la forme poétique). Stendhal ? « Un Saint-Simon de table d'hôte. »

MONTAGNE-SAINTE-GENEVIÈVE (rue de la)

Et ils descendirent la colline par cette rue de la Montagne-Sainte-Geneviève qui rejoint en serpentant le boulevard Saint-Germain.
— Henry Bordeaux, *L'Affaire de la rue Lepic*, 1938

Au 2, Gaston Bachelard fait la cuisine

L'ancien surnuméraire des Postes et télégraphes (à Remiremont) et sosie de Karl Marx y réside à partir de 1941 avec sa fille Suzanne, dans un petit appartement envahi par les livres. Il est alors professeur à la Sorbonne (chaire d'histoire et de philosophie des sciences) et développe une nouvelle philosophie des sciences faisant place à la rêverie et à l'imagination, pratiquant une véritable psychanalyse des éléments : *L'Eau et les Rêves*, *La Psychanalyse du feu*, *L'Air et les Songes*…

« Bachelard aimait la vie, écrit son premier éditeur José Corti[27] dans *Souvenirs désordonnés*. Quand il n'était pas dans sa chambre-bibliothèque-cabinet de travail, il était dans sa cuisine. C'était aussi son domaine, préparant des repas de gourmets qui goûtent le lié d'une sauce, le relevé d'un ragoût et la jambe d'un vin. Le philosophe et sa chère apprentie se régalaient de ces petits chefs-d'œuvre qu'il savait cuisiner. Et après ces savoureuses récréations, il ceignait le tablier à vaisselle et empoignait la serpillière du carrelage. »

Au 25 (et 1-25 rue Descartes), les écus d'or de François Villon

À cet emplacement était situé le collège de Navarre, fondé en 1304, où Villon s'illustra en 1456. Avec ses complices, à l'aide d'une échelle, il s'introduisit dans les lieux et déroba cinq cents écus d'or cachés dans le coffre de la sacristie avant de fuir vers Angers.

Son œuvre maîtresse, *Le Testament*, ne sera commencée que cinq ans plus tard. En 1463, échappant de peu au gibet, il écrit sa célèbre *Ballade des pendus* : « Frères humains qui après nous vivez / N'ayez les cœurs contre nous endurcis / Car, si pitié de nous pauvres avez / Dieu en aura plus tôt de vous mercis. »

Villon ne fut pas pendu mais banni, et il disparut. Où se terra-t-il ? « On ne sait pas. En Angleterre, peut-être. Ou bien retiré, religieux, à Saint-Maixent en Poitou », hasarde Philippe Sollers. Rabelais, lui, l'imagina en comédien et le glissa comme personnage dans ses romans *Pantagruel* et *Gargantua*[28].

MOUFFETARD (rue)

La rue Mouffetard, qui va de la place de la Contrescarpe et de la rue Lacépède à l'avenue des Gobelins, est, au point de vue de la crasse, de la sordidité, de la puanteur, et aussi de l'ancienneté, du relief et de la couleur, une des plus remarquables de Paris.

— Léon Daudet, *Paris vécu*, 1929

Au 45, le poète SDF Germain Nouveau

Comme Baudelaire et Nerval, le poète hippie fut un SDF du pavé parisien, cumulant une vingtaine d'adresses dans la capitale. « Je n'ai qu'une chemise pour mon équipement, et quand vient la lessive, je la sèche au beau temps. Quand je vais à l'église on me fait comme au roi : tout le monde s'empresse de s'éloigner de moi. Ce qu'on voit à ma suite, à mon enterrement, ce sont les poux, les puces qui s'en vont en pleurant. »

Après le 16, rue de Vaugirard, le 11, rue Auber, le 233, rue Saint-Jacques, le 24, rue Bonaparte, le 34, rue des Boulangers, le 49, rue Pigalle, le 238, rue Saint-Jacques, le 80, boulevard Saint-Germain, le 19, boulevard Rochechouart, le 135, boulevard du Montparnasse, le 6, rue de l'Arrivée, le 130 ter, boulevard de Clichy, le 104, rue d'Amsterdam, le 19, rue Pierre-Nicole, le 7, rue Durantin, on le retrouve au 45, rue Mouffetard en 1903. C'est l'époque durant laquelle son mysticisme lui vaut quelques enfermements et de nombreuses douches froides censées l'empêcher de réciter des psaumes ou des litanies à tue-tête et en pleine rue. Ses poésies seront pour la plupart publiées après sa mort, le poète s'y opposant fermement de son vivant[29]. Est-ce pour cela que l'on retrouve un de ses poèmes dans un recueil de Rimbaud ? Verlaine, en effet, attribua à Rimbaud un poème de Germain Nouveau : *Poison perdu*[30].

Au 104, Edgar P. Jacobs et l'infâme Olrik

Dans *L'Affaire du collier*, seul album parisien de Jacobs, le colonel Olrik sort du passage des Postes et tente d'échapper à la police. *Damned !* Il va réussir !

NAVARRE (rue de)

Petit tour, nous deux et Grandmuseau, dans le quartier des Arènes, rue de Navarre, rue de Quatrefages, place du Puits-de-l'Ermite avec ses pauvres palmiers frileux.

— Valery Larbaud, *Journal*, 1912-1935

Au 7, Jean Blanzat

Ce romancier, qui deviendra directeur littéraire chez Grasset et obtiendra le prix Femina pour *Le Faussaire* en 1964, fut pendant la guerre un résistant proche de Jean Paulhan qui habitait à quelques pas, rue des Arènes. Il cachera notamment rue de Navarre François Mauriac, lorsque Paulhan sera arrêté et emprisonné une semaine à la Santé (puis libéré grâce à l'intervention de Drieu la Rochelle).

PANTHÉON (place du)

La place du Panthéon était pleine de soldats couchés sur de la paille. Le jour se levait. Les feux de bivouac s'éteignaient.

— Gustave Flaubert, *L'Éducation sentimentale*, 1869

Au 5, Max Gallo et sa vieille Olympia

Une petite lumière s'allumait vers quatre heures du matin. Sur sa vieille Olympia, Max Gallo travaillait quand la capitale dormait. Près de l'hôtel des Grands Hommes où Breton et Soupault s'attachèrent à réinventer les mots, le biographe de Napoléon et du général de Gaulle a construit son œuvre. Plus de cinquante titres de 1964 jusqu'à sa mort, en 2017. Dont, paraît-il, *Papillon*, dont il serait le coauteur avec Henri Charrière.

Sa carrière politique sera entachée par ses propos sur le colonialisme. Interrogé par France 3, en décembre 2004, sur l'esclavage des Noirs sous Napoléon, il déclare : « Est-ce que c'est un crime contre l'humanité, peut-être, je ne sais pas. »

Au 9, la revue *Littérature*

En 1919, Louis Aragon, André Breton et Philippe Soupault décident de créer leur propre revue en s'inspirant de *Maintenant* (1912-1915) d'Arthur Cravan, de *Nord-Sud* (1917-1918) de Pierre Reverdy, et de *SIC* (1916-1919) de Pierre Albert-Birot. Le titre *Littérature*, proposé par Valéry, est puisé dans l'*Art poétique* de Verlaine (1874) qui se termine par : « Et tout le reste est littérature. » La revue, dadaïste dans un premier temps, va annoncer le surréalisme, publiant notamment des extraits des *Champs magnétiques*. Le premier numéro paraît en mars 1919 et comporte *Incognito*, texte d'un jeune poète, Raymond Radiguet : « Soi-disant diseuse de bonne aventure / On est presque nu / Des portraits de famille / Il y en a qui seraient honteux / Une rue déserte / Plus tard elle portera votre nom / Les nuages descendent à terre / Ils gênent nos pas… »

Au 15, Michel Butor et *La Modification*

Dans *Le Monde* du 13 novembre 1957, Émile Henriot écrit : « On disait de Courbet, peintre réaliste, que c'était un œil au bout d'un pinceau. On pourrait dire pareillement de M. Michel Butor, le romancier de *L'Emploi du temps* et de *La Modification*, que c'est un œil au bout d'un crayon à bille. »

La Modification paraît en même temps que *La Jalousie* d'Alain Robbe-Grillet, que *Le Vent* de Claude Simon et que *Tropismes* de Nathalie Sarraute : important tir groupé du Nouveau Roman, mouvement littéraire qui fait la part belle au contexte de l'histoire racontée au détriment de l'intrigue proprement dite.

Dans ce troisième roman de Michel Butor, écrit place du Panthéon, l'auteur vousoie son « héros », qu'il loge sur cette même place. Incipit : « Vous avez mis le pied gauche sur la rainure de cuivre, et de votre épaule droite vous essayez en vain de pousser un peu plus le panneau coulissant. »

Au 17, André Breton à l'hôtel des Grands Hommes

En septembre 1918, André Breton s'installe au troisième étage de cet hôtel pour étudiants et prépare son examen de médecine au Val-de-Grâce. De sa fenêtre, il ne voit que le crâne de la statue d'un Jean-Jacques Rousseau qui lui tourne le dos et l'avenir lui paraît bien incertain. Le soleil va revenir avec Éluard (qu'il reçoit pour la première fois en mars 1919) puis Aragon qui, revenu de Sarre[31], y fait une lecture d'*Anicet*. En mai, en l'espace de deux semaines, il va écrire avec Philippe Soupault la majeure partie des *Champs magnétiques*, ouvrage signant les premiers pas du surréalisme. C'est dans ce même hôtel qu'il fera la connaissance de Benjamin Péret, le fidèle absolu qui, seul parmi les surréalistes de la première heure, survivra aux excommunications du « patron ».

PARCHEMINERIE
(rue de la)

Ces temps-ci, un employé de la Compagnie d'affichage, au lieu de faire coller au mur les affiches de théâtre, les livrait à un brocanteur de la rue de la Parcheminerie, qui lui-même les revendait à un fabricant de couronnes funéraires. Ce dernier en faisait une sorte de pâte sur laquelle on appliquait des fleurs d'immortelles. Tout est comme ça à Paris.

— Edmond de Goncourt, *Mémoires de la vie littéraire*, 1887

Au 28, Denis Diderot a 16 ans

Dans cette ancienne « rue de l'Escrivenerie », un Corneille vieux et désargenté entra en 1679 chez un cordonnier afin de faire recoudre les seules chaussures qu'il possédait. À quelques mètres de la boutique, cinquante ans plus tard, s'installera un jeune homme de 16 ans : Diderot, qui suivra des cours au collège d'Harcourt (futur lycée Saint-Louis) jusqu'en 1834. Censé entrer dans les ordres, s'y refusant, il se fera couper les vivres par son père et deviendra écrivain public.

PIERRE-NICOLE
(rue)

Je marchais rue du Val-de-Grâce et rue Pierre-Nicole. Quartier calme des Feuillantines. On dirait que l'air y est léger et garde l'écho des années révolues.
— Patrick Modiano, *Éphéméride*, 2002

Au 15, Édith Thomas et *Les Lettres françaises*

Journaliste puis romancière-archiviste-historienne, Édith Thomas développa l'idée d'un « humanisme féminin » : « C'est un devoir de lucidité tranquille de tenter de distinguer ce qui est en soi-même spécifiquement "féminin", c'est-à-dire biologique et éternel, de ce qui est acquis par l'éducation, les préjugés, du milieu, les convenances ou les inconvenances déterminées par les premières. »

Durant la guerre, le premier étage du 15, rue Pierre-Nicole devint en 1943 le QG clandestin du comité de rédaction des *Lettres françaises*, où les relations d'Édith Thomas avec Aragon seront orageuses. Dans ses Mémoires, elle relate leur première rencontre à la Closerie des Lilas. « Enfin il arriva et commanda un café-crème avec des croissants. Je me demande pourquoi ce souvenir m'est resté aussi vif. Je regardais Aragon manger ses croissants. Ses petites dents blanches et aiguës, qui les déchiquetaient, me faisaient songer au loup, au renard, à je ne sais trop quel carnassier[32]. »

Son dernier roman, *Le Jeu d'échecs*, parut pour la première fois en février 1970. Le livre connut un énorme succès et, neuf mois plus tard, Édith Thomas mourait d'une hépatite fulgurante.

Au 35-37, Jean Guéhenno sans télé

Jean Guéhenno vécut pendant et après la guerre au 35-37, rue Pierre-Nicole. Une grande partie de son œuvre fut autobiographique : *Journal d'un homme de 40 ans* (1934), *Journal des années noires. 1940-1944* (1947), *Changer la vie* (1961). Regrettant de ne pouvoir accéder à l'écriture romanesque, il se consacra à la critique littéraire, Michelet, Renan, Romain Rolland, mais surtout Jean-Jacques Rousseau : « Je n'ai lu ni admiré personne plus que lui. C'est mon vrai maître. »

À sa mort, sous la plume de Jacqueline Piatier, *Le Monde* écrivit : « Dans *Les Carnets du vieil écrivain* (1971), où il a dit avec beaucoup de pathétique la difficulté de vieillir, Guéhenno sentait un fossé se creuser entre son siècle et lui. Son classicisme, sa foi dans la raison, sa confiance dans l'homme lui paraissaient le mettre sur la touche. C'est à voir. Certaines de ses idées, de ses valeurs, ont pris au contraire un aspect prophétique : son souci de faire accéder le peuple à la culture, sa dénonciation de la collusion qui existe entre cette culture et la classe dominante, son refus de se laisser inféoder à une idéologie et, jusqu'au titre donné à son meilleur livre, ce *Changer la vie* appelé à devenir slogan. Par sa scrupuleuse fidélité à lui-même, ce vieux professeur de la IIIe République, qui donna ses dernières chroniques à notre journal, prenait soudain l'allure d'un précurseur. »

Jean Guéhenno fut élu à l'Académie française le 25 janvier 1962. Le 13 mars 1980, ayant hérité de son fauteuil, Alain Decaux lui rendit hommage en déclarant : « Jean Guéhenno ne posséda jamais de poste de télévision. »

POLIVEAU (rue)

En attendant je flâne. Actuellement je suis assis dans un square, sur un banc du côté de la rue Poliveau, non loin du Jardin des plantes...

— Patrick Laurent, *Orfex*, 2016

Au 45, le café tenu par Jambier

Grandgil – Dites-moi, patron ! C'est bien le n° 45 ici ?

Jambier – Pourquoi me demandez-vous ça ?

Grandgil – Ah ! Ben pour rien, puisque je le sais. M. Jambier, 45, rue Poliveau, Paris 5e.

Martin – Ah ! Laisse-nous tranquilles, on parle sérieusement.

— *La Traversée de Paris*, Claude Autant-Lara (réal.), 1956 (d'après la nouvelle éponyme de Marcel Aymé)

PORT-ROYAL (boulevard de)

Le boulevard de Port-Royal est également présent dans le 13e arrondissement.

Et nous arrivons au bout de la rue Saint-Jacques, qui se jette dans le flux ininterrompu du boulevard Port-Royal.

— Lorànt Deutsch, *Métronome 2*, 2016

Au 96, Michel Audiard

En 1947, Michel Audiard s'installe avec sa femme Marie-Christine Guibert, dite « Cri-Cri », boulevard de Port-Royal, quittant ainsi et définitivement son 14e, même si l'arrondissement de son enfance commence en face de chez lui. Après une période « romans policiers », de *Méfiez-vous des blondes* (1950) au *Terminus des prétentieux* (1968), le célèbre dialoguiste va entamer une véritable carrière littéraire avec *Répète un peu ce que tu viens de dire* (1975), suivi de *La Nuit, le jour et toutes les autres nuits* (1978).

Beaux textes, qui ne sauraient faire oublier ses débuts dans l'écriture : Audiard fut en effet journaliste collaborationniste pendant la guerre, écrivant dans *L'Appel* ou *L'Union française*, signant quelques nouvelles comme *Le Rescapé du Santa Maria* (1943), dans laquelle les Juifs ont une « étrangeté désagréable », une « veulerie suante » et une « odeur de chacal ». À la Libération, il entamera une carrière de critique cinématographique, dénigrant les films sur la Résistance et qualifiant de « chef-d'œuvre » *Les Dieux du stade* (1938), film documentaire de propagande nazie de Leni Riefenstahl.

POT-DE-FER (rue du)

Et j'irai rendre visite à Francis Ponge dans son rez-de-chaussée de la rue Lhomond, et, plus tard encore, à Étienne-Martin dans son atelier du 7 de la rue du Pot-de-Fer.

— François Nourissier, *À défaut de génie*, 2000

Au 6, l'hôtel ouvrier de George Orwell

« Pour un savant, pour un philosophe ou pour un poète, habiter cette petite rue silencieuse et verdoyante, c'était un rêve enchanté », écrit Alexandre Dumas dans *Les Mohicans de Paris*. Ce n'est pas l'avis de George Orwell, qui s'y installe au printemps 1928 dans un hôtel ouvrier. Dans *Down and Out in Paris and London* (*Dans la dèche à Paris et à Londres*), il évoque la rue du Pot-de-Fer : « C'était une rue très étroite, une sorte de gorge encaissée entre de hautes maisons aux façades lépreuses figées dans de bizarres attitudes penchées comme si le temps s'était arrêté au moment précis où elles allaient s'abattre les unes sur les autres. »

Dans son garni, l'auteur de *1984* (publié en 1949) écrit des poèmes, des nouvelles et deux romans qu'il détruira avant de retourner à Londres (en 1929), où il sera contraint, non sans humour, à la même vie de misère : « Un mendiant, écrit-il, à voir les choses sans passion, n'est qu'un homme d'affaires qui gagne sa vie comme tous les autres hommes d'affaires, en saisissant les occasions qui se présentent. Il n'a pas plus que la majorité de nos contemporains failli à son honneur : il a simplement commis l'erreur de choisir une profession dans laquelle il est impossible de faire fortune. »

Rue du Pot-de-Fer, Georges Duhamel logera Louis Salavin, modeste employé de bureau parisien, dans son cycle romanesque : *Confession de minuit* (1920), *Deux Hommes* (1924), *Journal de Salavin* (1927), *Le Club des Lyonnais* (1929), *Tel qu'en lui-même…* (1932).

QUATREFAGES (rue de)

Commerçants de Constantine, ils avaient rejoint leur fils à Paris et habitaient, comme pour ne pas être dépaysés, tout près de la mosquée, rue de Quatrefages.

— Michel Ragon, *Le Regard et la Mémoire*, 1998

Au 5, le petit appartement de Georges Perec

« Nous vivions pendant tout ce temps au n° 5 de la rue de Quatrefages, au cœur du Quartier latin dans un minuscule appartement qui ressemblait assez à celui du livre », relate Paulette Pétras, la compagne de Perec (qui eut – dit-on – l'idée du titre des *Choses*). Le couple résidera rue de Quatrefages de 1960 à 1966 et se séparera en 1969.

On connaît les accointances entre Modiano et Perec. Dans *Souvenirs dormants*, Modiano adresse un clin d'œil à Perec en logeant Geneviève Dalame au 5, rue de Quatrefages.

Au 7, Sylvie et Jérôme dans *Les Choses*

À cette adresse imaginaire (le 7, rue de Quatrefages n'existe pas) et mitoyenne de la sienne, Perec loge Jérôme et Sylvie, ce couple amoureux des « choses » des années 1960, dans un appartement au plafond bas, aux bons vieux livres, avec ses piles de journaux : « Ils auraient aimé être riches. Ils croyaient qu'ils auraient su l'être. Ils auraient su s'habiller, regarder, sourire comme des gens riches. Ils auraient eu le tact, la discrétion nécessaires. Ils auraient oublié leur richesse, auraient su ne pas l'étaler. Ils ne s'en seraient pas glorifiés. Ils l'auraient respirée. Leurs plaisirs auraient été intenses. Ils auraient aimé marcher, flâner, choisir, apprécier. Ils auraient aimé vivre. Leur vie aurait été un art de vivre. »

En 1963, Perec adresse le manuscrit en cours à Roland Barthes, qui lui retourne une lettre enthousiaste : « Une histoire sur la pauvreté mêlée à l'image de la richesse, c'est très beau… Finissez vite et publiez. » Le manuscrit sera refusé chez Gallimard, accepté par Maurice Nadeau puis publié chez Julliard. Il vaudra à Perec le prix Renaudot 1965.

Au 12, le poète Edmond Humeau

Condisciple de Julien Gracq dans sa petite enfance, apparenté à l'école de Rochefort, ce poète publia une trentaine de recueils entre 1932 et 1990. « Humons Humeau », écrit Guy Chambelland qui fut son ami et son éditeur à la célèbre enseigne du *Pont de L'Épée* :

« Je prie le Dieu sec et cireux des grandes terres assoiffées / Qu'une petite source délie les eaux prisonnières / du déboisement / Et qu'en se déliant les fontaines reçoivent le bras d'eau / glacé libérant la saison atrachèle au déduit des griffons… »

Au 14, l'exotique Jean Dorsenne

En 1933, Dorsenne et sa femme résident rue de Quatrefages, après le 9, quai aux Fleurs (dans la maison d'Héloïse et Abélard) puis le 4, rue du Puits-de-l'Ermite. Il fut un adepte de la littérature dite « exotique », situant l'action de ses romans plus particulièrement en Polynésie. En 1927, son *C'était le soir des dieux* manqua, selon le site qui lui est dédié, le prix Goncourt par six voix contre quatre au troisième tour de scrutin.

RATAUD (rue)

De l'autre côté du ravin, la rue Rataud avait encore le même aspect, même pas provincial, mais villageois, avec ses hauts arbres inclinés sur le mur dégradé...

— Robert Brasillach, *Notre avant-guerre*, 1941

Au 9, Alexandre Arnoux commence par la poésie

Né en 1884, il fut d'abord poète (trois recueils entre 1906 et 1909) avant d'entamer une pléthorique carrière de dramaturge, de romancier et de scénariste. Émile Henriot (qu'il retrouvera à l'Académie française) se souvient de leur amitié : « Cela a commencé vers 1905, où, jeunes gens, nous fondions la revue *Psyché*. Arnoux portait alors sous un vaste feutre la moustache et la barbiche à la royale. Il était déjà volubile, plein de vues et prompt à disparaître aussitôt arrivé. Je l'ai retrouvé le même chez Henri de Régnier et chez Élémir Bourges, au temps de l'*Abisag ou l'Église transportée par la foi*. Pierre Mille un jour, au lendemain de la guerre, me dit : "Avez-vous lu le *Cabaret* d'un nommé Arnoux ? C'est un chef-d'œuvre." »

En 1913, Alexandre Arnoux déménagera pour s'installer dans le 16e arrondissement.

ROLLIN (rue)

Mais, auparavant, nous arriverons rue Rollin et disons bonjour au fantôme de Descartes qui habita ici. Je ne suis pas toujours d'accord avec lui...

— Christian Souque, *La Chaumière abandonnée*, 2010

Au 4, Zola dans la chambre de Bernardin de Saint-Pierre

Le 4, rue Rollin correspond à l'ancien 24, rue Neuve-Saint-Étienne-du-Mont. Zola s'y installe en 1860 dans une chambre sous les toits où aurait demeuré, entre 1781 et 1786, Bernardin de Saint-Pierre, lequel y aurait écrit ses *Études de la nature*, prélude à *Paul et Virginie*. Zola n'y résidera que deux ans, un Zola poète qui y écrit « L'Aérienne », dernier poème de *Trois Amours*, dans un style bien lointain de ses futurs *Rougon-Macquart* : « Un soir, je l'aperçus dans une ombreuse allée / Onduler comme un rêve à la forme voilée. / Son regard incertain qui, vague, par moment, / Sans paraître rien voir, caresse doucement, / Son pas harmonieux, sa démarche légère / Qui semble dans un vol se détacher de terre... »

Au 6, le poète roumain Benjamin Fondane

« Je vais m'allonger sur le dos / Moitié ici, moitié ailleurs / Les jambes posées sur le vide, / Les bras ballants, les yeux ouverts[33]. »

Le premier domicile parisien où s'allongea le poète roumain fut le 71, rue des Saints-Pères, dans l'appartement de Remy de Gourmont, où il officiait comme gardien et bibliothécaire. Suivront le 15, rue Jacob, le 19, rue Monge puis enfin la rue Rollin en 1932, où, naturalisé français en 1938, il résidera jusqu'en 1944. Poète, philosophe, essayiste, dramaturge et cinéaste, il fut un polémiste redoutable, bataillant notamment contre la poétique de Paul Valéry ou d'André Breton. Il meurt en 1944 assassiné par les nazis à Auschwitz, deux ans après ces vers prémonitoires : « Un jour viendra, c'est sûr, de la soif apaisée, / nous serons au-delà du souvenir, la mort / aura parachevé les travaux de la haine, / je serai un bouquet d'orties sous vos pieds[34]... »

Au 14, Descartes n'aime pas Paris

Après la rue du Four puis la rue des Écouffes dans le Marais, Descartes loge rue Rollin lors de ses séjours parisiens (1644, 1647 et 1648). Le philosophe auteur des *Méditations métaphysiques* n'aime pas la capitale et craint que l'air de Paris ne le dispose « à concevoir des chimères au lieu de pensées de philosophes ». En 1647, en compagnie de Gilles Personne de Roberval, il rencontre Pascal, jeune savant de 24 ans et fort malade, qui tente de les convaincre, sans succès, de l'existence du vide. Les *espaces infinis* et le *cogito ergo sum* parlèrent-ils philosophie ? On ne sait.

ROYER-COLLARD
(impasse)

« Je ne comprends pas, disait-elle, ici, c'est l'impasse Royer-Collard. À quoi sert une barricade dans une impasse ? »

— Laurent Joffrin, *C'était nous*, 2004

Au 5, les rideaux jaunes de Freud

Lors de son arrivée à Paris, en octobre 1885, comme l'atteste une lettre à Martha Bernays, sa fiancée, Freud réside à l'hôtel de la Paix, impasse Royer-Collard, au cœur du Quartier latin. Il séjournera ensuite à l'hôtel du Brésil, rue Le Goff. Constatant que les rideaux de sa chambre étaient de couleur jaune, il procéda – dit-on – à une analyse chimique pour vérifier s'ils ne contenaient pas d'arsenic.

Au 5, également, Paul Valéry

Selon le *Journal* de Paul Léautaud, Paul Valéry a vécu à l'hôtel de la Paix, au premier étage. À quelques années près, il aurait pu deviser dans l'escalier avec Sigmund Freud. C'est dans cet hôtel qu'en 1890, il rencontre Pierre Louÿs, André Gide, Mallarmé, et publie des poèmes dans les revues symbolistes – dont *L'Ermitage*. Chaque matin, Valéry se rend au ministère de la Guerre, où il est rédacteur. Est-ce à ce titre et pour son nationalisme de jeunesse qu'il s'avéra antidreyfusard, quoiqu'il ne fût pas antisémite ? « Qu'on le fusille et qu'on n'en parle plus », aurait-il déclaré. Dans une lettre de 1898, Valéry reproche à Gide d'avoir signé une pétition en faveur de la révision du procès de 1894 et se dresse contre les « charognards », « les imbéciles ou les illuminés ».

ROYER-COLLARD (rue)

Les principats littéraires n'avaient sans doute pas atteint le comble du ridicule, puisque sous le couvert d'une mystérieuse société d'Idéologie, sise rue Royer-Collard, Jules Romains et ses amis jugèrent bon de porter le coup de grâce en élisant un prince des penseurs, Pierre Brisset, d'Agen.

— André Billy, *Le Pont des Saints-Pères*, 1947

Au 14, Verlaine reçoit

« Bien que mal fortuné déjà, peut-on lire dans *Souvenirs*, j'avais mes mercredis. Et ces soirs-là ma petite chambre, qui n'avait pourtant rien de commun avec la maison de Socrate, contenait parfois jusqu'à quarante personnes des deux sexes[35]. »

Sorti de l'hôpital en mars 1888, Paul Verlaine s'est installé dans la « petite chambre » de son hôtel rue Royer-Collard et, le mercredi, les invités se succèdent : Rachilde, Laurent Tailhade, Jean Moréas, Mallarmé, Villiers de L'Isle-Adam et ses incroyables histoires qu'il relate d'un ton lugubre. « On s'amusait ferme au cours de ces modestes agapes qui, d'ordinaire, se terminaient, vers minuit, par l'invasion des cafés avoisinants, le François Premier entre autres. »

Après un nouveau séjour à l'hôpital, Verlaine bénéficiera, grâce notamment à Maurice Barrès, d'une chambre plus confortable à l'hôtel de Lisbonne, rue de Vaugirard.

SAINT-GERMAIN (boulevard)

Le boulevard Saint-Germain est également présent dans les 6e et 7e arrondissements.

Je ne traverse jamais le boulevard Saint-Germain, sauf pour aller à Tokyo.

— Antoine Blondin, *Monsieur Jadis ou l'École du soir*, 1970

Au 37, André Pieyre de Mandiargues

Pieyre de Mandiargues y vécut avec Leonor Fini, venue s'installer chez lui au printemps 1932. Il a 23 ans, elle, 24. Il n'écrit pas encore, mais il cultive déjà son jardin du fantastique, se nourrissant de Maurice Scève, Agrippa d'Aubigné, Lautréamont, Mallarmé, Coleridge, des romantiques allemands et des surréalistes. En 1935, le couple quitte le boulevard Saint-Germain et s'installe rue Payenne, dans un des deux appartements achetés par Mandiargues.

Au 37, la mort d'Audiberti

En 1899, à l'âge de 13 ans, il avait écrit sa première œuvre : un discours que son père, entrepreneur de maçonnerie, devait prononcer au tribunal de commerce d'Antibes. Le dernier sera son roman-journal *Dimanche m'attend*, publié quelques semaines après sa mort, en 1965, ouvrage dans lequel « on le voit guetter face à face, de biais, de tous côtés, sous tous éclairages, le tournant de sa mort[36] ».

« Perdre Audiberti, déclare Paul Morand, c'est comme être privé de café, de tabac, de vin ; le degré d'alcool de son imagination nous était nécessaire ; son lyrisme, c'est le soleil mis en page ; c'est un produit de transformation comme le miel, comme l'huile au goût antique. »

Ce dramaturge – qui fut également poète, peintre et critique de cinéma – fut avant tout un torturé amoureux des mots : « Chez Audiberti, écrit Georges Perros, ça malaxe, ça mâche, ça déglutit, les mots font un bruit de galets, quand la mer se retire, et qu'ils se freinent les uns les autres pour ne pas aller faire naufrage en beauté[37]. »

Au 57, naissance de Musset

Il naît en 1810, dans un milieu aristocratique amoureux des belles-lettres. Son père a édité les œuvres complètes de Rousseau et en a rédigé une biographie. L'esprit des Lumières entoure le jeune homme qui sera un brillant élève, inscrit, alors qu'il n'a pas encore 9 ans, en classe de sixième au collège Henri-IV. Il rédigera ses premiers poèmes à 14 ans, obtiendra le premier prix en dissertation française au concours général et un prix en dissertation latine.

Il abandonnera rapidement des études de médecine et de droit pour se consacrer à la littérature. L'objectif est simple : devenir Schiller ou Shakespeare.

SAINT-JACQUES
(rue)

Marius montait à pas lents le boulevard vers la barrière afin de gagner la rue Saint-Jacques. Il marchait pensif, la tête baissée. Tout à coup il se sentit coudoyé dans la brume ; il se retourna, et vit deux jeunes filles en haillons…

— Victor Hugo, *Les Misérables*, 1862

Au 17, Anne Wiazemsky

Dans *Un an après* (2015), l'actrice et ex-épouse de Godard évoque l'année 1968 : « Jean-Luc n'attachait guère d'importance à l'endroit où nous vivions, l'appartement du 15, rue de Miromesnil qu'il louait et qui avait servi de décor pour *La Chinoise* lui convenait, mais pourquoi pas un autre ? Quand j'avais ajouté : "Et puis, j'en ai marre de la proximité avec la place Beauvau, marre de l'Élysée et de tous ces flics", il avait répondu en prenant l'accent suisse : "Dans ce cas…" »

Rue Saint-Jacques, le couple sera aux premières loges pour vivre les événements de Mai 68 et l'on verra le plus chinois des Suisses sur une barricade de la rue Gay-Lussac, Anne Wiazemsky sillonnant les rues en patins à roulettes. Lors de la contre-manifestation gaulliste des

Champs-Élysées, François Mauriac, son grand-père, va côtoyer André Malraux. « On aurait dit un gâteux donnant le bras à un drogué, ou l'inverse », commentera-t-elle aimablement. À partir de 1988, Anne Wiazemsky se consacrera également à l'écriture, le plus souvent autobiographique. *Hymnes à l'amour* (1996) reçoit le Grand Prix RTL-*Lire* et *Une poignée de gens* (1998) le Grand Prix du roman de l'Académie française.

Au 46, Villon mauvais garçon

À l'angle de la rue Saint-Jacques se tenait dans les années 1440 le cloître Saint-Benoît dans lequel le jeune François de Montcorbier, futur François Villon, fit ses études et ses premiers pas de mauvais garçon.

Au 67, le poète-boxeur Arthur Cravan

Il fut chauffeur à Berlin, éleveur de kangourous et bûcheron en Australie, boxeur aux États-Unis, poète et champion de France des mi-lourds à Paris[38]. Il sera une figure mythique des avant-gardes littéraires, malgré le fait qu'il n'ait pratiquement jamais rien écrit.

Après un séjour en Italie pour rendre visite à son frère, Fabian Avenarius Lloyd revient en France à l'hiver 1908, s'installant dans un premier temps à l'hôtel des Écoles, 11 bis, rue Delambre, puis au 67, rue Saint-Jacques. Son séjour à Paris sera une succession de scandales et d'excentricités avec la Closerie des Lilas comme épicentre. En 1912, il prend le nom d'Arthur Cravan et édite jusqu'en 1905 la revue *Maintenant*, dont il est l'éditeur et l'unique rédacteur. Il se permet d'égratigner André Gide ou d'insulter Marie Laurencin : « En voilà une qui aurait besoin qu'on lui relève les jupes et qu'on lui mette une grosse… quelque part. » L'œuvre du poète-boxeur qui se disait neveu d'Oscar Wilde tient en quelques dizaines de pages, mais son aura et sa disparition inexpliquée en 1918, à l'âge de 31 ans, influenceront notablement les dadaïstes et les surréalistes.

Au 123, Baudelaire, Voltaire et Blondin au lycée Louis-le-Grand

« Autrefois, à Paris, on était d'un lycée comme on est d'une paroisse : on avait l'esprit de préau ; j'étais fier du mien qui avait abrité Baudelaire. » Ainsi s'exprime Antoine Blondin dans *Monsieur Jadis*.

En matière d'élèves illustres, le lycée Louis-le-Grand n'a pas à rougir à côté d'Henri-IV : Charles Baudelaire, Robert Brasillach, Paul Claudel, Théophile Gautier, Joseph Kessel, Molière, Jean-Paul Sartre, Voltaire, Antoine Blondin…

Baudelaire (qui détestait l'école, « ce milieu pédant et hypocrite qui m'a mis au pain sec et au cachot ») y obtint un prix en composition de vers latins, un premier prix de dessin en 1838, mais fut renvoyé en 1839 pour indisciplines diverses dont « a ricané durant le cours de philosophie ».

Dans un poème adressé à Sainte-Beuve en 1845 ou 1846, il écrit : « Nous traînions tristement nos ennuis accroupis / Et voûtés sous le ciel carré des solitudes, / Où l'enfant boit, dix ans, l'âpre lait des études. »

Le jeune Arouet, futur Voltaire, avait été simplement puni cent trente-cinq ans plus tôt pour « a[voir] placé des glaçons dans le bénitier ». (En hiver, à Louis-le-Grand, on n'allumait les poêles que si l'eau du bénitier gelait dans la chapelle.)

Au 151 bis, J.-H. Rosny jeune

« Pour avoir un nom, ils se sont abstenus d'avoir des prénoms. L'un est J., l'autre est H. Qu'est-ce que J ? Qu'est-ce que H ? Lequel est J ? Lequel est H ? Majuscules mystérieuses, impénétrables individualités. Ils sont deux, deux en un. Ils sont les Rosny. Ils sont J.-H. Rosny. » (Jean Ernest-Charles, en 1904.)

Entre 1887 et 1908, Séraphin Justin François Boex et son frère Joseph écrivent à quatre mains sous le nom J.-H. Rosny. Grands noms fondateurs de la science-fiction moderne, ils cessent leur collaboration en juillet 1908, Séraphin continuant d'écrire sous le nom de J.-H. Rosny jeune, Joseph sous le nom J.-H. Rosny aîné. *L'Affaire Dérive* (1909) sera le premier roman signé de J.-H. Rosny jeune et l'on peut lire dans la presse : « Oui, vraiment, il semble que M. J.-H. Rosny jeune décrive trop bien, trop parfaitement, avec un luxe trop généreux de détails pittoresques ; il n'est pas un repli de l'âme de ses personnages, pas un détail de leur existence, qui soient laissés dans l'ombre ; nous les connaissons parfaitement, nous vivons avec eux tous les détails de cette tragédie, nous devenons les familiers de tous ces types de province, campés avec une précision et une force extraordinaires. Notre imagination n'a plus rien à faire. Ne le regrettons pas, ce serait se plaindre sans doute que la mariée est trop belle. » Après *L'Affaire Dérive* suivra une quarantaine d'ouvrages, jusqu'en 1947.

Au 159, les leçons d'Auguste Comte

En avril 1826, Auguste Comte sombre dans la folie. Il abandonne sa femme, fuit son domicile du Faubourg-Montmartre, erre en banlieue, met le feu à sa chambre d'hôtel, se jette ensuite dans le lac d'Enghien avant d'être interné dans une clinique de la rue Buffon (où il est jugé incurable). De retour chez lui, plus ou moins guéri, il tentera par deux fois de se suicider. En 1827, il emménage au 159, rue Saint-Jacques et reprend lentement ses cours particuliers de philosophie positive à son domicile. Il y restera jusqu'à fin 1833, donnant plus de soixante-dix « leçons » devant de nombreuses sommités de l'époque.

Au 163 bis, le Port du Salut

Ce fut au Moyen Âge un estaminet situé en zone franche, hors de la capitale, ce qui permettait de s'y réfugier à l'abri des argousins. Villon s'y arrêta maintes fois, précédant de quelques siècles Nerval, Baudelaire et Verlaine. Le cabaret créé en 1954 accueillit notamment au début des années 1960 le tour de chant d'un futur écrivain : Henri Gougaud.

Au 216, Verlaine reprend ses « mercredis »

Entre deux séjours à l'hôpital Broussais, Verlaine s'installe à l'automne 1888 au Grand Hôtel des Nations – essentiellement occupé par des souteneurs et des prostituées, les premiers « matutinaux », les secondes « vespérales » – et y reprend ses rencontres littéraires du mercredi commencées rue Royer-Collard.

Il vient de publier son sixième recueil de poésie, *Amour*, dans lequel il adresse un poème à son fils Georges qu'il n'a pas vu depuis dix ans et qu'il ne reverra jamais plus : « Te reverrai-je ? Et quel ? Mais quoi ! moi mort ou non, / Voici mon testament : / Crains Dieu, ne hais personne, et porte bien ton nom / Qui fut porté dûment. »

Le poète va bientôt déménager de nouveau, prémices d'une longue errance d'hôtel en hôtel[39] avant de décéder rue Descartes en 1896.

Au 216, Jean de Meung

Dans son poème *Le Ventre de ma mère*, Cendrars rappelle qu'à l'emplacement du 216 se tenait la maison où fut écrit *Le Roman de la rose* dans les années… 1280 ! par Jean de Meung (dit Clopinel).

Au 218, la fausse naissance de Blaise Cendrars

En 1910, en arrivant à Paris, Cendrars s'installe avec sa compagne Féla Poznanska au Grand Hôtel des Nations sous son nom, Frédéric Sauser. Il y restera un an, avant de partir pour les États-Unis. Dans son poème *Le Ventre de ma mère*, l'auteur de *Moravagine*, né en Suisse, imagine être né rue Saint-Jacques : « Au 218 est l'enseigne d'une sage-femme de 1re classe / Comme elle était au complet elle envoya ma mère coucher et accoucher à l'hôtel d'à côté. »

Au 241, Zola chez Hachette

Après la mort de son père en 1858, Zola va mener une vie parisienne précaire en compagnie de sa mère. À la rue Monsieur-le-Prince succède en 1859 le 241, rue Saint-Jacques où ils résideront pendant deux ans. Zola vient d'échouer au baccalauréat et, en 1860, il entre à la librairie Hachette comme commis puis comme chef du bureau de la publicité, rédigeant pour la presse littéraire des notices bibliographiques. Ses premiers écrits seront les *Contes à Ninon* (1864) puis un premier roman, *La Confession de Claude*, en 1865.

Au 244, André Salmon et Le Festin d'Ésope

C'est chez André Salmon, rue Saint-Jacques[40], qu'est domiciliée la célèbre revue qui n'aura que neuf mois d'existence. Le premier numéro est publié en novembre 1903. Sous-titrée *Revue des Belles-Lettres*, ses neuf livraisons paraîtront régulièrement, avec une interruption au mois de mai, jusqu'en août 1904. Guillaume Apollinaire en est le rédacteur en chef, fonction qu'il partage à partir du nº 6 avec René Dardenne.

La revue publiera notamment *L'Objet aimé* de Jarry et *L'Enchanteur pourrissant* d'Apollinaire, un Apollinaire omniprésent qui signera sous son nom ou sous pseudonyme plus de vingt pour cent des articles et qui ne dédaigne pas assurer les encarts publicitaires, louant la bière Burton, « inventée par lord Burton, sincère ami de S. M. Édouard VII ».

Au 277 bis, Breton et Aragon au Val-de-Grâce

« Toi et moi, nous verserons pour elle, cette vierge aimée (mais, je n'ai pas de preuves pour établir qu'elle soit vierge), deux larmes incoercibles, deux larmes de plomb. Ce sera tout. La potion la plus lénitive, que je te conseille, est un bassin plein d'un pus blennorragique à noyaux, dans lequel on aura préalablement dissous un kyste pileux de l'ovaire, un chancre folliculaire, un prépuce enflammé, renversé en arrière du gland par un paraphimosis, et trois limaces rouges. Si tu suis mes ordonnances, ma poésie te recevra à bras ouverts, comme un pou résèque, avec ses baisers, la racine d'un cheveu[41]. » C'est en octobre 1917, dans les quartiers du « quatrième fiévreux » (le service des fous), que retentissent les strophes de Lautréamont déclamées à tue-tête par deux internes, André Breton et Louis Aragon, découvreur de Lautréamont chez Adrienne Monnier, et qui se souvient dans *Lautréamont et nous* : « Parfois, derrière les portes cadenassées, les fous hurlaient, nous insultant, frappant les murs de leurs poings [...]. Il y eut des nuits dont on ne se fait pas idée. Quand il y avait des alertes, par exemple, [...] l'obscurité se faisait à peu près complète dans le Val-de-Grâce [...]. Mais les fous du 4e fiévreux, comprenant le danger, terrorisés, hurlaient à la mort, se battaient entre eux, renversaient leurs baquets de tisane, dégringolaient dans le noir. Les brusques trous de silence étaient plus impressionnants encore que le vacarme démentiel. J'entends encore au milieu de cela monter la voix de Breton, lisant le chant Cinquième. »

Au 278, Zola et sa mère

Après l'impasse des Feuillantines, la mère et le fils retrouvent la rue Saint-Jacques en 1864, dans un sixième étage plus confortable que les précédents logements, doté notamment d'une terrasse. Émile est commis de librairie chez Louis Hachette et publie ses *Contes à Ninon*. Il a 24 ans, les années de galère vont bientôt s'estomper. Il sera écrivain, au confluent de Balzac et de Victor Hugo.

Au 282, Hervé Bazin

Au début des années 1930, au terme d'une enfance marquée par les relations conflictuelles avec une mère peu aimante et autoritaire, Hervé Bazin décide de quitter sa famille, emprunte la voiture de son père et s'installe à Paris, au 2, rue Galande, puis au 282, rue Saint-Jacques. Tout en poursuivant des études à la Sorbonne, il écrit des poèmes, officie comme prête-plume pour subsister et travaille comme journaliste à *L'Écho de Paris*. Il rencontre Valéry, dont il connaît l'œuvre par cœur, lequel lui conseille d'abandonner la poésie (Bazin obtient pourtant le prix Apollinaire en 1947 pour son recueil *Jour*) et d'écrire un roman. Bazin en brûlera trois, avant de connaître un fantastique succès avec *Vipère au poing* (1948). Suivront notamment *La Tête contre les murs* (1949), *La Mort du petit cheval* (1950), *Lève-toi et marche* (1952)... Pour ces trois romans, Bazin manquera trois fois le prix Goncourt, attribué à Maurice Druon pour *Les Grandes Familles* en 1948, à Robert Merle pour *Week-end à Zuydcoote* en 1949 puis à l'inconnu Paul Colin pour *Les Jeux sauvages*, en 1950.

Au 289, Jean-Louis Forain fait boîte à lettres

En 1873, le peintre Jean-Louis Forain réside rue Saint-Jacques. Rimbaud est à Londres et, le 4 juillet, il écrit à Verlaine, resté à Bruxelles : « Si tu veux m'adresser des lettres à Paris, envoie à L. Forain, 289 rue Saint-Jacques. Il saura mon adresse. Certes, si ta femme revient, je ne te compromettrai pas en t'écrivant, – je n'écrirai jamais. Le seul vrai mot c'est : reviens, je veux être avec toi, je t'aime... »

Au 312, Jehanne d'Orliac, née Jeanne Laporte

« C'est plus que très bien », lui écrit Pierre Loti à propos de sa pièce *François Villon*. « Vous avez un talent bien net et non énervé dont je vous félicite en me déclarant votre admirateur », lui écrit en 1909 Guillaume Apollinaire. Née Anne Marie Jeanne Laporte, Jehanne d'Orliac laissera une vingtaine de pièces de théâtre, une trentaine de romans à l'écriture plutôt virile et quelques ennuis en 1945 pour son attachement marqué au maréchal Pétain.

Au 322, Maurice Nadeau

Après la guerre, Maurice Nadeau s'installe rue Saint-Jacques. Il vient de publier une *Histoire du surréalisme* qui fait autorité, sauf auprès d'André Breton qui lui reconnaît cependant « une certaine bonne volonté ». Critique littéraire à *Combat*, il occupera ce poste pendant sept ans, faisant découvrir des auteurs atypiques comme Genet, Bataille, Henry Miller... Il sera critique littéraire à *L'Express*, au *Nouvel Observateur* puis à *La Quinzaine littéraire*. Parallèlement, il mènera une carrière d'éditeur chez Buchet-Chastel, Julliard, Denoël, Mercure de France avant de créer sa maison d'édition en 1984 et devenir « l'éditeur de l'impossible » selon le mot d'Angelo Rinaldi. « Cet homme, écrira *Télérama* en 2011 à l'occasion de ses 100 ans, est un chêne sous lequel les plus grands écrivains du XXe siècle sont venus s'abriter. »

Au 344, le « Baron » Mollet

Monté de sa province en 1898, attiré par l'aura littéraire de la capitale, Jean Mollet devient l'ami désargenté, le majordome, l'intermédiaire de tout ce qui bourgeonne à Paris et en particulier d'Apollinaire, qui l'affuble du titre de « baron » et le présente comme son « secrétaire », bien qu'il ne soit ni l'un ni l'autre.

Le « Baron Mollet » serait tombé dans l'oubli s'il n'avait pas été « redécouvert » après la guerre par Raymond Queneau et Boris Vian, qui l'introduisent dans le Collège de 'Pataphysique en 1951. En 1959, il sera, par le bon vouloir de Queneau (unique électeur), élu vice-curateur (la plus haute fonction) en tant que doyen d'âge du Collège et unique membre à avoir connu Jarry.

En 1962, à 85 ans, Jean Mollet publie ses Mémoires. Cent cinquante pages nonchalantes d'une vie de bohème ponctuée de prodigieuses rencontres. Son quart d'heure de gloire est arrivé, il est publié chez Gallimard, sa photo paraît dans les journaux : « C'est un petit homme, peut-on lire dans *Arts*, emmitouflé dans une ample robe de chambre bleue, aux bajoues tremblantes, à l'énorme nez bourbonien. »

Peu après sa mort en janvier 1964, le Collège de 'Pataphysique publia un album « en souvenir de Sa Magnificence le Baron Mollet ». Y est relaté le déroulement d'une journée de Sa Magnificence : « On La trouve vers les onze heures déjà habillée, le nœud papillon et la pochette au port d'armes, le revers du veston éclairé de son insigne d'or en train d'achever la réussite matinale par laquelle Elle se mettait en train. » La suite consiste en un « déjeuner au bistrot du coin illuminé par le cri d'un perroquet ». Puis Sa Magnificence, « d'un pas prudent mais d'une canne encore gaillarde, s'en allait prendre quelque autobus ».

SAINT-JULIEN-LE-PAUVRE (rue)

La rue Saint-Julien-le-Pauvre était toujours aussi mal pavée, le square aussi plein d'enfants qui jouaient devant le parvis de l'église.

— Gérard Boutelleau, *Les Grandes Illusions*, 1958

Au 1, « Soyez sale » !

« La propreté est le luxe du pauvre. Soyez sale », propose le tract d'invitation de Dada, qui propose également une « antivisite » de l'église Saint-Julien-le-Pauvre, choisie pour son statut d'église inconnue, vide, sans raison d'exister, valeurs proches de celles revendiquées par Dada. Le tract précise par ailleurs : « Rendez-vous dans le jardin », où seront organisées des « courses pédestres ». Las ! Le jeudi 14 avril 1921, à quinze heures, près du robinier, la pluie ruisselle sur les monocles d'André Breton et de Tristan Tzara. Les entourent notamment Aragon, Benjamin Péret, Roger Vitrac, René Crevel, Éluard, Georges Ribemont-Dessaignes, Jacques Rigaut et Philippe Soupault.

Le groupe choisit d'effectuer une « performance » en lisant des textes choisis au hasard dans le *Larousse*, Breton et Tzara improvisent des discours. L'événement se voulait subversif. Il n'est qu'ennuyeux.

SAINT-MICHEL (boulevard)

Le boulevard Saint-Michel est également présent dans le 6e arrondissement.

Je descends lentement le boulevard Saint-Michel / Je ne pense à rien / Je compte les réverbères que je connais si bien.
— Philippe Soupault, *Westwego*, 1922

Au 19, René Boylesve

Le romancier s'installe boulevard Saint-Michel fin 1894, dans un appartement dont la façade arrière donne sur la rue de la Harpe, beaucoup plus calme. Il y écrira la plupart de ses ouvrages. Son roman le plus connu, *Le Parfum des îles Borromées*, roman sentimental dans la lignée de ceux de Paul Bourget, est publié en 1898. Suit *L'Enfant à la balustrade* (1903), où l'on « découvre, superbement écrite, passionnante, la vie d'une petite ville qui serait Combray avant l'heure, à travers les yeux d'un enfant qui pourrait être le narrateur de la *Recherche*[42] ».

René Boylesve découvrira Proust en 1913, non sans dépit, car *Swann* résume exactement ce qu'il aurait voulu écrire. Meurtri, il refusera quelque temps d'en reconnaître le génie avant d'en admirer l'auteur et de se désoler : « Notre œuvre à nous, écrira-t-il, est ruinée par celle-là. Nous avons travaillé en vain. Proust supprime la littérature des cinquante dernières années[43]. »

Marcel Proust, pour sa part, ne dédaigna pas Boylesve. En juillet 1907, il écrit à la princesse de Caraman-Chimay : « Il y a au moins deux romans de Boylesve qui sont bien agréables à lire, *La Becquée* (admirable) et *L'Enfant à la balustrade.* »

René Boylesve sera reçu à l'Académie française en 1918 et, deux ans plus tard, rencontrera pour la première fois l'auteur de la *Recherche*. Il en fera dans son journal un portrait peu amène, le décrivant comme « une dame juive de soixante ans, qui aurait été belle ».

Au 27, Moréas au café Vachette

Le café Vachette, fréquenté par Catulle Mendès, Huysmans et Mallarmé, était situé au coin de la rue des Écoles et du boulevard Saint-Michel, au nº 27. (Un autre café Vachette se trouvait à l'angle de la rue du Faubourg-Montmartre et du boulevard Poissonnière.)

Cet ex-café des Grands Hommes est, dans les années 1880, le lieu de rencontre de la bohème littéraire : Paul Verlaine, Pierre Louÿs, Maurice Barrès, Guy de Maupassant, et surtout Jean Moréas qui y passe toutes ses soirées et qui n'a pas peur de se présenter comme « un Baudelaire, avec plus de couleur ». Mais Moréas ne fait guère illusion : « On va au Vachette, écrit Gérard-Georges Lemaire en 1997 dans sa monographie des cafés littéraires, non pour suivre les "enseignements" du Maître (tels les disciples de Mallarmé rue de Rome), mais pour assister au "spectacle" tristement comique d'un homme qui s'illusionne sur son génie. Car en fait de discussions esthétiques, ce ne sont que "paradoxes", "entêtements", jugements à l'emporte-pièce contre les plus grands poètes ("Victor Hugo est un con"), insultes terribles contre les disciples, taquineries improvisées, proférées de manière définitive par le Maître : "Nous le redoutions comme la peste, se souvient Carco, tellement son verbe dénonçait avec verdeur, ses rancunes et ses déceptions." »

Le Vachette ferma en 1912, sa clientèle « littéraire » émigra alors à la Taverne du Panthéon, qui deviendra plus tard le célèbre Capoulade.

Au 35, à la source des *Champs magnétiques*

La Source fait partie, en compagnie du Cluny, de Capoulade et du Mahieu, des grands disparus du boulevard Saint-Michel. Verlaine y aurait pris ses quartiers dans les années 1890, commandant absinthe sur absinthe. En 1919, André Breton et Philippe Soupault s'y retrouvent chaque matin et pendant quinze jours pour écrire les *Champs magnétiques*, première tentative d'écriture automatique.

« Nous remplissons des pages de cette écriture sans sujet ; nous regardons s'y produire des faits que nous n'avons pas même rêvés, s'y opérer les alliages les plus mystérieux ; nous avançons comme dans un conte de fées. »

L'écriture fut-elle toujours vraiment automatique ? On soupçonne Breton d'avoir retouché de nombreux passages pour y faire apparaître quelques trouvailles poétiques aussi brillantes que réfléchies.

Au 47, le restaurant Flicoteaux de Balzac

Flicoteaux et son « pain à volonté » étaient, au début du XXe siècle, une véritable institution, décrite par Balzac comme « le temple de la faim et de la misère » et, dans *Les Illusions perdues*, Lucien de Rubempré, après avoir dépensé une fortune chez Véry, le grand restaurant du Palais-Royal, se résout à y dîner. Dans *Scènes de la vie de province*, Balzac esquisse un état des lieux : « Les mets sont peu variés. La pomme de terre y est éternelle, il n'y aurait pas une pomme de terre en Irlande, elle manquerait partout, qu'il s'en trouverait chez Flicoteaux. »

Après Balzac, Musset : en 1845, on retourne chez Flicoteaux dans *Mimi Pinson*, conte dans lequel on apprend « qu'il y a des pairs de France en herbe qui dînent chez Flicoteaux et qui n'ont pas toujours de quoi payer la carte ».

Au 47, le café d'Harcourt

En 1890, Flicoteaux laisse la place à l'un des plus fameux cafés d'étudiants et d'intellectuels de la rive gauche, le café d'Harcourt. Les normaliens de la rue d'Ulm viennent y réinventer le monde autour d'un café, d'une bière ou d'un verre d'absinthe. Paul Valéry aimait cet endroit pour l'atmosphère des soirées et Daudet le considérait comme le meilleur café du Quartier latin. Le 18 mai 1896, un grand dîner y fut donné, saluant la naissance du premier numéro du *Centaure*, revue trimestrielle de littérature et d'art, réunissant notamment Paul Valéry, Colette et Willy, Marcel Schwob, Debussy, Rachilde, Léon-Paul Fargue…

Le café fut réquisitionné en 1940, pendant l'occupation allemande, et transformé en une librairie de propagande nazie, la librairie Rive Gauche, qui fit l'objet d'un attentat à la bombe en novembre 1941, commis par Pierre Georges, alias colonel Fabien.

Au 53, la *Cité grise* de Jean Delay

Le célèbre psychiatre fut également écrivain, publiant notamment en 1946 sous le pseudonyme de Jean Faurel *La Cité grise*, regard d'un interne sur les malades de la Salpêtrière. Sa fille, l'académicienne Florence Delay, se souvient du quiproquo qui s'ensuivit : « Mon père, croyant se cacher derrière un pseudonyme, avait choisi, sans le savoir, le nom d'un futur médecin. Quand parut *La Cité grise*, Mondor interpella devant tout le monde et de façon très acerbe son stagiaire Faurel : "Alors Faurel, on donne dans la littérature ?" Et Faurel furieux aurait dit : "Je vais écrire un livre pornographique et je le signerai Jean Delay." » Jean Delay sera élu à l'Académie française en 1959.

Au 63, de la Taverne du Panthéon à Capoulade

C'était auparavant la Taverne du Panthéon, qui accueillit les dîners du *Mercure de France*, avec Pierre Louÿs, Jean de Tinan, Henry Bataille… « C'est ici, écrit Paul Fort en 1944, que nous avons, Guillaume Apollinaire, André Salmon et moi, préparé la naissance de la Closerie des Lilas et l'émigration vers les cafés de Montparnasse où l'on ne voyait à peu près que des terrains vagues et des chantiers de charbon ou de bois. Nous fûmes à proprement parler les créateurs de Montparnasse et c'est ici, à la Taverne du Panthéon, que nous écrivîmes des centaines de lettres ou de circulaires pour annoncer au monde cet événement. » À noter qu'André Gide y situe les banquets des Argonautes dans *Les Faux-monnayeurs*, roman écrit en 1925.

En 1930, le café devient le non moins célèbre Capoulade, dont le patron revendiquait la plus forte concentration de cerveaux de toute la France, élevant son établissement au rang d'une académie des sciences et de la pensée. On y buvait, paraît-il, un des meilleurs cafés de Paris. Capoulade sera racheté par Jacques Borel en 1965 et deviendra un (éphémère) Wimpy.

Au 69, Verlaine et Wilde au François 1er

La photo est connue, prise par Jules Dornac au café François 1er, café fétiche des poètes, le 28 mai 1892 : à la table du fond, on y voit le vieux prince des poètes qui médite devant son verre d'absinthe. Moins connu : c'est au François 1er que Verlaine rencontra Oscar Wilde, alors dans sa période dandy. Quelques mois avant sa mort, alors qu'il était tombé lui aussi dans la misère, ce dernier écrivit : « Ce siècle aura eu deux vagabonds des lettres : Verlaine et moi. »

Le café Rouge, qu'évoque Léautaud dans son *Journal*, succédera au François 1er.

En 1894, le café disparaît, remplacé par la gare du Luxembourg.

Au 69, Jules Roy

Lorsqu'il vient à Paris, dans les années 1980, on peut apercevoir boulevard Saint-Michel sa haute silhouette sous des cheveux blancs. L'ermite bougon de Vézelay, Julius pour ses amis[44], n'a rien perdu de son caractère explosif, toujours prêt à partir en croisade.

À la fin de sa vie, il écrit *Lettre à Dieu*, testament spirituel dans lequel il s'adresse au Créateur sans mâcher ses mots, ce Père avec lequel il n'a en fait jamais rompu, mais avec lequel il a pris des distances, considérant que « la femme » fut sa seule religion.

Au 75, Jean de Tinan

« C'est un garçon qui faisait la noce et qui a écrit des livres inconvenants », dira-t-on dans sa famille, quelque temps après sa mort à l'âge de 24 ans. Après avoir obtenu un diplôme d'agronome à Montpellier, Jean Le Barbier de Tinan s'installe à Paris en 1896, 75, boulevard Saint-Michel. Connu pour ses gilets de velours aux trente boutons d'argent, parfumé à la violette, il se lie avec Pierre Louÿs, Paul Valéry et André Gide. Amant occasionnel de Colette, il écrit pour Willy deux romans de commande (signés Willy) : *Maîtresse d'esthètes* et *Un Vilain Monsieur !*. Simultanément, il publie au Mercure de France *Penses-tu réussir ?*, roman que Mallarmé compare à *L'Éducation sentimentale* de Flaubert, en plus sensuel. Vallette, le patron du *Mercure*, confiera à Paul Léautaud : « Si on mettait de l'argent sur les écrivains comme on en met sur les chevaux, j'en mettrais sur Tinan. » Il n'en aura pas l'occasion : le « beau ténébreux » décède en 1898.

Au 75, Raymond Aron

Pas vraiment écrivain, mais journaliste-philosophe-politologue. Il fut le condisciple à Normale sup' de Jean-Paul Sartre, un Sartre qu'il admirait mais dont il s'éloigna en 1947, quittant *Les Temps modernes* pour *Le Figaro*. Les deux hommes seront toujours présentés en opposition, des frères ennemis, et l'on se souvient de l'aphorisme : « J'aime mieux avoir tort avec Sartre que raison avec Aron[45]. »

Jeunes, rue d'Ulm, ils avaient conclu un pacte d'amitié : celui des deux qui survivrait à l'autre rédigerait sa notice nécrologique pour l'annuaire des anciens élèves. Mais quand le premier partit, en avril 1980, le second écrivit dans *L'Express* : « L'engagement ne tient plus. »

Au 77, Jules Vallès

Après la semaine sanglante de mai 1871 qui marque l'écrasement définitif de la Commune par Adolphe Thiers, Vallès est condamné à mort par contumace et doit fuir Paris. Durant son exil, il écrit son œuvre la plus importante, à la fois romanesque et autobiographique, le cycle *Jacques Vingtras – L'Enfant*, *Le Bachelier*, *L'Insurgé*[46] –, trilogie qui devient la justification de sa vie : « J'ai pour but – comme j'ai pour devoir – de faire ces cent mille lignes sur la vie des hommes de mon temps, avec mes espérances de conscrit en 48, et mon désespoir de commandant d'insurrection en 71… »

À son retour d'exil, en 1883, il est hébergé boulevard Saint-Michel par l'écrivaine Séverine. C'est chez elle qu'il décédera deux ans plus tard. Il sera enterré au Père-Lachaise, accompagné par près de cent mille Parisiens.

Au 77, Caroline Rémy dite Séverine

Jules Vallès, dont elle fut la secrétaire, lui avait appris « à faire tenir debout une idée bancale, [à lui] donner un cœur de citoyenne et un cerveau de citoyen[47] ». Après son décès, en 1885, elle devint la première femme à diriger un quotidien, *Le Cri du peuple*, et fut ensuite la première femme journaliste à vivre de sa plume, signant plus de six mille articles et chroniques sous le nom de Séverin, Séverine, Renée, Mme Rehn, Jacqueline…

Pacifiste et féministe, elle s'impliquera totalement auprès de Zola dans l'affaire Dreyfus et mènera de nombreux combats politiques et sociaux. Dans *L'Île des pingouins* publié par Anatole France en 1908, elle est Maniflore, une majesté civique symbole de justice et de vérité.

Au 111, René Benjamin

Écrivain, journaliste et conférencier, ami de Maurras, de Léon Daudet et de Guitry, il obtint le Goncourt en 1915 pour son roman *Gaspard*. On lui doit une *Prodigieuse Vie d'Honoré de Balzac*, qui, en 1925, donna le coup d'envoi de la collection « Le roman des grandes existences » de la librairie Plon.

Dans *Chronique d'un temps troublé*, en 1938, il évoque sa crainte d'un Paris qui se délite : « Paris, si sensible, a été le plus atteint par l'affreuse déchéance du monde… Paris, l'étonnant Paris, devient inhabitable, parce que la France… va peut-être mourir ! » Pour qu'elle ne meure pas, cet académicien Goncourt soutint le maréchal Pétain. Dès le 23 juillet 1940, dans ses *Carnets*, il note : « Maurras est pour Pétain (il l'a toujours été). Il considère la tentative de de Gaulle comme une grave dissension entre les Français. C'est mon humble avis. Il faut que la France ressuscite et soit personnelle. Elle n'a qu'une manière de l'être entre la juiverie anglo-saxonne, cette fausse liberté sans mœurs, et la tyrannie hitlérienne. C'est sa tradition chrétienne et monarchique. Et il est probable que c'est son avenir. »

SAINT-MICHEL
(place)

Place Saint-Michel / Tout juste devant la Seine /
À quatre pas du ciel / C'est là qu'il faut qu'on revienne.
— Jacques Audiberti, *Septième*, 1939

Au 1, Apollinaire et Jarry au Soleil d'Or

C'est aujourd'hui Le Départ Saint-Michel. C'était, au coin du quai et au début du siècle, le Soleil d'Or, dans les sous-sols duquel étaient organisés les dîners de *La Plume* pour une cinquantaine de jeunes gens amoureux des belles-lettres. En 1903, Apollinaire y récite quelques-uns de ses poèmes rhénans : « Mon verre est plein d'un vin trembleur comme une flamme… » À cette époque, il est mince, presque maigre, moustache roussâtre. C'est au Soleil d'Or qu'il rencontre Eugène Montfort et André Salmon, qui deviennent vite ses amis, le vague poète Jean Mollet, qui deviendra son « secrétaire » et qu'il adoubera comme « baron », et Alfred Jarry : « Il m'apparut comme la personnification d'un fleuve, un jeune fleuve sans barbe, en vêtements mouillés de noyé. Les petites moustaches tombantes, la redingote dont les pans se balançaient, la chemise molle et les chaussures de cycliste, tout cela avait quelque chose de mou, de spongieux ; le demi-dieu était encore humide, il paraissait que peu d'heures auparavant il était sorti trempé du lit où s'écoulait son onde. En buvant du stout, nous sympathisâmes. »

SAINT-MICHEL
(quai)

« Pas de phrases, Barbet, dit Lousteau. Chez quel escompteur pouvons-nous aller ? – Le père Chaboisseau, quai Saint-Michel… »

— Honoré de Balzac, *Les Illusions perdues*, 1837

Au 1, Blaise Cendrars à l'hôtel Notre-Dame

Dans les années 1910, lorsqu'il faisait trop froid dans ses deux pièces de la rue de Savoie, Cendrars venait se réfugier à l'hôtel Notre-Dame. En 1950, il y réside à nouveau avec sa femme Raymone et il écrit : « Je suis revenu au Quartier / Comme au temps de ma jeunesse / Je crois que c'est peine perdue / Car rien en moi ne revit plus / De mes rêves de mes désespoirs / De ce que j'ai fait à dix-huit ans… »

Son œuvre est déjà derrière lui et il s'emploie à faire entrer chez Denoël de jeunes talents qui font de Paris (et des bistrots) leur terreau littéraire : Jacques Yonnet, René Fallet, Robert Giraud, Jean-Paul Clébert. En 1956, il va écrire son dernier roman, *Emmène-moi au bout du monde*, roman à clé se déroulant dans les coulisses d'un théâtre.

Devant le 15, Jean Genet bouquiniste

« Il faut avoir une santé de vieux chêne pour vendre des livres sur les quais », écrit Fargue dans *Le Piéton de Paris*. C'est en face de l'hôtel de Suède, où Godard tournera en 1959 la scène de la chambre dans *À bout de souffle*, que Jean Genet, à sa sortie de prison en février 1943, tient une « boîte » de bouquiniste sur le quai, vendant quelques livres au lieu d'en voler. (À moins qu'il ne revende ceux qu'il a volés.) Par l'intermédiaire de deux clients (Jean Turlais et Roland Laudenbach), il va faire la connaissance de Jean Cocteau. « Pour moi, écrit Cocteau à propos de *Notre-Dame des Fleurs*, c'est le grand événement de l'époque. Il me révolte, me répugne et m'émerveille. » « Que faire de ce manuscrit ? » demande-t-il à Valéry.

« Brûlez-le », répond ce dernier. Cocteau va en faire la promotion et la « bombe Genet » va bientôt éclater dans le Paris littéraire.

Au 17, l'éditeur de Verlaine

Il tint boutique au 6, rue Hautefeuille, puis transféra sa librairie quai Saint-Michel. Léon Vanier, dit « lion vanné », éditera de nombreux poètes et, dès 1884, commencera à publier les œuvres complètes de Verlaine, lui assurant ainsi un moyen de subsistance. Il éditera également *Les Déliquescences, poèmes décadents d'Adoré Floupette* (Adoré Floupette étant le pseudonyme collectif utilisé par Gabriel Vicaire et Henri Beauclair), mince recueil de poèmes satiriques qui annoncent le dadaïsme : « Avec quelque peu de bonne volonté, en tirant les mots au sort, dans un dictionnaire, et en comptant sur ses doigts le nombre de syllabes nécessaires pour former un vers, on a de grandes chances d'atteindre la perfection dans le genre et de devenir un très brillant poète décadent[48]. »

Au 29, Amantine Aurore Lucile Dupin devient George Sand

En 1831, au 25, quai Saint-Michel – aujourd'hui le 29 –, la future George Sand s'installe au cinquième étage avec sa fille Solange, dans un appartement où elle achèvera *Indiana*, son premier roman : « Je cherchais, écrit-elle, un logement et je m'établis [...] quai Saint-Michel, dans une des mansardes de la grande maison qui fait le coin de la place, au bas du pont. J'avais là trois petites pièces [...] donnant sur un balcon d'où je dominais une grande étendue du cours de la Seine, et d'où je contemplais les monuments gigantesques de Notre-Dame, Saint-Jacques-la-Boucherie, la Sainte-Chapelle. [...] J'avais du ciel, de l'eau, de l'air, des hirondelles, de la verdure sur les toits. [...] Je ne me sentais pas trop dans le Paris de la civilisation, [...] mais plutôt dans le Paris pittoresque et poétique de Victor Hugo, dans la ville du passé. »

Elle quittera l'appartement (et Jules Sandeau) à la fin de l'année 1831 pour s'installer quai Malaquais.

SAINT-SÉVERIN
(rue)

Sans regret, je quitterais la rue Saint-Séverin devenue le déversoir d'une certaine populace. Même mon voisin et ami, Maspero, pourtant épris d'humanité, fuirait avec joie cette sente...

— Marcel Béalu, *Présent définitif*, 1983

Au 12, l'abbé Prévost

« Sa vie, écrit Sainte-Beuve, [...] fut pour lui le premier de ses romans et comme la matière de tous les autres. » Antoine François Prévost, dit d'Exiles, plus connu sous le nom d'abbé Prévost, fut l'un des écrivains les plus féconds du XVIIIe siècle. Il écrivit plus de cent cinquante ouvrages et l'un d'eux fit sa renommée : *Histoire du chevalier Des Grieux et de Manon Lescaut* (écrit en 1730), plus communément appelé *Manon Lescaut*. Vers la fin de sa vie, il habita rue Saint-Séverin. Certains sites font état du 16, d'autres, du 22 ; Hillairet, quant à lui, situe la maison au n° 12. L'abbé y aurait séjourné au milieu des années 1760 avant de mourir trois ans plus tard.

Au 40, la librairie Maspero

François Maspero ouvre sa librairie (La Joie de Lire) en 1957. Elle devient un lieu de rencontre des opposants à la guerre d'Algérie faisant, selon *Paris-presse*, de François Maspero « l'homme le plus plastiqué de France ». Cible de l'extrême droite, la librairie sera plus lentement mais plus sûrement coulée par les « vols révolutionnaires » de justiciers d'extrême gauche. Elle ferme en 1975 et François Maspero se consacre alors à l'écriture : *Le Sourire du chat* (1984), *Le Figuier* (1988), suivis d'une dizaine d'ouvrages. « Condamnées, saisies, plastiquées, écrit Éric Hazan dans *Une traversée de Paris*, les éditions de la librairie Maspero n'ont jamais plié. Il n'existait qu'une seule maison dont le courage et l'inventivité pouvaient soutenir la comparaison : les Éditions de Minuit, les autres faisant figure de vieilles rombières. »

SORBONNE (place de la)

Je pensais à cela en arrivant tout à l'heure place de la Sorbonne : au-dessus d'une des portes de la Sorbonne il y a écrit « Universités de Paris » et bizarrement, on a ajouté un « S » à « Université ».

— Roland Barthes, *La Préparation du roman. Cours au Collège de France*, 2003

Au 1, Katherine Mansfield

Chambre 52, sixième étage, hôtel Select : c'est la chambre qu'occupait la romancière quelques mois avant son séjour au prieuré d'Avon, où elle devait trouver la mort, en 1923.

Au 3, les premières fleurs de Baudelaire

À cette adresse, en 1838, Baudelaire et ses camarades du lycée Louis-le-Grand se réunissaient dans la chambre de Louis Ménard, futur chimiste de renom, qui les initiait à la « confiture verte », nom donné à la résine de cannabis. Et c'est à L'Écritoire, café situé à la même adresse, dans ce qui est alors le quartier général de Lamartine, qu'il aurait présenté pour la première fois les cent poèmes des *Fleurs du mal*, en 1855 ou 1856[49].

Au 3, Jean Galtier-Boissière

S'il signa une demi-douzaine de romans, ce créateur du *Crapouillot*, petit-fils d'Alfred Valette et journaliste très à droite, est essentiellement connu pour son regard polémique sur la vie politique, sociale et littéraire s'étendant sur les décennies 1930, 1940 et 1950 à travers ses « journaux » : *Mon journal pendant l'Occupation* (1944), *Mon journal depuis la Libération* (1945), *Mon journal dans la drôle de paix* (1947), *Mon journal dans la grande pagaïe* (1950). Coutumier des tribunaux correctionnels, il gagna la plupart de ses procès, défendu par Maurice Garçon qui déclara un jour : « L'innocence de mon client fait maintenant jurisprudence. »

Celui que Céline appelait « notre Voltaire » et Marcel Pagnol « le Saint-Simon de notre époque » laisse par ailleurs des *Mémoires d'un Parisien* (1919-1938 et 1939-1960) et plusieurs romans dont *La Vie de garçon* (1930), récit des amours tumultueuses de l'auteur avec Olga, Aurore, Manon, Jeannine, Evelyn, Alberte et Geneviève…

SORBONNE (rue de la)

C'est sur la recommandation d'Alain-Fournier qu'au moment de sa candidature, si âprement combattue, au Grand Prix académique de littérature, j'allai voir Charles Péguy dans son rez-de-chaussée de la rue de la Sorbonne. Il me fit une déconcertante impression d'orgueil et d'autorité fanatique. Sa barbe, son binocle, son veston noir, son visage qui ne devait jamais sourire, tout me parut appartenir à un monde inhumain et fermé.

— André Billy, *Le Pont des Saints-Pères*, 1947

Au 8, le « vrai journal » de Charles Péguy

Les *Cahiers de la quinzaine*, revue bimensuelle, voient le jour en janvier 1900. Péguy souhaite offrir, en marge d'une presse bourgeoise et corrompue, un « journal vrai ». Le journal sera surtout une charge de travail qu'il n'avait pas prévue : « Je passe les deux tiers de mon temps à ces besognes misérables de commerce et d'industrie. Je suis un pauvre industriel et un petit boutiquier. » Les *Cahiers* serviront essentiellement de support aux œuvres de Péguy mais éditeront également de nouveaux auteurs comme les frères Tharaud, André Suarès, Julien Benda et surtout Romain Rolland, dont le *Jean-Christophe* paraîtra en feuilleton. Les *Cahiers* perdureront jusqu'en 1914, date de la mort de Péguy.

Au 17, Rousseau à l'hôtel Saint-Quentin

L'hôtel où loge Rousseau lors de son arrivée à Paris en 1741 était situé rue des Cordiers, à l'emplacement des actuels bâtiments de la Sorbonne. « Vilaine rue, vilain hôtel, vilaine chambre… » Rousseau est déçu par la capitale et l'on peut lire dans *Les Confessions* : « Je m'étais figuré une ville aussi belle que grande, de l'aspect le plus imposant, où l'on ne voyait que de superbes rues, des palais de marbre et d'or. En entrant par le faubourg Saint-Marceau, je ne vis que de petites rues sales et puantes, de vilaines maisons noires, l'air de la malpropreté, de la pauvreté, des mendiants, des chantiers, des ravaudeuses, des crieuses de tisane et de vieux chapeaux. »

C'est à l'hôtel Saint-Quentin qu'il fait la connaissance de Thérèse Levasseur, la lingère de l'hôtel, sa future maîtresse et épouse.

SOUFFLOT (rue)

Autour d'Hélène, la terrasse du Mahieu était déserte. Déserte, la rue Soufflot. Pas un taxi. Des autos filaient sur le boulevard Saint-Michel.

— Simone de Beauvoir, *Le Sang des autres*, 1945

Au 3, le retour d'André Salmon

En 1905, quittant Montmartre, Salmon s'installe rue Soufflot dans une petite chambre du huitième étage, quartier qu'il connaît pour avoir suivi les cours de Marcel Schwob sur François Villon à la Sorbonne. Sans rompre avec Paul Fort, il abandonne cependant le secrétariat de *Vers et Prose*, s'initie à l'opium aux côtés de René Dalize, l'ami d'enfance d'Apollinaire, et assiste chaque semaine aux mardis de Rachilde dans les locaux du *Mercure de France*. *Poèmes* paraît en 1905 et *Les Féeries* en 1907. « Depuis Théodore de Banville, commente Apollinaire, nul n'a mis plus d'esprit au service du lyrisme. […] Je place l'auteur parmi les poètes qui, premiers-nés du symbolisme, préparent le grand renouveau du classicisme français. »

Au 11, Zola

Après la rue Neuve-Saint-Étienne-du-Mont (rue Rollin), Zola, dans la misère, est contraint de déménager et s'installe en 1861 dans un affreux hôtel garni, rue Soufflot. Il y restera un an, travaillant chez Hachette à faire des paquets au bureau dit « du matériel », avant de monter en grade et de rejoindre le bureau de la publicité. Rêvant d'une grande fresque poétique sur la Genèse (*La Naissance du monde*, *L'Humanité*, *L'Homme de l'avenir*), il en écrit les huit premiers vers puis abandonne.

THOUIN (rue)

À deux pas, rue Thouin, se dressait le réverbère qui les aidait à faire le mur du lycée Henri-IV…

— Jorge Semprún, *Netchaïev est de retour*, 1987

Au 16, Charles Perrault

Sur la petite place triangulaire[50] à l'extrémité de la rue était située la maison de Charles Perrault, qui y décéda en 1703.

En janvier 1687, Perrault lit à l'Académie française *Le Siècle de Louis le Grand*, poème dans lequel il fait peu de cas des Anciens en général et d'Homère en particulier, décrétant que le XVIIe siècle domine tous les autres. La querelle des Anciens et des Modernes est lancée, elle sera alimentée par une farouche bataille entre Perrault et Boileau. Les contes de Perrault sont-ils « modernes » ? Ils semblent en tout cas immortels. En 1697 sont publiées les *Histoires ou Contes du temps passé*, ouvrage contenant *La Belle au bois dormant*, *Le Petit Chaperon rouge*, *La Barbe bleue*, *Le Maître chat ou le Chat botté*, *Les Fées*, *Cendrillon ou la Petite Pantoufle de verre*, *Riquet à la houppe*, *Le Petit Poucet*.

Au 17, André Chamson

« Siéu raïoù pèr lou sang, provençau pèr la pouésio, francès pèr la resoun », disait-il. Ce qui signifie : « Je suis raïol (cévenol) par le sang, provençal par la poésie, français par la raison. » Il était également descendant de galérien, thème qu'il aborde dans *La Superbe*, en 1967.

De *Roux le bandit* (1925), court roman sur un objecteur de conscience, à *Il faut vivre vieux*, ouvrage publié en 1984, un an après sa mort, il fut romancier, essayiste, historien, considéré comme un des auteurs les plus prometteurs des années 1930. Au lendemain de la guerre, durant laquelle il s'est illustré, il se sent étranger au monde littéraire : « Après cinq ans de silence, écrit-il dans *Devenir ce qu'on est*, j'ai le sentiment d'être oublié. Dans le monde où nous vivons, le silence n'a pas de vertu. Il faut recommencer à pied d'œuvre, redébuter comme vingt ans auparavant. » Avec deux succès majeurs, *La Neige et la Fleur* (1951) et *Le Chiffre de nos jours* (1954), Chamson va retrouver son rang. Soutenu par André Maurois et Daniel-Rops, il est élu à l'Académie française en 1956.

André Chamson est le père de l'écrivaine Frédérique Hébrard.

TOULLIER (rue)

Madeleine Riffaud affirmait qu'en revenant d'abattre son premier Allemand, elle avait vu un ange à une fenêtre de la rue Toullier.
— Claude Roy, *Nous*, 1972

Au 11, Rainer Maria Rilke

Âgé de 27 ans, Rilke arrive à Paris à la fin du mois d'août 1902 et loue pour trois mois une chambre au 11, rue Toullier. Il se rend aussitôt chez Rodin (rue de l'Université), dont sa femme a été l'élève quand elle étudiait la sculpture à Paris, et sur lequel il doit écrire une monographie pour un éditeur allemand. Le poète autrichien, sans le sou, se sent perdu dans Paris et écrit dans son journal : « Être seul, assis et regarder dans les jardins, et par-delà les jardins, ça aiderait peut-être. J'en ai tellement besoin. Mais aucune aide hors la mienne ne peut me servir. Et où est-elle… cette aide à moi, en moi, ce soutien ? » Il relatera cette misère parisienne, source d'oppression, dans *Les Cahiers de Malte Laurids Brigge*, œuvre commencée rue Toullier, considérée comme le premier roman moderne de langue allemande. Même si les débuts furent très durs, le poète autrichien adora Paris, une des toiles de fond de son œuvre : « Je veux provisoirement rester à Paris justement parce que c'est dur. Je crois que si l'on réussit à se mettre à l'œuvre ici, on doit pénétrer très loin et très profond. »

TOURNEFORT (rue)

Vieillissant au creux de sa loge de la rue Tournefort, elle n'en demeurait pas moins la pure paysanne débarquée des Deux-Sèvres il y avait tantôt vingt ans.
— Christiane Lamorlette, *La Douzième Merveille*, 1962

Au 2, Élémir Bourges

Élémir Bourges s'y installe en 1874, à 22 ans, y résidera jusqu'en 1881. Il y entreprend son roman le plus connu, *Le Crépuscule des dieux*, publié en 1884. L'ouvrage est salué par la jeune garde symboliste, Paul Margueritte, Jean Lorrain, Maurice Barrès. « On aimerait, écrit Gustave Kahn, que la production de M. Bourges fût plus touffue pour avoir l'occasion d'en jouir plus souvent, mais il faut s'incliner devant le sérieux et la haute portée de son effort. »

Celui que Gide qualifiera de « plus grand charmeur depuis Mallarmé » ne publia que quatre romans, ce qui ne l'empêcha pas d'être élu à l'académie Goncourt en 1900.

Au 6, Léo Larguier

« Été passer la soirée chez Larguier, 6, rue Tournefort, écrit Léautaud dans son *Journal*. Un petit logement au troisième, dans une de ces maisons pseudo-bourgeoises, à simili-appartements pour petites bourses. »

Léo Larguier, qui résida rue Tournefort au début des années 1900, ne vécut que pour la poésie et vouait un culte total aux « anciens », Du Bellay, Villon, Hugo, Lamartine… De 1905 à 1940, il publia cinq recueils – *La Maison du poète*, *Les Isolements*, *Jacques*, *Orchestres*, *Les Ombres* – qui assurèrent sa renommée, de même que *Saint-Germain-des-Prés, mon village* (1938), douces déambulations sur les quais de la Seine, le long des vieilles rues tortueuses, dans les arrière-cours d'immeubles centenaires. On y apprend qu'« en allant vers la Cité, on assiste à un miracle d'amour : à cet endroit, la Seine a deux bras pour étreindre le berceau de Paris ».

Au 25, Prosper Mérimée

Après avoir résidé au 12, rue des Postes puis au 19, place de l'Estrapade, la famille Mérimée emménage rue Neuve-Sainte-Geneviève[51] en 1816. Il s'agit du septième domicile du jeune Prosper, alors âgé de 13 ans. Au lycée impérial Napoléon, futur lycée Henri-IV, il va cumuler les prix littéraires, français, grec, latin. À 15 ans, il maîtrise parfaitement l'anglais qu'il pratique avec les élèves de sa mère venues d'outre-Manche, parmi lesquelles les sœurs Lagden, Fanny et Emma. Fanny sera une amie dévouée durant toute son existence, il lui léguera ses biens par testament et elle reposera près de lui au cimetière protestant de Cannes.

Au 24, le poète Paul Celan

« On dit que Paul Celan est le plus grand poète de langue allemande depuis Rilke et cette renommée semble devoir durer », écrit le germaniste Jean-Pierre Lefebvre dans sa préface de *Paul Celan. Choix de poèmes*. Après s'être séparé de sa femme en 1967, Celan réside dans un petit studio au 24, rue Tournefort. Sujet à des crises de délire, il se suicidera trois ans plus tard, en se jetant dans la Seine. On trouvera dans sa poche deux billets inutilisés pour *En attendant Godot* au théâtre Récamier. À la fois témoin et victime du nazisme, il s'évertua à montrer que, contrairement à l'assertion du philosophe-compositeur Theodor Adorno, il peut y avoir une poésie après Auschwitz. Henri Michaux lui adresse un adieu posthume dans *Le jour, les jours, la fin des jours*, poème qui se termine ainsi : « Partir. / De toute façon partir. / Le long couteau du flot de l'eau arrêtera la parole. »

Paul Auster, qui lui consacra un long article, le considère comme « le plus grand poète de l'après-guerre ».

Au 30, la pension Vauquer

C'est probablement à la hauteur du n° 30 que Balzac, dans *Le Père Goriot*, situe la pension Vauquer, « à l'endroit où le terrain s'abaisse vers la rue de l'Arbalète par une pente si brusque et si rude que les chevaux la montent ou la descendent rarement ».

« Nul quartier de Paris n'est plus horrible, ni, disons-le, plus inconnu », précise-t-il.

Dans cette « maison bourgeoise », terme que complète sur la pancarte « des deux sexes et autres » (allusion à l'homosexualité cachée de Vautrin ?), le père Goriot, à l'image du roi Lear, va connaître sa descente aux enfers.

TOURNELLE (quai de la)

Je ne vous plains pas, chère enfant, car vous pouvez aller quai de la Tournelle prendre votre chocolat.

— Mme de Sévigné à sa fille, 14 février 1671

Au 15, Victor Hugo et Baudelaire à la Tour d'Argent

« Messeigneurs, vous êtes tous empoisonnés », s'écrie Juliette Drouet. Dans le restaurant, les conversations s'arrêtent net. Conciliabules et inquiétude sur les visages dans la salle où elle dîne avec son « Toto ». Les serveurs s'empressent de rassurer la clientèle : la jeune femme ne fait que lire à Hugo le dernier acte de son *Lucrèce Borgia*, pièce dans laquelle elle est pressentie pour jouer le rôle de la reine.

Cousinet, le patron de la Tour d'Argent[52], recevra dix ans plus tard un dandy-poète qui règle rarement ses additions. Cousinet s'en accommodera, lui prêtera de l'argent, pratiquera des intérêts usuraires : Baudelaire, harcelé, ne remboursera jamais complètement sa dette qui s'élèvera à sa mort à 2 523 francs[53], somme que le restaurateur réclamera à la succession[54].

Au 45, John Dos Passos

En 1919, démobilisé, l'ambulancier Dos Passos décide de rester à Paris afin d'étudier l'anthropologie à la Sorbonne. Il s'installe quai de la Tournelle et commence à écrire. *L'Initiation d'un homme. 1917* paraîtra en 1920. Suivra *Trois Soldats* (1921), roman dans lequel Dos Passos fustige la bêtise guerrière à travers l'histoire de trois engagés sur le sol français.

Au 61, *Un cirque passe*

Dans *Un cirque passe* (Patrick Modiano, 1992), le narrateur est pressé de questions par la police car « son nom figure sur l'agenda de quelqu'un ». Le commissaire interroge le jeune homme : « Il m'a cité le nom d'un café. J'avais beau lui répéter que je n'y avais jamais mis les pieds, je sentais bien qu'il ne me croyait pas. Enfin, il s'est résolu à taper la phrase suivante : "Je passe mes heures de loisir au cinéma et dans les librairies. Je n'ai jamais fréquenté le café de la Tournelle, 61, quai du même nom[55]." »

ULM (rue d')

Je me répétais sans cesse : « La rue d'Ulm,
la rue d'Ulm ! » et le feu me montait aux joues.
En juin, je réussirai le concours de l'École. Je « monterai »
définitivement à Paris.

— Patrick Modiano, *La Place de l'Étoile*, 1968

Au 5, Auguste Comte popularise le terme « sociologie »

Avant d'emménager rue Monsieur-le-Prince, Auguste Comte loue un appartement rue d'Ulm, de 1838 à 1841. Il y rédige les quatrième, cinquième et le début du sixième tomes de son *Cours de philosophie positive*. Il y abandonne le terme « physique sociale » pour celui de « sociologie », application aux phénomènes sociaux de la posture positiviste, la décrivant comme « la partie complémentaire de la philosophie naturelle qui se rapporte à l'étude positive de l'ensemble des lois fondamentales propres aux phénomènes sociaux ».

Au 45, Nitre et Sarzan à l'École nationale supérieure

Littérature et Normale sup' font très bon ménage. Dans *Les Thibault*, Martin du Gard décrit l'attente des résultats en juin 1914. (Jacques Thibault est reçu troisième ; son père lui demande : « Pourquoi pas premier ? ») Et dans *La Conspiration*, Paul Nizan imagine qu'en 1928, un groupe d'élèves issus de la haute bourgeoisie y organise une conspiration communiste.

Dans cette « vieille maison grise et sale » (selon Jean Guéhenno), Sartre et Nizan, qui se connaissent depuis leur classe de cinquième à Henri-IV, partagent la même chambre et sont donc « coturnes ». Surnommés Nitre et Sarzan, ils ne détestent pas les canulars. Devant la presse au grand complet et des centaines de curieux, ils organisent le mercredi 25 mai 1927 une (fausse) réception de Lindbergh, pilote incarné par un élève de l'école. Le directeur de l'École n'apprécia pas : il y perdit son poste.

URSULINES (rue des)

Bernadette, rue des Ursulines, vivait en étrangère
dans un appartement qui gardait son existence propre.
Il était impénétrable.

— Cécil Saint-Laurent, *Les Passagers pour Alger*, 1960

Au 6, Louis Pergaud, le « Balzac des bêtes »

Louis Pergaud et sa femme habitèrent rue des Ursulines d'octobre 1909 à avril 1911. En août 1910, il publie au Mercure de France *De Goupil à Margot* (sous-titré *Histoires de bêtes*), recueil de nouvelles qui reçoit le prix Goncourt, triomphant notamment de Marguerite Audoux, d'Apollinaire et de Colette. En 1911 sort son deuxième recueil de nouvelles sur le thème des animaux, dont *La Revanche du corbeau*. Ces ouvrages consacrent Pergaud comme le maître littéraire dans le domaine animalier.

VALETTE (rue)

Votre pauvre sœur a été renversée en traversant la rue Valette, vous voyez où elle se trouve, la rue Valette ?

— Philippe Pollet-Villard, *L'Enfant-mouche*, 2017

Au 21, le pigeonnier de Jean Calvin

« N'attendez pas le jugement dernier, écrira-t-il, il a lieu tous les jours. »

Après deux ans passés au collège de Fortet, en 1530 et 1531, soupçonné d'appartenir à la Réforme, Jean Calvin est accusé de luthéranisme pour avoir inspiré un discours litigieux au recteur Cop. Il doit abandonner précipitamment sa « chambre-pigeonnier » du dernier étage et s'enfuir par les toits. Il rejoint alors la cour de Marguerite d'Angoulême, adhère à la Réforme, et se réfugie à Genève.

VAUQUELIN (rue)

Ma petite Aube, je t'ai donc fait inscrire
hier après-midi, au bout – très exactement – de deux
heures et demie de « queue » dans la sinistre
rue Vauquelin défoncée par des travaux
et tandis que se poursuivait le ravalement de l'immeuble
même où il fallait pénétrer !

— Lettre d'André Breton à sa fille, 1954

Au 26, Louis Hémon

Un demi-siècle avant Jack Kerouac, ce fils de notable brestois quitte le domicile familial de la rue Vauquelin pour écrire et courir le monde. Il trouvera la mort à 32 ans, en 1913, dans un mystérieux accident de train, sans avoir vu publier un seul de ses romans. Après une publication en feuilleton dans *Le Temps*, *Maria Chapdelaine* paraît chez Grasset en 1921 et va faire la fortune de l'éditeur : cent soixante-quinze mille exemplaires vendus en sept mois et un million en trente ans.

Au 28, Georges Duhamel

« D'instinct, écrit-il dans les *Pasquier*, depuis le premier jour, Joseph, en Obregon, avait reniflé une canaille. Et voilà que cette canaille s'avisait d'être un honnête homme. Quand un gaillard que l'on estime une canaille se comporte comme un honnête homme, c'est la pire des canailleries, c'est surtout la moins pardonnable de toutes les canailleries, parce qu'il n'y a plus moyen de s'y reconnaître[56]. »

Avec Georges Duhamel, en revanche, impossible de se tromper : l'écrivain est un honnête homme. Après une jeunesse studieuse dans un milieu aisé puis des études de médecine, il se fit poète puis critique poétique au *Mercure de France*. L'expérience de la guerre lui inspirera deux ouvrages : *Vie des martyrs* (1917), recueil de récits que l'on apparenta au *Feu*, d'Henri Barbusse, puis *Civilisation* (1918) qui lui valut le prix Goncourt.

Duhamel habita rue Vauquelin pendant environ vingt-cinq ans, au 5 puis au 28 – villa Vauquelin – avec sa femme, l'actrice Blanche Albane.

En 1932, il déménagera rue de Liège, où il composera une grande partie de sa *Chronique des Pasquier* (1933-1945). Cette saga familiale et sociale (dix romans) parut en même temps que *Les Thibault* de son ami Martin du Gard et que *Les Hommes de bonne volonté* de Jules Romains, ce qui explique sans doute sa plus faible notoriété.

VICTOR-COUSIN
(rue)

Je marche dans toutes ces rues, j'entends le bruit
de mes talons qui résonne dans la nuit,
rue Victor-Cousin, rue Serpente, place Maubert,
dans les rues de la Contrescarpe. Celui que je cherche
n'a plus de nom. Il est moins qu'une ombre,
moins qu'une trace, moins qu'un fantôme.
— J. M. G. Le Clézio, *La Quarantaine*, 1995

Au 8, l'oisive jeunesse d'Arthur Rimbaud

En mai 1872, Rimbaud loge à l'hôtel de Cluny, probablement dans la chambre 62, sixième étage. Il évoque son hôtel dans une lettre à Ernest Delahaye, datée de juin 1872 : « En ce moment, j'ai une chambre jolie, sur une cour sans fond, mais de trois mètres carrés. La rue Victor-Cousin fait coin sur la place de la Sorbonne par le café du Bas-Rhin et donne sur la rue Soufflot, à l'autre extrémité. »

C'est rue Victor-Cousin qu'il compose – dit-on – la *Chanson de la plus haute tour* : « Oisive jeunesse / À tout asservie, / Par délicatesse / J'ai perdu ma vie. / Ah ! que le temps vienne / Où les cœurs s'éprennent… »

Sait-il que Balzac logea Lucien de Rubempré dans une chambre située deux étages au-dessous de la sienne, après sa disgrâce auprès de Mme de Bargeton ?

Au 13, le cinéma du Panthéon du petit Jean-Paul Sartre

Dans *Les Mots*, Sartre évoque le cinéma de son enfance : « Mon grand-père paraissait à la porte de son bureau quand nous ouvrions celle de l'appartement ; il demandait :
“Où allez-vous, les enfants ?
— Au cinéma”, disait ma mère.

Il fronçait les sourcils et elle ajoutait très vite : “Au cinéma du Panthéon, c'est tout à côté, il n'y a que la rue Soufflot à traverser.” Il nous laissait partir en haussant les épaules ; il dirait le jeudi suivant à M. Simonnot : “Voyons, Simonnot, vous qui êtes un homme sérieux, comprenez-vous ça ? Ma fille mène mon petit-fils au cinéma !” et M. Simonnot dirait d'une voix conciliante : “Je n'y ai jamais été mais ma femme y va parfois.” »

Notes

1. *La Paille et le Grain* lui valurent un *Apostrophes* 100 % Mitterrand en février 1975.
2. Selon George Whitman lui-même, dont les paroles sont rapportées par Jeremy Mercer dans « Jeremy Mercer's Top 10 Bookshops », *The Guardian*, 6 décembre 2005 (https://www.theguardian.com).
3. « Tout ce dont l'écrivain a besoin, c'est d'avoir la peau sensible, une barbe, le bon flux électrique pour faire des vagues dans son cerveau et un monde suffisamment désorganisé pour qu'il puisse le subvertir. »
4. Paul Verlaine, *Confessions*, collection « Capitale », Éditions Paris Musées, 1990.
5. « Je m'illumine / d'immensité. »
6. Cette aversion sera partagée par Zola, Flaubert, Théophile Gautier, Alphonse Daudet, Alexandre Dumas fils, Edmond de Goncourt…
7. Fargue est représenté par le page Ablou, que convoite un Jarry déguisé en duc Haldern.
8. Bulletin du premier semestre. Cité dans Mihaï-Dinu Gheorghiu (éd.), Lucia Dragomir, *Littératures et pouvoir symbolique*, Éditions de la Maison des sciences de l'homme, 2005.
9. Qui fréquentaient un autre cabaret portant la même enseigne, À la Pomme de Pin, situé dans la Cité.
10. Fausse piste : le colonel ne sera pas exécuté.
11. Dans les semaines qui suivront l'enterrement, elle vendra aux touristes « le dernier porte-plume du poète » qu'elle achetait par dizaines chez le Gibert jeune du coin.
12. Philippe Sollers, « Le dur destin de Verlaine », *Le Monde*, 13 janvier 1996 (https://www.lemonde.fr).
13. Rachilde est condamnée par le parquet bruxellois à deux mille francs d'amende et à deux ans de prison (qu'elle ne fera pas).
14. Mme Dieulafoy, l'une des premières archéologues, Mme de Montifaud, femme de lettres influente, et l'actrice Sarah Bernhardt.
15. Paru en 1954 chez Denoël sous le titre *Enchantements sur Paris*.
16. Sébastien Japrisot, *Écrit par Jean-Baptiste Rossi*, Denoël, 1987.
17. Au premier tour, Apollinaire (*L'Hérésiarque et Cie*) obtient trois voix, Colette (*La Vagabonde*), deux, Pergaud (*De Goupil à Margot*) et Gaston Roupnel (*Nono*), une. Au troisième tour, Louis Pergaud l'emporte avec six voix contre quatre face à Roupnel.
18. Lettre à Jean-Baptistin Baille de 1860 in Henri Mitterand, *Zola. La vérité en marche*, Gallimard, 1995, p. 22.
19. « L'hôtel des Haricots » se situait auparavant sur l'actuel quai d'Austerlitz et logeait des étudiants miséreux et assez mal nourris, si on en croit son surnom. Il servit également de prison militaire durant la Révolution.
20. Il publie néanmoins *La Soirée avec monsieur Teste* en 1896.
21. La partie la plus au sud de l'avenue de l'Observatoire prend le nom d'avenue Georges-Bernanos en 1967.
22. Comme l'écrit Philippe Dufay dans *Le Roman du Jardin du Roy*, Éditions du Rocher, 2009.
23. *La Science des rêves*, Librairie Ernest Renan, 1926.
24. Philippe Sollers, « Mort de Francis Ponge. La société du génie », *Le Monde*, 9 août 1988 (https://www.lemonde.fr).
25. Jacques Prévert, *Paroles*, Gallimard, 1949.
26. Nekki, « Paul Claudel, vu par Romain Rolland », Carnets d'automne, 7 avril 2020 (http://carnetsdautomne.canalblog.com/archives/2020/04/07/38175602.html).
27. Grâce à Albert Béguin, Corti publie les quatre premiers ouvrages de Bachelard, qui le quittera ensuite pour aller chez PUF.
28. Marcel Schwob passa plusieurs années à préparer une biographie de Villon et sa documentation très complète devait en partie dissiper le mystère qui entoure sa vie. Mais ses notes n'étaient intelligibles que pour lui et devinrent, à sa mort, un grimoire indéchiffrable.

29. Ses amis firent paraître ses poèmes sous le nom d'Humulis et il porta plainte.
30. « Des nuits du blond et de la brune / Pas un souvenir n'est resté ; / Pas une dentelle d'été, / Pas une cravate commune… »
Qui a communiqué à Verlaine *Poison perdu* ? Qui est l'auteur du poème ? Une intense polémique eut lieu à ce sujet dans la presse en 1923.
31. Aragon est parti en Sarre rejoindre les troupes d'occupation, il en reviendra avec un poème issu des bordels militaires, dans lequel il s'interroge : « Est-ce ainsi que les hommes vivent ? »
32. Édith Thomas, *Pages de journal. 1939-1944*, Viviane Hamy, 1995.
33. *Le Mal des fantômes*, recueil de poèmes écrits entre 1933 et 1944.
34. Benjamin Fondane, « Préface en prose », in *L'Exode*, 1942.
35. Paul Verlaine, « Souvenirs », *Œuvres posthumes*, Messein, 1911.
36. Jean Follain, « Le baroque douloureux d'Audiberti », *Baroque*, 1973.
37. Georges Perros, *Papiers collés, III*, Gallimard, 1978.
38. Victoire facile en zéro round : son adversaire ne s'est pas présenté.
39. D'après le site Terre des écrivains : l'hôtel de Lisbonne, 4, rue de Vaugirard (début 1889), l'hôtel des Mines, 125, boulevard Saint-Michel (début 1890), l'hôtel Biot, 15, rue Biot, l'hôtel de Montpellier, 18, rue Descartes (automne 1890).
40. Au premier étage, vue sur un bout de jardin, une branche de figuier entre dans sa chambre lorsqu'il ouvre la fenêtre.
41. Louis Aragon, *Lautréamont et nous*, Sables, 1992.
42. Hervé Bel, « Les Ensablés – "L'enfant à la balustrade", de René Boylesve (1867-1926) : Combray par la petite porte », *ActuaLitté*, 26 mars 2017 (https://actualitte.com).
43. René Boylesve, Marcel Proust, *Quelques échanges et témoignages*, Le Divan, 1931.
44. En hommage à son physique de César.
45. « Ne cherchons pas trop à connaître l'auteur du slogan, écrit *Le Monde* en 1995. Peut-être a-t-il eu honte d'avoir proféré une telle sottise et se cache-t-il. »
46. *L'Insurgé* n'est qu'un brouillon à la mort de Vallès en 1885. Il sera publié en 1886, après une mise au point de Séverine.
47. Paul Couturiau, *Séverine l'insurgée*, Éditions Le Rocher, 2001.
48. Cité par Jean-Paul Clébert dans *Les Hauts Lieux de la littérature à Paris*, Bordas, 1990.
49. Le 1er juin 1855, dix-huit poèmes paraissent dans la *Revue des Deux Mondes* sous le titre « Fleurs du Mal ». Ce titre avait été suggéré à Baudelaire par un de ses amis, l'écrivain et critique littéraire Hippolyte Babou.
50. Ancienne place de Fourcy, précédemment place de l'Estrapade.
51. Elle prendra le nom de Tournefort en 1864.
52. C'était à l'époque un restaurant de mariniers convivial et populaire.
53. Environ 25 000 euros en 2023.
54. Malgré ses dettes, Baudelaire laissa un solde positif. Cousinet obtiendra 700 francs, qui seront versés… à sa veuve.
55. Patrick Modiano, *Un cirque passe*, Gallimard, 1992.
56. Georges Duhamel, *La Passion de Joseph Pasquier*, 1941.

Pour les écrivains et ceux qui les lisent,
le 6e est le meilleur morceau de Paris,
son pilon, son croupion. Car c'est
l'arrondissement de la littérature.
Il y a, bien sûr dans le 5e, des cafés où allaient
Verlaine et Jarry et, dans le 7e, des maisons
d'édition parmi les plus prestigieuses, sans
oublier le Centre national des lettres et la
Maison des écrivains. Mais c'est dans
le 6e que s'épanouit à son aise
la République des lettres. Chaque rue,
et dans certaines rues chaque maison abrite
ou a abrité un écrivain, oublié ou glorieux.

— Dominique Noguez

C'est le raz de marée, le plébiscite absolu !
Quoi qu'en disent les grincheux, et en dépit
des loyers prohibitifs, le 6e arrondissement
demeure bel et bien la République des
lettres, avec pas moins de 175 maisons
d'édition générale implantées en son sein.

— *L'Express*, 2002

LE 6E ARRONDISSEMENT

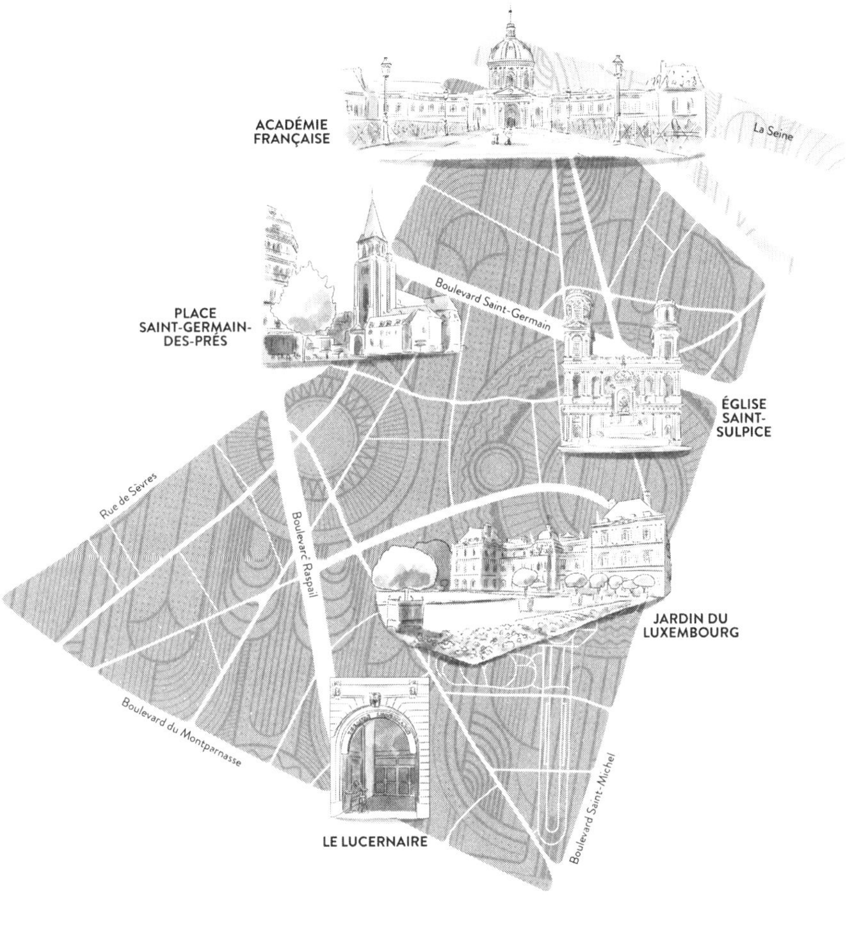

ABBAYE (rue de l')

Je ne passe jamais rue de l'Abbaye sans adresser un petit bonjour à l'âme de cette amie mystérieuse. Mais je n'ose franchir la porte cochère et voir si le lilas vit toujours dans la cour.

— Christine de Rivoyre, *Racontez-moi les flamboyants*, 1995

Au 14, les éditions Émile-Paul Frères

Les éditions Émile-Paul Frères peuvent se féliciter d'avoir édité Alain-Fournier, dont l'édition originale du *Grand Meaulnes* sort en 1913, produisant suffisamment de rentrées pour permettre aux deux frères de vivre durant des décennies. À ce succès s'ajoute celui du *Kœnigsmark* de Pierre Benoit, publié en 1918.

Moins rémunérateur est le prix Goncourt de 1908, attribué à Francis de Miomandre pour *Écrit sur de l'eau* : « Quand j'eus le prix Goncourt, relate-t-il, il en restait douze [exemplaires, sur le tirage de cinq cents], qui furent vendus en une heure. Sicard et son imprimeur se précipitèrent à Paris, car ils n'étaient pas outillés pour la réimpression. Mais les plaisirs de Paris leur firent oublier mon bouquin. Au bout de quinze jours, un soir qu'ils descendaient de Montmartre ils me dirent : “Nous n'avons pas eu le temps de nous en occuper…” Quand on réimprima, il était trop tard. Il fallu sept ans pour vendre trois mille exemplaires. »

Les deux frères éditèrent également Gustave Flaubert (*La Tentation de saint Antoine*), Jules Supervielle, Jules Renard, François Mauriac (*La Chair et le Sang* et *Préséances*), Mac Orlan (*L'Ancre de miséricorde*), Léon-Paul Fargue (*Haute Solitude*). Après la mort d'Albert en 1954 et celle de Robert un an plus tard, la société périclita puis disparut à la fin des années 1960.

ABBÉ-GRÉGOIRE (rue de l')

Il faisait nuit. Quelques lampadaires en veilleuse indiquaient en pointillé le tracé de la rue de Sèvres encore déserte mais il n'y avait aucune lumière dans la rue de l'Abbé-Grégoire.

— Jean Masarès, *L'Inutile*, 1953

Au 2, naissance de François Coppée

« Je suis un pâle enfant du vieux Paris », écrit Coppée, qui naît en 1842 au 2 de cette ancienne rue Saint-Maur-Saint-Germain. Père fonctionnaire, mère très attentive à son éducation. Après être passé par le lycée Saint-Louis, il devient employé de bureau au ministère de la Guerre et s'attire bientôt les faveurs du public comme poète de l'école parnassienne. Populaire et sentimental, il fut la cible des zutistes (Verlaine, Rimbaud, Nouveau) qui lui reprochèrent une écriture désuète et paternaliste : « À Paris, en été, les soirs sont étouffants. / Et moi, noir promeneur qu'évitent les enfants, / Qui fuis la joie et fais, en flânant, bien des lieues, / Je m'en vais, ces jours-là, vers les tristes banlieues. »

Élu à l'Académie française en 1884, Coppée fut un ardent antidreyfusard aux côtés de Jules Lemaître, Paul Bourget, Maurice Barrès…

Au 12, James Fenimore Cooper

Alors que *Le Dernier des Mohicans* paraît en librairie début 1826, James Fenimore Cooper est nommé consul à Paris. Avec sa femme et ses cinq enfants, il est logé dans un ancien couvent, rue de l'Abbé-Grégoire. Suivront le 22, rue d'Aguesseau, le 13, rue Saint-Florentin puis le 59, rue Saint-Dominique. L'écrivain séjournera sept ans en France où il écrira plusieurs ouvrages, dont *Le Corsaire rouge* (1827) et *L'Écumeur de mer* (1830). Il rentre aux États-Unis en 1833 et, en 1838, relate son séjour dans la capitale dans *Une résidence en France*. Considéré comme le premier des romanciers américains, il fut salué notamment par Balzac qui lui emprunta – peut-être – le principe du retour des personnages dans sa série des *Bas-de-Cuir*, cinq romans qui dépeignent, entre 1740 et 1806, la transformation d'une colonie anglaise en un État indépendant.

Au 20, Georges Arnaud

Pour la littérature, il fut Georges Arnaud, auteur du *Salaire de la peur* (1950). Pour les faits divers, il fut Henri Girard, personnage central du triple crime du château d'Escoire en 1941, où son père, sa tante et une domestique furent tués à coups de serpe. Arrêté, inculpé et écroué, Girard sera acquitté en 1943. Sa longue incarcération (dix-neuf mois) générera *Schtilibem 41*, ouvrage publié en 1953, plaidoyer pour la liberté et l'usage de l'argot dans les années 1950.

ANCIENNE-COMÉDIE (rue de l')

Sur le côté droit de la rue de l'Ancienne-Comédie et presqu'en face du Procope, encore plein des ombres de Voltaire et des lettrés du XVIII*e siècle, se tenait le restaurant Edin, tenu par un gros bonhomme à face joufflue qu'on appelait Pinson.*
— Jean-Bernard Mary-Lafon, *Cinquante ans de vie littéraire*, 1882

Au 4, Philippe Néricault Destouches

Ce contemporain de Marivaux nous laisse une vingtaine de comédies et trois vers devenus aphorismes, passés dans le langage courant : « Les absents ont toujours tort » (*L'Obstacle imprévu*, 1717), « La critique est aisée, mais l'art est difficile[1] » et « Chassez le naturel, il revient au galop » (*Le Glorieux*, 1732).

Au 5, Jacques Perret

Après avoir habité au début des années 1930 au 18, rue de Fleurus, avoir séjourné quelques années en Guyane (mission ethnographique et prospection aurifère), Jacques Perret s'installe à Saint-Germain-des-Prés, à quelques pas du Procope. Son premier roman, *Roucou*, s'inspire de son expédition et paraît en 1936, suivi en 1937 par *Ernest le rebelle*, publié chez Gallimard sur la recommandation d'André Malraux. Suivront le 41, rue Buffon, puis le 32, rue de la Clé, domicile qui restera vacant pendant sa captivité en Allemagne et qu'il retrouvera après son évasion.

Au 8, Pierre Bourgeade

Ce descendant de Racine (en ligne directe par les femmes) fut romancier, dramaturge, poète, scénariste, réalisateur, journaliste, critique littéraire et photographe. Il fut, écrit l'éditrice Héloïse d'Ormesson sur son site, « l'un des plus grands écrivains français de la seconde moitié du XXe siècle, l'un des plus originaux sans aucun doute possible. [...] Bourgeade, ajoute-t-elle, va publier des livres extraordinaires mais, curieusement, son travail lui vaudra une admiration feutrée, en tout cas pas la gloire littéraire qu'aurait pu lui valoir le titre de meilleur prosateur en exercice. C'est que son œuvre, habitée par le Mal (l'holocauste, la guerre d'Algérie), contient une part cachée, secrète, difficilement explicable : l'érotisme de la souffrance, dont il était un observateur fasciné[2] ».

Écrivain touche-à-tout, sous le signe de Sade, Bataille ou Breton, il laisse une cinquantaine d'ouvrages depuis son premier recueil de nouvelles *Les Immortelles* (1966) jusqu'aux *Âmes juives* (1998) ou le sulfureux *Warum* (1999). Le noir lui allait bien : une dizaine de polars, dont *Pitbull* en 1998.

Au 12, Fabre d'Églantine

Établi à Paris comme auteur dramatique à la fin des années 1780, il résida rue de la Ville-l'Évêque avant de s'installer en face du Procope. Doué de peu de talent, parfois plagiaire, il connut sur les planches des fortunes diverses et quitta rapidement la scène pour se consacrer à la politique puis à la spéculation financière, ce qui causa sa perte. Son œuvre la plus connue est sans nul doute *Il pleut, il pleut, bergère*, chanson qu'il fredonna – dit-on – en montant sur l'échafaud[3].

Au 13, le Procope

Fondé en 1686 par Francesco Procopio dei Coltelli (que Rousseau qualifiait « d'espèce de petit Ésope à bonnes fortunes »), le Procope dut sa renommée à la proximité de la Comédie-Française installée l'année précédente au n° 14 de la rue, à la fréquentation des encyclopédistes, Diderot, Rousseau, Voltaire (qui avait sa table de marbre couleur « café au lait »), aux journaux du jour affichés autour du poêle central et à son café turc. Y tenait ses assises, avant la Révolution, le très mondain chevalier de La Morlière, patron d'une claque théâtrale de cent cinquante personnes qui vendait ses services au plus offrant.

Miroirs aux murs, lustres de cristal, l'endroit se veut élitiste : « Le luxe est une garantie de la bonne qualité des consommations », était-il écrit sur la carte, lors de la Régence. Ce haut lieu des Lumières fut le premier établissement parisien à avoir adopté la préparation du café par percolation. Vers la fin du XIXe siècle, il deviendra un incontournable point de rencontre littéraire fréquenté par Verlaine, Huysmans, Maurras, Oscar Wilde. Benjamin Franklin, de passage à Paris, y rédigera des articles de la Constitution américaine.

Dans des temps plus proches, une célèbre photo de 1952 réunit au Procope Sartre, Beauvoir, Michelle et Boris Vian. Retouchée le plus souvent : pipe sartrienne, cigarettes et soucoupe débordant de mégots ont disparu.

Au 13, Michel Coltelli

Fils du fondateur du Procope, surnommé « Procope-Couteaux », ce bossu suppléait à ses disgrâces physiques par la grâce de son esprit. Médecin et auteur dramatique, il écrivit plusieurs comédies (*Arlequin balourd*, 1719, *L'Assemblée des comédiens*, 1724…) et de nombreux essais comme *L'Art de faire des garçons*, badinage semi-scientifique.

Il succédera à son père à la tête du Procope et, lors de son décès en 1753, un certain Claude Marie Giraud fera son oraison funèbre dans *La Procopiade ou l'Apothéose du docteur Procope*, poème burlesque en six chants.

Au 14, la Comédie-Française

En 1687, les Comédiens-Français sont contraints de quitter le théâtre Guénégaud de la rue Mazarine et, au terme de huit mois de recherche, font l'acquisition du jeu de paume de l'Étoile et de deux immeubles attenants, rue des Fossés-Saint-Germain-des-Prés (actuellement rue de l'Ancienne-Comédie). Le 18 avril 1689, la Comédie-Française rouvre ses portes. L'inauguration se fera avec *Phèdre* et *Le Médecin malgré lui*. L'institution y restera près d'un siècle, jouant Racine, Corneille, Molière, mais également Voltaire, Regnard ou Crébillon, avant de partir pour les Tuileries en 1770.

Au 29, Camille Doucet

« Il avait cela de particulier, écrivit Ernest Legouvé, qu'il renfermait trois personnes très différentes, presque contradictoires, mais qui se fondaient si bien ensemble… […] Ces trois personnes étaient un poète comique, un administrateur et un secrétaire perpétuel de l'Académie[4]. »

De 1841 à 1860, Camille Doucet écrivit une dizaine de comédies et, en tant que directeur de l'administration des théâtres, autorisa (enfin) les cafés-concerts à produire des pièces assorties de costumes. Il succéda à Alfred de Vigny à l'Académie française, en avril 1865.

ANDRÉ-MAZET
(rue)

Je mets le jobard à la porte et j'écris à t'Serstevens pour savoir de quoi il en retourne et t'Ser, qui est en effet mon plus ancien copain des lettres, me rappelle par retour du courrier lui avoir raconté en 1912 ou en 1913 que je fréquentais le petit bordel de la rue Mazet et couchais à l'œil.

— Blaise Cendrars, *Bourlinguer*, 1948

Au 3 ou au 9, le restaurant Magny

Magny figure parmi ces dîners célèbres du XIXe siècle qui remplacèrent les salons du XVIIIe siècle. Dans cette ancienne rue Contrescarpe-Dauphine se tenaient dans les années 1860 des agapes bimensuelles – les dîners Magny, un lundi sur deux – réunissant notamment Tourgueniev, Théophile Gautier, Flaubert, Renan, Sainte-Beuve, Taine, Maupassant, les frères Goncourt, George Sand… C'était, paraît-il, une des meilleures tables de la rive gauche. Les « dîners » étaient réservés aux hommes, seule George Sand fit exception.

Robert Baldick évoque les lieux dans *Les Dîners Magny* (1972) : « Anecdotes savoureuses, jugements à l'emporte-pièce, paradoxes ébouriffants, saillies provocatrices, controverses littéraires, jérémiades sur la décadence, concours de misogynie, ces "ronchons" du Second Empire valent le détour ! On comprend que Nietzsche ait pu dire qu'il aurait aimé faire partie de ces dîners. »

ARTS **(pont des)**

Le pont des Arts n'est jamais si beau que la nuit, sa passerelle élégante donne l'impression de flotter au-dessus du fleuve, il monte parfois des eaux ténébreuses quelque chose qui pourrait ressembler à des remugles marins, quelques mouettes égarées de Honfleur et de Sainte-Adresse tournoient entre le Louvre et la Coupole…

— Philippe Le Guillou, *Le Pont des anges*, 2012

La passerelle des Arts figure en bonne place dans les hauts lieux de la littérature parisienne. Philippe Soupault la mentionne dans *Les Dernières Nuits de Paris* : « Traînant un parapluie comme on tire un chien mélancolique, un couple passa sur le quai et s'arrêta un instant pour jeter un coup d'œil. Je les vis prendre les jambes à leur cou. La femme jetait des petits cris qui rappelaient ceux de la chouette. Ils laissèrent leur parapluie en otage sur le pont des Arts. »

Dans *La Marche à l'étoile*, de Vercors, le jeune Hongrois (Thomas Muritz) qui parcourt l'Europe n'a qu'un objectif : rejoindre « ce point du monde où l'on embrasse à la fois […] l'Institut, le Louvre, la Cité – et les quais aux bouquins, les Tuileries, la butte latine jusqu'au Panthéon, la Seine jusqu'à la Concorde ».

Pour Albert Camus, le pont des Arts constitue un point de chute idéal : « J'étais monté sur le pont des Arts, désert à cette heure, pour regarder le fleuve qu'on devinait à peine dans la nuit maintenant venue. Face au Vert-Galant, je dominais l'île. Je sentais monter en moi un vaste sentiment de puissance et, comment dirais-je, d'achèvement, qui dilatait mon cœur. Je me redressai et j'allais allumer une cigarette, la cigarette de la satisfaction, quand, au même moment, un rire éclata derrière moi. »

La Traversée du pont des Arts, de Claude Roy, permet à Charles Rivière d'aller à la rencontre d'un passé perdu et de retrouver la femme qu'il a aimée depuis l'enfance. Chez Modiano, la passerelle relie deux mondes presque ennemis. La rive gauche est celle du quai de Conti, de la mère, de l'enfance malmenée, des parents séparés, de la mort de son frère Rudy. La rive droite est celle du père, des années noires de l'Occupation mais également d'une certaine liberté. « À vingt ans, déclare-t-il en 1996 dans *Les Inrockuptibles*, j'éprouvais un soulagement quand je passais de la rive gauche à la rive droite de la Seine, en traversant le pont des Arts. [...] Dès que j'avais abordé la rive droite, l'air me semblait plus léger. »

ASSAS (rue d')

Dès ma tendre enfance, j'ai toujours eu envie de m'exercer à ce coup de pelle oblique où je voyais exceller le balayeur de ville sablant l'asphalte de la rue d'Assas quand y dérapaient les percherons de la Belle Époque.

— Jacques Perret, *Le Caporal épinglé*, 1949

Au 22, naissance de Jean Genet

Dans son *Journal du voleur*, Genet écrit : « Je suis né à Paris le 19 décembre 1910. Pupille de l'Assistance publique, il me fut impossible de connaître autre chose de mon état-civil. Quand j'eus vingt-et-un ans, j'obtins mon acte de naissance. Ma mère s'appelait Gabrielle Genet. Mon père reste inconnu. J'étais venu au monde au 22 de la rue d'Assas. »

Abandonné par sa mère à l'âge de 8 mois, Jean Genet est mis en nourrice dans le Morvan chez un couple qui s'engage à l'élever jusqu'à l'âge de 13 ans. Il y connaîtra ses premiers émois homosexuels, notamment avec le petit Lou Culafroy qui deviendra ensuite la « Divine » de *Notre-Dame des Fleurs*. Très intelligent et un peu chapardeur, l'enfant est reçu à douze ans et demi au certificat d'études, premier de la commune. Il aurait dû devenir valet de ferme, puis fermier. Il sera écrivain et un de ses personnages s'appellera Querelle. Comme la querelle que l'homme va entretenir avec la société, la religion et la bienséance sexuelle.

Au 60, August Strindberg à l'hôtel Orfila

En 1879, son roman *La Chambre rouge* l'a rendu célèbre, succès qu'amplifiera son œuvre théâtrale parue dix ans plus tard avec *Mademoiselle Julie.* Mais crises de névrose et rapports compliqués avec les femmes vont le forcer à quitter la Suède.

Après un court séjour dans une pension de famille de Montparnasse, rue de la Grande-Chaumière, le romancier-dramaturge suédois s'installe en février 1896, et pour cinq mois, à l'hôtel Orfila. Ses angoisses et délires paranoïaques le poursuivant, il finira par quitter Paris pour Dieppe, puis la Suisse et l'Autriche, avant de retourner en Suède où il écrira (en français) un récit autobiographique, *Inferno.*

Henry Miller s'en souviendra dans *Tropique du Cancer*, s'interrogeant sur la faculté de la capitale française à attirer « les torturés, les hallucinés, les grands maniaques de l'amour ».

Au 66, Léon Werth

« Un bonhomme impossible », notait Valery Larbaud devant un caractère entier et une plume journalistique rageuse. L'auteur de *La Maison blanche* (1913), de *Clavel soldat* (1919) et de *Cochinchine* (1926) s'installe rue d'Assas au début des années 1930. En 1931, le journaliste René Delange présente l'écrivain à Antoine de Saint-Exupéry qui vient de recevoir le prix Femina pour *Vol de nuit.* Les deux hommes noueront une profonde amitié et « Tonio » lui dédicacera *Le Petit Prince* : « À Léon Werth. Je demande pardon aux enfants d'avoir dédié ce livre à une grande personne. J'ai une excuse sérieuse : cette grande personne est le meilleur ami que j'ai au monde. [...] Si toutes ces excuses ne suffisent pas, je veux bien dédier ce livre à l'enfant qu'a été autrefois cette grande personne. Toutes les grandes personnes ont d'abord été des enfants. (Mais peu d'entre elles s'en souviennent.) Je corrige donc ma dédicace : À Léon Werth quand il était petit garçon. »

33 Jours, son récit d'exode, et *Déposition*, journal sur quatre années d'Occupation, seront publiés à titre posthume.

Au 76, Jules Michelet

Jules Michelet, de retour de Nantes, s'installe au 76 de cette ancienne rue de l'Ouest en 1854. « Nous allons, écrivent les Goncourt en 1863, remercier Michelet, que nous n'avons jamais vu, de la phrase flatteuse, qu'il a mise pour nous, dans la préface de son volume : *La Régence.* C'est rue de l'Ouest, au bout du jardin du Luxembourg, une grande maison bourgeoise, presque ouvrière. Au troisième, une porte à un seul battant, ressemblant à la porte d'un commerçant en chambre. Une bonne ouvre, nous annonce, et nous entrons dans un petit cabinet. »

Au 78, le grand œuvre d'Émile Littré

Son plus grand combat consista à se battre contre « la désuétude des mots dignes d'être conservés ». La rédaction de son *Dictionnaire de la langue française* (415 636 feuillets, 240 555 citations) dura presque vingt ans, de 1847 à 1865. Il vécut rue d'Assas, à l'époque rue de l'Ouest, au 78 (de 1859 à 1872), à côté de Michelet (qui habitait au 76), puis emménagea au 44 où il résida jusqu'en 1881, date de sa mort. Historien de la médecine et de la langue, philosophe militant, écrivain politique et directeur de revue de même que député et sénateur de la Troisième République, il fut élu à l'Académie française en 1871, où on lui précisa que seul le lexicographe était élu, et non le philosophe.

Au 78, *La Nouvelle Revue française* de Jean Schlumberger

Lors de sa création en novembre 1908, *La Nouvelle Revue française* avait été domiciliée rue Henry-Monnier. Pour son second n° 1, reprise en main par André Gide au détriment d'Eugène Montfort, elle s'installe en février 1909 au domicile de Jean Schlumberger, un de ses cofondateurs. Elle y siégera trois ans dans son appartement du cinquième étage.

« Jean Schlumberger, écrit Michel Ragon, me recevait le matin dans son appartement silencieux avec vue sur le jardin du Luxembourg. Les couloirs étaient tapissés de livres et de tableaux. Un petit bas-relief de Maillol portait en son envers une plaque de cuivre avec le nom des donateurs : Gide, Paulhan, Groethuysen, Copeau, Martin du Gard, Arland, Supervielle... rappel de ce groupe d'amis réunis autour de la *NRF.* »

Mais Schlumberger ne se résume pas à la seule *NRF.* Il écrivit pour le théâtre *Césaire*, publia de nombreux romans explorant la psychologie très complexe de la famille ou des groupes sociaux. Une œuvre de moraliste récompensée en 1955 par le Grand Prix national des lettres.

Au 89, la naissance d'Henri Calet

Raymond Barthelmess, qui deviendra Henri Calet, naît à la clinique Tarnier de la rue d'Assas en mars 1904. « C'est dans la rue que j'ai vu l'jour / Dans le quartier du Luxembourg. » Il racontera sa difficile enfance dans *La Belle Lurette* (1935). Après la guerre, ce maraudeur de la capitale publiera notamment *Les Grandes Largeurs* (1951). Suivra une quinzaine d'ouvrages, dont sept édités à titre posthume. Deux jours avant sa mort, en juillet 1956, Calet écrit dans son agenda : « Je suis déjà un peu parti, absent. Faites comme si je n'étais pas là. [...] Il faut se quitter déjà ? Ne me secouez pas. Je suis plein de larmes. »

Il aimait Paris, le Paris sous ses pieds : « À chaque foulée, où que l'on aille, on fait lever une poussière de souvenirs sur ces trottoirs que l'on a usés. [...] Je vadrouille autour de mon passé, j'en ramasse, ici et là, de menus morceaux, il en traîne un peu partout, je tâche à le reconstituer, comme si l'on pouvait exister une fois de plus… »

En lisant ces mots, comment ne pas évoquer Modiano ? « La légende, écrit Joseph Ponthus[5], veut que Patrick Modiano ait reconnu une fois avoir piqué des citations du livre de Calet sur les graffitis de la prison de Fresnes pour *Dora Bruder*. C'est bien plus, je crois, ce que cet autre génie qu'est Modiano doit à Calet : une influence souterraine – le nom des lieux et des ambiances brumeuses, les enseignes de cafés interlopes, les deux rives de la Seine loin desquelles Modiano et Calet se dessèchent. »

Au 120, Pierre Benoit

Délaissant le boulevard Raspail, Pierre Benoit s'y installe en 1924. *Kœnigsmark* (1918) puis *L'Atlantide* (1919) lui ont apporté fortune et notoriété. En vingt ans, il va écrire rue d'Assas une vingtaine de romans qui vont le consacrer comme un auteur populaire majeur. Aurait-il été coopté à l'Oulipo si cette auguste confrérie avait existé avant-guerre ? Toutes ses héroïnes portent un prénom commençant par la lettre A – quarante-trois héroïnes, depuis Aurore (*Kœnigsmark*) jusqu'à Aréthuse (*Aréthuse*, 1963). Tous ses romans comportent le même nombre de pages, et une même phrase revient toujours à la même page, dans chaque livre. Par ailleurs, il truffe sa prose de citations sans guillemets, afin de jouer avec le lecteur. « C'était une humble église au cintre surbaissé », peut-on lire dans *Le Déjeuner de Sousceyrac* (1931) : il s'agit d'un vers de Victor Hugo. « Je ne veux rien savoir ni si les champs fleurissent ni ce qu'il adviendra du simulacre humain », est-il écrit dans *L'Atlantide* : il s'agit de deux vers issus de *Souvenir* d'Alfred de Musset. Etc.

Au 130, Jean Paulhan

En 1913, Jean Paulhan, 21 ans, se destine à l'Instruction publique et subit l'habituel « examen de passage », un rapport du service des Renseignements généraux : « Marié le 6 juin 1911 avec Prussak, Salomée, née le 1er Décembre 1888, à Łódź (Russie). […] Il demeure depuis 4 mois, rue d'Assas, 130, au loyer de 1 200 francs par an. Précédemment il a habité 51, rue Gazan, pendant 6 mois et rue Roli, 11, pendant 10 ans (sauf le temps passé sous les drapeaux). […] Il est licencié [en droit] depuis le 20 Juillet 1904. » Le rapport sera complété par le préfet de police : « M. Paulhan paraît se trouver dans une bonne situation de fortune. […] L'ensemble des informations prises à son sujet lui est favorable. Il n'a fait l'objet d'aucune remarque au point de vue politique. »

À la fin de la guerre, Paulhan se liera avec les fondateurs du surréalisme et en particulier Breton, avec lequel il se brouillera temporairement pour divergence politique, Breton lui écrivant en 1926 : « Monsieur, j'ai l'honneur de vous informer que je vous tiens pour un con et un lâche », commentaire agrémenté de « pourriture, vache, enculé d'espèce française, mouchard, […] vieille merde coiffée d'un bidet »…

Paulhan va rejoindre le groupe de la première *NRF* qui va l'engager comme secrétaire. Puis, à la mort de Jacques Rivière, en 1925, il en deviendra rédacteur en chef.

AUGUSTE-COMTE (rue)

Quand j'avais huit ans et que je jouais au Luxembourg, il y en avait un qui venait s'asseoir dans une guérite, contre la grille qui longe la rue Auguste-Comte. Il ne parlait pas, mais, de temps à autre, il étendait la jambe et regardait son pied.

— Jean-Paul Sartre, *La Nausée*, 1938

Au 17, Jean-Paul Sartre et Roland Barthes au lycée Montaigne

Au début des années 1900, le lycée Montaigne accueille le petit Sartre : « Mon grand-père avait décidé de m'inscrire au lycée Montaigne, relate-t-il dans *Les Mots*. [...] On me fit entrer en huitième et je pus croire que j'allais fréquenter les enfants de mon âge. Mais non : après la première dictée, mon grand-père fut convoqué en hâte par l'administration ; il revint enragé, tira de sa serviette un méchant papier couvert de gribouillis, de taches et le jeta sur la table, c'était la copie que j'avais remise. On avait attiré son attention sur l'orthographe – "le lapen çovache ême le ten" –, et tenté de lui faire comprendre que ma place était en dixième préparatoire. »

Roland Barthes se souviendra également du lycée Montaigne : « 1924-1925 : j'entre (en cours d'année) au lycée Montaigne, en classe de 8e. Le professeur, M. Lebeau, est très méchant. Il provoque sans cesse de cruelles séances de calcul mental et tire les cheveux des élèves. » L'auteur du *Degré zéro de l'écriture* (1953) poursuivra ses études à Montaigne puis intégrera le lycée Louis-le-Grand, rue Saint-Jacques.

BEAUX-ARTS (rue des)

La rue des Beaux-Arts où ils cheminaient à présent à petits pas était plus sombre, aucun éclairage violent n'en troublait la paix provinciale...

— Léo Larguier, *Le Portrait de Francine*, 1945

Au 2, La Balance lance la SF

Au 2, rue des Beaux-Arts, en 1952, s'ouvrit une librairie dénommée La Balance, qui prit la suite de La Peau de Chagrin. La Balance, tenue par Valérie Schmidt, fut la première librairie de science-fiction en France. Avec l'aide de Philippe Curval, Jacques Sternberg, Boris Vian, Raymond Queneau, Jacques Bergier et Michel Butor, la jeune femme décida de réunir tout ce qui s'apparentait à la science-fiction, depuis Voltaire (*Micromégas*) jusqu'à Jules Verne, en passant par un certain Valerius, empereur romain, qui écrivit, paraît-il, sur des soucoupes volantes... Pour lancer sa librairie, Valérie Schmidt organisa une exposition intitulée « Présence du futur », nom qu'elle céda à Denoël, pour ce qui deviendra une fantastique collection sous la direction de Robert Kanters.

Au 3 bis, Jacques Prevel

Poète français, essentiellement connu pour avoir été l'un des derniers amis d'Antonin Artaud. Il tint jusqu'à la mort de ce dernier (en 1948) un journal appelé *En compagnie d'Antonin Artaud*, où il relate sa vie quotidienne et sa passion dévorante pour le Mômo, ce visionnaire hurlant qui ne fut pourtant pas toujours tendre avec lui. Prevel laisse une œuvre mince et désespérée, nourrie de mal de vivre, de révolte, de violence et de pauvreté. Il meurt de la tuberculose cinq ans jour pour jour après sa première rencontre avec Artaud.

Au 5, Nerval et Leconte de Lisle

Il s'en faut de dix ans pour qu'ils se croisent dans l'escalier. Romantisme pour l'un, Parnasse pour l'autre, peut-être auraient-ils évité de se saluer…

Nerval résida dans l'immeuble en 1835 (accueilli par son ami Camille Rogier, avant son emménagement au 3, impasse du Doyenné) et Lecomte de Lisle en 1845, après ses divers séjours à La Réunion puis en Bretagne. Le futur chef du Parnasse versifie et subsiste par des traductions, comme celle de l'*Illiade*, traduction dont le manuscrit est égaré par le libraire en 1852. Ce dernier, en compensation, lui propose de publier à la place ses *Poèmes antiques*. Sa carrière de poète est lancée et Sainte-Beuve voit en lui l'avènement d'une nouvelle poésie, tandis que Nerval sombre dans la folie puis se suicide rue de la Vieille-Lanterne.

Et au 5, Jules Bertaut

Écrivain, essayiste, historien, critique littéraire et dramatique, il publia une soixantaine d'ouvrages, reçut de nombreux prix entre 1908 et 1958. Journaliste au *Monde*, il écrivit sur les visites académiques et relata celle de Victor Hugo au célébrissime Victor-Joseph Étienne de Jouy, qui répond à sa sollicitation : « Je ne voterai pas pour vous, monsieur. Je voterai pour mon excellent ami M. Dupaty, un habitué de mes jeudis. Il y a quelque chose que je ne puis vous pardonner, monsieur Victor Hugo, c'est votre langage. Vous négligez à dessein de le brillanter. La différence entre le prosateur et le poète, vous l'ignorez donc ? »

« Victor Hugo, poursuit Bertaut, répondit qu'il serait heureux de l'apprendre de la bouche de M. de Jouy et s'en alla en riant sous cape. »

Au 10, Mérimée, Baudelaire et la *Revue des Deux Mondes*

Prosper Mérimée et sa mère s'installent rue des Beaux-Arts en avril 1838. L'écrivain y restera neuf ans (avant de déménager au 18, rue Jacob), avec ses nombreux chats et ses milliers de livres. Dans le même immeuble, à l'étage au-dessous, est située la *Revue des Deux Mondes* de François Buloz, revue dans laquelle, en octobre 1845, Mallarmé fera éditer sa nouvelle *Carmen*, qui commence par une citation en grec de Palladas ainsi traduite : « Toute femme est amère comme le fiel ; mais elle a deux bonnes heures, une au lit, l'autre à sa mort. » (Les femmes, chez Mérimée, sont plutôt venimeuses et, dans presque toutes ses nouvelles, rencontrer une femme, c'est rencontrer la mort.)

C'est également chez François Buloz que Charles Baudelaire, le 1er juin 1855, peut faire publier pour la première fois dix-huit poèmes, dont « Le Spleen » et « L'Invitation au voyage », sous le titre *Les Fleurs du mal.* En novembre, *Le Figaro* sonne sa première charge : « Et c'est cette poésie scrofuleuse, écœurante, que la *Revue des Deux Mondes* nous offre […] ! Ah, vous nous la donnez belle, M. Buloz ! »

Au 12, Philippe Chabaneix

Au milieu des années 1920, le poète Philippe Chabaneix tient au 12, de la rue des Beaux-Arts une librairie-galerie aux allures de salon littéraire, où l'on ne vend que de la poésie et des éditions originales. Ses parents, poètes, ont publié sous les noms de Jacques et Marie Nervat, en hommage à Gérard de Nerval qui sera une référence majeure pour leur fils. Poète oxymoresque de la douce violence, Chabaneix tiendra la rubrique poésie du *Mercure de France* et créera une seconde librairie, Le Balcon, en 1930, au 30, rue Mazarine.

Il décède en 1982, au 18, rue des Feuillantines, et *Le Monde* lui rend hommage : « Les Parisiens qui ont le privilège de vivre dans le quartier de Saint-Jacques-du-Haut-Pas, la paroisse des mousquetaires et des messieurs de Port-Royal, ne croiseront plus, rue Gay-Lussac ou rue de l'Abbé-de-L'Épée, la silhouette amicale de Philippe Chabaneix : le béret basque, les sourcils broussailleux, la marche lente, la baguette de pain sous le bras… Chabaneix nous a quittés, du moins en apparence, car en réalité les poètes ne font jamais que semblant de mourir. »

Au 13, l'hôtel d'Alsace d'Oscar Wilde et de Jorge Luis Borges

En 1900, Oscar Wilde vit depuis deux ans sous le nom de Sebastian Melmoth dans la chambre n° 13 de l'ancien hôtel d'Allemagne, hôtel qu'il décrit en ces termes à son éditeur : « Cette pauvreté vous brise réellement le cœur : c'est si sale, si totalement déprimant et sans espoir. Je vous prie de faire ce que vous pouvez. » Puis il ajoute, dans une autre lettre : « Mon papier peint et moi nous livrons un duel à mort. L'un ou l'autre de nous va devoir s'en aller. » Oscar Wilde part le premier, en mourant « au-dessus de ses moyens », le 30 novembre 1900, laissant une note impayée de deux mille soixante-huit francs. Sans rancune, le patron de l'hôtel paie une couronne mortuaire portant ces mots : « À notre locataire ».

Jorge Luis Borges deviendra un habitué de l'hôtel, en souvenir – qui sait ? – de Wilde dont il traduisit le conte *Le Prince heureux* (de l'anglais à l'espagnol, à l'âge de 9 ans).

En avril 1978, dans une des chambres, Borges accepta une interview dans laquelle on apprend notamment deux choses : qu'il aurait commencé à écrire à l'âge de 3 ou 4 ans, et que le mot « jazz » vient de l'anglais créole de La Nouvelle-Orléans, *to jazz* signifiant faire l'amour de façon rapide, spasmodique.

Au 16, Louis-Sébastien Mercier et son *Tableau de Paris*

Il commença par écrire des vers, puis décida que les versificateurs comme Racine avaient tué la poésie. « Les prosateurs, écrit-il dans *Néologie*, sont nos vrais poètes ; qu'ils osent, et la langue prendra des accents tout nouveaux. » Dramaturge sans grand succès, auteur d'un roman d'anticipation sur la capitale, intitulé *L'An 2440, rêve s'il en fut jamais*, il avait l'habitude de sillonner Paris et d'accumuler des notes sur ce qu'il voyait et éprouvait. Rassemblées, ces notes deviendront *Le Tableau de Paris*. « J'ai tant couru, écrit-il, pour faire le tableau de Paris que je puis dire l'avoir fait avec mes jambes… »

Curieux de tout ce qui constitue son époque, Mercier brosse un portrait du Paris populaire de la fin du XVIIIe siècle par de courts articles souvent humoristiques, à travers des sujets hétéroclites : le Luxe, les Ponts, les Cafés, les Perruques, immense kaléidoscope satirique de la vie parisienne sous le Second Empire. Rival de Crébillon et de Diderot, proche de Rousseau et ami de Restif, Louis-Sébastien Mercier précède Balzac par sa boulimie d'écriture et sa fascination pour la capitale, considérée comme une entité organique. Dans sa première édition (1781), l'ouvrage se termine par une question : « Que deviendra Paris ? », et par une réponse : « Paris sera détruit. »

BÉRITE (rue de)

Il s'était mis à offrir Bartleby *à tout le monde : sa passion pour le scribe sédentaire de Melville était sans limite. Il se trouvait bien rue de Bérite d'où, depuis sa table de travail, il pouvait apercevoir la tour Montparnasse.*

— Ariane Chemin, *Fleurs et Couronnes*, 2009

Au 4, Benoît Peeters

Romancier, éditeur (Les Impressions nouvelles), essayiste, auteur de bandes dessinées (*Les Cités obscures*, avec François Schuiten), exégète de Tintin, Peeters écrivit à 18 ans un pastiche de Claude Simon (*Omnibus*) paru aux Éditions de Minuit, dans lequel il annonçait neuf ans à l'avance le prix Nobel de l'écrivain. Le 1er avril 2016, une explosion détruit l'immeuble dans lequel il résidait depuis 2011. Tout est consumé, dont un dessin original d'Hergé. Peeters publiera sur Facebook les photos de sa bibliothèque et de ses murs calcinés et décidera d'introduire l'explosion dans le deuxième tome en cours de *Revoir Paris*.

BERNARD-PALISSY
(rue)

Des gens circulaient avec des chandelles, des lampes électriques ou de petites lampes à essence ; on les voyait surgir de la rue Bernard-Palissy, de la rue du Four, au tournant du boulevard Saint-Germain, dans une nuit de Moyen Âge.

— J.-H. Rosny aîné, *Puis l'amour les emporte*, 1929

Au 5, Le Nuage

Tout de vert recouvert, Le Nuage accueille dans les années 1960 des écrivains de toutes origines, de toutes langues et de toutes écoles. Robert Antelme y rencontre Françoise Sagan montrant à l'écrivain et journaliste Edward Albee ce qu'est l'ambiance « rive gauche ». On y voit bien sûr les auteurs des Éditions de Minuit, venus en voisins.

Au 7, les Éditions de Minuit

C'est en 1941 que Jean Bruller et Pierre de Lescure fondent les Éditions de Minuit. *Le Silence de la mer* signé Vercors (alias Jean Bruller) est le premier livre publié. En 1947, la faillite se profile. Le salut vient du financier Marcel Rosenfeld qui va imposer un tout jeune homme et futur gendre, Jérôme Lindon, qui dirigera la maison pendant plus de cinquante ans.

En juin 1951, Minuit s'installe rue Bernard-Palissy dans une ancienne maison close. Pour contourner la loi Marthe Richard (qui stipule que les locaux des anciennes maisons de tolérance doivent être habités « bourgeoisement »), Jacques Brenner y réside en permanence, le jour au deuxième étage, la nuit au troisième.

En 1959, devant la maison d'édition, le Nouveau Roman se fait tirer le portrait par Mario Dondero, célèbre photo réunissant Alain Robbe-Grillet, Claude Simon, Claude Mauriac, Jérôme Lindon, Robert Pinget, Samuel Beckett, Nathalie Sarraute, Claude Ollier[6]. « On dirait, commente Bernard Pivot dans *Le Figaro littéraire*, des chômeurs attendant patiemment à l'entrée du bureau d'embauche. »

Avec *Molloy*, refusé par tous les éditeurs, Samuel Beckett inaugure une longue collaboration et une ligne éditoriale ambitieuse. Le succès grand public sera parfois au rendez-vous, avec *L'Amant* de Marguerite Duras, prix Goncourt 1984, qui se vend à plus d'un million d'exemplaires. Minuit, c'est également Hervé Guibert, Jean Echenoz, Jean-Philippe Toussaint… et une des rares étoiles de l'édition brillant encore dans le ciel de Saint-Germain-des-Prés.

BLAISE-DESGOFFE (rue)

J'ai marché, boulevard Montparnasse, jusqu'à la rue de Rennes, dans cette rue toujours déserte qui tourne, la rue Blaise-Desgoffe, j'ai senti que ça n'allait pas du tout et j'ai vomi. Heureusement, personne ne m'a vue.
— Annette Vaillant, *Les Châteaux de cartes*, 1946

Au 6, James Joyce et Katherine Mansfield au Victoria Palace Hôtel

À la suite de la publication (en anglais) de *Ulysse* chez Sylvia Beach, en février 1922, John Murry, critique littéraire, invita l'auteur à prendre le thé au Victoria Palace Hôtel afin d'approfondir le sujet et lui présenter sa femme, Katherine Mansfield. La rencontre eut lieu en avril et l'écrivaine se montra polie envers l'œuvre de l'Irlandais.

Elle séjournait au Victoria Palace Hôtel depuis le 30 janvier et elle y résida jusqu'au 4 juin, période pendant laquelle elle écrivit la nouvelle *The Fly*, le portrait d'un homme d'affaires se distrayant du souvenir de son fils tué pendant la guerre en noyant lentement une mouche dans de l'encre. Atteinte de tuberculose, Katherine Mansfield décédera début 1923, à l'âge de 34 ans. Écrire sans cesse, écrire et rien d'autre, là était son obsession : « *A writer first and a woman after.* » Admiratrice d'Oscar Wilde et d'Anton Tchekhov, elle laisse une soixantaine de nouvelles aux détails aiguisés, parfois féroces, mais pleines de tendresse pour l'enfance.

Joyce s'installera au Victoria Palace Hôtel en août 1923 et y résidera jusqu'en octobre 1924, se plaignant des clients et du propriétaire, M. Davidsen, qu'il trouve peu sympathique. C'est au Victoria Hôtel qu'il commence à travailler sur *Finnegans Wake*, dont le titre provisoire est *Work in Progress*.

BONAPARTE (rue)

Dans la rue Bonaparte, quelques devantures s'animaient déjà. Arthur hésita devant la vitrine d'une pâtisserie et poursuivit son chemin.
— Marc Levy, *Vous revoir*, 2005

Au 5, Lev Aslanovitch Tarassov, dit Henri Troyat

Avec son mètre quatre-vingt-dix, Troyat fait partie des plus grands écrivains français. (Avec Arthur Cravan, 1,99 mètre[7] – mais est-ce vraiment un écrivain ? –, et Patrick Modiano, 1,98 mètre.)

Dans cet hôtel où naquit Édouard Manet, Henri Troyat résida de 1963 à 2002, tout près de l'Académie française dont il sera le doyen. « Il venait, écrit Florence Noiville en 2007 dans *Le Monde*, vous accueillir, imposante silhouette de colosse à lunettes d'écaille. Et le contraste était saisissant entre ce géant bâti pour chevaucher les plaines du Caucase et cette timidité, cet effacement courtois qui invitait à une égale retenue. On traversait les salons où l'on remarquait le fameux pupitre devant lequel il avait longtemps travaillé debout et le célèbre “repose-fesses”, “pour le cas où les jambes fléchissent”[8]. »

Troyat est l'auteur d'une centaine d'ouvrages et fut, selon un sondage Sofres de 1994, l'écrivain préféré des Français, lui qui répétait qu'il n'était qu'un « conteur sur la place du marché ». Il n'a que 29 ans lorsqu'il reçoit le prix Goncourt pour *L'Araigne*, son cinquième roman. Et près de 95 ans lorsqu'il publie son dernier roman, *La Traque*, en 2006. Ce grand romancier fut un grand biographe : Pouchkine (1946), Tolstoï (1965), Catherine la Grande (1977), Alexandre Ier (1981), Tchekhov (1984), Flaubert (1988), Maupassant (1989), Zola (1992) ou Pasternak (2006).

Au 9, Paul Léautaud

[C'était] 9, rue Bonaparte, où j'étais venu habiter après la rue des Feuillantines. Une chambre comme un couloir, toute petite fenêtre sur la gouttière, mais la vue d'un jardin. Pierre Louÿs venu un soir pour me voir, à ma rentrée de l'étude, au sujet de Valéry, je ne sais plus ce que j'inventai pour l'empêcher de monter et pour rester à parler dans la rue.
Il me serait parfaitement indifférent d'être logé de même aujourd'hui. Ces choses ne comptent pas pour moi, si j'ai du silence.

— Paul Léautaud, *Journal littéraire*, 1903

Au 13, Paul Géraldy

L'auteur de *Toi et Moi* s'y installe au début du siècle et y vivra avec sa femme, la diva soprano Germaine Lubin, jusqu'à leur séparation, en 1926. « *Toi et moi* est peut-être le seul livre qu'ait lu mon grand-père, écrit Camille Laurens. Ce recueil de poèmes, écrit en 1912, a été la bible amoureuse des jeunes filles, un énorme best-seller à l'époque. »

Au 17, la Revue des Deux Mondes

Après s'être réfugiée durant la guerre à Royat, dans le Puy-de-Dôme, la célèbre revue siège rue Bonaparte et reprendra ses publications en 1948. Dans les années 1980, elle s'installera au 170, rue de Grenelle.

Au 17, Jean-Christophe Rufin

L'écrivain-diplomate y réside de 1984 à 1997, après avoir vécu rue du Dessous-des-Berges et, lors de ses études, au 51, quai de Bourbon. Dans les années 1990, il se lance avec succès dans la fiction. *L'Abyssin*, en 1997, reçoit le Goncourt du premier roman ; suivent *Les Causes perdues* (prix Interallié 1999) et *Rouge Brésil* (prix Goncourt 2001), prélude à une vingtaine de romans dans la veine de Joseph Kessel ou d'Henry de Monfreid, mais également de l'inspecteur Colombo dont s'inspire la réjouissante série des *Énigmes d'Aurel le consul*, après que l'auteur a visionné les soixante-neuf épisodes de la série californienne, de 1968 à 2003.

En 2008, l'ancien ambassadeur au Sénégal devient le benjamin de l'Académie française. Son épée est conçue par l'artiste Ousmane Sow et représente Colombe, le personnage emblématique de *Rouge Brésil*.

Au 18, Mérimée

Dans cette ancienne rue des Petits-Augustins, Mérimée résida de 1820 à 1836. Son impossible amour pour Mélanie Double, qui habitait au nº 10 de la rue, fut sans doute la cause de son départ pour l'Espagne, d'où naîtra *Carmen* (1845), tragique histoire de la jalousie amoureuse.

Au 26, le Goncourt noir de René Maran

Après la Première Guerre mondiale, installé rue Bonaparte, René Maran poursuit l'écriture de *Batouala*, publié en mai 1921 chez Albin Michel grâce au soutien de ses amis, et notamment Henri de Régnier. En décembre, coup de tonnerre : sous-titré *Véritable Roman nègre*, le roman est couronné par le prix Goncourt et dans sa préface, le précurseur de la négritude accuse les Européens de « bâtir [leur] royaume sur des cadavres ».

Dans la presse, c'est un tollé, le plus souvent raciste. Pour *Le Petit Parisien*, « c'est la première fois que les Noirs jouent et gagnent. [...] Sa qualité de nègre [...] a séduit les dix de l'académie Goncourt épris de couleur et d'étrangeté ».

En 1924, l'auteur doit démissionner de l'administration coloniale, qui lui a rendu la vie intenable du fait de son Goncourt. Il va, à travers une vingtaine d'ouvrages, se consacrer à la littérature. *Un homme pareil aux autres* paraît en 1947 et son héros, Veneuse, déclare qu'il ne sait qu'une chose, c'est que « le nègre est un homme pareil aux autres, un homme comme les autres, et que son cœur, qui ne paraît simple qu'aux ignorants, est aussi compliqué que peut être celui du plus compliqué des Européens ».

Au 31, la revue *La Plume*

Créée en 1889 par Léon Deschamps, cette revue littéraire et artistique connut un grand succès en publiant Verlaine, Moréas, Laforgue, Léon Bloy, Mallarmé, Barrès, Anatole France ou encore Willy, qui y signait sa féroce rubrique de critique musicale. Charles Maurras, à ses débuts, y défendit les conceptions poétiques de l'École romane de Jean Moréas, école rompant avec le symbolisme pour revenir à une esthétique plus classique. La revue disparaît en 1914.

Au 36, Auguste Comte

En 1818, Auguste Comte a 20 ans et réside rue Bonaparte. Secrétaire du comte de Saint-Simon, il commence à élaborer son système de pensée sur ce qui deviendra le positivisme : abandonner la recherche du « pourquoi » des choses et se limiter au « comment », en formulant des lois exprimées en termes mathématiques, en mettant en lumière, par des expériences répétées, les relations qui régissent les phénomènes et permettent d'expliquer la réalité des faits.

Comte restera quatre ans rue Bonaparte. Suivront le 13, rue du Faubourg-Montmartre, le 159, rue Saint-Jacques (1828-1833), le 9, rue de Vaugirard

(1835-1837), le 5, rue d'Ulm (1838-1841) puis la rue Monsieur-le-Prince, sa dernière demeure.

Au 37, Le Divan de M. Martineau

Henri Martineau installe son Divan à Paris en 1921, une librairie à l'enseigne de sa revue qui publie notamment des poètes comme Klingsor, Carco, Toulet, Benoit, mais aussi des rééditions de Nerval, Bloy, Mérimée, Crébillon fils et surtout de Stendhal. Caracalla, dans son *Saint-Germain-des-Prés*, décrit la boutique en ces termes : « Au pied de la petite maison basse au toit de zinc, la librairie, d'un bleu délavé, est longtemps demeurée comme un magasin de village égaré à Paris. »

Martineau, que ses amis surnomment « le troisième magot » en raison de son teint jaune, devient *le* spécialiste de l'auteur du *Rouge et le Noir* et chaque numéro du *Divan* apporte son lot de mises au point et de nouvelles investigations sur le romancier.

Dans *Almanach de Saint-Germain-des-Prés* (1950), Henri Philippon écrit : « À laquelle des cent et une librairies de ce vaste quadrilatère des lettres vivantes faut-il donner la première place ? Je n'hésite pas pour ma part : au Divan d'Henri Martineau[9]. »

La librairie sera rachetée par Gallimard en 1957. Dior prendra possession des lieux en 1996, remplacé seize ans plus tard par l'ancienne librairie-galerie La Hune, devenue en 2015 un lieu entièrement dévolu à la photographie et qui sera par la suite victime d'un incendie.

Au 39, Alphonse Daudet

Quittant l'hôtel du Sénat de la rue de Tournon, Daudet et son frère résident en 1859 à l'ombre de l'abbaye de Saint-Germain-des-Prés. Parallèlement à ses activités de journaliste pour *Paris-Journal*, *L'Universel*, *Le Figaro* (et à la gestion de ses nombreuses conquêtes féminines), Alphonse y écrit *Le Maître d'études* qui inspirera *Le Petit Chose*. Le pâté de maisons attenant à l'église devant être rasé, il déménagera rue de l'Ouest, actuelle rue d'Assas.

Au 42, Jean-Paul Sartre et sa mère

1946 marque la fin de la période « hôtels » pour le pape de l'existentialisme. Le philosophe s'installe chez sa mère, Mme veuve Mancy[10], au quatrième étage d'un immeuble d'angle, dans un appartement qu'elle a acheté l'année précédant la mort de son mari. Sartre veut pouvoir travailler tranquillement, ne plus être importuné au Flore ou aux Deux Magots. L'appartement, coquet, vieillot et encaustiqué, est meublé en (faux) Louis XVI, des rideaux de dentelle ornent les fenêtres. Dans le salon, un piano sur lequel mère et fils jouent à quatre mains. Sartre est bon pianiste, il lui arrive de composer. Il occupe très simplement une chambre-bureau avec vue plongeante sur l'église et les Deux Magots. Et, deux fois par semaine, il y accueille l'équipe des *Temps modernes* : Simone de Beauvoir, Michel Leiris, Maurice Merleau-Ponty, Albert Ollivier, Jean Paulhan…

Élégante et distinguée, la mère de Sartre est aux petits soins pour son « Poulou », de même que la bonne alsacienne, Eugénie, qu'un photographe prendra pour la mère du philosophe et dont le portrait s'étalera dans *Samedi soir*. « Je crois que jusqu'à la fin de sa vie, écrit Olivier Todd dans *Un fils rebelle*, heureuse d'avoir mis au monde ce prodige, [Mme Mancy] garda quand même l'étonnement de la poule qui a couvé un canard. »

Sartre échappera à deux attentats organisés par l'OAS, le premier en juillet 1961 et le second en janvier 1962. À la suite de ce dernier, il déménagera et s'installera au 222, boulevard Raspail.

Au 42, Gaston Criel et Béatrix Beck

Outre Sartre, le 42, rue Bonaparte est un immeuble très littéraire. Le philosophe, qui loge au quatrième, loue sa chambre de bonne (pour un paquet de Gauloises par mois) à Gaston Criel, secrétaire de Gide entre 1945 et 1947, dont le roman le plus connu – *La Grande Foutaise* – s'ouvre sur ce redoutable incipit : « À peine avais-je terminé de baiser Ginette qu'on frappait à la porte. »

Au 42 réside également la romancière Béatrix Beck qui, avec son prix Goncourt (*Léon Morin, prêtre*, 1952), s'est acheté l'appartement du premier étage, qu'elle quittera en 1970. Raphaël Sorin se souvient de la vieille dame très digne : « Alain Cavalier cherchait une femme écrivain pour sa série sur vingt-quatre représentantes de métiers menacés (la gaveuse d'oies, la matelassière, la cordonnière, la rémouleuse, etc.), je lui conseillai de filmer Béatrix Beck. Son portrait, tout en douceur, est inoubliable. On la voit écrivant sur des bouts de papier récupérés, de vieilles enveloppes ou des morceaux d'emballage. C'est une ravaudeuse du langage, une brodeuse de mots, charmante[11]. » Béatrix Beck est morte à 94 ans. Sa fille, Bernadette Szapiro, écrivaine comme sa mère, aura une aventure avec Jean-Edern Hallier, union dont naîtra une autre écrivaine, Béatrice Szapiro.

Au 42, Philippe Dumaine

Dans ses *Hauts Lieux de la littérature à Paris*, Jean-Paul Clébert rappelle que dans l'immeuble où vécurent Sartre, Béatrix Beck et Gaston Criel résidait également (au cinquième étage) un poète du nom de Philippe Dumaine (*Oblations*, 1937, *Imaginaires*, 1942), poète qui, lassé de voir les visiteurs se tromper de porte, apposa sur la sienne : « Visiteur, redescends, c'est en dessous que gît / Cet être ou ce néant, le maître existentiel. »

Au 59, Charles-Albert Cingria

Charles-Albert Cingria, écrivain suisse, s'établit durablement à Paris en 1915 et s'insère dans le monde littéraire parisien, publiant des chroniques dans la *NRF*, menant une vie de bohème à Montparnasse, fréquentant Claudel, Artaud, Max Jacob… En 1918, il s'installe rue Bonaparte dans un deux-pièces où il résidera jusqu'à sa mort, en 1954.

Son premier livre, *Les Autobiographies de Bruno Pomposo*, paraît en 1928. Auteur fantasque, amateur de vélo et joueur d'épinette, il écrit sur tout ce qui lui tombe sous la main – tickets de bus, menus, papier toilette – pour nourrir ses chroniques à la *NRF*. En 1948 un premier volume, *Bois sec bois vert*, réunira ses textes sous la houlette de Jean Paulhan. Il décède en 1954 d'une cirrhose, à Genève. « Cingria, écrit Julien Burri, est capable d'offrir une clé de lecture érudite de la musique grégorienne, avec le même sérieux qu'il s'interroge sur les tachetures du pelage des chèvres. Tout est prétexte à s'émerveiller de la beauté de la création. Chez lui, la drôlerie et le profane tutoient le sacré[12]. »

Au 72 bis, Rimbaud au dîner des Vilains Bonshommes

C'est au café-restaurant Fernand Denogeant, à l'angle de la rue Bonaparte et du Vieux-Colombier, que se réunissent en mars 1872 les « Vilains Bonshommes », groupe composé au départ de Paul Verlaine, Léon Valade, Albert Mérat, Charles Cros et ses frères Henry et Antoine, Camille Pelletan, Émile Blémont, Ernest d'Hervilly et Jean Aicard. Plus tard se joindront à eux les peintres Fantin-Latour et Michel-Eudes de L'Hay, l'écrivain Paul Bourget, le photographe Étienne Carjat, les dessinateurs André Gill et Félix Régamey, les poètes parnassiens Léon Dierx, Catulle Mendès, Théodore de Banville, Stéphane Mallarmé et François Coppée.

De ces dîners, Fantin-Latour nous laissera un tableau sur lequel figurent Verlaine et Rimbaud : *Un coin de table*.

Le 2 mars 1872, la soirée a été bien arrosée. Chacun récite ses vers personnels. Et soudain c'est l'esclandre. « Merde, merde, merde… » se met à crier Rimbaud, à l'écoute d'un poème de Jean Aicard qu'il juge manifestement « barbant ». Le photographe Étienne Carjat lui demande de se taire, mais Rimbaud reprend de plus belle : « Merde, merde, merde ! » Carjat s'énerve : « Ferme ta gueule ! Petit morveux ! » Rimbaud, furieux, s'empare d'une canne-épée et blesse légèrement le photographe. Expulsé, le jeune homme est définitivement rayé des dîners du cercle.

Au 74, Olivier Todd

« J'ai voyagé sur les cinq continents, a-t-il écrit dans *J'ai vécu en ces temps*. Je suis toujours revenu au sixième arrondissement comme un chien à sa niche. J'ai eu des habitations provisoires, une pension de famille rue d'Assas, une chambre d'hôtel rue Le Verrier. Garé aussi chez une institutrice, madame Maurouard, rue d'Assas encore. Installé avec Maman-Mummy dans deux chambres de bonne reliées place Saint-Sulpice. Adresse : 74 rue Bonaparte, Paris 6e. Un atelier aussi, rue de la Grande-Chaumière. Et plus tard, après tout ça, guidé par une boussole intérieure indéréglable qui se stabilisait dans des appartements situés à quelques minutes du jardin du Luxembourg, je n'ai cessé de tournoyer autour de ce jardin. Il est l'œil de mon cyclone[13]. »

Parallèlement à sa carrière de journaliste (*Le Nouvel Observateur*, *L'Express*), Olivier Todd a publié une dizaine de romans, dont le très beau *L'Année du crabe* (1972), et de nombreux essais et biographies.

Au 76, les éditions Perrin

Avant de rejoindre la place d'Italie du groupe Editis, les éditions Perrin siégeaient rue Bonaparte. L'origine de cette maison spécialisée dans un premier temps dans la publication des discours académiques, puis dans les livres d'histoire, remonte à 1827, lorsque Paul Didier ouvre sa librairie au 35, quai des Grands-Augustins sous le nom « Librairie académique Didier ». Elle sera rachetée en 1884 par Émile Perrin. Au-delà de leur spécialisation, les éditions Perrin publièrent également de grandes figures littéraires comme André Gide, pour ses *Cahiers d'André Walter* (1891). Rue Bonaparte, feuilletant l'ouvrage, Maurice Barrès demanda à faire la connaissance de l'auteur puis l'invita au banquet Moréas, afin de le présenter à Mallarmé. Gide est alors âgé de 22 ans, sa carrière littéraire est lancée.

Au 82, Georges Neveux

Auteur dramatique, dialoguiste de cinéma, poète et essayiste, il fut surréaliste au début des années 1920, secrétaire de Louis Jouvet dans les années 1930 et vécut rue Bonaparte dans les années 1950. Ses pièces de théâtre se distinguent par leur atmosphère onirique, teintée d'humour, comme *Juliette ou la Clé des songes* (1930), pièce inclassable oscillant entre absurde, burlesque et surréalisme. Scénariste-dialoguiste à la télévision, il signa les séries *Vidocq* (1967) et *Les Nouvelles Aventures de Vidocq* (1971-1973).

Au 82, la librairie Picard et Patrick Modiano

Fin 1990, pour fêter son cinq centième catalogue de livres anciens, cette auguste librairie fondée en 1869 demanda à Modiano d'écrire un mot de présentation. Faisait-elle partie des « clients » du jeune homme lorsqu'il chapardait puis revendait aux libraires de Saint-Germain-des-Prés des éditions rares comportant (de sa main) d'étonnantes dédicaces comme celles de Maurras à Léon Blum, de Barrès à Alfred Dreyfus ou de Simone de Beauvoir à Luis Mariano ?

« J'avais 19 ou 20 ans, raconte-t-il, je vendais des livres et certaines écritures étaient faciles à imiter, comme celles de Paul Valéry ou de Malraux. [...] Un jour, dans la vitrine d'une librairie, rue de Vaugirard, j'ai vu un livre de Robbe-Grillet, dédicacé à je ne sais plus qui, et j'ai reconnu ma signature[14] ! »

Au 88, Patrick Modiano

« Rue Bonaparte. Premier étage. Un vrai premier étage, précise la maison d'édition. [...] Dans son bureau, deux tables, des bibliothèques qui mangent les murs de quatre mètres de haut. Et un lit-divan rouge où l'on s'assoit tout au bord. Patrick

Modiano cherche en parlant : "J'écris dans un demi-sommeil. Quand j'entame un roman, j'oublie les précédents. Je deviens amnésique. Avec le recul, je me sens un peu comme un peintre qui revient sans cesse sur la même toile[15]." »

En résidant rue Bonaparte, ni trop près ni trop loin du quai de Conti de son enfance, Modiano garde à portée de main les souvenirs du temps qui passe, Henri-IV, le Dante, le Condé, Le Tournon, le jardin du Luxembourg…

BOURBON-LE-CHÂTEAU (rue)

Il descendit la rue Saint-Germain-des-Prés, tourna celle de l'Abbaye et s'arrêta au seuil d'une maison de pauvre apparence à l'angle de la petite rue Bourbon-le-Château.

— Paul Féval, *Le Mendiant noir*, 1847

Au 1, Maurice Cremnitz

Maurice Cremnitz, alias Maurice Chevrier (1875-1935), poète de l'École romane et critique d'art, ami de longue date d'Apollinaire, compagnon du Bateau-Lavoir et de la Closerie des Lilas, figure dans le célèbre tableau de Marie Laurencin, *Apollinaire et ses amis* (1909). Ce dernier l'évoquera dans *Anecdotiques*, dans *Le Flâneur des deux rives* et aussi dans le calligramme *La Colombe poignardée et le jet d'eau.* Qu'écrivit-il ? Question difficile. Car, d'après Apollinaire, dans son *Flâneur des deux rives*, « M. Maurice Cremnitz est un poète qui depuis longtemps déjà ne montre plus volontiers ses ouvrages ».

Au 1, Louis Perceau

Cet ancien ouvrier tailleur du Marais poitevin devint journaliste politique, conteur, poète et bibliophile, secondant Guillaume Apollinaire et Fernand Fleuret dans l'élaboration du *Catalogue de l'Enfer* de la Bibliothèque nationale, ouvrage qui sortira signé des trois noms en 1913 au Mercure de France. Auteur original de récits érotiques, il signa notamment les *Contes de la pigouille* (1933), *La Redoute des contrepèteries* (1934) ou *Les Pisseuses* (1934), recueil de poésie consacré à l'urolagnie féminine.

Au 3, Chester Himes

En 1964, onze ans après son installation à Paris, Chester Himes réside au septième étage, dans un appartement comportant un beau balcon donnant sur la place de Furstemberg. « Je donnerais tout Dos Passos et tout Fitzgerald pour quelques pages de Himes », écrit Giono. Il sera exaucé en 1964 avec le septième roman de Himes – *Retour en Afrique* –, l'un des titres les plus connus de la série des Ed Cercueil et Fossoyeur Jones qui, gloire littéraire oblige, quitte alors la « Série noire » pour les éditions Plon.

Au 26, Charles Méré

Auteur d'une quarantaine de pièces de théâtre, de *L'Hydre* (1905) à *L'Affranchi* (1943), il écrivit également pour le Grand

Guignol (*Les Pantins du vice*, *Hantise*...), pour le cinéma (scénariste et dialoguiste) et fut en charge de la critique théâtrale de nombreux périodiques. « C'est tellement horrible que cela finit par devenir beau », écrit-il à propos de *Huis clos*, « pièce de M. Jean-Paul Sartre dont il n'est pas besoin d'être devin pour prévoir le grand succès – succès qui sera dû beaucoup moins au talent fulgurant de l'auteur qu'à l'"étrange matière" dont il entend nous régaler[16] ».

BRÉA (rue)

Cela fait maintenant plusieurs semaines que Gilbert-Lecomte est installé rue Bréa, nichée entre le jardin du Luxembourg et le boulevard du Montparnasse. À peine descendu du train, gare de l'Est, il avait retrouvé Daumal et les deux hommes s'étaient embrassés comme au retour d'un long exil.

— Matthieu Mégevand, *La Bonne Vie*, 2018

Au 15, le Grand Jeu de Vailland

Grâce à Robert Desnos, Vailland est engagé en 1928 par Pierre Lazareff à *Paris-Midi* et emménage dans l'hôtel de la rue Bréa. C'est là qu'avec Roger Gilbert-Lecomte et René Daumal il crée le Grand Jeu, mouvement littéraire qui se propose d'accéder au monde surréel par le dérèglement des sens, la poésie, et l'usage de drogues comme le tétrachlorure de carbone. Une revue est créée, dont le premier numéro paraît en juin. On peut y lire cette étrange profession de foi : « *Le Grand Jeu* est irrémédiable ; il ne se joue qu'une fois. Nous voulons le jouer à tous les instants de notre vie. » La revue, où fusionnent poésie, paradis artificiels et esprit révolutionnaire, intéresse Breton. Après avoir tenté de l'absorber, il cherchera à détruire un concurrent potentiel. Le Grand Jeu, cette « petite secte hérétique du mouvement surréaliste » selon Claude Roy, disparaîtra en 1932 à la suite d'une brouille entre René Daumal et Roger Gilbert-Lecomte.

BUCI (rue de)

C'était beaucoup plus tard, à treize ans,
dans une boum d'après-midi, rue de Buci.
La fille n'était pas terrible...

— Frédéric Beigbeder, *Un roman français*, 2009

Au carrefour de Buci, Baudelaire prend les armes (contre son beau-père)

Lors de la révolution de 1848, en février, Baudelaire, qui a participé au pillage d'une boutique d'armurerie, rencontre son ami Jules Buisson et, soucieux de régler ses comptes avec son enfance et son détesté beau-père, lui déclare sérieusement : « Il faut aller fusiller le général Aupick ! »

Au 4, les Crébillon chez le traiteur Landelle

Entre 1730 et 1789, des dîners d'intellectuels sont organisés chez Nicolas Landelle, célèbre traiteur culinaire à la réputation bien établie. Un groupe d'intellectuels y fonde la Société du caveau, pour des dîners réunissant notamment Helvétius, Crébillon père et Crébillon fils.

Selon Wikipédia, le Caveau finit par disparaître en 1739, probablement à la suite d'une épigramme du fils contre son père. Un jour, alors qu'on lui demandait quel était le meilleur de ses ouvrages, Crébillon père éluda la question en montrant son fils et déclara : « Voici en tout cas le plus mauvais ! »

Au 4, Baudelaire chez « Coco Mal-Perché »

Lorsqu'il installe sa librairie rue de Buci, Auguste Poulet-Malassis (Coco Mal-Perché pour Baudelaire) publie en juin 1857 son premier ouvrage : *Les Fleurs du mal.* Scandale. Outrage aux bonnes mœurs et à la morale. *Le Figaro* s'insurge : « Il y a des moments où l'on doute de l'état mental de M. Baudelaire, il y a des moments où l'on ne doute plus ; c'est la plupart du temps, la répétition monotone et préméditée des mêmes choses, des mêmes pensées. L'odieux y coudoie l'ignoble, le repoussant s'y allie à l'infect… Ce livre est un hôpital ouvert à toutes les démences de l'esprit. » L'ouvrage est saisi, le poète est condamné à trois cents francs d'amende et la cour ordonne la suppression de dix poèmes. De son exil à Guernesey, Victor Hugo apporte son soutien à Baudelaire : « Vos Fleurs rayonnent et éblouissent comme des étoiles, une des rares décorations que le régime actuel peut vous accorder, vous venez de la recevoir. La Justice vous condamne au nom de ce qu'elle appelle sa morale ; c'est une couronne de plus. »

Après la rue de Buci, Poulet-Malassis s'installera au 9, rue des Beaux-Arts, puis 97, rue de Richelieu, puis 36, passage Mirès (passage des Princes) avant de se réfugier en Belgique (pour faillite et dettes).

Au 10, Rimbaud chez Théodore de Banville

Théodore de Banville, résident du premier étage, disposait d'une chambre de bonne sous les combles et, en automne 1971, il y loge Rimbaud que ses amis dépannent successivement. L'hébergement s'avère – comme d'habitude – une catastrophe : le jeune poète jette ses vêtements « criblés de poux » par la fenêtre et s'exhibe nu à la fenêtre. Banville ne lui en tient pas rigueur et lui offre des vêtements de rechange. En revanche, l'auteur des *Odes funambulesques*, surnommé « le poète du bonheur », s'étonne des vues iconoclastes du jeune homme, qui propose de supprimer l'alexandrin, et lui conseille de changer le premier vers du *Bateau ivre.* « Vieux con », aurait dit Rimbaud, qui quittera la chambre en laissant un « souvenir » malodorant dans une potiche.

Au 12, Marina Tsvetaeva

Considérée comme un des poètes essentiels du XXe siècle russe, la poétesse vécut rue de Buci en 1926 et 1927, dans une grande misère. Son recueil majeur, *Après la Russie*, fut publié en 1928.

Proche de Pasternak dans les années sombres, elle savait que son œuvre – et celle de Pasternak – serait reconnue un jour. « Comme moi, écrit-elle, tu es né demain. »

CANETTES (rue des)

Le 6e ne compte plus ses îlots insalubres, ni ses taudis. Il faudrait démolir la rue Guisarde et la rue des Canettes, malgré leurs noms évocateurs, bousculer les rues de Nevers, de l'Hirondelle, Servandoni, Grégoire-de-Tours, élargir la rue de Seine, mettre de l'air rue de Buci, démolir, partout, des maisons vieilles, froides, aux escaliers obscurs, aux plafonds bas, aux façades tristes. De vraies maisons à rats et à cafards.

— *Regards*, février 1937

Au 4, les dîners Grabinoulor

Ces dîners bimensuels, créés sous l'égide de Jean Follain, se tenaient rue des Canettes au restaurant Au Mont Saint-Michel, tenu par les sœurs Morazin (bonne cuisine, prix raisonnables). Ils réunissaient les amis de Pierre Albert-Birot, dit P. A.-B., l'auteur de *Grabinoulor*, épopée grandiose et jamais terminée dans laquelle « tout ce qui est imaginé est vrai ». Le premier dîner eut lieu le 15 janvier 1936, le dernier intervint en 1971, après la mort de Follain.

Au 5, les *Scènes de la vie de bohème* à l'hôtel Merciol

Henry Murger, écrivain, poète et ami des Goncourt, résida dans cet hôtel au cours des années 1840-1850, y recevant ses amis, Champfleury, Nadar, Baudelaire et Théodore de Banville.

L'hôtel Merciol accueillait peintres, musiciens, sculpteurs, poètes et romanciers qui s'y réunissaient en « cénacle des buveurs d'eau », troupe famélique rêvant d'art et de gloire, qui n'avait guère de quoi se payer à boire. Murger en fut le témoin et le chroniqueur. Il publia, en feuilleton, les *Scènes de la vie de bohème*, efficace manuel de survie dans la dèche parisienne, parues dans *Le Corsaire* en 1848 et 1849. Elles furent ensuite publiées en livre et connurent un grand succès, permettant à Murger de boire autre chose que de l'eau, d'entreprendre une grande carrière littéraire et d'avoir sa statue signée Henri Bouillon au jardin du Luxembourg.

Au 13, le poète Gabriel-Tristan Franconi

Il naquit au 13 et fut, en 1913, un des premiers critiques cinématographiques. Quelques mois avant son départ pour le front, une voyante lui révéla qu'il mourrait la tête tranchée. Il pensa au couperet de la Veuve, sans se douter qu'il perdrait la tête sous les drapeaux. Mort en 1918, il laisse une œuvre poétique qui sera honorée à titre posthume. « Franconi est tombé en chargeant, la tête emportée de plein fouet par un obus, écrit Roland Dorgelès dans *Bleu horizon*. […] On n'a pas retrouvé le manuscrit de son roman *Rue des Canettes* auquel il travaillait depuis des années et qu'il gardait précieusement dans sa cantine. »

Au 14, l'hôtel L'Alsace-Lorraine de la gouvernante de Proust

Quatorze mois après la mort de Proust, en janvier 1924, la fidèle Céleste (Albaret) et son mari (Odilon) achètent le fonds de commerce d'un misérable hôtel de la rue des Canettes : L'Alsace-Lorraine. Dans son *Journal imaginaire de Céleste Albaret*, Lina Lachgar écrit : « C'est là, Monsieur, dans cet hôtel médiocre et sale qui ressemble à une cave, où règne une odeur de salpêtre mêlée à celle de la soupe aux choux, que je vis dans mes souvenirs… »

Au 14, André de Richaud

Son roman *L'Amour fraternel* (1936) avait vivement impressionné le jury du Prix du premier roman, composé notamment de Giraudoux, Maurois, Mauriac, Bernanos, Julien Green.

Suivront, de 1936 à 1956, quatre autres romans, des essais, trois pièces de théâtre et des recueils de poèmes dont *Le Droit d'asile*, prix Apollinaire 1954. Dix ans plus tard, *Je ne suis pas mort* lui vaudra le prix Roger-Nimier.

« André de Richaud est passé comme un météore sur la scène littéraire française et ne reste de sa fulgurante et sulfureuse traversée qu'une mince traînée lumineuse, à peine perceptible en cette époque contemporaine[17] », écrit Marine Roux.

Après la guerre, cet intellectuel marginal et alcoolisé, pilier de Chez Georges, vécut quelque temps rue des Canettes à l'hôtel L'Alsace-Lorraine avant de s'exiler dans le Midi de la France et d'y mourir en 1968. « C'était un poète… écrit Michel Piccoli qui fut son ami, une espèce de seigneur… un clochard de luxe. »

Au 18, Balzac et la science-fiction chez Mme Cardinal

Balzac se rendait souvent rue des Canettes pour rendre visite au cabinet de lecture de Mme Cardinal. Le cabinet deviendra un siècle plus tard le restaurant Les Trois Canettes, où se tenaient, de 1969 à 2009, des « déjeuners du lundi » dédiés à la science-fiction. Autour de Philippe Curval et Gérard Klein, ils réunissaient les auteurs français mais accueillaient également des auteurs étrangers : Theodore Sturgeon, A. E. van Vogt, Frank Herbert, Richard Matheson, Philip José Farmer, Robert Silverberg…

Au 22, le petit bureau de Robert Laffont

En mai 1991, alors que paraît le dix millième titre des éditions Robert Laffont, une fête réunissant trois mille personnes est organisée par les enfants de l'éditeur place Saint-Sulpice afin de célébrer le cinquantième anniversaire de la création de sa maison. Ce sera le chant du cygne : en 1993, les Presses de la Cité prennent le contrôle total de l'entreprise et Bernard Fixot déménage les locaux avenue Marceau.

Robert Laffont, qui réside au 11, rue Pierre-Nicole, s'installe alors dans un petit bureau tapissé de livres, au plafond peint en bleu ciel, au 22, rue des

Canettes, bureau dans lequel il reçoit ses amis et rédige ses Mémoires. *Une si longue quête*, qui retrace son parcours, sera publié en 2005 chez sa fille Anne Carrière.

CARDINALE (rue)

Le hasard conduit leurs pas rue Cardinale, calme et silencieux petit passage joignant les rues de l'Abbaye et de Fürstenberg.

— Jean-Paul Caracalla, *Les Exilés de Montparnasse*, 2006

Au 4, Gustave Drouineau

Sa carrière de dramaturge fut très courte, dix ans, au cours desquels il connut deux succès : *Rienzi* (1826), puis *Ernest ou le Travers du siècle* (1829). Même s'il est épargné durant l'épidémie de choléra qui touche la France en 1832, sa santé se dégrade, les journaux annoncent sa mort à plusieurs reprises et Flaubert écrit à un ami : « Gustave Drouineau est décidément mort, c'est un fleuron de gloire littéraire enlevé à notre couronne de rédaction. » Fausse alerte à nouveau. Drouineau ne décédera qu'en 1878.

CAROLINE-ET-WILLIAM-HERSCHEL (rue)

Lu ce graffiti rue Herschel : VIVE LE ROTI !

— Jean Galtier-Boissière, *Mon journal dans la grande pagaïe*, 1950

Au 4, Rubén Darío

Le poète nicaraguayen se fit connaître en 1888 avec *Azul*, recueil poétique fortement inspiré du symbolisme français. Selon une plaque murale, il séjourna à Paris de 1909 à 1912, quoique Wikipédia fasse état d'un séjour « très court » dans la capitale.

CASIMIR-DELAVIGNE (rue)

Tous les jours je le coudoie au cabinet de lecture de la rue Casimir-Delavigne, près l'Odéon. Il est habitué de l'endroit, mais je ne crois pas commettre une indiscrétion en le faisant savoir.

— Jules Vallès, *La Rue*, 1866

Au 3, Endre Ady

Comme le Nicaraguayen Rubén Darío, ce poète hongrois fut fortement influencé par le symbolisme français. Entre 1904 et 1911, il se rendra sept fois à Paris et écrira : « L'automne m'a rejoint. Il a dit quelque chose / Et le boulevard Saint-Michel a frissonné. »

Au 6, les éditions Stock

Cette très ancienne maison d'édition (les origines de la librairie remontent à 1708) est rachetée par Maurice Delamain, Jacques Boutelleau (plus connu sous le nom de Jacques Chardonne) et quelques amis en 1921. Ils la renomment Delamain, Boutelleau et Cie – Librairie Stock, ouvrent un bureau au 7, rue du Vieux-Colombier. En 1930, *Malaisie*, d'Henri Fauconnier, reçoit le Goncourt.

Stock se tourne vers la littérature étrangère, avec notamment Erich Maria Remarque (*À l'ouest, rien de nouveau*), Pearl Buck (*La Mère*) ou Louis Bromfield (*La Mousson*). Très gros succès, mais l'éditeur passe à côté d'un des best-sellers du siècle : *Autant en emporte le vent*.

Jacques Chardonne va gérer les éditions Stock-Delamain-Boutelleau jusqu'en 1954, puis laissera cette responsabilité à son associé. En 1961, la maison est rachetée par Hachette. Une « Collection bleue » créée par Jean-Marc Roberts va s'ouvrir aux auteurs français contemporains : Christine Angot, Erik Orsenna, Pascale Roze, Jean-Louis Fournier…

CASSETTE (rue)

À six heures, j'étais rue Cassette chez M. Laubépin.
Je ne sais quel âge peut avoir notre vieil ami ;
mais aussi loin que remontent mes souvenirs
dans le passé, je l'y retrouve tel que je l'ai revu
aujourd'hui, grand, sec, un peu voûté,
cheveux blancs en désordre.

— Octave Feuillet, *Le Roman d'un jeune homme pauvre*, 1858

Au 7, Jarry et sa part bourgeoise de plafond

Jarry s'installe en novembre 1897 dans ce qu'il appellera « la grande chasublerie », un logis exigu, au « deuxième et demi », le propriétaire ayant coupé en quatre (dans le sens de la surface et dans le sens de la hauteur) l'appartement du deuxième étage. Le logis ne comporte qu'une seule pièce, disposant de cabinets à l'anglaise dont la chasse d'eau sert également à ouvrir la porte d'entrée. Le plafond culmine à 1,70 mètre, ce qui convient à Jarry (qui mesure 1,61 mètre), mais pas vraiment à ses visiteurs. Ayant raccourci à la scie les pieds de sa chaise et ceux de sa table, le père d'Ubu peut déclarer : « Une fois assis, comme tout le monde, j'aurai ma part bourgeoise de plafond. » C'est dans cette position inconfortable qu'il écrira les *Gestes et opinions du docteur Faustroll, pataphysicien*, célèbre pour sa bibliothèque constituée de « vingt-sept volumes dépareillés, tant brochés que reliés ».

Au 20, André Suarès

Il fut, avec Gide, Claudel et Valéry, un des acteurs majeurs de *La Nouvelle Revue française* au lendemain de la Grande Guerre et laissera quatre-vingts ouvrages publiés de son vivant, une trentaine d'œuvres posthumes et des milliers de pages inédites. Résidant rue Cassette de 1910 à 1929, l'essayiste passa avec Jacques Doucet un contrat célèbre : trois cent cinquante francs par mois contre la constitution d'une bibliothèque idéale et une correspondance régulière sur l'actualité culturelle, notamment la littérature passée et contemporaine. La plume est parfois trempée dans le vitriol, on y apprend notamment que Colette n'est plus qu'une « vieille grue du Parnasse » ou que Saint-Pol-Roux est « un esthète de cirque, le Fratellini de l'Olympe ».

Cassandre solitaire sur le plan politique (réarmement de l'Allemagne et montée des périls), Suarès fut un poète secret et méconnu, d'un orgueil démesuré, conscient d'un talent qu'il refuse à Valéry. « On me lira en 1969 ou en l'an 2000, écrit-il en 1910 ; on m'aimera, on se pressera autour de moi, qui ne serai plus là ; ou plutôt, si, je me trompe totalement : j'y serai, et ma vie présente, mon horrible vie, aura été la rançon de cette autre vie-là, étant ma folie de n'avoir jamais vécu que pour la vie future… »

Au 23, Leconte de Lisle

Leconte de Lisle y réside au milieu des années 1850, dans un petit logis de célibataire situé au quatrième étage au fond de la cour, appartement où l'on peut rencontrer Heredia, Dierx, Coppée, Catulle Mendès… Ses *Poèmes antiques* ont rencontré un certain succès mais sa situation financière est précaire. Il devra attendre une dizaine d'années pour qu'une pension discrète de Napoléon III lui procure une relative aisance. Il déménagera alors rue Saint-Marc (vers 1866) puis boulevard des Invalides.

Au 27, l'enfance de Musset

C'est dans une maison de la rue Cassette louée à une baronne Gobert qu'Alfred de Musset, né en 1810 au 33, rue des Noyers, et son frère Paul passent leur enfance et une partie de leur adolescence, de 1812 à 1824. Les deux frères se pensent apparentés à Jeanne d'Arc et l'appartenance à une aristocratie ne sera pas étrangère, chez le poète, à une certaine vanité nobiliaire. L'enfant va bénéficier d'un environnement culturel de grande qualité : son grand-père maternel, Claude-Antoine Guyot-Desherbiers, doué d'une prodigieuse mémoire, est capable de réciter des comédies entières. D'après Paul de Musset, il aurait pour partie inspiré le personnage de Fantasio dans la pièce du même nom, et celui d'Octave dans *Les Caprices de Marianne*. À l'âge de 9 ans, le jeune Alfred est admis en classe de sixième au collège Henri-IV. Avec son col festonné et ses boucles blondes, il dénote. « C'était un très joli garçon ; blondin, comme nous ; moins vigoureux ; mais, aussi, de taille élancée ; très recherché dans sa tenue ; plein d'afféterie dans ses manières. On l'appelait : "Mademoiselle de Musset" », racontera son condisciple, le baron Haussmann. L'automne 1819 marquera pour Alfred de Musset l'entrée dans la société : premiers espaces de liberté mais fin de l'enfance heureuse et choyée. En 1824, la famille Musset déménage pour s'installer au 59, rue de Grenelle.

Au 29, Rainer Maria Rilke

Un an après son premier séjour dans la capitale, le poète autrichien revient à Paris en 1904 et devient le secrétaire d'Auguste Rodin, dont il a écrit une monographie. Le sculpteur l'accueille chez lui, villa des Brillants à Meudon, puis, mi-mai 1906, à la suite d'une brouille, le congédie. Rilke s'installe rue Cassette, avant de reprendre ses voyages en Europe. En 1907, les deux hommes renoueront par correspondance et, l'année suivante, Rilke, à nouveau parisien, fera découvrir au sculpteur l'hôtel Biron, bâtiment à l'abandon, futur musée Rodin.

CHERCHE-MIDI
(rue du)

D'Artagnan, tout en réfléchissant à ses futures amours, tout en parlant à la nuit, tout en souriant aux étoiles, remontait la rue du Cherche-Midi ou Chasse-Midi, ainsi qu'on l'appelait alors.

— Alexandre Dumas, *Les Trois Mousquetaires*, 1844

Au 4 bis, Michel Mohrt

Romancier breton quelque peu oublié, il dirigea pendant vingt ans le secteur anglo-saxon chez Gallimard. Dans une trentaine de romans, il célèbre sa Bretagne, les histoires de guerre, de mer, d'exils. Il ne se remit jamais de la défaite française de 1940. Depuis *Le Répit,* son premier roman, publié en 1945, jusqu'au *Tombeau de La Rouërie* (2000), un de ses derniers livres, son œuvre reste endeuillée par cette tragédie.

« Il y avait, chez cet homme discret né avec la Première Guerre mondiale, qui combattit courageusement dans les Alpes et sut conjuguer avec art son double métier d'écrivain et de découvreur de talents, une qualité particulière faite de subtilité, de rigueur et de cette distance fraternelle que Jean d'Ormesson a appelée "le charme Michel Mohrt[18]". »

Il fut reçu à l'Académie française par ce même d'Ormesson qui déclara : « Vous êtes breton, catholique et sauvage. J'aurais voulu vous saluer dans votre langue natale qui fut celle d'un Renan, d'un Charles Le Goffic ou d'un Jean Guéhenno. »

À plus de 80 ans, académicien depuis 1985, Mohrt publiera en 1996 *La Leçon de morale dans une loge*, imaginant un dialogue entre Henri Beyle, qui n'est pas encore Stendhal, et le vieux Choderlos de Laclos, dont les routes se seraient croisées à Milan.

Au 9, Roger Martin du Gard et ses Thibault

Démobilisé en 1919, Roger Martin du Gard s'installe avec sa femme et sa fille à proximité du théâtre du Vieux-Colombier, théâtre dirigé par son ami Jacques Copeau. Après *Jean Barois*, première évocation romanesque de l'affaire Dreyfus parue en 1913, il s'est attelé à un roman-fleuve – huit volumes et deux mille cinq cents pages –, saga gravitant autour de deux frères : *Les Thibault*, ouvrage de tradition romanesque à la Balzac ou à la Zola qui paraîtra entre 1922 et 1940.

Albert Camus, préfacier de son œuvre dans la « Pléiade », rendit hommage au Prix Nobel 1937, écrivant qu'au début du siècle, quand il commence à écrire, Martin du Gard est « peut-être le seul (et, dans un sens, plus que Gide ou Valéry) à annoncer la littérature d'aujourd'hui », le qualifiant de « perpétuel contemporain ».

Au 13, Jean-Marie Rouart

Jean-Marie Rouart s'installe en 1963, à l'âge de 20 ans, rue du Cherche-Midi, après avoir passé son enfance puis son adolescence au 36, boulevard du Montparnasse.

Jolie cour pavée avec marronnier. Si le cadre est beau, le moral l'est un peu moins : son premier roman vient d'être refusé par une dizaine d'éditeurs, il lui faudra attendre 1974 pour que le second, *La Fuite en Pologne*, paraisse chez Grasset. Persuadé d'être un « miraculé de la littérature », il va publier à un rythme soutenu une quarantaine d'ouvrages, dont un Interallié (*Les Feux du pouvoir*, 1977) et un Renaudot (*Avant-guerre*, 1983).

Poids lourd de l'édition française avec des millions de livres vendus, le plus télégénique des académiciens s'y prit à cinq reprises – comme Victor Hugo – pour siéger sous la Coupole, où il finit par entrer en 1997. Quai de Conti, il rejoignit pour une dizaine d'années son ami de toujours, Jean d'Ormesson, dont il publiera chez Plon un *Dictionnaire amoureux* en 2019

Jean-Marie Rouart résidera rue du Cherche-Midi jusqu'en 1997, adresse qu'il évoque longuement dans *Une jeunesse à l'ombre de la lumière* (2000).

Au 17, Saint-Simon le sniper

En octobre 1746, Saint-Simon quitte la rue Saint-Dominique et s'installe rue du Cherche-Midi, louant un hôtel aux bénédictines du Saint-Sacrement. Il y rédigera les années 1716-1721 de ses *Mémoires* avant de déménager de nouveau au 102, rue de Grenelle, en 1750.

D'une plume alerte, le duc poursuit son entreprise de démolition et fustige ses contemporains, comme le cardinal Dubois : « Son esprit était fort ordinaire, son savoir des plus communs, sa capacité nulle, son extérieur d'un furet, mais de cuistre, son débit désagréable, sa fausseté écrite sur son front. » Monsieur, le frère de Louis XIV, n'est pas mieux loti : « C'était un petit homme ventru monté sur des échasses tant ses souliers étaient hauts, toujours paré comme une femme, plein de bagues, de bracelets, de pierreries partout, avec une longue perruque tout étalée en devant, noire et poudrée, et des rubans partout où il en pouvait mettre, plein de toutes sortes de parfums. »

Saint-Simon ? Le « tueur de Versailles », un « sniper », comme l'écrit Philippe Sollers.

Au 18, Tinayre la Rebelle

Elle publia une vingtaine de romans et reçut l'appellation de « Sand du Limousin ». En 1904, elle fit partie des cofondatrices du prix Vie heureuse (futur prix Femina) et, en 1905, elle publia *La Rebelle*, ouvrage féministe qui traite notamment des liaisons extraconjugales et de l'avortement.

Chez les féministes, écrit-elle, « il y a toutes les nuances et tous les caractères ». Il y a « celles qui veulent imiter les hommes parce qu'en secret elles les admirent », « celles qui les détestent faute de n'avoir pu s'en faire aimer », « les pures intellectuelles », « les mégères et les viragos », les suffragettes guerrières et les suffragistes pacifiques, sans oublier « les dames qui font du féminisme comme elles feraient du music-hall, pour avoir un tremplin[19] ».

En 1908, elle refuse la Légion d'honneur, déclarant que porter une décoration aussi militaire la ferait passer pour une cantinière de la guerre de 1870. Ce refus entraîne une cabale à son encontre et une campagne de dénigrement misogyne. Ses romans, comme *La Maison du péché* ou *Héllé*, seront de grands succès commerciaux. Résidant rue du Cherche-Midi au début du siècle, elle s'installera après la guerre au 19, rue de Lille.

Au 21, Pierre Lafue

Essentiellement historien et essayiste, il fut la plume d'un ministre des Postes, Télégraphes et Téléphones (Georges Mandel, de 1934 à 1936) et publia une dizaine de romans dont une tétralogie, *Patrice ou l'Été du siècle*, publiée entre 1945 et 1947.

Au 23, Le Cherche Midi

Fondée en 1975 par Philippe Héraclès et Jean Orizet dans une librairie de la rue du Cherche-Midi, la maison d'édition est rachetée par le groupe Editis en 2005.

Au 37-39, Hugo chez ses beaux-parents

D'octobre 1822 au printemps 1824, Victor Hugo et Adèle (Foucher) résident chez les parents de la mariée, dans l'hôtel des Conseils de Guerre (ancien hôtel de Toulouse). La poésie et les pensions de Louis XVIII lui procurant une relative aisance, le couple emménage au 90, rue de Vaugirard, en juin 1824.

Au 42-44, Pierre Moinot

Haut fonctionnaire au ministère de la Culture auprès d'André Malraux puis procureur général à la Cour des comptes, Pierre Moinot mena parallèlement une longue carrière littéraire. Après *Armes et Bagages* (1952), il publie notamment *La Chasse royale* (1953), *Le Sable vif* (Prix des libraires 1963), *Le Guetteur d'ombre* (prix Femina 1979), *Coup d'État* (prix Jean-Giono 2004). Il entre à l'Académie française en 1982 pour occuper le fauteuil de René Clair.

Poirot-Delpech le salue dans *Diagonales* : « Ami de Camus, de Guilloux, de Jules Roy, il mêle, comme eux, ces deux passions cousines : le droit et le bien écrire, la justice sociale et la justesse verbale, servie avec des manies amoureuses de menuisier. »

Au 57, Camille Mauclair

Il fut poète, romancier, historien du symbolisme, « écrivain d'art » et critique littéraire, laissant une vingtaine de romans, une centaine d'essais sur la musique et la peinture. Durant l'entre-deux-guerres, politisé à l'extrême, il se distingue par des pamphlets xénophobes et antisémites, stigmatisant la « farce de l'art vivant », livré aux « métèques » comme aux « consortiums juifs ». Il sera tout naturellement rédacteur dans les journaux de la collaboration – *Le Matin*, *Au Pilori*, *La Gerbe* –, adhérant à l'Association des journalistes antijuifs. Inclus à la Libération par le Comité national des écrivains dans la liste des auteurs interdits, Camille Mauclair échappera à la justice en décédant en avril 1945.

Au 73, Joris-Karl Huysmans

Huysmans et ses trois mille livres s'y installent en 1871, « dans une maison très simple à quatre superpositions de logements, avec porte d'entrée à fronton adorné de consoles contournant un vague blason ».

Il y écrit son premier livre, *Le Drageoir aux épices*, recueil de balades dans les rues sombres d'un Paris de fin de siècle. Dans son premier roman, *Marthe. Histoire d'une fille* (1876), il loge le jeune couple au 73 : « Ce fut au troisième étage de ce logis qu'ils choisirent une chambre tapissée de papier à fleurs, éraillé par endroits, laissant couler par d'autres une pluie fine de plâtre. »

Au 76, Jules Sandeau

« Est-ce que la vie vous a beaucoup amusé, monsieur ?
— C'est un méchant livre que je ne voudrais pas relire, répondit le vieillard ; je vous souhaite le bonsoir. »

Ainsi finit *Rose et Blanche*, roman écrit à quatre mains par George Sand et Jules Sandeau sous le nom de Jules Sand, paru en 1831. Le bonsoir, c'est Jules qui le reçut peu après de la part de sa peu tendre amie. En 1834, désespéré, il confie à Balzac qu'il songe à se suicider. Balzac lui propose alors avantageusement de s'installer chez lui rue Cassini et de l'aider dans ses écritures. Mais les exigences de celui que Sandeau appelle « le Titan » le feront fuir deux ans plus tard, laissant à son protecteur quelques dettes et un loyer impayé. L'ancien amant de George Sand résida rue du Cherche-Midi au milieu des années 1850, jusqu'à sa nomination fin 1859 comme conservateur adjoint à la bibliothèque Mazarine. Ironie de l'histoire : auteur d'une quinzaine de romans, tenant longtemps l'affiche du Théâtre-Français et du Gymnase aux côtés d'Émile Augier, le « petit Jules », contrairement à Balzac, sera élu à l'Académie française en 1858.

Au 91 bis, Sagan

En 1982, Françoise Sagan et Peggy Roche, journaliste de style chez *Elle*, emménagent ensemble dans une maison rue du Cherche-Midi, un « duplex et demi avec jardin » où défile le Tout-Paris et notamment François Mitterrand. Sagan vient de publier *La Femme fardée*, son roman le plus long, qui a reçu un bon accueil. On peut lire dans *Télérama* : « Acuité du regard, grande pénétration psychologique, netteté du trait, empathie non exempte de cette cruauté que génère l'excès de lucidité, précision et élégance extrême d'une phrase au classicisme impeccable et sûr de lui : Sagan est là. »

Après *La Femme fardée*, Sagan cherchera un nouvel éditeur. Ce sera bientôt Gallimard avec Françoise Verny, qui lui demandera de faire ce qu'elle n'a jamais voulu faire : parler d'elle. *Avec mon meilleur souvenir* paraîtra en 1984.

Françoise Sagan, qui va quitter la rue du Cherche-Midi pour la rue d'Alésia, savait-elle que le général Aupick, beau-père haï de celui à qui elle emprunta « les merveilleux nuages », est mort en avril 1857 au 91, à quelques pas de chez elle ?

Au 102, le Sans Pareil d'Hilsum

En 1919, René Hilsum décide de monter une petite maison d'édition, appuyé par Breton et Aragon, afin de publier, pour commencer, un inédit de Rimbaud : *Les Mains de Jeanne-Marie*. Les fondateurs cherchent un nom sortant de l'ordinaire. Breton propose celui d'une ancienne chaîne de magasins de chaussures, L'Incroyable, mais Aragon emporte l'affaire avec « Au Sans Pareil ». En mai, Hilsum s'installe rue du Cherche-Midi et, après le poème d'Arthur Rimbaud, publie le *Mont de Piété* de Breton. La jeune maison publiera les contributeurs de la revue *Littérature*, Breton, Aragon, Soupault, *Les Champs magnétiques* (1920), mais également Cendrars et les premiers écrits (poèmes) de Paul Morand. Hilsum va refuser d'éditer Picabia (*Jésus-Christ rastaquouère*) et, à compter de cette date, cessera petit à petit de n'être que l'éditeur exclusif de Dada puis du surréalisme.

Parallèlement, il ouvre sa librairie Au Sans Pareil au 37, avenue Kléber, qui sera pendant un temps l'adresse de sa maison d'édition.

Après sa brouille avec André Breton, en 1923[20], Robert Hilsum poursuit seul son aventure et devient l'éditeur de Cendrars, Morand, Cocteau, Max Jacob, Giraudoux, etc. Et de Marguerite Yourcenar, dont il publie en 1929 le premier roman (refusé par Gallimard) : *Alexis ou le Traité du vain combat*. L'année suivante, Au Sans Pareil s'installera au 17, rue Froidevaux.

Au 108, la petite enfance de Michel Butor

En 1929, la famille Butor s'installe rue du Cherche-Midi chez la grand-mère maternelle du futur auteur de *La Modification*, Marie Brajeux. Le jeune Michel a 7 ans lorsqu'en 1933, sa mère devient totalement sourde. C'est pour cette raison qu'il cessera de jouer du violon : elle ne peut pas l'entendre. Ses premières admirations littéraires iront vers Paul Claudel, qu'il abandonnera rapidement pour Rimbaud. Troquant le violon pour la plume, il quittera la capitale dès les années 1950 pour se faire professeur itinérant à travers le monde et poursuivre en nomade une carrière d'écrivain, délaissant le roman en 1960 pour l'essai critique.

CHRISTINE (rue)

Je suis allée, en courant, légère, rejoindre Bernard de Fallois rue Christine à La Cafetière où nous avions rendez-vous et je lui ai dit tout de go que j'avais signé avec Fayard.

— Régine Deforges, *L'Enfant du 15 août*, 2013

Au 5, Gertrude Stein

Gertrude Stein et Alice B. Toklas s'installent au 5, rue Christine en 1938, quittant la rue de Fleurus, les années Picasso et la « génération perdue[21] » repartie outre-Atlantique. Stein, juive et homosexuelle, double crime aux yeux des nazis, leur échappe par miracle pendant la guerre et se réfugie à Belley, dans l'Ain, stockant dans l'appartement vide de la rue Christine son extraordinaire collection de tableaux. La poétesse-écrivaine américaine meurt en 1946, sa compagne Alice B. Toklas y résidera jusqu'au milieu des années 1960.

CLÉMENT (rue)

Mon périple d'adieu passera sûrement par la rue Mabillon, qui débouche derrière Saint-Sulpice et qui croise la rue Clément, à cause de son restaurant universitaire où je me rendais midi et soir au début de ma vie parisienne. Où irai-je après ? Retournerai-je à l'ancienne adresse des éditions du Seuil, rue Jacob ?

— Vassilis Alexakis, *La Clarinette*, 2015

Dans un hôtel, Paul Auster

À quel numéro se situait l'hôtel où descendit Paul Auster, le plus parisien des romanciers américains, en 1967 ? L'auteur de la *Trilogie new-yorkaise* (1987-1988) est alors âgé de 20 ans. Passionné de cinéma, il effectue son premier séjour à Paris. Il reviendra en 1971, pour un séjour de quatre ans, et traduira en anglais plusieurs poètes français : Mallarmé, Breton, Michaux… Dans *Invisible* (2009), le héros qui ressemble à son auteur descend à « l'hôtel du Sud ».

COËTLOGON (rue)

Qu'est devenu le petit zinc de la rue Coëtlogon ? Parti sans doute aux puces de Saint-Ouen avec le Saint-Sacrement et le Mouvement perpétuel, les rêves des peintres naïfs et nos verres vides.

— François Caradec, *La Compagnie des zincs*, 1986

Au 3, Roger Nimier

Il s'y installe pour quelques jours en septembre 1956, alors que Guy Schoeller lui propose de diriger Arthème Fayard. « Ce n'est pas très amusant, écrit-il à Jacques Chardonne, mais les collections historiques me vont bien[22]. »

Au 4, René Gillouin

Cet écrivain et critique littéraire habita rue Coëtlogon avant de s'installer au 30, rue Dauphine. Très ancré à droite, il fut, précise Wikipédia, « un intellectuel antimoderne, hostile à l'égard de l'égalité démocratique, très critique vis-à-vis des valeurs et des principes de 1789 et de l'idéologie démocratique et républicaine ». Dans cet esprit, il nous laisse notamment *Hitler peint par lui-même* (1939) et *J'étais l'ami du maréchal Pétain* (1966).

Au 6, Frédéric Beigbeder et le Caca's club

L'auteur d'*Un roman français* vécut rue Coëtlogon durant son adolescence. Il y fonde à l'âge de 19 ans le Caca's club (Club des analphabètes cons mais attachants) – Caca étant vaguement apparenté à Dada –, club de la jeunesse dorée avec vue sur la drogue et l'alcool à gogo, dans lequel, si l'on vomit, c'est avec classe. « Nous nous imaginions que la fête nous empêcherait de vieillir, ou qu'elle nous tuerait vite, comme Boris Vian ou Francis Scott Fitzgerald, explique Beigbeder. Nous pensions que la nuit allait nous permettre de ne pas devenir nos parents. »

Les statuts du Caca's club furent publiés au *Journal officiel* du 25 avril 1984 : « Objet du C.A.C.A. : transformer la mondanité internationale grâce à l'action des jeunes les plus drôles (mais chics) et les plus bêtes (mais beaux) de la planète[23]. »

COMMERCE-SAINT-ANDRÉ (cour du)

L'abandonnant et s'employant à occuper le temps qui le séparait encore du rendez-vous, il s'engagea dans la cour du Commerce-Saint-André où il avait connu, une dizaine de jours plus tôt, une émotion étrange…

— Pierre Gascar, *Les Moutons de feu*, 1963

Au 4, Adèle (trompe) Hugo

À l'ancien nº 2 du passage de la Cour-du-Commerce se tenait au XIXe siècle l'hôtel de Rouen, où Sainte-Beuve loua deux chambres du quatrième étage et reçut discrètement Adèle – Mme Victor Hugo –, au début des années 1830. Il n'est pas beau : « Quelques rares cheveux roux, des oreilles en plat à barbe, un front sillonné dès l'aurore, des joues luisantes et colorées dans un visage légèrement orangé, un petit nez en éveil, des yeux vifs mais mal enchâssés, une bouche gourmande mais décolorée, un menton fuyant où la barbe était mal semée ; le tout sur un corps gros et court[24]. » Pas très beau, donc, mais il a séduit par sa douceur la sage Adèle. Ils resteront amants jusqu'en 1837. Cet épisode engendrera une haine tenace entre les deux anciens amis : Sainte-Beuve dans ses articles traitera Hugo de « Polyphème » et de « Cyclope », ce dernier répliquera en le qualifiant de « Sainte-Bave ». Sainte-Beuve quittera le passage en 1841.

CONDÉ (rue de)

… par les rues Garancière et de Vaugirard (où je croise Modiano que je reconnais à son regard obvie d'homme traqué de l'intérieur) jusqu'à la rue de Condé.
Au vingt-six, rien que la trace dans la pierre des lettres de cuivre signalant le Mercure de France.
Aucune vitrine, aucun livre visible : j'imagine assez bien le caractère intime qu'eut cette maison pour Léautaud. Ce n'est pas un hôtel littéraire, c'est une pension de famille.

— Jean-Marc Roberts, *Deux vies valent mieux qu'une*, 2013

Au 8, George Sand chez son fils

Fin février 1848, George Sand demeure chez son fils Maurice, dans sa « cambuse » du 8, rue de Condé. Elle délaisse l'écriture de l'*Histoire de ma vie* (première autobiographie féminine, commencée en avril 1847, cette « histoire de moi » sera publiée en 1855), et s'engage totalement dans la révolution qui embrase Paris. Elle rédige des articles pour les *Bulletins de la République*, tente de convaincre les campagnes de payer l'impôt républicain et de voter pour la République.

« Vous devez être étonnée, écrit-elle à une amie, d'apprendre combien la France est pauvre en ce moment-ci. Ne vous en affectez pas, elle est riche d'idées et de sentiments, et cette misère où je me trouve jetée avec le peuple est le temps le plus doux de ma vie. Je n'ai pas à me reprocher de m'être mise d'avance en mesure de m'en préserver. J'ai vécu au jour le jour, gagnant et donnant. Le peuple est gai comme moi. Dans ses fêtes patriotiques, il est à jeun et il chante. Quel peuple ! Mon amie, je voudrais que vous les vissiez ; c'est le plus beau spectacle que l'histoire ait jamais offert. »

N'acceptant pas les orientations que prend le gouvernement issu des élections, elle repartira à Nohant dès le mois de mai.

Au 11, Paul Léautaud

« De bonne heure, peut-on lire dans son immense *Journal*, je n'ai plus eu de juvénilité. Je me rappelle les années, 11, rue de Condé, rue des Feuillantines et rue Bonaparte, de 1897 à 1900 à peu près. Comme j'étais déjà vieux, comme j'avais peu la notion de l'avenir, du futur, à croire que j'avais plus vécu que je n'avais à vivre. »

La fiction n'intéressera pas cet écrivain vieux avant l'heure, hanté par la crainte de manquer d'inspiration et son premier ouvrage, *Le Petit Ami* (1903), relatera son enfance. Critique dramatique (une plume acérée trempée dans l'acide), galurin en bataille et cabas à la main, il va s'inventer un personnage ronchon dont il n'hésite pas à écrire par avance la nécrologie : « Ici gît Paul Léautaud / Plus connu : Maurice Boissard. / Il écrivait et parlait sans fard, / Immolant tout à un bon mot. / Quand on l'enterra : "C'est bien tôt !" / Dirent quelques-uns, mais, à part, / Beaucoup pensèrent : "C'est bien tard !" »

Au 15-17, la naissance de Sade

Sade voit le jour en juin 1740 dans l'hôtel de Condé où sa mère, en qualité de dame d'accompagnement et parente de la princesse de Condé, avait ses appartements. L'hôtel était « situé entre le 9 et le 15 rue de Condé et [...] occupait le terrain entre les rues de Vaugirard, Monsieur-le-Prince, de Condé et le carrefour de l'Odéon[25] ». La prison sera la principale adresse du père de *Justine* : il y passera vingt-huit ans sur cinquante-quatre d'existence.

Au 16, le sans-faute de Jean Giraudoux

Giraudoux s'y installe en septembre 1908, et y écrit *Les Provinciales*, son premier roman. Douze ans plus tard, à 38 ans, il est devenu secrétaire d'ambassade au Quai d'Orsay et travaille à la rédaction de son sixième roman. « Il habitait, relate André Billy, dans une garçonnière aérienne où il m'emmenait souvent et qu'il avait meublée dans le goût anglais et Directoire. "Tenez, me dit-il, un jour, puisqu'on m'accuse d'être un écrivain tarabiscoté, je vais vous montrer le manuscrit de mon prochain roman, vous jugerez vous-même", et il me mit sous les yeux un énorme manuscrit qui était, je crois, celui de *Suzanne et le Pacifique* : pas une rature[26] ! »

Jeune marié, le diplomate-écrivain quittera la rue de Condé en 1921 pour s'installer rue du Pré-aux-Clercs. Le succès littéraire interviendra l'année suivante, avec la publication de *Siegfried et le Limousin*, chez Grasset.

Est-ce dans l'appartement de Giraudoux que s'installera Georges Bataille pendant quelques mois en 1945 ?

Au 20, Blaise Pascal le surdoué

Blaise Pascal est âgé de 11 ans lorsque sa famille s'installe rue de Condé en 1634. L'enfant est un surdoué : « Dès que mon frère fut en âge qu'on lui pût parler, écrit sa sœur Gilberte dans l'hagiographie de son frère, il donna des marques d'un esprit tout extraordinaire par les petites reparties qu'il faisait tout à fait à propos, mais encore plus par des questions qu'il faisait sur la nature des choses, qui surprenaient tout le monde. » L'enfant prodige, éduqué par son père, démontre des dons de mathématicien hors du commun. Sa carrière scientifique s'étalera sur une douzaine d'années, et il faudra attendre son expérience mystique de 1654 pour qu'il se consacre à la réflexion philosophique et religieuse.

Au 26, les affaires de Beaumarchais

« C'était, écrit Romain Gary, un homme tissé d'éclairs. Éclairs de génie, de canaillerie, de grandeur, de petitesse, de courage, de mythomanie, de maquereautage et de générosité, faquin sublime et parvenu altier… »

En 1763, Beaumarchais n'a écrit que de petites pièces pour des théâtres privés (*Les Bottes de sept lieues*, *Jean Bête à la foire*, etc.) et se préoccupe davantage de spéculation que de littérature. Il réside au 26, rue de Condé, et, avec le financier Joseph Pâris-Duverney, monte avec succès une série d'affaires qui font son éphémère fortune. Après un séjour en Espagne, il retrouve la rue de Condé en 1765, puis se remarie avec une riche veuve. Son entrée en littérature intervient en 1767 avec la représentation d'*Eugénie* à la Comédie-Française.

En 1773, fâché avec le duc de Chaulnes (qui l'accuse de lui ravir sa maîtresse), Beaumarchais est condamné, emprisonné au For-l'Évêque. Quand il en sort, il se voit chassé de sa maison. Il va « rebondir » comme il sait si bien le faire : son *Barbier de Séville* accède à la scène la même année.

Au 26, Théodore de Banville

Banville y réside dans les années 1860, avant de rejoindre la rue de l'Éperon. La publication de ses poèmes dans *Odes funambulesques* (1857) a consacré sa gloire. Rue de Condé, le jeudi, il reçoit les poètes parnassiens, leur offre tartelettes et thé au rhum, et prépare son *Petit Traité de poésie française*, ouvrage dans lequel il s'oppose au larmoiement du romantisme et à la nouvelle poésie réaliste, promouvant le culte de la beauté et de la pureté formelle.

Au 26, les éditions Mercure de France

Quittant la rue de l'Échaudé, les époux Vallette et leur Mercure de France s'installent rue de Condé en 1903. On y publie les principaux textes symbolistes, les premières œuvres de Gide, de Claudel, de Colette… En 1907, Paul Léautaud est engagé comme secrétaire de direction. Dans son bureau du premier étage, le dédicataire de *La Chanson du mal-aimé* se chargera pendant plus de trente ans de la réception des manuscrits et de la publicité. On y rencontre un Blaise Cendrars désargenté, qui, portant rue de Condé un de ses poèmes, demande qu'on lui consente une petite avance.

« Mais, lui répond-on, les poèmes ne sont jamais payés au Mercure !
— Qu'à cela ne tienne, rétorque-t-il, foutez-les en prose et donnez-moi cent sous ! »

Durant l'entre-deux-guerres, l'œuvre de Georges Duhamel – qui prend les commandes en 1935 – permet au *Mercure* de traverser la crise. Après la guerre, la revue éditera Henri Michaux, Pierre Reverdy, Pierre Jean Jouve, Yves Bonnefoy, tandis que le *Journal littéraire* de Paul Léautaud commencera à être publié en 1954.

Avant la *NRF*, le Mercure fut le temple de la littérature, comme le relate Émile Henriot dans *Le Monde* en 1955 : « Le Mercure régnait alors. C'était notre Mecque. Le moindre volume, la plus mince plaquette, ornés sur la couverture du pétase et du caducée, nous étaient tabous. Le Mercure c'était la vertu ; la maison d'Henri de Régnier, de Moréas et de Gourmont, aujourd'hui si absurdement méprisés, ou plutôt, ce qui est plus facile, inconnus. On y était ouvert aux grands courants de l'étranger, on y traduisait Nietzsche, Hardy, Kipling, Wells, Conrad ; Gide y avait donné *L'Immoraliste*, en attendant *La Porte étroite* ; Claudel, *Connaissance de l'Est* et *Art poétique*. L'intègre et lucide Vallette dirigeait avec intransigeance et liberté la revue et la librairie, indifférent aux modes, au succès. Vallette, que j'ai entendu dire un jour que le prix Goncourt venait d'échoir à l'un de ses auteurs : "Si vous croyez que c'est rigolo d'avoir un prix Goncourt dans la maison !" »

Racheté en 1958 par Gallimard, le Mercure met fin à sa revue en 1965 et se consacre à l'édition, avec des auteurs confirmés et de nombreux prix littéraires dont le Goncourt d'Ajar-Gary pour *La Vie devant soi* (1975). Philipe Le Guillou se souvient de ses visites rue de Condé, dans les années 1980 : « Simone Gallimard régnait, à cette époque, sur la maison quiète et cossue du 26 de la rue de Condé, tout à côté du Sénat, elle avait un bureau anglais, très chic, un canapé d'angle couvert d'un désordre de coussins, dans le hall meublé de cabinets chinois, on pouvait toujours voir la table de Léautaud… »

Au 26, Louis Dumur

Cet officieux directeur littéraire du *Mercure de France* (de 1895 à sa mort, en 1933) habitait sur place dans trois petites pièces situées au dernier étage de l'immeuble. Auteur d'une trentaine d'ouvrages, il eut peu de succès pour ses poèmes ou ses pièces de théâtre, mais obtint une petite consécration avec un roman, *Un coco de génie* (1902), et laissa par ailleurs – de 1928 à 1932 – un cycle de romans russes : *Dieu protège le tsar !*, *Le Sceptre de la Russie*, *Les Fourriers de Lénine*, *Les Loups rouges*.

Le café de la jeunesse perdue de Modiano

À quel numéro était situé le Condé, ce « café de la jeunesse perdue » ? Mystère. Modiano, en vain, tenta d'en retrouver l'emplacement. Dans ce lieu inspiré de chez Moineau, le mythique bistrot de la rue du Four, Modiano mêle aux personnages de fiction quelques personnages réels dont trois écrivains plus ou moins à la dérive : le sulfureux Maurice Raphaël[27] ; Olivier Larronde[28], l'archange alcoolique et opiomane, un « prince devenu clochard » que Genet et Cocteau firent connaître lorsqu'il publia à 17 ans, en 1948, *Les Barricades mystérieuses* ; et le dramaturge Arthur Adamov, l'ami d'Artaud, dont les pièces – dans le courant de « l'absurde » des années 1950 – furent montées par les grands noms de l'époque, Jean Vilar, Jean-Marie Serreau, Roger Blin, Roger Planchon…

CONTI (quai de)

Il a traversé la Seine en face du quai de Conti. Sur le pont des Arts, des fourgons de CRS en faction l'ont mis mal à l'aise. La police partout, comme sous l'Occupation. Un Paris piéton, silencieux, méfiant.
— Pauline Dreyfus, *Le Déjeuner des barricades*, 2017

Au 15, Maurice Sachs

« Quand on est juif, aventurier, séducteur, jouisseur, voleur, escroc, amoral, dilettante, snob, ivrogne, charmeur, cynique, naïf, menteur, hédoniste, opportuniste, irresponsable, on ne peut pas être totalement mauvais[29] », écrit Charles Dantzig.

Dans *La Chasse à courre* (1948), le protéiforme Maurice Sachs évoque l'appartement du quai de Conti censé impressionner clients et fournisseurs dans ses différents trafics : « … la colonnade de Poussin, le Vert-Galant, la place Dauphine. Je me penchai au balcon ; à droite j'apercevais l'emplacement des anciens tréteaux où se jouaient en plein air farces et mystères ; à gauche, des pierres égalisées du quai, un mirage nourri de souvenirs émerveillés faisait monter au regard intérieur la tour de Nesles, cependant que les champs d'antique rusticité mûrissaient sous le Louvre les blés vifs des Fouquet. »

Dans deux de ses chambres, Maurice Sachs hébergea Albert Sciaky, surnommé

« le Zébu », jeune homme qui publia à l'âge de 21 ans un premier roman sous le pseudonyme de François Vernet[30].

Au 15, l'enfance de Patrick Modiano

Dans *Un pedigree*, le futur Prix Nobel évoque également cet appartement – aux quatrième et cinquième étages avec escalier intérieur – que sa mère, l'actrice Louisa Colpeyn, occupa avec ses deux fils à la suite de Maurice Sachs. « Ainsi, écrit Modiano, dans l'appartement où Sachs se livrait à un trafic d'or, et où, plus tard, mon père se cachait sous une fausse identité, "le Zébu" avait occupé ma chambre d'enfant. »

Au 23, l'Académie française

« On est ridicule quand on est candidat à l'Académie, on cesse de l'être quand on est élu », déclara Dutourd. Dures paroles pour Zola qui se présenta une vingtaine de fois et ne fut jamais élu[31]. Certains, comme Bernanos, ne courent pas ce risque : « Quand je n'aurai plus qu'une paire de fesses pour penser, déclara-t-il, j'irai l'asseoir à l'Académie. »

Parmi les curiosités, Armand du Cambout, duc de Coislin, entra à l'Académie à 16 ans et n'écrivit pas une seule ligne, sa vie étant consacrée à la carrière des armes. Il détient par ailleurs le record de longévité : entré en 1652, il quitte l'institution les pieds devant cinquante ans plus tard. Notons que le poète Charles-Pierre Colardeau (1732-1776) mourut trente-cinq jours après son élection, ce qui est fort bref pour un immortel en habit vert. Vert ? C'est un décret du Consulat qui définit la couleur de l'habit, parce qu'aucune autre couleur ne convient : le rouge est trop violent, le blanc trop royal, le violet trop ecclésiastique, l'orange trop vif, et le jaune, ça fait cocu...

Selon Flers et Caillavet, dans *L'Habit vert*, « le candidat idéal, c'est celui qui n'a rien fait, qui n'a pas cédé à cette manie d'écrire qui perd tant d'hommes remarquables. C'est celui que personne ne connaît et qui, en entrant à l'Académie, lui doit tout car sans elle il ne serait rien ».

CORNEILLE (rue)

Avant de quitter Paris, je voulus rejoindre Geneviève qui passait l'oral de ce qu'on appelait alors le « certificat » et logeait dans l'unique hôtel de la rue Corneille. À la fin de cette troisième année à Bordeaux, mon amour pour elle s'était refroidi...

— Claire Sainte-Soline, *Les Années fraîches*, 1966

Au 2, le théâtre de l'Odéon

Le 27 avril 1784, l'aristocratie menée par Marie-Antoinette fait triompher *La Folle Journée*, malgré l'avis contraire du roi qui en perçoit les fondements subversifs. « Je sais quelque chose de plus fou que ma pièce, c'est son succès », dira Beaumarchais après le triomphe de sa pièce. Le théâtre – alors Théâtre-Français – peinera ensuite à se faire une place et Victor Hugo écrit en 1848 : « L'Odéon est toujours désert. » Selon lui, « mettre un théâtre dans un quartier désert qu'on veut vivifier et s'imaginer qu'on y fera venir le public, c'est comme si l'on se figurait qu'en posant un poisson sur la terre quelque part, on y fera venir de l'eau ». Il faudra la création en 1885 de *L'Arlésienne* d'Alphonse Daudet (sur une musique de Georges Bizet) pour relancer le théâtre.

Deux ans avant de devenir le haut lieu de la contestation culturelle de Mai 68, l'Odéon sera l'objet, le 30 avril 1966, d'un violent incident lors d'une représentation des *Paravents* de Jean Genet : des manifestants d'extrême droite investissent les lieux, jettent des œufs sur scène, agressent des comédiens comme Maria Casarès invitée à « foutre le camp ». À la suite du scandale et de la controverse, certains députés demanderont la suppression de la subvention du Théâtre national de l'Odéon. Malraux tiendra bon. « Si nous étions vraiment en face d'une pièce antifrançaise, déclare-t-il, un problème assez sérieux se poserait. Or, quiconque a lu cette pièce sait très bien qu'elle n'est pas antifrançaise. Elle est antihumaine. Elle est anti-tout. Genet n'est pas plus antifrançais que Goya anti-espagnol. »

Au 5, James Joyce et Beckett

À l'âge de 20 ans, en décembre 1902, Joyce séjourne pour la première fois dans la capitale, logeant à l'hôtel Corneille, point de ralliement des Irlandais à Paris, et prenant souvent ses repas au Polidor, rue Monsieur-le-Prince. Venu pour d'hypothétiques études de médecine, le jeune homme ne s'inscrit pas et subsiste difficilement. Dans ses *Épiphanies*, il évoque le « péché parisien », misère, solitude, mais également l'apprentissage de la liberté ; et dans *Ulysse*, « les very excentric tas de cocottes-là huppées nippées comme qui dirait princesses dansent le cancan et qui marchent clowneries parisiennes extra idiotes pour célibataires étrangers quand même elles parlent mauvais anglais faut voir ».

Son objectif : entrer en littérature, car « la vie n'est pas faite pour être vécue, mais pour être réinventée par l'écriture ». Il quitte Paris en avril 1903 et rentre à Dublin, sa mère étant atteinte d'un cancer. En dehors de la poésie, son entrée en littérature aura lieu avec *A Portrait of the Artist as a Young Man*, paru en 1916.

En octobre 1928, de retour à Paris depuis 1920, James Joyce se rend de nouveau à l'hôtel pour faire la connaissance d'un nouveau locataire, Samuel Beckett. Joyce a 46 ans, Beckett, 22, cela ne les empêche pas de confronter leur amour de la langue, l'étude de Dante ou des Écritures. Beckett va devenir un familier, mais la passion non partagée qu'il inspire à Lucia, la fille de Joyce, va provoquer la rupture entre les deux écrivains.

Au 5, Balzac et l'hôtel Corneille

Dans sa courte nouvelle *Z. Marcas* (1840), Balzac y loge son héros éponyme : « J'achevais mon droit en 1836 ; à Paris. Je demeurais alors rue Corneille, dans un hôtel entièrement destiné à loger des étudiants, un de ces hôtels où l'escalier tourne au fond, éclairé d'abord par la rue, puis par des jours de souffrance, enfin par un châssis. [...] Que faut-il à la jeunesse de plus que ce qui s'y trouvait : un lit, quelques chaises, une commode, une glace et une table[32] ? » Cette description pourrait parfaitement illustrer la chambre que prit Baudelaire à l'hôtel Corneille, en 1845.

Au 7, Bernard Grasset

À la mi-août 1908, Bernard Grasset, 27 ans, quitte son bureau de la rue Gay-Lussac et emménage rue Corneille, un rez-de-chaussée en fond de cour dans lequel il restera dix-huit mois. Les Éditions nouvelles qu'il a créées l'année précédente deviennent les Éditions Bernard Grasset. Il y publie son premier gros succès, un livre de pastiches signé Paul Reboux et Charles Müller : *À la manière de...*

DANTON (rue)

« Oui ! Oh ! Ah ! qu'est-ce qu'on s'boyaute ! »
Au coin de la rue Serpente et de la rue Danton,
juste ils riaient. Ils se désignaient l'un à l'autre
et ils avaient un terrible boyau de la rigolade.
Jusqu'à ce qu'ils aient tous perdu le moindre orgueil.
Jusqu'à ce qu'ils aient rincé leurs forces.

— Jean Vautrin, *Le Cri du peuple*, 1998

Au 8, Maurice Barrès prend vingt ans

Le procès Barrès serait-il le point de passage entre Dada et surréalisme ? Le vendredi 13 mai 1921, André Breton organise à la Salle des sociétés savantes le procès de Maurice Barrès, accusé de crime contre la sûreté de l'esprit[33]. Breton préside, Georges Ribemont-Dessaignes accuse, Aragon et Soupault défendent, Benjamin Péret – en soldat inconnu revêtu d'une capote de poilu et parlant allemand – est témoin à charge. Résultat : Barrès est condamné à vingt ans de travaux forcés. Durant le procès, Tzara et Breton ne cessent de s'affronter et Tzara quitte la salle, furieux. La rupture qui couvait entre Dada et les futurs surréalistes est consommée et Picabia écrit : « Dada s'est enfui au galop dans un nuage de poussière. De petits vauriens lui sautent sur le dos, caressent l'animal, lui donnent du sucre, lui fixent des œillères, tirent la bride vers la droite. Pauvre Dada sauvage [...]. Dada est mort. »

Au 8, Isidore Isou lance le lettrisme

En janvier 1946, vingt-cinq ans après le « procès Barrès », Isidore Isou (Jean Isidore Goldstein) et Gabriel Pomerand déclenchent un scandale en intervenant par surprise dans une soirée littéraire organisée par Tristan Tzara. Isou y déclame ses poèmes et Pomerand y donne une conférence sur l'évolution de la poésie, depuis Homère jusqu'au lettrisme[34]. Objectif des deux hommes : se placer à « l'avant-garde de l'avant-garde ». Après un nouveau scandale l'année suivante au Vieux-Colombier, Isou bénéficiera du soutien de Raymond Queneau et de Jean Paulhan et son *Introduction à une nouvelle poésie et à une nouvelle musique* paraîtra à la *NRF* en avril 1947. Isou publiera ensuite *L'Agrégation d'un Nom et d'un Messie* (1947), *Le Surréalisme et André Breton* (1948), *L'Économie politique et l'érotologie* (1949), *Les Arts plastiques* (1950), *Le Roman et la Prose* (1950), *Le Cinéma* (1951), *Le Théâtre* (1952), ouvrages tendant à déconstruire puis réinventer radicalement la société.

DAUPHINE (rue)

Des artisans travaillaient là, il y avait rue Dauphine beaucoup de magasins d'alimentation et d'hôtels en mauvais état, habités par des ouvriers. C'était assez proche de l'ambiance du Jour se lève, *de Carné.*

— Patrick Modiano, *Les Inrockuptibles*, janvier 1996

Au 10, Maigret à la Chope (du Pont-Neuf)

C'est le commissaire Massu, l'un des modèles de Maigret (avec les commissaires Guillaume et Nicole), qui fit connaître à Georges Simenon cet établissement tenu par un certain Durand.

Parmi les cinq ou six bistrots établis à distance raisonnable du 36, quai des Orfèvres, la Chope constitue une halte privilégiée pour le célèbre commissaire, qui s'y rend pour boire une bière ou pour déjeuner : « À dix heures du matin, il était installé à la Chope du Pont-Neuf et il avait choisi une table que le soleil atteignait par intermittence, car les passants l'interceptaient à un rythme régulier. Il y avait déjà du printemps dans l'air. La vie de la rue était plus allègre, les bruits plus aigus[35]. »

Au 16, Claude Roy

« Me faire ça à moi ! » écrivit-il en 1969 dans *Moi je*, premier des trois volumes de ses Mémoires, anticipant sa mort (par cancer du poumon) qui interviendra fin 1997 rue Dauphine.

Il fut touche-à-tout car tout le touchait, disait-il de lui-même. Il fut donc poète[36], essayiste, critique littéraire, romancier (de *La nuit est le manteau des pauvres*, 1949, à *L'Ami lointain*, 1987), traducteur de poésie chinoise, membre du comité de lecture de Gallimard et conteur pour enfants. Il fut surtout à partir de 1983 l'auteur d'un étonnant journal intime pour « essayer de vivre les yeux ouverts, rêver de ne les fermer qu'à la dernière minute ». Plus qu'un journal, il s'agit d'un bric-à-brac littéraire, esquisses, poèmes plus ou moins achevés, pense-bêtes, notes de lectures, journal proprement dit, etc. Sa poésie fut souvent comparée à celle d'Éluard. Mais il y a également du Desnos chez lui : « Le rhinocéros est morne / et il louche vers sa corne. / Que veut le rhinocéros ? / Il veut une boule en os. / Ce n'est pas qu'il soit coquet : / c'est pour jouer au bilboquet. / Car l'ennui le rend féroce, / le pauvre rhinocéros. »

Au 20, Charles Desnoyers

Dramaturge, sous le pseudonyme d'Edmond de Biéville, il signa une vingtaine de pièces de 1836 à 1856, puis se consacra à la critique théâtrale. Charles Monselet ne fut pas tendre avec lui : « Il ne fallait lui demander ni du brillant, ni de l'original, ni du léger ; [...] avec lui on était certain d'avoir un honnête compte rendu : d'abord l'analyse fidèle de la pièce, ensuite une appréciation courtoise du jeu des acteurs ; pas davantage. [...] Je ne crois pas qu'il ait compris grand-chose aux divers mouvements littéraires qui se sont produits autour de lui, il accueillait indifféremment tous les genres et toutes les écoles. »

Au 24, Alain-Fournier

En 1909, libéré des obligations militaires, Henri-Alban Fournier est engagé comme chroniqueur littéraire à *Paris-Journal* et s'installe rue Dauphine, à l'entresol au fond de la cour. Quatre ans auparavant, à la sortie du Salon de la Nationale au Grand-Palais, il a croisé une belle jeune fille qu'il a suivie le long du Cours-la-Reine, puis sur un bateau-mouche jusqu'à sa résidence, boulevard Saint-Germain. Elle se nomme Yvonne de Quiévrecourt, il en tombe éperdument amoureux, elle lui inspirera le personnage d'Yvonne de Galais : *Le Grand Meaulnes* est en route.

Au 33, le café Laurent et celui de Rousseau

Fondé en 1690 par le sieur François Laurent, ce fut un lieu de disputes entre gens de lettres. Laurent mourut en 1694, sa veuve lui succéda et fit prospérer l'établissement qui reçut notamment Voltaire, Fontenelle, Jean-Baptiste Rousseau...

C'est au café Laurent que ce dernier composa son premier ouvrage, publié en 1694 et intitulé *Le Café*, « petite pièce d'un jeune homme sans expérience, ni du monde, ni des lettres, ni du théâtre [qui] semblait n'annoncer aucun génie ». À cette remarque de Voltaire s'ajoute le commentaire d'un de ses amis : « Le café toujours nous réveille ; / Cher Rousseau par quel triste effort / Fais-tu qu'ici chacun sommeille ? / Le café chez toi seul endort. »

Après la guerre, le café deviendra pour une décennie le mythique Tabou, animé à ses débuts par le duo Gréco-Cazalis et par la trompette de Boris Vian.

Au 33, l'hôtel d'Aubusson et le Tabou

Simone de Beauvoir quitte Montparnasse et son hôtel Mistral pour rejoindre Saint-Germain-des-Prés en septembre 1942. « C'était un taudis, écrit-elle dans *La Force de l'âge*, un lit de fer, une armoire, une table, deux chaises en bois, entre des murs pelés, avec au plafond une mauvaise lumière jaune ; la cuisine servait de cabinet de toilette. L'hôtel était une masure crasseuse, avec un escalier de pierre glacial qui sentait le moisi et d'autres odeurs innommables. » Jean-Paul Sartre va la rejoindre, louant sa propre chambre qu'il partage épisodiquement avec Wanda Kosakiewicz. Beauvoir restera à l'hôtel d'Aubusson jusqu'en juillet 1943, date à laquelle elle obtiendra enfin une chambre à La Louisiane, rue de Seine. Comment pourrait-elle imaginer que quatre ans plus tard, dans la cave du bistrot adjacent à l'hôtel d'Aubusson, se situera l'épicentre du tremblement de terre qui va secouer Saint-Germain-des-Prés : le Tabou ?

Au 33, Pierre de Massot

Une vingtaine d'années après Simone de Beauvoir, l'ancien poète dada loue une chambre meublée de l'hôtel d'Aubusson avec sa compagne Micheline Kunosi. Aidé financièrement par Gide, Cocteau, Duchamp et Maritain, il parvient à subsister et il publie plusieurs plaquettes de poèmes, avec notamment, en 1961, *Le Mystère des Maux*.

Il fut un proche de Tzara, de Picabia (dont il écrivit une monographie : *Francis Picabia*, 1966), d'André Breton (*André Breton ou le Septembriseur*, 1967) et de Marcel Duchamp (*Marcel Duchamp*, 1965). Subsiste de lui le souvenir d'un bras cassé par la canne de Breton, en 1923, lors de la « soirée du cœur à barbe » qui scella le divorce entre Dada et surréalisme.

Pierre de Massot meurt le 3 janvier 1969 et *Les Nouvelles littéraires* saluent cet écorché de la vie : « On souhaite qu'un éditeur rassemble les œuvres de Massot, gaspillées en plaquettes trop rares. Alors apparaîtra le visage attachant et désespéré d'un homme pour qui la poésie ne fut jamais un moyen d'existence mais la plus exigeante des passions. »

Au 39, Jacques Prévert

Entre eux, ils se surnomment « les Lacoudem » (ceux-qui-se-reconnaissent-en-se-frottant-le-coude) et forment une petite bande d'amoureux du cinéma qui s'installe rue de Seine en 1932 autour de Jacques Prévert : sa femme Simone, Ghislaine May (future compagne d'Autant-Lara), Lou Bonin et Éli Lotar. Autour d'eux gravitent les habitués de la rue Dauphine : Jacques B. Brunius, Pierre et Denise Batcheff, Jean-Paul Dreyfus (dit Le Chanois), Louis Chavance et Pierre Prévert. Un article de Jean-Paul Le Chanois paru dans *Ciné-Club* en 1949 évoque l'esprit des lieux : « Au 6e étage sur la rue habite Jacques Prévert. La chambre comporte un réchaud et un compteur à gaz qu'on incline quand on n'a plus de pièces de 20 sous à mettre dedans. [...] En hiver, la confiture se mélange au sel, au poivre, à l'eau qui ruisselle le long des murs. En été on grimpe sur le toit d'où on surveille un institut de jeunes filles et des voisins se plaignent de nous voir prendre des bains de soleil à plat sur le zinc dans des costumes réduits. [...] Presque chaque soir on y donnait la comédie. »

Après la rue Dauphine, Prévert s'installera à l'hôtel Acropolis, boulevard Saint-Germain, puis au Montana, rue Saint-Benoît, près du Flore.

DRAGON (rue du)

L'hôtel de Renée Haussière se trouvait rue du Dragon, rue en forme de rivière, rue où le ciel coulerait entre les marchands de palettes et les coiffeurs, avec, toujours, quelque vieille mondaine qui chante près des poubelles.
— Jacques Audiberti, *Monorail*, 1947

Au 10, Roger Martin du Gard

À la fin des années 1940, lorsqu'il est à Paris, le Prix Nobel 1937 réside rue du Dragon, au fond de la cour, dans un petit hôtel du XVIIe siècle, immeuble dont il est nu-propriétaire en indivision avec son frère. Il n'a rien publié depuis le dernier tome des *Thibault* et travaille sur un roman resté inachevé, *Le Lieutenant-colonel de Maumort*. En 1955, de son vivant, il entre dans la « Bibliothèque de la Pléiade ». Il décédera trois ans plus tard.

Au 10 résidait également – mais à un autre étage – sa fille Christiane, dont le compagnon, l'écrivain Henri Calet, venait souvent dormir rue du Dragon.

Au 19, Charles Maurras

Charles Maurras – ce poète provençal qui deviendra l'apôtre du nationalisme intégral[37] – s'y installe en 1895, à l'âge de 27 ans, après avoir publié son *Chemin de paradis. Mythes et fabliaux*, neuf contes philosophiques qui fondent sa pensée et sa conception de l'ordre. Antirépublicain, antisémite et antidreyfusard, Maurras sera un critique littéraire renommé (il sera l'un des seuls à pressentir dans *Les Plaisirs et les Jours* le génie de Marcel Proust) avant de s'engager en politique, de diriger *L'Action française* et de peser fortement sur la vie intellectuelle de l'entre-deux-guerres : Valéry, Gide, Colette, Montherlant ou Malraux vanteront son œuvre à des degrés divers et il sera reçu en 1938 à l'Académie française. Malgré son aversion pour l'Allemagne, Maurras sera un des principaux acteurs de la collaboration et sera condamné en 1945 par la Haute Cour de justice à la réclusion à perpétuité. Son cas embarrassa le Quai de Conti, car sa condamnation aurait dû entraîner automatiquement sa radiation. Il fut en fait décidé qu'on déclarerait vacant son fauteuil, sans voter la radiation. (Et d'attendre sa mort, ce qui ne tarda pas trop, en 1952.)

Au 21, Jacques Copeau

Pour être au plus près de son cher Vieux-Colombier, créé deux ans auparavant dans l'ancienne salle de l'Athénée-Saint-Germain, Jacques Copeau loue en 1915 un petit appartement rue du Cherche-Midi. En novembre 1908, à l'initiative de Charles-Louis Philippe, il a fondé avec André Gide, Jean Schlumberger, Henri Ghéon, André Ruyters et Marcel Drouin *La Nouvelle Revue française* (*NRF*), publication qui deviendra la revue de référence dans le paysage littéraire français et qu'il dirigera pendant deux ans, avant de se consacrer totalement au théâtre.

De *Brouillard du matin* (1897) au *Petit Pauvre* (1946), Copeau a écrit une douzaine de pièces et laisse un volumineux *Journal* (de 1901 à 1948). « Jamais il n'écrira un roman, note Roger Martin du Gard, ni un livre de réflexions, mais ces cahiers-là renfermeront toute sa pensée, sans intermédiaire, et avec une vie prodigieuse... »

Au 30, la mansarde de Victor Hugo

« Je veux être Chateaubriand ou rien », inscrivit-il à 14 ans sur ses cahiers d'enfant. Il sera Victor Hugo. Le jeune auteur des *Odes* (pour lesquelles Louis XVIII lui octroie une pension annuelle de mille francs) loge en mars 1822 avec son ami Adolphe Trébuchet dans une mansarde du 30, rue du Dragon. Il y écrit quelques lettres passionnées à Adèle Foucher qu'il épousera en octobre et qui lui donnera cinq enfants. Suivront quatre mille pages de poèmes, quatre mille pages d'essais, trois mille pages de romans, deux mille pages de théâtre. Comme le souligne Charles Dantzig[38], il aura de l'encre à la place du sang.

Au 30, Jean-Pierre Rosnay

Cent quarante ans après Victor Hugo, un autre poète qui voulait rendre la poésie « contagieuse et inévitable » se pose au 30, rue du Dragon : Jean-Pierre Rosnay. À 17 ans, son premier poème est diffusé sur Radio Londres et, après la guerre, il fonde les Jeunes auteurs réunis (JAR), un mouvement doublé d'une maison d'édition qui organise des « scandales poétiques » aux accents surréalistes. Son premier livre, *Le Treizième Apôtre*, préfacé par Queneau, paraît en 1957. Il publiera quelques romans, une quinzaine de recueils de poèmes, une dizaine d'anthologies poétiques et animera émissions de radio et de télévision. Il décède en 2009 et son Club des poètes, créé en 1961 rue de Bourgogne, perdurera avec son fils.

Au 30, François Andrieux

Cet homme politique, juge au tribunal de cassation (1796) puis membre du Conseil des Cinq-Cents (1798), fut également l'auteur de nombreuses pièces de théâtre, dont un grand succès : *Les Étourdis*, jouée en 1787 au Théâtre-Français. Membre de l'Académie française en 1803, il en devint le secrétaire perpétuel en janvier 1829 en remplacement d'Émile Augier. Le jeune Balzac, heureusement, ne suivit pas les conseils de l'académicien sollicité par la famille pour juger des talents littéraires du garçon : Andrieux, à la lecture de son *Cromwell*, déclara qu'il pouvait tout faire dans la vie, sauf écrire.

Au 36, Jean Giono et son hôtel

« Quel ordre sournois, le soir déjà lointain de ma première arrivée, m'a fait mystérieusement choisir cette rue, cet hôtel au nom dévorant et enflammé ? » Dans *Les Vraies Richesses* paru en 1937, Giono évoque son point de chute parisien : « Quand je vais à Paris, je descends dans un petit hôtel de la rue du Dragon[39]. Voilà sept ans que je suis fidèle à cet hôtel et à ce quartier. [...] J'ai depuis longtemps fait amitié avec le patron de l'hôtel, sa femme et son petit garçon. J'ai approché le marchand de journaux dont la boutique est à côté de l'hôtel. [...] De l'autre côté de l'hôtel il y a un charbonnier bistrot. Quand j'arrive par le boulevard Saint-Germain le soir, la rue du Dragon est paisible et presque noire. »

L'auteur de *Jean le bleu* ne peut cependant pas oublier sa Provence. Il se sent, écrit-il, « entouré de matières mortes. [...] J'ai essayé de la toucher [la rue] comme on peut toucher un vallon ou une montagne. Pas de réponse au creux de ma main. La matière dont est faite cette rue n'a plus de goût ».

Au 42, l'immense Louis Guilloux

Le Sang noir, son œuvre la plus connue, manqua de peu le Goncourt 1935, attribué à Joseph Peyré pour *Sang et Lumières*. Des prix, celui que Camus voyait comme le plus russe des écrivains français en recevra beaucoup : prix Eugène-Dabit du roman populiste en 1942 pour *Le Pain des rêves*, prix Renaudot en 1949 pour *Le Jeu de patience*, Grand Prix national des lettres en 1967 pour l'ensemble de son œuvre, Grand Prix de littérature de l'Académie française en 1973.

En 1968, après le boulevard Blanqui et la rue de Lille, il loue un pied-à-terre rue du Dragon pour ses séjours parisiens. Cet écrivain majeur, que certains placent au niveau de Céline, porte-parole des humbles et des oubliés, vécut dans une quasi-misère à la fin de sa vie, malgré le soutien de ses amis André Malraux, Jean Guéhenno et Pierre Moinot. *Coco perdu* fut sa dernière œuvre, drolatique et poignante : « Quelquefois il me vient de drôles d'idées. Oui. Il se passe bien des choses, je me dis, mais au fond, il se passe rien. Et s'il ne s'était jamais rien passé ? S'il ne devait jamais rien se passer ? On n'arrive jamais nulle part. Il s'passe rien, ou bien tout se passe, ou plutôt se déplace au fur et à mesure que le temps s'en va, et, en même temps, rien ne bouge. »

Quelque part dans la rue, Éric Ollivier

On put lire, dans *Le Figaro* du 31 janvier 2015, un hommage commençant par ces mots : « Il était sans doute l'un des derniers personnages légendaires du Paris littéraire. Le journaliste et écrivain Éric Ollivier est décédé vendredi près de Paris. Il avait 87 ans. »

Il fut également un grand flâneur, un piéton de Paris. En 1946, le jeune homme de 21 ans aborde François Mauriac pour lui signifier son admiration et pour lui demander « une situation ». Chose faite, à condition de ne plus fréquenter Cocteau. Secrétaire de Mauriac pendant dix-huit mois, Éric Ollivier est l'enfant chéri de Saint-Germain-des-Prés, il papillonne et, dilettante, songe vaguement à écrire, malgré l'avis de ses amis – notamment Nimier – qui le trouvent « beau et con », écrira-t-il dans ses *Mémoires*. Il publiera une trentaine de romans, dont *J'ai cru trop longtemps aux vacances* (1967) qui obtiendra... le prix Roger-Nimier. Dans la présentation de *La Loi d'exil*, paru chez Grasset en

1991, on peut lire : « Voici deux ans, sa propriétaire signifia à Éric Ollivier qu'il devait quitter le deux-pièces qu'il occupait depuis 40 ans rue du Dragon, sans autre forme de procès. Ce livre est l'histoire d'une tragédie, celle d'un homme qui, perdant ses habitudes, manqua d'y perdre la vie. »

DUGUAY-TROUIN (rue)

Aux premiers jours de mille neuf cent quarante-cinq.
J'étais sorti du 56 rue d'Assas et j'avais découvert
le mystère de la rue Duguay-Trouin. Qui s'en va
de la rue d'Assas mais aussitôt y revient.

— Jacques Roubaud, *Poésie*, 1967

Au 9-11, Victor Hugo

La maison (disparue) où Victor Hugo séjourna d'avril 1827 à avril 1830 possédait deux entrées, l'une sur la rue Notre-Dame-des-Champs, l'autre sur l'impasse Duguay-Trouin. « Victor Hugo occupait l'appartement du premier étage qui comprenait une salle à manger, un salon, un cabinet de travail et deux chambres. On appelait familièrement le salon, où se voyait le lys remporté par Victor Hugo, en 1819, aux jeux Floraux "La chambre au lys d'or". Là se réunit le "cénacle romantique[40]". »

Au 17, Paul Léautaud et le théâtre

Paul Léautaud emménage au 17, rue Duguay-Trouin, en 1908. Engagé l'année précédente au *Mercure de France*, il débute avec la chronique théâtrale, ces « chroniques dramatiques » dans lesquelles il évoque les gens qu'il y a croisés, son humeur du jour, les potins littéraires... Son jugement de critique est des plus sévères, et il n'hésite pas à écrire : « On l'écoute avec plaisir et, le rideau baissé, il n'en reste plus rien. » Il fera plus tard un aveu conforme à son goût de la provocation : « Les pièces que j'ai le plus admirées et qui méritaient de l'être, j'en ai rarement rendu compte. Je ne me taisais que parce que je doutais de mes moyens pour parler d'elles comme elles méritaient qu'on en parlât. »

DUPUYTREN (rue)

Je l'ai entourée d'une serviette de toilette puis
j'ai attrapé ma sacoche et filé au dispensaire
de la rue Dupuytren.

— Régis Jauffret, *Microfictions 2022*, 2022

Au 8, Charles Vildrac

À 86 ans, en 1968, l'auteur du *Paquebot Tenacity* publie ses *Pages de journal. 1922-1966*, un journal allégé, sans fioriture, ce qu'il reproche à Jules Renard ou à Gide : « Cet emploi du temps minutieusement noté dans le journal fait penser à un carnet de dépenses où figure jusqu'à l'achat d'un timbre-poste. Ce n'est pas d'un poète, c'est d'un avare. »

ÉCHAUDÉ (rue de l')

Tous deux s'essoufflaient. La bande, sans se ralentir, allongeait le chemin, pour promener davantage son vacarme. Après avoir descendu la rue du Four, elle s'était ruée à travers la place Gozlin, et elle se jetait dans la rue de l'Échaudé.

— Émile Zola, *L'Œuvre*, 1886

Au 15, naissance du *Mercure de France*

C'est dans une petite brasserie enfumée et au plafond bas de la rue Jacob, répondant au nom de Buffet Alsacien, que prennent l'habitude de se réunir presque chaque soir une vingtaine de jeunes écrivains, étudiants et artistes, vivier de la génération symboliste, dont Jean Moréas, Émile Raynaud, Pierre Arène, Remy de Gourmont, Albert Samain, Charles Cros. Sous la houlette d'Alfred Vallette (auteur de *Le Vierge* puis d'*À l'écart*), ils créent en 1890 une revue littéraire, le *Mercure de France*. La publication se domicilie dans l'appartement de Vallette et de sa femme Rachilde, au 15, rue de l'Échaudé-Saint-Germain, renommée depuis rue de l'Échaudé, là même où Jarry fera pour la première fois une lecture d'*Ubu roi* (1895). Le premier numéro paraît le 1er janvier 1890 et le succès de la revue ne va cesser de croître, concurrençant la *Revue des Deux Mondes* puis la *NRF*.

ÉCOLE-DE-MÉDECINE (rue de l')

Il prit la rue de l'École-de-Médecine, acheta un sandwich rue Saint-Sulpice et s'en alla attendre Marie-Noëlle dans un café, au coin de la rue de Rennes. Il était en avance.

— André Dhôtel, *L'Azur*, 1968

Au 21, Musset s'enfuit

Pendant l'année scolaire 1827-1828, Musset suivit les cours d'anatomie descriptive du Dr Bérard. Il s'en souviendra dans *La Confession d'un enfant du siècle* (1836) : « Le professeur n'arrivait pas, et cependant j'attendais avec impatience que ce drap qui me cachait le cadavre fût soulevé. Cet instant vint enfin : je croyais voir quelque chose de beaucoup plus horrible. La leçon commença : je riais de mes camarades que le mal de cœur prenait. Mais lorsque le scalpel vint à entrer dans la chair et que le sang noir, qui coulait lentement sur la poitrine ouverte, commença à exhaler une épouvantable odeur, je m'enfuis à toutes jambes. »

ÉPERON (rue de l')

Les Banville habitaient un rez-de-chaussée, rue de l'Éperon, au-dessous d'une autre amie de mes parents, Mme Dardoize. On avait fait une petite chanson : « Rue de l'Éperon : / Vous qu'est son domicile, / D'où s'envola Banville, / Vers le noir Achéron. »

— Léon Daudet, *Quand vivait mon père*, 1940

Au 2, Nathalie Sarraute

Née en Russie en 1900, la petite Natacha passe son enfance à Paris, « si morne et si triste », va à l'école rue des Feuillantines puis au lycée Fénelon, rue de l'Éperon. Après des études de droit, elle devient avocate. Passionnée de lecture, elle découvre Joyce, Virginia Woolf et surtout Marcel Proust qui influence sa vocation d'écrivaine. En 1932, elle écrit ses premiers textes, *Tropismes*, une description des mouvements intérieurs et imperceptibles de notre conscience. Refusé par Gallimard et Grasset, l'essai sera publié en 1939 chez Denoël, ignoré par la critique mais salué par Jean-Paul Sartre et Max Jacob.

En 1941, à la suite des lois antijuives, Nathalie Sarraute est radiée du barreau et se consacre alors à l'écriture, loin de tout milieu littéraire. Il faudra attendre la parution de *Martereau* (1953) pour que son talent soit reconnu. En 1956, elle publie *L'Ère du soupçon*, texte fondateur du Nouveau Roman qu'elle va incarner avec Alain Robbe-Grillet, Michel Butor, Claude Simon… Parallèlement à son œuvre romanesque, elle commence à écrire pour le théâtre : *Le Silence*, *Le Mensonge*, *Pour un oui ou pour un non…* Elle décède à l'âge de 99 ans, alors qu'elle travaille à sa septième pièce. Nathalie Sarraute est la mère de Claude Sarraute, journaliste, romancière et comédienne.

Au 10, Théodore de Banville

L'ex-romantique et précurseur du Parnasse résida rue de l'Éperon de 1874 jusqu'à sa mort, en 1891. Chaque dimanche, il y recevait ses amis, Verlaine, Maupassant, Mallarmé…, dans un appartement très haut de plafond et bénéficiant d'un petit jardin orné de très vieux lilas et de lierres antiques.

Tenant de l'Art pour l'art, préoccupé par la virtuosité du style, Banville publie en 1872 un *Petit Traité de poésie française* dans lequel il soutient que la poésie n'est qu'un exercice de richesse de rimes et s'apparente à un travail de sculpteur. La poésie ne fut pas son seul champ littéraire : ses comédies historiques furent particulièrement appréciées comme *Les Fourberies de Nérine* (1864) ou *Socrate et sa femme* (1885). On dressa sa statue dans le verdoyant jardin du Luxembourg et Georges Brassens put mettre en musique son *Verger du roi Louis*, ballade composée en 1866 : « Sur ses larges bras étendus, / La forêt où s'éveille Flore, / À des chapelets de pendus / Que le matin caresse et dore. / Ce bois sombre, où le chêne arbore / Des grappes de fruits inouïs / Même chez le Turc et le More, / C'est le verger du roi Louis. »

FÉROU (rue)

L'Anglais demeurait rue Férou, près Saint-Sulpice,
dans un hôtel sombre, noir, humide et froid.
Cette rue, ouverte au nord, comme toutes celles
qui tombent perpendiculairement sur la rive gauche
de la Seine, est une des rues les plus tristes de Paris,
et son caractère réagit sur les maisons qui la bordent.
— Honoré de Balzac, *Melmoth réconcilié*, 1835

Au 2-4, le cul-de-sac Férou de Chateaubriand

On peut lire dans les *Mémoires d'outre-tombe* : « Nous avions fait arrêter un appartement faubourg Saint-Germain, cul-de-sac Férou, petit hôtel de Villette. »

L'impasse Férou débouchait sur une arcade de la rue Férou, au niveau du n° 2. Dans ce « petit hôtel » habitait la marquise de Villette, que Voltaire surnommait « la belle et la bonne ». Chateaubriand, jeune marié, s'y installe avec sa mère et ses sœurs, y réside depuis son retour d'Amérique, en avril 1792, jusqu'à son départ en exil, en juillet.

Au 4, la famille Prévert

La famille Prévert quitte la rue de Vaugirard fin 1907 et réside dans cet hôtel Mahé de La Bourdonnais en 1908. Jacques Prévert a 8 ans.

Au 4, Michel Déon et ses poneys

Pendant vingt ans, de 1959 à 1979, Michel Déon habita cette rue très littéraire où Dumas loge son cher Athos. Né Édouard Michel (en 1919), Déon publie dès 1944, à 25 ans, *Adieux à Sheila*, suivi de quatre autres romans puis, en 1955, d'un roman érotique – *Plaisirs* – sous le nom de Michel Férou dans la mythique « Série blonde ».

En 1954, son *Dieu pâle* n'a pas encore les faveurs de la critique : « M. Michel Déon, écrit Émile Henriot dans *Le Monde*, parle de la "grande pudeur morale" de ses héros. Elle ne m'a pas semblé bien apparente, et j'ai fait les réserves qu'il fallait sur le beau monde mis en scène. [...] On lira *Le Dieu pâle* avec agrément ; mais le chapitre consacré au journal de Jacqueline va plus loin. Le jeune romancier romanesque qui, en cessant de s'amuser, a été capable d'écrire cela devrait tenter une autre fois de se maintenir à ce niveau. Se méfier de la facilité ! » Chardonne, pour sa part, écrit à Nimier : « Il a du talent sans génie. Il peut faire une honnête carrière. »

Il faudra attendre 1970 pour que *Les Poneys sauvages* apportent à Michel Déon le succès attendu. *Un taxi mauve*, trois ans plus tard, consacre définitivement le talent de ce hussard monarchiste de droite, ancien secrétaire de rédaction de *L'Action française*. « Après les années Maurras, écrit Patrick Besson dans *Mes vieux papiers* (2014), les années scotch et les années grecques, commencent pour Déon les années best-seller. »

Dans ses *Lettres de château*, Michel Déon évoque la magie de la lecture : « La baguette de fée du romancier abolit les distances et le temps, se joue de la logique et ordonne le hasard. En somme, le roman est la clé de nos songes au prix d'un effort très minime : la lecture. »

Son dernier ouvrage, un recueil de nouvelles, *À la légère*, paraît en 2013, il a 94 ans. Il décède trois ans plus tard et *Libération* écrit : « Il était, à quatre-vingt-dix-sept ans, resté un peu comme le dernier grognard des hussards, dans son coin, dans une nostalgie à la fois désinvolte et amère. D'une autre époque peut-être. »

Au 6, Henry de Jouvenel à l'hôtel de Luzy

Le futur mari de Colette (il le sera de 1912 à 1925) y résida avec sa première femme (Sarah-Claire Boas) dans les années 1900. La carrière de ce futur ministre commence en tant que journaliste, comme rédacteur en chef du *Matin*, deuxième tirage français de l'époque, poste qu'il occupa de 1905 à 1924. Il est le père de Bertrand de Jouvenel, qui nouera une idylle avec Colette, sa belle-mère, lui inspirant un projet de roman : *Le Blé en herbe*, concrétisé en 1923.

Au 6, Ernest Hemingway est un salaud

À partir de 1925, le couple Hemingway – Ernest et Hadley – se délite sérieusement car l'écrivain entretient une liaison avec Pauline Pfeiffer, jolie brune qui travaille à l'édition française de *Vogue*. Durant l'été 1926, Hem quitte femme et enfant (« Bumby ») pour emménager avec sa maîtresse rue Férou. Lorsqu'un ami lui demande pourquoi, Hemingway répond : « Parce que je suis un salaud ! » Le couple divorce en janvier 1927, Hemingway épouse Pauline Pfeiffer quatre mois plus tard, commence la rédaction de *L'Adieu aux armes* et offre à son ex-femme – compensation ? – les royalties de *Le soleil se lève aussi*.

Au 6, la Maison des lettres

Ce fut, dans cet hôtel construit par Talleyrand et ex-demeure d'Henry de Jouvenel, un foyer d'étudiants loué à l'État par l'université de la Sorbonne. Dans les années 1950, on y voit André Laude diriger un cercle de poésie, Roland Barthes y tester ses premières conférences, de même que Camus ou Jacques Lacan. (« En ce temps-là, Lacan n'était pas illustre. Les marchandes de légumes ou les starlettes ne disaient pas encore "quelque part les carottes sont cuites" ou : "quelque part, je voudrais devenir comédienne[41]". »)

L'écrivain-voyageur Jacques Lacarrière y vécut étudiant et relate qu'il occupait la chambre « privée » qu'occupait Colette avant son divorce avec Jouvenel et sa liaison avec son beau-fils.

Au 8, les éditions Belin

Dans les années 1950, la librairie classique Eugène Belin (maison fondée en 1777) quitte le 55, rue Saint-André-des-Arts et s'installe au 8, rue Férou. L'éditeur d'ouvrages scolaires détient un record dans l'édition française : son *Tour de la France par deux enfants*, manuel scolaire de lecture publié en 1877, totalisait en 1914 plus de sept millions d'exemplaires vendus et sera utilisé jusqu'aux années 1950.

Remarquable témoignage sur l'époque, l'ouvrage contient de nombreux passages édulcorés au fur et à mesure des éditions (il y en aura quatre cents !), dont l'un divise l'humanité en quatre races – blanche, jaune, noire et rouge, la race blanche étant bien sûr déclarée la plus parfaite.

Au 11, Ernest Renan…

En octobre 1845, Ernest Renan, âgé de 22 ans, quitte définitivement le séminaire Saint-Sulpice et trouve à se loger dans une chambre de l'hôtel Fénelon, 11, rue Férou, chambre qu'il occupera durant quelques mois avant de rejoindre l'institution Crouzet, rue de l'Abbé-de-L'Épée. Répétiteur au lycée Henri-IV, il suit les cours de Michelet, étudie. Trois ans plus tard, la révolution de 1848 va lui faire abandonner la religion catholique et l'aiguiller sur les chemins de la science.

… et Athos

« Athos habitait rue Férou, à deux pas du Luxembourg ; son appartement se composait de deux petites chambres, fort proprement meublées, dans une maison garnie dont l'hôtesse encore jeune et véritablement encore belle lui faisait inutilement les doux yeux » (Alexandre Dumas, *Les Trois Mousquetaires*, 1844).

FLEURUS (rue de)

Il faut bien reconnaître que nous tombions de haut. Des sept collines de Rome et de la montagne blanche aux bancs du Luxembourg et à notre deux-pièces-cuisine de la rue de Fleurus, la chute était vertigineuse.

— Jean d'Ormesson, *Casimir mène la grande vie*, 1997

Au 1, Jean Guitton

Le philosophe chrétien que Bergson désignait comme son héritier fut considéré comme « collabo » pour ses affinités avec le régime de Vichy et vécut rue de Fleurus à la fin de sa vie. À la Libération, la commission d'épuration demanda sa rétrogradation dans l'enseignement secondaire et l'interdiction d'enseigner la philosophie, pour « intelligence avec l'ennemi et aide à la propagande allemande ». Cela ne l'empêcha pas d'être nommé en 1955 – soutenu par Gabriel Marcel – à la chaire de philosophie de la Sorbonne et d'être élu à l'Académie française en 1961. Jean Guitton a le privilège d'être évoqué dans le cent cinquante-cinquième des quatre cent quatre-vingts souvenirs de Georges Perec dans *Je me souviens* : « Je me souviens que la première manifestation à laquelle j'ai participé avait pour cause l'élection – ou le retour – en Sorbonne du pétainiste Jean Guitton. »

En 1984, après plusieurs entretiens avec le président Mitterrand, atteint d'un cancer, il fera part de ses réflexions sur la mort dans *L'Absurde et le Mystère*. Il meurt en 1999, trois ans après Mitterrand.

Au 26, le truc « très frais » de Maupassant

En 1877, dans l'atelier du peintre Georges Becker, Maupassant fait jouer une pièce érotique (voire pornographique) dont l'action se situe à Conville : *À la feuille de rose, maison turque*[42]. Une « salauderie » selon les frères Goncourt, « un truc très frais » selon Flaubert.

Au 27, Gertrude Stein

Gertrude Stein et son frère Leo s'installent rue de Fleurus en 1902. Pendant plusieurs décennies, l'adresse va devenir un lieu de rencontres incontournable dans le milieu artistique et intellectuel. Si on y parle beaucoup peinture, l'écriture – talent dont se pique la maîtresse de maison – n'est pas en reste. Entre 1906 et 1908, elle rédige ce qu'elle considère comme sa grande œuvre, *La Fabrication des Américains*, ouvrage difficile d'un millier de pages qui ne sera publié qu'en 1929. C'est, écrit Claude Grimal, « un texte connu pour son extrémisme ou son illisibilité romanesque que l'on nous propose de lire. Pourtant, indéchiffrable il ne l'est pas ; difficile à suivre, oui ; monstrueux, certainement. Il s'allonge en effet de manière démesurée sans construire vraiment d'intrigue, empilant quasi *ad infinitum* phrases et paragraphes en une tyrannie de répétition syntaxique et phonétique[43] ».

Après la guerre, outre les Américains de la « génération perdue », Gertrude Stein reçoit notamment Henri-Pierre Roché, Tristan Tzara et René Crevel, un familier des lieux : « Il était jeune et violent, écrit-elle, malade et révolutionnaire, gentil et tendre. De tous les jeunes gens qui vinrent chez nous, je pense que René fut mon préféré. »

Gertrude Stein obtiendra un succès littéraire avec *The Autobiography of Alice B. Toklas* (1933), œuvre dans laquelle elle raconte notamment l'aventure de la collection Stein. Elle et Alice B. Toklas quitteront la rue de Fleurus en 1938 pour s'installer rue Christine.

FOUR (rue du)

À l'angle que fait la rue du Four avec la rue Princesse,
on voyait, en 1740, l'atelier d'un menuisier
dans une cour qui est restée longtemps intacte.
Le fils de ce menuisier était peintre ; il avait
pour ami une sorte de badaud, d'oisif, en la société de
qui il se plaisait, parce que ce bohème était plein d'idées
paradoxales qu'il formulait avec chaleur.

— G. Lenotre, *Paris et ses fantômes*, 1933

Au 1, Léon-Paul Fargue

Dans son *Piéton de Paris*, Fargue évoque sa rue du Four : « J'habite moi aussi l'hôtel, tout comme un maharadjah, un soyeux lyonnais ou un diplomate, et mon hôtel s'appelle Palace : Il fait le coin du Boulevard Saint-Germain et de la rue du Four, un des endroits de Paris les plus chargés de sens et de culture. »

Comment Fargue, qui relate y avoir rencontré Brecht, Tolstoï et Boris Pasternak, pourrait-il imaginer que son hôtel deviendrait le mythique café La Pergola et que son sous-sol accueillerait Léo Ferré à l'Arlequin au début des années 1950 ?

Au 22, Guy Debord chez Moineau

À la fin de la décennie 1940, Chez Moineau devient le port d'attache du mouvement lettriste d'Isidore Isou, mouvement littéraire et artistique, mais également social et politique. « Les membres de l'Internationale lettriste avaient installé leur quartier général chez Moineau, un infâme troquet de la rue du Four [...]. La drogue, l'alcool, les filles – les mineures surtout – faisaient partie du folklore, tout un délire existentiel qui transparaît dans certains slogans de l'époque [...] : "Ne travaillez jamais", "Libérez les passions", "Laissez-nous vivre[44]". »

Le bistrot sera également le berceau du situationnisme : en 1950, un jeune homme de 19 ans pousse la porte des époux Moineau. Il s'agit de Guy Debord : « Il s'assit sans autre préambule que son sourire à mi-chemin entre la voyouterie et un Don Juan germanique de la fin du dix-neuvième, avec quelque chose d'israélite intellectuel. Et commanda deux litres de blanc, du sec[45]. »

Au printemps 1952, Debord rompt avec Isou et jette les bases de l'aventure situationniste. Il quitte Moineau pour s'installer alors au Tonneau d'Or (« on se retrouve au Tonnal »), 32, rue de la Montagne-Sainte-Geneviève.

Le café des époux Moineau, antithèse des Flore ou autres Deux Magots, servira pour partie de modèle à Patrick Modiano pour camper le café de la jeunesse perdue, situé dans son roman rue de Condé.

Au 43, Charles Asselineau

Écrivain, bibliophile et critique d'art, il fut le meilleur ami de Baudelaire et l'auteur de la première biographie du poète (*Charles Baudelaire. Sa vie et son œuvre*, 1869). Après avoir habité rue de Savoie, il réside rue du Four à la fin des années 1850 et publie un recueil de nouvelles, *La Double Vie* (1858). « Ce charmant petit livre, écrit Baudelaire, personnel, excessivement personnel, est comme un monologue d'hiver murmuré par l'auteur, les pieds sur les chenets. »

FURSTEMBERG
(rue de)

14 novembre, rue de Furstenberg, chez Simone Gallimard. Lanoux est là, comme moi, à siroter sincèrement. La bouche se tord tous les trois mots. Il fait mystère de son prochain vote chez Drouant, il élude, sa tête de lézard s'écaille.

— Charles Le Quintrec, *Les Ombres du jour*, 1985

Quelque part dans la rue, Pierre Nora

« J'ai raté d'être Proust, et mes ambitions ont été plus modestes », écrit-il. L'historien, éditeur chez Gallimard pendant plus de trente ans, maître d'œuvre des classiques *Lieux de mémoire* (1984-1992), fondateur de la revue *Le Débat*, membre de l'Académie française dès 2001, prend la plume en 2021, à l'âge de 89 ans, publiant *Jeunesse*, « un livre délicieux de fraîcheur, de sincérité et d'intelligence[46] » écrit pour un fils qu'il n'a pas élevé, ouvrage procédant à l'inventaire de ses « échecs providentiels » comme celui de Normale sup'.

Au 4, Nicole Vedrès

Personnalité importante du monde culturel français, elle commence une carrière de réalisatrice de documentaires en 1947 avec *Paris 1900*, où, assistée par Alain Resnais, elle explore les archives de l'actualité de la Belle Époque. Le film obtient le prix Louis-Delluc et le prix Méliès. Elle se lance parallèlement dans une carrière de romancière et publiera neuf romans et deux pièces de théâtre. Elle fut également chroniqueuse, comme le rappelle Jérôme Garcin dans *Le Nouvel Observateur* : « C'est au *Mercure de France* que, chaque mois, Nicole Vedrès tenait chronique comme, jadis, Julie de Lespinasse tenait salon : les gens éclairés s'y retrouvaient. Ma génération n'aurait donc jamais rien su du talent de cette chineuse d'émotions si Le Dilettante, qui se fie à son seul goût, n'avait eu la bonne idée de réunir quelques-unes de ses chroniques. [...] Nicole Vedrès est vraiment une femme que l'on aurait aimé connaître. »

Au 5, Jean Anouilh et ses pièces noires, roses, brillantes...

Le dramaturge s'installe avec toute sa famille rue de Furstemberg en 1954, un quart de siècle après ses déboires avec Jouvet qui le surnommait « le miteux » et qui lui déclara, après lecture d'une de ses pièces : « Tu comprends, mon petit gars, tes personnages sont des gens avec qui on ne voudrait pas déjeuner ! »

Auteur prolifique et à succès durant cinq décennies, il a classé son théâtre en pièces roses (quatre, dont *Le Bal des voleurs*, 1938), pièces noires (huit, dont *Le Voyageur sans bagage*, 1937), pièces brillantes (quatre, dont *L'Invitation au château*, 1947), pièces grinçantes (neuf, dont *Pauvre Bitos*, 1956), pièces costumées (trois, dont *Becket ou l'Honneur de Dieu*, 1959), pièces baroques (trois, dont *Ne réveillez pas Madame*, 1970), pièces secrètes (trois, dont *Tu étais si gentil quand tu étais petit*, 1972), pièces farceuses (quatre, dont *Le Nombril*, 1981). Il savait aussi écrire des chansons, comme *Les Chemins de la mer*, mis en musique par Francis Poulenc pour *Léocadia* : « Chemins de mon amour, je vous cherche toujours, / Chemins perdus vous n'êtes plus et vos échos sont sourds. / Chemins du désespoir, chemins du souvenir, chemins du premier jour / Divins chemins d'amour[47]. »

Au 6, Simone Gallimard

Après le rachat en 1958 du Mercure de France par Gaston Gallimard, Simone Gallimard – sa belle-fille – prend la direction de la prestigieuse maison. « Elle savait, écrivent *Les Échos* lors de sa disparition en 1995, à la fois, attirer et garder des poètes prestigieux et confidentiels, comme Pierre Jean Jouve ou Yves Bonnefoy, et publier de temps à autre des documents "croustillants", comme *Moi, Christiane F...*

Elle aimait rééditer, dans la prestigieuse collection du "Temps retrouvé", les auteurs des siècles passés, comme Louis-Sébastien Mercier et ses *Tableaux de Paris*, et découvrir de nouveaux talents. Elle édita ainsi, sans savoir qu'il s'agissait de Romain Gary, Émile Ajar, et obtint le prix Goncourt avec *La Vie devant soi*, en 1975. Mais elle voyait souvent ses jeunes auteurs, une fois un peu lancés, la quitter pour d'autres maisons plus puissantes[48]. »

GARANCIÈRE (rue)

Et moi, un jour de 1942 ou 1943, je tournais le coin de la même rue, derrière l'église, pour entrer au numéro 1 de la rue Garancière et y gravir un escalier que je ne revois plus mais que j'imagine à l'image du quartier, de la rue, de la maison, balzacien.

— Claude Mauriac, *Le Temps immobile*, 1974

Au 1, Serge Dalens et la collection « Signe de piste »

Courage, fidélité, combat pour la justice, honneur, amitié, les valeurs issues de la chevalerie ne manquaient pas dans les romans « scouts » que l'on pouvait se procurer à la librairie Signe de Piste, rue Garancière. Avec *Le Prince Éric*, Serge Dalens publia une saga en six volumes dont chaque unité, surtout les quatre premières, publiées entre 1936 et 1946, connut un immense succès. L'ensemble des six volumes dépassera les cinq millions d'exemplaires vendus. Les couvertures et illustrations de Pierre Joubert mettant en scène de jeunes et trop beaux éphèbes furent diversement appréciées.

Au 5, Népomucène Lemercier

Quittant le quai Voltaire pour la rue Garancière en 1814, il publie cinq ans plus tard *La Panhypocrisiade ou le Spectacle infernal du XVIe siècle*, poème en seize chants, « une sorte de chimère littéraire, selon Victor Hugo, une espèce de monstre à trois têtes, qui chante, qui rit et qui aboie ». La critique n'est pas tendre. « Il y a dans cette œuvre, écrivit Charles Nodier dans le *Journal des débats*, tout ce qu'il fallait de ridicule pour gâter toutes les épopées de tous les siècles, et, à côté de cela, tout ce qu'il fallait d'inspiration pour fonder une grande réputation littéraire. Ce chaos monstrueux de vers étonnés de se rencontrer ensemble rappelle de temps en temps ce que le goût a de plus pur. C'est quelquefois Rabelais, Aristophane, Lucien, Milton, à travers le fatras d'un parodiste de Chapelain. »

Au 6, Auguste Dorchain

Poète ô combien académique, il fut le disciple de Sully Prudhomme et obtint un certain succès avec *La Jeunesse pensive*, recueil couronné par l'Académie française en 1882.

« La légende veut, écrit Charles Le Goffic, que, sur les bancs du lycée, il ait déjà fondé une revue, *La Ligue des poètes*, qui prétendait réagir contre les audaces des nouvelles écoles. On ne saurait, en effet, trouver un poète moins révolutionnaire. » Si sa poésie ne laisse guère de traces (Paul

Léautaud : « Il paraît que c'est un poète, ce M. Dorchain ? Comme c'est curieux ! »), il laisse cependant une intéressante biographie de Pierre Corneille (1917).

Après avoir habité 13, rue Spontini, il s'installera rue Garancière au début des années 1910, résidera ensuite au 47, rue Jacob et décédera en 1930 dans un accident de voiture.

Au 7, le petit Victorien Sardou

La famille Sardou s'installe rue Garancière en 1840. Victorien, 9 ans, construit dans la cour de la maison un petit théâtre à l'aide des débris d'un vieux guignol. Comment pourrait-il imaginer qu'il deviendra un des plus grands dramaturges de son époque ?

Au 8, les éditions Plon

En 1832, Henri Plon crée l'imprimerie Béthune-Belin-Plon puis, avec ses frères, s'installe vingt ans plus tard au 8, rue Garancière, adresse de la maison d'édition jusqu'en 1988. Le champ éditorial va couvrir quatre grands domaines : l'histoire politique (Clemenceau, Joffre, Churchill, Roosevelt, Pompidou, de Gaulle…), la littérature française (Bernanos, Genevoix, Troyat…), la littérature étrangère dans sa collection « Feux croisés » (Huxley, Joyce, Maugham, Virginia Woolf…) et les sciences humaines.

En 1965, en rachetant les éditions Plon, Julliard et les Éditions du Rocher, les Presses de la Cité deviendront le deuxième éditeur français (derrière Hachette).

Au 8, les Presses de la Cité

Sven Nielsen s'installe à Paris en 1924 et, deux ans plus tard, lance les Messageries du livre au 27, rue de Seine, publiant quelques ouvrages d'auteurs contemporains. En 1942, il rachète les Éditions Albert, rebaptisées en 1944 les Éditions Albert-Presses de la Cité, et s'installe au 77, boulevard Saint-Michel. Il lance la collection « Cosmopolis » spécialisée dans la traduction de polars étrangers dont le premier volume (*Traqué*) est préfacé par Georges Simenon qui signe par ailleurs son contrat en 1946, inaugurant avec *Trois Chambres à Manhattan* une série de cent quarante et un romans ou recueils de nouvelles… au tirage moyen de trois cent mille exemplaires !

À partir de 1949, après s'être installées au 116, rue du Bac, les Presses de la Cité accueillent des auteurs à succès : Maurice Genevoix, Henri Queffélec, André Castelot, Cécil Saint-Laurent, René Barjavel… Les décennies suivantes voient les acquisitions se succéder : après le rachat de Perrin, de GP (qui détient la collection « Rouge et Or ») et de Solar, spécialisé notamment dans les albums pour enfants et les livres d'humour, le groupe se lance en 1962 dans le poche avec la collection « Presses-Pocket » puis, l'année suivante, absorbe les éditions Fleuve noir.

Sven Nielsen – « le Viking » – disparaît en 1976 et les repreneurs vont se succéder pendant quarante ans : Jimmy Goldsmith, Havas, Vivendi, Hachette, Wendel Investissement, Grupo Planeta…

En 1989, les Presses de la Cité quittent Saint-Germain-des-Prés pour le 13e arrondissement.

Au 17, Louis Chaigne

En 1931, Louis Chaigne s'installe rue d'Assas, qu'il quittera pour la rue Garancière en 1936. « À la manière de Daniel Halévy, écrit Jean Guitton, il était une ombre féconde, un silence au cœur de Paris, un écouteur passionné des autres. » Les autres, ce sont Bernanos dans *Bernanos* (1954), ou Valéry, Giono, Claudel, Gide, Proust, Maurois, Mauriac, dans *Vies et œuvres d'écrivains* (1938-1954). Dans *La Montagne*, en 1957, Alexandre Vialatte lui rend un discret hommage : « Il habite rue Garancière, derrière un rempart de bouquins. Il s'y tient comme l'abeille au sein d'un alvéole. Le facteur apporte les livres. Il en tire le miel. Il vous l'offre aujourd'hui. Mettez-le dans votre placard. Vous aurez bientôt tout le siècle. »

GÎT-LE-CŒUR (rue)

« Rue / Gît-le-Cœur… : Rue / Gît-le-Cœur… »
chante tout bas l'Alienne sous ses lampes,
et ce sont là méprises / de sa langue d'Étrangère.
— Saint-John Perse, *Poème à l'étrangère*, 1945

Au 9, le Beat Hotel

Ce fut un hôtel sans nom plutôt miteux[49], il deviendra mythique pour avoir hébergé la Beat Generation. En 1956, Chester Himes est le premier Américain de l'après-guerre à descendre chez la tenancière des lieux, Mme Rachou. Ce petit-fils d'esclaves, condamné pour vol à une vingtaine d'années d'emprisonnement à Colombus, va puiser dans sa vie pour camper l'humanité à la dérive qui peuple son œuvre. C'est chez elle qu'il s'oriente vers la « Série noire » de Marcel Duhamel et lui propose *La Reine des pommes*, roman qui le consacre aussitôt en France.

L'année suivante, à la suite de Jack Kerouac, la Beat Generation débarque rue Gît-le-Cœur : Allen Ginsberg[50], Peter Orlovsky, William Burroughs (qui s'installe dans la chambre 15 et complète son légendaire *Festin nu*), Brion Gysin et sa technique du cut-up… L'hôtel fermera en 1963, après trente-trois ans d'activité.

GRANDE-CHAUMIÈRE (rue de la)

J'ai connu des moments durs. Les amis chez qui je vivais étaient aussi pauvres que moi à ce moment-là, on a tiré le diable par la queue. Nous habitions dans un atelier rue de la Grande-Chaumière, ça me changeait du grand confort : on y gelait l'hiver, et l'été c'était une vraie fournaise. Mais ce qu'on a pu y travailler ! Et s'amuser… C'était merveilleux ! Quelle vie… Je me suis mise à peindre… mon rêve de toujours…
— Nathalie Sarraute, *Martereau*, 1953

Au 9, Samuel Beckett à l'hôtel Libéria

En octobre 1937, arrivant de Londres, Beckett s'installe à l'hôtel Libéria (devenu

À la Villa des Artistes). Trois mois plus tard, le 7 janvier, sans raison apparente, il est poignardé au niveau du cœur par un proxénète nommé Prudent, au coin de la rue Rémy-Dumoncel. Le couteau a pénétré la plèvre du côté gauche, manquant le cœur de quelques centimètres. Une jeune fille va le secourir : Suzanne Dumesnil, qui deviendra sa femme. L'hôtel Libéria devenant trop cher pour lui, Beckett s'installe au printemps dans un petit appartement, au 6, rue des Favorites.

À la fin des années 1940, l'hôtel Libéria abritera les amours finissantes de Philippe Soupault avec sa femme Ré.

Au 14, August Strindberg

Avant de s'installer à l'hôtel Orfila, le romancier suédois réside en 1895 dans une pension de famille de la rue de la Grande-Chaumière. Célèbre pour ses romans *La Chambre rouge* (1879) et *Mademoiselle Julie* (1888), il traverse une grave crise existentielle et conjugale. Son séjour parisien l'entraîne peu à peu vers la folie, il se sent manipulé par des « puissances » hallucinatoires, abuse de l'absinthe et sombre dans la paranoïa. Un livre, écrit en français l'année suivante, va retracer cette descente aux enfers : *Inferno*.

GRANDS-AUGUSTINS (quai des)

… dans une pizzeria où je dînais un soir, quai des Grands-Augustins, où j'ai conservé mes habitudes, la voix d'Andrea Bocelli m'a fait venir les larmes…
— Philippe Vilain, *La Fille à la voiture rouge*, 2017

Au 17, le jeune Jean Racine

Racine y demeura en octobre 1658, à l'âge de 18 ans, lors de ses études de philosophie au collège d'Harcourt, rue de la Harpe. Il est hébergé par son oncle à la mode de Bretagne, Nicolas Vitart, intendant du duc de Luynes. Là, il étudie la Bible et les grands auteurs grecs et latins qu'il lit à livre ouvert, enseignement qui lui fournira de solides sources d'inspiration et de réflexion pour son théâtre. À la fin de sa formation, il fréquentera le milieu littéraire, faisant notamment la connaissance de Jean de La Fontaine, de Molière et de Charles Perrault. Dès 1660, il écrit ses premiers textes, composant *La Nymphe de la Seine*, ode-hommage au mariage de Louis XIV avec Marie-Thérèse d'Autriche.

Sa première pièce, *La Thébaïde* (1664), est représentée par la troupe de Molière au Palais-Royal. Sans succès. Avec *Alexandre le Grand*, l'année suivante,

Racine inaugure le cycle des grandes tragédies et se sépare de Molière.

Au 21, Bernardin de Saint-Pierre

Après le 4, rue Rollin (ancien 24, rue Neuve-Saint-Étienne-du-Mont), Bernardin de Saint-Pierre s'installe sur le quai en 1786. Jeune homme, il a bourlingué de la Martinique à Rouen, de l'île de Malte à la Hollande, de l'Allemagne à la Russie. Rentré en France, il s'est lié avec Rousseau dont il est devenu le disciple préféré. En 1784, ses *Études de la nature* tentent de développer les preuves de l'existence de Dieu et rencontrent un immense succès, ce qui lui permet d'acheter une maison rue de la Reine-Blanche et d'entreprendre un roman illustrant sa pensée : *Paul et Virginie*. « Je tiens pour principes certains du bonheur, écrit-il, qu'il faut préférer les avantages de la nature à tous ceux de la fortune, et que nous ne devons point aller chercher hors de nous ce que nous pouvons trouver chez nous. »

Au 21 également, George Sand

Un demi-siècle après Bernardin de Saint-Pierre, en 1831, George Sand réside au 21 avec son amant Jules Sandeau, avant qu'ils ne s'installent quai Saint-Michel. Sandeau écrit avec sa compagne *Rose et Blanche*, roman à quatre mains qu'ils cosignent du nom de Jules Sand. Ils se quitteront dès la parution du livre, en 1831, Aurore lui empruntera la moitié de son nom et publiera l'année suivante son premier roman, *Indiana*, véritable triomphe. Jules Sandeau, auteur d'une quinzaine de romans (plutôt mineurs), sera élu à l'Académie française en 1858 et George Sand sera sévère pour « le petit Jules » : « Jules Sandeau a été une de mes erreurs, écrit-elle en 1836. Vous n'imagineriez jamais une pareille fainéantise. Il est sans énergie, sans volonté… Il désespère l'amitié comme il a désespéré l'amour. »

Au 23, le petit bar de Maigret

Quel est ce « petit bar » où Albert appelle le commissaire à l'aide dans *Maigret et son mort* ? S'agit-il des Caves du Beaujolais ou plutôt de ce « petit bar normand, un peu en contrebas, où il fallait descendre deux marches » que Simenon décrit dans *Maigret s'amuse* ? Dans ce cas, il s'agirait du bistrot de mariniers qui, au 15, précéda le mythique cabaret L'Écluse. Toujours est-il que, depuis son bureau, le commissaire a vue sur le quai des Grands-Augustins et qu'il délaisse souvent la place Dauphine pour venir y boire une bière ou un petit blanc bien frais. Pour les fanatiques du commissaire et de la topologie parisienne, *Paris chez Simenon* (de Michel Lemoine) donne l'inventaire minutieux et exhaustif de tous les lieux parisiens cités dans l'œuvre du romancier. Pour mémoire, le commissaire Maigret apparaît dans soixante-quinze romans et vingt-huit nouvelles, de *Pietr-le-Letton* (1931) à *Maigret et Monsieur Charles*, paru en 1972, date à laquelle Simenon déclare à *Paris Match* : « J'ai septante ans, c'est fini, je tue Maigret. »

Et Jean de La Fontaine

Vers 1664, partageant son temps entre Paris et Château-Thierry, La Fontaine réside chez son oncle Jannart, quai des Grands-Augustins. Il fréquente ses amis Molière, Racine, Chapelle et Boileau, qui se retrouvent dans une chambre louée par ce dernier rue du Vieux-Colombier. En 1665 – il a 44 ans – paraissent ses premiers et très libertins *Contes et nouvelles en vers*, premier succès littéraire. Augmentés en 1666 et 1671, ils feront l'objet d'une nécessaire répudiation à l'occasion de sa conversion : « Je conviens qu'il s'agit d'un livre abominable », s'obligera-t-il à dire devant une délégation de l'Académie française.

Au 35, Pierre-Henri Leroux

Ce journaliste, philosophe et homme politique serait, selon de nombreux historiens, l'inventeur du mot « socialisme ». De même que George Sand, il fut, dans les années 1840, considéré comme communiste. « J'aimerais mieux *communionisme*, écrit-il, qui exprime une doctrine sociale fondée sur la fraternité ; mais le peuple, qui va toujours au but pratique, a préféré *communisme* pour exprimer une république où l'égalité régnerait. »

Au 51, Swann et Hugo chez Lapérouse

Lapérouse, le célèbre restaurant créé en 1766, apparaît près d'un demi-siècle plus tard dans *À la recherche du temps perdu* : « Certains jours, au lieu de rester chez lui, il allait prendre son déjeuner dans un restaurant assez voisin dont il avait apprécié autrefois la bonne cuisine et où maintenant il n'allait plus que pour une de ces raisons à la fois mystiques et saugrenues, qu'on appelle romanesques ; c'est que ce restaurant [...] portait le même nom que la rue habitée par Odette : Lapérouse. »

Seul restaurant où le garçon frappe à la porte avant d'entrer, Lapérouse n'est pas seulement un ensemble de petits salons où Sand fricote avec Musset et où la belle Otero fait le plein de bijoux : Victor Hugo ne venait-il pas régulièrement avec ses petits-enfants, Jeanne et Georges, pour déguster confitures et madeleines maison qui étaient son péché mignon ?

Au 51, Drieu la Rochelle et *Le Feu follet*

Avant de s'installer quai de Bourbon, l'ex-dada et vaguement surréaliste réside depuis 1930 à l'hôtel des Navigateurs, au-dessus du restaurant Lapérouse. Il a publié à un rythme soutenu : *Fond de cantine* (1920), *État civil* (1921), *Mesure de la France* (1922), *Plainte contre inconnu* (1924), *L'Homme couvert de femmes* (1925). Parmi ses nombreuses conquêtes, Christiane Renault, l'épouse de Louis Renault, liaison qu'il évoquera de manière romancée dans *Béloukia* (1936). C'est quai des Grands-Augustins qu'il écrit *Le Feu follet* (1931), roman qui perpétue la mémoire de Jacques Rigaut. C'est également l'époque où l'écrivain, tenté par tous les courants politiques, opte définitivement pour l'extrême droite, pour ce « fascisme par indifférence » qu'évoquent Moravia ou Jorge Luis Borges.

Au 53 bis, *Le Désir attrapé par la queue* chez Michel Leiris

Éphémère compagnon de route des surréalistes, ami de Picasso, d'André Masson et de Giacometti, poète, écrivain, ethnologue et critique d'art, Michel Leiris révolutionna le genre de l'autobiographie qu'il pratiqua faute de pouvoir accéder à une carrière littéraire : « J'aime mieux être premier dans mon village que second à Rome », écrit-il dans son *Journal 1922-1989*. Ce constat en forme d'abdication (et une psychanalyse auprès d'Adrien Borel) va le conduire à pousser l'autobiographie au-delà de ses limites habituelles et admises, s'engageant à tout dire et ne rien cacher afin de voir plus clair en lui-même.

Durant la guerre, son grand appartement devient un carrefour littéraire et artistique dans lequel il organise des « fiestas[51] » destinées à soutenir le moral de ses amis. Le soir du 19 mars 1944, on y joue *Le Désir attrapé par la queue*, une « pièce » de son ami Picasso. Écrite en janvier 1941 (en quatre jours, dit-on), il s'agit d'une farce ubuesque dans la lignée des *Mamelles de Tirésias* d'Apollinaire, qui met en scène les amours de Gros Pied et de La Tarte au Sordid's Hôtel. La distribution ne manque pas de talents : Camus à la mise en scène, Beauvoir joue la Cousine, Leiris joue Gros Pied, Raymond Queneau joue L'Oignon et Jean-Paul Sartre joue Le Bout rond. Au pick-up : Georges Hugnet. Et à la claque, Braque, Bataille, Mouloudji, Gallimard, Salacrou, Michaux, Barrault, Lacan, Brassaï (qui prend des photos), Reverdy, Valentine Hugo, Maria Casarès (impressionnée par Camus, ce sera réciproque). Après la représentation, Mouloudji interprète *Les Petits Pavés* et, à la demande générale, on entendra Jean-Paul Sartre pousser la chansonnette avec *Les Papillons de nuit*[52] et *J'ai vendu mon âme au diable*.

Au 53 ter, François Weyergans à l'hôtel

Il avait terminé *Salomé* (1968) à l'hôtel Esmeralda, rue Saint-Julien-le-Pauvre, il écrivit en partie *Trois Jours chez ma mère* (2005) et *Royal romance* (2012) aux Citadines, quai des Grands-Augustins.

Dans la lignée d'Audiberti, d'Albert Cossery ou d'Antoine Blondin, François Weyergans aimait écrire à l'hôtel. Quand il écrivait. N'a-t-il pas fait attendre cinq ans son éditeur (Grasset) avant de remettre le manuscrit de *Trois Jours chez ma mère*, ce prix Goncourt racontant l'histoire d'un écrivain, François Weyergraf, qui doit écrire un livre intitulé *Trois Jours chez ma mère*, et n'y parvient pas ? Mais peut-être les prix sont-ils solubles dans la procrastination. Cet écrivain qui arriva en retard à sa réception à l'Académie française en 2009 les accumula, notamment le Goncourt, le Renaudot, le prix Roger-Nimier. Il aimait faire le pitre – le Pitre est Jacques Lacan dans son roman du même nom – et sur son épée d'académicien était gravée une grave pensée : « Plus je pense, plus je pense. »

Au 55, Colette chez Willy

Willy (Henry Gauthier-Villars) et la jeune Sidonie (Colette) se marient en 1893 à Châtillon-sur-Loing, puis le couple s'installe au mois de mai et pour quelques semaines quai des Grands-Augustins, dans la garçonnière du marié, au-dessus de la maison d'édition familiale, un « appartement impudique, agencé pour la commodité et la négligence d'un célibataire dissolu », se souvient Colette dans *Mes apprentissages*. Boulevardier, écrivain polisson, critique musical, Willy signe chaque année des dizaines d'ouvrages (dont les six premiers romans de Colette) et fait travailler de nombreux prête-plumes dont Curnonsky, Jean de Tinan, Paul-Jean Toulet, Tristan Bernard ou Francis Carco. Il vendra les droits des *Claudine* à ses éditeurs, en cachette de celle qui les a écrits. Colette ne le lui pardonnera jamais.

GRANDS-AUGUSTINS (rue des)

J'arrive donc 7, rue des Grands-Augustins, heureux de revoir Picasso dans sa nouvelle habitation. Depuis ma dernière visite, il y a du changement : la grande entrée condamnée, on monte maintenant au « grenier » par un étroit escalier.

— Brassaï, *Conversations avec Picasso*, 1964

Au 3, Apollinaire chez les Delaunay

En 1911, suspecté d'avoir volé *La Joconde* et emprisonné pendant quelques jours à la Santé, Apollinaire est congédié par son propriétaire de la rue Gros qui le prie de déménager illico. Il perd également l'estime (et l'amour ?) de Marie Laurencin qui le quitte aussitôt. Meurtri, le poète se réfugie chez les Delaunay, rue des Grands-Augustins. Chez eux, il va mettre en mots les *Fenêtres* de Robert Delaunay : « Du rouge au vert tout le jaune se meurt / Paris Vancouver Hyères Maintenon New York et les Antilles / La fenêtre s'ouvre comme une orange / Le beau fruit de la lumière. » Et tandis que Sonia colore des poèmes de Cendrars, Guillaume Albert Vladimir Alexandre Apollinaire de Kostrowitzky écrit *Zone* (initialement *Le Cri*), nettement inspiré des *Pâques* de Cendrars.

Au 7, le Grenier des Grands-Augustins

Ce fut, selon le réalisateur Carlos Saura, le « lieu le plus emblématique de la capitale ».

C'est au dernier étage que s'installe Jean-Louis Barrault en 1934. Chaque jour, le Grenier vrombit d'élans créatifs : Barrault improvise du mime sur *Ionisation* de Varèse, Gilles Margaritis, ancien élève de Jacques Copeau, s'exerce sur son numéro de *Chesterfollies*, Sylvain Itkine répète *Pasiphaé* de Montherlant et *Ubu enchaîné* de Jarry…

Youki Desnos, dans ses *Confidences*, évoque le fameux grenier : « Ce grenier des Grands-Augustins, ainsi l'avait baptisé Jean-Louis, fut véritablement une ruche, une école, jaillie spontanément de l'enthousiasme même des camarades de Barrault, lesquels, au début, étaient venus là pour y trouver un toit, mais pas du tout pour y travailler. »

Au printemps 1935, le groupe Octobre – groupe théâtral ouvrier mené par Prévert – s'installe chez Barrault et y répète *Le Tableau des merveilles*, adapté de Cervantès.

Le Grenier des Grands-Augustins – adresse créative et non conformiste – ne pouvait qu'intéresser André Breton. En 1935, Barrault lui prête ses locaux pour héberger le groupe Contre-Attaque, mouvement qui comprend les surréalistes, leurs sympathisants et les anciens membres du Cercle communiste démocratique de Souvarine, réunis autour de Georges Bataille. Le Grenier abritera plusieurs séances comme, le 5 janvier 1936, *La Patrie et la Famille* et, surtout, le 21 janvier 1936, à l'occasion de l'anniversaire de la mort de Louis XVI, une réunion-conférence sur le thème « Les deux cents familles qui relèvent de la justice du peuple », réunion animée par Georges Bataille, André Breton et Maurice Heine.

Courant 1936, Barrault songe à abandonner son cinquième étage et en fait part à Picasso. Celui-ci, séduit, décide de quitter la rue La Boëtie et de prendre la suite. C'est ici qu'il peindra *Guernica*. Curieux hasard : le peintre voue une passion au *Chef-d'œuvre inconnu* de Balzac (qu'il a illustré en 1929 par onze eaux-fortes) et c'est dans cet hôtel de Savoie-Carignan que Balzac situe l'action de sa nouvelle.

Au 15, le poète André du Bouchet

Après avoir résidé rue des Martyrs dans les années 1950, André du Bouchet rejoint la rive gauche, plus proche de son univers culturel. À 17 ans, lors de l'exode de 1940, avec sa mère et sa sœur, il a effectué à pied le trajet de Paris à Pau, afin de rejoindre Lisbonne puis les États-Unis. Avec, sur la route, une unique lecture : le (gros) dictionnaire de grec Bailly.

Revenu en France en 1948, il écrit dans *Les Temps modernes* et dans *Critique*, se lance en poésie, voit sa femme – l'ethnologue Tina Jolas – le quitter pour un autre poète, René Char. *Dans la chaleur vacante*, son recueil fondateur, somme de ses diverses publications, est publié en 1961. En 1967, il fonde la revue *L'Éphémère*, avec Yves Bonnefoy, Jacques Dupin, Louis-René des Forêts puis Paul Celan, et poursuit une œuvre placée sous le signe de Mallarmé et de Pierre Reverdy, écrivant sans cesse, car « qui s'arrête, le vent le déchire ». André du Bouchet laisse une trentaine de livres, un grand nombre d'éditions à petits tirages, une poésie « maigre » que certains comparent aux sculptures de son ami Giacometti et des carnets de jeunesse qui ont failli disparaître. Quand, en décembre 2000, il décide de les brûler, Anne de Staël, sa seconde femme, n'ose pas intervenir. « Mon cœur battait, raconte-t-elle, je me disais que je n'avais pas le droit de l'en empêcher. À ce moment, le téléphone sonne : Janine des Forêts nous annonce la mort de Louis-René. "Alors nous sommes tous morts", a dit André. C'était un des êtres qu'il aimait le plus. Le feu diminuait. Il n'a plus songé à brûler les carnets. Il est mort en avril[53]. »

Au 16 (après le 25), Victorien Sardou

En 1835, la famille Sardou résidait au 25, au coin de la rue Saint-André-des-Arts. Le petit Victorien était alors âgé de 4 ans. Deux décennies plus tard, il reviendra habiter la rue, s'installant au 16, après une période de vaches maigres et des déménagements fréquents : quai Napoléon (quai aux Fleurs), rue d'Enfer, rue des Postes. Il est toujours dans une grande détresse financière et, selon Jacques Hillairet, « jusqu'en 1859, il eut là quelques difficultés avec son propriétaire ».

Au 21, Émile Littré

Le père de l'illustre dictionnaire naquit rue des Grands-Augustins en 1801. Ce médecin, lexicographe, philosophe (positiviste et ami de Comte) habitera ensuite rue d'Assas, d'abord au 78, de 1859 à 1872, puis au 44 jusqu'à sa mort, en juin 1881.

Au 25, Jean de La Bruyère

Certains disent au 26, d'autres au 25. Les dates de résidence, en revanche, ne souffrent pas de discussion : 1676 à 1691. La Bruyère était de bonne composition : « Entrez, disait-il, toutes mes portes vous sont ouvertes ; mon antichambre n'est pas faite pour s'y ennuyer en attendant ; passez jusqu'à moi sans me faire avertir[54]. » Mais, note-t-il dans *Les Caractères* : « Les visites font toujours plaisir, si ce n'est en arrivant, du moins en partant. » Précepteur du petit-fils du Grand Condé et de Mlle de Nantes (fille naturelle de Louis XIV et de Françoise de Montespan), Jean de La Bruyère est bien placé pour observer la société. De ce regard bienveillant mais acéré naîtront *Les Caractères de Théophraste, traduits du grec, avec les Caractères ou les Mœurs de ce siècle*.

Au 25, Augustin Thierry

« L'histoire, prophétisait-il, sera une des conquêtes et une des gloires du XIXe siècle. » Après avoir tenu le secrétariat de Saint-Simon, de 1814 à 1817, Augustin Thierry, dont la vocation d'historien est née à la suite d'une lecture des *Martyrs* de Chateaubriand, s'installe rue des Grands-Augustins en 1820 et travaille sur son *Histoire de la conquête de l'Angleterre par les Normands*, ouvrage qui paraîtra en 1825 et connaîtra un très grand succès. De tempérament romantique, nourri par les écrits de Walter Scott, il fut le premier à s'attacher à l'exactitude de la « couleur historique » : « J'avais l'ambition de faire de l'art en même temps que de la science, d'être dramatique à l'aide de matériaux fournis par une érudition sincère et scrupuleuse[55]. »

Au 25, Henri Heine

Le poète allemand y réside en 1841. Conscient de la révolution industrielle qui s'amorce en France et en Allemagne, il colore sa poésie de fragrances socialistes que ne désavouerait pas son lointain cousin Karl Marx, évoquant dans ses vers la misère de la classe ouvrière : « Nous voulons être heureux sur terre, / Et cesser d'être dans le besoin ; / Le ventre paresseux ne doit pas digérer / Le produit du dur labeur de nos mains. »

Au 25, le Catalan acte I

En 1941, ce restaurant tenu par Maurice Desailly va servir de cantine (aux prix prohibitifs du marché noir) à la bande de Picasso : Éluard, Leiris, Desnos, Zervos, Cocteau… C'est au Catalan que, quatre ans et demi plus tard, Léon-Paul Fargue, dînant avec Picasso et Katherine Dudley, tombe foudroyé par un AVC qui va le rendre hémiplégique jusqu'à sa mort. À la Libération, le restaurant tenu par le surréaliste Georges Hugnet devient un centre intellectuel où se presse le Tout-Paris des arts et des lettres. C'est également au Catalan qu'est créé un soir de beuverie « l'hymne existentialiste », musique de René Leibowitz, texte attribué conjointement à Maurice Merleau-Ponty, Boris Vian et Anne-Marie Cazalis. « Je n'ai plus rien dans l'existence / Que cette essence qui me définit / Car l'existence précède l'essence / Et c'est pour ça que l'argent me fuit. / J'ai lu tous les livres de Jean-Paul Sartre / Simone de Beauvoir et Merleau-Ponty / Mais c'est tout le temps le même désastre / Même pauvre tu es libre tu te choisis / J'ai bien essayé autre chose / Maurice Blanchot et Albert Camus / Absurde faux pas ! C'est la même chose / Tout n'est qu'un vaste malentendu / Demain Sisyphe, angoisse morale, Aminadab, nausée et compagnie / C'est tout le temps le même désastre / Car même au Flore, plus de crédit ! »

En avril 1948, le Catalan traverse la rue et émigre au n° 16.

Au 16, Le Catalan acte II

Est-ce, comme l'écrit Boris Vian dans son *Manuel*, un troc de locaux avec un nommé Rossi célèbre pour son vin ? Toujours est-il qu'après deux mois de travaux, Georges Hugnet ouvre au 16, rue des Grands-Augustins le « nouveau » Catalan que lui a confié Maurice Desailly. En avril 1948, vernissage, le Tout-Paris reçoit une invitation : « Georges Hugnet recevra ses amis à l'occasion de l'ouverture du bar Le Catalan, 16 rue des Grands Augustins. » Bousculade, succès immédiat. À trois cents mètres du Tabou, le nouveau Catalan est lancé. Il devient un endroit à la mode, on y organise des fêtes avec orchestre.

Dans la lignée de ce qu'il faisait au 25, Georges Hugnet y perpétue le rite des nappes en papier. Il invite ses amis à dessiner sur la nappe autour des taches de graisse, de vin, de ronds de bouteilles. Ces « œuvrettes » sont signées et datées par leurs auteurs, et, dans le cas contraire, Georges Hugnet en note les créateurs.

En juin 2011, Drouot mettra en vente pour de petites fortunes les dessins de Balthus et de Picasso jouant avec les taches de moutarde ou de vin sur un coin de nappe du Catalan.

GRÉGOIRE-DE-TOURS (rue)

... la rue Grégoire-de-Tours, cette rue d'infamie aux cafés équivoques et aux bouges sinistres, où les quinquets sont allumés en plein jour.
— Jean Lorrain, *Vingt femmes*, 1900

Au 13, les Éditions Charlot

Découvreur d'Albert Camus, de Jules Roy, d'Emmanuel Roblès et d'autres grandes plumes méditerranéennes, Edmond Charlot quitte Alger et s'installe en 1945 dans un petit immeuble rue Grégoire-de-Tours, là où se trouvait avant la guerre le Panier Fleuri, bordel qu'aurait fréquenté Apollinaire. Les Éditions Charlot, que l'on considère comme le futur grand rival de Gallimard, publient Virginia Woolf, Albert Cossery, Jules Roy, Amrouche, Henri Bosco (*Le Mas Théotime*, prix Renaudot 1945). Malgré un second Renaudot en 1946 (*La Vallée heureuse*, Jules Roy) et le Femina en 1948 (*Les Hauteurs de la ville*, Emmanuel Roblès), Edmond Charlot va devoir fermer sa maison en 1950. Dans ses *Mémoires barbares*, Jules Roy en rédige l'épitaphe : « Les affaires de Charlot ne résistèrent pas au succès. Faute d'une solide réserve de financement, faute d'assurances, malmené par ses rivaux, en butte à la férocité et à la jalousie des vieilles maisons, il sombra. »

GRENELLE (rue de)

La rue de Grenelle est également présente dans le 7ᵉ arrondissement.

Les éditions Marcoussis occupaient un immeuble de trois étages rue de Grenelle, non loin du boulevard Raspail, ce qui était un sujet de contentement et de fierté pour son possesseur : en effet, celui-ci avait longtemps désiré s'établir sur la rive gauche dans le périmètre glorieux où régnaient les grandes maisons, Gallimard, Grasset, Plon, Flammarion, Presses de la Cité...
— Jean Dutourd, *L'Assassin*, 1993

Au 3, *La Nouvelle Revue française*

Après le 26, rue Henri-Monnier (1908), le 78, rue d'Assas (domicile de Jean Schlumberger, de février 1909 à janvier 1912), le 31, rue Bonaparte (de février à mars 1912), le 1, rue Saint-Benoît (d'avril à octobre 1912), le 15, rue Froidevaux (domicile de Jacques Rivière en octobre 1912), le 35-37, rue Madame (de novembre 1912 à décembre 1921), les équipes de la *NRF* s'installent rue de Grenelle en janvier 1922. Elles y resteront jusqu'en juin 1930 avant de rejoindre le 43, rue de Beaune (rebaptisée rue Sébastien-Bottin par arrêté du 30 avril 1929). La rue de Grenelle verra apparaître une nouvelle génération de romanciers : Kessel, Marcel Aymé, André Malraux, Antoine de Saint-Exupéry...

Sous la direction de Drieu la Rochelle, la revue perdurera jusqu'à la fin de la guerre. Sa coloration collaborationniste l'obligera à fermer. Puis, en janvier 1953, elle renaîtra sous le nom de *NNRF*, sous la direction de Jean Paulhan.

Au 7, la loge de Renée

« Je m'appelle Renée, j'ai cinquante-quatre ans et je suis la concierge du 7 rue de Grenelle, un immeuble bourgeois. Je suis veuve, petite, laide, grassouillette, j'ai des oignons aux pieds et, à en croire certains matins auto-incommodants, une haleine de mammouth. Mais surtout, je suis si conforme à l'image que l'on se fait des concierges qu'il ne viendrait à l'idée de personne que je suis plus lettrée que tous ces riches suffisants. »

Pourquoi Muriel Barbery a-t-elle installé sa concierge lettrée au 7 de la rue ? Pour sa situation entre les éditions Gallimard, anciennement au 3, et les éditions Fasquelle, autrefois au 11 ? *L'Élégance du hérisson*, surprise de l'année 2006, s'est vendu à plus d'un million d'exemplaires.

Au 9, le Twickenham

Dans les années 1970-1990 existait au coin de la rue de Grenelle et de la rue des Saints-Pères un bistrot indissociable des éditions Grasset : le Twickenham, annexe dans laquelle Yves Berger et Jean-Claude Fasquelle donnaient rendez-vous à leurs auteurs. Il fut, au début des années 1970, le refuge occasionnel du semi-SDF Michel Houellebecq qui y entreposait brosse à dents et chemises entre les piles d'assiettes et qui fut accosté un soir de février 1976 par un homme désireux de l'engager pour incarner le poète Paul Denis dans une adaptation d'*Aurélien* : Louis Aragon.

Le café accédera à la notoriété vers 1977 avec l'omniprésence d'un Bernard-Henri Lévy installé au fond de la salle avec plusieurs lignes de téléphone devant lui, traitant simultanément avec son éditeur, la télévision, voire avec l'Élysée.

Dans *Tant qu'il y aura du rhum*, François Cérésa évoque les lieux avec nostalgie : « Un pub à l'angle de la rue de Grenelle et de la rue des Saints-Pères, repaire des éditions Grasset, où Greta montrait ses seins au patron, un ancien demi de mêlée, sosie de Jacques Fouroux. Le Twickenham fleurait le cuir et la Guinness. Disparu lui aussi. Comme le drugstore. »

GUÉNÉGAUD (rue)

Pourquoi, se disait-il maintenant, en se dirigeant vers la rue Guénégaud, pourquoi Adolphe m'a-t-il donné rendez-vous au coin de la rue Guénégaud… ?

— Gaston Leroux, *Le Fauteuil hanté*, 1911

Au 7, Charles Maurras

Mme Maurras et son fils Charles y résident en 1891, après s'être logés au 11, rue Cujas. Après le départ de sa mère pour Martigues en 1895, le jeune homme va quitter la rue Guénégaud pour s'installer dans une vieille maison de la rue du Dragon. Il écrit dans la célèbre revue *La*

Plume et prépare son premier ouvrage : *Le Chemin de paradis*. C'est son époque « Anatole France », écrivain qu'il admire, mais dont il s'éloignera lors de l'affaire Dreyfus.

Au 7, Julien Blanc

Son père mourut avant sa naissance et, à l'âge de 8 ans, il suivit le corbillard emmenant sa mère vers la fosse commune. Un de ses premiers romans, *Toxique* (1939, deux voix au Goncourt), retient l'attention de Jean Paulhan. « Roman d'une adolescence mi-Montparnasse, mi-Bat' d'Af', mais plus haute en couleurs, plus cruelle et plus tendre que ne le comportent d'ordinaire les règles du genre », écrit-il dans la *NRF*, tout en conseillant à l'auteur de ne pas s'obstiner à écrire des œuvres d'imagination : « Crachez d'abord votre vie, vous reviendrez au roman plus tard. » Le conseil sera suivi. Dans *Confusion des peines* (1943), premier volume de sa trilogie *Seule la vie*, Blanc relate son enfance d'orphelin révolté, promis aux maisons de correction, à la violence et au vol. Dans *Joyeux, fais ton fourbi* (1946), il relatera sa vie misérable dans les bagnes militaires, puis, dans *Le Temps des hommes* (1948), son engagement auprès des Républicains espagnols.

« Julien Blanc est mort le 16 juillet à quarante-trois ans, écrit Bernard Dimey dans *Esprit*, en 1951. […] Si Blanc n'a cessé de parler de lui, c'était afin de livrer aux hommes une image exacte de ceux de leurs frères qui, comme lui, "n'auraient pas dû naître". […] Il faut qu'il y en ait dont la vie soit tout entière un calvaire pour que d'autres puissent vivre tranquilles. »

Au 15, la maison d'édition de Nancy Cunard

En 1928, l'ex-maîtresse d'Aragon installe sa petite imprimerie au 15, rue Guénégaud. Hours Press sera la première maison à éditer, en 1930, un texte de Beckett. Celui-ci réside alors rue d'Ulm – à Normale sup' – et apprend l'existence d'un concours de poésie (poème de moins de cent vers) qui se clôt le jour même. En quelques heures, il écrit *Whoroscope*, poème de quatre-vingt-dix-huit vers sur la vie de Descartes, va le déposer dans la boîte à lettres de la rue Guénégaud. Et… remporte le concours : « *What's that? / An egg? / By the brothers Boot it stinks fresh. / Give it to Gillot. / Galileo how are you / and his consecutive thirds! / The vile old Copernican lead-swinging son of a sutler! / We're moving he said we're off – Porca Madonna! / the way a boatswain would be, or a sack-of-potatoey charging Pretender / That's not moving, that's* moving[56]. »

Au 17, Jean Dutourd

Jean Dutourd s'y installe en 1978, après le plasticage de son appartement de l'avenue Kléber. « C'est une enfilade de petites pièces de fonctions différentes, qui mène à un bureau profond, haut, caverneux, très luxueux, tapissé entièrement de beaux livres, avec un escalier roulant en belle menuiserie avec rambarde pour ne pas tomber et qui permet d'accéder aux plus hauts rayonnages. Jean Dutourd y a une table de ministre, des fauteuils, un grand canapé sur lequel il vient s'asseoir à côté de moi en balançant de très belles pantoufles d'intérieur en cuir verni, à bouts pointus, qui lui font le pied très fin[57]. »

L'académicien, auteur d'*Au bon beurre* (1952), des *Taxis de la Marne* (1956) ou de *Le Bonheur et autres idées* (1980), aimait la monarchie, le général de Gaulle, l'anticonformisme et la langue française.

Il décède en 2011 et Christophe Giltay, qui le remplace aux *Grosses Têtes* de RTL, le salue en ces termes : « Bon vent donc à Jean Dutourd au pays des immortels, en espérant qu'une fois devant saint Pierre il n'oubliera pas cette maxime d'Alphonse Allais : "Prière de ne pas claquer l'apôtre." »

GUYNEMER (rue)

« 18, rue Guynemer, ordonna-t-elle. Mais commençons par passer rue de Grenelle, au bureau de poste. » Et elle ajouta, afin de tranquilliser le chauffeur : « Nous ne nous arrêterons pas plus de cinq minutes. »

— Pierre Benoit, *Les Plaisirs du voyage*, 1950

Au 4, Jacques Prévert n'est pas content

En 1952, Jacques Prévert s'est installé rue Guynemer avec sa femme (Janine) et leur fille (Michèle, surnommée Minette). L'emplacement lui convient, le nom de la rue – qui s'appelait au début du siècle « rue du Luxembourg » – un peu moins : « C'est toujours la même rue / C'est toujours le même jardin / C'est toujours le Luxembourg / [...] Alors on se demande / on se demande vraiment / ce qu'un aviateur mort vient foutre là-dedans[58]. »

Heureusement, les locataires de l'appartement biscornu situé à l'étage du dessous sont un modèle d'urbanité : ce sont M. et Mme Mitterrand.

Au 34, Françoise Sagan

Dans son appartement sur le Luxembourg, au début des années 1970, Sagan termine *Des bleus à l'âme* – mi-essai, mi-roman – et plane dans les hauteurs. « Je me souviens, écrit son fils Denis Westhoff, de réceptions avec cent cinquante personnes. Je croisais Orson Welles, Ava Gardner ou Georges Pompidou, qui venait régulièrement. Des maîtres d'hôtel servaient champagne et caviar. »

L'alcool, la cocaïne et l'argent coulent à flots. La générosité aussi. Pour les amis, l'écrivaine a placé dans le salon un petit coffret dans lequel elle dépose tout le liquide dont elle dispose, afin que les plus démunis puissent se servir. « L'argent ? commente-t-elle. Il n'a aucune valeur et il doit circuler. »

Au 36, Léon Blum

Après son entrée au Conseil d'État et son mariage, début 1896, Léon Blum s'installe au 36, rue du Luxembourg (aujourd'hui rue Guynemer). Son objectif : devenir un grand écrivain.

Avec Gide et Louÿs, il a fondé *La Conque*, une revue poétique éphémère (dix numéros), collaboré au *Banquet* et écrit dans la *Revue blanche* aux côtés de France et Barrès. En mars 1898, après les nombreux rebondissements de l'affaire Dreyfus, Zola est condamné et Blum s'engage dans le camp dreyfusard. Pendant les années qui suivent, il sera critique dramatique pour *Gil Blas*, *Comœdia*, *L'Excelsior*, *Le Matin*. Il déménagera au 126, boulevard du Montparnasse en 1908 et entrera en politique après l'assassinat de Jaurès.

« S'il n'eût été tenté par l'action, et peut-être à la fin par le pouvoir, écrit Émile Henriot en 1954, Léon Blum, critique, essayiste, aurait fait une belle carrière d'écrivain, et les quelques livres qu'on a de lui, ses *Nouvelles Conversations de Goethe avec Eckermann*, son Stendhal, son essai, retentissant en son temps, sur le mariage et l'union libre, comme ses dernières pages de 1945, à l'échelle humaine, suffiraient à fonder sa réputation. Mais en fait il n'aura que traversé brillamment la littérature, emporté par son messianisme. Sa vocation était ailleurs. »

HAUTEFEUILLE
(rue)

Pécuchet descendit les marches sans répondre à la gaudriole. Le lendemain, dans la cour de MM. Descambos frères, tissus d'Alsace, rue Hautefeuille, 92, une voix appela : « Bouvard ! Monsieur Bouvard ! »

— Gustave Flaubert, *Bouvard et Pécuchet*, 1881

Au 1, Roger Vailland

Journaliste à *Paris-Midi* (engagé grâce à Robert Desnos), congédié du surréalisme par le pape Breton et le « sous-pape » Aragon, prenant ses distances avec le Grand Jeu qu'il a créé avec René Daumal et Roger Gilbert-Lecomte, Roger Vailland va pouvoir assumer sa vie de dandy-libertin et emménage au quatrième étage, face à la place Saint-Michel. Il y restera deux ans avant de poursuivre une vie instable mêlant voyages, drogue, amour fou, vie nocturne à Montparnasse, tentatives d'affaires en Éthiopie. Son premier roman (historique et parodie de roman rose) sera un roman-feuilleton, *La Visirova ou Des Folies-Bergère jusqu'au trône*, publié dans *Paris-Soir* en 1933.

Au 13, la naissance de Baudelaire

Charles-Pierre Baudelaire naît le 9 avril 1821, dans une petite maison à tourelles qui sera détruite par le percement du boulevard Saint-Germain et qui se situerait à l'angle du boulevard. Ce sont les années de l'enfance heureuse : promenades au jardin du Luxembourg, visite chez les Panckoucke, 6, rue des Poitevins. Le bonheur de l'enfance s'évanouira avec le remariage de sa mère, en 1927, avec le détesté commandant Aupick[59].

HIRONDELLE (rue de l')

Une fois qu'on l'avait franchie, on rejoignait par une cour la rue de l'Hirondelle. Et j'avais dressé dans un petit carnet noir la liste de tous les immeubles à double issue.

— Patrick Modiano, *Un cirque passe*, 1992

Au 22, Vidocq

Le chef de la Sûreté y réside de 1817 à 1827. Sa mère – qui vit avec lui (elle tient la maison dans ses différents domiciles) – y décède en 1824. Vidocq démissionne en 1827 pour créer une petite usine de papier à Saint-Mandé. Ses Mémoires, intitulés *Mémoires de Vidocq, chef de la police de Sûreté, jusqu'en 1827*, paraîtront entre 1828 et 1829 en quatre volumes.

Au 22, le roman érotique d'Isidore Isou

Arrivé à Paris en 1945, Isou vivra une cinquantaine d'années dans le même studio de Saint-Germain-des-Prés, rue de l'Hirondelle. En 1951, il réalise un film « ciselant[60] » (*Traité de bave et d'éternité*) qui scandalise le Festival de Cannes, film dans lequel il déclare : « J'annonce la destruction du cinéma, le premier signe apocalyptique de disjonction, de rupture, de cet organisme ballonné et ventru qui s'appelle film. »

Le père du lettrisme est un incessant agitateur (multi)culturel. En 1955, tout en poursuivant sa carrière d'écrivain, peintre, cinéaste, chorégraphe et théoricien d'économie politique, il écrit et vend rue de l'Hirondelle ses *Secrets d'un libertin*, livre érotique autoédité sous le pseudonyme de Catherine Noël.

JACOB (rue)

Pendant ses années de vagabondage, Colette joua de nouveau chez moi, non en mime, mais en comédienne, et dans mon salon de la rue Jacob, à Paris.

— Natalie Clifford Barney, *Souvenirs indiscrets*, 1960

Au 3, François Nourissier

Avant de rejoindre la rive droite en 1972 et devenir « l'écrivain du désenchantement du monde », selon la formule de Jean-Marie Rouart, François Nourissier fut un Germanopratin fringant flirtant épée au vent avec la bande des Hussards. À 25 ans, il a publié *L'Eau grise* (1951), roman primé par l'Académie française traitant de l'ennui de vivre et du mariage sans passion. C'est pourtant l'époque où le futur désenchanté (et secrétaire général des éditions Denoël) cherche avant tout à s'amuser. Son copain Déon avait publié en 1955 sous pseudonyme (Michel Férou) un roman érotique dans la « Série blonde ». Il suivra son exemple en publiant dans la même collection, la même année, un roman un peu leste, *Seize Ans*, sous le nom de France Norrit.

En 1956, le jeune lion se fait remarquer avec *Les Chiens à fouetter*, pamphlet sur le monde littéraire qu'il connaît si bien : « Balayant les genres, les familles et les carrières, écrit Thierry Richard en 2009 dans *Le Magazine des livres*, allant d'un extrême à l'autre, vous croiserez mousquetaires de plume, dandys des années 1920 et vieux lions, Malraux, Paulhan et Aragon en tête, avant de vous laisser conduire le long des chemins d'une vanité dont les bornes kilométriques s'appellent dames, voitures et argent. »

Romancier à succès (*Une histoire française*, 1965, Grand Prix du roman de l'Académie française), Nourissier n'oublie pas sa carrière d'essayiste avec un *Brigitte Bardot* très remarqué : « Nourissier, toujours très bon dans le court, très fort dans le sprint, est à son aise : la femme, le XVIe arrondissement, les voitures, des salles obscures. Pertinence et parfum d'époque : ces quelques pages contiennent en condensé toutes les années 50[61]. »

Nourissier recevra le Femina en 1970 pour *La Crève*, sera élu à l'académie Goncourt en 1977 et en démissionnera en 2008 pour raison de santé.

Au 7, Jean Racine

En 1658, à 19 ans, Jean Racine quitte Port-Royal-des-Champs et loge rue Jacob, chez son grand-cousin Vitart, intendant du duc de Luynes. Étudiant en philosophie au collège d'Harcourt (futur lycée Saint-Louis), il rédige une missive se moquant de l'atmosphère antijanséniste sévissant dans son collège. Écrit dans le style des *Provinciales* de Pascal (parues un an auparavant), ce texte est considéré comme sa première œuvre littéraire.

Au 14, le Bar Vert

En 1947, le Bar Vert accueille la fine fleur littéraire de Saint-Germain-des-Prés : Antonin Artaud, Henri Pichette, Roger Vailland, Arthur Adamov, Francis Lemarque, Maurice Merleau-Ponty, Raymond Queneau, Jean-Paul Sartre, parfois. Sa cabine téléphonique s'orne de tags « existentialistes » : « Demandez au bar un arsenic-menthe pour apaiser votre soif d'éternité » ou « Un existentialiste est un homme qui a du Sartre sur les dents ». La mode du Bar Vert, qui doit fermer à minuit, va être estompée par celle du Tabou, café qui – par dérogation – reste ouvert la nuit.

Au 18, Jules (Hetzel) et Jules (Verne)

En 1860, après s'être fâché avec George Sand[62], Jules Hetzel s'installe rue Jacob. Par l'intermédiaire de l'écrivain Alfred de Bréhat, il y reçoit en 1862 un certain Jules Verne, qui lui remet le manuscrit d'*Un voyage en l'air*, inspiré des expériences de son ami Nadar et de son ballon *Le Géant*. Un peu plus tard, l'ouvrage sera publié sous le titre *Cinq Semaines en ballon*, premier volume des *Voyages extraordinaires*. Jules Verne, qui travaillait à la Bourse, signe avec Hetzel un contrat de vingt ans et va pouvoir vivre de ses œuvres.

Parallèlement à sa vie d'éditeur – de Balzac, Sand, Hugo, Tourgueniev –, Hetzel était également écrivain. Sous le nom P.-J. Stahl, il publia entre 1860 et 1890 de nombreux ouvrages pour adultes et une cinquantaine de récits, contes et traductions-adaptations pour la jeunesse, dont les célèbres *Patins d'argent* (1875) ou *Les Quatre Filles du docteur March* (1880).

Au 18, Prosper Mérimée

À quelques années près, Jules Hetzel aurait pu saluer l'académicien Mérimée (élu en 1844), qui résida avec sa mère à cette même adresse à partir d'avril 1847, dans un appartement donnant sur un jardin, « ce qui est à présent la chose la plus rare qui se puisse rencontrer à Paris ».

Était-ce pour se rapprocher de Jenny Dacquin, la belle qui lui inspira *Lettres à une inconnue*, et qui résidait au 35 ? Il poursuit ses rapports sur les monuments historiques, écrit pour des revues archéologiques ou historiques, traduit Pouchkine, Gogol et Tourgueniev[63]. Le maître de la nouvelle fantastique restera rue Jacob jusqu'en 1852, date de son emménagement rue de Lille.

Au 20, Natalie Clifford Barney

L'excentrique poétesse Natalie Clifford Barney, fille d'un magnat des chemins de fer américain, loue en 1909 une partie du 20, rue Jacob, comprenant un pavillon, un grand jardin et un petit temple. Au cœur de Saint-Germain-des-Prés, celle que François Mauriac surnommera « le pape de Lesbos » et que Cocteau comparera à un lys noir reçoit durant un demi-siècle tout ce qui brille à Paris, de Truman Capote à Colette, de Gore Vidal[64] à Marguerite Yourcenar.

À la Libération, les *Fridays* de Barney ont déjà la couleur du sépia et s'éteignent définitivement au début des années 1950. Le jardin se transforme peu à peu en jungle, le temple périclite. En 1963, Louis Malle vient tourner *Le Feu follet* chez la vieille dame de 87 ans et on aperçoit le petit temple (en très mauvais état) au détour d'un travelling.

Au 20, l'élégant Merleau-Ponty

Dans les années 1920, Simone de Beauvoir ne fut pas insensible au charme du jeune normalien que l'on reconnaît sous le nom de Jean Pradelle dans ses *Mémoires d'une jeune fille rangée* : « L'allure d'un jeune homme de bonne famille ; mais sans rien de gourmé. Un visage limpide et assez beau, le regard velouté, un rire d'écolier, l'abord direct et gai. »

À la Libération, Maurice Merleau-Ponty réside rue Jacob où il écrit la *Phénoménologie de la perception*, ouvrage considéré comme son œuvre majeure. En 1946, invité lors d'une séance de la Société française de philosophie, il est apostrophé par le philosophe-historien Émile Bréhier : « Je vois vos idées s'exprimer par le roman […], plutôt que par la philosophie. » Merleau-Ponty se défend. Il n'est pas Sartre, il n'est pas Beauvoir, il n'est pas Camus, il ne mélange en aucun cas roman et métaphysique.

L'écriture romanesque, pourtant, l'aurait tenté. En 1928, à l'âge de 20 ans, il aurait fait paraître chez Grasset *Nord. Récit de l'arctique*, ouvrage signé Jacques Heller.

« Merleau-Ponty est-il bien l'auteur de *Nord*, s'interroge *Le Monde*, et, si c'est le cas, pourquoi en avoir effacé toutes les traces ? Une chose semble en tout cas acquise : il n'a pas cherché à poursuivre l'expérience. En 1982, Claude Simon rapporte devant un parterre d'écrivains new-yorkais un bout de conversation qu'il eut avec Merleau-Ponty début 1961. Quand Simon avouait à celui-ci de ne pas être certain d'être philosophe, Merleau-Ponty lui répondit qu'il devait s'estimer chanceux. "Si vous étiez philosophe, vous seriez bien incapable d'écrire vos romans[65]." »

Au 26, le grand appartement de Jean-Paul Sartre

S'il fut loué pour recevoir ses maîtresses à la fin des années 1940, le philosophe avait vu grand : cent quatre-vingts mètres carrés, l'appartement du premier étage qu'occupera plus tard (et avec quelques déboires) Alain Juppé. Sartre y installe Évelyne Rey, la sœur de Claude Lanzmann qui évoquera leur relation amoureuse dans *Le Lièvre de Patagonie* (2009).

Au 26, la naissance de P.O.L

1983 : Paul Otchakovsky-Laurens quitte Hachette, installe sa maison d'édition rue Jacob et publie ses deux premiers ouvrages, *Le Livre des ciels* de Leslie Kaplan et *L'Invention du corps de saint Marc* de Richard Millet.

« C'est ouvert, avec des plafonds hauts, assez nu, se souvient Leslie Kaplan. À cause de cet ouvert et de cette nudité je me souviens de la sensation d'entrer dans un domaine, un espace, une pratique, un champ d'expérimentation infini. »

Viendront Dominique Fourcade, Emmanuel Carrère, Joseph Guglielmi, Liliane Giraudon, Marguerite Duras, René Belletto puis, plus tard, Marie Darrieussecq, Bernard Noël, Camille Laurens…

En 1986, P.O.L quitte Saint-Germain-des-Prés pour le 14e arrondissement, 8, villa d'Alésia, avant d'y revenir en 1995, 33, rue Saint-André-des-Arts.

Paul Otchakovsky-Laurens décède en 2018 dans un accident de voiture. « Tous les livres que je publie sont vivants, avait-il déclaré, c'est comme s'ils avaient du vent dans les cheveux. »

Au 27, Mouloudji à l'hôtel de la Grille

Avant que le Seuil ne s'y installe, le 27 était auparavant, avant et pendant la guerre, un petit hôtel où, à l'image de La Louisiane ou du Montana, écrivains et artistes élisaient domicile. (Ingres, dit-on, y aurait eu son atelier.)

Mouloudji y réside en 1943. Il y termine *Enrico*, petit et premier roman qui lui vaudra, grâce à l'appui de Sartre, le premier prix de la Pléiade en 1944, prix doté de cent mille francs. Au Flore, cette incroyable récompense provoquera la colère de Paul Boubal, empereur de Saint-Germain-des-Prés et patron des lieux : « Moi aussi, donnez-moi cent mille francs et j'écrirai que ma mère était folle. »

Au 27, les Éditions du Seuil

Le Seuil s'installe rue Jacob en 1945 quand Flamand et Bardet, ses deux managers, achètent l'hôtel de la Grille. « Rien de bien extraordinaire dans cet immeuble exigu, en dehors d'un dessin laissé par Ingres, à même le mur, et que l'on peut toujours admirer dans le bureau du patron. Un escalier tortueux courant sur trois étages, des paliers étroits, du lino noir au sol, une courette bétonnée et, au fond, dans "la cabane du jardinier", quatre bureaux avec une raide volée de marches pour desservir les pièces du haut… »

À peine installés, Flamand et Bardet publient les premiers textes de Roland Barthes, puis *L'Histoire du surréalisme* de Maurice Nadeau. En 1951, un roman refusé dans tout le quartier fait la fortune de l'éditeur : *Le Petit Monde de don Camillo*, de Guareschi, puis, à partir du milieu des années 1950, le pari littéraire s'avère gagnant avec Philippe Sollers (*Le Défi*, 1957, et *Une curieuse solitude*, 1958), Édouard Glissant (*La Lézarde*, Renaudot 1958) et *Le Dernier des Justes* d'André Schwarz-Bart (Goncourt 1959). Suivront Régis Debray, Denis Roche, Jean-Marc Roberts…

Le Seuil quittera la rue Jacob en 2010. L'if de la petite cour, qui figure sur son logotype, sera abattu en 2020.

Au 28, Colette et Willy

« Vous devriez, suggère Willy à sa jeune épouse, jeter sur le papier des souvenirs d'école primaire. N'ayez pas peur des détails piquants, je pourrais peut-être en tirer quelque chose. » Ainsi commence la « collaboration » entre Willy et Colette, lorsqu'ils s'installent dans un appartement situé au troisième étage. Willy en « tirera » *Claudine à l'école*, qu'il signe de son seul nom. Dans *Mes apprentissages* (1936), l'écrivaine évoque l'appartement de la rue Jacob : « Sombre, attrayant comme sont certains lieux qui ont étouffé trop d'âmes, je crois que ce petit logement était très triste. » Elle évoque également l'odeur vague des lilas invisibles venue du jardin voisin. « Ce jardin, je n'en pouvais entrevoir, en me penchant très fort sur l'appui de la fenêtre, que la pointe d'un arbre.

J'ignorais que ce repaire de feuilles agitées marquait la demeure préférée de Remy de Gourmont et le jardin de son "amazone". » L'amazone est la poétesse Natalie Clifford Barney, qui tient salon littéraire et champêtre au 20 de la rue, et l'on verra Colette, en 1913, courir « presque nue dans le jardin[66] » devant le petit temple de l'amitié.

Au 31, *La Nouvelle Revue française*

En février 1909, sous l'impulsion d'André Gide, de Jean Schlumberger et de Jacques Copeau est née *La Nouvelle Revue française*, revue qui se targue d'évacuer « les vieilles badernes » du paysage littéraire français. Après avoir été domiciliée chez Jean Schlumberger, 78, rue d'Assas, la *NRF* s'installe en 1910 au 31, rue Jacob, chez Marcel Rivière, éditeur d'écrivains socialistes et directeur de la revue *L'Indépendance*. Parmi les premiers contributeurs, Romain Rolland, André Suarès, Paul Claudel, Léon-Paul Fargue, Valery Larbaud, Jacques Rivière, Alain-Fournier… L'équipe y restera deux ans avant de s'installer rue Saint-Benoît, à quelques mètres, dans une petite boutique de teinturerie, puis rue Madame. La *NRF* va régner sur la littérature française jusqu'à la guerre de 1939-1945. Placée sous tutelle allemande et dirigée par Drieu la Rochelle, elle sera interdite de publication à la Libération puis renaîtra (difficilement) en 1953 sous la forme d'une « nouvelle » *NRF* (*NNRF*) dirigée par Jean Paulhan et Marcel Arland.

Au 39, la petite Simone au Cours Desir

« On reconnaissait aussitôt une élève du Cours Desir à la façon qu'elle avait de faire la révérence en saluant une dame : un coup de pied droit en arrière avec un léger fléchissement de la jambe gauche », écrit Bernard Demory dans *Au temps des cataplasmes*. L'élève la plus célèbre de cette très catholique institution (créée en 1857 par Adeline Desir) est évidemment Simone de Beauvoir, qui intègre l'école à l'âge de cinq ans et demi. On enseigne aux petites filles « à faire la révérence, à servir le thé, et à s'adresser aussi bien au Président de la République qu'au curé de la paroisse[67] ». La petite fille sait très tôt qu'elle deviendra écrivaine, rédigeant vers l'âge de 8 ans l'histoire de la famille Cornichon, ouvrage (relié par sa tante) qui fait la fierté de sa famille. Simone de Beauvoir restera au Cours Desir jusqu'à l'âge de 17 ans. Elle y rencontre Elisabeth Lecoin, dite Zaza, son amie d'enfance et premier grand amour, qui occupe une large place dans les *Mémoires d'une jeune fille rangée*. Dans son ouvrage, Bernard Demory évoque la pension : « On y pénétrait par une petite porte qui évoquait plutôt une maison close qu'un pensionnat de jeunes filles. […] De hautes bibliothèques vitrées en bois noir, bourrées de livres aux reliures fanées tapissaient les murs. Il régnait là un parfum de vieux et de cire, qui vous donnait l'impression de pénétrer par effraction dans un livre de la comtesse de Ségur[68]. »

Au 44, Hemingway à l'hôtel d'Angleterre

En décembre 1921, Ernest Hemingway et sa femme Hadley se rendent à Paris sur les conseils de l'écrivain Sherwood Anderson. Le couple séjourne à l'hôtel d'Angleterre, chambre 14, à côté de Lewis Galantière, un Américain traducteur d'écrivains français. Correspondant européen pour le *Toronto Star*, Hemingway songe que la capitale française l'aidera à donner corps à sa vocation d'écrivain. Il compte par ailleurs rencontrer les nombreux écrivains anglophones qui résident à Paris. Le couple restera quelques semaines rue Jacob avant de s'installer en janvier 1922 rue du Cardinal-Lemoine.

Au 47, Alfred Jarry et son cure-dent

« Les vieillards, disait-il, il faudrait les tuer jeunes. » Le 28 mai 1906, Jarry écrit à Rachilde : « [Le Père Ubu] n'a aucune tare ni au foie, ni au cœur, ni aux reins, pas même dans les urines ! Il est épuisé, simplement et sa chaudière ne va pas éclater mais s'éteindre. Il va s'arrêter tout doucement, comme un moteur fourbu. »

Malade, harcelé par ses créanciers, Jarry meurt l'année suivante à l'hôpital de la Charité, rue Jacob. Dernière volonté, selon la légende, exprimée au Dr Saltas : qu'on lui apporte un cure-dent.

Au 50, André Rolland de Renéville

Poète et essayiste, il résida rue Jacob dans les années 1930. Son *Rimbaud le voyant* (1929) intéressa particulièrement les surréalistes, mais c'est vers le trio du Grand Jeu (Daumal, Vailland, Gilbert-Lecomte) qu'il se tournera, avant de s'en éloigner. Il laisse notamment une importante correspondance avec Jean Paulhan, de 1927 à 1956.

Au 99 bis, la fausse adresse de Jean Barois

Un matin de 1911, place de la Madeleine, Gaston Gallimard rencontre par hasard Roger Martin du Gard, vieux copain de jeunesse qu'il avait perdu de vue.

« Que deviens-tu ? demande-t-il.
— Figure-toi, mon vieux, que j'ai eu le toupet d'écrire un roman. Pour qu'il ne me reste pas sur les bras, je compte le faire paraître à compte d'auteur. »

Heureuse rencontre : la *NRF* va publier *Jean Barois*, qui sera le premier grand succès de la maison d'édition naissante. C'est au quatrième étage du 99 bis, rue Jacob (qui n'a jamais existé) que Martin du Gard loge le héros de son roman, de même que le siège du journal de ce dernier, *Le Semeur*, journal que Jean Barois va engager dans la défense du capitaine Dreyfus.

JOSEPH-BARA (rue)

C'est elle, des deux, qui avait le logement le plus agréable : deux pièces – cuisine-salle de bains, en mansarde, rue Joseph-Bara, au pied du Montparnasse, à deux cents mètres du Luxembourg, comme dans un roman d'Henry Murger.

— Jacques Bens, *La Trinité*, 1965

Au 6, André Salmon

Ce poète et célèbre critique d'art, dont le portrait fut réalisé par Picasso, Derain, Kisling, Modigliani, Pascin, Marie Laurencin, Léopold Survage et maints autres artistes, s'installe au 6, rue Joseph-Bara en 1911, dans un petit appartement du rez-de-chaussée. En juin, il fait jouer à la salle Malakoff une revue de la vie littéraire mise en couplets, *Garçon !... De quoi écrire !*, qui obtient un grand succès. L'année suivante, il publie deux ouvrages : *Tendres Canailles* (qui le consacre comme conteur) et *La Jeune Peinture française* (qui l'installe comme critique d'art et qui présente Picasso comme le héros de l'art nouveau). Suivront *La Négresse du Sacré-Cœur* (1920), *Le Manuscrit trouvé dans un chapeau* (1919) et *L'Entrepreneur d'illuminations* (1921), écrits qui mêlent burlesque et sensibilité.

LE VERRIER (rue)

Camille habitait un petit hôtel particulier rue Le Verrier, avec ses parents, trois frères et sœurs dont un bébé, une vieille bonne, une cuisinière alsacienne, des petites bonnes qui se succèdent.

— Anne Martin-Fugier, *La Bourgeoise*, 1983

Au 6, Camille Marbo

Lauréate du prix Femina en 1913 pour son premier roman *La Statue voilée*, elle fut la première femme présidente de la Société des gens de lettres (1937). Auteure d'une quarantaine d'ouvrages (dont *Jeux de la science et de l'amour*, 1953, prix Louis-Barthou), elle publiera ses Mémoires en 1967 sous le titre *À travers deux siècles, souvenirs et rencontres (1883-1967)*.

LITTRÉ (rue)

Salavin se retrouva sur le trottoir de la petite rue Littré. La clarté de midi lui fit cligner les paupières.

— Georges Duhamel, *Le Club des Lyonnais*, 1929

Au 10, Milan Kundera

Le visionnaire et iconoclaste auteur de *L'Insoutenable Légèreté de l'être* (1984) n'a pas reçu le Nobel de littérature. Qu'importe, il n'aime pas les honneurs et a refusé d'apparaître à la télévision ou d'être photographié depuis 1985, considérant, comme Flaubert, que « l'artiste doit faire croire à la postérité qu'il n'a pas vécu ». Son œuvre est entrée de son vivant dans la « Pléiade », avec ses thèmes récurrents : l'identité, l'oubli, la dictature du paraître, la danse macabre des régimes totalitaires, avec son écriture si particulière combinant fiction et essai, narration et fausse digression. Dans sa Pléiade, pas de biographie de l'auteur, mais une biographie de chaque livre – *La Plaisanterie*, *La Valse aux adieux*, *L'Insoutenable Légèreté de l'être*… « Je rêve d'un monde, confie-t-il au *Monde* en 2011, où les écrivains seraient obligés par la loi de garder secrète leur identité et d'employer des pseudonymes. Trois avantages : limitation radicale de la graphomanie ; diminution de l'agressivité dans la vie littéraire ; disparition de l'interprétation biographique d'une œuvre. »

Trente ans après l'éloge de la lenteur (*La Lenteur*, 1974), Milan Kundera fera celui de l'insignifiance : « L'insignifiance, mon ami, c'est l'essence de l'existence. Elle est avec nous partout et toujours. Elle est présente même là où personne ne veut la voir : dans les horreurs, dans les luttes sanglantes, dans les pires malheurs […], il ne s'agit pas seulement de la reconnaître, il faut l'aimer, l'insignifiance, il faut apprendre à l'aimer[69]. »

Après avoir résidé rue Littré, Milan Kundera s'installera rue Récamier, au nº 8.

LOBINEAU (rue)

Un mardi que j'allais au Mercure, j'entrai au bureau de tabac de la rue de Seine, entre la rue Saint-Sulpice et la rue Lobineau.

— Paul Léautaud, *Journal littéraire*, 1903

Au 1, les Éditions du Scorpion

En 1946, celui que Boris Vian surnomme « le Scorpion » n'a édité que trois livres : *L'Aventure de Rongetout-trapue et Trotinette-Moustachue*, un livre d'enfant, *Ferragus* d'Honoré de Balzac, *Miss Henriette Stralson*, une nouvelle du marquis de Sade. Mince bilan pour Jean d'Halluin, jeune homme de 23 ans qui ne manque ni de flair ni d'audace. Comment fabriquer un succès ? Il demande à Boris Vian de lui dénicher un auteur américain susceptible de concurrencer Hadley Chase ou Peter Cheyney, les héros de la toute nouvelle « Série noire ». « Je vais te l'écrire, moi, ton policier à succès », lui répond Vian. *J'irai cracher sur vos tombes*, signé Vernon Sullivan et « traduit » par Vian, va faire un carton. Cent vingt mille exemplaires seront vendus en juin 1949 avant que le livre ne soit interdit. Mais la dynamique est là et de nouveaux auteurs rejoignent le Scorpion : Léo Malet, Thomas Narcejac… En février 1948, sur une idée de Vian, d'Halluin lance le prix du Tabou, « décerné d'avance [...] par les auteurs du Scorpion aux auteurs du Scorpion et arrosé par le directeur du Scorpion[70] ». Le premier de la série couronne Raymond Queneau-Sally Mara pour *On est toujours trop bon avec les femmes*. Hélas ! D'Halluin est un piètre gestionnaire, la maison d'édition sera mise en faillite fin 1965 et Éric Losfeld conclura dans *Endetté comme une mule* : « Pour en revenir aux Éditions du Scorpion, elles étaient dirigées par un garçon pour qui j'ai beaucoup d'affection : Jean d'Halluin. S'il n'avait pas eu cette nature nonchalante, indifférente, je pense qu'il serait devenu un grand éditeur. »

MABILLON (rue)

Il était chez lui et ce quartier lui était si familier qu'il le considérait comme son territoire, balisé par des restaurants rue Mabillon, rue Servandoni, ...

— Max Gallo, *La Fontaine des Innocents*, 1987

Au 1, Christian Beck

Il fut un peu écrivain[71], un peu poète, beaucoup vagabond et familier de Gide, avec lequel il entretiendra une correspondance de 1896 à 1916. Venant de Liège, Beck arrive à Paris en 1886, s'installe dans une chambre de bonne de la rue Mabillon et, à l'âge de 17 ans, fréquente le groupe du *Mercure de France*, rencontre Anatole France, Paul Claudel, Charles-Louis Philippe et Alfred Jarry, qui en fait sa « tête de Turc », lui tire dessus à coups de revolver[72] et le caricature dans *Faustroll* sous les traits du singe cynocéphale Bosse-de-Nage. Il travaille comme prête-plume pour Willy, figurant sous le nom de « Christian Jossetennoode » dans *Maîtresse d'esthètes*, livre publié par le mari de Colette en 1897 (et rédigé par Jean de Tinan). Il figurera également dans *Les Faux-monnayeurs* de Gide sous le nom de Lucien Bercail.

Au 2, Roland Dorgelès

Au début des années 1960, Roland Dorgelès s'installe avec Madeleine Moisson – sa nouvelle femme – au sixième étage du 2, rue Mabillon. Aperçoit-il son cher Montmartre ? « Les fenêtres de mon nouveau cabinet de travail, écrit-il, dominent les tours de Saint-Sulpice. » Dans cet appartement et à plus de 75 ans, l'auteur des *Croix de bois* (prix Femina 1919) et président de l'académie Goncourt continue à écrire : *À bas l'argent !* (1965), *La Banane empoisonnée* (1967), *Le Marquis de la Dèche* (1971)... Il résidera à Saint-Germain-des-Prés jusqu'à sa mort, en 1973.

MADAME (rue)

… et qu'il avait approchée lorsque lui-même faisait figure de jeune homme d'avenir, parmi la demi-douzaine qui était le fond de sauce de ces dîners rue Madame.

— Angelo Rinaldi, *Où finira le fleuve*, 2006

Au 11, on lit *Henri III*

En 1828, chez Mélanie Waldor, la maîtresse d'Alexandre Dumas (père), on lit rue Madame *Henri III et sa cour*, troisième pièce du jeune dramaturge. La pièce sera jouée à la Comédie-Française l'année suivante, lui vaudra des ovations, et lui permettra d'éponger ses dettes. Avec Hugo, Dumas devient aussitôt un des chefs de file du romantisme. Dans ses *Mémoires*, il se souviendra de cet éclatant succès littéraire et financier : « J'ai fait cinquante drames depuis *Henri III*, aucun n'est plus savamment fait. »

Au 29, Albert Camus

Alors que Camus réside encore rue Séguier, *La Peste* paraît en 1947 et procure aussitôt à l'écrivain-journaliste des revenus appréciables. Après son voyage en Amérique du Sud et la parution d'*Actuelles. Chroniques 1944-1948*, il cherche à acquérir un appartement pour sa famille. Ce sera rue Madame, un grand appartement qu'il achète en septembre 1950. Il y restera quatre ans, y écrivant notamment *L'Homme révolté* (1951), ouvrage qui sera à l'origine de sa rupture avec Sartre.

Au 35-37, la *NRF* à la recherche des Proust perdus

En mai 1911, Gaston Gallimard rejoint l'équipe de la *NRF* dont il devient le gérant-éditeur. L'année suivante, la *NRF* quitte ses petits locaux de la rue Saint-Benoît et s'installe rue Madame. Le « comptoir d'édition » de la revue (ancêtre des éditions Gallimard) publie alors douze titres dont *Isabelle* de Gide et *L'Otage* de Paul Claudel. En novembre 1912 lui parvient un manuscrit de sept cent douze pages non corrigées empli de salons et de duchesses, dont les insondables développements donnent le vertige. Refusé. Par André Gide.

Après la parution de *Du côté de chez Swann* (à compte d'auteur chez Grasset), Gaston Gallimard voudra absolument « récupérer » Marcel Proust. Gide prendra sa plume et fera son mea culpa : « Le refus de ce livre restera la plus grave erreur de la NRF et (car j'ai honte d'en être beaucoup responsable) l'un des regrets, des remords les plus cuisants de ma vie », écrit-il dans une lettre à Proust, le 10 ou 11 janvier 1914. Gaston Gallimard parviendra à ses fins en 1917, faisant signer l'auteur pour la suite de son œuvre. Il rachètera à Grasset les droits de *Swann* et les exemplaires invendus[73] à couverture jaune, ouvrages qu'il fera transporter dans les rues de Paris sur une charrette à bras vers la rue Madame. (Selon un bon mot anonyme, la charrette perdit des exemplaires en chemin, il fallut retourner « à la recherche des tas perdus ».) Proust ne fut pas le seul auteur « racheté chez Grasset » par Gaston Gallimard. Berl, Malraux…

Ce qui fera dire à un critique : « Gaston est le premier à avoir découvert les auteurs pour la seconde fois[74]. »

Au 48, Maurice Blanchot

En 1958, Maurice Blanchot quitte Èze et s'installe à Paris dans un deux-pièces situé au coin de la rue de Vaugirard. En 1972, il devra le quitter – car situé à un étage trop élevé – et se déplacera rue Jean-Bart. Romancier, philosophe et critique littéraire, passé de l'extrême droite à la gauche, il mena un dialogue incessant avec ses « anciens » (Nietzsche, Hegel, Heidegger, Hölderlin, Mallarmé, Valéry, Rilke, Kafka, Sade, Lautréamont...) et avec ses compagnons de route ou de pensée, René Char, Jean Paulhan, Sartre, Michel Leiris, Michel Foucault, Jacques Derrida, Marguerite Duras... Son premier roman, *Thomas l'obscur* (1941), qui commence par « Thomas s'assit et regarda la mer », sera suivi l'année suivante d'*Aminabad*, œuvre considérée par Camus comme « une forme nouvelle du mythe d'Orphée et d'Eurydice » ou, par Sartre, comme une pâle imitation de Kafka.

Cioran raconte qu'il s'exerçait à la machine à écrire en tapant du Blanchot : « Chaque phrase est splendide en elle-même, mais ne signifie rien. Il n'y a pas de sens qui vous accroche, qui vous arrête. Il n'y a que des mots. Texte idéal pour tâtonner sur le clavier de la machine. »

Au 52, Maurice Toesca

Ancien élève d'Alain, collaborateur de *Gavroche*, d'*Esprit*, du *Figaro*, de *La Gazette des lettres*, Maurice Toesca réside rue Madame après la guerre puis, mis en congé de l'administration, entame une carrière littéraire. Il écrira une trentaine d'essais et de romans, ainsi que de nombreuses biographies (Sand, Lamartine, Musset, Vigny, Jules Renard...).

MALAQUAIS (quai)

Hier dimanche, revenant d'une réunion chez Gaston Gallimard, je m'étais assis, pour me reposer, justement, sur un banc, quai Malaquais.

— Paul Léautaud, *Mélange*, 1928

Au 7, le café Malafosse de Patrick Modiano

Durant sa petite enfance, Patrick Modiano se rendait souvent au café-tabac Malafosse, son père l'envoyant chercher des cigarettes ou un cigare. À l'angle de la rue Bonaparte et des quais, « chez Mala » est dans les années 1950-1960 le rendez-vous des étudiants des Beaux-Arts, des mariniers et des hommes de la brigade fluviale. Modiano l'évoque dans *Un pedigree* : « En janvier 1960, je fais une fugue du collège car je suis amoureux d'une certaine Kiki Daragane que j'ai rencontrée chez ma mère. Après avoir marché jusqu'au hangar de l'aérodrome de Villacoublay, et rejoint en bus et en métro Saint-Germain-des-Prés, je tombe par hasard sur Kiki Daragane, au café tabac Malafosse, au coin de la rue Bonaparte et du quai. »

Modiano aurait-il croisé à l'âge de 8 ans un Bernard Grasset et son fume-cigarette en nacre ? C'est chez Malafosse que l'éditeur – en compagnie de ses amis – attend fébrilement en juin 1952 le résultat du vote à l'Académie française à laquelle il postule le fauteuil de Jérôme Tharaud. Inconscience totale, ses grands auteurs le quittent, il est encore sous la menace d'une condamnation pour son récent passé collaborationniste : l'Académie l'ignore. Car comme le dit Mauriac, « éditeur ou auteur, il faut choisir ».

Au 9, l'hôtel de Transylvanie du chevalier Des Grieux

Dans *Manon Lescaut* (1731) de l'abbé Prévost, le brave chevalier court à sa perte sur les tables de jeu du quai Malaquais : « Le principal théâtre de mes exploits devait être l'hôtel de Transylvanie, où il y avait une table de pharaon dans une salle et divers autres jeux de cartes dans la galerie[75]. »

Le pharaon, sorte de gin rami où l'on ponte contre un banquier, apparaît dans diverses œuvres littéraires : *Candide* de Voltaire (1759), *Bonheur au jeu* de Hoffmann (1820), *La Dame de pique* de Pouchkine (1834), *Lucien Leuwen* de Stendhal (1894)…

Au 9, Montesquieu

« Paris est aussi grand qu'Ispahan : les maisons y sont si hautes, qu'on jugerait qu'elles ne sont habitées que par des astrologues. Tu juges bien qu'une ville bâtie en l'air, qui a six ou sept maisons les unes sur les autres, est extrêmement peuplée ; et que, quand tout le monde est descendu dans la rue, il s'y fait un bel embarras. »

Avec le succès des *Lettres persanes*, en 1721, Charles-Louis de Secondat de La Brède et de Montesquieu, président à mortier du parlement de Bordeaux, se rend plus régulièrement à Paris. Lors de ses séjours dans la capitale, il habite l'hôtel de Flandre (rue Dauphine) et rue de la Verrerie. En 1724, son adresse est l'hôtel de Transylvanie, quai Malaquais. À partir de 1735 et jusqu'à sa mort en 1755, il séjournera rue Saint-Dominique, face à l'hôtel Saint-Simon.

C'est durant un de ses séjours à Paris, ville qu'il déteste, que le philosophe meurt en février 1755, à 66 ans.

Au 9, le salon d'Yvonne de Lestrange

C'est dans ce salon que tient sa cousine Yvonne de Lestrange, duchesse de Trévise, que Saint-Exupéry fait la connaissance de l'équipe de la *NRF* et de Jean Prévost, journaliste et secrétaire de rédaction du *Navire d'argent*, la revue d'Adrienne Monnier, dans laquelle paraîtra, en avril 1926, *L'Aviateur*, son premier texte publié. C'est dans ce même salon qu'en 1933, Louise de Vilmorin rencontre André Malraux. « Au lieu de faire des aquarelles, vous feriez mieux d'écrire ! Racontez-moi une histoire », lui aurait dit Malraux. Sur ses conseils, elle publie un premier roman en 1934, *Sainte-Unefois*, aux éditions Gallimard : l'histoire d'une jeune femme, Grâce de Sainte-Unefois, le cœur pris entre deux hommes, celui qu'elle a trahi, et celui dont elle s'est éprise, un bel indifférent. Le livre provoque l'enthousiasme, notamment de Cocteau qui, d'admiration, se dit prêt à l'épouser.

En 1950, Louise de Vilmorin publiera *Madame de*. Immense succès de librairie, suivi d'un film avec Danielle Darrieux.

Préfigurant les « sexas sexy », à plus de 60 ans, Louise de Vilmorin fera tourner bien des têtes, dont celles de Roger Nimier ou de Pierre Seghers. Après avoir conquis Malraux (et après l'avoir poursuivi durant deux ans), « Loulette » se plaindra ensuite de l'emprise du grand homme : « Je ne suis plus Louise de Vilmorin, je suis Marilyn Malraux. »

Au 15, Anatole France

Entre 1844 et 1853, la famille France loue un appartement de quatre pièces au premier étage d'une maison située dans la première cour de l'hôtel particulier du 15, quai Malaquais.

C'est là que naît (en 1844) puis réside avec ses parents le jeune Anatole, dans ce petit hôtel de Chimay auparavant appelé Petit Hôtel de Bouillon. « Il ne me paraît pas possible, écrira-t-il, qu'on puisse avoir l'esprit tout à fait commun, si l'on fut élevé sur les quais de Paris, en face du Louvre et des Tuileries, près du palais Mazarin, devant la glorieuse rivière Seine[76]. »

Au 15, la librairie Champion

En 1874, Honoré Champion s'établit au 15, quai Malaquais, librairie au rez-de-chaussée et appartement au-dessus. C'est à cette adresse que François-Noël Thibault, dit « France », avait installé sa propre librairie de 1844 à 1853.

En 1890, à l'expiration de son bail, Champion doit s'installer un peu plus loin, au 9, quai Voltaire, dans un magasin qui avait également été loué par le père d'Anatole France (de 1858 à 1866). Dans son *Paris vécu*, Léon Daudet se souvient : « L'atmosphère était érasmique, seizième siècle en diable, et de haute et cordiale intellectualité. Quand il voyait qu'un livre vous faisait envie, Champion disait doucement : “Prenez-le… Mais non, mais non, vous le paierez une autre fois.” »

Dans cette librairie se rencontrèrent Charles Maurras et André Beaunier, Marcel Schwob et François Coppée, Heredia et Victorien Sardou. Ce qui, bien plus tard, fit dire à Pierre Champion : « La Librairie, proche de l'Institut, en fut quelquefois l'antichambre. »

Au 19, George Sand dans sa « mansarde »

L'auteure d'*Indiana*, qui a quitté Jules Sandeau, emménage dans sa « mansarde bleue » en octobre 1832, reprenant le bail d'Henri de Latouche, journaliste au *Figaro*. Elle troque sa vue sur la Seine du quai Saint-Michel pour une vue plein sud sur les jardins de l'école des Beaux-Arts. « Nous voyons, écrit-elle à son fils, de grands jardins et nous n'entendons pas le moindre bruit du dehors. Le soir, c'est silencieux et tranquille comme Nohant, c'est très commode pour travailler, aussi j'y travaille beaucoup. »

La « mansarde » va abriter ses amours avec Musset (qui habite quai Voltaire) et elle y écrira notamment *Lélia* et *Le Secrétaire intime*. Vingt-cinq ans après l'avoir quittée, elle y pense encore avec nostalgie : « J'ai éprouvé autrefois (c'était en avril 1836) des regrets sérieux à me voir délogée d'une mansarde qui me tombait sur la tête un peu tous les jours, mais j'y aurais passé ma vie. »

Au 19, la librairie du père d'Anatole France

Le père d'Anatole France y tint boutique de livres, de documents et de manuscrits sur la Révolution française, et son fils y naquit dans l'arrière-boutique, huit ans après le départ de George Sand.

René Fauchois, qui écrivit *Boudu sauvé des eaux* en 1919, ne pouvait bien sûr pas imaginer que sa (médiocre) pièce serait adaptée au cinéma par Jean Renoir et que le film serait tourné dans la librairie du père d'Anatole France.

Au 19, Albert Flament

Critique littéraire, écrivain (*Aux jardins d'Espagne*, 1914), ce fut une figure (oubliée) du Paris mondain de la Belle Époque, ami de Léon Daudet et de Marcel Proust et, plus curieusement, le confident privilégié de René Crevel.

Au 23, Nadja épate Breton au restaurant Delaborde

Nadja serait-elle celle qui déclenche le spectacle de la vie, qui en connaît le déroulement ? Quoi qu'il en soit, André Breton est bluffé : « 10 octobre. – Nous dînons quai Malaquais, au restaurant Delaborde. Le garçon se signale par une maladresse extrême : on le dirait fasciné par Nadja. Il s'affaire inutilement à notre table, chassant de la nappe des miettes imaginaires, déplaçant sans motif le sac à main, se montrant pas fini. En effet, alors qu'il sert normalement les tables voisines, il répand du vin à côté de nos verres et, tout en prenant d'infinies précautions pour poser une assiette devant l'un de nous, en bouscule une autre qui tombe et se brise. Du commencement à la fin du repas (on entre de nouveau dans l'incroyable), je compte onze assiettes cassées[77]. »

MAZARINE (rue)

Dans La Saison des Za, *j'ai raconté ce déjeuner chez Georges, 34, rue Mazarine, à deux pas de la Coupole sous laquelle Malraux refusait de s'asseoir avant qu'on lui ait attribué le prix Nobel.*
— Jules Roy, *Mémoires barbares*, 1989

Au 4 bis, Edgar Quinet

L'historien-philosophe républicain qui vécut au 4 bis fut sans doute, par son ouvrage *L'Enseignement du peuple*, un des inspirateurs de Jaurès pour son engagement sur la laïcité et un des grands républicains de son temps. Nommé au Collège de France en 1841, il en sera exclu quatre ans plus tard (en même temps que Michelet) après avoir critiqué les Jésuites pour leur rôle néfaste en Europe du Sud. Il reviendra pour défendre Paris en 1870 et ne cessera de soutenir l'idée républicaine et le contrat social. Dans *L'Esprit nouveau*, paru en 1874, il défendra le statut des femmes victimes de la législation du mariage et se battra pour améliorer le statut social des paysans et des ouvriers.

Au 19, les « litres et ratures » d'Antoine Blondin

Au 19, rue Mazarine se trouvait le Rubens, modeste café dont Blondin avait fait son quartier général et son bureau. C'est là que cet « enfant gâté du mal de vivre », selon la formule de Jean-Marie Rouart, écrivit devant des verres de blanc *Un singe en hiver*, prix Interallié 1959. C'est également au Rubens qu'il n'écrivit pas son sixième roman, *Le PC des Maréchaux*, dont il n'avait, selon son éditrice, écrit que le titre.

« Il était si discret, écrit *Le Monde* en 2011, que lorsqu'il entrait dans un bistro, il titubait exprès pour ne pas se faire remarquer. Mais quand il y était, qu'est-ce qu'il parlait !, même s'il savait combien il est difficile d'être le premier dans un état second. Son verbe, enchanté aussitôt qu'imbibé, faisant regretter plus encore les livres qu'il n'arrêtait pas de ne pas écrire[78]. »

« N'oubliez pas, disait-il, qu'on écrit avec un dictionnaire et une corbeille à papier. Tout le reste n'est que litres et ratures. » Dans le *Dictionnaire des écrivains contemporains de langue française par eux-mêmes* de Jérôme Garcin, parlant de lui à la troisième personne, Blondin évoque ses rêves perdus : « Je me souviens du temps où, quand il sortait dans sa rue, il apercevait sur sa gauche l'Académie française et, sur sa droite, le Panthéon. L'une vous sacrait immortel, l'autre exigeait que vous fussiez mort. Il y avait une sorte de contradiction. Entre les deux, il préférait se rendre dans un bistrot du milieu. »

Au 19, Robert Desnos et Youki

Après la rue Lacretelle, Youki et Robert s'installent en 1934 dans le vieil immeuble Directoire du 19, rue Mazarine. Dans la bibliothèque du poète, sorte de cabine de navire, s'entassent des centaines de livres du sol au plafond et un petit escalier mène à une mezzanine. Desnos possède un gramophone, sur lequel il écoute des chansons populaires, Piaf, Chevalier, Damia, ou Yvonne George, son premier amour. Le samedi midi, dans la salle à manger où trône un tableau représentant Youki nue, auprès d'un lion, les Desnos font table d'hôte et accueillent souvent une quinzaine de convives. Le 22 février 1944, le poète est arrêté à son domicile, probablement dénoncé par le journaliste de *Je suis partout*, Alain Laubreaux. Dans ses *Confidences*, Youki révèle que les policiers faillirent mettre la main sur la liste des membres du réseau (dont Aragon et Prévert) et que Desnos présenta la liste comme celle des critiques auxquels il allait adresser son dernier ouvrage.

Au 27, Antoine Albalat

S'il écrivit *L'Art d'écrire enseigné en vingt leçons* (1899), ses quelques romans (*Un adultère*, 1883, *La Faute d'une mère*, 1886) n'en laissent guère de trace.

Au 30, la librairie de Robert Ganzo

« Depuis que le poète est mort / Un beau matin, sans crier gare / Les trains sifflent moins dans la gare, / Et sa famille a du remords. / C'était donc un grand personnage / Ce dernier des poétaillons / Qui s'en allait presqu'en haillons / Pâle et maigre, dans un nuage[79] ? »

Le poète vénézuélien Robert Ganzo s'installe à Paris vers 1920, d'abord comme bouquiniste (sur les quais en face de la librairie Honoré Champion), ensuite comme libraire dans la boutique Au Vice Impuni, rue Guénégaud, puis au 30, rue Mazarine, enfin rue de Vaugirard, près de l'Odéon, en 1938. Ami de Breton et d'Éluard, il fut un des grands poètes-résistants durant la guerre. En 1947, il obtient sa reconnaissance littéraire avec *Langage* puis l'année suivante, avec *Cinq poètes assassinés*, publié aux Éditions de Minuit, présentation et anthologie de Max Jacob, Robert Desnos, Benjamin Fondane, André Chennevière et Saint-Pol-Roux, cinq poètes assassinés par les nazis[80].

Au 30, János Batsányi

Le poète hongrois, auteur du célèbre poème de 1789 *A franciaországi változásokra* (*Sur les changements survenus en France*), y résida de 1812 à 1815. Partisan de Napoléon, il est arrêté par les Autrichiens à la chute de l'empereur et interné dans la ville de Linz pour les trente dernières années de sa vie, ne jouant plus de rôle majeur dans la littérature hongroise.

Au 40, Roland Barthes s'ennuie

En 1925, Henriette Barthes, la bonne basque et le petit Roland quittent le 20, rue Bonaparte – une mansarde dans laquelle les « souris s'agitent » – et emménagent au 40, rue Mazarine, en 1925. Roland Barthes s'en souvient : « Rue Mazarine, les illustrés s'achetaient chez une papetière toulousaine ; la boutique sentait la pomme de terre sautée ; la femme sortait du fond en mâchouillant un reste de frichti[81]. » Il a 9-10 ans et il s'ennuie : « Journées interminables, journées abandonnées où la Mère travaillait loin. » Cet ennui le poursuivra toute sa vie : « Enfant, je m'ennuyais souvent et beaucoup. Cela a commencé visiblement très tôt, cela s'est continué toute ma vie, par bouffées (de plus en plus rares, il est vrai, grâce au travail et aux amis) et cela s'est toujours vu. C'est un ennui panique, allant jusqu'à la détresse : tel celui que j'éprouve dans les colloques, les conférences, les soirées étrangères, les amusements de groupe : partout où l'ennui peut se voir. »

Après la rue Mazarine, la famille Barthes résidera au 16, rue Jacques-Callot.

Au 42, naissance de la Comédie-Française

Le théâtre Guénégaud était situé au croisement des rues Mazarine et Jacques-Callot. Après la mort de Molière en 1673, chassée du Palais-Royal, la troupe s'installe et monte *Tartuffe*, pièce que Molière avait créée en 1664. Elle va fusionner avec les comédiens du Marais et ceux de l'hôtel de Bourgogne, pour former la Comédie-Française. En 1689, les comédiens doivent à nouveau déménager et iront s'installer rue des Fossés-Saint-Germain, en face du Procope.

Au 60, Alain-Fournier

De septembre 1906 à octobre 1907, Henri-Alban Fournier (Alain-Fournier) réside rue Mazarine, un entresol sur cour dans lequel il loge avec sa sœur Isabelle (et Maman Barthe, leur grand-mère). Il y restera jusqu'à son échec au concours d'entrée de l'École normale. En janvier 1908, le frère et la sœur s'installeront chez leurs parents au 24, rue Dauphine. Sous son demi-pseudonyme, Alain-Fournier fait paraître son premier texte – *Le Corps de la femme* – dans *La Grande Revue.*

Au 72, pour Blondin, c'est la fin

L'homme aux cinq romans, aux quatre mille chroniques sportives, aux « 100 000 kilomètres dans le sillage de postérieurs court-vêtus et relativement inexpressifs », celui qui préférait le maillot jaune à l'habit vert meurt rue Mazarine, le 7 juin 1991. Il sera enterré au Père-Lachaise, un lieu qu'il juge « très poétique, un cimetière où l'on sait vivre ».

Son grand copain Roger Nimier, à la sortie de *L'Humeur vagabonde* (1955), avait inventé pour l'occasion le verbe « blondiner » : « Façon d'entrer dans le monde en utilisant son cœur comme ouvre-boîte. »

MÉDICIS (rue de)

Tout à l'heure, 8 heures du soir, j'ai été, en haut de la rue de Médicis, regarder de loin le Panthéon.

— *Journal de l'abbé Mugnier, 1879-1939*, 1985

Au 11, les Éditions José Corti

« Rien de commun » : telle est la devise de cette petite et prestigieuse maison d'édition née en 1925 au 6, rue de Clichy, et dont le fondateur commence par éditer ses amis surréalistes : Breton, Éluard, Aragon, Char, Péret, Crevel, Dalí…

En 1935, il rejoint la rive gauche et s'installe au 11, rue de Médicis, cette « rue de la pluie éternelle » dont parle Philippe Soupault[82].

Corti est connu pour avoir publié en 1938 *Au château d'Argol*, manuscrit refusé par Gallimard. Julien Gracq, reconnaissant, ne quittera jamais son éditeur, malgré les relances de Gaston Gallimard. José Corti disparaît en 1984. Gérard Guillot, dans *Le Figaro*, lui rend hommage : « Une crinière blanche, une pèlerine noire, une longue écharpe autour du cou… une boutique minuscule et en désordre face aux grilles du Luxembourg… Tel était José Corti. Tel était ce qui lui servait d'antichambre, de réserves, de pièces de travail… pour sa maison d'édition. José Corti : un être rare, inconnu ou presque du grand public. Mais un modèle : l'éditeur qui n'a jamais publié ce qu'il n'aimait pas. Et il n'aimait que l'écriture la plus haute, la création la plus aiguë, la littérature la plus noble. »

Au 19, André Gide

Dans *Si le grain ne meurt*, Gide décrit la rue de son enfance : « Mes parents occupaient alors, rue de Médicis, un appartement au quatrième ou cinquième étage, qu'ils quittèrent quelques années plus tard, et dont je n'ai pas gardé souvenir. Je revois pourtant le balcon ; ou plutôt ce qu'on voyait du balcon : la place à vol d'oiseau et le jet d'eau de son bassin – ou, plus précisément encore, je revois les dragons de papier, découpés par mon père, que nous lancions du haut de ce balcon, et qu'emportait le vent, par-dessus le bassin de la place, jusqu'au jardin du Luxembourg où les hautes branches des marronniers les accrochaient[83]. »

La famille Gide résidera rue de Médicis jusqu'en 1875, date à laquelle elle s'installera au 2, rue de Tournon.

MÉZIÈRES (rue de)

Bref, un jour M. Mabeuf quitta la rue de Mézières, abdiqua les fonctions de marguillier, renonça à Saint-Sulpice, vendit une partie, non de ses livres, mais de ses estampes…

— Victor Hugo, *Les Misérables*, 1862

Au 5, le savant Cosinus chez Armand Colin

Armand Colin s'installe rue de Mézières en 1877. Cette maison d'édition, référence dans le monde de l'enseignement, va publier à la fin du siècle trois ouvrages de Georges Colomb, dit Christophe, éminent botaniste et précurseur de la bande dessinée en France : *La Famille Fenouillard*, *Les Facéties du sapeur Camember* et *L'Idée fixe du savant Cosinus*, dont l'anémélectroreculpédalicoupeventombrosoparacloucycle, mû par le pédalage, le vent et l'électricité, était particulièrement écologique. En 1913, les éditions Armand Colin déménagent au 103, boulevard Saint-Michel.

MICHELET (rue)

Au seuil de ma maison, rue Michelet, nous primes congé, insouciants, comme tant de fois qu'au sortir du lycée Louis-le-Grand nous nous accompagnions, d'un quartier à l'autre, de l'autre à l'un…

— Romain Rolland, *Vie de Beethoven*, 1903

Au 5, Jean Aicard

« Par ordre alphabétique, disait Léon Daudet, Jean Aicard est le premier poète français. » Rimbaud, pour sa part, n'avait pas hésité à l'interrompre par une série de « merde ! » lors de la lecture de ses poèmes au dîner des Vilains Bonshommes, rue Bonaparte, en 1872. Curieux esclandre : Rimbaud n'avait-il pas dédié *Les Effarés* à « Monsieur Jean Aicard », lui demandant en échange l'envoi à Charleville d'un recueil intitulé *Les Rébellions et les Apaisements* ?

Si les très parnassiens vers de Jean Aicard n'ont guère laissé de trace, l'auteur reste connu pour un roman à succès : *Maurin des Maures* (1908). L'année suivante, il entre à l'Académie française au fauteuil de François Coppée.

MONSIEUR-LE-PRINCE (rue)

Dans un bar de la rue Monsieur-le-Prince, Antonin Artaud commande un Alexandra.

— François Caradec, *La Compagnie des zincs*, 1986

Au 10, le douzième domicile parisien d'Auguste Comte

Depuis sa sortie de l'École polytechnique en 1816, Comte a connu une dizaine de domiciles parisiens avant de s'installer rue Monsieur-le-Prince, en juillet 1841, dans un appartement situé au deuxième étage. Le philosophe, père du « positivisme », y reçut sa Clotilde de Vaux (en toute chasteté), les membres de la Société positiviste, et y rédigea son dernier volume du *Cours de philosophie* consacré essentiellement à la sociologie.

En 1849, il lancera l'idée d'un calendrier fixe : treize mois égaux comptant chacun vingt-huit jours, le treizième mois, nommé « sol », étant intercalé entre les mois de juin et juillet. Professant que « l'humanité se compose de plus de morts que de vivants », il s'éteint en 1857.

Au 10, Jules Laforgue

En 1880, après sa rencontre avec Gustave Kahn et avec les membres du club des Hydropathes, le poète emménage rue Monsieur-le-Prince. Il avait, écrit Kahn, « un aspect un peu clergyman et correct un peu trop pour le milieu. [...] Je l'avais un peu remarqué à cause de sa tenue, et aussi pour cette particularité qu'il semblait ne pas venir là pour autre chose que pour écouter des vers ; ses tranquilles yeux gris s'éclairaient et ses joues se rosaient quand les poèmes offraient le plus petit intérêt... ». Le jeune homme de 20 ans n'a pas encore publié. Ses *Complaintes* ne le seront qu'en 1885, deux ans avant sa mort, à l'âge de 27 ans, au 8, rue de Commaille.

Partisan du vers libre, écrivant « au petit bonheur des consonances imprévues », Laforgue s'inscrit entre Parnasse et symbolisme, annonciateur d'une modernité que lui dénieront les surréalistes.

Au 12, l'iconique La Hune

La célèbre librairie s'installe au 12, rue Monsieur-le-Prince le 15 mai 1944. Passionné de Van Gogh, Bernard Gheerbrant – avec ses amis Pierre Roustang, Jacqueline Lemurier et Nora Mitrani – peint les façades en jaune et l'enseigne en bleu. Il baptise sa galerie-librairie La Hune, le magasin pouvant faire penser à une proue de navire et l'escalier intérieur au mât d'un grand voilier. Quelques années plus tard, Bernard Gheerbrant achètera le droit au bail d'un vieux restaurant – Piaux – entre le Flore et les Deux Magots, où La Hune restera vingt-six ans.

Au 14, Paul Léautaud

Le tout jeune Paul Léautaud vécut à cette adresse en 1892, totalement désargenté, dans une chambre de bonne. « Pendant huit ans, écrit-il, j'ai déjeuné et dîné d'un fromage de quatre sous, d'un morceau de pain, d'un verre d'eau, d'un peu de café. La pauvreté, je n'y pensais pas, je n'en ai jamais souffert. » Il deviendra un peu plus riche à la fin de sa vie lors de la publication de son *Journal* et écrira : « L'argent continue à me tomber. Je ne sais qu'en faire. Je n'ai envie de rien. » Paul Léautaud, dont le monumental journal paraîtra au Mercure en dix-neuf volumes, meurt en 1956. En déclarant : « Maintenant, foutez-moi la paix. »

Au 14, Richard Wright

Petit-fils d'esclave, Wright a publié en 1940 *Native Son*, roman qui rencontre un succès fulgurant : trois cent mille exemplaires en quelques semaines. Ce romancier noir que l'on compare à Steinbeck se réfugie en France avec sa femme et sa fille en 1946, afin d'échapper à l'anticommunisme maccarthyste. Après un bref passage chez un ami au 9, rue de Lille, il résidera onze ans (jusqu'en 1959) rue Monsieur-le-Prince, fréquentera Sartre et Camus et écrira notamment *The Outsider*, roman que l'on qualifia d'« existentialiste », son héros courant frénétiquement à la recherche de la liberté.

Au 20, Théodore de Banville

Dans les années 1840, Banville loge chez ses parents rue Monsieur-le-Prince. En 1842, à l'âge de 19 ans, il publie ses premières poésies (*Les Cariatides*), tournant le dos au romantisme larmoyant en vigueur. Il sera dans les années 1870 un des chefs du Parnasse et verra sa poésie et ses poncifs floraux moqués par Rimbaud dans *Ce qu'on dit au poète à propos de fleurs*. Ses poèmes ne sont plus enseignés dans les écoles, mais subsistent vingt-huit vers chantés par Brassens : *Le Verger du roi Louis*.

Au 22, Christian Beck

Après avoir vécu rue Mabillon, Beck a voyagé, vécu à Èze puis est revenu à Paris en 1910, s'installant en 1913 rue Monsieur-le-Prince comme en atteste sa correspondance avec Gide. Il travaille comme prête-plume pour Willy, se voit confier la direction d'une collection « Trésors touristiques » au Mercure, anthologie d'écrivains voyageurs, comme lui. Lors de sa mort en 1916, à l'âge de 37 ans, Gide rendra hommage à une carrière potentielle qui jamais ne se réalisa : « C'était un esprit foisonnant, qui promettait d'avoir beaucoup à dire, et je ne croyais pas possible qu'il nous quittât avant presque d'avoir parlé. » S'il fut pratiquement muet sur le plan littéraire, sa descendance parlera pour lui : Christian Beck est le père de la romancière Béatrix Beck (Prix Goncourt pour *Léon Morin, prêtre*), le grand-père de l'écrivaine Bernadette Szapiro (fille de Béatrix Beck) et l'arrière-grand-père de l'écrivaine Béatrice Szapiro, fille naturelle de Bernadette Szapiro et de Jean-Edern Hallier.

Au 22, la mémoire de Frédéric Beigbeder

« Nous venions de quitter un grand appartement sur l'avenue Henri-Martin pour emménager dans un petit deux-pièces rue Monsieur-le-Prince[84] », écrit-il dans *Un roman français*. Au début des années 1970, Frédéric Beigbeder et son frère Charles y passent une partie de leur enfance, mais l'auteur de *99 francs* affirme n'en garder aucun souvenir. « Je suis une forme vide, une vie sans fond. Dans ma chambre d'enfant, rue Monsieur-le-Prince, j'avais punaisé, m'a-t-on dit, une affiche de film sur le mur : Mon nom est Personne. Sans doute m'identifiais-je au héros. » La carrière du people des lettres sera tout sauf vide. Les *Mémoires d'un jeune homme dérangé*, son premier roman, paraît en 1990. « Le roman le plus snob de la rentrée ? demande Roland Jaccard dans *Le Monde*. N'hésitez pas : ce sont les *Mémoires d'un jeune homme dérangé*, prestement enlevés par un godelureau éthylique, nihiliste et sarcastique. »

Au 41, Rimbaud à l'hôtel d'Orient

En septembre 1871, de retour de Charleville, Rimbaud s'installe à l'hôtel d'Orient, situé au-dessus du restaurant Polidor, l'un des plus anciens bistrots parisiens. Dans une lettre à Ernest Delahaye, il évoque son court séjour : « Le mois passé, ma chambre, rue Monsieur-le-Prince, donnait sur un jardin du lycée Saint-Louis. Il y avait des arbres énormes sous ma fenêtre étroite. [...] Je voyais les dortoirs du lycée, absolument sourds. Et déjà le bruit saccadé, sonore, délicieux des tombereaux sur les boulevards. – Je fumais ma pipe-marteau, en crachant sur les tuiles, car c'était une mansarde, ma chambre. À cinq heures, je descendais à l'achat de quelque pain ; c'est l'heure. Les ouvriers sont en marche partout. C'est l'heure de se soûler chez les marchands de vin, pour moi. Je rentrais manger, et me couchais à sept heures du matin, quand le soleil faisait sortir les cloportes de dessous les tuiles. »

Au 41, tous au Polidor

Au 41, petits prix, petits plats et littérature font bon ménage. « C'était, écrit *Le Crapouillot* d'avril 1960, un restaurant à vingt-deux sous à la Belle Époque où se retrouvaient philosophes faméliques et poètes peu fortunés. » Parmi ces derniers, citons Germain Nouveau et Richepin. En 1874, le premier écrit au second : « Nous avons pu dépenser peu de ronds grâce à notre reconnaissance de lieux où l'on tortore aussi magnifiquement bon marché que chez Polidor... » Dix ans plus tard, Louis Ménard, père de la phonétique, déclare trouver le Polidor « plaisant pour l'œuf sur le plat que l'on y absorbe à bon compte ». Citons enfin James Joyce, un habitué, qui habitait tout près, au 5, rue Corneille, et qui venait se sustenter d'une toute petite omelette.

En 1941, Paul Léautaud écrit dans son *Journal* : « Déjeuner avec Marie Dormoy dans un excellent restaurant : le Polidor, rue Monsieur-le-Prince. Je crois bien que nous continuerons d'y aller... » En 1948, le restaurant devient un des QG du Collège de 'Pataphysique, société « de recherches savantes et inutiles » qui, sous l'œil bienveillant d'Alfred Jarry, réunit des hommes venus de tous les horizons : Boris Vian, Raymond Queneau, Eugène Ionesco, Jacques Prévert, François Caradec...

En 1972 paraît *62. Maquette à monter* de l'écrivain argentin Julio Cortázar (qui réside rue de Rennes), roman qui débute chez Polidor.

Au 54, « la nuit de feu » de Blaise Pascal

Quittant sa maison de la rue Beaubourg en octobre 1654, « par dégoût du monde », Pascal s'installe près des fossés de l'enceinte de Philippe Auguste. Au-delà d'une cour donnant sur les jardins du Luxembourg, la maison dispose de deux parcelles, l'une plantée en parterres et espalier, l'autre en treilles. Un peu moins de deux mois après son installation, Pascal va vivre sa fameuse « nuit de feu » entre dix heures et demie du soir et minuit et demi. Cette « expérience éblouissante » est aussitôt consignée par quelques lignes qu'il recopiera sur un morceau de parchemin, ce célèbre *Mémorial* que l'on découvrira dans la doublure de son pourpoint : « Certitude. Certitude. Sentiment. Joie. Paix. / Dieu de Jésus-Christ. / Deum meum et Deum vestrum (mon Dieu et votre Dieu) / "Ton Dieu sera mon Dieu" / Oubli du monde et de tout, hormis Dieu. »

Au 58, l'académicienne Florence Delay

Sur le fauteuil n° 10 de l'Académie française qu'occupa Alfred de Musset siège une femme qui incarna la Jeanne d'Arc de Robert Bresson en 1962. Fille de l'écrivain et académicien Jean Delay, elle écrit des romans (*L'Insuccès de la fête*, *Riche et Légère*, *Etxemendi*, *Un été à Miradour*), des essais (*Dit Nerval*, hommage à son père, *La Séduction brève*), du théâtre (en collaboration avec Jacques Roubaud), traduit des textes de langue espagnole comme Calderón, Lope de Vega ou García Lorca. En 2021 est publié son neuvième roman, *Un été à Miradour*, dans lequel on entre à petits pas dans sa mémoire familiale au Pays basque. Incipit : « On arrivait à Miradour par une mauvaise route à peine goudronnée qui montait en tournant. » Mauvaise route, peut-être, mais belle chronique. Florence Delay quittera la rue Monsieur-le-Prince en 2010 pour s'installer boulevard Saint-Michel, près de l'ancien domicile de son père.

Au 60, métro boulot dodo au Zodiaque

Métro boulot dodo ? Ce slogan est tiré d'un poème publié par Seghers en 1951 : « Au déboulé garçon, pointe ton numéro / pour gagner ainsi le salaire / d'un morne jour utilitaire / Métro, boulot, bistro, mégots, dodo, zéro. » L'auteur ? Le légendaire poète et libraire Pierre Béarn.

En 1934, à 32 ans, il achète à Pierre Véry (l'auteur des *Disparus de Saint-Agil*) sa bouquinerie de la rue Monsieur-le-Prince. « Je devins bouquiniste, le plus merveilleux métier du monde. En 1933, à la veille de la guerre, la boutique étant devenue trop petite (on achète cent livres, on en vend quarante) j'eus l'audace d'acheter, quelques mètres plus loin, au 60, une épicerie de luxe que les rigueurs du temps avaient réduite à la faillite. »

L'épicerie dans laquelle s'installe Pierre Béarn n'est pas anodine : c'est là que la marquise de Pompadour faisait moudre son cacao. Et c'est là, à l'enseigne du Mortier d'Argent, que Balzac achetait ses chandelles et son café.

Pierre Béarn, poète, romancier, fabuliste, journaliste, critique gastronomique et littéraire, rédacteur et éditeur du magazine *La Passerelle*, vivra jusqu'à l'âge de 102 ans.

Au 63, Émile Zola a 18 ans

Émile Zola s'y installe en 1858 afin de poursuivre ses études au lycée Saint-Louis. Il a 18 ans, il écrit à Cézanne, ami d'adolescence, rencontré en 1852 : « Je ne sais vraiment quelle destinée me poursuit dans le choix de mes logements. Tout enfant, j'ai habité à Aix, la demeure de Thiers. Je viens à Paris et ma première chambre est celle de Raspail[85]. »

Au 67, le Hoggar

Ce café-restaurant doté d'un patio mauresque fut le « couscous » préféré d'Albert Camus et Mouloudji vint y fêter son prix de la Pléiade en compagnie de Queneau en 1944. C'est aujourd'hui un cinéma.

MONTPARNASSE
(boulevard du)

Le boulevard du Montparnasse est également présent dans le 14e arrondissement.

> *… écrire rien que pour le titre qu'il verrait dans la vitrine de sa librairie favorite, boulevard du Montparnasse, écrire un roman qui s'appellerait* Tête de rivière.
>
> — Erik Orsenna, *L'Origine de nos amours*, 2016

Au 1, Léon-Paul Fargue

En 1943, Fargue s'installe au-dessus du « café-navire » François Coppée, chez la peintre Chériane (Anne Chérie Charles) qu'il épousera en janvier 1946. Frappé d'hémiplégie lors d'un déjeuner avec Picasso au Catalan, rue des Grands-Augustins, le « piéton de Paris » restera paralysé mais gardera une activité littéraire intense jusqu'à sa mort, en 1947. De son lit, il écrira les chroniques de *La Lanterne magique* (1944), *Poisons* (recueil de textes sur les cafés et bistrots qu'il a fréquentés, 1946), *Méandres* (1946) et *Portraits de famille* (1947), livre de souvenirs sur – notamment – Verlaine, Mallarmé, Francis Jammes, Henri de Régnier, Alfred Vallette, Albert Thibaudet, Anna de Noailles, Colette, Marguerite Audoux, Valery Larbaud, Paul Valéry, Saint-Exupéry, Max Jacob…

Lors de sa disparition, Paul Léautaud, bien souvent assassin littéraire, lui rend hommage : « *Combat*, ce matin, annonce la mort de Léon-Paul Fargue, hier soir, mort tranquille, produite pendant qu'il dormait. Grand talent. Un autre écrivain que Valéry, original, gavroche, primesautier, spontané, plein de fantaisie, de couleur, rien de compassé, de grave, d'imité, de bourgeois, en plein dans la vie, et plein de liberté. Il évoque une époque, où, chez beaucoup d'écrivains prosateurs, la littérature était comme un chant allègre. »

Au 9 ter, Georges Hugnet

Poète, écrivain, peintre, dramaturge, tenancier de bistrot-restaurant (le Catalan, rue des Grands-Augustins), graphiste, relieur, revuiste, éditeur, acteur, cinéaste, inventeur du poème-découpage[86], Georges Hugnet, grande figure de Saint-Germain-des-Prés, fut le premier historien du mouvement dada, coopté ensuite par le mouvement surréaliste d'André Breton, puis exclu de celui-ci.

Dans sa librairie[87], durant la guerre, sont vendus les premiers volumes clandestins des Éditions de Minuit, maison d'édition qu'il contribue à fonder. Sous le pseudonyme de Malo le Bleu, il participe au recueil *L'Honneur des poètes*, paru le 14 juillet 1943, aux côtés de Robert Desnos, de Paul Éluard et de Vercors. Personnalité ô combien éclectique, il est également réputé pour ses écrits érotiques comme *La Vie amoureuse des spumifères*.

Au 73, Jacques Rigaut chez ses parents

« Essayez, si vous le pouvez, d'arrêter un homme qui voyage avec son suicide à la boutonnière », a-t-il écrit. En 1920, dandy désargenté vivant chez ses parents, Jacques Rigaut rencontre à la Sorbonne une étudiante en licence d'anglais – Simone Kahn, future femme de Breton –, qui l'entraîne au café Certà où se réunissent les dadaïstes. « Quand Jacques Rigaut entre pour la première fois au Certà, les dadaïstes ont le souffle coupé. Beau comme un gigolo [...], des yeux gris clair mystérieux, impeccablement vêtu, désinvolte et cynique, froid et enjôleur, Rigaut fascine », écrit Jean-Luc Bitton dans *Jacques Rigaut. Le suicidé magnifique*.

Grand consommateur d'opium, de cocaïne et d'héroïne, Rigaut effectue un long séjour aux États-Unis avant de revenir en France et fonder l'Agence générale du suicide. Son ami Drieu la Rochelle puis Louis Malle vont le faire entrer dans la légende : par Drieu, il est le héros du *Feu follet*, de *La Valise vide*, d'*Adieu à Gonzague* et par Malle, le héros crépusculaire du *Feu follet*, incarné à l'écran par Maurice Ronet.

Souvent considéré comme un écrivain sans œuvre, il s'attira en 1970, lors de la parution de ses *Écrits*, le commentaire suivant de la part de Le Clézio à propos de son suicide : « La question de savoir si Jacques Rigaut est ou non un écrivain est devenue tout à coup complètement futile. Arrivé à ce point du voyage, il n'est plus possible de bien ou mal écrire [...]. Et si un jour, après beaucoup d'hésitations, après avoir beaucoup lutté, l'on se tue réellement, c'est parce qu'on l'avait écrit. »

Au 73, Raymond Guérin

À l'emplacement de l'actuel cinéma Le Bretagne se tenait après la guerre la célèbre Taverne Dumesnil, dont le père de Guérin était gérant. Amer pessimiste, Guérin est l'auteur d'importants romans autobiographiques : *L'Apprenti* (1946), *Parmi tant d'autres feux...* (1949), *Quand vient la fin* (1941, écrit en prison), et surtout *Les Poulpes* (1953), chef-d'œuvre noir de dérision à l'écriture très originale. Sa noirceur, son obsession de « tout dire » et son écriture insaisissable (il changeait de style à chaque ouvrage) lui portèrent préjudice. Dans *Un romancier dit son nom* (1948), il relate sa rancœur d'être peu reconnu comme écrivain, reconnaissance qui ne viendra qu'au début des années 1980, vingt-cinq ans après sa mort.

Au 79, Gabriel de Lautrec

« Si jamais je devenais célèbre, personne ne le saurait », écrivit ce « prince des humoristes » (élu en 1920) qui aurait tant aimé entrer à l'Académie française. Après avoir tenu salon à Passy (où il recevait notamment Jean Lorrain, Willy, Jean de Tinan, Alfred Jarry ou Oscar Wilde), il s'installe boulevard du Montparnasse au début des années 1920. Poète médiocre selon les uns, digne héritier d'Aloysius Bertrand selon les autres, traducteur émérite, il écrivit par ailleurs des contes salués par le spécialiste du fantastique Jean Ray : « Le talent de Gabriel de Lautrec est polychrome. [...] Il m'a semblé sentir autour de moi le fantôme goguenard de Mark Twain, l'ombre hallucinante d'Edgar Poe, l'imagination conteuse de Wells, le cynisme intermittent de Pierre Mac Orlan et même l'inquiétant génie de Maurice Renard. »

Parmi les titres de gloire de ce cousin de Toulouse-Lautrec : subtiliser une mèche de cheveux de Verlaine sur son lit de mort, jeter des chaises à l'eau dans le bois de Boulogne « pour que les poissons puissent s'asseoir », lancer avec Gus Bofa et Roland Dorgelès *La Petite Semaine*, « le seul quotidien hebdomadaire du monde entier », inventer la manière d'imperméabiliser le buvard et nous laisser *Souvenirs des jours sans souci* (1938), ouvrage offert par les Laboratoires pharmaceutiques Corbière.

Au 99, le Select

Ce fut un des cafés fétiches de la *lost generation* et il apparaît de façon récurrente dans *Le soleil se lève aussi* de Hemingway et dans *Sam Dodsworth* de Sinclair Lewis. Inauguré en 1923 et ouvert toute la nuit, le Select était propice aux discussions de l'aube. C'est là qu'éclate en 1928 la bagarre entre Roger Vitrac et les surréalistes, après la première de *Victor ou les Enfants au pouvoir*, représentation durant laquelle Georges Hugnet avait lancé des boules puantes dans la salle. Il faut dire que Vitrac (excommunié du surréalisme comme Prévert, Queneau, Desnos ou Leiris) avait participé à la rédaction d'*Un cadavre*, brûlot dans lequel Breton se faisait traiter de « flic » ou de « curé ». Huit ans plus tard, en 1936, Desnos, Hemingway et Mary Duff Twysden (modèle de Brett Ashley dans *Le soleil se lève aussi*) entament une discussion sur la guerre d'Espagne, discussion qui se termine chez Desnos, rue Mazarine. Desnos conseillera à Hemingway de s'engager comme correspondant de guerre.

Plus récemment, François Meyronnis[88] fera du Select la pièce de sa vie, travaillant tous les après-midis à la même table, tous les jours, sans jamais s'absenter durant l'année, pendant plusieurs décennies.

Au 103, naissance de Simone de Beauvoir

« C'est au deuxième étage, dans la chambre à coucher aux meubles laqués de blanc, que la petite Simone naît, le 9 janvier 1908, à quatre heures du matin au 103, boulevard du Montparnasse[89]. Un beau bébé robuste qui pèse “dans les sept livres” et a une masse de cheveux brun-roux, et les fameux yeux bleu pervenche de tous les Beauvoir[90]. »

Les Beauvoir (le père, Georges Bertrand de Beauvoir, est avocat à la cour d'appel de Paris) habitent un vaste appartement haussmannien décoré de moulures. Il est doté d'un beau parquet au point de Hongrie, de rideaux en soie gaufrée qui cachent les fenêtres, de meubles en poirier noirci et en marqueterie, dans le style Napoléon III. Durant la Grande Guerre, à la suite de revers de fortune, la famille devra quitter le bel appartement pour s'installer au 71, rue de Rennes, un endroit « sinistre » situé au cinquième étage, sans ascenseur ni eau courante.

Au 105, La Rotonde

Côté littérature, comparé au Dôme, au Select ou à La Coupole, La Rotonde fut un peu le parent pauvre, malgré la présence assidue d'André Salmon, celle plus épisodique de Max Jacob qui vend ses dessins, de Blaise Cendrars ou de Léon-Paul Fargue, qui fait de La Rotonde un centre absolu : « Ce centre [Montparnasse] possédait un centre, cette perle avait un noyau, et ce noyau était la Rotonde. »

Hemingway, à ses débuts parisiens, n'apprécie pas l'endroit : « Vous pouvez trouver tout ce que vous voulez à la Rotonde, sauf des artistes sérieux. » Et il ajoute : « Je passai devant la collection d'habitués de La Rotonde avec un grand mépris pour le vice et l'instinct grégaire et traversai le boulevard en direction du Dôme. » Mais, dans *Le soleil se lève aussi*, il concède : « Quel que soit le café de Montparnasse où vous demandiez à un chauffeur de la rive droite de vous conduire, il vous conduira toujours à la Rotonde. »

Au 135 bis, Paul Claudel

En 1881, Louise-Athanaïse Claudel s'installe à Paris, boulevard du Montparnasse, avec ses trois enfants. Elle souhaite que son fils puisse poursuivre des études supérieures. Paul entrera au lycée Louis-le-Grand avec pour condisciples Marcel Schwob, Léon Daudet et Romain Rolland, Camille suivra des cours de sculpture à l'académie Colarossi et Louise perfectionnera son piano. Un an plus tard, la famille Claudel s'installera au 111, rue Notre-Dame-des-Champs.

Au 145, Jean-François et Jean-Bertrand Lefèvre-Pontalis

Dans *Frère du précédent* (prix Médicis de l'essai), Jean-Bertrand Lefèvre-Pontalis relate ses difficiles rapports avec son frère aîné, Jean-François, qui se serait écrié à sa naissance : « Comme il est moche ! » Pour soigner cette blessure, dans son essai semi-autobiographique, le cadet s'intéressera aux couples de frères, Marcel et Robert Proust, Vincent et Théo Van Gogh, les frères Goncourt…

En marge de son métier de psychanalyste (de Perec, notamment, de 1971 à 1975), il fut également écrivain, malgré son statut « d'apprenti écrivain que je serai toujours » qu'il revendique dans *L'Amour des commencements* (1986). Apprenti pour ne pas faire d'ombre à son frère ? « Jean-Bertrand, relate Jean d'Ormesson, avait un frère écrivain, Jean-François, dont on attendait toujours le grand roman. Il s'enfermait au Ritz pour écrire, rien n'est jamais venu. Mais Jean-Bertrand, lui, en plus de ses qualités d'éditeur et de psychanalyste, avait un vrai talent d'écrivain ! »

Au 159, « Hem » au Nègre de Toulouse

C'est au Nègre de Toulouse tenu par M. Lavigne que Paul Fort organise ses « petits banquets littéraires ». Hemingway sera un habitué, racontant que le simple mot de « cassoulet » écrit sur le menu à l'encre violette lui faisait venir l'eau à la bouche. « Au Nègre de Toulouse, peut-on lire dans *Paris est une fête*, nous buvions du bon vin de Cahors, en quarts, en demi-carafes ou en carafes, généralement coupé d'eau dans la proportion d'un tiers. »

Au 171, Jacques Lanzmann

Conteur, peintre, aventurier, mineur (au Chili), globe-trotteur, journaliste, auteur de chansons, scénariste, il fut surtout romancier, connaissant son premier succès avec *Le Rat d'Amérique* (1955). Suivront une cinquantaine d'ouvrages parmi lesquels *Le Têtard*, Grand Prix RTL 1977. Ce frère cadet de Claude Lanzmann -- le réalisateur de *Shoah* – aimait marcher, « le plus grand marcheur des lettres contemporaines », selon Michel Tournier. Le boulevard du Montparnasse où il vécut verra sa gare démolie et ne sera plus qu'une carcasse dans son *Il est cinq heures, Paris s'éveille*, chanté par Dutronc.

Au 171, la Closerie de Hemingway et de Philippe Sollers

Le signal du départ est donné par Paul Fort, « prince des poètes », avec, dès 1903, ses célèbres mardis de la Closerie et ses parties d'échecs contre Lénine. Si le café a connu avant 1900 la présence de Baudelaire, de Verlaine, de Gide ou de Jarry, il faudra attendre les années 1920 pour que le mythe se mette en place avec la rupture entre Tzara et Breton, la bataille rangée entre Rachilde et les surréalistes, la lecture du *Great Gasby* de Fitzgerald à Hemingway et, plus tard, la présence de tout ce que Paris comptera d'écrivains, français ou étrangers, de Sartre à Beckett, de Paul Auster et Siri Hustvedt à Philippe Sollers ou Frédéric Beigbeder.

« Il n'était pas de bon café, se souvient Hemingway, plus proche de chez nous que la Closerie des Lilas, quand nous vivions dans l'appartement situé au-dessus de la scierie [...]. Je m'assis dans un coin, dans la lumière de l'après-midi qui filtrait par-dessus mon épaule et je me mis à noircir mon cahier. » Philippe Sollers, cinquante ans plus tard, ne vient pas avant la nuit noire : « Le restaurant ferme tard, vers deux heures, ce qui me permet de dîner après minuit, parmi les derniers clients un peu lourds, un peu ivres. [...] J'emporte un livre avec moi, je lis ou je fais semblant[91]. »

La Closerie a-t-elle conservé son aura littéraire ? Doit-on frissonner en s'asseyant à la table (dotée d'une petite plaque de cuivre) d'Henri de Régnier,

Maurice Bouchor, Raoul Ponchon ou Jean Richepin ? « Dites seulement, j'étais l'autre soir à la Closerie des Lilas, persifle Ludovic Janvier dans *Paris par cœur*, et vous voilà marqué au mythe auprès des imbéciles et des gogos qui traînent ici de longues heures. »

MONTPARNASSE
(rue du)

La rue du Montparnasse est également présente dans le 14e arrondissement.

Par la rue de la Gaîté et la rue du Montparnasse, Pierre rejoint le boulevard, il y a donné rendez-vous à son amie Simone, une jolie brune, à la terrasse du Select...

— François Caradec, *Le Doigt coupé de la rue du Bison*, 2008

Au 6, le collège Stanislas

Le collège créé dans l'ancien hôtel Fleury prit le nom, à la Restauration, de Stanislas, en hommage à Stanislas Leszczynski, arrière-grand-père de Louis XVIII. Parmi les anciens élèves, Jules Barbey d'Aurevilly, Henri de Régnier, Anatole France, Henry Gauthier-Villars, dit « Willy », José Giovanni, Gilles Perrault, Bertrand Poirot-Delpech, Claude Simon, Georges Suffert, François Cérésa...

Au 11, Sainte-Beuve et ses « Causeries »

« Sainte-Beuve demeure rue Montparnasse, peut-on lire dans le *Journal* des Goncourt de 1862. La porte, une toute petite porte, nous est ouverte par la gouvernante, une femme de quarante ans, à tenue d'institutrice de bonne maison. On nous introduit dans un salon à papier grenat, aux meubles en velours rouge, aux formes Louis XV d'un tapissier du quartier Latin. »

L'auteur de *Port-Royal* et des « Causeries du lundi » ne parvint pas à concrétiser ses rêves littéraires, malgré les conseils d'un Victor Hugo avec lequel il se fâcha, l'ayant fait carrément cocu. Sainte-Beuve songea alors à se spécialiser dans la critique littéraire et, en 1849, paraît ainsi une annonce dans *Le Constitutionnel* : « M. Sainte-Beuve s'est chargé, à partir du 1er octobre, de faire tous les lundis un compte rendu d'un ouvrage sérieux qui soit à la fois agréable [*sic*]. »

Les « Causeries du lundi » puis les « Nouveaux Lundis » tiendront la promesse, mais ne seront pas toujours « agréables » et souvent partiaux, ce que soulignera Marcel Proust dans son *Contre Sainte-Beuve*, considérant que l'amant d'Adèle Hugo négligea – voire condamna – des poètes comme Nerval ou Baudelaire, et qu'il encensa des auteurs aussi mondains qu'anodins. Le 13 octobre 1869, Sainte-Beuve meurt dans sa petite maison de la rue du Montparnasse entouré de ses amis. Dont Flaubert qui s'interroge : « Avec qui causer de littérature maintenant ? »

Au 23, Françoise Mallet-Joris

En 1951, Françoise Mallet (pas encore Joris) a tout juste 21 ans. Son premier roman, *Le Rempart des Béguines*, publié par Julliard trois ans avant Sagan, a fait scandale en racontant une histoire d'amour lesbienne entre une jeune fille et la maîtresse de son père.

Membre du jury du prix Femina de 1969 à 1971, élue à l'unanimité en novembre 1971 à l'académie Goncourt, membre de l'Académie royale de langue et de littérature françaises de Belgique, ce fut une femme d'influence dans le monde littéraire, s'attirant la haine de Jean-Edern Hallier qui revendiqua un attentat (perpétré par Jack Thieuloy) contre son domicile en 1975. De 1970 à 1981, elle fut la compagne de la chanteuse Marie-Paule Belle dont elle était également la parolière.

Au 32, Edgard Quinet (de 1840 à 1851)

Ce remarquable historien, poète, philosophe et homme politique français est notamment connu de nombreux écoliers pour la dictée de son texte « Aucune machine ne vous exemptera d'être homme », où il met en garde contre une confiance trop naïve envers le progrès. Ce qui ne l'empêcha pas d'être visionnaire dans de nombreux domaines comme les dangers de l'hégémonie prussienne et la réforme de l'enseignement, jetant en 1850 les bases d'un enseignement national, obligatoire et laïque.

Au 32, l'historien Augustin Thierry

Augustin Thierry fut, dès 20 ans, le jeune secrétaire de Saint-Simon (entre 1814 et 1817) et même, comme il l'affirme, son « fils adoptif », avant de devenir un historien d'un genre nouveau, intégrant la notion de « couleur locale ». Devenu aveugle dès l'âge de 30 ans, il dut compiler ses sources dans l'obscurité et composer de tête, avant de dicter ses ouvrages. Il meurt rue du Montparnasse en 1856.

Au 36, le crieur de rue de Fred Vargas

Dans *Pars vite et reviens tard* de Fred Vargas (2001), Joss Le Guern est crieur sur le marché Edgar-Quinet, débitant son « journal parlé » trois fois par jour ainsi que des petites annonces en forme de « messages ». Certaines, aussi curieuses que codées, vont lancer l'intrigue.

Si cette médiéviste de formation a pulvérisé les records du polar français avec une quinzaine d'ouvrages et fait d'Adamsberg un attachant commissaire « habitué aux choses qui lui échappent », elle a également, sous son nom de Frédérique Audoin-Rouzeau, publié de très savants ouvrages comme *Ossements animaux du Moyen Âge au monastère de La Charité-sur-Loire* (1986), *Hommes et animaux en Europe. Corpus de données archéozoologiques et historiques* (1993).

NESLE (rue de)

En sortant du vieil immeuble bâti peut-être au temps de la première enceinte de Philippe Auguste, mes jambes me portaient à peine dans l'étroite et courte rue de Nesle. C'était donc si simple de rencontrer un intellectuel ?

— Brigitte Lozerec'h, *Au diable Pauvert*, 2021

Au 8, Jean-Jacques Pauvert et le divin marquis

« Un beau jour, je lis le texte que Sartre a écrit sur *L'Étranger*. Pris d'une idée, je me précipite rue Sébastien-Bottin, je monte voir Sartre, et je lui dis : "Vous venez de publier un texte fantastique sur Camus dans les *Cahiers du Sud* et il faudrait l'éditer." […] Il me dit tout de suite : "Mais quelle bonne idée, faites donc ce que vous voulez[92]." » Tels sont les débuts (infiniment modestes) de Jean-Jacques Pauvert : le jeune éditeur s'installe aussitôt dans le garage de ses parents, à Sceaux. Sous le nom de Palimugre, il publie de courts textes de Montherlant ou de Flaubert… En 1947, avec *Histoire de Juliette*, Sade est officiellement diffusé sous une jaquette d'éditeur. Le scandale éclate, ce ne sera pas le dernier et cela constituera l'image de marque de la maison. À la fin des années 1950, Pauvert s'installe rue de Nesle, dans un bureau sur cour au premier étage. Celui que Mauriac surnomme « le mal absolu » continue à publier Sade mais fait preuve de choix éclectiques : Jean Genet, André Breton, Boris Vian, Albertine Sarrazin, Élie Faure, Raymond Roussel, René Crevel, Tristan Tzara, Guy Debord, Françoise Sagan…

Au 18, la loge des Neuf-Sœurs

Fondée en 1773, cette loge maçonnique s'installe rue de Nesle en 1776. S'y rencontrent toutes les célébrités du moment, dont Helvétius et Chamfort.

NOTRE-DAME-DES-CHAMPS (rue)

Du haut de la rue Notre-Dame-des-Champs où il habite, Vincent descend jusqu'à la rue Saint-Placide qui la prolonge ; puis rue du Bac où quelques bourgeois attardés circulent encore.

— André Gide, *Les Faux-monnayeurs*, 1925

Quelque part dans la rue, Edgar Morin

Le sociologue s'installe rue Notre-Dame-des-Champs en 2010, à l'âge de 89 ans. « Le spectacle qui s'offre depuis mes fenêtres m'enchante. Je vois en face le restaurant Le Vavin dont la terrasse ne désemplit pas jusque vers minuit[93]. » Tout irait pour le mieux si on ne lui piquait les bouquins qu'il reçoit dans la boîte à lettres collective.

Au 11, Adèle Hugo et la « féminité » de Sainte-Beuve

Victor, Adèle et leurs deux premiers enfants s'y installent en 1827. La porte cochère de l'immeuble ouvre sur un long couloir à ciel ouvert au fond duquel se situe la petite maison du couple, composée d'un rez-de-chaussée et de deux étages. Derrière la maison, un jardin qui s'étend jusqu'à la rue Duguay-Trouin. L'ensemble disparaîtra en 1904 avec le percement du boulevard Raspail.

C'est ici qu'a lieu un soir de juillet 1829, devant Balzac, Dumas, Villemain, Soumet, Vigny, Musset, Sainte-Beuve, Soulié et Mérimée, la première lecture de *Marion Delorme*, drame qui déchaîne des hourras enthousiastes. Suivra fin septembre la lecture d'*Hernani*, tout aussi plébiscitée.

Adèle Hugo souffre de ne pouvoir trouver sa place au milieu du cénacle qui réunit parfois une soixantaine de personnes. Et la passion pour son amour d'enfance s'est émoussée. Admirateur du mari, Sainte-Beuve est un familier des lieux, y passant en voisin parfois deux fois par jour. Un article très laudatif sur *Odes et Ballades* lui a valu l'amitié du poète ; et il n'est pas insensible au charme de la belle brune au port de reine. Adèle, lassée de son isolement littéraire et de l'ultravirilité de son mari, n'est pas elle non plus indifférente à la « féminité » de Sainte-Beuve, né, dit-on, hermaphrodite.

Adèle et Victor Hugo séjourneront rue Notre-Dame-des-Champs jusqu'à leur expulsion, en 1830, par une propriétaire choquée par la bataille d'*Hernani*. Adèle entame alors une liaison avec Sainte-Beuve, liaison qui brouillera les deux amis. Adèle deviendra Mme de Couaën dans *Volupté* (1834), seul roman écrit par Sainte-Beuve, roman que Balzac estimera « très beau » mais « faible, lâche, diffus » et dont il s'inspirera pour *Le Lys dans la vallée*[94].

Au 53, George Du Maurier

En 1856, George Du Maurier s'installe rue Notre-Dame-des-Champs, bien décidé, contrairement à l'avis paternel, à devenir artiste. Son roman le plus connu, *Trilby* (1894), inspirera Gaston Leroux pour *Le Fantôme de l'Opéra* (1910). George Du Maurier eut une fille, prénommée Daphné, illustre auteure de *Rebecca*, de *L'Auberge de la Jamaïque* et de nombreux autres romans d'aventures.

Au 70, Ralph Cheever Dunning

Dans *Paris est une fête*, Hemingway évoque son copain et voisin Ralph Dunning, poète peu enclin à publier, installé à Paris depuis 1905, accro à l'opium, qui en oublie de manger et qui se réfugie sur le toit de l'immeuble lors de ses crises. « Quand il avait trop fumé, écrit Hemingway, il ne pouvait boire que du lait, et il écrivait en terza rima[95], ce qui le rendait cher à Ezra, qui trouvait aussi de grands mérites à sa poésie. »

Au 70 bis, Ezra Pound

Selon Hemingway, son atelier était « aussi pauvre que celui de Gertrude Stein était riche ». En décembre 1920, quittant l'hôtel Élysée (3, rue de Beaune), Ezra Pound et sa femme Dorothy s'installent dans une sorte d'appentis au rez-de-chaussée que Pound meuble à l'aide de vieilles caisses rafistolées. Écrivain d'avant-garde, il travaille depuis 1915[96] sur *Les Cantos*, une odyssée épique et apocalyptique qu'il poursuivra jusqu'à sa mort. Œuvre retentissante mais difficile, comme il le revendique : « Je suis parfaitement désireux d'exiger que le lecteur lise avec autant de soin qu'il mettrait pour un texte grec ou latin un peu difficile. » Si Faulkner et Hemingway le tenaient pour un génie, le plus grand poète des temps modernes, d'autres le considèrent comme un champion de l'artifice.

Dans les années 1930 et 1940, Pound deviendra un apôtre du fascisme et de l'antisémitisme, grand admirateur de Mussolini et d'Hitler. Vivant en Italie, il participera sur *Radio-Rome* à des émissions antiaméricaines qui lui vaudront d'être arrêté, emprisonné et expédié aux États-Unis. Déclaré irresponsable, il passera treize ans dans un hôpital psychiatrique. La traduction de ses *Cantos*, monument littéraire aux États-Unis, sera publiée en France en 1958.

Au 70 bis, Claude Cahun

Cette petite-nièce de l'écrivain Léon Cahun et nièce de Marcel Schwob s'installe rue Notre-Dame-des-Champs en 1922, deux étages au-dessus de l'atelier d'Ezra Pound. Amie de Desnos, de Soupault, de Breton (qui lui concède « un pouvoir magique très étendu »), elle flirte aux confins du surréalisme. Essentiellement pamphlétaire, son ouvrage *Les paris sont ouverts* édité par José Corti en mai 1934 sera une charge acérée contre une poésie aux fins « révolutionnaires » et en particulier contre Aragon.

Au 73, André Salmon

En 1933, André Salmon réalise un vieux rêve : résider dans l'île Saint-Louis (au 13, quai d'Anjou). Il n'y restera que quelques mois, sa compagne étant un peu trop attirée par les eaux de la Seine. Il s'installe alors dans un appartement situé au rez-de-chaussée, à Montparnasse, rue Notre-Dame-des-Champs et, pour gagner sa vie, écrit quelques ouvrages alimentaires, tout en continuant ses activités de critique d'art et de journaliste. Ses reportages sur la guerre civile espagnole, plutôt favorables à Franco, puis sa collaboration au *Petit Parisien* sous l'Occupation lui vaudront quelques ennuis à la Libération. Dans les années 1950-1960, il deviendra le chroniqueur incontournable des grandes années de Montmartre et de Montparnasse, avec ses *Souvenirs sans fin* et son *Montparnasse*.

Au 76, Romain Rolland et Maurice Barrès

Au 76 résidèrent deux personnalités aux profils opposés : Maurice Barrès et Romain Rolland.

Barrès s'y installe lorsqu'il quitte Nancy pour Paris, en 1884. Écrivain en herbe, il y fonde une petite revue : *Les Taches d'encre*. Les deux hommes ne se rencontreront pas : Barrès quitte les lieux en 1885,

Romain Rolland s'y installe sept ans plus tard, avec son épouse Clotilde Bréal. Sur le plan politique, ils ne se rencontreront pas du tout. En septembre 1914, Roman Rolland écrira : « L'amour de la patrie ne veut pas que je haïsse et que je tue les âmes pieuses et fidèles qui aiment les autres patries. » Barrès lui répondra dans *L'Écho de Paris* : « Il n'est plus permis qu'il y ait des pacifistes. »

Romain Rolland évoquera cette adresse dans son *Journal* de mars 1940 : « J'ai en revenant de la rue Huyghens à mon hôtel pèleriné autour de mes anciennes maisons. [...] Rien n'est changé – au 76, rue Notre-Dame-des-Champs, j'aurais pu entrer, j'y aurais retrouvé ma première épouse, mes jeunes rêves, [...] et l'acacia devant ma fenêtre. Un demi-siècle a dormi là en mon absence. Je ne tiens pas à le réveiller. »

Au 84, la page 99 de Ford Madox Ford

Il fut romancier, poète, critique littéraire et éditeur[97], copain de Hemingway avec lequel il s'engueula copieusement. On lui doit la théorie de la page 99, selon laquelle cette page clé est déterminante quant à l'envie de lire ou non un livre. Il existe en France depuis 2012 deux prix littéraires fondés sur ce principe : le Prix de la page 111 et le Prix de la page 112. Le jury de ce dernier explique : « Située entre le premier tiers et la moitié d'un roman contemporain de format moyen, en plein dans son "ventre mou", la page 112 saura servir d'indice fiable. Car dans la majorité des cas, la page 112 témoigne d'une chute d'attention générale, à toutes les étapes de la naissance du livre : distraction de l'auteur qui, lancé dans l'écriture, relâche son style et ne songe plus qu'à enchaîner ; négligence de l'éditeur (déjà convaincu depuis longtemps par l'intérêt du manuscrit s'il en a atteint la page 112, ou fatigué de noter des observations depuis 111 pages) ; et hâte du correcteur, moins pointilleux qu'au début et soucieux de progresser. Bref : tout le monde a négligé la page 112 ! C'est pourquoi nous la choisissons. »

Au 109, Gide à l'École alsacienne

Les débuts du futur Prix Nobel à l'École alsacienne – qu'il intègre en 1877 – ne sont pas renversants, comme il le relate dans *Si le grain ne meurt* : « Toutes les semaines, j'obtenais mon zéro de "tenue, conduite", ou d'"ordre, propreté" ; parfois les deux. C'était couru. Inutile d'ajouter que j'étais un des derniers de la classe. »

Une dizaine d'années plus tard, en classe de rhétorique, Gide fait la connaissance de Pierre Louis (Pierre Louÿs), élève qu'il considère comme un génie et qu'il redoute de devancer lors des rendus de devoirs : « "Premier, Gide !", commença Dietz qui donnait le résultat du classement [...]. Je sentis se diriger vers moi tous les regards. Je fis, pour ne pas rougir, un effort énorme, qui me fit rougir davantage ; la tête me tournait ; mais je n'étais point tant satisfait de ma place, que consterné à l'idée de mécontenter Pierre Louis. »

Ce qui aurait pu devenir une grande amitié littéraire fera long feu. « Au moment où ils font connaissance, écrit Luc Dellisse dans *Le Tombeau d'une amitié*, Pierre est enthousiaste, organisé, batailleur, érudit, précoce, brillant, extraverti, dépensier, collectionneur de rencontres féminines et il a un culte décidé pour l'Antiquité. André est lent, prudent, sensible, réservé, nuancé, un peu avare, chaste jusqu'au moment tardif où il découvre son homosexualité, et soucieux, dès ses premiers livres, d'imposer sa figure. » Ils évolueront l'un et l'autre, mais chacun selon sa ligne et dans des directions qui ne convergeront jamais.

Au 113, Ernest Hemingway

En 1924, la famille Hemingway (Ernest, Hadley et leur fils John, âgé de quatre mois) quitte la rue du Cardinal-Lemoine et vient s'installer dans un petit appartement de trois pièces sans électricité situé au premier étage.

Rue Notre-Dame-des-Champs, « Hem » envisage sérieusement de devenir écrivain et son ami Ezra Pound, qui habite au 70 bis, corrige ses manuscrits en échange de leçons de boxe… Après un recueil de nouvelles (*In Our Time*) imprimé à Paris en 1924, il publie en 1926 son premier grand roman, *Le soleil se lève aussi*, best-seller outre-Atlantique qui lui vaut une immédiate reconnaissance littéraire. Mal de vivre, jouissance de l'instant présent, bars parisiens, alcool, corridas, les thématiques chères à Hemingway sont déjà là.

Au 119, Albert-Jean

Grande amplitude : né en 1892, mort en 1975, cet écrivain (très) oublié connut les débuts de Proust comme ceux de Robbe-Grillet. Grande production également : une trentaine de romans, de *Maude et les trois jeunes gens* (1917) à *Impasse du désir* (1951), et une quinzaine de pièces de théâtre.

OBSERVATOIRE
(avenue de l')

Dans l'avenue de l'Observatoire il y a un banc comme tous les autres, mais qui sait bien s'offrir quand on a couru tout l'après-midi…

— Louis Aragon, *Anicet ou le Panorama*, 1921

Au 3, Alphonse Daudet

Après le 24, rue Pavée puis le 18, place des Vosges, Alphonse et Julia Daudet déménagent en 1879 au quatrième étage du 3, avenue de l'Observatoire (belle vue au-dessus des arbres), y reçoivent leurs amis Flaubert, Edmond de Goncourt, Zola, Hugo, Tourgueniev, Mallarmé. Alphonse Daudet a 40 ans, sa carrière littéraire est couronnée de succès, depuis les *Lettres de mon moulin* (1869) jusqu'au *Nabab* (1877), que Flaubert qualifie de chef-d'œuvre.

Le 24 avril 1883, Jules Sandeau meurt et laisse vacant un fauteuil à l'Académie française. Poussé à se présenter par ses amis – Labiche, Zola, Goncourt –, Daudet refuse. Il aime trop sa liberté. Un certain Albert Delpit, candidat au fauteuil, ne croit pas au refus de Daudet et l'injurie dans un article. Duel, dans un jardin du Vésinet. Daudet transpercera le bras de son adversaire et Edmond About prendra le dessus sur Delpit pour le fauteuil du quai de Conti.

En novembre 1897, les Daudet emménageront au 41, rue de l'Université, quelques semaines avant la mort de l'écrivain.

ODÉON (place de l')

Songez qu'on vous demande seize sous pour une simple tasse de café au lait sur la place de l'Odéon et vous donnez un ou deux sous au garçon !

— Honoré de Balzac, *L'Envers de l'histoire contemporaine*, 1848

Au 1, le café Voltaire

Balzac ne le fréquentait pas, mais il le mit en scène dans *Les Martyrs ignorés* (1837) : « La scène est au Café Voltaire, place de l'Odéon, à Paris. Dans ce Café, un soir de décembre 1827, autour de la table des philosophes, se racontent des histoires de rumeurs qui rendent fou, de nouvelles qui foudroient, de mystifications qui assassinent et de mots qui tuent. » Le lieu comporte une terrasse et un billard – dont Victor Hugo vante la qualité dans *Les Misérables*.

Aux environs de 1880, le café Voltaire est l'antichambre du *Mercure de France* tout proche et le repaire des symbolistes. Verlaine – qui le décrit dans *Le Café des lettres* – y retrouve ses vieux amis à son retour dans la capitale (1882), croisant Mallarmé « coiffé d'un béret basque, affublé d'un Mac-Farlane innommable et chaussé de sabots sculptés[98] ». En 1913, Carco y fêtera le mariage de sa fille avec le peintre Severini. À cette occasion, il fera la connaissance de Rachilde qui publiera son *Jésus-la-Caille* au Mercure de France trois mois plus tard. Le café Voltaire, créé en 1779, ferme en 1956. C'est aujourd'hui un des sièges de Flammarion.

Au 2, Pierre Benoit et Aragon sur le livre d'or de La Méditerranée

Au début des années 1950, le livre d'or du célèbre restaurant manque de s'enflammer. Pierre Benoit, relate Christian Millau dans *Au galop des hussards*, vient dîner place de l'Odéon et laisse une « phrase complimenteuse des plus anodines ». Prenant la suite sur le cahier, Aragon et Elsa Triolet laissent « une bordée d'injures » à l'égard de l'auteur de *L'Atlantide*. N'a-t-il pas été inscrit (mais ensuite rayé) sur la liste noire du Comité national des écrivains à la Libération ? « J'ai si bien dîné, écrit Aragon, que rien ne me dégoûte. Pas même d'écrire sur cette page. »

Au 2, l'attribution du prix Médicis

Quelques années plus tard, le restaurant est choisi pour accueillir les jurés du prix Médicis, historiquement attribué à l'hôtel de Crillon. Fondé en 1958 par Gala Barbisan et Jean-Pierre Giraudoux, il doit récompenser un roman, un récit, un recueil de nouvelles dont l'auteur débute ou ne bénéficie pas encore d'une notoriété à la mesure de son talent. Parmi les lauréats, Philippe Sollers (*Le Parc*, 1961), Maurice Clavel (*Le Tiers des étoiles*, 1972), Georges Perec (*La Vie mode d'emploi*, 1978), Marie Nimier (*La Reine du silence*, 2004), Marie Darrieussecq (*Il faut beaucoup aimer les hommes*, 2013)…

Au 7, Le Dilettante

La très parisienne maison d'édition de Dominique Gaultier s'y installe en 2004 dans les anciens locaux de la librairie Le Moniteur, après avoir occupé le 19, rue Racine. Une quinzaine d'ouvrages publiés par an pour environ trois mille manuscrits reçus auxquels la maison répond personnellement, loin des « malgré la qualité de…, nous sommes au regret de ».

ODÉON (rue de l')

Adrienne Monnier avait eu l'idée de donner dans sa jolie librairie de la rue de l'Odéon une soirée en l'honneur de Fargue, où lecture fut faite de ses poèmes choisis par lui. Il avait entre autres désigné André Gide qui, de sa voix de cuivre, inutilement sarcastique, exagéra les intentions du texte…

— Francis de Miomandre, cité par Remi Rousselot dans *Francis de Miomandre. Un Goncourt oublié*, 2013

Au 2, le café Molière

Café littéraire et politique, lieu de rendez-vous des étudiants en droit (dont le jeune Clemenceau), il fut presque aussi couru que le café Tabourey ou le café Voltaire.

Au 5, Jules Verne à la librairie Monte Cristo

La librairie est totalement consacrée à Jules Verne. Sur son site figure un lien (« Jules Verne et Hergé ») vers un article de Gilles Charpentier dressant un parallèle amusant et instructif entre Jules Verne et Hergé. Le père de Tintin affirmait n'avoir jamais lu Verne, sauf un titre (qui l'avait déçu). De distingués tintinologues s'inscrivent en faux et invitent les curieux à comparer Tournesol et Palmyrin Rosette (dans *Hector Servadac*), Dupont et Dupond et les agents Craig et Fry (dans *Les Tribulations d'un Chinois en Chine*), et maints autres exemples.

Au 7, la Maison des amis des livres d'Adrienne Monnier

La « servante des livres » ouvre sa librairie en novembre 1915, dans une boutique aussi grise que sa robe. L'un des premiers visiteurs est Guillaume Apollinaire, qu'elle examine avec curiosité : « Je regardai attentivement ce gros homme en uniforme, à la tête en forme de poire, assez Père Ubu, couronnée d'une curieuse petite lanière de cuir[99]. » La librairie fait également bibliothèque de prêt. Paul Fort s'inscrit en décembre 1915. Aragon suit en février 1916, Breton en avril. En 1920, Adrienne Monnier compte cinq cent quatre-vingts abonnés. Deux ans plus tard, le chiffre a doublé. Si elle ne prêtait ou ne vendait que les auteurs vivants, les écrivains en bonne voie ou tout juste installés, si ses goûts littéraires vont vers l'avant-garde, ça ne va pas jusqu'à Dada. Lorsqu'elle reçoit en dépôt les premiers numéros de la revue, elle les renvoie à l'expéditeur.

La « sainte patronne des libraires » (dixit sa biographe Laure Murat) est également éditrice. C'est elle qui, en 1929, publie la première traduction d'*Ulysse*. Durant cinquante ans, de nombreux écrivains fréquentent la Maison des amis des livres : Paul Fort, Valéry, Jules Romains, Aragon, Ezra Pound, Charles Vildrac, Georges Duhamel, Hemingway, Fitzgerald, Gide, Walter Benjamin, Nathalie Sarraute, Breton, Prévert, René Char, qui la compare à « un doux nuage gris teinté de rose », James Joyce, qui vient se réchauffer auprès du poêle… Léon-Paul Fargue (qui appelait la boutique « la Voukike ») fut un assidu : « On pouvait l'y voir tous les après-midi et l'y entendre raconter les plus épouvantables histoires à un cercle de "potassons" – c'est ainsi qu'il appelait ses amis. Ses inventions verbales étaient incroyablement obscènes, de même que les gestes qui les accompagnaient. […] Larbaud était de ceux qui appréciaient le plus les histoires de Fargue. On le voyait rougir, étouffer des rires[100]. »

La librairie cessera ses activités en 1951, Adrienne Monnier se suicidera en 1955.

Au 10, Thomas Paine invente les États-Unis d'Amérique

Cet intellectuel anglo-franco-américain proche des Girondins habita l'immeuble de 1797 à 1802. Son *Rights of Man* (1791) a exercé une grande influence sur les acteurs de la Révolution française. Élu député à l'Assemblée nationale en 1792, emprisonné sous la Terreur puis relâché, il restera en France jusqu'en 1802 et qualifiera Bonaparte de « charlatan le plus parfait qui eût jamais existé ». Héros de l'indépendance américaine, il fut l'inventeur… du nom des États-Unis d'Amérique.

Au 12, Sylvia Beach et la librairie Shakespeare and Company

Dans la lignée des Natalie Barney, Gertrude Stein ou Edith Wharton, Sylvia Beach perpétue le délicieux cocktail américain mêlant homosexualité sans complexe et amour de la littérature. Ce petit lutin (1,57 mètre) au menton volontaire ouvre Shakespeare and Company au 8, rue Dupuytren en 1919, avant de s'installer rue de l'Odéon en mai 1921. Le tout jeune Hemingway s'y précipite en juin pour rencontrer « Miss Beach » qui le trouve charmant et le surnomme « Mr Awfully Nice[101] ». Centre névralgique de la culture anglo-américaine à Paris, la librairie est fréquentée par la « génération perdue » : Hemingway, Ezra Pound, Fitzgerald…, mais aussi par des lecteurs français, Valery Larbaud, André Gide, Paul Valéry… Les clients peuvent y acheter ou emprunter des livres interdits en Angleterre et aux États-Unis, comme *L'Amant de Lady Chatterley*. « Ambassadrice littéraire des États-Unis en France », Sylvia Beach va se lancer dans une longue aventure : publier (en anglais) *Ulysses* de Joyce.

En 1940, Sylvia Beach se distingue en se jouant des Allemands, comme le relate Galtier-Boissière : « Ils décidèrent de saisir le stock de livres américains et français. Comme il y en avait des milliers, ils prévinrent qu'ils reviendraient le lendemain matin avec un camion. Dans la nuit, Sylvia et ses copains mirent les livres en sûreté dans une cave voisine, repeignirent le magasin, installèrent une enseigne d'antiquaire et disposèrent quelques meubles à l'intérieur de la boutique. En arrivant au petit matin, les Allemands cherchèrent en vain la libraire dans la rue. »

Shakespeare and Company ferme en décembre 1941 sur ordre des Allemands, Sylvia Beach ayant, dit-on, refusé de vendre le dernier exemplaire de *Finnegans Wake* à un officier. En 1951, une autre librairie anglophone ouvrira à Paris, sous le nom de Mistral, tenue rue de la Bûcherie par l'Américain George Whitman. À la mort de Sylvia Beach, en 1962, Whitman reprendra le nom de Shakespeare and Company.

Au 15, Paul Léautaud

Un demi-siècle avant sa fin de vie à Fontenay-aux-Roses (avec ses trois cents chats, cent cinquante chiens, une oie et un singe), Paul Léautaud habita rue de l'Odéon de 1903 à 1905. *Le Petit Ami*, roman autobiographique écrit en 1903, fit sensation. Léautaud y évoquait son amour pour sa mère, à peine connue. On parla même du prix Goncourt… En 1907, il entre au Mercure de France. Il y restera trente-trois ans. Ses chroniques théâtrales, sous le pseudonyme de Maurice Boissard, seront impitoyables ou provocatrices, et son opinion sur le public particulièrement tranché, comme il l'écrit en avril 1923 dans la *NRF* : « J'ai dit souvent le peu de bien que je pense du public. Non seulement pour son manque de goût qui le fait se plaire aux pièces niaises et verbeuses, et plutôt aux basses polissonneries qu'aux œuvres d'observation. Mais encore pour son inintelligence. » Son célèbre *Journal* tenu pendant soixante-trois ans (six mille pages) sera édité par le Mercure en 1954.

Au 15, Pigault-Lebrun

Ce romancier et dramaturge totalement oublié, à la vie plus mouvementée que dix romans de Dumas, fut qualifié de « plus fameux romancier de l'époque impériale ». Stéphane Audeguy, dans son essai *L'Enfant du carnaval* (2009), parle de lui comme d'un « fantôme » : « Pigault-Lebrun est quasiment absent de nos rayonnages, mais il ne hante pas moins notre littérature, à sa manière inimitable. » Stendhal lui rendit hommage : « Quant aux hommes que j'honore, je suis fâché de les voir me nier le mérite de Pigault-Lebrun, tandis qu'un mérite de beaucoup inférieur, pourvu qu'il soit dans le genre grave, attire sur-le-champ leurs louanges. »

Pigault-Lebrun publie son premier roman en 1796, *L'Enfant du carnaval*, roman qui sera réédité dix-sept fois en trente ans. Il laissera une trentaine de romans et une dizaine de pièces de théâtre. Sa fille épousera l'avocat Victor Augier, dont le fils, Émile Augier, sera à son tour un célèbre écrivain sous le Second Empire, oublié lui aussi.

Au 18, Sylvia (Beach) et Adrienne (Monnier)

Elles habitèrent quelque temps ensemble au cinquième étage et les dîners au poulet d'Adrienne Monnier étaient appréciés. Arthur Koestler, suspect en tant qu'« étranger indésirable », se cachera dans l'immeuble en 1939.

Au 21, Cioran, « l'amer en chef de la seconde moitié du XXe siècle[102] »

« Si j'avais su, lui avait dit sa mère, je me serais fait avorter. » Fort de ce départ tonique dans la vie, Emil Cioran fuit la Roumanie et vient en France faire des études à la Sorbonne. « Paris, point le plus éloigné du Paradis, n'en demeure pas moins le seul endroit où il fasse bon désespérer[103] », se réjouira-t-il.

L'écrivain roumain vécut rue de l'Odéon dans deux chambres de bonne mansardées et accolées, jusqu'à sa mort en 1995. Chez Cioran, l'idée de la mort est omniprésente et le titre de ses ouvrages donne le ton : *Sur les cimes du désespoir* (1934), *Syllogismes de l'amertume* (1952), *La Tentation d'exister* (1956), *De l'inconvénient d'être né* (1973), *Écartèlement* (1979)… Il est connu pour ses joyeux aphorismes comme, par exemple : « À vingt ans, je n'avais en tête que l'extermination des vieux ; je persiste à la croire urgente mais j'y ajouterais maintenant celle des jeunes ; avec l'âge on a une vision plus complète des choses. » Ou : « L'amour est la rencontre de deux salives… Tous les sentiments puisent leur absolu dans la misère des glandes. »

Humour et dérision posthumes ? Après sa mort, sa compagne se noya. Elle s'appelait Boué.

Au 35, le jeune Flaubert

En juillet 1842, Flaubert écrit à sa sœur : « Je quitte demain le quartier bon ton et je m'en vais loger rue de l'Odéon, 35, dans l'ancien logement d'Ernest. Mardi matin je commence donc ma vie féroce. » Le jeune homme de vingt et un ans n'y demeurera qu'un mois, s'étant inscrit sur l'insistance de ses parents à la faculté de droit. Précoce, le jeune homme : il a reçu un prix à l'âge de 15 ans pour… un essai sur les champignons. Son logement, selon son *Dictionnaire des idées reçues* : « Appartement de garçon. Toujours en désordre. – Avec des colifichets de femme traînant çà et là. – Odeur de cigarette. – On doit y trouver des choses extraordinaires. »

Après la rue de l'Odéon, Flaubert séjournera chez son ami Hamard au 29, rue Saint-Hyacinthe-Saint-Michel[104], puis rue de l'Est, d'abord à l'hôtel, au 5, puis dans un appartement, au 19.

QUATRE-VENTS
(rue des)

En dévorant une barquette de tripes achetée chez le traiteur, il textota : « Impec. Voyons-nous mercredi ou jeudi à La Crémerie, rue des Quatre-Vents, on boira un bon champagne. »
— Christian Authier, *Demi-siècle*, 2021

Quelque part dans la rue, Sylvain Tesson

Des continents entiers traversés à vélo, cinq mille kilomètres à pied à travers l'Himalaya, six mois seul dans une cabane sans eau ni électricité en Sibérie : à Paris, l'écrivain-voyageur Sylvain Tesson ne pouvait habiter que rue des Quatre-Vents.

Il est le lauréat du prix Goncourt de la nouvelle en 2009 pour *Une vie à coucher dehors*, du prix Médicis essai en 2011 pour *Dans les forêts de Sibérie* et du prix Renaudot 2019 pour *La Panthère des neiges*, ouvrage vendu à plus de cinq cent mille exemplaires.

Au 19, Louis-René des Forêts

Est-ce au 19 ? Au 22 ? Quoi qu'il en soit, Louis-René des Forêts résidait au coin de la rue des Quatre-Vents et de la rue de Seine. Son premier livre, *Les Mendiants* (1943), publié chez Gallimard, s'interrogeait sur le langage et lui valut l'estime de Camus et l'amitié de Queneau. Son ouvrage le plus connu, *Le Bavard*, paraît trois ans plus tard chez Gallimard. Des Forêts cherche à nouveau à rendre compte du langage, de sa complexité, de sa « garrulité », comme les incessants pépiements d'oiseaux. Le livre serait peut-être resté confidentiel si Maurice Blanchot, comme Georges Bataille, n'en était pas resté fasciné et n'en avait fait la promotion en 1963. « Au sein de ce récit, écrit Pascal Quignard dans sa réédition de 1978, c'est la langue même qui se résout en retournant ses armes contre elle-même, qui se porte en avant et s'expose dans le dessein insensé de perdre définitivement la bataille. » En exergue de la première édition du *Bavard* figurait une citation de Rivarol : « Il a une furieuse démangeaison de parler ; il étouffe, il crève s'il ne parle pas. » Pourtant, pendant vingt ans, l'écrivain ne parlera pas, enfermé dans le deuil de sa fille noyée en 1965, se consacrant au dessin et à la peinture. Va naître peu à peu le mythe de « l'écrivain silencieux », jusqu'en 1997, date de la publication d'un opus autobiographique au Mercure de France : *Ostinato*, qui lui vaut le Grand Prix de littérature de la Société des gens de lettres. Celui qui avait écrit que « la tentation du silence définitif habite tout écrivain » meurt trois ans plus tard, à l'aube du nouveau siècle.

RACINE (rue)

Au coin de la rue Saint-Jacques, j'avais déjà gagné dix pas, au coin de la rue Racine, vingt pas, enfin dans la rue de Vaugirard j'allais certainement la rejoindre quand tout à coup elle sauta par-dessus la traverse d'une porte cochère…

— Alexandre Dumas, *Amaury*, 1843

Au 2, cinq voyelles et l'oméga à l'hôtel des Étrangers

En septembre 1871, lassé des inconvenances de Rimbaud hébergé chez ses parents, Verlaine se met en quête d'une chambre. Cabaner, barman et pianiste à l'hôtel des Étrangers, accepte d'accueillir le jeune homme dans sa chambre pour quelques jours. Il lui donne quelques leçons de piano avec une méthode d'enseignement chromatique (une couleur pour chaque note). Certains y voient – outre l'abécédaire colorié de l'enfance de Rimbaud – la genèse du poème *Voyelles*. Le poète « voyait-il » grâce à ces couleurs ? « Moi qui ai connu Rimbaud, relate Verlaine, je sais qu'il se foutait pas mal si A était rouge ou vert. »

Au 3, George Sand

Entre fin 1851 et 1864, George Sand vit au second puis au quatrième étage de l'immeuble, sa huitième résidence parisienne. Elle délaisse le théâtre et publie trois ouvrages en 1853 : *Mont-Revêche*, *La Filleule* et *Les Maîtres sonneurs*, roman historique sur les cornemuseux du Bourbonnais, « mélange de Stevenson (pour l'art de raconter), d'*Indiana Jones* (pour les scènes qui font peur) et de romantisme[105] ». L'ouvrage connaît un grand succès en librairie après sa parution en feuilleton dans *Le Constitutionnel*. Ce sera le dernier des romans champêtres de George Sand.

Au 10, le cabinet de lecture de Mlle Boudin

Après la rue Soufflot, Mlle Boudin s'installe rue Racine. Son cabinet de lecture accueille notamment Jules Vallès qui, selon Jean-Paul Clébert, y contracta pendant les années 1855-1860 une dette de soixante francs (ce qui correspond à une forte dose de lecture sur une année) dont il ne s'acquitta que vingt-deux ans plus tard.

Au 19, la bouche d'égout de Cioran

Les crises de rage de Cioran ne concernaient pas uniquement les automobilistes, Dieu, l'amitié ou Alain Bosquet. Il savait également parfaitement l'exercer contre son œuvre, n'hésitant pas à jeter dans la bouche d'égout à l'angle de la rue Racine et de la rue Monsieur-le-Prince un manuscrit auquel il avait travaillé plusieurs mois pendant la guerre. « Ce fut pour moi un événement, écrira-t-il en 1973. Depuis, je suis passé dans une complète indifférence presque tous les jours devant cette bouche d'égout, comme si elle n'avait le moindre rapport avec ce qui marqua un tournant de ma vie. »

Le misanthrope de la rue de l'Odéon (tel un assassin, il habite au 21) nous laissera un bon programme à méditer avec *Précis de décomposition* (1949), *Syllogismes de l'amertume* (1952), *La Chute dans le temps* (1964) ou *De l'inconvénient d'être né* (1973).

En 1995, peu de temps avant sa mort, il cessera d'écrire et confiera à *L'Express* : « Je ne crois plus aux mots. Et puis le spectacle de la littérature, à Paris... Tout le monde écrit du matin au soir sans interruption... »

Au 26, Flammarion

En 1867, Ernest Flammarion est un modeste représentant de commerce à la librairie Didier et Cie, quai des Grands-Augustins. Six ans plus tard, il fait la connaissance de Charles Marpon, libraire établi sous les arcades de l'Odéon, qui le prend bientôt comme associé. Les hommes s'activent, rachètent des boutiques et une imprimerie, publient Hugo et Michelet. Ernest Flammarion va bâtir sa réputation et sa fortune grâce à deux succès foudroyants : la version illustrée de *L'Assommoir* de Zola (1878) et l'*Astronomie populaire* (1879) de Camille Flammarion, son frère aîné. Fortune faite, vingt ans plus tard, il fait démolir les 26 et 28, rue Racine pour faire construire un nouvel immeuble par l'architecte Alfred Fasquelle, père d'Eugène Fasquelle. Il peut désormais défier ses principaux concurrents, Hachette et Calmann-Lévy. Au cours du siècle suivant, le catalogue va couvrir de nombreux domaines : histoire, philosophie, livres pratiques, d'art, d'actualité, de médecine, livres pour enfants et ouvrages de vulgarisation scientifique. La maison connaît de grands succès littéraires avec Victor Margueritte, Maurice Genevoix, Henri Barbusse, Jules Romains, Colette...

Après la Libération, tandis que Gallimard étend son emprise sur le Saint-Germain-des-Prés littéraire, l'*Almanach* d'Henri Philippon consacre quelques lignes au 26, rue Racine : « Les fils et petits-fils d'Ernest Flammarion tiennent le gouvernail d'une puissante machine à succès. Il suffit de nommer les auteurs comme Jules Romains, Claude Farrère, les frères Paul et Victor Margueritte [...] pour associer aussitôt Flammarion et gros tirages. [...] Les plus grands succès de 1949 sont Clostermann (*Le Grand Cirque*) et Mouchotte (*Carnets*)[106]. »

Les enfants, petits-enfants et arrière-petits-enfants d'Ernest Flammarion se sont succédé à la tête de la maison : Albert, Charles, Armand, Henri, jusqu'à Charles-Henri qui, avec ses frères, vend l'entreprise en l'an 2000 au groupe italien RCS MediaGroup.

RASPAIL (boulevard)

Le boulevard Raspail est également présent dans les 7e et 14e arrondissements.

À la hauteur de la rue de Rennes, le cortège mit en fuite
un tramway attardé qui rentrait au dépôt.
Le tramway, à la vue de cette section de serpents,
quitta ses rails, descendit le boulevard Raspail
à toute vitesse.

— Benjamin Péret, *Il était une boulangère*, 1925

Au 45, le Lutetia

Fréquenté notamment par Gide, Joyce (qui y joue du piano dans les salons), Roger Martin du Gard (fuyant les photographes après la remise de son prix Nobel à Stockholm), Albert Cohen (qui y dicte *Belle du seigneur* à sa secrétaire), Michel Foucault, Beckett ou Malraux, le Lutetia accueillit également Saint-Exupéry qui, au milieu des années 1930, chaque fois qu'il rencontrait des problèmes de loyer avec ses propriétaires, y prenait une chambre avec sa femme, Consuelo. Ou plutôt deux chambres, ce qui n'empêchait pas les bruyantes et multiples engueulades. Pierre Assouline consacre un roman à l'hôtel – *Lutetia* –, dans lequel, de 1938 à 1945, le chargé de sécurité voit défiler artistes et écrivains, puis officiers nazis, et enfin les déportés de retour des camps.

Au 110, Charles de Gaulle

Il avait à l'âge de 16 ans publié une saynète intitulée *Une mauvaise rencontre*. Pétain lui avait demandé, dans les années 1920, d'être son « prête-plume » dans l'optique de sa candidature à l'Académie française, proposition déclinée.

Le lieutenant-colonel de Gaulle et sa famille s'installent boulevard Raspail en 1932, date à laquelle il publie *Le Fil de l'épée*, ouvrage dans lequel il expose ses conceptions sur la guerre et la nécessité d'un chef. Jusqu'en 1954, date de la parution du premier tome de ses *Mémoires de guerre*, Charles de Gaulle écrivain restera à peu près inconnu du grand public, n'ayant publié que des ouvrages spécialisés comme *Vers l'armée de métier* (1934). Dès le milieu des années 1950, ses *Mémoires de guerre* et, plus tard, ses *Mémoires d'espoir* le consacreront comme un véritable homme de lettres. Il ne sera pas tendre avec son cher Malraux, qualifiant son ministre d'écrivain « brumeux, avec quelques éclaircies ». Et lui, quel était son style ? Si François Mauriac évoquera « l'accent de Pascal » et « le grand ton majestueux de Bossuet », Jean-François Revel penchera pour « un style de gendarme vague et prétentieux, respirant l'artifice et l'archaïsme ».

Au 144, le commissaire Adamsberg

Dans *Pars vite et reviens tard* (2001), Fred Vargas, curieusement, y situe un commissariat du 13e arrondissement dans lequel est muté le commissaire Adamsberg.

REGARD (rue du)

Et mes pas m'ont conduit aussi comme par hasard rue du Regard.
— Jack-Alain Léger, *Le Siècle des ténèbres*, 1989

Au 3, Charles Didier

Ses quelques romans (*Chavornay*, 1838) ne pèsent pas lourd à côté de son aventurette avec George Sand qui réside chez lui en 1837 avant de rencontrer Chopin.

Au 7, Chateaubriand

Démis du ministère des Affaires étrangères, quittant le 27, rue Saint-Dominique, François-René de Chateaubriand réside à l'hôtel de Beaune, rue du Regard, d'octobre 1824 à mai 1826, avant de s'installer au 88, rue Denfert-Rochereau (ex-rue d'Enfer), où il demeurera avec sa femme jusqu'en 1838.

Rue du Regard, le galant vicomte mène de front deux histoires amoureuses : avec Cordélia de Castellane et, surtout, avec la comtesse de Pierreclau, qui ne tardera pas à le harceler, et ce jusqu'en 1833 : « Je vous en prie, cessez vos lettres, lui écrira-t-il, je suis fâché de vos douleurs. [...] Cessez donc ces persécutions. » Dans sa *Vie de Rancé* (1844) Chateaubriand se tourne vers son passé amoureux : « L'amour ? Il est trompé, fugitif ou coupable. »

Au 9, Henry de Montherlant

En 1925, à son retour d'Espagne, Montherlant loge de mai à septembre 1925 chez son cousin Jean et commence l'écriture des *Bestiaires*, son deuxième roman, ouvrage semi-autobiographique qui fait référence à son expérience de torero et qui, selon lui, serait le premier ouvrage à faire le lien entre tauromachie et érotisme. À la fin de l'année, dans un pâturage en Espagne, Montherlant affrontera imprudemment un *toro* et sera gravement blessé.

« J'ai vécu, écrira-t-il au peintre-sculpteur Pierre-Yves Trémois, dans une griserie incomparable, le cruel poème du sang, de la volupté et de la mort. La tauromachie, corps-à-corps sacré, m'a permis de cultiver mon système nerveux : l'épée cachée sous la muleta (cape), on trompe d'abord, et on tue ensuite. »

Au 24, Alain Laubreaux

Son œuvre littéraire inspirée par la Nouvelle-Calédonie (*Yan-le-métis*, 1928) est totalement éclipsée par les remugles de son activité de critique littéraire dans *Je suis partout* pendant l'Occupation. Ses articles étaient brillants, redoutés, et souvent injustes. À l'occasion de la représentation de *La Machine à écrire*, Jean Marais y fut traité d'« homme au Cocteau entre les dents », ce qui valut à Laubreaux une solide correction de la part de l'acteur. (Truffaut s'inspirera de l'anecdote dans *Le Dernier Métro*.) Le journaliste fasciste et antisémite sera giflé par Desnos en 1942, gifle qui aura une incidence funeste sur le destin du poète. Laubreaux est soupçonné d'avoir été responsable de son arrestation rue Mazarine en février 1944 par la Gestapo et d'être intervenu pour qu'il soit déporté par le premier convoi.

Condamné à mort par contumace à la Libération, Laubreaux se réfugia en Espagne où il décéda en 1968.

RENNES (rue de)

La rue de Rennes tient droit dans le regard jusqu'à la tour Montparnasse.

— Jean-Éric Boulin, *Supplément au roman national*, 2006

Au 47, Rosny aîné

Rosny aîné a longtemps habité rue d'Alésia (au 72), ensuite rue Didot (au 39) en 1911, puis rue de Rennes, en 1912, où il résidera jusqu'à sa mort.

En 1908, les deux frères se sont fâchés et ont cessé de publier conjointement : Joseph Henri signera dès lors « J.-H. Rosny aîné » et Séraphin Justin « J.-H. Rosny jeune ».

L'aîné, avec sa *Guerre du feu*, surclassera nettement le jeune. Inventeur du terme « astronautique », il est par ailleurs considéré comme un des pionniers de la science-fiction dont *Les Navigateurs de l'infini* (1925) constitue un classique.

En 1930, dans *Nuits de Paris*, Rosny aîné s'inquiète (déjà) de la pollution : « Le jour, la rue de Rennes est tumultueuse, fuligineuse, poudreuse, infectée par les essences, les vapeurs, les poisons subtils qu'exhalent les troupeaux de monstres mécaniques, qui tuent chaque année, dans l'univers, vingt fois plus d'humains que n'en trucidèrent jamais tous les tigres, les lions, les jaguars, les panthères, les ours, les loups, dans un même temps. »

Deux ans plus tard, alors qu'il préside l'académie Goncourt, il contribuera à l'échec du *Voyage* de Céline, votant avec son frère pour *Les Formiciens* de Raymond de Rienzi et faisant ainsi élire *Les Loups* de Guy Mazeline.

Au 71, Simone de Beauvoir

En 1919, ruinée par la débâcle des emprunts russes, la famille de Beauvoir se retrouve désargentée. Elle doit quitter l'appartement du boulevard du Montparnasse et emménage dans un appartement sans eau et sans ascenseur situé au cinquième étage. Simone (née en 1908) y vivra jusqu'à l'âge de 20 ans. Elle y commence ses *Cahiers de jeunesse* dans lesquels elle inscrit sa fameuse phrase : « J'accepte la grande aventure d'être moi. »

Au 76, Vian et Queneau à la Rose Rouge

Installée dans l'ancienne brasserie du cinéma Lux-Rennes, la brasserie Lumina, la Rose Rouge version rue de Rennes voit le jour au printemps 1948. Jusqu'en 1952, le succès est phénoménal. Le cabaret-théâtre propose notamment *L'Étranger au théâtre* d'André Roussin, puis *Terror of Oklahoma*, un pastiche de western signé Albert Vidalie et Louis Sapin. Suivront les étonnants *Exercices de style* de Raymond Queneau et *Cinémassacre* de Boris Vian, une parodie d'Hollywood.

À partir de 1952, le cabaret-théâtre va péricliter. Le dernier spectacle, au titre hautement symbolique, sera *Dernière heure* de Boris Vian. Comme dit l'auteur, « les escargots, la larme aux yeux / Silencieux rentrent chez eux ». Présentée le 18 mars 1955, cette revue de science-fiction disparaîtra de l'affiche au terme de quelques jours. La Rose Rouge, elle, disparaît en 1956.

Au 108, le prolifique Élie Berthet

Avec plus de cent romans publiés de 1835 à 1890, Berthet fut un écrivain prolifique et protéiforme, concurrent de Dumas dans les années 1840, inaugurant des genres nouveaux comme le roman à détective (*La Maison murée*, 1855) ou le roman préhistorique (*Paris avant l'Histoire*, 1884). Il fut sans doute légèrement pillé, notamment par Edgar Rice Burroughs dont le *Tarzan seigneur de la jungle* (1912) s'inspire de *L'Enfant des bois* (1880) et par Zola, qui se serait souvenu des *Houilleurs de Polignies* (1866) pour écrire *Germinal* (1885).

Le romancier meurt en 1891 et on apprend, dans *Le Petit Moniteur universel*, qu'« Élie Berthet a travaillé, on peut le dire, presque jusqu'à son dernier jour » et qu'il « occupait un petit appartement au numéro 108 de la rue de Rennes ». On apprend également que « rien n'est encore décidé quant à la date des obsèques, qui se feront probablement demain mardi à l'église Saint-Sulpice ».

Au 134, Pauline Réage

En 1955, le prix des Deux Magots est attribué à une femme inconnue – Pauline Réage – pour *Histoire d'O*, roman publié l'année précédente chez un éditeur inconnu – Jean-Jacques Pauvert. Qui a écrit ce roman érotique, voire pornographique ? On évoque Jean Paulhan, André Breton, Raymond Queneau, André Pieyre de Mandiargues. « En tout cas, pas une femme ! » déclare Camus.

Il faudra attendre 1994 pour avoir la confirmation officielle de ce que tout le monde sait désormais : Pauline Réage est Dominique Aury, ex-compagne clandestine de Jean Paulhan.

Première jeune fille admise en khâgne, pionnière du journalisme féminin, auteure d'essais, grande prédatrice féminine (elle fut notamment la compagne d'Édith Thomas), Dominique Aury fut la première femme à jouer un rôle important chez Gallimard. Traduit en une vingtaine de langues, *Histoire d'O* s'est vendu à plusieurs millions d'exemplaires dans le monde, ce qui fait de Dominique Aury une des auteures les plus lues de la littérature française.

ROHAN (cour de)

Puis nous passons dans la cour de Rohan.
Il me demande alors : « Bon, mais la Bibliothèque nationale, elle est dans l'autre cour ? »

— Jean Favier, *Les Palais de l'histoire*, 2016

Au 3, le Grand Jeu chez Sima

Dans l'atelier du peintre Joseph Sima se tenaient, le jeudi, les réunions du Grand Jeu. La dernière a lieu le 30 novembre 1931. Une semaine plus tard, Daumal part aux États-Unis et Gilbert-Lecomte, dont la santé se dégrade, doit être hospitalisé. Quant à Vailland, il a quitté le navire depuis longtemps. « Le Grand jeu est foutu irrémédiablement », déclare « l'ange du Grand jeu[107] », le poète Rog-Jarl.

Au 3, Georges Bataille chez Balthus

En octobre 1943, Georges Bataille s'installe dans l'atelier du peintre Balthus, dans la troisième courette où naquit Camille Saint-Saëns en 1835. Cinq mois plus tard, il y organise les célèbres « fiestas » auxquelles participent notamment Camus, Beauvoir et Sartre. Entre l'auteur de l'*Histoire de l'œil* et le philosophe, les relations vont se tendre. En 1943, Bataille a publié *L'Expérience intérieure*, étrange récit à mi-chemin entre mysticisme et philosophie. Sartre consacre à l'ouvrage une critique particulièrement polémique intitulée « Un nouveau mystique », dans laquelle il conseille à l'auteur de se faire traiter chez un psychanalyste.

SAINT-ANDRÉ-DES-ARTS (rue)

La première fois que je rencontrai Juliette Gréco, c'était rue Saint-André-des-Arts. Je vis une fillette robuste, trop maquillée, dont les cheveux crêpelés étaient remontés en un savant échafaudage.

— Anne-Marie Cazalis, *Mémoires d'une Anne*, 1976

Au 22, le vert paradis du petit Baudelaire

Après la rue Hautefeuille, les Baudelaire s'installent en 1828 une rue plus loin, rue Saint-André-des-Arts, d'abord au 50 (anciennement 58), puis au 22 (anciennement 30). Le père du petit Charles est mort l'année précédente, l'enfant a 7 ans, c'est encore « le bon temps des tendresses maternelles ». L'enfance, il ne cessera de la rechercher à travers l'opium ou le haschisch afin de retrouver « le vert paradis des amours enfantines », « l'innocent paradis plein de plaisirs furtifs ».

Au 41, Racine

Racine y réside de fin 1679 à 1684, au coin de la rue de l'Éperon, avant de s'installer rue des Maçons-Sorbonne (rue Champollion). Il fait savoir qu'il n'écrira plus pour le théâtre, afin de se consacrer entièrement à « écrire l'histoire du Roi ». Rue Saint-André-des-Arts, il observe avec tristesse le regroupement de Juifs séfarades, totalement exclus de la société. Il s'en souviendra quand il écrira, à la demande de Mme de Maintenon, *Esther*

(1688), avant-dernière pièce de Racine, écrite en trois actes, en vers et avec chœurs, tragédie évoquant l'extermination de Juifs.

Au 42, la mort d'Isidore Isou

Naturalisé français dans les années 1980, celui qui déclarait « tous dieux, tous maîtres » meurt seul et oublié rue Saint-André-des-Arts en juillet 2007. Cet être surdoué qui élabora dès l'âge de 17 ans une théorie de la culture (dans laquelle la création constitue le moteur de l'humanité) laisse une œuvre protéiforme dont la poésie lettriste reste la partie émergée. L'idée ? Si Baudelaire, Rimbaud, Apollinaire, Tzara ou Breton ont dynamité la versification, il faut aller plus loin : détruire la poésie à mots pour faire place au potentiel sonore des lettres. Les cendres d'Isou reposent au Père-Lachaise, dans une case (24193) portant la citation suivante : « Je crois que de moi on a déjà dit tout le mal qu'on puisse dire. Ce qui me semble original et rare reste le bien qu'on puisse découvrir dans mes actions. »

Au 46, le poète e.e. cummings

Étudiant à l'université Harvard, Edward Estlin Cummings débarque en France comme ambulancier en 1917. Ses convictions pacifistes lui valent trois mois de détention à La Ferté-Macé, dans l'Orne, ce qui lui inspire *L'Énorme Chambrée*, récit remarqué dès sa sortie par la critique. Au début des années 1920, il s'installe rue Saint-André-des-Arts avant de retourner aux États-Unis. Il reste célèbre pour son emploi très « rock and roll » des majuscules, des règles de ponctuation et de la syntaxe, se battant contre les machines qui disposent et alignent les lettres en « une égalité impeccable et artificielle ». Pour Cummings, « rienn'interditd'écrire-commeça. On a le, droit ».

Mort en 1962, il laisse plus de deux mille neuf cents poèmes, des nouvelles, des pièces de théâtre et de nombreux dessins et peintures.

Au 58, Régine Deforges et sa bicyclette

Elle fut (en 1968) la première femme à fonder sa propre maison d'édition, L'Or du temps, hommage à la quête d'André Breton. Le premier ouvrage qu'elle publie, *Irène*, est la réédition du *Con d'Irène* attribué à Louis Aragon, qui avait fait l'objet d'une première édition en 1928. Le livre est saisi quarante-huit heures après sa mise en vente, alors qu'on lit sur les murs de Paris « Jouissez sans entraves ! » et « Il est interdit d'interdire ». Bête noire de la Mondaine, l'éditrice lance une bibliothèque érotique par correspondance, publie le premier livre d'Hervé Guibert. Ses livres sont interdits les uns après les autres, elle doit se battre contre les huissiers, les magistrats du tribunal où elle se rend soutenue par Jean-Jacques Pauvert, Éric Losfeld, Pascal Jardin.

En 1979, l'éditeur Jean-Pierre Ramsay lui commande un roman. Il souhaite lancer une collection de remakes des grandes œuvres littéraires. Le premier tome de la trilogie *La Bicyclette bleue* paraît en 1981, le succès sera phénoménal (plus de dix millions d'exemplaires vendus). Inspiré d'*Autant en emporte le vent*, il vaut à Régine Deforges quelques démêlés judiciaires avec les héritiers de Margaret Mitchell, qui seront finalement déboutés. Après sa disparition, en 2014, François Hollande lui rendit hommage : « Régine Deforges était une femme libre, passionnément libre » qui « est restée une rebelle, engagée dans un féminisme rayonnant et un combat jubilatoire contre les tabous. [...] Éditrice courageuse, elle a défendu la liberté de création contre toutes les censures et tous les conformismes ».

SAINT-BENOÎT (rue)

J'ai fini par le trouver, pas loin de la rue Saint-Benoît,
tard dans la soirée. Ce qu'il y avait de pratique,
à cette époque, c'est que nous n'avions pas besoin de nous
demander où était qui et qui faisait quoi,
il suffisait de se présenter rue Saint-Benoît,
après dix-neuf ou vingt heures, et toute la terre était là...
— Philippe Labro, *Un début à Paris*, 1994

Au 1, teinture, NRF et pots de moutarde

En mars 1912, *La Nouvelle Revue française* quitte les locaux de l'éditeur Rivière, 31, rue Jacob, et emménage dans un bureau avoisinant, au 1, rue Saint-Benoît, dans une ancienne teinturerie. Elle y restera deux ans. À la Libération, le local deviendra une minuscule épicerie-restaurant « où Boris Vian achète ses pots de moutarde et Marcel Pagliero ses cornichons[108] ».

Au 5, Charles-Augustin Sainte-Beuve

De retour d'une fuite inexplicable en Belgique, Sainte-Beuve rentre à Paris et réside chez son ami le Dr Paulin, en 1850-1851, à l'entresol. C'est à cette époque qu'il commence à publier ses « Causeries du lundi » dans *Le Constitutionnel.* « Il y a longtemps que je demandais qu'une occasion se présentât à moi d'être critique, tout à fait critique comme je l'entends, avec ce que l'âge et l'expérience m'avaient donné de plus mûr et peut-être aussi de plus hardi. Je me mis donc à faire pour la première fois de la critique nette et franche, à la faire en plein jour, en rase campagne[109]. »

Au 5, Gaston-Charles Richard

Auteur d'une soixantaine de romans populaires entre 1913 et 1940, il s'illustra essentiellement dans la collection « Romans célèbres de drame et d'amour » de Tallandier, créant une héroïne détective du nom d'Elsa Van Laëgels.

« George, le valet de pied, venait de poser sa rotonde de fourrure sur les épaules de lady Farghwar... Lord et lady Holder, emmitouflés à leur tour, prenaient congé d'elle, quand, tout à coup, la grande dame eut un tressaillement nerveux et pâlit légèrement. “Dieu ! dit-elle à mi-voix... Mon pendentif[110] !” »

Au 5, Marguerite Duras

Avril 1942 : Marguerite Duras s'installe au troisième étage gauche du 5, rue Saint-Benoît. L'appartement devient rapidement un centre de rencontre de la Résistance où l'on croise, notamment, le capitaine Morland, alias François Mitterrand, que Duras accueillera quelques jours dans sa chambre du sixième et qui, à sa stupéfaction, fume des cigarettes anglaises. Lorsque Robert Antelme – mari de Duras – est arrêté, Dionys Mascolo – amant de la même – se charge de récupérer les dossiers compromettants dans l'appartement tandis que Camus fait le guet au coin de la rue Jacob. Duras côtoie les grandes figures du quartier et milite activement au parti communiste, organisant des réunions chez elle et au Montana. Ce qui inspire au compositeur d'avant-garde René Leibowitz, ami de Queneau et des Leiris, une berceuse pour le fils de la maison : « Dors, enfant, dors / Ta maman est au Flore / Ton père est aux Deux Magots / Et toi tu fais dodo / S'ils ne sont pas là / C'est qu'ils sont au Montana… »

Vingt-cinq ans plus tard, Duras accueille… Mai 68. Devant ce qu'elle considère comme « une divine surprise », comme Maurras saluant l'avènement de Pétain, elle s'engage avec fougue dans le mouvement étudiant, le considère comme « sa » révolution, parle de « sauvagerie essentielle » et invente – dit-on – le slogan « sous les pavés, la plage ».

Duras (qui parlait d'elle à la troisième personne et proférait : « Il se trouve que j'ai du génie ») avait le don d'enthousiasmer certains, de se faire haïr par d'autres. On se souvient de la moue et de la réflexion de Marguerite Yourcenar à propos du titre *Hiroshima, mon amour* : « Et pourquoi pas Auschwitz mon chou ? » On se souvient également de Pierre Desproges, curieusement agressif avec l'auteure de *L'Amant* : « Duras n'a pas écrit que des conneries. Elle en a aussi filmé. »

Au 5, Ramon Fernandez

Au-dessous de chez Marguerite Duras habite Ramon Fernandez, conseiller culturel du Parti populaire français de Doriot. Alors que Duras reçoit des résistants, il reçoit Gerhard Heller, responsable littéraire de la Propagandastaffel, et divers officiers allemands. Fernandez et Duras se connaissent : alors qu'il était membre du comité de lecture de Gallimard, il fit entrer sa future voisine dans l'illustre maison. « Je cherche à m'expliquer, écrira son fils Dominique Fernandez, comment cet homme, un des plus brillants intellectuels de son temps, a pu être socialiste à 31 ans (1925), critique littéraire d'un journal de gauche à 38 ans (1932), communiste à 40 ans (1934), fasciste à 43 ans (1937), enfin collabo à 46 ans (1940). »

Prix Femina pour *Le Pari* (1932), Ramon fut essentiellement critique littéraire et essayiste : Molière, Balzac, Proust, Barrès, Gide… Il meurt en août 1944, quelques jours avant la libération de Paris, échappant ainsi à une probable condamnation.

Au 5, également, Léo Larguier

Foulard blanc, cheveux longs, feutre à larges bords et canne de prix, l'ami d'Apollinaire, auteur de *Saint-Germain-des-Prés, mon village*, est à la Libération une figure du quartier. Il réside au dernier étage de l'immeuble et se plaint bientôt « de se voir chassé de tous ces endroits » dont il était naguère le roi. Le vieux poète décède chez lui en 1950, l'année de publication du *Manuel de Saint-Germain-des-Prés* de Vian. Suffisamment tôt pour ne pas voir son « village » bientôt transformé, car un monde chasse l'autre. Pour son enterrement, il demande à être inhumé avec, sous la tête, un dictionnaire de français en guise d'oreiller.

Au 5, Enrique Vila-Matas

En 1974, le cinéaste-journaliste s'installe à Paris et loue, grâce à des amis, la petite chambre de bonne située dans les combles de l'appartement de Marguerite Duras. « J'écris un roman, dit-il à sa célèbre logeuse. Un livre qui tue ceux qui le lisent. » Duras objecte : impossible, à moins d'y cacher un poignard. « C'est là, écrit Vila-Matas, que j'ai compris que la mort devait venir du texte. J'ai décidé de faire comme Miles Davis, que j'avais vu quand il était venu en Espagne jouer de la trompette en tournant le dos au public. En plein franquisme, les gens avaient été choqués par cette attitude. Mais moi, j'ai compris que si je voulais tuer ce public qui me terrifiait, il fallait que j'écrive en lui tournant le dos[111]. »

Rue Saint-Benoît, Vila-Matas écrira son « livre qui tue » : *La Lecture assassine*, paru en 1977. La consécration internationale interviendra avec *Le Voyage vertical* (1999) puis *Le Mal de Montano* (2003), ouvrage qui obtient de nombreux prix dont le Médicis étranger. Et de son séjour rue Saint-Benoît naîtra un roman : *Paris ne finit jamais* (2004).

Au 7, Arthur de Gobineau

Fin 1835, après avoir échoué au concours d'entrée de Saint-Cyr, Gobineau décide de se lancer dans une carrière littéraire et s'installe dans une petite mansarde de la rue Saint-Benoît. Il deviendra poète, journaliste, orientaliste, diplomate, philosophe, historien et romancier. « Le plus grand méconnu du XIXe siècle », a-t-on dit de celui dont les nouvelles s'apparentent à celles de Mérimée et l'art de romancier à celui de Stendhal. Son nom reste malheureusement indissociable de son *Essai sur l'inégalité des races humaines* dans lequel il soutient qu'il existe trois races primitives (jaune, blanche et noire) dont les métissages conduiraient inéluctablement à la décadence de l'espèce humaine. La race noire posséderait la sensualité nécessaire à la naissance des arts, la race jaune se caractériserait par une intelligence pratique et unitaire et la race blanche aurait « le monopole de la beauté, de l'intelligence et de la force ». Distinguant au sein de cette race blanche une « race ariane » placée au-dessus de toutes les autres, Gobineau verra sa pensée récupérée par certains idéologues du IIIe Reich. Il faut dire que Gobineau penchait nettement à droite et que son avis sur les Parisiens était assez tranché : « Je regarde un petit despotisme bien corsé comme de nécessité urgente… Il faudra jeter par terre d'un coup de pied cette immonde population et elle prendra cela très bien… Ils seront trop contents d'avoir quelqu'un qui sache les mener raide[112]. »

Au 20, la Revue des Deux Mondes et Baudelaire

La revue s'y installe au printemps 1851. Le 1er juin, sous la férule de François Buloz, dix-huit poèmes de Baudelaire, dont « Le Spleen » et « L'Invitation au voyage », sont réunis et publiés sous le titre *Les Fleurs du mal*. *Le Figaro* s'insurge, stipulant que le poète « ne sera plus cité désormais que parmi les fruits secs de la poésie contemporaine », et conclut : « Et c'est cette poésie scrofuleuse, écœurante, que la *Revue des Deux Mondes* nous offre […] ! Ah, vous nous la donnez belle, M. Buloz ! »

Au 24, Maurice Rollinat

Quittant son Berry natal, ce protégé de George Sand s'installe rue Saint-Benoît en 1866. Employé de bureau à la mairie du 6e arrondissement, il passe son temps à « rimer ». Son premier recueil (*Dans les brandes*) sera publié en 1877. Suivra *Les Névroses* (1883), recueil qui connaît un triomphe en librairie malgré des critiques plutôt réservés : « M. Maurice Rollinat, écrit Laurent Tailhade, a mis la névrose à la portée des imbéciles. »

Génie pour les uns, sous-Baudelaire pour les autres (dont Verlaine), il influença notamment Jules Laforgue et Émile Verhaeren. Il avait le don, avec son visage blême, de faire s'évanouir ses interlocuteurs en récitant ses poèmes au Chat Noir et en les fixant dans les yeux. Oscar Wilde et Leconte de Lisle, dit-on, en firent l'expérience. Bon pianiste et compositeur, il mit en musique plusieurs poèmes de Baudelaire[113].

Au 26, Yann Andréa « Steiner »

Il fut le dernier compagnon de Marguerite Duras, vécut avec « elle » pendant une quinzaine d'années de 1980 jusqu'à son décès, en 1996. Il était né en 1952, elle était née en 1914. Les ouvrages de Yann Andréa ne parlent que d'elle : *M.D.* (récit sur la cure de désintoxication de l'écrivaine, 1983), *Cet amour-là* (1999), *Ainsi* (2000), *Dieu commence chaque matin* (2001). Dans *Cet amour-là*, il relate ses relations toxiques avec celle qu'il n'a jamais pu appeler par son prénom et qu'il ne pouvait pas tutoyer. Secrétaire, chauffeur, compagnon d'ivresse et souffre-douleur, elle le régente, le dépossède de lui-même. Il en souffre : « Si demain je meurs, si demain je me tue, rapporte-t-il, vous ferez un petit livre dans les quinze jours, je suis sûr que vous le ferez. » Elle dit : « Yann, je vous en supplie, ne dites pas ça, non. Pas un petit livre. Un livre. »

Yann Andréa, nom que lui avait donné Duras, fut l'exécuteur littéraire de l'écrivaine. Au grand dam de son unique fils, Jean Mascolo. Andréa décède rue

Saint-Benoît en 2014, dans la misère d'une chambre de bonne dont « elle » lui avait royalement laissé l'usufruit.

Au 28, Montesquieu au Montana

Quand Saint-Germain-des-Prés n'était pas encore Saint-Germain-des-Prés, l'hôtel Montana avait accueilli Jacques Prévert, de 1936 à 1938, dans un vaste studio du septième étage, doté d'un balcon à partir duquel il aimait se suspendre, au-dessus du vide, parfois aviné, pour la plus grande peur de ses amis. Après la guerre, le bar de l'hôtel (« petit enfer rouge et fumeux », selon Simone de Beauvoir) devient le rendez-vous de l'équipe des *Temps modernes* (Maurice Merleau-Ponty, Jacques-Laurent Bost, Robert Scipion…), des communistes (Pierre Hervé, Pierre Courtade, Marguerite Duras…) et des cinéastes (Louis Daquin, Alexandre Astruc, Marcel Cravenne, Yves Allégret, Marcel Pagliero…). Mitoyen du Flore, le Montana se devait de faire assaut de culture et d'esprit. Aussi le patron citait-il Montesquieu dans sa publicité : « Il existe une maison où l'on apprête le café de telle manière qu'il donne de l'esprit à ceux qui en prennent[114]. »

SAINT-GERMAIN
(boulevard)

Le boulevard Saint-Germain est également présent dans les 5ᵉ et 7ᵉ arrondissements.

Arrivé au croisement du boulevard Saint-Germain, il regarda sa montre. […] Se souvenant qu'il avait vu Beigbeder quelques jours auparavant à la télévision, Attias pensa qu'il aimait bien les gens qui ne se prennent pas trop au sérieux.

— Franck Nouchi, *Le Cerveau de Voltaire*, 2012

Au 79, la librairie Hachette

« Il y a deux sortes de vert, déclare Léon-Paul Fargue : le vert Véronèse et le vert Hachette. » Quant à la presse, au milieu des années 1950, elle n'hésite pas – déjà ! – à parler de la « pieuvre verte » pour imager l'appétit des successeurs de Louis Hachette.

Installé dès 1909 à l'angle du boulevard Saint-Germain et de la rue Hautefeuille, Hachette va inventer le livre de poche en 1953 et absorber en un demi-siècle de nombreux fleurons de l'édition française : Grasset (1954), Fayard (1958), Stock (1961), Lattès (1980), Pauvert (1990), Calmann-Lévy (1993), Hatier (1996), Larousse, Armand Colin et Dunod (2003).

Il est loin, le temps où l'*Almanach de Saint-Germain-des-Prés* faisait l'éloge en quelques lignes de la librairie : « Dans le domaine de la littérature érudite, de l'histoire, des traductions, Hachette publie toujours et s'efforce d'être à la page[115]. »

Au 125, la baignoire de Benjamin Péret

« Comme ils passaient devant le 125 boulevard Saint-Germain, ils virent un homme sortir en poussant devant lui un fauteuil, un personnage était assis dans la position de l'homme fatigué. Aussitôt la pensée leur vint qu'un crime avait été commis en cet endroit. Une baignoire, jetée d'un quatrième étage et venant s'écraser à leurs pieds, confirma leurs soupçons… »

L'étonnant poète-révolutionnaire, prince de la désacralisation, fulminant que l'on puisse tarifer le soleil et la mer fut, durant toute sa vie, le seul surréaliste à rester totalement fidèle à André Breton. Péret reste peu connu. Il paya, sans doute, sa publication du *Déshonneur des poètes*, pamphlet contre l'affadissement poétique survenu chez les poètes de la Résistance, Éluard compris, qui déclara malgré cela : « Péret est un plus grand poète que moi. » Sur sa tombe, au cimetière des Batignolles, figure cette épitaphe : « Je ne mange pas de ce pain-là. » (C'est-à-dire les prêtres, les militaires et les bourgeois.)

Au 126, Gilbert Cesbron

Il fut catalogué écrivain catholique et écrivain à thèse, spécialiste des problèmes de société, soucieux « d'évoquer la morale sans se prétendre moraliste ». Il s'installe à Saint-Germain-des-Prés en 1946 et va devenir un phénomène éditorial : *Notre prison est un royaume* (1948, un million trois cent mille exemplaires vendus), *Les saints vont en enfer* (1952), *Chiens perdus sans collier* (1954) et une pièce à succès, *Il est minuit, docteur Schweitzer* (1952).

Il se dévoua pour les déshérités, fut visiteur de prison, secrétaire général du Secours catholique. Prix Prince-Pierre-de-Monaco pour l'ensemble de son œuvre en 1962. Prix de la Ville de Paris pour l'ensemble de son œuvre en 1978, un an avant sa mort.

Au 139, Jean Fougère

Son recueil *Visite*, publié pendant l'Occupation, fut salué par Camus, Chardonne et Montherlant. Au 139, Jean Fougère avait vu plongeante sur la place Saint-Germain-des-Prés qu'il assimilait à une cour des miracles littéraire. « À voir ce panier de grotesques on se prend à penser que Jean Fougère les a peints avec la férocité d'un Jérôme Bosch », écrit Jean Duché lors de la parution de *La Cour des miracles*.

Romancier et surtout nouvelliste, Jean Fougère ne pouvait, pour sa peinture de Saint-Germain-des-Prés, que recevoir l'approbation des Hussards. « Il était une fois, écrit Antoine Blondin, un écrivain tellement doué que toutes les fées rêvées de la littérature saluèrent son avènement comme une félicité. » Né en 1914, Jean Fougère reçut le Grand Prix de la nouvelle de l'Académie française en 1972 et frôla le Goncourt en 1975 pour son roman *Les Passagers*.

L'écrivain quitta Saint-Germain-des-Prés au début des années 1960 pour le 29, rue Octave-Feuillet (16e arrondissement) puis le 24, quai de Béthune (4e arrondissement).

Au 143, Pasternak à l'hôtel Madison

En 1924, la Baraque de la Chimère, théâtre éphémère de Gaston Baty, est démolie. Un an plus tard, une élégante façade va orner ce renfoncement du boulevard Saint-Germain : l'hôtel Madison ouvre ses portes. Idéalement placé, il accueillera de grands noms de la littérature : le 21 juin 1935, Boris Pasternak (qui fut un des grands poètes russes des années 1920, avec Essénine et Maïakovski) y séjourne à l'occasion du Congrès international des écrivains pour la défense de la culture qui se tient au palais de la Mutualité. Sa santé est fragile, il est très surveillé, parle peu et refuse par prudence de déjeuner avec Malraux et Cocteau. *Le Docteur Jivago*, vingt-trois ans plus tard, lui vaudra le Nobel de littérature et un flot d'injures dans son pays.

Au 143, Malraux et Camus à l'hôtel Madison

André Malraux réside au Madison durant l'hiver 1938. Il a terminé *L'Espoir* un an plus tôt, il a quitté la rue du Bac pour gérer tant bien que mal une vie amoureuse tumultueuse. Josette Clotis, sa maîtresse, demeure à deux pas, à l'hôtel Royal-Condé, rue de l'Odéon.

Quelques années plus tard, en juin 1940, c'est Camus qui s'installe dans la chambre 65, dont le petit balcon donne sur l'église. À l'hôtel Madison, il terminera *L'Étranger* et poursuivra la rédaction du *Mythe de Sisyphe*.

Au 149, le Royal Saint-Germain

Dans une préface du *Manuel de Saint-Germain-des-Prés* de Boris Vian, Noël Arnaud fusille le quatrième larron du carrefour Saint-Germain : « Le Royal Saint-Germain est un endroit stupide, au personnel détestable, et que rien de mieux qu'un Drugstore ne pouvait remplacer[116]. » Daniel Gélin lui fait écho : « Jamais la disparition d'un bistrot ne fut saluée par un tel soupir de soulagement [...]. On y était mal servi dans une salle miteuse. »

Pourquoi tant de haine ? Est-ce son ancien statut de café Dupont[117], ses tubes de néon ou son allure de buffet de gare qui en firent pour beaucoup un véritable paria ? Parent pauvre du Flore, de Lipp et des Deux Magots, il fut le mal-aimé de l'intelligentsia germanopratine du début des années 1950, fréquenté par les incultes, les trop timides pour pousser la porte d'un des trois grands. On y croisait cependant de façon assez régulière Montherlant, Audiberti et, dans les années 1960, Christiane Rochefort.

Il ferme en 1965 et, le 19 octobre de la même année, Publicis inaugure sur son emplacement son deuxième drugstore parisien. À Saint-Germain-des-Prés, la grande migration vers la société de consommation est amorcée.

Au 149, Denis Diderot

Au niveau du 149 (ou 145 selon certains), dans ce qui était la rue Taranne avant le prolongement de la rue de Rennes, était située la maison que Diderot et sa famille occupèrent durant trente ans aux quatrième et cinquième étages. L'année suivant son installation, en 1755, il rencontre Sophie Volland avec laquelle il va entamer une liaison clandestine et qui sera à l'origine d'une abondante correspondance. Trois ans plus tard, la querelle engagée avec Rousseau atteint son point d'orgue : les « frères ennemis » ne se verront plus, ne s'écriront plus, leurs différends se régleront par œuvre interposée. « J'avais, écrit Rousseau, un Aristarque sévère et judicieux, je ne l'ai plus, je n'en veux plus ; mais je le regretterai sans cesse, et il manque bien plus encore à mon cœur qu'à mes écrits[118]. » « Demandez, écrit en réponse Diderot, à un amant trompé la raison de son opiniâtre attachement pour une infidèle, et vous apprendrez le motif de l'opiniâtre attachement d'un homme de lettres pour un homme de lettres d'un talent distingué[119]. »

Au 151, la brasserie Lipp

Dans *L'Infortune*, François Sureau évoque ce havre de paix du début du siècle : « Bien que ce restaurant fût installé au cœur de Paris à un jet de pierre du clocher de Saint-Germain, personne ne sacrifiait aux rites parisiens, feutres taupés et huit-reflets, mélange des genres et bruyantes apostrophes, pétitions de principe. Il y régnait un air de dignité provinciale… »

Léon-Paul Fargue confirmera cette quiétude dans son *Piéton de Paris* de 1939 : « Il y a des cafés qui éclatent d'atmosphère, même quand ils sont vides. Des cafés qui sont, par eux-mêmes, de bons rabicoins, et qui se satisfont d'une confortable célébrité de statue ou de paysage. Tel est encore le café Lipp, tout chaud d'âme et d'intimité. »

L'intimité d'antan a bien évolué et, sans vraiment concurrencer le Flore ou les Deux Magots, le Lipp politique sera également un Lipp littéraire. On y vit la fidèle Céleste faire remplir une bouteille directement au robinet de pression pour Proust ; Saint-Exupéry réapparaître un soir de 1930 après avoir été porté disparu dans le désert de Libye ; André Gide dînant seul ; Hemingway – alors correspondant de guerre – faire remplir son bidon de cognac ; Jacques Laurent écrivant ses *Bêtises* ; Sagan se faire servir du Coca-Cola, boisson interdite dans l'établissement ; Jean Dutourd dîner tous les dimanches et Jean-Marc Roberts rejoindre la table qui lui était quasiment réservée. Tout établissement littéraire doit avoir son prix. Le prix Cazes, depuis 1935, récompense un auteur de moins de 40 ans n'ayant jamais été primé, comme Suzanne Prou en 1972 ou Robert Sabatier, honoré en 2014 à l'âge « posthume » de 91 ans.

Au 153, Audiberti à l'hôtel Taranne

« Dès le hall d'entrée et son canapé mité, on se croit à Nevers. Le veilleur de nuit s'appelle M. Casier et Jacques Audiberti l'appelle M. Laclef », écrit Gaston Bonheur dans le n° 3 de *La Gazette de Saint-Germain-des-Prés*. L'écrivain à la boulimie langagière réside au cinquième, dans la chambre 19, décorée de toiles surréalistes. Un surréalisme qui ne le tenta guère lorsque Benjamin Péret l'emmena rue Fontaine : « Je ne suis pas entré dans le groupe, écrit-il. Ce n'était pas mon chemin, je n'avais rien à leur apporter. »

Parmi les pensionnaires permanents de l'hôtel figure également Camille Bryen, peintre et poète « phonétique ». Parmi les clients occasionnels, Montherlant en 1942 et Arthur Adamov en 1944. *Quoat-Quoat* et *Le Mal court*, à la Libération, vont consacrer Audiberti comme prince de la fantaisie poétique et du vaudeville métaphysique. Dans *L'Herbe des nuits*, Modiano l'évoque à mots masqués : « Plus tard, écrit-il, j'ai découvert que ce prénom "Dannie" était le titre d'un poème d'un écrivain que j'admirais en ce temps-là et que je voyais quelquefois boulevard Saint-Germain sortir de l'hôtel Taranne. »

Audiberti laisse sept recueils poétiques, plus de vingt-trois pièces, quatorze romans, des essais, des Mémoires et d'innombrables articles sur les sujets les plus variés. Au terme d'une année de souffrances, malade, il meurt en 1965 dans son appartement du boulevard Saint-Germain, inscrivant sur un papier ses derniers mots : « Marre… marre… marre. » « Ce n'est pas un écrivain qui a posé la plume, écrit *Le Monde*. C'est un torrent qui s'est pétrifié d'un coup, un volcan qui s'est éteint. »

Au 157, Henri Massis académicien

Ce fidèle de Maurras fut, dans les années 1910, un prince de la jeunesse, louant dans *Les Jeunes Gens d'aujourd'hui* – dans le sillage de Barrès et de Péguy – foi catholique et patriotique, goût de l'action et engagement politique. Ses écrits, pendant cinquante ans, ne s'éloignèrent jamais d'une ligne très droitière. Pas de fiction, de nombreux essais, et l'Académie française en 1960. À sa mort, dix ans plus tard, Pierre-Henri Simon écrira dans *Le Monde* : « J'ai assez vécu pour avoir connu, dans les années 1920, le directeur de la *Revue universelle*, sec, tranchant et hautain. J'ai retrouvé, quarante ans plus tard, quai de Conti, un vieillard pauvre, modeste, affable, accablé de misères physiques et de chagrins domestiques, et supportant ses épreuves avec un courage, à la fois stoïque et chrétien, et une dignité qui appelaient vers lui la sympathie et l'admiration. »

Au 162, le jeune dandy Alfred Jarry

En 1894, après la publication de *Haldernablou* dans le *Mercure de France*, pièce dans laquelle il évoque l'amour charnel qui le lia à Léon-Paul Fargue, le jeune homme de 19 ans quitte son petit logis du boulevard de Port-Royal et s'installe dans un appartement cossu du boulevard Saint-Germain, confiant dans son étoile et dilapidant les quinze mille francs or hérités de son père. Deux ans plus tard, Ubu est joué au théâtre de l'Œuvre. « Cornegidouille ! hurle le Père Ubu, nous n'aurons point tout démoli si nous ne démolissons même les ruines. » Si la pièce constitue un coup d'éclat littéraire, ce n'est pas un coup de maître sur le plan financier et le jeune dandy a tout dépensé. Jarry est contraint de déménager et de réintégrer son ancienne et minuscule garçonnière au 78, boulevard de Port-Royal, logement qu'il devra quitter quelques mois plus tard en louant rue Cassette son appartement « bas de plafond ».

Au 165, le restaurant Calvet

Ce fut (avant 1914) le rendez-vous des cochers de fiacre. Ce sera après la guerre (de 1939-1945) le rendez-vous de la littérature gourmande, amoureuse du coq en pâte, du cassoulet, du confit d'oie, et une des « cantines » de Fasquelle et Grasset. On y croise Gide qui y croise Jacques Chardonne et François Mauriac : « Jacques Chardonne, relate Jean-Paul Caracalla, y avait ses aises : il enseignait à de jeunes épigones voraces les subtilités du goût, leur apprenait à déguster un Sauternes avec le foie gras sous les yeux de Mauriac[120]. » Pécher gourmand aura une fin : le restaurant brûle en février 1971.

Au 166, la Rhumerie Martiniquaise

Cet aimable établissement créé en 1932 et tenu par la famille Louville va devenir dans l'après-guerre le rendez-vous des Hussards désireux de s'affranchir du Flore-Deux Magots des (honnis) existentialistes. C'est là que Blondin, en 1950, rencontre Nimier pour la première fois. Dans *Les Enfants tristes*, l'homme à la « Gaston-Martin[121] » évoque les lieux : « La Rhumerie était un des endroits de Paris que Dominique adorait. Elle y trouvait une “atmosphère”, elle s'en étonnait comme une provinciale et ce gentil café de la Rive gauche, où l'on voit Antoine Blondin, était pour elle pavé de rêves, d'aventures, de rencontres. »

André Fraigneau, maître en écriture pour les Hussards, sera également un habitué des lieux. « Nous nous retrouvions là, relate-t-il, chacun apportant son dernier chapitre. Antoine Blondin écrivait *L'Europe buissonnière*, Michel Déon, *Je ne veux jamais l'oublier*, et moi *L'Amour vagabond.* »

La Rhumerie fut également le port d'attache d'Antonin Artaud. En mai 1946, le très gentil Artaud partage un verre avec le moins gentil André Breton, un Breton qu'il n'a cessé d'aimer malgré leur rupture en 1926. Artaud tient à le remercier d'être venu l'accueillir au Havre à son difficile retour d'Irlande, en 1937. Sauf que Breton n'y était pas.

Au 169, la revue *Bifur*

Avant la guerre, l'adresse est celle du bureau des Éditions du Carrefour et de la revue *Bifur*, dirigée par Georges Ribemont-Dessaignes et Pierre Lévy. Le premier numéro, en 1929, accueille des textes de Blaise Cendrars, Henri Michaux,

Philippe Soupault, Tristan Tzara…, et, dans le nº 7 (décembre 1930), paraît le premier texte important de Jacques Prévert : *Souvenirs de famille ou l'Ange garde-chiourme*. « On allait se coucher, le lendemain on se levait. Ainsi tous les jours les jours faisaient la queue les uns derrière les autres, le lundi qui pousse le mardi qui pousse le mercredi et ainsi de suite les saisons. Les saisons, le vent, la mer, les arbres, les oiseaux. Les oiseaux, ceux qui chantent, qui partent en voyage, ceux qu'on tue : les oiseaux plumés, vidés, mangés, cuits dans les poèmes ou cloués sur les portes des granges… »

Au 170, la librairie-galerie La Hune

Abandonnant la rue Monsieur-le-Prince, La Hune prend en février 1949 la succession du restaurant Piaux, emplacement magique encadré par le Flore et les Deux Magots. L'inauguration de la galerie d'art-librairie a lieu le 12 mai avec la présentation des trente-trois planches gravées par André Masson pour *Les Conquérants* de Malraux.

La Hune devient un carrefour culturel. C'est devant sa vitrine consacrée à *L'Affaire Henri Martin*, de Sartre, qu'Adamov ameute les intellectuels pour protester contre les tortures en Algérie. C'est à la Hune que naît *La Quinzaine littéraire* de Maurice Nadeau. Qu'Alain Robbe-Grillet et le jury du prix de Mai récompensent Marguerite Duras pour *Moderato cantabile* en 1958. C'est encore à La Hune que Breton retrouve Max Ernst et que Max Ernst se réconcilie avec Aragon après quarante ans de rupture. Et en 1981, on peut lire sur une affichette : « SILENCE, Philippe Sollers lit Paradis de 13 heures à 23 heures. »

Chassée par Louis Vuitton, « porte-drapeau de la vulgarité bourgeoise[122] », La Hune émigrera en 2012 rue de l'Abbaye, au coin de la rue Bonaparte.

Au 172, le café de Flore

L'établissement n'est alors qu'un endroit tranquille qu'affectionnent les joueurs de belote quand le premier fait d'armes survient, en 1908 : dans la salle du premier est créé le journal de l'Action française par Charles Maurras, lequel relate cette période dans un ouvrage de 1931, *Au signe de Flore*. Second fait d'armes : avec André Salmon, André Billy, André Tudesq et René Dalize, Apollinaire y fonde en 1912 *Les Soirées de Paris*, revue dans laquelle sera publié pour la première fois son *Pont Mirabeau*. Quatre ans plus tard, tandis que Pierre Benoit écrit *Kœnigsmark* sur une table du rez-de-chaussée, c'est encore au Flore qu'Apollinaire (qui habite à cent mètres, au 202) présente Philippe Soupault à André Breton en leur disant : « Il faut que vous deveniez amis. » Jusqu'à sa mort, Apollinaire y tiendra ses assises tous les mardis de dix-sept heures à dix-huit heures : « Au café de Flore, devant un Picon-citron, Apollinaire était assis comme un "pontife" et accueillait ses amis avec un sourire. […] Pierre Reverdy, silencieux ; Max Jacob, bavard ; Blaise Cendrars, ricanant ; Pierre Benoît, lointain ; Raoul Dufy, distant… »

Les années 1930 inaugurent une nouvelle ère : Georges Bataille, Robert Desnos, Léon-Paul Fargue, Raymond Queneau, Michel Leiris… Entre 1930 et 1935, André Malraux y sirote un Pernod bien glacé matin et soir et Bernard Grasset y arbore son éternel fume-cigarette. Chassés des Deux Magots, Prévert et ses amis investissent l'établissement dès l'automne 1935, le poète s'étant installé à l'hôtel Montana, à quelques mètres.

La guerre va forger la légende du lieu. Tandis que Sartre est prisonnier en Allemagne, Beauvoir délaisse Le Dôme pour le Flore. « Je m'efforçais d'y arriver dès l'ouverture pour occuper la meilleure place, celle où il faisait le plus chaud, à côté du tuyau de poêle[123]. »

Sartre revient d'Allemagne en avril 1941 et Boubal fait semblant de fustiger le philosophe : « Sartre fut mon plus mauvais client. Il demeurait des heures à gribouiller du papier devant une unique consommation[124]. » Le philosophe y écrit une grande partie de *L'Être et le Néant*, comportant notamment les deux pages mémorables sur « l'être-en-soi du garçon de café ». Le Flore est un refuge, une maison, un bureau : « En ce rude hiver de 1942, écrit Guillaume Hanoteau, le Flore ressemblait moins à un café littéraire, mettons au Tortoni de la Belle Époque, qu'à une étude du Petit Chose décrite par Alphonse Daudet au plus noir de son talent. Dans la pauvre lumière de l'acétylène – “une lumière de saccharine”, disait un humoriste amer, parce qu'elle remplaçait les éclats de l'électricité pendant les coupures de courant –, la plupart des consommateurs écrivaient, recroquevillés, engoncés, couverts de cache-nez. Les autres parlaient à voix basse ou se déplaçaient en mesurant leurs gestes afin de ne pas déranger les travailleurs[125]. » Robert Scipion se souvient du Flore des années 1943-1944 : « Au premier étage, on avait l'impression d'une salle de classe : Sartre était installé à une petite table où il écrivait *Les Chemins de la liberté*, Simone de Beauvoir, à une autre petite table, écrivait *Tous les hommes sont mortels*, Mouloudji, sur une autre petite table, écrivait *Enrico*[126], Jacques-Laurent Bost écrivait *Le Dernier des métiers*, un peu plus loin, Adamov écrivait lui aussi, sans doute une de ses pièces, et moi j'occupais aussi une petite table où j'écrivais mon livre de pastiches *Prête-moi ta plume*[127]. »

Vient la Libération. Sartre et Beauvoir, harcelés, vont déserter le café pour se réfugier au bar du Pont-Royal. Apparaît une nouvelle génération avec Nimier en chef de bande, les Hussards, qui tentent d'assassiner les anciennes gloires de Saint-Germain-des-Prés. Les disciples de Sartre ? Des danseurs ! Les mandarins, de Simone de Beauvoir ? « Des Bouvard et Pécuchet existentialistes[128]. » L'après-guerre s'éloigne et le quartier devient people. Pascal, le plus gradé des garçons, regardera cette mutation avec philosophie. Celui que Camus surnomma Descartes est entré au Flore en 1930 et les a tous connus, de Malraux à Prévert, de Prévert à Sartre, de Sartre à Nimier. Il quitte ses fonctions en 1970. Boubal, empereur de Saint-Germain-des-Prés, vend son café en 1983. Que reste-t-il du Flore, plus d'un siècle après la première visite de Guillaume Apollinaire ? Un mythe, un rêve. Car « le Flore n'est pas un café, mais des visages, une mémoire vive, mémoire du siècle, légère et nécessaire[129] ».

SAINT-GERMAIN-DES-PRÉS (place)

Il pleut peut-être à Saint-Germain-des-Prés, mais seulement sur ceux qui n'y vivent pas.
— Boris Vian, *Manuel de Saint-Germain-des-Prés*, 1950

Au 3, l'église Saint-Germain-des-Prés

Youki Desnos avait cru bien faire. Des funérailles religieuses du ô combien anticlérical Robert Desnos furent organisées le 24 octobre 1945, après le rapatriement des cendres du poète depuis la Bohême. Mauriac – au nom de l'Institut – pria pour l'âme du poète. Éluard et Prévert, mécontents, restèrent à l'extérieur de l'église.

Une quinzaine d'années plus tard, le sourire reviendra dans l'auguste église fondée en 553 : Antoine Blondin et Albert Vidalie tentent de faire baptiser un gigot enveloppé dans des serviettes. L'histoire finira au poste de police tout proche. Antoine Blondin, comme Desnos, retrouvera l'église après son décès, en 1991. « Même l'église était bourrée », titrera Jean-Claude Lamy pour son compte rendu dans *France-Soir*.

Au 6, les Deux Magots

Café liquoriste fréquenté par Verlaine, Rimbaud, Mallarmé, par les académiciens Goncourt et par Alfred Jarry, les Deux Magots s'animent au début des années 1920 quand les surréalistes – Breton et Aragon en tête – commencent à fréquenter assidûment les lieux : « Les surréalistes avaient leur table [...] face à la porte, d'où ils pouvaient insulter à loisir un quelconque nouvel arrivant ayant eu maille à partir avec eux, ou dire à haute voix leur intention de cravacher un éditorialiste écrivant dans un journal anti-surréaliste, pour avoir mentionné leur nom, pire, de ne pas l'avoir mentionné[130]. » Pour pouvoir insulter, aux Deux Magots, il faut être « correctement vêtu ». En 1922, Aragon se fait refouler : « Je me fais foutre à la porte des Deux Magots pour avoir eu la prétention d'y entrer sans veston en plein juillet 1922 », relate-t-il dans *Blanche ou l'Oubli*.

Les surréalistes ne vont pas tarder à se déchirer et, en 1930, Desnos, Prévert, Queneau, Bataille, Leiris et associés rédigent aux Deux Magots *Un cadavre*, pamphlet dans lequel André Breton est traité de « gidouille molle », de « flic », de « têtard de bénitier », de « tête à crachats ».

Durant l'entre-deux-guerres, le café de la place Saint-Germain-des-Prés accueille tout ce que Paris compte d'écrivains, de poètes, d'éditeurs... Bernard Grasset en fait son quartier général. Au moindre rayon de soleil, le Tout-rive-gauche français et étranger s'agglutine en terrasse : Artaud, Cocteau, Salmon, Hemingway, Joyce, Nabokov, François Mauriac, Paul Morand. Jean Giraudoux s'y rend tous les matins vers dix heures avec brioches et journaux, à sa table réservée. Il commande invariablement « un café-crème avec lait » et rejoint ensuite son bureau au ministère des Affaires Étrangères. On y voit Saint-Exupéry et une gracieuse jeune femme, Françoise Giroud, qui vient de dactylographier dans une chambre du Lutetia différentes moutures du scénario de *Courrier Sud*.

En décembre 1933, le dramaturge Roger Vitrac et son amie Martyne, bibliothécaire des Beaux-Arts, apprennent l'attribution du Goncourt à André Malraux pour *La Condition humaine*. Le Goncourt leur semble trop académique. « Et si on créait le prix des Deux Magots ? » songent-ils aussitôt. Ils décident de la composition du jury (treize membres parmi lesquels Robert Desnos, Michel Leiris, André Derain), du président (Henri Philippon), convoquent les jurés par pneumatique pour dix-sept heures aux Deux Magots et, à dix-huit heures, Raymond Queneau reçoit le prix pour *Le Chiendent*, premier roman publié chez Gallimard[131]. L'élu s'empresse d'aller fêter son prix et ses mille trois cents francs… au Flore.

Durant la guerre, le café sert de consigne, comme en témoigne Violette Leduc : « La caissière des Deux Magots m'a donné le *Miracle de la rose* de Jean Genet de la part de Simone de Beauvoir.

"C'est lourd, ai-je dit.
— Oui, c'est lourd", a répondu la caissière. »

Après son retour des États-Unis, Breton se fixe aux Deux Magots en compagnie de Péret, Matta, Gracq et Victor Brauner, afin de ranimer la flamme surréaliste qui vacille dangereusement. « Groupusculaire et crépusculaire[132] », le mouvement de Breton ne fait guère de vagues aux Deux Magots et Jean Cau, sarcastique, décrit la petite troupe avec commisération : « Ils avaient cru bouleverser le monde, enterrer Dieu, Père, Mère, Patrie, Tout. Ils se retrouvent avec une guerre et des rhumatismes. Quelques-uns se réunissent encore aux Deux Magots, le jeudi après-midi, ils discutent. Va savoir de quoi ! »

Viennent les années « hussards », Blondin, Nimier, Laurent, Déon et quelques autres. Prix des Deux Magots 1949 pour *L'Europe buissonnière*, Blondin connaît très vite la notoriété et, situé politiquement à la droite de la droite, n'hésite pas à pousser la provocation en encensant Robert Brasillach. « À droite, les Hussards ? ironisera-t-il. Ils nous font passer pour des écrivains de droite pour faire croire qu'il existe des écrivains de gauche. »

Après les années Sartre et les années Nimier viendront les années Sagan. C'est là que l'écrivain et critique littéraire Matthieu Galey prend rendez-vous avec la jeune fille le 3 juin 1954, trois mois après la parution de *Bonjour tristesse* : « Petite et brune, avec des yeux ronds, sombres, elle fait à peine ses dix-huit ans.

[…] Elle se dit ulcérée de tout le bruit qu'on fait autour de son nom et trouve la gent littéraire "assommante et abrutie" à l'exception des auteurs véritables. »

SAINT-MICHEL
(boulevard)

Le boulevard Saint-Michel est également présent dans le 5e arrondissement.

Elle retourna vers le boulevard Saint-Michel. Elle alla au d'Harcourt, à la Source. Elle cherchait quelqu'un.

— Jacques Audiberti, *Monorail*, 1947

Au 10, la mort de Maurice Merleau-Ponty

Le philosophe emménage boulevard Saint-Michel en 1953, sous-louant l'appartement de François Nourissier qui s'installe rue Jacob.

Il est l'auteur de la *Phénoménologie de la perception* (1945), a publié *Humanisme et terreur* en 1947 et, tout en faisant les beaux soirs de Saint-Germain-des-Prés, pour divergence politique, s'est brouillé avec Sartre avec lequel il cofonda *Les Temps modernes*.

Suivront une importante œuvre philosophique et un décès prématuré à l'âge de 53 ans, boulevard Saint-Michel, en mai 1961, alors qu'il lisait, dit-on, *La Dioptrique* de Descartes, essai très peu philosophique sur la progression des rayons lumineux dans le nerf optique.

Au 20, le quatrain scato de Rimbaud

C'est au café Le Cluny, carrefour littéraire entre Saint-Germain-des-Prés et le Quartier latin, que Rimbaud écrit en 1871 sur le mur des toilettes son quatrain scatologique. « De ce siège si mal tourné / Qu'il fait s'embrouiller nos entrailles, / Le trou dut être maçonné / Par de véritables canailles. » Le Cluny inspirera également Aragon dans des termes plus choisis : « J'aimais à Saint-Michel le Cluny pour l'équerre / Qu'il offre ombre et rayons à nos matins précaires… »

Au 44, le lycée Saint-Louis

Avant de devenir une filière pour matheux, le collège d'Harcourt puis lycée Saint-Louis côtoya de près la littérature : Boileau, Racine, Montesquieu, Diderot, Baudelaire, Huysmans, Zola, Romain Rolland, Labiche, Feydeau, Saint-Exupéry, Claude Simon, Alain Robbe-Grillet…

Au 58, le café 66 de Patrick Modiano

En 1965, à l'angle du boulevard Saint-Michel et de la place Edmond-Rostand (58, boulevard Saint-Michel), le 66 est le seul café ouvert toute la nuit. Le narrateur de *L'Herbe des nuits* y retrouve une certaine Dannie et fréquente « des clients un peu bizarres », surveillés par la police. C'est aujourd'hui le Luxembourg et les clients « un peu bizarres » qui le fréquentaient, liés à l'affaire Ben Barka, l'ont déserté depuis plus d'un demi-siècle.

Au 64, Leconte de Lisle

Monocle cerclé d'écaille rivé à son œil droit, longue chevelure grisonnante, l'orgueilleux Leconte de Lisle s'installe boulevard Saint-Michel en 1872 et reçoit dans son modeste appartement au salon mansardé la jeune génération : Heredia, Sully Prudhomme, Catulle Mendès, Coppée… Avec ses *Poèmes barbares* (1862), il s'est imposé comme chef de file de la génération qui annonce le Parnasse.

Question au maître (dans les années 1880) : « Considérez-vous le symbolisme comme une suite du Parnasse ou comme une réaction contre lui ? » Réponse du maître : « Ni comme l'une ni comme l'autre. Ou plutôt si, c'est évidemment, comme je vous l'ai dit, une réaction d'enfants et d'impuissants, contre un art viril et difficile à atteindre. »

Le poète reste célèbre pour son « Hugo est bête comme l'Himalaya ». Que l'on détourne souvent de son sens : si Hugo peut être bête, il est également immense et inégalable.

Au 66, Laure de Berny

En 1822, Balzac tombe amoureux d'une amie de sa mère, de vingt-cinq ans son aînée. Lorsque le jeune écrivain s'installe rue Cassini, elle s'installe dans ce qui est à l'époque le 55, rue d'Enfer (approximativement, le 66, boulevard Saint-Michel) pour être au plus près de son jeune amant. Elle aura été sa muse, son conseil littéraire, son soutien financier. Il lui a dédié *Louis Lambert* (« *Et nunc et semper dilectae dicatum* / À la chère entre toutes et maintenant et toujours ») et il s'inspira d'elle (et de leur relation) pour camper Mme de Mortsauf (et l'intrigue) du *Lys dans la vallée.*

Mme de Berny meurt en 1836 et Balzac écrit, désemparé : « La personne que j'ai perdue était plus qu'une mère, plus qu'une amie, plus que toute créature peut être pour une autre. […] Elle m'avait soutenu de parole, d'action, de dévouement pendant les grands orages. Si je vis, c'est par elle. Elle était tout pour moi. »

Au 78, Xavier de Montépin chez Fayard

Dans les années 1860, Jean-François Arthème Fayard transfère sa librairie du 31, rue de Beaune au 78, boulevard Saint-Michel. Il y publie des ouvrages historiques, mais également des romans populaires comme *La Porteuse de pain* de Xavier de Montépin, best-seller au succès comparable à celui qu'obtiendra *Autant en emporte le vent* au siècle suivant. Ce feuilletoniste prolifique (plus de deux cents ouvrages plus ou moins bâclés) fut l'un des promoteurs du « roman de la victime », modèle qui fit fureur dans la littérature populaire des décennies 1870-1880. La règle du feuilleton exigeant de perpétuels rebondissements, Xavier de Montépin avait parfois du mal à suivre sa propre pensée, si bien que le célèbre satiriste Léon-Charles Bienvenu (dit Touchatout) écrivit en 1875 : « Plusieurs fois même, M. de Montépin, qui écrivait ce feuilleton au jour le jour, fut obligé d'en suspendre la publication parce qu'il s'était perdu dans ses dix-neuf intrigues. »

Au 82, Maurice Barrès chez sa grand-mère

Maurice Barrès séjourne boulevard Saint-Michel lors de ses premiers séjours parisiens de 1881-1882. Le jeune homme plein d'ambition se donne cinq ans pour égaler Maupassant. Dans les cafés et brasseries du Quartier latin, en particulier au Vachette, il fréquente les décadents, les névropathes et les wagnériens regroupés pour déclamer leurs théories et pour combattre l'ennemi commun : le bourgeoisisme. Il papillonne, enchaîne les liaisons féminines. Cinq ans plus tard, il n'a publié qu'une poignée d'articles et édité quelques numéros d'une gazette critique et littéraire, *Les Taches d'encre*. Il se retire alors dans sa famille en Lorraine, en mars 1885. La gloire littéraire s'esquisse en 1888, alors qu'il est revenu à Paris : Paul Bourget fait l'éloge de son premier roman, *Sous l'œil des barbares*, premier volet de la trilogie *Le Culte du moi*. Avec Paul Bourget, René Bazin et Henry Bordeaux, il deviendra l'un des « quatre B », tenants du courant traditionnaliste. Si Mauriac ou Malraux salueront son talent littéraire, Paul Léautaud ne sera pas tendre avec le député-académicien : « Quand on a lu cela, on n'a rien lu. […] Quel temps j'ai perdu dans ma jeunesse à lire ce phraseur sans esprit, ce romantique artificiel, cet arlequin littéraire… »

SAINT-PLACIDE
(rue)

Comme elle ne savait pas en apprécier la beauté, la grande Roue et la Galerie des Machines hantaient ses rêves. Elle portait un collier de corail napolitain et était abonnée au cabinet de lecture de la rue Saint-Placide.

— Louis Aragon, *Anicet ou le Panorama*, 1921

Au 9, Hégésippe Moreau

Poète aussi romantique que révolté, connu pour *Le Myosotis. Petits contes et petits vers*, Pierre-Jacques Roulliot dit Hégésippe Moreau vécut rue Saint-Placide de 1834 à 1838 dans une grande misère, souffrant du froid et de la faim : « À tout prix, il faut que je mange, / Rien ne pourrait m'empêcher, / Que le bon Dieu m'envoie un ange, / Je le plume pour l'embrocher. »

Sainte-Beuve lui consacre quelques lignes apitoyées : « Au moment où il venait de trouver un éditeur pour ses vers, et où *Le Myosotis*, publié avec luxe (1838) et déjà loué dans les journaux, allait lui faire une réputation, il entre sans ressource à l'hospice de la Charité et y meurt le 20 décembre 1838. »

Au 31, H comme Huysmans, et comme Houellebecq

Il fut romancier, poète, critique littéraire et d'art, il oscilla entre préciosité et satanisme, décadence et religiosité, tout en officiant pendant trente ans comme fonctionnaire au ministère de l'Intérieur. Après le 20, rue Monsieur, puis le 60, rue de Babylone, Huysmans résida rue Saint-Placide, appartement avec balcon au cinquième étage, où il mourut, le 12 mai 1907. « Dans son appartement de la rue Saint-Placide un homme venait de mourir, après avoir souffert pendant de longues semaines à la fois comme un damné et comme un saint. Ses traits étaient creusés, ravagés par le mal, et sa barbiche effilée, presque blanche, amenuisait son visage cireux. Il s'en allait à la saison des roses, un jour de mai, ce mois que l'Église a consacré à Marie, mère de Jésus. Il n'avait pas tout à fait soixante ans. Il s'appelait Joris-Karl Huysmans. On le revêtit, selon son vœu, de sa robe d'oblat bénédictin[133]. »

Après avoir lu *À rebours*, roman de la décadence paru en 1884, Barbey d'Aurevilly écrivit : « Après un tel livre, il ne reste plus à l'auteur qu'à choisir entre la bouche d'un pistolet ou les pieds de la croix. » Huysmans choisira la deuxième solution, délaissant le satanisme pour se tourner définitivement vers le catholicisme : « De sa patte crochue, le démon m'a conduit vers Dieu », écrit-il dans *Là-bas* (1891). En faisant du héros de *Soumission* un professeur spécialiste de Joris-Karl Huysmans, Michel Houellebecq rend hommage à un écrivain considéré comme sulfureux et scandaleux. « Je pense qu'il aurait pu être un ami pour moi », confie-t-il dans une émission sur France Culture.

Au 31, Henry de Monfreid

À l'âge de 7 ans, le petit Henry rejoint ses parents qui résident à Paris, rue Saint-Placide. Inscrit à l'École alsacienne, il y restera jusqu'en 1892. Contrairement à Gide, il n'y laisse pas une grande empreinte et le sous-directeur écrit : « N'a pas répondu, hélas ! à toutes les bontés que nous avons eues pour lui et a mal répondu aux mesures de sévérité. Ne fera de réels progrès que lorsqu'il sera plus sérieux. C'est bien dommage, car cet enfant est bien doué, surtout pour les sciences. »

Il passera ensuite quelques années à Carcassonne, puis reviendra à Paris pour préparer Centrale, comme interne au lycée Saint-Louis. Renvoyé pour balades nocturnes sur les toits de Paris, en 1898, le jeune homme prendra une chambre à l'hôtel Jacob et d'Angleterre (payée par ses parents) et entamera une vie vouée à l'aventure.

Avant de partir pour Djibouti en 1911, premier contact avec les « secrets de la mer Rouge », il fut successivement chauffeur de maître, contrôleur de la qualité du lait chez Maggi, éleveur de volaille, patron d'une laiterie, accumulant les déboires à chaque expérience. Décidant de « larguer les amarres », il deviendra l'un des plus grands aventuriers du XXe siècle, trafiquant de perles, d'armes, de drogues, contrebandier, voire légèrement négrier.

En 1930, il rencontre Joseph Kessel venu enquêter sur les marchés d'esclaves en Éthiopie. L'envoyé de *Paris-Soir* l'incite à raconter sa vie. Ce sera fait dès l'année suivante, avec la parution, en 1931, de son premier récit autobiographique – *Les Secrets de la mer Rouge* –, qui obtient un grand succès. Suivront, au long de quatre décennies, plus de soixante-dix ouvrages. Impressionné par Monfreid, Kessel en fit le personnage d'un de ses romans, Mordhom, dans *Fortune carrée* (1932). Monfreid deviendra par ailleurs capitaine de boutre et trafiquant d'armes dans *Les Cigares du pharaon* d'Hergé. Dans la version initiale parue dans *Le Petit Vingtième*, le capitaine alias Monfreid soigne son français. « J'ignorais, dit-il à Tintin, que vous fussiez de la police secrète. »

Au 31, Marcel Espiau

Auteur dramatique (*Le miroir qui fait rire*, *Septième étage*), il fut cofondateur du prix Renaudot, vaguement collabo durant la guerre, admirateur de Céline, créateur, en 1953, du Grand Prix de littérature enfantine du salon de l'Enfance. Premier lauréat : Jeanne de Recqueville, qui fera les beaux jours de la « Bibliothèque verte », de la « Bibliothèque rose » et de l'« Idéal-Bibliothèque ».

Au 41, la revue *Fontaine*

Fondée en novembre 1938 sous le titre de *Mithra,* la revue *Fontaine* trouve son nom définitif en 1939 lorsque Max-Pol Fouchet, à Alger, en prend la direction. Cette « revue mensuelle de la poésie et des lettres françaises », qualifiée par Fouchet de « revue de la Résistance en pleine lumière », fut d'abord une modeste revue de poésie et de littérature, pour devenir un acteur essentiel du champ littéraire durant la guerre, publiant notamment *Liberté* de Paul Éluard, en 1942. Après s'être installée rue Saint-Placide, la revue séjournera au 40, rue des Mathurins de 1945 à novembre 1947, date de la cessation de sa parution. Le dernier numéro, le soixante-troisième, publiera notamment André Breton, Pierre Gascar, Gaëtan Picon…

SAINT-SULPICE
(place)

Il y a beaucoup de choses place Saint-Sulpice…
— Georges Perec, *Tentative d'épuisement d'un lieu parisien*, 1975

Au 6, Théodore Botrel

Dans les années 1920, tout en vivant à Pont-Aven, le barde breton réside place Saint-Sulpice. S'il n'avait laissé à la postérité que sa pièce *Notre-Dame-Guesclin !* (1906) et son recueil poétique *Les Alouettes* (1912), son nom aurait été oublié depuis longtemps. Mais un soir de 1895, dans un café chantant, il a remplacé un chanteur absent et chanté quelques-unes de ses œuvres dont *La Paimpolaise* :

« J'aime Paimpol et sa falaise, / Son église et son grand pardon ; / J'aime surtout la Paimpolaise / Qui m'attend au pays breton… »

Ce fut la gloire, bien qu'il n'ait jamais mis les pieds à Paimpol, où il n'y a, par ailleurs, pas de falaise.

Ses autres adresses répertoriées sont le 21, rue Boissy-d'Anglas en 1908 puis, à partir de 1910, le 8, rue de Saint-Simon.

Au 6, les Éditions Robert Laffont

« Il avait une présence physique très forte, régnait naturellement, avec une allure de pétrolier texan : une sorte de cow-boy égaré à Saint-Germain-des-Prés », écrit Denis Tillinac. Le cow-boy, c'est Robert Laffont, qui hésite à ses débuts entre le cinéma et l'édition. Consulté, son ami Guy Schoeller lui donne son avis : « Ce sont deux chemins qui mènent le plus sûrement à la ruine. Le premier est le plus rapide, le second le plus raffiné. »

Robert Laffont tiendra bon et deviendra le spécialiste des best-sellers comme *Papillon* d'Henri Charrière ou *Paris brûle-t-il ?* de Lapierre et Collins, s'attirant une moue condescendante des éditeurs germanopratins. Avec Guy Schoeller, il lancera la collection « Bouquins » et éditera *Le Quid* pendant des années. En 1993, les Presses de la Cité prendront le contrôle de l'entreprise et Robert Laffont quittera la maison qui porte son nom, recevra ses amis et rédigera ses Mémoires dans un petit bureau au 22, rue des Canettes.

Au 6, les Éditions du Rocher

Dans les années 1980, les Éditions du Rocher s'installent dans les anciens locaux de Robert Laffont et attirent de jeunes auteurs : Thierry Ardisson, Patrick Besson, Daniel Picouly, Éric Neuhoff… et un certain Michel Houellebecq, auteur de « *Quelque chose en moi* », *Le Surréalisme et ses insoumis* (1988), et *H. P. Lovecraft. Contre le monde, contre la vie* (1991).

En 2008, devenues filiale du groupe Pierre Fabre, les Éditions du Rocher quitteront la place Saint-Sulpice pour le 101, boulevard Murat.

Au 8, le café de la Mairie

Éluard et Beckett aimaient venir écrire au café de la Mairie, suivis beaucoup plus tard par Albert Camus qui, habitant rue Madame, y fait généralement une halte avant de se rendre chez Gallimard. Il s'assied au fond de la salle devant son *Combat*-café-tartine, croise parfois le jeune associé de René Julliard qui, amoureux de cette place austère, installera en 1963, au n° 6, sa maison d'édition : Robert Laffont.

Onze ans plus tard, Georges Perec passe trois jours consécutifs au café de la Mairie pour une *Tentative d'épuisement d'un lieu parisien*, notant « ce que l'on ne note généralement pas, ce qui ne se remarque pas, ce qui n'a pas d'importance », « ce qui se passe quand il ne se passe rien » : les feux qui passent au rouge (cela leur arrive souvent, inscrit-il) ; des scouts qui passent devant l'église ; une deux-chevaux vert pomme immatriculée dans l'Eure-et-Loir (28). Un car. Des Japonais. Etc. Cette ode au rien, à l'immobilité et au temps qui passe paraît en 1975 dans la revue *Cause commune* puis est publiée chez Christian Bourgois en 1982.

Sur un banc, Henry Miller

Face à l'église où furent baptisés Baudelaire et le marquis de Sade, Miller, qui adorait cette place si tranquille, venait vers minuit épier une femme dont il était curieux, avant d'y passer lui-même la nuit : « Elle dormait là sur son banc, sous son parapluie déchiré, aux baleines pendantes, avec sa robe tournant au vert, ses doigts osseux et cette odeur de pourriture qui suintait de son corps ; et moi le matin, je me retrouvais assis là moi-même, roupillant tranquillement au soleil, maudissant ces sacrés pigeons… »

À l'ombre de la tour est de Saint-Sulpice, Umberto Eco

Lorsqu'il n'était pas dans son appartement-bibliothèque (trente mille ouvrages) de Milan, ou à Bologne ou dans les Marches, dans un ancien monastère de Monte Cerignone, et lorsqu'il ne voyage pas, Umberto Eco habite un grand pied-à-terre de Saint-Sulpice. Romancier-philosophe-sémioticien, essayiste de renom à la curiosité sans limites, « Il Professore » dépose une bombe au début des années 1980 dans l'édition mondiale, avec *Le Nom de la rose*, polar médiéval (1980) vendu à plusieurs millions d'exemplaires, suivi du *Pendule de Foucault*, autre succès planétaire en 1988.

Umberto Eco aimait Paris et particulièrement les alentours de Saint-Sulpice. « Il lui arrivait, écrit Robert Maggiori, de sortir de son appartement parisien, place Saint-Sulpice, au petit matin ou tard dans la nuit, quand les voitures dorment. Un petit dictaphone à la main, il se parlait à lui-même, pour voir combien de phrases il pouvait dire entre le bas et le haut de la rue Servandoni, afin de rendre à la juste mesure un dialogue qui se serait déroulé pendant le même laps de temps entre deux personnages d'un de ses romans[134]. » Il voulait « voir du sens là où on serait tenté de ne voir que des faits ». Il meurt en 2016 d'un cancer du pancréas.

SAINT-SULPICE
(rue)

Normat était fabricant d'images de piété. Il avait quatre mètres de vitrine dans la rue Saint-Sulpice et des ateliers de photographie donnant sur l'arrière-cour.

— Marcel Aymé, *La Faim du pianiste*, 1933

Au 38, Joris-Karl Huysmans

À l'ombre des tours dont la silhouette apparaîtra dans ses romans futurs (*En rade*, *Là-bas*, *En route*), Huysmans passe une partie de son enfance, faisant ses études à l'institution Hortus, rue du Bac. Son père y décède en 1856, il a 8 ans.

Huysmans restera toujours attaché à ce quartier Saint-Sulpice à « la lisière de ce sixième arrondissement, peuplé de prêtres et de relieurs, d'imagiers religieux et de libraires ».

Dans *Là-bas*, l'écrivain part à l'assaut des tours : « Quelle abominable construction ! se dit-il, en contemplant l'église ; quand on songe que ce carré, flanqué de deux tours, ose rappeler la forme de la façade de Notre-Dame ! Et quel gâchis ! poursuivit-il, en examinant les détails. Du parvis au premier étage, il y a des colonnes doriques, du premier au deuxième, des colonnes ioniques à volutes ; enfin, de la base au sommet de la tour même, des colonnes corinthiennes, à feuilles d'acanthe. Que peut bien signifier ce salmigondis d'ordres païens pour une église ? »

SAINTE-BEUVE
(rue)

Des gouttes de sueur se formèrent sur le front de Sturel. Il rentra rue Sainte-Beuve et verrouilla sa porte.

— Maurice Barrès, *Les Déracinés*, 1897

Au 6, Jean Baudrillard

Sociologue, philosophe, photographe, poète à sa manière, l'auteur du *Système des objets* (1968) et de *La Société de consommation* (1970) fut également pataphysicien, comme il se définit lui-même : « Pataphysicien à 20 ans, situationniste à 30, utopiste à 40, transversal à 50, viral et métaleptique à 60 – toute mon histoire. » Outre son plaisir à pulvériser avec dérision mais avec précision tous les postulats sur lesquels repose la société, il tira une joie jubilatoire d'avoir été élevé par le Collège de 'Pataphysique à la dignité de « satrape transcendantal », en 2001. Un brin nihiliste mais immensément provocateur, Baudrillard nous demande en mai 2005 dans une interview du *Monde magazine* : « Pourquoi y a-t-il rien plutôt que quelque chose ? »

SAINTS-PÈRES
(rue des)

La rue des Saints-Pères est également présente dans le 7e arrondissement.

Ma vie n'est plus à moi, ma vie n'est plus qu'un destin ; il regardait jaillir l'un après l'autre les lourds immeubles noirs de la rue des Saints-Pères, il regardait sa vie qui défilait.

— Jean-Paul Sartre, *L'Âge de raison*, 1945

Au 7 bis, Edmonde Charles-Roux

« Un miracle d'éducation, écrit Matthieu Galey dans son *Journal*, une mécanique si parfaite qu'on ne songerait point à lui chercher une âme. »

Elle naquit dans le luxe et dans les belles-lettres : son grand-père usa de son prestige pour faire décerner le Nobel à Frédéric Mistral et elle fut prénommée Edmonde, signe affectueux en direction d'Edmond Rostand, l'ancien voisin et ami de sa grand-mère.

Sa carrière littéraire commence (et pratiquement finit) après les années *Vogue*, avec la parution en 1966 de son immense succès mondial : *Oublier Palerme*. Suivra un mariage avec le flamboyant Gaston Deferre, quelques romans et biographies. Elle sera, de 1983 à 2016, membre de l'académie Goncourt qu'elle présidera de 2002 à 2014.

À Paris, Edmonde Charles-Roux habitait dans le haut de son hôtel particulier de la rue des Saints-Pères, hôtel doté d'un ascenseur qu'elle appelait « ma Bentley ».

Au 13, Édouard Fournier

Historien du théâtre (Corneille, Molière, Marivaux, Racine, Beaumarchais...), auteur d'une vingtaine de pièces (sa *Vraie Farce de Maître Pathelin, mise en 3 actes et en vers modernes*, jouée à la Comédie-Française en 1872, connut un important succès), il fut également un témoin attentif de l'évolution de la capitale suite aux travaux du baron Haussmann. Parmi une quinzaine d'ouvrages spécialisés qui oscillent entre nostalgie et admiration, un *Paris démoli* (1853), réédité en 1855 avec une préface de Théophile Gautier, et une célèbre *Promenade historique dans Paris*, chapitre majeur de l'ouvrage collectif *Paris dans sa splendeur* (1861).

Au 29, le restaurant Michaud et le « souci de taille » de Fitzgerald

En 1929, Francis Scott Fitzgerald invite Hemingway à déjeuner chez Michaud et lui fait part d'un gros souci : sa femme lui a dit qu'il ne pourrait jamais rendre une femme heureuse. « Elle m'a dit que c'était une question de taille », précise-t-il.

Hem le conduira aux toilettes et, après inspection, le déclarera « tout à fait normal ».

Au 61, Bernard Grasset

Au printemps 1910, Bernard Grasset quitte la rue Corneille et emménage dans les locaux des éditions Nelson, au 61, rue des Saints-Pères. Son bureau se résume à une petite pièce très sombre donnant sur la cour, bureau qu'il conservera toute sa vie. Il achète une machine à écrire, fait installer le téléphone et change le nom de son affaire : les Éditions nouvelles deviennent les Éditions Bernard Grasset. Très rapidement, c'est le succès : prix Goncourt 1911 pour *Monsieur des Lourdines* d'Alphonse de Châteaubriant et 1912 pour *Filles de la pluie* d'André Savignon. En novembre 1913, il publie (à compte d'auteur) *Du côté de chez Swann*, manuscrit refusé (notamment) par Gallimard, qui en rachètera les droits ultérieurement. Avec *Maria Chapdelaine* de Louis Hémon, il devient en 1921 « M. Cent-Mille-Exemplaires », invente le marketing littéraire : « Il ne faut pas dire : "Radiguet est un génie", mais "Radiguet a 15 ans" ! »

Les années 1920 sont des années magiques avec les « quatre M » : Maurois, Mauriac, Montherlant, Morand[135]. Viendront les années noires avec Doriot, Drieu la Rochelle, Bonnard, Chardonne... et même un texte d'Adolf Hitler.

À la Libération, Bernard Grasset sera condamné à la dégradation nationale et à la confiscation de ses biens. Le concurrent le plus sérieux de Gallimard durant l'entre-deux-guerres mourra à moitié fou en 1955, à l'hôtel Montalembert, à quelques pas de son grand rival.

Au 63, le pied-à-terre de Chateaubriand

De retour d'Orient, Chateaubriand quitte son logement de la place Louis-XV (place de la Concorde) et loue un pied-à-terre dans l'hôtel de Lavalette, en attendant la fin des travaux de sa chaumière à Châtenay-Malabry. Il l'occupera périodiquement de 1809 à 1814, surveillant l'édition de deux ouvrages majeurs : *Les Martyrs* (1809) et *Itinéraire de Paris à Jérusalem*, paru en 1811, date de son élection à l'Académie française. Il n'y sera pas reçu, son discours ayant déplu à Napoléon.

Au 65, Raymond Carver à l'hôtel des Saints-Pères

Raymond Carver et la poétesse Tess Gallagher, en route pour un périple vers Wiesbaden, Zurich, Rome et Milan, s'y arrêtent en 1987, une dizaine d'années après le séjour bien arrosé de Bukowski. Carver écrit (des nouvelles) depuis plus de vingt ans, en écrivant dans un style volontairement « plat », dans la lignée des conseils d'écriture de Tchekhov : absence de discours politico-économico-social, objectivité dans la description des choses et des personnages, laconisme du style, absence de clichés, sensibilité. « Les mots, écrit-il dans un essai sur la littérature, c'est finalement tout ce que nous avons, alors il vaut mieux que ce soit ceux qu'il faut et que la ponctuation soit là où il faut pour qu'ils puissent dire le mieux possible ce qu'on veut leur faire dire. »

Au 71, Remy de Gourmont

« C'était sous les toits, relate Blaise Cendrars, un étroit grenier, pas commode et inconfortable. » Défiguré par une maladie de peau, Remy de Gourmont ne sortait guère de son septième étage. En 1910, ce cofondateur du *Mercure de France* et inventeur de l'expression « paysage littéraire » tombe amoureux de Natalie Barney pour laquelle il écrira les *Lettres à l'Amazone* et qui viendra parfois lui rendre visite avec l'abbé Mugnier, lequel note dans son journal en 1915 : « Nous avons été ensuite tous les trois (avec Mme de Brimont et Natalie Clifford Barney) chez Remy de Gourmont, rue des Saints-Pères, tout en haut d'un petit escalier où l'écrivain habite un modeste appartement uniquement rempli de livres. Je ne l'avais pas revu depuis 1892 ! Vêtu d'une robe qui avait l'air d'une bure, il ressemblait à un vieux capucin qui porte binocle mais un capucin studieux et avec cela boitant un peu et bégayant toujours. Il parle peu, trop peu et on ne se douterait guère qu'il soit l'auteur de tant d'articles et de livres sur tous les sujets… »

Antichrétien, antidémocrate et anticonformiste, de Gourmont fut au début du siècle un des premiers à saluer le génie de Mallarmé et à présenter Sully Prudhomme, Prix Nobel 1901, comme un poète mineur. Romancier, essayiste, conteur, poète, philosophe et critique littéraire, il est l'auteur de *Promenades littéraires* (sept tomes parus de 1904 à 1927), dont Cocteau dira que c'est « l'intelligence même ». Gide, par contre, ne fut pas son ami, écrivant à Claudel en 1910 : « Ce répugnant polygraphe [...], dans le fond, comme les gens sans cœur et sans conscience, est incapable de comprendre rien à rien. »

Au 75, la librairie Arthème Fayard

Fondée par Jean-François Arthème Fayard en 1857, la maison va se spécialiser, sous la direction de son fils, dans l'édition de masse : les ouvrages de Xavier de Montépin, Paul Féval, Michel Zévaco, les *Fantômas* de Pierre Souvestre et Marcel Allain (qui dépassent les cinq millions d'exemplaires) en seront l'illustration.

Au début des années 1930, Charles Dillon, responsable des collections populaires, confie à Fayard : « Parmi nos jeunes auteurs, il y en a un qui a un je ne sais quoi de différent... Il s'appelle Christian Brulls. Il signe aussi Georges Sim. » Sim, auteur de romans populaires, propose alors à l'éditeur d'écrire des romans policiers. Fayard lui en commande un. Sim lui en apporte quatre, afin d'inaugurer une collection : *Le Pendu de Saint-Pholien*, *Monsieur Gallet, décédé*, *Le Charretier de « la Providence »* et *Le Chien jaune*. L'ère Simenon commence.

Dans la seconde partie du siècle, la maison va lentement s'endormir, jusqu'à sa prise en main en 1980 par Claude Durand. « On m'avait donné trois ans pour redresser la situation, déclara-t-il. Je l'ai fait en deux ans. » Il la dirigera pendant vingt-neuf ans.

SAVOIE (rue de)

Il lui suffit de tourner et il entra rue de Savoie.
Il s'arrêta devant la grande porte arquée du 6.
Nulle plaque. Pourtant, Dora Maar avait vécu là...

— Patrick Grainville, *Les Yeux de Milos*, 2021

Au 4, Blaise Cendrars

En juin 1912, Frédéric Sauser – qui n'est pas encore Cendrars – rentre de New York. Après quelques semaines passées à Genève, il s'installe à Paris, rue Lauriston, puis rue Saint-Étienne-du-Mont, puis, enfin, loue deux mansardes rue de Savoie. L'une sert de domicile, l'autre de siège social à la revue *Les Hommes nouveaux*, créée avec deux amis. (Il n'en paraîtra qu'un seul numéro, si rare qu'il ne figure même pas à la BnF.) « Le 4 rue de Savoie me servait de dépotoir, écrit-il dans la préface de *Moravagine*. J'y venais entre deux trains, entre deux paquebots vider mes valises... »

Philippe Soupault se souvient de ses visites : « Il me conduisit rue de Savoie, dans une chambre, si j'ose m'exprimer ainsi, où il avait accumulé ce qu'il appelait ses papiers. Des vieux journaux, des bloc-notes couverts de remarques [...], des dessins de Chagall, des vieux chiffons, des dessins de Modigliani, des tableaux, des vieilles horloges, des pneumatiques. [...] Il n'habitait que rarement sa chambre de la rue de Savoie et préférait loger dans des hôtels, ce qui lui donnait l'impression de voyager dans ce monde qui était pour lui Paris[136]. »

Cendrars habitera rue de Savoie pendant douze ans, de 1912 à 1924.

SÉGUIER (rue)

J'étais à Paris quand le prix des Critiques fut décerné à La Peste. *Je courus rue Séguier où il habitait dans un appartement étroit et très haut de plafond. Francine m'ouvrit. « Qu'est-ce que c'est que ce prix ?, demanda-t-elle. – D'abord cent mille francs. » Son visage s'éclaira.*

— Jules Roy, *Mémoires barbares*, 1989

Au 1, Jean Richepin

En 1880, le poète est âgé de 31 ans. Son premier recueil poétique, *La Chanson des gueux* (1876), lui a valu un mois de prison et cinq cents francs d'amende pour outrage aux bonnes mœurs. Rue Séguier, tout en poursuivant sa vie de bohème, Richepin écrit *La Glu*, son roman le plus connu avec *Miarka*. Le langage est cru, argotique, souvent grivois, apte à choquer le bourgeois. Avec les années, Richepin s'assagira et le loqueteux qui dormit dans les fossés à la belle étoile finira à l'Académie française en 1908.

Au 3, le dictionnaire amoureux de Nicolas

Dans son *Dictionnaire amoureux de Paris*, Nicolas d'Estienne d'Orves indique habiter à cette adresse, « à l'aube des années 2000 ». Belle adresse, beau livre.

Au 12, Jean-Louis Bory

Prix Goncourt 1945 avec *Mon village à l'heure allemande* (devant *Drôle de jeu* de Vailland et *Le Mas Théotime* d'Henri Bosco), Jean-Louis Bory est un jeune homme de 25 ans qui se demande ce qui lui arrive : « À l'annonce du laurier qui chutait en piqué sur ma petite tête, j'ai cru que je prenais une charretée de briques sur le coin du crâne. » Il s'en remettra, publiant une douzaine de romans, une dizaine d'essais et officiant comme critique – littérature et cinéma – au *Masque et la Plume* et au *Nouvel Observateur*.

Piéton de Paris dans le sillage de Louis-Sébastien Mercier ou Léon-Paul Fargue, Bory fut également un historien de la capitale avec *Paris aux cent visages*, publié en 1978.

Jean-Claude Raspiengeas, dans *Le Masque et la Plume* du 26 janvier 2020, lui rend hommage : « Un texte lyrique, érudit, captivant, très personnel sur la capitale, et tendre, émerveillé, avec beaucoup de verve. Une balade historique et géographique, un éloge de la singularité de l'esprit parisien, de ce concentré de culture et de liberté joliment et poétiquement illustré par un dessinateur rêveur. » Dans *Ma moitié d'orange* (1973), Bory annonce publiquement son homosexualité. Il s'en voudra : « Ça le tourmentait, relate Jean-Louis Curtis. Il me disait : "Je suis le pédé de service, le gugusse. Quand on a besoin de moi à la télé ou ailleurs, on m'appelle." » Dans une interview parue dans *Le Gai Pied*, en avril 1978, il a ces mots célèbres : « L'indifférence, c'est ce que je souhaite pour l'homosexualité. Pas la tolérance. » Bory se suicide d'une balle dans le cœur l'année suivante.

Au 13, Rimbaud chez Charles Cros

En octobre 1871, Rimbaud est hébergé par Charles Cros, Mme Verlaine ne supportant plus ses incessantes incivilités. Le poète et inventeur du phonographe le loge, le nourrit, organise une collecte auprès des amis pour assurer au « nourrisson des muses » une petite rente.

En guise de remerciement, le jeune homme déchire des poèmes de son hôte et se torche le cul avec un numéro de *L'Artiste* dans lequel figure l'un de ses écrits. De cet hébergement, le poète Louis Marsolleau ajoute une version plus musclée : « Charles Cros fut surpris quand il aperçut, par un jeu de glaces, son invité qui s'apprêtait à lui enfoncer un poinçon dans le dos. Du coup il coupa court à cette hospitalité dangereuse et malgré le père Banville, Richepin et les autres, il mit Rimbaud à la porte. »

Au 16, Henri Michaux

Fin 1947, Henri Michaux et sa femme Marie-Louise abandonnent enfin leur vie à l'hôtel et emménagent rue Séguier dans un appartement de cinq pièces comportant deux niveaux. Le poète-peintre y résidera jusqu'en 1968, date à laquelle il s'installera au 120, avenue de Suffren. Depuis la guerre, son statut de poète est reconnu : « Il excelle, écrit Gide, à nous faire sentir intuitivement aussi bien l'étrangeté des choses naturelles que le naturel des choses étranges. » Michaux, lui, écrit pour aller à sa propre rencontre : « Peindre, composer, écrire, me parcourir. Là est l'aventure d'être en vie. » Rue Séguier, il va expérimenter l'usage des drogues (mescaline, LSD-25 et psilocybine) à des fins d'auto-observation. Il en résultera cinq livres : *Misérable Miracle* (1956), *L'Infini turbulent* (1957), *Paix dans les brisements* (1959), *Connaissance par les gouffres* (1961), *Les Grandes Épreuves de l'esprit et les innombrables petites* (1966) et des centaines de dessins dits « mescaliens ».

« Si je me risquais à faire le portrait de Michaux, écrit Jules Supervielle, je dirais qu'il a une tête magique, modelée par l'artiste durant une nuit d'insomnie, une nuit blanche comme lui. Avec son regard coupant, son menton coléreux et ses lèvres orageuses, c'est un chef très ancien et très moderne de la grande tribu humaine[137]. »

Celui qui déclarait être « né troué » est l'auteur du délicieux *Un certain Plume* : « Dans un stupide moment de distraction, Plume marcha les pieds au plafond, au lieu de les garder par terre. Hélas, quand il s'en aperçut, il était trop tard. »

Au 17, l'autre Sainte-Beuve

Jacques de Sainte-Beuve, théologien et professeur à la Sorbonne, proche de la marquise de Sévigné, naquit rue Séguier (rue Pavée-Saint-André-des-Arts) dans une maison appartenant à sa mère et y mourut en 1677. On lui doit notamment la résolution de plusieurs centaines de « cas de conscience touchant la morale et la discipline de l'Église ». Ne pas confondre évidemment avec le critique Charles Augustin Sainte-Beuve, né en 1804.

Au 18, le présage d'Albert Camus

En décembre 1946, Gaston Gallimard loue (ou prête) à Albert Camus un appartement situé dans un ancien immeuble de bureaux, dans lequel ce dernier s'installe avec sa femme et leurs deux enfants. Camus vient de publier dans *Combat* « Ni victimes ni bourreaux », une série d'articles dont le sixième étonne par sa vision prémonitoire : « Le choc d'empires (USA vs URSS) est déjà en passe de devenir secondaire par rapport au choc des civilisations. De toute part, en effet, les civilisations colonisées font entendre leurs voix. Dans dix ans, dans cinquante ans, c'est la prééminence de la civilisation occidentale qui sera remise en question. »

Il y termine *La Peste*, tiré à vingt-deux mille exemplaires, roman qui reçoit le prix des Critiques. Grâce à cette rentrée d'argent, Camus envisage d'acheter une maison dans le Vaucluse et demande à René Char de prospecter pour lui.

Au 18, Actes Sud

En 2013, la célèbre maison d'édition du Méjan y installe son antenne parisienne, initialement créée pour ses attachés de presse. Elle quittera la rue Séguier en 2020 pour le 62, avenue de Saxe. Sur la décennie 2010, Actes Sud a reçu quatre prix Goncourt : *Le Sermon sur la chute de Rome* de Jérôme Ferrari (2012), *Boussole* de Mathias Énard (2015), *L'Ordre du jour* d'Éric Vuillard (2017) et *Leurs enfants après eux* de Nicolas Mathieu (2018). Mieux que Gallimard (trois prix) et loin devant toutes les autres maisons d'édition.

Edgar Poe rue Séguier

C'est rue Séguier que se situe la pension bourgeoise de la mère de Marie Roget, dans « Le Mystère de Marie Roget », une des *Histoires grotesques et sérieuses* de Poe parues entre 1842 et 1843. Comme dans le *Double Assassinat dans la rue Morgue*, le chevalier Auguste Dupin enquête avec brio. Conan Doyle lui rendra hommage dans *Une étude en rouge*, Watson faisant remarquer à Sherlock Holmes, dans une délicieuse mise en abyme : « Vous me rappelez le Dupin d'Edgar Allan Poe. Je n'imaginais pas que de telles personnalités puissent exister en dehors des récits. »

SEINE (rue de)

Il se dirigea à pied vers la rue de Seine et trouva l'hôtel assez miteux où habitait Lucien Denge.

— Georges Simenon, *La Disparition d'Odile*, 1971

Au 1, Jules Sandeau

« C'était, écrit Monselet dans ses *Petits mémoires littéraires*, un jeune homme très doux et suffisamment paresseux pour ne point alarmer ses confrères. [...] Jules Sandeau était déjà ce talent délicat et ému que l'on connaît. »

En 1853, Sandeau est nommé conservateur de la bibliothèque Mazarine, poste qu'il occupera pendant trente ans et qui lui vaudra un logement de fonction dans les locaux de l'Institut de France, 1, rue de Seine, où il mourra le 24 avril 1883. Son œuvre est évidemment moins connue que son idylle avec George Sand, idylle qui, par ailleurs, ne dura que deux ans.

Jules Claretie relate leur dernière rencontre : « Jules Sandeau n'avait pas revu George Sand depuis des années lorsqu'un soir, dans les bureaux de la *Revue des Deux Mondes*, un petit homme chauve, à tournure militaire et pensive, heurta en entrant une femme grasse, au teint de tzigane, qu'il salua poliment :

"Pardon, madame !
— Pardon, monsieur !"

Et quand Sandeau se fut assis :

"Quelle est donc cette dame ? demanda-t-il.
— Comment ! C'est vous qui demandez cela ?... C'est George Sand !"

Le romancier tourna involontairement la tête vers cette porte par où venait de sortir encore vivant son passé ! Ironie de la vie humaine et vanité des passions qu'on croit éternelles ! Les auteurs de *Rose et Blanche* venaient de se retrouver face à face et ils ne s'étaient pas même reconnus ! »

Au 13, André Billy

Quittant le quai de Bourbon, André Billy s'installe rue de Seine en 1914. Pendant trente ans, il sera un critique littéraire au style souvent ironique et provocateur, écrivant notamment dans *L'Œuvre* et *Le Figaro*. Pendant la guerre, il entreprend une série de biographies : *Vie de Balzac*, *Vie de Diderot* et *Vie de Sainte-Beuve*. « L'homme est puissant, solide ; il aime les viandes robustes et les longues marches, il va d'instinct aux êtres massifs et charnels du passé, à un Diderot, à un Balzac[138]. »

André Billy est élu à l'académie Goncourt en 1943, élection qui ne sera validée qu'en 1944, du fait du barrage de certains académiciens – dont Sacha Guitry –, écrivains qu'il a éreintés pour leurs penchants collaborationnistes. Sur l'ensemble de sa carrière, la somme des chroniques publiées dans une centaine de périodiques européens s'élèverait à plus de dix mille articles.

Au 13, Jean Cau

Le poids des mots, à *Paris Match*, ce fut lui, cet imprécateur de droite qui fut compagnon de la mère de Patrick Modiano, écrivain d'arène (il vénérait la tauromachie qu'il comparait à la littérature), journaliste-écrivain-polémiste-scénariste qui déclarait avoir en lui « du caballero sombre, de l'hidalgo ruiné et du torero recousu ».

Figure vedette du Saint-Germain-des-Prés des années 1950, enfant choyé de l'intelligentsia, il ne cesse de publier, obtenant le Goncourt en 1961 pour *La Pitié de Dieu*.

Après avoir été le secrétaire de Sartre de 1946 à 1957 (il en fait un portrait ému dans *Croquis de mémoire*, 1985), il passa l'arme à droite : « J'en suis parti, de la gauche, d'un pas si allègre et en dansant si haut que j'ai épouvanté mes congénères. [...] D'habitude, être traité de relaps, ou d'ex-communiste, c'est la malédiction suprême. Moi, au contraire, je me suis retrouvé frais comme une rose, et gambadant comme un lapin au milieu du serpolet ! [...] Mais je l'ai échappé belle. J'ai failli tout perdre. Quoi ? Un ton, ma révolte, ma sincérité, ma voix. J'ai failli vivre truqué. »

Jean Cau disparaît en 1993, laissant une œuvre considérable, romans, essais, théâtre, adaptations, scénarios. À la fin de sa vie, rue de Seine, il se laissa tenter par une candidature au Quai de Conti, aventure qu'il relate dans son essai *Le Candidat*. « En cette année 1989 où le mur de Berlin tomba, j'accomplis l'acte le plus vil de ma vie. Le Mur de la honte était démoli au moment même où j'élevais le mien : je me présentai à l'Académie française. »

Du 14 au 18, les maximes de La Rochefoucauld...

Maxime n° 26 : « Le soleil ni la mort ne se peuvent regarder fixement. » Maxime n° 250 : « La véritable éloquence consiste à dire tout ce qu'il faut, et à ne dire que ce qu'il faut. »

Dans les années 1650-1660, La Rochefoucauld vit l'été dans ses maisons de province et l'hiver à Paris, chez son oncle, le janséniste duc de Liancourt. La première version de ses *Maximes*, ce jeu mondain qui fait fureur dans les salons de la marquise de Sablé ou de la comtesse de La Fayette, paraît en 1665. « Voici un portrait du cœur de l'homme que je donne au public, sous le nom de *Réflexions ou Maximes morales*. Il court fortune de ne plaire pas à tout le monde, parce qu'on trouvera peut-être qu'il ressemble trop, et qu'il ne flatte pas assez », déclare La Rochefoucauld dans son avis au lecteur. Les *Maximes* vont connaître un grand succès et, en 1668, La Fontaine va dédier à La Rochefoucauld une de ses fables, *L'Homme et son image*.

... François et Virginie Ancelot...

En 1819, le dramaturge François Ancelot remporte un grand succès avec sa tragédie *Louis IX*. Il vient d'épouser Marguerite Chardon, qui deviendra la dramaturge-romancière Virginie Ancelot, et le couple s'installe dans un appartement de l'ancien hôtel de La Rochefoucauld. Jusqu'en 1824, il y fera salon, s'inscrivant dans un premier temps dans le courant romantique du Cénacle de Hugo, sorte d'annexe de la revue *La Muse française*. En 1824, les Ancelot déménageront au 7 de la rue d'Argenteuil et leur salon deviendra à la fin des années 1820 un cercle littéraire très classique, partisan d'une littérature reconnue et encouragée par l'Académie. Un salon respectable, mais peu audacieux qui atteindra son apogée sous la monarchie de Juillet.

Virginie Ancelot écrivit une quinzaine de romans, fit jouer une vingtaine de comédies et publia des *Mémoires* (*Les Salons de Paris, foyers éteints*, *Un salon de Paris*) qui relatent la vie d'un des derniers grands salons littéraires, de 1824 à 1864, dans sa résidence de l'hôtel La Rochefoucauld-Liancourt. Son mari fut élu à l'Académie française (en 1841) après le succès de sa tragédie, *Maria Padilla* (1838).

... et l'humour de Stendhal

Dans les années 1820, Stendhal est encore l'inconnu Henri Beyle, un Beyle à l'esprit farceur. Dans *Un salon de Paris*, Virginie Ancelot relate une de ses visites : « Ce mardi matin, je reçus son volume qui contenait une vie de Haydn écrite sous le nom de César Bombay. Le soir de bonne heure, comme je n'avais pas encore beaucoup de monde, on annonça M. César Bombay, et je vis entrer Beyle, plus joufflu qu'à l'ordinaire, et disant : "Madame, j'arrive trop tôt. C'est que moi, je suis un homme occupé, je me lève à cinq heures du matin, je visite les casernes pour voir si mes fournitures sont bien confectionnées ; car, vous le savez, je suis le fournisseur de l'armée pour les bas et les bonnets de coton. Ah ! que je fais bien les bonnets de coton ! C'est ma partie et je puis dire que j'y ai mordu dès ma plus tendre jeunesse, et rien ne m'a distrait de cette honorable et lucrative occupation. Oh ! j'ai bien entendu dire qu'il y a des artistes et des écrivains qui mettent de la gloriole à des tableaux, à des livres ! Bah ! qu'est-ce que cela en comparaison de la gloire de chausser et de coiffer toute une armée, de manière à éviter les rhumes de cerveau, et de la façon dont je fais avec quatre fils de coton et une houppe de deux pouces au moins..." »

Stendhal, en 1822, fait paraître *De l'amour* chez Mongie. Il ne s'en vendra que dix-sept exemplaires en onze ans. Mme Ancelot, se plaignant d'avoir eu du mal à s'en procurer un, se vit répondre par Beyle que tout le stock se trouvait à bord d'un navire, où il servait de lest.

Au 21, chez Fraysse

« C'était un long et étroit couloir aux murs couverts de toiles... [...]. On rencontrait là, presque chaque soir, Maximilien Vox, Pierre et Robert (Bob) Giraud, Robert Doisneau... » écrit Michel Laclos dans *Nouveaux Trucs et machins*. Ce même Doisneau raconte, dans *À l'imparfait de l'objectif* : « J'étais assuré d'y retrouver, toujours à sa place, l'ami Giraud. [...] Appuyé au comptoir, il racontait, pour une poignée de chers auditeurs, les rencontres de ses nuits des Halles, de Maubert ou de Mouffetard. Il racontait si bien qu'Albert Fraysse, en Aveyronnais économe, était écœuré par ce gâchis. Un soir, n'y tenant plus : "Nom de Dieu, Bob, c'est toi qui dois écrire." » Ainsi naquit *Le Vin des rues*, titre trouvé par Jacques Prévert, autre habitué des lieux.

Au 23, Dominique Noguez

Comment rater complètement sa vie en onze leçons, proposait-il chez Fayard en 2002. La sienne fut bien remplie, depuis son premier roman *M & R*, paru en 1981, jusqu'à *Encore une citation, monsieur le bourreau !* paru quinze jours avant sa mort, en 2019. Il écrivit une cinquantaine d'ouvrages plus ou moins déroutants, comme *Les Trois Rimbaud* (le poète de Charleville finit à l'Académie française) ou *Lénine dada* (Lénine a inventé Dada), voire polardo-hilaro-glaçants, comme *L'Embaumeur* (2004). Ce transcendant satrape du Collège de 'Pataphysique fut un grand défenseur de la langue française, n'hésitant pas, à l'aide d'un marqueur blanc, à mettre les accents manquants sur les plaques de rue parisiennes.

Pour les passants qui croiseraient sa tombe future, il imagina son épitaphe : « Toutes les fois que tu liras, même vite, même tout bas, passant, le nom que voilà, tu me ressusciteras[139]. »

Au 26, la mort de Saint-Amant

Saint-Amant était fort gourmand. Un de ses cabarets favoris était le Petit Maure, créé par un de ses amis, le cabaretier Monglat, en 1618. Poète baroque voire hermétique, grand voyageur et bon vivant, Saint-Amant fut longtemps un poète oublié après l'abrupt jugement de Boileau dans son *Art poétique* (« N'imitez pas ce Fou »). Théophile Gautier le réhabilitera dans ses *Grotesques* (1844), recueil de critiques littéraires. Ayant reçu une volée de coups de bâtons sur le Pont-Neuf, l'aventurier-poète (et académicien) fut transporté au Petit Maure où il trépassa deux jours plus tard, en décembre 1661.

Au 31, George Sand et son frère

En 1830, Aurore Dudevant obtient l'accord de son mari pour partager son temps entre Nohant et Paris. Avec son demi-frère Hippolyte Chatiron, elle s'installe l'année suivante rue de Seine, menant une vie de bohème, peignant des tabatières et s'habillant en homme pour aller les vendre. Elle y restera un an avant d'emménager quai Saint-Michel.

Au 31, André Breton galeriste

Quand, en 1937, André Breton accepte de gérer la galerie d'art de Louis Bomsel, Dalí propose d'appeler la boutique Gradiva et de lui donner l'apparence d'une boucherie. Il réalise des têtes de chevaux dorées d'où pendent des chevelures, enseignes qui sont immédiatement dérobées. Dotée d'une porte en verre dessinée par Duchamp, la galerie exposa des sculptures d'art primitif et des toiles du courant surréaliste. Et notamment celles d'Yves Tanguy, le copain de Prévert et de Duhamel de la rue du Château. Gradiva signifie « celle qui marche ». Elle ne marcha pas du tout et Breton ferma l'année suivante.

Au 43, la Palette de Paul Auster

Dans les années 1950, René Char et Camus aimaient se retrouver dans la seconde salle ornée de céramiques. Vingt ans plus tard, on y rencontre Paul Auster qui en fait le décor d'un de ses romans, *Invisible* : « L'hôtel du Sud pouvait bien avoir disparu, un grand nombre des endroits qu'il avait fréquentés étaient toujours là. Vagenende était toujours là. La Palette et le café Continu étaient toujours en activité et même le restau U de la rue Mazet servait toujours des repas immangeables à des étudiants affamés. »

Au 45, Jarry à l'envers

Il y avait, au 45, un restaurant nommé Le Caveau du Rocher. Selon André Salmon, Jarry y commanda dans l'ordre : un cognac, un café, un gruyère, un macaroni, une entrecôte, un radis, un potage paysan et, pour finir, un apéritif anisé.

Au 53, Georges Perec

Fin 1969, séparé de sa femme, Perec quitte la rue du Bac et achète un appartement qu'il occupera à partir de février 1970 essentiellement comme pied-à-terre. Il séjournera dans sa « coquille douillette » jusqu'en 1972, puis, le jugeant trop petit, le sous-louera pour s'installer plus confortablement avenue de Ségur.

Au 57, Baudelaire à l'hôtel du Maroc

Après avoir séjourné à l'hôtel au 60, rue Pigalle, Baudelaire prend une chambre à l'hôtel du Maroc. Bien qu'il se plaigne de la cuisine « insoutenable » de Mme Lepage, la tenancière, il y restera de mai 1854 à la mi-janvier 1855, travaillant sur la traduction des *Histoires extraordinaires* d'Edgar Poe et sur quelques poèmes des futures *Fleurs du mal*. Fuyant les créanciers et les raseurs, Baudelaire change régulièrement de domicile. « Je suis absolument las de cette vie de gargote et d'hôtel garni ; cela me tue et m'empoisonne », écrit-il à sa mère.

Au 60, l'hôtel La Louisiane

De tous les petits hôtels « littéraires » du Saint-Germain-des-Prés des années 1940-1960, La Louisiane reste le phare absolu. Durant la guerre et l'immédiat après-guerre, elle abrite de nombreux écrivains. En juillet 1943, quittant l'hôtel d'Aubusson de la rue Dauphine, Simone de Beauvoir y loue une chambre, suivie quelques mois plus tard par Jean-Paul Sartre. « De ma fenêtre, écrit Beauvoir dans *La Force de l'âge*, je voyais un grand parterre de toits. Jamais aucun de mes abris ne s'était tant approché de mes rêves ; j'envisageais d'y demeurer jusqu'à la fin de mes jours. » Anne-Marie Cazalis – autre pensionnaire célèbre – se souvient dans ses *Mémoires d'une Anne* avoir loué quelques années plus tard la chambre qu'occupait Sartre et dans laquelle, en mai 1944, eurent lieu les répétitions de *Huis clos* dirigées par Camus : « C'était une chambre ronde qui faisait l'angle de la rue de Seine et de la rue de Buci. Il y avait, tout à côté, un appentis où Sartre rangeait sa bicyclette mais qui avait été transformé en salle de bains. »

Au même étage que Sartre réside le couple Mouloudji, « Moulou » et sa femme Lola, qui repasse les chemises des clients pour se faire de l'argent. Le Castor, amatrice de jolies filles, ne semble pas insensible à son charme, évoquant « la rousse Lola, qui rêvait pendant des heures à une table, la bouche lourde, les yeux perdus, sans paraître soupçonner combien elle était jolie ».

Fidèle pensionnaire, Albert Cossery, écrivain francophone égyptien, s'installe en 1951. Il y passera le restant de ses jours à faire l'éloge de la paresse (et à écrire quand il s'ennuie) dans la chambre 58 puis, à partir de 2003, dans la 77.

« Je suis le roi, expliqua-t-il au *Monde*, un aristocrate, même sans fric. Pour attester de ma présence sur cette terre, je n'ai pas besoin d'une belle voiture. Ni d'un appartement ni d'une encombrante famille, de relations névrotiques avec ce temps, ses huissiers, ses banquiers, ses plombiers qui tardent tant, le dimanche. » Et d'ajouter : « J'aimerais qu'après m'avoir lu les gens n'aillent pas travailler le lendemain. »

Au 63, Adam Mickiewicz

Le poète, considéré comme le père spirituel de la littérature polonaise, s'exile à Paris au début des années 1830 et publie en 1834 *Pan Tadeusz*[140], récit poético-épique comportant une large diatribe politique. Cette évocation de la patrie perdue et rayée de la carte par le tsar sera le livre de chevet de nombreux Polonais en exil. Avec sa femme et leurs six enfants, Mickiewicz restera rue de Seine jusqu'en 1838 avant de partir pour la Suisse.

SERVANDONI (rue)

Dans les rues Servandoni, Garancière et Férou, on respire une atmosphère faite de silence bénin et d'humidité douce…

— Joris-Karl Huysmans, *Là-bas*, 1891

Au 11, la chambre de Roland Barthes

L'appartement que Barthes achète avec sa mère à la fin des années 1950 est situé au cinquième étage et bénéficie d'une chambre de bonne au-dessus du salon. Barthes fait découper la célèbre trappe qui permettra à sa mère de lui faire parvenir une corbeille de provisions lorsqu'il s'enferme pour travailler dans son « ventre / caverne ». L'auteur des célèbres *Mythologies* (1957) aimait donner comme adresse « 11, rue Servandoni, escalier B, 6e étage, chambre 9 ».

Le toujours inattendu Roland Barthes meurt en 1980 renversé par une camionnette de teinturerie au sortir d'un déjeuner avec François Mitterrand. Trente-cinq ans plus tard, Laurent Binet va écrire un roman-fiction jubilatoire dans lequel l'accident est un assassinat, le mobile du crime étant un document détenu par Barthes faisant état d'une nouvelle fonction du langage – la septième après les six définies par Jacobson –, fonction permettant « de convaincre n'importe qui de faire n'importe quoi n'importe quand ».

Au 16, d'Artagnan

Dans *Les Trois Mousquetaires*, d'Artagnan réside au 11, rue des Fossoyeurs, l'actuelle rue Servandoni. Notons que Porthos habite rue du Vieux-Colombier, Athos rue Férou et Aramis dans une maison « située entre la rue Cassette et la rue Servandoni » (au 25, rue de Vaugirard).

Au 20, Olympe de Gouges

Femme politique et femme de lettres, féministe généreuse, elle écrivit rue Servandoni sa *Déclaration des droits de la femme et de la citoyenne*, plaidoyer pour un « sexe autrefois méprisable et respecté, et depuis la Révolution, respectable et méprisé ». Elle fut également écrivaine, publiant plusieurs romans et une douzaine de pièces dont *Zamore et Mirza* (1784), première pièce de théâtre prenant parti contre l'esclavage, dans laquelle les comédiens du Français durent se passer le visage au cirage.

« Nul ne doit être inquiété pour ses opinions, écrit-elle, même fondamentales : la femme a le droit de monter sur l'échafaud, elle doit avoir également celui de monter à la tribune. » Hostile à Robespierre, jugée sans avocat pour offense à la souveraineté du peuple, elle est guillotinée le 3 novembre 1793.

Au 21, Condorcet chez Mme Vernet

Après sa condamnation par la Convention le 8 juillet 1793, Nicolas de Condorcet trouve refuge au 21, rue des Fossoyeurs chez Mme Vernet, où il écrit son *Esquisse d'un tableau historique des progrès de l'esprit humain*. Craignant d'être retrouvé par la police et de constituer un trop grand danger pour sa généreuse hôtesse, il s'enfuit en mars 1794. Il sera arrêté à Clamart deux jours plus tard, et mis en prison à Bourg-Égalité (Bourg-la-Reine). On le retrouvera mort deux jours plus tard, dans sa cellule. Les circonstances de cette fin restent énigmatiques (suicide, meurtre ou maladie).

Au 26, William Faulkner et le Luxembourg

L'écrivain américain séjourne à l'automne 1925 dans ce qui était alors le Grand Hôtel des Principautés Unies, à l'angle du 42, rue de Vaugirard. C'est l'année durant laquelle il entame son premier roman, *Monnaie de singe*, publié dans l'indifférence générale en février 1926. « Quand je serai assez vieux pour n'avoir plus à m'excuser de ne plus travailler, écrit-il à sa tante, j'aurai un vieux chapeau melon […] et je passerai mes journées à faire voguer un bateau dans le jardin du Luxembourg. »

Amoureux du jardin, Faulkner préfère la compagnie des enfants à celle de ses compatriotes de la *lost generation*, ne rencontrant ni Sylvia Beach ni Gertrude Stein, qui habitent pourtant à quelques centaines de mètres. À quoi pense-t-il dans ce havre de paix ? Est-ce au Luxembourg que naît ce qui sera « cette fureur, ce hurlement, cette sorte de clameur, qui à la fois se heurte au silence des hommes, mais aussi au silence de Dieu[141] » ?

Le Bruit et la Fureur va paraître en 1929, *Tandis que j'agonise* en 1930, *Sanctuaire* en 1931. Ce dernier roman va asseoir la renommée du futur Prix Nobel : « J'ai songé à ce que je pouvais imaginer de plus horrible et je l'ai mis sur le papier », écrit-il. Deux ans plus tard, *Sanctuaire* est préfacé en France par André Malraux, avec sa célèbre phrase : « C'est l'intrusion de la tragédie grecque dans le roman policier. »

Quelque part dans la rue, François-Marie Banier

Depuis 1968, la rue Servandoni est « le point d'ancrage » de l'écrivain-photographe. Le point d'ancrage n'a rien d'un pied-à-terre et l'on peut lire en 2010 dans *La Dépêche* : « Dans ce dédale d'appartements répartis sur cinq étages, [...] on chemine dans les escaliers escarpés pour atteindre les quatre appartements, tous protégés par un digicode. Il nous emmène dans son premier atelier de 150 m², parsemé de giclées de peinture, où trônent d'imposants portraits d'anonymes comme de célébrités. » Depuis, Banier a pratiquement racheté toute la rue Servandoni.

Avant d'entreprendre une remarquable carrière financière auprès d'une bienfaitrice – parce qu'il le vaut bien –, Banier fut un écrivain prometteur (*Les Résidences secondaires*, 1969, *Le Passé composé*, 1971) qu'Aragon, dans *Les Lettres françaises*, n'hésita pas à comparer à Benjamin Constant et à Stendhal. Aragon qui déclara à propos du beau jeune homme : « Son chef-d'œuvre sera sa vie. » Pas évident.

SÈVRES (rue de)

La rue de Sèvres est également présente dans le 7e arrondissement.

Une fois, au coin de l'avenue de Breteuil et de la rue de Sèvres, il y avait un homme allongé sur le trottoir.
— Marie Cardinal, *Les Mots pour le dire*, 1975

Au 11, Joris-Karl Huysmans dans sa « lanterne »

En 1856, Joris-Karl Huysmans a 8 ans. Il réside rue de Sèvres avec sa mère chez ses grands-parents maternels, au premier étage d'un ancien monastère dans lequel ses parents ont installé un atelier de reliure. Il retrouvera la rue de Sèvres à la mort de sa mère, en 1876, date de la parution de *Marthe, histoire d'une fille*, roman de la misère qui mène à la prostitution. Dans son petit appartement du cinquième étage qu'il surnomme « la lanterne », il reçoit ses amis, Villiers de L'Isle-Adam,

Barbey d'Aurevilly, Mallarmé, Zola à qui il dédie son second roman : *Les Sœurs Vatard.*

Rue de Sèvres, Huysmans va peu à peu se détacher du naturalisme. Il y écrit *À rebours* (1884) et *En rade* (1887). L'écrivain et critique d'art est las de lui-même et ne va pas tarder à quitter Paris pour une retraite religieuse. En 1888, il déclare à son ami Jules Destrée : « Que vous apprendrai-je de neuf ? Je vous ai narré l'horreur de mon existence, [...] je ne vois que douleurs et ruines chez les gens que j'aime autour de moi. »

Au 21, Louise Colet

« Le meilleur atout de son jeu, fût-ce en littérature, était son incontestable beauté[142] », écrit le marquis de Ségur en 1910. Il ajoute : « En littérature, comme en tout, elle avait du tempérament. » Cette poétesse et romancière oubliée, sauf pour avoir été la maîtresse de Musset, de Vigny et de Flaubert, s'installa rue de Sèvres en 1850 après son introduction à l'Abbaye-aux-Bois chez Mme Récamier : « Les habitués firent fête à la nouvelle recrue, dont la radieuse beauté galvanisa les illustres vieillards qui avaient nom Ampère, Chateaubriand, Ballanche, Mathieu de Montmorency. La maîtresse de maison n'en conçut aucune jalousie, ne s'offusqua même pas lorsque Mme Colet s'installa rue de Sèvres, en face de l'Abbaye-aux-Bois, et ouvrit un salon qui rivalisa un moment avec celui de l'incomparable Juliette[143]. »

Louise Colet recevra ses hôtes – Béranger, Dumas, Sue, Gautier, Baudelaire... – le dimanche soir, dans son étroit salon du quatrième étage, de 1851 à 1857.

Militante féministe, elle voulut mettre le vers au service de sa cause en composant *Le Poëme de la Femme*, poème qui devait compter six longs récits retraçant toutes les conditions sociales : la paysanne, la princesse, la prostituée, la femme supérieure, la servante et la bourgeoise. Seuls trois poèmes seront écrits, se terminant tous par la mort de l'héroïne, victime de l'oppression masculine : « Nous sommes un débris de l'antique esclavage : / L'homme a toujours gardé sur nous le droit d'outrage. »

Au 107, Michel Butor

En 1936, la famille Butor quitte la rue du Cherche-Midi et déménage rue de Sèvres. Le jeune Michel est âgé de 10 ans. « Cet appartement, se souvient-il, était très différent du précédent. Il était mieux éclairé mais il y avait une cour intérieure très sombre, un puits d'ombre que je n'aimais pas. En revanche, l'entrée de l'immeuble me fascinait. De chaque côté du vestibule, se dressaient de grands miroirs qui réfléchissaient indéfiniment nos images. En entrant, je me voyais donc multiplié à l'infini : le nombre des petits Michel se perdait en une longue courbe. Comme l'éclairage du Tintoret : un opéra des bienheureux. Ce vestibule était pour moi un lieu magique[144]... »

SUGER (rue)

On relève dans la rue Suger une verrerie, une fabrique de boutons, deux fourreurs, un hôtel, deux restaurants vers la place Saint-André-des-Arts.

— Alexandre Mathis, *LSD 67*, 2013

Au 7, Christine de Rivoyre

« Pas un bide », disait-elle en parlant de sa carrière et de ses quatorze romans. Parmi les incipits célèbres (« Longtemps, je me suis couché... », « Ça a débuté comme ça... », « J'avais vingt ans. Je ne laisserai personne dire... », « Aujourd'hui, maman est morte... », etc.), Christine de Rivoyre ne dépare pas avec son « L'amour me donne faim » dans *La Mandarine* (1957). Celle que l'on surnomma « la Demoiselle des Landes » obtiendra l'Interallié pour *Le Petit Matin* (1968) puis écrira un cycle ancré dans sa région avec *Belle Alliance* (1982), *Crépuscule, taille unique* (1989) et *Racontez-moi les flamboyants* (1995). Elle se réclamait de l'école de Colette et glissait dans ses romans de discrètes citations de son illustre devancière. Avant de s'installer dans les Landes, elle habita rue Suger, adresse qu'elle met en scène dans son roman *Reine-mère* (1985) au cœur d'un Paris violent et menaçant.

Au 9, Huysmans ira loin

La maison natale de Huysmans – « porche bas et cour humide », écrit Foiret dans son essai sur les domiciles de Huysmans – portait le n° 11 (devenu le 9). Elle comportait deux étages et possédait autrefois une vieille porte ronde à double vantail, peinte en vert et martelée de gros clous. Huysmans y naît le 5 février 1848 et y passera son enfance. Petit fonctionnaire à 18 ans au ministère de l'Intérieur, considérant le monde comme peuplé « de sacripants et d'imbéciles », il se met à écrire.

En 1874, il fait paraître à compte d'auteur un premier recueil de poèmes intitulé *Le Drageoir aux épices*, début d'une carrière qui le mènera dans un premier temps au naturalisme, avant qu'il n'entreprenne une œuvre décadente et cynique commençant par *À rebours* (1884), se poursuivant avec *Là-bas* (1891), avant une conversion au catholicisme.

TOURNON (rue de)

La rue de Vaugirard, à sa naissance, pue le livre. L'odeur sort de partout. Sa voisine et amie, la rue de Tournon, est plus hospitalière.

— Philippe Soupault, *Les Dernières Nuits de Paris*, 1928

Au 2, Henri de Latouche

Il eut, entre 1819 et 1821, une liaison enflammée avec Marceline Desbordes-Valmore jusqu'au jour où la poétesse dut suivre son mari en province. Elle lui écrira, composera pour lui ses plus beaux poèmes, il l'oubliera.

Pseudonyme de Hyacinthe-Joseph-Alexandre Thabaud, homme de lettres, critique littéraire, éditeur et journaliste,

Latouche publie notamment en 1829 *Fragoletta*, roman qu'encense son ami Balzac qui parle de chef-d'œuvre et qui se réfugie chez lui, rue de Tournon, après la désastreuse aventure de la rue Visconti. Latouche l'aidera à s'installer rue Cassini, lui donnera des conseils de décoration puis se fâchera avec lui. « Balzac, confiera-t-il en 1845, a regardé le monde à travers la lunette des water-closets ; il lui en a resté quelque chose aux yeux. »

Latouche ne manquait pas d'humour et fit preuve d'une certaine humilité devant son œuvre : « Les seuls souvenirs de ma vie littéraire dont je sois fier, écrira-t-il, c'est d'avoir édité André Chénier et empêché George Sand de se consacrer à l'aquarelle. »

Au 2, Horace de Saint-Aubin (Balzac)

Après la rue du Roi-Doré et avant la rue des Marais-Saint-Germain (aujourd'hui Visconti), Balzac habite au dernier étage de l'hôtel de Châtillon, de 1824 à 1826, un logement modeste que Mme de Berny enjolive comme elle le peut et dans lequel elle vient retrouver son tout jeune et récent amant. Dans la petite chambre, Horace de Saint-Aubin – qui a produit quelques « cochonneries littéraires » comme *Le Centenaire ou les Deux Beringheld*, *Le Vicaire des Ardennes* ou *Annette et le Criminel* – écrit son dernier ouvrage alimentaire : *Wann-Chlore*. Il songe par ailleurs à devenir éditeur, projetant de publier des œuvres de La Fontaine et de Molière. La première livraison du Molière intervient en mai 1825, Balzac en écrit la préface. L'insuccès du Molière et du La Fontaine est total : moins de vingt exemplaires vendus en un an. Rue de Tournon, Horace de Saint-Aubin va enfin songer à devenir Balzac. Cela se concrétisera avec *Les Chouans*, en 1829, puis *La Peau de chagrin*, en 1831.

Au 2, le jeune André Gide

En 1875, la famille Gide s'installe dans un appartement qu'elle occupera jusqu'à 1883 : « J'avais six ans, écrit Gide, quand nous quittâmes la rue de Médicis. Notre nouvel appartement, 2 rue de Tournon au second étage, formait angle avec la rue Saint-Sulpice, sur quoi donnaient les fenêtres de la bibliothèque de mon père ; celle de ma chambre ouvrait sur une grande cour. Je me souviens surtout de l'antichambre parce que je m'y tenais le plus souvent, lorsque je n'étais pas à l'école ou dans ma chambre, et que maman, de me voir tourner auprès d'elle, me conseillait d'aller jouer "avec mon ami Pierre", c'est-à-dire tout seul[145]. »

Élève à l'École alsacienne, l'enfant traverse le jardin du Luxembourg. « Tout en jouant à quelques jeux de devinettes, nous remontions la rue de Tournon puis traversions le Luxembourg, ou suivions cette partie du boulevard Saint-Michel qui le longe jusqu'au second jardin près de l'Observatoire. Dans ce temps, les terrains qui font face à l'École de Pharmacie n'étaient pas encore bâtis. L'École même n'existait pas. Au lieu des maisons à six étages, il n'y avait là que baraquements improvisés, échoppes de fripiers, de revendeurs et de loueurs de vélocipèdes[146]. »

Au 4, Ernest Renan

L'écrivain-philosophe-philologue-historien de 56 ans s'y installe en 1879 pour y résider jusqu'en 1883. Entré à l'Académie française l'année précédente, il travaille sur *Qu'est-ce qu'une nation ?* qui sera publié en 1882 : « Ce n'est, écrit-il, ni l'ethnie, ni la langue, c'est avoir fait de grandes choses ensemble, vouloir en faire encore. » Il termine son *Histoire des origines du christianisme* et rédige par ailleurs ses *Souvenirs d'enfance et de jeunesse*, qui paraîtront en 1883. À 60 ans, Renan se montre inquiet pour l'avenir de l'humanité, craignant « sa mort par épuisement de la générosité des cœurs, comme celle de l'industrie peut-être un jour par épuisement du charbon de terre ». Il quittera la rue de Tournon en mai 1883 pour habiter au Collège de France.

Au 5, Jacques Prévert

Durant l'hiver 1910, la famille Prévert s'installe au dernier étage, effectuant son quatrième déménagement en trois ans. Jacques Prévert précisera qu'ils ont failli opter pour la cour de Rohan, comme il le relate dans ses écrits : « Visite des appartements ou plutôt des logements. / Regrettable hésitation dans la cour de Rohan. / Rue de Tournon. Le choix est fait. / Le déménagement suit[147]. » Dans cet immeuble habitent les Dienne, neuf enfants orphelins élevés par l'aînée, Germaine. Parmi les enfants, une petite fille, Simone, que Prévert épousera en 1925.

Au 5, Charles Cros

« C'est une destinée singulière que celle de Charles Cros, qui parvint à la célébrité sans cesser d'être méconnu », écrit Ernest Raynaud en ouverture de sa *Bohème sous le Second Empire. Charles Cros et Nina* (1930).

Après avoir résidé rue Séguier, où il reçut Rimbaud avec quelques désagréments, le poète s'installe rue de Tournon. L'inventeur du paléophone (c'est-à-dire du phonographe), de la synthèse artificielle du rubis et de la photographie des couleurs y décédera en 1888. Entre ses travaux sur « la mécanique cérébrale » et autres essais sur « les moyens de communication avec les planètes », il composa de nombreux poèmes, dont le célèbre « Hareng saur » publié dans *Le Coffret de santal* en 1873.

Il fonda les zutistes avec Verlaine et Rimbaud, fréquenta les hydropathes, eut une liaison orageuse avec Nina de Villard (la dame aux éventails de Manet) puis sombra dans l'alcool et décéda à 46 ans, comme Charles Baudelaire qui séjourna au n° 7 de la rue, trente ans auparavant.

« Charles Cros est mort à son heure, écrit Laurent Tailhade dans *Quelques fantômes de jadis*. Depuis longtemps déjà le démon de l'intempérance hantait son cerveau, jetant sous les pieds de la "noire idole" tout ce qui fut l'orgueil des jours anciens. Comme Quincey, comme Poe, comme Verlaine et Musset, comme plus d'un vivant illustre, il a connu l'incomparable maladie de l'alcool et traîné dans les cabarets sa généreuse vie. »

« Sidonie a plus d'un amant, c'est une chose bien connue[148] », chantait Brigitte Bardot. Ce qui est moins connu, c'est l'auteur du poème : Charles Cros, qui fut un homme bien, bien, bien…

Au 7, Baudelaire à l'hôtel du Sénat et des Nations

Baudelaire y loge en décembre 1846, il y restera jusqu'en novembre 1848. Sous le nom de Baudelaire Dufaÿs, le poète-critique d'art a publié l'année précédente le *Salon de 1845*, liste d'auteurs et de leurs œuvres, ouvrage dans lequel il attaque la critique d'art de son époque. « Tout le monde peint de mieux en mieux, écrit-il, […] mais d'invention, d'idées, de tempérament, pas davantage qu'avant. » Baudelaire espère découvrir dans le salon suivant un « vrai peintre, l'avènement du neuf ». Ce sera Delacroix.

Au 7 également, Alphonse et Ernest Daudet

Désirant faire carrière littéraire à Paris, Daudet rejoint son frère Ernest à Paris (novembre 1857) et partage avec lui (il a 17 ans) une chambre mansardée dans cet hôtel fréquenté par les étudiants dont un certain Gambetta. Il y rédige une comédie-proverbe, *Il faut battre le fer quand il est chaud*, et un recueil poétique intitulé *Amours de tête*. Fréquentant les salons littéraires et la brasserie des Martyrs, il écrit en 1858 une pièce – *Les Amoureuses* – que l'impératrice Eugénie aurait appréciée.

Les deux frères déménageront l'année suivante pour le 39, rue Bonaparte, puis se sépareront. Alphonse, pour sa part, résidera successivement rue de l'Ouest en 1860, rue d'Amsterdam en 1861, passage des Douze-Maisons (près de l'avenue Montaigne) en 1862, 24, rue Pavée en 1867, 31, rue de Bellechasse au printemps 1885 et sa dernière demeure, 41, rue de l'Université en 1897.

Au 7, l'ami (d'Apollinaire) René Dalize

Un demi-siècle après Baudelaire qu'il admirait tant, en 1909, René Dalize quitte la marine et réside à l'hôtel du Sénat et des Nations, avant d'emménager au 52, rue Poussin. Ami d'Apollinaire, son condisciple à Monaco, il crée avec lui *Les Soirées de Paris*[149], signe un roman d'aventures (*Le Club des neurasthéniques*, 1911), une pièce en un acte avec Toulet et « produit » avec Apollinaire trois essais romancés : *La Rome des Borgia*, *Les Trois Don Juan*, *La Fin de Babylone* (1914). Dalize fut à l'origine, dit-on, de l'introduction de l'opium dans la capitale, comme le suggère Max Jacob dans un article du *Figaro* en 1939 : « Dans les premières années de ce siècle, un officier de marine ami de Guillaume Apollinaire, René Dalize, apporta de l'opium à sa petite amie. Il est bien possible que ce soit là la première apparition de l'opium à Montmartre. »

Il mourut en mai 1917 sur le Chemin des Dames, son corps ne fut pas retrouvé. N'avait-il pas écrit deux ans auparavant, dans sa *Ballade du pauvre macchabé mal enterré* : « Plaignez mon triste sort. / Nul ne dira sur moi : “Paix à ses cendres !” / Je suis mort / Dans l'oubli désolé d'un combat de décembre » ?

Guillaume Apollinaire, qui allait disparaître deux ans plus tard, lui dédie ses *Calligrammes* et l'évoque dans sa *Colombe poignardée* : « Où sont Raynal Billy Dalize / O mes amis partis en guerre… »

Au 8, Maurice Renard

En février 1910, après le 85, avenue Kléber, ce précurseur de la science-fiction emménage rue de Tournon, recevant dans son salon Colette, Pierre Benoit, Henry de Montherlant…

En 1905 il a publié un recueil de nouvelles, *Fantômes et Fantoches*, ouvrage témoignant de son goût du merveilleux. Son premier roman, *Le Docteur Lerne, sous-dieu*, paru en 1908, aborde le thème du savant fou et de la greffe d'organe. Son roman le plus connu, *Le Péril bleu*, paraît trois ans plus tard, l'apparentant à H. G. Wells.

Au 8, Octave Feuillet

Alors qu'il réside à Saint-Lô, Feuillet connaît ses premiers succès avec son roman *Bellah* (1850) et sa comédie *La Crise* (1854). À la mort de son père, il s'installe à Paris, rue de Tournon, dans l'hôtel de Saint-Aignan, et poursuit sa carrière de dramaturge et de romancier. En 1857, alors qu'il n'est connu que pour des vaudevilles façon Scribe ou des proverbes façon Musset, Feuillet publie *Le Roman d'un jeune homme pauvre*. Ce roman sentimental et idéaliste, trouvant sa place entre le roman naturaliste et le roman réaliste, connut un formidable succès, Sainte-Beuve lui consacrant deux « Lundis » entiers. Feuillet déménagera pour la rue Newton et, à 40 ans, sera élu à l'Académie française en 1862, premier académicien élu à titre de romancier.

Au 8, Pierre Jean Jouve et la pulsion de mort

Le poète y résida de 1931 à juin 1940. Dans les années 1930, influencé par sa seconde épouse, la psychanalyste Blanche Reverchon, l'écrivain-poète renie tout écrit antérieur à 1925, abandonne ses vieux amis (Duhamel, Vildrac, Romain Rolland…) et axe sa production littéraire – poèmes et romans – sur l'exploration de son inconscient. (Il est probablement le premier écrivain en France à recourir à la psychanalyse.) En 1925, il a publié *Paulina 1880*, quatre voix au Goncourt. Suivront notamment les très oniriques romans *Le Monde désert* (1927), *Hécate* (1928), *Vagadu* (1931). Durant cette période, sa production poétique est intense : *Noces* (1928) et *Sueur de sang* (1933), dont l'avant-propos souligne l'importance de la pulsion de mort dans la poésie issue de Baudelaire.

Jouve a-t-il pressenti la catastrophe qui s'annonce en Europe ? Dans cet avant-propos titré « Inconscient, spiritualité et catastrophe », celui qui sera un important acteur de la Résistance française durant la guerre écrit : « La catastrophe la pire de notre civilisation est à cette heure possible parce qu'elle se tient dans l'homme, mystérieusement agissante, rationalisée, enfin d'autant plus menaçante que l'homme sait qu'elle répond à une pulsion de mort déposée en lui. »

Au 15, Anatole France

Le jeune Anatole France réside rue de Tournon avec ses parents d'avril 1867 à avril 1875. Avant et après la guerre, puis après la Commune, il travaille chez l'éditeur Lemerre et dirige la publication du troisième recueil du *Parnasse contemporain*. François Coppée ou Théodore de Banville y figurent en bonne place, mais Mallarmé se voit refuser son *Après-midi d'un faune*. Raison invoquée : « On se moquerait de nous. »

France ne sera pas plus clairvoyant avec Verlaine, affirmant que « l'auteur est indigne et les vers les plus mauvais qu'on ait vus ».

En 1875, Anatole France suivra ses parents au 90, rue de Rennes.

Au 16, l'adolescence de Romain Rolland

En 1880, pour permettre à son fils d'effectuer de bonnes études, M. Rolland décide de quitter Clamecy et la famille s'installe au 16, rue de Tournon, dans « un petit premier ». Le jeune Romain a 14 ans, il y résidera jusqu'en 1883. Ce premier contact avec Paris est difficile. Dans *La Foire sur la place*, il évoquera « le pavé gluant de Paris » et « cette odeur fade de Paris, où se mêlent les exhalaisons des usines de banlieue et la lourde haleine des villes ».

Après la rue de Tournon, la famille Rolland émigrera en 1883 vers un cinquième étage du 31, rue Monge, puis, en 1885, au 13, rue Michelet. Après unc « philosophie » au lycée Louis-le-Grand, où il côtoiera Marcel Schwob, Paul Claudel et Léon Daudet, ce sera Normale sup'.

Au 16, le dernier domicile de Brasillach

19 août 1944 : Robert Brasillach se réfugie dans une chambre de bonne du 16, rue de Tournon, y reste un petit mois avant d'aller se rendre[150] à la préfecture de police, où il est reçu par un ancien condisciple de la rue d'Ulm. « Je trouve cela assez drôle », notera-t-il dans son *Journal d'un homme occupé*[151].

Son procès s'ouvrira en janvier 1945 et durera à peine six heures. « Votre œuvre est mauvaise, Brasillach, et appelle une conclusion mathématique : c'est la peine capitale et je la requiers contre vous », déclare le procureur. L'ancien rédacteur en chef de *Je suis partout*, qui assimilait la République à « une vieille putain agonisante » et à « une garce vérolée », sera fusillé le mois suivant, malgré la demande en grâce auprès de de Gaulle d'une kyrielle d'écrivains, Valéry, Claudel, Mauriac, Cocteau, Colette… jusqu'à Albert Camus, farouche opposant à la peine de mort.

Que reste-t-il de Brasillach, à part sa mort ? La beauté classique de l'écriture, une œuvre critique, genre dans lequel il excelle, des *Poèmes de Fresnes* et une dizaine de romans dont *Les Sept Couleurs* (1939), ode à la jeunesse dans les années 1930 qui rata de peu le Goncourt.

Au 17, Anne Philipe

Gérard et Anne Philipe quittent Neuilly en 1956 et s'installent rue de Tournon. C'est l'époque du *Prince de Hombourg* au Théâtre national populaire, de *Pot-Bouille* au cinéma. L'acteur meurt en 1959 et, quatre ans plus tard, Anne Philipe publie *Le Temps d'un soupir*, récit sur leurs dernières semaines. Suivront *Les Rendez-vous de la colline* (1966), *Spirale* (1971), *Ici, là-bas, ailleurs* (1974), *Un été près de la mer* (1977), *Les Résonances de l'amour* (1982), *Je l'écoute respirer* (1984), *Le Regard de Vincent* (1987).

Anne Philipe est la mère d'Anne-Marie Philipe, qu'épousa Jérôme Garcin. L'écrivain-journaliste publiera en 2019 *Le Dernier Hiver du Cid*, hommage au beau-père qu'il n'a pas connu, évoquant les lieux de Gérard et Anne Philipe : l'appartement de la rue de Tournon, la grande maison de Mesnil-Gency et le domaine de la Rouillère à Ramatuelle.

Au 17, Mario Vargas Llosa

Fin 1957, l'ancien enfant des hauts plateaux péruviens gagne un concours de nouvelles qui va lui permettre de se rendre à Paris, ville considérée comme mythique pour de nombreux écrivains sud-américains comme Pablo Neruda, Octavio Paz, Julio Cortázar ou Miguel Ángel Asturias… Après avoir résidé à l'hôtel Wetter, 9, rue du Sommerard, il loue une mansarde au 17, rue de Tournon.

Dans une préface aux *Chiots* (1967), ces gentils petits voyous de Lima, Carlos Barral décrit les lieux : « Pour arriver chez lui, il fallait choisir entre plusieurs entrées d'une cour intérieure très balzacienne dont les pavés rutilaient encore, des étincelles lancées par d'anciens fers à cheval. La porte en vitraux bleuâtres et verts, tremblante inspiration impressionniste, s'ouvrait sur un raide escalier en colimaçon. »

Rue de Tournon, Vargas Llosa va écrire *La Maison verte*, *Les Chiots* et commencer la rédaction de *Conversation à la Cathédrale*.

L'histoire d'amour entre Vargas Llosa et Paris s'achève à la fin des années 1960, l'écrivain décidant de quitter la capitale pour s'installer à Londres.

Son œuvre – romans, essais, théâtre – est abondante, depuis *La Ville et les Chiens* en 1966, jusqu'à *Temps sauvages* en 2021. Lauréat du prix Nobel de littérature en 2010, il est élu à l'Académie française en 2021, sans avoir jamais publié en français.

Au 18, Chester Himes et Modiano au Tournon

Si, pour Alberto Moravia, la rue de Tournon fut « la plus italienne des rues parisiennes », elle sut également être très américaine. Dans les années 1950, Le Tournon est le point de rencontre de nombreux artistes et écrivains d'origine afro-américaine, James Baldwin, William Gardner Smith, Richard Wright, Chester Himes. Modiano s'en souvient dans *Un cirque passe* : « J'ai choisi une place au fond de la salle du Tournon. [...] J'y observais un client assidu, l'écrivain Chester Himes, toujours entouré de musiciens de jazz et de très jolies blondes. »

Quand Modiano fréquente ce café, en 1962-1963, Himes vit à Paris depuis 1953. Rien d'étonnant à ce que le lycéen de 17 ans soit fasciné par l'auteur de *La Reine des pommes*, père d'Ed Cercueil et Fossoyeur, qui a déjà publié cinq romans dans la « Série noire ».

Le « roman policier » sera le socle des (en) quêtes existentielles de Patrick Modiano. Le jeune homme a-t-il rêvé d'un destin à la Simenon ? Dans *Patrick Modiano, rive droite, rive gauche*, Jérôme Garcin soulève un coin du voile : « Ce soir-là, Modiano m'avoue envier les écrivains qui considèrent la littérature comme un métier. Il jure aspirer à écrire des livres comme Simenon faisant ses Maigret : en batterie, sans états d'âme. »

Au 18, Joseph Roth

Une plaque à la mémoire de l'écrivain juif Joseph Roth (qui vécut au-dessus du café) est apposée sur la façade de l'immeuble. Un Joseph Roth qui écrivit : « Si vous n'avez pas été à Paris, alors vous êtes seulement une demi-personne. »

Son roman le plus célèbre, *La Marche de Radetzky*, retrace sur trois générations la chute de l'Empire austro-hongrois et la désintégration de la société autrichienne. Fuyant une Autriche aux mains des nazis, il se réfugie à Paris en 1937, réside au-dessus du café et sombre dans l'alcoolisme. Il meurt dans la misère en 1939, quelques mois avant la guerre qu'il avait pressentie lors de l'arrivée d'Hitler au pouvoir, en 1933, comme en témoigne une lettre à Stefan Zweig : « À présent il vous sera évident que nous allons vers de grandes catastrophes. Abstraction faite du privé – notre existence littéraire et matérielle est déjà anéantie – l'ensemble conduit à une nouvelle guerre. Je ne donne pas cher de notre vie. On a réussi à laisser la Barbarie prendre le pouvoir. Ne vous faites pas d'illusions. C'est l'Enfer qui prend le pouvoir. » *La Légende du saint buveur*, son dernier ouvrage, sera publié à titre posthume.

Au 21, José Maria de Heredia

Envoyé en France pour ses études, José Maria de Heredia (né en 1842 à Cuba) réside rue de Tournon à la fin des années 1850, après l'obtention de son baccalauréat à Senlis. À Paris, entre plusieurs voyages dans son île natale, il poursuit ses études qui le mènent à l'École des chartes qu'il intègre en 1862. Il publiera ses premiers vers dans différentes revues et, en 1866, Leconte de Lisle l'invitera à figurer dans *Le Parnasse contemporain* (trois volumes collectifs de poésie réunissant quatre-vingt-dix-neuf poètes, publiés chez Lemerre). En 1867, après son mariage avec Louise Despaigne, Heredia déménage au 23, avenue de Breteuil. Il va devenir l'un des chefs de file du Parnasse, mouvement qui tourne le dos à la sentimentalité du romantisme, lui préférant une poésie plus descriptive et plus épurée.

Au 21, Gabriel Marcel

Gabriel Marcel, pionnier de l'existentialisme chrétien, passa son enfance dans la plaine Monceau puis résida rue de Tournon de 1933 à sa mort, en 1973. Il aimait ce quartier dans lequel il ressentait « une sorte d'imprégnation morale ». Dès 1935, en marge de ses cours à la Sorbonne, il accueille chez lui de jeunes étudiants en philosophie et des penseurs confirmés, afin de converser autour d'un thème, d'un livre récemment paru ou de ses propres textes en cours d'élaboration. Ces séances sont surnommées « les vendredis de la rue de Tournon » et voient passer de prestigieuses personnalités comme Paul Ricœur ou Michel Butor. Simone de Beauvoir indique dans *La Force des choses* qu'elle a donné en février 1945 une conférence chez Gabriel Marcel devant des étudiants presque tous catholiques, probablement à propos de son petit essai sur le sens de la vie – *Pyrrhus et Cinéas* –, essai « plutôt bien accueilli ».

Au 29, Jules Vallès

En 1857, à 25 ans, il a publié son premier livre, *L'Argent*, et signé dans *Le Figaro* un article remarqué : « Le dimanche d'un jeune homme pauvre », qui lui a ouvert les portes d'une carrière de journaliste et de chroniqueur, mais ne l'a guère enrichi. Le dénuement accompagnera longtemps Jules Vallès dans ses domiciles parisiens, comme cette petite chambre rue de Tournon, qu'il occupe au début de la Commune.

Au 30, Clément Marot

Clément Marot, poète médiéval, précurseur de la Pléiade, surnommé le Tibulle français, résida dans une maison que lui offrit son protecteur François Ier en 1539, maison ayant pour enseigne « Le Cheval d'Airain », avec grange et jardin comportant une seconde entrée située rue du Clos-Bruneau (rue de Condé).

« Cet aimable poète, écrit l'historien Jacques Demogeot, résume en lui toutes les qualités de notre vieille poésie, il en possède tous les charmes. On retrouve en lui la couleur de Villon, le naturel de Froissart, la délicatesse de Charles d'Orléans, le bon sens d'Alain Chartier et la verve mordante de Jean de Meung. Marot est le premier type de l'esprit français, il semble que la poésie du XIVe et du XVe siècle, sur le point de s'éclipser devant l'éclat nouveau de la Renaissance, ait ramassé toutes ses richesses pour en douer cet heureux héritier des trouvères. »

Au 33, Radiguet au Foyot

En mars 1923, entouré d'un parfum de scandale[152], paraît *Le Diable au corps* (qui devait initialement s'intituler *La Tête la première*). Énorme succès : en quelques mois, porté par le sens de la publicité de Cocteau et de Bernard Grasset, le livre se vend à près de cinquante mille exemplaires. Le 15 mai, son jeune auteur se voit récompensé du prix du Nouveau-Monde. Il continue à mener une vie très mondaine mais la maladie le guette : à la fin de novembre 1923, il s'installe à l'hôtel Foyot avec sa maîtresse Bronia Perlmutter[153], puis décède subitement le 12 décembre, à 20 ans, d'une typhoïde mal soignée, « fusillé par les soldats de Dieu[154] ». Il meurt avant que ne paraisse *Le Bal du comte d'Orgel* (1924) et Cocteau, trop affecté, n'assistera pas aux obsèques.

Au 33 également, Rainer Maria Rilke

À deux ans près, le jeune Radiguet aurait croisé Rainer Maria Rilke dans les couloirs de l'hôtel. L'auteur des *Lettres à un jeune poète* y séjourne durant sept mois en 1924-1925, fêté par Valéry et André Gide. Sa leucémie progresse impitoyablement, il ne lui reste qu'un an à vivre. Le restaurant Foyot – avec ses célèbres pigeons et ses pommes de terre Ernestine – disparaîtra en 1937 dans les travaux d'élargissement de la rue de Vaugirard.

Au 33, Joseph Roth

L'hôtel Foyot fut le premier refuge de Joseph Roth entre 1927 et la destruction de l'hôtel, en 1937, date à laquelle Roth déménage à l'hôtel Paris-Dinard, à l'hôtel de la Poste, en face du Foyot puis au-dessus du café Le Tournon, où il vit jusqu'à sa mort en mai 1939. Comme d'autres de ses compatriotes, il s'installa également pendant un moment à l'hôtel Helvétia, 23, rue de Tournon.

Au 33, l'œil de Laurent Tailhade

En décembre 1893, le redoutable pamphlétaire secoue l'opinion publique en écrivant, à propos de l'attentat anarchiste d'Auguste Vaillant : « Qu'importe de vagues humanités pourvu que le geste soit beau ! » Quelques mois plus tard, il déjeune au Foyot et une bombe anarchiste pulvérise le restaurant. Tailhade y perd un œil et, le lendemain, certains journaux ne se privent pas de poser la question : « Eh bien, monsieur Tailhade, le geste a-t-il été beau ? » L'attentat du Foyot fut attribué au poète Félix Fénéon, ami de Tailhade, acquitté faute de preuves. Lorsque Laurent Tailhade décède, en 1919, Sacha Guitry écrit dans un article : « Laurent Tailhade aura déchiqueté ses contemporains. » Ayant écrit le mot « déchiqueté », Guitry se demande si le mot est français, s'il n'est pas impropre. Il consulte alors le *Petit Larousse* et le résultat le ravit. « Déchiqueter : découper par taillades. »

VAUGIRARD (rue de)

La rue de Vaugirard est également présente dans le 15e arrondissement.

« Rue de Vaugirard », dit madame Champlouis.
Puis, changeant soudainement d'idée, elle reprit :
« Non… conduisez-moi rue des Trois-Frères, no 2,
et allez vite ! »

— Henry Murger, *Le Roman de toutes les femmes*, 1870

Au 3, Françoise Verny au bar du Trianon

Entrée chez Grasset en 1964, « la » Verny (« la papesse », « l'ogresse », « la sultane », « la mamma », « l'aimant à auteurs », etc.) rejoint Gallimard en 1982 puis Flammarion en 1986. Le bar de l'hôtel Le Trianon, tout proche de la rue Racine, devient désormais son autre bureau : « C'est alors le second temps de la journée qui démarre au café Trianon où elle a labellisé au sous-sol une table dénommée "Les fondatrices", avec deux de ses acolytes éditrices des éditions Flammarion, Monique Nemer et Élisabeth Gille[155]. »

Ses phrases commençaient toujours par « chéri, j'vais te dire » et ses colères étaient à la mesure de son grand talent, comme ce plat de spaghettis (ou de légumes verts) envoyé à la tête d'un confrère.

Elle lança « les nouveaux philosophes » (« cette pensée molle des périodes pauvres », selon Gilles Deleuze), publia de nombreux auteurs comme Françoise Sagan, Lucien Bodard, Bernard-Henri Lévy, André Glucksmann, Françoise Mallet-Joris, Alexandre Jardin, Cyril Collard…

En tant qu'auteure, elle publia six essais dont ses Mémoires (*Le Plus Beau Métier du monde*, 1990), qui furent un grand succès. Françoise Verny disparaît en 2004.

Au 4, Verlaine à l'hôtel de Lisbonne

En 1894, Verlaine revient rue de Vaugirard et, fraîchement élu Prince des poètes, s'installe à l'hôtel de Lisbonne. Les cent cinquante francs de pension mensuelle que lui versent ses amis finissent essentiellement au fond d'un verre à pied. Pauvre Lélian… Il ne lui reste que deux ans à vivre.

Au 7, Prévert a 7 ans

C'est dans un petit deux-pièces au troisième et dernier étage qu'André Prévert installe sa famille en 1907. Le petit Jacques est alors âgé de 7 ans. Dans *Choses et autres*, le poète se souvient : « C'est tout en haut, le logement, bien plus petit qu'à Neuilly, mais, tout de même, surtout qu'il y a deux pièces, un peu plus grand que la chambre de Toulon. Et aussi une petite cuisine, mais l'eau et le reste, c'est sur l'escalier. » « Là, ajoute-t-il, on rencontre tout le temps les voisins, comme ça on sait qui c'est. »

Les temps sont difficiles, André Prévert est sans emploi. Son père, le grand-père du poète, lui propose un emploi digne du Malaussène de Daniel Pennac : visiter les pauvres pour déterminer s'ils méritent ou non une assistance. Le petit Jacques accompagnera parfois son père et découvrira ainsi le monde « d'en bas ».

Au 8, le prix Nobel taché de Knut Hamsun

« La faim reparaissait, elle me rongeait la poitrine, me donnait des élancements, de petites piqûres qui me faisaient mal. » Dans *La Faim*, son roman le plus célèbre, paru en 1890, le héros un soupçon kafkaïen se sert de la faim pour accompagner son mal-être métaphysique. « Il jeûne, écrit Paul Auster. Mais pas à la manière dont jeûnerait un chrétien. Il ne renie pas la vie terrestre par anticipation de la vie éternelle ; il refuse de vivre la vie qui lui a été donnée. Et plus il prolonge son jeûne, plus la mort fait intrusion dans sa vie. Il approche la mort, rampe jusqu'au bord du précipice et, une fois là, s'y cramponne, incapable de bouger dans un sens ou dans l'autre. La faim, qui ouvre le vide, n'a pas le pouvoir de le refermer. Un bref instant de terreur pascalienne est devenu condition permanente[156]. »

L'écrivain norvégien écrira ensuite une dizaine d'ouvrages (*Mystères*, *Pan*, *L'Éveil de la glèbe*...), avant de recevoir le Nobel de littérature en 1920. Son œuvre sera ternie par son soutien au parti pronazi norvégien de Vidkun Quisling et au Reich nazi. Il offrit sa médaille du prix Nobel à Joseph Goebbels et, le 7 mai 1945, une semaine après la mort d'Adolf Hitler, il publia un texte rendant hommage au Führer, le qualifiant de « guerrier pour l'humanité ». Triste fin pour un auteur primordial qui meurt en 1952 à 92 ans.

Comme l'indique une plaque, il vécut rue de Vaugirard entre 1893 et 1895.

Au 9, la glace pensive d'Auguste Comte

Après le 159, rue Saint-Jacques, et avant le 18, rue des Francs-Bourgeois-Saint-Michel (aujourd'hui rue Monsieur-le-Prince), Auguste Comte réside rue de Vaugirard, d'avril 1835 à mars 1837. Est-ce là qu'il fait installer pour la première fois une glace devant sa table de travail, afin... de se regarder penser ?

Au 10, Zola

Les adresses se sont succédé : rue Saint-Joseph (10 bis), rue Monsieur-le-Prince (63), rue Saint-Jacques (241), rue Saint-Victor (35), rue Neuve-Saint-Étienne-du-Mont (21), rue Soufflot (11), impasse Saint-Dominique (7), rue des Feuillantines (7), rue Saint-Jacques à nouveau (278), boulevard du Montparnasse (142), rue de Vaugirard (10), qui sera sa dernière adresse en rive gauche.

En 1865 ou 1866, il y occupe un logement au sixième étage, disposant d'une terrasse avec vue sur le Luxembourg, où il vit avec Alexandrine Meley, future Mme Zola. Est-ce elle qui lui inspire « L'Amour sous les toits », une de ses *Esquisses parisiennes* (1866) dédiées aux femmes ? C'est l'époque à laquelle il commence à écrire, publiant notamment deux contes remarqués dans *L'Illustration*. Viendra ensuite *Thérèse Raquin* (1867), première pierre de l'édifice Rougon-Macquart.

Au 15, le jardin du Luxembourg

Jules Vallès, évoquant le jardin, notait que « s'il y avait des perroquets dans les arbres, ils parleraient latin[157] ». Nombreux sont les auteurs célébrant le Luxembourg, de Balzac à Kundera : Nerval (*Une allée du Luxembourg*), Huysmans (*Croquis parisiens*), George Sand (*Horace*), Théodore de Banville (*Mes souvenirs*), François Coppée (*Souvenirs d'un Parisien*), Anatole France (*Monsieur Bergeret à Paris*), Valéry (*Variété II*), Léo Larguier (*Paris tel qu'on l'aime*), Beauvoir (*Mémoires d'une jeune fille rangée*), Sartre (*Les Mots*), Kundera (*La Fête de l'insignifiance*)…

Prévert se souvient de la fermeture du jardin, dans *C'est toujours le Luxembourg* : « Un peu avant que la nuit tombe, les gardes jouaient du clairon ou du tambour pour dire qu'il fallait s'en aller. […] Ça me faisait mal et me donnait envie de pleurer. »

Notons que résident au jardin du Luxembourg, sous forme de monuments et statues de jardin : Ferdinand Fabre, Banville, Éluard, Flaubert, Heredia, Leconte de Lisle, Henry Murger, Sainte-Beuve, George Sand, la comtesse de Ségur, Stendhal, Verlaine, Stefan Zweig. Notons également que dans *Vingt Femmes dans le jardin du Luxembourg et dans le sens des aiguilles d'une montre*, Jean Echenoz dresse la fiche anthropométrique des vingt statues des *Reines de France et Femmes illustres*.

Au 15, Louis Ratisbonne

Après avoir vécu au 121, avenue de Saint-Cloud, puis au 37, rue Raynouard, il fut nommé en 1873 bibliothécaire du Sénat, où il résida jusqu'à sa mort en 1900. Traducteur en vers de *La Divine Comédie*, il fut l'exécuteur testamentaire d'Alfred de Vigny et, sous le pseudonyme de Trim, un auteur de fables et poésies pour enfants : *La Comédie enfantine* (1860), *Les Figures jeunes* (1865).

Au 16, Germain Nouveau

En 1872, Germain Nouveau fait la connaissance de Mallarmé, de Jean Richepin et de la bande des « vivants », ces « rapins chevelus, poètes faméliques, gazetiers à la ligne et filles à bon marché » qui se réunissent au café Tabourey. Il vient de publier son premier poème, « Sonnet d'été », dans *La Renaissance littéraire et artistique*, revue d'Émile Blémont, et s'installe à quelques pas du café, au 16, rue de Vaugirard. Boisson favorite : l'absinthe beurrée, mélange d'absinthe, de bière, de genièvre et d'eau-de-vie. Il sera, par choix, le poète du pavé : « Je n'ai, écrit-il, qu'une chemise pour mon équipement, et quand vient la lessive, je la sèche au beau temps. Quand je vais à l'église on me fait comme au roi : tout le monde s'empresse de s'éloigner de moi. Ce qu'on voit à ma suite, à mon enterrement, ce sont les poux, les puces qui s'en vont en pleurant. » Fin 1873, Germain Nouveau rencontre Arthur Rimbaud au café Tabourey et, en mars 1874, sans rien emporter, oubliant même de remettre à l'hôtel la clé de sa chambre, il suit Rimbaud à Londres.

Au 20, le café Tabourey

À l'angle de la rue de Vaugirard et de la rue Molière (devenue rue Rotrou) se tenait le très littéraire café Tabourey, ancien café du Luxembourg, où les jeunes auteurs venaient lire leurs pièces dans l'espoir d'être remarqués par les directeurs de théâtre voisins. On y voit Barbey d'Aurevilly faire admirer ses tenues vestimentaires, Baudelaire écrire un article sur « un écrivain américain », Rimbaud rencontrer Germain Nouveau, les parnassiens en faire leur quartier général... Le café sera remplacé par une extension de la librairie Marpon, sous l'égide de son associé Ernest Flammarion, librairie ouverte jusqu'à minuit.

Au 20 Jules Janin

Dans les années 1850-1860, Jules Janin réside rue de Vaugirard, au-dessus du café Tabourey. Durant quarante et un ans, le lundi, dans le *Journal des débats*, le « prince des critiques » entretint son public des pièces nouvelles, de ses humeurs littéraires et de son auguste personne. En 1841, fraîchement marié, il n'hésite pas à informer le public des joies que lui promet son union avec Mlle Huet, fille d'un magistrat. Janin critique, Janin écrit. Rue de Vaugirard, il rédige *Le Premier Feuilleton de Pistolet*, nouvelle satirique mettant en scène son caniche (Pistolet), chien qui s'offusque que l'on ait ôté aux poètes la « muselière classique ».

Baudelaire ne pouvait que hausser les épaules, qualifiant Jules Janin de « pauvre homme sans style ». Jules Janin s'enorgueillit d'avoir écrit deux mille deux cent quarante feuilletons hebdomadaires : « deux mille deux cent quarante sacs de papier, de vent, de niaiseries, de truquages », à en croire le critique littéraire Albert Thibaudet.

Au 25, Aramis et son petit jardin

« Un petit logement, écrit Dumas, composé d'un boudoir, d'une salle à manger et d'une chambre à coucher, située comme le reste de l'appartement au rez-de-chaussée [et qui donne] sur un petit jardin frais, vert, ombreux et impénétrable aux yeux du voisinage. »

Au 29, Jean Anouilh et le lit de Volpone

En 1932, Anouilh s'installe rue de Vaugirard avec l'actrice Monelle Valentin. Il vient de faire faire représenter sa première pièce, *Humulus le muet*, écrite en collaboration avec Jean Aurenche, pièce qui n'obtient aucun succès. Désargenté, il demande à Jouvet, pour lequel il a travaillé comme secrétaire général de la Comédie des Champs-Élysées, de l'aider à meubler son nouveau logement. Jouvet lui prête des meubles de théâtre et, pendant quelque temps, les amoureux dormiront dans le lit de Volpone.

Au 32, Ford Madox Ford

Poète et critique littéraire aux États-Unis, reconnu pour son roman *The Good Soldier* (1915), Ford Madox Ford s'installe à Paris dans les années 1920, où il monte *The Transatlantic Review* avec Hemingway. Son nom est indissociable du « test de la page 99 », théorie selon laquelle la lecture de la quatre-vingt-dix-neuvième page d'un roman serait suffisante pour évaluer l'envie de le lire. Entre 2012 et 2016, *L'Express* publia une chronique intitulée « Les tests de la page 99 », analysant la page 99 des ouvrages présentés. (Le problème, avec *La Première Gorgée de bière* de Philippe Delerm, c'est que le livre ne comporte que quatre-vingt-douze pages.)

Au 38, Pierre Ormen sur son balcon

Le principal personnage d'*Un balcon sur le Luxembourg* (premier tome de la *Saga parisienne*[158]) s'installe rue de Vaugirard en 1937. « Pierre scrute le Luxembourg. La ligne des toits de l'orangerie a maintenant disparu. J'habite, songe-t-il, à la croisée de mes chemins. Au sud, la ligne de Sceaux qui conduit à la maison familiale de Fontenay-aux-Roses. À l'est, les bancs de Louis-le-Grand et de Normale sup' que j'ai usés durant de longues années. Au nord, le milieu littéraire de Saint-Germain-des-Prés, mes débuts de romancier. À l'ouest, le mystérieux, qui reste à conquérir. »

Au 41 bis, Barbey d'Aurevilly

Dans les années 1850, Barbey d'Aurevilly s'installe rue de Vaugirard et écrit à un ami : « Je demeure maintenant rue de Vaugirard, 41 bis. […] En trois pas, je me trouve au bout du monde, j'ai là un air pur, le silence, cher à la pensée, un balcon avec des hortensias, et ce Paris que je méprise à mes pieds superbes je vois jusqu'à Montmartre par-dessus une mer de maisons rouges, blanches et bleues, dont les toits sont les vagues immobiles. De temps en temps, une heure qui sonne et une fumée qui s'élève une fumée qui se tord lascivement, comme une femme, une vigne ou un tire-bouchon, une fumée qu'on ne croirait jamais venir de dessous quelque ignoble marmite. »

Barbey d'Aurevilly déménagera en 1856 au 6, rue Oudinot, puis quelques temps plus tard au 29, puis au 25, rue Rousselet.

Au 50, Mme de La Fayette et sa princesse de Clèves

Marie-Madeleine Pioche de La Vergne, future comtesse de La Fayette, revient à Paris en 1659 et s'installe dans l'hôtel de la rue de Vaugirard où elle est née. Belle demeure, beau jardin comme le note la marquise de Sévigné : « Le jardin de Mme de La Fayette est la plus jolie chose du monde : tout est fleuri, tout est parfumé ; nous y passons bien des soirées, car la pauvre femme n'ose pas aller en carrosse. » Admiratrice de Madeleine de Scudéry, Mme de La Fayette poursuit son œuvre littéraire, notamment *Zaïde* (1669), ouvrage anonyme qui lui est attribué. Son œuvre la plus célèbre, *La Princesse de Clèves*, est éditée par un de ses amis en mars 1678. L'ouvrage – que

Mme de Sévigné considérait comme « une des plus charmantes choses [qu'elle ait] jamais lues » – a probablement inspiré Balzac pour camper le personnage de Mme de Mortsauf dans *Le Lys dans la vallée*. Et Raymond Radiguet s'est certainement souvenu du roman écrit rue de Vaugirard, qui totalise à ce jour plus de deux cent trente éditions, pour l'intrigue du *Bal du comte d'Orgel*.

Au 54, Henri Heine

Chassé d'Allemagne à 34 ans à cause de ses idées libérales, ne supportant plus le climat antisémite à Hambourg et à Berlin, le poète effectue en 1831 son premier séjour à Paris, à l'hôtel de Luxembourg. Ses premiers succès littéraires sont intervenus dans les années 1815-1825, avec une poésie teintée de politique (« Ce n'était qu'un début. Là où on brûle des livres, / on finit par brûler des hommes[159] »), et sa réputation littéraire de prosateur est déjà établie, avec son *Tableau de voyage dans le Harz*. Les milieux littéraires et journalistiques accueillent avec sympathie ce jeune Allemand si spirituel, dont les bons mots font le tour de Paris. Grand piéton de Paris, difficilement classable, Heine sera tour à tour historien (« mes reportages sont un livre d'histoire daguerréotypique »), critique littéraire, essayiste, philosophe et bien sûr poète. Sa *Loreleï* (1824) est un des textes les plus connus en Allemagne.

Au 58, Zelda et Francis Scott Fitzgerald

Le couple y loue un appartement dans lequel il séjourne d'avril à octobre 1928. La France leur convient, car le change est en leur faveur et « il est plus amusant pour une personne intelligente de vivre dans un pays intelligent ». C'est l'époque des rencontres, notamment avec Joyce à qui Fitzgerald propose, lors d'un dîner chez Sylvia Beach, de… sauter par la fenêtre[160]. Il faut dire que Fitzgerald est connu pour finir au moins une bouteille de vin avant le repas. Après le relatif insuccès de *Gatsby*, sa plume peine sur l'écriture de son quatrième roman, le très autobiographique *Tendre est la nuit*, ouvrage commencé en 1925 et qui sera publié en 1934.

Au 62, Le Pont Traversé de Marcel Béalu

« Une boutique est un lieu privilégié, écrivit-il. Les gens les plus divers entrent et sortent. Quels que soient ses dimensions, son installation, l'endroit où elle se trouve, une particularité lui est commune : la porte ouverte sur la rue. »

La libraire de Marcel Béalu – Le Pont Traversé[161] – émigre de la rue Saint-Séverin (au n° 16) à la rue de Vaugirard en 1973. « On était sûr, écrit le journaliste-critique Gérard Meudal, de trouver chez lui ce qu'on ne trouvait nulle part ailleurs, les œuvres d'Armand Robin, de Lucien Becker, de Joyce Mansour et de tant d'autres. C'est qu'il en avait vu défiler du monde dans sa boutique, depuis son premier client Lacan, qui lui acheta les œuvres complètes de Shakespeare, et oublia de les lui payer. »

Conteur, Béalu se fit connaître en 1944 et 1959 par ses *Mémoires de l'ombre* et, poète, fit paraître une trentaine de recueils entre 1932 et 1981.

Au 64, Murger et Champfleury

En 1843, Jules Fleury – qui deviendra Champfleury sur les conseils d'Arsène Houssaye – et Henry Murger ont lié connaissance à la Société des buveurs d'eau, rue Bleue, et décident de louer ensemble un petit logement rue de Vaugirard.

« Tu apportais, écrit Champfleury, six assiettes dont trois en porcelaine, un Shakespeare, les œuvres de Victor Hugo, une commode hors d'âge et un bonnet phrygien ; par le plus grand des hasards j'avais deux matelas, cent cinquante volumes, un fauteuil, deux chaises et une table, de plus une tête de mort. [...] Beaux temps ! où de notre petit balcon nous voyions, de tout le jardin du Luxembourg, un arbre, et encore il fallait se pencher[162] ! »

Champfleury travaille le jour, Murger travaille la nuit en consommant du café à en faire frémir Balzac. Soucieux de s'attaquer à une œuvre d'envergure, Champfleury va écrire un premier roman, *Les Oies de Noël*, suivi des *Aventures de mademoiselle Mariette* (1853), témoignages des années de bohème.

Au 68, Aimé Merlo, dit Ary Leblond

Ils étaient deux (lointains) cousins, Georges Athénas et Aimé Merlo, nés à La Réunion, qui vinrent faire leurs études supérieures à Paris et décidèrent, à la manière des Goncourt ou des Rosny, d'écrire à quatre mains sous le pseudonyme de Marius-Ary Leblond. Installés à Paris en 1898, ils inaugurent, avec *Le Zézère* (1903), une très longue carrière et obtiennent le prix Goncourt 1909 pour *En France*, récit semi-autobiographique relatant leurs premiers pas à Paris. Suivra notamment *Ulysse, Cafre* (1924), « roman des races », dépeignant les conflits ethniques à La Réunion. Les Leblond prônèrent une « littérature coloniale » réaliste, à l'encontre d'un exotisme jugé factice chez un Pierre Loti. Leur œuvre, teintée de colonialisme – voire de racisme –, est aujourd'hui totalement oubliée. Aimé Merlo décède à son domicile de la rue de Vaugirard en 1958.

Au 77, Romans-revue de l'abbé Bethléem

Ce légendaire abbé s'était donné comme mission d'obliger les écrivains à respecter les « bonnes mœurs » et avait publié en 1905 *Romans à lire et romans à proscrire*, sous-titré *Essai de classification au point de vue moral des principaux romans et romanciers de notre époque (1800-1904)*, ouvrage qualifié par le pape Pie X de « magnifique » et qui, devenu best-seller, déboucha sur la non moins redoutable *Romans-revue*, qui deviendra *Revue des lectures* en 1925.

Parmi les parias des lettres épinglés par l'abbé, Zola et son odeur d'égouts, la communiste George Sand. *Le Tour de la France par deux enfants* est déconseillé, car il ne parle pas suffisamment de religion. Dans l'entre-deux-guerres, la *Revue des lectures* terrifie éditeurs et libraires, et « sa diffusion est si forte qu'elle ne peut guère être comparée qu'à des revues comme *Les Nouvelles littéraires* ou *La Nouvelle Revue française*[163] ». En 1938, dans *Le Figaro*, André Billy part en guerre contre les croisades de l'abbé : « Quelque chose me dit que ce que le bon Dieu a le plus en horreur, ce ne sont pas les sourires et les plaintes de l'amour trop complaisamment reproduits dans les romans, c'est sur les lèvres d'un prêtre la grimace de la haine et la bave de la calomnie. »

Au 88 (anciennement 90), Victor Hugo

C'est dans un entresol situé au-dessus d'une menuiserie que la famille Hugo réside de mars 1824 au printemps 1827. Léopoldine y naît en août 1824, elle décédera par noyade à l'âge de 19 ans. Dans *Les Contemplations*, son père lui dédie un poème sans titre : « Demain, dès l'aube, à l'heure où blanchit la campagne, / Je partirai. Vois-tu, je sais que tu m'attends. / J'irai par la forêt, j'irai par la montagne. / Je ne puis demeurer loin de toi plus longtemps… » La mort de Léopoldine impressionnera beaucoup sa jeune sœur Adèle, alors âgée de 13 ans, au point d'altérer sa santé mentale.

Rue de Vaugirard, en 1827, Hugo fait découvrir à son voisin, le critique Sainte-Beuve, sa tragi-comédie *Cromwell*. Sous une série d'éloges, ce dernier ne ménage pas ses réticences devant cet ersatz de Shakespeare difficilement jouable et peu intéressant, à part sa préface qui défend le drame romantique face à la tragédie classique, la modernité face au conservatisme.

Au 94, Sainte-Beuve

En 1826, Charles-Augustin Sainte-Beuve et sa mère habitent au 94, Hugo et sa famille au 90. Les deux hommes vont se lier d'amitié, et Adèle, la femme du poète, ne sera pas insensible à l'attachante laideur du critique littéraire.

Au 98, Albert Cim

Auteur de romans et de nouvelles, d'ouvrages pour la jeunesse, d'études documentaires et d'ouvrages bibliographiques comme son monumental *Le Livre. Historique, fabrication, achat, classement, usage et entretien* (cinq volumes entre 1905 et 1908, couronné par l'Académie française), Albert-Antoine Cimochowski, dit Albert Cim, résida rue de Vaugirard au milieu des années 1920. Il publia en 1920 *Récréations littéraires*, recueil de curiosités, bévues et lapsus chez de grands écrivains. Relevé chez Alphonse Daudet, dans *Tartarin de Tarascon* : « Quatre mille Arabes couraient derrière [un chameau], pieds nus, gesticulant, riant comme des fous, et faisaient luire au soleil six cent mille dents blanches » ; chez Hugo, dans *Les Misérables* : « Il se leva debout » ; ou chez Zola, dans *Lourdes* : « “Oui, oui, nous partons”, dit Pierre, qui se détourna, cherchant son chapeau, pour s'essuyer les yeux ».

Au 104, le jeune Mauriac

Fort d'une rente annuelle de dix mille francs versés par ses parents, le jeune François Mauriac quitte Bordeaux en 1907 et s'installe à Paris, dans une pension étudiante tenue par des frères maristes au 104, rue de Vaugirard, une « balzacienne maison Vauquer » tenue par le père Plazenet. Deux ans plus tard, il s'installera au 45, rue Vaneau, où il préparera l'École des chartes qu'il intégrera puis abandonnera pour se consacrer à l'écriture. Un quart de siècle plus tard, en 1934, l'établissement accueillera un jeune pensionnaire d'à peine 18 ans qui deviendra célèbre, dans un autre domaine : François Mitterrand.

« Ce Mitterrand, écrira François Mauriac en 1954, je l'aime bien. C'est un garçon romanesque : je veux dire un personnage de roman. Il sort, à quelques lieues de chez moi, du terroir charentais comme Rastignac. »

Au 105, Albert Camus

En 1943, réfugié au Chambon-sur-Lignon, Camus passe deux semaines à Paris pour rencontrer l'équipe Gallimard et loge à l'hôtel Aviatic. « Paris n'est pas très gai, écrit-il à Pascal Pia, vous vous en doutez. Mais cela fait quand même plaisir de retrouver les noms des rues qu'on aime. » Croisa-t-il dans la rue Maria Casarès, qui habitait alors au 148 ? Peut-être. Mais la première rencontre (attestée) du couple légendaire aura lieu le 19 mars 1944 chez Michel Leiris, lors de la représentation du *Désir attrapé par la queue* de Picasso.

Au 114, Huysmans

En 1871, Huysmans emménage au 114, rue de Vaugirard. « L'immeuble est un banal deux-étages, dans le genre caserne cher au Second Empire. Toutefois l'aspect de la cour reste obligeant parce que provincial avec ses jardinets qui, bien que souffreteux, séduisaient toujours Huysmans comme il séduit la plupart des intellectuels anti-bourgeois. Dans ce morceau de faubourg il écrivit le *Drageoir à épices*, un de ses tout premiers ouvrages[164]. »

Au 114, Jules Perrin

Dans l'immeuble qu'habita Huysmans résida Jules Perrin, qui y mourut en 1944. Il écrivit une douzaine de romans « scientifiques » sous forme de feuilletons souvent illustrés par Henri Lanos, dont *Un monde sur le monde* (1910-1911), « anti-utopie technologique [qui dénonce] la prolifération urbaine incontrôlée et la dégradation des sites naturels. Dans un futur proche, un milliardaire américain construit une titanesque ville de fer en pleine Champagne, et le conflit éclate entre le gouvernement français et la mégalopole, à coups de lanternes fulgurantes et d'aéronefs. Une œuvre écologiste avant la lettre illustrée de main de maître[165] ».

Au 118, la poésie de Pierre Seghers

Le premier titre de la collection « Poètes d'aujourd'hui » paraît en 1944. Il est consacré à Paul Éluard, et rédigé par Louis Parrot. Suivent rapidement le nº 2, consacré à Aragon (par Claude Roy), et le nº 3, à Max Jacob (par André Billy). En 1962, le catalogue comprend près de cent poètes. Seghers décide alors d'y adjoindre les chanteurs-auteurs. Le nº 93 est consacré à Léo Ferré, le nº 99 à Georges Brassens, le nº 119 à Jacques Brel, le nº 121 à Charles Aznavour. Mais comme le chante Christine Sèvres, « faudrait voir à pas mélanger les torchons avec les serviettes[166] ». La chanson ne serait-elle pas un art majeur ? Devant la (petite) fronde littéraire qui s'ensuit, Seghers crée en 1966 une collection spécifique : « Poésie et chansons. » Le nº 93 de « Poètes d'aujourd'hui » consacré à Léo Ferré devient alors le nº 1 de cette nouvelle collection, Brassens le nº 2, Brel le nº 3, etc.

Seghers éditeur fut également un Seghers poète : « Comment va le monde ? / Il va comme il va / La machine est lourde / On la traînera. / Comment va la vie ? / Va comme on la pousse / Le sang se fait vieux / Le cœur s'est fait mousse. / Comment va l'amour ? / Il avait tant plu / Que la terre est morte / On n'en parle plus[167]. »

VAVIN (rue)

Laissons Balzac à ses méditations, et descendons la rue Vavin.

— Jacques Morlaine, *Le Monsieur de minuit*, 1964

Au 11, Louise Colet la féministe

Quand survient la Commune, Louise Colet a 60 ans. Celle qui fut l'égérie de Vigny, Musset et surtout Flaubert est désormais une auteure oubliée du Tout-Paris littéraire, mais qui poursuit une œuvre dédiée à la cause féminine : « Je veux réunir [...] toutes ces sœurs en douleur et en misère, et leur faire comprendre ce qu'il faut dire, ce qu'il faut faire, ce qu'il faut exiger... pour qu'elles ne soient pas éternellement des machines à plaisir et à reproduction de l'espèce ! » Dans un XIXe siècle profondément misogyne, elle fut féministe, républicaine, fouriériste et anticléricale ; elle soutint la révolution de 1848, l'Italie naissante et, rue Vavin, la Commune : « Cette insurrection de Paris est devenue formidable, écrit-elle à une amie de province. La lâcheté du gouvernement et de l'Assemblée, qui sont à Versailles, attire sur notre pauvre patrie des malheurs et une honte qui me navrent. Depuis plus de trois semaines, Paris est bombardé par les généraux de l'Empire plus cruellement qu'il ne l'a été par les Prussiens. » Louise Colet terminera sa vie dans la misère, décédant en mars 1876 rue des Écoles, oubliée par ceux qui, trente ans plus tôt, fréquentaient assidûment son salon et s'arrachaient ses faveurs.

Au 21, Simone de Beauvoir à l'hôtel du Danemark

Non moins féministe que Louise Colet, rebelle à toute idée d'installation bourgeoise, Simone de Beauvoir s'y installe en octobre 1939, après la mobilisation de Sartre un mois plus tôt. Elle le quitte début juin 1940, s'y réinstalle fin juin au terme d'un bref exode, pour découvrir que le propriétaire – la croyant disparue – s'est entre-temps débarrassé d'une partie de ses affaires. Après un séjour de trois mois chez sa grand-mère, au 91, avenue Denfert-Rochereau, elle y louera à nouveau une chambre et y passera le dur hiver de 1940-1941, montant chaque soir sa bicyclette.

Au 26, les 20 ans de Nizan

Qui ignore l'incipit d'*Aden Arabie* (1931), premier ouvrage de Paul Nizan écrit à l'âge de 25 ans ? « J'avais vingt ans. Je ne laisserai personne dire que c'est le plus bel âge de la vie. » En 1928, Simone de Beauvoir, emmenée par Sartre, se rend rue Vavin. Dans ses *Mémoires d'une jeune fille rangée*, elle évoque sa rencontre avec le jeune homme : « Il avait sur ses murs un grand portrait de Lénine, une affiche de Cassandre et la *Vénus* de Botticelli ; j'admirais les meubles ultramodernes, la bibliothèque soignée. Nizan était à l'avant-garde du trio ; il fréquentait des milieux littéraires, il était inscrit au Parti communiste ; il nous révélait la littérature irlandaise et les nouveaux romanciers américains. Il était au courant des dernières modes, et même de la mode de demain. »

Après *Le Cheval de Troie* (1935), roman à thèse dans lequel il caricature Sartre sous les traits du nihiliste intellectuel Lange, après un prix Interallié pour *La Conspiration* (1938) puis une rupture avec le parti communiste, Paul Nizan mourra au début de la guerre, fauché par une balle perdue durant la retraite de Dunkerque. Son ancien parti s'attachera à le calomnier dans un « procès stalinien par contumace ». Aragon en sera le procureur et fera de Nizan le traître et couard journaliste Orfilat dans sa saga *Les Communistes*[168].

Au 33, la Boule Blanche de Georges Simenon

Le 20 février 1931, à la Boule Blanche, le Tout-Paris se presse au « bal anthropométrique » organisé par Fayard au cours duquel un certain Simenon dédicacera ses deux premiers romans : *Monsieur Gallet, décédé* et *Le Pendu de Saint-Pholien*. Les cartons d'invitation sont des citations à comparaître et il faut laisser ses empreintes digitales à l'entrée. Parmi les invités déguisés en apaches ou en « bonnes gagneuses », les chanteuses Damia et Suzy Solidor, les écrivains Francis Carco, Colette,

Armand Salacrou, Marcel Achard, Francis Jeanson, des peintres emmenés par Kisling, des hommes politiques, de nombreuses vedettes. La fête va durer toute la nuit, la carrière littéraire du commissaire Maigret est lancée.

Au 49, Henry de Montherlant et les jeunes filles

En 1913, Montherlant a 18 ans et vit chez ses parents, passage Saint-Ferdinand, à Neuilly. À leur insu, il loue une chambre dans un hôtel de la rue Vavin, y reçoit celles qu'il surnommera les « Vésuviennes », ces jeunes filles posant comme modèles à l'Académie de la Grande-Chaumière. Péché de jeunesse : les femmes ne seront pas son avenir. Homosexuel secret, Montherlant fut un grand misogyne et son cycle romanesque *Les Jeunes Filles* (1936-1939) véhiculera l'image d'un séducteur mufle et méprisant.

VIEUX-COLOMBIER (rue du)

La logeuse du jeune homme était une dame patronnesse, vendeuse de Saintes Vierges en plâtre dans un magasin de la rue du Vieux-Colombier.

— Dominique Fernandez, *L'Homme de trop*, 2021

Au 4, Boileau et le club des cinq

Entre 1661 et 1687, Boileau occupe un appartement dans lequel Molière, Racine, La Fontaine et Chapelle[169] se réunissent trois fois par semaine (entre 1661 et 1665), chacun présentant ses travaux. (En 1664, Boileau est âgé de 28 ans, Racine, 23, Chapelle, 38, Molière, 42, La Fontaine, 43.) « Lorsqu'il y avait sujet à mettre un convive à l'amende, écrit Jacques Hillairet, on lui faisait lire des vers de *La Pucelle*, de Jean Chapelain[170], en nombre proportionné à la gravité de la faute. » La Fontaine – peut-être – y aurait présenté ses premiers *Contes*, afin d'égayer l'assistance.

Au 4, Attila József

Souffrance et désespoir. Ce poète hongrois publie son premier recueil à l'âge de 17 ans et va devenir l'un des représentants majeurs du surréalisme en Hongrie. Ses crises de folie le mèneront au suicide, fin 1937, à l'âge de 32 ans.

Au 6, Maurice Fombeure

En 1937, Maurice Fombeure s'installe à Saint-Germain-des-Prés. Le poète champêtre venu d'Arras sera un des piliers de la brasserie Lipp où il passera des heures devant un bock de bière. « N'avait-il pas été l'ami d'Apollinaire ? se souvient Michel Ragon dans *D'une berge à l'autre*. Il restait un peu de la présence du poète d'*Alcools* dans ce grand gaillard dégingandé qui traînait dans les bars. [...] C'était un homme affable, grassouillet, un peu prélat, qui eût été élu Prince des poètes si le titulaire du titre, Paul Fort, ne s'était obstiné à vivre octogénaire. »

Tournant le dos au surréalisme (« Écoutons un peu notre cœur, la tête a joué son rôle », disait-il), il fut poète du terroir et signa un opéra bouffe : *Orion le tueur*, « mélodrame lyrique en six tableaux, deux enlèvements et un anneau magique » créé avec succès par Grenier-Hussenot au petit théâtre d'Agnès Capri, rue Molière.

Au 7, Jacques Prévert

La famille Prévert s'y installe en 1912, au dernier étage, Jacques y résidera jusqu'à son service militaire, en 1920. Imagine-t-il que huit ans plus tard, à quelques pas, au théâtre du Vieux-Colombier, en compagnie de Breton et de toute sa bande, il montera sur la scène pour gifler un acteur coupable de réciter un poème de Cocteau ? Comme il le dira plus tard : « Dans ce milieu, j'étais plutôt homme de main qu'homme de plume. »

Au 21, les éclats du Vieux-Colombier

En 1943, l'avocat Paul Annet Badel, titulaire du bail, persuade Jean-Paul Sartre de confier la mise en scène de *Huis clos* à Raymond Rouleau et le rôle d'Estelle à sa femme, Gaby Sylvia. La pièce est créée le 27 mai 1944. « Fondée sur l'ambiguïté, elle devait être montée, à l'origine, comme une pièce de boulevard, de façon à pouvoir être présentée en tournée à travers toute la France, d'où l'idée de cet enfer aux allures de salon Napoléon III, décor imaginé par Max Douy et que possédait le moindre théâtre de province. Le succès auprès du public, saturé de comédies insipides, fut tout à fait inattendu[171]. »

Dix-huit mois plus tard, le 21 janvier 1946, en compagnie de Gabriel Pomerand, Isidore Isou vole la vedette à son ami Tristan Tzara dont la pièce *La Fuite* est alors représentée. Il interrompt le spectacle et récite plusieurs « lettries ». Par ce scandale, il accède enfin à la publicité dont il rêvait : le lendemain, *Combat* fait sa une de cet événement « littéraire » qui consacre la poésie lettriste.

Un an plus tard, le 13 janvier 1947, la scène du « Vieux-Co » est le théâtre de la dernière apparition d'Antonin Artaud. « À un moment, se souvient Roger Blin, il a fait un geste maladroit, je ne sais pas, ses papiers se sont envolés, il a perdu ses lunettes, il s'est mis à genoux pour les ramasser, nous étions tous dans une angoisse extrême… » Devant le Tout-Paris littéraire, dans un silence absolu, « Artaud le Mômo » tente de s'exprimer. « Jamais, écrira Gide un an plus tard, Antonin Artaud ne m'avait paru plus admirable. De son être matériel rien ne subsistait que d'expressif : sa silhouette dégingandée, son visage consumé par la flamme intérieure[172]… » Le corps d'Artaud a tant souffert – électrochocs, envoûtements, drogue – qu'il est incapable de lire les textes qu'il a préparés et qu'il doit quitter la salle.

VISCONTI (rue)

J'ai un pauvre diable de cousin éloigné qui vit avec dix-neuf cents francs, gagnés dans un ministère. Comme je lui demande aujourd'hui où il demeure, il me répond : « 21, rue Visconti… J'habite la chambre de Racine. »

— Edmond et Jules de Goncourt, *Journal des Goncourt. Mémoires de la vie littéraire*, 1887

Au 5, Robert Giraud

Robert Giraud, l'auteur du *Vin des rues*, copain de bas-fonds de Robert Doisneau, habita au n° 5 jusqu'en 1960. Jean-Paul Clébert, dans *Paris insolite*, se souvient de son ami : « [Je] grimpai vers le copain Bob Giraud, ci-devant bouquiniste sur le quai Voltaire et le plus malin connaisseur du fantastique social parisien… […] Ma visite n'était jamais désintéressée, car en dehors du litre de rouge disponible à tout instant sur la table, j'étais sûr de glaner quelques tuyaux inédits sur la vie secrète des quartiers de la rive gauche, de contempler la plus belle collection de documents, livres, articles, cartes postales, photos sur le Paris populaire, d'écouter les dernières histoires relatives à nos relations communes, biffins, clochards et personnages extraordinaires qui peuplent les berges du fleuve. »

Au 5, Jean d'Halluin

Au 5, rue Visconti, Giraud croisait certainement Jean d'Halluin, l'éditeur de Boris Vian (*J'irai cracher sur vos tombes*, *Les Morts ont tous la même peau*, *L'Automne à Pékin*), qui installa ses bureaux dans l'immeuble en 1966 après la déconfiture des Éditions du Scorpion, rue Lobineau. L'éditeur fera faillite trois ans plus tard.

Au 12, Fagus (Georges Faillet)

Ce poète symboliste, critique littéraire et critique d'art fut le premier, en 1901, à consacrer en France un article à Picasso. Anticonformiste, doté d'un humour très pataphysicien, il fut l'ami de Jarry, d'Apollinaire et de Léautaud qui l'évoque dans la *NRF* de décembre 1933 : « Ce petit homme bredouillant, zigzaguant, boitillant, coiffé d'un "melon" démodé, toujours sous sa pèlerine ouvrière, chaussé de gros souliers […] était un poète, un écrivain d'une fantaisie charmante. »

Employé à la mairie du 2e arrondissement, Fagus fut un grand épistolier, en témoignent les cinquante lettres de Fagus parues en 1934 dans la revue *Le Divan* et les *Lettres à Paul Léautaud* (1928). La rue Visconti ne lui plaisait guère : « Rue sonore et froide / Tu brûles mon cœur ; / Mille ombres y rôdent / Dès que l'heure sombre. »

Il est vrai que la rue ne lui fut pas douce : « Je mourrai écrasé », prophétisait-il à qui voulait l'entendre. Il mourut rue Visconti, renversé par un camion.

Au 14, Adrienne Lecouvreur et Voltaire

Cette comédienne entre à la Comédie-Française en 1717, triomphe dans

Corneille et Racine, innove par son abandon d'une diction chantante pour une déclamation « simple, noble et naturelle ». La belle Adrienne collectionne les amants : Voltaire, le chevalier de Rohan, Lord Peterborough, le maréchal Maurice de Saxe… Ce dernier fut sans doute l'élu de son cœur et celui qui, involontairement, la conduira à sa perte. En 1730, elle s'évanouit pendant une représentation : on lui a offert un bouquet empoisonné. Le coupable ? On murmure qu'il s'agit de la duchesse de Bouillon, sa rivale dans le cœur de Maurice de Saxe. Voltaire, l'ami, demande une autopsie, dont les résultats ne sont pas concluants. Les comédiens étant frappés d'excommunication, l'Église lui refuse un enterrement chrétien. Elle est donc enterrée à la sauvette dans un chantier désert du faubourg Saint-Germain et Voltaire, scandalisé, exprime son indignation dans le poème *La Mort de Mlle Lecouvreur* : « Et dans un champ profane on jette à l'aventure / De ce corps si chéri les restes immortels ! / Dieux ! Pourquoi mon pays n'est-il plus la patrie / Et de la gloire et des talents ? »

Au 17, les pilules antiglaireuses de Balzac

Balzac emménage en 1826 dans un grand local permettant d'installer son imprimerie et doté d'un petit appartement, dans lequel il peut recevoir sa maîtresse et bienfaitrice Laure de Berny. Sa première production sera un prospectus « pilules antiglaireuses de longue vie », pour un pharmacien de la rue Saint-Antoine, et le bilan de l'année 1826 s'avérera catastrophique. Balzac, qui a contracté l'équivalent de trois cent mille euros de dettes, doit travailler d'arrache-pied pour ne pas couler. Il imprime quelques ouvrages littéraires comme la troisième édition du *Cinq-Mars* d'Alfred de Vigny qui, une vingtaine d'années plus tard, se souviendra de lui comme d'« un jeune homme très sale, très maigre, très bavard, s'embrouillant dans tout ce qu'il disait, et écumant en parlant parce que toutes ses dents d'en haut manquaient à sa bouche trop humide[173] ».

En 1828, c'est la faillite et Balzac se réfugie chez son ami Henri de Latouche, rue de Tournon. La rue Visconti constituera un douloureux souvenir et, des années plus tard, il la qualifiera d'« horrible petite rue, rebelle à tous les embellissements ».

Au 20, Mérimée

Prosper Mérimée habita au 20, en 1836, entre son logement de fonction du 18, rue des Petits-Augustins (rue Bonaparte) et le 10, rue des Beaux-Arts. Ses *Lettres d'Espagne* ont paru en 1832, *La Double Méprise* en 1833. Il est alors nommé inspecteur général des monuments historiques, ce qui lui permet de poursuivre parallèlement ses travaux littéraires, comme il l'écrit à son ami Sutton Sharpe : « Ce poste convient fort à mes goûts, à ma paresse et à mes idées de voyage. »

Au 22, Francis Carco

Avant de s'installer quai aux Fleurs et de rencontrer Katherine Mansfield, Carco réside rue Visconti où il prépare *Jésus-la-Caille*, son premier roman. Il rencontre souvent Apollinaire qui habite boulevard Saint-Germain. « Lorsqu'en 1913 j'arrivais au bistro de la rue des Saints-Pères, qui forme l'angle de cette rue et du boulevard Saint-Germain, il m'a été donné de rencontrer plus d'une fois Guillaume Apollinaire achevant son repas. [...] Il avait cet air noble et familier qui devait, par la suite, inspirer à Picasso un de ses portraits les plus étonnants. Guillaume me regardait du coin de l'œil. Et soudain, impuissant à refréner sa gourmandise, il commandait un bouillon de bœuf, puis consultait la carte et se remettait à manger[174]. »

Au 24, le petit Vauquelin Des Yveteaux

Dans un hôtel qui donnait également sur la rue Jacob (alors rue du Colombier), ce poète mineur et extravagant organisait des fêtes un rien licencieuses dans les années 1620, ce qui lui avait valu d'être chassé de la cour. « Être estimé du Prince, écrivit-il, et le voir rarement, / Beaucoup d'honneur sans peine et peu d'enfants sans femme, / Font attendre à Paris la mort fort doucement. »

Au 24, le grand Racine

Racine s'y installe à l'été 1692. Trois étages, une terrasse, une cour et une remise pour carrosse, afin de le conduire à Versailles ou à Marly lorsque le roi le fait mander. À demeure, cinq filles et trois garçons à guider sur le chemin de la piété. Racine y restera sept ans, souffrant d'une tumeur au foie. « Je ne me souviens plus, écrit-il, ma force m'abandonne / Mes yeux sont éblouis du jour que je reçois / Et mes genoux tremblants se dérobent sous moi / Soleil, je te viens voir pour la dernière fois... »

En avril 1699, le grand Racine disparaît. « Il tomba de son siècle, écrira Thierry Maulnier, comme un météore inexplicable, porteur du feu d'un autre monde. »

Jusqu'en 1914, sa mort sera établie au 21, rue Visconti, numéro mentionné par une plaque posée en 1887, plaque qui induira en erreur de nombreux historiens.

Notes

1. L'académicien écrit en fait « La critique est aisée, et l'art est difficile ».
2. « Pierre Bourgeade (1927-2009) », 19 mars 2009 (https://editionseho.typepad.fr/weblog/2009/03/pour-ceux-qui-nauraient-jamais-lu-didier-jacob.html).
3. Anecdote connue, rapportée par Sanson, le célèbre bourreau : sur le chemin de la guillotine, devant sa pâleur, Danton lui aurait demandé s'il avait peur. « Non, mais il me manque un vers pour mon poème », aurait répondu Fabre. « Ne t'inquiète pas, l'aurait rassuré Danton, dans huit jours, des vers, tu n'en manqueras pas. »
4. Ernest Legouvé, *Dernier travail, derniers souvenirs*, Hetzel, 1898.
5. Écrivain, mort en 2021. Son roman *À la ligne* reçut de nombreux prix : Grand Prix RTL-*Lire* 2019, prix Régine-Deforges 2019, prix Jean-Amila-Meckert 2019, Prix du premier roman des lecteurs de la Ville de Paris 2019, prix Eugène-Dabit du roman populiste.
6. Manquent deux acteurs majeurs du Nouveau Roman : Michel Butor, soi-disant en retard, et Marguerite Duras, alors chez Gallimard.
7. Mais selon André Salmon, dans ses *Souvenirs sans fin*, Cravan ne mesurait que 1,85 mètre.
8. Florence Noiville, « Henri Troyat, écrivain prolifique et populaire, est mort », *Le Monde*, 5 mars 2007 (https://www. lemonde. fr).
9. Henri Philippon (dir.), *Almanach de Saint-Germain-des-Prés*, L'Ermite, 1950.
10. Qui habitait auparavant 23, avenue de Lamballe, dans le 16e arrondissement.
11. Raphaël Sorin, *Libération*, 2 décembre 2008.
12. Julien Burri, « Cingria, poète inclassable », *Le Temps*, 24 juillet 2018 (https://www.letemps.ch).
13. Olivier Todd, *J'ai vécu en ces temps*, Grasset, 2011.
14. Marianne Payot et Delphine Peras, « Patrick Modiano : "Je suis devenu comme un bruit de fond" », *L'Express*, 4 mars 2010 (https://www.lexpress.fr).
15. Lisbeth Koutchoumoff Arman, « Patrick Modiano, chasseur d'ombres », *Le Temps*, 12 mars 2010 (https://www.letemps.ch).
16. Critique parue dans *Aujourd'hui*, le 17 juin 1944.
17. Marine Roux, « La Provence noire d'André de Richaud », *Maze*, 16 juillet 2014 (https://maze.fr).
18. Hommage de Frédéric Mitterrand, ministre de la Culture, à Michel Mohrt, en 2011.
19. Selon l'article de Denis Cosnard, « Nuances de féminisme… et d'antiféminisme », *Le Monde*, 18 mai 2017 (https://lemonde.fr).
20. Au mois d'août 1922, Breton décide de confier à Gaston Gallimard la publication de *Littérature*, ce qui provoque la rupture avec Hilsum.
21. L'expression vient en fait d'un garagiste de Belley qui réparait son automobile. Elle l'entendit se plaindre de l'inaptitude des mécaniciens qui venaient de rentrer de la guerre et dire : « C'est une génération perdue. »
22. En 1958, Guy Schoeller et Roger Nimier travailleront ensemble pour la collection « Les Classiques de poche ».
23. Laurent Telo, « Au Caca's club, la fête était un mode de vie », *Le Monde*, 11 décembre 2015 (https://www.lemonde.fr).
24. Arsène Houssaye, *Souvenirs de jeunesse*, Flammarion, 1896.
25. https://www.terresdecrivains.com/Donatien-Alphonse-Francois-de-Sade.
26. André Billy, *Le Pont des Saints-Pères*, Fayard, 1947.
27. Victor Maurice Le Page, né le 2 décembre 1918 à Toulon et mort le 9 novembre 1977 à Paris, écrivit plus de quatre-vingts romans, la plupart policiers, sous les noms de Ralph Bertis, Zep Cassini, Luigi Da Costa, Ange Gabrielli, Maurice Raphaël, Victor Saint-Victor, Vic Vorlier et bien sûr Ange Bastiani. Personnage controversé, ami de Breton et de Queneau, il aurait fait partie de la milice de la rue Lauriston.

28. Selon Jean Cau, un poète « couronné de génie, de grâce, de jeunesse, de folles insolences, d'incroyables culots, de beauté déchaînée ». Olivier Larronde meurt en 1965, année approximative de l'action du roman. Adamov se suicidera cinq ans plus tard.
29. Charles Dantzig, *Dictionnaire égoïste de la littérature française*, Grasset, 2005.
30. Le site de la BnF signale qu'il écrivit sous le pseudonyme de Grévières.
31. Selon différentes sources, il postula de dix-neuf à vingt-quatre reprises.
32. Balzac, « Z. Marcas », *La Comédie humaine*, t. XII, *Études de mœurs. Scènes de la vie politique*, 1846.
33. À la même heure, peut-on lire dans le *Guide du Paris surréaliste* (sous la direction d'Henri Béhar), Maurice Barrès donnait une conférence à Aix-en-Provence sur « L'âme française pendant la guerre ».
34. Isidore Isou définit le lettrisme comme « l'art qui accepte la matière des lettres réduites et devenues simplement elles-mêmes, et qui les dépasse pour mouler dans leur bloc des œuvres cohérentes ».
35. Georges Simenon, *Maigret*, Fayard, 1934.
36. Claude Roy obtint le premier Goncourt de la poésie en 1985 et le prix Apollinaire en 1995 pour l'ensemble de son œuvre.
37. Doctrine qui doit conduire à la restauration de la monarchie.
38. Charles Dantzig, *Dictionnaire égoïste de la littérature française*, *op. cit.*
39. Hôtel bien fréquenté : Verlaine a séjourné dans ce petit hôtel, début 1876, de même qu'Edmond de Goncourt, la même année.
40. https://www.parismuseescollections.paris.fr/fr/maison-de-victor-hugo/oeuvres/maison-de-victor-hugo-rue-notre-dame-des-champs-0#infos-principales.
41. Gilles Lapouge, *Le Flâneur de l'autre rive*, Versaille, 2011.
42. Selon Didier Blonde, il s'agit d'un clin d'œil à la dernière scène de *L'Éducation sentimentale* (*Carnet d'adresses de quelques personnages fictifs de la littérature*, Gallimard, 2020).
43. Claude Grimal, « L'œuvre infaisable de Gertrude Stein », En attendant Nadeau, 10 avril 2018 (https://www.en-attendant-nadeau.fr).
44. Éliane Brau, dans un essai paru en 1968.
45. Patrick Straram, *Les bouteilles se couchent*, Allia, 2006.
46. Marianne Payot, « Pierre Nora : "Je ne me suis jamais pris au sérieux, même en tant qu'académicien" », *L'Express*, 27 février 2021 (https://www.lexpress.fr).
47. Chanson que l'on peut entendre interprétée par André Schlesser et Marc Chevalier (Marc et André) dans leurs *Chansons de théâtre* (Adès).
48. « La disparition de Simone Gallimard », *Les Échos*, 24 octobre 1995.
49. Les fenêtres des chambres donnent sur la cage d'escalier, il ne compte qu'une seule baignoire au rez-de-chaussée, l'eau chaude n'est disponible que le mercredi, le jeudi et le samedi, et les draps sont changés une fois par mois.
50. Ginsberg y écrit son plus fameux poème, *Kaddish*. Sa chambre est ornée des portraits de Rimbaud, Baudelaire, Artaud et Michaux.
51. Selon Poirot-Delpech, dans *Diagonales*, « terme de la tribu désignant des nuits sans orgie mais où le couvre-feu favorisait les rapprochements existentiels ».
52. « Les papillons de nuit se brûlent à la flamme / Comme aux feux de l'amour se déchirent les âmes / Et l'on voit chaque soir sous le ciel de minuit / Se dérouler le même drame. » Six ans auparavant, Sartre chantait déjà cette chanson en s'accompagnant au piano, chez Nizan, rue Vavin.
53. Patrick Kéchichian, « André du Bouchet », *Le Monde*, 21 avril 2001.
54. La Bruyère, *Les Caractères*, t. I, Hachette, 1912, p. 248.
55. Augustin Thierry, *Lettres sur l'histoire de France pour servir d'introduction à l'étude de cette histoire*, Sautelet, 1827.
56. « Qu'est-ce là ? / Un œuf ? / Foi de frères Boot, il pue le frais. / Qu'on donne cela à Gillot. / Salutations à Galilée / et ses tierces consécutives ! / Ce vieux copernicien abject, cet adepte du fil à plomb, ce

fils d'un mercanti ! / Nous sommes en mouvement, disait-il, en avant toute, Porca Madonna ! / comme le dirait un quartier-maître ou, bouffi et ventripotent, un Prétendant au trône. / Ce n'est point là vaguer, mais divaguer. » Traduction d'Édith Fournier, citée dans Claudiofza, « Samuel Beckett (1906-1989) – Nancy Cunard (1896-1965) », Les Vrais Voyageurs, 27 juin 2018 (https://www.lesvraisvoyageurs.com/tag/nancy-cunard).

57. Bernard Leconte, *Quelques coups de burin pour la statue de Dutourd*, Plon, 1997.

58. Jacques Prévert, *Histoires et d'autres histoires*, 1946.

59. En fait, le petit Baudelaire aimait bien son beau-père, l'appelant « mon petit papa chéri ». La rupture n'interviendra qu'à l'âge adulte, lorsque Baudelaire décidera de se consacrer à la poésie.

60. Le son et les images sont disjoints, les images attaquées par l'eau de Javel et rayées. Le travail d'Isidore Isou intéressera la Nouvelle Vague, notamment Godard et Alain Resnais.

61. Éric Neuhoff, *Madame Figaro*, 2-9 novembre 1996.

62. Elle signe avec Buloz et Michel Lévy deux contrats l'engageant pour cinq et dix ans. Hetzel, avec qui elle collaborait depuis 1840 pour les *Scènes de la vie privée et publique des animaux*, ami fidèle auquel elle écrivait « dans toute la librairie je n'ai confiance qu'en vous », se sent trahi.

63. Traductions parfois approximatives. Dans *Le Chien* de Tourgueniev, « c'est ton affaire à toi de protéger ton maître contre les embêtements » devient « c'est ton affaire à toi de procurer des embêtements à ton maître » !

64. Célèbre (aux États-Unis) écrivain américain. Peu connu en France. « Il y a une raison à cela, déclara-t-il, je ne m'appelle pas William. Les Français aiment les auteurs anglo-saxons prénommés William. William Shakespeare. William Faulkner. Tennessee Williams. C'est pour ça que mes livres ne se vendent pas ici. »

65. Emmanuel Alloa, « Merleau-Ponty, tout un roman », *Le Monde*, 21 octobre 2014.

66. Relaté dans le *Journal de l'abbé Mugnier. 1879-1939*, Mercure de France, 1985.

67. Deirdre Bair, *Simone de Beauvoir. A Biography*, Touchstone, 1991.

68. Bernard Demory, *Au temps des cataplasmes*, Ginkgo éditeur, 2003.

69. Milan Kundera, *La Fête de l'insignifiance*, Gallimard, 2014.

70. Boris Vian, *Manuel de Saint-Germain-des-Prés*, Éditions du Chêne, 1974.

71. Il écrira sous son nom et sous les pseudonymes de Joseph Bossi, Voldemar, Le Nain gras, Crossoptylon, Troll, Fabrice…

72. Le 2 mars 1897, au cours d'un dîner littéraire, Jarry – ivre – aurait tiré des coups de revolver sur Christian Beck.

73. Pierre Assouline évoque le chiffre de six cents exemplaires invendus, dans son *Gaston Gallimard*, Balland, 1984.

74. Cité par Pierre Assouline, *ibidem.*

75. Cité par Dominique Leborgne dans *Saint-Germain-des-Prés et son faubourg*, Parigramme, 2005.

76. Anatole France, *Le Livre de mon ami*, Calmann-Lévy, 1896.

77. André Breton, *Nadja*, NRF, 1928.

78. Pierre Assouline, « Le roman rêvé d'Antoine Blondin », *Le Monde*, 19 mai 2011.

79. Robert Ganzo, « Le poète assassiné », dans Bernard Bro, *La beauté sauvera le monde*, Cerf, 1990.

80. Saint-Pol-Roux ne fut pas vraiment assassiné par les nazis, même si sa mort peut s'y apparenter. Par ailleurs, Robert Ganzo oublie René Leynaud, fusillé en juin 1944 par la Gestapo.

81. *Roland Barthes par Roland Barthes*, Éditions du Seuil, 1975.

82. *Les Dernières Nuits de Paris*, ouvrage paru en 1928.

83. André Gide, *Si le grain ne meurt*, Gallimard, 1972, p. 349 sqq.

84. Frédéric Beigbeder, *Un roman français*, Grasset, 2009.

85. Colette Becker, Gina Gourdin-Servenière, Véronique Lavielle, *Dictionnaire d'Émile Zola*, Robert Laffont, 1993. Il s'agit du graveur Benjamin

Raspail et non de son père, l'homme politique François Raspail.
86. Il combine des titres découpés dans des journaux avec des fragments d'illustrations de magazine, procédé illustré notamment par son recueil *La Septième Face du dé* (1936).
87. Chez L'Auteur, 9 ter, boulevard du Montparnasse.
88. Essayiste et romancier, auteur notamment de *Brève Attaque du vif* (Gallimard, 2010), *Tout autre. Une confession* (Gallimard, 2012) et *Le Messie* (Exils, 2021).
89. De nombreuses sources citent le 105, « au-dessus de La Rotonde ». Le 103, boulevard du Montparnasse (actuel Cinéma UGC) est l'adresse indiquée sur sa fiche d'état civil.
90. Sophie Carquain, *Trois Filles et leurs mères*, Charleston, 2014.
91. Jeanne Hilary, *La Plume et le Zinc*, Hazan, 1998.
92. Lidell, « Jean-Jacques Pauvert [1926-2014]. Ma vie en texte », *Gonzaï*, 5 avril 2009 (http://gonzai.com).
93. Edgar Morin, *Mon Paris, ma mémoire*, Fayard, 2013.
94. Sainte-Beuve, dans la *Revue des Deux Mondes*, avait fait un compte-rendu sévère de *La Recherche de l'absolu*. Balzac aurait alors déclaré à Jules Sandeau : « Je referai *Volupté*. »
95. La terza rima est une structure rimique particulière des strophes intercalant dans un tercet une rime issue du tercet suivant. Elle est utilisée pour la première fois par le poète italien Dante Alighieri dans son œuvre majeure *La Divine Comédie* (Wikipédia).
96. Il déclarera avoir commencé en 1904, après sa découverte de *La Divine Comédie*.
97. À Paris, il anime la revue *The Transatlantic Review* (janvier 1924-janvier 1925), qui publie notamment James Joyce et Ernest Hemingway.
98. Panneau d'information de la Ville de Paris, place de l'Odéon.
99. Adrienne Monnier, citée dans Marcelle Routier, *Saint-Germain-des-Prés*, Éditions RPM, 1950.
100. Sylvia Beach, citée par Jean-Paul Clébert dans *Les Hauts Lieux de la littérature à Paris*.
101. Une célèbre photo montre Hemingway en 1928 devant la librairie, le crâne entouré de bandages car il vient de recevoir sa chasse d'eau sur la tête.
102. Charles Dantzig, *Dictionnaire égoïste de la littérature française*, *op. cit.*
103. Cioran, *Syllogismes de l'amertume*, Gallimard, 1952.
104. Cette rue disparue commençait à l'intersection de la rue de la Harpe et de la rue d'Enfer et finissait rue Saint-Jacques.
105. http://www.terresdecrivains.com/article.php3?id_article=291.
106. Henri Philippon, *Almanach de Saint-Germain-des-Prés*, *op. cit.*
107. Selon le livre d'Irène Pauline Bourlas, *Rog-Jarl, ange du Grand Jeu ou la Spiritualité de Roger Gilbert-Lecomte*, Publibook, 2005.
108. Carmen Tessier, *Le Bottin de la commère*, Gallimard, 1958.
109. Sainte-Beuve, préface aux *Causeries du lundi*.
110. Gaston-Charles Richard, *Le Rubis de Buckingham*, 1925.
111. Michel Braudeau, « "Bartleby et compagnie" et "Le Voyage vertical" : Vila-Matas ou la tentation de Bartleby », *Le Monde*, 8 février 2002.
112. Lettre de Gobineau à Hercule de Serre, 1850.
113. Baudelaire fut mis en musique par une soixantaine de compositeurs, dont Chabrier, Fauré, Chausson, Debussy, Berg, Stockhausen…
114. Montesquieu, *Lettres persanes*.
115. Henri Philippon, *Almanach de Saint-Germain-des-Prés*, *op. cit.*
116. Noël Arnaud dans la pré-postface du *Manuel de Saint-Germain-des-Prés*, Éditions du Chêne, 1974.
117. Selon d'autres sources, le Royal Saint-Germain a été précédé par un magasin d'alimentation tenu par un M. Brunet.
118. Rousseau dans sa *Lettre sur les spectacles*, cité par Wikipédia.
119. Diderot dans son *Essai sur les règnes de Claude et de Néron*, cité par Wikipédia.

120. Jean-Paul Caracalla, *Saint-Germain-des-Prés*, Flammarion, 1993.
121. Nimier possède une Aston-Martin, acquise grâce à ses droits d'auteur chez Gaston Gallimard.
122. Éric Hazan, *Une traversée de Paris*, Éditions du Seuil, 2016.
123. Simone de Beauvoir, *La Force des choses*, Gallimard, 1963.
124. Cité par Marcelle Routier dans *Saint-Germain-des-Prés*, *op. cit.*
125. Guillaume Hanoteau, *L'Âge d'or de Saint-Germain-des-Prés*, Denoël, 1965.
126. *Enrico* est terminé, il s'agit probablement du début d'*En souvenir de Barbarie* qui paraîtra chez Gallimard en 1945.
127. Robert Scipion, dans le catalogue de l'exposition « Saint-Germain-des-Prés 1945-1950 » au Pavillon des arts (6 octobre 1989-7 janvier 1990), Paris-Musées, 1989.
128. Roger Nimier, « Bouvard et Pécuchet existentialistes », *Bulletin de Paris*, 12 novembre 1954.
129. Janet Flanner, Irving Drutman, *Paris Was Yesterday. 1925-1939*, Viking Press, 1972.
130. Janet Flanner, *Lettres de Paris*, 1959.
131. Raymond Queneau est alors un inconnu dont le style littéraire « particulier » partage les critiques. Selon Alexandre Vialatte, son roman est constitué « de personnages miteux parlant un français marmiteux dans des banlieues calamiteuses ».
132. Olivier Todd, *Albert Camus*, Gallimard, 1996.
133. Jean Couvreur, « J.-K. Huysmans à l'ombre de Saint-Sulpice », *Le Monde*, 14 mai 1957.
134. Robert Maggiori, « Ecce Eco », *Libération*, 21 février 2016.
135. Les quatre M ne deviendront pas les cinq M : Grasset n'aimait pas Malraux et le laissa rejoindre Gallimard.
136. Philippe Soupault, « Enfin, Cendrars vint », *Mercure de France*, mai 1962.
137. Cité dans Jean-Pierre Martin, « Henri Michaux : "moi je veux voir et vivre" », *Les Temps modernes*, mai-juin-juillet 2003, p. 1-34.
138. Emmanuel Aegerter, Pierre Labracherie, *Au temps de Guillaume Apollinaire*, Julliard, 1945.
139. Dominique Noguez, *Projet d'épitaphe*, Éditions du Sandre, 2016.
140. *Pan Tadeusz ou la Dernière Expédition judiciaire en Lituanie. Scènes de la vie nobiliaire des années 1811 et 1812 en douze chants.*
141. Paul Audi, *Toute une vie*, Radio France, 20 août 2016.
142. Marquis de Ségur, « Une muse, Mme Louise Colet », *La Revue hebdomadaire*, 1910.
143. *Ibidem.*
144. Michel Butor, *Curriculum vitae, entretiens avec André Clavel*, Plon, 1996.
145. André Gide, *Si le grain ne meurt*, *op. cit.*, p. 350 sq.
146. *Ibidem.*
147. *Œuvres complètes*, t. II, Gallimard, « Bibliothèque de la Pléiade », 1996.
148. Charles Cros, *Le Caillou mort d'amour.*
149. Et avec les trois André, André Billy, André Salmon et André Tudesq.
150. Brasillach se rend pour protéger les siens, sa mère et son beau-frère Maurice Bardèche, qui ont été arrêtés à sa place.
151. *Journal d'un homme occupé* est un ensemble de textes de Brasillach dont le montage est réalisé après sa mort, selon les instructions qu'il avait laissées. Il est publié par Les Sept Couleurs en 1955.
152. Il s'agit d'une histoire d'amour d'autant plus « choquante » que le mari de la « scandaleuse » héroïne est au front, en train de risquer sa vie.
153. Arrivée d'Amsterdam en 1922, elle s'installe avec sa sœur à Montparnasse. Elle rencontre Radiguet au Bal Bullier, étrange jeune homme qui boit trop et rêve d'entrer à l'Académie française. Bronia Perlmutter épousera René Clair cinq ans après la mort de Radiguet, en 1928.
154. Dans son délire, il déclara : « J'ai peur, dans trois jours je serai fusillé par les soldats de Dieu. »
155. François Dosse, *Les Hommes de l'ombre*, Perrin, 2014.
156. Paul Auster, *L'Art de la faim*, Actes Sud, 1992.
157. Jules Vallès, *Le Tableau de Paris*, s. é., 1883.
158. Gilles Schlesser, *Saga parisienne*, Parigramme, 2014.
159. *Almansor*, 1823.

160. Jean-Paul Caracalla, dans *Vagabondages littéraires dans Paris*, indique que Fitzgerald aurait récidivé lors d'un dîner chez André Chamson, montant sur le bord de la fenêtre du sixième étage et s'écriant, penché dans le vide : « Je suis Voltaire ! Je suis Rousseau ! »

161. En référence au *Pont traversé*, un récit de son ami Jean Paulhan, publié en 1921.

162. Champfleury, *Contes d'automne*, V. Lecou, 1854.

163. Jean-Yves Mollier, *La Mise au pas des écrivains. L'impossible mission de l'abbé Bethléem au XXe siècle*, Fayard, 2014.

164. Maffeo-Charles Poinsot et Gabriel-Ursin Langé, *Les Logis de Huysmans*, La Maison française d'art et d'édition, 1919.

165. https://www.noosfere.org/icarus/livres/niourf.asp?numlivre=8084.

166. *Point de vue*, paroles et musique de Jean Arnulf.

167. Pierre Seghers, *Le Temps des merveilles. Œuvre poétique 1938-1978*, Seghers, 1978.

168. En 1966, pour la réédition des *Communistes*, Louis Aragon supprime le personnage d'Orfilat. Le PCF réhabilitera Paul Nizan à la fin des années 1970.

169. Claude-Emmanuel Luillier, dit Chapelle, poète, ami de Molière et de Cyrano de Bergerac, né en 1626, mort en 1686.

170. Selon eux et de notoriété publique, exécrable rimailleur de poésie héroïque.

171. Marie-Françoise Christout, Noëlle Guibert, Danièle Pauly, *Théâtre du Vieux-Colombier*, Éditions Norma, 1993.

172. André Gide, dans *Combat*, 19 mars 1948, après la mort d'Artaud.

173. Alfred de Vigny, lettre à la vicomtesse du Plessis, 15 septembre 1850.

174. Francis Carco, « Chronique apollinarienne », *Les Marges*, 1935.

La promenade est plaisante dans ce septième arrondissement, où tout vous exclut et où tout est histoire… Tout vous exclut ? Il est vrai que ses hôtels particuliers, si chargés d'histoire soient-ils, sont repliés sur eux-mêmes et que les mouches y volent bas, attentives à ne pas déranger. La littérature, elle aussi, y bruisse avec douceur, propre sur elle, élégante, sous l'ombre de Gide, Valéry, Morand, Montherlant, d'Ormesson et l'omniprésence de Saint-Exupéry. Ajoutons à cela que les éditions Gallimard siègent dans le 7e – et non dans le 6e comme on le croit souvent –, que le bar du Montalembert concurrença discrètement mais avec panache les trois mousquetaires de la place Saint-Germain-des-Prés et l'on comprend mieux que la promenade soit plaisante, même si on y croise – personne n'est parfait – un Daudet vitriolant, un Bloy vociférant et un Drieu s'égarant.

— Philippe Le Guillou

LE 7E ARRONDISSEMENT

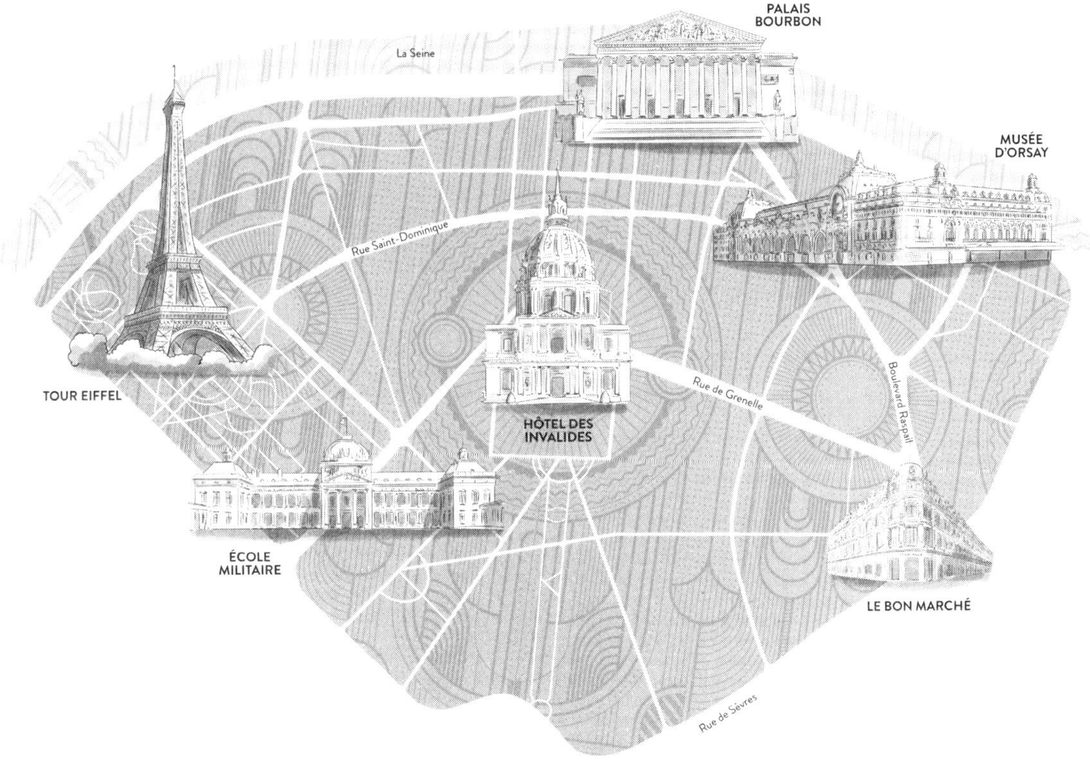

ALBERT-DE-LAPPARENT (rue)

C'était un après-midi ensoleillé d'octobre. J'ai arpenté toutes les rues avoisinantes : rue César-Franck, rue Albert-de-Lapparent, rue José-Maria-de-Héredia.

— Patrick Modiano, *Livret de famille*, 1977

Au 10, Henri Barbusse

L'Enfer (1908), roman naturaliste très noir dans lequel un homme, dans une chambre d'hôtel, épie ses voisins de passage, lui a conféré une notoriété quelque peu scandaleuse et un petit succès commercial. Avec ses droits d'auteur, il achète une maison à Aumont-en-Halatte qu'il baptise Sylvie, en hommage à un ancien voisin : Gérard de Nerval. Six ans plus tard, la guerre étant déclarée, croyant rejoindre une juste cause, Barbusse s'engage dans l'infanterie. Le « Zola des tranchées », réformé pour maladie, en reviendra en 1916, amer, et écrira *Le Feu*, Goncourt 1916, ouvrage qui relate le quotidien de son escouade dans un langage très cru. Barbusse y dénonce le massacre du peuple, les mensonges des autorités françaises. L'ouvrage va lui apporter une renommée mondiale. À partir de 1917, au détriment de ses activités littéraires, il militera au sein du mouvement pacifiste puis, à partir de 1923, au parti communiste.

AMÉLIE (rue)

Dans sa cambuse de la rue Amélie, Jules Romains eût trouvé à l'air « un goût mental » qu'on ne respirait pas du tout dans la froide usine à livres de Gallimard.

— Lucien Rebatet, *Les Décombres*, 1942

Au 19, Céline chez Denoël

En avril 1930, un jeune éditeur quitte de petits locaux avenue de La Bourdonnais et s'installe rue Amélie. Les premiers livres seront publiés sous l'enseigne Denoël et Steele, son associé américain. Son chef de fabrication s'appelle… René Barjavel. Il sera, dans les années 1930, le champion des prix littéraires et le premier éditeur de Céline, au grand dam de Gaston Gallimard. Le 30 juin 1932, lassé des tergiversations de la rue Sébastien-Bottin, Céline signe en effet rue Amélie pour son *Voyage au bout de la nuit*. Les versions divergent sur l'arrivée du manuscrit. Selon l'une d'elles, Céline l'aurait déposé en oubliant de mentionner ses coordonnées, c'est le papier d'emballage d'une blanchisserie de Montmartre entourant les feuillets qui aurait permis d'en identifier l'auteur. Gallimard, qui avait déjà raté Proust, ratera donc Céline, son pneumatique d'acceptation (à condition d'élaguer un peu ces sept cents pages au « français argotique un peu exaspérant ! ») parvenant rue Lepic quelques heures trop tard.

Les rapports entre Céline et Denoël seront plutôt froids, se cantonnant au professionnel. Très vite, la correspondance entre les deux hommes va essentiellement parler d'argent, Céline considérant les comptes qu'on lui soumet comme « des faux notoires et tarabiscotés ».

Les succès du *Voyage* et de *Mort à crédit* font de Céline un grand écrivain et de son éditeur un grand éditeur. Grand, mais collabo. L'éditeur se compromettra gravement durant l'Occupation[1], publiant notamment le brûlot antisémite *Les Décombres* de Lucien Rebatet. Poursuivi à la Libération, Robert Denoël voit sa maison d'édition placée sous séquestre. Quelques jours avant son procès, il est assassiné. « Crime de rôdeur ? Attentat politique ? Machination ? [...] Qui a été tué ce soir-là ? s'interroge Pierre Assouline. L'éditeur de Céline et Rebatet ? Un partenaire commercial ? Un homme aux abois qui s'apprêtait à dénoncer ses confrères ? Ou un simple passant ? »

ANATOLE-FRANCE (quai)

Je marche quai Anatole-France en léchant à petits coups de langue une boule de glace au café, l'odeur de la Seine au printemps n'est pas vraiment celle de l'océan mais qu'importe, je suis heureuse...

— Catherine Cusset, *À vous*, 1996

Au 5, les anciens et les modernes à propos de la tour Eiffel

En 1887 est publiée une lettre signée par quarante-sept écrivains et artistes, dont Dumas fils et Zola : « Nous venons, écrivains, peintres, sculpteurs, architectes, amateurs passionnés de la beauté, jusqu'ici intacte, de Paris, protester de toutes nos forces, de toute notre indignation, au nom du goût français méconnu, au nom de l'art et de l'histoire français menacés, contre l'érection, en plein cœur de notre capitale, de l'inutile et monstrueuse Tour Eiffel, que la malignité publique, souvent empreinte de bon sens et d'esprit de justice, a déjà baptisée du nom de “Tour de Babel”. »

Les critiques fusent. Paul Verlaine : « Ce squelette de beffroi » ; Léon Bloy : « Ce lampadaire véritablement tragique » ; François Coppée : « Le monstre est hideux, vu de près. / Géante, sans beauté ni style... » ; Joris-Karl Huysmans : « ce grillage infundibuliforme, ce suppositoire criblé de trous ».

Maupassant écrit : « Je me demande ce qu'on conclura de notre génération si quelque prochaine émeute ne déboulonne pas cette haute et maigre pyramide d'échelles de fer, squelette disgracieux et géant, dont la base semble faite pour porter un formidable monument de Cyclopes et qui avorte en un ridicule et mince profil de cheminée d'usine. » Quand la tour sera ouverte au public, Maupassant ira souvent déjeuner ou dîner au restaurant du premier étage. « C'est le seul endroit de Paris où je ne la vois pas », explique-t-il.

Une fois l'œuvre achevée (pour l'Exposition universelle de 1889), les ardeurs se calmeront et les modernes pourront s'exprimer, comme Blaise Cendrars et Apollinaire, qui voient en la tour Eiffel le renouvellement de leurs sources d'inspiration poétique.

La « belle girafe en dentelle » (Cocteau) inspira un Apollinaire bucolique : « Bergère ô tour Eiffel le troupeau des ponts bêle ce matin. » Quant à Cendrars, le ton prend de la hauteur : « Ô Tour Eiffel ! Feu d'artifice géant de l'Exposition Universelle ! / [...] Tu es tout / Tour / Dieu Antique / Bête moderne / Spectre solaire / Sujet de mon poème / Tour / Tour du monde / Tour en mouvement... / Ô sonde céleste ! »

Au 25, la piscine Deligny

« Traçons, écrit Alexandre Vialatte, le vrai portrait de Paris : au nord, le mont Martre, au sud, le mont Parnasse, entre les deux la Seine, et sur la Seine, la piscine Deligny. »

George Sand vint y faire quelques brasses et durant les années Tabou, Boris Vian aimait faire l'ouverture et nager pendant une heure avant d'attaquer ses journées de quarante-huit heures.

La piscine, créée en 1801, aurait par ailleurs inspiré Aragon pour l'écriture des *Beaux Quartiers*. Le premier roman de Gabriel Matzneff – *L'Archimandrite* – eut pour cadre, entre autres, la piscine Deligny, ces fameux bains Deligny qu'évoquait déjà Proust, décrivant ces « invisibles profondeurs couvertes de corps humains en caleçons » qu'il apercevait lorsque, enfant, il y accompagnait sa mère.

À Deligny, Gabriel Matzneff bénéficiait d'une cabine réservée, la 41, où il stockait vêtements, serviettes et raquettes de ping-pong. Lorsque la piscine coula, il laissa libre cours à sa mélancolie devant le naufrage : « Il n'en reste rien, rien de rien, et les touristes qui remontent la Seine en Bateaux Mouche [...] ne peuvent d'aucune façon se douter que là se sont noués tant de liens, sont nées tant d'amours, se sont donnés tant et tant de baisers[2]. » Fut un temps où Matzneff était écrivain. Quoique : « Gabriel Matzneff, écrit Philippe Lançon, est un écrivain qui, pour le peu que j'ai lu de lui, m'a toujours ennuyé. Je le trouvais précieux, trop "construit", complaisant envers l'image qu'il prétendait donner de lui-même ; un véritable "homme de lettres", au sens le plus vain de l'expression. » En 2020, l'écrivain cède la place au paria des lettres, rattrapé par les accusations.

BABYLONE (rue de)

Je suis assise au café des Mouettes, au coin de cette fichue rue du Bac et de la rue de Babylone, dans une odeur de café brûlé et de cigarettes.

— Adélaïde de Clermont-Tonnerre, *Fourrure*, 2010

Au 19, Céline pleure l'après-midi

La clientèle ne se précipite pas dans le magasin de lingerie tenu par Marguerite, la mère de Céline. En avril 1897, les époux Destouches décident de quitter Courbevoie et emménagent rue de Babylone. Beau quartier mais petit logement, comme Céline le relate dans *Mort à crédit* : « Je couchais dans la salle à manger. Le cantique des missionnaires passait par-dessus les murs. Et dans toute la rue de Babylone y avait plus d'un cheval au pas… Bum ! Bum ! ce fiacre à la traîne ! » La mère du petit Louis, redevenue vendeuse chez sa mère, l'emmène avec elle chaque matin rejoindre le magasin, rue de Provence. À pied, bien sûr. Le petit reste dans la boutique, à attendre. « Dans la journée, c'était pas drôle. C'était rare que je pleure pas une bonne partie de l'après-midi. Je prenais plus de gifles que de sourires, au magasin. Je demandais pardon à propos de n'importe quoi, j'ai demandé pardon pour tout… »

Au 60, Joris-Karl Huysmans

Joris Karl Huysmans s'y installe en août (ou octobre) 1902, au terme d'une année passée chez les Bénédictines, au 20, rue Monsieur. Il quittera les lieux en avril 1904, pour s'installer rue Saint-Placide. Domicile fort bourgeois, au quatrième étage, dans lequel il écrit *L'Oblat*, dernier roman de sa trilogie sur la conversion, conversion qui va agiter le milieu littéraire au début du siècle. Huysmans réside encore rue de Babylone lorsque la « société littéraire » créée par Edmond de Goncourt gagne son procès contre ses héritiers naturels qui contestent le testament. Le prix annuel de cinq mille francs destiné à un ouvrage littéraire et la rente annuelle de six mille francs au profit de chacun des membres de la société vont pouvoir être mis en place. Alphonse Daudet étant décédé en 1897, Huysmans en sera le premier président et c'est au 60 de la rue de Babylone qu'eurent lieu les premières réunions des « Dix » comprenant Huysmans, Octave Mirbeau, Léon Hennique, Gustave Geffroy, les deux frères Rosny, Paul Margueritte, Léon Daudet, Élémir Bourges et Lucien Descaves.

Au 68 (anciennement 36), Baudelaire

Entre 1845 et 1847, Baudelaire enchaîne les adresses : hôtel de Dunkerque (32, rue Laffitte) et 24, rue de Provence en 1845, 33, rue Lamartine (anciennement Coquenard) et 7, rue de Tournon en 1846, rue de Babylone en 1847. Comme le rappelle Éric Hazan dans *Une traversée de Paris*, son bureau, c'est la rue : « Je vais m'exercer seul à ma fantasque escrime / Flairant dans tous les coins les hasards de la rime, / Trébuchant sur les mots comme sur les pavés, / Heurtant parfois des vers depuis longtemps rêvés[3]. »

BAC (rue du)

4 heures de l'après-midi, rue du Bac. Je monte dans un autobus violet avec une quarantaine d'évêques et Bertrand Poirot-Delpech.

— Daniel Rondeau, *Vingt ans et plus*, 2014

Au 1, d'Artagnan

Disposant d'un hôtel particulier au 1, rue du Bac, Charles de Batz-Castelmore, dit d'Artagnan, laissa des *Mémoires* plus ou moins romancés, parus en 1700, vingt-sept ans après sa mort, ouvrage dans lequel on apprend notamment qu'il fut « capitaine des petits chiens du Roi courant le chevreuil ». En juin 1843, Dumas découvrit ce livre chez un de ses amis. Il l'emprunta, ne le rendit jamais, et s'en inspira quelque peu.

Au 13, Blondin et Ferré au Bar Bac

Dans les années 1960, tous les couche-tard, insomniaques et naufragés de la nuit connaissaient Blanche : son café à l'arrière-salle vitrée avait la particularité d'être ouvert sans interruption, afin que les typographes du *Journal officiel* puissent s'y sustenter et y oublier leurs cases de plomb. Le Bar Bac sera l'un des bistrots préférés d'Antoine Blondin qui évoque les lieux avec tendresse dans *Monsieur Jadis* : « La nuit s'achevait au Bar Bac, comme si notre avenir le plus immédiat eût été invariablement inscrit dans les marcs de ce café. On s'y enlisait lentement au moment où la barbe pousse. »

Léo Ferré fut également un habitué des lieux : « Huit heures du soir au Bar Bac / Et des hiboux plein le parterre / À s'immoler pour quelques verres / Que Blanche vide dans son sac [...] / Taulière des soirs en allés / Je te laisse mon capuchon / Que je baissais sur mes chansons / Le soir dans ton ancien café / Maintenant c'est sous l'œil néon / Que tu lis tes comptes de bique / Et rumines sous la musique / L'oseille bleue des vagabonds[4]. »

Au 27, Charles Brifaut

Poète et dramaturge, Brifaut connut le succès en 1813 avec sa tragédie *Ninus II*, jouée par Talma, suivie de *Jane Gray* (1814) et *Charles de Navarre* (1820). Ernest Legouvé, dans *Soixante ans de souvenirs*, évoque une assiduité dans les salons parisiens, « un joli profil », une « physionomie aimable », des « cheveux bien ondulés » et « un petit zézaiement à l'ancien régime ». Dans *Récits d'un vieux parrain à son jeune filleul*, Brifaut évoque la rue du Bac :

« Avec quel plaisir je me rappelle nos réunions du matin, ces déjeuners sans apprêts, mais non sans agrément, où MM. Victor Hugo, Alfred de Vigny, Émile Deschamps, Soumet, Guiraud, et tant d'autres apportaient si obligeamment chez moi leur riche contingent de vers et de prose ! Mon petit appartement si joli et si frais de la vilaine rue du Bac semblait une ruche d'abeilles, dont toutes donnaient leur rayon de miel en échange des fleurs qu'elles trouvaient dans leur alvéole. C'était le bon temps alors. »

Élu à l'Académie française en 1826, il termina son discours de réception par un hommage légèrement intéressé et fort peu littéraire : « Honneur, honneur à ce monarque digne de régner sur des Français ! Il attachera son nom à l'ère qui commence ; et si l'on invoque le siècle de Louis XIV dès qu'on veut rappeler un temps de grandeur, de puissance et d'héroïsme ; pour peindre une époque de liberté, de perfectionnement et de bonheur, on dira le siècle de Charles X. »

Au 32, Marcel Brion

Ce romancier, qui fut également un des plus grands historiens de l'art, vécut rue du Bac pendant quarante ans. Écrivain du clair-obscur, il laisse des romans aux portes du fantastique comme *Château d'ombres* (1943), *La Fête de la tour des Âmes* (1974) ou son recueil de nouvelles *Les Escales de la haute nuit* (1942). Après un échec au fauteuil du duc de La Force contre Joseph Kessel, en 1962, il fut élu à l'Académie française vingt-deux ans plus tard.

Au 40, *La Table ronde* et ses Hussards

En 1944, fatigués de l'hégémonie de la *NRF* et des *Temps modernes*, trois jeunes gens (Roland Laudenbach, Jean Turlais, Roger Mouton) créent *La Table Ronde*. Coup de pub pour démarrer : la publication d'un pamphlet de Pierre Boutang et de Bernard Pingaud, *Sartre est-il un possédé ?*.

Marquée à droite, la revue accueille évidemment les Hussards : Antoine Blondin, Michel Déon, Jacques Laurent, Roger Nimier. Dans son *Grognards & Hussards*, Bernard Frank tente de décrire le style de ces trublions de la littérature : « Ils se délectent de la phrase courte dont ils se croient les inventeurs. Ils la manient comme s'il s'agissait d'un couperet. À chaque phrase il y a mort d'homme. »

Suivra l'édition d'une nouvelle génération : Alphonse Boudard, Gabriel Matzneff, Frédéric Musso, Éric Neuhoff, puis, dans les années 1990, Jean-Paul Kauffmann et Frédéric Fajardie. Située près du Pont Royal, le mythique bar de Gallimard, La Table ronde déménage ensuite, générant quelques regrets chez Gabriel Matzneff : « La Table ronde a quitté la rue du Bac et, peu de temps après, inconsolable, le Pont Royal a fermé ses portes. »

Au 40, Viviane Forrester

Interrogée en 2002 pour parler du 7e arrondissement dans *Paris par écrit*[5], l'écrivaine précise : « J'ai habité tant de quartiers. Tant de rues, de parcours, de parfums qui ont environné les frémissements du travail, ses effervescences, qu'il me semble n'avoir jamais habité que l'écriture. »

Dans *Rue de Rivoli*, son journal publié chez Gallimard en 2011, elle confie : « À trois ans, je me savais un écrivain. Je l'étais avant de naître. »

Née Viviane Dreyfus en 1925, Viviane Forrester se fait d'abord connaître grâce à quelques romans : *Ainsi des exilés* (1970), *Le Grand Festin* (1971), *Le Corps entier de Marigda* (1975)… *L'Horreur économique*, prix Médicis de l'essai en 1996, lui apporte une notoriété internationale. Prophétique ? « Nous vivons au sein d'un leurre magistral, d'un monde disparu que des politiques artificielles prétendent perpétuer. Nos concepts du travail et par là du chômage, autour desquels la politique se joue (ou prétend se jouer), n'ont plus de substance : des millions de vies sont ravagées, des destins sont anéantis par cet anachronisme. »

Au 42, Jean Lescure

En 1939 est publié son premier recueil de poèmes, *Le Voyage immobile*, itinéraire poétique qui le mènera jusqu'à *Gnomides*, en 1999. Directeur de *Messages* durant la guerre, il fera de la revue le refuge de la « résistance lyrique », publiant notamment Paul Éluard, Max Jacob, André Malraux, Jean Paulhan, Loys Masson, Pierre Seghers, Jean Tardieu, Pierre Emmanuel… Gaston Bachelard lui donne un texte devenu célèbre, « Instant poétique et instant métaphysique », prélude à une longue amitié et à un livre : *Un été avec Bachelard* (1983).

Ami de Raymond Queneau, il est à l'origine – en 1943 – de la création des *Cent mille milliards de poèmes* qui paraîtront en 1947. « Raymond me dit : “Tu devrais écrire des poèmes avec des mots pas courants comme dans *Le Voyage immobile* […]. Je te donne dix mots, tu veux ?” […] Moi je lui dis : “Tu écris la même histoire de dix manières différentes.” Il l'écrira plus tard de cent manières[6]. »

Jean Lescure sera une personnalité majeure du cinéma français et interviendra dans de nombreux domaines : littérature, édition, théâtre, peinture. Il reste essentiellement connu pour avoir été, en 1960, l'un des fondateurs de l'Oulipo et pour avoir introduit la contrainte « S + 7 ». Ce régent « d'anabathmologie » au Collège de 'Pataphysique décède en 2005.

Au 43, les mauvaises plaisanteries du Pr Cottard

« Quoi ! le professeur Cottard ! Vous ne vous trompez pas ! Vous êtes bien sûr que c'est le même ! Celui qui demeure rue du Bac !
— Oui, il demeure rue du Bac, 43. Vous le connaissez ?
— Mais tout le monde connaît le professeur Cottard. C'est une sommité ! »

Dans *Sodome et Gomorrhe*, Marcel Proust qualifie les plaisanteries du professeur de « pas drôles », « ineptes », « grotesques » ou « de commis voyageur » ! Aurait-il un faible pour le professeur ? Le Pr Cottard figure à deux cent quatre-vingt-dix reprises dans *À la recherche du temps perdu*.

Au 43, Élisa Mercœur implore Chateaubriand

À l'âge de 18 ans, cette poétesse compose son premier ouvrage, un livre dédié à Chateaubriand à qui la jeune fille adresse cette supplique : « J'ai besoin faible enfant, qu'on veille à mon berceau. Et l'aigle peut, du moins, à l'ombre de son aile, protéger le timide oiseau. » Chateaubriand répond à la demoiselle qu'il ne prend personne sous son aile. Touchée par la phtisie, la malheureuse petite poétesse s'éteindra rue du Bac, à l'âge de 25 ans, en 1835, trois ans avant que Chateaubriand ne s'installe au 120.

Au 44, Ramon Fernandez

Jusqu'en 1920 – il a alors 26 ans –, Ramon Fernandez réside chez sa mère, au 44, rue du Bac. Il a été l'ami intime de Proust, a croisé tous les grands acteurs de la vie littéraire française, Gide, Mauriac, Paulhan, Céline, Bernanos, Saint-Exupéry, Malraux. Il est membre du comité de lecture de Gallimard, critique attitré de la *NRF*. Militant socialiste puis communiste, il deviendra collaborationniste.

Au 44, André et Clara Malraux

Le couple Malraux quitte le boulevard Berthier à la fin de l'été 1932 et s'installe rue du Bac. L'écrivain y compose une partie de *La Condition humaine*, Clara y tient un salon littéraire et s'occupe de sa fille, Florence, que le lauréat du Goncourt ignore et surnomme « l'objet ». En juillet 1936, Malraux déserte l'appartement pour aller combattre en Espagne auprès des républicains et soigner son image d'aventurier-écrivain. Entre les deux époux, rien ne va plus. Il lui avoue l'avoir épousée pour son argent, lui interdit de prendre la plume : « Mieux vaut être ma femme qu'un écrivain de second ordre », déclare-t-il. En 1945, tout en refusant de divorcer, Clara Malraux prendra son indépendance et emménagera avec sa fille Florence rue Berthollet.

Au 81, Roger Grenier

Écrivain, journaliste, homme de radio et d'édition, compagnon de Camus à *Combat*, régent du Collège de 'Pataphysique, il fut surtout dès 1964 un pilier des éditions Gallimard qui avaient accueilli ses premiers romans (*Les Monstres*, 1953, *Les Embuscades*, 1958, *La Voie romaine*, 1960) et ses nouvelles (*Le Silence*, 1961). Celui que Pierre Assouline compara à un « petit bonhomme échappé d'un dessin de Sempé » obtint le Femina pour *Ciné-roman* (1972), ce qui lui permit d'acquérir un appartement rue du Bac et d'y loger ses onze mille livres.

En 2015, à 95 ans, il publie *Paris ma grand'ville*, promenade autobiographique et carnet d'adresses des lieux qui lui sont chers.

Grenier avait un chien, Ulysse, un braque qu'il emmenait chez Gallimard et qui, malgré la complexité des locaux, savait très bien se rendre dans les bureaux susceptibles de lui donner un petit quelque chose. En 1998, Roger Grenier avait reçu le « Goncourt des animaux » pour *Les Larmes d'Ulysse*, ouvrage sur les chiens et la littérature. « Et si, écrit-il, la littérature était un animal qu'on traîne à ses côtés, nuit et jour, un animal familier et exigeant, qui ne vous laisse jamais en paix, qu'il faut aimer, nourrir, sortir ? Qu'on aime et qu'on déteste. Qui vous donne le chagrin de mourir avant vous, la vie d'un livre dure si peu, de nos jours ? »

Au 82, l'Oulipo au Vrai Gascon

La première réunion de l'OUvroir de LIttérature POtentielle a lieu le 25 novembre 1960 dans le sous-sol du restaurant Le Vrai Gascon. Les membres fondateurs sont Noël Arnaud, Jacques Bens, Claude Berge, Jacques Duchateau, Emmanuel Peillet (dit Latis), Jean Lescure, François Le Lionnais, Raymond Queneau, Jean Queval et Albert-Marie Schmidt.

La question existentielle est immédiatement posée : quid des rapports avec le Collège de 'Pataphysique dont font partie Queneau, Arnaud et Latis ? La réponse viendra à la seconde réunion, formulée par la circulaire n° 2 : « L'OliPo[7] est intégré à la Sous-Commission des Épiphanies et Ithyphanies, elle-même incluse dans la Commission des Imprévisibles. »

Georges Perec, expert en contraintes, sera coopté en 1966 et fera preuve trois ans plus tard de sa virtuosité avec la parution de *La Disparition* (de la lettre E) : « Oui, écrit-il, il y a aussi Ismaïl, Achab, Moby Dick. Toi, Ismaïl, pion tubar, glouton d'obscurs manuscrits, scribouillard avorton qu'un cafard sans nom gagnait, toi qui partis, fourrant un sarrau, trois maillots, six mouchoirs au fond d'un sac, courant à ton salut, à ta mort, toi qui, dans la nuit, voyais surgir l'animal abyssal, l'immaculation du grand Cachalot blanc, ainsi qu'un océan lilial dans l'azur froid[8] ! »

Après Le Vrai Gascon, les membres de l'Oulipo se réuniront pour leurs déjeuners mensuels chez Julien et Petit, restaurant situé au 40 de la rue de l'Université. Oulipien à vie, Perec sera excusé (en 1982) « pour cause de décès ».

Au 92, Georges Perec

Au printemps 1966, quittant la rue de Quatrefages, Perec achète un appartement de quatre pièces rue du Bac grâce aux rentrées financières des *Choses* et à un prêt de son oncle David Bienenfeld. *La Disparition* paraît en avril 1969, Georges et Paulette se sépareront en janvier 1970 et organiseront une « dépendaison de crémaillère », pour fêter l'événement : quatre-vingt-dix invités, dont la voisine du dessous et la voisine du dessus.

Au 94, Germaine de Staël

En 1785, Germaine Necker épouse l'ambassadeur de Suède, le baron de Staël-Holstein. Le couple s'installe au 94, rue du Bac, adresse qu'il va occuper de façon discontinue jusqu'en 1798. À l'image de sa mère, la nouvelle Mme de Staël ouvre son salon et agite le Tout-Paris littéraire et politique. Ne veut-elle pas révolutionner la société ? Ses foucades, son bavardage étourdissant, ses amants et les coups de griffe de sa plume acérée font le tour de Paris. Fagotée comme l'as de pique, d'une intelligence hors du commun, elle quitte la capitale en 1894 pour revenir rue du Bac en 1896 (avec, dans ses bagages, Benjamin Constant), et faire paraître *De l'influence des passions sur le bonheur des individus et des nations*, ouvrage qui explore avec finesse les passions positives et les passions destructrices : vanité, recherche de la gloire, jeu, ivresse, avarice, esprit de vengeance, esprit de parti.

En 1802 paraît *Delphine*, son premier roman, ouvrage dédié à « la France silencieuse » qui traite de la religion, de la politique et surtout de la liberté des femmes dans la société. Le livre enflamme les salons parisiens, soulève de grandes polémiques et lui vaudra d'être exilée par Napoléon. « *Delphine*, soutiendra le grincheux Philarète Chasles, insulte Dieu et l'humanité. C'est de ce roman que date la prétention des émancipées, prétention artificielle, fausse et ridicule, qui a taché, sinon souillé, quelquefois flétri, toujours rendu ridicules les femmes de mon temps. »

Au 97, Jean d'Ormesson

« J'ai habité chez mes parents jusqu'à l'âge de trente-cinq ans, raconte-t-il. Quand une fille me téléphonait, mon père répondait : “Qu'est-ce que vous lui voulez encore ?” Je me souviens du numéro LIT-12-72. C'était juste en face de chez Romain Gary. »

À 31 ans, Jean d'Ormesson publie son premier roman pour, selon ses dires, épater une fille : *L'Amour est un plaisir*, du « Kerouac sans drogue », l'histoire de trois jeunes hommes et une jeune fille qui « s'élancent en cabriolet sur les routes de Provence, en juillet ». Julliard, son éditeur, voit alors en lui un Sagan masculin.

Son premier grand succès, *La Gloire de l'Empire*, sera vendu à plus de cent mille exemplaires. Jusqu'à l'Académie française et au-delà, le succès ne se démentira pas, nourri d'esprit et d'humour, ponctué de repères autobiographiques et de questionnements sur la vie, la mort, la relation au temps et la relation à Dieu.

« Dans la littérature, comme dans la mode, déclare-t-il, j'aime d'abord la simplicité, mais aussi, parfois, une certaine forme de complication lumineuse. [Mon style ?] Rapide et le moins ennuyeux possible. J'aime aussi le naturel… Regardez, je porte toujours mes mocassins sans chaussettes. »

Au 100, Jules Sandeau

À la fin des années 1830, Jules Sandeau a derrière lui une trop brève liaison avec George Sand et une colocation-secrétariat avec Balzac rue Cassini, un Balzac aussi désargenté que tyrannique. (« Mon cher, dit Balzac à Sandeau, il me faut vingt francs ! Un louis ! Trouve-moi ça ! Je vais en soirée. Je n'y puis aller le gousset vide. Fouille tes poches, bats les buissons, égorge un éditeur, fais ce que tu voudras mais il me faut un louis[9] ! »)

Ayant quitté Balzac, Sandeau s'installe rue du Bac, logement qu'il partage un moment avec Arsène Houssaye.

Dans ses *Souvenirs de jeunesse*, ce dernier se souvient : « Au temps où j'habitais, en compagnie de Jules Sandeau, une maison située rue du Bac, nº 100, nous avions pour voisine madame Dorval. […] Quand madame Sand était empêchée de venir chez madame Dorval, la grande dramatiste nous invitait, Sandeau et moi, à son très frugal souper. Nous n'étions invités que ces jours-là, car madame Sand ne voulait pas voir Sandeau, dans la peur de se reprendre à son ancienne passion ; d'ailleurs depuis son aventure avec Alfred de Musset, elle avait banni les poètes de sa république. »

Pour se libérer de l'emprise du passé, Jules Sandeau écrit alors *Marianna* (1839), intelligent portrait de George Sand et dénonciation de la passion amoureuse, source de désespoir.

Au 104, l'éditeur Urbain Canel

Cet éditeur-libraire des grands romantiques (Lamartine, Balzac, Vigny, Musset, Sand…) fut un spécialiste des faillites, la première intervenant en 1826 quelques mois avant la publication de l'*Armance* de Stendhal et la plus célèbre découlant de son association avec Balzac, qui fut par ailleurs son ami. Il avait commencé comme revendeur de livres pour un fleuriste-poète de la rue de Richelieu et Balzac s'en souviendra dans *La Comédie humaine* : « Elle portait un magnifique chapeau de paille d'Italie, orné d'un bouquet de roses mousseuses pris chez Nattier, sous les ailes duquel ruisselaient en boucles brillantes ses beaux cheveux blonds[10]. »

Si Canel édita les grands noms de la littérature française, ses éditions se vendirent mal et on put lire dans *Le Corsaire* en juin 1830 : « Pauvre libraire romantique / Quoi, tes livres mignons, imprimés avec soin / Presqu'au sortir de ta boutique / Sont roulés en cornet chez le marchand du coin ! »

Au 104, Jacques Bainville

Cet académicien – élu en 1935 – dans la mouvance de l'Action française fut entre les deux guerres un critique et historien monarchiste renommé. Son *Histoire de France*, peut-on lire sur le site de l'Académie, reste un livre de première importance. Dans *Les Conséquences politiques de la paix*, publié en 1920, Bainville dénonça les termes du traité de Versailles, estimant qu'il humiliait l'Allemagne et qu'il l'inciterait à prendre sa revanche dans un avenir proche.

Au 108, Romain Gary et Jean Seberg

Elle a 24 ans, lui 49. Le 16 octobre 1963, l'actrice d'*À bout de souffle* épouse dans un petit village corse l'auteur de *La Promesse de l'aube*. De retour à Paris, après avoir résidé dans l'île Saint-Louis, le couple s'installe rue du Bac, au 108, deuxième étage, où résidait Seberg avant son mariage. Comme on le sait, l'histoire finira mal. Divorce, suicide ou assassinat de Seberg, suicide de Gary.

L'homme aux deux prix Goncourt qui aimait répéter que Gary – en russe – signifie « brûler » et Ajar « braise » résidera dans cet hôtel de La Rochefoucauld pendant dix-sept ans, coiffé de son feutre mythique que lui avait donné John Ford, dictant ses romans à sa secrétaire tous les après-midis. Il s'y suicidera d'une balle dans la bouche un après-midi de décembre 1980, fatigué de « cette ignoble petite putain, toujours si crasseuse et malodorante, qu'on appelle l'âme humaine[11] ».

Au 108, Roland Dubillard

L'« effaré prodigieux », comme l'appelait Bertrand Poirot-Delpech, naquit neveu d'un archevêque et enfant non désiré d'un marchand de sardines, ce qui conduit directement à une angoisse traversée de fous rires et à une écriture poético-loufoque, située approximativement entre Ionesco, Queneau et Jean Tardieu.

Écrivain, dramaturge et comédien, Dubillard habita au-dessus de chez Romain Gary et pratiqua tous les genres : théâtre, poésie, nouvelle, fable, récit, méditation, pièce en vers, pièce pour enfants, chanson, cinéma…

Essentiellement connu pour ses pièces de théâtre (*Naïves hirondelles*, 1961, *La Maison d'os*, 1962, *Le Jardin aux betteraves*, 1969, *Les Crabes ou les Hôtes chez les hôtes*, 1970, *Où boivent les vaches*, 1972), il reçut à sa mort l'hommage de Jean-Michel Ribes : « C'est quelqu'un dont on va probablement mesurer maintenant l'incroyable génie et dont l'univers, je l'espère, va continuer à nous apporter l'oxygène qui nous manque. »

Au 108, Claude Anet

Ce champion de tennis né Jean Schopfer fut en 1892 le premier joueur français à remporter ce qui deviendra plus tard le tournoi de Roland-Garros. Il commença à écrire à la fin du siècle, signant une dizaine de romans dont *Mayerling*, adapté par Anatole Litvak en 1936, et *Ariane, jeune fille russe* (1920), adapté par Billy Wilder en 1957.

Au 120 (ex-112), Chateaubriand et ses Mémoires

Dans son rez-de-chaussée de l'hôtel des Missions Étrangères où il s'installe en 1838, retiré de la vie politique depuis 1830, ayant laissé à Hugo et Lamartine le flambeau du romantisme, Chateaubriand se consacre à ses Mémoires commencés en 1811 dont il fait la lecture à Mme Récamier et aux hôtes du salon de l'Abbaye-aux-Bois.

Il y évoque la rue du Bac : « Ma fenêtre qui donne à l'ouest sur les jardins des Missions Étrangères est ouverte : il est six heures du matin, j'aperçois la lune pâle et élargie, elle s'abaisse sur la flèche des Invalides à peine révélés par le premier rayon doré de l'Orient : on dirait que l'ancien monde finit et que le nouveau commence. Je vois le reflet d'une aurore dont je ne verrai pas se lever le soleil. Il ne me reste qu'à m'asseoir au bord de ma fosse ; après quoi je descendrai hardiment, le crucifix à la main dans l'éternité. »

L'écrivain décède rue du Bac le 4 juillet 1848, ses obsèques ont lieu quatre jours plus tard. « Les obsèques de M. de Chateaubriand, écrit Victor Hugo, se firent le 8 juillet 1848, précisément au jour anniversaire de cette seconde rentrée de Louis XVIII en 1815 à laquelle il avait puissamment contribué. [...] Paris était comme abruti par les journées de Juin, et tout ce bruit de fusillades, de canon et de tocsin qu'il avait encore dans les oreilles l'empêcha d'entendre, à la mort de M. de Chateaubriand, cette espèce de silence qui se fait autour des grands hommes disparus. »

BARBET-DE-JOUY (rue)

En sortant du restaurant, Barrès se dirigeait vers le Palais-Bourbon et Bourget regagnait sa rue Barbet-de-Jouy. Si j'accompagnais Barrès, il me disait aussitôt pis que pendre de Bourget. Si je faisais route avec Bourget, il ne cessait de critiquer Barrès !

— Xavier Vallat, *Charles Maurras. Numéro d'écrou 8321*, 1953

Au 20, Paul Bourget en demi-teinte

Paul Bourget s'installe rue Barbet-de-Jouy en 1894. Il vient d'être élu à l'Académie française, ses romans obtiennent un franc succès, notamment auprès de la jeunesse. Dans les années 1890, il abandonnera le roman d'analyse pour le roman à thèse, le romancier se voulant penseur politique. Suivront trente autres romans, d'innombrables nouvelles, des pièces de théâtre, des essais. Considéré comme « moderne » à la fin de son siècle, le style Paul Bourget tombera en disgrâce et apparaîtra bien classique quelques décennies plus tard. Céline, en 1938, traitera ses écrits de « sous-prousteries », Gide parlera d'une littérature surannée. Il reste cependant un témoin éclairé des débats et des luttes littéraires et poétiques qui agitèrent la fin du XIXe et le début du XXe siècle. Défenseur du trône et de l'autel, Paul Bourget meurt rue Barbet-de-Jouy en 1935, à quelques mètres de la maison de Consuelo, la femme de Saint-Exupéry, la Rose du Petit Prince, qui habitait au 24.

Dans *Paul et Jean-Paul*, en 1951, Jacques Laurent, cocassement et injustement, assimila Jean-Paul Sartre à un Paul Bourget contemporain. Gilles Lapouge, dans *Le Flâneur de l'autre rive*, dénigre Bourget avec élégance : « Nous reconnaissions que le statut d'écrivain maudit n'est pas de tout repos mais nous aimions le travail bien fait, on est écrivain maudit à plein temps, on respecte le cahier des charges et on en boit le poison jusqu'à la lie. Sinon, Paul Bourget. »

Au 26, Jean Lartéguy n'aime pas la guerre

Jean Lartéguy fut un baroudeur – Seconde Guerre mondiale, Corée, Indochine, Algérie – avant de devenir écrivain à succès. « J'ai arrêté d'être soldat, déclara-t-il, parce que j'avais pris une grenade dans les jambes. C'est comme ça que j'ai commencé à écrire. J'ai suivi la fin des grands empires coloniaux, l'époque était fascinante, c'était l'écroulement d'un monde. »

En 1960, *Les Centurions* (inspiré des exploits de Marcel Bigeard et de ses hommes en Indochine) lui apporte son premier succès, suivi des *Mercenaires*, puis des *Tambours de bronze*, gros best-sellers. Lartéguy, chantre du héros des guerres coloniales ? Pas tout à fait. En 1977, dans un livre d'entretien (*La Guerre nue*), il confie : « La guerre m'a fait vivre à travers certains de mes livres, mais je ne l'aime pas. La guerre m'ennuie, me gêne, me dégoûte. C'est une connerie. » Auteur d'une cinquantaine d'ouvrages, Lartéguy décède à 90 ans.

Au 26, Francis Carco

En 1937, après avoir résidé quai du Louvre, puis quai d'Orsay, Carco – nouveau juré Goncourt – s'installe rue Barbet-de-Jouy. *Le Soir*, quotidien belge, en donne un compte rendu. « Pourquoi la rue Barbet-de-Jouy ? C'est peut-être parce qu'en la choisissant, Carco a trouvé une heureuse manière de concilier sa fidélité envers Paul Bourget, qui voulait absolument le faire entrer à l'Académie française, et son amitié pour quelques "Goncourt", notamment pour Roland Dorgelès. En effet, la rue Barbet-de-Jouy, c'est la rue que Paul Bourget habita toute sa vie. »

Bourget, en effet, avait permis à *L'Homme traqué* (1922) de recevoir le Grand Prix du roman de l'Académie française. Il soutiendra également *L'Ombre* (1933) et surtout *Brumes* (1935), que Carco considéra comme son meilleur roman.

Au 28, Hippolyte Taine

Le philosophe-historien résida rue Barbet-de-Jouy dans les années 1870-1880, avant de s'installer au 230, boulevard Saint-Germain puis au 23, rue Cassette. En 1863, il a publié une *Histoire de la littérature anglaise*, ouvrage en cinq volumes dont l'immense succès lui permet de vivre de sa plume. À partir de 1870, mortifié par la défaite militaire de la France, effrayé par la Commune de Paris, il va se consacrer jusqu'à sa mort à son œuvre majeure, *Les Origines de la France contemporaine* (1875-1893), œuvre dans laquelle l'auteur, conservateur libéral, prône un régime parlementaire à l'anglaise.

Au 28, René-Victor Pilhes

Son premier roman, *La Rhubarbe* (1965), fut d'emblée remarqué pour son souffle baroque et fut couronné par le prix Médicis. Neuf ans plus tard, son *Imprécateur* secoue le monde de l'édition en relatant la chute d'une multinationale, l'entreprise Rosserys & Mitchell (Publicis ?), victime de mystérieuses imprécations qui ébranlent les fondations et le cerveau de ses cadres. Le roman obtient le prix Femina, Claude Mauriac évoque « un certain génie », quatre cent mille exemplaires sont aussitôt vendus et le roman est traduit en vingt langues. En 2003, dans *Le Journal du dimanche*, Bernard Pivot souligne que « René-Victor Pilhes avait écrit non seulement un grand roman baroque, puissant, inspiré, mais aussi le livre qui dénonçait par avance la criminelle arrogance économique et financière ». Suivra une dizaine de romans, depuis *La Bête* (1976) jusqu'à *La Jusquiame* (1999) et *La Nuit de Zelemta* (2016).

BEAUNE (rue de)

La rue de Beaune était vide. J'ai pris un taxi quai d'Orsay et je me suis fait conduire à la gare Saint-Lazare, à travers un Paris doré comme une pêche.
— Georges Simenon, *Malempin*, 1940

Au 1, Arsène Houssaye

Arsène Houssaye y sous-loua un appartement en 1843. Dans *Les Pastilles de Richelieu* (1859), Charles Monselet évoque cette adresse (où résida Voltaire) dans un savoureux dialogue :

LE DUC DE RICHELIEU. – On m'a dit que vous aviez habité la maison de Voltaire.

ARSÈNE HOUSSAYE. – Au coin de la rue de Beaune ; en effet. Mais ce que j'ai encore plus habité, ce sont ses œuvres.

LE DUC DE RICHELIEU. – Vous logiez dans les mansardes, apparemment.

ARSÈNE HOUSSAYE. – Eh non ! J'occupais le premier étage ; je couchais dans la chambre même du grand philosophe. Que de fois ne m'est-il pas apparu au milieu de la nuit, grimaçant et drapé dans ce suaire de marbre que lui a taillé Houdon !

LE DUC DE RICHELIEU. – Vous a-t-il parlé ?

ARSÈNE HOUSSAYE. – Je le crois bien. Est-ce que Voltaire aurait pris la peine de revenir au monde pour se taire, sans murmurer ?

Le duc de Richelieu. – Que vous a-t-il dit ?

Arsène Houssaye. – Il m'a dit : Tu seras directeur de la Comédie-Française !

Le duc de Richelieu. – Et vous, lui avez-vous répondu ?…

Arsène Houssaye. – Rien du tout. J'ai remis ma tête sur mon oreiller, en riant de toutes mes forces. Je connaissais tant les mystifications de ce vieil Arouet ! Le lendemain, je me vengeai en signant de son nom une nouvelle dans la *Revue de Paris*.

Au 1, les premiers *Cahiers* de Paul Valéry

Quittant la rue Gay-Lussac, fin 1899, Valéry s'installe rue de Beaune. Comme Huysmans et Maupassant, il a usé ses coudes sur un bureau de ministère et devient secrétaire particulier d'un directeur de l'agence Havas. Il a abandonné (provisoirement) la poésie et, avant de se rendre à son travail, il se lève vers quatre heures pour rédiger ses *Cahiers* – commencés en 1894. Il y en aura plus de deux cent soixante, soit près de trente mille pages. Journal ? Pas vraiment. Plutôt sa culture psychique du matin pour rester en forme. Dans un premier temps, l'auteur bannit les souvenirs d'enfance, le quotidien, toute forme de sentiment pour se concentrer sur une introspection quotidienne. Mais se connaître a-t-il un sens ? Il n'en est pas sûr. Valéry restera neuf mois rue de Beaune, avant de s'installer au 57, avenue Victor-Hugo.

Au 3, Chateaubriand à l'hôtel de France

De retour de Naples, l'auteur d'*Atala* (1801) et de *René* (1802) séjourne durant quelques mois à l'hôtel de France avec sa femme. Dès 1804, il travaille à la conception des *Mémoires de ma vie* qui donneront quarante-cinq ans plus tard les *Mémoires d'outre-tombe*. Après l'exécution du duc d'Enghien, qui entraîne sa démission de ministre plénipotentiaire dans le Valais, Chateaubriand et sa femme quittent la rue de Beaune au mois d'avril 1804 pour se fixer « à la campagne » dans un petit hôtel de la rue de Miromesnil.

Au 3, André Spire

Fonctionnaire au Conseil d'État, membre actif d'une société philanthropique venant en aide aux ouvriers chômeurs, malades ou accidentés, André Spire réside rue de Beaune au début du siècle. Il se lie avec Péguy, qui, dans ses *Cahiers*, publie *Et vous riez* (1905), recueil de poèmes traitant de la condition ouvrière. Suivront, pendant la guerre, ses *Poèmes juifs*, prélude d'une œuvre dédiée au sionisme et à la défense des déshérités. Poète salué par Éluard, qui admirait son écriture simple et antilyrique, Spire décède au lendemain de ses 98 ans.

Au 12, Théophile Gautier et les bêtes féroces

En 1870, lorsque la guerre franco-prussienne est déclarée, Théophile Gautier quitte sa maison du 32, rue de Longchamp, à Neuilly, pour s'installer provisoirement au 12, rue de Beaune. (« Je monte chez Théophile Gautier, note

Edmond de Goncourt, qui s'est réfugié de Neuilly, à Paris, rue de Beaune, au cinquième, dans un logement d'ouvrier[12]. ») L'auteur du *Capitaine Fracasse* fut un fidèle soutien de l'Empire et sera violemment « versaillais », n'hésitant pas à décrire les communards comme des « gorilles qui se répandent par la ville épouvantée avec des hurlements sauvages », des « bêtes fauves, des bêtes puantes, des bêtes venimeuses qui aiment le sang ». Il ne fut pas le seul : Leconte de Lisle dénonce « cette ligue de tous les déclassés, de tous les incapables, de tous les envieux, de tous les assassins, de tous les voleurs, mauvais poètes, journalistes manqués, romanciers de bas étage » et Anatole France vilipende « un comité d'assassins, une bande de fripouillards, un gouvernement du crime et de la démence ». Théophile Gautier évoquera les difficiles années 1870-1871 dans *Tableaux de siège* (1871) et décédera l'année suivante.

Au 16, Marcel Béalu, acte I

Jean Paulhan écrira de lui : « Lire une page de Marcel Béalu c'est pénétrer dans un pays singulier, un pays qui pourtant doit bien exister quelque part, plus haut ou plus bas que la terre, le pays de derrière la glace, ou de derrière l'eau, ou derrière le ciel, ou de derrière nous. »

Avant d'installer sa célèbre librairie (Le Pont Traversé) au 16, rue Saint-Séverin puis au 62, rue de Vaugirard, ce poète et ancien chapelier de Montargis s'installe rue de Beaune en 1946, dans une ancienne boucherie. Deux ans auparavant, il a signé un contrat d'exclusivité avec Gallimard qui a publié ses *Mémoires de l'ombre*, recueil d'une centaine de contes-poèmes très courts conjuguant onirisme délirant et fantastique, dans une veine surréaliste dotée d'une touche de Kafka et de Lewis Carroll : « Chaque chose était une serrure qu'il suffisait d'ouvrir, mais s'égarer derrière n'était pas sans danger. Souvent il fallait descendre sous terre, ramper à travers de longs boyaux humides. Malheur à qui tournait la tête pour regarder le chemin parcouru : il se retrouvait immédiatement vidé de son apparence et tel qu'au premier jour, poussière au milieu du monde[13]. » En 1948 paraît *L'Araignée d'eau*, recueil qui établit définitivement sa notoriété de poète du fantastique.

Au 23, Robert Kanters

Le très lettré Robert Kanters sait-il que Montesquieu l'a précédé à cette adresse[14] lorsqu'il s'y installe à la fin des années 1960 ? Le célèbre critique fut, de 1945 à 1980, une vigie littéraire, sans effets de manche, stipulant que « le lecteur professionnel n'est pas lui-même une source de lumière, mais il peut être un gardien de phare ». Fin 1960, après une tentative de suicide ratée[15] (« les suicidés ne vont pas en enfer, dit-il, ils en sortent ! »), il s'installe rue de Beaune. Comme Montherlant et Sartre, il deviendra à demi-aveugle et laissera au Seuil, en 1981, un livre de souvenirs : *À perte de vue.*

Au 31, Gustave Le Vavasseur

Il fit la connaissance de Baudelaire en 1840 à la pension Bailly, écrivit comme lui dans *Le Corsaire-Satan* et ce furent sans doute ses principaux titres de gloire. Un numéro de la *Revue des Deux Mondes* de 1896 nous apprend qu'il fut « poète parnassien, conseiller général de l'Orne, chef de l'École normande et lauréat de l'Institut » et que « le génie était, chez lui, au niveau de la fonction, et que rien n'y dépassait les bornes d'une honnête médiocrité ».

Au 43, Jean Paulhan s'inquiète pour sa *NRF*

En novembre 1929, les éditions de la *NRF* s'installent au 43, rue de Beaune, dans la partie de la rue qui deviendra en 1930 le 5, rue Sébastien-Bottin. Dès l'annonce du déménagement, Jean Paulhan s'est inquiété auprès de Gaston Gallimard : « Est-ce vrai que nous allons avoir de nouveaux bureaux ? Alors, laissez-moi vous demander une chose : n'arrêtez rien, je vous prie, pour le bureau de la revue sans que nous en ayons parlé. La revue n'a eu pour elle jusqu'à présent que des garde-manger ou des coins de cuisine. Je ne parle pas du ridicule ; il était impossible d'y travailler – au point que j'ai dû emporter chez moi, depuis quelques mois, nos papiers, les manuscrits, les anciennes lettres... Si nous devions avoir encore un bureau insuffisant – j'entends trop petit ou trop peu convenable – je préférerais de beaucoup soit louer quelque part, dans les environs, une chambre meublée, soit demeurer rue de Grenelle (où je pourrais prendre, après votre départ, votre bureau, par exemple). »

Les problèmes ne sont pas uniquement géographiques : à la suite des plaintes de Paul Claudel et de Jules Romains pour « mauvais traitement » dans la revue, Paulhan propose sa démission à Gallimard. Refusée.

BELLECHASSE
(rue de)

Cette année-là, je louais un rez-de-chaussée sur cour rue de Bellechasse. On disait qu'une voyante y avait habité.

— Éric Neuhoff, *La Petite Française*, 1997

Au 8, Louis Mandin

Ami de Paul Fort, il publia entre 1905 et 1938 une dizaine de recueils de poésie et « inventa » le vers « mandinien », vers de quatorze pieds avec une césure 6/8 qu'il pensait promis à un grand avenir : « Que la flamme est cruelle et qu'au toucher sa cendre est douce... »

Au 12, la *Revue des Deux Mondes*

La célèbre revue voit le jour rue « de Belle Chasse » en juillet 1829 et devient six mois plus tard un titre un peu long à demander au kiosque : « Donnez-moi la *Revue des Deux Mondes. Journal des voyages, de l'administration et des mœurs, etc., chez les différents peuples du globe ou archives géographiques et historiques du* XIX*e siècle ; rédigée par une société de savants, de voyageurs et de littérateurs français et étrangers.* »

La première contribution littéraire sera un poème d'Alexandre Dumas (*Les Derniers Adieux*) pas vraiment moderniste : « Aux accents solennels des cloches ébranlées / Qui jettent dans les airs de funèbres volées, / Aux flots tumultueux de ce peuple empressé, / Apprenez que la mort a visité le trône, / Et sur un front qu'en vain protégeait la couronne / Vient de poser son doigt glacé. »

Au 15, Julie de Lespinasse

En cette année 1764, dans le salon de Mme du Deffand, la jeune Julie de Lespinasse commence à faire de l'ombre à sa tante. Fontenelle, Montesquieu ou Condorcet apprécient son intelligence, sa vivacité, son habileté à conduire une conversation. Et les entretiens commencés dans le salon se terminent souvent dans la chambre de la dame de compagnie, juste au-dessus. D'Alembert, en particulier, délaisse ostensiblement le fauteuil où est clouée la maîtresse de maison à moitié aveugle pour se rendre chez Julie, dont il est tombé amoureux. Furieuse, se jugeant trahie, Mme du Deffand congédie sa nièce et somme ses « invités » de choisir leur camp. Tous optent pour la jeune femme qui ouvre aussitôt son propre salon rue de Bellechasse, salon qui va devenir « le laboratoire de l'*Encyclopédie* ». Julie tentera à de nombreuses reprises de se réconcilier avec sa tante. Mais Mme du Deffand ne lui pardonnera jamais.

Au 15, Bernardin de Saint-Pierre

Entre 1804 (il a 67 ans) et 1814 (date de sa mort), Jacques-Henri Bernardin de Saint-Pierre partage son temps entre sa maison d'Éragny et la rue de Bellechasse où il réside depuis 1801.

Paul et Virginie, chef-d'œuvre de mièvrerie de ce romancier de la nature, est paru en 1788 et a ravi Sainte-Beuve : « Presque tout, écrit ce dernier, est parfait, simple, décent et touchant, modéré et enchanteur. [...] Ce qui distingue à jamais cette pastorale gracieuse, c'est qu'elle est vraie, d'une réalité humaine et sensible. »

Flaubert s'en souviendra dans sa description de la très naïve Mme Bovary : « Elle avait lu *Paul et Virginie* et elle avait rêvé la maisonnette de bambous, le nègre Domingo, le chien Fidèle, mais surtout l'amitié douce de quelque bon petit frère, qui va chercher pour vous des fruits rouges dans des grands arbres plus hauts que des clochers, ou qui court pieds nus sur le sable, vous apportant un nid d'oiseau. »

Camus, pour sa part, qualifiera *Paul et Virginie* d'« ouvrage proprement affligeant ».

Au 31, les Daudet

Au printemps 1885, la famille Daudet (Alphonse, sa femme Julia et leurs deux fils) s'installe rue de Bellechasse dans deux appartements situés aux troisième et quatrième étages, reliés par un escalier intérieur. L'auteur du *Petit Chose* reçoit le jeudi après-midi, assis derrière son bureau du rez-de-chaussée. Julia, sa femme, reçoit le mardi dans un salon dans lequel on peut admirer un marbre de Rodin et un portrait d'elle signé Renoir.

Dans la famille Daudet, tout le monde écrit ou va écrire : Alphonse, bien sûr, mais également sa femme Julia, son frère Ernest (plus de soixante-dix romans), sa belle-fille (Marthe Allard), ses deux fils (Léon et Lucien). Quant à sa fille, Edmée, elle se contentera d'épouser l'écrivain André Germain.

En 1885, Léon Daudet a 18 ans. Il deviendra médecin, romancier, critique, biographe, journaliste, député, polémiste et créateur du quotidien *L'Action française* avec Charles Maurras en 1908. Lucien, en 1885, n'a encore que 7 ans. Il sera peintre et écrivain, mais écrasé – dit-il – par l'ombre de son père. C'est rue de Bellechasse qu'il rencontre Proust pour la première fois. Proust a 24 ans, Lucien 17. Pendant plus d'un an, Proust sera amoureux de l'adolescent, amour qui se transformera plus tard en amitié et qui occasionnera le fameux duel avec Jean Lorrain[16]. Lucien, le « cher petit », ne sera pas présent dans la *Recherche* et Proust lui écrira, en 1913 : « Vous êtes absent de ce livre. Vous faites trop partie de mon cœur pour que je puisse jamais vous peindre objectivement. Vous ne serez jamais un personnage, vous êtes la meilleure partie de l'auteur mais quand je pense que bien des années de ma vie ont été passées "du côté de chez Lucien", de la rue de Bellechasse, de Champrosay, les mots de "Temps perdu" prennent pour moi des sons bien différents, bien tristes, bien beaux aussi. »

Au 31, Jacques Bainville

Après avoir résidé au 4, rue Dante, puis au 104, rue du Bac, cet historien-journaliste s'installe rue de Bellechasse en 1932, à quelques mètres de celui dont il partage le bureau à *L'Action française* : Léon Daudet. Visionnaire, trois jours après la signature de l'Armistice, il écrit : « Devant quoi la France, au sortir de la grande joie de sa victoire, risque-t-elle de se réveiller ? Devant une République allemande, une République sociale nationale supérieurement organisée, et qui, de toute façon, sera deux fois plus peuplée que notre pays. Elle sera productrice et expansionniste. » Sa vision de Cassandre sera peu appréciée. En revanche, son *Histoire de France*, publiée en 1924, rencontrera un immense succès avec trois cent mille exemplaires vendus. Il en sera de même, en 1931, avec son *Napoléon*. En 1935, il est élu à l'Académie française au fauteuil de Raymond Poincaré puis meurt d'un cancer l'année suivante, cancer sans doute pas étranger à l'angoisse qui le ronge sur le devenir du monde.

Au 42, Victor Margueritte

Avec son frère, l'écrivain Paul Margueritte, ils étaient tous deux, du côté de leur mère, les petits-cousins de Stéphane Mallarmé, lequel libellait ses enveloppes en ces termes : « Victor Margueritte. On t'enjoint, / Poste, de le prendre en ta nasse / Rue, est-ce Bellepêche ? point / Mais quarante-deux Bellechasse. »

En 1922, romancier à succès, Margueritte a déjà publié une quinzaine de romans quand sort sa *Garçonne*, événement littéraire : cent cinquante mille exemplaires vendus en trois mois, trois cent mille à la fin de l'année, le million d'exemplaires atteint en 1929.

Le roman, jugé scandaleux, peint l'histoire d'une jeune fille qui décide de vivre « comme un garçon ». Les « hardiesses d'expression » dont se vante l'éditeur pour en faire la publicité ne sont guère osées mais suffisantes pour que l'on décide illico d'ôter sa Légion d'honneur à l'auteur. Car c'est d'honneur qu'il s'agit. Le crime ? « S'être rendu coupable d'actes de nature à porter atteinte à son honneur. » La sentence judiciaire et ses attendus ne sont pas uniquement ridicules : la justice n'a pas cru devoir évoquer l'antisémitisme latent qui traverse l'ouvrage.

Victor Margueritte écrira par la suite une vingtaine d'ouvrages – romans, essais, théâtre – sous son nom et une trentaine avec son frère Paul.

Au 45, Georges Claretie

Tel père, tel fils ? Georges Claretie est le fils de Jules, académicien, chroniqueur de la vie parisienne et romancier prolifique. Georges ne sera pas académicien, publiera peu, mais restera dans les annales littéraires pour s'être battu en duel avec Léon Daudet. Ce dernier ayant critiqué une pièce de son ami Henry Bernstein, Claretie le défie sur le pré. Quatre balles sont échangées, sans résultat. Qu'à cela ne tienne : on continue à l'épée, Claretie sera légèrement blessé, on arrêtera le combat. Au début du XXe siècle, l'épée et la plume font bon ménage : les deux tiers des duels se déroulent entre gens de lettres.

De 1885 à 1913, il fut administrateur général de la Comédie-Française, un directeur un peu laxiste qui disait oui à tout le monde et que l'on surnomma Guimauve le Conquérant. Il quittera la rue de Bellechasse en 1932 pour s'installer au 39, rue de l'Université. Il meurt en octobre 1936 et *La Dépêche de Madagascar* note que l'on perd « un critique littéraire autorisé ».

BOSQUET (avenue)

Je me retire, reprends le Solex, roule jusqu'à l'avenue Bosquet où je dois aider une vieille rentière à écrire un roman policier.

— Pierre Guyotat, *Idiotie*, 2018

Au 41, Guy Schoeller

Fils de René Schoeller, qui fut directeur général de la maison Hachette, Guy Schoeller ne pouvait s'épanouir que dans l'édition, fréquentant dès l'âge de 11 ans la famille Gallimard. Il commence sa carrière chez Hachette, participe en 1953 au lancement du Livre de poche, prend la présidence de Stock, apporte en 1972 le *Quid* à son ami Robert Laffont, crée en 1980 la formidable collection « Bouquins », meurt en 2001 après avoir déclaré : « Si je mourais dans un accident d'avion, on mettrait au nombre des victimes l'ex-mari de Françoise Sagan sans même donner mon nom. »

BOURGOGNE (rue de)

Elle fut enterrée toute seule de sa bande au coin de la rue de Bourgogne ; ce qui dut lui faire une peine extrême…

— Voltaire, *Zadig*, 1747

Au 21, l'ex-mao Daniel Rondeau

Daniel Rondeau vécut rue de Bourgogne avec sa femme pendant une dizaine d'années, avant de s'installer en Champagne pour écrire – pendant sept ans – *Dans la marche du temps*, fresque d'un millier de pages qui traverse le XXe siècle et qui paraît en 2004. En mai 1968, à 20 ans, il avait vécu dans une chambre de bonne de la rue des Lyonnais (au 3 bis) qu'il avait quittée après les « événements » pour s'établir en Lorraine et fomenter la « révolution » dans des usines.

Sur le plateau d'*Apostrophes*, en 1988, Daniel Rondeau s'en était expliqué : « C'est la dernière aventure politique du siècle. Une aventure proche du mysticisme. On voulait aller vers les plus pauvres. » Plus tard, il sera journaliste, éditeur (fondateur de Quai Voltaire), directeur de la collection « Bouquins », ambassadeur de France (comme Chateaubriand, Morand, Claudel, Giraudoux, Romain Gary, Jean-Christophe Rufin) et, surtout, écrivain. « Il a tout misé sur les mots, déclare Olivier Nora. Il a fait tapis sur la littérature. » Dans un style qui l'apparente aux Hussards (il sera élu à l'Académie française en 2019 au fauteuil de Michel Déon !), l'ancien maoïste est l'auteur d'une trentaine d'ouvrages dont *Mécaniques du chaos*, sorte de docufiction qui démonte les rouages menant au terrorisme djihadiste.

Au 30, Charles Maurras

En 1938, le fondateur de la Ligue d'Action française a 70 ans, un fauteuil tout neuf à l'Académie et une plume toujours aussi acérée. Deux ans plus tôt, il a été condamné à huit mois de prison ferme pour avoir traité Léon Blum de détritus humain et avoir appelé à le fusiller, « mais dans le dos ». Après la guerre, durant laquelle il soutient le régime de Vichy, il sera condamné à la réclusion criminelle à perpétuité et à la dégradation nationale. Ce qui entraînera automatiquement son exclusion de l'Académie française. Théoricien du nationalisme intégral, il fut un essayiste, poète, romancier, journaliste politique et littéraire auquel on doit plus de dix mille articles publiés en un demi-siècle.

« Est-il possible d'admirer Maurras écrivain sans avoir été maurrassien ? se demande Émile Henriot en 1952. – Oui, répond-il, comme on admire Bossuet sans aller pour cela à la messe. »

Au 41, Henry de Montherlant

En mai 1926, aussitôt installé, Montherlant tombe malade et est hospitalisé à la clinique de l'Institut Pasteur. Entre 1926 et 1939, il résidera très peu rue de Bourgogne, séjournant plutôt dans le Midi, voyageant en Italie, en Espagne et en Afrique. L'appartement de huit pièces restera pendant treize années dans l'état laissé par les déménageurs. Maurice Sachs en témoigne : « Je connus Montherlant chez lui, rue de Bourgogne. Mais il avait peu l'air chez lui dans cet appartement qui avait peu l'air d'un chez-soi. Tout y était à la renverse. Les meubles portaient des housses. La poussière s'était mise partout. Les valises ouvertes dans les chambres disaient que Montherlant revenait de voyage ou se préparait à partir[17]. »

La rue de Bourgogne sera l'adresse de Montherlant jusqu'en 1939, date de son installation quai Voltaire. Il y écrit son cycle des *Jeunes Filles*, diversement apprécié. « Je lis avec jubilation le nouveau Montherlant, écrit Roger Martin du Gard en 1936. Jamais on n'a serré de si près l'incompatibilité essentielle du couple humain ! Et l'auteur y fait preuve d'une admirable impartialité. » Cette impartialité ne sera pas du goût de Simone de Beauvoir : « Inférieure, pitoyable, ce n'est pas assez. Montherlant veut la femme méprisable[18]. »

Au 52, André Frénaud

À la fin des années 1950, André Frénaud s'installe rue de Bourgogne où il décédera en 1993. Ses *Rois mages*, publiés chez Seghers en 1943, le consacrent comme poète de la Résistance mais il faudra attendre 1962 pour que vienne la consécration avec *Il n'y a pas de paradis*. « André Frénaud, écrit Marie-Claire Bancquart, est un des plus grands poètes français de la seconde moitié du vingtième siècle. [...] Le paradoxe est [que sa poésie] ne soit jusqu'à présent pas aussi répandue que celle d'un René Char ou d'un Henri Michaux, mais c'est à vrai dire un paradoxe apparent. D'abord, André Frénaud n'a fait partie d'aucune organisation confessionnelle ou politique. Il y fut réfractaire dans tous les sens du terme. Détaché du catholicisme de sa jeunesse, il fut aussi l'un des rares à s'aviser très tôt des dangers du communisme stalinien, au moment où tant d'intellectuels français avaient été tentés par lui. [...] Frénaud ne fit non plus partie d'aucune école constituée [...]. Il s'offre donc au lecteur dans une certaine solitude, et dans une tension personnelle qui contribue à le rendre singulier, d'un premier contact non dénué d'âpreté[19]. »

Au 54, Gérard Bauër

Essayiste, romancier et critique dramatique (notamment au *Figaro* sous le pseudonyme aristocratiquement proustien de Guermantes), né en 1888, ce petit-fils (naturel) d'Alexandre Dumas (père) est l'auteur de *Rendez-vous avec Paris* (1959), promenade nostalgique et littéraire dans un Paris des années 1950.

« J'espère, écrivait en 1948 Émile Henriot dans *Le Monde*, que M. Gérard Bauër écrira un jour ses Mémoires ; nul n'étant mieux fait que lui pour cela, et n'ayant plus le goût de regarder et de comprendre les hommes et les choses de son temps. » Gérard Bauër, membre de l'académie Goncourt, n'écrira pas ses Mémoires et décédera avenue Émile-Deschanel en 1967.

Au 54, Paul Guimard

Il aimait écrire sur ces petits hasards qui mènent les destins, écrire « Au carrefour du boulevard Haussmann, ils n'amorcèrent pas le mouvement qui les eût séparés ». Prix Interallié pour sa *Rue du Havre* (1957), Paul Guimard accédera à la notoriété dix ans plus tard avec son roman le plus connu, *Les Choses de la vie*, vie qu'il faillit perdre en mer, en 1963.

En 1952, il avait épousé Benoîte Groult, écrivaine et amoureuse de la mer comme lui. Sur le tard, elle ne lui fera pas de cadeau en décrivant les petites choses de sa vie dans son *Journal d'Irlande* (posthume, publié par sa fille), journal dans lequel elle relate sa décrépitude, le présente comme un bonnet de nuit timoré, alcoolique, affirmant qu'au lit « ce n'est pas une affaire » et qu'en plus, « il ne fait jamais la vaisselle ».

Au 54, Benoîte Groult

Après avoir épousé Paul Guimard, Benoîte Groult se lance sur la scène littéraire en publiant avec sa sœur Flora *Journal à quatre mains* (1958), roman d'inspiration autobiographique sur la période de l'Occupation, puis *Le Féminin pluriel* (1965) et *Il était deux fois* (1967). Elle s'intéresse à la condition féminine et elle écrit dans *Elle*, en 1968 : « Je me suis aperçue que les femmes étaient absentes de l'Histoire. On ne savait pas à quelle héroïne se vouer. [...] Quels étaient nos modèles féminins ? George Sand, que l'on faisait passer pour une gourgandine, Jeanne d'Arc, une pucelle qui a brûlé très vite, ce n'était pas très emballant. »

Le succès survient à partir de 1972 avec son premier best-seller, *La Part des choses*, puis, en 1975, le non moins best-seller *Ainsi soit-elle*, un des ouvrages fondateurs du féminisme naissant.

Le terme « écrivaine », c'est un peu elle : en 1984 elle préside les travaux de la Commission de terminologie pour la féminisation des noms de métiers fondée par Yvette Roudy, alors ministre des Droits de la femme. « Rien ne changera profondément aussi longtemps que ce sont les femmes elles-mêmes qui fourniront aux hommes leurs troupes d'appoint, aussi longtemps qu'elles seront leurs propres ennemies. »

BRANLY (quai)

À la station Pont-de-l'Alma, sous le musée du quai Branly, de grandes affiches montrent un masque kwele cordiforme, une statue yoruba au visage blanchi...

— Pierre Bergounioux, *Carnets de notes 2016-2020*

Au 11, Mazarine Pingeot

Il avait prévenu : « Pas d'enfant. Ou alors, une fille. » Ce fut Mazarine. Anne Pingeot et sa fille habitaient rue Jacob, trop fréquentée : il fallut trouver un endroit sûr, à l'abri des regards. C'est donc derrière un lourd portail noir, dans cette résidence présidentielle dévolue aux collaborateurs du chef de l'État que logea pendant une dizaine d'années la « seconde famille » du président. Le père étant un grand lecteur, la fille ne pouvait devenir qu'écrivaine. *Premier roman* paraît en 1998, *Ils m'ont dit qui j'étais* en 2003 et *Bouche cousue* en 2005.

BRETEUIL (avenue de)

Je me souviens qu'au « Monopoly », l'avenue de Breteuil est verte, l'avenue Henri-Martin est rouge, et l'avenue Mozart orange.

— Georges Perec, *Je me souviens*, 1978

Au 8 bis, Drieu la Rochelle

En novembre 1935, Drieu signe le bail d'un trois-pièces situé au neuvième étage d'un immeuble neuf près des Invalides, avec vue sur les toits de Paris. Son voyage à Berlin – il est invité à assister au congrès du parti nazi – l'a conforté dans ses nouvelles convictions droitières : l'avenir est à une Europe nationale-socialiste. Devant le spectacle de cent mille personnes qui regardent défiler cinquante mille jeunes gens, il s'est senti « écrasé de beauté ». Sur le plan littéraire, fermement décidé à devenir « un grand écrivain » et non un dandy de la littérature, il travaille sur *Gilles*, qui paraîtra en 1939. À nouveau, le héros est un double de l'auteur : élégant et cynique, brillant et cruel, qui pourfend l'escroquerie intellectuelle de ses amis des années 1920 – Galand-Aragon et Caël-Breton – et fait l'apologie du fascisme. Drieu va glisser petit à petit vers l'extrême droite, prendre la direction d'une *NRF* vidée de ses principaux écrivains, faire le voyage d'octobre 1941 en Allemagne avec Robert Brasillach[20], se compromettre irrémédiablement… Comme Alain Leroy – son fantomatique héros du *Feu follet* –, il se suicidera en mars 1945, après avoir écrit les *Mémoires de Dirk Raspe*, roman inachevé publié à titre posthume en 1966, considéré par certains comme son chef-d'œuvre.

BUENOS-AIRES (rue de)

Pierre reçoit l'épais manuscrit dans son nouvel appartement, au 4, rue de Buenos-Aires, un rez-de-chaussée à deux pas de la tour Eiffel, et le lit d'une traite.

— Jean-Marc Loubier, *Pierre Brasseur. L'éternel milliardaire*, 1997

Au 1, Paul Vialar

D'août 1944 à mars 1945, Paul Vialar et sa compagne Magdeleine résident dans l'appartement que leur prête Robert Denoël. Vialar est déjà un écrivain renommé, Prix Femina en 1939 pour son troisième roman – *La Rose de la mer* – et auteur de *La Grande Meute*, célèbre roman de vénerie et important succès de 1943. Après la guerre, il fera paraître une cinquantaine d'ouvrages dont trois cycles romanesques importants : *La Chasse aux hommes* (dix volumes), *La mort est un commencement* (huit volumes), *Chronique française du XXe siècle* (dix volumes).

Signes particuliers : échoua à cinq reprises aux portes de l'Académie française, offrit un cocker (Isidore) au shah d'Iran et, chasseur émérite, aurait tiré, selon un *Télé 7 jours* de 1961, huit cent mille coups de fusil depuis sa première arme, en 1912, à l'âge de 14 ans.

CASIMIR-PÉRIER (rue)

Son itinéraire lui était tout tracé, par des mois d'habitude. Il marchait tête baissée, en se hâtant. Arrivé rue Casimir-Périer, il avait tourné à droite.

— Jean Martet, *Les Passes de Khaïber*, 1940

Au 9, le poète Charles Guérin

« Ah ! ce bruit affreux de la vie ! / Et que dormir serait meilleur / Dans la terre où le caillou crie / Sous la bêche du fossoyeur ! / Le soleil a toute ma haine ; / Je suis rassasié de voir / Sa lumière quotidienne / Se rire de mon désespoir. »

Guère gai, Guérin, qui meurt d'une tumeur au cerveau, à l'âge de 33 ans, en mars 1907. Il vécut rue Casimir-Périer de 1900 à 1906, mais peu de gens s'en souviennent.

Au 27, Sophie Rostopchine, comtesse de Ségur

« "Hélas ! chère madame, s'écria Mme Fichine, deux de vos belles poires ont disparu !" Camille tressaillit et regarda le poirier, puis ces dames. "Sais-tu ce qu'elles sont devenues, Camille ?" demanda Mme de Fleurville. »

Chère comtesse… Elle enchante ou elle révulse. Après avoir fait huit enfants, elle s'est mise à écrire, en 1856, à 57 ans. Tous ses livres seront publiés chez Hachette, dont elle inaugurera la « Bibliothèque rose ». Chef de clan et femme d'affaires, elle discute pied à pied avec ses éditeurs afin d'être correctement rétribuée, parvenant à une autonomie financière, chose rare à l'époque. En 1872, son veuvage et l'effondrement des ventes de ses livres l'obligent à vendre son cher château des Nouettes et à se retirer à Paris, rue Casimir-Périer. Elle y décède en février 1874.

CHAISE (rue de la)

Mais personne n'en parlait, tout cela se passait sans rafraîchissements, le mari même absent, dans l'obscurité de la rue de la Chaise.

— Marcel Proust, *La Prisonnière*, 1923

Au 1, Louise de Vilmorin

La très mondaine et séduisante poétesse vécut rue de la Chaise durant son enfance et son adolescence, côtoyant très jeune le Tout-Paris de la littérature. Elle commencera avec Saint-Exupéry (éconduit en 1923) et terminera avec André Malraux (liaison orageuse, ils buvaient trop tous les deux) à Verrières-le-Buisson. Celle qui écrivit à Gaston Gallimard « Je méditerai – Tu m'éditeras… » fut éditée par Gallimard pour son premier roman : *Sainte-Unefois* (1934) et pour le dernier : *Le Lutin sauvage* (posthume, 1971).

Au 7, Pierre Barillet

Son nom est indissociable de celui de Jean-Pierre Grédy et il fleure bon les années 1950 avec *Le Don d'Adèle* ou *Le Bon Débarras*. Les deux horlogers du vaudeville perdureront. Dans les années 1970-1980, Pierre Barillet réside rue de la Chaise d'où sortira *Potiche*, immense succès écrit spécialement pour « la Maillan ».

En 2001, après trente ans de boulevard, Pierre Barillet livre ses souvenirs dans *Quatre années sans relâche* (correspondant aux années 1940-1944) parmi lesquels, à l'âge de 17 ans, sa première rencontre avec Jean Cocteau. Où l'on apprend que s'il n'avait pas rencontré Grédy, il serait sans doute devenu le dramaturge du malheur.

Au 7, la mort de Charles-Louis Philippe

Charles-Louis Philippe meurt le mardi 21 décembre 1909, neuf heures du soir, à la maison de santé Velpeau, emporté par une méningite foudroyante. Il a 35 ans. Le père de *Bubu de Montparnasse* et du *Père Perdrix*, trois fois pressenti pour le Goncourt et cofondateur de la *NRF*, laisse le manuscrit d'un roman inachevé : *Charles Blanchard*. À son enterrement, peu de monde, mais du beau monde : Gide, Copeau, Valery Larbaud, Léon-Paul Fargue. Gide écrira : « Il porte en lui de quoi désorienter et surprendre, c'est-à-dire de quoi durer. » Et Alain-Fournier, courriériste littéraire à *Paris-Journal*, suggéra que le pont Louis-Philippe soit dorénavant appelé Charles-Louis-Philippe.

Au 22, Albert Camus

Est-ce l'hôtel Mercure ou l'hôtel Minerve ? Les avis divergent sur l'endroit mais pas sur la date : novembre 1943. Deux mois plus tôt, l'auteur du *Mythe de Sisyphe* et de *L'Étranger* a envoyé les manuscrits de *Caligula* et du *Malentendu* à Gaston Gallimard et lui a demandé de travailler pour lui. Engagé comme secrétaire-lecteur (il partage un bureau avec Jacques Lemarchand), il s'installe rue de la Chaise. Il y restera jusqu'en juin 1944, date à laquelle il loue le studio attenant à l'appartement de Gide, rue Vaneau.

CHANALEILLES
(rue de)

Je ne boirai plus, je te le jure, je n'irai plus jamais au bistrot de la rue Chanaleilles.

— René Réouven, *Histoires secrètes de Sherlock Holmes*, 1993

Au 3, Jean Loisy

La plaque de l'immeuble annonce fièrement : « Ici vécut dans cette maison ou il accomplit son œuvre Jean Loisy écrivain dramaturge et poète de 1935 à 1992. » Pauvre plaque. A-t-on vraiment besoin du « ici » ? Où est passé l'accent sur le « ou » ? Et accomplit-on une œuvre ?

En cherchant bien sur Internet, on trouve bien peu de choses sur Jean Loisy, sinon quelques lignes sur le site Babelio : « Il est l'auteur de plusieurs recueils, dont le plus important, *Poésie brève* (1949), reflète une inspiration bucolique, élégiaque et discursive, tout à fait anachronique. »

Au 4, René Char et Camus

Le 18 avril 1956, Camus avait adressé une lettre à René Char. « Avant de vous connaître, je me passais de la poésie. Rien de ce qui paraissait ne me concernait. Depuis dix ans au contraire, j'ai en moi une place vide, un creux, que je ne remplis qu'en vous lisant, mais alors jusqu'au bord. » Deux mois plus tard, à la demande de sa belle-famille, Camus quitte l'appartement familial de la rue Madame et loue un deux-pièces rue de Chanaleilles, dans l'immeuble où René Char réside lorsqu'il n'est pas à L'Isle-sur-la-Sorgue. Char est au premier étage, Camus au troisième, dans l'appartement qu'il occupera jusqu'à sa mort. Les deux hommes correspondront pendant près de quinze ans et Camus écrira : « Je tiens René Char pour notre plus grand poète vivant et *Fureur et Mystère* pour ce que la poésie française nous a donné de plus surprenant depuis *Les Illumination*s et *Alcools*. »

Char, qui avait fait découvrir à Camus le Luberon et le Ventoux, quittera la rue de Chanaleilles au printemps 1978.

Au 5, Saint-Exupéry et les huissiers

En cette fin d'année 1935, l'auteur de *Courrier Sud* et de *Vol de nuit* connaît – comme c'est souvent le cas compte tenu de son train de vie – des difficultés financières. Pour y remédier, l'écrivain-pilote décide de battre le record de vitesse sur la liaison Paris-Saïgon. L'aventure tourne court, se termine (presque tragiquement) dans le désert de Libye. Un soir de 1936, aux Deux Magots, il se confie à Henri Jeanson : il est fauché, totalement désargenté, tout est parti dans sa tentative de raid et dans les dettes de Consuelo. Il n'a pas payé son terme depuis des mois, il n'ose pas rentrer chez lui de peur de croiser la concierge.

Saint-Exupéry a raison de s'alarmer : son propriétaire, lassé de n'être pas payé, résilie le bail et lui demande de vider l'appartement. Le mobilier est saisi, les huissiers se présentent (alors qu'il est absent), devant une Consuelo incrédule. Elle lui téléphone, il lui répond avec désinvolture que le fisc se contentera des meubles, que ça leur évitera de payer des impôts sur les sommes qu'il a gagnées en Argentine pendant des années. L'argent n'est décidément pas une angoisse pour Saint-Ex : en février 1936, le couple quitte la rue de Chanaleilles et va s'installer à l'hôtel Lutetia. Puis, en avril, au 15, place Vauban, face au dôme des Invalides, dans un luxueux duplex, chacun habitant un étage, pied-à-terre à la (dé)mesure du train de vie de l'écrivain.

Au 5, François-Paul Alibert

Résidant à Carcassonne, ami d'André Gide, Alibert résidait rue de Chanaleilles lorsqu'il venait à Paris et sans doute croisa-t-il Saint-Exupéry dans l'immeuble. Quelques pièces de théâtre, de nombreux recueils de poèmes dans le style néoclassique et des romans érotiques – dont le célèbre *Supplice d'une queue* (1931) mettant en scène un « sexe monstrueux, où toute la gloire de la terre et du ciel s'enroulait », roman traitant de l'homosexualité masculine.

CHARLES-FLOQUET (avenue)

A-t-il croisé Nathalie Baye, avenue Charles-Floquet, quand elle était lectrice pour Hélène Morand ? Il avait les qualités nécessaires pour être un personnage de Drieu la Rochelle, un homme couvert de femmes.

— Éric Neuhoff, *Les Insoumis*, 2009

Au 5, le grand salon de Paul Morand

En 1927, l'écrivain-voyageur épouse la richissime Hélène Chrissoveloni, ex-princesse Soutzo, de neuf ans son aînée, propriétaire (notamment) d'un immense hôtel particulier donnant sur le Champ-de-Mars, doté du fameux salon de dix-huit mètres de long et sept de large qu'évoquera Alain Peyrefitte, son successeur à l'Académie : « Une salle de château de style Tudor, en bordure du Champ-de-Mars. Sous des plafonds presque aussi hauts que la Coupole, une cheminée Renaissance, deux immenses armoires Ming. » Vaniteux, Morand s'amuse à noter les réactions de ses hôtes – Proust, Mauriac ou le milliardaire Boni de Castellane « sidéré par les dimensions de la pièce ».

Pendant la guerre, sans problème de charbon, Morand recevra avenue Charles-Floquet le Tout-Paris nazi. Admiré par les Hussards de l'après-guerre, il poursuit son œuvre de vieux jeune homme pressé avec *Fouquet ou le Soleil offusqué* (1961), écrit des préfaces et correspond avec Chardonne. En 1968, malgré l'hostilité du général de Gaulle et quinze votes blancs ou nuls, il est élu au Quai de Conti. Son *Journal inutile*, achevé en 1976, date de sa mort, ne paraîtra qu'en 2001, l'auteur exigeant qu'il ne soit pas publié avant l'an 2000. « Après ma mort, déclare-t-il, il va y avoir du sport. » La suite lui donnera raison. Quarante-sept ans après sa disparition, il continue de diviser. Certains adulent l'auteur moderniste qui avait su faire jazzer la langue française dans les années 1920, d'autres abhorrent l'antisémite collabo, admirateur de Pierre Laval et ambassadeur du régime de Vichy, qui avait qualifié la Résistance de « prodigieuse comédie ». La parution de sa correspondance plutôt gratinée avec Jacques Chardonne, en 2013, n'a pas adouci les hostilités.

Au 8, James Joyce

Après avoir séjourné, de novembre 1922 à juin 1923, au 26 de l'avenue Charles-Floquet, Joyce y séjourne à nouveau d'octobre 1924 à juin 1926. Après *Ulysse*, publié en anglais par la librairie de Sylvia Beach, rue de l'Odéon, il a publié *Dedalus* (1924), récit kaléidoscopique de ses jeunes années à Dublin, texte que l'on a souvent rapproché de *Mort à crédit* de Céline. Allongé sur son lit ou assis en équilibre instable sur sa valise, la vue déficiente, fumant ses Maryland, il travaille sans relâche sur son *Work in Progress*, corrigeant ses écrits à l'aide d'une loupe.

Au 43, Tristan Bernard

« Vide les baignoires et remplit les lavabos, en huit lettres. » Serait-ce tout ce qui reste de Tristan Bernard qui s'installe avenue Charles-Floquet à la Libération, non loin de l'hôtel particulier de Paul Morand ? Il a 77 ans, il y vivra trois ans. Il laissera derrière lui une quarantaine de pièces (dont beaucoup n'ont qu'un acte), vingt-huit romans, d'innombrables poèmes et, bien sûr, ses fameuses petites phrases comme : « Il ne faut compter que sur soi-même. Et encore, pas beaucoup. »

CHOMEL (rue)

Elle n'est rien, la rue Chomel, rien qu'un biais quelconque entre le boulevard Raspail et la rue de Babylone…

— Ludovic Janvier, *Paris par cœur*, 2016

Au 4 bis, Jacques Laurent

Il écrivit, paraît-il, un roman d'aventures avant d'avoir 10 ans. Mais comment savoir avec cet homme aux multiples visages, qui fut notamment Jacques Laurent, Cécil Saint-Laurent, Albéric Varenne, Laurent Labattut, Gilles Bargy, Roland de Jarnèze, Alain Nazelle, Marc de Saint-Palais, Dupont de Mena, Jean Parquin…

Membre des Hussards, celui que Paul Morand désignait comme « un Rimbaud jeune à la tête de sa génération » se distingua en 1948 par son pamphlet contre Jean-Paul Sartre, comparant le pape de l'existentialisme à… Paul Bourget.

Tout en tentant de dynamiter l'intelligentsia de Saint-Germain-des-Prés avec son copain Blondin, Jacques Laurent a eu une idée de génie : écrire un livre à succès qui lui permettrait d'écrire des livres sans succès. Ainsi naquit *Caroline chérie*, de Cécil Saint-Laurent, saga vendue à des millions d'exemplaires. Mais le calcul s'avéra bien mal fondé : en 1971, Jacques Laurent reçoit le prix Goncourt pour *Les Bêtises*.

COMMAILLE (rue de)

Georges Godefroid prit, à gauche, la calme et aristocratique rue de Commaille. Parvenu au numéro 6, il s'arrêta. C'était là !

— André Bisson, *Le Contrôleur des wagons-lits*, 1920

Au 4, les jardins d'André Gide

En 1883 (jusqu'à 1897), après la rue de Tournon, les Gide s'installent au quatrième étage et, dans *Si le grain ne meurt*, l'écrivain évoque cette rue de son enfance. « La rue de Commaille était une rue nouvelle taillée au travers des jardins qui, dans cette partie de la rue du Bac sur quoi elle donnait, longtemps se dissimulèrent derrière la façade protectrice des hautes maisons. […] Les deux fenêtres du salon, celle de la bibliothèque, celles de la chambre de ma mère et de la mienne ouvraient sur un de ces merveilleux jardins, qui n'était séparé de nous que par la largeur de la rue. Celle-ci n'était bâtie que d'un côté ; un mur bas, face aux maisons, ne gênait que les premiers étages ; nous habitions au quatrième. C'est dans la chambre de ma mère qu'elle et moi nous nous tenions le plus souvent. C'est là que nous prenions notre thé du matin. »

Au 4, Bertrand Poirot-Delpech

« Je me souviens, écrit Georges Perec dans *Je me souviens*, que Poirot-Delpech était chroniqueur judiciaire au *Monde.* » (130e souvenir.)

Bertrand Poirot-Delpech fut bien plus que cela : chroniqueur théâtral, feuilletoniste et romancier, commençant sa carrière en publiant sous le pseudonyme de Bertrand Mézières le « Signe de piste » nº 99 – *Portés disparus* (illustré par Pierre Joubert et préfacé par Alain Bombard, 1957). Deux ans plus tard, il obtenait l'Interallié pour *Le Grand Dadais*, prélude à une trentaine d'ouvrages et une entrée à l'Académie française en 1986.

Au 8, le poète Jules Laforgue

« Lisez Corbière, ne lisez pas Laforgue ! » conseillait André Breton. Il avait tort, sans doute oubliait-il le *Hamlet* de Laforgue s'écriant en enlevant une donzelle : « J'ai de l'infini sur la planche. » Champion du vers libre, tout aussi uruguayen que Lautréamont et Supervielle, dynamiteur de la ponctuation (à en inspirer Céline), l'auteur des *Complaintes* meurt rue de Commaille à l'âge de 37 ans.

CONSTANT-COQUELIN (avenue)

Les deux amis (Rigaut et Soupault), priés à dîner par des relations habitant rue Constant-Coquelin, se trompent d'étage : un couple inconnu leur ouvre. Rigaut présente ses fleurs à la femme, la remercie de les avoir aimablement invités. Les hôtes, perplexes et médusés, ne peuvent que les convier à leur table.

— Michel Sanouillet, *Dada à Paris*, 1980

Au 5, André Josset

Ce médecin passionné de théâtre écrivait notamment durant ses tours de garde à l'hôpital. Deux de ses pièces obtinrent un grand succès, *Elizabeth, la femme sans homme*, pièce traitant de la double personnalité d'Élisabeth d'Angleterre, et *Premier Amour* (1940). Il vécut avenue Constant-Coquelin de 1913 à 1976, date de sa mort.

Au 7, Jules Roy

Au début des années 1950, Jules Roy réside – malice du hasard pour un rapatrié d'Algérie – près du ministère des Colonies. « La fenêtre de ma chambre donnait sur les jardins, puis les travaux avaient commencé : le ministère des Colonies, au moment où nous perdions toutes nos colonies, s'agrandissait[21]. »

« Ce que je cherche ? écrivit-il. Le moyen de ne pas avoir honte de moi. » L'auteur de *La Vallée heureuse* (prix Renaudot 1940, décerné en 1946) fut, comme Saint-Exupéry, un aviateur-écrivain. Et, comme son ami Camus, un écrivain pied-noir édité chez Charlot, le célèbre et éphémère éditeur de la rue Grégoire-de-Tours. Il ne cessera d'écrire sur la guerre (*Retour de l'enfer*, 1951) ou de témoigner (*Le Métier des armes*, 1948). Colonel, il quitte l'armée avec fracas en 1953 pour protester contre les méthodes utilisées durant la guerre d'Indochine. Suivra une période purement littéraire, avec *La Femme infidèle* (1955) et, au théâtre, *Beau Sang* (1952) et *Les Cyclones* (1953).

En 1960, à l'opposé d'une mère prenant parti pour l'Algérie française, il publie *La Guerre d'Algérie*, donnant pour la première fois son véritable nom à « l'opération de police ». Il y exprime la honte pour son pays, soutient les revendications des Algériens. « Il n'y a plus rien, écrit-il, de commun entre vous et moi, capitaine. [...] Et si un jour, dans le collimateur de vos chars ou de vos avions, vous distinguez parmi les ratons en guenilles un grand bâtard de votre race aux cheveux blancs, ce sera moi. » En 1966, il entreprend une fiction en six volumes, *Les Chevaux du soleil* (1967-1975), histoire de sa famille et réhabilitation de la geste française en Algérie.

Jules Roy quittera Paris pour s'installer à Vézelay, en 1978, tout en gardant un pied-à-terre parisien boulevard Saint-Michel.

Au 10, Irène Némirovsky

Irène Némirovsky et son mari Michel Epstein s'installent avenue Constant-Coquelin en 1935. « Ses tenues élégantes et son appartement du sixième étage de l'avenue Constant-Coquelin, ainsi que la nourrice française pour les enfants, une bonne et un cuisinier, lui donnaient l'apparence d'une vraie Parisienne dont le train de vie était largement financé par ce que lui rapportait sa plume[22]. » Caviar, champagne, cristaux, réceptions, le couple vit « à la russe ». Dès le début des années 1920, à l'âge de 18 ans, la jeune exilée russo-juive a publié contes et nouvelles dans différentes revues, puis un premier roman : *Le Malentendu* (1923). Son quatrième roman, *David Golder*, peinture sans concession du monde de l'argent qu'elle côtoie depuis son enfance, lui apporte succès et notoriété : un « nouveau Père Goriot », proclame Grasset, son éditeur. Devant ce *Bonjour tristesse* des Années folles, le Tout-Paris littéraire applaudit, de Paul Morand à André Gide. Suivra une quinzaine d'ouvrages où s'exerce son talent en matière de réalisme social et psychologique. Sa conversion au catholicisme en 1939 ne la protégera pas de son statut juif : elle sera déportée et décédera à Auschwitz. Elle laissa aux bons soins de ses enfants un manuscrit qu'elle considérait comme son chef-d'œuvre : ce sera *Suite française*, prix Renaudot 2004, un succès mondial.

COURTY (rue de)

L'hôtel de Montfort était situé non loin du palais Bourbon et presque à l'encoignure de la petite rue de Courty...
— Paul Féval, *Le Chevalier Ténèbre*, 1860

Au 8, Jean Lorrain

En 1887, Jean Lorrain quitte le 18, rue Duperré et s'installe rue de Courty, dans ce qu'il qualifie de bouge dans ses *Contes d'un buveur d'éther* (1895). « L'enfilanthrope » qui a comme devise *Mon mal m'enchante, mon sang m'enivre* est un familier des salons et des bas-fonds. Corseté et drogué, explorateur du vice, ce très talentueux chroniqueur-écrivain arrose le paysage littéraire d'articles au vitriol, tout particulièrement sur Robert de Montesquiou et sur Marcel Proust, avec lequel il se battra en duel en 1897, pour avoir éreinté *Les Plaisirs et les Jours.*

Paul Morand, dans sa préface de *Femmes de 1900* (1932), en brosse un portrait admiratif : « Mais quel écrivain ! Avec peu d'idées et d'intelligence, il a le goût le plus sûr, l'œil le plus fin. Il ne comprend presque rien, mais il sent et devine tout. [...] Nous avons une dette envers Jean Lorrain, précieux agent de liaison entre le XVIIIe siècle et notre temps. Et nous devons aimer l'homme pour sa méchanceté tendre et l'absurde naïveté de sa vie. »

Au 8, Marcel Achard et ses lunettes pour batracien

Voulez-vous jouer avec moâ ? C'est avec Dullin, en 1923. *Jean de la lune* ? C'est avec Jouvet, en 1929. *Patate* ? C'est avec Pierre Dux en 1957. La dernière, *La Débauche*, sera mise en scène par Jean Le Poulain, en 1973. Il avait commencé comme souffleur au Vieux-Colombier, oubliant de souffler quand les jambes féminines se faisaient trop présentes. Chez Achard, pendant cinquante ans, tendresse et poésie seront au rendez-vous. Il se plaisait à donner à certaines de ses pièces des titres de chansons, pour en souligner la légèreté et le bonheur de vivre. Dans son salon-bureau décoré d'un Matisse, il adorait recevoir les journalistes vêtu de sa robe de chambre de cachemire jaune moutarde et de son écharpe de soie blanche à ramages. Au tournant des années 1950-1960, certes, les Ionesco/Beckett/Adamov/Audiberti firent vieillir son théâtre. Mais le charme perdure. Installé rue de Courty en 1939, Achard y meurt en 1974.

DUQUESNE (avenue)

Un matin j'étais descendu acheter mon pain à la boulangerie située au rez-de-chaussée de l'immeuble dont j'occupais maintenant une chambre de bonne, avenue Duquesne. C'était un dimanche d'été.
— André Billy, *Le Narthex*, 1950

Au 20, René Barjavel

Quand il n'est pas à Tarendol ou à Nyons, Barjavel réside avenue Duquesne.

Interrogé en 1977 par FR 3 sur son métier, l'ancien chef de fabrication de Denoël confie : « Je suis écrivain, et j'ai l'âge de la retraite. Mais la retraite n'existe pas pour un écrivain. Même pas le repos ; quand on pose le stylo, ça continue à tourner là-dedans. On ne s'arrête vraiment que quand on dort, et encore, ce n'est pas toujours vrai… »

Chroniqueur au *Journal du dimanche*, l'auteur de *Ravage* et du *Voyageur imprudent* s'illustre en 1980, à la mort de Sartre : « Je n'aimais pas Sartre, d'abord à cause de son physique. Je ne croyais, et je ne crois toujours pas, qu'un homme affligé d'un strabisme tel que le sien puisse avoir une claire vision du monde. Même en fermant les yeux. »

L'écrivain, qui publia son premier roman en 1942, continuera à « tourner dans sa tête » : *La Peau de César*, son dernier roman, paraît en 1985, année de sa mort.

Au 37, Philippe Soupault

Début 1922, la scission chez Dada fait exploser les amitiés, Tzara se faisant traiter « d'imposteur avide de réclame ». Pour les futurs surréalistes, le bateau tangue. Aragon fait bande à part, Breton joue double jeu avec Picabia. Quittant le quai de Bourbon, Soupault s'installe avenue Duquesne et accepte d'y domicilier leur revue *Littérature*. Il en abritera trois numéros. Pas plus. La brouille entre Soupault et Breton va intervenir en avril, sur fond de divergence dadaïste. « Lâchez tout, lâchez Dada. […] Partez sur les routes », écrit Breton. Soupault va lâcher Breton et partir avec sa compagne au Portugal.

DUROC (rue)

Il adorait le couloir qui conduisait à l'escalier secret pour s'évader par la cour de la rue Duroc, en cas de visiteurs non souhaités.

— Bernard Morlino, *Parce que c'était lui*, 2015

Au 2, Radiguet chez le comte Étienne de Beaumont

Dans les années 1920, l'hôtel de Masseran du comte de Beaumont fut l'une des adresses les plus courues de Paris, notamment pour ses bals costumés. Un grand jardin, un immense salon où l'on rencontre Lucien Daudet, Maurice Sachs, la jeunesse surréaliste (et en particulier René Crevel), Cocteau et Radiguet, qui s'inspire des lieux pour camper le décor de son *Bal du comte d'Orgel*. Édouard Bourdet célébra les lieux dans sa pièce *La Fleur des pois*, s'attirant les quolibets de Julien Green dans son journal : « Il faut être le gros homme un peu commun qu'est Bourdet pour croire que le salon d'Étienne de Beaumont représente la fleur des pois. Le gratin, le vrai gratin, meurt d'ennui (et de stupidité) au fond de ses châteaux ou de ses hôtels particuliers du 6e arrondissement, où Bourdet n'a sans doute jamais mis les pieds. »

EDMOND-VALENTIN (rue)

Rue Edmond-Valentin ; sur le trottoir des gens habillés de noir se pressaient de part et d'autre d'une porte en bois vernie drapée de noir avec en écusson une lettre B, battaient la semelle.
— Michel Vinaver, *L'Objecteur*, 1951

Au 7, James Joyce

En 1935 et jusqu'en 1939, les Joyce résident au cinquième étage du 7, rue Edmond-Valentin. L'auteur d'*Ulysse* y achève *Finnegans Wake* qui paraîtra en 1939, année de son nouveau déménagement vers la rue des Vignes. Certains diront qu'avec *Finnegans Wake*, la lecture de Joyce se fait de plus en plus ardue : « Alors, nat par nuit par nulte par nue, dans ces jours passés, tandis que les kindergardiens s'occupaient de leur lit jumeau, là alors ils se tenaient, les sycomores, tous les quatre, avec ce paillollogasse du vieux temps » (traduction, bien sûr, mais l'anglais doit être tout aussi touffu). D'autres, par contre, estimeront qu'« un livre comme *Finnegans Wake* épuise, sinon pour des siècles du moins pour longtemps, les formes d'imagination, de langage, d'audaces, d'une société[23] ».

Au 7, Ricardo Güiraldes

Après l'échec de son premier roman (*Raucho*, 1917) et ses déboires poétiques avec la critique argentine (sa poésie s'inspire de Jules Laforgue ou de Corbière), cet aristocrate dandy soucieux des classes défavorisées et particulièrement des gauchos s'installe en France et commence l'écriture de *Don Segundo Sombra*, son roman le plus célèbre, paru en 1926. Ode à la liberté et récit d'une initiation à l'univers de la pampa, l'ouvrage sera salué par Valery Larbaud, Jules Supervielle et Jorge Luis Borges.

ÉLISÉE-RECLUS (avenue)

Ses funérailles, le 4 juin, avaient rassemblé une foule immense sur tout le trajet de l'avenue Élysée-Reclus au cimetière Montmartre. Le convoi comportait trois chars de fleurs et était suivi par de très nombreuses personnalités.
— Louis-Ferdinand Céline, *Féerie pour une autre fois*, 1952

Au 18, Sacha Guitry

« Pourquoi apprendre ce qui est dans les livres, puisque c'est dans les livres ? » Oui, c'est bien « Lui », bienvenue chez Sacha Guitry, dans l'hôtel particulier hérité de son père en 1925 doté de trois façades donnant sur l'avenue Élisée-Reclus, l'avenue Émile-Pouvillon et le parc du Champ-de-Mars. Dans cet antre somptueux, il produira ses plus belles pièces et y organisera les répétitions. Celui qui fut renvoyé de onze lycées et n'obtiendra pas le moindre diplôme écrira *Le Page* à 17 ans (en 1902), première des cent vingt-quatre pièces de théâtre que comporte son œuvre. À la mort de Lucien Guitry, en 1925, des voix (dont la sienne) s'élevèrent pour faire ériger une statue en mémoire du « Sarah Bernhardt masculin ». Devant le refus de la municipalité, il commande une statue à Paul Röthlisberger, l'installe dans un coin du jardin, puis déplace la grille de la propriété pour qu'elle soit derrière la statue : existe désormais dans la capitale une statue de son père.

Après son élection à l'académie Goncourt, en 1939, Guitry va passer quatre années très « occupées », ses pièces étant jouées en permanence. Ses imprudences (« j'ai été inconscient mais je n'ai jamais manqué de conscience ») et les calomnies dont il fait l'objet entraînent son arrestation au matin du 23 août 1944. « Mon pyjama se compose d'un pantalon jaune citron, écrira-t-il, et d'une chemise à larges fleurs multicolores. Je suis coiffé d'un panama exorbitant, et quant à mes pieds, qui sont nus, ils sont chaussés de mules de crocodile vert jade. » Le dramaturge et réalisateur le plus célèbre de France va passer deux mois en prison, en sortira blanchi mais meurtri. Il résidera avenue Élisée-Reclus jusqu'en 1957. L'hôtel particulier sera démoli au début des années 1960.

GASTON-GALLIMARD (rue)

Nous déjeunions ensemble, souvent à L'Espérance, une brasserie au coin de la rue de l'Université et de l'ancienne rue Sébastien-Bottin, devenue depuis rue Gaston-Gallimard.

— Patricia Boyer de Latour, préface à Dominique Rolin, *Plaisirs/Messages secrets*, 2019

Au 5, les Éditions Gallimard

Les Éditions de *La Nouvelle Revue française* – le « comptoir », comme dit Gide – publient leur premier ouvrage en 1911 : *L'Otage*, de Paul Claudel. Un siècle plus tard, la petite société en participation créée par André Gide, Jean Schlumberger et Gaston Gallimard aura publié près de vingt mille titres.

Avant de perdurer rue Sébastien-Bottin, les futures Éditions Gallimard ont déambulé sur la rive gauche : 35-37, rue Madame, 3, rue de Grenelle, 43, rue de Beaune, adresse appelée à devenir le 5, rue Sébastien-Bottin, puis 5, rue Gaston-Gallimard, en 2001.

Après la guerre, Gaston Gallimard fait l'acquisition, au 17, rue de l'Université, du luxueux hôtel Bochart de Saron, quasi mitoyen, qui offre la particularité de communiquer avec l'immeuble de la *NRF* ; puis il achète l'immeuble abritant le fameux Bottin, obligeant les architectes à ouvrir des communications et à recréer des niveaux… ce qui explique l'incroyable complexité des lieux. « J'y ai vécu comme dans une cour de récré, se rappelle Jean Dutourd. Mon voisin de bureau, c'était Camus. Quand des jolies filles débarquaient, c'était pour lui. Ou bien elles allaient rendre visite à Nimier, parfois en passant par la fenêtre puisque son réduit était au rez-de-chaussée. […] Je m'entendais bien aussi avec Queneau. Il écrivait *Zazie*, moi, *Au bon beurre*. C'est lui qui m'avait expliqué qu'à la Libération, quand le papier toilette manquait, les secrétaires arrachaient les feuilles des manuscrits de Saint-John Perse et les accrochaient à un clou dans les W.-C[24]. » Lorsque Francis Bouygues, autour de 1990, envisagea d'acheter Gallimard, la légende soutient qu'en jaugeant les bâtiments, le roi du béton ait murmuré : « Et en plus, ils ont un joli portefeuille d'auteurs. »

GRENELLE (rue de)

La rue de Grenelle est également présente dans le 6e arrondissement.

Oh ! mon Dieu, oui, dans l'intention de venir droit ici, quand, au coin de la rue de Grenelle, j'aperçois un homme qui ressemble à La Mole.

— Alexandre Dumas, *La Reine Margot*, 1845

Au 11, Proust refusé aux éditions Fasquelle

En 1912, Eugène Fasquelle reçoit le manuscrit de *Du côté de chez Swann*, premier volume de la *Recherche*. La fiche de lecture de Jacques Normand (connu aussi sous le pseudonyme de Jacques Madeleine) n'est pas encourageante : « Au bout de sept cent douze pages […], après d'infinies désolations d'être noyé dans d'insondables développements et de crispantes impatiences de ne pouvoir jamais remonter à la surface, on n'a aucune, aucune notion de ce dont il s'agit. Qu'est-ce que tout cela vient faire ? Qu'est-ce que tout cela signifie ? Où tout cela veut-il mener ? Impossible d'en rien savoir ! Impossible d'en pouvoir rien dire ! […] On peut mettre en fait qu'il ne se trouvera pas un lecteur assez robuste pour suivre un quart d'heure, d'autant que l'auteur n'y aide pas par le caractère de sa phrase – qui fuit de partout. »

Cela étant, Jacques Madeleine s'interroge plus sur le potentiel commercial de l'ouvrage que sur sa qualité littéraire, qu'il reconnaît : « Dans l'ensemble, et même dans chaque ensemble, il est impossible de ne pas constater ici un cas intellectuel extraordinaire. » Refusé, donc. Et place à Grasset, qui éditera Proust à compte d'auteur.

Eugène Fasquelle a-t-il plus tard regretté ce refus ? On lui prête cet avis définitif : « La pire chose qui puisse m'arriver, c'est d'avoir le prix Goncourt. Assortiment, tirage, trop de complications. » Proust obtiendra le Goncourt (chez Gallimard) en 1919.

Eugène Fasquelle décéda en 1952 et son fils Charles lui succéda, laissant lui-même la place en 1954 à son fils Jean-Claude, alors âgé de 24 ans. Cinq ans plus tard, les éditions Fasquelle fusionneront avec les éditions Grasset. Jean-Claude Fasquelle va piloter l'ensemble, et la fameuse couverture jaune va sérieusement concurrencer le rouge et blanc de Gallimard.

Au 15, la Centrale surréaliste

« Au 15 de la rue de Grenelle, écrit Louis Aragon dans *Une vague de rêves*, nous avons ouvert une romanesque auberge pour idées inclassables et révoltes poursuivies. » Au début du mois d'octobre 1924, le mouvement lancé par André Breton s'organise autour de la revue *La Révolution surréaliste*, revue dirigée par Pierre Naville et Benjamin Péret qui s'installe dans un local de l'hôtel de Bérulle, propriété du père de Naville.

La « Centrale » a pour vocation de « recueillir par tous les moyens appropriés les communications relatives aux diverses formes qu'est susceptible de prendre l'activité inconsciente de l'esprit ». Vers la fin de 1924, le malaise s'installe. Breton est déçu : trop de bureau, pas assez de recherches. Le 23 janvier 1925, après une réunion au café Certà, il en confie la direction à Antonin Artaud puis, une semaine plus tard, décide de la fermer au public. Le Bureau disparaîtra définitivement avec la parution du troisième numéro de *La Révolution surréaliste*.

Une célèbre photo de Man Ray illustre la Centrale : on y reconnaît Jacques Baron, Raymond Queneau, André Breton, Jacques-André Boiffard, Giorgio De Chirico, Roger Vitrac, Paul Éluard, Philippe Soupault, Robert Desnos, Louis Aragon, Pierre Naville, Simone Collinet-Breton, Max Morise, Marie-Louise Soupault.

Au 36, Henry Gréville au féminin

Alice Marie Céleste Fleury naquit en octobre 1842 au 36, rue de Grenelle. Elle deviendra à partir de 1872 un auteur reconnu sous le pseudonyme d'Henry Gréville et publiera une soixantaine de romans, dont *Zoby*, le plus connu, publié en 1900.

Au 43, François de Curel

« Carrière exceptionnelle, écrit la *Revue des Deux Mondes* en 1918, œuvre singulière, personnage énigmatique. Des échecs retentissants qui n'ont pas desservi sa renommée ; des pièces fameuses et passionnément discutées ; des succès qui ne furent pas des triomphes, mais qui, moins bruyants et moins populaires, apparaissent d'une qualité plus rare et plus solide. Un homme de vieille race, ingénieur et poète, à qui rien de moderne ne demeure étranger et qui, dans une âme d'aujourd'hui, garde la nostalgie du passé. »

Un bien grand hommage pour la publication de deux romans, *L'Été des fruits secs* (1885) et *Le Sauvetage du grand-duc* (1889), romans qui seront suivis par une douzaine de pièces de théâtre « à thèse ». Élu en 1918 à l'Académie française, François de Curel décède à son domicile, au 5, rue de Solférino, dix ans plus tard.

Au 58, Népomucène Lemercier

Après avoir habité 5, rue Garancière[25] (dans les années 1820), puis 43 bis, rue de Lille (en 1833), Lemercier s'installe au 58, rue de Grenelle. La plupart des œuvres de cet académicien couvert de gloire sous le Directoire et l'Empire sont aujourd'hui jugées illisibles, voire parfois ridicules comme *Les Martyrs de Souli*, tragédie dans laquelle un de ses personnages s'exprime en créole. Avec l'arrivée du romantisme, Lemercier apparaît totalement démodé. S'opposant violemment à ce mouvement novateur, il déclare à maintes reprises : « Moi vivant, M. Hugo ne sera jamais de l'Académie. » L'histoire lui donnera raison : Hugo lui succédera au fauteuil 14.

Au 59, Alfred de Musset

Quittant la rue Cassette en 1824, la famille Musset s'installe rue de Grenelle, premier étage au fond de la cour. Alfred a 14 ans, il y résidera jusqu'en 1839. Le jeune homme effectue de brillantes études au lycée Henri IV, obtient le second prix de dissertation au concours général. À 18 ans, il traduit en un mois un petit récit de Thomas de Quincey – *L'Anglais mangeur d'opium* – en agrémentant l'ouvrage de quelques considérations personnelles. « Personne ne prit garde à cette publication sans nom d'auteur ; elle disparut dans un flot de nouveautés littéraires, comme une goutte de pluie dans la mer[26]. » Sa première œuvre signée sera les *Contes d'Espagne et d'Italie*, parus en 1829. Et, écrit son frère Paul, « bien rarement si petite quantité de papier fit autant de bruit ».

Menant une vie de désœuvré, Musset fréquente les cafés, consomme d'étonnants mélanges : absinthe, bière anglaise, jaune d'œuf et cognac. La jeune Aimée d'Alton, folle amoureuse, va tenter de l'arracher à son oisiveté pour le faire revenir à la poésie. Il faut croire qu'elle lui plut, car, dans ses lettres, il l'appela « ma bien-aimée, mon amie, mon amante, Poupette, ma Blanche belle, ma nymphette, ma belle Mimouche, ma chère âme, chère belle, mon bel amour, ma blanche beauté, mon bel et adoré amour, mon bel ange bien-aimé, ma belle enfant, mon cher cœur, ma chère blanche, ma chère et blanche blonde[27] ».

C'est rue de Grenelle que George Sand vient le « ravir » à sa famille (fin 1833). Ils passent quelques mois à Paris, échangent textes, dessins et idées, puis partent pour Venise et s'installent à l'hôtel Danieli, havre de leurs dérives : Musset passe ses nuits au bordel et contracte une fièvre cérébrale, Sand entame une liaison avec le jeune médecin de Musset, Pagello. De cette tumultueuse et courte (deux ans) liaison naîtra un poème larmoyant, *Souvenir* : « Ah ! laissez-les couler, elles me sont bien chères, / Ces larmes que soulève un cœur encor blessé ! / Ne les essuyez pas, laissez sur mes paupières / Ce voile du passé ! »

Sand, pour sa part, après la mort, en 1857, de son ancien amant, se souviendra de cette folle passion dans *Histoire de ma vie* et dans *Elle et Lui*.

« Pauvre Musset, écrira Alexandre Dumas, je crois qu'au fond, il a été une des âmes les plus désolées de notre époque. »

Au 59, Henri Michaux à la Fontaine des Quatre Saisons

Dans les années 1950, Pierre Prévert, directeur de la Fontaine des Quatre Saisons, reprend le *Dîner de têtes*, première œuvre de son frère publiée en 1931 (et qui faillit conduire son auteur au tribunal correctionnel), et programme dans le même spectacle le génial marionnettiste Georges Lafaye qui n'hésite pas à mimer *Le Grand Combat* d'Henri Michaux : « Il l'emparouille et l'endosque contre terre ; / Il le rague et le roupète jusqu'à son drâle ; / Il le pratèle et le libucque et lui barufle les ouillais ; Il le tocarde et le marmine, / Le manage rape à ri et ripe à ra. / Enfin il l'écorcobalisse. »

Au 61, Julien Gracq

Son *Château d'Argol*, édité par Corti en 1938, n'avait pas atteint cent cinquante exemplaires en un an. *Le Rivage des Syrtes* va lui apporter la consécration dans les années 1950. Professeur de géographie au lycée Claude-Bernard, il entreprend un ouvrage à contre-courant de l'existentialisme ambiant, ouvrage un rien crépusculaire dans lequel la principauté d'Orsenna va donner une idée patronymique à un certain Éric Arnoult.

Installé rue de Grenelle, non loin de son ami Pompidou côtoyé à Normale sup', l'écrivain restera pour beaucoup « celui qui a refusé le prix Goncourt[28] ». Il refusera de la même façon toutes les invitations de Bernard Pivot à *Apostrophes*, fustigeant les « petits jeux littéraires », considérant que la télévision ne parle que de l'homme et non de l'œuvre. Après *Le Rivage*, Gracq publiera deux nouveaux récits, *Un balcon en forêt* (1958) et *La Presqu'île* (1970), avant d'abandonner l'écriture de fiction.

Retiré dans son Anjou natal au début des années 1970, Gracq se consacre à ses « fragments / notes » qui composent notamment *Lettrines II* (1974), *En lisant en écrivant* (1980) ou *La Forme d'une ville* (1985). Il sera – rare honneur – édité de son vivant dans la « Pléiade ». Gracq avait la dent dure pour certains de ses confrères. *Cent ans de solitude* ? « Ce serait peut-être amusant à écouter sur une place de Marrakech. » *La Barbarie à visage humain* ? « Étrange borborygme historico-philosophique. » « En littérature, écrit-il en 2000, je n'ai plus de confrères. Dans l'espace d'un demi-siècle, les us et coutumes neufs de la corporation m'ont laissé en arrière un à un au fil des années. J'ignore non seulement l'ordinateur, le CD-Rom et le traitement de texte, mais même la machine à écrire, le livre de poche, et, d'une façon générale, les voies et moyens de promotion modernes qui font prospérer les ouvrages de belles-lettres. » Julien Gracq décède en 2007.

Au 71, Louis Bouilhet

Considéré aujourd'hui comme une ombre de Flaubert (ils se ressemblaient étrangement), il était, dans les années 1850, un écrivain plus connu que son ami. En octobre 1853, attiré par le théâtre, il quitte Rouen et s'installe rue de Grenelle-Saint-Germain pour tenter de faire jouer un drame en cinq actes et en vers, *Madame de Montarcy*. Sa pièce sera représentée à l'Odéon en 1856, un triomphe avec soixante-dix-huit représentations.

Il fut l'ami et le soutien de Flaubert, lui soufflant l'idée de s'inspirer du fait divers de Delphine Delamare pour créer *Madame Bovary*, participant à toutes les lectures dans le « gueuloir » de Croisset. Parmi son œuvre poétique : *Festons et Astragales* (1859), *Les Fossiles* (1854). Et, parmi son théâtre, quelques succès : *Hélène Peyron* (1858), *Faustine* (1864), *La Conjuration d'Amboise* (1866). Las de Paris, il s'installera à Mantes en 1857, décédera en 1869, provoquant le désespoir de Flaubert qui envisage de quitter la plume. « À quoi bon ? écrit-il à George Sand. Je n'écrivais que pour lui. »

Maupassant, autre ami, salue sa mémoire : « Et puis le voilà mort et parti pour jamais / Vers ce monde éternel où le génie aspire. / Mais de là-haut, sans doute, il nous voit et peut lire / Ce que j'avais au cœur et combien je l'aimais. »

Au 81, Françoise Sagan n'a pas 20 ans

Dans le *Paris Match* du 6 février 1956, on peut lire un article sur la nouvelle demeure de l'écrivaine dans laquelle elle réside avec son frère Jacques : « L'appartement de l'hôtel particulier de la rue de Grenelle est encore vide. Elle y a installé sa machine à écrire portative, sur laquelle elle tape "très vite, dit-elle, pour savoir la fin". Avec *Bonjour tristesse*, la jeune fille de dix-huit ans a séduit et scandalisé la France ; elle a aussi emporté le plus grand succès de librairie de l'après-guerre. Avec son deuxième roman, elle prouve qu'elle est écrivain, un métier qui ne s'accorde pas encore au féminin. Son premier livre est déjà traduit en dix-neuf langues. Le prochain, dédié à Florence Malraux, doit s'appeler *Un certain sourire*. En exergue, cette phrase de Roger Vailland : "L'amour, c'est ce qui se passe entre deux personnes qui s'aiment." Françoise a vingt et un ans, elle conduit une Jaguar décapotable à 180 km/h et écoute de la musique sur son électrophone. Albinoni et Armstrong. »

Trente ans plus tard, sollicitée par Jérôme Garcin pour figurer dans son *Dictionnaire des écrivains contemporains de langue française par eux-mêmes*, Françoise Sagan imagine son épitaphe : « Sa disparition, après une vie et une œuvre également agréables et bâclées, ne fut un scandale que pour elle-même. »

Au 81, le très *English* Daninos

En 1954, l'année de parution de *Bonjour tristesse*, l'autre grand succès de l'année se nomme *Les Carnets du major Thompson*, qui vont se vendre à plus de deux millions d'exemplaires. Daninos, qui demeure dans le même immeuble que Sagan, réitérera son succès avec *Un certain Monsieur Blot* (1960), apologie du « Français moyen ».

Sept ans plus tard, sa limousine (anglaise, *of course*) est percutée par un général qui roule à contresens sur l'autoroute. Humour anglais : le général meurt et Daninos, après un long coma, décrit « la plus belle mort de sa vie » dans un livre, *Le Pyjama* (1972).

Au 96, Charles Vildrac

Poète et dramaturge, Charles Vildrac réside rue de Grenelle durant la guerre. En 1943, il a publié sous le pseudonyme de Robert Barade dans *L'Honneur des poètes*, recueil collectif, aux côtés notamment de Louis Aragon et de Paul Éluard.

Poète chaleureux, Vildrac fut par ailleurs un dramaturge intimiste, antilyrique, proche « des gens », produisant un théâtre qui n'est, selon Maurice Genevoix, qu'un prolongement de sa poésie. Auteur du célèbre *Paquebot Tenacity* (1920), il signa également une pièce très remarquée, *La Brouille* (1930).

Au 102, les dernières lueurs de Saint-Simon

Le 20 février 1750, Saint-Simon s'installe avec sa fille Charlotte, princesse de Chimay, dans ce qui sera plus tard l'hôtel de Maillebois. Ses *Mémoires* sont terminés, il laisse un manuscrit d'environ trois mille pages couvrant trente années d'observation et contenant près de deux mille portraits. Avec son œuvre, le duc de Saint-Simon tient sa revanche sur ceux qui lui barrèrent le chemin à la cour. S'il fit le portrait des autres, Saint-Simon se garda de faire le sien. « Ce qui n'appartenait qu'à lui, il l'a tu[29]. » Il meurt rue de Grenelle en 1755.

Sur l'ordre du duc de Choiseul, le manuscrit fut saisi en 1760 et des extraits circulèrent sous le manteau. Le nom de l'auteur, auquel on ajouta le qualificatif d'« observateur véridique », n'apparut qu'en 1788. Il fallut attendre la Restauration pour que la première édition complète voie le jour.

Au 102, Germaine de Staël

En 1796, Germaine de Staël a publié *De l'influence des passions sur le bonheur des individus et des nations*. Femme de lettres, c'est également à l'âge de 30 ans une femme de pouvoir. Avec son mari, le baron de Staël-Holstein, ambassadeur de Suède, elle s'installe en 1798 dans un nouvel hôtel moins coûteux que celui de la rue du Bac, là même où vécut Saint-Simon. Deux ans plus tard, déçue par Bonaparte, elle publie *De la littérature considérée dans ses rapports avec les institutions sociales*, ultimatum adressé au futur empereur. « Napoléon, écrit Ghislain de Diesbach, c'était un amour déçu. Elle estimait qu'elle était la femme la plus intelligente de France, ce qui était vrai, et que le plus grand homme de France devait quand même suivre ses conseils, ou du moins la consulter. » Elle sera alors interdite de séjour à Paris, en octobre 1803.

Au 129, Desnos, Zazie et Fantômas

Du Dôme des Invalides / On volait l'or chaque nuit. / Qui c'était ? mais c'était lui, / L'auteur de ce plan cupide. / User aussi mal son temps / Quand on est intelligent !

— Robert Desnos, *Complainte de Fantômas*, 1930

Raymond Queneau adorait Desnos, qu'il avait fréquenté de près lors de sa période surréaliste de 1924. Est-ce pour un discret hommage à la *Complainte* qu'il propose à Zazie d'aller visiter les Invalides ?

« Zazie, déclare Gabriel en prenant un air majestueux trouvé sans peine dans son répertoire, si ça te plaît de voir vraiment les Invalides et le tombeau véritable du vrai Napoléon, je t'y conduirai.
— Napoléon mon cul, réplique Zazie. Il m'intéresse pas du tout, cet enflé, avec son chapeau à la con.
— Qu'est-ce qui t'intéresse alors ?
Zazie ne répond pas.
— Oui, dit Charles avec une gentillesse inattendue, qu'est-ce qui t'intéresse ?
— Le métro[30]. »

Au 134, les policiers d'Edgar Faure

« Edgar Faure (1908-1988) de 1979 à 1988 », annonce la plaque du 134. Ce n'est pas le ministre (treize fois), le président du Conseil (deux fois), le député, le sénateur, l'académicien ou le locataire des lieux qu'il faut saluer ici mais l'auteur de *Monsieur Langois n'est pas toujours égal à lui-même*, l'un des quatre romans policiers publiés par Edgar Faure sous le pseudo d'Edgar Sanday (sans D).

Au 138-140, Jean-Baptiste Louvet de Couvray

Après avoir résidé au 13, quai Voltaire, Jean-Baptiste Louvet de Couvray meurt de tuberculose à son domicile de la rue de Grenelle, en 1797, à l'âge de 37 ans, sans pouvoir profiter du succès de son épopée romanesque en quatre volumes : *Les Amours du chevalier de Faublas*.

Quarante ans plus tard, la *Revue des romans* n'est pas tendre avec Louvet : « Le roman de Faublas est un de ces livres ingénieux que les moralistes blâment d'autant plus sévèrement, qu'exempts d'obscénités, et lus dès lors par un grand nombre de personnes, ils altèrent essentiellement la rectitude des principes moraux, en favorisant cette mollesse frivole dont on se préserve difficilement au milieu d'une civilisation avancée. »

Gallimard, en 1996, sera plus laudatif sur sa quatrième de couverture : « C'est à la fois un grand roman d'aventures, un roman d'amour, un roman libertin. Écrit dans un style aussi vif que celui de Dumas, mais avec toute l'élégance du XVIIIe siècle, pétillant de gaieté, de jeunesse et d'esprit, ce livre presque oublié procure un bonheur constant de lecture. »

Au 146, Lise Deharme

En 1924, Lise Anne-Marie Hirtz fait la connaissance des surréalistes en se rendant à la Centrale, rue de Grenelle, et accepte de laisser un de ses gants (bleu ciel) à André Breton. Lequel, dans *Nadja*, fait apparaître la jeune femme sous le nom de Lise Meyer.

En 1927, la poétesse épouse Paul Deharme, responsable de la publicité de Radio Paris, radio sur laquelle s'illustrera Robert Desnos avec ses messages publicitaires pour la Marie-Rose (« la mort parfumée des poux ») ou le vermifuge Lune. Amie de Cocteau (le parrain de son fils Tristan), elle fut une grande animatrice littéraire de l'entre-deux-guerres, recevant le Tout-Paris dans sa maison de Saint-Brice.

Lise Deharme signera une quinzaine de romans et récits aux frontières du rêve et de l'érotisme. Et laissera un journal : *Les Années perdues. Journal (1939-1949)*, paru en 1962. Extrait, décembre 1939 : « Hier, par un froid noir, j'ai rencontré rue de Bellechasse madame Colette, pieds nus dans des sandales, une rose à la main. Ses pieds étaient très propres. » Ou : « Picasso est rentré de Royan, à Paris. Toujours avec Dora Maar, malgré son nom. »

Au 192, James Joyce

James Joyce et sa famille vécurent au 2, square Robiac (192, rue de Grenelle) entre juin 1925 et le 30 avril 1931. Joyce aime la rue de Grenelle, longue et sinueuse, parsemée de petites boutiques, de cordonniers, de bistrots, de restaurants bon marché. Il vient de publier *Ulysse* et s'attire les bonnes grâces de la terrible Gertrude Stein. « Joyce a du bon, déclare-t-elle. C'est un bon écrivain. Les gens l'aiment parce qu'il est incompréhensible et chacun y trouve quelque chose à comprendre. »

INVALIDES (boulevard des)

En bas, sur le boulevard des Invalides, des enfants jouaient, et leurs rires aigus montaient, adoucis et caressants.

— Émile Zola, *Le Vœu d'une morte*, 1866

Au 8, chez Leconte de Lisle

En 1868, Leconte de Lisle et ses femmes (sa mère, sa femme et ses sœurs) quittent la rue Cassette et s'installent boulevard des Invalides. Le samedi, c'est salon : par un étroit escalier, à la file indienne, montent vers le cinquième étage des gens qui, hormis Banville, sont de vingt ans ses cadets : Paul Verlaine, Léon Dierx, José Maria de Heredia, Anatole France, Mallarmé, ou Catulle Mendès qui évoque « un appartement qui n'était pas luxueux mais toujours très propre et parfaitement rangé, comme une strophe bien écrite ».

À partir de 1866, Leconte de Lisle fut considéré comme le chef de file du mouvement parnassien, entre période romantique et symbolisme. À ce titre, dans les années 1880, pressenti par ses amis pour entrer à l'Académie, l'auteur des *Poèmes barbares* déclare : « Quant à l'Académie, j'y renonce absolument, sauf dans le cas où Hugo mourrait avant moi… » Hugo mourut en 1885 et, le 11 février 1886, Leconte de Lisle fut élu au fauteuil… de Victor Hugo[31]. Commentaire de François Coppée : « Leconte de Lisle répandra à l'Académie sa noire méchanceté, comme la seiche dans les flots de la mer. »

Au 13, Françoise Giroud

Elle fut dactylo-secrétaire (chez André Gide), scripte (pour Pagnol), scénariste (notamment pour Allégret), assistante-réalisatrice (auprès de Renoir) et entra en journalisme durant la guerre.

Directrice de rédaction de *Elle* en 1945, fondatrice de *L'Express* huit ans plus tard avec Jean-Jacques Servan-Schreiber, elle quitte son appartement de l'avenue Raphaël et s'installe boulevard des Invalides où son opposition à la guerre d'Algérie lui vaut, en 1962, le plasticage de son appartement. L'inventrice du terme « la nouvelle vague », qui deviendra secrétaire d'État sous Valéry Giscard d'Estaing (chargée de la Condition féminine puis de la Culture), est l'auteure d'une trentaine d'ouvrages, dont deux romans à succès, *La Comédie du pouvoir* (1977) et *Le Bon Plaisir* (1983). Amoureuse des mots, elle fut également une grande féministe, stipulant avec humour : « La femme serait vraiment l'égale de l'homme le jour où, à un poste important, on désignerait une femme incompétente. »

Au 15, Édouard Glissant et la « créolisation »

En 1958, à l'âge de 30 ans, l'écrivain martiniquais entre en littérature en obtenant le prix Renaudot pour *La Lézarde*. Parallèlement à sa carrière militante, il poursuivra son œuvre romanesque avec *Le Quatrième Siècle* (1964), *Mahagony* (1987), jusqu'à *Ormerod* (2003). Connu pour *Le Discours antillais* (1981), il s'est illustré dans tous les genres, roman, poésie, théâtre, essais philosophiques, et rata le Nobel de littérature d'une voix, en 1992. Chantre de la « créolisation », c'est-à-dire « la rencontre, l'interférence, le choc, les harmonies et les disharmonies entre les cultures », il élabora la notion de « Tout-Monde » visant à appréhender « notre univers tel qu'il change et perdure en échangeant et, en même temps, la "vision" que nous en avons ».

Entre 2005 et 2008, Édouard Glissant résida au 15, boulevard des Invalides à Paris, puis, ne pouvant plus monter les marches, dans un rez-de-jardin de la rue Malebranche, où il décède en 2011.

Interrogé par *Le Monde* en 2005, l'écrivain regrettait la frilosité de la littérature française : « En France, on pratique une espèce de refus fondamental à s'enrichir de la diversité. La littérature française a oublié le mouvement du monde. Elle ne traite plus que des para-problèmes de psychologie, elle est retournée sur elle-même, elle ne nous apprend presque rien de ce qui se passe dans cette société métissée, elle est frileuse de tout, surtout du plaisir et des autres, elle est monotone et monocorde. La littérature française a un gros problème avec le baroque que n'a pas la littérature latino-américaine ou caraïbe. Les Français se sont beaucoup renfermés sur eux-mêmes après la guerre, rejetant les étrangers et la vie qui les bousculait, appelant à l'"intégration" et l'"assimilation" des immigrés, c'est-à-dire à l'arasement de leurs cultures. »

Au 35, poésie chez la duchesse de Rohan

L'hôtel particulier des Rohan, boulevard des Invalides, reste célèbre pour le bal costumé qui y fut donné en 1891 par la princesse de Léon, future duchesse de Rohan. Elle fut, selon Edmond Rostand, « l'une des grandes hôtesses littéraires de son temps ». Les poètes de tous bords s'y rendaient avec empressement et « on les entendait tour à tour balbutier leurs poèmes ». Flegmatique devant toutes ces allées et venues, le duc de Rohan qualifiait sa demeure de « gare de Lyon ».

Au 40, Jean-François Deniau

En 1992, Jean-François Deniau quitte la rue Saint-Guillaume pour le boulevard des Invalides.

Tout jeune, il s'était nourri de Conrad, Peyré, London, ce qui augura sans doute de sa vie future. Il fut donc journaliste et écrivain, mais également navigateur, conteur, acteur, rédacteur du préambule du traité de Rome (ce serait le seul texte international où figurerait le mot « idéal ») et, accessoirement, député, ministre, commissaire européen, ambassadeur de France (à Nouakchott, en Mauritanie, à l'âge de 35 ans, puis premier ambassadeur dans l'Espagne postfranquiste), paladin des causes étouffées (selon Roger Peyrefitte) et même... citoyen afghan.

Sous pseudonyme, il publia son premier roman, *Le Bord des larmes*, en 1955. D'autres romans suivirent : *La Désirade*, *Un héros très discret*, *Mémoires de sept vies*, et un fauteuil à l'Académie française en 1992. Boulevard des Invalides, il écrira une vingtaine d'ouvrages dont *L'Atlantique est mon désert* (prix Saint-Simon 1997) et un *Dictionnaire amoureux de la mer*.

En 2006, un an avant sa mort, il publie *Le Grand Jeu*, troisième et dernier volume d'une saga se déroulant dans les coulisses du pouvoir, saga commencée avec *Tadjoura* et *L'Île Madame*.

Au 55, Jean des Vallières

Auteur d'une cinquantaine d'ouvrages, essais et romans – dont une douzaine sous le nom de Jean Ravennes –, le nom de ce militaire de carrière puis sous-préfet reste associé à un récit de guerre ayant connu un grand succès, *Kavalier Scharnhorst* (1931), récit dont s'inspirera Jean Renoir pour *La Grande Illusion*.

JOSÉ-MARIA-DE-HEREDIA (rue)

J'ai arpenté toutes les rues avoisinantes : rue César-Franck, rue Albert-de-Lapparent, rue José-Maria-de-Heredia... Dans quels magasins avait-elle ses habitudes ?

— Patrick Modiano, *Livret de famille*, 1977

Au 5, la fin de Cendrars

En compagnie de son épouse Raymone, Cendrars vécut les deux dernières années de sa vie – d'août 1959 à sa mort en janvier 1961 – dans un petit rez-de-chaussée triste et sombre du n° 5. À demi paralysé, il reçut une cravate de commandeur de la Légion d'honneur des mains de Malraux et se vit décerner le Grand Prix littéraire de la Ville de Paris. « Je suis prêt, dit-il en évoquant sa mort prochaine, mais je suis également prêt à vivre cent mille ans[32]. »

Vivre, il savait faire : la Chine à l'âge de 15 ans, puis New York, le Brésil, l'Afrique… Le poète bourlingueur (André Malraux déplorait qu'il soit trop « distraitement reconnu »), la guerre lui prit un bras, sa « main coupée qui est au ciel », ce qui ne lui ôta pas le « goût du monde entier ». À la poésie succéderont le roman et le succès, avec *L'Or. La merveilleuse histoire du général Johann August Suter* (1925) puis *Moravagine* (1926), que l'auteur verrait bien avoir influencé Céline pour son *Voyage au bout de la nuit*.

Bien avant de disparaître, il avait rédigé son épitaphe : « Là-bas gît / Blaise Cendrars / Par latitude zéro / Deux ou trois dixièmes sud / Une, deux, trois douzaines de degrés / Longitude ouest / Dans le ventre d'un cachalot / Dans un grand cuveau d'indigo. »

JULIETTE-RÉCAMIER (rue)

Je vais retrouver Kos. Aux « Deux Magots » et on ira à un cinéma, rue Récamier, dont Gégé m'a dit grand bien. Ça me plaît d'aller au cinéma, désaxée que je suis. Au revoir, mon doux petit.

— Simone de Beauvoir, *Lettres à Sartre, 1940-1963*

Au 3, le théâtre Récamier

Le théâtre Récamier, initialement construit en 1908 pour recevoir les conférences et fêtes de la Ligue de l'enseignement, est inauguré fin décembre 1958 au terme d'une longue carrière de salle de cinéma. Après *Lorsque cinq ans seront passés* de Federico García Lorca et *Tueur sans gages* d'Eugène Ionesco, Jean Vilar prend momentanément la direction de la salle. *Le Crapaud-buffle* d'Armand Gatti sera un échec, suivi d'un succès : *Les Bâtisseurs d'empire* de Boris Vian. Suivront *La Dernière Bande* de Samuel Beckett (mise en scène par Roger Blin) et *Génousie* de René de Obaldia. Le « théâtre d'essai » disparaîtra en 1961, faute de subventions suffisantes. La compagnie Renaud-Barrault, expulsée de l'Odéon, s'y produira de 1970 à 1975, remplacée par Antoine Bourseiller qui fera jouer *Phèdre* trois cents ans après la première représentation de la pièce de Racine. Le théâtre ferme définitivement en 1977.

Au 5, Philippe Labro

L'Étudiant étranger obtint l'Interallié en 1986, *Un été dans l'Ouest* rata de peu le prix Goncourt en 1988, comme *Le Petit garçon* en 1990. Philippe Labro s'en consola sans doute par le succès ininterrompu de son œuvre, depuis *Un Américain peu tranquille* (1960) à *J'irai nager dans plus de rivières* (2020), livre-bilan dans lequel le romancier et cinéaste brosse le portrait de certaines rencontres – Serge Gainsbourg, Johnny Hallyday, Romain Gary, Jean-Pierre Melville, Georges Pompidou – et témoigne de ses différentes passions, littérature, cinéma, politique. Sur ses soixante ans de carrière littéraire, avant de déménager près du musée Rodin, il en passa trente rue Récamier, au fond de l'impasse : « J'habitais juste en face de Milan Kundera.

De chez moi, je pouvais voir la petite lumière qui, la nuit, restait allumée. Je me disais : "Kundera travaille, et pas toi[33] !" »

LA BOURDONNAIS
(avenue de)

C'est vrai, j'en ai rêvé, de cette maison-là, pendant toute mon enfance, quand nous habitions avenue de La Bourdonnais.

— Renaud Camus, *L'Épuisant Désir de ces choses*, 1995

Au 4, la mort d'Edmond Rostand

En décembre 1897, *Cyrano de Bergerac* est créé au théâtre de la Porte Saint-Martin. Son succès est prodigieux, à peine sortis du théâtre, les spectateurs cherchent un libraire pour acheter la pièce. Dans la seconde quinzaine de janvier 1898, l'éditeur Fasquelle procède à cinq tirages de l'ouvrage qui dépassera les cent mille exemplaires au mois de juin. « Elle vient. Je me sens déjà botté de marbre, / Ganté de plomb ! / Oh ! mais !… puisqu'elle est en chemin, / Je l'attendrai debout et l'épée à la main ! » déclare Cyrano en parlant de sa mort. Vingt ans plus tard, l'auteur meurt dans son lit, avenue de La Bourdonnais, victime de la grippe espagnole.

Au 16, la tenue camouflée de Julien Green

Julien Green s'y installe en 1937, dans un appartement dont les pièces donnent sur le Champ-de-Mars. L'auteur catholique emblématique des années 1920 (*Mont-Cinère*, 1926, *Le Voyageur sur la terre*, 1927, *Léviathan*, 1929, *Le Visionnaire*, 1934) part pour les États-Unis au début de l'année 1938, revient fin 1939 puis repart via Lisbonne. Il a pu mettre ses manuscrits à l'abri, mais sa correspondance des années 1938-1939 est saisie ou volée, on ne la retrouvera pas, pas plus qu'un de ses portraits peint par Christian Bérard.

Son journal, tenu plus ou moins régulièrement depuis 1919, est publié chez Plon, en 1938. Mais il s'agit d'un journal « caviardé » par l'auteur. Il faudra attendre 2015 pour que le texte paraisse dans son intégralité, un texte qui aurait frappé ses lecteurs d'avant-guerre d'incrédulité. « À la lecture de ce très long texte de presque 1 400 pages pour le seul premier tome, passages en romain et passages en italiques mêlés, le lecteur est frappé, peut-être même fasciné, par le travail d'autocensure réalisé par Julien Green. Ses stratégies de coupes sont spectaculaires, le nettoyage impressionnant : le double-discours, la double-vie, la schizophrénie du personnage n'en sont que plus extraordinaires. En public, Green parle comme un prélat ; en privé comme un acteur porno[34] ! »

Au 64, Maurice Martin du Gard

Petit-cousin de Roger Martin du Gard, de vingt ans plus jeune, journaliste-critique au regard aigu, il fonda en 1922 les *Nouvelles littéraires*, hebdomadaire qu'il dirigera jusqu'en 1938. Dans *Les Mémorables* (1957-1960), son œuvre majeure, il brosse le portrait des grandes figures littéraires des années 1920 à 1940, Paul Valéry,

Anatole France, Radiguet, Colette… En 1964, il publie *Climat tempéré*, recueil de réflexions sur la morale, la littérature, la politique, l'Académie. Il décède en 1970, avant d'avoir achevé le troisième tome de ses *Mémorables*, consacré à l'après-guerre.

LA MOTTE-PICQUET (avenue de)

Elle regrettait les beaux défilés de la garde montante sortant de l'École voisine par la grille de la cavalerie et traversant l'avenue de La Motte-Piquet pour se rendre aux Tuileries.

— Lucien Descaves, *La Colonne*, 1901

Au 2, Pablo Neruda

Les poètes-diplomates, la France connaît, mais Pablo Neruda n'a rien de commun avec Claudel, Giraudoux ou Saint-John Perse. Pas de double vie : poésie et politique sont indissociables.

Après l'élection de Salvador Allende, il est nommé ambassadeur du Chili en France et s'installe à l'ambassade de l'avenue de La Motte-Picquet, où il arrive en mars 1971. Sa résidence va s'avérer un désastre. « Le [plus] difficile, écrit-il, était d'aérer l'endroit. Son style salonnard, suffocant, me piqua les yeux. […] La chambre paraissait faite pour loger un guerrier et son cheval ; il y avait un espace suffisant pour nourrir l'animal et abriter le sommeil de l'homme[35]. »

Il surnomme son lieu de vie « le Mausolée », ne songe qu'à s'en échapper. En octobre 1971, il reçoit le prix Nobel et, aussitôt, achète une maison à Condé-sur-Iton pour pouvoir s'aérer. Durant son court séjour parisien, il écrit *Les Pierres du ciel* et *L'Épée de flammes*. Malade, il retourne au Chili en mai 1972 et décède en septembre 1973, douze jours après le coup d'État du général Pinochet. Peut-être assassiné. Et pour rayer son nom de la mémoire des Chiliens, la junte fit sans doute disperser ses cendres dans une fosse commune.

Au 23, Jacques Madeleine

En 1885, Victor Hugo décède « dans son avenue ». Neuf poètes sont désignés pour accompagner le défunt de la maison mortuaire à l'Arc de Triomphe et procéder à la veillée du corps. Parmi les neuf, Jacques Madeleine[36].

Poète, romancier, dramaturge, ancien secrétaire de Théodore de Banville, il se nommait Jacques Normand et c'est sous ce nom que, lecteur chez Fasquelle en 1912, il assassina sur sa fiche de lecture *Du côté de chez Swann*.

LA TOUR-MAUBOURG (boulevard de)

Tourné le coin du boulevard de La Tour-Maubourg, une aube surnaturelle et convulsive apparut sur la gauche.

— Philippe Hériat, *Miroirs*, 1936

Au 1, Robert de Montesquiou

Il se proclamait « chef des odeurs suaves », expression empruntée à Flaubert dans

Salammbô. Poète mineur pour certains (Pierre Louÿs, en particulier), admiré par d'autres, dandy mondain pour tous, Montesquiou passe pour avoir servi de modèle à Des Esseintes dans *À rebours* de Huysmans, ce que réfute Edmond de Goncourt : « Montesquiou, disons-le bien haut, n'est point du tout le Des Esseintes de Huysmans, s'il y a chez lui un coin de toquage, le monsieur n'est jamais caricatural, et s'en sauve toujours par la distinction. »

S'il n'est pas le Des Esseintes de Huysmans, il est certainement le comte de Muzareth dans *Monsieur de Phocas* de Jean Lorrain et, surtout, le baron de Charlus dans la *Recherche* de Proust, qui met en scène tous ses tics et ses éléments de langage.

Ami des peintres, il aimait se faire « tirer le portrait » et les caricaturistes ne l'épargnèrent pas. Jean-Louis Forain, pour sa part, le gratifia de l'aimable surnom de « Grotesquiou ». Ses principaux recueils, *Les Chauves-souris* (1892) et surtout *Les Hortensias bleus* (1896), firent sourire Robert Scheffer : « C'est gentil, c'est coquet, c'est musqué, c'est quinquagénairement puéril, ces versiculets… »

Au lendemain de sa mort, en 1921, Proust, qui l'avait plus ou moins assassiné dans la *Recherche*, écrira : « Les injustices ont leur temps. Et au moins en esprit et en vérité, il renaîtra. »

Au 18, Paul Géraldy

Il est l'un des poètes les plus respectés dans le début du XXe siècle avec la publication de son célèbre *Toi et Moi* publié en 1913 et vendu à plus d'un million d'exemplaires. Sa poésie, aujourd'hui désuète voire totalement ringarde, fut qualifiée d'innovante dans les années 1920. (« Baisse un peu l'abat-jour, veux-tu ? Nous serons mieux. / C'est dans l'ombre que les cœurs causent, / et l'on voit beaucoup mieux les yeux / quand on voit un peu moins les choses. »)

Géraldy fut également dramaturge, écrivant dix-sept pièces aux fortunes diverses entre 1908 et 1946. Paradoxalement, sa principale réussite théâtrale fut une adaptation : celle de *Duo*, de Colette.

Au 48, Jacques Chardonne

Cet écrivain-éditeur (il est le « Boutelleau » de la librairie Stock, Delamain et Boutelleau) publie pendant l'entre-deux-guerres une douzaine de romans au style classique et précieux, célébrant notamment la résistance de l'amour au temps. Le style est-il de droite ? se demande parfois la littérature. Chardonne le fut et sans doute un peu trop. En 1941, collaborateur convaincu, il se rend chez Goebbels en compagnie de Pierre Drieu la Rochelle, Marcel Jouhandeau et Robert Brasillach, chantant les louanges du nazisme, écrivant en juillet 1944 à Henri Fauconnier qu'Hitler a « un fond d'humanité comme vierge, une sensibilité extrême, une bonté, une fidélité qu'on ne trouve pas chez les autres hommes d'État ».

Emprisonné à la Libération, il échappera à toute condamnation grâce aux interventions de son ami Jean Paulhan.

Après quelques années de bannissement littéraire, Chardonne devient, dans l'après-guerre, le mentor des Hussards, se liant d'amitié avec Roger Nimier. Il entame une correspondance avec Paul Morand, qui durera de 1952 à 1968. Épistolier éblouissant, il se dégage peu à peu du roman pour des ouvrages à écriture « courte », ce qui lui fait dire : « Je finirai par n'écrire que des télégrammes. »

Au 51, la caserne littéraire

Au début des années 1920, la caserne Latour-Maubourg permettait aux élèves-officiers de continuer à suivre leurs cours à la Sorbonne, sans se douter qu'elle couvait de farouches ennemis de l'institution militaire, futurs combattants de la révolution surréaliste, comme René Crevel, Georges Limbour, André Dhôtel ou Roger Vitrac.

Au 88, Pol Neveux

Ce romancier discret, amoureux de Flaubert et de Mérimée, résida boulevard de La Tour-Maubourg durant tout l'entre-deux-guerres. Il avait obtenu le prix Montyon de l'Académie française pour *Golo, roman de campagne* (1898), roman suivi de *La Douce Enfance de Thierry Seneuse* (1916). Élu à l'académie Goncourt en 1924, il y siégea jusqu'à sa mort, en 1939. Léon Daudet salua amicalement son amour de la nature : « On n'en reverra pas de longtemps un comme lui, parfumé des plus jolies herbes de notre jardin. »

LANDRIEU (passage)

C'était, au début du passage Landrieu, une petite villa sans charme particulier.

— Agnès Michaux, *La Fabrication des chiens*, 2020

Au 3 bis, Édouard Drumont

Édouard Drumont emménage passage Landrieu au début des années 1890. La publication de *La France juive*, premier best-seller de la Troisième République, et son journal *La Libre Parole* (avec comme sous-titre : *La France aux Français*) en ont fait un personnage politique majeur. Ses écrits inaugurent l'opposition raciste et systématique entre « le Sémite, qui est mercantile, cupide, intrigant, subtil, rusé » et « l'Aryen enthousiaste, héroïque, chevaleresque, désintéressé, franc, confiant jusqu'à la naïveté ».

À l'occasion du lancement de *La Libre Parole*, une carte postale fut éditée. On y voit Édouard Drumont vêtu d'un tablier et armé d'une cuiller, surveillant un vieil homme, menton pointu, nez recourbé, qui cuit à la broche.

Drumont fera des émules. En juillet 1944, juste avant sa fuite pour Sigmaringen, Lucien Rebatet écrit dans *Je suis partout* : « J'admire Hitler. Nous admirons Hitler. Dans la lutte contre toutes les foutaises périmées du dix-neuvième siècle, Hitler a eu d'innombrables devanciers, analystes, dialecticiens plus brillants et plus agiles que lui, parmi lesquels Drumont. »

LAS CASES (rue)

La rue Las Cases était tranquille comme au cœur de l'été, chaque fenêtre ouverte abritée d'un store jaune.
— Irène Némirovsky, *Dimanche*, 1934

Au 3, Frédéric Boutet

Nouvelliste et romancier, conteur dans la veine de Hoffmann et d'Edgar Poe (*Drames baroques et mélancoliques*, 1899, *Les victimes grimacent*, 1900, *Aventures sombres et pittoresques*, 1921, *Le Spectre de M. Imberger*, 1922), il fut un amateur d'occultisme, publiant un *Dictionnaire des sciences occultes* en 1937.

LILLE (rue de)

Mais ce qui était particulièrement sinistre, c'était l'aspect de la rue de Lille, à partir du restaurateur Blot. Elle apparaissait déserte dans toute sa longueur, comme une rue de Pompéi.
— Théophile Gautier, *Tableaux de siège*, 1871

Au 5, Dada s'en va

« Dieu n'est pas à la hauteur. Il n'est même pas dans le bottin », stipulait le *Manifeste* dada. En 1947, Tristan Tzara entre dans le Bottin en emménageant rue de Lille, adresse où il mourra la veille de Noël 1963, « sans amertume, sans dettes, sans regret ».

Parmi ses derniers poèmes : « Minuit sonne dans les choses / il est temps de se coucher / la fontaine est tarie / ma chanson désemparée / n'ai-je vu qu'à tout moment / le plaisir a deux tranchants / si je mets mon cœur en jeu / il vous prend l'envie d'en rire / vérité ma main au feu / pour le mieux et pour le pire. »

Au 6, Roger Allard

Jean Paulhan, en 1918, avait placé Allard « au premier rang parmi les jeunes poètes français ». Six ans plus tard, Allard se fit assassiner par Aragon dans le premier numéro de *La Révolution surréaliste* : « Roger Allard, auteur de plusieurs articles imbéciles sur Théophile Gautier, Henry Bataille, Guillaume Apollinaire, Pierre Reverdy, Jacques Baron, etc. » Les surréalistes avaient à l'époque l'injure facile. Allard obtint en 1929 le prix Artigue de l'Académie française pour *Poésies légères*.

Au 10, Jules Barbey d'Aurevilly

En 1833, rompant avec sa famille, Barbey s'installe à l'hôtel de Valence. Rentier (il hérite de son oncle) et libertin, il mène une vie de dandy (gants blancs, gilets rouges[37]) et publie vaguement poésie et nouvelles. Il faudra attendre une vingtaine d'années pour que son talent littéraire éclose. *L'Ensorcelée* paraîtra en 1854 et Baudelaire écrira à Poulet-Malassis : « Je viens de relire ce livre qui m'a paru encore plus chef-d'œuvre que la première fois. »

Au 10, Maurice de Guérin

Guérin et Barbey d'Aurevilly s'étaient connus au collège Stanislas et s'étaient liés d'amitié. En 1835, Guérin rejoint son ami à l'hôtel de Valence. Durant les quatre années qui lui restent à vivre, comme Barbey d'Aurevilly, Guérin écrit. De longs poèmes en prose, écriture dont il est l'initiateur. Dix mois après sa mort, en mai 1840, George Sand fera découvrir dans la *Revue des Deux Mondes* son texte le plus célèbre – *Le Centaure* – et des extraits du *Cahier vert*, son journal intime. « Le moindre mot pour ce grand Voyant renfermait des immensités d'horizons », écrit Barbey, qui ne cessera d'œuvrer à la reconnaissance de son ami.

Au 17, Jules Sandeau

Depuis sa rupture avec George Sand, au début des années 1830, le « petit Jules » a tracé son chemin, signant *Marianna*, portrait de son ancienne compagne, en 1839 et une dizaine de romans (dont *Mademoiselle de La Seiglière* et *Madeleine*), qui lui ouvrent les portes de l'Académie française (1858). Si l'ancien étudiant révolté contre les « tyrans » est devenu un bourgeois conformiste, défenseur de l'ordre et des traditions, il reste lucide sur la qualité de son œuvre, écrivant à sa sœur : « Avoir plus de goût que de talent est un martyre que les esprits délicats peuvent seuls comprendre et apprécier[38]. »

Au 52, Prosper Mérimée

En août 1852, l'auteur de *Carmen* emménage dans un modeste appartement situé au deuxième étage, dont le cabinet de travail donne sur la rue de Lille. Inspecteur général pour la protection des monuments historiques, il est académicien, sénateur, écrivain reconnu. À 49 ans, il continue à publier nouvelles, essais et récits historiques, dans un style au réalisme fonctionnel qui n'est pas toujours du goût de Victor Hugo : « Le paysage était plat comme Mérimée », écrira-t-il.

À compter de 1858, il séjourne le plus souvent à Cannes afin de soigner une maladie respiratoire. Il y décédera en septembre 1870 dans une indifférence quasi générale et la capitale apprendra sa mort par un article paru dans le *Times*. Sept mois plus tard, son appartement est la proie des flammes, lettres et manuscrits sont réduits en cendres, subsistent dans les décombres une pipe turque et son fameux faune en bronze jouant avec sa queue.

Au 71, Condorcet

Nicolas de Condorcet résida rue de Lille pendant la Révolution, dans ce qui était encore la rue Bourbon-Saint-Germain, au nº 55. Plus mathématicien que philosophe, plus philosophe qu'écrivain, il fut, avec l'abbé Sieyès, à l'origine de la création du droit d'auteur.

Au 73, Baudelaire

« Donnez-moi pour toujours une chambre à la semaine », écrit Apollinaire dans *Montparnasse* (1913). Peut-être salue-t-il avec le sourire l'insaisissable Baudelaire, qui cumula une quarantaine d'adresses dans Paris. Celle de la rue de Lille correspond à février 1840. Le jeune dandy, que sa mère et son beau-père verraient bien en ambassadeur, choisit plutôt l'option poésie. Et la misère qui va avec.

Au 73, Françoise Sagan

Après avoir quitté l'appartement qu'elle occupait rue de l'Université, au loyer exorbitant, Sagan emménage quai d'Orsay puis au 73, rue de Lille, dans un cinq-pièces « plus modeste ». Sait-elle que l'ombre de Baudelaire plane sur les lieux et que l'hôtel particulier du 73, rue de Lille fut acheté en 1841 par une certaine… duchesse de Sagan ? (Dorothée de Courlande, duchesse de Sagan.)

Au 79, Stendhal avec deux « l »

Henri Beyle, âgé de 16 ans, arrive à Paris au lendemain du coup d'État du 18 brumaire (9 novembre 1799) et occupe une chambre au carrefour de la rue du Bac et du boulevard Saint-Germain. Malade, il est recueilli par Noël Daru dans sa demeure de la rue de Lille. Pierre Daru, fils de Noël, engage alors son jeune cousin dans son ministère en qualité de secrétaire mais, le premier jour, dans une dictée, le futur Stendhal écrit « cela » avec deux L. Dépité et terrorisé par Noël Daru, Beyle, qui ne rêve que de littérature (et de femmes), quitte le ministère puis suit, en mai, les fils Daru chargés de préparer la bataille de Marengo en Italie. Ses premiers écrits seront pour son journal, qu'il commence en avril 1801 : « Milan, le 28 Germinal an IX [-18 Avril 1801]. J'ENTREPRENDS d'écrire l'histoire de ma vie jour par jour. Je ne sais si j'aurai la force de remplir ce projet, déjà commencé à Paris. Voilà déjà une faute de français il y en aura beaucoup, parce que je prends pour principe de ne me pas gêner et de n'effacer jamais. Si j'en ai le courage, je reprendrai au 2 ventôse, jour de mon départ de Milan, pour aller rejoindre le lieutenant général Michaud à Vérone. »

Au 95, André Foulon de Vaulx

Poète symboliste, vaguement dramaturge et romancier, André Foulon de Vaulx serait totalement oublié si une plaque ne rappelait opportunément qu'il « a vécu dans cette maison où il est mort le 18 décembre 1951 ».

MARTIGNAC (rue de)

Ses parents habitaient rue de Martignac derrière Sainte-Clotilde, une paroisse où le SDF ne doit pas se sentir dans son élément.

— Denis Tillinac, *Je nous revois*, 2006

Au 3, Paul Géraldy

L'auteur de *Toi et Moi* (1913) s'installe dans un petit appartement de la rue de Martignac en 1943. Il y résidera jusqu'en 1983. En 1960, Paul Géraldy voulut poursuivre sa veine poétique avec *Vous et Moi*. Mais, en cinquante ans, la mode avait changé, la sauce (très sucrée) ne prit pas.

MONSIEUR (rue)

Deux jours de suite, c'était trop. Il se détourna vivement, quitta le boulevard, changea de route, et s'en alla rue Plumet par la rue Monsieur.
— Victor Hugo, *Les Misérables*, 1862

Au 7, Paul Bourget

Dans un vieil hôtel dépendant des écuries du comte de Provence, après la rue Guy-de-La-Brosse, Paul Bourget occupe dans les années 1880 un appartement sur deux étages. À l'âge de 20 ans, le jeune poète est admis au dîner des Vilains Bonshommes en compagnie de Verlaine, Théodore de Banville, Stéphane Mallarmé, Charles Cros et du tumultueux Arthur Rimbaud. Fantin-Latour, qui rejoint le groupe, en fera le portrait dans son fameux *Coin de table* (1872).

Après avoir débuté par des vers, parcours obligé de l'époque, Bourget publie en 1883 ses *Essais de psychologie contemporaine*, analyse des écrivains qui le subjuguent (Renan, Baudelaire, Flaubert, Stendhal), ouvrage qui le consacre comme un pilier de la critique littéraire. Suivront des romans d'analyse – *Cruelle énigme* (1885), *Un crime d'amour* (1886) et *Mensonges* (1887) – qui s'opposent au tout-puissant roman naturaliste et qui sont salués pour leur modernisme. Le style et la pensée de cet écrivain monarchiste que Maurras qualifia de « prince de la jeunesse » paraissent aujourd'hui bien désuets.

Au 15, Pierre Teilhard de Chardin

« J'aime toujours autant Paris, voyez-vous, écrit-il en 1929, alors qu'il réside en Chine. Mais il me semble que je respire encore mieux dans les groupements internationaux, si vivants, du Pacifique… c'est si libre, si large, si cordial. »

Quand ce n'est pas la Chine, c'est l'Indonésie, l'Afrique du Sud ou les États-Unis. Durant ses séjours en France, Teilhard de Chardin réside à la Maison des Jésuites, au 15, rue Monsieur. Sa vision du monde, présentée notamment dans son ouvrage posthume *Le Phénomène humain*, est conçue autour du thème central de l'évolution : l'humanité entre dans la noosphère, couche de pensée humaine unifiée entourant la Terre. L'antagonisme esprit / matière n'existe plus, matière et esprit sont les deux faces d'un même réel : un esprit-matière.

MONTALEMBERT (rue)

Dans le hall de mon hôtel, au bar, et jusque sur le trottoir de la rue Montalembert, des touristes aux yeux étonnés comparaient leurs sorts.
— François Nourissier, *Neuf histoires françaises*, 2003

Au 3, Bernard Grasset meurt à l'hôtel

À l'hôtel Montalembert, le 20 octobre 1955, un homme à moitié fou meurt en corrigeant les épreuves de son livre-testament, l'*Évangile de l'édition selon*

Péguy. Il s'agit de Bernard Grasset. « Durant une bonne partie de la matinée, écrit Jean Bothorel, pour couvrir les râles de l'agonisant, la direction avait demandé aux femmes de ménage de passer l'aspirateur dans les couloirs du 5e étage[39]. » Au même moment, à cent mètres de là, quai de Conti, les académiciens s'apprêtent à recevoir Jean Cocteau dans le fauteuil que Grasset avait tant convoité.

Au 3, le Décameron

Avec le Pont Royal, le bar de l'hôtel Montalembert est l'autre « bar Gallimard », bar assez froid avec ses murs recouverts de marbre. Gaston Gallimard y dispose d'une petite table à part, dans un coin, et on y croise dans les années 1950 de jeunes éditeurs : Robert Laffont, Christian Bourgois, Pierre Seghers, Claude Tchou…

Le Décameron fait également restaurant et *Le Monde* de 1969 nous révèle que « le carré d'agneau est plaisant, les grillades solides, le beurre blanc subtil ».

Au 5-7, le dernier verre de Roger Nimier

« Le bar du *Pont Royal* est au sous-sol de l'hôtel, on y accède par un escalier qui donne sur la rue. C'est un lieu chic, un repaire où vient médire et s'encanailler tout ce qui tient plume et pense littérature à Paris », nous confie Yann Queffélec dans *Naissance d'un Goncourt* (2018).

Port d'attache de Malraux dans les années 1930, le bar du Pont Royal accueille les comités de rédaction des *Temps modernes* à la fin des années 1940. « À l'époque, écrit Truman Capote, le Pont-royal avait un petit bar en sous-sol aux fauteuils de cuir qui était l'abreuvoir préféré des grands mammifères de la haute bohème. Un œil noyé, l'autre à la dérive, ce louchon de Sartre, pipe au bec, teint terreux, et sa taupe de Beauvoir, sentant la jeune fille prolongée, étaient généralement calés dans un coin[40]. »

Le Pont Royal sera le dernier lieu de rencontre entre Nimier et Blondin. Le 28 septembre 1962, Nimier y croise son ami venu évoquer avec Louis Malle une adaptation du *Feu follet*. Nimier se tuera quelques heures plus tard sur l'autoroute de l'Ouest, dans sa « Gaston Martin[41] ».

Au 9, Gabriel García Márquez

García Márquez se rend à Paris en pleine guerre d'Algérie et y résidera en 1956-1957. Pour survivre, en attendant la gloire, il ramasse vieux papiers, journaux, bouteilles vides afin de les vendre, chante des boléros en échange de quelques francs dans un bar latino-américain de la rue Monsieur-le-Prince et sa compagne fait des ménages. Difficiles années, dont on trouve l'écho dans *Pas de lettre pour le colonel* (1963), son premier grand roman qu'il commence à Paris.

L'année suivante paraîtront *Les Funérailles de la grande mémé*, recueil de huit nouvelles, esquisse de ce qui sera, cinq ans plus tard, *Cent ans de solitude*.

Souvent classé parmi les plus grands romans du XXe siècle, l'ouvrage s'est vendu à près de trente millions d'exemplaires à travers le monde, et a été traduit dans trente-cinq langues.

García Márquez fut abasourdi par le succès de son livre et l'attribua au fait qu'il était « d'une lecture facile ».

Après le Nobel, en 1982, García Márquez tourne le dos au prodigieux. Désormais, sa production se situe, pour l'essentiel, à mi-chemin entre le journalisme, l'histoire et le roman populaire. *Chronique d'une mort annoncée*, publié en 1981 en Colombie, est tiré à un million et demi d'exemplaires. Le baroque a disparu, mais on y retrouve le thème de la mort – omniprésent chez García Márquez. Incipit : « Le jour où il allait être abattu, Santiago Nasar s'était levé à cinq heures et demie du matin pour attendre le bateau sur lequel l'évêque arrivait. »

ORSAY (quai d')

Ces crétins du Quai d'Orsay ont assez hésité !
— Robert Brasillach, *La Conquérante*, 1943

Au 71, Édouard Bourdet

« Les bonnes pièces ne vieillissent pas comme les fleurs, en se fanant ; elles vieillissent comme les vins... » écrivait Jean-Louis Vaudoyer à propos de Bourdet. Observateur cynique et talentueux d'une bourgeoisie cupide et vaniteuse, Édouard Bourdet fut l'un des principaux auteurs du théâtre de boulevard durant l'entre-deux-guerres, traitant avec précision des problèmes de société, notamment dans *Vient de paraître* (1927), pièce dans laquelle il met en pièces les prix littéraires et les petites combines éditoriales.

En 1936, ce grand ami de Claudel et de Giraudoux accepte le poste d'administrateur de la Comédie-Française : « Je veux 200 000 francs, n'entrer en fonction que le 15 octobre et une totale liberté de manœuvre pour le choix et la distribution des pièces. C'est à ces conditions seulement que j'accepterai d'administrer la Comédie-Française. » Il dirigera et redressera l'institution pendant quatre ans, s'appuyant sur Jacques Copeau, Charles Dullin, Gaston Baty et Louis Jouvet.

Avant d'épouser Denise Rémon, qui tenait salon quai d'Orsay, Bourdet avait été marié avec l'écrivaine Catherine Pozzi, fille d'un chirurgien qui servit pour partie de modèle au Dr Cottard de Marcel Proust. Denise Bourdet, après la mort de son mari, deviendra critique musicale, écrivaine et chroniqueuse littéraire, s'intéressant à l'émergence des Hussards et siégeant au prix Médicis dès sa création, en 1958. Bref, une famille très littéraire.

Au 89, Jean Giraudoux et l'inévitable guerre

« La guerre de Troie n'aura pas lieu ! dit Andromaque.

— Je te tiens un pari », répond Cassandre.

En 1934, les Giraudoux ont emménagé 89, quai d'Orsay, dans l'immeuble construit par le Prix de Rome Michel

Roux-Spitz. En marge de sa fonction d'inspecteur diplomatique, Giraudoux poursuit son œuvre théâtrale. Après *Tessa*, en novembre 1934, *La guerre de Troie n'aura pas lieu* est créée par Jouvet en novembre 1935. Giraudoux ne se fait pas d'illusions : au plus tard dans cinq ans, la guerre aura lieu.

Début 1943, rencontrant Paul Morand à l'hôtel de Castille, Giraudoux lui déclare : « Je vivrai vieux, je serai très heureux quand je serai vieux. » Hélas ! Au début de l'année 1944, il est pris de violentes douleurs, sans doute dues à un empoisonnement dans un restaurant. Après une difficile agonie, il meurt quai d'Orsay. Empoisonné par qui ? « Par la Gestapo », écrit Aragon dans *Ce soir*. Dramaturge adulé de l'entre-deux-guerres, Giraudoux est considéré comme un romancier délicat, voire précieux. De Gaulle affirmait pouvoir reconnaître un imbécile à trois clichés : « La douce France, le réalisme de Balzac… et la préciosité de Giraudoux. »

OUDINOT (rue)

Le loyer du dernier, rue Oudinot, était parfois plus élevé que le montant des recettes. Combien nous restait-il d'élèves à la fin ? Trois ? Deux ?

— Jean-Marc Roberts, *Une petite femme*, 1998

Au 12, François Coppée

Descendu de Montmartre, de l'actuelle rue Robert-Planquette, le poète parnassien s'installe rue Oudinot en 1872 dans un rez-de-chaussée où il reçoit ses amis, Banville, Gobineau, Barbey d'Aurevilly (qui habite au 6).

« Quand je vins habiter le coin perdu du faubourg Saint-Germain, écrit-il dans *La Robe blanche*, je me pris d'affection pour la très calme et presque champêtre rue Rousselet, qui s'ouvre juste devant la porte de ma maison. Au XVIIe siècle, elle s'appelait l'impasse des Vaches et elle n'était sans doute alors qu'un chemin à fondrières. »

En 1884, il est élu à l'Académie française. Mallarmé lui écrit et note sur l'enveloppe : « Courez, les facteurs, demandez / Afin qu'il foule ma pelouse / Monsieur François Coppée, un des / Quarante, rue Oudinot, douze. »

Coppée résidera rue Oudinot trente-six ans, jusqu'à sa mort en 1908. Parnassien jusqu'au bout des ongles, ce poète des humbles, comme on le surnomma, ne fit pas preuve d'une grande perspicacité littéraire : « Rimbaud, fumiste réussi, / Dans un sonnet que je déplore, / Veut que les lettres O, E, I / Forment le drapeau tricolore. / En vain le décadent pérore, / Il faut sans "mais", ni "car", ni "si" / Un style clair comme l'aurore : / Les vieux Parnassiens sont ainsi. »

Au 19, l'hospice des Incurables

On y meurt, parfois. Comme Paul Féval en 1887, Villiers de L'Isle-Adam en 1889, Paul Bourget en 1935.

POITIERS (rue de)

Tous les partisans de l'ordre, depuis les monarchistes de la rue de Poitiers jusqu'à mon patron et ami Flocon, nous nous unissons pour écraser des vendus soudoyés par l'étranger.
— Juliette Adam, *Le Roman de mon enfance et de ma jeunesse*, 1902

Au 9, Geneviève Dormann

Certes, elle écrivit de nombreux romans à succès comme *Je t'apporterai des orages* (1971), *Mickey l'ange* (1980) ou *Le Bal du dodo* (1989). Certes, la « luronne », la « tigresse », la « hussard en jupons », celle que certains appelaient Doberman reçut trois beaux prix littéraires. Mais au-delà de son talent et de ses opinions royalistes (elle avait une fleur de lys tatouée sur le poignet), Dormann aimait les farces. N'a-t-elle pas financé des gerbes de fleurs au nom du président de la République, gerbes qu'elle faisait déposer discrètement et de nuit sur la tombe du maréchal Pétain ? Des farces, on lui en fit. Après la publication de *La Fanfaronne*, son premier roman, elle reçoit un courrier admiratif de Gaston Gallimard et Montherlant lui écrit : « Une nouvelle Colette est née ! » Rit-elle ? Les courriers étaient des faux, provenant de son ami Nimier, sans doute épaulé par l'ami Blondin.

PRÉ-AUX-CLERCS (rue du)

Au coin de la rue du Pré-aux-Clercs et du boulevard Saint-Germain, ils ont croisé le Nord-Africain de haute taille avec un béret, les joues couvertes de sparadrap ainsi que le front, ce qui lui faisait comme un masque rose avec deux larges fentes pour les yeux.
— Michel Butor, *Degrés*, 1960

Au 8, Jean Giraudoux

En 1921, jeune marié (et flanqué de son caniche Puck), alors que ses récits de guerre lui ont valu quelques succès d'estime, Giraudoux s'installe 8, rue du Pré-aux-Clercs. La cuisine et la salle à manger sont situées à vingt mètres l'une de l'autre, ce qui ne gêne pas ce champion universitaire du 400 mètres (en 1900). Il y écrit *Siegfried et le Limousin* qui obtiendra le prix Balzac l'année suivante. Le diplomate-écrivain ne commencera à écrire pour le théâtre qu'à la fin des années 1920, avec *Siegfried*, monté par Jouvet, en 1928, qui déclare la veille de la générale : « Ça ne fera pas un sou, mais ce sera l'honneur de ma vie d'avoir monté cette pièce. » La pièce fera un triomphe et consacrera Giraudoux, du jour au lendemain, comme un dramaturge majeur. Les deux hommes aiment les farces, surtout au restaurant : « Giraudoux est spécialiste du truquage des menus, au restaurant, et il sème la panique dans le service en ajoutant subrepticement des plats farfelus à la carte : le concombre illustré et les spaghettis à tire-d'aile, l'escalope bilingue ou l'algarade d'agneau pied-de-poule, Jouvet "riant flegmatiquement aux larmes" tandis que le fautif explique au patron, avec une tranquille perfidie : "Quelque mauvais plaisant… Un poète peut-être[42]…" »

Au 8 également, Jean-José Frappa

Se connaissaient-ils ? Dans les années 1920, Frappa était journaliste, critique littéraire et scénariste de cinéma (*Le Miracle des loups*, 1924), auteur de quelques romans et pièces de théâtre dont *Molière* (1922), mise en scène au théâtre de l'Odéon par Firmin Gémier. Frappa résidera ensuite 98, rue du Cherche-Midi (en 1933) puis au 13, boulevard Raspail.

Au 10, François Ponsard

Eau tiède, Ponsard ? Il se voulait à mi-chemin entre les classiques et les modernes, se positionna comme chef d'une école dite « du bon sens », à l'encontre du drame romantique. Dans cet esprit, il fit jouer avec succès sa *Lucrèce* à la Comédie-Française, un mois et demi après que *Les Burgraves* (1843) de Hugo eurent été sifflés. Contraint cependant de se « romantiser », il sombra avec *Charlotte Corday* (1850) puis renaquit sous le Second Empire avec des comédies de mœurs : *L'Honneur et l'Argent* (1853), *La Bourse* (1856), *Le Lion amoureux* (1866).

Au 10 bis, René Doumic

Antidreyfusard virulent, membre de la Ligue de la patrie française, il collabore à la *Revue des Deux Mondes*, qu'il dirigera de 1915 à 1937. Sa très morale *Histoire de la littérature* condamne les œuvres de Baudelaire, Verlaine ou Zola. En 1909, il est élu à l'Académie française dont il devient le secrétaire perpétuel en 1923. Léon Daudet, qui partage pourtant ses idées politiques, l'écharpera dans ses *Souvenirs* : « Littérairement, c'est le néant. On ne peut citer de lui ni un mot juste, ni une vue originale, ni une ligne en français. Habillé de gros quant au style, il est invisible à un mètre. […] À qui demandera comment ce néant de Doumic a fait figure d'homme de lettres et de critique, comment il a obtenu une collaboration de vingt ans à la *Revue des Deux Mondes* et un fauteuil à l'Académie, je répliquerai : par la platitude. »

RASPAIL (boulevard)

Le boulevard Raspail est également présent dans les 6e et 14e arrondissements.

Je fis un crochet par le boulevard Raspail
et le boulevard Montparnasse, puis l'avenue
de l'Observatoire, afin de profiter de ma voiture
et de son ronronnement ; car Paris était vide.
— Françoise Sagan, *La Laisse*, 1989

Au 2, Arthur Bernède

Pendant dix ans, de 1910 à 1920, Aristide Bruant et Arthur Bernède ont partagé un appartement au 17, rue Christiani, puis se sont fâchés. Bernède s'installe loin de Montmartre, boulevard Raspail, où il résidera de 1920 à 1937, date de sa mort. Auteur de plus de deux cents ouvrages populaires, considéré comme l'un des derniers feuilletonistes, il reste célèbre pour sa création d'un personnage qui deviendra mythique, figurant au panthéon des héros masqués, aux côtés de Lupin ou de Fantômas : Belphégor.

En 1926, Bernède, cofondateur et directeur artistique de la Société des cinéromans, écrit le scénario de *Belphégor* pour le réalisateur Henri Desfontaines. Il l'adapte en feuilleton qui paraît dans *Le Petit Parisien* (deux millions d'exemplaires vendus chaque jour), puis en volume (1927). L'insaisissable fantôme hantant le Louvre fera de nombreux émules, au cinéma et à la télévision.

Au 4, André Gide

En mars 1897, André et Madeleine Gide s'y installent au cinquième étage. Ils y resteront six ans, de 1897 à 1903, avant d'emménager au 10, boulevard Raspail (1903-1905), puis à Auteuil à la villa Montmorency. « T'ai-je dit, écrit Gide à Ghéon en 1904, qu'à présent j'avais installé ma table de travail au sixième. Là, à l'abri de tous les importuns, dans une petite chambre très claire, sans meubles inutiles, aux murs nus, je travaille… »

Durant cette période, Gide publie *Le Roi Candaule* (pièce représentée le 9 mai à l'Œuvre de Lugné-Poe, éreintée par la critique), *Les Nourritures terrestres* (au Mercure de France) et achève *L'Immoraliste*, qui sera publié en 1902. Il entame une correspondance avec Claudel, correspondance qui se terminera en 1914, Claudel étant scandalisé par les effluves homosexuels présents dans *Les Caves du Vatican*.

Au 5, James Joyce

Au terme de cinq mois passés dans son hôtel de la rue de l'Université, Joyce loue en décembre 1920 un appartement boulevard Raspail. Il y demeurera jusqu'en juin 1921. Fréquentant assidûment Shakespeare and Co., la librairie de Sylvia Beach, il y rencontre Valery Larbaud qui va devenir l'un des promoteurs (et le traducteur) d'*Ulysse* et qui logera l'écrivain irlandais dans son appartement de la rue du Cardinal-Lemoine.

Au 15, la librairie Gallimard

Créée en 1919 par Gaston Gallimard, ce fut pendant longtemps un comptoir de vente ayant vocation à présenter les publications de la maison et à proposer l'intégralité du fonds disponible. Ce n'est qu'en 1950 que la librairie s'ouvrira à la vente d'ouvrages édités par des maisons d'édition concurrentes. L'auguste librairie employa dans les premiers jours de 1942 un apprenti-vendeur de 15 ans au grand destin éditorial : Jean-Jacques Pauvert. « Je me trouvais un peu dans la situation d'un adolescent amoureux des fleurs que l'on fait du jour au lendemain coursier chez Interflora », écrira-t-il.

Au 38, un Godot qu'on n'attendait pas

Ouvert au printemps 1952 par Jean-Marie Serreau, le théâtre de Babylone est pratiquement en faillite huit mois plus tard. C'est alors que Roger Blin lui propose de monter une pièce inconnue d'un auteur inconnu, refusée par trente-cinq directeurs de théâtre. « Pour les uns, le manuscrit n'était qu'un canular, pour les autres une ineptie incompréhensible donc injouable, une esbroufe qui prétendait faire du neuf. À Paris, dans les théâtres respectables, on n'affichait pas les jeanfoutres[43]. »

Serreau accepte. « Quitte à fermer boutique, autant finir en beauté ! » La première a lieu le 5 janvier 1953 et, quand le rideau tombe, les spectateurs applaudissent, certains d'avoir assisté à un événement capital dans le monde des lettres. Dans les colonnes du *Figaro*, Jean Anouilh résume la pièce : « Les *Pensées* de Pascal jouées par les Fratellini. »

« Qu'était le théâtre avant Beckett ou Ionesco ? se demande Jean-Claude Grumberg. Montherlant, Giraudoux, Sartre, Camus ou Anouilh. Tous écrivaient dans une langue élaborée, censée illustrer des idées. Or Beckett démontrait à l'inverse qu'il n'y a pas d'idées. »

Au 46, Modiano et son père

Selon *Un pedigree*, la dernière rencontre entre Patrick Modiano et son père aurait eu lieu « dans le café-glacier, au coin de la rue de Babylone et du boulevard Raspail ». Il s'agit du SIP, célèbre glacier créé en 1955, 46, boulevard Raspail.

ROBIAC (square de)

Nous habitons encore square de Robiac. À une croisée ouverte face à la mienne, un homme dont on ne voit que le buste est au travail – c'est un cordonnier.

— Madeleine Chapsal, *Souvenirs involontaires*, 2018

Au 2, James Joyce

« Oui, je me souviens, relate la fille de Joyce, le soir où, au square de Robiac, Babbo a fait sa première lecture de *Work in Progress*. J'avais dix-sept ans. »

La famille Joyce résida square de Robiac de juin 1925 à 1931, dans un appartement relativement spacieux. Sur les dix-huit résidences parisiennes de l'écrivain, il s'agit de la neuvième.

Quelque part dans l'impasse, Madeleine Chapsal

L'écrivaine vécut square de Robiac dans sa petite enfance, à la fin des années 1920. Elle sera journaliste puis romancière, auteure notamment de *La Maison de jade*, six cent mille exemplaires vendus en France après un *Apostrophes* au cours duquel Bernard Pivot lui dit : « Madeleine, ce n'est pas un roman, c'est votre vie. » Après ce premier roman, elle ne cessera d'écrire. Jusqu'à quatre titres par an. Membre du jury Femina en 1981, elle en est exclue en 2006 pour propos jugés diffamatoires. « Quant à ces Dames, six d'entre elles avaient décidé mordicus et avant même d'entrer en scène de voter pour Gallimard en faveur d'*Asiles de fous*, de Régis Jauffret. Je n'avais rien contre, mais c'est ce côté "gang" qui m'a énervée[44]. »

ROUSSELET (rue)

La rue Rousselet est très mal pavée, le luxe du trottoir n'y apparait que par tronçons ; l'une des dernières, elle a vu disparaître l'antique réverbère à potence et à poulie.

— François Coppée, *Contes tout simples*, 1894

Au 6, André Salmon

Critique d'art reconnu, poète rêveur et sensible (*Poèmes*, 1905, *Les Féeries*, 1907), Salmon fut un proche de Picasso (donnant aux *Demoiselles d'Avignon* leur titre définitif) et de Guillaume Apollinaire qui, le 13 juillet 1909, évoque leur amitié dans son *Poème lu au mariage d'André Salmon*, poème qui se termine par ces vers : « Réjouissons-nous parce que directeur du feu et des poètes / L'amour qui emplit ainsi que la lumière / Tout le solide espace entre les étoiles et les planètes / L'amour veut qu'aujourd'hui mon ami André Salmon se marie. »

Le mariage de Salmon avec Jeanne Blazy-Escarpette a lieu en 1909 et le couple s'installe rue Rousselet l'année de la publication de son troisième recueil lyrique, *Le Calumet*.

Au 17, Paul Léautaud

Paul Léautaud et sa compagne Blanche Blanc y vécurent de 1905 à 1908. On peut lire, dans son *Journal* : « Mardi 12 Avril. – Installé depuis le huit rue Rousselet, n° 17. Devant mes fenêtres, les jardins des Frères de Saint-Jean-de-Dieu. Ce soir, au crépuscule, assez beau paysage, avec des airs de profondeur. Comme ce quartier est province, vieilles femmes, tout à fait le quartier des humbles de Coppée. Le montant de la vie moderne y manque vraiment trop et je ne crois pas que j'y moisirai. Ce matin, c'est plein de cris d'oiseaux, de chants de coqs, à se croire à la campagne. »

Rue Rousselet, Paul Léautaud poursuit son œuvre de démolition littéraire et l'on peut lire dans une interview de 1907 : « Il ne faudrait pas me pousser beaucoup pour que je donne tous les romanciers possibles pour les mémorialistes, les anecdotiers, les confesseurs de soi-même, un La Rochefoucauld, un Retz, un Chamfort, un Ligne, un Stendhal. Ah ! la fantaisie, le laisser-aller, la négligence même ! Cinquante Flauberts pour un Stendhal, voulez-vous ? et c'est encore moi qui y gagnerai. »

Au 24, le rugissant Léon Bloy

En 1867, à 21 ans, Léon Bloy réside au 24, en face de chez Barbey d'Aurevilly, dans une unique chambre disposant d'un lit de camp, le mur supportant un gigantesque crucifix.

Les deux hommes font connaissance l'année suivante, invitant chez eux des auteurs débutants comme Paul Bourget, François Coppée ou Jean Richepin.

Bloy, écrivain mystique, sera essentiellement un pamphlétaire de génie, farouche ennemi de la modernité, lançant ses brûlots sur l'Église, la colonisation, l'antisémitisme, l'argent, la mièvrerie de la littérature, la bourgeoisie qui n'a « jamais vendu que de la merde, et toujours à faux poids, surtout aux pauvres qui n'ont pas de balances ».

Au 25, Jules Barbey d'Aurevilly et la gloire obscure

L'ancien dandy séjourna rue Rousselet de 1859 jusqu'à sa mort, en 1889. « Il habitait, écrit Edmond de Goncourt, dans une habitation qui [avait] l'air d'une vacherie[45] [...]. J'emporte de ce logis de la rue Rousselet comme le souvenir de l'antre d'un lettré de race dans la débine. »

« C'était, précise Lucien Descaves, au premier étage d'une maison qui regarde le jardin des Frères de Saint-Jean-de-Dieu. Dans cette chambre, dont le loyer n'atteignait pas cinq cents francs, sur cette petite table qu'un écolier trouverait incommode, Barbey d'Aurevilly écrivit *Les Diaboliques*, *Les Bas-bleus*, *Gœthe et Diderot*, *Une histoire sans nom*, *Ce qui ne meurt pas*, *Une page d'histoire*..., et tant d'études et d'articles qui flamboyaient, tantôt comme des armes, et tantôt comme des pierreries... »

« Qui se soucie encore de Barbey d'Aurevilly qui a passé son temps à déranger son époque ? s'interroge Philippe Sollers. Romancier, nouvelliste, critique, journaliste, il aura pourtant été un des grands réfractaires du XIXe siècle avec Baudelaire et Bloy pour ne citer qu'eux. »

L'auteur des *Diaboliques* n'aurait eu que faire d'un destin lumineux. Car, écrivit-il, « la plus belle destinée : avoir du génie et être obscur ».

SAINT-DOMINIQUE (rue)

Tout à coup il sourit bêtement et dit : « Monsieur, l'une était pour madame la marquise de Listomère, rue Saint-Dominique, et l'autre pour l'avoué de monsieur... »

— Honoré de Balzac, *La Femme de trente ans*, 1842

Au 10, Marie du Deffand

À la mort de son mari, Marie du Deffand s'installe dans les appartements jadis occupés par Mme de Montespan, dans l'ancien couvent des Filles de Saint-Joseph, et, à partir de 1749, elle ouvre son célèbre salon « tapissé de moire bouton d'or », recevant assise dans son « tonneau[46] ». Son intelligence et ses dons de conversation attirèrent tous les grands esprits de l'époque, même lorsqu'elle fut atteinte de cécité à 56 ans.

Sainte-Beuve, parmi beaucoup d'autres, lui rendit hommage : « Née en 1697, morte en 1780, elle a traversé presque tout le XVIIIe siècle dont, encore enfant, elle avait devancé elle-même les opinions hardies et, à aucun moment, elle ne s'est laissé gagner par ses engouements de doctrine, par son jargon métaphysique ou sentimental. Elle est avec Voltaire, dans la prose, le classique le plus pur de cette époque, sans même en excepter aucun des grands écrivains. »

Mme du Deffand laissa à sa mort une abondante correspondance représentative de l'esprit de l'époque. Ses échanges avec Voltaire – lui demeurant aux Délices puis à Ferney, elle rue Saint-Dominique – dureront plus de vingt ans. S'entretenant de tout et de rien, de littérature ou de l'espèce humaine, ils partageaient la même amertume devant la vieillesse et la solitude. « Ah ! Monsieur, écrivait-elle, si on n'avait pas à vivre avec soi-même, on serait trop heureux, on aurait bien des sujets de se divertir et de rire. » Elle avait deux ans de moins que Voltaire. Respectueuse et amicale, elle mourut deux ans après lui.

SAINT-GERMAIN (boulevard)

Le boulevard Saint-Germain est également présent dans les 5e et 6e arrondissements.

En sortant de chez moi, j'ai rencontré Albert Camus près du kiosque à journaux du boulevard Saint-Germain. Mais il ne m'a pas tout de suite reconnu.

— Georges Nizan, *Oublier Tipasa*, 2019

Au 190, Jacques Brenner

Avant de devenir un lecteur clé de la maison Grasset, il avait œuvré chez Julliard, Albin Michel et, auparavant, à la Libération, aux Éditions de Minuit, qui avaient publié sa trilogie *Les Portes de la vie* (1948). Un demi-siècle et une trentaine d'ouvrages plus tard (romans, essais), Jacques Brenner décède en 2001. Son monumental *Journal* sera publié en cinq tomes chez Fayard à partir de 2006. Le tome V, intitulé *La Cuisine des prix*, va secouer le milieu de l'édition. Lui-même juré au Renaudot, Brenner dévoile les peu ragoûtantes coulisses des grands prix littéraires. *Le Monde* du 2 novembre 2006 publie quelques extraits : « Anecdote du 6 novembre 1989 : "Déjeuner avec Berger", directeur littéraire chez Grasset. Il m'explique la stratégie qu'il a imaginée pour faire obtenir le Goncourt à Vautrin (il l'a obtenu). En fait il a passé un accord avec Gardel (juré Renaudot, lié au Seuil). Celui-ci lui a promis les voix du Seuil à condition que pour le Renaudot les jurés Grasset votent pour Philippe Doumenc (auteur Seuil). » « Il faut lire Brenner, conclut *Le Monde*. Mais il est conseillé, ensuite, de sortir prendre l'air… »

Au 202, le Dr Mardrus

En 1900, après avoir publié les trois premiers tomes de son *Livre des Mille nuits et une nuit*, le Dr Mardrus s'installe à Paris. Il rencontrera une jeune poétesse qui deviendra la célèbre Lucie Delarue-Mardrus, s'en séparera et, en 1918, s'installera avec sa nouvelle compagne, Gabrielle Bralant, dans un appartement situé sous le « belvédère » de Guillaume Apollinaire. Son fonds de commerce « contes orientaux » perdurera avec *La*

Reine de Saba et divers autres contes (1921) ou *Histoire charmante de l'adolescente Sucre d'amour* (1926).

Au 202, Guglielmo Alberto Wladimiro Alessandro Apollinare de Kostrowitzky

Quittant la rive droite, Apollinaire s'y installe en octobre 1912. Dans son « pigeonnier », il corrige les épreuves d'*Alcools* et compose ses premiers calligrammes. Au mur de sa chambre-salon, *Réunion à la campagne*, le grand tableau que lui a offert Marie Laurencin. Philippe Soupault évoque les lieux : « Je n'ai jamais vu un appartement aussi bizarre. Des pièces minuscules (comment avait-on pu faire entrer ses nombreux meubles, un lit gigantesque, des armoires ventrues...) et des couloirs interminables qui étaient devenus son bureau de travail et sa salle à manger. [...] Près de la porte d'entrée, un petit escalier intérieur, rudimentaire et délicieux, montait vers le ciel. Et, là-haut, une sorte de boudoir, plein d'objets curieux et simples, et rares, avec au mur deux dessins de Henri Matisse, était le lieu où le poète aimait rêver nonchalamment. »

Le 202, boulevard Saint-Germain sera la dernière demeure d'Apollinaire. Il y meurt de la grippe espagnole le 9 novembre 1918, deux jours avant l'Armistice, alors que sous ses fenêtres la foule hurle « À mort Guillaume ! » (Guillaume II d'Allemagne).

Au 218, fief et fiel de Saint-Simon

Quittant l'hôtel de Selvois en 1714, Saint-Simon s'installe rue Saint-Dominique (actuel n° 218 du boulevard Saint-Germain). Duc et pair de France, filleul de Louis XIV, ami du Régent, il perd toute influence politique à la mort de ce dernier, en 1723. Fin 1739, il commence la rédaction de ses innombrables (et acides) portraits comme celui de Françoise de Brancas, princesse d'Harcourt : « C'était alors une grande et grosse créature fort allante, couleur de soupe au lait, avec de grosses et vilaines lippes et des cheveux en filasse toujours sortants et traînants comme tout son habillement sale, malpropre [...]. C'était une furie blonde, et de plus une harpie : elle en avait l'effronterie, la méchanceté, la fourbe, la violence ; elle en avait l'avarice et l'avidité... »

Dans ses *Mémoires*, Saint-Simon l'intègre va fustiger la « bassesse la plus abjecte, illustrée par des courtisans aux desseins visqueux et reptations sournoises, bêtes de surface mouvantes, des sous-sols répugnants, monstres qui évoluaient masqués avec des contorsions de couleuvre[47] ».

Il résidera rue Saint-Dominique jusqu'en 1746, date à laquelle il emménagera rue du Cherche-Midi.

Au 242, Bernard-Henri Lévy

En 1977, après la sortie de *La Barbarie à visage humain*, Maurice Clavel s'adresse au chef de file des « nouveaux philosophes » dans les colonnes du *Nouvel Observateur* : « BHL, je sais ce qu'il vous manque. Il vous manque au-delà de votre pessimisme de trop bon ton, le désespoir, le vrai ; puis au-delà, l'espoir. Voilà ce qui vous manque : un long et dur chemin. » Sur le chemin suivra *Le Testament de Dieu*, également très controversé. Essai ? Philosophie ? Pour certains, « il n'y a pas de pensée chez ce penseur ».

Le premier roman de BHL – *Le Diable en tête* – paraît en 1984 et obtient le prix Médicis. Nouvelle controverse : l'écrivain est accusé de plagiat. Il sera relaxé par le tribunal[48]. Son mariage avec Arielle Dombasle a lieu en 1993, ils s'installent après travaux dans un appartement d'environ trois cent quatre-vingts mètres carrés boulevard Saint-Germain. Que BHL revendra en 2010. En 1988, il reçoit le prix Interallié pour son roman *Les Derniers Jours de Charles Baudelaire*.

Une trentaine d'essais et quelques procès plus tard va paraître chez Flammarion et Grasset *Ennemis publics*[49], une correspondance entre Bernard-Henri Lévy et Michel Houellebecq, qui attaque très fort : « Tout, comme on a dit, nous sépare – à l'exception d'un point : nous sommes l'un et l'autre des individus assez méprisables. Spécialiste des coups foireux et des pantalonnades médiatiques, vous déshonorez jusqu'aux chemises blanches que vous portez. Intime des puissants, baignant depuis l'enfance dans une richesse obscène, vous êtes emblématique de ce que certains magazines un peu bas de gamme comme *Marianne* continuent d'appeler la "gauche caviar". Philosophe sans pensée mais pas sans relations, vous êtes en outre l'auteur du film le plus ridicule de l'histoire du cinéma. »

Mais « pourquoi tant de haine ? D'où vient-elle ? » demandera BHL.

SAINT-GUILLAUME (rue)

Il s'était présenté rue Saint-Guillaume, dès potron-minet, un tableau sous le bras.

— Guillaume Musso, *Un appartement à Paris*, 2017

Au 14, Jean-François Deniau

Après son élection à l'Académie française, en 1992, Jean-François Deniau s'installe rue Saint-Guillaume, dans un hôtel particulier propriété de l'Institut. Gravement malade, sortant de l'hôpital trois ans plus tard dans une chaise roulante, il décide illico de traverser l'Atlantique en solitaire. « Plus je vais mal, dit-il, plus j'ai besoin d'agir. » De retour sur terre, il écrit *L'Atlantique est mon désert*, récit qui sera suivi d'une quinzaine d'ouvrages. En 2001, Deniau doit quitter la rue Saint-Guillaume : il ne peut plus monter les étages. Il emménage boulevard des Invalides et Bertrand Poirot-Delpech, son compère en voile et en Académie, va reprendre l'appartement.

Au 14, Bertrand Poirot-Delpech

L'un des plus grands journalistes littéraires français – feuilletoniste du *Monde* – fut également écrivain, publiant après son *Grand Dadais* de 1958 (prix Interallié) une vingtaine d'ouvrages dont *Monsieur le Prince* (1999), jubilatoire petit roman où les hasards de cimetières peuvent changer la vie.

« Est-ce injurier sa mémoire, se demande Josyane Savigneau, que parler plus de ses articles que de ses livres ? Sans doute pas. Tous les chercheurs, les biographes qui vont travailler sur les écrivains de la seconde moitié du XXe siècle vont croiser, à un moment où un autre, Bertrand Poirot-Delpech. Et vont être étonnés, éblouis, non seulement par ses feuilletons (qu'ils vont discuter aussi) mais aussi par ses hommages aux grands écrivains au moment où ils quittent non la scène, car leur œuvre est toujours là, mais la vie terrestre. »

Au 16, Alphonse de Lamartine à l'hôtel de Laigue

Lamartine s'y installe en février 1836, avant de s'installer 82, rue de l'Université. Il y écrit la majeure partie de *Jocelyn*, gigantesque ouvrage de huit mille vers répartis en neuf époques, réflexion sur la Révolution, roman en vers mêlant épopée et journal.

Flaubert fustigera un « écrivain sans rythme », « un lyrisme poitrinaire ». « Il ne restera pas de Lamartine, écrit-il dans une lettre à Louise Colet, de quoi faire un demi-volume de pièces détachées. C'est un esprit eunuque, la couille lui manque, il n'a jamais pissé que de l'eau claire. »

Au 31, Léon Daudet

« Chez Léon Daudet, le bouillonnement fiévreux de la copie, de la conversation, de la blague, de la charge, de l'agrichage, ça me fait peur par moments pour l'avenir de sa cervelle », écrivait Edmond de Goncourt en 1893 dans son *Journal*. La cervelle de « Gros Léon » tint bon, malgré sa boulimie de mots, en politique ou en littérature. Pendant deux décennies, il vécut dans l'hôtel datant du début du XVIIIe siècle qui sera englobé au XXe dans la « maison de verre » du Dr Dalsace. Daudet s'y installe en 1908, date à laquelle l'ancien républicain participe à la création de *L'Action française*, dont il sera plus tard éditorialiste puis rédacteur en chef. Il a déjà publié une dizaine de romans et, en 1914, à 47 ans, il commence à rédiger ses *Souvenirs des milieux littéraires, politiques, artistiques et médicaux*, soucieux, dit-il, d'offrir à ses lecteurs « un tableau véridique sans l'atténuation qu'apporte aux jugements un âge avancé ». On y croise Barbey d'Aurevilly, Hugo, Maupassant, Zola, présenté comme « gras, content, dilaté, bonhomme, affichant les chiffres de ses tirages avec une magnifique impudeur », ou Proust, un « jeune homme pâle, aux yeux de biche, suant ou tripotant une moitié de sa moustache brune et tombante, entouré de lainages comme un bibelot chinois ».

Parallèlement à sa carrière politique, il ne cessera d'écrire, romans, essais, critiques, soit au total une centaine d'ouvrages. Polémiste enragé, antidreyfusard, antirépublicain et antisémite, il aidera cependant Proust à obtenir le prix Goncourt, tentera de faire de même avec Céline. Et à ceux qui lui reprocheront de voter pour un détracteur de la patrie, il répondra : « La patrie, je lui dis merde quand il s'agit de littérature. »

SAINT-SIMON (rue de)

À droite de l'ascenseur, il y a une petite porte vitrée. Elle ouvre sur un escalier de quelques marches qui aboutit au jardin. En traversant celui-ci, on trouve une porte dans le mur de clôture. Elle donne directement rue Saint-Simon.

— Georges Simenon, *Maigret et Monsieur Charles*, 1972

Au 8, Léon Daudet

Léon Daudet s'y installe en 1903, avant la rue Saint-Guillaume. Il a 36 ans, il a publié une dizaine de romans, il est membre de l'académie Goncourt où il a été élu trois ans auparavant au fauteuil de son père. L'affaire Dreyfus a fait basculer ses opinions politiques : il était républicain, il sera monarchiste. Journaliste à *La Libre Parole* d'Édouard Drumont, Daudet continue à ferrailler contre le « stupide XIXe siècle », affûte ses couteaux pour le siècle à venir. Ses monumentaux *Souvenirs* couvriront un demi-siècle de vie littéraire et politique, *Souvenirs* que l'on a parfois comparés aux *Mémoires* de Saint-Simon.

SAINT-THOMAS-D'AQUIN (place)

La place Saint-Thomas-d'Aquin est un lieu paisible du VIIe arrondissement. Les environs sont d'apparence cossue et respectable, loin des misères et des manques.

— Edwy Plenel, *La Part d'ombre*, 1994

Apollinaire se marie à l'église Saint-Thomas-d'Aquin

Le 2 mai 1918, Apollinaire épouse Jacqueline Kolb, la « jolie rousse » du dernier poème de *Calligrammes*. (« Elle vient et m'attire ainsi qu'un fer l'aimant / Elle a l'aspect charmant / D'une adorable rousse… ») Le marié a pour témoins Picasso et Lucien Descaves, la mariée Ambroise Vollard et Gabriële Picabia. Après la messe, l'événement sera célébré à l'Asti spumante chez Poccardi, rue Favart. Deux mois plus tard, Apollinaire sera témoin au mariage de Picasso et d'Olga. Et sept mois après, le poète décédera de la grippe espagnole.

SAINTS-PÈRES
(rue des)

La rue des Saints-Pères est également présente dans le 6ᵉ arrondissement.

Rue des Saints-Pères, par hasard, il tomba une fois sur Suzanne Nizette. Elle avait beaucoup fondu.
— Jacques Audiberti, *Les Jardins et les Fleuves*, 1954

Au 10, Jules Michelet

En 1808, la famille Michelet s'installe rue des Saints-Pères, où elle restera un an avant de déménager pour le boulevard Saint-Martin. Jules est âgé de 10 ans, il pense devenir imprimeur, comme son père. Mais ce dernier préfère s'imposer des sacrifices pour envoyer son fils étudier à l'institution Mélot, puis au lycée Charlemagne. Il sera reçu à l'agrégation de lettres en 1821. Les premiers écrits du futur historien seront des manuels scolaires.

Au 38, Claude Lanzmann

En quittant Simone de Beauvoir et la rue Victor-Schoelcher en 1959, Claude Lanzmann loue pour quelques mois une chambre au-dessus du café de Flore, puis emménage rue des Saints-Pères dans un appartement appartenant à l'acteur allemand Peter Van Eyck (*Le Salaire de la peur*), « homme pacifique, le plus accommodant des propriétaires[50] ».

Au 44, naissance de Saint-Simon à l'hôtel de Servois

Saint-Simon naît dans l'hôtel de Servois, qui était situé à l'angle sud-ouest du boulevard Saint-Germain et de la rue des Saints-Pères, à la hauteur de l'actuel nº 44. « Je suis né la nuit du 15 au 16 janvier 1675, de Claude, duc de Saint-Simon, pair de France, et de sa seconde femme Charlotte de L'Aubépine, unique de ce lit. De Diane de Budos, première femme de mon père, il avait eu une seule fille et point de garçon. » Ainsi commencent les *Mémoires* de celui qui eut comme parrains le roi et la reine, qui fut mousquetaire en 1691 avant de passer sa vie à brosser des portraits assassins de la cour de Louis XIV puis de celle du Régent.

Au 64, Flaubert et Louise Colet

Ce serait très exactement le 29 juillet 1846 qu'après une promenade en fiacre au bois de Boulogne, Louise Colet tomba sous les draps dans les bras du jeune Flaubert, alors très beau garçon, à l'hôtel du Bon La Fontaine. La liaison durera, avec des hauts et des bas, jusqu'à la rupture définitive en 1855.

Plus âgée de onze ans, célèbre pour ses poésies, elle l'avait rencontré dans l'atelier de Pradier qui le lui avait présenté en ces termes : « Ce jeune homme veut faire de la littérature. Vous devriez lui donner des conseils. »

SÉGUR (avenue de)

Venu de l'avenue de Ségur en métro (bondé).
— Georges Perec, *Guettées*, 1977

Quelque part sur l'avenue, Georges Bataille

Après son mariage en 1927 avec l'actrice Sylvia Maklès, Georges Bataille quitte l'appartement où il vivait avec sa mère et son frère rue de Rennes pour s'installer avenue de Ségur. Il a trouvé Dada « pas assez idiot », s'est méfié d'un embrigadement dans le surréalisme de Breton, a commencé son œuvre solitaire, transgressive et profanatrice. « J'écris, confiera-t-il, pour qui, entrant dans mon livre, y tomberait comme dans un trou, n'en sortirait plus. » Son *Histoire de l'œil*, ouvrage le plus connu, paraît en 1928 anonymement sous le nom de Lord Auch, prélude à une œuvre masquée par de multiples pseudonymes, vouée à l'Enfer des bibliothèques.

Au 4 bis, Antoine Blondin

Rentré du STO en mai 1945, Blondin retrouve sa femme Sylviane. Le couple s'installe dans l'appartement des beaux-parents avenue de Ségur. Il a 23 ans, n'a qu'une envie : écrire, oublier les horreurs de l'époque, faire la fête. L'appartement se transforme rapidement en auberge ouverte à tous les amis, Blondin y héberge Michel Déon, tâte du journalisme, donne naissance à deux filles dont il ne s'occupe guère, pas plus que de sa femme. Il restera trois ans avenue de Ségur, jusqu'à l'écriture de *L'Europe buissonnière*, prix des Deux Magots 1949. Il a abandonné sa famille, son père vient de se suicider, sa carrière d'écrivain alcoolique peut commencer.

Au 55 bis, Alejo Carpentier

L'écrivain et diplomate cubain décède avenue de Ségur en 1980, laissant une œuvre baroque imprégnée du réalisme magique sud-américain qu'il nomme son « réel merveilleux ».

Ses liens avec la France se nouent en 1928 lorsque, journaliste à Cuba, il est emprisonné pour ses positions politiques qui déplaisent au dictateur Machado. Il parviendra à s'embarquer pour l'Europe grâce à Robert Desnos, de passage à Cuba. À Paris, il va se lier avec les surréalistes, notamment Prévert et Artaud.

Le terrain littéraire d'Alejo Carpentier s'étend sur l'ensemble des Caraïbes, et son premier roman, *Le Royaume de ce monde*, paraît en 1949. Suivra *Le Partage des eaux* (1954), prodigieuse remontée de l'Orénoque et du temps, considérée comme son œuvre majeure.

Au 85, Georges Perec

En juin 1972, Perec quitte la rue de Seine et s'installe avenue de Ségur, à l'angle du boulevard Garibaldi. Il s'en souviendra notamment dans ses grilles de mots croisés pour *Télérama* : « N'est pour rien dans l'avenue de Ségur » (« comtesse », évidemment !). 1972 est l'année des *Revenentes*. Antithèse de *La Disparition*, il s'agit pour le maître des contraintes oulipiennes d'écrire un roman lipogrammatique en n'utilisant que la voyelle E. 1972 est également l'année des premières ébauches de *La Vie mode d'emploi* qui paraîtra six ans plus tard. Il y écrit par ailleurs ses premiers « Je me souviens ». (« 1. Je me souviens que Reda Caire était passé en attraction au cinéma de la porte de Saint-Cloud. »)

Perec quittera l'appartement début 1974 et achètera son (dernier) appartement rue Linné.

SÈVRES (rue de)

La rue de Sèvres est également présente dans le 6ᵉ arrondissement.

« *Il y a Pierre Louchard… – Que fait-il ? – Il a passé quarante ans, il est pédéraste et tient une boutique d'antiquités rue de Sèvres.* »

— Georges Simenon, *Le Voleur de Maigret*, 1967

Au 12-16, Juliette Récamier à l'Abbaye-aux-Bois

De retour d'exil à Paris, Juliette Récamier s'installe rue d'Anjou-Saint-Honoré puis, en 1820, à l'Abbaye-aux-Bois, couvent transformé en habitations, qui occupait l'emplacement du 12-16, rue de Sèvres et des numéros impairs de la rue Récamier.

Pendant plus de vingt ans, ses réceptions vont réunir les talents les plus divers avec, bien sûr, l'omniprésence de Chateaubriand qu'elle a retrouvé en 1817. Il l'avait aperçue seize ans auparavant chez Mme de Staël, « une robe blanche sur un sofa de soie bleue », et leur histoire d'amour aura duré trente ans, ponctuée de séparations dues aux infidélités de l'amant-ambassadeur-écrivain.

C'est à l'Abbaye-aux-Bois que Chateaubriand, après avoir entendu Lamartine lire en se rengorgeant ses *Méditations*, murmura avec dédain : « Quel grand dadais ! »

Juliette Récamier traversera Restauration et monarchie de Juillet, assistera Chateaubriand dans ses derniers moments et, devenue pratiquement aveugle, décédera lors de l'épidémie de choléra qui ravage Paris en 1849.

Au 22, Prévert au Bon Marché

Employé à 15 ans au Bazar de la rue de Rennes, puis Au Bon Marché, le tout jeune Prévert fait, expliquera-t-il à André Pozner, « surtout du déplacement d'objets », c'est-à-dire du chapardage : « Un objet, une marchandise qui ne nous appartenait pas, il fallait s'arranger pour qu'elle nous appartienne. » Au bout de cinq mois, il sera licencié pour « mauvais esprit » et pour avoir « détourné du bon chemin » une employée de l'établissement, Mlle Moginot. Le jeune homme fréquente par ailleurs quelques voyous sans être inquiété par la police : « La virginité de mon casier judiciaire reste encore pour moi un mystère », écrira-t-il plus tard.

Au 50, Erik Orsenna

Lorsqu'il reçoit le prix Roger-Nimier en 1977 pour son second roman, *La Vie comme à Lausanne*, Erik Orsenna, 30 ans, réside rue de Sèvres, escalier au fond de la cour, cinquième étage sans ascenseur. Bernard Pivot, dans *Les Mots de ma vie*, se souvient d'un des *Apostrophes* d'été, où il effectuait des interviews à domicile ; de la grogne des techniciens devant monter les lourdes caméras de l'époque dans les étages ; et de la prédiction d'Orsenna sur le France-Bulgarie prévu quelques jours plus tard. « 3 à 1 pour la France », dit-il à Pivot. Ce sera 3 à 1.

SOLFÉRINO (rue de)

Un beau jour, un homme marche rue de Solférino d'un pas léger et le lendemain n'est plus.
— Yasmina Reza, *Une désolation*, 1999

Au 6, Jules Romains et le Dr Knock

Après la rue Wilhem en 1930, le boulevard Murat en 1933, l'hôtel Pierre Ier de Serbie en 1933, la rue du Faubourg-Saint-Honoré en 1937, Jules Romains s'installe rue de Solférino en 1947 après avoir terminé le vingt-septième et dernier tome des *Hommes de bonne volonté*. Cette œuvre monumentale pèsera moins dans sa célébrité que son mince mais délicieux *Les Copains* ou ce bon *Knock* :

Le Tambour — Quand j'ai dîné, il y a des fois que je sens une espèce de démangeaison ici. Ça me chatouille, ou plutôt ça me gratouille.

Knock (*avec la voix de Jouvet*) — Attention. Ne confondons pas. Est-ce que ça vous chatouille, ou est-ce que ça vous gratouille ?

SUFFREN (avenue de)

Le « mur » de l'avenue Duquesne a son pendant de l'autre côté des casernes, sur la désertique avenue de Suffren : peu de passants, peu d'affiches.
— René Lucot, *Magic-City*, 1989

Au 11 bis, Eugène et Paul Morand

Le père fut poète, dramaturge (*L'Héritier*, 1885, et *Les Dossiers jaunes*, 1887), peintre (de grand talent), librettiste occasionnel, directeur de l'École nationale supérieure des arts décoratifs (de 1915 à 1925). Le fils fut diplomate, romancier et homme pressé. Après avoir résidé rue Marbeuf puis rue de l'Université, Eugène Morand s'est installé avec sa femme avenue de Suffren. En mars 1925, le fils quitte la rue de Penthièvre et séjourne chez ses parents. Il publie *L'Europe galante*, fait le tour du monde, rejoint Claudel au Japon, revient à Paris et se fait mettre en congé de l'Administration pour vivre de sa plume. Il restera avenue de Suffren jusqu'à son mariage avec Hélène Chrissoveloni, princesse Soutzo, publiant *Rien que la Terre*, synthèse de ses différents voyages. Quatre ans plus tard, en 1930, Eugène Morand décède avenue de Suffren à 76 ans.

Au 94, Dominique Bona

À l'âge de 7 ans, venant de Perpignan, cette future benjamine de l'Académie française (en 2013), fille d'Arthur Conte, y passa son enfance et son adolescence, « enfance heureuse entre des parents aimants[51] ». Son entrée en littérature interviendra en 1981 avec *Les Heures volées*, roman ayant pour cadre la région de son cœur, entre Perpignan et Barcelone. Soutenue notamment par Simone Gallimard, elle va « oser être elle-même[52] » et mener de front romans et biographies, obtenant le Grand Prix de la biographie de l'Académie française en 1987 pour son *Romain Gary*, l'Interallié pour *Malika* (1992) puis le Renaudot pour *Le Manuscrit de Port-Ébène* (1998). Auteure de cinq romans et d'une quinzaine de biographies, elle signe *Mes vies secrètes*, récit autobiographique qui paraît chez Gallimard en 2018.

Au 135, Françoise Sagan

L'écrivaine s'y installe en 1966 avec son fils, Olivia la cuisinière, Théreza la femme de chambre, Oscar le chauffeur-maître d'hôtel, Werther le berger allemand, Minou le chat et l'Austin décapotable[53]. Elle vient de publier *La Chamade*, ses pièces *L'Écharde* (dans laquelle la mère de Modiano tient le rôle principal) et *Le Cheval évanoui* sont représentées au Gymnase dans une mise en scène de son ami Jacques Charron.

En mai 1968, Sagan paie son écot en faisant le taxi, conduisant (dans son bolide) des auto-stoppeurs terrifiés ici et là. Au théâtre de l'Odéon, elle se fait apostropher par un des orateurs : « La camarade Sagan est venue en Ferrari, bien sûr, apprécier la contestation des camarades étudiants… » Sagan ne se démonte pas : « Ce n'est pas une Ferrari, camarade, c'est une Maserati ! » La romancière et son fils quitteront l'avenue de Suffren en 1969 pour la rue Henri-Heine.

Au 159, Willy (Henry Gauthier-Villars)

Depuis 1924, l'ancien mari de Colette réside avenue de Suffren et quand on lui parle de « Willy », il déclare d'un ton bourru, allusion à son divorce de 1910 : « C'est un vieux rigolo que j'ai bien connu : il est mort il y a vingt-cinq ans. »

À mesure que Colette a gagné en renommée et que sa carrière s'est affirmée, celle de Willy a faibli. Le goût du public a changé, la littérature grivoise de la Belle Époque a cessé de plaire, les derniers jours de Willy sont difficiles. La souscription lancée en 1929 par ses amis recueille quatre mille francs. Colette, sollicitée, a refusé d'y participer. Willy décède en janvier 1931, pas vraiment oublié : ses obsèques sont suivies par trois mille personnes, dont quelques ministres et académiciens.

TOURVILLE (avenue de)

Il était donc venu pour la retrouver après qu'ils se furent manqués à Berlin, à peine effleurés au 2 bis, avenue de Tourville, puis rue Saint-Dominique.

— Max Gallo, *Les Patriotes*, 2000

Au 20, Joseph Delteil

Après la rue de Verneuil et la publication d'*Iphigénie* dans la *NRF* (au grand dam de

Paul Claudel, que les scènes scabreuses horrifient), le jeune homme s'installe en 1921 à l'hôtel Turenne et travaille à la rédaction de son premier roman, *Sur le fleuve amour*. Texte érotique et sauvage, roman inclassable, il sera qualifié de « littérature d'égout » par les critiques, de véritable œuvre d'art par Aragon et Breton. Suivra un deuxième roman, *Choléra*, qui provoquera à nouveau l'admiration des futurs surréalistes. Et dans *Littérature*, Drieu la Rochelle s'écriera avec lyrisme : « Chauves, lisez Delteil, vos cheveux repousseront ! »

UNIVERSITÉ (rue de l')

Pontdebois habitait, rue de l'Université, un appartement de quatre pièces dont le remarquable manque de confort le remplissait de joie.
— Marcel Aymé, *Travelingue*, 1941

Au 2, Marcel Schwob

Précoce, Marcel Schwob : en 1878, à l'âge de 11 ans, il publie son premier article dans *Le Phare* (un compte rendu de lecture d'un roman de Jules Verne). En 1891, le jeune homme quitte l'appartement de son oncle pour s'installer au 2, rue de l'Université. « J'allais souvent lui rendre visite, écrit Léon Daudet dans *Paris vécu*, dans cette espèce de soupente où fréquentaient aussi Renard, Maurice Pottecher et Claudel, et nous devisions de littérature et d'art autant que nous pouvions. »

Figure majeure du Paris littéraire, ami de Jarry (*Ubu roi*, en 1896, lui est dédicacé), de Valéry, de Colette, Schwob publie des contes à la limite du poème en prose, invente des procédés littéraires qui seront repris par d'autres, notamment par Gide dont *Les Nourritures terrestres* doivent beaucoup au *Livre de Monelle* (1894). Borges, des décennies plus tard, révéla que les *Vies imaginaires* de Schwob étaient une des sources d'inspiration de l'*Histoire universelle de l'infamie* et de plusieurs nouvelles de *Fictions*.

Schwob restera trois ans rue de l'Université puis ira s'installer rue Vaneau.

Au 3, le premier roman de Bernanos

Bernanos s'y installe en 1919, il y restera jusqu'en 1924. Il y écrit et termine le premier de ses huit romans, *Sous le soleil de Satan*. Il préfère cependant écrire au café voisin, écoutant les conversations, s'y mêlant parfois. « Le café, c'est en quelque sorte le degré zéro de la maison, le lieu où l'on est le moins protégé, le plus proche du visage humain et de la rumeur de la ville[54]. » En 1925, un an avant la publication de son roman chez Plon, il écrit à un ami : « J'ai conscience d'avoir mis vingt ans à créer dans ma tête un monde imaginaire d'une singulière grandeur. J'ai hâte de le découvrir à ceux qui méritent de le connaître, et je sais que la réalisation m'égalera aux plus grands… » L'ancien Camelot du roi voit juste : les critiques sont dithyrambiques. Ce succès va permettre à ce représentant d'une compagnie d'assurances d'accéder à une relative aisance matérielle et de se consacrer à la littérature.

Au 4, le Saint-Yves

L'hôtel Saint-Yves reste célèbre pour son cabaret 1900 dirigé par Romi dans les années 1950. Y séjournait alors le couple légendaire Alice Sapritch-Guillaume Hanoteau, Alice Sapritch que Daniel Gélin décrit comme « une intellectuelle ressemblant à Simone de Beauvoir » dans son *Comme on s'aimait à Saint-Germain-des-Prés*. Avant la guerre, Maurice Sachs fut un habitué, rebaptisant les lieux en hôtel Saint-Joachim dans *Le Sabbat*. À la Libération, Aragon viendra y fêter le Goncourt d'Elsa Triolet pour *Le premier accroc coûte deux cents francs*, prix qui fera ricaner Léautaud : « Les Goncourt ont fait coup triple : la dame Triolet est russe, juive et communiste : c'est cousu de fil rouge. »

Au 4, Robert Pinget

« Il me semble, déclarait Robert Pinget en 1965, que lorsqu'on est attiré par un écrivain, ce n'est pas sa biographie qui intéresse. Je m'étonne toujours que l'on aborde un écrivain avec des questions qui n'ont rien à voir, ou peu à voir, avec son œuvre. »

D'accord. Disons simplement que cet écrivain discret, membre du « groupe » du Nouveau Roman, résida tantôt rue de l'Université, tantôt à La Roche Luzillé, à partir de l'automne 1964. Qu'il publia trente-trois ouvrages dont le premier, *Mahu ou le matériau*, remet en question le rôle de l'écriture. Et qui pose la question : « Je descends en moi-même et je trouve quoi ? (Un temps.) Je trouve quoi[55] ? »

Au 4 bis, Oscar Thibault

En logeant l'avocat Oscar Thibault puis son fils Antoine rue de l'Université, Roger Martin du Gard ne pouvait pas se tromper : bourgeoisie, conservatisme, respectabilité. Mais pourquoi le 4 bis ? Hasard ? Il eût été amusant qu'il optât pour le 34 bis, sans savoir que Maurice Leblanc y loge Arsène Lupin sous le nom du duc de Charmerace.

Au 9, l'hôtel Lennox de James Joyce

« Ève. Péché nu du ventre de froment. Un serpent se love autour d'elle, crochet enfoncé au cœur de son baiser. » Certes, c'est compliqué, mais c'est *Ulysse*. Julien Green déclarait l'avoir lu « avec un mélange de dégoût, d'admiration et d'ennui ». L'homme de Dublin, celui que Sylvia Beach et Adrienne Monnier surnomment le « Jésus mélancolique », séjourne à l'hôtel Lennox de juillet à novembre 1920. Il n'y a pas de table et il écrit, comme souvent, sur une valise posée sur ses genoux. Les Joyce reviendront à l'hôtel Lennox en 1921 et en 1922, année durant laquelle Joyce rencontre Proust (au Ritz, évidemment). L'entretien va entrer dans la légende : Proust se plaint de son estomac, Joyce de sa mauvaise vue. « Notre conversation, écrit Joyce, s'est résumée au mot "non". Proust m'a demandé si je connaissais le duc d'Untel. J'ai répondu non. Notre hôtesse lui a demandé s'il avait lu telle ou telle partie d'*Ulysse*, il a répondu non. Et ainsi de suite. »

Au 11, Marc Fumaroli

« La littérature, écrivait cet académicien aussi stylé que courtois, n'est pas seulement un objet d'étude, mais un véritable chemin de vie. Les écrivains, même s'ils ne prétendent pas nous mener à la sainteté ou au salut, sont de très grands maîtres spirituels. Car il y a dans la littérature, comme dans les sagesses antiques, une dimension pratique. C'est un apprentissage de l'usage du temps, de nous-mêmes, des autres. »

Fut-il d'un autre temps, ce grand ami de d'Ormesson ? Historien reconnu de la littérature, abordant des domaines aussi divers que l'art de la rhétorique, Chateaubriand, ou l'État culturel, l'académicien fustigea son époque et ses modes littéraires, coupables de confondre divertissement de masse et culture. Il combattit tout ce qu'il trouvait laid, notamment la féminisation du français, estimant que les termes « notairesse », « mairesse », « doctoresse », « chefesse » riment fâcheusement avec « fesse », « borgnesse » et « drôlesse » et n'évoquent la duchesse que de très loin.

Au 15, la Revue des Deux Mondes

La revue s'y installe en 1916, elle y résidera jusqu'en 1937. Rendez-vous littéraire majeur au siècle précédent, dirigée désormais par René Doumic, elle va se teinter de politique (droitière), laissant le champ libre à la *NRF*.

Au 17, Gédéon Tallemant des Réaux

« Mon dessein, écrit-il, est d'écrire tout ce que j'ai appris et que j'apprendrai d'agréable et digne d'être remarqué et je prétends dire le bien et le mal sans dissimuler la vérité. »

Cet écrivain, gazetier et poète occupa le 17, rue de l'Université, entre 1646 et 1655, dans un hôtel appartenant à François Luillier, le père du poète Chapelle. Il est connu pour ses *Historiettes*, achevées en 1659, dans lesquelles il brosse le portrait d'écrivains comme Voiture, Scarron, Malherbe, La Fontaine, Corneille, Georges de Scudéry, Madeleine de Scudéry, Marie de Sévigné… historiettes qu'il ne montre « qu'à ses plus particuliers amis ».

Au 17, les fabuleux cocktails Gallimard

En 1944, Gaston Gallimard met la main, pour « une bouchée de pain », sur un immeuble qu'il convoite, car il communique par l'arrière avec l'immeuble de la rue Sébastien-Bottin. Le jardin commun va accueillir les fameux cocktails Gallimard qui se tenaient dans les premiers temps de l'après-guerre, tous les jeudis, d'avril à juin. « C'était une sorte de grande *fiesta* parisienne, se souvient Pierre Nora ; on y voyait aussi bien Malraux que Brigitte Bardot, etc. […] Et il y avait littéralement tous les auteurs ; il y avait Louis-René des Forêts dont j'étais en train de lire *Les Mendiants*, il y avait Queneau, il y avait Caillois, il y avait Sartre, il y avait tout le monde[56]. »

Ces cocktails, avec leurs petits fours et les photos prises par Jacques Robert (puis Jacques Sassier), étaient fort courus par les auteurs indigents qui pouvaient, en l'espace d'une heure, faire le plein pour quelques jours. Devant ces excès, on exigea bientôt le carton d'invitation. Les cocktails devinrent mensuels, puis annuels, puis disparurent totalement.

Au 24, Chateaubriand

Démis de ses fonctions de ministre en 1816, Chateaubriand se retrouve totalement désargenté. Il doit se résoudre à vendre la Vallée-aux-Loups – qu'il possédait à Châtenay-Malabry depuis 1807 – et s'installe l'année suivante dans un pied-à-terre de la rue de l'Université, logement qu'il occupera trois ans.

Au 25, Alexandre Dumas sans sa mère

Grâce à son premier succès dramatique (*Henri III et sa cour*, joué à la Comédie-Française en 1829, un an avant *Hernani*), Alexandre Dumas quitte le 53, rue du Faubourg-Saint-Denis où il vivait avec sa mère et emménage la même année au 25, rue de l'Université, au quatrième étage. (Trois de ses fenêtres donnent sur la rue du Bac.) Il y reste deux ans, jusqu'en 1831, y écrit une nouvelle version de *Christine*. Parallèlement, il loue également une chambre (7, rue de Sèvres) pour y retrouver Mélanie Villenave (qui deviendra Mélanie Waldor).

« Lorsque l'on verra, écrit Maxime du Camp dans ses Mémoires, ce que le théâtre était avant lui, on sera étonné de la révolution dramatique dont il a été le chef avant et au-dessus de tout autre. »

Au 28, Luc Estang et le Saint-Office

Le premier roman de cet écrivain catholique ami de Bernanos paraît en 1949 : *Les Stigmates*, volume inaugural d'une trilogie comprenant également *Cherchant qui dévorer* et *Les Fontaines du grand abîme*. En 1954, le livre est mis à l'index. Le Saint-Office estime que « ce roman mérite un blâme sévère, tant pour son plan général que pour ses détails. Il étale, en effet, des véritables turpitudes qu'il décrit sous des couleurs les plus vives ; il est ensuite gravement nuisible aux bonnes mœurs, parce qu'il excite une basse sensualité par son style ultraréaliste ». Luc Estang s'excusera et devra démissionner de la direction littéraire de *La Croix*.

Au 30, les bonnes fées de René Julliard

« Il aime les réceptions, les relations brillantes, les dîners en ville et cette aisance est extrêmement précieuse pour ses affaires, puisqu'elle lui procure, d'une part, une source étendue de manuscrits, d'autre part, des possibilités tactiques dans le domaine de la presse et des jurys littéraires. Sa maison d'édition a été créée à son image : elle est souple, rapide, et elle se veut à la dernière mode. » Ainsi parle Robert Laffont, qui occupe déjà les locaux du 30, rue de l'Université, avant que Julliard ne vienne l'y rejoindre en 1948. Les fées se penchent sur le berceau de la jeune maison d'édition, qui récolte trois Goncourt successifs dans l'immédiat après-guerre : *Histoire d'un fait divers* de

Jean-Jacques Gautier (1946), *Les Forêts de la nuit* de Jean-Louis Curtis (1947) et *Les Grandes Familles* de Maurice Druon (1948). Six ans plus tard, elles sont encore au rendez-vous : Charles Orengo, le directeur général de Plon, a tardé à donner une réponse à une certaine Françoise Quoirez. *Bonjour tristesse*, qui paraît chez Julliard, va frôler le million d'exemplaires.

Au 32, le jeune Charles Baudelaire

En 1836, la famille Baudelaire quitte Lyon et revient à Paris, s'établissant à l'hôtel des Ministres, rue de l'Université. Charles, alors âgé de 14 ans, entre comme pensionnaire au collège royal Louis-le-Grand. Dans les premiers temps, pour satisfaire sa mère, il s'efforce, malgré son dégoût pour un milieu scolaire qu'il juge inepte, d'obtenir de bonnes notes. (Premier accessit de vers latins en 1836 puis, l'année suivante, deuxième prix en vers latins et huitième accessit en version latine.) Indiscipliné, il sera renvoyé de l'internat et gardera un très mauvais souvenir de Louis-le-Grand : « Tu sais, écrira-t-il à sa mère en 1861, quelle atroce éducation ton mari a voulu me faire ; j'ai 40 ans et je ne pense pas aux collèges sans douleur. »

Au 32, Victor de Laprade

Il fut un temps où il fallait résider à Paris pour entrer à l'Académie française. (Corneille en fit l'expérience en 1644[57].) Par une dérogation aux règlements, ce poète lyonnais put succéder (en février 1858) à Alfred de Musset, qui par ailleurs n'avait que dédain pour son œuvre inspirée de Chateaubriand et de Lamartine, trop attachée à la religion et à la royauté. Laprade s'efforça cependant d'être quelque peu parisien, louant un pied-à-terre rue de l'Université dans les années 1870 puis au 12, rue Jacob dans les années 1880.

Au 32, Hortense Allart de Méritens

Sa liaison avec Chateaubriand (elle a 28 ans, lui, 61) commence à Rome en avril 1829. L'aime-t-elle ? Elle s'est déjà fait connaître par ses romans (*Gertrude*, 1828) et en écrit un nouveau qu'elle soumet au grand homme. Lequel déclare que l'œuvre (à peu près illisible) est admirable et la persuade de rentrer avec lui à Paris. Ils se verront chez elle, rue de l'Université, à quelques mètres du pied-à-terre qu'il occupait treize ans auparavant.

Au 35, Guy Schoeller et Sagan

Elle a failli mourir dans un champ de blé (où s'est retournée son Aston Martin), il est venu lui demander sa main sur son lit d'hôpital. Françoise Sagan et Guy Schoeller se marient en mars 1958, arrivant séparément à la mairie du 17e arrondissement. Le couple s'établit à deux pas de chez Julliard, dans un duplex de huit pièces occupé précédemment par Jeanne Moreau. Sagan y écrit *Aimez-vous Brahms...*, Schoeller papillonne, le mariage ne peut se conclure que par un échec. Ils se sépareront au bout de deux ans. « Notre rencontre aura été sur certains points comme un violoncelle à l'arrière-plan de ma vie, qu'il dirigea complètement et longuement, sans trop bien le savoir », écrira-t-elle.

Au 38, Roger Vailland

Roger Vailland s'y installe en 1934 avec Andrée Blavette, son amour-passion, en alternance avec l'hôtel particulier des Blavette, 8 bis, villa Léandre, à Montmartre. L'amour va faire place au ressentiment et ils se sépareront à la fin de la guerre. Vailland la dépeindra sous les traits de Mathilde dans *Drôle de jeu*, une traîtresse qu'il va tuer (littérairement), puis sous les traits de Roberte dans *Les Mauvais Coups*, qu'il « suicidera » tout aussi littérairement. Andrée Blavette, elle, se suicidera vraiment en 1962, en se jetant d'un quatrième étage de la rue Auber.

Au 41, la mort d'Alphonse Daudet

L'auteur du *Petit Chose* et des *Lettres de mon moulin* décède le 16 décembre 1897 à son domicile, d'une complication de la syphilis, le *tabes dorsalis*, maladie incurable de la moelle épinière. L'affaire Dreyfus vient d'éclater et les funérailles de cet antidreyfusard donnent lieu à un surprenant spectacle. Derrière le corbillard qui se dirige vers le cimetière du Père-Lachaise, deux de ses amis séparés par la haine : Édouard Drumont et Émile Zola.

Sa veuve, Julia Daudet, assurera la publication des œuvres de son mari, continuera à tenir son salon (littéraire et politique), publiant en 1910 ses *Souvenirs autour d'un groupe littéraire*, croquant Heredia, Moréas, Faguet, Maupassant, Flaubert, Mme Adam et ses amis : Bourget, Coppée, Loti…

Au 46, Philippe Soupault

Séparé de sa femme, le coauteur des *Champs magnétiques* s'y installe avec Muriel Reed en 1948, dans un appartement sous les toits. Parallèlement à ses nombreux voyages, il va animer de nombreuses émissions radiophoniques sur la poésie, *Chansons d'écrivains*, *Prenez garde à la poésie*, *Poètes à vos luths* ou *Poètes oubliés, amis inconnus…* Le couple y résidera jusqu'en 1964, Soupault achetant un appartement rue Gay-Lussac.

Au 57, Lucien Bodard

Son premier livre (*La Mésaventure espagnole*, 1946) relatait son évasion de France en 1943 vers les Forces françaises libres de Londres, via l'Espagne, le Maroc et l'Algérie. L'aventure est en marche. Repéré par Lazareff, il entre à *France-Soir* comme grand reporter, dans la lignée d'Albert Londres, de Blaise Cendrars, de Joseph Kessel ou de Romain Gary. Dans un premier temps « plus jaune que blanc », il est surnommé « Lulu le Chinois », pour sa profonde connaissance du pays où il naquit et pour sa couverture de l'Extrême-Orient de 1947 à 1960 (l'Indochine de 1948 à 1955, Hong Kong de 1955 à 1960).

À 60 ans, le journaliste se fait romancier et, selon ses mots, va « vendre de la Chine à la tonne ». Avec succès. D'abord une trilogie sur la guerre d'Indochine, *L'Enlisement*, *L'Humiliation*, *L'Aventure* (1963-1967), puis *Monsieur le Consul*, prix Interallié 1973, roman dans lequel Bertrand Poirot-Delpech discerne un peu de Céline, de Malaparte et de Kessel. *Anne Marie*, en 1981, lui vaudra le Goncourt.

S'il fut une star des médias et du box-office des librairies, il souffrit peut-être de ne pas être apprécié à sa juste valeur, Saint-Germain-des-Prés ayant du mal à dissocier le romancier du journaliste et de l'historien. Le vieux Mandarin décède rue de l'Université, en 1998.

Au 82, Lamartine acclamé

En 1837, Alphonse de Lamartine s'installe dans un appartement proche de la Chambre des députés, chambre dont il est membre depuis quatre ans. Il y vit la moitié de l'année, et l'autre dans ses châteaux bourguignons. L'appartement n'est pas du goût de tous : « En entrant chez Lamartine, écrit Arsène Houssaye, on croyait marcher sur des nuages. C'est qu'on ne se sentait pas chez un simple mortel. S'il y avait de l'Olympe chez Victor Hugo, il y avait du septième ciel chez Lamartine. On entrait chez lui dans la symphonie des *Méditations* et des *Recueillements*, on avait toujours peur de faire *La Chute d'un ange*. Et pourtant, rien n'était moins poétique que son appartement[58]… » C'est au 82 que le peuple de Paris viendra l'acclamer en février 1848, après son discours en faveur du drapeau tricolore. En 1853, en disgrâce après le coup d'État de 1851 et en difficulté financière, Lamartine abandonne l'appartement pour résider rue de la Ville-l'Évêque (rue Cambacérès).

Au 88, la mort de Jean de Tinan

« Ce n'est pas la fin du siècle qui me concerne, c'est le commencement de l'autre… Je me sens très vingtième siècle. C'est au vingtième siècle que l'on inaugurera mon petit buste au Luxembourg… » écrivait avec humour Jean de Tinan en juillet 1898.

En seulement quatre années, Jean de Tinan va terminer un récit (*Un document sur l'impuissance d'aimer*, 1894), un recueil de contes (*Érythrée*, 1896), deux romans (*Penses-tu réussir ?*, 1897, et *Aimienne ou le Détournement de mineure*), une « fantaisie » (*L'Exemple de Ninon de Lenclos amoureuse*, 1898). Il va faire paraître plus de quatre-vingts articles de presse, tenir son journal et échanger une volumineuse correspondance. À cela, il faut ajouter deux romans « de commande » pour Willy, d'autres articles écrits sous pseudonyme et des textes inédits, inachevés. « Je veux vivre intensément puisque je dois mourir jeune », affirme-t-il dans son *Journal intime*. Il meurt à 24 ans.

Au 110, Henry Bernstein

Le célèbre et féroce dramaturge y résida de 1923 à 1927, avant de s'établir 24, cours Albert-Ier. Dans le salon, son portrait d'enfant, peint par Manet. Dès 1900, son nom figure sur un programme de théâtre : *Le Marché*, pièce cinglante d'un jeune homme de 23 ans. Il en écrira et fera jouer vingt-neuf, dont *Mélo*, en 1929, que mettra sur pellicule Alain Resnais, la dernière étant représentée en 1955. Il savait se faire des ennemis, comme Roger Nimier, en 1951, qui osa écrire « Pourquoi la muse de M. Henry Bernstein l'a-t-elle délaissé ? » et se vit pour cela intenter un procès[59].

Bernstein décède en 1953 et le critique Robert Kemp écrit : « Un homme de haute stature vient de s'éteindre pour l'éternité ; sans doute étonné que la mort osât l'atteindre. Car il possédait et nourrissait un magnifique orgueil. »

Au 157, Édouard Drumont

« À cette époque, écrit Léon Daudet, le directeur de *La Libre Parole* habitait encore cette petite maison du 157 de la rue de l'Université, tant de fois décrite ; une maison, d'apparence bourgeoise. La porte cochère s'ouvrait sur une allée d'arbres malingres. À droite, cinq pavillons ornementés de briquetage rouge, avec de minuscules jardinets enclos de grilles à hauteur d'homme. Le pavillon du fond était celui de l'auteur de *La France juive*. »

Avant ses écrits antisémites et nationalistes, Édouard Drumont avait publié une pièce de théâtre : *Je déjeune à midi* (1875) puis, en 1878, *Mon vieux Paris*, déambulation nostalgique dans un Paris disparu. Fils d'un petit fonctionnaire atteint de troubles mentaux, c'est un journaliste discret. Sa vie va basculer et sa notoriété éclater avec la publication de *La France juive*, ouvrage raciste, antisémite et complotiste d'une grande violence comportant un index de plus de trois mille noms de personnalités juives, ouvrage qui devient aussitôt un best-seller politique. Suivront *La Fin d'un monde* (1889), *La Dernière Bataille* (1890), *Le Testament d'un antisémite* (1891) et la création de son journal en 1892 : *La Libre Parole*.

« Je suis l'annonciateur des temps qui approchent », écrivit-il. Drumont annonce en effet la fureur de l'affaire Dreyfus (1894), la montée d'un antisémitisme littéraire incarné par Barrès et Maurras et, durant la guerre, par Robert Brasillach et Lucien Rebatet.

Après la rue de l'Université, Drumont emménagera à quelques dizaines de mètres, au 3, passage Landrieu.

Au 169, Roger Caillois

Poète du minéral (*Pierres*, 1966, *L'Écriture des pierres*, 1970, *Pierres réfléchies*, 1975), Roger Caillois commença par fréquenter les surréalistes avant de s'en séparer, considérant leurs activités « comme de simples jeux de société ». En 1934, la fameuse « querelle des haricots sauteurs » l'oppose à Breton. Quelle attitude adopter face au merveilleux ? Faut-il les laisser sauter (Breton) ou les disséquer pour comprendre (Caillois) ? La rupture entre les deux hommes sera irrémédiable. Fondateur avec Georges Bataille et Michel Leiris du Collège de sociologie (1938), Caillois n'avait bien sûr rien contre le merveilleux, puisque son œuvre explorera les mondes de l'imaginaire et du fantastique comme *L'Homme et le Sacré* (1939), *L'Incertitude qui vient des rêves* (1956), *Au cœur du fantastique* (1965), *Le Fleuve Alphée* (prix Marcel-Proust 1978).

Il fut élu à l'Académie française en 1971, reçu par René Huyghe en janvier 1972 par ces mots : « Vous êtes, monsieur, un des plus curieux esprits de notre temps, des plus autonomes, des plus rétifs à ses entraînements. »

Caillois, qui s'ennuyait aux séances du dictionnaire, proposait des mots qui n'existaient pas, leur prêtant des étymologies si convaincantes qu'ils étaient souvent sur le point d'être adoptés.

Au 183, Louis Bertrand

En 1909, Louis Bertrand fête son prix Montyon pour son cinquième roman : *L'Invasion*. Il s'installe au 183 de la rue de l'Université. « C'était, précise André de Fouquières, un homme de lettres et uniquement un homme de lettres, phénomène qui n'était naguère pas rare. Cet état s'accompagnait, chez Louis Bertrand, d'une grande vanité et de convictions idéologiques furieuses[60]. »

« Depuis bien des années, écrira Paul Mangion, l'écrivain et son œuvre sont tombés, en France, dans les brouillards de l'oubli. Ni les dictionnaires des auteurs, ni les dictionnaires des œuvres, des lettres françaises, ne lui accordent une ligne ; seules les diverses éditions de Larousse lui consacrent une courte notice[61]. »

Académicien (en 1925), installé à partir de 1926 au 42, rue du Général-Foy, Louis Bertrand se fera remarquer en 1936 en publiant une biographie d'Hitler, brossant un portrait louangeur et reprenant à son compte l'approche raciale et antisémite du nazisme. Il décède en décembre 1941.

Au 191, Jorge Semprún

Il occupait un petit studio sous les toits et il était chez lui quand son ami Javier Solana, ministre socialiste du gouvernement de Felipe González, l'appela et lui proposa de devenir ministre de la Culture. « Tu seras écrivain ou président de la République », lui avait dit sa mère avant de mourir. Avant de devenir écrivain reconnu, depuis *Le Grand Voyage* (1963) jusqu'à *L'Écriture ou la Vie* (1994), il sera exilé, résistant, survivant de Buchenwald, dirigeant clandestin du Parti communiste espagnol (PCE)[62], ministre (de 1988 à 1991).

« L'inoubliable Français d'Espagne ou Espagnol de France » (Edmonde Charles-Roux) décède rue de l'Université en juin 2011.

Au 206 (ancien 182), Paul Morand

En 1902, nommé conservateur du dépôt des marbres, Eugène Morand s'installe avec sa famille dans une maison qui abrite également l'atelier d'Auguste Rodin, un « charmant pavillon adossé à la rue de l'Université et donnant sur le grand jardin du garde-meuble, quai d'Orsay. Jardin sauvage et mystérieux où les taillis embroussaillés cachaient des vestiges de temples grecs transformés en poulaillers, où les grands marronniers ombrageaient sur les pelouses les statues commandées par l'État et jamais mises en place[63] ».

Paul Morand est âgé de 14 ans, les familiers de son père s'appellent Marcel Schwob, Henri de Régnier, Auguste Rodin, qui vient parfois se réfugier chez les Morand quand Camille Claudel hurle trop fort. Le jeune homme va voyager, essentiellement en Angleterre et en Italie, rater son baccalauréat, se reprendre grâce à Jean Giraudoux (son précepteur), ce qui le conduira tout naturellement vers une carrière de diplomate et d'écrivain.

VANEAU (cité)

Boris habitait cité Vaneau. Le savoir-vivre m'écrasait. Je poussai loin la diplomatie puisque j'épousai un homme qui ne me fit pas la cour.

— Éric Neuhoff, *Champagne !*, 1997

Au 5, Pierre de Boisdeffre

Selon la tradition, tout haut fonctionnaire du Quai d'Orsay se doit d'écrire, comme le firent Claudel, Giraudoux, Morand et Saint-John Perse. Pierre de Boisdeffre fit l'inverse puisqu'il commença à écrire dans les années 1950, devenant ambassadeur (d'Uruguay, de Colombie) dans les années 1980. Il publia en 1958 une *Histoire vivante de la littérature d'aujourd'hui. 1938-1958*, prélude à une œuvre consacrée à celle des autres : Tolstoï, Goethe, Kafka, Barrès, Gide, Jouhandeau, Malraux…

VANEAU (rue)

« Oh ! dit Reine, interdite, la rue Vaneau ! – Et après ? dis-je avec brusquerie. – La rue Vaneau, la rue Vaneau », répéta-t-elle pensivement.

— Marguerite Taos Amrouche, *Jacinthe noire*, 1996

Au 1 bis, André Gide et sa cour

Parmi les familiers, on disait « le Vaneau » comme on aurait dit le Mexique ou le Pérou, un pays où Gide s'installe en août 1928 après avoir vendu la villa de Montmorency. Il occupe le sixième étage – deux appartements indépendants et deux studios situés sur le même palier –, où se réunit sa « cour », dont notamment la « petite dame » Van Rysselberghe, sa confidente et biographe qui habite l'appartement face au sien. Ne manque que Madeleine, sa cousine et épouse restée en Normandie et avec laquelle il n'a jamais consommé le mariage.

Sous l'escalier intérieur, il s'est aménagé un recoin monacal pour écrire, « petit îlot de pauvreté dans la demeure d'un bourgeois, dans un immeuble de grand bourgeois[64] ».

Son œuvre est derrière lui et, au milieu des années 1930, il délaisse l'écriture pour s'occuper de politique et contrer la montée du nazisme. Persuadé que l'Union soviétique constitue le meilleur rempart, il en fait l'éloge dans *La Nouvelle Revue française*, puis, après son voyage à Moscou en juin 1936, en fait le procès dans *Retour de l'U.R.S.S.* En dépit des efforts d'Aragon pour empêcher sa parution, le livre va alimenter le clivage des intellectuels sur la guerre d'Espagne. Gide deviendra une des bêtes noires des communistes. En 1947, quand il recevra le prix Nobel de littérature, le Parti se souviendra de 1936. Dans *Action*, Edgar Morin écrira : « Il y a des génies qui devancent l'histoire [...]. Et puis l'histoire les rattrape. Et puis l'histoire les dépasse. »

Après la guerre, on pouvait encore croiser un vieux monsieur, redingote sur le dos, chapeau sur la tête, qui sortait du 1 bis. Vous le reconnaissiez, un salut de la tête, et il vous fixait de son regard suspicieux à travers ses petites lunettes rondes. Seriez-vous un ami de cette canaille de Claudel ? L'auteur de *L'Immoraliste* meurt en 1951 et on peut lire dans le journal de Claudel : « La moralité publique y gagne beaucoup et la littérature n'y perd pas grand-chose. »

Après la mort de Gide, Roger Nimier aurait fait envoyer à François Mauriac un télégramme signé Gide ainsi libellé : « L'enfer n'existe pas. Pouvez vous amuser. Informez Claudel[65]. »

Au 1 bis, Emmanuel Bove et *Mes amis*

En 1929, Emmanuel Bove réside 1 bis, rue Vaneau, dans l'immeuble de Gide avec lequel il lui arrive parfois de jouer aux échecs. Cinq ans auparavant, avec l'aide de Colette, il a fait paraître *Mes amis*, premier roman salué par la critique, par Edmond Jaloux et Max Jacob, et qui lui vaudra quelques voix au prix Femina. Suivront une vingtaine de romans et recueils de nouvelles qui ne lui apporteront ni véritable notoriété ni fortune. De santé fragile, Emmanuel Bove meurt un vendredi 13 en juillet 1945, à 47 ans. Dans *La Dernière Nuit* (1939), il avait écrit : « Nous sommes tous des isolés. À un moment pourtant, nous pouvons cesser de l'être. Savez-vous à quel moment ? »

Au 1 bis, Albert Camus reçoit Maria Casarès

En 1944, Camus loue le studio que Marc Allégret occupe dans l'appartement de Gide, parti en Tunisie rejoindre un adolescent nommé Victor. Gide le lui loue sans bien le connaître et sans le déclarer. « C'était, écrit Camus, un atelier avec loggia dont la plus grande singularité tenait dans un trapèze qui pendait au milieu de la pièce. Je l'ai fait enlever, je crois, fatigué que j'étais de voir s'y pendre les intellectuels qui me rendaient visite. » Le 5 juin 1944, Camus emmène Maria Casarès dans une soirée organisée par Sartre et Beauvoir chez Charles Dullin, rue de La Tour-d'Auvergne. Après la soirée, ce n'est pas chez elle, rue de Vaugirard, qu'il raccompagne l'actrice sur sa bicyclette, mais dans le studio de la rue Vaneau, témoin éphémère de leurs premières amours.

Au 9, Julien Green

Cet Américain à Paris vécut rue Vaneau de 1973 jusqu'à sa mort en 1998, louant un appartement de deux cents mètres carrés dans l'ancien hôtel particulier qu'occupait Willy, le mari de Colette. L'appartement était peint de rouge, les lourds rideaux cramoisis, la bibliothèque contenait des milliers d'ouvrages aux reliures de cuir vieillies hérités de son père. Romancier des âmes déchirées, angoissé par le péché, ce janséniste qualifiait ses romans d'« hallucinations prolongées » et précisait : « Mes livres sont écrits par une personne que je ne connais pas. » Il devait pourtant la connaître un peu puisque, outre ses romans, il laissa un journal commencé en 1919, sans doute le plus long publié à ce jour, journal qui, dans les derniers temps, restitue crûment sa lutte perpétuelle entre la foi et la chair, Green n'hésitant pas à y écrire : « Hier soir, un jeune marin fort élégant, le cul bien dehors [...]. Je rentre si facilement dans ce petit cul chaud que le plaisir vient presque tout de suite. »

Il fut candidat au fauteuil d'un autre angoissé du péché – François Mauriac –, et fut donc le premier écrivain étranger élu à l'Académie, qu'il quittera par ailleurs officiellement en 1996.

Un an après son élection, il fut naturalisé français par le bon vouloir du président Pompidou, afin de le remercier de son service militaire en France lors de la Première Guerre mondiale et de sa contribution culturelle.

L'écrivain décède en août 1998, à l'âge de 97 ans, après une chute dans son appartement.

Au 23, Georges Pillement

À 28 ans, féru de poésie, Pillement déclare joliment son amitié à Max Jacob en lui écrivant : « Mon amitié est bien neuve, elle est bien timide, vous avez déjà eu beaucoup d'amis dont l'amitié s'est usée. Pourtant, la mienne est résistante, elle est non feinte, vous savez, elle vous fera peut-être plus d'usage... » La poésie sera pour lui essentiellement amoureuse, il obtiendra en 1937 le prix des Deux Magots pour *Plaisir d'amour*. Après la guerre, à l'instar de Fargue, il va devenir un grand piéton de la capitale et un défenseur du patrimoine, écrivant sur Paris inconnu, Paris disparu, Paris des promeneurs ou Paris en péril.

On lui doit également certains textes de l'*Almanach de Saint-Germain-des-Prés* (1950), complément indispensable au *Manuel* de Boris Vian.

Au 26, Marcel Schwob et sa Marguerite

En 1894, Schwob quitte le 2, rue de l'Université, et s'installe rue Vaneau. Il publie son célèbre *Livre de Monelle*, préface *Le Dynamiteur* de Stevenson, écrivain avec lequel il a engagé une correspondance dès 1890.

En 1900, il rencontre Marguerite Moreno, actrice à la Comédie-Française, en tombe éperdument amoureux. Celui qu'Edmond de Goncourt surnommait aimablement « le gros rat un peu pelé » épouse l'amie de Colette et va lui vouer une totale adoration : « Je suis entièrement à la discrétion de Marguerite Moreno, et elle peut faire de moi ce qu'il lui plaît, même me tuer. » Elle ne le tua pas mais la grippe intestinale le fit, le 26 février 1905, il avait 37 ans.

Au 29, Ernest Renan et Jésus

« Chez Renan. À un quatrième de la rue Vaneau, un petit appartement bourgeois et frais, un mobilier de velours vert, des têtes d'Ary Scheffer au mur, et au milieu de quelques objets de Dunkerque, le moulage d'une délicate main de femme[66]. »

Écrivain, historien, philosophe, il fut, selon Anatole France, « l'un des plus vastes génies de son temps » et vécut rue Vaneau de 1864 à 1877, après la rue Madame et avant la rue Saint-Guillaume.

Un an avant son emménagement, dès le matin, une foule se presse à l'ouverture de la Librairie Nouvelle, 15, boulevard des Italiens, où l'on met en vente son ouvrage, *Vie de Jésus*, auréolé d'un parfum de scandale. Renan ne soutient-il pas que sa biographie doit être écrite comme celle de n'importe quel homme et que les Évangiles doivent être analysés en tant que document historique ? Soixante mille exemplaires seront vendus en cinq mois et *Vie de Jésus* sera l'un des livres les plus lus en France dans la seconde moitié du XIXe siècle, hissant Renan au hit-parade des auteurs, après Victor Hugo et loin devant Lamartine.

Visionnaire et pessimiste, Ernest Renan : si Hugo voyait dans le XXe siècle l'avènement d'une paix mondiale, lui prédisait « des guerres d'extermination, analogues à celles que les diverses espèces de rongeurs ou de carnassiers se livrent pour la vie ».

Au 40, Jean-Louis Curtis

« Vous vous en foutez de Jean-Louis Curtis, vous avez tort d'ailleurs », peut-on lire dans *La Carte et le Territoire*. Michel Houellebecq y rend hommage à l'art du pastiche de Curtis, art qu'il manie lui-même assez bien. Curtis ? Bien oublié, ce Goncourt 1947 pour *Les Forêts de la nuit*, devant Maurice Druon et *Le Caporal épinglé* de Jacques Perret. Romancier, essayiste au génie polymorphe, il fut élu à l'Académie française en 1986 et un article du *Monde*, en 1991, rend hommage à sa curiosité et à son érudition : « Jean-Louis Curtis a un emploi du temps chargé. Cet ancien petit jeune homme des Pyrénées-Atlantiques, jadis professeur d'anglais, rend visite à Saint-Simon dans la matinée. Il déjeune chez Marivaux. Il entrevoit Zola, Barrès et Gide. Il prend le thé chez Proust. Il rencontre Giraudoux, Mauriac et Sartre. Il dîne en compagnie de Shakespeare. Il termine la soirée chez Dickens, et tombe sur Joyce avant d'aller dormir. Il semble être fort intime avec eux, malgré les différences d'âge ou de siècle. »

Au 40, G. Lenotre

Ce grand historien de la petite histoire qui inspira Alain Decaux et André Castelot demeura rue Vaneau durant cinquante-sept ans, de 1821 à 1878. « Bien que relativement récent, écrit la *Revue des Deux Mondes*, l'immeuble ne comportait pas le “confort moderne”, c'est-à-dire l'eau et le gaz. Le soir, on s'éclairait avec des bougies ou des lampes à huile, et, chaque matin, un porteur montait dans de grands seaux de cuivre la provision d'eau de la journée[67]. »

Historien spécialiste de la Révolution française, s'appuyant essentiellement sur des documents d'époque, Lenotre (nom de plume de Louis Léon Théodore Gosselin) écrivit néanmoins quelques pièces de théâtre (*Les Trois Glorieuses*, *Le Drame de Varennes*, *Les Grognards*). Les six volumes de *Vieilles maisons, vieux papiers* furent de formidables succès de librairie, souvent réédités. On le surnomma « le Sardou de l'Histoire » et, après avoir échoué (en 1909) à s'asseoir dans le fauteuil académique de ce dernier, il occupa celui de René Bazin en 1935.

Au 44, Benoîte Groult

« Il y avait une fois, au 44 de la rue Vaneau, une brune et une blonde. C'était en mai 1940, une époque où l'on n'avait pas le droit d'être inconscient, et pourtant… » écrit Benoîte Groult dans son *Journal à quatre mains*. Nièce du couturier Paul Poiret, filleule de Marie Laurencin, elle fut, comme sa sœur Flora, encouragée à écrire dès sa petite enfance : « Allez vous brosser les dents et écrivez votre journal avant de vous coucher ! » Il s'agissait dans la famille d'un rite auquel il était inenvisageable de déroger et c'est ainsi que les deux sœurs noircirent des cahiers que leur mère rangeait dans des caisses.

Après une carrière de journaliste, Benoîte Groult va entrer en littérature vers la quarantaine, publiant avec sa sœur Flora *Journal à quatre mains* (1958), *Le Féminin pluriel* (1965), *Il était deux fois* (1967) avant de poursuivre seule avec *La Part des choses* (1972) et surtout *Ainsi soit-elle* (1975), essai sur la condition féminine.

Interrogée par *Elle*, Benoîte Groult se souvient : « C'est à mon mari, Paul, que je dois ce livre, lui qui, je dois le reconnaître, a été féministe bien avant moi. Un jour, à table, il me dit : "J'ai trouvé le titre de mon prochain roman : 'Ainsi soit-elle.'" J'ai pâli de jalousie, tant je le trouvais excellent. Alors il me l'a offert. Il ne me restait plus qu'à écrire le texte qui allait avec. [Et c'est ainsi que] je suis devenue la féministe de service[68]. »

Au 45, l'escalier étudiant de François Mauriac

En 1909, le jeune François Mauriac emménage au cinquième étage du 45 de la rue Vaneau où il prépare l'École des chartes, école qu'il va intégrer puis abandonner pour se consacrer à l'écriture. Il publie (à compte d'auteur) un recueil de poèmes, *Les Mains jointes*, puis, quatre ans plus tard, *L'Enfant chargé de chaînes*, premier roman qui s'avère un gros échec. Autant l'intérieur de son deux-pièces est raffiné, très bien meublé, autant l'environnement laisse à désirer. « L'escalier était une des menues souffrances du jeune homme. Obscur à partir de dix heures, on montait dans la nuit pleine d'infâmes relents de cuisine et de charcuterie. Les autres étages étaient peuplés d'institutrices allemandes qu'une œuvre philanthropique réunissait là. Leur musique et les odeurs de pied de porc grillé poursuivaient Claude jusque dans son petit et clos et très orné appartement[69]. »

Mauriac résidera rue Vaneau jusqu'en 1913, date à laquelle il s'installe rue de la Pompe. Il faudra attendre les années 1920 pour que le talent littéraire du « catholique qui écrit » s'affirme, avec *Le Baiser au lépreux* en 1922.

Au 53, André Fraigneau, général des Hussards

Éditeur (chez Grasset) et proche de Marguerite Yourcenar dans les années 1930, il ne céda pas à ses avances, lui inspirant les monologues de *Feux* et nourrissant son œuvre du thème du désespoir amoureux. Grâce à André Malraux, ses premiers romans sont publiés chez Gallimard (*Les Voyageurs transfigurés*, 1933, *L'Irrésistible*, 1935, *La Fleur de l'âge*, 1942), romans au « style sec et brillant » (Chardonne) oscillant entre dandysme et jansénisme. Durant la guerre, il publie à la *NRF* et dans *Je suis partout*, participe au voyage à Weimar avec Ramon Fernandez, Jacques Chardonne, Marcel Jouhandeau, Drieu la Rochelle, Abel Bonnard et Robert Brasillach. S'en repentit-il ? « L'absurdité, l'incohérence de ma vie me frappent jusqu'à l'effroi », note-t-il dans ses *Carnets*.

Après la guerre, résidant rue Vaneau, il va devenir un peu malgré lui un des mentors des Hussards – Nimier, Blondin, Déon, Laurent –, dont chacun va donner une préface à *L'Amour vagabond* (1956).

« André Fraigneau, écrit Antoine Blondin, est entré dans notre vie à la manière d'un diable. Il a jailli d'une botte et nous avons reconnu aussitôt, pour ne plus le quitter, ce visage affûté au scalpel. Peu d'auteurs avaient écrit à leur ressemblance avec autant de bonheur. Ce fut un privilège étonnant que de pouvoir déjeuner de plain-pied avec le héros des romans que nous aimions. Nous avons continué longtemps. »

Après la publication d'un *Cocteau par lui-même* en 1957, André Fraigneau cessera d'écrire.

Au 82, Gustave Kahn

On discutera sans doute longtemps sur le véritable inventeur du vers libre, au milieu des années 1880 : Jules Laforgue, Marie Krysinska ou Gustave Kahn[70] ? Ce dernier fit sensation en 1887 avec son recueil *Les Palais nomades*, composé en vers libres, choix qui, selon lui, permettait « d'écrire son rythme propre et individuel au lieu d'endosser un uniforme taillé d'avance et d'être réduit à n'être que l'élève de tel glorieux prédécesseur ».

Animateur de revues, éminent critique d'art, Kahn écrivit également des romans, des contes, des pièces de théâtre, une histoire du mouvement symboliste et de nombreux articles de critique.

Dans les années 1920, l'ancien poète symboliste réside rue Vaneau (au 82) et s'intéresse de plus en plus à la culture juive, publiant les *Contes juifs* en 1926, *Images bibliques* en 1929 et *Terre d'Israël* en 1933.

VARENNE (rue de)

Je le regardai s'en aller avec sa taille un peu voûtée, le long de la rue de Varenne, toute déserte.

— Paul Bourget, *Pastels*, 1889

Au 5, Germain Nouveau

Pour son dernier voyage à Paris, en 1904-1905, l'ancêtre des beatniks de Jack Kerouac, l'ami de Verlaine et Rimbaud loge rue de Varenne, revoit ses vieux amis, les dissuade de publier ses poèmes. Il finira par s'établir en Provence et décédera d'épuisement au terme d'une longue pratique d'ascèse, en 1920. André Breton se souviendra de lui dans *Flagrant délit* (1949) : « Chaque fois qu'il m'arrive de le nommer, je cède tout entier à sa magie, avec délice j'écoute refleurir le chant grégorien dans ses vers. »

Son poème le plus connu, *Les Cathédrales*, a parfois des accents rimbaldiens, avec son « bourdonnement de guêpes colossales », sa « rumeur des cloches éblouies » ou ses « vaisseaux délicieux qui voguent vers le jour ».

Au 9, « Berthe aux grands pieds » et Remy de Gourmont

Légataire universelle d'Auguste Clésinger, célèbre sculpteur[71] et gendre de George Sand, dotée d'un physique imposant (qui lui valut les surnoms de « la grande dame » ou de « Berthe aux grands pieds »), Berthe de Courrière rencontre Remy de Gourmont en 1886 et lui commande une étude sur Clésinger. Leur vie commune, rue de Varenne, durera trois ans et sera orageuse. Il ne l'oubliera pas et en fera l'héroïne de *Sixtine* (1890) puis du *Fantôme* (1893). Adepte des messes noires et des œuvres de Sade, Berthe de Courrière ne dépara pas dans l'univers décadent de Huysmans dans *Là-bas*, apparaissant dans le roman sous le nom de Mme Hyacinthe Chantelouve.

Au 48, la comtesse de Ségur et la petite Sophie

« Mon Dieu, mon Dieu ! qu'ai-je fait ? dit-elle. Je ne voulais qu'y goûter, et j'ai presque tout mangé. Maman va s'en apercevoir dès qu'elle ouvrira la boîte ; elle devinera que c'est moi. Que faire, que faire ? Je pourrais bien dire que ce n'est pas moi ; mais maman ne me croira pas… Si je disais que ce sont les souris ? »

C'est en 1819 que la comtesse de Ségur et son mari, Eugène de Ségur, s'installent au 48 (anciennement nº 6), rue de Varenne. Elle a 20 ans. Il faudra attendre 1858 (et huit enfants) pour que paraissent *Les Malheurs de Sophie*.

Le 25 novembre 1977, un entrefilet du *Monde* signalera que l'œuvre de la comtesse de Ségur a atteint les vingt-sept millions cinq cent mille exemplaires vendus dans la seule « Bibliothèque rose ».

Au 52-52 bis, Julien Green

Julien Green emménage rue de Varenne en février 1947, il y résidera jusqu'en

1973, année durant laquelle la moitié de l'hôtel de Guébriant où il habite doit être démolie. Dernier locataire, il résistera à l'expulsion pendant un an mais devra se résigner à quitter les lieux (pour la rue Vaneau).

Matthieu Galey, qui dîne chez lui cette année-là, le croque en ces mots : « Cette façon de Green, tout timide, les mains serrées entre ses genoux, ou sagement posées sur ses cuisses. Et ses gros souliers noirs qui le retiennent au sol. Sinon, on l'imaginerait bien s'envolant au ciel, assis, comme dans un tableau de Magritte. »

Julien Green comptait parmi ses ancêtres un corsaire gallois, pirate au service de George II, qui donna à la famille sa devise « *Semper virens* » (« Toujours vert »). Ce qui s'avéra parfaitement justifié, puisque Green est élu immortel en habit vert en 1971.

Au 53, Edith Wharton, « l'ange de la dévastation »

Le couple Wharton s'installe à Paris en 1906 place des États-Unis, puis au 53, rue de Varenne, où il résidera de 1910 à 1920.

À Paris, la romancière américaine fréquente Paul Bourget, Anna de Noailles, André Gide et Jean Cocteau, ainsi que plusieurs « grands de passage », comme Henry James qui la décrit, sous une politesse raffinée, comme « un ange de la dévastation » pour sa dénonciation des travers de la gentry d'outre-Atlantique. Cette écrivaine majeure des lettres américaines a publié une cinquantaine d'ouvrages et s'est toujours passionnée pour l'émancipation des femmes. En 1921, elle fut la première femme à recevoir le prix Pulitzer pour *Le Temps de l'innocence*, adapté au cinéma par Martin Scorsese.

Au 55, Wladimir d'Ormesson

L'oncle de Jean d'Ormesson le précéda à l'Académie française (en 1956) pour ses essais politiques et un unique roman : *La Préface d'une vie* (1919).

Au 56, les vingt dernières années de Louis Aragon

En mars 1960, Aragon et Elsa Triolet s'installent au 56, rue de Varenne, dans un hôtel particulier « très Guermantes ». Les voisins froncent discrètement les sourcils : poète, d'accord, mais communiste ! Ils le remercieront lorsque Matignon décidera d'annexer l'immeuble. Aragon, bien en cour, obtient de Georges Pompidou l'assurance que l'opération ne se fera pas de son vivant. Aussitôt, le statut de l'écrivain passe de celui de paria à celui de dieu vivant, pour lequel des prières de bonne santé montent chaque matin dans le ciel de la rue de Varenne.

Rue de Varenne, le poète-romancier-icône du Parti écrit ses derniers romans, *La Mise à mort* (1965) puis *Blanche ou l'Oubli* (1967).

« Dans les dernières années de sa vie, relate Jean Ristat[72], il s'est lancé dans un invraisemblable collage, qui a progressivement envahi tout son appartement, des murs du salon au réfrigérateur, en passant par la salle de bains. Il mêlait un dessin de Picasso à un Masson, des cartes postales à des inscriptions manuscrites, des affiches qu'il arrachait dans les rues de Paris à un Man Ray… J'avais le sentiment qu'il constituait une chambre funéraire de pharaon[73]. »

Avec Elsa, sous une entente de façade, les murs se fissurent. « Dieu a envoyé Elsa à Aragon pour venger tous les gens qu'il a emmerdés », confiera Malraux à Roger Stéphane.

L'écrivain décède rue de Varenne fin 1982, tout près de son lieu de naissance, esplanade des Invalides. « Tant de pas de détours pour faire trois cents mètres environ. »

Durant toute sa vie, il n'aura quitté la capitale que quelques mois et en aura fait une pièce maîtresse de son œuvre. « J'ai plus écrit de toi Paris que de moi-même / Et plus qu'en mon soleil en toi Paris j'ai cru. » (*Poème d'exil.*)

Au 58, Henry James

En 1875 et 1876, Henry James réside à Paris, 29, rue du Luxembourg (rue Cambon) puis rue de Varenne. Ce maître de la nouvelle (il en écrivit cent douze) fut l'ami et le correspondant pendant quinze ans (1900-1915) d'Edith Wharton, qui lui voua une grande admiration.

Il ausculta une Amérique innocente et naïve face à l'Europe ultracivilisée, l'évolution de la société américaine de son temps, aborda la naissance du féminisme et, proche de Poe et de Lovecraft, fut un des premiers « maîtres du mystère » américains.

Au 60, naissance de Robert de Montesquiou

L'arbitre des élégances, poète, critique d'art et de littérature, l'ami et modèle littéraire de Marcel Proust naît rue de Varenne en 1853 à l'hôtel de Béthune. Comme tous les nouveau-nés Montesquiou, il utilise la layette du roi de Rome dont la gouvernante a reçu, par douzaines, les anciens bonnets, robes de dentelle et couches de la plus fine batiste. Il apprendra les bonnes manières et la bonne façon de penser : « Les méchants n'ont pas de particules et sont-ils trop riches, ils finissent dans la honte après avoir vécu dans le ridicule ; les bons pauvres vont à la messe et travaillent, le bagne attend les paresseux. Il considérera avec la bienveillance de Madame de Fleurville le petit Proust ou le petit Daudet qui se donnent tant de mal pour arriver[74]. »

Son œuvre, parfois décriée, n'est pas anecdotique : dix-huit recueils de poésie (*Les Hortensias bleus*, 1896), deux romans (*La Petite Mademoiselle*, 1911), deux biographies, vingt-deux volumes de critiques et trois volumes de souvenirs.

Au 61, Pierre Emmanuel

Pierre Emmanuel y vécut de 1952 à 1984, date de sa mort. *Élégies*, son premier recueil, parut en 1940, et le *Tombeau d'Orphée*, l'année suivante, lui conféra une véritable reconnaissance. Son œuvre poétique, une des plus importantes du XXe siècle, contient notamment *Babel*, fresque-poème de deux cent quatre-vingt-treize pages, « vaste mythe aux proportions proprement monumentales » (Jean Amrouche), dans laquelle le poète se projette dans une épopée spirituelle de l'histoire humaine.

En 1968, Pierre Emmanuel est élu à l'Académie française. En 1975, il s'y déclare « démissionnaire », afin de protester contre l'élection de Félicien Marceau[75].

Au 61, Flora Groult

Née rue de Varenne en 1924, elle reste moins connue que sa sœur Benoîte – avec laquelle elle publia un *Journal à quatre mains* en 1958, puis deux romans (*Le Féminin pluriel*, 1965, *Il était deux fois*, 1967). Auteure à part entière d'une dizaine d'ouvrages dont *Ni tout à fait la même ni tout à fait une autre* (1979), elle pourrait être à l'origine du succès langagier du terme « quelque part ». Dans ses *Mémoires de moi*, souvenirs d'une enfance où elle fut « gavée de tendresse », on croise les assidus de la rue de Varenne dans les années 1930, Paul Poiret, Jean Cocteau, Georges Hugnet, Segonzac ou Marie Laurencin, à laquelle elle consacre une biographie en 1987.

Au 72, Mathilde de La Mole

Stendhal publie *Le Rouge et le Noir* en 1830, à l'âge de 47 ans. Il s'agit de son second roman après *Armance*, paru trois ans auparavant. L'hôtel de Castries de la rue de Varenne lui a servi de modèle pour décrire l'hôtel de la Mole et les érudits pensent reconnaître la chambre de Mathilde dans une pièce qui sert aujourd'hui de bureau aux conseillers techniques du ministre de la Transformation et de la Fonction publiques.

Au 73, Maurice Druon

En 1966, le jeune académicien (48 ans), arrière-petit-neveu du poète Charles Cros et neveu de Kessel, se fixe à Paris afin d'être au plus proche de son « atelier littéraire ». Il occupe un appartement dans les communs de l'hôtel de Broglie, dont les fenêtres donnent sur un jardin. Tapisseries du XVe, toiles du XVIIe, meubles Renaissance, ce n'est pas follement moderne. Druon y restera jusqu'en 1986.

Que dire du « Maître » ? Qu'il écrivit au mètre, justement. En 1948, son roman *Les Grandes Familles* fut couronné par le Goncourt. Mais il est surtout célèbre pour *Les Rois maudits*, résultat d'un « travail d'atelier » où officièrent notamment Edmonde Charles-Roux, Matthieu Galey ou Pierre de Lacretelle. Tirages à la Dumas et fortune assurée grâce à la télévision.

Il fut nommé en 1973 ministre des Affaires culturelles et fit preuve d'un conservatisme farouche et hautain. Contesté par les milieux culturels, il s'appuya sur sa forte audience en librairie pour légitimer sa politique, politique s'apparentant, selon

Maurice Clavel, « à donner l'Élysée à Guy Lux et Matignon à Léon Zitrone ».

Nommé secrétaire perpétuel de l'Académie française, il aurait déclaré en 1980, lors de l'annonce de la candidature de Marguerite Yourcenar : « D'ici peu vous aurez quarante bonnes femmes qui tricoteront pendant les séances du dictionnaire. »

Giscard n'était pas « une bonne femme », mais Druon s'opposa violemment à sa candidature. Sur le plan littéraire, il n'avait pas tort. Mais sur le plan politique (vieille querelle, Giscard, ce traître au gaullisme et fossoyeur de Chaban), ce fut un peu mesquin.

Ses autres adresses répertoriées sont le 86, rue de Grenelle et le 81, rue de Lille, toutes deux situées dans le 7e arrondissement.

Au 77, Rainer Maria Rilke et Cocteau à l'hôtel Biron

Depuis 1905, confisqué par l'État, inoccupé, l'hôtel Biron tombe en ruine. Rilke est le secrétaire (et l'ami) d'Auguste Rodin et lui conseille de s'y installer. Il lui en vante les charmes : « Les trois baies donnent prodigieusement sur un jardin abandonné où l'on voit de temps en temps les lapins naïfs sauter à travers les treillages… »

Avant d'être détruit, l'hôtel abritera quelques artistes, dont, dans l'aile gauche, le jeune Cocteau en 1912, soucieux de se soustraire à l'emprise de sa mère et accompagné d'une « jeune beauté un peu actrice sur les bords ». Il ne croisera pas Rilke, qui occupait l'aile droite, parti un an plus tôt. « J'étais stupide et prétentieux, écrira-t-il, et je ne connaissais même pas le nom de Rilke. »

VAUBAN (place)

Je suis jaloux de cette pendule de la place Vauban qui ne tombe jamais en panne.

— Frédéric Beigbeder, *Une vie sans fin*, 2018

Au 15, Saint-Exupéry

Le 15, place Vauban se situe en fait avenue de Tourville, à l'angle de l'avenue de Lowendal. En avril 1936, après la rue de Chanaleilles et un passage au Lutetia, Saint-Exupéry et sa femme Consuelo y résident périodiquement : l'écrivain ne cesse de bouger – Espagne, Allemagne, États-Unis, Guatemala – et, lorsqu'il est à Paris, Consuelo doit partager les séjours de son mari avec la riche et très protectrice Hélène de Vogüé. Le couple n'en est plus un. En 1938, *Paris-Soir* décide de publier des « reportages vécus » de l'écrivain-aviateur. Sous le titre « Aventures et escales », six articles sont publiés dans le quotidien. Saint-Exupéry inclura certains de ces articles, remaniés, dans *Terre des hommes*. En 1938, après un bref séjour rue Barbet-de-Jouy, il quitte la place Vauban et s'installe seul rue Michel-Ange. C'est là qu'il corrige les épreuves de son livre et qu'il change le titre : *Étoiles par grand vent* devient *Terre des hommes*.

Il est parfois de bon ton pour des journalistes-écrivains de dénigrer Saint-Exupéry. Jean-François Revel s'y employa (« Saint-Exupéry, c'est "l'homme-coucou" qui a remplacé le cerveau humain par un moteur d'avion ») et Jean Cau y excella : « Une prose d'un ennui mortel, un style léché et parfait d'autodidacte… Une pensée d'une faiblesse insigne et d'une profondeur telle que l'eau vous en arrive aux chevilles. »

VERNEUIL (rue de)

Je le raccompagne lentement dans le jour qui tombe,
Achille fait rageusement quelques pissettes,
nous traversons la rue de l'Université
et la rue de Verneuil comme autant d'allées de cimetière…
— Jules Roy, *Les Années cavalières*, 1998

Quelque part dans la rue, Olivier Todd

Dans les années 1990, rue de Verneuil, ce fils spirituel de Jean-Paul Sartre et mari de la fille de Paul Nizan s'éloigne de la littérature pour se consacrer à deux biographies majeures : *Albert Camus* (1996) et *André Malraux* (2001). Il confiera au *Monde* : « Au départ, j'avais moins de sympathie pour Camus que pour Malraux ; à l'arrivée, c'était l'inverse. »

Au 5 bis, Gainsbourg fait des pets

C'est l'histoire d'un peintre – Evguénie Sokolov – qui est pétomane. Qui doit son talent aux énormes prouts qui font tressauter sa main lorsque le ventre se relâche. Qui exploite ce défaut avec habileté et devient l'un des plus grands peintres contemporains. L'ouvrage ne sortira qu'en 1980, petit volume de quatre-vingt-seize pages qui ne sera pas publié dans la « Blanche » de Gallimard mais en hors-série, sous une couverture grise et noire. Avec *Evguénie Sokolov*, Gainsbourg règle à l'évidence ses comptes avec sa passion première, la peinture. « Le propos est dégueulasse, reconnaît-il, mais me permet d'exorciser la nostalgie de ce que je n'ai pas fait en peinture. »

Les critiques ne seront pas tendres. « Ça ne pète pas très haut », voit-on ici et là, et l'on peut lire sous la plume d'Annette Colin-Simard : « C'est le premier roman et espérons-le le dernier qu'écrira Serge Gainsbourg. Le sujet est d'une grossièreté qui dépasse l'imagination. Quant au talent, il est parfaitement nul. »

Au 14, Le Terrain vague d'Éric Losfeld

Ce Flamand et probable contrebandier d'alcool rejoint Paris après la guerre et se lie d'amitié avec Jean d'Halluin (des Éditions du Scorpion) et François Di Dio (qui créera les Éditions du Soleil noir). En 1951, il crée Arcanes (nom choisi en hommage à André Breton pour son *Arcane 17*), s'installe en 1955 rue du Cherche-Midi dans une libraire-galerie. C'est ce même Breton qui suggère Le Terrain vague comme dénomination sociale de sa maison d'édition. Il n'aurait pas – dit-on – réalisé que Le Terrain vague est la traduction française du flamand *losfeld*. Devenue Éric Losfeld éditeur, la maison emménage rue de Verneuil en 1967 et va se distinguer par un catalogue polyvalent mêlant érotisme, fantastique, BD, surréalisme et littérature générale. Célèbre pour avoir édité *Emmanuelle* et *Barbarella*, première BD pour adultes, Losfeld est également l'éditeur de la dernière revue d'André Breton : *La Brèche. Action surréaliste* (1961-1965).

Ses Mémoires – *Endetté comme une mule* – relatent sa passion pour le métier d'éditeur et les tempêtes qu'il dut affronter – faillites, perquisitions, saisies, procès – pour l'exercer en toute liberté.

Au 29, Joseph Delteil à l'hôtel de Verneuil

En 1920, Delteil a 26 ans. La rue de Verneuil est son premier domicile parisien, le premier d'une longue liste car les hôtels du poète vont s'enchaîner, rue Jacob, avenue de La Bourdonnais, avenue de Tourville, rue des Bernardins… En 1921, la *NRF* publie *Iphigénie*, nouvelle dans laquelle on apprend qu'« un Peau-Rouge est un personnage ovale, superflu et éloquent, au teint bistré, aux mœurs cossues, avec de grosses épingles dans la cravate et des plumes dans la cervelle », nouvelle surréaliste avant la lettre, suffisamment iconoclaste pour que Claudel écrive à Jacques Rivière qu'il se désabonne de la revue si la *NRF* publie autre chose « de ce fouille-merde ».

Au 36, Dominique Rolin et le mystérieux Jim

Il y avait, dans l'œuvre de Dominique Rolin, un mystérieux « Jim » né au début des années 1960 et qui traversa ensuite presque tous ses livres. Personnage de fiction ? Intervenant caché dans la vie de la narratrice ? En 2000, l'écrivaine publie un *Journal amoureux* dans lequel figure, dessiné de sa main, un portrait de Jim. Il s'agit de Philippe Sollers, qui aura vécu clandestinement dans ses écrits pendant plus de trente ans.

Dominique Rolin présente la particularité d'avoir été primée par le jury du Femina en 1952 (pour *Le Souffle*), d'y être cooptée puis d'en être évincée en 1965 pour avoir trop soutenu les écrits de Robert Pinget. Elle résida rue de Verneuil, dans son appartement surnommé Le Veineux, de 1959 à sa mort, en 2012.

Au 60, Charles Maurras

Le fondateur de l'Action française emménage rue de Verneuil en 1905, après avoir résidé rue Cujas, rue de Seine puis rue du Dragon. Léon Daudet se souvient : « De 1906 à 1908, j'allai, fréquemment d'abord, puis assidûment, aux réunions politiques qui se tenaient chez Maurras, dans son petit appartement, encombré de livres et de journaux, de la rue de Verneuil. […] C'est là que je fis connaissance de Léon de Montesquiou, de Jacques Bainville et de Lucien Moreau, puis de Bernard de Vesins, de Dimier, de Robert de Boisfleury, de Delebecque, de Pujo, de Lasserre et de tous ceux qui composaient les comités directeurs de l'Action française. »

Maurras, qui ne se remettra jamais de l'issue de l'affaire Dreyfus, résidera rue de Verneuil (et rue de Bourgogne) jusqu'en 1939. Après la défaite, il en attribuera la responsabilité à l'Anti-France, c'est-à-dire une république honnie (« la Gueuse ») aux mains des protestants, des Juifs, des francs-maçons et des étrangers. Sous l'occupation allemande, il poursuivra la publication de *L'Action française* et réclamera l'exécution de résistants. Académicien depuis 1938, il sera « radié » (on déclare son fauteuil vacant) après la guerre.

Au 69, les cataplasmes de Bernard Demory

« Une façade banale et plate avec quelques balcons en fer forgé dans les hauteurs, c'était le type même de "maison de rapport" dont parle Balzac, destinée à de petits-bourgeois. [...] À gauche de la porte cochère s'ouvrait la boutique d'un encadreur et à droite l'antre poussiéreux et obscur de deux tapissiers taciturnes. » Dans le même immeuble qu'habita Maurras résidera Bernard Demory, auteur d'*Au temps des cataplasmes*, livre-mémoire sur les années 1940-1960.

VILLARS (avenue de)

En 1899, mes parents et moi nous quittâmes notre appartement de l'avenue de Villars où j'étais né, pour nous loger sous les ailes de mon grand-père.
— Henry de Montherlant, *Mais aimons-nous ceux que nous aimons ?*, 1973

Au 11 bis, Montherlant et Aragon

Le 20 avril 1895 naît dans cette tranquille avenue Henry Marie Joseph Frédéric Expédite de Montherlant, descendant par la branche paternelle de... Jean de La Fontaine. La famille y résidera jusqu'en 1898 ou 1899. C'est là que l'auteur des *Jeunes filles* situe, à 3 ans, son « premier souvenir d'être humain » : « Nous habitions avenue de Villars. Un soir, à la nuit tombée, passa sous nos fenêtres un monôme d'étudiants se dirigeant vers les Invalides et scandant : "Conspuez Zola ! Conspuez Zola ! Conspuez !" J'entrai dans la vie consciente par la guerre civile et le racisme[76]. »

Ce 13 déguisé en 11 bis de l'avenue de Villars va bientôt accueillir un Louis Aragon tout aussi déguisé, puisqu'il est le fils adoptif de sa grand-mère maternelle, le filleul de son père et le frère de sa (fausse) mère.

Aragon précise, dans ses entretiens avec Dominique Arban : « On avait loué un autre appartement, affaire de brouiller les cartes à mon sujet. C'était avenue de Villars, au 11 bis, disait-on, pour ne pas dire au 13, cela porte malheur. Ma famille avait repris l'appartement des parents de H. de M. »

Montherlant et Louis Aragon ont donc balbutié leurs premiers « areuh » dans le même appartement. Les deux bambins fréquenteront plus tard le même établissement, l'école Saint-Pierre, à Neuilly, où ils croiseront le jeune Jacques Prévert. Contrairement à Aragon, Montherlant ne dédaignera pas d'entrer à l'Académie française. Et il sera publié dans la « Pléiade » dès 1955, ce qui provoquera la fureur de son ancien camarade de cour d'école. « Moi vivant, jamais je ne serai dans la Pléiade ! » jurait le poète. Et, lorsqu'on lui demandait pourquoi, il fulminait : « Ils m'ont fait un affront que je n'ai jamais pardonné : ils ont publié Montherlant d'abord ! »

VILLERSEXEL (rue de)

Mon vieux Georges, d'accord, bien sûr, moi aussi je suis allergique à certaines personnes, les mêmes en gros, mais il faut tout de même que tu viennes, c'est d'ailleurs indispensable, si tu veux que l'on s'aperçoive, rue de Villersexel.

— Michel Butor à Georges Perros, *Correspondance 1955-1978*

Au 7, Paul-Jean Toulet et Curnonsky

Ils habitaient tous deux rue de Villersexel et, sous le pseudonyme de « Perdiccas », ils firent paraître *Le Bréviaire des courtisanes* (1899) et *Le Métier d'amant* (1900). Tout en officiant comme prête-plumes pour Willy, le duo écrivit également *Demi-Veuve*, qui ne fut signé que par Curnonsky, Toulet « estimant qu'il n'avait pas eu le temps d'écrire avec assez de soin sa partie ». Au 7, rue de Villersexel résidaient également les peintres René Princeteau et Pierre Labrouche. Les quatre hommes louèrent un cinquième appartement afin de faire « salle à manger commune ». Consacré aux agapes et réceptions, il fut baptisé le « Pavanatoire », s'avérant idéal pour « s'y pavaner ».

Toulet et Curnonsky quitteront la rue de Villersexel en 1903 pour s'installer, toujours ensemble, rue de Laborde. Toulet deviendra le génial poète des *Contrerimes*, Curnonsky le « prince des gastronomes ».

VOLTAIRE (quai)

« Allô ! Commissaire Maigret ? Vous êtes toujours là ? Je vois où vous voulez en venir mais mes clients ne s'opposent pas à ce que je vous dise que c'est maître Barberin, quai Voltaire. »

— Georges Simenon, *Maigret et les témoins récalcitrants*, 1959

Au 3, Maurice Joly plagié

L'écrivain Maurice Joly vécut dans un petit appartement au 3, quai Voltaire, jusqu'à sa mort en 1878. Il ne laisserait que peu de traces si les très célèbres *Protocoles des Sages de Sion* n'étaient pas un plagiat de son *Dialogue aux enfers entre Machiavel et Montesquieu*. Le pamphlet antisémite fut obtenu très facilement : les auteurs remplacèrent simplement le terme « financiers » par celui de « Juifs ». Pauvre Joly. Plagié puis assassiné. C'est en tout cas ce que soutient Umberto Eco dans *Le Cimetière de Prague*.

Au 9, Dominique Vivant Denon

À la fin de sa vie, ce graveur-peintre-diplomate-écrivain s'installe quai Voltaire. Auteur de nombreux souvenirs de voyages, il reste littérairement connu pour son court roman libertin, *Point de lendemain*, qui paraît anonymement en 1777. Le livre fera l'objet de plusieurs éditions remaniées, Balzac s'en inspirera dans sa *Physiologie du mariage* et Louis Malle dans son film *Les Amants*.

Au 9, Anatole France...

En 1853, François Noël Thibault, dit Noël France, transfère sa libraire du 15, quai Malaquais au 9, quai Voltaire. Le jeune Anatole a 9 ans. Il va faire ses études à l'institution Sainte-Marie puis au collège Stanislas. Vivant parmi les livres depuis sa petite enfance, rencontrant quelques célébrités littéraires dans la librairie, son destin est tracé : il sera écrivain. Le premier texte imprimé d'Anatole France s'intitule *La Légende de sainte Radegonde, reine de France*, devoir d'école écrit à 15 ans que son père imprime en quelques exemplaires à la librairie mais qu'il considère comme un « barbouillage ». Le futur Prix Nobel de littérature résidera quai Voltaire jusqu'à l'âge de 22 ans (1866) et son père se désole : « N'ayant pas suivi mes conseils, il n'a point de situation, il écrit… je devrais dire : il barbouille du papier. Ce que je redoutais le plus depuis son enfance, par une fatalité, est arrivé. Il a toujours été absorbé par cette idée qui lui a fait perdre sa carrière. Je suis à bout de lutter avec lui, je le laisse dans la crainte de l'éloigner du foyer paternel. Aura-t-il du talent assez pour vivre ? Hélas ! Hélas ! »

Au 13, Jean-Baptiste Louvet de Couvray

Ce fut tour à tour l'hôtel Brigallier, l'hôtel Moisnet, puis finalement l'hôtel Pioust de Saint-Gilles, plus étroit immeuble de Paris, et résidence officielle en 1789 du romancier et homme politique Jean-Baptiste Louvet, dit Louvet de Couvray, député à la Convention, membre du Conseil des Cinq-Cents. En 1787, il a publié *Une année de la vie du chevalier de Faublas*, que suivent, en 1788, *Six Semaines de la vie du chevalier de Faublas* et, en 1790, *La Fin des amours du chevalier de Faublas*, ensemble romanesque qui lui vaut fortune et renommée. Mais guère pour longtemps. Il quitte le quai Voltaire en 1792 pour s'installer rue de Grenelle où il décède cinq ans plus tard.

Au 15, Georges Cain

Les amoureux de Paris ne peuvent l'ignorer : Cain ne fut pas seulement un peintre, un sculpteur, incidemment conservateur du musée Carnavalet de 1897 à 1919, mais également un écrivain historique célèbre pour ses *Promenades dans Paris* et *Nouvelles Promenades dans Paris.* Cela méritait amplement un square qui porte son nom : adossé au musée Carnavalet, il abrite de nombreux vestiges architecturaux et un figuier de six mètres de haut.

Au 17, les frères Tharaud

Ils étaient deux frères, Jérôme et Jean ; ils s'aimaient d'amour tendre, écrivaient à quatre mains – dès l'âge de 15 ans – un journal intitulé *Les Deux Pigeons.* De 1896 à 1914, ils travaillent dans leur « grenier » et on peut lire dans *La Double Confidence* : « Nous habitions à ce moment quai Voltaire, au fameux n° 17 où Monsieur Ingres a eu si longtemps son atelier… » Ils occupent un petit trois-pièces, au-dessus de l'appartement qu'occupera plus tard Lucie Delarue-Mardrus. Jérôme est le secrétaire de Maurice Barrès, poste qu'il occupera jusqu'à la Première Guerre mondiale, Jean travaille aux *Cahiers de la quinzaine.* Pratiquement inconnus, les deux frères obtiennent à la surprise générale le prix Goncourt en 1906 pour *Dingley, l'illustre écrivain.* Ils écriront quai Voltaire une dizaine de romans, Jean se chargeant du premier jet et Jérôme de la mise au point. Leur œuvre, caractéristique de l'époque, se distingue par une apologie du colonialisme et un fort antisémitisme.

Au 17, Paul Bowles avant Tanger

Jeune homme de 21 ans, il occupa un studio au dernier étage à l'automne 1931, entre deux périples à travers les océans. Compositeur reconnu, il rêve d'écriture. Il lui faudra attendre 1949 avec *Un thé au Sahara.*

Gertrude Stein, qui a déjà vécu trois étés à Tanger, lui conseille d'aller y passer ses vacances, ce qu'il fait entre août et novembre 1931. Il y passera bientôt le restant de sa vie.

Au 17 bis, l'antiféministe Lucie Delarue-Mardrus

Les écoliers étaient priés – dans les années 1950 – de réciter (avec le ton) ses « poèmes mignons » : « C'est la petite souris grise, / Dans sa cachette elle est assise. / Quand elle n'est pas dans son trou, / C'est qu'elle galope partout. »

En 1917, fraîchement divorcée du Dr Mardrus, Lucie Delarue-Mardrus quitte le quai d'Orléans et s'installe 17 bis, quai Voltaire, où elle résidera de 1915 à 1936. Poétesse, romancière, journaliste, historienne, sculptrice, dessinatrice, elle laissera plus de soixante-dix romans et recueils de poèmes. Célèbre pour sa vie mondaine, ses amours féminines (Natalie Barney, Renée Vivien…), elle intègre le jury du prix Femina dont les membres, d'âge parfois canonique, lui inspireront une irrespectueuse *Ballade des rombières* (1924). Elle tient par ailleurs dans *Le Matin* une chronique antiféministe intitulée « Du chignon au cerveau ». « Je ne comprends pas, écrit-elle, que la femme, qui n'y est pas contrainte, songe une seule minute à se charger l'épaule d'un fardeau nouveau et à perdre le rang qu'elle détient pour tomber à celui d'égale de l'homme. » À noter que dans le *Qui-est-qui* de 1924, dans la partie consacrée à Lucie Delarue-Mardrus, on peut lire que ses distractions de prédilection sont la littérature, la peinture, la musique, l'équitation, la bicyclette et… la grammaire arabe.

Au 19, Antoine Blondin à l'hôtel Voltaire

Antoine Blondin, qui vécut quai Voltaire durant son enfance et qui quitta les lieux en 1965 après la mort de sa mère, évoque l'hôtel dans *Monsieur Jadis* : « Un hôtel sur le quai Voltaire, où il lui arrivait de s'enfermer à double tour pour mieux poser sur les paysages de son enfance le regard d'un homme libre. Il était admis que sa chambre avait abrité Richard Wagner […] et que Baudelaire avait quelquefois fouetté sa négresse à l'étage au-dessus. »

Au 19, Oscar Wilde

Si Antoine Blondin, filleul de Colette, salue la présence, quai Voltaire, de Charles Baudelaire (qui y achève *Les Fleurs du mal*[77]), il oublie Oscar Wilde qui, après avoir logé à l'hôtel Continental, boulevard des Capucines, occupa la chambre 14 en 1883, se promenant sur le quai avec sa canne d'ivoire sertie de turquoises, lançant la mode des manteaux de fourrure de couleur et profitant de son séjour de trois mois dans la capitale pour rendre visite à Victor Hugo et à Verlaine, peu friand de ce dandy anglais.

Au 19, Philippe Soupault

Soupault va y résider pendant huit ans, de 1965 à 1973, quittant la rue Gay-Lussac après le suicide de sa compagne. Il va y entreprendre la rédaction de ses *Mémoires de l'oubli*, suite, soixante ans plus tard, d'*Histoire d'un blanc* (1927), autobiographie d'une centaine de pages. Pense-t-il à ses compagnons de surréalisme lorsqu'il déclare : « Rien que la vérité, toute la vérité, je le jure. Ce serment, je voudrais le prononcer alors que je sais que je n'ai plus que quelques jours, semaines, mois ou… années à vivre. (Sait-on jamais ?) J'éprouve le besoin de témoigner. Est-ce parce que je suis irrité par d'autres témoignages qui, à mes yeux, à mon souvenir, sont légendes, mensonges ou truquages ? » ?

Au 21, Népomucène Lemercier

Il habita au n° 17 en 1804 puis au n° 21 de 1810 à 1814. En 1797, il avait donné une tragédie, *Agamemnon*, qui remporta un immense succès. On cria au génie, on se le disputa dans les salons du Directoire, chez Mme Tallien ou chez Mme de Staël, et il passa, selon Talleyrand, pour « le plus brillant causeur de Paris ». « *Agamemnon*, peut-on lire sur le site de l'Académie française (dont il fit partie de 1810 à 1840), est englouti dans la fosse commune où gisent toutes les tragédies qui ne sont pas signées de Corneille ou de Racine […]. *Agamemnon*, comme toute son œuvre – théâtrale ou poétique –, est totalement illisible. »

Au 25, la tristesse d'Alfred de Musset

En octobre 1839, Musset emménage dans cet hôtel du XVIIIe siècle avec sa mère, son frère Paul et ses deux sœurs. La famille y restera jusqu'en 1850. Le jeune homme d'à peine 30 ans est déprimé. « Il y a, écrit-il un an plus tard, un triste regard à poser sur le passé, pour y voir… les mortes espérances et les mortes douleurs, un plus triste regard à jeter sur l'avenir pour y voir… l'hiver de la vie[78] ! »

Au 25, le suicide de Montherlant

En avril 1939, devant plusieurs choix d'appartement, Montherlant se décide pour l'annonce du 25, quai Voltaire : « Charmant. 4 pièces au 1er étage sur le quai. asc. s. de b. chauf. ind. 13 000 frs (entrée dallée blanc et noir). Gérant : M. Langlois, 4 rue d'Astorg. Anj.07.85. » Le quai Voltaire sera son domicile jusqu'en 1972.

Il y écrira une quinzaine de pièces de théâtre, dont *Malatesta* (1946), *Le Maître de Santiago* (1947) ou *Port-Royal* (1954). En 1960, il est élu à l'Académie française (après avoir précisé dans la presse, du haut de son orgueil : « Je ne refuse pas d'être de l'Académie, je refuse de le briguer. »).

À la même époque, sa vue commence à faiblir. Il perd l'usage de l'œil gauche en 1968, puis devient progressivement aveugle.

En 1972, il met fin à ses jours dans cet appartement du 25, quai Voltaire, à côté du 27 où était décédé Voltaire dans une chambre du second étage sur cour. Le 21 septembre, un proche de l'écrivain sonne à la porte. Mlle Cottet, la secrétaire, ouvre affolée. Montherlant vient de se tirer une balle de revolver dans la bouche. Il a laissé un mot : « Je deviens aveugle. Je me tue. » « Ainsi, écrit Poirot-Delpech, le matador s'est jeté sur les cornes du taureau, la créature a volé au créateur l'orgueil de l'achever, la vie a rejoint le théâtre ! »

Montherlant se tue et va disparaître lentement du paysage littéraire français. À la fin de sa vie, le pourtant si orgueilleux écrivain pressentait cette désaffection, confiant à son ami Philippe de Saint Robert : « Dans dix ans, personne ne me lira plus, sauf quelques universitaires. »

Au 27, la fin de Voltaire

Il avait déjà logé dans cette maison en 1724, du temps que son amie la marquise de Bernières occupait l'immeuble. Il y revient en février 1778, quittant Ferney pour s'installer à l'hôtel de Villette. Reconnu par la population parisienne, l'écrivain reçoit un accueil triomphal et aristocrates comme gens du peuple se pressent quai des Théatins, futur quai Voltaire, pour le saluer. Malade, Voltaire y décède le 30 mai 1778, âgé de 84 ans. Le lendemain de sa mort, on l'embaume puis on le place dans une chaise de poste, en robe de chambre et bonnet de nuit, attaché par des sangles, pour le faire ressembler à un voyageur endormi ; direction l'abbaye de Sellières où l'abbé Mignot – son neveu – le fera enterrer à la porte de la nef, étant stipulé dans l'acte mortuaire qu'il s'agit d'une sépulture provisoire, en attendant la terre de Ferney.

Au 29, Marie d'Agoult, comtesse et femme libre

Abandonnée par Liszt, dépossédée de ses enfants, Marie d'Agoult revient à Paris en 1839 et monte son salon. Elle y reçoit Vigny (amoureux d'elle), Eugène Sue (déguisé en dandy), Lamartine (qui l'adore), Sainte-Beuve et Émile de Girardin (qui la courtisent), mais aussi Hugo, Musset, Lamennais… Sous le nom de Daniel Stern, elle y écrit *Nélida*, anagramme de Daniel, troisième enfant que Marie d'Agoult a eu de Liszt en 1839.

Elle fut l'amie et la rivale de George Sand : « En George, écrit Martine Reid dans *Femmes et littérature*, Marie apprécie la femme indépendante, l'artiste de talent, l'amie brouillonne et généreuse qui reçoit avec libéralité dans sa propriété de Nohant ; en Marie, George reconnaît une femme libre, cultivée, polyglotte, musicienne accomplie. »

Son salon déménagera rue Neuve-des-Mathurins, puis rue Plumet (rue Oudinot) puis encore avenue des Champs-Élysées. Outre des essais historiques, Marie d'Agoult a laissé des *Souvenirs* (1875) qui s'arrêtent avant le début de sa liaison avec Liszt. Ses Mémoires, qui couvrent la période 1833-1854, ont été publiés en 1927.

Au 33, les ruines du palais d'Antoine Blondin

Dans *Monsieur Jadis*, Blondin évoque l'appartement qu'il occupa dans les années 1950 chez sa mère, la poétesse Germaine Blondin, qui y résidait depuis 1934 : « J'habitais à l'époque les ruines d'un palais sur le quai Voltaire, à Paris, où j'avais connu des heures opulentes de ma jeunesse. Des tracas d'huissier avaient condamné les fenêtres ouvertes sur la Seine… […] J'éprouvais de la délectation à m'abandonner à une inertie qui me rapprochait des morts. Toutefois, j'entretenais mon deuil frénétique dans les cafés environnants. J'y retardais l'instant de regagner une maison qui, en perdant le fleuve, le Louvre, les jardins, avait perdu la vue. »

Au 63, Arsène Lupin

Maurice Leblanc publie *La Femme aux deux sourires* en 1933. Il s'agit d'un des derniers *Lupin*. Pourquoi se croit-il obligé de choisir une adresse qui n'existe pas ? Mystère, car ce n'est pas son habitude. Quoi qu'il en soit, « Gorgeret se hâta. Il la vit qui tirait de son sac une enveloppe dont elle lut l'adresse au chauffeur. Bien qu'elle parlât bas, il entendit : "Conduisez-moi au 63 du quai Voltaire" ». Dans sa quête de la femme aux deux sourires (et aux deux prénoms), l'inspecteur Gorgeret va devoir compter sur M. Raoul, locataire du 63, quai Voltaire, alias Arsène Lupin.

Notes

1. Denoël n'est pas le seul éditeur à se compromettre : à des degrés divers, « s'arrangeront » de la collaboration Grasset, Gallimard, Baudinière, Armand Colin, Fernand Sorlot…
2. Gabriel Matzneff, *Boulevard Saint-Germain*, Éditions du Rocher, 1998.
3. « Le soleil » dans *Les Fleurs du mal*, 1857.
4. Léo Ferré, *Testament phonographe*, Plasma, 1980.
5. Collectif, *Paris par écrit. Vingt écrivains parlent de leur arrondissement*, L'Inventaire-la Maison des écrivains, 2002.
6. Selon Wikipédia, relaté dans son roman *La Belle Jardinière*, Clancier-Guénaud, 1988.
7. L'Olipo deviendra Oulipo lors de la séance suivante (13 janvier 1961), sur proposition de Latis.
8. Georges Perec, *La Disparition*, Denoël, 1969.
9. Jules Claretie, *Jules Sandeau*, A. Quantin, imprimeur-éditeur, 1883.
10. Honoré de Balzac, *Un début dans la vie*, Dumont, 1844.
11. *Le Vin des morts*, premier roman écrit par Romain Gary (sous le nom de Romain Kacew) et dernier publié (à titre posthume, en 2014). Le roman avait été refusé par Denoël, avec ce jugement de Roger Martin du Gard : « C'est ou bien le livre d'un fou ou bien d'un mouton enragé. »
12. Edmond et Jules de Goncourt, *Journal des Goncourt. Mémoires de la vie littéraire*, 1887.
13. Marcel Béalu, *Mémoires de l'ombre*, Gallimard, 1944.
14. En 1725, Montesquieu loua une maison à une certaine Mme de Matharel, maison qu'il dut abandonner car le voisin l'enfumait avec une cheminée déficiente.
15. Sentant trahi son amour pour Jean-Louis Bory, il se jette dans la Seine, miraculeusement sauvé par un passant.
16. Jean Lorrain a écrit dans un journal qu'Alphonse Daudet allait écrire une préface au prochain livre de Proust parce qu'il n'avait rien à refuser à son fils Lucien, ce qui – en clair – signifiait que Marcel et Lucien étaient amants. Duel au pistolet au bois de Meudon le 6 février 1897. Deux balles échangées, pas de blessure.
17. Maurice Sachs, *La Décade de l'illusion*, Gallimard, 1950.
18. Simone de Beauvoir, *Le Deuxième Sexe*, Gallimard, 1949.
19. Marie-Claire Bancquart (dir.), *André Frénaud. La négation exigeante. Colloque de Cerisy, 15-21 août 2000*, Le Temps qu'il fait, 2004.
20. Et avec Abel Bonnard, Ramon Fernandez, Marcel Jouhandeau, Jacques Chardonne…
21. Jules Roy, *Les Années cavalières. 1966-1985*, Albin Michel, 1998.
22. Anne Sebba, *Les Parisiennes*, Librairie Vuibert, 2018.
23. « Jean Paris : "Finnegans Wake" est le testament d'une civilisation », *Le Monde*, 23 juin 1972.
24. Cité par Olivier Le Naire, « 2. Gallimard – 5, rue Sébastien-Bottin », *L'Express*, 11 juillet 2002.
25. Les archives de l'Académie française mentionnent le n° 5, Ernest Legouvé dans *Soixante ans de souvenirs* mentionne le n° 8.
26. Paul de Musset, *Biographie d'Alfred de Musset*, Charpentier, 1888.
27. Selon le site Musset immortel (http://www.musset-immortel.com/Aimee-dAlton.html).
28. En avril 1949, Robert Kemp (*Le Monde*) et Jean-Jacques Gautier (*Le Figaro*) avaient éreinté son unique pièce, *Le Roi pêcheur*. Gracq répondit par *La Littérature à l'estomac* (1950), prenant pour cible les prix littéraires, les critiques, les maisons d'édition.
29. *Ibidem*.
30. Raymond Queneau, *Zazie dans le métro*, Gallimard, 1959.
31. Selon un article de *L'Univers* paru en 1897, la première fois que Leconte de Lisle se présenta à l'Académie française (en 1873), il obtint une seule voix. Il s'empressa de remercier Victor Hugo, qui n'avait pas voté pour lui mais qui accepta les remerciements. Hugo votera ostensiblement pour lui, en 1877 – il n'aura que deux voix, mais l'Académie

considéra que Hugo l'adoubait et, après la mort de ce dernier, il fut élu à son fauteuil, en 1886.

32. Cité par Patrice Delbourg, *L'Odyssée Cendrars*, Écriture, 2010.

33. Julien Bisson, « Philippe Labro sur la route du souvenir », *L'Express*, 20 mai 2017.

34. Frédéric Martel, « Le siècle d'enfer de l'écrivain catholique et homosexuel Julien Green », France Culture, 12 septembre 2019 (https://www.radiofrance.fr).

35. Pablo Neruda, *J'avoue que j'ai vécu*, Gallimard, 1975.

36. Les neuf poètes désignés sont Émile Blémont, Victor Dauriac, Rodolphe Darzens, Léon Dierx, Edmond Haraucourt, Jacques Madeleine, Tancrède Martel, Albert Mérat, Armand Silvestre.

37. En 1845, Barbey d'Aurevilly fera paraître *Du dandysme et de George Brummell*, une « babiole » selon l'auteur, publiée à trente exemplaires chez un libraire de Caen.

38. Relaté par Jacques Nanteuil, dans « Jules Sandeau dépeint par lui-même », *Le Monde*, 4 janvier 1955.

39. Jean Bothorel, *Bernard Grasset. Vie et passions d'un éditeur*, Grasset, 1989.

40. Truman Capote, *Prières exaucées*, Grasset, 1988.

41. Son Aston Martin, payée grâce à ses droits d'auteur chez (Gaston) Gallimard.

42. Relaté par Ginette Guitard-Auviste, « Le temps de l'insouciance », *Le Monde*, 14 novembre 1980.

43. Geneviève Latour, « Première de "En attendant Godot", au théâtre Babylone. Paris, 23 janvier 1953 » (https://francearchives.fr/fr/commemo/recueil-2003/39737).

44. Séance du 8 novembre 2005, relatée dans Madeleine Chapsal, *Journal d'hier et d'aujourd'hui*, Fayard, 2005.

45. Amusant : en 1676, la rue Rousselet était encore le chemin des Vaches.

46. Fauteuil surnommé ainsi pour sa forme semblable à celle d'un tonneau.

47. Jean-Michel Delacomptée, *La Grandeur. Saint-Simon*, Gallimard, 2011.

48. « Marie-France Barrier [l'accuse] d'avoir plagié le manuscrit qu'elle lui avait envoyé en 1982 et qui avait été refusé par les Éditions Grasset, elle porte plainte pour contrefaçon et réclame 1 franc symbolique de dommages et intérêts, mais le tribunal décide de relaxer Bernard-Henri Lévy. » (Wikipédia.)

49. Bernard-Henri Lévy, Michel Houellebecq, *Ennemis publics*, Flammarion-Grasset, 2008. Il s'agit d'un recueil des courriers électroniques échangés par les deux hommes entre janvier et juillet 2008.

50. Claude Lanzmann, *Le Lièvre de Patagonie*, Gallimard, 2009.

51. Stéphanie Janicot, « Le "Je" interdit de Dominique Bona », *La Croix*, 23 février 2019.

52. Stéphanie Dupays, « Dominique Bona et Michel Le Bris en 2019 : "On vit tous dans le bruissement de milliers de livres" », *Le Monde*, 9 février 2019.

53. Elle possède également en 1966 une Aston Martin rouge, qui sera remplacée par la fameuse Maserati du théâtre de l'Odéon.

54. Max Milner, *Georges Bernanos*, Desclée de Brouwer, 1967.

55. Robert Pinget, *Abel et Bela*, Éditions de Minuit, 1961.

56. https://www.fabula.org/lht/11/nora.html.

57. Il ne se présenta à l'Académie qu'après la mort de Richelieu ; elle lui préféra, sous prétexte qu'il habitait la province, en 1644, Salomon de Virelade et, en 1646, Pierre Du Ryer. Lorsque mourut Maynard, il fit savoir à l'Académie qu'il avait arrangé ses affaires pour pouvoir passer une partie de l'année à Paris ; elle n'eut plus aucune objection sérieuse à lui opposer, et il fut élu le 22 janvier 1647. (Site de l'Académie française.)

58. Arsène Houssaye, *Les Confessions. Souvenirs d'un demi-siècle, 1830-1880*, Éditions Ligaran, 2015.

59. Nimier perdit, condamné à un franc de dommages et intérêts, pour avoir apporté une « affirmation gratuite et malicieuse » !

60. André de Fouquières, *Mon Paris et ses Parisiens. II. Le quartier Monceau*, Pierre Horay, 1954.

61. Paul Mangion, *L'Algérianiste*, 15 décembre 1982 et 15 mars 1983.

62. En 1964, le PCE de Santiago Carrillo l'exclut du parti pour « déviationnisme ».

63. Denise Bourdet, *Édouard Bourdet et ses amis*, La Jeune Parque, 1945.
64. Maurice Sachs, *Le Sabbat*, écrit en 1936.
65. Facétie attribuée également à Anne-Marie Cazalis.
66. Edmond et Jules de Goncourt, *Journal des Goncourt. Mémoires de la vie littéraire*, 1887.
67. Thérèse Lenotre, « Les débuts de G. Lenotre », *Revue des Deux Mondes*, avril 1939.
68. Pascale Frey, « Benoîte Groult : "Les femmes sont les grandes absentes de l'histoire" », *Elle*, 26 décembre 2012 (https://www.elle.fr).
69. François Mauriac, *Les Nuits de Paris.*
70. Ou plutôt Rimbaud, avec ses *Illuminations* écrites au début des années 1870, publiées par Kahn.
71. Clésinger prend Berthe de Courrière comme modèle pour le buste de Marianne commandé par le Sénat et pour l'importante statue de la République lors de l'Exposition universelle de 1878.
72. Auteur d'*Avec Aragon* (Gallimard, 2003) et exécuteur testamentaire d'Aragon.
73. Cité dans Jérôme Dupuis, « Je me souviens d'Aragon », *L'Express*, 26 avril 2007.
74. Philippe Jullian, « L'enfance de Robert de Montesquiou », *Revue des Deux Mondes*, février 1965.
75. Félicien Marceau, condamné par contumace dans son pays d'origine, la Belgique, pour avoir collaboré avec l'occupant durant les premières années de la guerre.
76. Henry de Montherlant, *Tous feux éteints*, Gallimard, 1975.
77. Dans une lettre à sa mère du 11 septembre 1856, Baudelaire évoque le patron de l'hôtel : « L'homme chez qui je demeure, m'ennuie outre mesure pour une niaiserie de deux cents et quelques francs. »
78. Cité par Paul de Musset, dans *Biographie d'Alfred de Musset*, *op. cit.*

Littérairement parlant, il faut bien reconnaître que le 8e arrondissement, écrasé par l'omniprésence de Marcel Proust et de Jean Cocteau, est plutôt snob.

— Catherine Moinot

LE 8E ARRONDISSEMENT

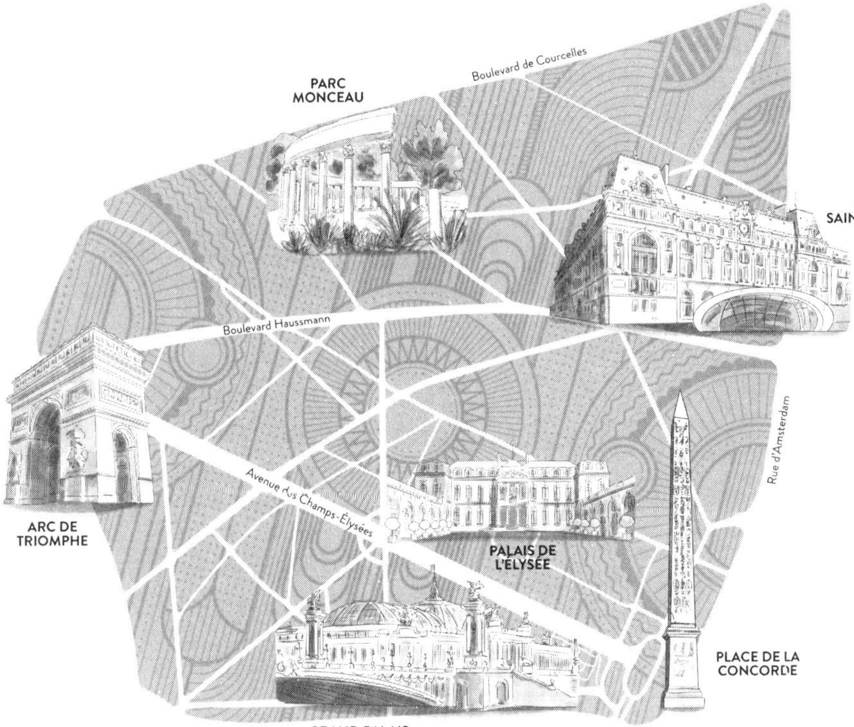

AMSTERDAM (rue d')

La rue d'Amsterdam est également présente dans le 9e arrondissement.

Six minutes plus tard, le bahut a dégringolé
la rue d'Amsterdam. Le chauffeur est un gars à la page.
Un pétard n'est pas le genre d'objet qui le fait tomber
en digue-digue…
— San-Antonio, *Messieurs les hommes*, 1976

Au 37, Maurice Ordonneau

Auteur de nombreuses comédies et de vaudevilles, il se fit remarquer par ses opérettes ou opéras bouffes dont les inoubliables *La D'moiselle du Tabarin* ou *La Cocarde de Mimi-Pinson.* Son théâtre connut un certain succès, malgré une critique souvent sévère : « Il faut, écrit Francisque Sarcey, même dans le vaudeville le plus bouffon, une parcelle de vérité. Gros comme rien, cela suffit parfois, mais encore faut-il qu'on l'y trouve. Ce levain manque à la pâte de M. Maurice Ordonneau. »

Au 41, le salon de la comtesse Diane

Sous le nom de comtesse Diane, Marie Joséphine de Suin, comtesse de Beausacq, tint salon rue d'Amsterdam où elle recevait notamment Pierre Loti, Sully Prudhomme, Jean Aicard, José Maria de Heredia… La publication de ses *Maximes de la vie* chez Ollendorff (« À quoi servent les yeux ? À être vus. ») rencontra un grand succès éditorial en 1883.

Au 77, Alexandre Dumas

Après avoir résidé rue Laffitte, Dumas père s'installe dans un hôtel particulier de la rue d'Amsterdam. Les huissiers ne l'ont pas oublié : des clous aux murs sans tableaux, quelques meubles ici et là. Cela n'empêche pas le père des *Trois Mousquetaires* de donner des dîners somptueux et hétéroclites dans lesquels on peut aussi bien retrouver Henry Monnier qu'Henry Murger. Rue d'Amsterdam, il rédige ses Mémoires et fait paraître *Les Mohicans de Paris* (1854-1859), *Les Compagnons de Jéhu* (1857) et une série historique : *Les Grands Hommes en robe de chambre* (1855-1857).

ANJOU (rue d')

Ce que Nono n'avait pas dit au docteur Ploquin,
c'est qu'il avait refourgué les murs du Cythéria,
l'hôtel particulier de la rue d'Anjou…
— Alphonse Boudard, *Les Trois Mamans du petit Jésus*, 2000

Au 8, Edmond Sée

Journaliste, critique et dramaturge, Sée fit jouer une quinzaine de comédies parmi lesquelles *Un ami de jeunesse* (1921), dont Robert Kemp, dans *Le Monde*, salue la reprise (en 1958) : « Quelle heureuse inspiration, de reprendre ce petit chef-d'œuvre ! J'emploie rarement ce noble mot, surtout quand il s'agit d'un contemporain et d'un cher vieux camarade, car l'amitié, justement, et c'est mon infirmité, abaisse automatiquement la chaleur de mes épithètes. Mais *Un ami de jeunesse* est une vraie "pièce de maîtrise", comme ces petites commodes ventrues, d'une ébénisterie parfaite, où les artistes en meubles signifiaient autrefois qu'ils méritaient les hauts grades. »

Au 8, Sacha Guitry

En 1907, Sacha Guitry et sa femme – Charlotte Lysès – s'installent dans un appartement de six pièces situé au quatrième étage. Dans l'escalier, une inscription invite les visiteurs à prendre leur temps : « Ne vous pressez pas. Je déteste les gens essoufflés. » Le jeune auteur vient de faire jouer *Nono* au théâtre des Mathurins, son premier grand succès. « De toutes mes comédies, dirait-il plus tard, celle que je préfère est sans doute *Nono*. Cette œuvre-là est spontanée, il ne s'y trouve pas de bavures et elle n'est pas déformée par le "métier". » Guitry restera à peine deux ans rue d'Anjou, étant appelé à effectuer son service militaire.

Au 10, Jean Cocteau chez sa mère

Quittant l'avenue de Malakoff, Eugénie Cocteau et son fils s'installent en 1910 dans un hôtel particulier où résident les Chevigné. Le jeune homme rêve de rejoindre le cercle de celle dont il sait qu'elle a inspiré la duchesse de Guermantes de son ami Proust. Il y parviendra et, plus gai que son aîné, distraira la comtesse. (Laquelle dira à son sujet : « Il nous emmerde avec ses gribouillages ! »)

Dans *Au temps du Bœuf sur le toit*, Maurice Sachs décrit les lieux, s'attardant sur des photos de Verlaine et de Rimbaud et sur des « objets de hasard et de drôlerie ».

Après la guerre, Cocteau va recevoir rue d'Anjou de jeunes poètes en herbe et en particulier Raymond Radiguet, 16 ans, dont il tombe amoureux. Le sentiment ne sera qu'à moitié partagé et, à défaut d'en faire son amant, Cocteau deviendra le Pygmalion du météore littéraire qui laissera *Le Diable au corps* et *Le Bal du comte d'Orgel*. Il y recevra également Pierre Brasseur, jeune acteur, qui lui rend visite en 1923 et qui relate : « Les mots étaient à l'envers, les idées se cognaient les unes contre les autres [...] cela partait comme des fusées sans arrêt. Il suffisait de lui jeter un mot, une idée, pour qu'il en fasse une blague poétique et la mette de côté, comme une jolie image de ses merveilleux réflexes. [...] Il n'était jamais à court, le salaud... »

Au 10, Laure de Chevigné, Proust et Cocteau

Laure Marie Charlotte de Sade, par son mariage comtesse Adhéaume de Chevigné, fut avec la comtesse Greffulhe, Mme Strauss, la comtesse Jean de Castellane et la comtesse Potocka l'un des modèles de la duchesse de Guermantes dans la *Recherche*.

Elle ne prisait guère son auteur mais ne détestait pas être mise en avant. Alors que Cocteau lisait dans son lit un exemplaire du service de presse, plongé dans un passage où la duchesse de Guermantes s'exprime exactement comme la comtesse de Chevigné, le téléphone sonna. Il décrocha. « Mon petit Jean, dit la voix de sa voisine, Marcel vient de m'envoyer son livre. Tu serais gentil de me marquer tous les endroits où il parle de moi. »

Au 26, Alfred de Vigny

« Les nuages couraient sur la lune enflammée… » Pour des générations d'écoliers, *La Mort du loup* figura en bonne place parmi les œuvres poétiques incontournables. Officier, poète, romancier, dramaturge, il fit partie du premier Cénacle de Victor Hugo et fut l'un des chefs de l'école romantique.

Célèbre pour ses *Poèmes antiques et modernes* et pour *Cinq-Mars* (1826), roman historique à la Walter Scott, Vigny fait jouer à la Comédie-Française une adaptation d'*Othello*, drame qui préfigure (mais avec succès) l'*Hernani* de Hugo.

En 1831-1832, il réside 26, rue d'Anjou (à l'époque 20, rue d'Anjou-Saint-Honoré) et se lie avec Marie Dorval, comédienne vedette du théâtre romantique, qu'il installe 18, avenue Montaigne. Il écrira pour elle le drame *Chatterton*, œuvre saluée par Musset, George Sand et Sainte-Beuve. Chatterton, c'est Vigny : être poète, c'est être condamné à se voir rejeté dans sa vie sentimentale et dans sa vie sociale. Vigny inaugure ainsi la lignée des poètes maudits : « Du jour où il sut lire, il fut Poète, et dès lors il appartint à la race toujours maudite par les puissances de la terre… » Vigny et sa comédienne-amante se sépareront en 1838.

Au 29, la mort de Benjamin Constant

Le premier des romantiques, orateur en vue de la Chambre des députés, décède rue d'Anjou le 8 décembre 1830. Lamartine n'est pas tendre, fustigeant une girouette politique et un personnage « affamé de bruit, nécessiteux d'argent, sceptique d'idées, son amitié vous abaisserait ».

« Quelle bizarrerie littéraire, ce Benjamin Constant, s'étonne Jean-Marie Rouart. Personne n'aurait parié un kopeck sur son avenir à la Bourse de la postérité[1]. »

Adolphe, considéré comme un chef-d'œuvre, sera son unique roman. Son amour pour Mme de Staël – qui sous-tend l'ouvrage – transparaîtra nettement dans *Le Cahier rouge*, récit écrit en 1807, mais publié à titre posthume. Entre 1803 et 1816, ils s'écrivirent beaucoup, traitant de politique, de littérature et de problèmes de société. Mais également de leur relation amoureuse. Et Albertine de Broglie, fille de Mme de Staël, brûlera une partie de la correspondance amoureuse de sa mère avec Benjamin Constant pour « amoralité ».

Au 31, Juliette Récamier

Le couple Récamier (il a vingt-cinq ans de plus qu'elle, elle est probablement sa fille naturelle) y réside d'avril 1818 à la fin mai 1819. Chateaubriand, que Juliette a rencontré en 1817, devient un familier de l'hôtel particulier, il évoquera les lieux dans ses *Mémoires* : « Il y avait un jardin, dans ce jardin un berceau de tilleuls, entre les feuilles desquels j'apercevais un rayon de lune, lorsque j'attendais madame Récamier. » Chateaubriand, séduit, devient son amant. « Madame Récamier, écrit son amie la comtesse de Boigne, est le véritable type de la femme telle qu'elle est sortie de la main du Créateur pour le bonheur de l'homme. »

Rue d'Anjou, Juliette va recréer son célèbre salon de la rue du Mont-Blanc. Mais à peine une année : la deuxième faillite de son mari l'oblige à quitter la rue d'Anjou pour se réfugier à l'Abbaye-aux-Bois à Paris, rue de Sèvres, dans un petit appartement au troisième étage.

Au 65, Guy des Cars

Dans les années 1990, le comte Guy des Cars réside rue d'Anjou. Sa carrière est désormais derrière lui, mais quelle carrière ! Une petite centaine de romans. Seul ? Certains en doutent. Il commença par un Goncourt un peu spécial et éphémère : le prix Goncourt de la zone libre décerné à Lyon en 1941 (par le trio Lucien Descaves, Jean Ajalbert, Francis Carco) pour son premier roman *L'Officier sans nom*. À raison d'au minimum un roman par an, Guy des Cars – « Guy des gares », pour certains – va devenir le champion des best-sellers. « Si près de six Français sur dix ne lisent pas, peut-on lire dans un numéro du *Monde* de novembre 1970, soit trente millions sur cinquante, un million sur les vingt restants lisent Guy des Cars, soit un sur vingt. Dans chacune des rames de métro qui se succèdent toutes les trois minutes, dans chaque compartiment de train qui arrive de banlieue ou y repart, il y a du Guy des Cars en suspension. Quel est cet étrange virus ? »

Le secret ? « Des histoires compliquées avec des mots simples », explique l'auteur, qui fait l'admiration d'un autre spécialiste du best-seller : Pierre Benoit. « Toi, écrit Pierre Benoit, tu es un grand romancier, parce que tu as réussi à me présenter dans une île des Fidji un pasteur wesleyen protestant, un grand mannequin parisien et un ténor italien lépreux dégustant un *Christmas pudding* un soir de Noël pendant qu'une nonne missionnaire joue de l'harmonium pour créer l'ambiance. Et, le plus fort, c'est que j'y ai cru ! »

Quelques titres : *L'Impure* (1946), *La Brute* (1951), *La Tricheuse* (1957), *La Révoltée* (1968). Quelques chiffres : deux millions d'exemplaires vendus pour *La Brute*, plus de trente millions pour l'ensemble de son œuvre.

ARCADE (rue de l')

Arrivée à son embranchement avec la rue du Rocher, la rue Saint-Lazare et la rue de l'Arcade,
elle aperçut quelques gens du peuple rassemblés.

— Eugène Scribe, *Fleurette*, 1897

Au 11, Proust et l'hôtel Marigny

En 1917, fortune faite avec ses Bains (un bordel masculin situé 11, rue Godot-de-Mauroy, en partie financé par Proust), Albert Le Cuziat ouvre un nouveau lieu de plaisirs pour homosexuels : l'hôtel Marigny, au 11, rue de l'Arcade, maison sélecte recevant grande bourgeoisie et aristocratie. Proust a de nouveau participé à la mise de fonds, offrant de surcroît une partie du mobilier hérité de ses parents. L'écrivain se réfugiera toujours derrière les nécessités de son œuvre pour justifier sa présence. Le Cuziat, son « Gotha vivant », deviendra « Jupien » dans la *Recherche*. L'hôtel Marigny deviendra « le Temple de l'Impudeur ». Et l'on verra le baron de Charlus s'y faire fouetter jusqu'au sang.

Au 17, Henry Becque à l'hôtel Bedford

Le dernier des classiques ou premier des modernes, initiateur de la « comédie rosse », fut – aux côtés des Scribe, Sardou, Augier, Dumas fils – un dramaturge à succès très éclectique : vaudevilles (*L'Enfant prodigue*, 1868), mélodrames (*Michel Pauper*, 1870), drame bourgeois (*Les Corbeaux*, 1882), comédies, avec *La Parisienne* (1885) qu'il écrivit rue de l'Arcade, adresse qui par ailleurs inspira les quatrains de Mallarmé : « Au charmeur des Muses, becque- / Té, plus prompt à l'estocade / L'étincelant Henry Becque / Rue, et 17, de l'Arcade. »

Au 42, le carnet perdu de Modiano

Dans *Pour que tu ne te perdes pas dans le quartier*, Jean Daragane a perdu son carnet d'adresses. Un inconnu lui téléphone. Il l'a trouvé et propose de le lui restituer. Rendez-vous est pris dans un café, au 42, rue de l'Arcade. Ce carnet d'adresses sera le point de départ d'une quête identitaire, mais plus Daragane progressera dans son enquête, moins il saura – Modiano oblige – qui il est.

ARTOIS (rue d')

Vous serez rue d'Artois, à deux pas de la rue Saint-Lazare. Vous y serez comme un prince.

— Honoré de Balzac, *Le Père Goriot*, 1835

Au 6, Alfred de Vigny

En 1833, quittant la rue d'Anjou, Vigny s'installe au 3, puis, en 1838, au 6, rue d'Artois, adresse qu'il conservera jusqu'à sa mort. Il n'entra à l'Académie française qu'à sa huitième tentative, en 1844, y subit une sorte de quarantaine et mourut en 1863 presque oublié de tous, hormis Victor Hugo. Alexandre Dumas se moqua de sa fameuse « tour d'ivoire » : « De Vigny ne touchait jamais à la terre par nécessité, écrivit-il. Quand il reployait ses ailes, et qu'il se posait, par hasard, sur la cime d'une montagne, c'était une concession qu'il faisait à l'humanité... »

« Indifférence du public, peut-on lire sur le site de l'Académie française ; lorsqu'il mourut le vide se fit autour de son cercueil qui ne fut accompagné que de quelques romantiques de la première heure. »

Au 37 bis, Pierre Pitre-Chevalier

Rédacteur en chef du *Figaro* à la suite d'Alphonse Karr et directeur du périodique le *Musée des familles*, il publia dans les années 1850 deux récits de Jules Verne : *Les Premiers Navires de la marine mexicaine, un drame au Mexique* et *Un voyage en ballon*, qui préfigurent les *Voyages extraordinaires*. Par ailleurs, il cosigna avec lui *Les Châteaux en Californie* ou *Pierre qui roule n'amasse pas mousse*, comédie-proverbe en un acte qui dut attendre… 1969 avant d'être représentée.

Au 39, Jules Lemaître

À la fin des années 1890, rue des Écuries-d'Artois, on pouvait croiser chaque matin le critique-dramaturge qui sortait de son grand atelier pour promener son chien Roméo. Puis, le soir, sans son chien, on pouvait le voir se rendre avenue des Champs-Élysées retrouver sa maîtresse et femme de sa vie, la très droitière comtesse de Loynes.

Grâce à elle, il intégra l'Académie française en 1895 et, à ses côtés, participa à la création puis prit la présidence de la Ligue de la patrie française, ligue qui fit campagne pour la reconnaissance de la culpabilité du capitaine Dreyfus.

Critique dramatique reconnu, il laissera *Impressions de théâtre*, neuf volumes regroupant les articles parus entre 1853 et 1914, et *Les Contemporains*, portraits littéraires de l'époque. Il décède en 1914 et l'on peut lire dans *La Croix* : « La disparition du maître sera particulièrement regrettée de tous les Français, à ce moment où le pays se dresse unanime contre les barbares de l'Est. Jules Lemaître fut, en effet, un des plus vaillants artisans de la renaissance du patriotisme en France, et il manquera parmi nous le Jour de la victoire. Ajoutons qu'avant-hier, Jules Lemaître sentant sa fin prochaine, s'était confessé et avait communié dans un bel élan de foi et de piété. »

Au 41, le salon de la comtesse Rosalie de Fitz-James

« Intelligente et fine, écrit André de Fouquières dans *Cinquante ans de panache*, Mme de Fitz-James connaissait l'art de recevoir et son salon fut bientôt très brillant, ses invitations très recherchées. Elle donnait des dîners où elle réunissait un maximum de huit à dix convives, tous triés sur le volet. » Surnommée Rosa Malheur pour ses déboires conjugaux, la comtesse fit l'objet de nombreux quolibets comme ceux de Gustave Schlumberger qui écrit dans ses Mémoires : « Elle a voulu avoir un salon, elle n'a eu qu'une salle à manger. »

ASTORG (rue d')

… notre cœur bat toujours d'errer dans les profondeurs souvent submergées de ce quartier, rue d'Astorg, rue Pasquier, rue Greffulhe. C'est un quartier de bureaux, où on ne rencontre la nuit pas un chat, sinon le souvenir de Roussel, de Proust…

— Matthieu de Boisséson, *Défoncer la cage*, 2016

Au 8 puis 10, la comtesse Greffulhe

Marie-Joséphine-Anatole-Louise-Élisabeth de Riquet, comtesse de Caraman-Chimay, comtesse Greffulhe, fut pour les journaux « l'unique », « l'incomparable », « l'irréelle », et le jeune Marcel Proust tomba sous le charme de ses yeux noirs, ses boucles châtains et sa taille fine. Il en fera plus tard Oriane, duchesse de Guermantes, parfaite incarnation de l'élégance et de la distinction : « Tous ceux qui regardent la comtesse restent comme fascinés par ces yeux infinis, remplis de rayons et d'ombres, et d'un crépuscule qui chante, devant sa beauté parfaite, devant sa grâce absolue de divinité[2] », écrit-il dans un article de 1903.

Dans son hôtel particulier de la rue d'Astorg, surnommé « le Vatican », où officiaient six corps de domestiques différents, la comtesse reçut toutes les têtes couronnées d'Europe et le Tout-Paris des arts, des lettres et de la politique. Dreyfusarde, philanthrope et féministe, égérie de mode, elle sera peu à peu oubliée et vivra jusqu'à 92 ans.

« Je désire, avait-elle écrit dans son testament, être habillée après ma mort dans ma grande robe de velours noir, corsage montant avec une collerette de dentelle de Venise. Être enveloppée dans une pièce de tulle blanc formant voile à plis aussi longs que la robe attachée haut sur la tête comme un voile de mariée. »

BALZAC (rue)

Envoie donc une escouade rue Chateaubriand, au coin de la rue Balzac… C'est là que demeure notre Lupin national, sous le nom de Michel Beaumont… Compris, vieux ?

— Maurice Leblanc, *Le Bouchon de cristal*, 1912

Au 11 bis, José Maria de Heredia (et ses filles)

« Il avait connu, écrit Henri de Régnier, tous les auteurs modernes que nous admirions et il les racontait volontiers. Il avait *vu* Nerval et Baudelaire. Quel prestige ! Il avait dîné chez Hugo. Il était l'intime ami de Leconte de Lisle. Il avait fréquenté Banville. Il avait été lié avec Flaubert, avec Taine. Et puis, il ne connaissait pas seulement les illustres, les Daudet, les Zola, les Claudel, qui sais-je, il avait connu les plus singuliers et les plus hétéroclites, les plus bizarres. Sur tous, il savait quelque chose de personnel, quelque détail vivant. »

José Maria de Heredia, poète parnassien auteur des *Trophées* (1893) et académicien à partir de 1894, reçoit le samedi entouré de ses trois filles : Hélène, Marie et Louise.

On se presse rue Balzac : Fernand Gregh, Léon Blum, Paul Valéry, Marcel Proust… Henri de Régnier épousera Marie, Pierre Louÿs épousera Louise. « On a beaucoup écrit sur les réceptions du samedi de l'auteur des *Trophées*, écrit André Becq de Fouquières, où toute la jeune littérature venait écouter le poète, si savant à utiliser son léger bégaiement pour mieux marquer la cadence des vers. [...] André Gide, dans *Si le grain ne meurt*, avoue qu'il n'osait pas sortir du fumoir où officiait le poète, tant il était timide et craignait de rencontrer "ces dames". [...] Elle a bien changé la rue Balzac de ces temps d'insouciance ! [...] Je ne vois guère que l'hôtel Froment-Meurice qui subsiste : il est devenu un hôtel meublé[3]. »

Au 22, la mort de Balzac

Afin d'accueillir dignement Mme Hanska, l'écrivain achète en septembre 1846 une dépendance de la Folie Beaujon rue Fortunée, au n° 14 (correspondant au 22 de l'actuelle rue Balzac), quartier tranquille, presque désert du faubourg du Roule, et entreprend d'importants travaux de rénovation et de décoration.

En mars 1850, il épouse (enfin) Mme Hanska en Ukraine et le couple se rend à Paris. Le retour tourne au cauchemar : porte close, serrurier, maison partiellement saccagée par un domestique qui est devenu fou. Le mariage est un désastre : Mme Hanska n'est pas aussi riche que le croyait Balzac, la merveilleuse vie mondaine promise par l'écrivain n'est qu'un rêve. Les époux vont s'ignorer, faire chambre à part. Fin mai 1850, Balzac tombe gravement malade, il devient presque aveugle et ne peut plus écrire. La fin est proche. Dans la matinée du 18 août, Balzac étouffe et demande à Nacquart, son médecin, de lui dire la vérité. « Vous avez l'âme forte... répond Nacquart. Je vais vous dire la vérité... Vous êtes perdu... Vous ne passerez peut-être pas la nuit. » Balzac se mit à haleter puis murmura : « Ah ! oui... Je sais... Il me faudrait Bianchon... Bianchon me sauverait, lui[4] ! »

Horace Bianchon, que Balzac réclame dans ses derniers instants, est ce fameux médecin de *La Comédie humaine*, présent dans trente et un romans et nouvelles. Il ne peut rien, évidemment, pour son créateur qui décède le 18 août 1850.

BEAUCOUR (avenue)

Je travaillais presque en face au fond
d'une autre impasse, l'avenue Beaucour, je pense,
parallèle à la fastueuse avenue Hoche
dont on voyait l'arrière des hôtels particuliers.

— Georges Simenon, *Destinées*, 1981

Au 9-11, Gustave Le Rouge

Après la guerre, l'auteur du *Mystérieux Docteur Cornélius* s'installe dans l'impasse Beaucour. Âgé de 51 ans, il a déjà publié une quarantaine d'ouvrages, fantastiques, policiers, de cape et d'épée, de science-fiction, signé de nombreux essais. Si son œuvre est diffusée à des centaines de milliers d'exemplaires, il vit plutôt chichement, oublie parfois de réclamer ses droits d'auteur. Personnage hors norme, il fascina Cendrars : « Sa conversation était pleine de visions, de prophéties du langage des sphères, de correspondances occultes et de sous-entendus cocasses et réalistes qui faisaient rire. Ces impromptus en fusée qui montaient droit au ciel et qui interrompaient soudainement leur trajectoire dans un éclatement et un éblouissement étaient d'un grand poète[5]. »

Les deux hommes, tous deux férus de poésie, vont monter une aimable supercherie littéraire. Cendrars fera paraître en 1924 un recueil de poèmes titré *Kodak*, recueil constitué de fragments du *Mystérieux Docteur Cornélius*. L'ouvrage sera encensé par la critique et la supercherie ne sera découverte que beaucoup plus tard. En 1920, Le Rouge s'installera au 46, rue Lacroix. Il décède en 1938, après avoir signé plus de cent quatre-vingts ouvrages.

Au 17 ter, Simenon et le camembert

En décembre 1922, alors qu'il vient d'arriver à Paris et qu'il loge à l'hôtel Bertha, rue Darcet, Georges Sim est embauché comme garçon de courses à la Ligue des chefs de section et des anciens combattants, dont le président est Binet-Valmer, écrivain et journaliste d'extrême droite. Il réside un mois à l'hôtel Bertha avant de louer une chambre au 170, rue du Faubourg-Saint-Honoré, chez une vieille dame, « l'Anglaise au camembert » : alors que sa logeuse lui interdit d'y cuisiner, il enferme du camembert (qui permet de se rassasier avec beaucoup de pain) dans la cheminée de la chambre, cheminée munie d'un volet de tôle. Le camembert va couler, Simenon est remercié. Il va trouver à se loger dans un deux-pièces du 3 ter, impasse Saint-Honoré, aujourd'hui villa Wagram-Saint-Honoré, près de son lieu de travail.

BEAUJON (rue)

Ayant obtenu de faire un crochet par Wagram le taxi pusillanime voulut se ranger dans la rue Beaujon pour éviter les approches de la salle, car n'oubliez pas, disait-il, que le coin est mauvais pour ceux qui roulent un jour de grève.

— Jacques Perret, *Les Biffins de Gonesse*, 1961

Au 1, la mort d'Octave Mirbeau

Affaibli, l'auteur du *Journal d'une femme de chambre* et de *Les affaires sont les affaires* quitte en octobre 1916 son appartement de la rue Ampère pour emménager dans un rez-de-chaussée du 1, rue Beaujon, près de son médecin traitant. Désespéré par la guerre, malade, il décline physiquement, sent son cerveau lui échapper. Il meurt le 16 février 1917. Trois jours plus tard, dans *Le Petit Parisien*, journal belliciste qu'il méprisait, paraît le « Testament politique d'Octave Mirbeau », reniant sur son lit de mort ses convictions pacifistes et antimilitaristes. Il s'agit sans doute d'un faux, écrit par Gustave Hervé avec la complicité d'Alice, la femme de Mirbeau. « Si infâmes que soient les canailles, avait écrit Mirbeau une quinzaine d'années auparavant, ils ne le sont jamais autant que les honnêtes gens[6]. »

La veuve vendra la bibliothèque de l'écrivain, dispersera sa collection de tableaux, léguera ses biens à l'Académie des sciences que Mirbeau conspuait. Sacha Guitry, familier du couple, se souviendra de cette trahison dans une pièce de 1923 : *Un sujet de roman.*

BERRI (rue de)

Il avait déjà dépassé le coin de la rue de Berri quand, dans le crépuscule, je crus reconnaître, très près de la maison des Swann mais allant dans la direction inverse, et s'en éloignant, Gilberte qui marchait lentement…

— Marcel Proust, *À l'ombre des jeunes filles en fleurs*, 1918

Au 6, l'*Adolphe* de Benjamin Constant

Est-ce plutôt Charlotte de Hardenberg ? Est-ce plutôt Mme de Staël[7] ? Quoi qu'il en soit, c'est un échec amoureux qui a incité Benjamin Constant à écrire un roman décrivant (à la première personne) la lente décomposition d'une relation. Son (court) roman d'analyse, commencé en 1806, est terminé en 1814 rue Neuve-de-Berry. *Adolphe* sera publié en 1816 et quelques phrases traverseront les siècles : « C'est un affreux malheur de n'être pas aimé quand on aime ; mais c'en est un bien grand d'être aimé avec passion quand on n'aime plus. »

On imagine parfois, comme François Mauriac, un Benjamin Constant beau comme un jeune premier et « danger public pour les vertus mondaines ». En fait, dès 1794 (il a alors 27 ans), Constant présente une légère voussure du dos, un regard trouble dû à une blennorragie mal soignée et un petit ventre bedonnant. Il ne fit, selon Dumas, rien sans l'inspiration des femmes, qui furent ses maîtres en littérature et ses guides en politique.

Au 7, Erich Maria Remarque et Marlène Dietrich à l'hôtel Lancaster

Au début de l'année 1937, le palace du Lido de Venise assiste au coup de foudre – « l'amour dès le premier regard » selon l'expression allemande – entre la star vamp Marlène Dietrich et Erich Maria Remarque, écrivain mondialement connu pour son roman *À l'ouest rien de nouveau*, ouvrage majeur sur la Première Guerre mondiale paru en 1929. L'histoire d'amour va perdurer à Paris, lorsque Remarque retrouve « l'Ange bleu » à l'hôtel Lancaster de la rue de Berri, palace dans lequel elle résida pendant trois ans. Peu de temps avant la guerre, elle l'enfermera dans sa salle de bains lors de la visite de von Ribbentrop : ses œuvres ont été brûlées par les nazis et elle craint pour sa liberté. Leur liaison s'arrêtera en 1940, mais ils s'écriront jusqu'à la mort de Remarque, en septembre 1970.

Au 20, le salon de la princesse Mathilde

Lorsque les grands travaux du baron Haussmann chassent la princesse Mathilde de la rue de Courcelles, elle s'installe en 1871 au 20, rue de Berri. Boni de Castellane n'est pas tendre avec sa décoration : « Sa maison de la rue de

Berri, tapissée de peluche et meublée à la mode napoléonienne, était hideuse. » Il n'a pas une plus haute opinion de son apparence physique : « Son portrait, par Benjamin-Constant[8], lui donnait l'air d'une ouvreuse de théâtre à laquelle il ne manquait qu'un bonnet et des nœuds bleus ou roses. »

La princesse de 51 ans tient salon, recevant notamment Paul Bourget, les frères Goncourt, Gustave Flaubert, Tourgueniev ou le jeune Proust, qui s'en souviendra dans *À l'ombre des jeunes filles en fleurs* : « C'est la princesse Mathilde, me dit-il, vous savez, l'amie de Flaubert, de Sainte-Beuve, de Dumas. »

Léon Daudet, pour sa part, se souvient de « l'ennui immense qui pleuvait du plafond », d'une « vieille et lourde dame [...] fixant sur ses invités à la ronde des yeux bovins et méfiants ».

BIENFAISANCE (rue de la)

Il quitta son charmant logement de la place Saint-Sulpice qui avait vu tant d'années calmes et heureuses et alla demeurer rue de la Bienfaisance. « Devinez qui l'abandonna. – Ses amis ? – Non, ce serait banal. – Son chien ! »

— Alexandre Dumas, *Bric-à-brac*, 1861

Au 3, Louis Forest

Une dizaine de pièces de théâtre, dont une adaptation du *Colonel Chabert*, et quelques romans, dont *On vole des enfants à Paris* (1909), roman social sur l'enfance pauvre. Il vécut rue de la Bienfaisance, mourut en juillet 1933 et l'on put lire dans *Le Temps* : « Nous apprenons la mort de M. Louis Forest décédé cette nuit, après une courte maladie. Sa disparition privera les lecteurs du *Matin* d'un conseiller précieux, dont les qualités de bon sens étaient goûtées d'un vaste public. »

BOCCADOR (rue du)

Rue du Boccador, numéros impairs, j'ai croisé la petite Shirley Temple qui m'a appris un nouveau pas de claquettes.

— Jean-Marc Roberts, *Baudelaire et les voleurs*, 1974

Au 6, Henri de Régnier et Marie de Heredia

En 1895, Marie de Heredia et Henri de Régnier s'installent après leur mariage rue du Boccador. Depuis ses *Poèmes anciens et romanesques* (1890), Henri de Régnier est un poète reconnu naviguant entre Parnasse et symbolisme. Mallarmé lui écrit et, selon son habitude, s'amuse sur l'enveloppe : « Adieu l'orne et le châtaignier / Malgré ce que leur cime a d'or / S'en revient Henri de Régnier / Rue, au 6 même, Boccador. »

Commence pour le poète une vie conjugale très éprouvante. Sa femme ne l'a épousé que pour son argent – son père a perdu sa fortune sur les tables de baccara –, elle ne l'aime pas, se refuse à lui.

« Tu es laid, tu es chauve, tu as la tête d'un vieillard », lui dit-elle en public. Elle le trompe avec frénésie, notamment avec Pierre Louÿs, père probable de l'enfant qui naît en 1898, et Henri de Régnier sera le plus grand cocu de la littérature française.

Sa jeune femme, qui signe Gérard d'Houville, commence à publier ses poèmes dans la *Revue des Deux Mondes*. Son premier roman, *L'Inconstante*, paraîtra en 1903.

Au 6, Catulle Mendès

À 58 ans, lorsqu'il emménage rue du Boccador en 1899, sa santé décline, son pessimisme teinté de mélancolie lui fait porter tous les malheurs du monde sur les épaules. « Catulle Mendès, écrit Jean Cocteau, était gros et marchait légèrement. Il ondulait des hanches et des épaules. Une sorte de houle d'aérostat le poussait à l'aveuglette. La multitude, surprise, s'écartait sur son passage. Il tenait du lion et du turbot[9]. »

S'inspirant de la vie de l'auteur du *Roman comique*, Mendès écrit *Scarron*, comédie tragique en cinq actes et en vers, mise en musique par Reynaldo Hahn, puis, un an plus tard, met en scène le tragique destin du poète Albert Glatigny. Ces deux pièces préfigurent son propre destin et sa mort tragique, dans un tunnel ferroviaire de Saint-Germain. Que reste-t-il de Catulle Mendès ? « Cet homme aura passé sa vie à courtiser la gloire sans jamais réussir à coucher avec », écrira Remy de Gourmont.

Au 24, Maupassant

Après ses tristes démêlés (sonores) avec le boulanger de l'avenue Victor-Hugo, Maupassant s'installe rue du Boccador en avril 1890. Vingt-deux mètres de parquet toutes portes ouvertes, vue sur le pont de l'Alma et sur la tour Eiffel, salle de bains avec douche. Mais sa santé va rapidement se dégrader et, soigné par le Dr Cazalis, il lui écrit en 1891 : « C'est la mort imminente et je suis fou. Ma tête bat la campagne. Adieu ami, vous ne me reverrez plus. »

Il fera l'année suivante une tentative de suicide et sera interné dans la clinique du Dr Blanche, à Passy. Il meurt en 1893.

Au 24, Irwin Shaw

Romancier, dramaturge et scénariste, Shaw réside rue du Boccador à la fin des années 1940 avec sa femme Marian. Est-ce dans l'appartement qu'occupa Maupassant ? Il a comme voisin le producteur Raoul Lévy et travaille sur son livre le plus connu – *Le Bal des maudits* (1948). Accusé d'être communiste, il sera placé sur la liste noire d'Hollywood et, en 1951, quittera les États-Unis pour l'Europe, où il résidera pendant vingt-cinq ans, principalement à Paris et en Suisse.

BOISSY-D'ANGLAS (rue)

Fardée comme elle l'était pour se rendre au bal nègre et habillée de l'une des dernières robes de Paul Poiret, cette belle femme debout dans la lumière du porche d'un somptueux palace de la rue Boissy-d'Anglas n'avait pas d'âge.

— Blaise Cendrars, *Histoires vraies*, 1938

Au 15, Maurice Sachs à l'hôtel Vouillemont

Dans cet hôtel fréquenté par Paul Bourget et où résida Pierre Louÿs, le jeune Maurice Sachs, en 1924, occupe un poste à la réception. Il y rencontre Cocteau et fait bientôt la navette quotidienne avec le Bœuf sur le toit voisin. Dans *La Bâtarde*, Violette Leduc en brosse un portrait mémorable : « Capable du meilleur comme du pire, ce fut malheureusement le pire qui l'emporta. Extravagante fut sa vie ! On la connaît, il en a fait lui-même le récit. Tour à tour marchand de tableaux, acteur, courtier en bijoux (et dans quelles sinistres conditions si l'on s'en rapporte à la *Chasse à courre*), trafiquant d'or, directeur de collections littéraires, éditeur, conférencier, critique d'art, il joua chacun de ces rôles avec la plus parfaite conviction. Néanmoins, il fut avant tout un écrivain. Ses mésaventures rocambolesques, il les a lui-même racontées tout au long de son œuvre, dont la majeure partie est autobiographique. Certaines cependant ont été passées sous silence : ce sont peut-être les plus cocasses car il y a chez Maurice Sachs un vaudevilliste à la Labiche. »

La fin de Maurice Sachs n'aura rien d'un vaudeville, exécuté sur une route d'Allemagne à la fin de la guerre.

Au 28, le Bœuf sur le toit

« L'endroit faisait jeune, écrit Léon-Paul Fargue dans *Le Piéton de Paris*, la gaîté y fusait de toutes parts, juteuse, nouvelle, centripète, et Paris de rappliquer. »

L'âme du « Bœuf », c'est Louis Moysès, le propriétaire, qui foudroya Cocteau d'admiration pour avoir vécu à Charleville durant son enfance dans la propre chambre de Rimbaud. Ce même Cocteau, toujours présent, qui jouait parfois un peu de batterie pour accompagner le piano de Wiener.

En 1922, on y voit Radiguet dont *Le Diable au corps* est terminé mais pas encore publié et qui y prend des cuites mémorables. « Je ne me souviens pas, déclare Cocteau dans *Les Heures chaudes de Montparnasse*, du Bœuf sur le toit sans Raymond Radiguet. Radiguet est arrivé à 14 ans. Il avait les cheveux longs, il ne coupait jamais ses cheveux. Et puis, il était myope et il ne le savait pas. Alors, nous lui avons acheté des lunettes et il trouvait tout horrible. Après, il a porté un monocle, ce qui lui faisait faire une grimace et il disait que ça mettait tout le monde contre lui et que c'est ce qu'il aimait. »

Maurice Sachs, ce « Jean Genet de l'entre-deux-guerres[10] », sera également un des piliers du lieu, rêvant de remplacer Radiguet auprès de Cocteau qu'il dénigrera plus tard (« Il a je ne sais quoi de glacé et de faux »). Sachs évoquera ce centre névralgique des Années folles dans *Au temps du Bœuf sur le toit*, ouvrage paru en 1939.

CAMBACÉRÈS (rue)

Un homme dont le prénom était Pedro. ANJou 15-18. 10 bis, rue Cambacérès, huitième arrondissement. Il travaillait dans une légation d'Amérique du Sud paraît-il.

— Patrick Modiano, *Rue des Boutiques Obscures*, 1978

Au 43, Alphonse de Lamartine

Cette partie de la rue de la Ville-l'Évêque comprise entre la place des Saussaies et la rue de la Pépinière a été baptisée rue Cambacérès le 2 octobre 1865. Selon le marquis de Rochegude, Lamartine habita au 43, soit à l'ancien n° 31, de 1854 à 1863, et à l'ancien n° 9, en 1869. Dans *Le Petit Quotidien* du 9 juillet 1886, on peut lire : « Nous sommes rue de la Ville-Lévêque, dans un étroit jardin assombri par quelques grands arbres chargés de lierre et par les hautes murailles du ministère de l'Intérieur. Un maigre vieillard suit, à pas lents, l'unique allée. De temps en temps, il s'arrête, il relève sa tête blanche, et l'on voit que ses yeux ont gardé la jeunesse et la vivacité du regard. Ce vieillard a porté la triple couronne de la poésie, de l'éloquence et du pouvoir. Puis les revers sont venus. Lamartine, à 70 ans, connaît des tristesses infinies. »

Ruiné, Lamartine donne pour survivre des leçons et l'on peut lire chez les commerçants : « Cours familier de Littérature, un entretien par mois, par Monsieur de Lamartine, on s'abonne chez l'auteur, rue de la Ville-l'Évêque, 43. »

Admiré et salué par la génération romantique (Victor Hugo, Nodier, Sainte-Beuve), il sera jugé plus sévèrement par la génération suivante : « J'ai lu *Graziella*, écrit Flaubert à Louise Colet. Le malheureux ! Quelle belle histoire il a gâtée là ! Cet homme, on a beau dire, n'a pas l'instinct du style. [...] Et d'abord, pour parler clair, la baise-t-il ou ne la baise-t-il pas ? Ce ne sont pas des êtres humains mais des mannequins ! » Vingt ans plus tard, Rimbaud écrit à Paul Demeny que « Lamartine est quelquefois voyant, mais étranglé par la forme vieille ». L'héritage politique de l'ancien député et ministre ne sera pas plus glorieux : « Je ne sais, écrit Tocqueville, si j'ai rencontré, dans ce monde d'ambitions égoïstes, au milieu duquel j'ai vécu, un esprit plus vide de la pensée du bien public que le sien. »

CAMBON (rue)

La rue Cambon, où je vais de ce pas, m'enchante par son air de n'être, après tout, qu'une petite rue noire, comme une autre.

— Marthe Bibesco, *Le Rire de la naïade*, 1935

Au 5, Stendhal

Stendhal s'installe au quatrième étage du 5 (ex-n° 3), rue Cambon (ex-rue Neuve-du-Luxembourg), où il réside de 1810 à 1814. Paris ne lui plaît guère et il écrira dans son *Journal* éprouver la « plus grande quantité d'ennui pur » dans la fréquentation des cafés ou salons littéraires. Auditeur au Conseil d'État en 1812, il est chargé de porter la correspondance des ministres à l'Empereur lors de la campagne de Russie, assistant ainsi à la bataille de la Moskova puis participant à la désastreuse retraite. Se considérant comme un diplomate raté et comme un écrivain sans avenir, il quitte Paris pour l'Italie en 1814.

Au 29, Henry James

Après avoir résidé à Paris en 1855, l'écrivain américain y revient en 1875-1876 et rencontre Tourgueniev, Zola, Daudet, Flaubert, Maupassant… Il publie son premier essai littéraire majeur – *Honoré de Balzac* – puis, déçu par la vie parisienne, va s'installer à Londres et fait paraître *L'Américain*, dans lequel il développe son parallèle entre une Amérique « innocente » et une vieille Europe « raffinée et corrompue ».

CASTELLANE (rue de)

Elle n'était pas très gaie, ma demeure de la rue de Castellane, et je ne tardai pas à m'y ennuyer.

— Caroline Otero, *Les Souvenirs et la Vie intime de la Belle Otero*, 1926

Au 10, Saint-Exupéry

« C'est délicieux d'atterrir, écrivait-il, après on s'ennuie. » Est-ce la raison pour laquelle l'écrivain ne parvient pas à se poser quelque part ? Quand il est à Paris, il dispose rue de Castellane, entre 1931 et 1934, d'un petit appartement en rez-de-chaussée dont sa femme Consuelo a hérité. Son premier roman, *Courrier Sud* (1928), a été bien accueilli par le public. Le second, *Vol de nuit*, prix Femina 1931, préfacé par Gide et rendant hommage aux pilotes de l'Aéropostale, le consacre comme auteur majeur.

Au 11, Alexis de Tocqueville

Le premier tome de son ouvrage majeur – *De la démocratie en Amérique* – est paru en 1835, le second en 1840. L'immense succès de l'ouvrage lui vaut d'être élu, à 36 ans, à l'Académie française, en 1841. Il s'installe au 11, rue de Castellane où il résidera de 1840 à 1845. Il retrouvera cette rue en 1851 quand, ancien député et ancien ministre, il s'opposera au coup d'État du

2 décembre 1851 et, avec Berryer, votera la déchéance du président de la République. Emprisonné puis relâché, il quitte alors la vie politique et va se consacrer à la rédaction de *L'Ancien Régime et la Révolution*.

CHAMBIGES (rue)

8 heures, la nuit tombait… la rue de Chambiges était déserte, comme une veille de Pentecôte, quoi ! les gens partaient déjà en week-end.

— Alphonse Boudard, *Manouche se met à table*, 1975

Au 6, Willy

Willy (Henry Gauthier-Villars) et Colette se séparent en novembre 1906. Willy s'installe rue Chambiges, Colette vit le plus souvent chez Mathilde de Morny, rue Georges-Ville, et loue parallèlement un appartement au rez-de-chaussée du 44, rue de Villejust (qui deviendra rue Paul-Valéry à partir de 1946).

« On sait qu'il fut un mari abusif, écrit André de Fouquières, mais s'il n'est jamais facile d'être le mari d'une femme écrivain de génie, il est encore plus périlleux d'être celui d'une femme qui le sera plus tard. Dans l'ombre projetée par Claudine, Willy pouvait-il trouver autre chose que l'effacement et l'infortune ? »

Rue de Chambiges, « l'auteur » des *Claudine* continue à signer des critiques musicales et littéraires – dont une, en 1914, sur « un livre hallucinant » : *Du côté de chez Swann*. Il poursuit également son « atelier d'écriture », publiant nouvelles et romans dans son style habituel truffé de bons mots et de quelques grivoiseries. Lucide envers lui-même et son manque de talent, il déclarera haïr la littérature « comme on poursuit d'une sauvage rancune une femme qu'on n'a pu étreindre ».

CHAMPS-ÉLYSÉES (avenue des)

L'immeuble du Drugstore-Publicis flambe du haut en bas et sur ses trois façades, rue Vernet, rue de Presbourg, avenue des Champs-Élysées. Quatre cents fenêtres crachent des flammes en même temps. Le ciel est rouge, baiser, rouge vulcain. C'est l'incendie le plus élégant de l'année.

— Pascal Jardin, *Guerre après guerre*, 1973

Au 20, Marie d'Agoult

Depuis la fin de 1851, ayant quitté la rue Plumet, Marie d'Agoult réside dans « la maison rose », villa de grand luxe sur les Champs-Élysées. Elle y tient salon, accueille épisodiquement ses enfants (Blandine et Cosima, enfants de Liszt) et poursuit sous le nom de Daniel Stern (« étoile », en allemand) la publication de son *Histoire de la révolution de 1848*.

Elle hésita longtemps avant d'entreprendre la rédaction de ses Mémoires, commencés sous forme de carnets en 1865, et qu'elle n'eut pas le temps de mener à terme. *Mes souvenirs 1806-1833* seront publiés en 1877, un an après sa mort, et l'intégralité n'en sera publiée qu'en 1927.

Au 30, le comte de Monte-Cristo

Est-ce Auguste Maquet ou Pier-Angelo Fiorentino qui écrivit *Le Comte de Monte-Cristo* ? Il serait possible, selon certains experts de l'œuvre de Dumas, de démêler selon le style des chapitres ce qui revient à l'un ou à l'autre. Exercice difficile, comme en atteste le texte suivant : « La maison choisie par Ali, et qui devait servir de résidence de ville à Monte-Cristo, était située à droite en montant les Champs-Élysées, placée entre cour et jardin ; un massif fort touffu, qui s'élevait au milieu de la cour, masquait une partie de la façade ; autour de ce massif s'avançaient, pareilles à deux bras, deux allées qui, s'étendant à droite et à gauche, amenaient à partir de la grille les voitures à un double perron supportant à chaque marche un vase de porcelaine plein de fleurs. Cette maison, isolée au milieu d'un large espace, avait, outre l'entrée principale, une autre entrée donnant sur la rue de Ponthieu[11]. »

Au 49, Charles Dickens

Entre novembre 1846 et janvier 1847, l'auteur d'*Olivier Twist* a découvert Paris, louant une « maison de poupée » rue de Courcelles. En février, on le voit à la vente aux enchères des biens de la « dame aux camélias » Marie Duplessis, boulevard de la Madeleine. Huit ans plus tard, d'octobre 1855 à avril 1856, auréolé du succès de *David Copperfield*, Dickens revient dans la capitale et loue six petites pièces à l'entresol et au premier étage du 49, avenue des Champs-Élysées. Il travaille sur *Little Dorrit*, visite Paris et rencontre de nombreux artistes et écrivains, dont Lamartine et George Sand.

Au 74, Colette au Claridge

C'est une bronchite chronique qui l'oblige à quitter l'humidité de son entresol au Palais-Royal en décembre 1930. Elle s'installe alors tout en haut de l'hôtel Claridge, sur les Champs-Élysées, où elle dispose de deux pièces et d'une très belle vue. Maurice Goudeket, son (très riche) compagnon, loue une chambre voisine. Dans une lettre à Hélène Picard, Colette évoque sa nouvelle demeure : « Que ne peux-tu voir ce que j'ai fait, mes meubles aidant, de ce pigeonnier ! Deux pièces, deux balcons, le soleil, un vent de pont de bateau. »

L'écrivaine y restera jusqu'en février 1935, date de la faillite du célèbre hôtel. Colette et Maurice Goudeket vont alors à nouveau déménager et s'installer 33, rue de Marignan, dans un quatre-pièces. « Quand sonna pour le Claridge l'heure d'une désintégration qui secoua tous ses services et refroidit tous ses fourneaux, je ne dépasse guère la vérité en disant que je nouai tous mes meubles dans une serpillière et que je sautai par-dessus les Champs-Élysées, où le côté impair me reçut dans un huitième étage tout crème à la vanille avec épingles à cheveux. »

De Colette à Simenon, il n'y a qu'un pas, celui qu'il fit lorsqu'elle lui conseilla de ne « pas faire de littérature ». L'auteur aux quatre cents romans et aux dix mille (?) femmes installa par trois fois ses romans au Claridge, dans *Pietr-le-Letton* (1931), *Maigret et l'Inspecteur malgracieux* (1947) et *L'Amie de Madame Maigret* (1950). Il s'y installa souvent lui-même, en 1945, pendant deux mois, ou en 1955, y recevant un certain Frédéric Dard désireux d'adapter *La neige était sale*. Lors du démantèlement du palace, Simenon y achètera un double studio pour sa fille.

Au 99, Colette et James Joyce au Fouquet's

« Il est un de ces endroits, écrit Léon-Paul Fargue, qui ne peuvent passer de mode qu'à la suite d'un bombardement. Et encore. »

Lorsque Colette fréquente les lieux, dans les années 1930, un écriteau stipule que « les dames seules ne sont pas admises au bar ». (Cette interdiction sera maintenue jusque dans les années 1980.) Léon-Paul Fargue trouvera effectivement ce célèbre restaurant essentiellement masculin : « C'est un endroit à potins d'hommes, car les hommes sont aussi concierges que les femmes. » Joyce adorait le Fouquet's où il était capable de se rendre tous les soirs, tiré à quatre épingles, s'asseyant à sa table habituelle (tournant le dos à la salle), commandant de la bisque et du vin du Rhin. En 1936 et 1937, il y dîne avec sa femme Nora, laissant de faramineux pourboires aux serveurs tout en leur demandant leur avis sur Racine ou Corneille.

Au 116 bis-118, la chute de Prévert

Paroles, recueil de poèmes au succès spectaculaire, paraît en mai 1946. Suivront *Histoires* (1946), *Contes pour enfants pas sages* (1947), *Le Petit Lion* (1947). Un accident (très alcoolisé) va interrompre la série poétique. Le 12 octobre 1948, Jacques Prévert chute du premier étage d'une fenêtre située dans le bureau 102 du centre Maurice-Bourdet, à la RTF. Il restera plusieurs jours dans le coma, gardera de graves séquelles neurologiques et ne pourra reprendre l'écriture qu'en 1949.

Au 152, Mme de Loynes

Ancienne demi-mondaine, comtesse de Loynes par un mariage sans lendemain, maîtresse du très droitier critique-écrivain Jules Lemaître, elle tient salon avenue des Champs-Élysées (après avoir officié rue de l'Arcade), recevant Théophile Gautier, Sainte-Beuve, Dumas, Taine, Arsène Houssaye ou Flaubert, qui – après Mme Maurice Schlesinger et Louise Colet – tombe amoureux d'elle. Cette passion perdurera et huit mois avant sa mort, en 1880, il écrira encore à Mme de Loynes : « Quels yeux, comme vous étiez jolie ! Et pendant deux heures, je vous ai follement aimée comme si j'avais eu dix-huit ans. D'ailleurs, je vous aime toujours, adorable créature que vous êtes... »

Sa demeure, dont Boni de Castellane raille, dans ses *Mémoires*, les « meubles recouverts de peluche brune à franges bon marché », va devenir un des centres de la droite antidreyfusarde, fréquenté par Édouard Drumont, Jules Guérin ou Henri Rochefort. À la fin de sa vie, en 1908, la comtesse aidera Charles Maurras et Léon Daudet à fonder *L'Action française* en leur offrant cent mille francs-or. Selon l'historien Gérard Desanges, une partie de Mlle Jeanne de Tourbey, future comtesse de Loynes, pourrait être le modèle de *L'Origine du monde*, de Courbet.

Au 202, José Maria Eça de Queirós

Dans les années 1870, le diplomate portugais commence une œuvre qui va l'apparenter aux grandes figures littéraires du siècle, Flaubert, Dickens ou Zola, auquel il rend visite en 1885. Trois ans plus tard, nommé consul à Paris, il s'installe avenue des Champs-Élysées et fait paraître son œuvre majeure : *Les Maia*, satire de la haute société de Lisbonne. Parmi une quinzaine d'ouvrages publiés, *202, Champs-Élysées* se distingue par sa critique de la modernité et la vacuité de la vie parisienne.

En bas des Champs-Élysées, la dame-pipi de Proust

Le « chalet de nécessité » que Proust évoque dans *À l'ombre des jeunes filles en fleurs* est situé près du théâtre de Guignol. L'auteur le décrit comme une sorte de « petit théâtre rustique au milieu des jardins » auquel on accède par quelques marches et qui dégage « une fraîche odeur de renfermé ». La tenancière – elle est marquise ! – est une « vieille dame à joues plâtrées et à perruque rousse » qui évoque avec lui ses « clients », les acceptables et les recalés, pour des raisons qui lui sont propres. Un seul coup d'œil et le verdict est sans appel : « Je ne veux pas de ça chez moi ! »

CHATEAUBRIAND
(rue)

Il y a tellement de choses à voir dans la rue Chateaubriand.
— Agnès Bloumentzweig, *Rue Chateaubriand*, 2000

Au 5, Pierre-Jean de Béranger

Selon Henri Heine, il n'y a pas de poètes en France, à l'exception de « l'incomparable et divin Béranger ». Et selon Pierre Larousse, il fut « aussi célèbre que Napoléon ». Chansonnier-poète célébré voire adulé, il avait fui Paris et la popularité pour se retirer à la campagne en 1831. Il revint dans la capitale au début des années 1840, fut élu député en 1848 (il démissionnera au bout de trois semaines), résidera 113, rue d'Enfer puis rue Chateaubriand (avenue de Chateaubriand) en 1856-1857. « Chanson », avait défini Jean-Jacques Rousseau en 1764 : « Petit poème lyrique fort court qui roule ordinairement sur des sujets agréables, auquel on ajoute un air pour être chanté dans des occasions familières, comme à table, avec ses amis, avec sa maîtresse ou même seul, pour éloigner quelques instants l'ennui si l'on est riche, et pour supporter plus doucement la misère et le travail, si l'on est pauvre… »

Au 11, Pierre Louÿs

« L'amour est un art, comme la musique. Il donne des émotions du même ordre, aussi délicates, aussi vibrantes, parfois peut-être plus intenses » : le petit-neveu de la duchesse d'Abrantès et condisciple de Gide à l'École alsacienne accède à la gloire littéraire en 1896 avec *Aphrodite*, unique exemple de succès populaire pour un roman parnassien, ouvrage encensé par François Coppée et préfacé d'un manifeste de l'art pour l'art. Suivra un second succès, *La Femme et le Pantin* (1898), beaucoup moins parnassien, inspiré des Mémoires de Casanova. Pierre Louÿs est beau, riche, cultivé (il possède une bibliothèque de vingt mille livres), il sait séduire les femmes mais également les hommes, Gide, Mallarmé, Heredia, Valéry, Oscar Wilde. En 1899, tout en continuant sa liaison avec Marie de Heredia, il épouse sa sœur, Louise. Et, sur le plan littéraire, il ne tarde pas à tourner le dos au Parnasse (et donc, à son beau-père) pour se rallier au symbolisme. L'homme à femmes, auteur du célèbre *Trois Filles de leur mère*, tenait sur un carnet le nom de ses conquêtes, assorti d'un descriptif très intime. Elles sont, dit-on, au nombre de huit cents.

CIRQUE (rue du)

On ne se présentait pas rue du Cirque sans être recommandé.

— François Baudot, *L'Art d'être pauvre*, 2009

Au 2, Pierre Decourcelle

Fils du dramaturge Adrien Decourcelle, gendre d'Edmond About et petit-neveu d'Adolphe d'Ennery (l'auteur des *Deux Orphelines*), Decourcelle ne pouvait que s'épanouir dans les lettres. Entre 1880 et 1920, ce journaliste et chroniqueur dramatique, célébrité de la Belle Époque, signa une vingtaine de romans (sentimentaux puis policiers) et une vingtaine de pièces parmi lesquelles *Gigolette* (1893), immense succès à l'époque. Après avoir résidé 17, boulevard Haussmann en 1895, puis 14, rue Jean-Goujon en 1897, il décède en 1926 à son domicile de la rue du Cirque[12].

Dans *L'Ami du lettré*[13], sa fille Claudine évoque la mort d'un des champions du roman populaire : « Moment affreux : celui où l'homme est arraché de son œuvre. Il n'est plus là pour la protéger, l'expliquer. Elle reste seule. Et c'est elle maintenant qui parlera pour lui. Les romans psychologiques, les vers, gardent intact le son d'une voix. Mais le livre à treize sous, à la couverture sanglante, aux caractères vulgaires, cliché tiré à trois cent mille exemplaires, ne présente qu'une image brouillée. Comment y retrouver la belle figure mâle, sobre, au nez droit, "aux yeux de charmeur" de celui que Tout Paris appelait "le beau Pierre", et qu'on avait coutume de voir aller et venir dans son intérieur, entre ses Fragonard, ses Lautrec, ses bleus de Chine, et ses premières éditions de Balzac ? »

Au 6, Reynaldo Hahn

La famille Hahn s'installe rue du Cirque en 1878, « le petit Nano » y résidera jusqu'en 1897.

Proust, 23 ans, rencontre le jeune homme de 19 ans en mai 1894 à l'un des mardis de Mme Lemaire, rue de Monceau, alors que ce dernier chante ses mélodies d'après les *Chansons grises* de Verlaine.

Proust, qui étudie les lettres à la Sorbonne et se destine à une carrière de bibliothécaire, a déjà en tête quelques idées de roman mais se consacre à la fréquentation de la haute société parisienne. Il aimera Hahn plus que tout autre : « Reynaldo Hahn, écrit Emmanuel Berl, a été sans doute un des êtres que Proust a le plus aimés. […] Sa conversation avait un grand charme qui ne tenait pas seulement à son talent de musicien et de chanteur, mais à l'étendue de sa culture, à son usage du monde, à un enthousiasme généreux et narquois, dont on subissait aussitôt la contagion, à une disponibilité qui est à la fois un attribut de l'intelligence et une forme de la bonté[14]. » La liaison, qui s'achève en 1896, se transformera en une solide amitié.

CLAPEYRON (rue)

En remontant la rue Clapeyron au volant de sa BMW, Isabelle avait remarqué le rectangle lumineux sous le rideau de fer.
— Gérard Delteil, *Bons Baisers de Pléiades*, 1997

Au 18, Maurice Leblanc

Le père d'Arsène Lupin habita l'immeuble entre 1889 et 1894, immeuble dans lequel il écrivit quelques contes (*Des couples*, 1890) et un premier roman (*Une femme*, 1893), ouvrage qui tend la main à *Madame Bovary* et qui scandalisa la capitale par sa description d'une provinciale nymphomane cédant aux joies de l'adultère. Il faudra attendre quelques romans sans grand succès et une pièce de théâtre ratée (*La Pitié*, 1902) pour que naisse en 1905 dans *Je sais tout* un gentleman cambrioleur du nom d'Arsène Lupin. Maurice Leblanc, ce dandy délicat passionné de psychologie amoureuse et qui souhaitait entrer en littérature par la grande porte, aux côtés de Flaubert ou de Maupassant, va, un peu malgré lui, devenir un maître du roman populaire.

COLISÉE (rue du)

Un jour, il m'a dit que le vendeur de sandwichs de la rue du Colisée était le neveu de William Wyler.

— Bertrand Tessier, *Jean-Pierre Melville. Le solitaire*, 2017

Au 15 puis au 22, Léon-Paul Fargue

« J'ai été, écrit-il, élevé à Montrouge, rue Mouton-Duvernet. De là nous allâmes à la Chapelle où mon père, après avoir été ingénieur chez Faber en sortant de l'École Centrale, fit fortune en inventant une plume miraculeuse écrivant sans encre, qui annonçait le stylo, et un traitement nouveau des perles de couleur. Cette fortune, il l'a perdue en la plaçant dans d'autres inventions. Après la Chapelle, ce fut la rue du Colisée… »

Étudiant, Fargue hésitera entre la musique, la peinture et la littérature. Il choisira finalement cette dernière et publiera en 1895, à 21 ans, sa première œuvre : *Tancrède*, dans la revue *Pan*.

Au 24, Panaït Istrati

L'écrivain roumain, surnommé par Romain Rolland le « Gorki des Balkans », habita l'immeuble de 1922 à 1930. Il y écrivit notamment *Les Chardons du Baragan*, ouvrage publié en 1928 et dédié au peuple roumain et à ses onze mille morts de la jacquerie paysanne, paysans assassinés sur ordre du gouvernement en mars 1907. Suivra *Vers l'autre flamme* (1929), violent réquisitoire, dix ans avant Gide, contre le régime stalinien, qui fera d'Istrati un paria chez les intellectuels français, voire un réactionnaire.

Il était fils d'une blanchisseuse roumaine et d'un contrebandier grec, vagabond bourlingueur et révolté. Amoureux de la France, il avait appris sa langue en tapissant sa chambre de pages de *Jean-Christophe*, le roman de Romain Rolland, et il mourut dans la misère, abandonné de tous, en 1935.

Dans ses *Mémoires d'un révolutionnaire*, Victor Serge relate un dialogue entre Istrati et quelques amis communistes convaincus : « Panaït, dit l'un, pour notre révolution, tu sais, on ne fait pas une omelette sans casser les œufs… » Et Istrati répond : « Je vois les œufs cassés. Mais elle est où, l'omelette ? »

CONCORDE (place de la)

Place de la Concorde, tu portes des chaussures en lézard, une cravate à pois blancs et une petite gueule de gigolo.

— Patrick Modiano, *La Ronde de nuit*, 1969

Au 4, Chateaubriand

En mai 1805, Chateaubriand et son épouse Céleste louent un appartement au dernier étage de l'hôtel de la marquise de Coislin. L'écrivain y commence l'écriture des *Martyrs*, épopée en prose sur les débuts du christianisme, puis effectue un long périple qui l'entraînera en Grèce, en Palestine, en Égypte, au Maghreb puis en Espagne, avant qu'il ne rentre à Paris en juin 1807. L'ouvrage ne sera publié qu'en 1809. « C'est, écrira-t-il dans ses *Mémoires*, de tous mes écrits celui où la langue est la plus correcte. »

Après *Atala*, *René* et *Génie du christianisme*, Chateaubriand se veut le chantre de la chrétienté, soucieux de démontrer qu'une muse chrétienne peut rivaliser avec les muses païennes et, incidemment, qu'il sera digne de figurer dans les manuels scolaires auprès d'Homère, de Virgile ou de Dante.

Au 10, le prix Femina à l'hôtel de Crillon

« Pas de jupons chez nous ! » avait déclaré Joris-Karl Huysmans. En 1904, les jurés du prix Goncourt s'apprêtent à décerner le deuxième prix de leur histoire. Alors que *La Conquête de Jérusalem* de l'orientaliste Myriam Harry semble devoir l'emporter, le jury couronne Léon Frapié pour *La Maternelle*. Indignées, vingt-deux femmes de lettres, entraînées par Anna de Noailles, se réunissent et décident d'instituer leur propre prix. Et le 28 janvier 1905, elles remettent rétrospectivement leur prix à Myriam Harry, fustigeant la misogynie des « Dix du Goncourt ». Il est convenu, ont-elles décidé, que le prix sera décerné « à une œuvre d'imagination » dans l'hôtel parisien Crillon par un jury composé de douze femmes, quelques jours avant ou après le prix Goncourt. Le prix, qui porte à sa naissance le nom de « prix Vie Heureuse », devient en 1922 le prix Femina.

La légitimité de ce nouveau venu mettra du temps à éclore. En 1925, *L'Humanité* évoque un « tribunal des pintades » et persifle : « Il est un spectacle qui dépasse en horreur comique la réunion Goncourt, c'est l'assemblée de poules qui décerne le prix Femina-Vie Heureuse. Quelques femmes plus ou moins de lettres ont coutume de couvrir de fleurs, chaque année, l'écrivain assez heureux pour émouvoir leur épaisse sensibilité [...]. Le ridicule des duchesses de lettres qui fut de tout temps notoire n'avait pas encore réalisé ce prodige : s'instituer en jury littéraire ! »

Sur et sous la place, Fantômas...

« Ô surprise ! on entendit un son étrange, s'élevant de la fontaine, dans l'air pur du soir. » Dans *Un roi prisonnier de Fantômas*, Fandor s'aventure imprudemment à la recherche de Fantômas en se glissant dans un passage secret : « Tendant ses muscles, en dépit d'une écorchure qu'il s'était ouverte au poignet, il arriva à faire basculer le tronc de la naïade complètement... Coupé en deux, le corps de la statue laissait voir une sorte d'ouverture noire qui s'enfonçait vers le socle. »

CONSTANTINOPLE
(rue de)

Au coin de la rue de Constantinople, il tâta du pied le rebord du trottoir. Parait que les chats y voient mieux la nuit. C'était pas son cas.
— Raymond Guérin, *L'Apprenti*, 1946

Au 9, les premiers pas d'Apollinaire

En septembre 1899, Angelica de Kostrowitzky se fait inscrire dans un hôtel meublé du 9, rue de Constantinople, sous le nom d'Olga Karpoff. Un mois plus tard, ses deux neveux la rejoignent. Il s'agit en fait de ses fils, Wilhelm et Albert, qui ont déménagé à la cloche de bois de leur hôtel de Stavelot, dans les Ardennes. Wilhelm, futur Guillaume, gagne quelques francs en écrivant des bandes d'adresses, démissionne, passe ses journées à la bibliothèque Mazarine, travaille comme prête-plume sur un roman-feuilleton intitulé *Que faire ?*, drame cornélien signé par l'avocat Henry Esnard et publié dans *Le Matin*. Grâce au talent du jeune poète, le drame va s'alléger et se teinter de fantaisie, voire de cocasserie. Malheureusement, la contribution restera impayée. Sous le nom de Wilhelm Kostrowiztky, il fait paraître ses premiers poèmes dans la revue *La Grande France*. Ses premiers écrits sous le nom d'Apollinaire[15] ne seront publiés qu'en 1902.

Lors de ses flâneries, le poète aimait revenir dans le quartier de ses débuts : « Chaque fois que je passe à l'angle de la rue de Douai et de la place Clichy, à l'endroit où se trouve maintenant une école et où il y avait avant la séparation, un couvent où fut imprimé mon premier livre : *L'Enchanteur pourrissant*, je songe à M. Paul Birault[16]. »

Au 127, Georges Duroy dans *Bel-Ami*

Dans *Bel-Ami*, Maupassant loge son anti-héros au n° 127 de la rue de Constantinople (adresse qui n'existe pas) et s'attache à la description des lieux : « Le salon, tapissé de papier ramagé, assez frais, possédait un meuble d'acajou recouvert en reps verdâtre à dessins jaunes, et un maigre tapis à fleurs, si mince que le pied sentait le bois par-dessous. La chambre à coucher était si exiguë que le lit l'emplissait aux trois quarts. Il tenait le fond, allant d'un mur à l'autre, un grand lit de maison meublée, enveloppé de rideaux bleus et lourds, également en reps, et écrasé sous un édredon de soie rouge maculé de taches suspectes[17]. »

COURCELLES
(boulevard de)

Le boulevard de Courcelles est également présent dans le 17e arrondissement.

S'il se fût trouvé cette nuit-là un sergent de ville, sur le boulevard de Courcelles, il eût pensé bien probablement être fou.
— André Pieyre de Mandiargues, *Récits érotiques et fantastiques*, 2009

Au 35, Aragon sous la coupole

Ancien député et préfet de police de Paris, Louis Andrieux eut pendant longtemps autorité sur certains bâtiments publics dont il n'hésitait pas à faire un usage personnel, comme la coupole aménagée dans l'octroi-rotonde du parc Monceau de Claude-Nicolas Ledoux qui lui servait de garçonnière. En 1896, à 56 ans, il y mit enceinte l'une de ses maîtresses, une très jeune fille qui allait devenir la mère de Louis Aragon. Cela expliquerait, fait remarquer l'académicien Marc Lambron, qu'Aragon dédaigna une éventuelle entrée à l'Académie française : il était déjà né sous une coupole.

Au 35, le parc Monceau de Philippe Soupault

Dans *Histoire d'un blanc*, son premier tome de Mémoires, Philippe Soupault se remémore les pénibles dimanches passés au parc lorsqu'il était enfant : « Parc Monceau, square lugubre, panthéon des fausses gloires ! Dans chaque allée, on croise une statue miraculeusement horrible. On peut aussi voir des grottes en papier mâché et ces ruines en plâtre, genre grec, se reflétant dans un étang d'eau croupie. Les immenses grilles qui ferment ce jardin en font une cage. »

Troisième enfant d'une famille très aisée, fils d'un gastroentérologue réputé (Soupault est surnommé « le fils de l'estomac » par ses camarades), l'enfant s'ennuie dans un milieu bourgeois qu'il exècre, à l'image de son oncle, Louis Renault. « Quand je passe en revue ces menus faits qui forment le tissu de mon enfance, écrit-il, je m'étonne de le voir si gris. Je ne puis en vouloir à personne. J'ai peu souffert somme toute, j'ai peu appris, je me suis beaucoup et considérablement ennuyé. »

Au 35, Lanza Del Vasto et Luc Dietrich

Un jour de mars 1933, assis sur un banc du parc Monceau, Lanza Del Vasto nourrit les pigeons avec du pain. Près de lui, perdu dans ses pensées, un jeune homme de 19 ans. « Êtes-vous bon comme ce pain ? » lui demande Lanza. Malgré ses activités peu avouables, Luc Dietrich l'est. De voleur, trafiquant de drogue et vaguement proxénète, il va, grâce à son mentor, devenir écrivain, laissant derrière lui *Le Bonheur des tristes* et *L'Apprentissage de la ville*, roman dans lequel il écrit : « À quoi bon être quand on n'a personne à sauver ? Depuis que ma mère est morte, je suis cette épave que la ville n'a pu digérer. » Comme Rousseau, il était né « bon ». Il meurt à 31 ans dans un monde sombre et amer, « cherchant Dieu à travers les branches de la nuit ».

COURCELLES (rue de)

La rue de Courcelles est également présente dans le 17ᵉ arrondissement.

Rue de Courcelles, elle tint à me montrer la fameuse pagode. Modiano la décrivait dans un de ses livres. Le trottoir était en pente. Une boutique de vêtements anglais venait d'ouvrir à un angle, à côté d'un fleuriste.
— Éric Neuhoff, *La Petite Française*, 1997

Au 24, le salon de la princesse Mathilde

Cousine germaine de Napoléon III, la princesse Mathilde tenait salon le mercredi dans son hôtel de la rue de Courcelles, recevant artistes et écrivains, Théophile Gautier, Gustave Flaubert, Alexandre Dumas fils, Alphonse Daudet, Guy de Maupassant… « On y dîne très mal, notera Léon Daudet, du vomi de chien riche. »

Les frères Goncourt furent les fidèles chroniqueurs du lieu, mentionnant scrupuleusement les invités, les humeurs et les potins. La princesse ne leur fit pas grande impression lors de leur première rencontre : « C'est une grosse femme, un reste de belle femme, un peu couperosée, la physionomie fuyante et des yeux assez petits, dont on ne voit pas le regard ; l'air d'une lorette sur le retour et un ton de bonne enfance, qui ne cache pas tout à fait un fond de sécheresse. »

C'est chez la princesse Mathilde que fut lu *Henriette Maréchal*, drame en trois actes des deux frères, lecture qui précéda sa représentation à la Comédie-Française grâce à la « recommandation » princière. Ce qui n'évita pas un insuccès mémorable, les critiques ne retenant qu'« un vieux paquet de ficelles ».

Au 45, la poudre Legras de Marcel Proust

Le 1er octobre 1900, la famille Proust emménage dans un immeuble cossu, au deuxième étage, à l'angle de la rue de Monceau, face à la célèbre pagode rouge. L'appartement est pourvu d'un large balcon de pierre et donne sur une cour intérieure. M. et Mme Proust y font chambre à part et chacun des deux garçons dispose d'une chambre. Ils ne s'entendent guère, car Marcel ne supporte pas que son cadet lui ait volé une part d'affection maternelle. Il l'évincera totalement de la *Recherche*, alors que sa mère, son père, sa grand-mère et sa tante y sont présents. Dans l'appartement, une pièce appelée « le fumoir » par Mme Proust est réservée aux fumigations de Marcel qui y fait brûler ses poudres Legras et d'Escouflaire, spécialités à base de belladone et de datura censées lutter efficacement contre l'asthme. Marcel Proust est alors âgé de 29 ans, il démissionne de son poste (non rémunéré) à la bibliothèque Mazarine et s'attelle, avec sa mère, à la traduction du poète-écrivain-peintre John Ruskin. En naîtra un ouvrage : *La Bible d'Amiens*.

Rue de Courcelles, Proust inaugure sa vie d'adulte, organise de grands dîners ou réceptions, commence à rédiger les carnets qui lui fourniront la genèse de la *Recherche*. Trois ans après leur installation, le Dr Proust décède, suivi par Mme Proust en septembre 1905. Marcel Proust conservera l'appartement jusqu'en décembre 1906 puis emménagera au 102, boulevard Haussmann.

Au 45, une adresse récurrente chez Modiano

Le 45, rue de Courcelles occupe une place privilégiée chez Modiano. On la découvre dans *Livret de famille* : « Une fiche concernait le magnétophone que Bourlagoff transportait dans son sac en plastique. On y lisait l'adresse du client qui avait loué cet appareil : 45 rue de Courcelles, situé un peu plus bas. »

On la retrouve dans *Quartier perdu*, lorsque l'écrivain Jean Dekker se rend dans un appartement qu'on lui a prêté : « J'ai monté à pied la pente de la rue de Courcelles, du côté de l'ombre, sur le trottoir de gauche, celui du 45. Devant la porte cochère, j'ai éprouvé une vague appréhension et j'ai fait les cent pas le long de la façade qui se termine en rotonde à l'angle de la rue de Monceau. »

C'est également dans cet immeuble que se réfugie Louis Pagnon en 1944, lorsque Henri Lafont le chasse de la rue Lauriston. Louis Pagnon, dit « Eddy », collabo notoire, figure récurrente et obsessionnelle des premiers romans de Modiano, dont il cherche en vain une preuve de collusion avec son père durant la guerre.

Dans *Quartier perdu*, Modiano fait état d'une équipe qui tourne, devant le 45, *Rendez-vous de juillet* et dont le réalisateur ne semble pas connaître l'existence du film du même nom de Jacques Becker (1949). Hasard ? La mère de Modiano, l'actrice Louisa Colpeyn, est créditée d'un petit rôle (Betty) dans le film de Becker.

Au 48, l'endroit « le plus ridicule » de Charles Dickens

Entre novembre 1846 et janvier 1847, Charles Dickens loue au marquis de Castellane un « petit hôtel » afin d'y loger avec sa femme, ses six enfants et ses quatre secrétaires-servantes, logement qu'il qualifie d'endroit « le plus ridicule, extraordinaire, sans équivalent et absurde qui soit, situé entre la maison de poupée, la gargote, le château hanté et l'horloge déboîtée ». Ses premiers romans – *The Pickwick Papers*, *Oliver Twist*, *Nicholas Nickleby*, *The Old Curiosity Shop*, *Barnaby Rudge*, *Martin Chuzzlewit*, écrits et publiés à un rythme soutenu depuis 1836 – l'ont rendu célèbre.

Rue de Courcelles, Dickens poursuit l'écriture de *Dombey et fils*, histoire d'une faillite familiale. Mais c'est lui-même qui est en faillite, passant parfois des heures devant son bureau avant d'écrire quelques lignes. Dans un Paris enneigé, il rencontre de nombreux écrivains, notamment Victor Hugo et, dans un courrier à la comtesse de Blessington, il relate sa visite place Royale (place des Vosges) : « J'ai été très frappé par Hugo lui-même, qui a l'air d'un génie, qu'il ne doit pas manquer d'être, et qui est franchement intéressant de la tête aux pieds. »

Atteint d'une attraction pathologique pour le macabre, une de ses occupations favorites consiste à rendre visite à la morgue. Un soir, il s'attarde sur un corps dénudé, triste métaphore de sa visite à Paris : « La nuit tombait, la grande salle de la mort était vide, et ainsi étendu, tout seul, avec ses longs cheveux gris tombant sur ses maigres épaules, ce vieux m'est apparu comme le cadavre de cette triste et froide année 1846. »

Au 71, Désiré Nisard

Désiré Nisard serait sans doute totalement oublié si Éric Chevillard ne l'avait pas ressuscité dans *Démolir Nisard*, ouvrage dans lequel il s'attaque au critique littéraire qui œuvra à démolir les tenants du romantisme, qualifiant les drames de Hugo ou Dumas de « débauches d'imaginations en délire, indignes d'occuper les esprits sérieux ». Devenu bien plus tard maître de conférences à l'École normale (de 1835 à 1844), Nisard fit paraître une *Histoire de la littérature française* (en quatre volumes, de 1855 à 1861) dans laquelle il s'émut de la décadence depuis le XVIIe siècle de la littérature française, les seuls auteurs dignes d'être imités étant Boileau et Racine. « Par ses idées étroites et arriérées, rappelle Éric Chevillard, par sa morgue pédantesque, Nisard était naturellement désigné aux suffrages de l'Académie[18]. » Ce qui fut fait en 1850, l'Académie le préférant à Alfred de Musset. Désiré Nisard laisse une quinzaine d'ouvrages dont un mélodrame un peu « léger », *Le Convoi de la laitière* (1834). Il en rechercha, dit-on, tous les exemplaires durant toute sa vie afin de les faire disparaître. Ce qui donne à l'ouvrage, totalement introuvable, une très grande valeur.

ÉDIMBOURG (rue d')

Elle s'en retourna, enfila la rue d'Édimbourg, descendit jusqu'au pont de l'Europe. Là seulement, elle se crut à l'abri.

— Émile Zola, *La Bête humaine*, 1890

Au 8, Thierry Sandre (alias Charles Moulié)

À 17 ans, il avait débuté comme journaliste au *Gil Blas* et à *Comœdia*, avait occupé le secrétariat de Pierre Louÿs. En 1924, à 34 ans et après une quinzaine d'ouvrages, l'académie Goncourt lui décerne son prix (contre Montherlant et Marcel Arland !). Sandre ne laissera pas un grand souvenir littéraire. Il fait partie des seconds rôles (voire troisièmes ou même inclassables) que l'académie Goncourt couronna pour de petites raisons combinardo-éditoriales : John-Antoine Nau au lieu de Charles-Louis Philippe (1903), Marius et Ary Leblond au lieu de Giraudoux ou Léautaud (1909), Marc Elder au lieu d'Alain-Fournier ou de Valery Larbaud (1913), René Maran au lieu de Jacques Chardonne (1921), Henri Béraud au lieu de Jules Romains (1922), Lucien Fabre au lieu de Cocteau, Martin du Gard, Paul Morand, Mauriac ou Colette (1923), Guy Mazeline au lieu de Céline (1932)…

Au 20, André Beaunier

Ce chroniqueur et critique dramatique, auteur en 1900 de la première étude littéraire sur Rimbaud, romancier et biographe (notamment de Julie de Lespinasse), vécut rue d'Édimbourg dans les années 1900 avant de s'installer au 4, rue de Moncey. En 1911, on peut lire sous la plume de l'abbé Louis Bethléem dans *Romans à lire et romans à proscrire* : « Écrivain de talent qui s'est fait une bonne place dans la presse et le roman. Nous citons parmi ses ouvrages : *Les Dupont-Leterrier* (histoire d'une famille durant l'affaire Dreyfus) ; *Picrate et Siméon* (deux types : un cul-de-jatte et un cocher ; assassinat par amour) ; *Le Roi Tobol* (livre curieux et très bien écrit) ; *La Fille de Polichinelle* (scabreux et romanesque)[19]. »

Auteur d'une quarantaine d'ouvrages, André Beaunier décède rue de Villersexel en 1925.

ÉLYSÉE (rue de l')

Certains même avaient fini par ressembler à leur quartier, portaient sur eux comme le reflet de la rue de l'Arcade, de l'avenue du Bois, de la rue de l'Élysée.

— Marcel Proust, *Le Temps retrouvé*, 1927

Au 2-4, les marches du palais

Après la guerre, le Comité national des écrivains (CNE) installe son siège dans l'ancien hôtel de Hirsch, qui abrite également la Maison de la culture animée par Aragon. Dirigé par les hiérarques communistes, le CNE se charge en particulier d'effectuer un « ménage littéraire », jetant le discrédit ou frappant d'interdiction de publier les écrivains « compromis ». Chaque automne y a lieu la vente du CNE. Sur le grand escalier, les auteurs du parti (communiste) sont installés par ordre décroissant (d'importance), et chaque marche compte : Aragon et Elsa Triolet sont tout en haut, Roger Vailland n'est pas loin…

ÉTOILE (place de l')

(actuelle place Charles-de-Gaulle)

Mme Berthaud et Roberte arrivaient sur la place de l'Étoile. Une délégation des A.C.M.B.A. honorait le Soldat inconnu sur lequel venait de s'incliner un groupe des J.R.M.C.

— Marcel Aymé, *Le Bœuf clandestin*, 1939

Des chats géants place de l'Étoile

En 1919, André Breton s'angoisse : alors qu'il vient de noter (en écriture automatique avec Philippe Soupault) « Suintement cathédrale vertébré supérieur / Les derniers adeptes de ces théories prennent place sur la colline devant les cafés qui ferment / Pneus pattes de velours », il voit sur la place de l'Étoile les voitures métamorphosées en chats géants. Vision terrifiante au point que, relate Sarane Alexandrian dans *Le Surréalisme et le Rêve*, il hésita à sortir dans la rue le jour où il écrivit : « Il faut des éléphants à tête de femme et des lions volants. » Prudent, André Breton.

Le premier roman de Patrick Modiano

La Place de l'Étoile, premier roman publié par Modiano (en 1968), inaugure le triptyque complété par *La Ronde de nuit* et *Les Boulevards de ceinture.* L'auteur y plonge dans les années d'Occupation, le Paris glauque de la collaboration et du marché noir, traversé en filigrane par la figure de son père.

Modiano a 23 ans lorsqu'il publie son livre. Né en 1945, il n'a évidemment pas connu l'occupation de Paris. Mais il « s'en souvient » : « Je n'avais que vingt ans, mais ma mémoire précédait ma naissance. J'étais sûr, par exemple, d'avoir vécu dans le Paris de l'Occupation puisque je me souvenais de certains personnages de cette époque et de détails infimes et troublants, de ceux qu'aucun livre d'histoire ne mentionne. Pourtant, j'essayais de lutter contre la pesanteur qui me tirait en arrière, et rêvais de me délivrer d'une mémoire empoisonnée[20]. »

En exergue du roman, Modiano fait figurer cette histoire bien connue : « Au mois de juin 1942, un officier allemand s'avance vers un jeune homme et lui dit : “Pardon, monsieur, où se trouve la place de l'Étoile ?” Le jeune homme désigne le côté gauche de sa poitrine. »

Monique Wittig et la femme du soldat inconnu

Si son premier roman, *L'Opoponax*, obtient le prix Médicis et suscite l'enthousiasme de Marguerite Duras, la place de l'Étoile va également contribuer à sa célébrité. En août 1970, en compagnie notamment de Cathy Bernheim et de Christiane Rochefort, elle tente de déposer une gerbe sous l'Arc de Triomphe pour honorer « la femme du soldat inconnu ». Les banderoles précisent : « Il y a plus inconnu que le soldat inconnu. » Cette action deviendra l'acte fondateur du MLF et Monique Wittig une figure de proue du combat féministe.

FAUBOURG-SAINT-HONORÉ (rue du)

Il irait à pied par la rue du Faubourg-Saint-Honoré. Passant devant la librairie du Palais-Royal, il se sentit très loin de tous ces livres en vitrine, ces proclamations qui gémissaient partout : C'était mieux avant !

— Stéphane Denis, *Sanctissima*, 2019

Au 6, Henry Monnier

Dans le milieu des années 1820, Henry Monnier est un célèbre caricaturiste et il crée en 1830 le personnage de Monsieur Prudhomme, bourgeois fat et borné, dans ses *Scènes populaires dessinées à la plume*, ouvrage qui connaît un immense succès. Vingt ans plus tard, Henry Monnier délaisse le dessin pour la littérature et reprend le personnage dans sa pièce de théâtre *Grandeur et décadence de Monsieur Joseph Prudhomme* (1852).

Il le dessina, le fit vivre à la scène et l'incarna lui-même, faisant l'acteur à l'occasion. Et quand il apparaissait en

Monsieur Prudhomme, quand il prononçait « c'est mon avis et je le partage », la salle lui faisait une ovation. « L'humanité qu'il peint, écrit André Gide, est sordide ; notre épouvante vient de ce que cette peinture est exacte. Ces propos nous les reconnaissons, nous les entendons tous les jours. Nous voyons ces gens ; ce sont eux que nous rencontrons dans les trains, dans les omnibus… Nous les contemplons avec horreur sans doute, mais bien également avec une sorte de stupeur amusée. Et parfois, parmi tant d'idiots, dans ce miroir impitoyable que Monnier nous tend, nous tremblons de nous reconnaître. »

Au 19, Franc-Nohain

Au début du siècle, au-dessus de la célèbre boutique Houbigant, le poète et librettiste Franc-Nohain occupe dès 1900 deux étages de l'immeuble, dont un grenier aménagé en bureau. On pouvait y voir « la vieille horloge qui inspira au poète cette *Heure espagnole* sur quoi Maurice Ravel composa une partition magistrale[21] ». Hermès, le voisin, n'est encore qu'un sellier et devant la maison passent les trois percherons qui tirent l'omnibus Passy-Bourse. Franc-Nohain y résidera trente ans, y naissent ses deux fils, le parolier et animateur Jean Nohain et le comédien Claude Dauphin.

Selon les habitudes de l'époque, ses amis libellent son adresse en vers. Comme Pierre Louÿs, qui inscrit sur l'enveloppe : « Noble facteur des Postes et Télégraphes / Ne va pas chez la belle enfant que tu dégrafes / Mais cours plutôt, vêtu d'un uniforme neuf / chez Franc-Nohain, faubourg Saint-Honoré, dix-neuf. » Lequel facteur soupirait : « C'est bien parce que c'est vous, disait-il, si tout le monde faisait des enveloppes en poésie comme celle-là, pauvre France ! »

La poésie de Franc-Nohain aimait la France, la pluie et le beau temps, les gares de campagne et la fantaisie : « Ouf, brouf, / Waterproofs, / Cannes et parapluies, / Je ne sais plus du tout où j'en suis… »

Au 20, Yvonne de Brémond d'Ars

La célèbre antiquaire-écrivaine et compagne de Suzy Solidor y vécut de 1929 à 1968, proposant aux Parisiens les étonnantes vitrines de son célèbre magasin : Chambre de la fiancée, Belle au bois dormant, Éternel Amour, Carnaval de Venise, etc., et, bien sûr, les vitrines de Noël. Spécialisée dans les meubles du XVIIIe siècle, elle avait également la passion d'écrire. Ses romans relatent les tribulations d'un meuble, les influences qu'il peut exercer sur ceux qui le possèdent ou qui s'y intéressent. Telle une comtesse de Ségur pour adultes, soucieuse de bons sentiments, elle charge le meuble et ses étonnantes aventures de réconcilier les familles, de permettre au jeune homme pauvre de recouvrer la fortune perdue ou de faire triompher l'amour. « Y. de Brémond d'Ars, écrit "Néodyme", a su en outre, avec beaucoup de talent, rendre dans la plupart de ses romans la folie des collectionneurs, les affres et les plaisirs du métier d'antiquaire, sans jamais se départir d'une élégance en ce qui touche à la complexité des relations et sentiments humains. Elle ne fut ni baronne, ni marquise, mais elle écrivit bien, la chère *demoiselle*[22]. »

À partir de 1960, Yvonne de Brémond d'Ars entreprend la rédaction de ses Mémoires, dix-neuf tomes vont paraître de 1964 à 1976.

Au 27, Abel Hermant

En 1883, Abel Hermant commence sa carrière littéraire par un volume de vers très remarqué, *Les Mépris*, puis par un premier roman, *Monsieur Rabosson* (1884). Son *Cavalier Miserey* (1887) fera scandale pour un supposé antimilitarisme, sera brûlé sur un tas de fumier par un capitaine de l'armée et lancera sa carrière. L'année suivante, il épouse la fille de l'éditeur Georges Charpentier, avec comme témoins – fichtre ! – Alphonse Daudet, Edmond de Goncourt, Émile Zola et Théodore de Banville.

Prolifique, témoin ironique de la Belle Époque, il produira une cinquantaine de romans et pièces de théâtre, dont *La Meute* (1896) qui lui vaudra un duel au pistolet avec le prince de Sagan. Élu à l'Académie française en 1927, Hermant entreprit d'en écrire une grammaire qui, lors de sa parution en 1932, suscita d'acerbes critiques, notamment du savant Pr Ferdinand Brunot.

François Mauriac, dans son *Bloc-notes*, rendit hommage à l'écrivain : « Si Proust n'avait pas existé, on se fût peut-être aperçu que les *Mémoires d'un enfant d'hier* d'Abel Hermant et son *Monsieur de Courpière*, ce n'était tout de même pas rien. »

Compromis durant la guerre de 1939-1945, Abel Hermant fut condamné à la réclusion perpétuelle et à la dégradation nationale, avec la confiscation de ses biens. Radié de l'Académie française, il vit son fauteuil, comme celui d'Abel Bonnard, pourvu de son vivant.

Au 39, Somerset Maugham

Ses très chics parents vivaient dans le très chic faubourg Saint-Honoré et il aurait été français si sa mère n'avait pas accouché au sein de l'ambassade britannique. Il restera à Paris jusqu'à l'âge de 10 ans puis rejoindra l'Angleterre où il deviendra tour à tour médecin, globe-trotteur, espion et auteur à succès. En cinquante ans, de 1897 à 1948, le plus francophile des écrivains anglais, admirateur de Maupassant et d'Oscar Wilde, produira vingt-cinq romans, plus de trente pièces de théâtre et une centaine de nouvelles, qui, selon la chanson d'Alain Souchon, seraient essentiellement « pour dames » : « Les capitaines beaux / Lâchez-moi / Les femmes sont sensibles à tout ça / Laissez-nous tranquilles baskets chocolat noisette / Sur notre canapé / Allez Somerset ailleurs casser les autres cœurs / Des autres fiancés / Comme dans ces nouvelles pour dames / De Somerset Maugham. »

Au 71, l'antidestin de Giscard

Valéry Giscard d'Estaing résida rue du Faubourg-Saint-Honoré lors de sa petite enfance. Suivra la carrière que l'on sait, qui commença avec Janson-de-Sailly, Louis-le-Grand, Polytechnique et l'ENA. Avant d'être élu président de la République, le candidat confia à la *Revue des Deux Mondes* lors d'un déjeuner : « Ma véritable ambition serait une ambition littéraire. Si j'avais la certitude de pouvoir écrire en quelques mois ou quelques années l'équivalent de l'œuvre de Guy de Maupassant ou de Gustave Flaubert, il est hors de doute que c'est vers cette sorte d'activité, avec joie, que je me tournerais. »

Au 82, Sully Prudhomme

Le cabinet de travail de cet ancien clerc et premier Prix Nobel de littérature (1901) faisait face au palais de l'Élysée et, de sa fenêtre, il pouvait apercevoir l'agitation du pouvoir.

Son premier recueil, *Stances et Poèmes* (1865), loué par Sainte-Beuve, contient le poème très connu du « Vase brisé » (métaphore du chagrin d'amour) et rencontra un succès immédiat. Son extrême élaboration esthétique lui ouvrit les portes du Parnasse, coloration qui transparaît dans ses œuvres ultérieures (*Les Solitudes*, 1869, *Les Destins*, 1872) avant qu'il ne revienne à des tonalités plus lyriques. Il se pensait plus philosophe que poète et tentait d'en convaincre ses visiteurs : « Je n'ai jamais connu, écrit Antoine Albalat dans *Souvenirs de la vie littéraire*, d'homme aussi impassiblement aimable et effrontément ennuyeux. »

Lorsqu'il mourut en 1907, fort de son prix Nobel, Sully Prudhomme fonda un prix de l'Académie destiné aux poètes débutants et laissa une petite rente censée payer le loyer de son appartement, le logis devant être conservé en l'état. Cette disposition fut respectée jusqu'en 1918.

Au 100, Georges de Porto-Riche

Avant de s'installer en 1906 dans un appartement de fonction du quai de Conti, le dramaturge Porto-Riche résida rue du Faubourg-Saint-Honoré. Son *Amoureuse*, créée en avril 1891 avec Réjane, fut un très grand succès. Son théâtre explora les rapports sentimentaux au sein du couple et on parla parfois d'un « Racine bourgeois », voire d'un « Racine juif » (Léon Daudet, évidemment). Sans atteindre les folles onze heures du *Soulier de Satin*, *Le Vieil Homme* (1910), pièce de cinq heures, assura sa gloire. Léon Blum, qui régnait alors sur la critique littéraire, témoigna de son admiration : « C'est en vérité une pièce extraordinaire qui tient à la fois du chef-d'œuvre, du tour de force et du défi. »

Auteur d'une vingtaine de pièces, Porto-Riche fut élu à l'Académie française en 1923. Au dire du duc de Castries, son discours fut l'un des plus lamentables que connut l'Académie, après qu'il se fut contenté de survoler l'œuvre de son prédécesseur, ne lui octroyant que quelques lignes nonchalantes. Sommé par l'auguste institution de revoir sa copie, Georges de Porto-Riche refusa de modifier son discours, et il décéda sept ans après son élection, sans avoir été officiellement reçu.

Au 165, Jean de La Varende

Hobereau normand catholique et monarchiste, il débuta dans les lettres à l'âge de 47 ans avec *Pays d'Ouche*, son premier roman, qui lui valut une notoriété immédiate.

Auteur d'une vingtaine de romans (*Nez-de-Cuir, gentilhomme d'amour*, 1936, *Le Centaure de Dieu*, 1938) et de plus de deux cents nouvelles, il fut élu en 1942 à l'académie Goncourt au fauteuil de Léon Daudet puis en donna sa démission en 1944, afin de protester contre les accusations de collaboration.

Au 208, le dépôt de Beaujon

Cet ancien hôpital récupéré par la préfecture pour y abriter une école de gardiens de la paix a accueilli un grand nombre de manifestants, qui, parfois, devaient tous passer, mains sur la tête, entre des barrières où les policiers les matraquaient tout en les injuriant. Dans *Le Temps immobile*, Claude Mauriac relate comment, après avoir participé à une manifestation interdite pour la défense des travailleurs immigrés, il fut arrêté et enfermé à Beaujon en compagnie de Jean Genet et de Michel Foucault.

Au 240, Flaubert reçoit

En novembre 1875, Flaubert quitte la rue Murillo où il réside depuis 1869 et s'installe au 240, rue du Faubourg-Saint-Honoré, cinquième étage sans ascenseur, dans un logement contigu à celui de sa nièce, à l'angle que sa rue forme avec l'avenue de la Reine-Hortense (aujourd'hui avenue Hoche). « Les fenêtres, raconte Zola, donnaient sur une mer de toits, hérissés de cheminées. Flaubert ne prit même pas le soin de le faire décorer. Il coupa simplement des portières dans son ancienne tenture à ramages. Le bouddha fut posé sur la cheminée, et les après-midis recommencèrent dans le salon blanc et or, où l'on sentait le vide, une installation provisoire, une sorte de campement, suite à la débâcle financière qui l'accabla vers la fin de sa vie. »

Flaubert y poursuit ses réunions du dimanche qui rassemblent Zola, Tourgueniev, Huysmans, Daudet, Edmond de Goncourt, Maupassant, parfois Henry James. L'appartement est très bas de plafond et Émile Bergerat relate que, lorsque Flaubert « commençait l'une de ces gesticulations oratoires afférentes au tonnerre de son "gueuloir", Edmond de Goncourt lui criait : "Prenez garde à la toiture ! Vous allez desceller les ardoises[23]" ».

C'est rue Murillo qu'en mars 1872, Tourgueniev se lance dans une traduction à livre ouvert du *Prométhée* de Goethe, séance qu'Alphonse Daudet se remémore dans *Trente ans de Paris* : « Le parc Monceau nous envoyait ses cris d'enfants, son clair soleil, la fraîcheur de ses verdures arrosées, et nous quatre, Goncourt, Zola, Flaubert et moi, émus de cette improvisation grandiose, nous écoutions le génie traduit par le génie[24]. »

Au 248[25], Simenon chez Binet-Valmer

Journaliste, romancier et critique littéraire dans *Le Journal* (puis plus tard à *L'Action française*), Binet-Valmer s'était fait remarquer par la parution en 1910 de *Lucien*, roman mettant en scène un homosexuel, qui fit scandale. Après la guerre, il aurait été à l'origine du transfert du corps d'un soldat inconnu sous l'Arc de Triomphe.

Malgré une cinquantaine d'ouvrages publiés, il resterait très discret dans le champ littéraire si, en décembre 1922, il n'avait engagé comme secrétaire un jeune Belge débarquant à Paris : le futur Georges Simenon, qu'il aiguillera quelques mois plus tard pour le même emploi vers le marquis de Tracy.

FLORENCE (rue de)

Combien de fois n'ai-je pas monté cette rue de Florence. Il y a pour tous les quartiers de Paris non seulement une personnalité constituée, mais cette personnalité a une histoire, comme nous.

— Charles Péguy, *Notre jeunesse*, 1910

Au 7, Maurice Donnay

Le jeune homme, promis à un avenir d'ingénieur industriel, ne rêvait que de poésie et sa mère le traitait d'incapable. « Mon fils est véreux ! » déclarait-elle avec dédain. C'est au Chat Noir, en 1888, que sa carrière va se décider : il récite deux poèmes devenus célèbres, *À ta gorge* et *Quatorze juillet*, et Jules Lemaître lui tresse le lendemain des lauriers dans la presse. S'ensuivent quelques chansons avec Alphonse Allais, une pièce de théâtre, *Lysistrata* (1892), créée par Réjane, puis une longue carrière d'auteur de boulevard. « On ne le rencontrait jamais, écrit Yvette Guilbert, sans entendre une fusée d'esprit joyeux sortir de ses lèvres. C'était des pétarades de mots drôles plutôt que profonds ; il était gavroche, il était gamin, il était Boulevard, il était Montmartre, il était Paris ! Qu'il était charmant[26] ! »

Maurice Donnay résida dans son rez-de-chaussée de la rue de Florence de 1899 à sa mort, en 1945. Il fut élu à l'Académie française en 1907, reçu par Paul Bourget qui déclara : « Cette gaieté spasmodique et qui tient de la névropathie, c'est celle d'une jeunesse qui a eu ses vingt ans en une heure troublée de l'histoire et dans un pays déjà très vieux. »

FRANKLIN-D.-ROOSEVELT (avenue)

Les chambres, assez petites mais nombreuses, donnaient sur l'avenue d'Antin, maintenant avenue Franklin-Roosevelt après avoir été avenue Victor Emmanuel III…

— André Siegfried, *Mes souvenirs d'enfance*, 1957

Au 5, Jacques de Lacretelle

Les amis de la famille se nommaient Proust, Gide, Cocteau, Morand, Mauriac, Valéry, Giraudoux, Larbaud…, et sa femme sera une descendante de Racine.

Figure marquante de la vie littéraire des années 1910 à 1940, intime du Tout-Paris des arts et des lettres, Jacques de Lacretelle fait paraître en 1920 son premier roman – *La Vie inquiète de Jean Hermelin* – et il écrit à Proust : « Mon cher ami, Je vous remercie, vous le premier, de tout mon cœur pour la belle critique que la n.r.f. vient de faire paraître sur "Jean Hermelin". […] Je m'installe demain dans un petit appartement (av. V. E.[27]). J'irai vous voir dès que vous me ferez signe. Affectueusement, Jacques de Lacretelle. »

Lacretelle déménagera rapidement pour s'installer quelques mois dans le parc de Maisons-Laffitte.

Au 9, Marguerite Gautier, la Dame aux camélias

« Le 12 du mois de mars 1847, je lus, dans la rue Laffitte, une grande affiche jaune annonçant une vente de meubles et de riches objets de curiosité. Cette vente avait lieu après décès. L'affiche ne nommait pas la personne morte, mais la vente devait se faire rue d'Antin, n° 9, le 16, de midi à cinq heures. L'affiche portait en outre que l'on pourrait, le 13 et le 14, visiter l'appartement et les meubles. J'ai toujours été amateur de curiosités. Je me promis de ne pas manquer cette occasion, sinon d'en acheter, du moins d'en voir. »

Ainsi commence *La Dame aux camélias* d'Alexandre Dumas fils, roman qui le rendit célèbre en 1848.

Le personnage de Marguerite Gautier, la « dame aux camélias », s'inspire de son ancienne maîtresse, Marie Duplessis, avec laquelle il entretint une liaison entre septembre 1844 et août 1845. L'adresse réelle de sa mort et de la dispersion de ses meubles était le 11, boulevard de la Madeleine.

Au 15, la jeune Marguerite Yourcenar

Quittant la rue Anatole-de-La-Forge, Michel Cleenewerck de Crayencour et sa fille Marguerite s'installent en 1912 avenue d'Antin (actuelle avenue Franklin-D.-Roosevelt), immeuble aujourd'hui disparu. Ils y résideront épisodiquement jusqu'en 1929. La petite fille de 9 ans ne va pas à l'école, un professeur particulier se charge de son instruction, privilégiant Tolstoï à la comtesse de Ségur. Jeune fille, elle obtiendra son baccalauréat (à Nice) sans avoir fréquenté d'établissement scolaire.

En 1916, à l'âge de 13 ans, elle commence à écrire des sonnets puis, en 1919, elle entreprend d'écrire un long poème dialogué : *Le Jardin des chimères*, signé Marg Yourcenar, publié à compte d'auteur en 1921. Texte médiocre et emphatique qui commence par : « C'est l'heure harmonieuse où la tiédeur s'épand / Sous les rameaux noueux qu'argente la lumière, / Où l'Hadryade écoute, au bord de la clairière, / La flûte lointaine de Pan… »

Marguerite Yourcenar en fut consciente : le texte lui parut très vite insupportable et, quatre ans après sa parution, elle le fit mettre au pilon.

Au 17, l'Interallié chez Lasserre

Créé en 1930, le prix Interallié est remis chaque année après le Goncourt au restaurant Lasserre, à un roman français. Le premier lauréat fut André Malraux pour *La Voie royale* et, au fil des années, il récompensera notamment Paul Nizan, Roger Vailland, René Fallet, Antoine Blondin, Pierre Schoendoerffer, Philippe Labro, Dominique Bona, Éric Neuhoff, Michel Houellebecq…

En 1998, l'Interallié fut qualifié par *Libération* de « prix InterGrasset », compte tenu du nombre plus que respectable de lauréats édités rue des Saints-Pères.

Au 71, Pierre Benoit

Après la guerre de 1939-1945, Pierre Benoit quitte la rive gauche pour la très chic avenue Franklin-D.-Roosevelt. Son (injuste) incarcération à Fresnes pour collaboration l'a profondément blessé. Il n'a pas cessé d'écrire et il renoue avec le succès avec *Les Agriates* (1950), dont il fête la sortie au Ritz. En 1953, *Kœnigsmark* est choisi pour inaugurer une nouvelle collection, « Le Livre de poche », et en 1957, avec *Montsalvat*, l'académicien-globe-trotteur peut fêter son cinq millionième livre vendu. Démissionnaire de l'Académie française en 1959 (pour protester contre le veto gaullien concernant l'admission de son ami Paul Morand), Pierre Benoit délaissera peu à peu son immeuble parisien, vivant le plus souvent à Ciboure dans les Pyrénées-Atlantiques. Il meurt en 1962 et l'on peut lire dans *Le Monde* sous la plume de Pierre-Henri Simon : « Il y eut autour de l'année 1920 deux grandes découvertes littéraires : Marcel Proust et Pierre Benoit. Et sans doute ne voit-on pas de commune mesure entre les deux œuvres, la première ayant touché d'abord l'élite difficile et cultivée pour ne cesser de s'étendre en renommée et en influence, et la seconde ayant conquis d'emblée le grand public pour s'effacer peu à peu. Mais enfin c'est un fait d'histoire : l'imagination romantique de ce romancier qui ressuscitait en même temps les charmes de l'exotisme et le lyrisme de la passion fatale apparut d'abord comme un phénomène littéraire important. »

FRIEDLAND (avenue de)

Les deux « clients » descendirent par l'avenue Friedland et par le faubourg Saint-Honoré, sans que, d'ailleurs, il se produisît un fait digne d'être retenu.

— Maurice Leblanc, *Les Confidences d'Arsène Lupin*, 1914

Au 27-35, les « macchabées » de la comtesse Potocka

Égérie du Tout-Paris, elle recevait dans les années 1880 une cour de prétendants à la gloire littéraire (et à son amour). Le philosophe Elme-Marie Caro la croque en ces termes : « La beauté attire, mais quand elle est trop superbe, elle ne retient pas, elle offense. L'Esprit, elle en a à faire peur, mais l'esprit ne retient pas, il humilie souvent par la comparaison. Le caractère ? Il est terrible et charmant chez elle, selon les heures. Quel est donc l'attrait qui retient irrésistiblement près d'elle ceux qui l'ont connue ? »

Nombreux furent ses « macchabées », ainsi qu'étaient surnommés ses invités qui, lors des dîners qu'elle organisait, devaient jouer le rôle d'un « mort d'amour » : on y vit notamment Guy de Maupassant, qui empruntera ses traits pour ses héroïnes de *Mont-Oriol* et de *Notre cœur*, ou Paul Bourget, qui en fera sa *Duchesse bleue*. Aimé Guerlain inventa pour elle le parfum *Shore's Caprice* et Marcel Proust s'en serait inspiré pour définir certains traits de la duchesse de Guermantes.

Au 39, Arsène Houssaye

Il fut écrivain (prolifique), critique d'art (reconnu), administrateur (audacieux) de la Comédie-Française (de 1849 à 1856), généreux et fidèle en amitié, richissime par ses spéculations immobilières. Arsène Housset, dit « Houssaye », publia plus d'une centaine d'ouvrages de tous genres comme le roman (*Les Trois Sœurs*), le théâtre (*Les Caprices de la marquise*), la poésie (*Cent et un sonnets*), l'histoire de l'art et la critique littéraire. Il est connu pour son *Histoire du quarante et unième fauteuil de l'Académie française* (1845), imaginant le discours de réception de tous les grands noms absents du Quai de Conti.

Doté d'un grand sens des affaires, il acheta une grande propriété sur le parc de Beaujon (actuellement 39, avenue de Friedland) où un pavillon fut aménagé pour Nerval (qui n'y vint pas). Lui-même résidait dans un petit château d'obédience gothique, entouré d'un parc doté de grottes et de fontaines, et d'une vigne célèbre pour les bacchanales qui s'y tenaient. Sans doute lassé de son château, il le fit démolir pour construire un hôtel de style Renaissance. Il mourut avenue de Friedland en 1896 et Émile Zola prononça son éloge funèbre, le qualifiant d'« un des derniers grands chênes de la forêt romantique ».

En 1856, le recueil collectif *Paris et les Parisiens au XIXe siècle : mœurs, arts et monuments*, auquel contribuèrent les plus grandes plumes du moment, se clôt sur le chapitre « Paris futur » d'Arsène Houssaye dans lequel il transporte le lecteur en 2855 dans un Paris agrandi et embelli, devenu capitale de l'univers.

GABRIEL (avenue)

Nous retraversâmes l'avenue Gabriel, au milieu de la foule des promeneurs. Je fis asseoir ma grand'mère sur un banc et j'allai chercher un fiacre.

— Marcel Proust, *Le Côté de Guermantes*, 1920

Au 44, mort de Francis de Croisset

Croisset était allemand et s'appelait Franz Wiener. Il se fit naturaliser français et choisit le nom de Croisset, village où vécut Flaubert. Fut-il un coureur de dot ? Il avait épousé en 1910 Marie-Thérèse de Chevigné, arrière-petite-fille du marquis de Sade. Très mondain, proche de Proust, il lui inspira le personnage d'Albert Bloch devenu Jacques du Rozier dans la *Recherche*.

Après avoir résidé place des États-Unis, le dramaturge et auteur de *La Dame de Malacca* habita 199, boulevard Saint-Germain puis avenue Gabriel, de 1934 à sa mort, en 1937.

GÉNÉRAL-FOY (rue du)

Je terminai Thaïs, *rue du Général-Foy, dans ma chambre, dont rien n'aurait troublé le silence, n'eût été la crépitation des bûches de Noël qui flambaient dans la cheminée.*
— Jules Massenet, *Mes souvenirs 1848-1912*

Au 37, Victorien Sardou

De 1886 à 1892, Victorien Sardou résida au rez-de-chaussée, dans un pavillon doté d'une véranda en rotonde, et y rédigea notamment *Madame Sans-Gêne*, sa cinquantième pièce. Les visiteurs, comme l'historien G. Lenotre, le trouvaient « assis à sa table dans un vaste cabinet de travail assez sombre [...] coiffé du légendaire béret de velours, un foulard blanc autour du cou, le corps serré dans un veston d'épaisse bure ».

Le dramaturge jouit d'une immense renommée, ses pièces sont des triomphes, ses ennemis sont nombreux et parfois farouches comme Émile Zola : « Monsieur Sardou n'a pas notre estime littéraire », avait-il écrit dans sa chronique dramatique du 11 mars 1878. Sardou, pour sa part, ne ménagera pas non plus Zola : « Son manque absolu d'idéalisme, ce trépignement constant dans la vilenie matérielle et morale m'écœuraient et m'ont empêché souvent de le lire jusqu'au bout. Mais j'appréciais aussi ses grandes qualités de coloriste. Il a des pages superbes et des descriptions de premier ordre. Au total un grand cerveau et des trous énormes. »

Immensément riche grâce au théâtre – ce que le roman ne permet pas –, Sardou reçoit et fait admirer son logement. « Hier, écrit Halévy, passé l'après-midi chez Sardou. [...] Il m'a promené dans son grenier de dix-huit mille volumes. Il a des merveilles. Il a acheté des livres illustrés du XVIIIe siècle, il y a vingt ans on payait alors cinquante francs ce qui en vaut mille aujourd'hui. »

Au 40, le salon de Mme Baignères

Ses reparties mordantes lui valaient le surnom de Mme Rivarol et elle tint salon rue du Général-Foy dans les années 1880-1890, recevant chaque semaine le Tout-Paris politique, financier, militaire, artistique, littéraire et musical. Proust y fut introduit par son fils Jacques Baignères, élève comme lui de Condorcet. Il se souviendra de Laure Baignères pour son personnage de Mme Blanche Leroi, abondamment citée (vingt-neuf fois) dans la *Recherche*.

HAUSSMANN
(boulevard)

Sous les premières menaces du jour, le boulevard Haussmann se tenait tranquille et propre.

— Jean Echenoz, *L'Équipée malaise*, 1986

Au 73, le père de Patrick Modiano

Le 73, boulevard Haussmann constitue une adresse récurrente chez Modiano. Elle intervient pour la première fois dans *Un cirque passe* (1992) : « C'était un bureau qu'avait loué mon père, boulevard Haussmann. [...] À quoi travaillait-il là-bas ? [...] Après trente ans, je viens de découvrir, par hasard, une enveloppe au dos de laquelle est imprimé : Société Civile d'Études de Traitements de Minerais, 73, boulevard Haussmann Paris 8e. »

Suivra vingt ans plus tard *Pour que tu ne te perdes pas dans le quartier* : « Il ne s'était pas trouvé dans ces parages depuis une éternité. Il se souvint que sa mère jouait dans un théâtre des environs et que son père occupait un bureau tout au bout de la rue, à gauche, au 73, boulevard Haussmann. »

Au 82, Maxime du Camp

Maxime du Camp réside boulevard Haussmann dans les années 1890. S'il écrivit deux romans remarqués (*Mémoires d'un suicidé*, 1853, et *Les Forces perdues*, 1867), s'il fut un grand spécialiste de Paris (*Paris, ses organes, ses fonctions, sa vie*, 1869-1875, *Les Convulsions de Paris*, 1878, *La Charité privée à Paris*, 1885, *Paris bienfaisant*, 1888), si ses *Souvenirs littéraires* (1882-1883) sont précieux pour la compréhension du paysage littéraire de l'époque, s'il publia *Madame Bovary* dans sa *Revue de Paris*, Maxime du Camp est surtout connu pour son amitié / inimitié avec Flaubert, les deux hommes s'opposant notamment sur la place accordée à l'élément biographique dans le roman.

Flaubert manifesta un certain dédain pour son ami un peu trop jaloux et trop préoccupé de réussite, de même que, bien plus tard, Jean-Paul Sartre, qui, dans *L'Idiot de la famille*, évoque un Du Camp « cherchant sans cesse le coup de fortune, le coup fumant, tentant d'écrire, écrivant parfois le livre à succès, jouissant ou croyant jouir d'une large audience – d'ailleurs proportionnelle à l'étendue de ses compromissions ».

Au 102, Marcel Proust s'emmure

Après la mort de ses parents, en décembre 1906, Marcel Proust emménage au 102, boulevard Haussmann, dans un appartement situé au premier étage, entre rue et cour, dans un immeuble appartenant pour moitié à sa grand-tante Weil, lui-même en possédant le quart. C'est là qu'il écrira la majeure partie de la *Recherche*.

Il s'agit d'un grand appartement de six pièces qui incarne pour lui « le triomphe du mauvais goût bourgeois ». « Ce n'est même pas démodé dans le sens charmant du mot », écrit-il à Mme Catusse, une vieille amie de sa mère. Avant d'emménager, il a longuement hésité devant deux inconvénients majeurs : le pollen des marronniers, le bruit du boulevard. Pour se prémunir contre le bruit des sabots sur le pavé et celui des premières automobiles, il fera clouer sur les murs de sa chambre d'épaisses plaques d'écorce de liège qui seront bientôt noircies par ses fumigations antiasthmatiques. Pendant neuf ans, emmuré, se couchant à l'aube et se levant vers treize ou quatorze heures, il va poursuivre sa recherche du temps perdu. Et retrouvera, un soir de janvier 1909, le goût-souvenir d'une madeleine.

En janvier 1919, sans prévenir son petit-neveu, Amélie Weil revendra l'immeuble à la Société nancéienne Varin Bernier qui congédiera les locataires. Proust s'installera alors provisoirement 8 bis, rue Laurent-Pichat, dans l'immeuble de l'actrice Réjane.

Au 118, François Bott

Après avoir résidé 13, boulevard Henri-IV, puis 14, rue Damrémont, François Bott s'installe dans le 8e arrondissement. Fondateur du *Magazine littéraire* en 1967, spécialiste de Roger Vailland, de Sartre, des Hussards et de la littérature épistolaire des Lumières, cet ancien journaliste décide en 1995 – il a alors 60 ans – de se consacrer totalement à la littérature. Il va publier une trentaine d'ouvrages et s'efforcer de faire de la littérature une perpétuelle fête, comme celle qu'il décrit dans *Le Monde* cette même année : « Une nuit, à la campagne, sur les bords de la Marne, du côté de Saint-Maur. Cocteau donne le bras à Mme de La Fayette, qui confie à Mme de Sévigné : "Paris me tue !" Henri Calet roule des cigarettes qu'il offre à Georges Perros. Morand a rapporté des cigares d'Allemagne et songe déjà à filer à l'anglaise. La lune se reflète dans le monocle de Jean Giraudoux. Larbaud et Fargue ne se quittent plus. Antoine Blondin est venu accompagné d'un rugbyman, et Proust las, si las est accueilli "en souverain". Maurice Sachs a laissé sa Torpédo grand sport dans l'allée du parc et semé ses créanciers. On murmure même que l'Américain Fitzgerald et l'excentrique Zelda seraient de la partie. »

Au 134, le salon de Geneviève Halévy

Après la mort de son mari Georges Bizet, au terme de onze ans de veuvage, Geneviève Halévy se retrouve très courtisée, notamment par Maupassant ou Edmond de Goncourt qui la traitera « d'allumeuse sans cœur ». À la surprise générale, elle se remarie en octobre 1886 avec Émile Straus, l'avocat des Rothschild. Après un passage au 104, rue de Miromesnil, le couple s'installe boulevard Haussmann et, tous les dimanches, Geneviève Halévy va continuer à « recevoir », faisant de son salon un lieu d'influence dans le monde des arts et des lettres.

« Le salon de Geneviève, écrit Ludovic Halévy, le faubourg Saint-Germain y va comme au Chat Noir et le Chat Noir comme au faubourg Saint-Germain. »

En 1913, Proust lui dédicacera un exemplaire de *Swann* : « À Madame Émile Straus, la seule, des belles choses que j'aimais déjà à l'âge où commence ce livre, pour qui mon admiration n'ait pas changé, pas plus que sa beauté, que son charme perpétuellement rajeuni. Respectueux hommage. »

Considérée, pour ses reparties et mots d'esprit, comme l'un des modèles d'Oriane de Guermantes, Geneviève Straus finira tristement : dépressive, droguée à l'opium et à la morphine… Son fils, Jacques Bizet, le condisciple de Proust à Condorcet, alcoolique et déséquilibré, se suicidera en 1922.

Au 155, Jules Claretie

Après la rue de Douai, Jules Claretie s'installe boulevard Haussmann, adresse qu'il conservera jusqu'à sa mort. Il publia en début de carrière des romans sentimentaux aux accents mélodramatiques comme *Le Dernier Baiser* (1864) et des romans « noirs » comme *Un assassin* (1866) ou *Le Petit Jacques* (1885) dans lequel un ouvrier endosse la responsabilité d'un crime qu'il n'a pas commis, le coupable lui ayant promis de donner une bonne éducation à son fils. Cela ne l'empêcha pas d'être nommé administrateur général de la Comédie-Française en 1885, d'être élu à l'Académie française en 1888 et de laisser une centaine d'ouvrages divers, dont d'intéressantes chroniques : *La Vie à Paris* (1880-1910).

Au 157, Henry Bernstein

« Le théâtre d'Henry Bernstein, écrit Johannes Landis, est une Atlantide de l'histoire du théâtre : un continent perdu fait de drames âpres, vénéneux et violents, qui auscultent la face nocturne de la bourgeoisie[28]. »

Dès 1900, son nom figure sur un programme de théâtre : *Le Marché*, pièce cinglante d'un jeune homme de 23 ans. Henry Bernstein va connaître un succès de surprise dès le début du siècle, comme le rappelle Robert Kemp : « En 1902, Bernstein arrive comme un jeune Hercule. Sa brutalité secoue l'engourdissement des théâtres. Bernstein fait le bousculeur. »

Le dramaturge juif accède à la notoriété en 1906, après le succès de son drame bourgeois *Le Voleur*. Cinq ans plus tard, il fait jouer à la Comédie-Française une pièce controversée, *Après moi*, dénoncée comme une œuvre « juive », ce qui occasionnera un duel avec Léon Daudet. Figure du Tout-Paris, ses pièces susciteront pendant des décennies admiration, débats et insultes.

Un « dompteur des bêtes féroces et immondes de la ménagerie parisienne », écrivit Catulle Mendès en 1904. « De maître au théâtre, je n'en vois qu'un seul, mais prodigieux, c'est Henry Bernstein », répond Claude Farrère en 1921.

Résidant boulevard Haussmann dans les années 1910, Henry Bernstein s'installera 110, rue de l'Université après la Grande Guerre.

Au 164, André de Fouquières

Son *Mon Paris et ses Parisiens*, paru chez Pierre Horay en cinq volumes (de 1953 à 1959), brille par son nombre d'adresses et de particules. « Les friands de l'anecdote, écrit *Le Monde* en 1959, consulteront aussi à l'occasion la série sur les différents quartiers de Paris. Cet "homme du monde" type, ce dandy aux deux cents cravates, était sans doute supérieur à sa renommée. Il avait de la finesse et avait su garder de la simplicité. »

François Forestier ne fut pas de cet avis : « André de Fouquières n'est ni un grand écrivain ni même un mémorialiste passable. Il est juste dépassé par certains de ses personnages, par moments, ce qui le rend ridicule, mais, à nos yeux, précieux. Il a aussi signé une petite pièce de théâtre en 1906, intitulée "Bonne à rien faire", ce qui est exactement son cas[29]. »

HENRI-BERGSON
(place)

Sur la place de Laborde – qu'il faut maintenant aller chercher sur les annuaires à la lettre H, parce qu'elle est devenue place Henri-Bergson.

— André de Fouquières, *Mon Paris et ses Parisiens*, 1953

Au 14, Paul-Jean Toulet

« La vie de Toulet, écrit Frédéric Beigbeder, ressemble à son œuvre : elle est courte (53 ans), pleine de courtisanes merveilleuses et de plaisirs sévèrement réprimés (le poker, l'opium, l'alcool, le talent). » En 1903, après avoir résidé (avec Curnonsky) rue de Villersexel, Paul-Jean Toulet s'installe (avec Curnonsky) sur l'ancienne place de Laborde. Il y résidera jusqu'en 1912. L'écrivain-poète continue à œuvrer dans « l'atelier d'écriture » de Willy (intervenant notamment sur *Maugis en ménage* en 1910 ou *Lélie fumeuse d'opium* en 1911), écrivant des contes et poursuivant ses célèbres *Contrerimes* : « Sur le canal Saint-Martin glisse, / Lisse et peinte comme un joujou, / Une péniche en acajou, / Avec ses volets à coulisse… »

Après la place de Laborde, celui que Borges considérait comme un des plus grands poètes français se retirera dans le Sud-Ouest et décédera en 1920. On retrouvera, relate Jacques Dyssord, quatre vers inachevés de Toulet sur le signet du dernier livre qu'il lisait : « Ce n'est pas drôle de mourir / Et d'aimer tant de choses / La nuit bleue et les matins roses / Les fruits longs à mûrir[30]. »

Au 14, Maurice Edmond Saillant dit Curnonsky

Le « prince des gastronomes » (1,85 mètre pour 120 kilos) fut écrivain dans sa jeunesse, travaillant pour Willy et publiant avec Toulet trois romans : *Le Bréviaire des courtisanes*, *Le Métier d'amant* et *Demi-Veuve*. Après le départ de son ami en 1912, « Cur » restera dans l'immeuble, deviendra la référence de la critique culinaire, capable de piques féroces : « Si le potage avait été aussi chaud que le vin, le vin aussi vieux que la poularde et la poularde aussi grasse que la maîtresse de maison, [le dîner] aurait été presque convenable. » Grand ami de Marcel Rouff, avec lequel il signera le premier guide touristique-gastronomique (*La France gastronomique. Guide des merveilles culinaires et des bonnes auberges françaises*, 1921-1928), il est le personnage central de son roman *Guinoiseau, ou le Moyen de ne pas parvenir* (1926). « Cur » décédera en 1956 en tombant du troisième étage. « J'ai trop d'urée et j'ai trop duré », avait-il déclaré à l'occasion de son dernier anniversaire.

HOCHE (avenue)

« Vous en avez encore pour longtemps ? », demanda Rigaud. Il a répondu d'une voix très lente : « Non… non… On a presque fini… On emmène toute la marchandise pas très loin… avenue Hoche… »

— Patrick Modiano, *Voyage de noces*, 1990

Au 2, Robert Proust

À la mort de Proust, en 1922, le chirurgien Robert Proust, frère cadet de Marcel, prend en charge la publication des volumes de la *Recherche* qui ne sont pas encore parus. Puis il publie les cinq premiers volumes de la *Correspondance générale de Marcel Proust*. Il décédera en 1935 et c'est dans une des cheminées de l'avenue Hoche que Marthe Proust, sa femme, brûlera lettres et documents du beau-frère qu'elle détestait.

Quels étaient les sentiments de Marcel Proust vis-à-vis de son « petit » frère ? A-t-il trop pâti de la perte de son royaume d'enfant-roi ? Pourquoi l'a-t-il fait disparaître totalement dans la *Recherche*, alors qu'il ne se prive pas d'user de correspondances familiales ? Meurtre symbolique ou, selon une hypothèse de Diane de Margerie, forme de protection. « Car s'il avait été un personnage, écrit-elle, Robert Proust aurait-il subsisté au jeu de massacre qu'est la fiction de son frère ? N'était-ce pas pour préserver Robert que Marcel l'écarte de son théâtre et le fait bénéficier d'une sorte d'aura intouchable, seule relation qui est garantie de toute désillusion ? Ce n'est pas seulement un rival qu'il écarte, mais c'est une vie, toujours présente à ses côtés, qu'il protège de son regard assassin. »

Au 4, Paul Claudel dans les années sombres

Claudel réside avenue Hoche en 1938 et au début de l'année 1939, année dont il juge le mois de septembre « merveilleux ». Peu convaincu du danger représenté par l'Allemagne nazie, il s'inquiète davantage de l'URSS, cette « infâme canaille communiste ». On peut lire dans son *Journal* au 6 juillet 1940 : « La France est délivrée après soixante ans de joug du parti radical et anticatholique (professeurs, avocats, juifs, francs-maçons). Espérance d'être délivré du suffrage universel et du parlementarisme. »

En 1941, le 10 mai, *Le Figaro* publie son allégeance à Pétain, récitée la veille à Vichy par l'actrice Ève Francis à l'occasion d'une représentation de *L'Annonce faite à Marie* : « France, écoute ce vieil homme sur toi qui se penche et qui te parle comme un père. Fille de Saint-Louis, écoute-le ! » Deux ans plus tard, Jean-Louis Barrault mettra en scène *Le Soulier de satin* à la Comédie-Française. Un condensé de quatre heures de représentation pour une pièce censée se jouer sur quatre jours et qui fait bâiller Sacha Guitry. « Heureusement qu'il n'y avait pas la paire ! » ironise-t-il.

Au 4, Robert de Flers

Enfant, il aimait composer et représenter de petites pièces puis, à 29 ans, amoureux du théâtre, il épousa la fille d'un des maîtres de l'époque, Victorien Sardou, ce qui le dirigea tout naturellement vers le succès. C'est en 1901, en collaboration avec Gaston Arman de Caillavet, qu'il aborde le vaudeville. Son secrétaire d'alors : le tout jeune Gaston Gallimard.

Les deux auteurs vont produire une série de pièces divertissantes et pleines d'esprit (« La satisfaction du devoir accompli, c'est la satisfaction de ne plus avoir à l'accomplir »), depuis *Les Travaux d'Hercule* (1901) jusqu'à *L'Habit vert* (1912) et *Monsieur Brotonneau* (1914).

En 1905, de Flers quitte l'avenue Hoche pour s'installer au 70, boulevard de Courcelles, tout près de son ami Proust, son ancien condisciple à Condorcet, et de son beau-père.

Il avait pris l'habitude, peut-on lire dans *Le Bouquin des méchancetés* de François Xavier Testu, d'envoyer ses domestiques au théâtre quand on jouait une de ses nouvelles pièces. Il leur demandait ensuite s'ils s'étaient bien amusés. « Oh oui ! monsieur, lui répondit un jour sa femme de chambre. On a ri, on a ri ! C'était encore plus bête que la dernière fois. »

Au 12, le salon de Mme Caillavet

Dans ce petit hôtel ayant appartenu à Arsène Houssaye, Léontine Caillavet, égérie et amante d'Anatole France, tient un des salons les plus fréquentés par le Tout-Paris de l'époque (sauf par les musiciens, elle déteste la musique). Elle est belle, yeux bleu clair, cheveux noirs, sourire moqueur, intelligente et cultivée. En 1896, elle reçoit dans son salon un jeune homme qui n'a encore rien écrit et qui (à cette époque) est fasciné par Anatole France. Lors de la parution de son premier ouvrage, *Les Plaisirs et les Jours*, le jeune homme adresse un exemplaire avenue Hoche après avoir recopié, en hommage, une phrase d'Anatole France : « Une de ces femmes qui, nourrie dans la douceur du luxe et des arts, donnèrent à la vie, par le sel de leur intelligence, un goût fin qu'on n'y sentait pas avant elle… »

Le jeune homme saura se souvenir de ce salon pour les personnages de son œuvre : Mme Verdurin, Saint-Loup, Gilberte et Bergotte (avec la barbiche et le nez en tire-bouchon d'Anatole France) doivent beaucoup au 12, avenue Hoche.

Au 27, San-Antonio au Royal Monceau

Lorsqu'il venait à Paris, Frédéric Dard descendait au Royal Monceau et tenait ses rendez-vous professionnels au Royal, le bar de l'hôtel. Il avait quitté la capitale en 1968 pour s'installer en Suisse, après avoir vécu aux Mureaux, près de Paris. C'est dans un modeste pavillon de banlieue qu'était né, en 1949, un certain commissaire prénommé Antoine. « Si un jour votre grand-mère vous demande le nom du type le plus malin de la terre, dites-lui sans hésiter une paire de minutes que le gars en question s'appelle San-Antonio. »

Ainsi commence *Réglez-lui son compte !*, le premier *San-Antonio*, un commissaire – à ses débuts – plutôt Français moyen, alcoolique et vantard, adepte de plaisanteries de garçon boucher. Il se vendra à quelques centaines d'exemplaires. Comment Frédéric Dard aurait-il pu imaginer qu'il écrirait cent soixante-quinze *San-Antonio*, totalisant plus de deux cents millions d'exemplaires vendus ?

Jean Cocteau, le premier, reconnut son talent : « Votre vermotisme est une merveille de grâce », lui écrivit-il. Dutourd salua la « patte breughelienne » et Frédéric Beigbeder n'hésita pas à le comparer à Céline, un Céline « qui aurait aimé les Juifs ».

Au 34, Anna de Noailles

« Cette princesse roumaine, écrit Emmanuel Berl, à qui le mariage avait donné un nom français illustre, paraissait descendre tout droit du Parnasse avec le trépied de la Pythie pour prononcer ses oracles. Émerveillement d'autant plus doux que la comtesse avait un visage plus séduisant, dévoré par ses admirables yeux sur les paupières desquels tombait la frange de ses cheveux noirs. »

Dès la parution de son premier recueil de poésie, *Le Cœur innombrable* (1901), Anna de Noailles connaît un succès éclatant, succès qui perdurera jusqu'à l'apothéose des *Forces éternelles*, en 1920 : « Comme un couteau dans un fruit / Amène un glissant ravage, / La mélodie au doux bruit / Fend le cœur et le partage / Et tendrement le détruit. »

Jean Rostand, qui préfaça un de ses recueils, évoque « la sagacité psychologique d'un Marcel Proust, l'âpreté d'un Mirbeau, la cruelle netteté d'un Jules Renard ». L'abbé Mugnier, plus prudent, voit en elle « la queue de la comète romantique ». Quant à Alphonse Séché, dans ses *Muses* (1908), il lui reconnaît « le génie de dire de jolies choses qui ne disent rien ».

Proust, qui l'admira, en fit la séduisante vicomtesse Gaspard de Réveillon dans *Jean Santeuil* et on la reconnaît dans de nombreux romans à clé signés Paul Bourget, Jean Cocteau ou Pierre Benoit.

ISLY (rue de l')

Pendant que mes meubles déménagent de la rue d'Isly, les principes déménagent de la Constitution.

— Victor Hugo, *Choses vues*, 1830-1846

Au 5, Victor Hugo

Selon Rochegude, Victor Hugo y résida entre le 1er juillet 1848 et le 13 octobre 1848, après qu'on lui a dit que sa maison de la place Royale (place des Vosges) avait été incendiée. Ce sera ensuite le 37, rue de La Tour-d'Auvergne, jusqu'en 1851, avant l'exil à Bruxelles, Jersey, puis Guernesey. Occupé de politique, Hugo n'écrit guère. Son dernier grand roman, *Notre-Dame de Paris*, a presque vingt ans. Depuis 1845, il travaille néanmoins sur une grande fresque épique, *Les Misères*. Il faudra attendre 1862 pour que *Les Misérables*, écrit à Guernesey, soit publié par Albert Lacroix.

JEAN-GOUJON (rue)

La jeune fille disparut dans une sorte de ruelle obscure qui s'ouvrait sur le plan de l'avenue d'Antin, un peu au-dessus de l'embouchure actuelle de la rue Jean-Goujon.

— Paul Féval, *Une histoire de revenants*, 1881

Au 6, Roland Dorgelès

L'auteur des *Croix de bois* détestait les Champs-Élysées et détestait les immeubles modernes. Mais sa femme Hania, fille de l'ébéniste du tsar Nicolas II, n'était pas contre. C'est ainsi qu'après le 22, rue de Pétrograd, le couple s'installe en 1932 au septième étage du 6, rue Jean-Goujon. Consolation : de sa terrasse panoramique, au neuvième, l'écrivain peut apercevoir le Montmartre de sa jeunesse qu'il décrit cette même année dans *Le Château des Brouillards*, souvenirs de bohème auprès d'Apollinaire, Mac Orlan, Carco et Max Jacob : « On accédait à la propriété par une rampe pavée (allée des Brouillards) que barrait une grille et ce grand parc, qui dominait la rue Girardon de plusieurs mètres, avait l'air retranché derrière une contrescarpe... à gauche, le château proprement dit, vieille demeure du XVIIIe siècle, restée grande dame sous sa coiffe d'ardoise [...]. »

Au 8, la conférence de Jean-Sol Parte

Le 29 octobre 1945 à vingt heures trente, Jean-Paul Sartre tient une conférence. Titre : « L'existentialisme est un humanisme. » Annoncée à grands frais dans différents journaux, la conférence provoque une émeute tant est grand le nombre de personnes qui s'y pressent. On se bouscule, des femmes tombent en pâmoison. Du jour au lendemain, Sartre (en compagnie de la « duchesse de Bovouard ») devient un personnage médiatique et l'existentialisme va accoucher d'un enfant inattendu : Saint-Germain-des-Prés. Dans *L'Écume des jours*, Boris Vian rendra compte sur un mode humoristique de cette folle soirée, la transformant en récit burlesque dans lequel des auditeurs se font parachuter sur les lieux par avion spécial pour écouter le philosophe.

Au 9, Victor Hugo est en retard

Au début des années 1830, il n'existe rue Jean-Goujon qu'un seul hôtel particulier, et il est occupé par la famille Hugo (de mai 1830 à octobre 1832). Depuis les fenêtres du deuxième étage, l'écrivain peut apercevoir le dôme des Invalides, tout en rédigeant – à partir de juillet 1830 – *Notre-Dame de Paris*. Hugo est en retard : Charles Gosselin, son éditeur, s'agace du retard pris par l'ouvrage, ce roman « à la mode de Walter Scott » qu'il attend depuis plus d'un an. En six mois, Hugo boucle l'affaire et le roman sort à la fin de l'année, amputé de trois chapitres, Gosselin ayant refusé d'éditer trois volumes au lieu de deux. La critique sera globalement favorable, sauf quelques mots acerbes de « Sainte-Bave » et ceux de Balzac, qui évoque un « déluge de mauvais goût », un « ouvrage ennuyeux, vide, plein de prétention architecturale ». L'appartement de la rue Jean-Goujon est trop excentré, les Hugo décident de déménager. Ce sera en octobre 1832, grâce à ses droits d'auteur, l'hôtel de Rohan-Guémené, place Royale.

Au 11 bis, Paul Claudel

« Attendons donc novembre, écrit-il depuis le château de Brangues à Jean Paulhan. Je suis ici jusqu'à la fin du mois. À partir du 1er novembre [1935], mon adresse sera 11 bis, rue Jean-Goujon. » Claudel y résidera épisodiquement jusqu'en septembre 1938, date à laquelle il emménagera avenue Hoche. Il y vivra le début de la guerre d'Espagne, apportant dès 1937 son soutien aux « martyrs espagnols » des forces franquistes.

JEAN-MERMOZ (rue)

Le jour de sa mort, je déjeunais par hasard dans le restaurant où je l'avais rencontrée pour la première fois, au milieu des années quatre-vingt : le Tong Yen, rue Jean-Mermoz.

— Patrick Besson (à propos de Sagan), *Nouvelle galerie. Portraits*, 2013

Au 24, Roger Nimier et ses timbres

De janvier 1957 jusqu'à la fin de sa vie, en 1962, Nimier résida rue Jean-Mermoz. « [Il] habitait de l'autre côté du Carré Marigny où le marché aux timbres produit un dosage raisonnable de vieux messieurs et de petits garçons. Cette cour de récréation convenait à son goût des mélancolies surmontées et des passions sages. Il venait d'emménager dans un immeuble banal, sans ascenseur, dont les étages se ressemblaient, cent fois répétés le long d'une rue étroite[31]. » Le Carré Marigny lui rappelle-t-il des souvenirs ? Avant de vivre de sa plume, Nimier avait vécu du commerce des timbres, travaillant à la maison Miro, près de l'hôtel Drouot.

Entre sa vingt-troisième et sa vingt-huitième année, en cinq ans, de 1948 à 1953, ce « prince de l'insolence » a publié sept romans et essais, très remarqués pour une écriture de qualité et un goût de la provocation rafraîchissant. A-t-il trop donné ? En 1953, il décide d'attendre dix ans avant de publier à nouveau. « Je jure, écrit-il en juin à Jacques Chardonne, de ne plus publier de romans avant dix ans – si la terre et Nimier durent dix ans[32]. » La terre durera, mais pas Nimier, à une année près.

LA BOËTIE (rue)

Elle travaillait [...] chez un couturier, rue La Boétie, un type blond et mince dont on a beaucoup parlé par la suite et qui faisait alors ses débuts.

— Patrick Modiano, *Rue des Boutiques Obscures*, 1978

Au 19, le jeune Henry James

Henry James est âgé de 13 ans lorsqu'il réside rue La Boëtie avec sa famille en 1856-1857. Durant toute sa vie, cosmopolite, il vivra en Amérique et en Europe, sera traité de « mauvais Américain » car préférant à sa ville natale Londres, Rome ou Paris.

Dès son plus jeune âge, il décida qu'il serait écrivain. Il laissera une vingtaine de romans, cinq pièces de théâtre, une centaine de « textes courts » et une volonté de cerner son époque dans sa moindre pulsation.

« Je souhaite, écrira-t-il, laisser une multitude de tableaux de mon époque, en projetant un regard circulaire sur autant de points différents que possible, en visant simultanément qualité et grand nombre, afin que ce nombre puisse posséder une certaine valeur d'observation et de témoignage. »

Au 22, les éditions de Fallois

Bernard de Fallois est célèbre pour avoir publié un roman inachevé de Proust : *Jean Santeuil* (1952), texte pratiquement autobiographique et principal avant-texte d'*À la recherche du temps perdu*. Dans sa maison d'édition créée en 1987 seront notamment publiés Marcel Pagnol, Simenon, Robert Merle, Raymond Aron, Emmanuel Berl ou Marc Fumaroli. En 2012, un roman va faire la fortune de la petite maison d'édition. *La Vérité sur l'affaire Harry Quebert* de Joël Dicker reçoit le Grand Prix du roman de l'Académie française, le prix Goncourt des lycéens et va dépasser le million d'exemplaires. « Si vous mettez le nez dans ce gros roman, écrit Bernard Pivot dans *Le Journal du dimanche*, vous êtes fichu. Vous ne pourrez pas vous empêcher de courir jusqu'à la six centième page. Vous serez manipulé, dérouté, sidéré, agacé, passionné par une histoire aux multiples rebondissements, fausses pistes et coup de théâtre. »

Au 23, Picasso poète

« Au fond, déclare dans les années 1960 celui qui fut l'ami d'Apollinaire, de Max Jacob et de Paul Éluard, je suis un poète qui a mal tourné. »

À partir de 1935 et pendant vingt-quatre ans, Picasso a produit plus de trois cent cinquante poèmes et deux « piécettes » de théâtre : *Le Désir attrapé par la queue* (1941) et *Les Quatre Petites Filles* (manuscrit écrit au crayon rouge, 1947-1948). Il laisse également une pièce de théâtre en espagnol, *El entierro del Conde de Orgaz* (1959).

« Je mets dans mes tableaux tout ce que je veux, déclarait-il, tant pis pour les choses. Elles n'ont qu'à s'arranger toutes seules. » Il en est de même pour les mots qui s'arrangent tout seuls dans des mélanges insolites, l'amour, l'érotisme, la tauromachie ou la crucifixion s'imbriquant avec les objets triviaux du quotidien au milieu des sons, des odeurs, des sensations et bien sûr des couleurs qu'il évoque dans un poème de 1942 : « L'odeur si violente du ton violet foncé répandu sur les vert pomme et rosée mouillant de rose le citron calment jusqu'à l'étouffement complet l'âcre musique orange poussant ses chauds soupirs à l'indulgente oreille ouverte de l'ocre jaune brusquement éveillé par les mots durs et tendres de l'excessif parfum blanc mordoré du carreau la reflétant tout entière nue. »

Au 45, Dada à la salle Gaveau

Le 26 mai 1920, salle Gaveau, se tient un festival dada avec Tzara, Soupault, Éluard, Ribemont-Dessaignes, Picabia, Aragon, Breton… Pour l'événement, des « hommes-sandwichs » ont annoncé un programme comprenant notamment *Vaseline symphonique*, pièce de Tzara, ou *La Nourrice américaine*, « composition sodomiste » de Picabia et Ribemont-Dessaignes. Les dadaïstes portent sur la tête des tubes et des entonnoirs et le public (d'habitués) s'est muni d'une grande quantité d'œufs afin d'honorer le slogan dadaïste « Dada est le bonheur à la coque » et de bombarder les participants. Philippe Soupault, grimé en Noir, lâche cinq ballons puis en perce un sur lequel est écrit « Jean Cocteau », invitant les spectateurs à s'attaquer aux ballons restants portant le nom de Georges Clemenceau et du maréchal Philippe Pétain. La salle Gaveau sera le point culminant de Dada. Un an plus tard, comme les ballons de Soupault, le mouvement se dégonfle sous les coups de boutoir d'André Breton.

Au 66, Émile Fabre

Dramaturge, il écrivit une dizaine de pièces depuis *L'Argent* (1895) jusqu'à *La Maison sous l'orage* (1920). Metteur en scène, il essuya la tempête de *Coriolan* en 1933, qui lui valut d'être temporairement révoqué de son poste d'administrateur général de la Comédie-Française, institution qu'il dirigea pendant vingt et un ans.

LA PÉROUSE (rue)

Les leçons de danse de M. Washington Lopp,
dans son hôtel de la rue Lapérouse, s'associent aujourd'hui
à des souvenirs de souliers vernis trop étroits…

— Paul Morand, *Chroniques. 1931-1954*

Au 4, du côté de chez Laure Hayman

« Elle était potelée, écrit Jacques-Émile Blanche, mais avait une taille de guêpe et portait des décolletés très profonds garnis de festons de perles bringuebalantes ne dissimulant qu'assez peu sa gorge. Ses cheveux étaient d'un blond cendré, noués avec un ruban rose, ses yeux noirs, et quand elle était surexcitée, ils avaient tendance à s'ouvrir démesurément[33]… »

Cette ancienne « cocotte », qui fut – peut-être – la maîtresse du père et du grand-oncle de Proust, tient rue La Pérouse un salon très coté dans son hôtel particulier. En 1888, Paul Bourget s'en inspire pour écrire une nouvelle, *Gladys Harvey*, dont Laure Hayman offre un exemplaire au jeune Marcel Proust alors âgé de 17 ans. Ce dernier va vouer une passion platonique à « la dame en rose », devenir son « petit Saxe psychologique[34] » et s'en inspirer à son tour, vingt ans plus tard, pour camper le personnage d'Odette de Crécy dans *À la recherche du temps perdu*.

Quand, en 1921, Laure Hayman lira *Le Côté de Guermantes*, elle se reconnaîtra en la personne d'Odette et adressera à l'auteur une lettre furibonde à laquelle il répondra par une missive chagrinée : « Votre lettre m'a bien déçu. Je suis à bout de forces pour continuer, et en disant adieu à la cruelle épistolière qui ne m'écrit que pour me faire de la peine, je mets mes respects et mon tendre souvenir aux pieds de celle qui m'a jadis mieux jugé. »

LA TRÉMOILLE
(rue de)

Dans Le Dindon, *créé en 1896, Vatelin demeure rue de La Trémoille, près des Champs-Élysées, une adresse pas simple à prononcer (on dit La « Trémouille ») pour l'Anglaise Maggy Soldignac.*
— Christophe Barbier, *Le Monde selon Feydeau*, 2021

Au 19, Fernand Vandérem

Après le 33, avenue Montaigne, cet auteur dramatique et romancier emménage rue de La Trémoille où il décédera en 1939. Peu à dire, si ce n'est qu'il mena campagne en 1921 pour que Baudelaire figure dans les manuels scolaires. Et un aphorisme : « Une réception est faite de gens que cela excède de recevoir des gens que cela excède de venir, et qui n'invitent que par utilité des gens qui ne viennent que par intérêt. »

LABORDE (rue de)

Au numéro 9 de la rue Laborde, je commandais ses livres. Le libraire, monsieur Fontaine, portait une sorte de petite calotte sur la tête.

— Daniel Picouly, *Longtemps je me suis couché de bonheur*, 2020

Au 32, Alain Bosquet

Poète, romancier (Prix Interallié en 1965 pour *La Confession mexicaine*), essayiste, directeur littéraire chez Calmann-Lévy, traducteur, animateur de revues, auteur d'une cinquantaine d'ouvrages, le protéiforme et prolifique Alain Bosquet résida rue de Laborde de 1967 à 1998. Sa poésie convoque le quotidien, les objets et les mots familiers :

« Dites donc, un poète, à quoi ça sert ?
— Ça remplace les chiens par des licornes.
— Dites donc, ça n'a pas d'autres talents ?
— Il apporte le rêve à ceux qui n'osent pas rêver.
— Vous trouvez ça utile, dites donc ?
— Quand il veut, il persuade les comètes de s'arrêter quelques moments chez vous.
— Il trouble l'ordre, dites donc, ce type-là !
— Pas plus qu'un vol de scarabées, pas plus qu'un peu de neige sur l'épaule.
— Il est bon pour l'hospice, dites donc !
— Il le transformerait en palais de cristal, avec mille musiques.
— Qu'on le conduise à la fosse commune, dites donc, ce poète.
— Alors décembre se prolongera jusqu'à la fin de juin. »

Alain Bosquet décède en 1998, après avoir écrit à Jérôme Garcin : « Tragédie, absurde, ironie, fable. Je résume ainsi les humeurs de mon existence[35]. » Puis : « Je veux qu'on me creuse trois tombes : une pour mon corps, une pour mon âme, une pour mes mots. »

LAMENNAIS (rue)

Je me souviens d'un déjeuner au Taillevent, rue Lamennais, où il avait fait assaut de drôlerie et de courtoisie. Pascal avait une grande admiration pour Paul Morand qui avait été, d'après lui, l'amant de sa mère.

— Régine Deforges, *L'Enfant du 15 août*, 2013

Au 8, Octave Mirbeau

En 1885, Mirbeau sort de sa retraite provinciale, revient à Paris et s'installe rue Lamennais avec sa compagne et future femme, Alice Regnault. Sa carrière littéraire s'est traduite jusqu'alors par une dizaine de romans sous pseudonyme comme *L'Écuyère* (1882) ou *Dans la vieille rue* (1885). Elle va vraiment débuter en 1886 avec la parution du *Calvaire*, son premier roman (très autobiographique) écrit en souvenir d'un amour malheureux. Mirbeau résidera un an rue Lamennais avant de repartir pour deux ans en Bretagne. Sa consécration n'interviendra qu'une quinzaine d'années plus tard, avec *Le Journal d'une femme de chambre* (1900) et *Les affaires sont les affaires* (1903).

LIÈGE (rue de)

Nous habitons rue de Liège. Au cinquième. Une maison noire. Les fumées des trains arrivent jusqu'à la salle à manger.
— Jacques Seillac, *La Balle dans le filet*, 1959

Au 31, Georges Duhamel

En janvier 1932, Duhamel et son épouse, l'actrice Blanche Albane, quittent la rue Vauquelin pour s'installer rue de Liège dans une maison située au fond d'un jardin, « comme un château fort assiégé par la troupe noirâtre des usagers de la SNCF et les machines infernales du progrès[36] ». En 1935, il succède à Alfred Vallette à la tête du *Mercure de France*, poste qu'il occupera jusqu'en 1938[37].

Au début des années 1930, il a entrepris sa *Chronique des Pasquier*, roman-fleuve que l'on a souvent comparé aux *Thibault* de Roger Martin du Gard et qu'il ne terminera qu'en 1945. En 1935, Duhamel est élu à l'Académie française. Avec François Mauriac, il tente de s'opposer, en vain, à l'élection de Charles Maurras, en 1938. Nommé secrétaire perpétuel en 1942, il démissionnera après la guerre, afin de protester contre la présence des quatre indésirables : Abel Bonnard, Abel Hermant, Charles Maurras et le maréchal Pétain.

LINCOLN (rue)

Il arrêtait déjà son cheval quand la vitre s'abaissa, et nous pûmes entendre l'actrice qui criait, le buste penché hors de la portière : « Rue Lincoln, 23, vous m'entendez ? »
— Paul Bourget, *La Duchesse bleue*, 1885

Au 14, Octave Mirbeau

Quittant la rue Victor-Massé, Mirbeau emménage rue Lincoln en 1884. À 44 ans, après avoir publié une dizaine de romans sous pseudonyme, le journaliste va entamer sa vraie carrière de romancier avec *Lettres de ma chaumière* (1885), série de vingt contes prépubliés dans la presse. Le chroniqueur se mue peu à peu en imprécateur, fustigeant la bourgeoisie et ses conventions, s'opposant à toute forme d'aliénation. Il décide de consacrer désormais sa vie au Beau et au Juste et adopte des positions de plus en plus nettement anarchisantes. En décembre 1885, Mirbeau quitte la rue Lincoln pour s'installer rue Lamennais, où il rédige une partie de son premier roman, *Le Calvaire*.

LONDRES (rue de)

Il quitta la rédaction de bonne heure pour avoir le temps de s'habiller, et il remontait la rue de Londres quand il vit trotter devant lui une petite femme...

— Guy de Maupassant, *Bel-Ami*, 1885

Au 43, Lucien Leuwen, de Stendhal

« Comment vous appelez-vous ?
— Lucien Leuwen, sous-lieutenant au 27e de lanciers.
— Pourquoi n'êtes-vous pas en uniforme ?
— Je suis en permission à Paris, et détaché près le ministre de l'Intérieur.
— Où logez-vous ? Pardon, excuse, voyez-vous...
— Rue de Londres, numéro 43.
— Ah ! le fils de ce riche banquier Van Peters et Leuwen ?
— Précisément. »

LORD-BYRON (rue)

Tenez, partageons, fuyez avec deux cent cinquante mille francs par la rue Lord-Byron, je sors par les Champs-Élysées, je dis aux policiers que je vous ai perdu.

— Maurice Sachs, *La Chasse à courre*, 1949

Au 1, la double entrée de Patrick Modiano

Adolescent, Patrick Modiano s'est sans doute souvent rendu au 1, rue Lord-Byron, retrouver son père qui dirige une certaine Société africaine d'entreprise. Est-ce la genèse de sa fascination pour les immeubles à double issue ? « Mon père, écrit-il dans *Un pedigree*, avait un bureau dans le grand immeuble couleur ocre du 1, rue Lord-Byron. [...] On pouvait aussi avoir accès à ce bureau en entrant dans l'immeuble du cinéma Normandie sur les Champs-Élysées et en suivant un labyrinthe de couloirs. »

Adresse importante dans son œuvre, le 1, rue Lord-Byron apparaît dans *Rue des Boutiques Obscures*, *Fleurs de ruine*, *Dimanches d'août*, *Un pedigree*, *Catherine Certitude*.

Léon-Paul Fargue, lui aussi, était un adepte des immeubles à double entrée. Mais c'était le plus souvent pour éviter de payer son taxi.

Au 1, l'abbé Félicité Robert de Lamennais

L'auteur de l'*Essai sur l'indifférence en matière de religion* (immense succès de librairie écrit de 1817 à 1823), précurseur du catholicisme libéral et social, résida rue Lord-Byron à la fin de sa vie. En publiant *Paroles d'un croyant* (1834), ouvrage condamné par le pape Grégoire XVI, il rompt avec l'Église et se met à fréquenter le salon de Marie d'Agoult où il rencontre George Sand. Ses idées républicaines auront une grande influence sur l'écrivaine qui lui déclarera en 1841 : « Nous vous comptons parmi nos saints... Vous êtes le père de notre Église nouvelle[38]. » Député de la Constituante en 1848 puis de l'Assemblée législative de 1849, il démissionne à la suite du coup d'État de 1851. Il meurt en 1854, alors qu'il est toujours brouillé avec l'Église, et, selon ses volontés, il est enterré civilement.

Au 16, Théophile Gautier

Après la rue de Navarin, Théophile Gautier s'installe en 1847 dans une maison située à la hauteur de l'actuel n° 16 de la rue Lord-Byron. (Dans sa correspondance, il est domicilié au 18, avenue Lord-Byron.) Grand voyageur (Russie, Algérie, Égypte, Espagne...), l'auteur de *Mademoiselle de Maupin* (1835) est un critique craint et courtisé, que ce soit en littérature, en peinture, en danse ou en théâtre. (« Que de meules j'ai tournées, que de seaux j'ai puisés à ces norias hebdomadaires ou quotidiennes, pour verser l'eau dans le tonneau sans fond de la publicité ! J'ai travaillé à *La Presse*, au *Figaro*, à *La Caricature*, au *Musée des Familles*, à la *Revue de Paris*, à la *Revue des Deux Mondes*, partout où l'on écrivait alors. »)

Rue Lord-Byron, il poursuit la rédaction de ses *Émaux et Camées*, recueil de poésies ciselées à la recherche du beau, précurseur du Parnasse, qui paraîtra en 1852 avec, dans sa préface : « Il n'y a de vraiment beau que ce qui ne peut servir à rien. »

MADELEINE (place de la)

Au bout d'un quart d'heure, le Maître-d'École dit au fiacre : « Au fait, cocher, nous avons changé d'idée : place de la Madeleine ! »

— Eugène Sue, *Les Mystères de Paris*, 1842-1843

Au 2, « J'accuse » chez Durand

« La vérité, je la dirai, car j'ai promis de la dire, si la justice, régulièrement saisie, ne la faisait pas, pleine et entière. Mon devoir est de parler, je ne veux pas être complice. Mes nuits seraient hantées par le spectre de l'innocent qui expie là-bas, dans la plus affreuse des tortures, un crime qu'il n'a pas commis. Et c'est à vous, monsieur le Président, que je la crierai, cette vérité, de toute la force de ma révolte d'honnête homme. Pour votre honneur, je suis convaincu que vous l'ignorez. Et à qui donc dénoncerai-je la tourbe malfaisante des vrais coupables, si ce n'est à vous, le premier magistrat du pays ? »

La légende veut que ce soit au restaurant Durand, place de la Madeleine, à l'angle de la rue Royale, que Zola rédige sa lettre ouverte à Félix Faure. Ce qui est certain, c'est que le lendemain, 13 janvier 1898, trois cent mille exemplaires sont distribués dans les rues de Paris sous le cri de « J'accuse », exposant son auteur à une haine féroce qui le fera condamner à un an de prison et trois mille francs d'amende.

Au 9, Cocteau et Jean Marais

En 1937, à 48 ans, Cocteau va très mal : lui qui symbolisait l'avant-garde littéraire et théâtrale est brocardé par les surréalistes. André Breton le surnomme « le balai à crotte » et il ne parvient pas à se défaire de son addiction à l'opium, fumant parfois jusqu'à soixante pipes par jour. À la faveur d'une audition pour *Œdipe roi*, il découvre Jean Marais. Coup de foudre. « Je suis amoureux de vous », dira Cocteau. « Moi aussi », mentira le jeune homme, pour obtenir le rôle. Les deux hommes s'installent place de la Madeleine au printemps 1938. La jalousie s'y installe également car, très vite, « Jeannot » va délaisser le poète pour fréquenter des gens de son âge. Le syndrome Radiguet se reproduit : la passion de Cocteau n'est pas vraiment partagée.

Au 10, Henri Meilhac

Ancien commis de librairie chez Hachette, Meilhac commence à écrire dans les années 1950 : *Garde-toi, je me garde* (1856), ou *Un petit-fils de Mascarille* (1859).

Seul ou en collaboration, il compose ensuite de très nombreuses pièces avant de rencontrer Ludovic Halévy en 1860, avec lequel il écrit le livret des opérettes et autres opéras bouffes qui consacreront sa célébrité : *La Belle Hélène*, *La Vie parisienne*, *Carmen*… Fantasque et subtil, parfois loufoque, Meilhac succéda en 1897 à Eugène Labiche dans le fauteuil n° 15 de l'Académie française. Il décède place de la Madeleine en 1897, laissant un octosyllabe impérissable : « L'amour est enfant de Bohême. »

On peut lire, sur le site Histoire de la bibliophilie : « [Meilhac] a longtemps occupé un entresol 10 cité de Trévise [IXe], devant la fontaine. L'âge et la fortune l'ont conduit 30 rue Drouot [IXe], dans un logement plus vaste : là, pendant neuf ans, il a complété sa superbe collection de livres. Le nombre de ces derniers augmentant toujours, il a dû se transporter 10 place de la Madeleine [VIIIe], à l'angle du boulevard du même nom, au 2e étage, dans un immeuble de six étages construit en 1815, dont le 5e était occupé par le "grenier" de Jules Simon (1814-1896)[39]. »

Au 17, André Rivoire

Poète (sous le pseudonyme d'André Suzel) et auteur dramatique (*Berthe aux grands pieds*, 1899), il écrit en 1904 une pièce prémonitoire : *Le Chemin de l'oubli*.

MADRID (rue de)

En flânant, il descendit vers le centre et,
après une station dans un café, décida de rentrer
chez lui et de s'enfermer dans sa chambre,
rue de Madrid, où habitaient ses parents.
— Marcel Aymé, *Travelingue*, 1941

Au 28, Victorien Sardou au zénith

Après la rue du Général-Foy, le dramaturge s'installe rue de Madrid en 1892. Il a déjà fait jouer une cinquantaine de pièces depuis ses débuts, en 1854, lorsqu'il y écrit *Madame Sans-Gêne* (avec Émile Moreau), prodigieux succès en 1893 avec Réjane dans le rôle-titre.

« Ses pièces, peut-on lire dans le *Larousse mensuel illustré* de 1909, n'ont pas échappé aux critiques de ceux pour qui le théâtre est avant tout fondé sur une analyse approfondie des caractères. Mais la plupart du temps, elles ont emporté les suffrages du public par divers mérites que Sardou possédait à un degré éminent : une habileté surprenante à construire une pièce, à en nouer et en dénouer l'intrigue, un souci constant de la moralité, une ardente curiosité de l'histoire et des mœurs d'autrefois, qui se traduisait par l'exactitude de la documentation : faits, costumes ou décors ; une variété égale à sa fécondité ; une vivacité spirituelle dans le dialogue ; le don du mouvement, et, par-dessus tout, un sens parfaitement juste des effets dramatiques. »

MALESHERBES (boulevard)

Le boulevard Malesherbes est également présent dans le 17e arrondissement.

Il poussa jusqu'à la Maison Dorée [...] pour rejoindre
sa voiture qui l'attendait au coin du boulevard
Malesherbes, quand il heurta une personne
qui venait en sens contraire : c'était Odette.
— Marcel Proust, *Un amour de Swann*, 1913

Au 4, Victorien Sardou

En 1885, Victorien Sardou et les dix-huit mille volumes de sa bibliothèque s'installent boulevard Malesherbes. Sa fortune et son ascension sociale se sont traduites par les faveurs de l'Empereur – pour lequel il a écrit *Les Ganaches* (1862) – et l'achat d'une très belle propriété à Marly-le-Roi. Académicien depuis 1877, il est, selon les termes d'Émile Montégut, « acclamé comme un nouveau Molière ».

Un an plus tard, en 1886, il déménagera à nouveau pour s'installer rue du Général-Foy.

Au 9, Marcel Proust

Le 1er août 1873, la famille Proust quitte la rue Roy pour s'installer au premier étage du 9, boulevard Malesherbes. Immeuble neuf, ascenseur, appartement de sept pièces avec salle de bains situé dans le bâtiment en fond de cour. Marcel Proust y résidera vingt-sept ans, tissant sa toile dans le quartier de la Madeleine : les restaurants Larue et Prunier, le café Weber pour son whisky, la pharmacie de la rue de Sèze pour l'approvisionnement en poudre à fumigation, les Trois-Quartiers pour son rayon de parapluies.

Boulevard Malesherbes, il écrit *Jean Santeuil*, ouvrage commencé en 1895 et qui ne sera édité qu'en 1952. L'ouvrage préfigure par certains passages ce que sera la *Recherche* et peut se lire comme une biographie de l'auteur entre 24 et 29 ans. Proust notera : « Puis-je appeler ce livre un roman ? C'est moins peut-être et bien plus, l'essence même de ma vie, recueillie sans y rien mêler, dans ces heures de déchirure où elle découle. Ce livre n'a jamais été fait, il a été récolté. »

Au 12, tendre est Paris pour Fitzgerald

« L'Américain de Paris, déclare Fitzgerald, c'est ce que l'Amérique a fait de mieux. » En avril 1925, il séjourne avec Zelda à l'hôtel Florida, 12, boulevard Malesherbes, avant de partir pour la Côte d'Azur. Il vient de terminer *Gatsby le magnifique* et songe à *Tendre est la nuit*. Il lui faudra neuf ans pour en venir à bout.

Au 90, le poète Jean Amrouche

Le nom de ce poète kabyle au français parfait est indissociable des entretiens littéraires qu'il mena à la Radiodiffusion française dans les années 1950, parvenant à convaincre les plus grands (Gide, Claudel, Mauriac...) de se confier à son micro, à une époque où le milieu littéraire se méfiait de ce média jugé populaire. Il laisse trois recueils de poésie (*Cendres*, *Étoile secrète*, *Chants berbères de Kabylie*) et un essai (*L'Éternel Jugurtha*) traitant de sa quête d'identité entre France et Algérie, son pays natal. Il décède en 1962 boulevard Malesherbes, où il résidait depuis 1948.

Au 107 (ancien 79), Alexandre Dumas

Elle avait lu ses livres et avait dit : « Quand je viendrai en Europe, je serai la maîtresse de cet homme extraordinaire. » Adah Isaacs Menken, qu'il rencontre au théâtre de la Gaîté, va emménager boulevard Malesherbes. Fantasque, elle se fait photographier avec lui en tenue d'écuyère, tendrement enlacée, et fait vendre ces « cartes postales » dans les papeteries de Paris. Alexandre Dumas fils dépensera une fortune à toutes les racheter. Dernière compagne de Dumas, elle décède judicieusement d'une chute de cheval deux ans après leur rencontre.

Dans son appartement du quatrième étage loué à M. Pereire, en compagnie de sa fille Marie, Dumas vieillit doucement. Années difficiles pour l'écrivain, plombé par les dettes et les problèmes de santé. Après *Les Blancs et les Bleus*, son dernier roman paru en 1867, il en commence un nouveau, le délaisse, ne sait pas comment le finir.

Il entreprend cependant la rédaction de son *Grand Dictionnaire de cuisine*, commandé par l'éditeur Lemerre, dont voici la recette des frites : « Pelez de belles pommes de terre, [...] coupez-les assez minces, jetez-les dans une friture fraîche de graisse de rognon de bœuf bien clarifiée, que la friture soit douce, et laissez cuire vos pommes. Dès qu'elles sont cuites mollement, retirez-les dans une passoire, faites chauffer votre friture très chaude, jetez vos pommes dedans, lissez avec une écumoire ; elles se soufflent d'elles-mêmes, et servez comme garniture pour côtelettes et autres. »

Comme son père et son frère, Marie tentera (sans succès) de se lancer dans le roman populaire (*Au lit de mort*, 1866, *Madame Benoît*, 1868). En octobre 1869, George Sand lui rend visite, constate que Dumas peut à peine marcher. À la déclaration de guerre, le vieil homme acceptera de se rendre chez son fils, à Dieppe. « Mon garçon, dira-t-il, je viens mourir chez toi. »

Dumas laisse (avec ses quatre-vingt-douze prête-plumes) une œuvre gigantesque, romans et théâtre. Un critique résumera : « Personne n'a lu tout Dumas, pas même lui. »

Au 107, Rosemonde Gérard

Elle eut pour parrain Leconte de Lisle et pour tuteur Alexandre Dumas fils. « Dodette », comme on la surnommait, ne pouvait donc faire qu'un mariage littéraire. C'est ainsi qu'elle épousa en 1890 un jeune homme au talent prometteur : Edmond Rostand. Elle quitta l'appartement qu'elle occupait avec sa mère, boulevard Malesherbes, et suivit son mari au 2, rue Fortuny. Rosemonde Gérard écrira une trentaine d'ouvrages, essentiellement « poétiques », dont subsistent quelques vers de *L'Éternelle Chanson* : « Car vois-tu, chaque jour je t'aime davantage, / Aujourd'hui plus qu'hier et bien moins que demain. »

MARBEUF (rue)

C'était dans un de ces bars qu'elle avait rencontré Philippe, un garçon dégingandé et secret qui jouait du saxophone dans un cabaret de la rue Marbeuf.

— Georges Simenon, *Betty*, 1961

Au 32, Marcel Arland

Marcel Arland emménage au 32, en 1935, après avoir résidé au 27. Six ans plus tôt, il a reçu le prix Goncourt pour *L'Ordre*, son sixième roman, dont le héros, Gilbert, est une sorte de Rimbaud des années 1920. Pilier de la *NRF*, il se démarque de Drieu la Rochelle en 1940 puis prend la codirection de la revue (avec Paulhan) après la guerre. Académicien, auteur d'une quarantaine d'ouvrages, il n'aura pas l'aura ni la gloire posthume de son « associé » : « Arland, écrit Michel Crépu, n'a pas été du tout un personnage de premier rang du "débat d'idées". Pas un héros, pas non plus un salaud. Le petit campagnard de Langres aux automnes lents et sombres aura traversé son temps comme il rentrait chez lui de la *NRF*, en pensant à autre chose. Pourtant, *L'Ordre* est certainement l'une des plus fines intelligences du vertige de l'entre-deux guerres qui soient[40]. »

Au 34, la syncope de Boris Vian

« Que tu es impatiente, la Mort », avait-il écrit dans un texte qui sera chanté par Reggiani. Le matin du 23 juin 1959, Boris Vian décède au cinéma Le Marbeuf lors de la première de *J'irai cracher sur vos tombes*. Il était énervé, avait vu le film en avant-première, l'avait jugé médiocre, avait même demandé que son nom soit retiré du générique. Lui qui portait toujours des tenues extravagantes était venu vêtu de noir. « On est toujours déguisé, disait-il. Alors, autant se déguiser. De cette façon, on n'est plus déguisé… » Ce jour-là, le prince de Saint-Germain-des-Prés s'est déguisé en mort. Il n'avait pas encore 40 ans.

Au 35-37, Eugène et Paul Morand

Eugène Morand s'installe rue Marbeuf en 1887, il y résidera jusqu'en 1926. Paul Morand, son fils, y naît l'année suivante. Il fera ses études à l'école Sainte-Marie-de-Monceau, où il restera jusqu'en 1900, parfois comme pensionnaire lorsque ses parents partent à Menton. (« Un souvenir abominable », notera-t-il.) En 1900, il entre au lycée Carnot. Élève médiocre : « Je n'ai jamais rien compris à l'enseignement, les professeurs ne s'intéressent qu'à leur dada. Je suis resté paresseux, inattentif, superficiel jusqu'à Sciences Po », écrira-t-il à Jacques Chardonne. En 1902, la famille Morand déménage au 182 (actuel 206), rue de l'Université.

Au 36, Arsène Lupin

Dans *L'Aiguille creuse*, sous le nom d'Étienne de Vaudreix, Lupin se cache et Ganimard enquête : « Le lendemain matin, Ganimard se présentait au 36 de la rue Marbeuf. Renseignements pris auprès de la concierge, il se fit ouvrir le rez-de-chaussée de droite, où il ne découvrit rien que des cendres dans la cheminée. » Mystère…

MARIGNY (avenue de)

Marc quitta les Champs-Élysées et prit l'avenue Marigny à droite. Il tourna prudemment. Une nuée de mobylettes semblait l'encercler.
— René Belletto, *La Machine*, 1990

Au 1, John Steinbeck

En 1954 et pour quelques mois, l'auteur des *Raisins de la colère* (1939) et d'*À l'est d'Eden* (1952) loue un appartement cossu dans l'hôtel Talhouët, ex-hôtel Dollfus. Durant son séjour, il va collaborer au supplément littéraire du *Figaro* dans une rubrique intitulée « Un Américain à New York et à Paris ». Loin de sa sinistrose d'outre-Atlantique, il entend faire partager son « regard naïf sur Paris – mais un regard enchanté ». Il écrira dix-sept articles pour le journal, dont un hommage à son ami Robert Capa ou encore une déclaration d'amour à l'île de la Cité. Le restaurant Laurent, tout proche, lui inspirera une nouvelle : *The Amiable Fleas* (*Les Puces sympathiques*).

MATHURINS (rue des)

La rue des Mathurins est également présente dans le 9e arrondissement.

Au coin de la rue des Mathurins, il trouva un homme à cheval enveloppé d'un manteau ; il s'approcha de lui. « Mantes, dit l'homme. – Pau », répondit le roi. L'homme mit aussitôt pied à terre.

— Alexandre Dumas, *La Reine Margot*, 1845

Au 9, Sophie Gay

« L'été à Aix-la-Chapelle, l'hiver à Paris, [Sophie Gay] goûte fort cette existence. Depuis 1803, elle habite dans la capitale une grande maison avec jardin au 9, rue des Mathurins, au coin du passage Sandrié[41]. » Chaque soir, elle y tient salon : « Les talents de Sophie Gay qui joue du piano et de la harpe en virtuose, son culte pour les arts et pour les lettres, l'égalité de son affection, donnent un charme unique à ces réunions[42]. »

En 1823, elle devra quitter la rue des Mathurins et s'installe avec sa fille dans deux petites pièces du 28 ter, rue Louis-le-Grand.

Sophie Gay publia de nombreux romans (*Laure d'Estell*, *Léonie de Montbreuse*, *Anatole*, *Les Malheurs d'un amant heureux*, etc.), collabora à plusieurs journaux, écrivit quelques comédies et drames. On lui doit en outre les *Souvenirs d'une vieille femme*. En 1825 paraissent les *Essais poétiques* de sa fille. La gloire pour une fille de 20 ans.

Au 38, adieu Dada au théâtre Michel

Comme dit Philippe Soupault, entre Dada et les futurs surréalistes, « c'est l'agonie des amitiés ». En 1923, les deux mouvements s'affrontent dans le cadre du théâtre Michel, André Breton ayant décidé de torpiller *Le Cœur à gaz*, la pièce de Tzara. Éluard, Desnos et Péret sont chargés des gifles et des coups de poing, Breton, avec sa canne, casse le bras du journaliste Pierre de Massot. Tristan Tzara est contraint d'appeler la police et il assignera Éluard en justice. Pour Dada, qui n'aura plus l'occasion de « chier en couleurs diverses pour orner le jardin zoologique », il s'agit là du chant du cygne.

Au 40, la fin de Germaine de Staël

En février 1817, Germaine de Staël est frappée de paralysie en arrivant à un bal, chez le duc Decazes. Cinq mois plus tard, elle se fait transporter de la rue Royale à la rue Neuve-des-Mathurins dans une maison possédant un jardin. L'année précédente, dans le plus grand secret, elle a épousé Albert, dit John, Rocca, un Genevois de vingt-deux ans son cadet. Alitée en permanence, condamnée à l'immobilité, elle s'empêche de dormir, de peur de ne plus le revoir.

C'est en mai que, chez elle, Juliette Récamier et François-René de Chateaubriand se rencontrent pour la première fois. Est-elle l'instigatrice d'une des plus célèbres liaisons de l'histoire littéraire ? Selon Jacques de Lacretelle, « Mme de Staël, gravement malade déjà, et qui devait mourir quelques mois plus tard, n'avait pas paru. Mais elle avait en quelque sorte préparé cette liaison ».

Le soir du 13 juillet, la femme que Stendhal considère comme « la femme la plus extraordinaire qu'on vit jamais, [celle] qui mena la conversation française et porta au plus haut degré de perfection l'art brillant de l'improvisation, sur quelque sujet que ce fût », s'endort sous l'influence de l'opium. Elle ne se réveillera pas.

Au 59, la librairie d'Albin Michel

En 1890, Albin Michel est manutentionnaire à la librairie Flammarion de l'Odéon puis, en peu de temps, vendeur performant, avant d'en devenir directeur. « On raconte qu'il était là de 7 heures du matin jusqu'au soir et qu'il regardait les sacs à la sortie pour voir si les employés n'avaient pas emporté un livre. C'était une autre époque[43]... »

Soucieux de voler de ses propres ailes, il ouvre une librairie rue des Mathurins en 1900, commençant par éditer de petits livres « légers ». La publication de *L'Arriviste* (1902), roman de Félicien Champsaur, va marquer le début d'une ascension constante. En 1920, la maison d'édition déménage rue Huygens, dans le 14e arrondissement.

MATIGNON (avenue)

Il était arrivé comme un fou avenue Matignon, le matin, et elle lui avait fait tout de suite comprendre que cette lettre ne signifiait rien.

— Françoise Sagan, *Aimez-vous Brahms...*, 1959

Au 3, Henri Heine

« Pauvre, Juif et malade, qu'ajouter à ce trio de misères ? » se demanda-t-il. Le grand poète allemand décède en 1856 avenue Matignon, léguant son corps aux vers et regrettant de n'avoir que des os à offrir. Au trio de misères s'ajoute le socialisme, qui le fera haïr par les conservateurs : « Nous voulons être heureux sur terre / Et cesser de mourir de faim / Ôtons au ventre de l'oisif / Le produit des mains qui travaillent. » Poète romantique puis postromantique, il sera l'un des plus traduits de la langue allemande et nombre de ses poèmes seront transposés en musique : Schubert, Schumann, Brahms... Grand arpenteur de la ville, baudelairien avant l'heure, Heine déménagea souvent. On lui connaît au moins seize adresses dans la capitale.

MIROMESNIL (rue de)

Jean-Luc n'attachait guère d'importance à l'endroit
où nous vivions, l'appartement du 15,
rue de Miromesnil qu'il louait et qui avait servi
de décor pour La Chinoise *lui convenait,*
mais pourquoi pas un autre ?
— Anne Wiazemsky, *Un an après*, 2016

Au 6, Colette joue à la marchande

L'enseigne est « Colette » et sur le carton d'invitation, de la main de l'écrivaine, figure : « J'inaugure mon magasin de produits pour la beauté, mercredi 1er juin et les deux jours suivants. Je serai heureuse, Madame, de vous accueillir moi-même 6, rue de Miromesnil, et de vous conseiller les maquillages les plus seyants pour la scène et pour la ville. Colette. »

L'auteure du *Blé en herbe* et de *Sido*, paru cette même année, maquille elle-même ses clientes et leur propose sa propre ligne de cosmétiques. La boutique a du succès, elle ouvre une succursale à Saint-Tropez, mais elle doit faire des choix : « Pour la développer, écrit Maurice Goudeket dans *Près de Colette* (1956), même pour la maintenir, il lui fallait des capitaux nouveaux. Avant de les solliciter, il convenait de faire le point. Il paraissait évident que l'affaire aurait besoin pendant quelques années encore du travail personnel de Colette. L'absurdité de l'entreprise commençait à paraître, même à ses yeux… »

Au 15, Paul Souday

Ce critique littéraire redouté publia des essais et biographies sur La Bruyère, Bossuet, Gide, Valéry et Marcel Proust, auquel il reprocha son utilisation du subjonctif : « Visiblement, les jeunes ne savent plus du tout le français. La langue se décompose, se mue en un patois informe et glisse à la barbarie[44]. » Il participa au succès de *Jean Barois*, le troisième roman de Roger Martin du Gard publié en 1913, Martin du Gard qui se souvient : « La critique s'est montrée plus réticente : ce gros bouquin dialogué étonnait, mais ne plaisait guère. C'est seulement quelques mois après la parution, que Paul Souday, l'arbitre officiel des lettres, le redouté mentor du *Temps*, s'est occupé de moi. Son article était d'ailleurs tout farci de reproches : il me chicanait longuement sur mes imparfaits du subjonctif… Cependant, il me consacrait cinq colonnes de son feuilleton hebdomadaire. Alors, à sa suite, dans les grands quotidiens, puis dans les revues, les critiques attitrés se sont crus tenus de signaler, non sans de prudentes réserves, mon livre à la curiosité des lecteurs… En somme, la partie était gagnée[45]. »

Au 31, Chateaubriand

Pour le remercier de son *Génie du christianisme* (1802), Napoléon l'avait nommé secrétaire d'ambassade à Rome en juin 1803, puis ambassadeur du Valais. Il quitta ses fonctions en 1804 afin de protester contre l'exécution du duc d'Enghien et s'installa avec sa femme rue de Miromesnil, dans un petit hôtel particulier au coin de la rue Verte (aujourd'hui rue de la Pépinière), dans un environnement très campagnard avec champ de blé et « butte aux lapins ».

Au 34, Laure Marie de Sade, comtesse de Chevigné

« Au fond de la cour, écrit André Becq de Fouquières, on découvre un hôtel discret : ce fut celui du comte Adhéaume de Chevigné et de la comtesse, née Laure de Sade. [...] Belle et distinguée lorsqu'elle était jeune, dragon paillard sur le tard, on pouvait la rencontrer chaque matin sur les Champs-Élysées. L'après-midi, elle se tenait chez elle, tous les jours jusqu'à trois heures. Elle fumait sans arrêt (ce qui était encore une originalité à cette époque) et se tenait au milieu d'une véritable cour qui écoutait ses propos spirituels, appréciait sa verve, ses fusées... »

Ses démêlés avec Proust seront nombreux : « J'ai vu "Marcel", écrit-elle, à mon premier bal chez les Étienne de Beaumont. Il était minuit. Il venait peut-être de se lever. Poudré, pâle, bouffi à la façon de Wilde après la prison... Il ne savait pas que ma grand-mère Chevigné m'avait employée à mettre ses lettres au panier : "Ce sont des dindonnades de ce raseur de Marcel." »

L'arrière-petite-fille du marquis de Sade (qui sera la grand-mère de Marie-Laure de Noailles) reste célèbre pour avoir éconduit Marcel Proust alors qu'il l'abordait avenue Gabriel en lançant son désinvolte : « Fitz-James m'attend ! » Le jeune homme, humilié, n'oubliera jamais l'affront de celle pour laquelle il éprouvait un « trouble amoureux ». Dans la *Recherche*, sa déesse-oiseau va devenir une vieille pie acariâtre sous les traits d'Oriane de Guermantes. Revanchard, il lui adressera un exemplaire à peine sorti des presses, qu'elle ne lira pas totalement. Marcel Proust s'en émouvra auprès de Jean Cocteau qui, en souriant, fera remarquer qu'il « ne faut pas demander au modèle nu de comprendre le tableau ». Et qui ajoutera : « Fabre a écrit un livre sur les insectes, mais il n'a pas demandé aux insectes de le lire ! »

MONCEAU (rue de)

Les hôtels de la princesse d'Hénin, rue Washington, et du prince Murat avec son immense jardin, rue de Monceau, semblaient inamovibles.

— René Héron de Villefosse, *Le Cœur battant de Paris*, 1968

Au 31, Madeleine Lemaire

Son jardin est planté de lilas et d'avril à juin, chaque mardi, Madeleine Lemaire reçoit dans son hôtel particulier parisien l'aristocratie du faubourg et des lettres. Elle est peintre, de grand talent, avec une prédilection pour les roses. C'est chez elle qu'en 1893, Marcel Proust rencontre Reynaldo Hahn, prélude à un amour et à une longue période de mondanités. Son premier ouvrage, *Les Plaisirs et les Jours* (1896), sera illustré par celle qu'il appelait dans sa jeunesse sa « belle marraine ». André Germain, auteur de

Les Clés de Proust (1953), n'est guère indulgent avec « l'impératrice des roses », qualifiant ses réceptions de « chaudes tueries » : « On étouffait chez elle, dans des soirées pénibles, avec de longs intermèdes musicaux. »

Madeleine Lemaire deviendra le modèle principal de Mme Verdurin dans la *Recherche* ; toutes deux sont appelées « la Patronne » par leurs fidèles, toutes deux qualifient ceux qu'elles n'aiment pas de « raseurs », toutes deux tranchent d'un ton définitif : « Je ne veux pas de ça chez moi ! »

Au 55, Édouard Pailleron

Dramaturge, poète et journaliste, il résida rue de Monceau de 1885 à 1899, date de sa mort.

Marié avec la fille de François Buloz, Édouard Pailleron ne pouvait voir son œuvre théâtrale qu'encouragée par la *Revue des Deux Mondes*, dont il devint le codirecteur. Son premier succès, *Le Monde où l'on s'amuse* (1868), sera complété d'un triomphe avec *Le Monde où l'on s'ennuie* (1881), plus de mille représentations à la Comédie-Française. (Il convient de noter qu'il en est le directeur.) L'année suivante, il est reçu à l'Académie française et, en 1900, son successeur Paul Hervieu ne lésinera pas sur les louanges : « Messieurs, les origines de Pailleron remontent assez haut. Il montre en sa veine du sang de Molière, par *Le Monde où l'on s'ennuie*. Du côté des femmes : ingénues, coquettes, amoureuses, il est allié à Marivaux. L'*Étincelle* le fait cousiner avec les Proverbes d'Alfred de Musset. Et, quant à ses parents les plus rapprochés dans la famille théâtrale, il nous les a lui-même notifiés en écrivant, après la mort d'Émile Augier et celle d'Eugène Labiche, deux études d'hommage posthume et d'évidente prédilection. »

MONTAIGNE (avenue)

426 : Je me souviens que Marlène Dietrich se cachait pour mourir avenue Montaigne à Paris.
— Georges Perec, *Je me souviens*, 1978

Au 2, Sinclair Lewis

Après s'être rendu à Paris en octobre 1921, l'écrivain américain y retourne trois ans plus tard et réside avenue Montaigne durant l'hiver 1924-1925, où il termine *Arrowsmith*, portrait d'un médecin d'une petite ville du Middle West. Auréolé du succès de *Main Street* (1920) et surtout de *Babbitt* (1922), il n'hésite pas, dans les cafés de Montparnasse, notamment au Dôme, à comparer son écriture à celle de Flaubert. Il sera le premier romancier américain à recevoir le prix Nobel de littérature, en 1930.

Au 12, Blaise Cendrars et sa fille à l'Alma Hôtel

Éternel bourlingueur, Cendrars vivait le plus souvent à l'hôtel. Dans les années 1930, il affectionnait l'Alma Hôtel, petit établissement de l'avenue Montaigne. C'est là que viendra le débusquer une fille de 18 ans : sa fille Miriam. Dans *Blaise Cendrars. La vie, le verbe, l'écriture*, elle écrit : « En 1936, je suis arrivée à Paris en auto-stop et je me suis rendue au petit Hôtel de l'Alma, avenue Montaigne, aujourd'hui disparu, où Blaise vivait à cette époque. Je l'ai d'abord vu assis à la terrasse du café, je me suis avancée, il a paru surpris. J'ai dit : "Blaise, je suis Miriam." Nous avons beaucoup parlé... La relation a très vite été chaleureuse. Il a pris ma main dans la sienne, sa main gauche, sa main amie... c'était la caresse que j'attendais depuis mon enfance. »

Miriam Cendrars sera, à la mort de son père, un élément clé dans la préservation de l'œuvre, en évitant la dispersion des archives que lui confiera Raymone Duchâteau, la compagne du poète.

Au 17, Alphonse Daudet

Au 17, avenue Montaigne s'ouvre l'impasse des Douze-Maisons où résida Alphonse Daudet, résidence qu'il évoque dans ses *Contes du lundi* (1873) : « Figurez-vous un coin de faubourg perdu, niché au milieu de ces grandes avenues aristocratiques, si froides, si tranquilles, qu'il semble qu'on n'y passe qu'en voiture. Je ne sais quel caprice de propriétaire, quelle manie d'avare ou de vieux, laissait traîner ainsi au cœur de ce beau quartier ces terrains vagues, ces petits jardins moisis, ces maisons basses, bâties de travers, avec l'escalier en dehors et des terrasses de bois pleines de linge étendu, de cages à lapins, de chats maigres, de corbeaux apprivoisés. Il y avait là des ménages d'ouvriers, de petits rentiers, quelques artistes – on en trouve partout où il reste des arbres –, et enfin deux ou trois garnis d'aspect sordide, comme encrassés par des générations de misères. »

Au 58, André Beucler

L'auteur de *Gueule d'amour* y résida de 1960 à 1968[46]. Il fut romancier, conteur, journaliste, scénariste, producteur de radio, essayiste, traducteur, critique d'art, promoteur de la poésie française et souvent excentrique, épousant notamment trois fois la même femme. Ami très « parisien » de Gaston Gallimard, Saint-Exupéry, Giraudoux, Saint-John Perse, Joseph Kessel, Léon-Paul Fargue, il fut la mémoire littéraire des décennies 1920 à 1960 et laisse une trentaine d'ouvrages dont un rafraîchissant *De Saint-Pétersbourg à Saint-Germain-des-Prés*, premier tome de ses Mémoires dont Poirot-Delpech salue « l'art de vivre littéraire » en 1985 : « À côté du grand "Jef" brisant des verres au son des violons tsiganes, prodigue et ouvert au vent des steppes, comme notre génération littéraire actuelle [...] paraît calfeutrée dans ses à-valoir et ses poutres apparentes, égoïste, frileuse, combinarde, cachexique ! »

MOSCOU (rue de)

« Mais non, j'habite rue de Moscou. Ce n'est pas loin d'ici, à quatre portées de lance-pierres. »

— Marcel Aymé, *Le Vaurien*, 1931

Au 12, Albin Valabrègue

De 1879 à 1926, il écrivit quarante pièces de théâtre, comédies et vaudevilles, de *La Veuve Chapuzo* à *La Barreaumanie*. « C'est le plus inégal et le plus inconscient des vaudevillistes, écrit Jules Lemaître en 1883 ; tantôt excellent, d'une verve franche et pleine ; tantôt au-dessous du médiocre. » Son *Durand et Durand* (1887, écrit avec Maurice Ordonneau) l'apparenta à un nouveau Labiche.

Au 29, Stéphane Mallarmé et Méry Laurent

Après un bref séjour à l'hôtel des Étrangers (au 3, rue Vivienne), nommé au lycée Condorcet comme professeur d'anglais, Mallarmé s'installe avec sa famille rue de Moscou fin novembre 1871, trois étages au-dessus de celle qui deviendra sa muse et l'amour de sa vie, la grasse et blanche courtisane Méry Laurent, celle dont on dit qu'elle « parle mieux avec ses seins qu'avec ses lèvres » et qui achève une liaison avec François Coppée. Mallarmé la prendra comme confidente, comme maîtresse, et s'en inspirera tout au long de son œuvre (« Ô si chère de loin et proche et blanche, si / Délicieusement toi, Méry »).

C'est l'époque des rencontres importantes. Rimbaud, Zola… En 1873, dans le salon de Nina de Callias, il fait la connaissance d'Édouard Manet qui illustrera sa traduction du *Corbeau* de Poe (1875) et *L'Après-midi d'un faune*, publié en 1876.

Les Mallarmé résideront quatre ans rue de Moscou, puis iront s'installer au 89, rue de Rome. Méry Laurent suivra aussitôt le mouvement, s'installant au 52.

Au 50, Gustave Toudouze

Fils de l'écrivain et romancier Gustave Toudouze dont il emprunta le prénom, familier des dimanches de Gustave Flaubert, ami des Goncourt, de Zola et de Maupassant, ce romancier et historien breton produisit une soixantaine de romans dont des romans pour la jeunesse, signant notamment la série *Cinq jeunes filles*, première série française de l'après-guerre, publiée dans la « Bibliothèque verte ». La série retrace les aventures de deux Bretonnes, deux Parisiennes et une Bourguignonne, qui naviguent le long des côtes européennes à bord de leur yacht, *L'Aréthuse*. Capitaine : Martiale Cartier, descendante de Jacques Cartier.

MURILLO (rue)

« Cocher, 18, rue Murillo », s'écria-t-il en un réveil d'énergie. Et les veines gonflées, les poings serrés comme s'il allait se livrer à un assaut de boxe, il sauta dans une voiture.

— Maurice Leblanc, *Arsène Lupin contre Herlock Sholmès*, 1908

Au 4, Flaubert

Au printemps 1869, Flaubert doit se résoudre à déménager et quitter le boulevard du Temple : « Je suis bien perplexe, écrit-il à sa nièce. [...] Mon pauvre petit logis me fait peine à quitter. D'autre part, je ne peux le garder. Il est trop cher, me coûte trop de voitures. Et sera trop loin du vôtre[47]. » En octobre, l'écrivain s'installe rue Murillo, dans trois petites pièces au quatrième étage.

« Il fit tendre, écrit Zola, les pièces d'une cretonne à grands ramages ; mais ce fut son seul luxe, et comme à Croisset les bibelots manquaient, il n'y avait guère qu'une selle arabe, rapportée d'Afrique, et un Bouddha de carton doré, acheté chez un revendeur à Rouen. »

Bel appartement, mais état dépressif, malgré les visites, le dimanche, du jeune gratte-papier au ministère de la Marine, Guy de Maupassant, de vingt-neuf ans son cadet, dont personne n'imagine la fortune prochaine.

Flaubert ne se remettra pas de l'échec de *L'Éducation sentimentale* (paru en novembre 1869) et de la mort de son ami Jules (de Goncourt) en juin 1870. Avec la guerre qui se précise, il quitte la capitale pour sa propriété de Croisset. Angoissé et prophétique, il écrit à Sand : « Il me semble que nous entrons dans le noir [...]. On verra, avant un siècle, plusieurs millions d'hommes s'entretuer en une séance... »

Flaubert vivra en Normandie l'invasion de la France, la capitulation de Paris puis de l'Empire. De retour à Paris, il écrira à la princesse Mathilde : « Comme j'ai pensé à vous mercredi, et comme j'ai souffert ! Toute la journée, j'ai vu les faisceaux des Prussiens briller au soleil dans l'avenue des Champs-Élysées, et j'entendais leur musique, leur odieuse musique sonner sous l'Arc de Triomphe ! L'homme qui dort aux Invalides devait s'en retourner de rage dans son tombeau. »

Après la guerre, Flaubert n'utilisera qu'épisodiquement son domicile parisien. La capitale lui fait horreur (« la Seine ressemble à un bidet sale où la nature a lavé son cul »), il se mue désormais en « ermite de Croisset ». Sa *Tentation de saint Antoine* (1874), que ses amis Du Camp et Bouilhet ont proposé de « mettre au feu et n'en jamais reparler », et ses *Trois Contes* (1877) paraissent dans une grande indifférence. Il meurt en 1880, à 58 ans, *Bouvard et Pécuchet* sera publié un an plus tard.

NAPLES (rue de)

La rue, noire, et du gaz la double ligne montante, décroissante ; la rue sans passants ; le pavé sonore, blanc sous la blancheur du ciel... le long des maisons, silencieusement ; je marche ; je vais ; à gauche, la rue de Naples.

— Édouard Dujardin, *Les lauriers sont coupés*, 1888

Au 13, Villiers de L'Isle-Adam

Villiers de L'Isle-Adam s'installe rue de Naples en août 1886. Ses *Contes cruels* sont parus trois ans auparavant et *L'Ève future*, ouvrage fondateur de la science-fiction, vient d'être publiée. Les *Nouveaux Contes cruels* (1888), salués par son ami Huysmans, vont enfin lui apporter la reconnaissance littéraire au moment où se déclare un cancer des voies digestives. Sa situation matérielle ne cesse de se détériorer, il change cinq fois d'adresse entre 1886 et 1889 : 31, rue de Maubeuge en janvier 1886, 13, rue de Naples en août 1886, 49, rue Pigalle en décembre 1886, 16, place de Clichy en 1888, 45, rue Pierre-Fontaine en 1888-1889. Soutenu jusqu'au bout par son ami Mallarmé – qui va mettre en place une « cagnotte » pour lui et les siens –, le poète meurt à l'hospice des Incurables, rue Oudinot, en août 1889. « Nous ne sommes, après tout, qu'une vermine provisoire », avait-il écrit dans ses *Contes cruels*.

Au 23, Apollinaire chez sa mère

Fin août 1902, Wilhem loge avec sa mère et son frère au 23, rue de Naples, troisième étage, dans une partie de l'appartement d'une certaine Mme Boule. On peut l'entendre hurler à tue-tête dans l'escalier de l'immeuble : « Je suis un peu braque / Puisque je suis fou / D'une qui s'en fout / Qui en aime un autre... » S'agit-il d'Yvonne d'Albeyron, sa jeune voisine de palier, ou de Linda Molina da Silva, à laquelle il adresse des poèmes contenant quelques vers au fabuleux destin : « Moi, qui sais des lais pour les reines / Et des chansons pour les sirènes... »

La famille Kostrowitzky quitte la rue de Naples en janvier 1904 pour s'installer au Vésinet.

Au 46, Françoise Verny

On l'appelait « la sultane », « la papesse » ou encore « l'ogresse des lettres ». Agrégée de philosophie, attirée dans un premier temps par le journalisme, elle va dominer le paysage français de l'édition pendant plus de trente ans. Durant les années Grasset (dix-huit au total), elle édite avec succès les « nouveaux philosophes », André Glucksmann et Bernard-Henri Lévy, l'un de ses « enfants » en littérature. Son départ pour Gallimard, en 1982, va déclencher un petit séisme dans le monde des lettres. Ses allers et retours entre les maisons d'édition seront nombreux et son « flair » légendaire. « Françoise Verny croit en elle, en Dieu, aux femmes, et parfois encore en certains auteurs. Selon les jours et son humeur, la hiérarchie varie », écrit *L'Express* en 1995, quand elle prend sa retraite.

Obèse, grande fumeuse (trois paquets de Gitanes par jour), alcoolique, atteinte d'un cancer, elle décède en décembre 2004 à l'âge de 76 ans. Son personnage de « papesse » apparaît dans plusieurs romans comme *La Fée Carabine* de Daniel Pennac (elle est « la reine Zabo ») ou dans *Portrait du joueur* de Philippe Sollers (elle est « Olga Maillard »). On la reconnaît également dans *J'aurais voulu être éditeur* de son voisin d'immeuble, Claude Durand, sous les traits de Germaine Dubois.

Au 46, Claude Durand

Certes, « l'empereur Claude » fut un grand éditeur. Vingt-neuf ans à la tête de Fayard, le plus long bail depuis Arthème Fayard, deuxième du nom. Mais il fut également traducteur (avec sa femme) de *Cent ans de solitude* et romancier : *La Nuit zoologique*, prix Médicis 1979, *J'aurais voulu être éditeur* (2010, sous le pseudonyme de François Thuret), *J'étais numéro un* (2011), *Usage de faux* (2015) et, six mois après sa mort, un beau roman posthume, *M'man*.

NÉVA (rue de la)

Je m'en souviendrai du Karakorum,
du Bouddha vivant et de la rue de la Néva !
— Philippe Hériat, *Les Noces de deuil*, 1954

Au 13, Liane de Pougy

Liane de Pougy s'installe rue de la Néva en 1897 après avoir résidé dans un hôtel particulier au 61, boulevard de Beauséjour. Avec Caroline Otero et Émilienne d'Alençon, elle fut l'une des « Trois Grâces » de la Belle Époque, « plus jolie femme du siècle » selon Edmond de Goncourt. Le guide *Paris-parisien* (1899) la décrit comme « une demi-mondaine connue pour ses beaux bijoux, ses suicides et ses essais littéraires ». Car cette célèbre courtisane qui reçoit ses (riches) prétendants « à draps ouverts » se pique d'écriture. Et n'hésite pas à se « suicider » pour soigner son image. Ouvertement bisexuelle, elle fait sensation en publiant *L'Insaisissable* (1898), roman dédié au sulfureux Jean Lorrain relatant la vie d'une courtisane, réflexion sur l'image des « cocottes » dans la société, évoquant notamment ce qui pourrait être le chemin d'une rédemption sociale et spirituelle, la quête du véritable amour. Son succès littéraire agace Rachilde, qui évoque dans le *Mercure de France* « le masque d'un talent quelconque » et se demande si « en plus d'une beauté célèbre, il est bien utile de rechercher la gloire littéraire ». À défaut de gloire, le succès perdurera avec la parution d'une dizaine d'ouvrages entre 1899 et 1908, dont le roman à clé *Les Sensations de Mlle de La Bringue* (1904). Sur le tard, en 1943, la demi-mondaine de la Belle Époque prononcera ses vœux et deviendra sœur Anne-Marie de la Pénitence chez les Dominicaines.

Au 15, Sacha Guitry

Entre le printemps 1915 et avril 1917, Sacha Guitry et Charlotte Lysès résident dans un splendide hôtel particulier de la rue de la Néva. L'ex-amante de Lucien Guitry, que le fils a épousée en août 1907, a joué dans treize de ses comédies, depuis *Le KWTZ* (1905) jusqu'à *Jean de La Fontaine* (1916). Dès leur installation, le couple se délite. *Faisons un rêve* (1917) sera leur dernière collaboration et marquera la fin du cauchemar. Ils se quittent cette même année et divorcent l'année suivante. « Dès que je suis libre, disait-il, je cours vers une autre femme pour entraver ma liberté. » Ce sera Yvonne Printemps.

PASQUIER (rue)

« Boulevard Haussmann, entre la rue de l'Arcade et la rue Pasquier, au troisième étage », dit Georges tout d'un trait.

— Émile Zola, *Nana*, 1879

Au 6, Henry Becque

Le dramaturge Henry Becque s'y installe en juin 1881, toujours aussi démuni : un lit de fer, une table en bois blanc, trois chaises de paille. Après divers insuccès à la scène (*L'Enfant prodigue*, 1868, *Michel Pauper*, 1870, *L'Enlèvement*, 1871), il s'est éloigné du théâtre pour se consacrer au journalisme. Il revient à la scène en 1878 avec *La Navette*, suivie des *Honnêtes Femmes* (1880) et, surtout, avec une pièce majeure : *Les Corbeaux* (1882), tableau cynique et cruel des rapaces financiers de la Troisième République, pièce qui commence comme un vaudeville et se termine en drame.

Trois ans plus tard, avec *La Parisienne*, Becque se situe définitivement au niveau de Victorien Sardou ou d'Alexandre Dumas fils, mais dans un registre plus moderne et plus grave. « M. Becque, écrit Octave Mirbeau dans un article de 1886, lui, a des mots terribles, des motifs qui troublent, qui vous forcent à penser, à réfléchir, qui ouvrent, tout d'un coup, sur les caractères, des gouffres abominables… Avec lui, je ne me sens pas à l'aise ; il me secoue violemment sur mon fauteuil, me prend à la gorge, me crie : “Regarde-toi dans ce personnage. Voilà pourtant comment vous êtes faits, tous !” Est-ce humain, je vous le demande ? Il a des raccourcis qui terrifient, des sensations impitoyables sur les êtres et sur les choses, il vous oblige à descendre avec lui dans le mystère de la vie profonde. »

La rivalité entre Becque et Dumas fils fit la joie des journaux qui rapportaient leurs « bons mots ». Becque ayant écrit : « Ainsi que deux Corneille, on connaît deux Dumas / Mais aucun d'eux n'est Pierre et tous deux sont Thomas », Dumas fils répondit : « Si ce coup de Becque t'éveille, / Ô Thomas Corneille ! en l'obscur tombeau / Pardonne à l'auteur qui baye aux Corneille / Et songe au public qui bâille aux *Corbeaux*. »

Au 15, René Boylesve

Il commença, comme souvent, par la poésie : « J'écrivais alors beaucoup de vers ; j'étais persuadé que j'étais un poète, et, au surplus, j'imaginais non seulement que le métier de poète était un noble métier, mais qu'il était le seul digne d'un véritable écrivain. Pour moi, écrire des romans, c'était commercialiser son talent[48]. »

En 1893, rue Pasquier, Boylesve rédige son premier roman, tableau légèrement proustien de la bourgeoisie provinciale : *Le Médecin des dames de Néans*, roman qui paraîtra en 1896. En 1894, Boylesve déménage et s'installe au 19, boulevard Saint-Michel, où il écrira la plupart de ses ouvrages, parmi lesquels un remarqué *La Becquée* (1901), dont le premier jet intitulé *Les Bonnets de dentelle* avait été refusé par son éditeur Louis Ganderax, « un sot grammairien pédant », selon l'auteur.

PELOUZE (rue)

Il donnait de temps à autre des thés à ses relations du théâtre et de la littérature, dans un atelier où il avait logé ses acquisitions de peinture, rue Pelouze.

— Béatrix Dussane, *Par les fenêtres*, 1958

Au 5, Gonzague Saint Bris

Journaliste, romancier et critique littéraire, il résida rue Pelouze de 2002 à 2017, date de sa mort dans un accident de voiture. Dans un immeuble qui aurait été édifié sur l'emplacement de la maison de Casanova, l'intérieur de son atelier d'artiste au décor néogothique ressemblait à un « bric-à-brac à la Balzac » peuplé de statues, Henry IV, François Ier, d'un buste de Léonard de Vinci ou d'un masque mortuaire de Pouchkine… L'écrivain aux cheveux longs, fasciné par les romantiques, avait reçu le prix Interallié en 2002 pour *Les Vieillards de Brighton*. Il est l'auteur d'une cinquantaine d'ouvrages, dont de nombreuses biographies historiques (marquis de Sade, La Fayette, François Ier, Alfred de Musset…).

PENTHIÈVRE (rue de)

Un jour où j'appris par un de mes amis de l'Office du Tourisme, désolé, mais impuissant, qu'on démolissait dans la rue de Penthièvre la charmante maison de Franklin.

— Jean Giraudoux, *Pleins pouvoirs*, 1939

Au 19, Paul Morand

En avril 1923, Paul Morand reprend l'ancien appartement de Marie Laurencin, un « petit 5e charmant » au 19, rue de Penthièvre, derrière le ministère de l'Intérieur, et publie son premier roman – *Lewis et Irène* –, qualifié par André Chaumeix de « roman des affaires ». Les critiques lui reprochent le manque d'épaisseur de ses personnages. Le Quai d'Orsay lui reproche son sens de la publicité, Grasset ayant indiqué que l'auteur, pour écrire ce premier roman, avait accompli six mois de stage dans une banque. « M. Paul Morand étant fonctionnaire au ministère des Affaires étrangères, on se demande comment il peut passer son temps dans une banque pour écrire ses livres. Il faut croire que ses occupations en tant que fonctionnaire ne sont pas très absorbantes d'où une suppression d'emploi s'impose si on veut réaliser des économies. »

PÉPINIÈRE (rue de la)

Dans la rue de la Pépinière : « Tiens ! dis-je à mon frère. Il me semble que ce café n'existait pas. »
— Philippe Hériat, *Les Enfants gâtés*, 1939

Au 81-83 puis au 71, Eugène Sue

Après quelques années passées sur mer en qualité de chirurgien de marine, Eugène Sue revient à Paris en 1830. Après avoir dilapidé l'héritage paternel en l'espace de sept ans, le dandy ruiné se mue en peintre puis en écrivain. Il publie avec succès des romans de mer (*Kernok le pirate*, *La Salamandre*), poursuit avec des romans de mœurs (*Cécile ou Une femme heureuse*, 1835) et des romans historiques (*Lautréamont*, 1837).

En 1838, Eugène Sue s'installe rue de la Pépinière, d'abord aux n°s 81-83, puis au 71. Selon le site Terre des écrivains, « l'ermitage » qu'il se fait construire « serait situé aujourd'hui aux alentours du 41 ou 51 rue La Boétie… s'il existait encore ».

Les Mystères de Paris, projet de feuilleton incluant une peinture sociale, lui sera suggéré par son ami Goubaux. Sue, qui publie alors du roman exotique et du roman historique, n'est guère convaincu : « Mon cher ami, je n'aime pas ce qui est sale et qui sent mauvais. » Goubaux lui rétorque : « Mon cher Eugène, vous croyez connaître le monde et vous n'en avez vu que la surface ! […] Il y a une chose au milieu de laquelle vous vivez, que vous ne voyez pas, c'est le peuple ! Jamais on ne l'entrevoit, même dans vos livres. Vous le dédaignez, vous le méprisez, vous le mettez à néant… »

Sue décide alors de relever le défi. L'ancien dandy s'habille en ouvrier, explore les bas-fonds parisiens, prend des notes. Dans un cabaret sordide, il assiste à une rixe qui lui fournit le premier chapitre des *Mystères de Paris*.

Le succès du feuilleton qui paraît quotidiennement pendant seize mois, de juin 1842 à octobre 1843, dans le *Journal des débats* est phénoménal. « Le livre de M. Sue fait fureur ici tous les soirs », écrit Lamartine. « Des malades attendent pour mourir la fin des *Mystères de Paris* », ajoute Théophile Gautier.

PERCIER (avenue)

Presque toutes les maisons qui bordent le boulevard Haussmann entre l'avenue Percier et la rue de Courcelles ont une seconde issue, ordinairement réservée au service, sur la paisible rue de La Baume.
— Marcel Prévost, *Les Demi-vierges*, 1894

Au 8, Georges Feydeau

En 1886, après le succès financier de *Tailleur pour dames* (soixante-dix-neuf représentations, pièce saluée par Labiche), Feydeau emménage avenue Percier, près de l'église Saint-Philippe-du-Roule. Il a 24 ans et, malgré son addiction au jeu et à la cocaïne, sa carrière s'annonce prometteuse. Trois ans plus tard, après son mariage avec la fille du peintre Carolus-Duran, il s'installera 8, rue de Berri, à l'angle de la rue de Ponthieu.

PIERRE-CHARRON (rue)

Ma mère n'a pas d'argent pour les payer. Moi non plus.
Nous faisons la cuisine sur un réchaud à alcool.
Nous n'allumons jamais le chauffage, l'hiver.
Ce manque d'argent nous poursuivra longtemps.
Un après-midi de janvier 1970, nous sommes tellement aux abois qu'elle me traine au mont-de-piété de la rue Pierre-Charron…

— Patrick Modiano, *Un pedigree*, 2005

Au 51, Gaston Bonheur

À 20 ans, une grande carrière littéraire semble promise à ce jeune homme qui vient de publier en 1934 son premier roman – *La Mauvaise Fréquentation* – dans la prestigieuse *NRF*. Paul Valéry, Max Jacob, Jean Cocteau sont conquis par le jeune écrivain. Malgré ce début prometteur, Gaston Bonheur délaisse un temps la littérature pour le journalisme, dirige un groupe de presse puis se consacre à la fiction avec une vingtaine de romans, dont une « trilogie de l'école enchantée », sorte d'album de famille de la France profonde : *Qui a cassé le vase de Soissons ?* (1963), *La République nous appelle* (1965) et *Qui a cassé le pot au lait ?* (1970).

En 1962, il publie *Moi, Rhubarb. Mémoires d'un chat qui a réussi* et Alexandre Vialatte lui consacre une de ses fameuses chroniques dans *La Montagne* : « Gaston Bonheur a tous les dons : il a inventé *Paris Match*, la civilisation burgonde, le vin d'ombre (qui n'est mûri que par les rayons de la Grande Ourse), plusieurs façons d'être poète, et même un caissier turc dont le nom n'est prononçable qu'avec une maladie du larynx inférieur. Dernièrement, il s'est mis à faire parler les chats. Des chats "qui ont réussi" ; des chats qui ont un faux col, une cravate blanche, des décorations en sautoir et leur portrait en médaillon sur la couverture de l'album. Sur fond doré. Des chats qui fréquentent Fernandel, Charlot, Tony Perkins, Hopalong Cassidy. »

Retiré dans son château de Floure, dans les Corbières, Gaston Bonheur signera deux étranges romans, *La Croix de ma mère* (1976) et *Le Soleil oblique* (1978) où l'Albanie, société communiste hédoniste située à la « charnière des quatre mondes » (« l'Occident, la Slavie, la Chine et l'Islam »), est appelée à sauver le monde.

Au 59, Marcel Duhamel

En 1924, à 24 ans, le futur créateur de la « Série noire » dirige l'hôtel Grosvenor, palace de la rue Pierre-Charron appartenant à son oncle. Durant son service militaire à Istanbul, il a fait la connaissance de Jacques Prévert, prélude à une indéfectible amitié. Prévert est par ailleurs copain de régiment d'Yves Tanguy, et les deux hommes cherchent un endroit pour se loger. Duhamel loue alors l'ancienne bicoque d'un marchand de peaux de lapins au 54, rue du Château, et met les artisans-fournisseurs de son établissement à contribution pour aménager le local. Les trois hommes s'installent dans ce qui deviendra un haut lieu du surréalisme. Pendant deux ans, l'hôtel Grosvenor va alimenter le petit phalanstère en repas et alcools, avant que Duhamel ne soit appelé à diriger l'hôtel Ambassador, boulevard Haussmann.

Duhamel, sosie du prince de Galles selon Boris Vian, sera acteur, traducteur, éditeur, et publiera au Mercure de France une autobiographie relatant ses multiples vies : *Raconte pas ta vie* (1972).

PONTHIEU (rue de)

Qui se souvient encore de Frede qui tenait une boîte de nuit, rue de Ponthieu ?

— Patrick Modiano, *Remise de peine*, 1988

Au 29, Louis Delluc

Il aimait se promener la nuit, passant de bar en bar avec son ami Aragon, et ne se lassait pas de sa plaisanterie : « Louis, prête-moi dix louis… »

Avant de devenir, avec son ami d'enfance Léon Moussinac, l'un des premiers critiques indépendants et « l'éveilleur » et théoricien du cinéma français, cet inventeur du mot « cinéma » et réalisateur (sept films) fut également un écrivain prolifique, poète, dramaturge (*Edith Cavell*, interdite par la censure en 1916) et romancier, avec de nombreux ouvrages polémiques : *Monsieur de Berlin* (1916), *La guerre est morte* (1917) ou *La Danse du scalp*, roman satirique sur les services de santé militaires, paru en feuilleton dans *L'Humanité* puis chez Grasset, en 1919.

Après avoir vécu au 29, rue de Ponthieu, Louis Delluc retourne en automne 1922 vivre dans l'appartement de ses parents, 5, rue de Beaune : Ève Francis, sa femme, l'a abandonné. Sans doute serait-il mort d'amour s'il n'était pas mort de la tuberculose, dix-huit mois plus tard.

Au 37, Richard O'Monroy

Ce conteur de la vie parisienne avait résidé 23, rue de Penthièvre, puis 4, rue Frédéric-Bastiat, avant de s'installer rue de Ponthieu où il décédera en 1916. Entre 1878 et 1912, il a publié une cinquantaine d'ouvrages – comédies, vaudevilles, nouvelles galantes et romans –, dont l'admirable *Tutur et Toto* (1897) où l'on apprend que Toto n'aime pas les cantatrices : « Mon vieux Tutur, ton Toto commence à être énervé, sinon de femmes, – il ne faut rien exagérer – du moins de cantatrices. Ah ! mon ami, la déplorable espèce ! J'ai essayé, tu le sais, un peu de tout : j'ai eu des duchesses et des paysannes, des bourgeoises et des ballerines, des filles de chambre et des filles de joie. La seule chose qu'on puisse décemment – ou non – faire des femmes, c'est encore de les aimer ; mais la cantatrice ? »

QUENTIN-BAUCHART (rue)

Je loue un bureau rue Quentin-Bauchart ou, mieux, du côté de la place d'Iéna. Ça fait moins cinéma.

— Jacques Audiberti, *Pomme, pomme, pomme*, 1962

Au 18, Joseph Kessel

En 1950, Kessel abandonne le boulevard Lannes pour la rue Quentin-Bauchart. Il y écrit son livre le plus connu : *Le Lion* (1958), immense succès tiré à 1,7 million d'exemplaires. En 1961, l'écrivain se laisse tenter par une candidature à l'Académie française, au grand dam de Gaston Gallimard : « À moins que ce ne soit pour avoir un en-tête sur ton papier à lettres, qu'est-ce que tu vas foutre là-dedans[49] ? » Kessel y va, est élu en 1962 (le jour même où son chat Mustapha remporte le premier Prix des chats de gouttière), est reçu en 1964 par André Chamson. Le motif de son épée d'académicien (l'aile, le lion, l'étoile polaire et l'étoile de David, la croix du Sud et la croix de Lorraine) a été dessiné par Cocteau. L'écrivain à la centaine d'ouvrages meurt en 1979 après avoir prononcé devant son poste de télévision : « Le monde est extraordinaire, regarde comme c'est beau. »

« Ce qui fait sans aucun doute l'originalité de l'existence, du destin et de l'œuvre de Kessel, écrit son ami Léon Boussard, c'est qu'avec un héritage riche et venant tout à la fois des traditions du peuple juif et des imaginations et des légendes de la Russie, il a su, dans la nouvelle patrie de cœur de ses parents dont il devait devenir un citoyen célèbre, s'exprimer et si l'on peut dire raconter des histoires en français dans un style très souvent dépouillé et sauvage, qui évoquait le réalisme de Maupassant, la netteté de Mérimée, mais aussi cette puissance de l'instinct et de la passion qu'on trouve chez Dostoïevski et Pouchkine. »

Au 50, l'extravagant Raymond Roussel

André Breton le considérait comme « le plus grand magnétiseur des temps modernes » et Aragon comme la « statue parfaite du génie ». Pourtant, la production littéraire de Raymond Roussel n'est pas à la hauteur de sa stature mythique. Sa vie et sa personnalité – extravagantes – en sont sans doute la cause.

En 1883, la famille Roussel quitte le boulevard Malesherbes pour s'installer dans un hôtel particulier rue Quentin-Bauchart, adresse de Raymond Roussel de 1928 jusqu'à sa mort. Surréaliste avant l'heure, Roussel ferme les rideaux de sa chambre de peur que les rayons jaillissant de sa plume n'aillent jusqu'en Chine et n'aveuglent le monde. « Mais j'avais beau prendre des précautions, des rais de lumière s'échappaient de moi et traversaient les murs, je portais le soleil en moi et je ne pouvais empêcher cette formidable fulguration de moi-même. »

En 1925, il se fait construire une « Rolls-Roulotte » (RR, comme Raymond Roussel), yacht de terre long de 9 mètres sur 2,30 mètres de large, comportant un salon (avec lit escamotable), un bar, une cuisinière et une salle de bains, le poste de pilotage abritant les domestiques qui cohabitent avec un caniche auquel on a appris à fumer la pipe. Pendant les dernières années de sa vie, quasiment ruiné, l'inclassable écrivain dérivera entre scandales, hôtels louches, drogues et barbituriques. Il mourra d'une probable overdose le 14 juillet 1933 à Palerme.

Après les surréalistes, Roussel fascinera également Michel Foucault et Robbe-Grillet, qui relate avec humour : « Quand j'écrivais *La Jalousie*, j'étais presque comme Raymond Roussel, qui baissait les stores de sa chambre pour éviter que son génie ne réveille les voisins, à cause de la lumière qu'il dégageait. »

En 1989, le garde-meubles Bedel retrouvera par hasard un lot de papiers, lettres, manuscrits et cartons déposés par Roussel, contenant des milliers de vers, un mélodrame avec quatre cents personnages et un roman inachevé de plus de vingt mille alexandrins.

ROCHER (rue du)

Maintenant, je sais encore qu'en sortant de la rue du Rocher, il rentre chez lui, ressort et vient attendre ce faux fiacre au coin de la rue Godot-de-Mauroy.
— Pierre Alexis Ponson du Terrail, *Les Aventures de Rocambole*, 1857

Au 43, Maxime du Camp

Dans les années 1860, Maxime du Camp quitte le square d'Orléans pour s'établir au 43, dans un petit hôtel de deux étages. La rupture avec Flaubert est consommée, Du Camp y écrit son roman le plus connu, *Les Forces perdues* (1867), et commence son ouvrage sur Paris : *Paris, ses organes, ses fonctions, sa vie* (1869-1875).

Élu à l'Académie française en 1880, il écrira deux ans plus tard ses *Souvenirs littéraires*, dans lesquels il révélera les crises d'épilepsie de Gustave Flaubert, révélation qui sera considérée comme une trahison ou un acte de jalousie envers son ancien ami (à l'enterrement duquel il n'assistera pas). Dans son essai sur Flaubert, Sartre ne sera pas tendre avec le premier éditeur de *Madame Bovary* : « Maxime du Camp ? Une sorte d'imbécile incapable de comprendre les enjeux fondamentaux de la littérature. »

Au 44, Jules Renard

Après avoir résidé à l'hôtel des Étrangers, 24, rue Tronchet, Jules Renard se marie et s'installe au 44, rue du Rocher, dans un immeuble appartenant à la mère de sa femme.

Dans *Mon Paris et ses Parisiens*, André Becq de Fouquières décrit un logis plutôt commun : « De toute sa masse ultramoderne, l'imposant building de l'Électricité de France écrase une modeste maison qui porte le n° 44 : une bâtisse sans prétention comme sans sourire. Elle convenait ainsi bien à Jules Renard. […] Il occupait au second étage un logis qui n'avait rien d'artiste. Pas la moindre vitrine, pas la moindre chasuble, pas un tableau impressionniste, pas une estampe japonaise. Un mobilier banal et beaucoup de livres brochés. M. Renard travaillait enveloppé dans une robe de chambre bien douillette. Il écrivait avec une plume de greffier sur un cahier d'écolier[50]. »

Après les années de misère, le mariage apporte au grand misogyne une sécurité matérielle mais également des relations conflictuelles avec sa belle-mère. Il a écrit un roman de jeunesse, *Les Cloportes* (qui ne sera publié que neuf ans après sa mort), et accède à une petite notoriété avec *L'Écornifleur* (1892).

C'est en 1894 que paraît son roman le plus célèbre, *Poil de Carotte*, dont l'adaptation pour la scène fera un triomphe au théâtre Antoine en 1900. Renard ne l'aimait pas, le considérant comme « un mauvais livre, incomplet, mal composé ».

L'écrivain qui – enfant – dut supporter les brimades et les humiliations d'une mère terrifiante meurt en mai 1910 à 46 ans. Sa femme brûle une partie de son célèbre *Journal* (paru en 1925) et l'acariâtre Léautaud ne peut que s'en réjouir : « J'ai fini ce matin le premier volume de Jules Renard […]. Pour moi, pour la façon dont je vois la littérature, c'est la puérilité même, le manque complet d'intérêt. J'ai horreur de la littérature fabriquée et celle de Renard l'est à l'extrême. […] Pures niaiseries, pour ne pas dire : pures inepties[51]. »

ROYALE (rue)

Mardi 27 juin. – En buvant un verre d'ale, rue Royale, dans le roulement incessant des voitures sur le pavé de bois, je pensais que l'activité humaine est arrivée à faire le bruit continu d'un élément.

— Edmond et Jules de Goncourt, *Journal des Goncourt. Mémoires de la vie littéraire*, 1887

Au 2-4, Maupassant au ministère de la Marine

En 1872, Maupassant devient surnuméraire à la direction du personnel au bureau des équipages de la flotte puis, en 1874, commis de quatrième classe affecté au service des approvisionnements généraux. Son chef, qu'il juge grincheux, écrit de lui : « Cet employé est intelligent et paraît bien doué. De plus, il est animé du désir de bien faire. Lorsqu'il aura acquis l'expérience qui lui manque, il fera un très bon employé. Je suis déjà très satisfait de ses efforts. » Maupassant, lui, n'est pas satisfait. Ce poste l'empêche de travailler, de sortir, de penser, d'écrire. Tout juste a-t-il publié sous pseudonyme son premier conte, *La Main d'écorché*, en 1875, qu'il demande à Flaubert d'intervenir auprès d'Agénor Bardoux, ministre de l'Instruction publique, afin de lui trouver une place agréable à la direction des Beaux-Arts. Mais l'affaire traîne et Maupassant démissionne du ministère de la Marine en décembre 1878. Un an plus tard, il sera poursuivi (puis acquitté) pour « outrage à la morale publique et religieuse et aux bonnes mœurs » à propos d'un poème un peu leste (*Au bord de l'eau*, 1876). Son *Boule de suif*, paru en 1880, va à cette occasion bénéficier d'une publicité inespérée. Sa carrière littéraire peut commencer.

Au 3, Feydeau et Drieu chez Maxim's

La pièce de Feydeau (*La Dame de chez Maxim*, 1899) contribua largement au succès de cet ancien rendez-vous de cochers à la terrasse duquel, vers 1910, on pouvait voir l'auteur, un homme « considérable, le col de pardessus relevé, le melon basculé sur une toute petite figure, constellé d'opales, les yeux mi-clos jusqu'à n'être que des fentes, la moustache fine, [qui] soulevait d'une main molle jusqu'à sa bouche sinueuse un cigare énorme[52] ».

Dès 1920, Drieu la Rochelle en fut un habitué, privilégiant « l'omnibus », ce couloir menant aux salles où l'on peut voir et être vu. Dans *Gilles*, le héros qui y entre pour la première fois est un peu déçu : « Le bar lui parut étroit et aussi le boyau qui mène à la salle du fond. […] Il y avait quelques poules : elles n'étaient pas belles ni même élégantes. Mais elles le regardaient avec une audace dure qui lui imposait. »

Au 6, le crépuscule de Germaine de Staël

À 51 ans, en 1816, l'initiatrice du romantisme y loue un appartement sur cour dans lequel elle vivra recluse après son attaque cérébrale de février 1817, intervenue lors d'une visite au duc Decazes. Elle sent la mort approcher et se désole. « Je sens tellement en moi des puissances supérieures qui n'ont pas été développées que leur destruction m'afflige », avait-elle écrit quelques années plus tôt à Mme Récamier.

Sur le plan strictement littéraire, elle ne laisse que deux romans qui s'arrachèrent en leur temps : *Delphine* (1802), à l'origine de sa brouille avec Bonaparte, et *Corinne ou l'Italie* (1807). Mais elle sera essentiellement reconnue pour ses essais : *De l'Allemagne* (1814), *Considérations sur les principaux événements de la Révolution française* (paru après sa mort en juillet 1817 rue Neuve-des-Mathurins), et *Dix années d'exil* (1821).

Au 13, Jean-Baptiste Suard

Si ses *Variétés littéraires* (1768) et *Mélanges de littérature* (1803-1805) à la tonalité très conservatrice n'ont guère laissé de trace, il est connu pour avoir voté contre les représentations du *Mariage de Figaro* ; pour avoir été élu deux fois à l'Académie française (en 1772, élection annulée pour cause de collaboration à l'*Encyclopédie*, puis en 1774) ; et pour avoir été le seul académicien à s'être rendu à la séance de travail le jour de l'exécution de Louis XVI, ce qui lui permit d'empocher tous les jetons de présence.

Il en devint secrétaire perpétuel en 1803 et aurait, au retour des Bourbons, fait éliminer de l'Académie neuf de ses membres, dont Dominique-Joseph Garat, qui lui consacrera cependant un mémoire historique plutôt bienveillant. Après avoir résidé 13, rue du Rocher, il décédera rue Royale en 1817.

Au 16, Charles Lassailly

Ce poète romantique y naît en 1806, avant que sa famille ne déménage au nº 8, en 1814. Il fera le coup de poing à la première d'*Hernani* (1830) auprès de ses amis Gautier et Nerval, tombera amoureux d'une comtesse de Magnencourt, idylle qui pourrait avoir inspiré Hugo pour la trame de *Ruy Blas*. Comme Nerval, il sombrera dans la folie. Spécialiste d'une littérature diabolique, il laisse un roman aussi célèbre qu'introuvable, *Les Roueries de Trialph*, qui se termine ainsi : « Deux heures après, une berline roule vers l'océan. Elle emporte Trialph au suicide. Il a tué Ernest, il a tué madame de Liadères, il a tué Nanine – en lui chatouillant la plante de pieds ; il va se tuer à son tour. Il m'a quitté, enfin, *l'égoïste* ! À la mer, à la mer, le Trialph[53] ! »

Au 21, le Weber

Le café Weber, maison fondée en 1865 (il fermera en 1961), fut abondamment fréquenté par Marcel Proust, dont Daudet brosse le portrait : « Vers 7 h ½ arrivait chez Weber un jeune homme pâle, aux yeux de biche, suçant ou tripotant une moitié de sa moustache brune et tombante, entouré de lainages comme un bibelot chinois. Il demandait une grappe de raisin, un verre d'eau, et déclarait qu'il venait de se lever, qu'il avait la grippe, qu'il s'allait recoucher, que le bruit lui faisait mal, jetait autour de lui des regards inquiets puis moqueurs, en fin de compte éclatait d'un rire enchanté et restait. Bientôt sortaient de ses lèvres, proférées sur un ton hésitant et hâtif des remarques d'une extraordinaire nouveauté et des aperçus d'une finesse diabolique[54]. »

Proust évoque le café dans *À l'ombre des jeunes filles en fleurs* :

« Weber ?
— Ah ! non, Monsieur, je voulais dire un bon restaurant. Weber c'est dans la rue Royale, ce n'est pas un restaurant, c'est une brasserie. Je ne sais pas si ce qu'ils vous donnent est servi. Je crois qu'ils n'ont même pas de nappe, ils posent cela comme cela sur la table, va comme je te pousse. »

Une vingtaine d'années plus tard, un soir d'automne 1918, André Billy et René Bizet sont attablés en terrasse. Alors que la foule fête la victoire prochaine, ils ont tous deux les larmes aux yeux : Apollinaire vient de mourir, emporté par la grippe espagnole. Ils songent qu'en disparaissant « Guillaume [a] emporté avec lui tout ce qui fait le charme de la vie », à savoir « la fantaisie, la poésie, l'insouciance, la jeunesse, l'aventure et la découverte[55]. »

En 1956, dans sa correspondance avec Roger Nimier, Jacques Chardonne évoque le Weber : « Je venais là, il y a trente ans boire un 333 ; c'est le meilleur cocktail, que l'on ne trouvait que là (meilleur peut-être que le White Lady) : 1/3 champagne, 1/3 orange, 1/3 gin. Dans un grand verre. Quand j'ai commandé hier un 333, le barman m'a regardé avec une grande considération et m'a dit : qui êtes-vous ? [...] J'ai su alors, que lorsqu'un client commande un 333, on se dit dans la maison : c'est un revenant. »

Au 24, Alphonse Allais

Allais s'installe rue Royale en 1900, résidence qu'il partage avec sa villa Baudelaire de Honfleur. Il loge à quelques pas de l'obélisque dont il compte se servir comme balancier afin de construire une horloge géante place de la Concorde. Il vient de publier *L'Affaire Blaireau*, *Le Pauvre Bougre et le Bon Génie* et *À la gare comme à la gare*, avec Albert René. Rédacteur en chef du *Sourire*, il fait rire chaque jour des milliers de Parisiens qui s'interpellent : « Tu as lu la dernière ? » La dernière, ce peut être : « On demandait à Marie Tournelle qui est veuve depuis un an :

"Qu'est-ce qui vous a le plus frappée dans le cours de votre existence ?

— Mon mari !" »

« C'était, écrit Sacha Guitry, un homme extraordinaire par son intelligence, par son esprit, par son talent [...]. Sa situation d'écrivain était à peu près nulle [...], il n'avait pas de passé, se savait sans avenir, vivait au jour le jour, ne désirait rien et pouvait hardiment plaisanter les travers, les faiblesses de chacun, sans qu'il eût à redouter qu'on lui rendît la pareille. Je dois ajouter qu'une délicatesse infinie le préservait de tout excès dans cette voie[56]. »

SAINT-FLORENTIN (rue)

La rue Saint-Florentin – célèbre par la page d'Hugo sur la mort de Talleyrand – renferme l'hôtel Rothschild, sévère et sombre comme un conseil d'administration.

— Léon Daudet, *Paris vécu*, 1929

Au 7, Adelaïde de Souza

Réfugiée à Londres pendant la Terreur, elle y écrit son premier roman : *Adèle de Sénange* (1794). Suivra jusqu'en 1820 une dizaine d'ouvrages que Marie-Joseph Chénier saluera dans la *Revue des Deux Mondes*, en 1834 : « On est sûr d'y trouver des aperçus très fins sur la société, des tableaux vrais et bien terminés, un style orné avec mesure, la correction d'un bon livre et l'aisance d'une conversation fleurie, l'esprit qui ne dit rien de vulgaire et le goût qui ne dit rien de trop. »

À la fin de sa vie, elle demeura à l'hôtel Le Maître où Jean Patou installera sa maison de couture en 1914.

Au 13, Gaston Jollivet

Journaliste, écrivain et dramaturge français, il résida rue Saint-Florentin de 1897 à 1924. On lui doit une curiosité, le portrait en vers de ses contemporains : *Nos petits grands hommes*, publié en 1884, puis, en 1893, une autre curiosité : *Ca vas lioubliou ou l'Hôtel franco-russe*, un « à-propos en un acte mêlé de chant ».

SAINT-LAZARE (rue)

La rue Saint-Lazare est également présente dans le 9e arrondissement.

Il avait pensé : celle-là me dira tout ; et d'un bond il fut dans la rue. Il y arriva juste à temps pour voir le coupé bleu tourner le coin de la rue Saint-Lazare. « Ciel ! murmura-t-il, je vais la perdre de vue… »

— Émile Gaboriau, *L'Affaire Lerouge*, 1866

Au 108, Georges Feydeau

« Cette famille est l'image du bonheur », notait Sacha Guitry en 1898. Une dizaine d'années plus tard, le bonheur s'envole. Au terme d'une querelle un peu plus violente que d'habitude, Feydeau quitte le domicile conjugal de la rue de Longchamp, emportant un peigne, une brosse à dents et un pyjama. Il s'installe à l'hôtel Terminus (dans l'appartement 189), logement qu'il occupera pendant dix ans. Il y écrira une dizaine de pièces, dont *On purge bébé* (1910) ou *Mais n'te promène donc pas toute nue !* (1911), mettant en scène la faillite conjugale qu'il a connue avec le trio à succès femme infidèle-amant-mari cocu. En 1919, malade et souffrant de migraines et de troubles oculaires, il est admis au sanatorium de Rueil-Malmaison. Il sombre peu à peu dans la folie, conversant avec les oiseaux ou broutant l'herbe du gazon de la maison de santé. Comme Maupassant, Nerval, Flaubert, Baudelaire, Daudet, Jules de Goncourt ou Verlaine, la syphilis a détruit son cerveau. Il meurt à 58 ans, en 1921.

SAINT-PÉTERSBOURG (rue de)

La voiture se trouvait maintenant au coin de la rue de Moscou et de la rue de Saint-Pétersbourg. Elle s'arrêta. « Mais nous ne sommes pas arrivés ! », s'écria, en riant, Liliane.

— Gaston Leroux, *Le Roi Mystère*, 1908

Au 22, Roland Dorgelès

En 1921, Dorgelès a rencontré Anne Routchine, chanteuse d'opérette et pianiste qui joue dans une revue au Concert Mayol. Épris, l'écrivain va la suivre dans ses tournées puis s'installer avec elle en 1922 au 22 de l'ancienne rue de Petrograd. De fin 1923 au printemps 1924, l'auteur des *Croix de bois* se rend en Indochine. De ce long voyage naîtront deux romans : *Sur la route mandarine* (1925) et *Partir…* (1926). « Au milieu de ma vie, écrit-il, j'ai vécu, d'une haleine, tous les romans de mon enfance. »

SAINT-PHILIPPE-DU-ROULE (rue)

Ayant assisté à la joie de la rue, il rentrait chez lui,
rue Saint-Philippe-du-Roule, et il écrivait :
La victoire nous a été donnée.

— Tony Catta, *Un romancier de vraie France. René Bazin*, 1936

Au 6, René Bazin

Il fut romancier et journaliste, passionné de questions sociales, écrivain-voyageur et académicien à partir de 1903. Avec Paul Bourget, Henry Bordeaux et Maurice Barrès, il fit partie des « quatre B », défenseurs des valeurs traditionnelles, et obtint son premier succès avec *La Terre qui meurt* (1899). Ses deux « romans d'Alsace » (*Les Oberlé* et *Les Nouveaux Oberlé*) rencontrèrent avant la guerre un succès considérable, puis tombèrent dans l'oubli comme leur auteur, après son décès en 1932, infirmant la prédiction de Paul Claudel qui déclarait en 1930 : « Un jour ou l'autre… l'on dira que René Bazin a été un des plus grands artistes de la prose française qui aient existé. »

Son petit-neveu, le fielleux Hervé Bazin de *Vipère au poing*, écrivit en 1954 à propos de son grand-oncle : « Il a soutenu toute sa vie un combat d'arrière-garde, en croyant dur comme fer qu'il se battait aux avant-postes. »

SAUSSAIES (rue des)

Il est vrai que les gens de la rue des Saussaies
n'étaient pas tout à fait les mêmes que ceux du Quai
des Orfèvres.

— Georges Simenon, *L'Enterrement de Monsieur Bouvet*, 1950

Au 13, Lionel des Rieux

Poète de l'école romane, disciple de Maurras, il résida rue des Saussaies de 1894 à 1900. Restent une dizaine de recueils, un roman (*L'Amour au masque*, 1904), trois pièces de théâtre et une mort « au champ d'honneur » en février 1915, comme ses confrères Ernest Psichari et Charles Péguy.

SURÈNE (rue de)

Et, peu soucieux de la direction que prenait le véhicule,
satisfait sans doute de son rapide examen, il remonta
le boulevard jusqu'à la Madeleine et gagna la rue
de Surène.

— Pierre Alexis Ponson du Terrail, *Les Exploits de Rocambole*, 1858

Au 6, Raymond Radiguet

En 1922, le jeune homme séjourne à l'hôtel de la Madeleine, rue de Surène.

Dans son *Journal*, l'abbé Mugnier relate une conversation avec Cocteau intervenue le 25 avril : « Jean Cocteau m'a parlé de Radiguet et du roman qu'il va bientôt faire paraître. Radiguet a dix-neuf ans mais il boit. [...] Cocteau disait que ce futur roman est au-dessus d'*Adolphe* et de *La Chartreuse de Parme*. »

Le Diable au corps paraît en juin 1923 et les premiers mots du récit (« Je vais encourir bien des reproches ») sont parfaitement prophétiques. Un adolescent et une femme mariée, alors que le mari risque sa vie sur le front, c'est le scandale. Qui cesse vite : Radiguet meurt six mois plus tard.

TILSITT (rue de)

Le même un peu plus tard encore, rue de Tilsitt : « Tu veux que j'essaie ? – Laissez tomber », dit Boccara.

— Jean Echenoz, *Les Grandes Blondes*, 1995

Au 3, Maurice Rostand

Fils aîné d'Edmond Rostand, amoureux de sa mère la poétesse Rosemonde Gérard, il fut lui-même poète, romancier et dramaturge, mais – ô combien – toujours à l'ombre de l'auguste figure paternelle. Il figura en bonne place dans le Tout-Paris de l'entre-deux-guerres, aux côtés de ses amis Jean Cocteau et Lucien Daudet. « Aucun talent, juge *L'Obs*, sinon celui d'accompagner sa maman partout, parfois (dit-on) en s'habillant en fille[57]. » Sa pièce *L'Homme que j'ai tué* (1930) fut adaptée au cinéma par Lubitsch. Il fut également, dans sa jeunesse, un ami de Proust, et il lui aurait proposé le titre *Du côté de chez Swann*.

Au 14, Zelda et Francis Scott Fitzgerald

« Il est plus réjouissant pour une personne intelligente de vivre dans un pays intelligent », écrit Fitzgerald en 1925, alors qu'il séjourne en France. En mai, le couple s'est installé dans un appartement situé au cinquième sur cour et doté d'un papier à fleurs or et violet qui leur donne le cafard, appartement que Hemingway qualifiera de « lugubre et mal aéré » et dont le mobilier – faux Louis XVI – provient des Galeries Lafayette. Fitzgerald est morose : les ventes de *Gatsby* le déçoivent (vingt-deux mille exemplaires, pourtant), Zelda est souvent malade. Heureusement, la nuit leur appartient. Il a entendu parler de Hemingway et les deux hommes vont se rencontrer pour la première fois au Dingo Bar, à Montparnasse. Quant à *Tendre est la nuit*, il faudra attendre 1934 pour que ce roman voie le jour.

TRONCHET (rue)

Puis il se planta au coin de la rue de la Ferme et de la rue Tronchet, de manière à voir simultanément dans toutes les deux.

— Gustave Flaubert, *L'Éducation sentimentale*, 1869

Au 1, Cocteau

Entre 1926 et 1939, Cocteau change souvent d'adresse mais reste dans le quartier. « C'est le temple de la Madeleine qui m'oblige à rayonner autour de ses colonnes », explique-t-il. Après le 9, rue Vignon, il séjourne au Madeleine-Palace Hôtel, rue Tronchet, fin 1934. Louise de Vilmorin, qui vient de publier *Sainte-Unefois*, lui rend visite avec une certaine appréhension : « Ceux qui m'ont vue partir ont cru que je ne reviendrai jamais : Cocteau avait mauvaise réputation dans le monde auquel j'appartenais – et si je revenais, je ne serais plus la même. » Cocteau, qui vient de rompre avec Natalie Paley, est fascinée par Vilmorin. Tombe-t-il amoureux ? En novembre 1934, il lui écrit : « Si j'étais riche, je me mettrais à genoux, je vous supplierais de bien vouloir de moi, de nous marier, de vivre ensemble, *ne riez pas*. »

Au 2, Charles Mérouvel

Pendant trente-cinq ans, ce romancier prolifique vécut rue Tronchet, publiant en feuilleton plusieurs romans populaires par an, soit au total plus d'une centaine, aux côtés des autres maîtres du genre, Xavier de Montépin, Jules Mary, Pierre Decourcelle, Georges Ohnet… La réédition de son *Chaste et flétrie !* fut fraîchement accueillie par Gabrielle Rolin dans *Le Monde* en février 1979 : « Un best-seller vieux de cent ans, dont la bêtise fait à la fois rire et trembler. » (Il faut dire que le héros viole une jeune fille, empoisonne un rival ainsi que sa propre femme, tente de tuer son médecin et enlève sa fille[58].) « Faute de génie, poursuit Gabrielle Rolin, sa comédie humaine sombre dans le mélo, la bassesse affleure sous les nobles principes et les ficelles du métier enferment les personnages dans un nœud coulant où ils crèvent de ridicule. »

Au 9, les amours de Musset

1837 : Aimée d'Alton décide de sauver le poète de la débauche et s'offre à lui dans l'appartement des Musset, rue de Grenelle. Afin d'éviter de rencontrer parents ou domestiques, Musset loue alors au 9, rue Tronchet un petit entresol de deux pièces dans une maison bourgeoise, dont il ne pourra bientôt plus payer le loyer. Musset abandonnera Aimée pour Pauline Garcia et la belle (de dépit ?) épousera son frère, Paul de Musset.

VAN-DYCK (avenue)

La décision s'imposa à elle comme une évidence :
« Je vais m'installer avenue Van Dyck. »

— Pierre Roussel, *Marie-Ange*, 1983

Au 5, *La Curée* et la famille Boussardel

De 1872 à 1874, Émile-Justin Menier, le roi du chocolat, se fait construire par l'architecte Parent un opulent hôtel particulier sur le parc Monceau. Zola s'en inspire dans *La Curée* : « C'était un étalage, une profusion, un écrasement de richesses. L'hôtel disparaissait sous les sculptures. Autour des fenêtres, le long des corniches, couraient des enroulements de rameaux et de fleurs ; il y avait des balcons pareils à des corbeilles de verdure, que soutenaient de grandes femmes nues, les hanches tordues, les pointes des seins en avant ; puis, çà et là, étaient collés des écussons de fantaisie, des grappes, des roses, toutes les efflorescences possibles de la pierre et du marbre. »

Philippe Hériat, pour sa part, y loge la famille Boussardel, l'aïeul, le père, les enfants, les brus, les petits-enfants, tous autant préoccupés – comme Saccard – de leur fortune.

VÉZELAY (rue de)

C'est pourquoi, en sortant de la rue Vézelay, Le Vassart avait-il retrouvé toute sa piaffe et son aise.

— Octave Mirbeau, *La Belle Madame Le Vassart*, 1884

Au 11 bis, Georges Henein

Ce poète surréaliste, sorte de Cioran égyptien, ami d'André Breton, d'Edmond Jabès, d'Yves Bonnefoy et d'Henri Calet, se considérait comme « écrivain de nulle part ». Définitivement fixé en France à partir de 1966, il publia peu : *Le Signe le plus obscur* (1977), *La Force de saluer* (1978), *L'Esprit frappeur* (1980). Rédacteur à *Jeune Afrique*, il tint une chronique assez étrange pour tout accueillir, comme les débuts de Françoise Hardy : « Elle sourit au ralenti comme dans un rêve et ce sourire ajoute on ne sait quelle mélancolie à ce visage lointain, trop précis pour le brouillard mais trop fragile pour le soleil. »

VIENNE (rue de)

Le comte Della Robbia retira ses lunettes et contempla la rue de Vienne d'un air rêveur. Puis il demanda : « Avez-vous lu un livre français de M. de Marceley ? – Non, dis-je, mais j'en ai entendu parler. »

— Yves Dartois, *La Comtesse de Schoenbrunn*, 1971

Au 21, Léon de Tinseau

Tinseau publie son premier roman en 1882 et produira une quarantaine de romans et nouvelles chez Calmann-Lévy, dont l'épatant *Ma cousine Pot-au-feu* (1888), où l'on apprend que le héros et sa cousine se quittent « en se promettant de se revoir bientôt ».

On lui doit également *Le Duc Rollon* (1913), roman dans lequel, au début de l'an 2000, le monde « civilisé » se divise en trois superpuissances : l'État de Colombie, le Canada et le royaume du Japon, qui occupe une partie des États-Unis. Le reste du monde, après une guerre mondiale, est retourné à la barbarie. Pour ce qui le concerne, Léon de Tinseau meurt rue de Vienne en 1921.

VIGNON (rue)

Je le retrouve à 5 heures devant le 40 de la rue Vignon, chez Poirier. Au moment de monter dans l'ascenseur, Valéry nous rejoint, de quelle séduction est son naturel parfait !

— M. Saint-Clair, *Les Cahiers de la petite dame, 1945-1951*

Au 9, Jean Cocteau

Le bon mot (authentique ?) est connu :

« Je viens pour le Maître.
— Il va vous recevoir avec plaisir[59]. »

Rue Vignon, où il s'installe en novembre 1931 dans l'appartement qu'occupa Pierre Reverdy, Cocteau reçoit ses « petits lapins ». Après une cure de désintoxication, il rechute et s'adonne à nouveau à l'opium. Il séjournera trois ans rue Vignon avant de s'installer à l'hôtel Madeleine-Palace tout proche. La série de photos où on le voit en peignoir blanc a sans doute été prise rue Vignon.

« De tous mes domiciles, écrit-il dans *La Difficulté d'être* (1947), le plus hanté fut la rue Vignon. Il était presque à l'angle de la place de la Madeleine, sous le toit, et ne se donnait pas pour agréable. Mais il y avait de la houle et du feu. Je ne pourrais pas le décrire. C'est son vide qui était plein. Meubles, objets y vinrent d'eux-mêmes. On ne les voyait pas. Ce qu'on voyait c'était ce vide, un grenier de vide, une poubelle de vide, un vide plein au ras bord. Les fantômes y faisaient leur queue. Leur cohue s'y pressait debout. [...] Le visiteur aimait cette chambre. Il n'y remarquait rien d'insolite, sauf le tout. »

Au 14, Bernanos enfant

Après la rue Joubert, où Georges Bernanos naît en 1888, la famille s'installe 14, rue Vignon, où le père – Émile Bernanos – tient un magasin. Ils y resteront jusqu'en 1896. Dès son jeune âge, l'enfant est confronté au problème de la foi, don de Dieu mais – comme le lui dit sa mère – que l'on peut perdre : « Dès ce moment, j'ai connu l'angoisse de la mort car après tant d'années, je ne puis séparer une angoisse de l'autre, la double épouvante s'est glissée par la même brèche dans mon cœur d'enfant. »

WAGRAM (avenue de)

L'avenue de Wagram est également présente dans le 17e arrondissement.

De temps en temps, c'était Sartre qui venait le soir à Paris ; un camion l'amenait place de l'Étoile avec quelques camarades ; il ne restait guère que deux heures ; nous nous asseyions dans un café de l'avenue de Wagram...

— Simone de Beauvoir, *La Force de l'âge*, 1960

Au 46, le café Moka

Là où se trouve l'actuel Hippopotamus se tenait le café Moka, bistrot où Simenon, qui n'était alors que le jeune Sim, venait prendre son café du matin. Il travaillait comme garçon de bureau chez Binet-Valmer et, dans son « bureau volant », il écrivit ses premiers billets et ses premiers contes.

WASHINGTON (rue)

Que de nuits ai-je passées en compagnie du Vieux Salaud aux studios Davout, aux studios Philips, rue des Dames et rue Jenner, au Studio 10, rue de Washington...

— Myriam Anissimov, *Jours nocturnes*, 2014

Au 30, Judith Gautier

La fille de Théophile Gautier vécut rue Washington de 1872 à 1917. « J'ai bien souvent, écrit André de Fouquières, gravi cet escalier qui me menait au salon de Judith Gautier, un salon encombré de turqueries et autres bibelots d'Orient, ce qui l'apparentait assez à un bric-à-brac. »

Son père, qui considérait qu'elle était « son plus beau poème », lui avait appris à écrire en lui recommandant de traquer « ce qui est laid à l'œil ».

Le poète et critique Catulle Mendès n'était pas très beau mais, malgré l'opposition de son père, Judith l'épousa en 1866. Le mariage s'avéra un fiasco et, divorcée, elle collectionna sans états d'âme amants ou soupirants, Victor Hugo, Jean Richepin, Jean Lorrain, Maxime du Camp (qui était son parrain).

Tenant salon le dimanche, auteure d'une cinquantaine d'ouvrages, romans et contes exotiques, elle eut deux passions : la Chine (elle parlait et écrivait le mandarin) et Richard Wagner.

La consécration littéraire surviendra en octobre 1910, quand elle deviendra la première femme à entrer à l'académie Goncourt. Élue au second couvert à la mort de Jules Renard, elle prit la place de celui qui l'avait dépeinte comme « une vieille outre noire, mauvaise et fielleuse, couronnée de roses comme une vache de concours ».

Au 45, la garçonnière d'Anatole France

Trois ans après le début de sa liaison brûlante et tourmentée avec Mme de Caillavet, en 1888, Anatole France, qui vit maritalement rue Chalgrin, loue sous le nom de Germain une chambre meublée de la rue Washington, chambre dans laquelle les deux amants se retrouvent presque quotidiennement. Puis, le secret s'éventant, ils se réfugieront dans un petit hôtel d'un lointain quartier, boulevard du Montparnasse. Sous l'impulsion d'une femme très directive et amoureuse, dont on dit que, sans elle, il n'aurait jamais rien écrit, le nonchalant France va se mettre à travailler plus méthodiquement. Sous son impulsion, il publie *Thaïs*, en 1890, puis *Le Lys rouge*, roman à clé sur son amour (1894).

Notes

1. Jean-Marie Rouart, *Ces amis qui enchantent la vie*, Robert Laffont, 2015.
2. « Le Salon de la comtesse Greffulhe », article retrouvé par Laure Hillerin, auteure de *La Comtesse Greffulhe. L'ombre des Guermantes*, Flammarion, 2018.
3. André de Fouquières, *Mon Paris et ses Parisiens*, vol. I, Pierre Horay, 1953, p. 39-40.
4. Selon Octave Mirbeau, « La Mort de Balzac », *La 682-E8*, Fasquelle, 1907.
5. Blaise Cendrars, *L'Homme foudroyé*, Denoël, 1945.
6. Octave Mirbeau, *Le Journal d'une femme de chambre*, Fasquelle, 1900.
7. Trois ou quatre femmes prêtèrent leurs traits à Ellénore, l'héroïne d'*Adolphe* : Germaine de Staël, Charlotte de Hardenberg, Anna Lindsay et Isabelle de Charrière, née Belle van Zuylen.
8. François Jean Baptiste Benjamin Constant, dit Benjamin-Constant, peintre et graveur français.
9. Jean Cocteau, *Portraits-souvenir*, Grasset, 1935.
10. Selon l'expression de Jean-Paul Crespelle.
11. Alexandre Dumas, *Le Comte de Monte-Cristo*, 1844.
12. https://www.artlyriquefr.fr/personnages/Decourcelle%20Pierre.html.
13. Claudine Decourcelle dans *L'Ami du lettré. Année littéraire et artistique 1928*, Grasset, 1928.
14. Emmanuel Berl dans la préface de Marcel Proust, *Lettres à Reynaldo Hahn*, Gallimard, 1956.
15. Son grand-père maternel se prénommait Apollinaris, et Apollon est également le dieu de la poésie.
16. Guillaume Apollinaire, *Le Flâneur des deux rives*, Éditions de la Sirène, 1918.
17. Guy de Maupassant, *Bel-Ami*, Havard, 1885.
18. Éric Chevillard, *Démolir Nisard*, Éditions de Minuit, 2006.
19. Abbé Louis Bethléem, *Romans à lire et romans à proscrire*, Masson, 1911.
20. Patrick Modiano, *Livret de famille*, Gallimard, 1977.
21. André de Fouquières, *Mon Paris et ses Parisiens. IV. Faubourg Saint-Honoré*, Pierre Horay, 1956. Franc-Nohain a écrit le livret de *L'Heure espagnole*.
22. http://neodyme35.blogspot.com/2007/06/le-journal-dune-antiquaire.html.
23. Émile Bergerat, « Gustave Flaubert », *Souvenirs d'un enfant de Paris*, vol. II, Fasquelle, 1912.
24. Cité par Laure Murat dans *Paris des écrivains*, Éditions du Chêne, 1996.
25. Binet-Valmer réside en fait au 17 ter, impasse Beaucour, petite impasse qui s'ouvre au 248, rue du Faubourg-Saint-Honoré.
26. Yvette Guilbert, *La Chanson de ma vie*, Grasset, 1927.
27. Avenue Victor-Emmanuel-III, ancien nom de l'avenue.
28. Johannes Landis, *Le Théâtre d'Henry Bernstein*, L'Harmattan, 2009.
29. François Forestier, « Qui étaient les gens fréquentables à Pigalle en 1900 ? », *L'Obs*, 7 juin 2019 (https://www.nouvelobs.com).
30. Jacques Dyssord, *L'Aventure de Paul-Jean Toulet*, Grasset, 1928.
31. Antoine Blondin, *Monsieur Jadis ou l'École du soir*, La Table ronde, 1970.
32. Jacques Chardonne, Roger Nimier, *Correspondance. 1950-1962*, Gallimard, 1984.
33. Jacques-Émile Blanche, *Mes modèles*, Stock, 1928.
34. Elle collectionne les porcelaines de Saxe et ses « admirateurs » sont priés de lui offrir une figurine.
35. Dans Jérôme Garcin, *Le Dictionnaire. Littérature française contemporaine*, Éditions François Bourin, 1988.
36. Gilbert Ganne, *Interviews impubliables*, A. Bonne, 1952.
37. Georges Duhamel est alors l'actionnaire principal de la revue.
38. Lettre de George Sand à Lamennais, 1841.
39. http://histoire-bibliophilie.blogspot.com/2019/03/henry-meilhac-1830-1897-homme-de.html.

40. https://www.lanrf.fr/blog/et-marcel-arland-au-fait-n1000009.
41. Henri Malo, *Une muse et sa mère*, Émile-Paul frères, 1924.
42. *Ibidem.*
43. Clémence Boulouque, « Francis Esménard, l'héritier », *Le Figaro*, 18 août 2007.
44. Cité dans Anne Boquel, Étienne Kern, *Les Plus Jolies Fautes de français de nos grands écrivains*, Payot, 2015.
45. Roger Martin du Gard, *Œuvres complètes*, t. I, Gallimard, 1955.
46. Selon l'Association André Beucler, les domiciles parisiens d'André Beucler furent : de 1928 à 1929, 160, rue de Courcelles ; de 1929 à 1934, 3, avenue Stéphane-Mallarmé ; de 1948 à 1959, 24, avenue Matignon ; de 1960 à 1968, 58, avenue Montaigne.
47. Lettre à sa nièce Caroline du 23 mai 1869, dans *Correspondance*, vol. 6, Louis Conard, 1930.
48. Extrait de l'entretien avec René Boylesve dans Frédéric Lefèvre, *Une heure avec…*, Éditions de *La Nouvelle Revue française*, 1924.
49. Cité par Mathieu Laine dans son *Dictionnaire amoureux de la liberté*, Plon, 2016.
50. André de Fouquières, *Mon Paris et ses Parisiens. II. Le quartier Monceau*, Paris, Pierre Horay, 1954.
51. Paul Léautaud, *Journal littéraire. VI, juillet 1927-juin 1928*, Mercure de France, 1959.
52. Cocteau, interviewé par *La Gerbe*, 6 février 1941.
53. Rapporté par Marcel Schneider dans *Paris, lanterne magique*, Grasset, 1997.
54. Léon Daudet, *Salons et Journaux*, Grasset, 1932.
55. André Billy, *Le Pont des Saints-Pères*, Fayard, 1947.
56. Sacha Guitry cité par François Caradec dans *Alphonse Allais*, Belfond, 1994.
57. François Forestier, « Maurice Rostand, l'homme qui aimait sa maman, les poupées et Marcel Proust », *L'Obs*, 26 avril 2019 (https://www.nouvelobs.com).
58. Selon Claude Mesplède (dir.), *Dictionnaire des littératures policières*, Joseph K., 2003.
59. Maître, mettre… CQFD.

Charlotte n'a pas encore l'âge de sourire (elle a quelques heures), mais elle cligne des yeux, et j'interprète son tout petit mouvement comme un encouragement. « Maman, je suis tellement heureuse de commencer ma vie dans le IXe arrondissement de Paris ! »

— Nathalie Kuperman, « Un passage », in *Merci Paris !*, 2017

LE 9E ARRONDISSEMENT

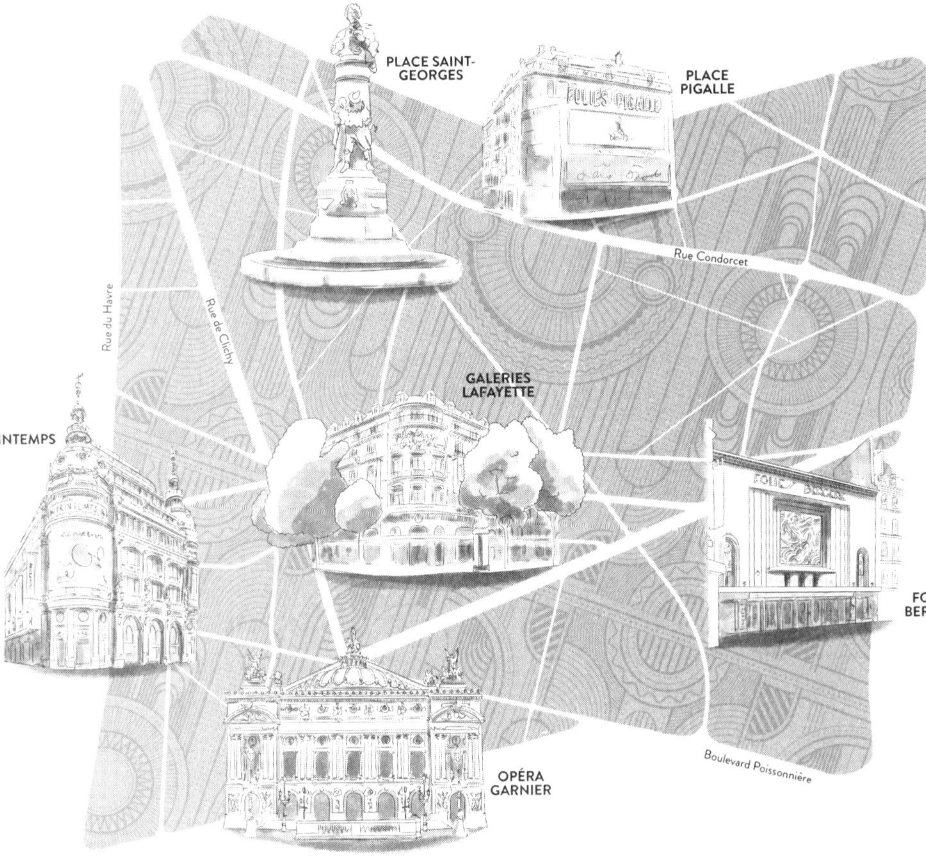

AMSTERDAM (rue d')

La rue d'Amsterdam est également présente dans le 8e arrondissement.

J'allai donc voir Huysmans qui ne fit la moindre difficulté, pour accepter de dîner avec Mallarmé. C'est ainsi que j'eus le plaisir de réunir les deux écrivains à la taverne anglaise de la rue d'Amsterdam (celle-là même qui est décrite dans À rebours*)…*

— Frédéric Lefèvre, *Entretiens avec Paul Valéry*, 1926

Quelque part dans la rue, Jacques Roubaud

Après le 56, rue Notre-Dame-de-Lorette, puis 51, rue des Francs-Bourgeois, Jacques Roubaud s'installe rue d'Amsterdam au milieu des années 1980. Poète (Prix Goncourt de la poésie 2021), mathématicien, romancier, traducteur (de l'anglais, de l'occitan, voire du japonais), coopté à l'Oulipo en 1966, cet infatigable arpenteur des rues de Paris (il est connu pour avoir parcouru à pied absolument toutes les rues de la capitale) fait de la ville un matériau poétique. « Je suis l'enseignement de Queneau, déclare-t-il : il faut "lire les rues". Ce qu'il y a écrit sur le macadam, ce qu'il y a écrit sur les murs, toutes ces choses-là. Ce que Georges Perec a appelé l'infra-ordinaire… »

Ce « compositeur de mathématiques et de poésie » est l'inventeur de nombreuses contraintes oulipiennes comme le « baobab », contrainte dans laquelle (pour le mot « baobab » par exemple) chaque occurrence de la syllabe « o » doit être accompagnée d'une occurrence de la syllabe « ba » ayant le même contexte (à gauche ou à droite, ou de part et d'autre) :

« Il y a Othon avec son bâton. Il y a Otto avec son bateau. / Ah quel chaos dans le cabas. / Ces barriques sont théoriques / Vas-donc, bâtard du tarot ! »

Si Queneau écrivit ses *Exercices de style* à partir de la ligne S (future ligne du 84 partant de la Contrescarpe pour rejoindre Saint-Lazare), Jacques Roubaud a conçu une ode à la ligne 29 (partant de Saint-Lazare pour finir porte de Montempoivre, près de Saint-Mandé), texte décomposé en trente-cinq strophes (comme le nombre d'arrêts de la ligne) et soumis à diverses contraintes drolatiques et/ou érudites.

Au 22, Baudelaire à l'hôtel de Dieppe

Baudelaire y séjourne entre 1861 et 1864, date de son départ pour Bruxelles. Près de la gare Saint-Lazare, il peut prendre le train pour se rendre à Honfleur, chez sa mère. Il occupe une petite chambre carrelée, la nº 26, située au cinquième étage et louée soixante francs par mois. C'est là qu'il écrit, entre crises de découragement et souffrances dues à la syphilis, *Les Paradis artificiels*, une étude sur Wagner, des *Réflexions* sur Victor Hugo et d'autres contemporains, une première série de *Poèmes en prose*, et qu'il traduit les contes d'Edgar Poe : *Le Joueur d'échecs de Maelzel* à l'été 1862, *L'Ange du bizarre* en février 1863.

Au 24, Alphonse Allais à l'English Hôtel

« Ne remets pas à demain ce que tu peux faire après-demain », professait-il. Tout en ajoutant : « La mort est un manque de savoir-vivre. » L'humoriste meurt malgré tout le 28 octobre 1905 à l'âge de 51 ans à l'English Hôtel, futur l'hôtel Britannia. Il était né en 1854 « de parents français mais honnêtes » et laissa des milliers de contes, nouvelles, récits, pièces de théâtre, romans, poèmes, fables. Il reste sans doute le plus pillé des écrivains français, au point qu'on le surnomma « la Vache Allais ».

Au 26, Alphonse Daudet à l'hôtel Austin

À l'angle de la place de Budapest, le tout jeune Alphonse Daudet et sa maîtresse Marie Rieu résident en 1861 dans « un logis moisi donnant sur une cour intérieure d'où montent les odeurs des tavernes mais avec une terrasse donnant sur les vitrages de la gare, couleur d'eau sale[1] ». Marie Rieu est la dédicataire de la première édition de ses *Amoureuses* (1859) et servira de modèle au personnage de Fanny Legrand, dans *Sapho*. En partie, car, comme dit Proust, « il n'y a pas de clefs pour les personnages ; ou bien il y en a dix pour un seul… ».

Au 26, Apollinaire et Picasso

Au 26, l'hôtel où Verlaine fit un court séjour en 1885 possède un restaurant-bar, véritable pub anglais : l'Austin's Fox Bar, que Huysmans, dans *À rebours*, décrit comme « une longue salle divisée en compartiments semblables aux boxes d'une écurie ». Avant de prendre son train pour Le Vésinet où il réside avec sa mère, Guillaume Apollinaire aime y rencontrer jockeys et entraîneurs du champ de courses de Maisons-Laffitte. C'est à l'Austin's Fox Bar qu'en 1904, il rencontre Picasso pour la première fois[2]. Le poète et le peintre ont des points communs ; tous deux sont étrangers, tous deux pensent que la capitale peut leur offrir ce qu'ils attendent : l'épanouissement de leur génie. Apollinaire sera un des premiers critiques parisiens à reconnaître le talent révolutionnaire de l'Espagnol et à promouvoir son œuvre par ses articles dans *La Revue immoraliste* puis dans *La Plume*.

Au 54 (aujourd'hui 50), Heine

En octobre 1848, l'écrivain allemand quitte la rue Nicolo et emménage au 54, à moitié paralysé par une maladie neurologique dégénérative. Il va occuper, avec sa femme, Mathilde Crescence Mirat, un appartement obscur au fond de la cour, passant des journées entières dans son fauteuil, « âme vivant sans corps » comme l'écrit son ami Théophile Gautier.

Ne pouvant quasiment plus écrire lui-même, Heine dicte le plus souvent et, dans ces difficiles conditions, continue à publier : *Romancero* (1851), *Le Docteur Faust* et, en 1854, son testament politique, *Lutèce*.

En 1854, Heine déménagera 3, rue Matignon[3] où il s'éteindra le 17 février 1856, au terme d'une longue agonie.

Au 104, Gustave Guiches

Une vingtaine de romans, de *Céleste Prudhomat* (1887) à *La Part d'amour* (1930), une dizaine de pièces de théâtre et des souvenirs (*Au banquet de la vie. Souvenirs de la vie littéraire*, 1925). Serait mort sous la flamme de l'écrivain inconnu s'il n'avait pas signé avec Paul Bonnetain, J.-H. Rosny aîné, Lucien Descaves et Paul Marguerite le « Manifeste des cinq », pamphlet dirigé contre Émile Zola (1887).

Au 104, Germain Nouveau

Le poète « sans oreiller que le pavé », sorte de synthèse entre Nerval, Rimbaud et Verlaine, aurait habité pendant quelques mois, en 1890, à l'ancien 104, après un long séjour au Liban. Il écrit, mais ne publie pas. Éphémère professeur de dessin à Janson-de-Sailly, il va être terrassé en plein cours par une crise de folie, première d'une longue série qui le mènera à la démence. Quinze ans se sont écoulés depuis sa virée à Londres en compagnie de Rimbaud, qu'il n'a jamais revu. En 1893, sans savoir que Rimbaud est mort à Marseille deux ans auparavant, Nouveau adressera une lettre à son « vieux copain d'antan », à Aden, au Yémen, lettre-fantôme qui lui reviendra.

ANVERS (place d')

Les boulevards extérieurs, après la place d'Anvers, ceinturaient Paris de vide.

— Paul Morand, *Flèche d'Orient*, 1932

Au 12, le café des Oiseaux

En mai 1934, pour éviter les regards trop curieux du Cyrano, André Breton a donné rendez-vous à la belle Jacqueline Lamba au café des Oiseaux. Coup de foudre ? Ils passeront la nuit à parcourir Paris, Pigalle, les Halles, la tour Saint-Jacques et se marieront trois mois plus tard. Ils auront une fille, Aube, prénommée ainsi en hommage à Rimbaud (*Aube* est le vingt-troisième poème des *Illuminations*).

BALLU (rue)

Eh bien, c'est pourtant très précisément rue Ballu, à Paris, qu'en 1943 et par le plus grand des hasards, nous tombâmes, ma compagne et moi, nez à nez avec un vieux copain…

— Léo Campion, *Le Roman d'un fripon*, 1956

Au 11 bis, Émile Blémont

Cet admirateur zélé de Victor Hugo, auquel Rimbaud offrit le manuscrit original de *Voyelles*[4], fut un poète et dramaturge discret, habitant dans les années 1870 chez son père au 47, rue La Bruyère, puis rue de Trévise, avant de s'installer rue Ballu. Ernest Prévost l'évoque dans *L'Ami du lettré*, en 1928, un an après sa mort : « Émile Blémont fut lié avec tous les écrivains du Parnasse : Leconte de Lisle, Heredia, Coppée, Valade, Albert Mérat, Verlaine ; et je me suis laissé dire que sa bourse ne fut pas impitoyable aux poètes et aux artistes en mal d'impécuniosité. Au demeurant, un probe et consciencieux écrivain, un lettré, un ami fervent des Muses, un modeste et très brave homme. »

Au 23, Émile Zola grâce à *L'Assommoir*

Grâce au succès du scandaleux *L'Assommoir*, « premier roman sur le peuple, qui ne mente pas et qui ait l'odeur du peuple », Zola s'installe en 1877 au second étage puis au premier d'une villa « cossue » de la rue de Boulogne (actuelle rue Ballu), en même temps qu'il achète « une cabane à lapins » à Médan. Il restera rue Ballu jusqu'en 1889, y écrira les treize volumes suivants des *Rougon-Macquart*, depuis *Une page d'amour* jusqu'au *Docteur Pascal*, puis déménagera rue de Bruxelles.

BERGÈRE (cité)

Est-ce cité Bergère où logent les houris,
ou dans le faubourg Saint-Germain ?
à Saint-Maur ou à Auteuil ?

— Guy de Maupassant, *Nouvelles*, 1899

Au 1, le Zévaco de Jean-Paul Sartre

Au début des années 1890, Zévaco emménage au 1, cité Bergère, non loin de Montmartre, dont il se rapprochera plus tard en s'établissant rue de Steinkerque.

Après avoir abandonné le journalisme politique, il se lie avec les artistes du Chat Noir et se consacre au roman-feuilleton. Sur une vingtaine d'années, il publiera une trentaine de titres dont les célèbres *Pardaillan*. Dans *Les Mots*, Jean-Paul Sartre rendra hommage au héros de son enfance : « Surtout, je lisais tous les jours dans *Le Matin*, le feuilleton de Michel Zévaco : cet auteur de génie, sous l'influence de Hugo, avait inventé le roman de cape et d'épée républicain. Ses héros représentaient le peuple ; ils faisaient et défaisaient les empires, prédisaient dès le XIVe siècle la Révolution française, protégeaient par bonté d'âme des rois enfants ou des rois fous contre leurs ministres, souffletaient les rois méchants. Le plus grand de tous, Pardaillan, c'était mon maître : cent fois, pour l'imiter, superbement campé sur mes jambes de coq, j'ai giflé Henri III et Louis XIII. »

Au 3, Henri Heine

Il aimait l'Allemagne et il aimait la France : « Les Français sont le peuple élu de la nouvelle religion ; c'est dans leur langue qu'ont été écrits les premiers évangiles et les dogmes ; Paris est la nouvelle Jérusalem, le Rhin est le Jourdain qui sépare le pays de la liberté du pays des Philistins. »

Dès son arrivée à Paris, en 1831, le poète allemand fréquente les salons de mécènes influents et entre dans le cercle littéraire de George Sand. Dans le passage des Panoramas, il fait la connaissance de sa future épouse, Augustine Crescence Mirat – qu'il appelle Mathilde –, avec laquelle il s'installe en 1836 cité Bergère. « Elle égaye ma vie par la constante inconstance de ses caprices », dit-il en parlant de sa compagne. Le couple dispose de deux petites pièces, « aussi petites que possible », aux meubles râpés, dont la bibliothèque consiste en un livre emprunté. Ce qui n'empêche pas Heine de décrire son

« appartement » comme « un vrai lieu de délices, dans un nid d'or et de soie ».

Poète, Heine est également journaliste politique, entre la France et l'Allemagne. En 1833, ses écrits politiques sont interdits en Prusse, puis dans toute la confédération germanique, interdiction qui rend son exil à Paris pratiquement définitif : « La barque se brise en ruines vaines, / Les amis étaient mauvais nageurs, / Ils sombrèrent dans la terre natale, / Moi la tempête m'a jeté sur la rive de la Seine. »

Au 7, Eugène Scribe

Après le 15, rue du Sentier, le jeune Eugène Scribe s'installe dans un « appartement délicieux, tranquille, isolé et sous les arbres d'un beau jardin[5] ». Sa décision est prise : il sera dramaturge, spécialiste du vaudeville. « Mes années de droit sont expirées, écrit-il. Il faudrait maintenant et selon le vœu de ma mère, me faire avocat. Je ne m'en sens ni le goût ni le courage. Le théâtre au contraire peut m'offrir une carrière plus sûre à exploiter. […] Jusqu'ici, je ne me suis occupé du théâtre que par délassement et pour mon plaisir. À dater de maintenant, j'en fais mon état, je n'en veux pas d'autre[6]. »

BLANCHE (rue)

Rue Blanche, en face d'un cabaret, La Dame Blanche, l'hôtel en question, tient davantage du gourbi louche que du quatre étoiles.

— Patrick Rotman, *Ivo & Jorge*, 2021

Au 6, les éditions Kra

Les éditions Kra sont créées en 1919 par Simon Kra et son fils Lucien, au 6 de ce qui est alors la place d'Estienne-d'Orves. Lucien Kra, avant la guerre, s'était produit à Londres dans le même spectacle que Blaise Cendrars qui, dans *Aujourd'hui 1917-1929*, se souvient d'un « brillant music-hall où Lucien Kra, aujourd'hui éditeur, triomphait comme champion du monde de diabolo et où je jonglais moi-même des deux mains, car, alors, j'avais encore mes deux mains… ».

En 1920, la librairie-maison d'édition décide d'imprimer sous le label Le Sagittaire de grands classiques, sous forme de luxueux ouvrages illustrés, à tirage limité. La collection est confiée au tout jeune André Malraux, puis à Philippe Soupault. Lucien Kra sera – avec le Sans Pareil – l'un des premiers éditeurs des surréalistes (il publie notamment la première édition du *Manifeste*, en 1924). Affaiblies par la crise de 1929, les éditions Kra subsisteront au 20, rue

Henri-Regnault, dans le 14e arrondissement, puis disparaîtront définitivement avec la guerre.

Jean Tardieu, qui vécut rue Chaptal, se souvient de la librairie de Simon Kra : « Lorsque j'étais lycéen à Condorcet, en regagnant le domicile familial qui était rue Chaptal, je passais devant la librairie de Simon Kra, qui publiait la revue *SIC* en 1916-17, où il y avait Apollinaire, Max Jacob, Albert-Birot… Et ça m'avait beaucoup frappé, cette liberté par rapport au langage, cette façon de le traiter comme un matériau souple, indéfiniment malléable. Avec mes camarades, au début, nous nous en étions moqués, ça nous paraissait farfelu, alors que nous étions en troisième, en plein Virgile, Horace, etc. Mais finalement, ça m'a beaucoup marqué. C'est une influence très frappante et très nette[7]. »

Au 8, Léon Laya

Fils du dramaturge et académicien Jean-Louis Laya, il est l'auteur d'une trentaine de comédies-vaudevilles à succès comme *Duc Job* (1859) ou *La Loi du cœur* (1862). À 62 ans, alors que sa pièce *Anna* est en préparation, il se pend à l'aide de sa cravate à son domicile de la rue Blanche, en n'oubliant pas, dans un billet adressé à Derval, bras droit du directeur du Gymnase, de livrer une version peaufinée du quatrième acte de sa nouvelle comédie.

Au 15, la mort de Steve Passeur

Un siècle plus tard, en face de chez Laya décède sur le trottoir – comme Stendhal – un autre dramaturge, auteur d'un premier essai théâtral à l'âge de 12 ans : Steve Passeur. Provocateur, œil glacé derrière le carreau de ses lunettes, il avait nommé sa première pièce *Four*, avant de l'envoyer à Lugné-Poe. Suivront une quarantaine de pièces aux répliques cinglantes, montées par les plus grands, Lugné-Poe, Dullin, Jouvet, Pitoëff… Considéré comme un auteur d'avant-garde dans les années 1930, mais étoile pâlissante après la guerre, son théâtre (de boulevard) se distingue par son cynisme et sa violence : « Dans toutes ses pièces, écrit Michel Corvin, le rêve capitule face au cauchemar. »

Au 72, René Fauchois

« Un air romantique avec ses longs cheveux presque blancs, son visage d'acteur ; il joue et a joué souvent ses propres pièces. Une nature chaude, ardente, généreuse », écrit Paul Léautaud dans son *Journal*, en 1940.

Acteur et auteur, René Fauchois écrivit une quarantaine de pièces, depuis *Le Roi des Juifs*, en 1899, jusqu'à *Comme deux gouttes d'eau*, en 1956. Il est essentiellement connu pour son *Boudu sauvé des eaux*, comédie dans laquelle il joue le rôle du libraire Lestingois, pièce qui sera adaptée au cinéma par Jean Renoir en 1932. Fauchois publia par ailleurs plusieurs recueils de poèmes, des contes et nouvelles, quelques romans (*La Paix des familles*, 1926) et une biographie de Beethoven. Ses autres adresses parisiennes sont le 53, rue Rodier et le 11, avenue Élisée-Reclus dans les années 1910, et le 10, rue de Castellane, après la rue Blanche, en 1923.

Au 81, Jean Lahor

Il s'appelait Henri Cazalis, il fut médecin et poète, ami de Verlaine et de Guy de Maupassant qu'il tenta de soigner et qu'il protégea de la curiosité de l'opinion publique lors de son internement. Auteur de plusieurs recueils sous le nom de Jean Caselli jusqu'en 1875, puis sous le nom de Jean Lahor, son attirance pour la pensée orientale le fit surnommer « l'Hindou du Parnasse contemporain ». Robert Sabatier, dans sa monumentale *Histoire de la poésie française*, le considère, comme Catulle Mendès, comme un poète d'envergure.

BLEUE (rue)

Ainsi, il avait gardé, malgré ses déménagements, le livre d'André Poutrel : Le Cénacle d'Astarté. *Une dédicace était imprimée sur la page de garde : « Pour Maurice Braive et pour celles et ceux de la rue Bleue. »*

— Patrick Modiano, *L'Horizon*, 2010

Au 15, Stendhal et « Mme Azur »

Au premier étage du n° 15 se tenait le salon d'Alberte de Rubempré dans lequel Stendhal est introduit en 1828 par Delacroix. Elle a 24 ans, lui 42. Il sort d'une douloureuse rupture avec « Menti » (Clémentine Curial) et tombe amoureux de la maîtresse de maison, comme l'écrit Mérimée, familier des lieux : « Beyle en est amoureux fou et il y passe toutes ses soirées ; c'est une femme fort extraordinaire, très spirituelle, jolie et brouillée avec son mari. » Alors qu'il prépare *Le Rouge et le Noir*, Stendhal vivra pendant un mois une liaison passionnée. Il est probable que le personnage de Mathilde de La Mole doive beaucoup à celle qu'il appelait « Mme Azur » (car elle habitait rue Bleue) et qui épousera par la suite Adolphe de Mareste, grand ami de Stendhal.

Au 29, Léon Gozlan

Dans l'immeuble du n° 29, qui fait désormais le coin avec la rue La Fayette, habita Léon Gozlan, romancier, ami, secrétaire et peut-être prête-plume de Balzac auquel il succédera à la présidence de la Société des gens de lettres. Gozlan reste célèbre pour son *Balzac en pantoufles* (1856), livre-souvenir qui sera suivi de *Balzac chez lui. Souvenirs des Jardies* (1862), et pour un aphorisme charmant : « Toute mère au bal est un notaire déguisé. »

Il écrivit une vingtaine de pièces, drames et comédies, et de nombreux romans dont certains se déroulent à Paris, comme *Les Nuits du Père-Lachaise* ou *Le Vampire du Val-de-Grâce*. Barbey d'Aurevilly fit grand cas de son talent : « Léon Gozlan, un esprit chaud, coloré, condensé, aiguisé, vivant et vibrant, plein d'invention, un maître qui fait d'abord le diamant et qui après le taille, et quand il n'a pas de diamant, qui prend un bouchon de liège et en fait sortir le feu du diamant par une incroyable magie !… Mais savent-ils même à l'Académie qu'il existe un Léon Gozlan ? »

Au 30, Alexandre Dumas père

De décembre 1833 à mai 1837, hormis son séjour en Italie, Dumas réside rue Bleue, rue très prisée comme il le note dans ses *Impressions de voyage*. « La rue Bleue tenait, à cette époque, au plus beau quartier de Paris. On se dispute, sans regarder au prix, ses petits hôtels et ses appartements de tous les étages, tant que des femmes d'esprit et de jolies femmes y reçoivent et y sont reçues, avec cette radieuse élégance qui pare non seulement le salon, mais encore la maison et, qui plus est, la rue. »

L'écrivain s'y installe avec la comédienne Ida Ferrier qu'il avait fait jouer dans son drame *Teresa* (1832) et qu'il épousera en 1840. « C'est une statue de cristal ! écrit-il. Vous croyiez que les lys étaient blancs, que la neige était blanche, que l'albâtre était blanc ? Que non. Il n'y a de blanc au monde que les mains de Mlle Ida Ferrier. » Outre quelques romans mineurs et du roman-feuilleton, il y écrit *Kean*, créée en août 1836 au théâtre des Variétés.

BRUXELLES (rue de)

Hans surveillait les travestis qui débouchaient de la rue de Bruxelles pour aller au Monoprix s'acheter des cosmétiques.

— Jacques Almira, *Terrass hôtel*, 1984

Au 21 bis, la mort d'Émile Zola

À la suite du célèbre « J'accuse » paru dans *L'Aurore*, en 1898, les époux Zola font l'objet d'innombrables intimidations. « Madame, peut-on lire sur l'une des lettres qu'ils reçurent, si vous ne foutez pas le camp d'ici huit jours, on trouvera le moyen, malgré la domesticité qui vous entoure, de vous foutre dans le ventre ce qu'il faut pour vous faire crever. Puisque votre infect époux se dérobe, on s'attaquera aux siens, on n'épargnera rien. Mort aux Juifs et à ceux qui les soutiennent. »

En 1902, la menace est mise à exécution : Zola meurt asphyxié, sa cheminée ayant été bouchée par malveillance criminelle. Alors que se rendent à Paris pour ses funérailles des mineurs venus du Nord pour crier « Germinal », qu'une foule immense est attendue, on fait appel à l'armée pour le service d'ordre et les antidreyfusards vont se déchaîner, s'indignant qu'on utilise des militaires pour défendre le cercueil d'un traître. Pour certains journaux, la fosse commune serait déjà trop d'honneur, il faudrait le jeter dans la « fosse d'aisances ».

CAPUCINES
(boulevard des)

Le 30 janvier 1934, lors de la manifestation terminale de la grève des taxis parisiens, j'avais été arrêté à côté d'Old England sur le boulevard des Capucines, tandis que je parlais avec l'accordéoniste aveugle qui jouait Le temps des cerises.

— Louis Aragon, *Les Beaux Quartiers*, 1936

Au 1, le Napolitain

Le café Napolitain (dire « on se retrouve au Napo »), très prisé par les journalistes et les écrivains, pouvait prétendre à la Belle Époque au même statut littéraire que les cafés de la rive gauche. Apollinaire s'y rendra parfois, comme il le rappelle dans *Le Flâneur des deux rives* : « Il m'arrive d'aller passer un moment à la fin de la journée à la terrasse du "Napo", dont les glaces sont réputées. Le café Napolitain, sur les boulevards, eut naguère une grande vogue comme café littéraire. On y voit encore des gens de lettres et des gens de théâtre. Mais la grande époque littéraire, c'était avant la guerre, quand il était fréquenté par Jean Moréas, Catulle Mendès, les Silvain, et surtout par Ernest La Jeunesse, qui y trônait au milieu de courtisans… »

Au 2, le Vaudeville

Ce fut un théâtre populaire voyageur, naissant en 1792 rue de Chartres-Saint-Honoré (rue aujourd'hui disparue, située entre la place du Carrousel et le Palais-Royal), migrant en 1840 place de la Bourse (dans l'ancienne salle des Nouveautés) puis boulevard des Capucines, à l'angle de la rue de la Chaussée-d'Antin. Inauguré en avril 1869 avec une pièce de Labiche, il connut son premier grand succès en 1872 avec *Rabagas* de Victorien Sardou. Temple des comédies légères, immortalisé par le tableau de Jean Béraud, le Vaudeville disparut pendant la Première Guerre mondiale et devint ensuite un cinéma. Cocteau s'en désola : « Le Paramount, c'est le fantôme du Vaudeville. »

Au 12, les bottines vernies de Marcel Proust

« À un certain moment, il avait porté des lavallières, achetées chez Liberty ; mais il les avait abandonnées ; je ne les ai vues que dans une boîte où il les gardait. Et les chaussures – je lui ai toujours vu les mêmes paires de bottines à boutons, sauf une, en huit ans – qu'il m'a envoyée acheter. Il m'avait demandé de prendre les mêmes bottines noires vernies dont il avait l'habitude, en m'indiquant le magasin où il se fournissait : Old England, à l'angle du boulevard des Capucines et de la rue Scribe[8]. »

CATHERINE-DE-LA ROCHEFOUCAULD
(rue)

Le lendemain, je sonnai à la porte d'un petit appartement coquet, rue de La Rochefoucauld. La danseuse me déshabille, me réchauffe.

— Marcel Jouhandeau, *Littérature confidentielle*, 1963

Au 33, Maurice Desvallières

Prête-moi ta femme ! (1884) lance sa carrière et il va écrire de 1888 à 1894 de nombreuses pièces avec Georges Feydeau, dont *L'Hôtel du libre échange*, leur dernière collaboration, en 1894.

Après avoir résidé au 28, rue d'Aumale, Desvallières s'installera rue de La Rochefoucauld après la Première Guerre mondiale et y décédera en 1926.

Au 39, Nerval

Il aime, pour se loger, disposer d'une « vue sur deux ou trois arbres occupant un certain espace, qui permet à la fois de respirer et de se délasser l'esprit en regardant autre chose qu'un échiquier de fenêtres noires, où de jolies figures n'apparaissent que par exception ». Mais il doit le plus souvent se contenter d'une misérable chambre donnant sur un mur aveugle. L'éternel vagabond qui écrit la nuit (en marchant) et dort le jour loue, entre son retour de Vienne, en mars 1840, et son départ pour la Belgique, en décembre de la même année, une chambre rue La Rochefoucauld. C'est l'époque où il voue un culte idolâtre à l'actrice Jenny Colon et où on le voit se promener avec un homard en laisse dans les jardins du Palais-Royal. « En quoi, explique-t-il, un homard est-il plus ridicule qu'un chien, qu'un chat, qu'une gazelle, qu'un lion ou toute autre bête dont on se fait suivre ? J'ai le goût des homards, qui sont tranquilles, sérieux, savent les secrets de la mer, n'aboient pas et n'avalent pas la monade des gens comme les chiens, si antipathiques à Goethe, lequel pourtant n'était pas fou. » Nerval sera interné chez le Dr Blanche l'année suivante.

Au 66, Jehan Rictus

En 1893, renvoyé de l'Administration, Gabriel Randon se tourne vers le journalisme et s'installe rue de La Rochefoucauld avec une idée très « marketing » : écrire des poèmes à la façon des clochards. Sous le nom de Jehan Rictus, il va l'expérimenter avec succès aux Quat'z'Arts du boulevard de Clichy, puis au Chat Noir, puis dans les endroits les plus divers, du meeting politique aux soirées mondaines du faubourg Saint-Germain. Son spectacle comprend invariablement un poème qui fait sa renommée : *Le Revenant*, dans lequel un sans-abri croit rencontrer Jésus.

Fort de ces encouragements, il publie *Les Soliloques du pauvre* en 1897, ouvrage qui s'avère un grand succès : « Merd' ! V'là l'Hiver et ses dur'tés, / V'là l'moment de n'pus s'mettre à poils : / V'là qu'ceuss' qui tienn'nt la queue d'la poêle / Dans l'Midi vont s'carapater ! »

Au 66, le retour de Victor Hugo

« Nous arrivons, écrit-il, à Paris à six heures et nous allons à l'appartement, 66, rue de La Rochefoucauld. Les tapissières de Bruxelles ne sont pas encore arrivées. Nous allons descendre, rue Laffitte, hôtel Byron, en attendant[9]. » Rentré d'exil le 25 septembre 1871, après un voyage en Belgique et au Luxembourg, Hugo prend possession des lieux le 9 octobre, tandis que Juliette Drouet emménage au 55, rue Pigalle, une maison située juste en face. « La table était simple et familiale, rapporte André de Fouquières. Il ne fallait pas être treize, ni fumer, ni mettre du sucre dans son café. Dans un coin du salon, Juliette Drouet était maintenant une vieille dame tout amaigrie et semblait résignée. Songez que depuis vingt ans, elle entendait tous les jours raconter le coup d'État du 2 décembre ! Elle hochait la tête ou laissait tomber de temps en temps un mot banal et vague. Elle avait sommeil[10]. »

CAUMARTIN (rue de)

Dès qu'il est libéré de son travail, à la banque de la rue Caumartin, il grimpe au Bateau-Lavoir.
— Geneviève Dormann, *La Gourmandise de Guillaume Apollinaire*, 1994

Au 8, *La Chartreuse de Parme* en cinquante-deux jours chrono

En mai 1836, Stendhal obtient un congé du ministère des Affaires étrangères, congé qui se prolongera jusqu'en juin 1839. Il voyage en France, publie ses *Mémoires d'un touriste*, se rend en Angleterre puis revient à Paris, s'installant à l'hôtel Godot de Mauroy, 8, rue Caumartin, avec l'idée d'un livre : *La Chartreuse de Parme*. Il notera plus tard la genèse du roman dans la marge de l'ouvrage, en anglais, selon son habitude : « *The 3 september 1838, / had the idea of Chartreuse, / beginned after a tour in Britanny, I suppose on to the Havre, I begginned the 4 november till the 26 december.* »

Stendhal s'enferme dans sa chambre, prie le concierge de répondre aux visiteurs que « monsieur le Consul est à la chasse » et se met au travail, dictant l'ouvrage à un scribe de location pendant cinquante-deux jours.

L'ouvrage, comme *Le Rouge et le Noir* en 1830, n'aura aucun succès, Stendhal passant, auprès des écrivains de son époque – hormis Balzac et Mérimée –, pour un amateur employant ses tristes loisirs consulaires à composer des ouvrages que personne ne lit.

Au 67, la mort d'Eugène Labiche

Il aurait préféré être romancier, il fut vaudevilliste, et de talent, quoi qu'il en dise : « Ce théâtre du Palais-Royal m'aura fait bien du mal, écrira-t-il, il aura confisqué au profit de la farce les quelques éléments de comédie que je puis avoir dans la cervelle. »

Eugène Labiche décède rue de Caumartin en janvier 1888, après avoir signé environ cent quatre-vingts pièces (*Le Voyage de*

Monsieur Perrichon, *Un chapeau de paille d'Italie*, *L'Affaire de la rue de Lourcine*, etc.). Sur l'ensemble, il n'en écrira que quatre seul : *Un jeune homme pressé*, *Un garçon de chez Véry*, *Le Petit Voyage*, *29 Degrés à l'ombre*. Pratiquant l'écriture à plusieurs, il fit – comme tous à cette époque – appel à une cinquantaine de « plumes » parmi lesquels Marc Michel et Auguste Lefranc. Contrairement à Dumas, aucun de ces « collaborateurs » ne revendiquera propriété ou paternité d'aucune pièce. Et Labiche pourra en 1878 publier sous son seul nom son théâtre complet en dix volumes. Cessant d'écrire en 1877, il est reçu à l'Académie française l'année suivante, les mauvaises langues murmurant qu'il lui faudrait un banc plutôt qu'un fauteuil.

Philippe Soupault lui consacrera un ouvrage, *Eugène Labiche. Sa vie, son œuvre*, publié au Mercure de France en 1964[11]. Du vaudeville dans le surréalisme ? « Labiche, déclare-t-il au *Monde*, a été mon compagnon de prison. En 1942 les gens de Vichy m'avaient mis au secret à Tunis. J'ai demandé à lire Dostoïevski. “Un Russe bolchevique ? Pas question !”, m'a répondu le directeur. J'ai réclamé alors les œuvres de Joseph Conrad. “Un Anglais ? Un opposant au régime ? Vous n'y pensez pas !” On a bien voulu me confier le Théâtre de Labiche dont j'ai lu cinquante-sept pièces, comme on peut les lire dans la solitude la plus complète. »

CHAPTAL (cité)

Cité Chaptal, de grands arbres surgissaient du pavé et se déployaient très haut pour capter la lumière.
— Claude Izner, *La Poule aux œufs d'or*, 2019

Au 1, Marcel Mouloudji

Fin 1949 ou début 1950, Lola et Marcel Mouloudji quittent l'île Saint-Louis, leur mécène milliardaire ayant besoin de récupérer ses chambres de bonne. Ils s'installent loin de Saint-Germain-des-Prés, dans un atelier d'artiste situé au dernier étage de l'impasse Chaptal, en bas de Montmartre. L'atelier est situé tout près du Grand Guignol, dont les hurlements de terreur scandent leurs soirées. Mouloudji, parallèlement à sa carrière d'acteur, poursuit son œuvre littéraire. Après *Enrico* (1944), *En souvenir de Barbarie* (1945), il y écrit *La Grande Sortie* (1951) et *La Guerre buissonnière*, roman qui sera publié en 1959. Le couple habitera cité Chaptal jusqu'en 1958, date à laquelle Lola Mouloudji quittera les lieux (et son mari) pour s'installer rue Saint-Honoré.

Au 7, le Grand Guignol d'André de Lorde

Il était surnommé le « prince de l'épouvante » (ou « le prince de la terreur ») et fut, avec ses cent cinquante pièces écrites essentiellement pour le Grand Guignol entre 1900 et 1925, le grand maître de l'horreur, du macabre, de l'insolite et de l'extravagance. Il écrira néanmoins quelques comédies, des adaptations de romans et nouvelles à la scène (Maupassant, Octave Mirbeau, Edgar Allan Poe), et, en collaboration avec Maurice Landay, quelques romans policiers, dont *L'Étrange Amant du mal* (1923). En 1955, Frédéric Dard et Marcel Duhamel adaptent pour le Grand Guignol *La Chair de l'orchidée*, de James Hadley Chase. Empruntant le chemin tracé par André de Lorde, les deux hommes s'en donnent à cœur joie : coups de couteau et coups de feu, viol, yeux arrachés et larges éclaboussures de sang. En 1933, André de Lorde réside 5, rue de l'Abbé-de-L'Épée, Paris 5e.

CHAPTAL (rue)

« La nuit du 15 au 16 avril, tu as conduit le comte, avec ta voiture, dans la rue Chaptal et tu l'as attendu sans arrêter le moteur. – Je ne me souviens pas. »

— Georges Simenon, *La Première Enquête de Maigret, 1913*, 1949

Quelque part dans la rue, Françoise Xenakis

Invitée par Jérôme Garcin en 1988 à rédiger sa propre notice dans son *Dictionnaire des écrivains contemporains de langue française par eux-mêmes*, elle écrit : « Son premier texte – après l'avoir perdu deux fois – fut envoyé par la poste aux éditions Laffont. Un mois plus tard elle reçut cette lettre : “Monsieur, [elle n'avait, au dos du paquet, mis que l'initiale de son prénom, insoucieuse alors – ça continue – de décider s'il existe une écriture féminine ou non] Monsieur, vous ne savez pas écrire, vous ne saurez jamais écrire, mais vous avez un ton. Passez me voir tel jour… X…, le directeur littéraire.” »

Si le directeur littéraire, en la voyant, s'exclama : « Merde, une femme ! », cela ne l'empêcha pas de publier son premier roman, *Le Petit Caillou*. Écrivaine et journaliste, femme de lettres et de télévision, Françoise Xenakis sera l'auteure d'une vingtaine de romans et d'essais, dont *Attends-moi*, Prix des libraires 1993.

Au 3, Jean Tardieu

« Étant donné deux points A et B placés à égale distance l'un de l'autre, comment déplacer A sans que B s'en aperçoive ? » se demande cet immense poète des petites choses de la vie. Dans *On vient chercher Monsieur Jean*, Tardieu évoque la rue Chaptal de son enfance, la rue Ballu, le Paris des tramways et des fiacres. Proche de l'Oulipo, il écrivit pour la Radiodiffusion française et pour le théâtre, des pièces « éclair » en un acte – expériences sur le langage poétique et sa relation avec les mots de tous les jours. Ce fut également un grand métaphysicien : « Comment ça va sur la terre ? – Ça va ça va, ça va bien. / Les petits chiens sont-ils prospères ? – Mon Dieu oui merci bien. / Et les nuages ? / – Ça flotte. / Et les volcans ? / – Ça mijote. / Et les fleuves ? / – Ça s'écoule. / Et le temps ? / – Ça se déroule. / Et votre âme ? / – Elle est malade / le printemps était trop vert / elle a mangé trop de salade[12]. »

Au 5, Eugène Montfort et la NRF

Certes, il est l'auteur de *Sylvie* (1896), d'*Un an de caserne* (roman antimilitariste et autobiographique paru en 1901 sous le pseudonyme de Louis Lamarque), de *La Turque* (1906), « roman parisien » en lice pour le prix Goncourt. Certes, il créa, dirigea et rédigea seul à partir de 1903 la revue littéraire *Les Marges* et publia dans l'entre-deux-guerres *Vingt-cinq ans de littérature française*, en deux volumes. Mais il reste connu pour avoir lancé le 15 novembre 1908, avec André Gide, le premier numéro historique de *La Nouvelle Revue française*. L'aventure tournera court : une dissension s'établit autour de deux articles, l'un dépréciant l'œuvre de Mallarmé, l'autre louant celle de D'Annunzio… Gide et ses amis feront paraître trois mois plus tard un second « numéro un » de la *NRF*, sans Montfort.

Après avoir vécu au début des années 1900 rue Chaptal, Montfort déménagera pour un rez-de-chaussée du 164, boulevard du Montparnasse.

Au 11, Catulle Mendès

À la fin des années 1870, Mendès quitte sa femme (Judith, la fille de Théophile Gautier) et son petit rez-de-chaussée de la rue de Douai. Il s'installe rue Chaptal, délaisse la poésie pour se consacrer au journalisme. Il publie *Le Roi vierge*, fait jouer *Les Mères ennemies* à l'Ambigu, écrit sur la Commune. Sa période décadente et le « délire des concupiscences » vont pouvoir commencer, avec notamment *Zo'har* (1886) et surtout *Méphistophéla* (1890), roman traitant de paradis artificiels et d'amours lesbiennes que Jean Lorrain jugea « urticant et cruel ».

Au 14, Maurice Barrès

Charles Maurras, lui rendant visite rue Chaptal, pense s'être trompé : le jeune homme qui lui ouvre est sans doute le jeune frère de Barrès. Son hôte le détrompe : « Mais non, Monsieur, c'est moi ! »

En 1888, Barrès est âgé de 26 ans – mais en paraît 18. Figure allongée, osseuse, fiévreuse, yeux couleur bleu-noir, mèche sur le front qui deviendra célèbre. Après avoir résidé rue Cujas, il va écrire rue Chaptal *Sous l'œil des barbares* (1888), premier volet de sa trilogie *Le Culte du moi*, ce moi qu'il faut défendre contre les barbares. En quelques années, il va devenir un écrivain à succès et le « prince de la jeunesse ». En 1889, il sera élu à 27 ans député boulangiste de Nancy et, à Paris, s'installera rue Legendre.

Au 17, Nina de Villard

Nina de Villard ouvre son salon en automne 1868 et reçoit chaque soir, de dix heures à cinq heures du matin, ce qui se fait de mieux en matière de littérature, de musique et de politique. Les habitués sont Charles Cros, Charles de Sivry, François Coppée, Léon Dierx, Villiers de L'Isle-Adam. Mathilde Mauté, demi-sœur de Charles de Sivry, y rencontre Paul Verlaine, qu'elle épousera.

Pianiste virtuose, poétesse publiée dans *Le Parnasse contemporain*, Nina de Villard sera la dame aux éventails de Manet, la « fée » de Mallarmé, la muse de Charles Cros et d'Anatole France. La guerre de 1870 et la Commune vont stopper net l'essor du salon. Pour avoir reçu Gambetta, Jules Vallès ou Raoul Rigault, la salonnière devra quitter la France. Elle reviendra à Paris en 1874 et rouvrira son salon rue des Moines.

CHÂTEAUDUN (rue de)

On achetait la vaisselle d'occasion, en vaste quantité, chez le faïencier de la rue de Châteaudun, les gants aux Galeries des Martyrs.
— Pierre Brisson, *Autre temps*, 1949

Au 8, Alfred Capus

En 1890, il publie son premier roman, *Qui perd gagne*, « presque un chef-d'œuvre », selon Jules Lemaître. Après quatre romans, douze pièces de théâtre de boulevard et des années de vaches maigres, Alfred Capus entrevoit le succès avec sa pièce *Notre jeunesse*, jouée à la Comédie-Française en 1904, devenant, selon Robert de Flers, « l'un des orgueils les plus certains et les plus rares de la scène française ». Il s'installe rue de Châteaudun en 1910, écrit dans *Le Figaro* sous les noms de plume de Canalis et Graindorge. Il en deviendra rédacteur en chef après l'assassinat de Calmette, en 1914. Élu au Quai de Conti en 1914, surnommé en son temps « le Prince de l'esprit », Alfred Capus – comme tant d'autres – présentera la caractéristique d'être à la fois immortel et oublié.

CHAUSSÉE-D'ANTIN (rue de la)

J'allai rue du Mont-Blanc où ma femme devait être logée dans un hôtel à moi. Bah ! la rue du Mont-Blanc est devenue la rue de la Chaussée-d'Antin. Je n'y vis plus mon hôtel, il avait été vendu, démoli.
— Honoré de Balzac, *Le Colonel Chabert*, 1832

Au 5, le salon de Mme d'Épinay

En 1770, chaussée d'Antin, au niveau de l'actuel n° 5, Louise d'Épinay ouvre un salon fréquenté par Diderot, d'Alembert, Marivaux, Marmontel, Montesquieu… Par l'entremise de son amant Louis Dupin de Francueil – futur grand-père de George Sand avec qui elle aura deux enfants –, elle rencontre notamment Jean-Jacques Rousseau, avec qui elle se lie d'amitié. D'abord protectrice (dans les années 1750), elle se brouille avec lui et, lorsqu'il rédigera ses *Confessions*, craignant un règlement de comptes, elle écrira des *Contre-confessions* qui seront publiées à titre posthume en 1818. L'ouvrage, reflet des mœurs de son époque, mêle réalité historique et fiction, préfigurant avec talent le genre de l'autofiction qui naîtra quelques siècles plus tard.

Au 7, le baron-député Danglars et Juliette Récamier

Dans son *Comte de Monte-Cristo*, Dumas loge le baron-député Danglars au 7 de cette ancienne rue du Mont-Blanc, non loin du 27, rue du Helder où demeure le comte de Morcerf.

Dumas sait certainement que Danglars occupe l'illustre demeure de Juliette Récamier, qui y tenait salon jusqu'en 1808. La rue fut évidemment familière à Dumas, puisqu'il y résida au n° 45.

Au 7, Juliette Récamier

Elle fut une véritable star, qui aurait affolé la presse people de l'époque. David (1800) et Gérard (1805) l'ont peinte en vestale lascive d'un néoclassicisme très à la mode, les sculpteurs Chinard et Canova ont sculpté son corps et le profil parfait de son visage.

En octobre 1798, les Récamier rachètent à Jacques Necker son hôtel de la rue du Mont-Blanc et y tiennent salon, Juliette Récamier n'hésitant pas à recevoir dans sa chambre à coucher. La rue du Mont-Blanc devient un point de passage obligé pour tout visiteur étranger de haut rang. On y croise Lucien Bonaparte, Bernadotte et Mme de Staël, qui deviendra sa grande amie. La vie fastueuse sera de courte durée. En novembre 1805, le banquier Jacques Rose Récamier fait faillite et le couple doit réduire son train de vie. En septembre 1808, l'hôtel est vendu.

Ancienne Merveilleuse du Directoire, Juliette Récamier n'aime pas Bonaparte et c'est réciproque. Elle qui animait le salon le plus couru de la capitale, référence absolue en matière d'élégance et de décoration, doit s'exiler sur ordre impérial en 1811. Elle ne reviendra en France qu'à la chute de l'Empire.

Au 10, naissance de Fernand Gregh

Fernand Gregh naît rue de la Chaussée-d'Antin, tout près de l'opéra dont la construction n'est alors pas terminée. Critique, romancier, auteur dramatique et poète, il fut au lycée Condorcet le condisciple de Marcel Proust, Proust qu'il retrouva plus tard dans le salon de Mme Arman de Caillavet et sur lequel il écrira *Mon amitié avec Marcel Proust. Souvenirs et lettres inédites* (1958). Il postulera quatorze fois à l'Académie française, la première fois en 1918, la dernière, enfin aboutie, en 1953, au fauteuil de Jules Romains. Plus que tout, il aimait Hugo, répétant à l'envi qu'on y trouve en germe les fulgurances de Rimbaud ou de Mallarmé, mais, précise-t-il, à condition de les chercher.

Au 45, Dumas superstar

Après son séjour à Florence, Dumas va résider dans l'ancienne rue du Mont-Blanc d'août 1843 à novembre 1844. Le 45 deviendra une véritable ruche où les prête-plumes – Auguste Maquet et Gaspard de Cherville en tête – vont s'affairer.

C'est pour Dumas l'époque des feuilletons « empoignants », des « suite à demain » écrits « à la ligne » pour la plupart des journaux, comme *Les Trois Mousquetaires* ou *Le Comte de Monte-Cristo.*

Zola ne sera pas tendre avec Dumas, fustigeant un « esprit sans profondeur » et ajoutant : « On adore toujours les gens qui ne vous forcent pas à penser. »

« L'œuvre d'Alexandre Dumas, écrira René Doumic, tient une grande place dans l'histoire littéraire et n'en tient aucune dans la littérature[13]. » Quant à Jean d'Ormesson, la critique se teinte d'admiration : « Le style n'est pas fameux, la psychologie bafouille, l'intrigue manque de rigueur [...] mais à force de mouvement, de panache et de vie, les héros sont inoubliables. Nous ne nous sommes jamais ennuyés avec eux[14]. »

CHORON (rue)

Trente ans et célibataire, il logeait rue Choron, chez une très vieille dame, veuve d'un général, qui jouait admirablement du piano...

— Maurice Chapelan, *Rien n'est jamais fini*, 1977

Au 17, Paul Avenel

Ce dramaturge et romancier (très) mineur serait oublié s'il n'avait doté un de ses ouvrages d'un titre étonnant : *L'Homme sans tête, ou le Guillotiné stupéfait* (1847).

CLAUZEL (rue)

La rue Clauzel. Qui est-ce Clauzel ? Waterclauzel !

— André Baillon, *Un homme si simple*, 1986

Quelque part dans la rue, Noëlle Châtelet

« Je vis, confie-t-elle, dans le 9e arrondissement de Paris depuis plus de cinquante ans, et c'est là, essentiellement, que mes livres ont vu le jour. À l'étage de l'hôtel particulier néo-Renaissance où je réside, mon mari, le philosophe François Châtelet, a vécu aussi, avec moi, les quinze dernières années de sa vie, jusqu'à sa mort, en 1985, et cet hôtel a joué un rôle important dans les activités artistiques et intellectuelles dans ce quartier qui fut au cœur de la nouvelle Athènes du XIXe siècle. »

Universitaire et écrivaine, Noelle Châtelet a développé une réflexion originale sur la question du corps et de la mort à travers ses essais et ses ouvrages de fiction, dont *La Dernière Leçon* (prix Renaudot des lycéens 2004), livre au large succès.

Au 6, Dominique Desanti

Durant la guerre, elle avait rejoint la Résistance aux premières heures de l'occupation allemande et organisé, avec son mari, le philosophe Jean-Toussaint Desanti, la logistique des maquis. Journaliste, historienne, romancière, elle est l'auteure de dix-sept biographies (dont celles de Flora Tristan, Sacha Guitry, Marthe Hanau, Aragon-Elsa Triolet, Drieu la Rochelle, Nabokov, Desnos...), écrit ses Mémoires (*Ce que le siècle m'a dit*, 1997) et publie, avec son mari, *La liberté nous aime encore* (avec Roger-Pol Droit, 2001). « Plus les changements s'accélèrent, écrit-elle, plus les découvertes s'amplifient – mais aussi la violence –, plus "la joie de vivre", la sienne et celle des autres, prend de prix. »

Au 11, Alphonse Boudard

Père inconnu, mère prostituée, des premières années vécues comme « un petit clébard » dans une famille d'adoption près d'Orléans. L'enfant échappera à son destin tout tracé d'ouvrier agricole et rentrera à Paris, recueilli par sa grand-mère du côté de La Motte-Picquet-Grenelle puis dans le 13e arrondissement, entre les Gobelins et la porte de Choisy.

À 15 ans, certif' en poche, Alphonse Boudard travaille quelque temps chez Deberny et Peignot, fonderie de caractères typographiques, sans savoir que Balzac en fut l'un des créateurs. Avant de devenir écrivain, il sera combattant, résistant, cambrioleur, taulard et tubard. Après sept ans de prison (« Fresnes, un paquebot mort qui sent la pissotière ») et sept ans d'hôpital, il publiera en 1962 son premier roman, *La Métamorphose des cloportes*, grâce à une fiche de lecture laudative de Michel Tournier. Suivra le Renaudot en 1977 pour *Les Combattants du petit bonheur*. En 1995, le Grand Prix du roman de l'Académie française lui sera décerné pour *Mourir d'enfance*, livre dans lequel il évoque celle qu'il appelle « Mademoiselle ma mère ». « Avec l'âge, disait-il à la fin de sa vie, ça devient lugubre de se promener, on ne rencontre plus que des ombres. » Il décède en 2000.

À la fin des années 1980, Alphonse Boudard réside 11, rue Henri-Monnier, Paris 9e.

Au 14, la maman Pezé de Paul Léautaud

Sa mère – une cocotte – ne s'en occupait guère et côté paternel, ce n'était guère plus brillant. Son père – comédien – avait une domestique, Marie Pezé, qui veilla sur l'enfance du petit Paul. On pourra lire dans son *Journal* : « Ma chère maman Pezé, je revois parfaitement la petite chambre mansardée que Marie occupait au sixième étage et que nous regagnions chaque soir vers les neuf heures et demie. Je voulais toujours qu'elle me portât pour monter l'escalier. [...] Comme j'y étais bien dans cette chambre, et quelles heures tranquilles j'y ai vécues, bien plus heureux que dans les appartements paternels ! »

Au 16, Arsène de Cey

Une quinzaine de romans et de pièces de théâtre, depuis *La Fille du curé* (1833), roman de mœurs, jusqu'à *Quand on n'a pas le sou...* (1854), vaudeville en un acte, en passant par *La Jolie Fille de Paris* (1836), roman dont le début du troisième tome donne une idée du style de l'auteur : « Deux heures après la scène qui termine notre second volume, trois jeunes gens, une jeune fille et un vieillard parcouraient, dans un fiacre la route qui conduit de Paris à Vincennes. On devine sans peine que ces personnages étaient les héros de notre livre. »

Au 17, Guy de Maupassant

De juillet 1876 à décembre 1880, Maupassant occupe un petit deux-pièces plutôt sombre au 17 (et non au 19 comme le stipule la plaque[15]) de la rue Clauzel. Le jeune auteur commence à publier, contes et poésie, et c'est rue Clauzel, début 1880, qu'il lit *Boule de suif* à un groupe d'amis.

Dans son *Journal*, Paul Léautaud écrit : « J'ai une grande sympathie pour Maupassant, l'homme, sa vie douloureuse, sa fin lamentable, je ne peux parler de l'écrivain que j'ai à peine lu. Une occasion également de me promener dans ce quartier fameux pour moi. Maupassant habita cette maison de 1878 à 1881. J'ai certainement dû le rencontrer étant enfant. J'avais alors six ans, sept, huit et neuf. [...] On disait déjà, sur place, qu'il n'est pas très sûr que ce soit au 19 qu'ait habité Maupassant, que ce pourrait bien être au 17. »

CLICHY (rue de)

Les brumes ibséniennes et lugnépoesques de la rue de Clichy n'avaient pas eu de spectateur, il disait de participant, plus assidu.

— Jacques Copeau, *Correspondance*, 1913-1928

Au 2, les débuts de Sacha Guitry

« Où va papa ? demande le petit garçon à sa gouvernante, étonné de voir son père s'absenter chaque soir.
— Il va gagner des sous, il va jouer », répond-elle.

C'est ainsi qu'en 1890, à l'âge de 5 ans, Sacha Guitry apprit que l'on pouvait gagner sa vie en s'amusant. Avant d'habiter au 8, rue d'Anjou, le fils de Lucien Guitry occupa entre 1905 et 1907 un modeste logement (cinquième étage, sans électricité, sans ascenseur), logement qu'il partageait avec la jeune comédienne Charlotte Lysès, l'ex-amante de son père. Rue de Clichy, il écrit ses premières pièces, dont *Nono*, premier grand succès, prélude à une œuvre théâtrale de cent trente comédies, subtil mélange, parfois, de théâtre de boulevard et de Marivaux.

Au 6, la librairie surréaliste de José Corti

Il aurait aimé laisser son nom sur une couverture de livre, en haut plutôt qu'en bas. Mais il se rendit vite compte que son talent consistait à reconnaître celui des autres et à l'éditer. En 1925, à l'âge de 30 ans, José Corti s'installe rue de Clichy et va animer une librairie dénommée Les Éditions surréalistes, dont l'emblème est une rose des vents et la devise, « Rien de commun[16] ». Il commencera par éditer ses amis : Breton, Éluard, Aragon (qu'il n'aimait guère), Char (qu'il aimait beaucoup), Péret, Crevel, Dalí…

En 1938, il rejoindra la rue de Médicis, où il officiera jusqu'en 1984.

Au 24, le tout jeune Hugo

De ses 2 ans à ses 5 ans, Victor Hugo habita le bas de la rue de Clichy, au 24, à l'emplacement de l'actuel square de la Trinité. « Il se rappelle, écrira Adèle Hugo, qu'il y avait dans cette maison une cour, dans la cour un puits, près du puits une auge, et, au-dessus de l'auge, un saule, que sa mère l'envoyait à l'école rue du Mont-Blanc, que, comme il était tout petit, on prenait plus soin de lui que des autres enfants, qu'on le menait, le matin, dans la chambre de mademoiselle Rose, la fille du maître d'école, que mademoiselle Rose, encore au lit le plus souvent, l'asseyait sur le lit près d'elle, et que, quand elle se levait, il la regardait mettre ses bas. »

Au 21, Victor Hugo, soixante-dix ans plus tard

Victor Hugo reviendra dans le bas de la rue de Clichy, au n° 21, après son retour d'exil, en 1874, s'installant avec Juliette Drouet, sa belle-fille Alice (son fils Charles est mort en 1871) et ses petits-enfants Georges-Victor et Jeanne. Il y écrit *Quatre-vingt-treize*, reçoit des personnalités politiques et littéraires. Dans *Mon grand-père* (1902), Georges-Victor Hugo raconte : « [Il] occupait, au second étage, un appartement dont presque toutes les fenêtres donnaient sur la triste rue de Tivoli, aujourd'hui rue d'Athènes. Un petit vestibule sombre précédait la salle à manger. Je retrouve dans cette pièce mal éclairée les chaises de chêne sculpté, à coussins de velours vert, dont nous faisions les arbres de nos forêts vierges. […] Vis-à-vis du salon, donnant aussi dans la salle à manger, la chambre où travaillait Papa et qu'il appelait son cafarnaüm : petite chambre triste, encombrée de brochures, de piles de livres écroulées formant tas de pierres contre les murs ; sur une table, les immenses feuilles de “Whatman” couvertes de son écriture, et, près de la fenêtre, le bureau, très haut, où il écrivait debout. »

Au 42, Paul Reboux

Fils de la modiste Caroline Reboux, Paul Reboux vécut rue de Clichy dans les années 1920. Cet écrivain prolifique fut critique littéraire, critique gastronomique, romancier, auteur de livres d'histoire naturelle, de biographies, de récits de voyage et de livres pour enfants. Il est connu pour ses pastiches *À la manière de* écrits avec Charles Muller entre 1908 et 1913, premiers succès de la jeune maison fondée par Bernard Grasset. Si le recueil pastiche les auteurs de grands classiques comme Chateaubriand, Lamartine, Zola ou Baudelaire, certaines « victimes » sont aujourd'hui bien oubliées : Marcelle Tinayre, Georges d'Esparbès, Max et Alex Fischer, Mariani…

Au 47, Émile Augier

À la fin de sa vie, quand il n'était pas à Croissy, où il mourut en octobre 1889, Émile Augier résidait rue de Clichy. La plupart de ses pairs chantèrent les louanges du dramaturge-sénateur-académicien. Zola, pour sa part, se contenta d'un prudent commentaire : « Des maîtres actuels de notre scène française, Émile Augier est celui dont l'effort a été le plus régulier, le plus constant. Il faut se souvenir des attaques dont le poursuivaient les romantiques ; ils le nommaient le "poète du bon sens" ; ils plaisantaient ses vers, n'osant plaisanter ceux de Molière. La vérité était qu'il gênait les romantiques, car ils sentaient en lui un adversaire redoutable, un auteur dramatique qui renouait la tradition française par-dessus l'insurrection de 1830. La nouvelle formule grandissait avec lui : l'observation exacte, la vie réelle mise à la scène, la peinture de notre société, en une langue sobre et correcte. Ma conviction a toujours été que notre théâtre de demain ne sera que le développement de la formule classique, élargie et adaptée à notre milieu social. »

Au 49 bis, naissance de Feydeau en 1862

Sa mère est connue : Léocadie Boguslawa Zalewska, Juive polonaise de moyenne vertu. Son ascendance paternelle, en revanche, est moins limpide : fils de Napoléon III ? Fils du demi-frère de l'Empereur, le duc de Morny ? La vraisemblance le crédite d'un père écrivain, Ernest Feydeau, qui se tailla un petit succès avec *Fanny*, roman de l'adultère parisien inspiré de *Madame Bovary* de son ami Flaubert. Enfant gâté, cruel et désobéissant, le petit Georges Feydeau trouve très drôle de martyriser sa sœur Diane Valentine. Sa première pièce de théâtre, *Par la fenêtre*, sera jouée pour la première fois en 1882, avec succès, alors qu'il n'a pas encore 20 ans. Suivra une grande pièce en trois actes, *Tailleur pour dames* (1886), qui lui vaudra les encouragements de Labiche, voie royale vers le renouvellement du vaudeville.

Au 55, roulette russe au théâtre de l'Œuvre

Certes, la salle Berlioz du théâtre de l'Œuvre reste célèbre pour sa création d'*Ubu* (1896). Mais elle aurait pu également figurer parmi les faits divers les plus dramatiques de la littérature : en 1920, Lugné-Poe met la salle à la disposition d'André Breton et de Philippe Soupault pour représenter *S'il vous plaît*, pochade issue de l'écriture automatique faisant dialoguer une robe de chambre et une machine à coudre. Et comme « l'avenir n'est qu'un animal crevé sous un meuble », les deux hommes ont décidé d'avancer vers le public à la fin de la pièce, tenant un chapeau contenant deux noms. Le premier nom sorti devra alors se tirer une balle dans la tempe. Il n'en fut rien, pour le plus grand soulagement d'un Aragon épouvanté.

DOUAI (rue de)

Place Clichy, au coin de la rue de Douai, une dame allait et venait. Elle eût pu être ma mère. Elle avait un pauvre sourire comme ces femmes qui ont vieilli…

— Louis Nucéra, *Le Kiosque à musique*, 1984

Au 6, Edmond About

Fils d'épicier, il fut reçu en 1851 premier à l'agrégation de lettres de la rue d'Ulm et entreprit très tôt une carrière littéraire avec *Le Roi des montagnes* (1857) ou *L'Homme à l'oreille cassée* (1862).

Fort de ces succès, l'écrivain-dramaturge et critique d'art se fit construire en 1865 une maison rue de Douai qu'évoque André de Fouquières dans *Mon Paris et ses Parisiens. Pigalle 1900*, « une maison bourgeoise à l'entrée sous voûte, donnant accès à une cour où, chaque matin, les palefreniers et les cochers de M. About s'affairaient autour des chevaux et des coupés à la caisse vernie ». Le vendredi, les About reçoivent un Tout-Paris friand des piques de l'écrivain, comme l'évoque Mérimée, dans ses Mémoires : « Au dessert, About nous a servi un feu d'artifice à sa façon. C'était éblouissant ; mais les fusées tombaient dru sur les assistants. »

Ses succès de dramaturge et ses romans font sa fortune, il est l'objet de nombreux portraits caricaturés : « Un homme de taille moyenne, sa figure respire le contentement de soi-même et la sombre énergie de l'homme qui fait tout ce qu'on veut pourvu que ça ne le gêne guère et que ça lui rapporte beaucoup. » Il publiera en 1880 son dernier roman, *Le Roman d'un brave homme*, roman de la réussite républicaine dans lequel le personnage principal, à l'image de l'auteur, devient après de longues années de dur travail et de conduite exemplaire un bourgeois épanoui, bon patron, bon patriote et excellent père de famille. La consécration officielle de l'œuvre littéraire d'About vint en 1884 avec son élection à l'Académie française. Il meurt rue de Douai l'année suivante et deviendra au siècle suivant l'auteur fétiche de la « Bibliothèque des écoles et des familles » puis de la « Bibliothèque verte ».

Au 10, Jules Claretie

« Claretie [prononcer "Clar'tie"], écrit Henry Becque, a été sans trop de peine l'un des grands faiseurs de copie de notre époque. Il a réuni tous les lieux communs avec aisance, quelquefois même avec bonheur. Il faut bien le reconnaître aujourd'hui, on a exagéré sa nullité qui est restée proverbiale. »

Triste commentaire pour ce journaliste, romancier, historien et chroniqueur de la vie parisienne qui – outre sa maison de Viroflay – résida rue de Douai dans les années 1870-1880 dans la même maison que Ludovic Halévy. Car tout n'est pas mauvais chez Claretie : élu en 1888 à l'Académie française, il fit entrer le mot « clafoutis » dans le dictionnaire, dessert dont il revendiquait l'origine dans son Limousin natal, s'opposant ainsi à George Sand qui le prétendait berrichon.

Au 14, Dominique Fernandez

Dans *La Gloire du paria* (1987), premier roman français évoquant le sida, Dominique Fernandez évoque la rue de Douai, de même que dans *Nicolas*, roman dans lequel la rue se transforme en rue Victor-Massé. Depuis *L'Écorce des pierres* (1959) jusqu'à *Le Roman soviétique, un continent à découvrir* (2023), il a publié une soixantaine d'ouvrages, des romans (dont *Dans la main de l'ange*, prix Goncourt 1982), des essais, des récits de voyage et des « dictionnaires amoureux ». Deux éléments irriguent son œuvre : l'homosexualité, moteur de son écriture, et la figure de son père, moteur de son combat pour une réhabilitation (littéraire) paternelle. Il est en effet le fils de Ramon Fernandez, critique brillant et romancier remarqué, socialiste qui vira du côté de Doriot et de la collaboration. Dominique Fernandez fut élu en 2007 à l'Académie française, fauteuil 25, entre Giscard d'Estaing et Jean-Denis Bredin. « Je serai le premier académicien ouvertement gay », s'était-il réjoui, arborant une épée portant l'effigie de Ganymède, le bel adolescent troyen.

Au 16, Catulle Mendès

Dans son petit rez-de-chaussée, de 1863 à 1864, Catulle Mendès reçoit tous les mardis ses amis Mallarmé, Dierx, Heredia, Coppée... Il a créé une revue poétique – *La Revue fantaisiste* – et il a publié son premier recueil : *Philoméla* (qu'il jugera « fort médiocre »). Avec Leconte de Lisle, il se veut le promoteur du Parnasse, dont il sera l'historien en publiant vingt ans plus tard *La Légende du Parnasse contemporain*. Mendès n'a pas le prestige de l'auteur des *Poèmes barbares*, mais il dispose d'un charisme éprouvé et, à 25 ans, impressionne déjà par sa force littéraire et son imposante personnalité. Il va se lier puis se fâcher avec Théophile Gautier dont il épousera la fille, Judith, en avril 1866. Catulle Mendès sera considéré comme une figure de proue du décadentisme et sera l'homme-orchestre de la vie littéraire du Second Empire et de la Troisième République.

Au 22, Ludovic Halévy

Il avait un aspect grave et triste, était surnommé « la pluie qui marche » et produisit avec Henri Meilhac – outre leurs livrets d'opérettes – des comédies et vaudevilles comme *Les Brebis de Panurge* (1863) ou *Frou-Frou* (1869). Il fut également romancier à succès avec *L'Abbé Constantin* (1882), roman à l'eau de rose rédigé en trois semaines à la suite du défi d'un ami de la famille : « "Mais vous, Halévy, vous qui réussissez si bien les opérettes un peu légères, seriez-vous seulement capable d'écrire un 'roman pour jeunes filles' ?" Ludovic Halévy renfrogné quitta aussitôt le salon en disant "Vous allez voir..." et monta dans sa chambre. Il s'y fit porter ses repas pendant vingt jours sans voir personne et redescendit enfin avec ce roman qui eut un succès phénoménal[17]. »

Au 50, Tourgueniev chez les Viardot

À partir de 1856, dans son hôtel de la rue de Douai, le couple Viardot s'est adjoint un tiers, le « Moscove », le « doux barbare », le géant Ivan Tourgueniev qui s'est installé avec sa fille au deuxième étage dans un appartement de quatre pièces donnant sur la cour d'honneur. Après avoir vécu rue de Rivoli, Tourgueniev est retourné en Russie puis est revenu en France, malgré sa haine de tout ce qui est français (à part Pauline Viardot dont il est amoureux depuis 1843). Dans sa correspondance, il se gausse du « graillon littéraire » parisien, du ridicule lyrisme de Hugo, des émois de jeune fille de Lamartine, du réalisme creux de Balzac, du verbiage de George Sand. Mais en 1857, ses préjugés sur le roman français vont disparaître à la lecture de *Madame Bovary*, et Gustave Flaubert deviendra son ami pour la vie. Après l'abolition du servage en Russie, en 1861, Tourgueniev publiera son ouvrage le plus connu, *Pères et Fils*, roman sur la filiation qui annonce, avec un demi-siècle d'avance, les prémices de la révolution russe de 1905. « On a beau dire, avait-il écrit dans une correspondance de 1856, il est pénible de mourir. » Il meurt en 1883, à 64 ans, dans sa datcha de Bougival.

Au 56, Félicien Champsaur

Champsaur, qui sera l'un des écrivains les plus prolifiques de son époque, publie son premier roman en 1882 et déclenche aussitôt un scandale : *Dinah Samuel* est un roman à clé dans lequel l'auteur (sous le nom de Patrice Montclar) dévoile son aventure intime avec Sarah Bernhardt (sous le nom de Dinah Samuel), femme cruelle et corrompue par l'argent. Romancier et dramaturge, Champsaur passe souvent pour un plagiaire. « Rentrons nos idées, s'écrie Émile Goudeau en le voyant entrer dans une brasserie, voilà Champsaur ! »

Il fut un grand ami d'Octave Mirbeau, qui aurait écrit avec lui sa pièce *La Gomme* (1889). Mais pas l'ami de Léon Bloy qui, dans *Le Désespéré*, l'assassine sous le nom de Félix Champignole et le présente comme un « personnage des plus remarquables en ce sens qu'il a l'air d'un parfait scélérat ». S'il fut souvent épinglé par ses confrères, Champsaur fut également admiré pour ses talents de conteur, son style novateur et sa débordante imagination. Après la rue de Douai, il s'installera au 82, avenue Foch, où il décédera en 1934.

Au 59, Francisque Sarcey

On l'appelait « l'Oncle » et il fut un critique dramatique très populaire dans le monde des lettres, résidant dans un bizarre petit hôtel de deux étages qu'il avait acheté rue de Douai en 1872. Se rendant chaque soir et parfois en matinée au théâtre, il aurait assisté en quarante ans à quinze mille pièces et écrit autant de critiques théâtrales au goût très académique et aux avis très redoutés, comme l'écrit Zola en 1877. « Dès qu'il entre [dans un théâtre], un murmure court de loge en loge. On se penche pour l'apercevoir, les maris le montrent à leur femme, des jeunes filles le contemplent. [...] Les chuchotements sont longs à apaiser : "Sarcey ! Sarcey ! Où donc ? Tenez, ce gros là-bas qui manque d'écraser une dame." [...] S'il applaudit, la fortune de l'œuvre est faite ; s'il bâille, tout est perdu. »

DROUOT (rue)

À 14 ans, en possession de son certificat d'études primaires, il est entré chez Lapré, rue Drouot, comme commis débarrasseur. On avait décidé qu'il gagnerait son pain dans la restauration ou dans la limonade, comme son père.

— Henri Calet, *Les Deux Bouts*, 1954

Au 9, littérature sous le marteau à l'hôtel Drouot

Le vendredi 11 décembre 2015, à Drouot, la première partie de la bibliothèque de Pierre Bergé est en vente. Les enchères sont féroces. Au terme d'une bataille animée, une édition originale des *Fleurs du mal* ayant appartenu à Sainte-Beuve part pour 225 000 euros, mais très loin des 775 000 euros pour ces mêmes *Fleurs du mal* en 2009. Un manuscrit autographe de *L'Éducation sentimentale* de Flaubert s'envole à 470 000 euros et un autre de *Madame Bovary* à 361 000 euros. Trois ans plus tard, Montaigne atteint 682 000 euros et Proust fait pâlir Baudelaire : 1,51 million d'euros pour *Du côté de chez Swann*, exemplaire datant de 1913 et portant le n° 1, offert par Marcel Proust à Lucien Daudet assorti d'un autographe de l'auteur à son ex-amant : « Mon cher petit vous êtes absent de ce livre : vous faites trop partie de mon cœur pour que je puisse jamais vous peindre objectivement. »

Au 14, le Cadran de Paul Verlaine

En 1871, Paul Verlaine travaille à la Lloyds, rue Laffitte, et a rendez-vous avec Rimbaud et Jean-Louis Forain au Cadran, aujourd'hui le Central, à l'angle de la rue Drouot et de la rue de la Grange-Batelière. Forain s'en souviendra dans sa correspondance : « Mon cher Verlaine, c'est sans doute samedi dans la soirée que je viendrai te serrer la main et causer avec toi. J'ai pour l'instant tant de choses en train [...]. Où est le temps où nous t'attendions Rimbaud et moi, dans le petit café de la rue Drouot ? »

FAUBOURG-MONTMARTRE (rue du)

Castanier prit la rue du Faubourg-Montmartre, et ralentit sa marche à mesure qu'il avançait vers la rue Richer. Là, dans une maison nouvellement bâtie, au second étage d'un corps de logis donnant sur des jardins, vivait une jeune fille connue dans le quartier sous le nom de madame de La Garde...

— Honoré de Balzac, *Melmoth réconcilié*, 1835

Au 7, la mort de Lautréamont

Isidore Ducasse, « comte de Lautréamont », s'installe en juin 1870 au 7, rue du

Faubourg-Montmartre, après avoir logé au 32, rue du Faubourg-Montmartre, puis au 15, rue Vivienne. Il y meurt à l'âge de 24 ans, le 24 novembre, dans un Paris assiégé par les troupes de Bismarck, un Paris où les chats se font rares pour cause de disette alimentaire. Il laisse deux œuvres majeures, ses *Poésies* et ses *Chants de Maldoror*, tournant le dos aux « têtes-molles » de la poésie classique : Chateaubriand, « le mohican-mélancolique », Théophile Gautier, « l'incomparable-épicier », Lamartine, « la cigogne-larmoyante », Victor Hugo, « le funèbre-échalas-vert », Musset, « le gandin-sans-chemise-intellectuelle ».

Avant de mourir, il a rédigé son testament et demandé qu'on mette sur la porte de l'appartement la phrase bien connue : « Qui ouvre la porte de ma chambre funéraire ? J'avais dit que personne n'entrât. Qui que vous soyez, éloignez-vous. »

Les Chants de Maldoror, publiés dans l'anonymat l'année précédente, ne sont découverts qu'une quinzaine d'années plus tard et Huysmans s'interroge : « Que diable pouvait faire dans la vie l'homme qui a écrit d'aussi terribles rêves ? » Kevin Saliou, dans *Marianne*, lui répond partiellement : « Sans doute Isidore Ducasse en tant qu'individu était-il beaucoup moins flamboyant que son alter ego littéraire… Ducasse ne fut ni un fou, ni un révolutionnaire, ni même un poète maudit ou bohème, plutôt un fils à papa vivant à Paris au mauvais moment de l'Histoire. Mais cette normalité n'explique en rien le génie de son œuvre, et c'est ce qui continue de nous fasciner[18]. »

Lautréamont, avec ses *Poésies* et *Maldoror*, sera avec Rimbaud « le maître des écluses pour la littérature de demain », selon André Gide. Il deviendra le phare et le champ d'expérimentation des surréalistes, ouvrant la porte à l'écriture automatique et à l'exploration de l'inconscient, des surréalistes fascinés par son « beau comme la rencontre fortuite d'un parapluie et d'une machine à coudre sur une table de dissection ».

Au 13, Jean-Pierre Brisset, roi des penseurs

En 1871, cet autodidacte publia à compte d'auteur *La Natation ou l'Art de nager, appris seul en moins d'une heure* et déposa dans la foulée à la préfecture de Marseille le brevet de la « ceinture-caleçon aérifère à double réservoir compensateur », invention qui sera suivie quelques années plus tard d'une « planchette calligraphique destinée à l'enseignement de l'écriture et du dessin ».

Installé à Paris, faubourg Montmartre, en 1876, il fait paraître sa *Grammaire logique*, ouvrage qu'il complétera en 1883 et qui contient sa fameuse théorie : l'ancêtre de l'homme est la grenouille, la preuve étant que les grenouilles parlent le français.

Ses calembours métaphysiques, ses théories et ses inventions phonétiques abracadabrantes contenus dans *Le mystère de Dieu est accompli* et dans *Les Origines humaines* feront la joie de facétieux comme Jules Romains ou Max Jacob qui, en 1912, organisent rue Royer-Collard un canular : élire le « Prince des penseurs » de l'époque. Brisset, à peine étonné, est sacré le 6 janvier 1913, par deux cent douze voix contre cinquante-cinq à Henri Bergson.

« Jean-Pierre Brisset prend congé d'ici-bas le 2 septembre 1919, conclut Patrice Delbourg, nommant Jules Romains parmi ses légataires, avec une coquette somme d'argent afin de perpétuer sa mémoire et diffuser son œuvre. Celui-ci boucle illico un colis de livres qu'il expédie au Groenland[19]. »

FROCHOT (avenue)

Où pouvait bien mener cette fameuse avenue Frochot ? Quels privilégiés pouvaient bien vivre dans cet endroit paisible et quasi provincial ? Je savais que l'avenue Frochot conservait le souvenir de quelques grands noms…

— Delphine Montalant, *En remontant l'avenue Frochot*, 1994

Au 1, la dernière demeure de Matthieu Galey

« Il n'est pas de Paris, il ne sait pas sa ville, celui qui n'a pas fait l'expérience de ses fantômes », écrivait Jacques Yonnet dans *Rue des Maléfices*. Matthieu Galey en avait-il conscience quand il acheta ce petit hôtel particulier pseudo-gothique qui avait vu la paralysie de Victor Massé, l'assassinat de la femme de ménage du directeur des Folies Bergère et la fuite de Sylvie Vartan ? Il le surnommera « mon tombeau gothique » et décédera peu de temps après de la maladie de Charcot. Côté fiction, il écrivit peu. Son premier ouvrage publié à 23 ans est un recueil de chroniques – *Les Vitamines du vinaigre* (1958) – qu'il juge lui-même « très mauvais » et Jacques Chardonne, son père spirituel, lui écrit gentiment : « Ce qu'il y a de bien chez vous, c'est que vous n'avez jamais rien fait de merveilleux. » Galey le sait et s'en désole : « Homosexuel et demi-juif, écrit-il, quel romancier ne donnerait cher pour posséder ce capital ? » Le critique littéraire et théâtral laissera cependant, selon certains, quelque chose de « merveilleux » : son *Journal* (deux volumes publiés chez Grasset en 1987-1989), immense fresque grinçante du milieu littéraire, autobiographie et bloc-notes de la vie parisienne sur trois décennies.

Se sachant condamné, il décédera avenue Frochot en février 1986 après avoir noté dix mois auparavant : « Mon cas est rigolo, comme si j'avais attrapé la scarlatine pendant la grande peste. »

Au 2 bis, Eugène Brieux

De 1913 à 1932, date de sa mort, cet académicien vécut avenue Frochot, poursuivant une carrière de dramaturge d'une trentaine de pièces que le Quai de Conti juge « sans grande originalité mais dont la sincérité, servie par un véritable savoir-faire, a su toucher un large public populaire. Son œuvre témoigne de ses idées sociales et de son souci généreux de défendre et de donner voix aux faibles et aux opprimés ».

Au 3, Henry Bataille

« Un Rostand de vingt-six ans qui ne réussira pas », prophétisa Jules Renard en 1899. Il eut tort. Après une première pièce, *La Belle au bois dormant* (1894), et un recueil de vers, *La Chambre blanche* (1895), Bataille entame une longue et brillante carrière de dramaturge avec *La Lépreuse*, puis *Ton sang*, drames passionnels dont les péripéties viennent ébranler les contraintes sociales. Considérées comme des chefs-d'œuvre – certains critiques évoquent un nouveau Racine –, ses pièces font courir un Tout-Paris bourgeois avide de se voir déchirer à dents acérées. Il fut le grand rival d'Henry Bernstein, fut joué à Broadway, vit ses pièces adaptées au cinéma puis disparut du répertoire.

En 1934, douze ans après sa mort, Aragon le fera entrer dans son roman *Les Cloches de Bâle* et lui fera dire : « Nous sommes au bout d'une époque, au seuil d'un monde. [...] Je fais partie intégrante de cet univers qui meurt... Un jour viendra où des hommes nouveaux liront mes œuvres avec des yeux dessillés. Ils verront combien j'ai haï le navire qui m'emporte, et comme dans la voilure j'appelais le naufrage, et comme les feux des diamants ne m'ont jamais distrait des étoiles ! »

Au 5, Paul Meurice et Victor Hugo

Dramaturge prolifique et romancier, plume occasionnelle de Dumas, Paul Meurice fit jouer de nombreuses pièces sous le Second Empire et en particulier *Fanfan la tulipe*, drame en sept actes qui sera adapté au cinéma. Ami intime de Victor Hugo, il gérera ses affaires parisiennes durant l'exil et, après la chute du Second Empire, accueillera avenue Frochot celui auquel Paris réserve un accueil triomphal. « En me séparant de cette foule, toujours grossie, qui m'a conduit jusque chez Paul Meurice, 26, rue de Laval, avenue Frochot[20], j'ai dit au peuple : “Vous me payez en une heure vingt ans d'exil[21].” »

Nommé par testament exécuteur littéraire de Hugo (avec Auguste Vacquerie et Ernest Lefèvre), Meurice entreprendra, en 1904, l'édition dite « de l'Imprimerie nationale » des œuvres complètes, en quarante-cinq volumes, de l'auteur et fondera le musée Victor Hugo place des Vosges.

Au 7, Alexandre Dumas père

Voisin de Paul Meurice, Alexandre Dumas loue en avril 1850 un petit pavillon au 7, avenue Frochot, logement qu'il occupe avec sa fille Marie Alexandrine. Il loue en même temps un appartement au quatrième étage du 96, boulevard Beaumarchais, dans lequel il accueille sa maîtresse Isabelle Constant. Après sa mise en faillite, en 1851, Dumas quitte l'avenue Frochot et se réfugie à Bruxelles. Sa faillite personnelle est prononcée, cent cinquante-trois créanciers vont poursuivre la personne physique nommée Dumas, depuis M. Ade, teinturier, jusqu'à Mme Vaillant, marchande de fleurs. À Bruxelles, Dumas va retrouver deux proscrits littéraires, Hugo et Hetzel.

FROCHOT (rue)

Après avoir longtemps erré par les rues,
comme une âme en peine, il se souvenait avoir échoué
dans la quiète tiédeur maternelle d'un bar,
sis à Pigalle, rue Frochot.
— Jean-François Genty, *Une dame sans voyelles*, 1978

Au 2, le Théâtre en Rond

Dans les années 1930, l'hôtel particulier néo-Renaissance construit en 1837 devient un cabaret chinois, le Shanghai. Une extension s'orne alors de vitraux Art déco s'inspirant d'une estampe représentant la vague de Kanagawa du peintre japonais Hokusaï. En 1954, la comédienne Paquita Claude et le metteur en scène André Villiers font aménager à l'intérieur un théâtre expérimental, le théâtre en rond. On y jouera notamment *Voulez-vous jouer avec moâ ?* de Marcel Achard et *Ouragan sur le Caine*, pièce-procès qui avoisinera les mille représentations.

Au 4, Apollonie Sabatier

Fille de blanchisseuse née de père inconnu, Apollonie Sabatier, de son vrai nom Aglaé Savatier, vécut rue Frochot de 1846 à 1864, présidant chaque dimanche des dîners réunissant ses amis artistes et écrivains, Maxime du Camp, Gustave Flaubert, Théophile Gautier, Alexandre Dumas père, Edmond de Goncourt, Arsène Houssaye… Elle vient de déclencher un scandale en posant nue pour Auguste Clésinger, qui réalise un moulage de son corps et crée *Femme piquée par un serpent*, présentée au Salon de 1847. Muse des poètes, elle est également une maîtresse adulée. Théophile Gautier lui dédie sa *Lettre à la Présidente* (1850), poème érotique qui n'hésite pas à évoquer « les fronçures d'un sphincter prêt à boire une pine », et Baudelaire, plus nuancé, évoquera le souvenir de son amour fou pour la belle dans son poème *Harmonie du soir*, lui écrivant en 1854 dans *L'Aube spirituelle* : « Le Soleil a noirci la flamme des bougies / – Ainsi, toujours vainqueur, ton Fantôme est pareil / Âme resplendissante – à l'éternel Soleil. »

Au 6, Ulric Guttinguer

Poète et romancier, né en 1787, il fut l'aîné et l'ami de Victor Hugo, de Théophile Gautier, de Musset, et l'un des promoteurs de la révolution romantique. Ses vers méritent qu'on les oublie : « Si quand l'herbe fleurit dans la fraîche vallée, / Sous des abris naissants errent mes pas rêveurs, / Si j'entends mille oiseaux dire sous la feuillée / Des chants consolateurs… » Il décède rue Frochot en 1866.

Au 10, *Les Amours jaunes* de Tristan Corbière

Il était si maigre que les habitants de Roscoff l'avaient surnommé « l'An Ankou » c'est-à-dire, en breton, « le spectre de la mort ». Mauvais augure. En 1873, à 28 ans, Tristan Corbière s'installe à Paris dans une médiocre chambre de la rue Frochot et publie à compte d'auteur *Les Amours jaunes*, recueil inspiré par son amour sans espoir pour une petite actrice parisienne[22]. Le poète finit souvent ses nuits au poste de police, ce qu'il ne déteste pas : « Quand, sans tambour ni flûte / Un servile estafier / Au violon me culbute / Je me sens libre et fier… »

Il ne restera pas longtemps parisien : malade, il retourne en Bretagne et meurt en mars 1875 après avoir demandé qu'on remplisse sa chambre de bruyère.

Dix ans plus tard, Verlaine en fera un de ses « poètes maudits ». *Les Amours jaunes* figurent en bonne place dans la bibliothèque de Des Esseintes, le héros d'*À rebours* : cette présence dans l'œuvre de Huysmans contribuera à faire connaître le poète breton et les surréalistes situeront son œuvre au niveau de celles de Rimbaud et de Lautréamont.

FROMENTIN (rue)

À cette heure, le commissaire Lucas était sûrement rue Fromentin, à faire son enquête, à interroger la concierge et, probablement, les deux locataires qui l'avaient rencontré dans le couloir.

— Georges Simenon, *Maigret au Picratt's*, 1951

Au 12, André de Lorde

Le « maître de l'horreur » qui officiait dans son Grand Guignol de la cité Chaptal vécut rue Fromentin au début des années 1900. Paisible bibliothécaire de jour à la bibliothèque de l'Arsenal, il écrivait la nuit ses pièces sanglantes destinées à faire hurler les spectateurs. Et parfois, pour se changer les idées, il écrivait des comédies comme *Ma négresse !* (1901) ou *Madame Hercule* (1905). Maurice Muret, critique littéraire au *Journal des débats*, lui succédera dans l'appartement. Lorde écrira plus de cent cinquante pièces, six recueils de nouvelles, une dizaine de romans et verra son œuvre adaptée au cinéma, muet puis parlant, à trente reprises.

GRANGE-BATELIÈRE (rue de la)

« Ce Tchang Pou tient un restaurant, rue de la Grange-Batelière. – Un restaurant chinois ? »

— Léo Malet, *Boulevard… ossements*, 1957

Au 7, Frédéric Soulié

Il fut aussi célèbre à son époque qu'inconnu aujourd'hui. Après quelques drames historiques au succès mitigé, un ouvrage sanglant lui apporte la célébrité : *Les Deux Cadavres* (1832), dans lequel on assiste au viol d'une enfant de 14 ans sur le cercueil de son père. Le roman-feuilleton va faire sa fortune, à l'instar de Sue, de Dumas ou de Balzac, avec notamment ses *Mémoires du Diable* (1837-1838) dans lesquels, sur fond de viol, inceste et adultère, le diable (très cynique) mène la danse pour damner le baron de Luizzi. Il fit jouer une vingtaine de drames, écrivit une trentaine d'ouvrages de fiction dont, malgré son goût pour le macabre et l'horrifique, de nombreux contes pour enfants.

Il meurt en septembre 1847. Enterré au Père-Lachaise, il eut droit à une salve d'honneur, à un discours de Victor Hugo et aux sanglots d'Alexandre Dumas, qui écrira dans le *Journal des débats* : « Frédéric Soulié meurt jeune, à 47 ans. Non seulement un des écrivains les plus acclamés, mais un des hommes les plus aimés du moment. Sa dernière œuvre dramatique, *La Closerie des Genêts*, avait tout récemment obtenu un succès retentissant. Cette pièce plaidait avec une éloquence chaude, sincère, ingénieuse, l'éternelle cause de la fille séduite et de l'enfant abandonné. »

Au 10, le hideux sourire de Voltaire

Ils étaient deux Alfred : Musset et Tattet. Riche financier et fin lettré, Alfred Tattet tient rue de la Grange-Batelière un salon fort couru où se retrouvent Nodier, Lamartine, Vigny, Roger de Beauvoir… C'est ici que Musset donne pour la première fois lecture de son *Rolla*, grand succès de librairie de l'année 1833, dont deux vers sont restés célèbres : « Dors-tu content, Voltaire, et ton hideux sourire / Voltige-t-il encor sur tes os décharnés ? »

Durant cette même année, Musset rencontre George Sand, qui, coïncidence, passa une partie de son enfance (de 1804 à 1807) à quelques pas, au 22 de la rue.

En novembre 1856, Alfred Tattet décède d'une attaque de goutte et Musset sent venir sa fin. Réprimandé par sa gouvernante pour quelque imprudence, il lui répond : « Ne vous fâchez pas, ce sera peut-être la dernière, mon ami Tattet m'appelle et je crois que j'irai bientôt le rejoindre. »

Au 13 (anciennement 22), George Sand apprend à lire

La petite Amandine-Aurore-Lucie passe avec sa mère Sophie Dupin les trois premières années de sa vie (1804-1807) rue de la Grange-Batelière, dans un appartement qu'elle évoque dans *Histoire de ma vie* : « Je ne me retrace qu'une suite indéterminée d'heures passées dans mon petit lit sans dormir, et remplies de la contemplation de quelque pli de rideau… Il n'est donc pas étonnant que je me rappelle parfaitement l'appartement que nous occupions rue Grange-Batelière… »

Elle se souvient y avoir découvert sa vocation pour la littérature, décrivant les histoires qu'elle racontait à sa mère. À 4 ans, elle saura lire, apprendra par cœur, sans en comprendre un mot, des fables de La Fontaine, et retiendra sa première chanson d'enfant : « Allons dans la grange / Voir la poule blanche / Qui pond un bel œuf d'argent / Pour ce cher petit enfant. » Puis elle deviendra une enfant surdouée qui, à l'âge de 12 ans, aura « lu l'*Iliade*, *La Jérusalem délivrée*, Rousseau, Ann Radcliffe[23]… ».

HAVRE (rue du)

Avec Rue du Havre, *je suis devenu l'écrivain de la gare Saint-Lazare. Avec* Les Choses de la vie, *l'écrivain de la route.*

— Paul Guimard

Au 6, Paul Guimard et le destin

Julien Legris est un vieil homme qui vend des billets de la Loterie nationale « Gueules cassées », devant le 6 de la rue du Havre. Chaque matin, François sort de la gare pour se rendre à son bureau et, quelques minutes plus tard, sept très exactement, Catherine sort à son tour pour se rendre à son cours d'art dramatique. Minutage immuable, jour après jour. Comment changer le cours du destin ? Comment abolir ces sept minutes ? Le vieil homme tente, en vain, de les faire se rencontrer. Il faudra un accident et la mort du vieil homme pour les réunir. Paul Guimard obtiendra le prix Interallié 1957 pour *Rue du Havre*.

Au 8, Marcel Proust au lycée Condorcet

Handicapé par son asthme, Proust redouble sa seconde au lycée Condorcet, lycée où il étudie entre 1882 et 1889. Parmi ses amis lycéens, Robert de Flers, Fernand Gregh, Jacques Bizet, Robert Dreyfus, Daniel Halévy (cousin de Jacques)… Alphonse Darlu, professeur de philosophie, exercera sur le jeune homme une profonde influence : « Sa parole inspirée, écrira Proust, plus sûre de durer qu'un écrit, a, en moi comme en tant d'autres, engendré la pensée. » Autres professeurs de philosophie ayant enseigné à Condorcet : Alain, Jean Jaurès, Sartre, Merleau-Ponty… Professeurs d'anglais : Mallarmé et… Marcel Pagnol.

HELDER (rue du)

« À merveille ! dit Albert, le déjeuner sera prêt. – Vous demeurez ? – Rue du Helder, n° 27. – Vous êtes chez vous en garçon, je ne vous gênerai pas ? »

— Alexandre Dumas, *Le Comte de Monte-Cristo*, 1844

Au 4, Gustave Flaubert

En 1854, en pleine rédaction de *Madame Bovary*, Flaubert modifie ses habitudes parisiennes, passant de la rive gauche à la rive droite. Il quitte l'hôtel du Bon La Fontaine, rue des Saints-Pères, trop proche de la rue de Sèvres de sa redoutable amoureuse Louise Colet et loge à l'hôtel du Helder, près du boulevard des Italiens. C'est à cet hôtel qu'elle le relance, en mars 1855, et que, furieux, il lui délivre une fin de non-recevoir définitive, avant de partir pour Croisset. Tout aussi furieuse, elle annotera le billet qui lui annonce sa disgrâce de trois épithètes : « lâche », « couard » et, souligné deux fois, « canaille ».

Au 21, le concierge d'Eugène Chavette

Dans *Aimé de son concierge*, l'écrivain Eugène Charlemagne Chavette loge ses personnages au 21 et rappelle une vérité à méditer : « On ne naît pas plus portier qu'on ne vient au monde homme de lettres. Ce sont les événements de la vie qui, un beau matin, vous amènent à l'une ou l'autre de ces professions qui n'exigent aucun apprentissage. Nous avouerons même que, de ces deux carrières, la plus séduisante est celle du portier qui, lui, est toujours assuré de ne jamais coucher à la belle étoile. »

Chavette choisit néanmoins la carrière d'écrivain et son premier ouvrage, écrit avec Jean-Louis Auguste Commerson, *Mayonnaise d'éphémérides et de dictionnaire, assaisonnée par Joseph Citrouillard et retournée par les deux hommes d'État du Tintamarre* (1852), suivi de *Allons-y gaiement ! aux petites affiches du Tintamarre : ouvrage dédié aux gens sans place et sans aveu* (1853), est fort cocasse.

Au 25, Ernest Legouvé

En 1835, ce moraliste, critique et auteur dramatique réside rue du Helder et vient de publier un recueil de petits poèmes, *Les Morts bizarres* (1832), puis deux romans, *Max* (1833) et *Les Vieillards* (1834). Suivront *Édith de Falsen* (1840) et une pièce écrite en collaboration avec Scribe : *Adrienne Lecouvreur*, pièce qui triomphe à la Comédie-Française en 1849. Fils d'académicien, il est lui-même élu en 1855. Il acquiert une certaine célébrité par ses conférences données au Collège de France sur les droits des femmes et son *La Femme en France au XIXe siècle* (1864) rencontre un large succès. Il décède en 1903 au 14, rue Saint-Marc, où il était né quatre-vingt-seize ans auparavant.

Au 27, Albert de Morcerf

Dans *Le Comte de Monte-Cristo* (1844-1846), Dumas loge les Morcerf au n° 27 de la rue du Helder. « Mais aussi, déclare Albert, le fils de Mercédès et de Fernand de Morcerf, ce sont les fous et les niais comme nous qui voyagent, les gens sensés ne quittent pas leur hôtel de la rue du Helder ! »

HENNER (rue)

René Bras Court, Francis le Nantais et ma poire on s'était associés dans un restau de marché noir, situé rue Henner. L'affaire ronflait à tout va…

— Auguste Le Breton, *Malfrats and Co*, 1971

Au 9, Apollinaire

En avril 1907, Apollinaire s'installe 9, rue Léonie (devenue rue Henner), dans un petit deux-pièces situé au deuxième étage d'un bel immeuble Louis-Philippe aux pilastres corinthiens et aux médaillons Renaissance et fait savoir qu'il recevra chaque jeudi, de cinq à sept heures, et après le dîner. L'auteur de *L'Enchanteur pourrissant* et du *Festin d'Ésope* a terminé sa *Chanson du mal-aimé* (« Et je chantais cette romance… ») et produit la moitié des poèmes qui composeront *Alcools*. Pour le poète en mal d'argent, c'est l'année de la rencontre avec Marie Laurencin, l'écriture des *Exploits d'un jeune Don Juan* et des *Onze mille verges* dont son ami Pablo Picasso est le premier lecteur. Les deux amis déménageront simultanément deux ans plus tard. Le peintre au 11, boulevard de Clichy, le poète au 15, puis au 37, rue Gros.

Au 14, le déclin de Lucie Delarue-Mardrus

La poétesse-romancière y réside dans les années 1930 et y restera jusqu'en 1940, avant de quitter Paris pour Château-Gontier. Sa carrière littéraire, après un dernier succès (*L'Ex-voto*, 1922), a connu un long déclin. Ses tiroirs – qu'elle surnomme les Éditions Dutiroir – sont remplis de recueils refusés par les éditeurs et elle se lamente : « Mon pays ne m'a jamais admise comme poète. J'ai des millions de lecteurs de mes romans, pas cinq cents me savent poète et à peine deux cents qui aiment ma poésie. Et pourtant je ne suis qu'un poète comme les fées sont les fées. Toute ma vie est poésie. » Victime d'une pneumonie, elle disparaît en 1945.

HENRY-MONNIER (rue)

Il me parut trop évident que, fussé-je en cet instant à l'autre bout de Paris, je me serais dirigé tout de même vers la rue Henri-Monnier.

— Joseph Kessel, *La Passante du Sans-Souci*, 1936

Au 2, les amours littéraires de Louise Colet

La « Déesse des muses » (dixit Victor Hugo) résida et tint salon rue Henry-Monnier (ancienne rue Bréda) dans les années 1840, avant de s'installer rue de Sèvres. Ses amours chaotiques avec Vigny, Alphonse Karr (elle lui planta un couteau dans le dos), Musset et Flaubert – plus que ses poèmes – firent le bonheur des salons parisiens. C'était pourtant une femme de talent, poétesse, romancière, dramaturge, auteure de biographies et de récits de voyage, ayant obtenu des succès d'édition, des prix prestigieux et reçu les hommages de Victor Hugo. « Parce qu'elle a des liaisons avec des écrivains, écrit *Libération*, on la cantonne dans un rôle de muse et de bas-bleu arriviste. Et la plupart de ses confrères masculins l'enferment dans une littérature féminine qu'ils conçoivent comme mineure, selon des critères établis par leurs soins[24]. »

Sa liaison avec Flaubert – elle fut son grand amour – dura deux ans, de 1846 à 1848. L'aime-t-elle trop ? « Ne m'aime pas tant, lui écrit-il en août 1846, ne m'aime pas tant, tu me fais mal ! Laisse-moi t'aimer, moi ; tu ne sais donc pas qu'aimer trop, ça porte malheur à tous deux ; c'est comme les enfants que l'on a trop caressés étant petits, ils meurent jeunes ; la vie n'est pas faite pour cela ; le bonheur est une monstruosité ! Punis sont ceux qui le cherchent. »

La fin de leur relation, en mars 1855, sera plus brutale : « Madame, lui écrit-il, j'ai appris que vous vous étiez donné la peine de venir, hier, dans la soirée, trois fois, chez moi. Je n'y étais pas. Et dans la crainte des avanies qu'une telle persistance de votre part, pourrait vous attirer de la mienne, le savoir-vivre m'engage à vous prévenir : que je n'y serai jamais.

J'ai l'honneur de vous saluer. » Le temps est loin où l'écrivain se levait la nuit pour relire les lettres de sa maîtresse et en respirer l'odeur musquée.

Au 4, Zola au bordel

Au 4 de l'ancienne rue Bréda était située dans les années 1880-1890 une « maison de plaisir » tenue par Louise Brémont, établissement que Zola fréquenta assidûment mais chastement. « Il y a manifestement ses habitudes, note une fiche de police de juillet 1891, non pour avoir des relations avec les clientes, mais pour recueillir, sans doute en vue d'un ouvrage, leurs impressions et souvenirs. »

Au 16, Dinochau

Si l'on disait « au Petit Rocher », personne ne connaissait. Mais si l'on disait « chez Dinochau », les « ah oui ! » étaient unanimes pour vanter le minuscule établissement dont le seul décor était une grande glace occupant tout un mur, permettant à tout un chacun de voir tout un chacun. Les soirs d'affluence, on pouvait y rencontrer Baudelaire et Poulet-Malassis, Alfred Delvau, Henry Murger et sa compagne, Jules Janin qui habitait tout près… Surnommé pompeusement par son propriétaire « le restaurateur des lettres », Dinochau fit faillite en 1871, de nombreux « hommes de lettres » ayant oublié de le payer. Edmond de Goncourt n'oublie pas, comme il sait si bien le faire, de l'assassiner : « Le père Dinochau, un vieil abruti, la mère Dinochau, qui avait de gros yeux saillants comme des tampons de locomotive… » Son frère Jules, lui, se charge de la compagne de Murger, une « petite créature menue, visage tout pointu, tout bridé, tout retiré. Les cheveux sur le front, petite moustache piquante. Ratatinée, venimeuse, pie-grièche frottée de mots… ».

Au 26, naissance de *La Nouvelle Revue française*

Elle faillit s'appeler *Ulysse* ou *Aujourd'hui*. Ce fut finalement *La Nouvelle Revue française*, nom adopté par les fondateurs, André Gide, Jean Schlumberger, Marcel Drouin, Jacques Copeau, André Ruyters et Henri Ghéon. Les six hommes collaborent presque tous à des revues où ils peuvent s'exprimer. « Mais ils avaient le sentiment que, dans cette dispersion, leurs idées restaient sans retentissement, et qu'elles prendraient une tout autre vigueur, coordonnées dans une publication où elles s'appuieraient mutuellement[25]. »

Le premier numéro de la *NRF* paraît le 1er novembre 1908, 26, rue Henry-Monnier, sous la direction de l'écrivain Eugène Montfort. Mais il déplaît à André Gide, partisan d'un certain classicisme, alors que Montfort plaide pour une rupture générationnelle.

Ce premier numéro éreinte Mallarmé et tresse des couronnes à D'Annunzio, ce que Gide ne peut supporter. « Il faut, dit-il, tuer dans l'œuf ce déplorable monstre. » Considérant Montfort comme « médiocre et désobligeant », il va le « débarquer ». C'est ainsi que la *NRF* naît une seconde fois, avec un nouveau n° 1, en février 1909, sans Eugène Montfort.

La *NRF* – revue de critique et de création – donnera naissance à une maison d'édition, le Comptoir d'édition de la *NRF*, qui deviendra les éditions Gallimard. Soutenu à ses débuts par le mécénat d'André Gide, Jean Schlumberger et Gaston Gallimard, trois riches héritiers, le couple revue-éditeur va changer le cours de la littérature française.

Au 49, Germain Nouveau

Une des multiples adresses de l'autre poète aux semelles de vent, le baladin qui déclare : « Mais je ne suis qu'un fou, je danse / Je tambourine avec mes doigts / Sur la vitre de l'existence. »

ITALIENS (boulevard des)

On va avec mon père chez le disquaire du boulevard des Italiens pour vérifier qu'il n'y a pas un nouveau disque sorti, ou un ancien qui m'aurait échappé.

— Hervé Guibert, *Mes parents*, 1986

Au 10-12, vers le café Certà de Dada et des surréalistes…

Situé à la hauteur du 10-12, boulevard des Italiens, ouvert en 1822, le passage de l'Opéra comprenait deux galeries parallèles : les galeries de l'Horloge et du Baromètre, courant du boulevard des Italiens à la rue Le Peletier. « C'est dans ce lieu, relate Aragon, où vers la fin de 1919, un après-midi, André Breton et moi décidâmes de réunir désormais nos amis, par haine de Montparnasse et de Montmartre, par goût aussi de l'équivoque des passages, et séduits sans doute par un décor inaccoutumé qui devait nous devenir si familier ; c'est ce lieu qui fut le siège principal des assises de Dada. »

Au Certà, on boit des Kiss Me Quick (trois francs cinquante) ou des Sherry Cobler (quatre francs). Si l'on souhaite un peu de tranquillité, on peut se rendre au Petit Grillon, dans la galerie voisine.

Aragon est sensible au charme de la jeune femme qui tient la caisse et il appelle souvent le café au téléphone, afin d'entendre sa voix et de s'entendre dire « Non, personne ne vous a demandé » ou « Il n'y a pas de dadas, Monsieur ».

Le 23 janvier 1925, quelques mois avant la disparition du passage, les surréalistes s'y retrouvent pour une de leurs dernières réunions afin de définir leur conception de la révolution, rédigeant un tract qui commence par : « Le surréalisme n'est pas une forme poétique. Il est un cri de l'esprit qui se retourne vers lui-même et est bien décidé à broyer désespérément ses entraves, et au besoin par des marteaux matériels ! »

Quelques mois plus tard, le passage de l'Opéra, ce « grand cercueil de verre », est démoli pour permettre le prolongement du boulevard Haussmann et de la rue Chauchat. Subsiste, heureusement, le merveilleux *Paysan de Paris* de Louis Aragon.

… et le Petit Grillon

En 1921, Breton et Éluard vont se fâcher : « Il arrive aussi, écrit Georges Sebbag, qu'un portefeuille bien garni trouvé sur une table du Petit Grillon sème la discorde parmi les dada-surréalistes. L'objet soulève un débat éthique : faut-il le rendre (Pansaers), le tirer au sort (Tzara), partager son contenu (Aragon), convertir l'argent en boisson (Rigaut) ou se rembourser d'une avance au groupe (Breton) ? Confié à Éluard, ce dernier finit par le remettre au patron du bar. Ce qui entraînera une longue fâcherie entre Éluard et Breton[26]. »

Au 16, les auteurs sifflés au café Riche

Fondé en 1785, agrandi en 1865, le restaurant situé à l'angle de la rue Le Peletier sera pendant quarante ans un lieu privilégié de rendez-vous pour le gratin littéraire et les jolies cocottes. « Il plaît, écrit André Delvau, et ne désemplit pas, dès quatre heures de l'après-midi, toute la rangée est au complet. Une heure plus tard, vous ne trouverez même pas un guéridon. » On y voit notamment Baudelaire, un Baudelaire qui, lit-on dans le journal des Goncourt, « soupe à côté, sans cravate, le col nu, la tête rasée, en vraie toilette de guillotiné. Une seule recherche : de petites mains lavées, écurées, mégissées. La tête d'un fou, la voix nette comme une lame. Une élocution pédantesque, vise au Saint-Just et l'attrape. Se défend assez obstinément, et avec une certaine passion sèche, d'avoir outragé les mœurs dans ses vers ». C'est au café Riche (dire « le café Iche ») qu'a lieu le célèbre « dîner des auteurs sifflés », club des cinq très fermé qui réunit Edmond de Goncourt, sifflé pour *Henriette Maréchal* (1865), Daudet pour son *Arlésienne* (1872), Flaubert pour son *Candidat* (1873), Zola pour *Les Héritiers Rabourdin* (1874) et Tourgueniev, pour on ne sait quoi. « Il nous donna sa parole, relate Daudet, qu'il avait été sifflé en Russie, et, comme c'était très loin, on n'y alla pas voir. »

Au 20, la Maison Dorée

L'établissement s'appelait la Maison d'Or, mais les Parisiens décidèrent qu'il s'agissait de la Maison Dorée. Si Flaubert fut un familier du café Riche, il ne portait pas son concurrent dans son cœur : « Il faudrait, écrit-il dans ses *Carnets*, que les sans-culottes harpassent les bourgeois au sortir de la Maison d'Or pour les fouetter sur la place publique. »

Dans la *Recherche*, Proust relate la rencontre de Swann et d'Odette : « Il poussa jusqu'à la Maison Dorée, entra deux fois chez Tortoni et, sans l'avoir vue davantage, venait de ressortir du Café anglais, marchant à grands pas, l'air hagard, pour rejoindre sa voiture qui l'attendait au coin du boulevard des Italiens, quand il heurta une personne qui venait en sens contraire : c'était Odette. »

La Maison Dorée a fermé ses portes en 1902. L'établissement, morcelé en plusieurs commerces, devint un bureau de poste en 1909. En 1974, la BNP y installe sa division internationale.

Au 22, le café Tortoni

Jules Vallès, qui fut un habitué du célèbre café, en décrit l'attractivité dans *Le Tableau de Paris* publié dans *Gil Blas* en 1883 : « En débarquant à Paris, combien de Rubempré et de Rastignac, combien d'ambitieux et de naïfs ont défait précipitamment leurs malles, endossé leur habit des dimanches et sont partis pour aller frotter la semelle de leurs bottines sur les dalles du Tortoni ! »

Le café – « établissement de luxe ouvert à tous » – sera mentionné dans de nombreux ouvrages littéraires : *Le Rouge et le Noir* de Stendhal, *La Comédie humaine* de Balzac (cité plus de dix fois), *Le Comte de Monte-Cristo* de Dumas, *L'Éducation sentimentale* de Flaubert, *À la recherche du temps perdu* de Proust, *Les Diaboliques* de Barbey d'Aurevilly…

JEAN-BAPTISTE-PIGALLE (rue)

Les limonadiers se pressent sur le seuil de leurs portes et vous interpellent comme les anciens Cosaques de la rue Pigalle : « Dites, monsieur, vous venez… »

— Léon-Paul Fargue, *Le Piéton de Paris*, 1939

Au 12, les quatre cent vingt-cinq pièces de théâtre d'Eugène Scribe

Rarement un auteur aura gagné autant d'argent avec ses pièces de théâtre. Scribe s'en félicitait, inscrivant au fronton d'un chalet du parc de Séricourt, domaine qu'il possédait en Seine-et-Marne, ce distique reconnaissant : « Le théâtre a payé cet asile champêtre / Vous qui passez, merci. Je vous le dois peut-être. »

Dramaturge prolifique, il fut sans doute le plus joué en France et dans le monde durant le XIXe siècle, applaudi par ses pairs (mais honni par les romantiques), académicien en 1834.

Immensément riche à la fin de sa vie, il se fit construire rue Pigalle son hôtel particulier, y plaça (en 1857) six panneaux peints muraux retraçant sa carrière (signés Jules Héreau) et y mourut le 20 février 1861.

Au 20, George Sand et Chopin

Au fond d'un jardin, à l'ancien 16 de la rue Pigalle, George Sand loue en 1841 deux pavillons d'été dont un qu'elle sous-loue à Chopin (avant d'emménager avec lui !). Dans une lettre à Mme Hanska, Balzac décrit les lieux : « Son petit salon est couleur café au lait et le salon où elle reçoit est plein de vases chinois superbes, pleins de fleurs. […] Il y a un dressoir plein de curiosités, des toiles de Delacroix, son portrait par Calamatta. » Les amants se sont connus en 1836. Le soir de leur rencontre, Chopin confie à son ami Ferdinand Hiller : « Quelle femme antipathique que cette Sand ! Mais est-ce vraiment bien une femme ? Je serais tenté d'en douter. »

Au 45, Raymond Roussel s'explique

Dans *Comment j'ai écrit certains de mes livres*, ouvrage paru en 1935, deux ans après sa mort, Roussel explique ses modalités d'écriture, concernant notamment *Impressions d'Afrique*, *Locus Solus*, *L'Étoile au front*, *La Poussière de soleils.* « Il s'agit d'un procédé très spécial. Et, ce procédé, il me semble qu'il est de mon devoir de le révéler, car j'ai l'impression que des écrivains de l'avenir pourraient peut-être l'exploiter avec fruit. [...] Je choisissais deux mots presque semblables. Par exemple *billard* et *pillard*. Puis j'y ajoutais des mots pareils mais pris dans deux sens différents, et j'obtenais ainsi deux phrases presque identiques. [...] Les deux phrases trouvées, il s'agissait d'écrire un conte pouvant commencer par la première et finir par la seconde. Amplifiant ensuite le procédé, je cherchai de nouveaux mots se rapportant au mot *billard*, toujours pour les prendre dans un sens autre que celui qui se présentait tout d'abord, et cela me fournissait chaque fois une création de plus. Le procédé évolua et je fus conduit à prendre une phrase quelconque, dont je tirais des images en la disloquant, un peu comme s'il se fût agi d'en extraire des dessins de rébus. »

Selon Michel Leiris (dont les propos sont rapportés par Jean-Paul Clébert dans *Les Hauts Lieux de la littérature à Paris*), Raymond Roussel aurait écrit son ouvrage dans un hôtel de passe pour homosexuels situé au 45, rue Pigalle, en 1931, hôtel misérable où décédera la grande Fréhel en 1951.

Au 55, Juliette Drouet et son Toto

Victor Hugo rentre d'exil le 25 septembre 1871 pour s'installer (après un séjour à l'hôtel Byron, rue Laffitte, puis chez son ami Paul Meurice) au 66, rue de La Rochefoucauld. Sa femme, Adèle, est morte trois ans plus tôt et Juliette Drouet, maîtresse en titre, emménage aussitôt au 55, rue Pigalle, la maison juste en face, pour être au plus près de son « Toto ».

Au 60, le pauvre pantalon de Baudelaire

Non loin de la belle Apollonie Sabatier, l'élue de son cœur qui réside rue Frochot, Baudelaire séjourne par intermittence d'octobre 1852 à mai 1854 dans un garni dont il a du mal à honorer le loyer. Perpétuellement endetté, recherché par des créanciers, il écrit à sa mère le 27 mars 1852 : « Quelquefois je me sauve de chez moi, afin de pouvoir écrire, et je vais à la bibliothèque, ou dans un cabinet de lecture, ou chez un marchand de vin, ou dans un café comme aujourd'hui. » En décembre 1853, il évoque son dénuement : « Je sais si bien ajuster deux chemises sous un pantalon et un habit déchiré que le vent traverse ; je sais si adroitement adapter des semelles de paille ou même de papier dans des souliers troués, que je ne sens presque que les douleurs morales. Cependant, il faut avouer, j'en suis venu au point que je n'ose plus faire de mouvements brusques ni même trop marcher de peur de me déchirer davantage. »

JOUBERT (rue)

Mais, cette rue Joubert est une rue de retape,
et c'est dans un vrai bordel qu'ils t'ont envoyé,
tes types du Ministère !
— Joseph Zobel, *La Fête à Paris*, 1953

Au 10, Dumas père et fils

En 1845 et 1846, alors qu'il séjourne à Saint-Germain-en-Laye à la villa Médicis, Dumas loue un pied-à-terre qu'il partage avec son fils, âgé d'une vingtaine d'années, rue Joubert. Abandonnant le théâtre, il s'est lancé dans le roman historique, *Les Trois Mousquetaires* inaugurant une longue lignée de best-sellers coécrits par une cinquantaine de « collaborateurs » dont Auguste Maquet, principal pilier. En 1845 sont ainsi publiés *Vingt ans après*, *Le Comte de Monte-Cristo*, *Le Chevalier de Maison-Rouge*, *La Reine Margot*… De retour à Paris, Dumas s'installera au 3, cité Trévise puis au 7, avenue Frochot.

Au 15, le salon des Ancelot

Après avoir « reçu » rue de Seine (de 1818 à 1824), rue Neuve-Saint-Roch (de 1824 à 1828), les époux Ancelot s'établissent rue Joubert, perpétuant un salon qui fait et défait les succès littéraires. Lorsqu'on vient à Paris, étranger ou provincial, la rue Joubert est un passage obligé, au même titre que le restaurant de Paolo Brogi, rue Le Peletier, les glaces de Tortoni ou les illuminations au gaz des Champs-Élysées.

Dès 1832, alors qu'il vient de publier *La Peau de chagrin*, Balzac devient un habitué des lieux et Virginie Ancelot en fera dans ses *Mémoires* une description amusée : « Le physique de Balzac était, il est vrai, peu séduisant ; mais avec une intelligence et des yeux comme les siens, il eût pu révéler davantage sa supériorité. Sa toilette, négligée parfois jusqu'au manque de propreté, avait des jours de recherche bizarre. Sa canne, devenue célèbre, lui apparut tout à coup et marqua l'ère de ses excentriques magnificences ; une voiture singulière, un groom qu'il nomma Anchise, des déjeuners fabuleux et trente et un gilets achetés en un mois, avec le projet d'amener ce nombre à trois cent soixante-cinq… »

Au 26, miracle et origines corsaires de Georges Bernanos

Si Georges Bernanos passa une grande partie de son enfance à Fressin, petit village du Nord de la France proche d'Azincourt, c'est bien rue Joubert qu'il naquit le 20 février 1888. Dix-huit mois plus tard, une grave infection manque d'emporter le bébé. Mais une bouteille d'eau de Lourdes offerte par une voisine va – songent les parents – sauver l'enfant. Le « miracle » sera célébré par un ex-voto installé à l'église Saint-Louis d'Antin à Paris, église où Georges est baptisé. Georges Bernanos, outre son miracle, pourra se prévaloir d'une ascendance peu commune : Jean Bernanos fut en effet un capitaine corsaire luttant aux Antilles dans les années 1690 contre l'alliance anglo-espagnole.

En 1892, la famille Bernanos quittera la rue Joubert pour s'installer au 14, rue Vignon, où est situé le magasin du père, Émile Bernanos. Suivra un séjour à Neuilly en 1896-1897, un retour à Paris rue de l'Abbé-Groult puis, en 1900, le 8, rue d'Angoulême, séjours entrecoupés de vacances à Fressin. Le père est monarchiste et lit chaque matin, à haute voix pour son fils, *La Libre Parole* de Drumont. Catholicisme et royalisme : le chemin est tracé.

LA BRUYÈRE (rue)

Ce quartier des écrivains (rue Fénelon, rue La Bruyère) est plutôt agréable.

— Michel Bulteau, *Les morts ne reviennent pas*, 2020

Au 3 bis, Aurélien Scholl

Ce journaliste aux mots d'esprit très parisiens et au monocle impeccable fut aussi prisé que le chapeau et les calembours de Willy. À la fin du XIXe siècle et au début du XXe, il œuvra au *Figaro*, remettant des papiers aussi craints qu'amusants, ce qui lui valut le surnom de « chroniqueur étincelant ». Escrimeur hors pair, il multiplia les duels, dont un faillit lui être fatal. Il régna en maître pendant vingt ans sur le café Tortoni, à l'angle du boulevard des Italiens et de la rue Taitbout, arrivant à dix-sept heures et s'installant sur le guéridon de marbre qui lui était réservé au centre de la rangée. Il écrivait bien, mais « au lieu de ramasser, écrit Marcel Marter, de condenser ses forces vives sur une œuvre durable, Scholl préféra jeter au jour le jour, grain par grain, à tous les vents, une moisson abondante, et disperser ses forces et son intelligence avec tapage, incessamment, sans profit pour lui-même ».

Scholl publia cependant une cinquantaine d'ouvrages, romans, essais et pièces de théâtre où Paris a la part belle, comme *Paris en caleçon* (1887), *Paris aux cent coups* (1888) ou *Les Ingénues de Paris* (1893).

Au 15, Dorgelès et Mado

Dorgelès emménage rue La Bruyère en 1914 avec Mado (Madeleine Pouchet) dans un trois-pièces situé au-dessus de l'appartement de son ami Warnod qui tient le courrier des arts à *Comœdia*. Six mois plus tard, la guerre éclate. Dorgelès, réformé pour cause de tuberculose, fait intervenir un ami de ministre pour être incorporé. Et, sur le front, il écrit. *Les Croix de bois* paraîtront quatre mois après l'Armistice, le jour de sa démobilisation. L'ouvrage ratera le Goncourt, le jury préférant les jeunes filles en fleurs aux poilus des tranchées.

Au 33, *Le Vent noir* de Paul Gadenne

Paul Gadenne, dans *Le Vent noir*, situe le centre de son intrigue dans l'immeuble du 33, rue La Bruyère. Si le 33 est une adresse bien réelle, Didier Blonde, dans son *Carnet d'adresses*, nous révèle que l'immeuble, lui, n'existe pas. « C'est en passant [...] devant la plaque bien visible du 33, que j'ai compris que le réel se dérobait : il n'y avait pas de porte, pas d'entrée au n° 33 – qu'il n'y en avait sans doute jamais eu. Une plaque postiche pour un numéro fantôme. » Cette découverte de Didier Blonde est d'autant plus troublante que sur le site de Gallimard, on peut lire à propos du *Vent noir* de Gadenne : « N'appartient plus au catalogue de l'éditeur depuis 1972[27]. »

Ce qui est certifié, c'est qu'Albert Béguin a écrit : « Je ne vois guère aujourd'hui que Julien Green pour éclairer aussi fortement le monde de la peur et du crime. Et quoique rien ne permette de supposer ici une influence directe, Green est bien l'écrivain dont se rapproche le plus l'auteur de ce *Vent noir*. »

Au 38, Antonin Artaud

« Ma déraison lucide ne redoute pas le chaos », écrira-t-il. Sa vie en sera le champ de bataille. En 1928, entré en littérature avec deux petits livres, *L'Ombilic des limbes* (1925) et *Le Pèse-nerfs* (1925), et sa *Correspondance avec Jacques Rivière* (1927), Artaud s'établit rue La Bruyère et fonde le théâtre Alfred-Jarry, menant de front activités littéraires, cinématographiques et théâtrales. Ses relations avec les surréalistes sont au plus mal. L'année précédente, ayant proclamé « le néant de l'activité révolutionnaire », il s'est fait exclure du mouvement et, écrit Évelyne Grossman, « à l'occasion de son départ, Breton, Éluard, Benjamin Péret, Pierre Unik publient une brochure intitulée *Au Grand Jour*, destinée à informer publiquement des exclusions d'Artaud et Soupault du groupe surréaliste, et de l'adhésion des signataires au parti communiste. Artaud y est violemment pris à partie : "[…] Il y a longtemps que nous voulions le confondre, persuadés qu'une véritable bestialité l'animait […]. Cette canaille aujourd'hui nous l'avons vomie. Nous ne voyons pas pourquoi cette charogne tarderait plus longtemps à se convertir, ou, comme sans doute elle dirait, à se déclarer chrétienne[28]" ». Artaud répond aussitôt : « Ce qui me sépare des surréalistes, c'est qu'ils aiment la vie autant que je la méprise. »

Sur le tard, le ton s'adoucira et, en 1946, Breton lui rendra hommage sur la Chaîne nationale : « Chaque fois qu'il m'arrive d'évoquer avec nostalgie ce qu'a été la revendication surréaliste s'exprimant dans sa pureté, dans son intransigeance originelle, c'est la personne d'Antonin Artaud, magnifique et noire, qui aussitôt s'impose à moi. »

Le début des années 1930 marque les débuts des grandes crises qui le conduiront à l'internement. « Tant qu'il gardait sa lucidité, relate Jean-Louis Barrault, il était fantastique, royal, drôle […]. Mais quand, sous l'effet de la drogue ou de la souffrance, la machine se mettait à grincer, c'était pénible. On souffrait pour lui. »

Au 45, Cocteau et Dargelos

Dans de la soie, l'enfance de Cocteau ? Ses parents, Georges et Eugénie, occupent un étage d'un hôtel particulier du 45, l'autre étage étant celui de ses grands-parents, un appartement qui éblouit l'enfant avec sa baignoire d'argent, ses milliers de livres, ses tableaux de Delacroix. Sa mère joue sur un piano que lui a légué Rossini, un Stradivarius dort dans une armoire. Le petit Jean n'a que 9 ans lorsqu'on retrouve, le 5 avril 1898, son père mort dans son lit, une balle dans la tête. Les raisons de ce suicide resteront mystérieuses. Ennuis boursiers ? Infidélité conjugale ? Homosexualité mal assumée ?

Cocteau fréquente le petit Condorcet, puis le grand. À la rentrée d'octobre 1902, il est en quatrième. Il sera renvoyé en 1904 pour ses trop nombreuses absences. Mais il y fait une rencontre qui le marquera pour la vie, celle de Pierre Dargelos, son héros des *Enfants terribles* qu'il présente dans *Le Livre blanc*[29] comme la petite « pute » du collège : « Dès qu'on le flatte, il marche. S'il te plaît, tu n'as qu'à te l'envoyer. » Cocteau tombe amoureux et aimera les garçons durant toute sa vie.

LA TOUR-D'AUVERGNE (rue de)

(depuis 2019, rue Louise-Émilie-de-La-Tour-d'Auvergne)

Sarcey demeurait alors rue de La Tour-d'Auvergne. Vilaine rue, vilaine maison, vilain appartement.
— Léon Treich, *L'Esprit d'Henry Becque*, 1928

Quelque part dans la rue, Jérôme Garcin

Profondément marqué par la mort de son frère jumeau, à l'âge de 6 ans, et de son père, à 45 ans, ce journaliste et critique littéraire leur a consacré deux récits : *La Chute de cheval* (prix Roger-Nimier 1998) et *Olivier* (2011). Primée à de très nombreuses reprises, son œuvre s'attache aux destinées éclair comme celle de l'écrivain Jean Prévost, mort à 43 ans sur le plateau du Vercors (*Pour Jean Prévost*, prix Médicis essai 1994), du poète Jean de La Ville de Mirmont, mort à 27 ans en 1914 (*Bleus Horizons*, 2013), de Barbara, dont il fut très proche (*Barbara, claire de nuit*, 1999), ou du père de sa femme, Gérard Philipe : *Le Dernier Hiver du Cid* (2019), prix des Deux-Magots 2020.

Au 1-3, Murger et la bohème des Buveurs d'eau réunis

Dans les *Scènes de la vie de bohème* (1851), Rodolphe et Marcel prient leurs amis de venir faire la fête rue de La Tour d'Auvergne – car il n'y a « qu'un temps à vivre » – par l'envoi d'un tract promettant de grandes agapes culturelles et comportant un *nota bene* : « Toute personne qui voudrait lire ou réciter des vers sera immédiatement mise hors des salons et livrée entre les mains de la police. » L'auteur, Henry Murger, connaît bien les lieux. Il y réside en 1841 dans une petite mansarde. « On y accédait par l'escalier au fond de la cour, au cinquième étage, la porte à gauche, décrit Bernard Vassor. De la fenêtre donnant sur la cour, on pouvait apercevoir Montmartre[30]. » On s'y asseyait souvent par terre car, comme disait Murger : « Dès qu'on s'encombre de chaises, on ne sait plus où s'asseoir[31]. »

Les personnages des *Scènes de la vie de bohème* et les amours tragiques de Mimi et de Rodolphe rencontrèrent un large écho auprès des Parisiens et l'ouvrage, mi-roman mi-récit autobiographique, sera adapté au théâtre (*La Vie de bohème*, de Barrière et Murger), à l'opéra et au cinéma.

Rue de La Tour-d'Auvergne, Murger et ses amis fondèrent l'association des Buveurs d'eau, société d'encouragement et d'entraide mutuelle, dont font partie notamment Champfleury et Nadar, en vue de se faire un nom sur le plan littéraire ou artistique. Après les *Scènes de la vie de bohème*, Murger « percera » comme auteur dramatique et poète (*Ballades et Fantaisies*, 1854, *Les Nuits d'hiver*, 1861) et aura sa statue au jardin du Luxembourg en 1895.

Au 30, Béranger

Là où s'élève le bâtiment de la Poste existait au milieu du XIXe siècle une maison, propriété de Marguerite Vadé de Lisle, danseuse à l'Opéra. Béranger, au terme de six ans passés au 24, rue des Martyrs, y loua un appartement en 1830-1831.

Il a 50 ans, il est célèbre. En détrônant Charles X, la révolution de Juillet, à laquelle il a largement contribué par ses compositions, met fin à son combat républicain et il décide de se retirer en province. Chateaubriand, son grand ami, lui rend visite avant son départ : « Dans une de ces petites maisons retirées derrière un petit jardin, vous trouvez le chansonnier : une tête chauve, deux gros yeux gris, de grosses lèvres, un air rustique, fin et voluptueux, annoncent le poète… » Béranger ne reviendra à Paris que dix ans plus tard.

Au 31, Alphonse Karr

En 1835, à 27 ans, Alphonse Karr se marie et s'installe rue de La Tour-d'Auvergne dans une maison disposant d'un jardin comportant une haie de cerisiers, de lilas, jardin dans lequel il cultive des tulipes. « Faites le tour du monde, écrit-il, moi je vais faire le tour de mon jardin. »

Après le succès de son premier roman, *Sous les tilleuls* (1832), il travaille au *Figaro* comme rédacteur en chef, participe à *La Chronique de Paris* fondée par Balzac, et devient, entre 1839 et 1849, le rédacteur unique du journal *Les Guêpes*, revue satirique fort piquante qui malmène les célébrités de l'époque. (Évoquant une pièce versifiée d'un M. Walewski, il écrit : « On avait conseillé à M. Walewski de montrer beaucoup d'esprit. Il n'a pas voulu écouter ces conseils. »)

Journaliste, polémiste, il est l'ami de Nerval, rencontré à l'occasion de la création du *Monde dramatique*, en 1834, et qui vient souvent dormir chez lui : « Il avait bien, dans l'île Saint-Louis, un logement où il avait serré son fameux lit, un ou deux bahuts ; mais cet ameublement incomplet et d'ailleurs privé de la divinité qui devait y être adorée l'attristait ; il n'y allait jamais : il couchait quelquefois chez moi, le plus souvent dans un hôtel quelconque qu'il trouvait ouvert à l'endroit où il lui prenait envie de dormir, très souvent chez Gautier. L'héritage était alors complètement grignoté[32]. »

Entre 1840 et 1890, Alphonse Karr, ami des tulipes et redoutable chroniqueur, publiera une cinquantaine d'ouvrages dont *Voyage autour de mon jardin* (1845), *Sous les orangers* (1848), *Roses noires et roses bleues* (1859) ou *Le Credo du jardinier* (1875).

Au 37 (aujourd'hui 39-41), Hugo et ses trois femmes

Fin 1848, Hugo loue un appartement situé au premier étage d'un bâtiment en rotonde avec vue sur jardin, propriété de Mme Hamelin, l'ancienne Merveilleuse, surnommée « plus grand polisson de France », qui réside au rez-de-chaussée. Le poète, qui vient d'être élu député à l'Assemblée législative, s'occupe plus de politique que de littérature et c'est dans cet appartement qu'il reçoit la visite du prince Louis-Napoléon, soucieux de lui expliquer ses projets nationaux. Quelque temps séduit, après avoir soutenu la candidature du prince à la présidence de la République, Hugo ne donnera pas suite.

Hugo le boulimique se partage entre trois femmes : sa femme légitime, Adèle, avec lui ; Juliette, l'amante officielle, qu'il a installée cité Rodier ; et sa dernière conquête, Léonie Biard (née d'Aunet), qui habite avec son mari au 12, rue Laferrière. Le couple Hugo va rester trois ans rue de La Tour-d'Auvergne, organisant des soirées très fréquentées. Après le coup d'État de décembre 1851, Hugo quitte précipitamment la maison : selon la tradition, il se serait enfui par un escalier dérobé donnant sur la cité Godon.

LAFERRIÈRE (rue)

… vers la place Saint-Georges, que vainement
pour nous contournait la rue Laferrière
avec son hémicycle de baisers.
— Louis Aragon, *Le Paysan de Paris*, 1926

Au 12, naissance de Mallarmé

« Un poème est un mystère dont le lecteur doit chercher la clef », écrira-t-il. En serait-il de même pour son ascendance ? Verlaine, en 1885, questionnera le poète sur ses origines et lui demandera (par personne interposée) s'il n'a pas eu un ancêtre sous la Convention. Mallarmé éludera ses liens avec son bisaïeul, le tristement célèbre François-René Mallarmé (1755-1831), président de la Convention, qui vota la mort de Louis XVI et qui fit arrêter (et guillotiner) trente-deux jeunes filles coupables d'avoir offert des fleurs et des fruits au roi de Prusse lors de son entrée dans leur ville.

Le bisaïeul aurait-il jeté un sort sur la famille ? La mère de Mallarmé meurt quand il a 5 ans, son père l'abandonne à ses grands-parents maternels et va fonder une autre famille, sa sœur cadette adorée, Marie, décède l'année de ses 15 ans. Devant ces malheurs accumulés, il troquera la foi contre le néant puis découvrira le Beau.

Au 12, Léonie d'Aunet

C'est probablement dans le salon de Fortunée Hamelin, rue d'Hauteville, que, fin 1843, Victor Hugo fait la connaissance de Léonie d'Aunet. Il s'éprend de cet « ange », lui adresse des poèmes, et, en mai 1845, un exemplaire de la nouvelle édition du *Rhin* comportant une dédicace : « À Madame Léonie : On voit en vous, pur rayon, / La grâce à la force unie, / Votre nom, traduction / De votre double génie, / Commence comme lion, / Et finit comme harmonie. » Commence une liaison-passion à laquelle le mari, le peintre Auguste Biard, décide de mettre fin. Pris en flagrant délit d'adultère dans un hôtel du passage Saint-Roch, le couple est arrêté. Hugo, grâce à son immunité de pair de France, est relâché, mais Léonie est incarcérée à la prison pour femmes de Saint-Lazare où elle restera deux mois, le reste de sa peine étant commué en six mois de couvent. Adèle, la femme du grand homme, ravie de le voir s'éloigner de Juliette Drouet, lui rend visite et l'aide à se reconstruire après la séparation de corps avec son mari. Hugo, en exil, correspondra avec elle et l'aidera financièrement. Est-il à l'origine de sa carrière littéraire ? Elle signera des récits de voyage, des nouvelles, une comédie (*Une place à la cour*, 1854) et un drame, *Jane Osborn* (1855). Léonie d'Aunet décédera en 1879 au 66, rue de Bondy (actuelle rue René-Boulanger), quatre ans avant Juliette Drouet.

Au 16, Paul Léautaud

En mai 1882, le petit Paul Léautaud, qui habite avec son père au 21, rue des Martyrs, se rend rue Laferrière pour rendre visite à sa mère, chanteuse d'opérette et légèrement cocotte, dans la chambre meublée où elle séjourne lorsqu'elle est à Paris. Il ne peut se douter qu'il s'agit de sa dernière visite et qu'il ne la reverra que vingt ans plus tard, lors d'un enterrement familial, la mère saluant d'un « bonjour, monsieur » un fils qu'elle ne reconnaît pas. Dans *Le Petit Ami* (1903), roman tissé de haine et de vilenies, Léautaud réglera ses comptes avec sa mère et, par avance, avec toutes les femmes qui croiseront sa route.

LAFFITTE (rue)

Le boulevard Haussmann est arrivé aujourd'hui rue Laffitte, disait l'autre jour L'Intransigeant.

— Louis Aragon, *Le Paysan de Paris*, 1926

Au 1, Alexandre Dumas

Menacé financièrement par l'amendement Riancey (qui taxe fiscalement le roman-feuilleton) et par la déconfiture de son Théâtre-Historique, traqué par ses créanciers personnels (le château de Monte-Cristo s'est avéré ruineux), Dumas a quitté la France vers la fin de 1851 et s'est fixé à Bruxelles. En 1853 (ou 1854), acceptant de céder quarante-cinq pour cent de la propriété littéraire de ses œuvres présentes et futures à ses créanciers, il revient à Paris et retrouve son fils couronné du succès de son adaptation théâtrale de *La Dame aux camélias*. Il s'installe 1, rue Laffitte, à l'adresse de la Maison Dorée (avec le 20, boulevard des Italiens). Dumas devient un des nombreux habitués du célèbre restaurant et installe dans des locaux exigus donnant sur cour son journal *Le*

Mousquetaire, auquel collaborent notamment Nerval, Maurice Sand, Roger de Beauvoir, Aurélien Scholl, Théodore de Banville, journal qui deviendra en 1857 après sabordage *Le Monte-Cristo*, « rédigé par M. Dumas seul ».

Il loue par ailleurs dans l'immeuble « une sorte de cabinet presque cénobitique. Point d'ornements. Pas un tableau ni une statuette. Une petite table de sapin, recouverte d'un tapis rouge des plus simples. Sur cette table, un encrier, des plumes, du papier bleu[33] », et c'est sur celle-ci que l'écrivain vieillissant rédige des kilomètres de *Mémoires*.

Au 1-3, Joseph-Antoine Cerutti

En 1778, à 40 ans, l'auteur de l'*Apologie générale de l'Institut et de la doctrine des jésuites* (1763) s'installe rue d'Artois, future rue Laffitte, au coin du boulevard des Italiens. Ancien jésuite devenu républicain, ayant dépassé la quarantaine, il écrit en 1785 un recueil de poèmes, *Les Jardins de Betz*, dans lequel il annonce quatre ans à l'avance la Révolution française. En 1791, il publie un *Portrait du charlatanisme fait par lui-même, dans un moment de franchise* et un *Poème sur le jeu d'échecs*, long de quatre cents vers, description d'un combat par une pièce noire : « Les Noirs, les Blancs, jadis se disputaient la terre. / Deux peuples de leur race éternisent la guerre ; / Opposés d'intérêt, ainsi que de couleur, / Égaux par leur génie, égaux par la valeur, / Depuis quatre mille ans ils se battent sans cesse. »

Élu député à l'Assemblée législative, proche de Mirabeau, il décède en 1792.

Au 3, les frères Fischer

Max et Alex Fischer font partie des « frères en écriture » (Grimm, Goncourt, Tharaud, Rosny, etc.), publiant chez Flammarion dans les années 1910-1920 une vingtaine de petits romans sans prétention et sans trop de succès comme *Les Prunes de Monsieur le curé* (1908) ou *L'Inconduite de Lucie* (1909).

Au 41, Delphine Gay, épouse de Girardin

Fille de l'auteure Sophie Gay, devenue l'épouse d'Émile de Girardin, le « Napoléon de la presse », elle tint avec son mari, après le 11, rue Saint-Georges, un des salons les plus brillants et les plus influents de la capitale, sous l'œil admiratif de Sainte-Beuve : « C'est un couple de serpents en train d'étouffer et de dévorer toute l'intelligentsia de Paris, laquelle se laisse faire avec plaisir. »

Théophile Gautier en brosse un portrait amoureux : « Le col, les épaules, les bras et ce que laissait voir de poitrine, la robe de velours noir, sa parure favorite aux soirées de réception, étaient d'une perfection que le temps ne put altérer… Sa belle âme était heureuse d'habiter un beau corps. » La belle âme aimait bien Gautier, mais préférait Lamartine. « L'amitié amoureuse que Delphine témoigna jusqu'à la fin à son poète favori dépassa en dévouement tout ce qu'on peut imaginer. Elle fut son ancre de salut, son port de refuge dans sa détresse finale ; elle lui arracha le pistolet des mains. Et Lamartine ne fut pas seul à éprouver la bonté de son cœur. Tous ceux qui l'approchèrent, tous ceux qu'elle admit dans son intimité, aussi bien Victor Hugo que Balzac, et Jules Sandeau que George Sand, l'éprouvèrent à leur tour de la façon la plus discrète et la plus touchante[34]. »

Outre son salon, Delphine de Girardin se fit connaître par sa plume, abordant la littérature sous tous ses angles : poésie, romans, pièces de théâtre, feuilletons pour son mari. Chroniqueuse, elle fut une pionnière du journalisme d'humeur. Émile et Delphine de Girardin s'installeront en 1842 dans l'hôtel de Choiseul-Gouffier sur les Champs-Élysées, où perdurera leur salon jusqu'en 1855, date de la mort de Delphine. On lui doit un charmant *La Canne de Monsieur Balzac* (publié en 1856) : « Tancrède se mit de nouveau à lorgner M. de Balzac et sa canne. Mais cette canne le préoccupait. Comment, se disait-il, un homme aussi spirituel a-t-il une si vilaine canne ? – peut-être contient-elle un parapluie ; il y a un mystère là-dessous. » On retient d'elle une formule célèbre concernant l'échec de son ami Hugo à l'Académie française : « Si l'on pesait les voix, Hugo serait élu ; malheureusement on les compte. »

Au 46, Apollinaire tombe (encore) amoureux

C'est dans la boutique de Clovis Sagot, à deux pas de la galerie d'Ambroise Vollard, qu'en mai 1907, Guillaume Apollinaire, lors d'un rendez-vous avec Picasso, rencontre une mince jeune femme aux cheveux bruns qui expose ses œuvres pour la première fois. La liaison avec Marie Laurencin, pour le meilleur et souvent pour le pire, va commencer. Elle s'achèvera quatre ans plus tard après le triste épisode du vol de *La Joconde* qui mènera le poète en prison. De cette liaison tumultueuse resteront un poème, *Le Pont Mirabeau*, et un tableau : *Apollinaire et ses amis*.

LAMARTINE (rue)

« Alors, patron, 97, rue Lamartine ? »
— Roger Martin du Gard, *Les Thibault*, 1922-1940

Au 18, naissance de Bergson

Il est le deuxième d'une fratrie de sept enfants, fils d'un disciple de Chopin et il naît rue Lamartine en 1859. Admis grâce à une bourse au lycée Bonaparte (futur lycée Condorcet), il devra à l'âge de 16 ans vivre seul à Paris, sa famille s'étant installée à Londres. S'il truste tous les prix notamment littéraires, c'est en mathématiques qu'il est le plus brillant durant toutes ses études, obtenant le premier prix au concours général. Puis, à la surprise générale, il abandonne cette discipline pour la philosophie. Son professeur est atterré : « Vous auriez pu, lui dit-il, être un mathématicien, vous ne serez qu'un philosophe. »

Bergson va intégrer Normale sup', se faire surnommer « Miss » pour sa timidité, provoquer parfois une hilarité moqueuse, ce qui le conduira – peut-être – à publier vingt-deux ans plus tard dans la *Revue de Paris* son célèbre essai sur le rire, cette « anesthésie momentanée du cœur ».

Au 33, Baudelaire critique d'art

Avant d'être Lamartine, elle fut Neuve-Coquenard et c'est dans un hôtel garni du 33 de cette rue que logea le rédacteur du *Corsaire-Satan*, Baudelaire Dufaÿs, en 1846, après le 24, rue de Provence et avant le 7, rue de Tournon. Début mai, il publie chez Michel Lévy son deuxième *Salon*, texte dans lequel, rompant avec le ton mondain des comptes rendus habituels, il expose ses vues esthétiques, fustigeant « le chic et le poncif », les leurres de l'idéal, la peinture bien-pensante. La critique ? « Pour être juste, c'est-à-dire pour avoir sa raison d'être, la critique doit être partiale, passionnée, politique, c'est-à-dire faite à un point de vue exclusif, mais au point de vue qui ouvre le plus d'horizons. » Le romantisme ? D'accord. Mais un romantisme de la profondeur et du dedans : « Il n'est précisément ni dans le choix des sujets, ni dans la vérité exacte, mais dans la manière de sentir. » La couleur ? « La bonne manière de savoir si un tableau est mélodieux est de le regarder d'assez loin pour n'en comprendre ni le sujet ni les lignes. S'il est mélodieux, il a déjà un sens, et il a déjà pris sa place dans le répertoire des souvenirs. Le style et le sentiment dans la couleur viennent du choix, et le choix vient du tempérament. »

LE PELETIER (rue)

Il est trop tard pour aller rue Le Peletier.
Les bureaux sont fermés. Ce soir, j'enverrai un chèque et tous les renseignements nécessaires.
— Georges Simenon, *Le Voyageur de la Toussaint*, 1941

Au 5 (anciennement 3), Gustave Flaubert

À son arrivée à Paris, en juin ou juillet 1842, Flaubert loge à l'hôtel de l'Europe, un petit hôtel disposant d'un jardinet bordé d'une grille, à deux pas de l'opéra. Parisien pour cause d'études de droit, il éprouve une vive aversion pour la capitale : « Paris, écrit-il, n'est pas un pays de Cocagne pour tout le monde et j'y mène une vie relativement sombre. La capitale est pour les bons provinciaux quelque chose de très amusant, rempli de cafés, de restaurants, de glaces, de spectacles et de becs de gaz qui éclairent beaucoup. On est vite lassé de semblables merveilles ; pour moi, j'en suis tanné. »

Après l'hôtel de l'Europe, Flaubert séjournera quelques semaines au 35, rue de l'Odéon.

Au 5 (anciennement 3), le café Le Divan (dit le Boui-boui)

Depuis 1837, tout ce qui compte à Paris dans le domaine des arts et de la littérature se rend au Divan pour voir et être vu. Les murs sont recouverts d'inscriptions qui s'étalent d'un bout à l'autre de la salle, jusqu'au plafond. On y lit des maximes, des calembours ou des quatrains, parfois énigmatiques comme : « Quand Paul Féval / Est à cheval, / On voit Banville / Courir la ville / Et Paul Foucher / Va se coucher. »

Dans les années 1840, les têtes d'affiche sont Nerval, Théophile Gautier, Dumas… Suivront Murger, Delvau, Scholl et Baudelaire, qui y fit une lecture de ses *Chats*, ces chats « puissants et doux, orgueil de la maison ». Pour les Goncourt, Le Divan (surnommé le Boui-boui) de la rue Le Peletier est « un petit mauvais lieu fort bête, où s'assemble, le soir, un ramassis de messieurs, qui sont aux lettres ce que sont les courtiers de journaux au journalisme ». Le Divan fermera en 1859.

MANSART (rue)

Donc, je suis arrivé hier d'Yvetot pour passer les fêtes de Noël avec mon cousin Maripion, qui est tonnelier rue Mansart.

— Jean Drault, *Les Petits Drames du poste*, 1904

Au 11, Catulle Mendès

En 1869, trois ans après leur mariage, Catulle Mendès et Judith Gautier se sont séparés. Mendès s'est installé rue de Douai, a poursuivi sa liaison avec la compositrice Augusta Holmès, s'est installé chez elle en 1878, année de son divorce. Au total, ils auront cinq enfants. Dans les années 1880, il est au centre de la vie littéraire parisienne. Poète précieux, romancier apprécié, dramaturge reconnu, il ne dédaigne pas les courts récits érotiques, s'attirant la haine (antisémite) d'Octave Mirbeau qui écrit, dans un article de 1884 : « C'est alors qu'avec son flair de juif, il se lança dans la cochonnerie et qu'il ouvrit, dans le livre et dans le journal, une véritable maison de passe. Il avait trouvé sa voie, ce Rabagas des alcôves ardentes et des lits banals. L'obscénité était sa carrière. »

En octobre 1885, sa liaison avec Augusta Holmès s'achève. Il quitte la rue Mansart pour une petite maison située à Passy, 18, rue Berlioz.

MANUEL (rue)

On vit Nick traîner le soir aux alentours de la rue Manuel, à deux pas du boulevard Carnot, dans un petit appartement loué par un dénommé James.

— Vincent Helvéhem, *Le Fantôme de Nick Drake*, 2017

Au 16, Henry Murger

En janvier 1861, Henry Murger et sa compagne Anaïs Latrasse quittent la rue Véron et emménagent au 16, rue Neuve-des-Martyrs, future rue Manuel, au cinquième étage. L'auteur des *Scènes de la vie de bohème* n'y restera que quelques jours. Victime d'une attaque, il sera conduit à la maison Dubois, rue du Faubourg-Saint-Denis, où il décédera le 28 janvier.

Murger meurt de la gangrène et les Goncourt écrivent dans leur journal :

« Une mort, en y réfléchissant, qui a l'air d'une mort de l'Écriture. Cela me semble la mort de la bohème, cette mort par la décomposition – où tout se mêle, de la vie de Murger et du monde qu'il a peint : débauche du travail nocturne, périodes de misère et périodes de bombance, véroles mal soignées, le chaud et le froid de l'existence sans foyer, qui soupe et qui ne dîne pas, petits verres d'absinthe qui consolent du mont-de-piété ; tout ce qui use, tout ce qui brûle, tout ce qui tue ; vie en révolte avec l'hygiène du corps et de l'âme, qui fait qu'à quarante-deux ans, un homme s'en va de la vie en lambeaux, n'ayant plus assez de vitalité pour souffrir et ne se plaignant que d'une chose, de l'odeur de viande pourrie qui est dans sa chambre : c'est la sienne. »

MARGUERITE-DE-ROCHECHOUART (boulevard)

Le boulevard Marguerite-de-Rochechouart est également présent dans le 18e arrondissement.

Gervaise, que la lanterne gênait, regardait à droite, du côté du boulevard de Rochechouart, où des groupes de bouchers, devant les abattoirs, stationnaient en tabliers sanglants.

— Émile Zola, *L'Assommoir*, 1876

Au 57, Henri Rochefort

Le célèbre polémiste, aristocrate converti au socialisme, fondateur en 1868 de *La Lanterne*, périodique très irrévérencieux envers Napoléon III, fut considéré (sous les ricanements de Flaubert) comme le plus grand écrivain français. Il connut l'exil à Bruxelles, fut ministre du gouvernement de Défense nationale en 1870, participa à la Commune, puis connut la déportation en Nouvelle-Calédonie.

Amnistié en 1880, il revient à Paris et fonde *L'Intransigeant*. Élu député en 1885, Rochefort s'installe boulevard de Rochechouart et devient l'un des principaux partisans du général Boulanger. Après la fuite du général, il sera contraint à s'exiler à Londres.

MARGUERITE-DE-ROCHECHOUART (rue)

Mon père est sorti à neuf heures de chez nous, il est allé chez Mme Corot, rue Rochechouart, n° 30…

— Alexandre Dumas, *Un coup de feu*, 1858

Au 67, Henri Béraud

Auteur d'une cinquantaine d'ouvrages, depuis *La Bonne Taverne* (1905) jusqu'à *Les Derniers Beaux Jours* (1953), Prix Goncourt en 1922 pour *Le Martyre de l'obèse* et *Le Vitriol de lune*, grand reporter dans le style de Kessel, cet ancien dreyfusard et homme de gauche vira dans les années 1930 vers l'antisémitisme et la xénophobie. Chantre de Pétain, il sera condamné à mort pour faits de collaboration, puis gracié par de Gaulle. En 1951, il écrira un livre – *Quinze Jours avec la mort* – relatant les circonstances de son arrestation. S'il fut un « salaud », un « collabo » et un « faux cul[35] », il avait du style : « Toute en ventre et en fesses, cette harpie dodue soulignait ses rondeurs d'un pantalon de plage tendu aux limites de la catastrophe. Un Niagara de tétons la submergeait jusqu'au nombril. Elle avait des bras comme des cuisses, et des cuisses comme des jambons. Coquette, avec ça, et lascive, elle se trémoussait en minaudant, ni plus ni moins qu'une danseuse andalouse, de sorte que toute sa viande tremblait comme un baquet de colle[36]. »

MARTYRS (rue des)

Les bourrins galopent la rue des Martyrs,
tout le monde s'écarte pour qu'on passe. Quand on arrive
à la boutique on est très en retard quand même.

— Louis-Ferdinand Céline, *Mort à crédit*, 1936

Au 13, Paul Léautaud enfant

Léautaud y vécut de 1874 (il a 2 ans) à 1882, se réfugiant souvent chez Marie Pezé, la vieille bonne du père, rue Clauzel.

En mars 1931, il part en pèlerinage sur les traces de son enfance. Il s'étonnera du peu de changement en cinquante ans. En 1949, il y reviendra et s'étonnera de nouveau : « Prodigieux comme tout ce quartier de la rue des Martyrs a peu changé. La boutique de charbonnier qui existait rue Clauzel quand j'avais huit ans existe encore. Également celle du chapelier rue des Martyrs à deux pas du 21, où mon père habitait[37]. »

Au 37, Alfred Capus

De la rue des Martyrs jusqu'à Tortoni, il n'y a qu'un pas qu'il franchissait quotidiennement, arpentant fièrement les boulevards de la Madeleine au faubourg Montmartre, disputant à Aurélien Scholl la palme de l'esprit. En 1890, il publie son premier roman, *Qui perd gagne*, « presque un chef-d'œuvre » selon Jules Lemaître. (Incipit : « En 1887, Farjolle se décida à épouser sa blanchisseuse. À l'âge de trente ans, c'est une des plus graves résolutions que puisse prendre un homme. ») On le voit également au bois de Boulogne, aux côtés d'Octave Mirbeau, d'Alphonse Allais, d'Henry Gauthier-Villars et de Tristan Bernard, participer aux célèbres « courses de gens de lettres » organisées par l'Artistic Cycle Club. Romancier, il est également dramaturge, signant des comédies de mœurs comme *Brignol et sa fille* (1894).

En 1910, Capus quittera la rue des Martyrs pour la rue de Châteaudun.

Au 41, André du Bouchet

C'est, bien sûr, un poète exigeant dans la lignée de Pierre Reverdy ou de René Char. Mais c'est également une des adresses du délicieux *Je suis le carnet de Dora Maar* de Brigitte Benkemoun, paru en 2019. On y apprend qu'en 1951, André du Bouchet arrive des États-Unis, qu'il n'a pas encore publié et que sa femme vient d'accoucher d'une petite fille. On y apprend que Dora Maar l'encourage à écrire, comme elle encouragea Picasso dans ses essais d'écriture automatique. Le carnet ne précise évidemment pas que la petite fille, Paule du Bouchet, sera écrivaine et éditrice chez Gallimard.

Au 41, Noël Calef

Une dizaine de romans policiers et un statut de quasi-inconnu, malgré *Ascenseur pour l'échafaud*, publié chez Fayard, en 1956.

Au 47, la sœur (préférée) de Balzac

Après le 28, rue du Faubourg-Poissonnière, Laure Surville et son mari s'installent vers 1840 rue des Martyrs. Balzac se réfugie souvent chez eux pour échapper à ses créanciers. Indéfectible soutien de son frère, elle écrit, elle aussi, des contes pour enfants sous le nom de Lelio. À partir d'une de ses nouvelles – intitulée *Un voyage en coucou* –, Balzac rédigera un court roman : *Un début dans la vie* (1842).

Tout au long de son œuvre, l'écrivain a rendu quelques hommages discrets à sa sœur chérie, glissant sa silhouette dans plusieurs romans, comme Ève Sèchard dans *Les Illusions perdues*.

Laure Surville, après sa mort, lui consacrera un ouvrage paru en 1858 : *Balzac, sa vie et ses œuvres*.

Au 53, Roland Dorgelès

En 1907, le jeune Rolland Lecavelé, rebaptisé Dorgelès, entreprend une carrière de journaliste et réside rue des Martyrs, non loin de son cher Lapin Agile où l'âne Aliboron va bientôt faire des siennes. Pour son canular, Dorgelès a soigné le *Manifeste de l'excessivisme* signé Joachim-Raphaël Boronali : « Nous proclamons que l'excès en tout est une force. Ravageons les musées absurdes ! Piétinons les routines infâmes ! […] Le soleil n'est jamais trop ardent, le ciel trop vert, la mer trop rouge. » Dans le catalogue, on apprend que le peintre italien est né à Gênes et qu'il réside au n° 53 de la rue des Martyrs à Montmartre. *Et le soleil s'endormit sur l'Adriatique* fera l'objet de quelques louanges, sera vendu quatre cents francs et l'auteur pourra se réjouir avec ses copains de la bande à Frédé du coup de pied (de l'âne) aux critiques des salons. Les années qui suivront seront moins gaies, lorsqu'il s'engage en 1914 dans l'infanterie. Son roman sur la guerre, *Les Croix de bois* (1919), lui vaudra le prix Femina 1919.

MATHURINS (rue des)

La rue des Mathurins est également présente dans le 8e arrondissement.

Mais n'est-il pas, l'un des soirs dont je parle, tombé boulevard de la Madeleine, à l'angle de la rue des Mathurins, une énorme pierre blanche comme sortie d'une éruption volcanique récente du volcan Popocatepetl ?

— Antonin Artaud, *Van Gogh, le suicidé de la société*, 1947

Au 10, le salon de Marie d'Agoult

Après sa rupture avec Franz Liszt, Marie d'Agoult renoue avec la vie artistique et mondaine parisienne, ouvrant son salon rue Neuve-des-Mathurins où elle convie ses anciennes et nouvelles connaissances, Sainte-Beuve, Victor Hugo, Alfred de Vigny, Eugène Sue... Émile de Girardin lui ouvre les colonnes de *La Presse* dans laquelle elle publie ses premiers articles, sous le pseudonyme de Daniel Stern. Son ambition : devenir une femme d'influence et égaler les grands esprits du temps, domaine traditionnellement réservé aux hommes qui lui concéderont le statut « d'âme virile ».

Nélida (anagramme de Daniel), son premier roman, dépeint sa liaison tumultueuse avec Liszt. Il lui vaudra un succès mêlé de scandale, compte tenu de son aspect nettement autobiographique.

Après la rue Neuve-des-Mathurins, le salon de Marie d'Agoult émigrera rue Plumet (rue Oudinot) puis aux Champs-Élysées, rue Circulaire-de-l'Étoile (rue de Tilsitt).

Au 26, George Sand et son fils

Au printemps 1823, un an après son mariage avec le baron Casimir Dudevant, George Sand se rend à Paris et loue au fond d'une cour plantée en jardin un pavillon de l'hôtel de Florence, au 56 (ancienne numérotation) de la rue des Mathurins (ancienne rue Neuve-des-Mathurins). Elle y accouche de son fils Maurice, le 30 juin. Le fils, enfermé dans une relation fusionnelle avec sa mère, n'atteindra jamais la notoriété que son talent (d'illustrateur, de romancier, d'historien) autorisait.

MAYRAN (rue)

« C'est vers le square Montholon, une petite rue.
— Rue Lamartine ? — Non. — Rue Mayran ?
— C'est pas ça. »

— Alexandre Breffort, *Mon taxi et moi*, 1967

Au 10, naissance d'Edgar Morin

Il aurait pu être romancier, il sera sociologue. Né en 1921 rue Mayran, il écrit en 1931 un roman intitulé *L'Amour du bandit* (qui ne dépasse pas trois pages). Puis, après la mort de sa mère, il va loger (avec son père) chez sa tante, rue Sorbier, dans le 11e arrondissement. Son premier livre sera *L'An zéro de l'Allemagne* (1946), livre sur les rumeurs de haine de l'Allemagne de la part des Alliés vainqueurs.

MILAN (rue de)

Je prends la Chaussée d'Antin, je fais un coude au boulevard Haussmann, le long des Galeries La Fayette, puis je prends la rue Mogador, pour monter ensuite la rue de Clichy et arriver rue de Milan. Que de jolies femmes je rencontre !
— Paul Léautaud, *Le Théâtre de Maurice Boissard*, 1958

Au 24, Georges Fourest

Dans sa *Négresse blonde* (1909) préfacée par Willy, son poème dédié à la « sardine à l'huile fine sans tête et sans arêtes » et son « qu'il est joli garçon l'assassin de Papa ! » (attribué à Chimène dans un pastiche du *Cid*) lui apportèrent une confortable notoriété. Celui qui signa dans sa jeunesse Mitrophane Crapoussin, pseudonyme trouvé par son copain Laurent Tailhade, publiera en 1923 des *Contes pour les satyres*, édités chez Messein. En 1938, José Corti publiera son deuxième livre – officiel – de poèmes : *Le Géranium ovipare.* Le fantasque Georges Fourest meurt rue de Milan en 1945.

Au 24, Sophie Gay

Après avoir résidé rue Louis-le-Grand, sa fille mariée en juin 1831 avec Émile de Girardin, Sophie Gay s'installe rue de Milan en 1832. Auteure d'une vingtaine d'ouvrages, elle entreprend à 56 ans d'écrire ses Mémoires, travail qu'elle publiera en 1834 sous le titre ironique de *Souvenirs d'une vieille femme.* Sa carrière littéraire perdurera, avec une quinzaine d'ouvrages, romans, pièces de théâtre et essais historiques. Elle décède en 1852, alors que sa fille – Delphine Gay – triomphe au théâtre : *C'est la faute du mari* (1851), *Lady Tartuffe* (1853).

MOGADOR (rue de)

Le plus souvent, je me contentais de déambuler, rue de Provence, rue Joubert et rue Mogador, à la recherche de ces péripatéticiennes contre lesquelles on m'avait mis en garde. Oh ! il n'était pas question de les aborder.
— Pierre de Boisdeffre, *Contre le vent majeur*, 1994

Au 37, Nestor Burma et Léo Malet

Chassée par les promoteurs, l'agence Fiat Lux de Nestor Burma se transporte en 1968 rue de Mogador, « entre le théâtre Mogador et une boutique de lingerie féminine ». Burma apprécie son nouveau quartier : « J'aime tout dans la rue de Mogador. Son théâtre, son restaurant, ses bistrots (il y en avait un avant-guerre qui s'intitulait Aux Gangsters), ses boutiques et ses tapineuses bien élevées qui vous abordent en disant : “Bonjour monsieur !” »

Nestor Burma sait-il que son créateur, Léo Malet, entretient une relation particulière avec cette rue ? « Je gagnais ma vie comme manœuvre, relate Léo Malet dans *La Vache enragée*, et ma femme travaillait de son côté. Un jour, en allant livrer un bidet dans la rue Mogador, je suis passé rue de Clichy devant la librairie de José Corti, le libraire-éditeur, et j'ai aperçu des publications surréalistes. Ça n'était pas donné mais j'ai réussi à me les procurer et ça m'a beaucoup plu, l'écriture automatique... Et c'est comme ça que je suis entré dans le groupe surréaliste. »

Les *Poèmes surréalistes* seront édités en 1983 par les Éditions de la Butte-aux-Cailles.

MONCEY (rue)

On voit encore rue de Moncey un pavillon élevé au milieu d'un jardin, et auquel des constructions modernes enlèvent la vue de la rue de Clichy.

— Adolphe Granier de Cassagnac, *Histoire du Directoire*, 1863

Au 2, Guy de Maupassant

« Décidément, écrira-t-il en 1883, l'air de Paris ne ressemble à aucun air. Il y a un je-ne-sais-quoi de montant, d'excitant, de grisant qui vous donne une drôle d'envie de gambader [...]. Dès que je débarque ici, il me semble, tout d'un coup, que je viens de boire une bouteille de champagne[38]. »

À l'angle de la rue Blanche, le jeune commis au ministère de la Marine a loué à ses débuts, au rez-de-chaussée, une chambre de douze mètres carrés donnant sur une petite cour sans lumière. Il y restera quatre ans, de 1872 à 1876. Dans cet enclos aux antipodes des grands espaces de sa Normandie natale, peu de meubles, à part une bibliothèque sur mesure et un lit ancien à colonnes sculptées qui le suivra dans tous ses domiciles, lit que l'on retrouve dans *Une vie*, dans *Le Lit* ou dans *Les Sœurs Rondoli.* « La porte était ouverte à tout venant, dira son ami Léon Fontaine, et l'on était toujours accueilli par un bon sourire et unc main cordialement tendue. Si quelque fâcheux, par hasard, s'y risquait, il n'était pas tenté d'y revenir, tant il était berné et mystifié. »

Maupassant va canoter le samedi et Maupassant écrit. Premier conte publié : *La Main d'écorché* (1875, sous le pseudonyme de Joseph Prunier). Premiers compliments : *Au bord de l'eau* (1876, sous le pseudonyme de Guy de Valmont). Premier succès : *Boule de suif*, sous son nom, en 1880. Dans la décennie qui suit, il va écrire six romans, quatre pièces de théâtre et plus de trois cents nouvelles.

MONTHIERS (cité)

... les achats de boules de gomme à la sortie du lycée Condorcet, les batailles de boules de neige dures et sanglantes de la cité Monthiers, toute la féerie de ses onze ans.

— Robert Scipion, *Prête-moi ta plume*, 1946

Au 3, le Père Ubu au théâtre de l'Œuvre

« J'ai voulu, écrit Jarry, que le rideau levé, la scène fût devant le public comme ce miroir de contes de Mme Leprince de Beaumont, où le vicieux se voit avec des cornes de taureau et un corps de dragon selon l'exagération de ses vices ; et il n'est pas étonnant que le public ait été stupéfait à la vue de son double ignoble, qui ne lui avait pas encore été entièrement présenté ; fait, comme l'a dit excellemment M. Catulle Mendès, "de l'éternelle imbécillité humaine, de l'éternelle luxure, de l'éternelle goinfrerie, de la bassesse de l'instinct érigée en tyrannie ; des pudeurs, des vertus, du patriotisme et de l'idéal des gens qui ont bien dîné". »

Pour la première d'*Ubu roi*, le 10 décembre 1896, le Tout-Paris se presse, Edmond Rostand, Paul Valéry, Mallarmé, Marcel Schwob, Willy, le jeune André Gide. La claque est organisée par les amis afin que le scandale s'apparente à celui d'*Hernani*, afin de « décerveler les spectateurs », de faire « éclater le théâtre classique ». Quitte à ce que la pièce n'aille pas jusqu'à son terme.

« Nous devions, relate Georges Rémond dans *La Bataille d'Ubu roi*, provoquer le tumulte en poussant des cris de fureur si l'on applaudissait, ce qui, après tout, n'était pas exclu ; des hurlements d'admiration et d'extase si l'on sifflait. Nous devions également, si possible, nous colleter avec nos voisins et faire pleuvoir des projectiles sur les fauteuils d'orchestre. »

Mission accomplie. On peut lire dans *Gil Blas* le lendemain : « Comme la veille, à la répétition générale d'*Ubu Roi*, la première représentation du théâtre de l'Œuvre a été troublée par des protestations tumultueuses. Des cris, des vociférations, des quolibets à l'adresse des artistes partaient de tous les coins de la salle. »

Le Figaro du 11 décembre se dit choqué par la répétition du mot « merdre », parle d'*Ubu roi* comme d'une « grossière parodie de *Macbeth* ».

Seul critique favorable, Henry Bauër dans *L'Écho de Paris* : « C'est un pamphlet philosophico-politique, à gueule effrontée, qui crache aux visages des chimères de la tradition et des maîtres inventés selon les respects des peuples. » Et d'ajouter : « Mieux vaut encore, dans la nouveauté, une clameur même outrancière que les bafouillements séniles du vieux théâtre. »

MONTHOLON (rue de)

Il meubla un logement modeste au n° 7 bis de la rue Montholon et se mit à donner des leçons. Telle était sa célébrité qu'il trouva de quoi occuper son temps de huit heures et demie du matin à dix heures du soir.

— Guy de Pourtalès, *La Vie de Franz Liszt*, 1928

Au 24, Pierre-Marie-Charles de Bernard Du Grail de La Villette, dit Charles de Bernard

Grand nom, petite renommée. Cet ami de Balzac connut pourtant une certaine popularité dans les années 1840 avec une douzaine de romans dont *Gerfaut* (1838), couronné par l'Académie française. Jules Claretie en fit grand cas, estimant qu'il dépasse Balzac en énergie et en clarté de composition. « Son style, poursuit-il, est élégant et cultivé. Son génie est pleinement représenté dans une série de contes délicieux… pleins d'invention et d'originalité, et saturés de l'essence la plus pure et la plus agréable de l'esprit qui […] a fait de la littérature française la joie et la récréation de l'Europe. »

Henry James, moins laudateur, sera cependant indulgent : « Comme romancier français de second rang, il mérite qu'on lui réserve un petit coin confortable, car s'il ne vaut pas spécialement la peine d'être étudié, il vous laisse du moins une impression fort sympathique si jamais vous le croisez en chemin. »

NAVARIN (rue de)

J'ai habité avenue Trudaine, rue de Navarin… C'était le bon temps… Nous avions des écuyères du Cirque Fernando qui venaient nous voir là.

— Paul Léautaud, *Journal*, 1917-1924

Au 12, *Le Tableau des merveilles* du groupe Octobre

En 1935, à l'instigation de l'Association des écrivains et artistes révolutionnaires (dirigée par Louis Aragon) est créée rue de Navarin, dans un petit bâtiment anodin et sans charme, une Maison de la culture destinée à mettre en relation le monde ouvrier et le monde des écrivains. Fin janvier 1936, le groupe Octobre y joue *Le Tableau des merveilles* de Jacques Prévert, pièce adaptée de Cervantès, montée avec l'aide de Jean-Louis Barrault. La pièce sera de nouveau jouée l'année suivante à la Mutualité, s'attirant les louanges d'une presse pas nécessairement communiste. « Une telle troupe, s'interroge *Paris-Soir*, ne devrait-elle pas mettre tant d'esprit, de poésie et d'humour au service d'un plus large public ? »

Au 18-20 (jadis le 14), Théophile Gautier

Le palais Bothorel construit en 1835 fut édifié pour loger la Société des omnibus-restaurants, entreprise qui fit rapidement faillite. Le bâtiment attira alors de nombreux artistes qui y établirent leur résidence, comme Théophile Gautier, Gérard de Nerval ou Louis Desnoyers. En 1839, l'auteur de *Mademoiselle de Maupin* et de *Fortunio* occupe un grand appartement situé aux premier et deuxième étages dans lequel il vit en compagnie de ses chats et d'un domestique noir. Le « feuilletoniste ébouriffant » est connu pour ses excentricités : « On le voit du matin au soir dans le jardin du lever au coucher du soleil, il folâtre au milieu des parterres, se livre à toutes sortes d'exercices de gymnastique. On le voit grimper aux arbres et lorsqu'il lui arrive de monter chez lui, ce n'est pas l'escalier qu'il emprunte, mais les anfractuosités de la muraille et les angles des balcons pour pénétrer chez lui. Tous les dimanches, il fait jeter dans le bassin des écrevisses, des anguilles, des rougets qu'il se donne le plaisir de repêcher lui-même[39]. »

De même que Louis Desnoyers…

Auprès de Théophile Gautier résidait au « château » le dramaturge et romancier Louis Desnoyers dont *Les Aventures de Jean-Paul Choppart* (1834) et *Les Aventures de Robert-Robert et de son fidèle compagnon Toussaint Lavenette* (1839), romans pour la jeunesse, eurent beaucoup de succès. Sous le nom de Derville, il fit jouer une dizaine de vaudevilles comme *Vive le divorce ou ma femme m'adore* (1833). Il est surtout connu pour avoir, au « château Boterell », jeté les bases en 1837 de la Société des gens de lettres dont il rédigea les statuts.

... et Amédée Achard, (petit) rival de Dumas

« Agile et ferme était la main, peut-on lire dans *Les Coups d'épée de Monsieur de La Guerche* (1863), prompt et sûr le coup d'œil ; le fer visait au cœur, et il avait pour y pénétrer un bras d'une souplesse et d'une vigueur incroyables [...] rien n'ébranlait le sang-froid d'Armand-Louis, et partout le fer rencontrait le fer. »

Amédée Achard, auteur prolifique, publia entre 1840 et 1875 une quinzaine de pièces de théâtre et une soixantaine d'ouvrages, récits de voyage, romans sentimentaux, romans historiques ou « de cape et d'épée », genre dont il fut un des (petits) maîtres dans la veine de Dumas.

« Le palais Botherell, écrit-il dans *Le Nouveau Paris* (1840), avec ses cuisines qui feraient vivre le royaume de Monaco, se prélasse au milieu de ses arbres et de ses pelouses, comme un jeune pacha après dîner ; il se chauffe au soleil et laisse reposer ses fourneaux, ses cheminées, ses chaudières, jusqu'au jour où il plaira à la spéculation, cette fée du XIXe siècle, de les démolir ou de les rallumer. »

La fée attendra le XXe siècle : le palais Bothorel sera remplacé en 1926 par le central téléphonique Trudaine. Amédée Achard, pour sa part, emménagera 15, rue de Bruxelles, où il décédera en 1875.

NOTRE-DAME-DE-LORETTE (rue)

Figurait aussi la copie d'un rapport beaucoup plus ancien de la Direction de la Police judiciaire, Brigade mondaine, Enquêtes et renseignements, concernant la nommée Astrand Annie demeurant en hôtel, 46, rue Notre-Dame-de-Lorette...

— Patrick Modiano, *Pour que tu ne te perdes pas dans le quartier*, 2014

Au 18, Gustave Kahn

Poète symboliste et critique d'art, disciple de Mallarmé et ami de Jules Laforgue, il sera le premier à publier *Les Illuminations* de Rimbaud dans sa revue *La Vogue* en 1886. Il fut par ailleurs l'auteur de l'étonnante *Esthétique de la rue* (1900), un des premiers traités d'urbanisme en France, ouvrage prophétique qui annonce la ville fleur, salue les « rues lumière » grâce à l'électricité, s'inquiète de l'irruption des tours dans le paysage urbain, s'alarme du trafic automobile, sans jamais oublier la nécessaire part de rêve d'un bâtisseur de cité.

Au 18, François-Auguste Mignet

Son *Histoire de la Révolution française, depuis 1789 jusqu'en 1814* (1824) est considérée comme « le bréviaire des révolutions libérales » du XIXe siècle. Elle lui valut un fauteuil à l'Académie française en 1836, battant nettement Victor Hugo.

Au 35, Joseph Méry

« Quand il paraissait dans un salon, les plus brillants causeurs se taisaient », relate Théophile Gautier. « C'est, ajoute Dumas dans *Nouvelles Impressions de voyage. Midi de la France*, une de ces créatures à part que Dieu a faites en souriant, et dans laquelle il a mis tout ce qu'il y a de bon, d'élevé et de spirituel dans les autres hommes. » Et Théodore de Banville, dans *Mes souvenirs*, n'est pas moins laudateur : « Ceux qui n'ont pas connu Méry devineraient difficilement à quel point il fut quelque chose d'inouï et de fabuleusement original. »

Mais qui est donc Joseph Méry ? Il commença par publier des « romans criminels » comme *Le Bonnet vert* (1830) ou *L'Assassinat* (1832) avant de devenir chroniqueur satirique puis romancier à succès avec *Héva* (1843), *La Floride* (1844) ou *La Guerre du Nizam* (1847), romans dans lesquels il décrit de lointaines contrées sans jamais y avoir posé le pied. « Son imagination inépuisable créait les contrées qu'il n'avait pas vues, devinait les mœurs, en peignait les habitants avec une fidélité d'autant plus merveilleuse qu'il la possédait à son insu », écrira *Le Siècle* dans son éloge funèbre. Perdant beaucoup au jeu, Méry dut écrire beaucoup, produisant une soixantaine d'ouvrages entre 1830 et 1866, date de sa mort.

Au 37, les hallucinations de Gérard de Nerval

Le 18 février 1841, Nerval est atteint d'une crise délirante. Il écrit : « Un soir vers minuit, j'eus une hallucination. L'heure sonnait lorsque passant devant le n° 37 de la rue Notre-Dame-de-Lorette, je vis sur le seuil de la maison une femme encor jeune dont l'aspect me frappa de surprise. Elle avait la figure blême et les yeux caves ; – je me dis : “C'est la Mort.” Je rentrai me coucher avec l'idée que le monde allait finir[40]. »

Le poète sera conduit par ses amis – Théophile Gautier, Alphonse Karr – à la maison de santé de Mme Sainte-Colombe, 6, rue de Picpus. Puis, en mars, Nerval sera interné dans la clinique du Dr Blanche, à Montmartre.

Au 39, Émile Gaboriau

Au 39 vécut et mourut (en 1873) Émile Gaboriau. Avec *L'Affaire Lerouge* (1866), qui n'est pas sans rappeler *Splendeurs et misères des courtisanes*, de Balzac, il passe pour être le père du roman policier, Sherlock Holmes étant le fils spirituel de l'agent de sécurité Lecoq, son héros-détective récurrent.

Dans *Le Crime d'Orcival* (1867), l'ancien secrétaire (et probablement prête-plume) de Paul Féval adresse un clin d'œil à la rue dans laquelle il réside : « Quand M. Lecoq est pressé, il marche vite. Il courait presque, en descendant la rue de Notre-Dame-de-Lorette, qui est la rue de Paris qu'on pave le plus souvent, si bien que le père Plantat avait toutes les peines du monde à le suivre. »

Précurseur du roman policier « de déduction », Gaboriau aura les faveurs d'André Gide qui, dans son *Journal* du 4 mars 1943, écrira que « les romans de Conan Doyle ne sont que piquettes auprès des siens ».

Au 46, Jules Renard à La Tomate

Dans *Un cirque passe*, Modiano se remémore ses montées vers Pigalle lorsqu'il était enfant : « Je me suis rappelé ces dimanches soir où je traversais Paris à pied, de la rive gauche à Pigalle, et l'enseigne lumineuse au bout de la rue Notre-Dame-de-Lorette, rouge, puis verte, puis bleue. »

L'enseigne qui change de couleur et celle de La Tomate, cabaret-théâtre qui présente en 1952 *Le Journal de Jules Renard* dont le texte est découpé en une série de sketches courts. Le spectacle sera joué plus de cinq cents fois.

Au 48, Henry Murger

Henry Murger vécut au 48, rue Notre-Dame-de-Lorette (ancienne numérotation), de 1850 à 1855, dans un confortable sixième étage, avec sa dernière compagne Anaïs Latrasse. Les vaches maigres ne sont que d'anciens souvenirs : en 1848 et 1849, ses *Scènes de la vie de bohème* sont parues en feuilleton dans *Le Corsaire*, publiées ensuite en livre avec succès puis adaptées à la scène sous le titre *La Vie de bohème*.

Ils déménageront souvent, 80, rue de Clichy, puis 70, rue Truffaut, rue Neuve-Coquenard (rue Lamartine), 11, rue Véron, déménagements entrecoupés de séjours à l'hôpital Saint-Louis et à la maison de santé Dubois, où Murger décédera en janvier 1861.

Au 56, Jacques Roubaud

À l'âge de 12 ans, en 1942, il reçut son premier prix de poésie, décerné par Aragon. Quatre-vingts ans plus tard, il recevra le prix Goncourt de la poésie pour l'ensemble de son œuvre.

Dans *Poésie, etcetera : ménage*, Jacques Roubaud évoque son passage rue Notre-Dame-de-Lorette : « J'habitais au premier étage [...]. Sur le bureau il y avait la lourde machine à écrire que me prêtait la faculté de Rennes. Elle était encombrante, incommode, elle me rompait les doigts. Je ne m'en servais pas pour la poésie. [...] À droite, par la fenêtre, je voyais monter l'autobus 74, son toit presque à ma hauteur. Il se préparait à affronter, en montée, le feu rouge. Bruyamment. »

Mathématicien-poète et piéton de Paris, l'oulipien Roubaud fut ami et complice de Georges Perec. Son nom (qui ne comporte pas la lettre E) apparaît deux fois dans *La Disparition*, dans la signature du poème placé en tête de la page 9 et dans une énumération d'ouvrages, page 220 : « Un flot brouillon, tourbillonnant d'imaginations s'imposa soudain à lui : *Moby Dick* ? Malcolm Lowry ? *La Saga du non-A*, par Van Vogt ? Ou, vus dans un miroir, trois 6 sur l'immaculation du dos d'un

Christian Bourgois ? Ou l'obscur Signal d'Inclusion, main à trois doigts qu'imprimait Roubaud sur un Gallimard[41] ? »

OPÉRA (place de l')

Quelle tête feriez-vous en vous promenant place de l'Opéra avec une chaussure verte à un pied et une rouge de l'autre ?

— France Roche, *Paris à nous deux, ou le Nouveau Rastignac*, 1954

Au 5, les Goncourt au Grand Hôtel

C'est dans un salon « pour noces » du Grand Hôtel que se tient en février 1903 le premier dîner mensuel des « Dix » qui, ce jour-là, ne sont alors que sept : Joris-Karl Huysmans, Octave Mirbeau, Léon Hennique, Gustave Geffroy, les deux frères Rosny et Paul Margueritte. (Léon Daudet, Élémir Bourges et Lucien Descaves vont bientôt se joindre à eux.) Objet : accomplir les dernières volontés d'Edmond de Goncourt qui a souhaité, par testament, que sa fortune serve à créer une académie de dix écrivains, à leur servir une rente de six mille francs par an et à instituer un prix (de cinq mille francs) qui sera décerné « au meilleur ouvrage en prose de l'année ». Le premier « prix Goncourt » sera décerné à John-Antoine Nau pour son roman *Force ennemie* au restaurant Champeaux, place de la Bourse. Deux journalistes se déplacèrent.

ORLÉANS (square d')

Nous avions quitté les pavillons de la rue Pigalle, qui lui déplaisaient, pour nous établir au square d'Orléans, où la bonne et active Marliani nous avait arrangé une vie de famille.

— George Sand, *Histoire de ma vie*, 1855

Au 2 (ou 40, rue Saint-Lazare), le grand bal de Dumas

En 1832, Alexandre Dumas emménage avec Belle Kreilssamner (l'actrice Mélanie Serre), leur fille Marie, et Alexandre, son fils de 6 ans conçu avec la couturière Catherine Labay. Il résidera un an square d'Orléans et laissera un souvenir mémorable : son bal romantique et costumé du 30 mars 1833 réunissant le Tout-Paris culturel du moment. Le buffet est à la (dé) mesure du personnage : « Sept cents invités se partagèrent un saumon de cinquante livres, un chevreuil entier, trois cents bouteilles de bordeaux, trois cents de bourgogne et cinq cents de champagne. Dans cette heureuse pagaille se distinguèrent sous des accoutrements divers : Rossini, Musset, Frederick Lemaître, La Fayette, Eugène Sue, Delacroix et Nanteuil qui, entre autres peintres, avaient décoré les appartements[42]. »

Au 5, George Sand

De 1842 à 1847, George Sand réside dans un appartement situé au-dessus de la porte cochère du n° 5, appartement précédemment occupé par Alexandre Dumas et qui le sera par Baudelaire.

Chopin est tout près, au rez-de-chaussée du nº 9. « À présent, écrit-elle, tout est calfeutré et réchauffé ; l'appartement est très commode et j'en suis contente. Nous avons un billard dans le salon comme à Nohant et nous menons ici une vie de campagne[43]. »

Au 5, Maxime du Camp

Dans les années 1850, Maxime du Camp réside square d'Orléans, pavillon nº 9, au troisième étage. Directeur de la *Revue de Paris*, il a proposé à son ami Flaubert, avec insistance, d'éditer son *Madame Bovary*. « Le jour où tu voudras publier, tu trouveras, ce qui n'arrive à personne, ta place prête et réservée », lui a-t-il écrit à Croisset.

L'ami Flaubert manque de se fâcher : « Je t'ai dit que j'irais habiter Paris quand mon livre serait fait et que je le publierais si j'en étais content. [...] Être connu n'est pas ma principale affaire. [...] Je vise à mieux, à me plaire[44]. »

Madame Bovary, au terme de cinq ans d'écriture, paraît en feuilleton (fâcheusement coupé par Du Camp) dans la *Revue de Paris*, du 1er octobre au 15 décembre 1856, à raison d'une livraison tous les quinze jours. Immédiatement, Flaubert est poursuivi : « Outrage à la morale publique et religieuse et aux bonnes mœurs. » Le procès va contribuer au succès de l'ouvrage. Poursuivi, Flaubert est acquitté : les juges auraient reçu des recommandations de l'impératrice et du prince Napoléon, avec lequel Du Camp chasse l'hiver. Fin avril, le roman paraît en volume chez Michel Lévy. « Du jour au lendemain, Gustave Flaubert était devenu célèbre », saura se rappeler Maxime du Camp.

PARME (rue de)

La rue de Parme fait moins penser à la chartreuse où meurt Fabrice qu'à la salle des pas perdus de la gare Saint-Lazare.

— Marcel Proust, *Le Côté de Guermantes*, 1920

Au 8, Jean Pellerin

Poète de l'école fantaisiste (avec Paul-Jean Toulet, Tristan Derème, Léon Vérane, Jean-Marc Bernard, Tristan Klingsor, Francis Carco, Franc-Nohain et Robert de La Vaissière), il mystifia un Apollinaire probablement consentant en publiant sous le nom d'Ève Arrighi un « sonnet lesbien » intitulé *Octobre* que l'auteur d'*Alcools* citera dans un ouvrage sur l'amour au XIXe siècle : « Octobre ! Une chambre d'hôtel... / Sur la douteuse courtepointe, / De quels baisers m'as-tu pas ointe, / Ô Douce ? Je le vois bien tel, / Ce garni... Le désir m'accointe / De votre corps, brumeux pastel, / Près du mien, suc brun de bétel, / De ma bouche à la vôtre jointe. »

Jean Pellerin publia une dizaine de romans et de nombreux recueils de poésie comme *Le Bouquet inutile* (1923, deux ans après sa mort) aux vers caressants : « Et je restai, le cœur léger, / Sur la place des Ternes / Où vont les fiacres échanger / Les rires des lanternes... »

PIERRE-FONTAINE
(rue)

Si je m'installe rue Fontaine, je suis foutu.

— Armand Salacrou, *Dans la salle des pas perdus. C'était écrit*, 1974

Au 16 bis, le Zelli's

Dans les années 1890, il se nommait Les Décadents et était animé par Jules Jouy, chansonnier et humoriste célèbre : « Pour le gros lot de cinq cent mille francs, pourquoi vendre tant de billets, puisqu'il n'y en a qu'un seul qui gagne ? » Hein ?

Dans les années 1920, le cabaret deviendra le Zelli's et Louis Aragon y situe certaines scènes d'*Aurélien*, dans un dancing qu'il renomme le Lulli's. Malgré les foudres d'André Breton, Aragon ne détestait pas s'encanailler en compagnie d'une partie des surréalistes dont Jacques Baron. Ce dernier se souvient de leurs soirées au Zelli's : « Donc, au bas de la rue Fontaine, pavée des bonnes et des mauvaises intentions surréalistes, dans le clair-obscur graveleux du quartier des plaisirs, le Zelli's brillait de tous les prestiges d'un cabaret à la mode. Nous y fûmes des assidus, Michel Leiris et moi, en compagnie d'Aragon, qui avait sur nous l'avantage du droit d'aînesse, pendant un bon bout de temps. Max Morise, Roland Tual aussi venaient, Vitrac, je crois bien, et plusieurs autres. [...] À cette époque, nous passions la plupart du temps ensemble et presque toutes nos nuits dehors. Là où d'autres voyaient "gâcher sa vie dans les plaisirs", nous voyions, à tort ou à raison, "courir les risques nécessaires à l'inspiration". Il me semble, qu'en raison de notre constance à visiter son cabaret, Joe Zelli nous avait à la bonne. Nous étions ses rêveurs préférés. »

Au 17, Bel-Ami et M. Forestier

Dans le premier chapitre de *Bel-Ami*, M. Forestier habite au 17 et invite Georges Duroy à lui rendre visite. Ce dernier peine à reconnaître un ancien camarade d'école et de régiment dans ce garçon « gros, sérieux, avec quelques cheveux blancs sur les tempes, bien qu'il n'eût pas plus de vingt-sept ans ». Forestier va lui prêter de l'argent, qu'il ne récupérera jamais, et l'aide à entrer à *La Vie française*. Sa mort va permettre à Bel-Ami de passer chef des échos au journal. L'ascension sociale peut commencer.

Au 21, Henri Philippon

Journaliste, éditeur de (petites) revues littéraires, membre fondateur du prix des Deux Magots en 1933, il supervise en 1950 l'*Almanach de Saint-Germain-des-Prés*, complément indispensable au *Manuel* de Boris Vian, paru la même année. Il y écrit un long article sur « les trois Grands » (Flore, Deux Magots, Lipp), article légèrement suranné : « Dans les trois Grands, on ne voit jamais de ces personnes provocantes qui font commerce de leur charme... [...] Non, ici, on bavarde, on discute calmement, on se repose enfin... »

Au 42, « André Breton »

Le 1er janvier 1922, André et Simone Breton s'installent au quatrième étage, dans l'appartement qu'occupait précédemment le frère de Jacques Rigaut. On y accède par un escalier étroit qui part de la cour intérieure et qui mène à une porte sur laquelle apparaissent quatre chiffres : 1713. Le 1 et le 7 accolés représentent le A, le 1 et le 3 accolés représentent le B d'André Breton. Tournant le dos au mouvement dada, Breton va explorer le domaine mental à travers des jeux collectifs comme le rêve éveillé. L'appartement devient le lieu de réunion où se retrouvent notamment Crevel, Desnos, Péret, de même que… Raymond Queneau et Pierre Brasseur, surréalistes de la première heure.

En 1948, le couple descendra d'un étage pour emménager dans un appartement plus grand et Breton résidera rue Fontaine jusqu'à sa mort, en 1966.

Au 42, Paul Éluard

À partir de 1924 et jusqu'à 1931, tout en demeurant à Eaubonne avec Gala, Paul Éluard loue un atelier au troisième étage dans l'immeuble de Breton. La guerre et les conflits internationaux auront raison d'une amitié de quinze ans entre les deux hommes. Trotski d'un côté, Staline de l'autre. En octobre 1938, Breton écrira à son « cher petit Paul » : « Rends-moi cette justice que durant des mois et des mois j'ai tout fait pour conjurer le mauvais sort qui guettait nos relations et pour réduire les divergences de plus en plus profondes qui s'établissaient entre nous. Je ne me suis résigné à la séparation que lorsque j'ai acquis la certitude que ce courant ne pouvait plus être remonté et que je me suis trouvé devant ce dilemme : ou bien m'éloigner de toi, ou bien devoir renoncer à m'exprimer sur ce qui constitue, avec le fascisme, la principale honte de ce temps. Je ne t'ai pas caché, lors de notre dernière rencontre, que la plupart de nos amis considéraient l'action que j'envisageais de ce côté comme absolument indispensable. Il y allait pour moi de la signification même du surréalisme et de ma vie. »

Au 45, Villiers de L'Isle-Adam

« Vêtu d'un pardessus et d'une redingote élimés, il portait sa discrète misère avec la dignité d'un roi provisoirement détrôné », écrit Maurice Maeterlinck. Après la place de Clichy, la rue Fontaine est la dernière demeure du poète condamné par un cancer qui l'emportera en 1889, un an après son installation. « Il avait, poursuit Maeterlinck, des yeux voilés d'énigmes, fanés et fatigués de regarder dans l'âme ou dans l'au-delà et d'y voir ce que d'autres ne voient point et n'y verront jamais. » L'admirateur d'Edgar Poe et de Baudelaire, précurseur du symbolisme français, auteur des *Contes cruels* (1883) et de *L'Ève future* (1886), prononcera sur son lit de mort ces mots restés célèbres : « Eh bien, je m'en souviendrai de cette planète ! »

À sa mort, Anatole France lui rendra hommage : « Si ce dormeur éveillé a emporté avec lui le secret de ses plus beaux rêves, s'il n'a pas dit tout ce qu'il avait vu dans ce songe qui fut sa vie, du moins il a laissé assez de pages pour nous donner une idée de l'originale richesse de son imagination. Il faut le dire, à la confusion de ceux qui l'ignoraient tant qu'il a vécu : Villiers est un écrivain, et du plus grand style. »

PIGALLE (place)

Quant à Émile, il se dit prêt à revenir dans deux mois à Paris où, cette fois, sa curiosité ne l'a poussé qu'à faire un petit tour du côté de la place Pigalle.
— Jean Echenoz, *Courir*, 2008

Au 7, Rimbaud au Rat Mort

Mai 1872 : Rimbaud est attablé avec Verlaine et Charles Cros. Ce dernier se souvient : « Nous étions tous trois au café du Rat Mort [...] lorsque Rimbaud nous dit : "Étendez-vous mains sur la table, je veux vous montrer une expérience." Croyant à une plaisanterie, nous étendîmes nos mains ; tirant un couteau tout ouvert de sa poche, il coupa assez profondément les poignets de Verlaine. J'eus le temps de retirer mes mains et ne fus pas blessé. Verlaine sortit avec son sinistre compagnon et reçut deux autres coups à la cuisse. [...] Un autre jour, j'étais assis au café à côté de Rimbaud. Je quittais la table un moment et lorsque je revins, je vis que mon bock contenait un liquide bouillonnant. C'était de l'acide sulfurique que Rimbaud venait d'y verser. »

Au 11, André de Fouquières

Généralement présenté comme conférencier, homme de lettres, « homme du monde » et grand arbitre des élégances, il reste connu pour son *Mon Paris et ses Parisiens* paru chez Horay : *Les Quartiers de l'Étoile* (1953), *Le Quartier Monceau* (1954), *Pigalle 1900* (1955), *Faubourg Saint-Honoré* (1956), *Vers le point du jour* (1959).

« Fouquières, écrit la comtesse de Pange, était le meneur de jeu de tous les bals. C'était une sorte de dandy raisonnable, considéré comme un arbitre mondain. Les maîtresses de maison le consultaient aussi bien sur les préséances des invités que sur la tenue du buffet ou sur le programme de l'orchestre. [...] Je m'attendais à un très bel homme bien tourné avec l'allure d'un chevalier dans un habit d'une coupe impeccable. Je fus déçue de constater qu'il était petit, assez laid, que son smoking était un peu râpé et l'éternel œillet qu'il portait à la boutonnière n'ajoutait rien à sa distinction. Plus tard, dans ma vie, je suis revenue sur cette première impression. C'était au fond un excellent homme très généreux qui prenait trop au sérieux son rôle de beau[45]. »

Fouquières décède dans son appartement de la place Pigalle en 1959, après avoir été élu « président des Parisiens de Paris ». Georges Perec l'évoque dans un des quatre cent quatre-vingts souvenirs de *Je me souviens* : « Je me souviens que l'un des livres qui me faisait le plus rêver était un traité de savoir-vivre présenté par le baron André de Fouquières. » Et Patrick Modiano, dans *Villa triste*, le cite comme faisant partie du jury de la coupe Houligant.

POISSONNIÈRE (boulevard)

Le boulevard Poissonnière est également présent dans le 2e arrondissement.

Voulez-vous venir me voir cet après-midi, boulevard Poissonnière ?

— André Salmon, *Souvenirs sans fin*, 1956

Au 18, Jules Verne fait du théâtre

Natif de Nantes, Jules Verne s'installe définitivement à Paris en 1848, quelques semaines après les journées sanglantes, habitant successivement 2, rue Thérèse (chez sa tante), 24, rue de l'Ancienne-Comédie (avec Édouard Bonamy), 11, puis 18, boulevard de Bonne-Nouvelle.

En 1857, on le retrouve marié au cinquième étage du 18, boulevard Poissonnière. Il a 29 ans et travaille à sa vingt-troisième pièce de théâtre. Ce sera *Le Page de Madame Marlborough*, opérette en un acte mise en musique par Étienne Barbier (attribution controversée), et *Monsieur de Chimpanzé*, opérette burlesque en un acte (musique d'Aristide Hignard) dans laquelle un amoureux se déguise en singe pour approcher la fille d'un employé du muséum de Rotterdam.

De 1860 à 1869, le couple ne cesse de déménager : rue Saint-Martin, boulevard Montmartre, boulevard de Magenta, passage Saulnier puis au 39, rue La Fontaine, à Auteuil, dernier domicile parisien. C'est l'époque où le roman prend le relais des pièces de théâtre : *Cinq Semaines en ballon* inaugure *Les Voyages extraordinaires*. Il y en aura quatre-vingts (!), dont soixante-deux romans et dix-huit nouvelles.

PROVENCE (rue de)

Je m'en fous, moi, de cet appartement. Je fais du folklore ou quoi ? Rue de Provence, il était, ce logis…

— Félicien Marceau, *L'Œuf*, 1957

Au 22, Balzac

Pour échapper aux huissiers qui se pressent à Chaillot au 13, rue des Batailles (approximativement l'actuel 12, avenue d'Iéna, dans un appartement qu'il occupe avec Jules Sandeau), Balzac loue début 1837 une chambre dans un hôtel meublé de la rue de Provence. Il y couche rarement, mais s'y fait adresser sa correspondance. Débusqué, il part pour Florence où il restera jusqu'en mai.

Au 61, Marcel Mouloudji

Après avoir résidé cité Chaptal avec sa femme Lola, Marcel Mouloudji s'installe seul rue de Provence en 1958. Partageant ses talents entre la chanson, la peinture et l'écriture, il y écrit *La Guerre buissonnière* (1959) et *Le Petit*

Vaincu (1963). Suivra *Un garçon sans importance*, en 1971. Avec la mort de Raymond Queneau, en 1976, Mouloudji va perdre son soutien indéfectible chez Gallimard. Il publiera désormais chez Balland, Grasset et L'Archipel.

Au 90, Émile Chartier, dit Alain

Nommé professeur de rhétorique au lycée Condorcet à Paris, Émile Chartier s'installe rue de Provence en janvier 1903. Six ans plus tard, nommé à Henri-IV, il déménage au 145 de la rue de Rennes. Le philosophe inventa notamment les « propos », genre littéraire consistant en de brefs articles sur des sujets divers : *Propos d'un Normand* (1912), *Propos sur l'esthétique* (1923), *Propos sur le christianisme* (1924), *Propos sur les pouvoirs* (1925) et ses célèbres *Propos sur le bonheur* (1925).

Au 220, l'hôtel du Libre Échange

Recommandé « aux gens mariés, ensemble ou séparément », l'hôtel imaginé à une adresse imaginaire par Georges Feydeau (en collaboration avec Maurice Desvallières) fit les beaux jours des théâtres parisiens.

RICHER (rue)

De neuf heures du matin à cinq heures du soir, elle s'appelait Mme Barbin, et elle menait la vie d'une petite bourgeoise, dans un entresol de la rue Richer…

— Roger Martin du Gard, *Les Thibault. La Belle Saison*, 1923

Au 22, Mme Gertrude et Fantômas

Dans *Les Souliers du mort* (1912), la concierge du 22 peine à reconnaître qui est qui. Est-ce le journaliste Jérôme Fandor ou ce Fantômas aux cent visages qui habite à cette adresse ?

Au 40, Augustin Thierry

Avant de s'installer rue Vivienne, puis rue du Montparnasse, l'historien Augustin Thierry réside rue Richer de 1831 à 1833. Son état de santé se dégrade : atteint d'un tabès dorsal dû à une syphilis contractée vers 20 ans, il est à moitié paralysé et perd totalement la vue. En 1825, il a publié son *Histoire de la conquête de l'Angleterre par les Normands* (quatre volumes), travail d'histoire d'inspiration romantique. Malgré sa cécité, il parviendra à faire paraître ses *Récits des temps mérovingiens*, précédés de *Considérations sur l'histoire de France* (1840), ouvrage qui obtient un grand succès.

RODIER (rue)

La chose en question a eu lieu un après-midi, rue Rodier, et même un après-midi où il faisait un bien beau soleil.

— Jules Romains, *Le Vin blanc de la Villette*, 1923

Au 44, Robert Caze

Écrivain naturaliste (*La Sortie d'Angèle*, 1883, *La Semaine d'Ursule*, 1885), il tint rue Rodier un « grenier » dans le style de son ami Edmond de Goncourt. Il y recevait peintres et écrivains, Huysmans, Hennique, Moréas, Kahn… Alors que son dernier roman (*Grand'mère*, 1886) sortait des presses, il décéda à la suite d'un duel avec le journaliste Charles Vignier et ses dernières paroles d'agonisant, adressées à Huysmans, furent : « Avez-vous lu mon livre ? »

Au 56, Le Sagittaire

La petite maison d'édition issue des éditions Kra chères aux surréalistes publie *Arcane 17* d'André Breton à la Libération. Elle publie également Roger Vailland (*Les Mauvais Coups*) et *La Corde raide* du jeune Claude Simon. Le Sagittaire va disparaître après un dernier coup d'éclat : en septembre 1978, Bukowski vient à Paris faire la promotion de son dernier livre, *L'amour est un chien de l'enfer*, et son éditeur, Le Sagittaire, l'installe à l'hôtel des Saints-Pères. Une semaine après son arrivée – et après d'innombrables bouteilles de blanc –, « Buk » se rend sur le plateau d'*Apostrophes*, d'où – épisode devenu mythique – il se fera virer après avoir tenté de regarder sous la jupe de l'écrivaine Catherine Paysan.

ROSSINI (rue)

Enfin, nous arrivâmes rue Rossini. L'impression de détresse que produisit sur moi l'intérieur, ou plutôt le taudis du Britannique fut telle que je prétextai un dîner que j'avais moi-même oublié pour m'enfuir au plus vite.

— Léon-Paul Fargue, *Le Piéton de Paris*, 1939

Au 4, Robert de Bédarieux, le poète malchanceux

En 1925, sous la plume de Marthe Maldidier dans *Le Rappel*, on peut lire un article consacré à Robert de Bédarieux : « Poète à l'inspiration nombreuse dont la forme atteint souvent au sublime, écrivain au rare talent, artiste à la sensibilité profonde, penseur aux idées fortes, il est menacé par le plus complet dénuement. À trente-sept ans, après des années de labeur acharné pour gagner sa vie et pour satisfaire à sa vocation, il se trouve en face de son œuvre, déjà riche, mais non exploitée. Il n'a pas moins de 13 volumes de vers et presque autant de manuscrits en prose. Il trouva trois éditeurs. Le premier a cessé son commerce, le deuxième est mort fou, le troisième a fait faillite après lui avoir imprimé un volume de vers et un roman qu'il n'eut pas le temps de lancer avant la catastrophe. »

Selon Wikipédia, Bédarieux publia cependant plusieurs recueils de poèmes dont *Le Blé rouge* (1919), *Stances* (1948) ou *Des taches humaines* (1949). Le poète décède rue Rossini en 1951.

Au 22, les frères Goncourt

Edmond est âgé de 18 mois lorsque ses parents, en 1822, quittent Nancy pour s'installer à Paris, au 22, rue Rossini, ancienne rue Pinon, au coin de la rue Laffitte. Jules y naîtra en décembre 1830, avec une erreur sur sa fiche d'état civil : né rue Simon au lieu de rue Pinon. Beaucoup de « on » pour ceux que Flaubert appellera « les bichons ». Le père, ancien officier de Napoléon, décède en 1834, les deux garçons seront élevés par leur mère à laquelle ils vouent un véritable culte. Edmond fera ses études à la pension Goubaux (devenue plus tard le lycée Chaptal), tandis que Jules suit les cours du collège Bourbon (futur lycée Condorcet). De la rue Rossini, en 1838, les Goncourt mère et fils émigreront au 14, rue des Capucines, passant une partie de l'été dans leur maison de campagne à Ménilmontant.

ROUGEMONT (rue)

Sur les Grands Boulevards, à l'angle de la rue Rougemont, je restai en contemplation devant un magasin de literie.

— Mark Greene, *Federica Ber*, 2018

Au 14, Théophile Gautier

Enrichi par les livrets de ses ballets (*Giselle ou les Willis*, *La Péri*…), Théophile Gautier se retrouve ruiné par la révolution de 1848. Lui qui roulait en phaéton, possédait deux poneys et un domestique doit se retirer dans un petit logement du cinquième étage, rue Rougemont, et s'astreindre à « une sobriété républicaine ». Il y poursuit son œuvre poétique et publie en 1852 *Émaux et Camées*, insensible au coup d'État de Louis-Napoléon Bonaparte, écrivant dans sa préface : « Sans prendre garde à l'ouragan / Qui fouettait mes vitres fermées, / Moi, j'ai fait *Émaux et Camées.* »

Admiré par Baudelaire, ce recueil inaugure la poésie parnassienne sous le signe de « l'art pour l'art » avec, parfois, une once d'Apollinaire : « De leur col blanc courbant les lignes, / On voit dans les contes du Nord, / Sur le vieux Rhin, des femmes-cygnes / Nager en chantant près du bord… »

SAINT-GEORGES
(rue)

Vendredi 28 octobre. – Aujourd'hui, en montant la rue Saint-Georges, mes yeux rencontrent dans le ciel, au fond de la place, un immense placard où se lit en lettres colossales : LA FAUSTIN : un placard regardant la maison, où mon frère et moi avons passé tant d'années, sans publicité, sans bruit, sans renommée.

— Edmond et Jules de Goncourt, *Journal des Goncourt. Mémoires de la vie littéraire*, 1887

Au 11, Delphine de Girardin

Très jeune, elle avait tout : la beauté, les dons poétiques et l'amour d'Alfred de Vigny. Ne manquait qu'une chose : la dot. Le mariage sera donc refusé par la mère du poète. Plus tard, de nouveau, elle aura tout : en 1831, elle épouse Émile de Girardin, député et journaliste, futur fondateur de *La Presse*, quotidien dans lequel elle écrit de petites chroniques sous le pseudonyme de Charles de Launay. Tout en menant une carrière littéraire, elle tint salon, accueillant le gratin littéraire de l'époque, Hugo, Musset, Gautier, Marceline Desbordes-Valmore, Lamartine, Jules Janin, Franz Liszt, Alexandre Dumas, George Sand…

Au 16, Balzac saucissonné dans *La Presse*

Le 1er juillet 1836 paraît le premier numéro de *La Presse*, « journal quotidien, politique, littéraire, agricole, industriel et commercial ». Quatre mois plus tard, son fondateur Émile de Girardin prend contact avec Balzac et lui demande d'écrire un roman « à épisodes » que l'on « saucissonnerait » pour fidéliser le lecteur. Balzac, étonné, ne résiste pas à une substantielle rentrée d'argent. En quelques jours (et quelques nuits), seul (ou entouré), il écrit le début de *La Vieille Fille* qu'il livre sous forme de vingt-cinq premiers feuillets. L'œuvre paraîtra quelques jours plus tard, dans le corps du journal, puis au « rez-de-chaussée », c'est-à-dire en première page. Girardin vient d'inaugurer le roman-feuilleton dans une presse populaire bon marché où s'illustreront, dans un premier temps, Dumas, Eugène Sue, Paul Féval, Frédéric Soulié…

Au 17, naissance d'Henry Murger

L'auteur des *Scènes de la vie de bohème* vient au monde le 27 mars 1822 dans une loge de concierge dans laquelle son père officie comme tailleur. Lorsqu'il faudra quitter la loge, Murger père et fils s'installeront au 61, rue Saint-Georges. Murger vivra pauvre – la faim, le froid, l'habit et le lit à plusieurs, la traque de la pièce de cent sous –, deviendra riche à partir du début des années 1850 en initiant le siècle au thème de la bohème parisienne, depuis le Quartier latin jusqu'à Montmartre pour rejoindre Montparnasse dans les années 1920.

Au 43, les frères Goncourt

En janvier 1850, Jules et Edmond s'installent 43, rue Saint-Georges, au rez-de-chaussée puis au quatrième étage dans une arrière-cour. Leurs débuts littéraires commencent par la parution, début décembre 1851, d'un premier roman publié à compte d'auteur : *En 18...* Pour cause de coup d'État, l'ouvrage passera inaperçu : « Nous nous jetions à bas de nos lits, et bien vite nous étions dans la rue. Dans la rue, les yeux aussitôt aux affiches – et égoïstement, nous l'avouons – au milieu de tout ce papier fraîchement placardé, proclamant un changement de régime pour notre pays, nous cherchions "la nôtre d'affiche", l'affiche qui devait annoncer à Paris la publication d'*En 18...* et apprendre à la France et au monde, les noms de deux hommes de lettres de plus : MM. Edmond et Jules de Goncourt[46]. »

Les deux frères décident alors d'écrire un journal. Ensemble. « Le journal, notent-ils, est notre confession de chaque soir : la confession de deux vies inséparées dans le plaisir, le labeur, la peine ; de deux pensées jumelles, de deux esprits recevant du contact des hommes et des choses des impressions si semblables, si identiques, si homogènes, que cette confession peut être considérée comme l'expansion d'un seul moi et d'un seul je. »

Ils résideront rue Saint-Georges pendant dix-huit ans, jusqu'au jour où Jules ne supportera plus le bruit de la circulation ou le forcené qui frappe ses chevaux dans l'écurie du rez-de-chaussée et qui l'empêche de dormir. En 1868, les frères décident de déménager. Vers le calme d'Auteuil.

SAINT-LAZARE
(rue)

La rue Saint-Lazare est également présente dans le 8e arrondissement.

Un jour enfin, j'ai dérouillé. Ce miracle, il est survenu au coin de la rue Saint-Lazare. J'y passais pourtant tous les jours !

— Louis-Ferdinand Céline, *Mort à crédit*, 1936

Au 11, Claude Lévi-Strauss

À l'automne 1951, Lévi-Strauss quitte l'avenue d'Eylau et s'installe dans un cinq-pièces de cent cinquante mètres carrés rue Saint-Lazare, appartement acheté grâce à la vente de sa collection d'objets exotiques. Le quartier lui plaît, André Breton n'est pas loin, Drouot est tout près, le côté bohème prend le pas sur le côté bourgeois du 16e arrondissement. Il décline l'offre d'un poste prestigieux aux États-Unis, déclarant plus tard : « J'étais heureux de ma petite existence bohème, j'aimais mieux aller aux Puces tous les samedis que de vivre à Cambridge, Massachusetts. »

Il quittera la rue Saint-Lazare en 1957 à la naissance de son fils.

Au 23, Georges Ancey

Auteur d'une dizaine de pièces de théâtre (*Monsieur Lamblin*, 1888, *Athènes couronnée de violettes*, 1908), on l'apparenta à Henry Becque pour sa dénonciation de la spéculation et des mœurs dissolues de la « Belle » Époque. Signe particulier : né en 1860 au 23, rue Saint-Lazare, il y décéda en 1917 sans jamais déménager.

Au 54, René de Obaldia

Quelques années après la publication de son premier roman, *Tamerlan des cœurs* (1955), puis du *Centenaire* (1959), journal intime et cocasse d'un vieillard affrontant des crabes sur une plage, il devient dramaturge en 1961, avec *Génousie*, montée au théâtre Récamier par Jean Vilar, puis avec *Le Satyre de la Villette* (1963), montée par Barsacq à l'Atelier. *Du vent dans les branches de sassafras* (1965) assurera sa consécration d'auteur « absurde » auprès de Jacques Audiberti, d'Ionesco, de Beckett. Montée au théâtre Gramont, la pièce vit Michel Simon, dont ce fut le dernier rôle au théâtre, dire à Caroline Cellier : « Pamela, n'étale pas tes seins sur la table pendant la prière. »

Obaldia sera pendant un demi-siècle un des auteurs de théâtre français les plus joués au monde. « Chers lecteurs, je vais bientôt me quitter », déclarait-il en 2017 dans *Perles de vie*, une de ses « obaldiableries ». Il lui faudra attendre 2022 et l'âge de 103 ans pour parvenir à sa fin.

Au 66, l'autre femme d'Émile Zola

Embauchée comme couturière et lingère, Jeanne Rozerot fait la connaissance de Zola à Médan en mai 1888. Puis, l'été suivant, elle accompagne le couple à Royan et devient la maîtresse de l'écrivain. De retour à Paris, ce dernier va l'installer rue Saint-Lazare. L'auteur de *Nana* va alors partager sa vie entre les deux femmes qui s'en accommodent : son épouse Alexandrine et Jeanne Rozerot, avec laquelle il fera deux enfants, Denise et Jacques. Après la mort de son mari, Alexandrine Zola les fera reconnaître, afin qu'ils puissent porter le nom de leur père.

Au 70, Alexandre Dumas père

Après avoir résidé au 112, rue de Richelieu puis dans une villa à Enghien, Dumas s'installe rue Saint-Lazare avec une cantatrice « noire comme un pruneau » qu'il a ramenée d'Italie : Fanny Gordosa. Le salon est rempli d'« instruments de torture » : luths, harpes, violons, trombone. Tandis qu'il tente d'écrire, elle chante et évince toutes les visiteuses : « Oune femme ? Dites loui que M. Doumas il est malade, qu'elle s'en aille ! » La cohabitation ne durera pas longtemps. Ayant surpris son vieil amant en posture embarrassante dans une loge de théâtre, la belle quitte la rue Saint-Lazare l'année suivante après avoir vidé tous les tiroirs.

Au 79, Gaston Gallimard

Gaston Gallimard naît en 1881 rue Saint-Lazare. Études à Condorcet, où il rencontre Roger Martin du Gard. Baccalauréat, mais pas d'études supérieures. Père ami de Renoir, qui vit de ses rentes. Au terme d'une période de dandysme mondain, le jeune homme décide à 25 ans de mieux employer son temps. Après avoir assuré le secrétariat d'un député puis celui du dramaturge Robert de Flers, il est invité, en 1911, à prendre la gérance d'un « comptoir d'édition », prolongement commercial de la toute jeune *NRF* fondée (notamment) par André Gide, Jacques Copeau et Jean Schlumberger. Premiers auteurs publiés : Claudel, Charles-Louis Philippe, Gide, Roger Martin du Gard, Valéry… Qualité et rentabilité vont être les maîtres-mots du jeune entrepreneur. En 1919 apparaît son nom : la librairie Gallimard succède au comptoir d'édition. Son règne peut commencer, il durera un demi-siècle, jusqu'à sa mort fin 1975. Dans un article du *Monde* de septembre 1984, Bernard Alliot salue l'extraordinaire aventure éditoriale : « Le père fondateur fut inhumé dans la plus grande discrétion, en décembre 1975 : il détestait les pompes, les honneurs et les bicornes. » La plupart des grands écrivains figurent sur son cher catalogue. « Parmi eux, rappelle Pierre Assouline, dix-huit Prix Nobel (dont six Français), vingt-sept Goncourt, dix-huit Grands Prix du roman de l'Académie, douze Interallié, sept Médicis, dix Renaudot, dix-sept Femina. Chapeau, Gaston ! » Il ne voulut jamais écrire ses Mémoires. « Pourquoi ? » lui demandait-on. « Parce que, répondait-il, je ne veux pas ruiner ma maison, en disant tout ce que je sais. »

Au 109, le dîner Trapp

Le naturalisme serait-il né à table ? Le lundi 16 avril 1877, dans un restaurant situé au coin du passage du Havre et de la rue Saint-Lazare, la jeune génération littéraire représentée par Paul Alexis, Henri Céard, Léon Hennique, Joris-Karl Huysmans, Octave Mirbeau et Guy de Maupassant (qui est encore Guy de Valmont) invite ses aînés : Gustave Flaubert, Edmond de Goncourt, Émile Zola, pour les introniser grands maîtres du nouveau mouvement littéraire.

Zola, qui a inventé le mot, se moque gentiment et confie à Edmond de Goncourt : « Eh bien ! je m'en moque du mot naturalisme, et cependant, je le répéterai, parce qu'il faut un baptême aux choses pour que le public les croie neuves[47]. »

La République des Lettres, rendant compte du dîner, proposera à ses lecteurs le menu (imaginaire) de « la cène » : potage purée « *Bovary* », truite saumonée à la « *Fille Élisa* », poularde truffée à la « *Saint-Antoine* », artichauts au « *Cœur simple* », parfait « Naturaliste », vin de « Coupeau », liqueur de « *L'Assommoir* ».

SANDRIÉ (impasse)

Un panneau indiquait : « Impasse Sandrié. »
Un autre : « Allée privée. Réservée aux riverains. »
Casper s'immobilisa tout au bout, devant un petit immeuble…

— Olivier Descosse, *L'Impasse*, 2019

Au 4, Michel et Calmann Lévy

Les frères Lévy s'installent à Paris en 1836[48] et Michel, le benjamin, se lance dans l'édition dès l'âge de 19 ans. Son premier ouvrage publié sera *Giselle ou les Willis*, ballet fantastique signé Théophile Gautier. Suivront les plus grandes plumes de l'époque et, quelques décennies plus tard, à la fin du Second Empire, un statut de leader en Europe grâce à deux innovations : des livres au prix unique de un franc et la signature de contrats d'exclusivité avec les auteurs. À la mort de Michel Lévy, en 1875, son frère, Calmann, reprendra la maison et la rebaptisera Calmann-Lévy.

SAULNIER (rue)

Il remonta la rue de Châteaudun jusqu'à la station de métro Cadet puis tourna à droite, dans la rue Saulnier. Il avait un objectif.

— Jean-Christophe Grangé, *Miserere*, 2008

Au 18, Jules Verne

Au début des années 1860, après avoir écrit quelques opérettes et travaillé comme agent de change, Jules Verne songe à un nouveau type de roman : exotisme, positivisme et un soupçon de romantisme. Il réside passage Saulnier et, à l'automne 1862, remet à Pierre-Jules Hetzel, célèbre éditeur, le manuscrit d'*Un voyage en l'air*, qui devient *Cinq Semaines en ballon*, immense succès de librairie. Hetzel lui fait signer un contrat, point de départ des *Voyages extraordinaires* (sous-titrés de manière parlante *Voyages dans les mondes connus et inconnus*), qui comprendront plus de soixante romans et une vingtaine de nouvelles.

En 1863, les Verne emménageront 39, rue La Fontaine, où ils demeureront jusqu'en 1869.

Pris en étau entre deux genres supposés mineurs, la littérature jeunesse et la science-fiction, Verne attendra des décennies avant d'être considéré comme un écrivain de premier plan, comme en témoigne son entrée dans la « Pléiade » en 2012.

« On a souvent reproché à Jules Verne son style, écrit Gilles Lapouge dans *Maupassant, le sergent Bourgogne et Marguerite Duras* (2017). Il écrirait mal. C'est faux. Jules Verne écrit très bien, aussi bien qu'un excellent élève du certificat d'études des écoles de la République. »

SCRIBE (rue)

« Un souterrain montant directement du Lac à la rue Scribe… » Oui, Christine lui a bien parlé de cela !
— Gaston Leroux, *Le Fantôme de l'Opéra*, 1910

Au 1, George Orwell

En 1929, résident alors d'un hôtel misérable de la rue du Pot-de-Fer, Orwell avait tenté de trouver du travail à l'hôtel Scribe. En vain. Il retrouvera l'hôtel en mars 1945 en qualité de correspondant de guerre pour *The Observer*. Il vient de terminer *La Ferme des animaux*, fable dans laquelle le peuple animal chasse l'homme du pouvoir pour créer un monde nouveau, ouvrage qui sera publié au mois d'août après avoir été refusé par quatre éditeurs : la guerre n'est pas encore terminée et cette formidable et radicale charge contre les cochons Sage l'ancien (Marx ou Lénine) et Napoléon (Staline) semble prématurée. Métaphore d'une idéologie dévoyée où « tous les animaux sont égaux, mais certains plus égaux que d'autres », *La Ferme des animaux* précède de quatre ans la parution de *1984*, l'œuvre majeure.

Au 8, le fantôme de l'opéra Garnier

Le grand lustre qui s'effondre, un machiniste pendu, une demande de rançon de vingt mille francs par mois, l'exigence que la loge 5 lui soit réservée : pas de doute, il s'agit du fantôme de l'opéra, ce musicien-compositeur à la tête de mort, pauvre hère assassin que sa mère n'a jamais embrassé, imaginé par Gaston Leroux dans un roman qui paraît en feuilleton à partir de septembre 1909 et qui est édité l'année suivante. Depuis cette date, Erik le fantôme a inspiré de nombreux artistes : dix-huit comédies musicales, huit films, deux téléfilms, quatre albums de bande dessinée, deux webséries, un ballet, une pièce de théâtre…

Pour écrire son roman fantastico-policier, Leroux se serait inspiré de la chute d'un des contrepoids du grand lustre, qui tua en 1896 une spectatrice lors d'une représentation du *Faust* de Gounod, et de la découverte, en 1907, du cadavre d'une victime de la Commune dans les sous-sols de l'opéra.

TAITBOUT (rue)

À l'angle où la rue du Helder se croise avec la rue Taitbout, Jérôme rencontra Trilby, cocher comme lui de bonne maison.
— Eugène Scribe, *La Maîtresse anonyme*, 1853

Au 66, Catulle Mendès et Marguerite Moreno

Après la rue Mansart et le 18, rue Berlioz, Mendès s'installe en 1892 au 66, rue Taitbout. Mallarmé le facétieux libelle comme à son habitude son adresse en quatrain : « Monsieur Mendès aussi Catulle / À toute la muse debout / Dispense la brise et le tulle / Rue, au 66, Taitbout. »

En 1890, après *Le Roi vierge* (1881) et *Zo'har* (1886), le sulfureux poète à la préciosité décadente a fait paraître

Méphistophéla, troisième roman sur le thème de la transgression dans lequel héros et héroïnes se livrent à des amours interdites, notamment l'inceste.

À 51 ans, l'homme à femmes va séduire une jeune actrice de 21 ans avec laquelle il aura un enfant : Marguerite Moreno, future femme de Marcel Schwob, qui s'installe rue Taitbout pendant un an.

Colette, dans *Le Figaro littéraire* du 11 septembre 1948, évoque sa rencontre avec la comédienne : « Notre première rencontre date – 1894 ou 95 ? – d'un déjeuner chez Catulle Mendès. Dans une pièce que traversait le soleil, l'heure de midi cernait de lumière une longue silhouette de jeune femme mince, un peu penchée, tirée en avant par le fardeau qu'elle portait, et qui était un très beau et pesant enfant de dix-huit mois ou deux ans. Blond comme l'été, il fixait sur moi ses yeux sombres, sérieux, hérités de sa mère. »

THIMONNIER (rue)

Clément Varennes s'était vivement rabattu sur cette chambre de bonne en haut d'un immeuble cossu de la rue Thimonnier, une rue tranquille dans les profondeurs du 9e arrondissement…

— Michel Breuzard, *Le Roman de Clément Varennes*, 2005

Au 10, Émile Berr

Responsable du supplément littéraire du *Figaro*, cet éminent critique et journaliste écrivit en 1903 *Les Petites Choses*, parmi lesquelles « de petites choses qui font plaisir » (comme recevoir un pneumatique « impossible ce soir » d'une femme qu'on n'était pas sûr de désirer), « de petites choses qui embêtent » (comme être aidé par un valet de chambre extrêmement élégant, cependant qu'on enfile les manches d'un pardessus un peu fané), ou « de petites choses qui flattent » comme tutoyer, devant du monde, un membre de l'Académie française.

Dernière petite chose : Émile Berr décède rue Thimonnier en 1923.

TOUR-DES-DAMES
(rue de la)

Vu des fenêtres de la rue de la Tour-des-Dames,
le ciel de Paris évoquait les « grisailles »,
ces tableaux monochromes d'autrefois.
— Claude Arnaud, *Le Jeu des quatre coins*, 2014

Au 12, Courteline et la mince cloison

En 1892, Courteline réside rue Lepic avec sa femme et leurs deux enfants très turbulents. Pour travailler, Courteline va parfois vivre dans un appartement que lui prête une amie, rue de la Tour-des-Dames, appartement mitoyen de celui de Charlotte Reynard, la maîtresse de Catulle Mendès. Lorsque ce dernier lui demande où il loge désormais, Courteline élude car, à travers le mur, il peut entendre les ébats de la belle qui trompe allègrement son ami. En cachant son adresse occasionnelle, il pense préserver et sa tranquillité et celle de Mendès. Le secret sera levé après la rupture entre les deux amants, et Courteline écrira *Boubouroche* (1893), une comédie inspirée par la trop mince cloison.

TRÉVISE **(cité de)**

Je retrouvais dans l'intonation de votre voix l'écho d'une certaine façon de parler, avec cette légère pointe de morgue qu'ont les vrais titis parisiens de la cité Trévise.
— Marie Lebey, *Oublier Modiano*, 2011

Au 3, Alexandre Dumas

Dans *Henri ou Henry. Le roman de mon père*, Didier Decoin évoque Dumas et la cité de Trévise : « L'adresse lui plaisait, ça sonnait un peu comme Tréville, le capitaine des mousquetaires du roi. Or, Henri se sentait d'appétit à conquérir Paris, moins par une ambition à la Rastignac que par un enthousiasme à la d'Artagnan. D'autant qu'il venait d'apprendre qu'Alexandre Dumas avait habité là, tout près, au n° 3. »

Alexandre Dumas s'y installe en 1848, revenant à Paris après avoir loué la villa Médicis à Saint-Germain-en-Laye puis résidé à Port-Marly dans son château de Monte-Cristo.

Avec ses principales œuvres publiées depuis 1844, dont *Les Trois Mousquetaires* et *Le Comte de Monte-Cristo*, il est au sommet de sa gloire quand survient la révolution de février 1848 qui met en péril la fréquentation de son Théâtre-Historique, boulevard du Temple. S'il participe au soulèvement de février, il changera de camp lors de celui de juin.

Républicain, Dumas ? Oui, mais pas totalement révolutionnaire. En août, il écrit dans *L'Événement* : « Ce qui fait l'avenir de la République, c'est justement ceci, qu'il lui reste beaucoup à faire dans l'avenir. Laissez-la donc d'abord être République bourgeoise ; puis, avec l'aide des années, elle deviendra République démocratique ; puis, avec l'aide des siècles, elle deviendra République sociale. »

Au 3, Max Aub

Ce romancier et dramaturge écrivant essentiellement en espagnol naît cité de Trévise en 1903. Engagé auprès des républicains au début de la guerre d'Espagne, il en sera l'un des principaux chroniqueurs.

En 1944 paraît *Manuscrit corbeau*, histoire d'un corbeau nommé Jacobo qui examine « l'étrange façon de vivre des hommes » au sein du camp du Vernet où l'on croise loups, renards ou chiens de garde, ironique et lointain cousin de *La Ferme des animaux* de George Orwell qui paraîtra un an plus tard.

En 1962, il publie *Jusep Torres Campalans*, biographie d'un peintre catalan ami de Picasso qui aurait contribué dans les années 1910 à la naissance du cubisme. De nombreux critiques se laissèrent abuser par l'ingéniosité et le talent de Max Aub à faire (re)vivre ce peintre imaginaire dans la bohème de Barcelone et du Bateau-Lavoir et à relater ses conversations avec Picasso, Juan Gris et Max Jacob.

TRUDAINE (avenue)

Ils étaient arrivés avenue Trudaine, une avenue dont on dit qu'elle ne commence ni ne finit nulle part, peut-être parce qu'elle forme une sorte d'enclave ou de clairière et qu'il n'y passe que de rares voitures.

— Patrick Modiano, *L'Horizon*, 2010

Au 10, Jean-Louis Dubut de Laforest

Ce romancier, « peintre de mauvaises mœurs » selon le *Larousse du XX*e *siècle*, publia de nombreux romans mettant en scène proxénétisme et homosexualité masculine et ses *Derniers Scandales de Paris*, série de trente-sept volumes édités entre 1890 et 1900, traitent de toutes les débauches imaginables. « Malgré son succès, peut-on lire sur un site dédié, il mit fin à ses jours le 3 avril 1902 (10 rue Trudaine, Paris 9e) à 03 h 00. »

Au 14, Georges Ohnet

Ce petit-fils du Dr Blanche se fit connaître par *Le Maître de forges* (1882), roman au prodigieux succès que suivront, jusqu'en 1914, une quarantaine de romans et une dizaine de pièces de théâtre. Il fut, pour le guide *Paris-Parisien 1896*, « le romancier favori de la bourgeoisie » et, pour Léon Bloy, « le Jupiter tonnant de l'imbécillité française ».

Au 26, Jean Anouilh

De 1939 à 1950, avec des escapades dans le Béarn et en Suisse, le dramaturge réside avenue Trudaine. Celui que Jouvet traitait de « miteux » en 1930 flirte avec la notoriété après les succès du *Voyageur sans bagage* et du *Bal des voleurs*. Poursuivant son cycle de pièces « noires », il fait jouer en février 1944 une *Antigone* adaptée de Sophocle. « Je l'ai réécrite à ma façon, avec la résonance de la tragédie que nous étions alors en train de vivre. » L'auteur poursuivra dans le « noir » avec *Roméo et Jeannette* en 1946. L'année suivante, changement de registre avec une pièce « brillante », *L'Invitation au château*, mise en scène par Barsacq au théâtre de l'Atelier. En octobre 1953, la pièce sera reprise sur la même scène et Dany Robin sera remplacée dans le rôle d'Isabelle par une jeune starlette : Brigitte Bardot.

Au 30, le conomètre de Courteline

Dans cette ancienne auberge du Clou, la principale vedette fut sans doute Courteline qui vint tous les jours, pendant des années, jouer aux cartes (à la manille), observer la foule et la sottise humaine. Il y inventa le « conomètre », tube de verre gradué empli d'alcool coloré de rouge destiné à mesurer la stupidité de celui qui y touche. (Un complice caché souffle dans le tube en caoutchouc qui y est relié et, selon un code convenu, augmente ou non la dose de sottise supposée.) Courteline y commandait un certain mélange d'absinthe : « Et qu'on nous donne / À pleins flacons / La Zoëdone / L'amer Picon. »

VERDEAU (passage)

Je me suis engouffré sous la verrière du passage Verdeau dont j'aime l'environnement de boutiques étranges…

— Philippe Le Guillou, *Les Marées du Faou*, 2003

Au 25, les *Poésies* de Lautréamont

Le lecteur fut prévenu : « Plût au ciel que le lecteur, enhardi et devenu momentanément féroce comme ce qu'il lit, trouve, sans se désorienter, son chemin abrupt et sauvage, à travers les marécages désolés de ces pages sombres et pleines de poison. »

À la fin des années 1860, la librairie Gabrie prit en dépôt les deux fascicules, à cinq cents exemplaires chacun, des *Poésies* d'Isidore Ducasse. Il ne s'agit pas à proprement parler de poèmes, mais d'aphorismes et de réflexions sur la poésie, dans lesquelles le jeune homme fustige les « obscurités à carapace de punaise ». On y apprend que les chefs-d'œuvre de la langue française sont désormais disponibles dans les lycées, sous forme de discours à la distribution des prix, que le romantisme de Musset, Hugo ou Lamartine n'est qu'une forme de gémissement, qu'il convient de pourfendre les « Grandes-Têtes-Molles » et « femmelettes » de la littérature et de se débarrasser du « canard du doute aux lèvres de vermouth ».

VICTOR-MASSÉ
(rue)

Curieux de l'endroit où avait travaillé sa mère, il chercha l'adresse du Tabarin, mais au numéro de la rue Victor-Massé, il se retrouva devant une façade aveugle.
— Patrick Modiano, *Une jeunesse*, 1981

Au 5, les vacances de Stefan Zweig

Il se l'était promis : après l'obtention de son doctorat sur Taine, s'offrir un séjour de six mois à Paris, « ville de l'éternelle jeunesse ». Car « Paris, c'est le luxe, l'élégance, l'entrain, la légèreté, la joie, l'"antiprovince", la liberté, et avant tout les femmes, beaucoup de femmes », écrira-t-il en 1928 dans *Trois poètes de leur vie*.

Entre novembre 1904 et juin 1905, Stefan Zweig loue donc un appartement au 5, rue Victor-Massé. C'est le quartier de Zola, décédé deux ans plus tôt à quelques pas de là, et celui de Verlaine, sur lequel il prépare une monographie et des traductions. L'écrivain viennois se liera avec Romain Rolland, avec lequel il entretiendra une longue correspondance. Zweig est surtout connu pour ses nouvelles : *Amok* (1922), *La Confusion des sentiments* (1926), *Vingt-quatre Heures de la vie d'une femme* (1927). Son *Joueur d'échecs* sera publié à titre posthume quelques mois après son suicide, en 1942.

Au 5, Jean-Claude Carrière au Cercle Massé

Auteur de plus de quatre-vingts scénarios auprès des plus grands réalisateurs, ce grand conteur commença par publier *Lézard* (1957), roman à la Queneau dans lequel Lézard, le héros fainéant, passe ses journées dans un bistrot à écouter chiffonniers, gitans et prostituées. Parallèlement, sous le nom de Benoît Becker, il publia plusieurs romans d'épouvante dans la collection « Angoisse » du Fleuve noir, prélude à une soixantaine d'ouvrages, romans (dont *Le Vin bourru*, livre sur son enfance), essais (dont *La Force du bouddhisme*, 1994), récits, adaptations et pièces de théâtre (comme *L'Aide-mémoire*, 1968, très grand succès).

En 1976, ce complice de Luis Buñuel acquiert un hôtel d'une quinzaine de pièces, l'ancien Cercle Massé, célèbre tripot et bordel dans les années 1920, installant son bureau dans ce qui fut l'atelier de Toulouse-Lautrec. Il y décède, début 2021.

Au 24, Alphonse Allais

Après un bref passage à l'hôtel des Deux Hémisphères, 79, rue des Martyrs, Alphonse Allais s'installe rue Victor-Massé (ancienne rue de Laval) en 1890, après la publication du premier tome de ses *Œuvres anthumes* et de son grand succès, *La Vie drôle*, compilation de ses articles parus dans *Le Chat noir*. En quelques semaines, huit mille exemplaires seront vendus, lui apportant (enfin) argent et consécration.

Éconduit par Jane Avril qui refuse de l'épouser, celui que ses amis surnomment Divan le terrible pour ses conquêtes féminines épouse deux ans plus tard

Marguerite Gouzée. (« L'unique moyen qu'on ait jusqu'à présent trouvé de faire cesser la solitude d'une femme, écrit-il, c'est de la partager avec elle. »)

En 1895, il quittera Montmartre pour s'installer rue Édouard-Detaille, près de son ami Tristan Bernard.

Au 34, le seul diplôme de Guillaume Apollinaire

En juin 1900, après la rue de Constantinople (et avant la rue de Naples), Mme Kostrowitzky réside rue Victor-Massé avec ses deux fils. Désireuse de les aider à trouver un métier, elle les inscrit à un cours de sténographie. Wilhelm obtient son diplôme, le seul de sa vie, et commence à versifier : « Nous sommes au jardin fleuri pour la cueillette. / Belle, sais-tu combien de fleurs, de roses-thé, / Roses pâles d'amour qui couronnent ta tête, / S'effeuillent chaque été ? »

Notes

1. Jean-Paul Clébert, *Les Hauts Lieux de la littérature à Paris*, *op. cit.*
2. Picasso est accompagné de Jean Mollet, vague poète, futur « Baron Mollet » et secrétaire d'Apollinaire, qui fait les présentations.
3. La rue Matignon deviendra une avenue en 1926.
4. Rimbaud aurait peut-être confié le manuscrit à Blémont pour qu'il soit publié dans la nouvelle revue de ce dernier : *Renaissance littéraire et artistique*.
5. Jean-Claude Yon, *Eugène Scribe. La fortune et la liberté*, Librairie Nizet, 2000.
6. *Ibidem*.
7. Jean Tardieu interrogé par Laurent Flieder le 7 juillet 1983.
8. Céleste Albaret, *Monsieur Proust*, Robert Laffont, 1973.
9. Cité par Pierre Gamarra, *La Vie prodigieuse de Victor Hugo*, 1985.
10. André de Fouquières, *Pigalle 1900*, Pierre Horay, 1955.
11. Une première édition parut en 1945 aux éditions du Sagittaire.
12. Jean Tardieu, *Monsieur Monsieur*, Gallimard, 1951.
13. René Doumic, « Revue littéraire. Alexandre Dumas père », *Revue des Deux Mondes*, 15 janvier 1902.
14. Jean d'Ormesson, *Une autre histoire de la littérature française*, Nil Éditions, 1998.
15. Le très beau site Montmartre secret (https://www.montmartre-secret.com) relate que cette erreur a été relevée par le spécialiste de Paris Bernard Vassor : une lettre de Maupassant à un ami indiquerait « qu'il était souvent importuné par des coups de sonnette intempestifs et insistants de gens qui croyant aller au Lupanar, se trompaient d'étage ! Or le lupanar avait pour adresse ce fameux 17 ».
16. Était-ce pour faire un clin d'œil à la célèbre librairie Au Sans Pareil, première éditrice des surréalistes, créée en 1919 par René Hilsum ?
17. https://francearchives.fr/fr/pages_histoire/39243.
18. Nidal Taibi, « 150 ans après sa mort, Lautréamont toujours vivant », *Marianne*, 24 novembre 2020 (https://www.marianne.net).
19. Patrice Delbourg, *Les Jongleurs de mots*, Écriture, 2008.
20. L'avenue Frochot est ouverte en 1830. À l'origine, elle ouvre sur la rue Victor-Massé, ancienne rue de Laval.
21. Victor Hugo, *Carnets intimes. 1870-1871*, Gallimard, 1953.
22. Armida-Josefina Cuchiani, dite Marcelle dans son œuvre.
23. Selon son biographe Pierre-Robert Leclercq.
24. Christine Genin, « Louise Colet, ni muse ni bas-bleu », *Libération*, 4 février 2021 (https://www.liberation.fr).
25. Jean Schlumberger, « Le cinquantenaire de *La Nouvelle Revue française* », 1960.
26. https://www.philosophieetsurrealisme.fr/le-cafe-surrealiste.
27. Didier Blonde, *Carnet d'adresses*, Gallimard, 2010.
28. Évelyne Grossman, dans *Antonin Artaud, Œuvres*, Gallimard, 2004.
29. *Le Livre blanc*, ouvrage très probablement écrit par Cocteau, est publié anonymement en 1928, édité par Maurice Sachs et Jacques Bonjean.
30. https://www.paperblog.fr/1410075/les-buveurs-d-eau.
31. *Ibidem*.
32. Alphonse Karr, *Le Livre de bord*, Calmann-Lévy, 1880.
33. Philibert Audebrand, *Alexandre Dumas à la Maison d'Or*, Calmann-Lévy, 1888.
34. Léon Séché, *Delphine Gay, Mme de Girardin, dans ses rapports avec Lamartine, Victor Hugo, Balzac, Rachel, Jules Sandeau, Dumas, Eugène Sue et George Sand*, Mercure de France, 1910.
35. François Forestier, « Salaud, collabo, faux cul : le plaidoyer d'Henri Béraud », *L'Obs*, 8 novembre 2019.
36. *Ibidem*.

37. Le père de Léautaud habita au 13, puis au 21 de la rue des Martyrs.
38. Guy de Maupassant, « Une soirée », *Le Gaulois*, 1883.
39. http://autourduperetanguy.blogspirit.com/archive/2007/03/14/paris-disparu-la-maison-de-theophile-gautier-rue-de-navarin.html.
40. Relaté sur le site http://www.gerard-de-nerval.net/lacrisede1841a.html.
41. Georges Perec, *La Disparition*, Denoël, 1969.
42. D'après le site Anecdotes parisiennes.
43. George Sand à Hippolyte Chatiron, le 12 novembre 1842.
44. http://www.alain-rustenholz.net/2012/10.
45. Pauline de Pange, *Comment j'ai vu 1900*, Grasset, 1968.
46. « *En 18...*, écrit André Billy dans sa biographie des Goncourt, est typiquement une œuvre de début, affectée, obscure, prétentieuse, incohérente et anodine, mais qui nous renseigne sur l'état d'esprit de la jeunesse en 1851. »
47. Relaté dans *Les Amis de Flaubert. Bulletin n° 6*, Association des amis de Flaubert, 1955.
48. 6, rue du Tire-Boudin (actuelle rue Marie-Stuart), puis 4, rue Vivienne, avant de s'établir impasse Sandrié.

Si vous demandez à Léon-Paul Fargue son opinion sur le 10e arrondissement, il vous répondra tout naturellement : « Un quartier de poètes et de locomotives. »

LE 10E ARRONDISSEMENT

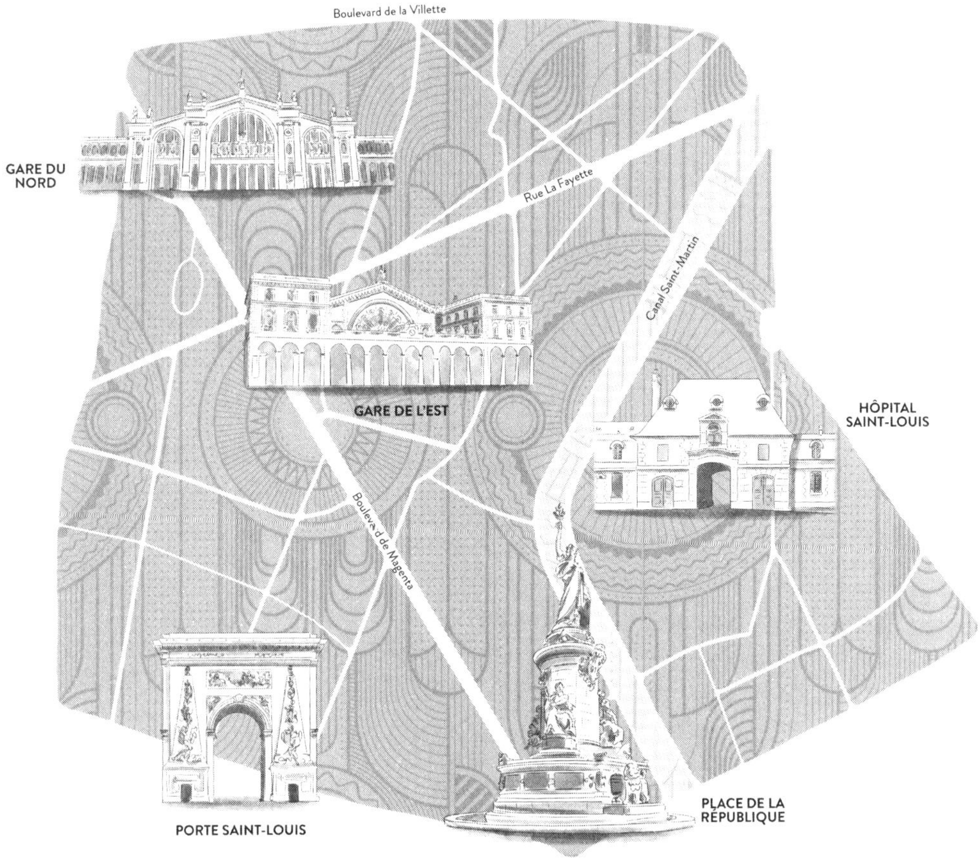

BONNE-NOUVELLE (boulevard de)

Que de majesté, que de joie ! Boulevard de Bonne-Nouvelle, Rose se persuada qu'elle était bénie. Une force veillait sur elle.

— Agnès Desarthe, *Ce cœur changeant*, 2015

Au 18, Jules Verne

En 1853, après avoir résidé au nº 11, Jules Verne s'installe avec son ami Aristide Hignard au 18, boulevard de Bonne-Nouvelle, sixième étage, et travaille comme secrétaire du directeur du Théâtre-Lyrique – l'ex-Théâtre-Historique d'Alexandre Dumas père. Après avoir débuté au théâtre en 1850 avec *Les Pailles rompues*, il se lance dans l'opérette avec *Le Colin-maillard* puis avec *Les Compagnons de la Marjolaine* (1855). L'année suivante, changement de cap avec une occupation plus rémunératrice : il devient placier en Bourse, chez l'agent de change Eggly, rue de Provence. Il se marie et s'installe boulevard Poissonnière (1857), puis, quelques mois plus tard, rue Saint-Martin. Il faudra attendre 1862 pour que le premier « voyage extraordinaire » voie le jour.

CHABROL (rue de)

Le marchand de faïences et son compagnon montèrent, bras dessus bras dessous, la rue d'Hauteville, prirent ensuite la rue de Chabrol. La nuit était sombre, avec des rafales de vent tiède.

— Gustave Flaubert, *L'Éducation sentimentale*, 1869

Au 20, Henry Becque

C'est dans une misérable maison de la rue de Chabrol, au nº 20, qu'Henry-François Becque vint au jour le 18 avril 1837. Né pauvre, il le restera durant toute sa vie, courant après le succès théâtral qu'il n'atteindra qu'avec *Les Corbeaux*, en 1882, pièce qui, quarante ans après Balzac, s'en prend à l'argent, aux affaires, à l'héritage et à la condition féminine. Octave Mirbeau, qui l'admirait, s'inspira de son « théâtre rosse » pour créer *Les affaires sont les affaires* en 1903. Prince de l'amertume, il sera, selon l'universitaire américain Eric Dawson, « un disciple de Schopenhauer égaré sur la terre française, ou bien un continuateur de Swift, cent fois plus amer et plus atrocement désenchanté que son ancêtre ».

Au 34, Jean-Claude Grumberg

Jean-Claude Grumberg naît rue de Chabrol en 1939 et, en 1942, le petit garçon voit la police française enfoncer la porte pour venir chercher son père. Soixante ans plus tard, en 2003, il parviendra à en parler dans *Mon père. Inventaire* : « C'est par cette fente, par cette cicatrice que je suis né au monde, c'est par là que j'ai été arraché à l'enfance protégée, et jeté dans ce monde où la violence, l'injustice, la folie règnent, c'est par cette fente aussi que mon père fut extrait de la vie et projeté nu et hagard dans une froide salle de douche. »

Tailleur dans un premier temps, Grumberg deviendra comédien puis auteur de pièces de théâtre à succès comme *L'Atelier* (1979) ou *Moi je crois pas !* (2010).

Dramaturge et scénariste (Truffaut, Costa-Gavras...), il est l'auteur de *La Plus Précieuse des marchandises* (2019), prix spécial du jury du Prix des libraires, Prix des lecteurs de *L'Express*/BFMTV. Il reçoit en 2019 le Grand Prix de la SGDL pour l'ensemble de son œuvre et, en 2021, le prix littéraire *Le Monde* pour *Jacqueline Jacqueline*.

CHAPELLE (boulevard de la)

Nous étions là, promeneurs excités du boulevard de la Chapelle, fixés sur un seul point de la vie éternelle, sur un seul furoncle du tourbillon.

— Léon-Paul Fargue, *Le Piéton de Paris*, 1939

Au 17, la « vaste saloperie » de Joseph Delteil

Le poète s'y installe fin 1924, il y résidera six ans au quatrième étage, au fond du couloir, appartement n° 15. Son *Choléra*, somme d'hallucinations burlesques et de paillardises, roman jonglant avec les hyperboles et les calembours, est un des événements littéraires de 1923. « Dans *Choléra*, il n'y a qu'à admirer », proclame Breton, qui associe aussitôt son auteur à *La Révolution surréaliste* et à l'écriture d'*Un cadavre*, célèbre pamphlet lancé contre Anatole France. Mais Delteil sera rapidement exclu du groupe, Breton ne supportant pas qu'il soutienne ne jamais rêver et son projet de faire publier son *Jeanne d'Arc*. L'ouvrage va recevoir le prix Femina-Vie heureuse 1925 et provoquer la fureur conjuguée des catholiques et des surréalistes. Cinq ans après la canonisation de la sainte, l'auteur ose montrer une Jeanne humaine, n'hésite pas à parler de ses seins. « Mauvais livre », pour le rédacteur en chef de

La Croix. « Une vaste saloperie », selon Breton.

En 1929, au faîte de sa gloire après une vingtaine d'ouvrages, Delteil refusera de devenir écrivain de métier. Il commencera à voyager, mènera une vie nomade jusqu'en 1937 puis s'installera avec sa femme près de Montpellier.

ÉCHIQUIER (rue de l')

Octave se dépêchait. Il avait rendez-vous
au numéro 36 de la rue de l'Échiquier
chez ce Lemercier qui recevait le Comité royaliste.
— Patrick Rambaud, *L'Absent*, 2003

Au 1, la naissance de René Crevel

Est-ce du fait de sa bisexualité tout juste tolérée par un groupe plutôt sectaire ? De son adhésion sans réserve et toujours déçue à l'utopie socialiste ? De son mal-être permanent ? Ce fils de bourgeois né en 1900 fut le plus fragile des surréalistes. « Né révolté comme d'autres naissent avec les yeux bleus », écrira Philippe Soupault. Crevel ne gardera pas un bon souvenir de la rue de l'Échiquier, gérée par une mère très dominatrice. Dans *Babylone*, il évoque « un salon figé en plein contentement de soi, louis-philippard », des « canapés interminablement las, résignés à une vieillesse sans gloire ».

En 1905, la famille s'installera au 15, rue de la Pompe, puis, en 1910, au 6, chaussée de la Muette. Pour Crevel, poète et essayiste de grand talent, commence un destin tragique qui s'annonce dans le nº 2 de *La Révolution surréaliste* : « Le suicide est un moyen de sélection. Se suicident ceux-là qui n'ont point la quasi universelle lâcheté de lutter contre certaine sensation d'âme si intense qu'il la faut bien prendre, jusqu'à nouvel ordre, pour une sensation de vérité. Seule cette sensation permet d'accepter la plus vraisemblablement juste et définitive des solutions, le suicide. »

Au 8, Louis-François-Marie Nicolaïe, dit Clairville

Difficile de conjuguer autant d'avis négatifs sur les centaines de vaudevilles qu'il écrivit entre 1840 et 1876. « Basse littérature », écrit Charles Monselet en janvier 1858 dans *Le Monde illustré*. « Sorte de friperie littéraire, où l'on rhabille à neuf les vieux mots râpés et les calembours ensevelis », écrit Henri Rochefort. « C'est le type de la fécondité stérile, peut-on lire dans le *Dictionnaire de la conversation et de la lecture*, en 1853 ; l'homme à la fois qui a le plus enfanté et le moins écrit. Il ne compose pas ses vaudevilles, il les confectionne ; sa littérature est toute de pacotille, et ses œuvres d'occasion. »

Celui que l'on surnomma « l'Alexandre Dumas du vaudeville » meurt rue de l'Échiquier en 1879. On peut lire dans *Le Petit Parisien* : « Clairville fut atteint il y a une huitaine de jours d'une fluxion de poitrine qui fit de rapides progrès. »

Au 29, Casimir Delavigne

Peu de candidats furent élus à l'Académie française à l'unanimité moins une voix. Le poète et dramaturge Casimir Delavigne y parvint en 1825, à l'âge de 35 ans. Au théâtre, il laisse notamment deux grands succès (*L'École des vieillards*, 1823, *Louis XI*, 1832) et, sur le plan poétique, des *Messéniennes* (1818) aujourd'hui bien surannées : « Ô toi que l'univers adore, / Ô toi que maudit l'univers, / Fortune, dont la main, du couchant à l'aurore, / Dispense les lauriers, les sceptres et les fers, / Ton aveugle courroux nous garde-t-il encore / Des triomphes et des revers ? »

FAUBOURG-POISSONNIÈRE (rue du)

Nous nous promenons maintenant dans une petite rue, la rue du Faubourg-Poissonnière, je crois. Il est l'heure de dîner. Je veux prendre congé d'elle. Elle demande qui m'attend.

— André Breton, *Nadja*, 1928

Au 6 (anciennement 3), Choderlos de Laclos

Emprisonné pour soupçons d'orléanisme en 1793, l'auteur des *Liaisons dangereuses* est libéré un an plus tard, sauvé de la guillotine par la mort de Robespierre. Il retrouve sa femme et ses enfants et va s'installer rue du Faubourg-Poissonnière. Réintégré dans l'armée (général de brigade) par Bonaparte, il décède en 1803.

À part les *Liaisons*, Choderlos de Laclos n'a pratiquement rien écrit, hormis quelques poésies et un discours académique, *De l'éducation des femmes*. Ce qui, selon l'écrivain et éditeur Yves Le Hir, pourrait étayer la thèse selon laquelle il n'aurait pas écrit *Les Liaisons dangereuses*, se contentant d'adapter un échange de courriers existant.

Au 34, naissance de Sully Prudhomme

Dans l'entre-deux-guerres, dans les écoles, on récitait encore *Le Vase brisé*, une main sur le cœur, en ânonnant la métaphore de l'amour enfui : « Son eau fraîche a fui goutte à goutte, / Le suc des fleurs s'est épuisé ; / Personne encore ne s'en doute ; / N'y touchez pas, il est brisé. »

Sully Prudhomme naît rue du Faubourg-Poissonnière le 16 mars 1839. Son premier recueil, *Stances et Poèmes* (1865), est remarqué par Sainte-Beuve. Ayant rejoint les rangs du Parnasse, le poète fréquente le salon de Leconte de Lisle et publie *Les Épreuves* (1866) et *Les Solitudes* (1869), adoptant dans son style la devise de Théophile Gautier : « Il n'y a de vraiment beau que ce qui ne peut servir à rien ; tout ce qui est utile est laid. »

Il sera académicien à partir de 1881 et recevra le (premier) prix Nobel de littérature en 1901, en défaveur de Léon Tolstoï. Il utilisera l'argent reçu pour fonder un prix de poésie.

Au 62, André Glucksmann

Dans *Une rage d'enfant*, récit autobiographique publié en 2006, André Glucksmann délaisse la philosophie et relate l'histoire de ses parents juifs, son arrivée en France, évoque le destin de son père mystérieusement disparu en mer en 1940, sa vie sous l'Occupation, et tente d'élucider comment une rage d'enfant peut générer une inextinguible colère pendant toute une vie. L'ancien « mao » rompt avec le marxisme en 1975, publiant *La Cuisinière et le Mangeur d'hommes*. « L'espérance véritable semble se réveiller dans les cris, déclare Maurice Clavel sur France Culture. Le cri de Glucksmann a récusé le ronron marxiste agonisant. » Dans *Le Nouvel Observateur*, Jean Daniel salue « un heureux pamphlet philosophique et politique… Un des livres qui m'ont le plus poursuivi…, incité à réfléchir, inventorier, retourner aux sources, relire Soljenitsyne, Lénine et Marx, réinterpréter la réalité ».

La journaliste Galia Ackerman se souvient de Glucksmann et de la rue du Faubourg-Poissonnière : « Malgré sa célébrité, il y avait ce côté extraordinaire chez lui, l'attention aux gens, le désir d'écouter et de comprendre. Son grand appartement dans le quartier populaire de Paris, rue Faubourg-Poissonnière, rempli d'une quantité prodigieuse de livres, avec ses meubles et ses miroirs venant de brocantes, était toujours ouvert à ceux qui venaient de l'Est – André et Fanfan, sa fidèle compagne, son alter ego, leur faisaient le don de leur hospitalité et de leur disponibilité. »

Au 72 (anciennement 46), Henri Heine

Le « plus français des Allemands », poète, journaliste et polémiste, vécut rue du Faubourg-Poissonnière de septembre 1841 à avril 1846, puis se déplaça au n° 41 (aujourd'hui 65). Haute figure du romantisme germanique, il fut un farouche défenseur de la liberté de penser : « Là où on brûle des livres, on finit par brûler des hommes[1]. »

Il n'avait guère d'estime pour les littérateurs français, George Sand mise à part. Les pièces de Victor Hugo sont d'un « triple ennui », les vers de Musset « d'une grande bêtise ». En février 1848, en pleine révolution parisienne, sa maladie neurologique s'aggrave. Paralysé, il passera ses huit dernières années dans son « matelas-tombeau ».

Au cours d'un « dîner Magny », en compagnie des frères Goncourt et de Sainte-Beuve, Frédéric Baudry (philologue et traducteur de *Contes* de Grimm) rapporta les mots de Heine sur son lit de mort. Comme sa femme implorait Dieu de lui pardonner, il interrompit sa prière et déclara : « N'en doute pas, ma chère, il me pardonnera ; c'est son métier[2] ! »

Au 98, les bibine *parties* de Boris Vian

En 1941, Boris et Michelle Vian s'installent au 98, rue du Faubourg-Poissonnière avec leur fils Patrick, dans un appartement prêté par le père de Michelle Vian. Ils occupent l'intégralité du quatrième étage, un grand sept-pièces sous les chambres de bonne.

Boris y donnera de nombreuses « tartes *parties* » ou des « bibine *parties* », préparant ses cocktails « implacables » dont le fameux Flamand Rose élaboré à base de cognac, de fraises écrasées et de crème fraîche, recevant Sartre, Beauvoir, Camus, Merleau-Ponty, Pontalis, Astruc, Queneau, sans oublier son ami, le célèbre « Major », Jacques Loustalot.

« C'est là, raconte Michelle Vian dans *Le Nouvel Observateur*, que Camus et Merleau-Ponty se sont disputés, dans la salle à manger. Je crois que c'était pour une histoire de camp de concentration russe. Merleau-Ponty avait dû écrire, dans *Les Temps modernes* bien entendu, un éditorial sur le sujet[3]. Et Camus trouvait que ça n'était pas assez fort – il cherchait alors querelle à tout le monde. Il a attaqué Merleau-Ponty, qui s'est défendu. Camus a dit : "J'en ai marre !" Il a pris ses cliques et ses claques, il a descendu l'escalier. Jacques-Laurent Bost lui a couru après, Sartre a couru après Bost, mais Camus est parti. Et la rupture avec Merleau-Ponty a été définitive. »

Rue du Faubourg-Poissonnière, Vian écrit ses premiers romans, *Vercoquin et le plancton* (1946), *L'Écume des jours* (1947), *L'Automne à Pékin* (1947), *L'Herbe rouge* (1950), les trois premiers Vernon Sullivan (dont *J'irai cracher sur vos tombes*, 1946). Il tient par ailleurs une chronique régulière dans *Les Temps modernes* (« La Chronique du menteur »), commet sa première pièce de théâtre (*L'Équarrissage pour tous*, 1947), publie sous son nom et celui de Michelle, au printemps 1948, leurs premières traductions pour la « Série noire » de Gallimard, expose quelques tableaux dans le style de Chirico ou de Dalí sans oublier de jouer de la trompinette au Tabou et de publier son *Manuel de Saint-Germain-des-Prés*... Des journées de soixante-douze heures peu recommandées pour son cœur fragile.

Après la rencontre d'Ursula Kübler, en 1950, il quittera le faubourg Poissonnière pour s'installer avec elle dans une chambre de bonne, boulevard de Clichy, puis cité Véron.

Au 145, Charles Monselet

Chassé du Carrousel, comme Nerval, Monselet s'installe rue du Faubourg-Poissonnière avec sa femme et ses enfants. Afin d'écrire tranquillement, il loue une chambre quai Voltaire, sorte de pigeonnier qu'il nomme sa cellule de bénédiction. Écrivain, journaliste, poète, auteur dramatique, chroniqueur le plus représentatif du Second Empire, il fut l'ami de Victor Hugo, qui, admirant sa verve et son style, lui déclara : « Quand je vous écris quai Voltaire, j'ai envie de mettre comme adresse : "À Monsieur de Voltaire, quai Monselet." »

Sa *Lorgnette littéraire, dictionnaire des grands et des petits auteurs de mon temps* (1857) brosse le portrait de ses confrères écrivains, avec une prédilection pour les plus humbles.

FAUBOURG-SAINT-DENIS (rue du)

Ressuscité par l'heureux augure, je dévale la rue du Faubourg-Saint-Denis. Sur le trottoir d'en face, un carré d'immeubles anciens vient d'être rasé par les bulldozers.

— Benoit Duteurtre, *Le Voyage en France*, 2001

Au 53, Dumas et sa mère

En février 1824, Alexandre Dumas s'installe avec sa mère au 53, rue du Faubourg-Saint-Denis, deuxième étage sur rue, appartement composé de deux chambres, d'une salle à manger et d'une cuisine. Il y restera jusqu'à février 1829, date de son premier succès, *Henri III et sa cour*, joué à la Comédie-Française et dont le romantisme préfigure *Hernani*, un an plus tard.

Au 107, Beaumarchais à la prison Saint-Lazare

Beaumarchais y passa quelques jours en mars 1785 pour avoir fustigé un peu trop fort quelques détracteurs de son *Mariage de Figaro*. Il crut, quand on l'arrêta, qu'il serait conduit à la Bastille, prison honorable. Erreur. Le roi voulait qu'il fût fouetté, la règle étant de donner à tout pensionnaire de Saint-Lazare, à son entrée, une bonne fustigation.

Au musée de la Comédie-Française, on peut admirer Beaumarchais se faire fouetter, cul nu, tenant à la main la brochure de *La Folle Journée*.

Quelques années plus tard, la « maison Lazare » devint l'une des principales antichambres de la guillotine. À la veille de son exécution, Chénier y composera *La Jeune Captive*, poème en l'honneur d'Aimée de Coigny, une codétenue qui sauvera sa tête.

Au 200 (anciennement 110), la « maison Dubois »

C'était un peu « l'hospice de la Société des gens de lettres » et elle verra passer (ou trépasser) de grandes signatures : Nerval, Murger, Charles Barbara, Duranty, Léo Lespès ou Félix Arvers. Dans *Les Cahiers de Malte Laurids Brigge*, Rainer Maria Rilke relate les ultimes instants du poète en 1850 dans cette maison de santé tenue par des nonnes : « C'était une nonne illettrée et assez simple ; elle n'avait jamais écrit le mot "corridor" qu'à cet instant elle ne put éviter ; il arriva ainsi qu'elle dit "collidor" parce qu'elle croyait qu'il fallait prononcer ainsi. Alors Arvers repoussa la mort. Il lui semblait nécessaire d'éclaircir d'abord ceci. Il devint tout à fait lucide et lui expliqua qu'il fallait dire "corridor". Puis il mourut. C'était un poète, et il haïssait l'à peu près. »

FAUBOURG-SAINT-MARTIN
(rue du)

Par précaution, j'ai gardé sa carte en poche.
C'est bien lui qui conduit un triporteur pour la maison Pincemail. Il a dix-huit ans et vit avec sa mère dans un logement de la rue du Faubourg-Saint-Martin.
— Georges Simenon, *Maigret et le corps sans tête*, 1955

Au 7, le Batifol des surréalistes

Découvert par André Breton, ce café servit de lieu de rendez-vous et de réunion des surréalistes en 1931. « Véritable cour des Miracles de l'art, écrit-il dans *Les Vases communicants*, le café Batifol confondait dans une sorte de bruit marin montant et descendant, bruit de rafale, l'espoir et le désespoir qui se quêtent au fond de tous les beuglants du monde. [...] Tout cela, bon pain, s'embrassait, se chicanait, parfois se battait : rien de plus accaparant, de plus reposant que ce spectacle. »

Au 66, Gaston Leroux

La porte de la chambre est fermée à clé de l'intérieur, les volets de l'unique fenêtre également, il n'y a pas de cheminée... Alors, par où l'agresseur de Mlle Stangerson a-t-il pu quitter la chambre jaune ?

Gaston Leroux naît en 1868 rue du Faubourg-Saint-Martin et, vingt ans après sa première œuvre de fiction (*Le Petit Marchand de pommes de terre frites*, 1887), propose un roman d'énigme en chambre close : *Le Mystère de la chambre jaune*, à travers douze épisodes paraissant dans le supplément littéraire de *L'Illustration*. L'ouvrage sera édité chez Pierre Lafitte, premier des vingt-six volumes de Gaston Leroux publiés chez cet éditeur jusqu'en janvier 1924, dont le célébrissime *Fantôme de l'Opéra* (1910).

Au 72, Albertine Sarrazin se marie

Le 7 février 1959, Julien Sarrazin et Albertine Damien se marient à la mairie du 10e arrondissement. Entre deux gendarmes, car Albertine doit finir de purger sa peine de prison.

En 1953, à 16 ans, elle s'est enfuie du domicile familial. À Paris, elle a retrouvé une amie, s'est prostituée, volant dans les voitures et dans les magasins. Fin juillet 1953, elle est retournée voir son père et lui a dérobé son arme de service. Munie du pistolet, elle a commis un hold-up assez puéril dans un magasin de confection, a été arrêtée boulevard Saint-Michel. Jugée à huis clos en 1955, elle a écopé de sept ans de prison. En avril 1957, elle s'est brisé l'astragale en sautant le mur de la prison et en s'évadant. Julien l'a découverte sur le bord de la route, l'a cachée, soignée, est tombé amoureux.

L'astragale, ce petit os, va se transformer en roman. En 1965, *L'Astragale* et *La Cavale* sont publiés chez Pauvert et rencontrent un immense succès, l'auteure recevant bientôt le Prix des quatre jurys. Incarnation de la révolte, Albertine Sarrazin meurt d'une embolie due à une erreur chirurgicale, en 1967. Juste avant ses 30 ans.

Au 156, Léon-Paul Fargue et les taxis

Après le boulevard de Magenta, puis un court passage à Passy, le jeune Fargue réside avec sa famille au 156, rue du Faubourg-Saint-Martin, dans une jolie maison sur cour qui abrite également la fabrique de céramique de son père, maître verrier. L'adolescent peint, écrit, rend compte dans de petites revues des expositions symbolistes qu'il visite en compagnie d'Alfred Jarry, son condisciple et indéfectible ami au lycée Henri-IV.

En 1892, à contrecœur, il entreprend des études de philosophie mais Henri Bergson, son professeur, lui conseille de se consacrer à la poésie et à la littérature. La famille Fargue va résider rue du Faubourg-Saint-Martin jusqu'en 1926, date de son expropriation, après quoi elle est relogée au 37, rue du Château-Landon, dans un appartement un peu triste. Fargue se désole : « C'est tout petit et c'est au diable », écrit-il à un ami. Il y restera jusqu'à la mort de sa mère, en 1935, publiant ses poèmes, soignant sa réputation de piéton de Paris, malade d'une dépendance aux taxis. « Fargue ne dépensait rien, relate Galtier-Boissière, il vivait chez sa vieille mère, dînait en ville et ne buvait pas. Il n'avait pu avoir qu'une dépense, les taxis qu'il employait six ou huit heures par jour, mais connaissant toutes les maisons à double issue de Paris, il terminait habituellement ses courses en disparaissant comme un fantôme. »

FRANZ-LISZT (place)

Place Franz-Liszt, tu parles, la plupart des gens qui la traversent n'ont même pas conscience qu'il s'agit d'une place…

— Alain Gautré, *La Fureur du rat*, 1984

Sur la place, Nadja

« La rue que je croyais capable de livrer à ma vie ses surprenants détours, écrit André Breton dans *La Confession dédaigneuse*, la rue avec ses inquiétudes et ses regards, était mon véritable élément : j'y prenais comme nulle part ailleurs le vent de l'éventuel. »

Ce vent de l'éventuel va souffler fort en octobre 1926, sur la place Franz-Liszt, ancienne place La Fayette : « Je me trouvais rue Lafayette : après m'être arrêté quelques minutes devant la librairie de l'Humanité et avoir fait l'acquisition du dernier ouvrage de Trotski, sans but je poursuivais ma route dans la direction de l'Opéra. […] Tout à coup, alors qu'elle est peut-être encore à dix pas de moi, venant en sens inverse, je vois une jeune femme, très pauvrement vêtue, qui, elle aussi, me voit ou m'a vu. Elle va la tête haute, contrairement à tous les autres passants. Si frêle qu'elle se pose à peine en marchant. Un sourire imperceptible erre peut-être sur son visage. Curieusement fardée, comme quelqu'un qui, ayant commencé par les yeux, n'a pas eu le temps de finir, mais le bord des yeux si noir pour une blonde [...]. Je n'avais jamais vu de tels yeux. Sans hésitation j'adresse la parole à l'inconnue, tout en m'attendant, j'en conviens du reste, au pire. »

Ainsi commence la rencontre avec Nadja, sous le signe de Paris, du hasard et de l'amour, début d'une relation dont Breton se lasse au bout de quelques jours, mais qui va perdurer quelques semaines, pour cesser fin 1926.

HAUTEVILLE (rue d')

Je redescends la rue d'Hauteville. Je rencontre un flâneur que je n'aurais pas reconnu si je n'eusse été désœuvré, et qui, après les premiers mots sur la pluie et le beau temps, se met à ouvrir une discussion touchant un point de philosophie.

— Gérard de Nerval, *Les Nuits d'octobre*, 1868

Au 2, A. D. G.

Il s'appelait Alain Fournier et l'on comprend qu'il ait décidé d'utiliser un pseudonyme. Ce sera A. D. G., initiales d'un précédent pseudonyme, Alain Dreux Galloux. Auteur phare de la « Série noire » dans les années 1970-1980 (*La Nuit des grands chiens malades* et *Cradoque's Band*, 1972, *Berry Story*, 1973, *Pour venger Pépère*, 1980, *La Nuit myope*, 1981), il se distinguera par ses propos d'extrême droite, n'hésitant pas à crier « Vive Pinochet » lors de la première émission de *Droit de réponse*. Il noua avec son compagnon de la « Série noire » et ancien trotskiste Jean-Patrick Manchette une curieuse amitié : « A. D. G. n'est pas comme je l'imaginais un pâle voyou ou un intellectuel bourgeois d'extrême droite, écrit Jean-Patrick Manchette dans son *Journal*. [...] Il s'est cultivé et il défend la position classique des plébéiens cultivés et révoltés – le pouvoir doit selon lui revenir à l'élite intellectuelle, où il se compte. » Après une panne d'écriture d'une quinzaine d'années et un long séjour en Nouvelle-Calédonie, A. D. G. retrouvera la « Série noire » en 2003 avec *Kangouroad Movie*, puis sera édité à titre posthume en 2007 chez Le Dilettante pour *J'ai déjà donné*. Il décède rue d'Hauteville en 2004, neuf ans après Manchette.

Au 41, Remy de Gourmont

Ayant obtenu en 1879 son diplôme de bachelier en droit, Remy de Gourmont s'installe rue Richer, puis peu après au 41, rue d'Hauteville. De 1882 à 1886 paraissent ses premiers ouvrages, comme *Bertrand Du Guesclin* ou *Les Derniers Jours de Pompéi*, ouvrages de vulgarisation. C'est en feuilletant une revue sous les arcades de l'Odéon (*La Vogue*, dirigée par Gustave Kahn) que son entrée en littérature se produit : pendant vingt ans, il sera une figure majeure de la critique littéraire.

« Depuis quarante ans, écrira Cendrars dans *Bourlinguer* (1948), je ne crois pas avoir publié un livre ou un écrit sans que son nom y figure ou que je ne le cite d'une façon ou de l'autre. C'est dire combien profondément j'ai subi l'emprise du maître que je m'étais choisi à vingt ans… Un livre comme *Le Latin mystique* a été pour moi une date, une date de naissance intellectuelle. »

Fin 1886, chez des amis, Gourmont fait la connaissance de Berthe de Courrière, femme étrange, légataire universelle du sculpteur Clésinger. Il va s'installer avec elle rue des Saints-Pères.

JEMMAPES (quai de)

Comment lui expliquer que, si j'avais choisi d'habiter quai de Jemmapes, c'était à cause du souvenir de cette librairie ?

— Jean-François Vilar, *Nous cheminons entourés de fantômes aux fronts troués*, 1993

Au 102, l'hôtel du Nord d'Eugène Dabit

En 1923, les parents d'Eugène Dabit deviennent copropriétaires de l'hôtel du Nord, grâce à un prêt du frère de Mme Dabit, Émile Hildenfinger, patron d'une maison close rue de Montyon. Leur fils va s'inspirer des lieux pour écrire un livre à succès, *Hôtel du Nord*, publié par la Librairie des Trois Magots-Éditions Robert Denoël en 1929. Suivra *Petit-Louis* (1930), roman qu'il fait parvenir à Céline. L'auteur du *Voyage*, qui lui dédiera *Bagatelles pour un massacre*, fut incontestablement marqué par la mode Dabit, symbole de « populisme ». En 1957, évoquant ses débuts littéraires, Céline déclare dans *L'Express* : « Je me suis dit : c'est le moment du populisme. Dabit, tous ces gens-là, produisaient des livres. Et j'ai dit : moi, je peux en faire autant ! » Puis, l'année suivante : « Je voulais gagner un peu de fric pour payer ma maison. Le gars Eugène Dabit avait récolté un gros succès avec son *Hôtel du Nord*, où il avait fourré ses souvenirs d'enfance. Je me suis dit : J'en ferais bien autant. Allons-y[4] ! »

LA FAYETTE (rue)

Lorsqu'il fut à l'ancienne barrière de la Villette, au lieu de suivre le faubourg Saint-Martin, il prit la rue Lafayette. Cette voie nouvelle, une des plus larges de Paris, ne conduisant à aucune halle, est forcément la plus tranquille à deux heures du matin.

— Pierre Alexis Ponson du Terrail, *Le Dernier Mot de Rocambole*, 1867

Au 145, la « gueule des Enfers » d'Umberto Eco

Dans *Le Pendule de Foucault*, Umberto Eco évoque cette fausse maison parfaitement camouflée : « Un édifice d'abord indiscernable. Seulement si vous l'observez mieux, vous vous rendez compte que les portes semblent en bois mais sont en fer peint, et que les fenêtres donnent sur des pièces inhabitées depuis des siècles. Jamais une lumière. […] C'est une façade, une enveloppe sans toit, sans rien à l'intérieur. Vide. […] Et quand vous le comprenez, vous avez l'impression d'être devant la gueule des Enfers ;

et que seulement si vous pouviez pénétrer dans ces murs, vous auriez accès au Paris souterrain. »

LANCRY (rue de)

Il habitait dans le centre, maintenant, rue de Lancry, derrière la Renaissance. À l'hôtel ? Oui, naturellement, à l'hôtel. « Si vous le voyez, avait ajouté la voix, dites-lui de venir chercher son linge. »

— Jacques Audiberti, *Monorail*, 1947

Au 10, *Les Chaises* de Ionesco

C'est dans le théâtre Lancry, une ancienne salle de bal disposant d'un balcon, qu'est créée en 1952 la pièce de Ionesco. Grâce à l'appui de Jacques Lemarchand, Sylvain Dhomme obtient une aide du ministère de la Culture et, pour acquérir les nombreuses chaises nécessaires au décor, l'actrice Tsilla Chelton engage son manteau de vison au mont-de-piété.

Fiasco : « noir ennui de la grisaille » selon *Le Figaro*, « viduité du verbiage à prétention métaphysico-psychologique » selon *Libération*. Seul *Combat* salue, avec les voix d'Adamov, de Queneau et de Beckett, cette « farce tragique » bientôt considérée comme le chef-d'œuvre du dramaturge roumain.

LOUIS-BLANC (rue)

Positivement, Frédo peut apercevoir, au-delà de la rue Louis-Blanc et du faubourg Saint-Martin, les croisillons de métal de l'aérien.

— Albert Simonin, *L'Élégant*, 1973

Au 43, l'enfance de Paul Éluard

Eugène Grindel est âgé de 13 ans lorsque ses parents s'installent rue Louis-Blanc, en 1908. Il étudie à l'école municipale Colbert, rue du Château-Landon, obtiendra son brevet mais devra interrompre ses études en 1912 pour soigner sa tuberculose à Davos, en Suisse. Il y rencontre une jeune Russe du nom d'Elena Ivanovna Diakonova. Lui deviendra Paul Éluard, elle deviendra Gala. En 1926, dans *Capitale de la douleur*, il écrira pour elle un de ses poèmes les plus connus : « La courbe de tes yeux fait le tour de mon cœur… »

MAGENTA (boulevard de)

C'était une femme de quarante-six ans qui descendait le boulevard Magenta par le trottoir de droite, dans une robe de lainage et un petit manteau brun, vers onze heures du matin.
— Jean Echenoz, *Cherokee*, 1983

Au 16, Modiano et Domergue

Dans *Les Boulevards de ceinture*, Modiano évoque une chambre du boulevard de Magenta : « La soupente que j'habite, boulevard Magenta, servait d'atelier au peintre Domergue, du temps où il n'avait pas encore conquis la gloire. Je m'efforce de voir là-dedans un signe de bon augure. »

Au 64, Pierre Chanlaine

Ce romancier (*On apprend à aimer*, 1936) et biographe-historien (Pasteur, Édouard Detaille, Pauline Bonaparte…), né en 1895, fera sur le tard quelques pas remarqués dans le coaching avec, en 1965, *Apprenez à parler* (« ce livre se propose, d'abord, à une époque où la courtoisie française n'est plus solidement accrochée à nos mœurs, d'apprendre aux jeunes gens à s'exprimer quand ils s'adressent à des personnes pour lesquelles la déférence est de bon ton ») ou, en 1967, *Le Savoir-vivre, clé de la réussite* (« le livre a pour but d'éclairer les jeunes gens sur la conduite qu'ils doivent observer dans les collectivités auxquelles la situation qu'ils occuperont les obligera à se joindre et devant les personnes dont ils seront les subordonnés, les égaux et plus tard, les chefs »).

Au 80, Léon-Paul Fargue

Avant de loger rue du Faubourg-Saint-Martin, après la rue du Colisée puis la rue de Dunkerque, la famille Fargue s'installe boulevard de Magenta. Au lycée Henri-IV, le jeune homme a fait la connaissance de Jarry, l'ami de jeunesse : « Cet été, relate-t-il dans *D'après Paris*, que nous habitions boulevard Magenta, devant le marché de Chabrol, entre les deux gares, et que je revenais du lycée Henri-IV, je ramenais Jarry dîner quelquefois. Nous montions sur l'impériale de Montrouge-Gare de l'Est. Nous feuilletions le boulevard comme un album. »

L'espace délimité par le boulevard de Magenta, Belleville, le boulevard de la Chapelle, les gares de l'Est et du Nord sera le royaume du piéton de Paris, « vastes music-halls où l'on est à la fois acteur et spectateur ».

Au 100, Erckmann-Chatrian

Dans les années 1860, Alex Chatrian y reçoit Émile Erckmann dans sa chambre meublée et les deux hommes peaufinent leur production, romans, feuilletons, contes et nouvelles d'inspiration régionaliste (Alsace et Lorraine) comme *L'Ami Fritz* (1864), leur roman le plus connu. Leur œuvre d'avant et d'après la guerre de 1870 exaltera le sentiment patriotique, s'adressant le plus souvent à la jeunesse. L'écrivain bicéphale fera partie des auteurs les plus lus du XIXe siècle, verra des extraits de son œuvre retranscrits dans les manuels scolaires, transitera par la « Bibliothèque verte », puis sera oublié, malgré des efforts de réhabilitation dans les années 1960 par Jean-Jacques Pauvert qui réédite notamment les *Contes des bords du Rhin*, ouvrage qualifié de chef-d'œuvre du fantastique où cruauté, humour noir et érotisme se donnent rendez-vous.

Au 106, le Sphinx Hôtel de Nadja

Un après-midi d'octobre 1926, alors qu'il flâne du côté de Notre-Dame-de-Lorette, André Breton rencontre une jeune femme, Léona Delcourt, qui se surnomme elle-même « Nadja ». Pour sa première nuit à Paris, elle a choisi le Sphinx Hôtel, ce qui confortera Breton dans l'idée « que la vie demande à être déchiffrée comme un cryptogramme ».

Ils se fréquentent durant une dizaine de jours, Breton l'écoute et la contemple, fasciné par « les yeux de fougère » de celle qui se voit comme « l'âme errante ». Le poète lui offre deux de ses livres, dont *Les Pas perdus*, livre dans lequel une jeune personne (tel un double de Nadja) pose des énigmes aux passants. En échange, elle l'entraîne place Dauphine où elle exerce ses dons de divination. Nadja lui aurait dit : « Tu écriras un livre sur moi. Je t'assure. » Le livre paraît en 1928, alors que Nadja est enfermée dans un asile de fous, à Lille, où elle décédera en 1941.

MARTEL (rue)

Lui, par contre, devait rentrer tout de suite après l'école enfantine, au bout de la rue Martel. Maman le voulait tout le temps près d'elle.

— Thomas Sandoz, *Malenfance*, 2014

Au 4, Julio Cortázar

Après la place du Général-Beuret, où il écrit *Marelle* (*Rayuela* en espagnol), après la rue d'Alésia et la rue Broca, le plus français des écrivains argentins passera les dernières années de sa vie au 4, rue Martel. Il s'était installé à Paris en 1951, fut naturalisé français en 1981, la même année que Kundera.

Marelle, publié en 1963, un de ses romans les plus connus, sorte d'*Ulysse* sud-américain, propose au lecteur de déambuler parmi ses cent cinquante-cinq chapitres, dans un ordre classique ou de façon aléatoire, l'ouvrage constituant un grand labyrinthe abritant une histoire d'amour et un hommage à Paris, à la manière de Breton (*Nadja*) ou d'Aragon (*Le Paysan de Paris*). Grand maître de la nouvelle, *Heures indues* (1986) sera son dernier recueil publié. L'œuvre de Cortázar a inspiré de nombreux films dont *Blow-Up* d'Antonioni, *Week-end* de Godard et *Le Grand Embouteillage* de Comencini.

Très discret sur l'itinéraire de sa vie, il entrouvre une petite fenêtre dans *Les Autonautes de la cosmoroute* (1983), récit écrit à quatre mains avec sa compagne Carol Dunlop sur un Paris-Marseille effectué en un mois en Combi Volkswagen par l'autoroute. Il meurt à Paris de leucémie en février 1984, ce Paris qu'il avait choisi « parce que n'être rien dans une ville qui est tout est mille fois préférable au contraire ».

PARADIS (rue de)

Et cela l'humiliait encore, quand il était arrivé à Paris, de travailler dans un bureau mal éclairé de la rue de Paradis, chez un marchand en gros de faïence et verreries.

— Georges Simenon, *Au bout du rouleau*, 1947

Au 37, Marie Arnoux dans *L'Éducation sentimentale*

Dans *L'Éducation sentimentale*, Élisa Schlésinger – le grand amour de Flaubert – devient Mme Arnoux, femme du débonnaire Jacques Arnoux. « Quels étaient son nom, sa demeure, sa vie, son passé ? Il souhaitait connaître les meubles de sa chambre, toutes les robes qu'elle avait portées, les gens qu'elle fréquentait ; et le désir de la possession physique même disparaissait sous une envie plus profonde, dans une curiosité douloureuse qui n'avait pas de limites. »

Pour voir Marie le plus souvent possible rue de Paradis-Poissonnière, Frédéric va devenir un familier de la maison, se faire l'obligé du mari, son esclave, allant même jusqu'à lui donner de l'argent : « Alors commença pour Frédéric une existence misérable. Il fut le parasite de la maison. »

PETITES-ÉCURIES (rue des)

Et puis, vous savez, vous pouvez vous renseigner ; mes vers, je les ai fait expertiser à une Société de Poésie, 12, rue des Petites-Écuries.

— Odette Pannetier, *Toujours candide. Souvenirs*, 1950

Au 10, Paul Verlaine enfant

La famille Verlaine, venant de Metz, s'installe à Paris dans un hôtel meublé de la rue des Petites-Écuries au cours de l'été 1851. Le petit Paul, âgé de 7 ans, ne gardera pas un bon souvenir de ce quartier, « lacis de hautes maisons, trop hautes, aux murs salis, et d'un gris douteux, aux façades en plâtre verni, et pleines de poussière, avec des taches verdâtres sur des jaunes pisseux ». Après quelques mois, les Verlaine s'établiront rue Nollet, ancienne rue Saint-Louis.

Au 59, Ponson du Terrail

Pierre Alexis Ponson du Terrail s'établit à Paris au début des années 1850 et s'installe rue des Petites-Écuries. Après quelques romans historiques (*La Baronne trépassée* et *La Femme immortelle*, 1852, *Les Coulisses du monde. Un prince indien*, 1853), il se lance en 1857 dans la rédaction de son « cycle Rocambole » qui comportera neuf romans publiés initialement en feuilleton. Rocambole, orphelin de 12 ans qui va devenir un petit truand et constituer le personnage central de la série, apparaît dans le premier épisode (*L'Héritage mystérieux*). En 1869, fortune faite, Ponson du Terrail s'installera rue Erlanger, à Auteuil.

PHILIPPE-DE-GIRARD (rue)

À La Chapelle arrive la rue Philippe-de-Girard. Mon ami Dan, qui fut victime de l'omelette au thon du moment prose précédent, y habitait.

— Jacques Roubaud, *Impératif catégorique*, 2008

Au 22, Pascal Pia et le néant

Pierre Durand, futur Pascal Pia, naît en 1903 rue Philippe-de-Girard. Poète, essayiste, éditeur et journaliste (il dirigea notamment *Combat* avec Albert Camus à la Libération), il revendiqua « le droit au néant » et mourut discrètement en 1979 sans laisser de journal ou de Mémoires malgré une trajectoire exceptionnelle. Membre du Collège de 'Pataphysique, il reste célèbre pour ses fausses critiques (des articles sur des livres qui n'existent pas) et pour les faux littéraires commis durant sa jeunesse, comme *À une courtisane* (1925), poème qu'il attribua à Baudelaire et que Gallimard inséra dans l'édition de la « Pléiade » avant de le retirer. Ou la publication de prétendus inédits d'Apollinaire, *Cortège priapique* (1925) et *Le Verger des amours* (1927). Ce nihiliste irrespectueux de tout fut, malgré un désespoir chronique, un facétieux. Roger Grenier raconte qu'il découvrit un facteur rural qui s'appelait Paul Valéry, qu'il demanda au facteur d'écrire des poèmes et qu'il les édita en tirage de luxe, ce qui, selon les uns, provoqua la fureur du vrai Paul Valéry et, selon d'autres, le fit bien rire[5].

RENÉ-BOULANGER (rue)

Rafaela Bauquis habitait au 16, rue René-Boulanger. Je sonnais à sa porte à 18 h pile.

— René Belletto, *Être*, 2018

Au 15, Charles Lefeuve

Son œuvre – mince – ne mériterait pas d'être signalée s'il n'avait publié, en cinq tomes, un ouvrage abracadabrantesque, l'histoire de toutes les rues de Paris avec, dans chaque rue, l'histoire de toutes les maisons. *Les Anciennes Maisons de Paris. Histoire de Paris rue par rue, maison par maison* paraît en 1875, au terme de dix-sept ans de travail.

Au 48, Félix Arvers

À partir des années 1830, Félix Arvers est domicilié au 48, rue de Bondy, aujourd'hui rue René-Boulanger. Il y résidera jusqu'à sa mort. Auteur à succès d'une douzaine de comédies légères, Arvers mena à la fin des années 1820 une vie de dandy et fréquenta le cénacle de l'Arsenal de Charles Nodier, courtisant – comme son ami Alfred de Musset – la très jolie Marie Nodier. Il était coutume, à l'Arsenal, de laisser quelques vers dans l'album de la maison. Ainsi naquit le célèbre « sonnet d'Arvers » intitulé *Un secret*. Le poète le fit publier en 1833 dans son recueil *Mes heures perdues* et, aussitôt, la fièvre féminine s'empara des salons parisiens, provoquant l'ire de Prosper Mérimée qui l'abhorrait à force de l'entendre réciter. « Le sentiment est délicat, l'émotion douce, et les deux derniers vers ont de la tournure, peut-on lire dans la *Revue des Deux Mondes* de 1883. La chute certes en est heureuse, mais le reste laisse à désirer ; ce verbe *faire*, par exemple, répété négligemment trois fois, me gâte les deux quatrains et le premier tercet. À cela près, "le sonnet d'Arvers" serait sans défaut, mais la faute existe ; il y a une paille dans le diamant. On s'est beaucoup demandé quelle était la femme. On a même prononcé deux noms : celui d'une brillante jeune fille mariée depuis et dont l'album eut l'étrenne du morceau ; le second, d'une matrone illustre, dont les deux rimes féminines du tercet final évoquent le petit nom par assonance. » Alors ? Marie (Nodier) ou Adèle (Hugo) ? Cela reste un secret.

SAINT-MARTIN
(boulevard)

Voyez chez Tisserand, boulevard Saint-Martin.
C'est lui qui ramasse toute la racaille.
— Georges Simenon, *Un Noël de Maigret*, 1951

Au 8, Paul de Kock

Qui connaît l'œuvre de Paul de Kock (1793-1871), hormis *Madame Arthur*, chanson très connue (mais dont personne ne connaît l'auteur) ?

Il habitait Romainville mais travaillait à Paris, boulevard Saint-Martin. En pleine époque romantique, il eut l'audace de s'attaquer à une littérature populaire et légère, annonçant le vaudeville.

Son œuvre atteindra des sommets : deux cents pièces de théâtre et quatre cents romans, de *L'Enfant de ma femme* (publié en 1812, mais écrit à 14 ans) à *Madame Tapin* (1868).

Rival populaire de Balzac et Dumas, il fut le « romancier des cuisinières, des valets de chambre et des portiers » selon Eugène de Mirecourt. Qui précise : « Le jour où l'on mettait en vente un roman de Paul de Kock il y avait une véritable émeute en librairie. On courait prendre les volumes par centaines, et les cabriolets brûlaient le pavé pour aller répandre l'œuvre nouvelle d'un bout de Paris à l'autre. L'affiche était presque simultanément collée à toutes les vitres des cabinets de lecture qui achetaient quelquefois jusqu'à dix exemplaires du même ouvrage sans pouvoir contenter l'impatience des lecteurs. »

Son éditeur, Barba, lui proposa un marché : la maison de ses rêves à Romainville contre l'exclusivité. Le contrat dura de 1816 à 1837, date à laquelle Paul de Kock reprit sa liberté et vendit directement aux libraires.

La gloire ? On trouve des allusions à Paul de Kock chez Maupassant, Balzac, Daudet, Verlaine, Anatole France, Paul Léautaud, Céline, Joyce, Graham Greene, Mauriac et même, dans sept de ses romans, chez Dostoïevski.

Au 16, *Antony*, de Dumas, au théâtre de la Porte-Saint-Martin

« Elle me résistait, je l'ai assassinée ! » s'écrie Antony à la fin de la pièce jouée à la Porte Saint-Martin le 3 mai 1831. Et la salle chavire. Issue de sa passion pour Mélanie Waldor commencée en septembre 1827, la pièce est « une scène d'amour en cinq actes », dira Dumas.

« Ce que fut la soirée, écrit Théophile Gautier, aucune exagération ne pourrait le rendre. La salle était vraiment en délire ; on applaudissait, on sanglotait, on pleurait, on criait. La passion brûlante de cette pièce avait incendié les cœurs. »

Cette pièce mélodramatique qui fait aujourd'hui sourire fut, selon Maxime du Camp, « le plus grand événement littéraire de son temps ». L'amour serait-il l'apanage du théâtre de la Porte Saint-Martin ? C'est ici que Victor Hugo entame sa liaison avec Juliette Drouet, qui tient un petit rôle dans son *Lucrèce Borgia* (1833). C'est également dans ce théâtre que Baudelaire, le 18 août 1847, tombe amoureux de Marie Daubrun, la « femme aux yeux verts », lors de la première de la féerie *La Belle aux cheveux d'or* (1847). « Mon enfant, ma sœur, / Songe à la douceur / D'aller là-bas vivre ensemble ! » écrira-t-il, l'invitant à un voyage onirique.

Au 20, Mouloudji et ses *Quatre Femmes* au théâtre de la Renaissance

Avant de devenir le chanteur que l'on sait, sous la pression de sa femme, l'actrice Louise Fouquet, Mouloudji est romancier, couvé chez Gallimard par Queneau et Sartre : *Enrico* paraît en 1944, *En souvenir de Barbarie*, en 1945. L'année suivante, il s'essaie au théâtre avec *Quatre Femmes*, sa première pièce, mise en scène de Jean Darcante. Jacques Lemarchand, dans *Combat* du 8 janvier 1947, n'est guère tendre : « Je connais assez Mouloudji pour être certain qu'il a écrit sa pièce avec la même innocence qu'il met à vivre, et la même application qu'il met à faire ses livres. [...] D'où vient que j'aime si peu sa pièce ? *Quatre Femmes*, c'est l'interminable dialogue de quatre prisonnières dans une cellule de Fresnes ou d'ailleurs. »

D'autres critiques mettront en lumière les facilités de l'auteur et son talent

« mimétique ». Sartre, dont il est le « dauphin existentialiste » attitré, lui reprochera gentiment d'avoir concocté un remake de *Morts sans sépulture* (1941) à la sauce *Huis clos* (1944).

Au 72, l'enfance de Gérard de Nerval

Confié à son parrain Gérard Dublanc, pharmacien à la retraite, l'enfant réside à Saint-Germain-en-Laye puis, au décès de sa mère en 1810, est envoyé en Valois, près de Mortefontaine où vit sa famille maternelle Boucher. En 1814, démobilisé, son père récupère son fils et s'installe à Paris, au 72, boulevard Saint-Martin. Nerval a 6 ans.

STRASBOURG (boulevard de)

Il vit Rimbaud retirer sa veste et la tenir à l'épaule, prendre la rue de Strasbourg puis s'engager dans le boulevard de Magenta vers le nord.

— Alain Blottière, *Azur noir*, 2020

Au 19, Simone Weil

Désireuse de ne plus être « un professeur agrégé en vadrouille dans la classe ouvrière », elle se mit en congé de l'enseignement pour aller, en 1934, travailler en usine, chez Alstom et chez Renault. C'est l'année où, à 25 ans, elle termine un de ses essais majeurs, *Réflexions sur les causes de la liberté et de l'oppression sociale*, ouvrage qui ne sera édité qu'en 1955 et qui se conclut sur un constat pessimiste : « Il semblerait que l'homme naisse esclave, et que la servitude soit sa condition propre. »

Celle en qui Camus voyait « le seul grand esprit de notre temps » fut une grande ennemie de la colonisation : « Je n'oublierai jamais le moment où, pour la première fois, j'ai senti et compris la tragédie de la colonisation. [...] Depuis ce jour, j'ai honte de mon pays. » Elle fut par ailleurs une grande mystique, s'interrogeant néanmoins sur le christianisme : « J'ai eu soudain la certitude que le christianisme est par excellence la religion des esclaves, que les esclaves ne peuvent pas ne pas y adhérer, et moi parmi les autres. » Elle meurt de la tuberculose en 1943, à l'âge de 34 ans.

TAYLOR (rue)

La jeune fille marche, rue Taylor. Elle a une queue de cheval comme les filles qui, dans les années 1970, fumaient des Kool Menthol.

— Christian Laborde, *Madame Richardson et autres nouvelles*, 2015

L'enfance de Philippe Djian, rue Taylor

Écrivain peu préhensible, on en sait peu sur lui et il s'en porte bien. Car « Djian s'en fout, Djian dit qu'il s'en fout, il ramasse ses petites affaires, femme et enfants, et file écrire ailleurs[6] ». Quelques éléments, pourtant : enfance rue Taylor puis adolescence (dès 16 ans) dans la chambre de bonne familiale, études peu assidues au lycée Turgot, apprentissage du sexe et de la nuit blanche, découverte de Céline. Voyages, petits boulots, voyages, petits boulots. Il sera notamment ficeleur de paquets chez Gallimard, maçon, docker, employé de péage d'autoroute. Son premier ouvrage, *50 contre 1*, est refusé chez Gallimard, et publié par Bernard Barrault (1981). Puis tout va très vite : *Bleu comme l'enfer* (1982), *37,2° le matin* (1985), suivis par une vingtaine de romans dont « *Oh…* », prix Interallié 2012. « Pourquoi écrivez-vous ? » lui demanda-t-on dans les années 1980. « Pour qu'on me foute la paix », répondit-il. Il ira un peu plus loin, répondant à Jean-Baptiste Harang en 2002 : « Ne te demande pas pourquoi ni pour qui tu écris mais pense que chacune de tes phrases pourrait être la dernière. »

Au 10, Jules Vallès

À son retour d'exil, en 1880, Jules Vallès s'installe rue Taylor après deux brèves haltes rue des Feuillantines et rue du Temple. Il tente, en vain, de faire jouer une pièce sur la Commune et commence à écrire le troisième volet de sa trilogie *Jacques Vingtras* : *L'Insurgé.* Durant l'été 1884, il rejoindra le Quartier latin et s'installera au 18, rue Soufflot, avant de mourir un an plus tard chez Séverine, 77, boulevard Saint-Michel.

Il fut, comme Zola, Jaurès et Léon Blum, un défenseur des opprimés, pourfendeur des inégalités sociales. Ce qui ne l'empêcha pas d'être « antisémite à ses heures », selon les révélations de son biographe Daniel Zimmermann. « Verbe haut, Jules Vallès est un Céline de gauche[7]. »

11-NOVEMBRE-1918 (place du)

Gare de l'Est, intérieur du hall, charpente en fer, place du 11-novembre-1918, 10e arrondissement, Paris. 20 juillet 1920.

— Notice d'une photographie de Charles Lansiaux, musée Carnavalet

Au 1, Rimbaud et Tzara à la gare de l'Est

Le 10 septembre 1871, à la gare de l'Est, Paul Verlaine et Charles Cros attendent Rimbaud sur le quai de la gare. En vain. Verlaine rentre alors chez lui, chez sa belle-famille, rue Nicolet, et trouve Rimbaud venu directement.

Cinquante ans plus tard, le 19 janvier 1920, trois autres poètes (Aragon, Breton et Soupault, accompagnés de Fraenkel) attendent un autre poète reconnaissable à son lorgnon : le dadaïste Tristan Tzara. « Nous fûmes quelques-uns, écrit Aragon, qui l'attendîmes à Paris comme s'il eut été cet adolescent sauvage qui s'abattit au temps de la Commune sur la capitale dévastée… » Les quatre hommes se postent aux quatre coins de la gare mais, comme Verlaine et Cros attendant Rimbaud, le manquent. Ils se rencontreront cinq jours plus tard chez Germaine Everling, la compagne de Picabia.

Notes

1. Henri Heine, *Almansor*, 1823.
2. Edmond et Jules de Goncourt, *Journal des Goncourt. Mémoires de la vie littéraire*, 1887.
3. « Le yogi et le prolétaire », article signé par Merleau-Ponty.
4. Robert Poulet, *Entretiens familiers avec L.-F. Céline*, Plon, 1958.
5. Roger Grenier, « La profession de non-foi de Pascal Pia », *Littératures*, 2011, p. 21-35.
6. Jean-Baptiste Harang, « Pour ce que Djian dit », *Libération*, 30 mai 2002.
7. Bernard Morlino, « Messager des opprimés », *L'Express*, 1er novembre 2000.

S'il est devenu à l'aube du XXIe siècle un quartier à la mode, le 11e fut pendant longtemps un quartier populaire, toujours partant pour les révolutions sociales. « Ce vieux faubourg est un héros », aurait écrit Victor Hugo. Sur le plan littéraire, les écrivains ne s'y bousculèrent pas, malgré Flaubert ou ce cher commissaire Maigret. Plus récemment, la présence d'Hervé Guibert, Jean-Noël Pancrazi, Delphine de Vigan, Daniel Pennac, Jean-François Vilar et de la poésie de Franck Venaille a considérablement enrichi le patrimoine littéraire de l'arrondissement.

LE 11E ARRONDISSEMENT

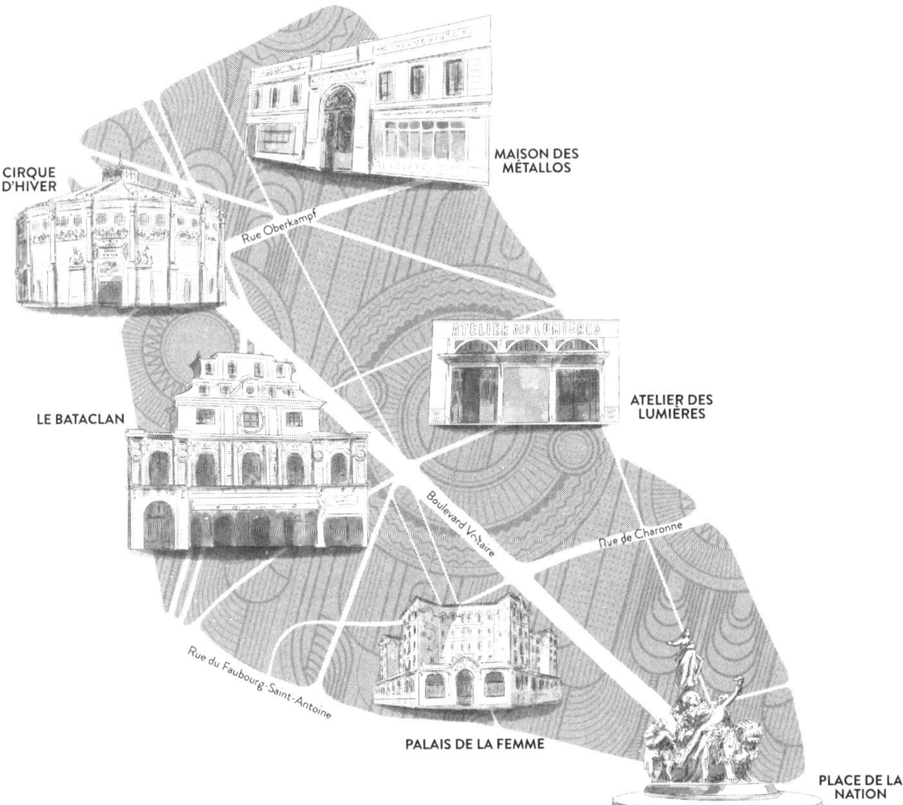

AMELOT (rue)

Comme il s'endormait, la soupape d'une cocotte-minute se déplaça légèrement dans la cuisine du troisième gauche au 118 rue Amelot, à six stations de métro de là…

— Jean Echenoz, *Cherokee*, 1983

Au 22, Aloysius Bertrand

Dans cette ancienne rue des Fossés-du-Temple, Aloysius Bertrand tente de faire publier *Gaspard de la nuit*. L'éditeur Renduel lui verse cent cinquante francs pour un premier tirage, mais l'ouvrage reste dans ses tiroirs. Atteint de tuberculose, celui que l'on considère comme l'un des inventeurs du poème en prose va vivre (misérablement) jusqu'à sa mort, en 1841, à l'hôpital Necker.

Baudelaire, en 1862, dans sa lettre-dédicace à Arsène Houssaye du *Spleen de Paris*, lui rend un hommage admiratif : « Quel est celui de nous qui n'a pas, dans ses jours d'ambition, rêvé le miracle d'une prose poétique, musicale sans rythme et sans rime, assez souple et assez heurtée pour s'adapter aux mouvements lyriques de l'âme, aux ondulations de la rêverie, aux soubresauts de la conscience ? »

Mais celui qu'André Breton qualifia de « poète cabalistique » au prénom surgi d'un vieux grimoire savait également versifier et rimer : « Ces moines ont-ils quelque puce / À l'oreille ou bien au prépuce, / Qui, le rire d'enfer aux dents, / Au fond de leur sale capuce / Roulent du bouc les yeux ardents ? » (*Les Rameaux*, avril 1829.)

BASTILLE (place de la)

Sur la place de la Bastille, le vieux bâtiment poussiéreux ressemble à un théâtre de fantômes. […] Annie se frotte le menton : un opéra populaire, c'est bien beau, mais la grande musique à la fin, c'est quand même pour les rupins.

— Philippe Joanny, *Comment tout a commencé*, 2020

Le Génie de la Liberté chez Hugo

« Il était dans son coin, morne, malade, croulant […] des crevasses lui lézardaient le ventre, une latte lui sortait de la queue, les hautes herbes lui poussaient entre les jambes. » Pauvre éléphant (en plâtre), servant de repaire aux rats ! C'est l'adresse de Gavroche (« Je loge à l'entresol ! ») dans *Les Misérables*. Démoli en 1846, il laissa la place à la colonne de Juillet, une « espèce de poêle gigantesque orné de son tuyau qui a remplacé la sombre forteresse à neuf tours, à peu près comme la bourgeoisie remplace la féodalité[1] ».

BEAUMARCHAIS (boulevard)

Le boulevard Beaumarchais est également présent dans le 3e arrondissement.

Narcisse est trop las pour réagir. Trop méprisant. Trop colonel. Il poursuit son chemin par le boulevard Beaumarchais.

— Jacques Audiberti, *Monorail*, 1947

Au 2, Pierre-Augustin Caron de Beaumarchais

Avec les recettes du *Mariage de Figaro* (et quelques affaires dont il avait le secret), Beaumarchais se fit construire en 1787 une luxueuse propriété près de la Bastille, propriété dont l'entrée se situait à l'angle du boulevard Richard-Lenoir. Ses quatre mille mètres carrés occupaient l'espace délimité par la rue Daval, le boulevard Beaumarchais, la rue Amelot et la place de la Bastille. Parsemé de grottes, de rocaille, de bosquets, pourvu d'un labyrinthe, le jardin était orné d'une statue de gladiateur et d'une statue de Voltaire, et la porte d'entrée côté boulevard portait cette inscription : « Ce petit jardin fut planté / l'an premier de la liberté. »

Beaumarchais y écrivit la dernière pièce de sa trilogie : *L'Autre Tartuffe, ou la Mère coupable*, drame moral en cinq actes dont la première fut jouée en juin 1792 et qui fut d'abord un échec, avant de connaître un grand succès cinq ans plus tard. On y retrouve Figaro et sa femme Suzanne, le comte Almaviva et Rosine. Si les deux premières pièces sont prérévolutionnaires, *L'Autre Tartuffe* est postrévolutionnaire, témoignant des changements sociétaux intervenus après la Révolution, en particulier la reconnaissance du divorce.

BUREAU (impasse du)

On avait refait l'impasse du Bureau : les pavés avaient disparu, il y avait encore une odeur de goudron chaud, de terre humide ramenée derrière les palissades.

— Jean-Noël Pancrazi, in *Paris par écrit*, 2002

Quelque part dans l'impasse, Jean-Noël Pancrazi

Dans *Paris par écrit* (2002), vingt écrivains écrivent quelques pages sur leur arrondissement. Jean-Noël Pancrazi réside alors dans le 11e : « J'allais partir dans quelques heures. Les cartons étaient prêts, la camionnette d'Allo-fret arriverait demain matin. J'avais décidé de me rapprocher du cœur de Paris. Pourquoi – pensais-je – étais-je resté si longtemps excentré, presque exilé, tout au bout du XIe, vers une des portes de la ville ? […] Et revenait en moi la vieille Algérie, la peur et le goût des départs, le besoin d'aller vers un centre impossible – comme si une ville n'avait pas plusieurs cœurs –, cette fatalité nomade qui m'amenait à quitter sans raison les quartiers que j'aimais[2]. »

Cette Algérie, où il vécut de 1949 à 1962, fut – avec les Caraïbes – un de ses territoires littéraires, avec, en particulier, *Je voulais leur dire mon amour*, paru en 2018. Auteur d'une vingtaine d'ouvrages,

Jean-Noël Pancrazi a reçu une douzaine de prix littéraires dont le Médicis pour *Les Quartiers d'hiver* (1990), roman sur le sida et la jeunesse.

CHARONNE (rue de)

Peu lui importe de savoir (elle le sait cependant) que son grand-père était paysan, petit propriétaire, que son père patron de bistrot rue de Charonne est mort quand sa mère était grosse de lui...

— Roger Vailland, *La Truite*, 1964

Au 51-53, la religieuse de Diderot

L'hôtel de Mortagne aurait servi de cadre à *La Religieuse* de Diderot. Publié à titre posthume en 1796, ce roman érotico-philosophique constitue un furieux pamphlet contre le couvent et ses nonnes très spéciales. « Ce n'est point un chef-d'œuvre ; c'est pire : une œuvre qui déconcerte, qui choque souvent le goût et qui fascine l'imagination. Quand on l'a lue on est peut-être irrité contre l'auteur et contre soi, mais il est absolument impossible qu'on l'oublie [...]. On se rappelle malgré soi cette atmosphère qui sent le soufre et l'encens, et ces visions paradoxales qui prouvent que Baudelaire n'a point inventé les chercheuses d'infini[3]. »

CHEMIN-VERT (rue du)

Extérieur jour Paris, rue du Chemin-Vert, le petit commis se frotte les yeux. À quinze piges, il a vu du pays, des gares et des garnis, des cours sans lumière, des sous-sols et des arrière-boutiques. Six heures du matin, il entame sa journée.

— Patrick Pécherot, *L'Homme à la carabine*, 2011

Au 84, Hervé Guibert et le sida

« Périodiquement, écrit *Le Monde* en 1988, le troupeau littéraire produit un mouton noir. L'animal paraît venu d'ailleurs. Les mœurs du groupe, il s'en moque. Il suit ses instincts bizarres comme une donnée de nature, sans l'ombre d'une gêne. Il ouvre tranquillement des perspectives et des libertés troublantes. On pouvait donc voir ça, sentir ça, faire ça ? Radiguet a joué ce rôle, puis Cocteau, Genet, Pasolini, Copi, Duvert. Dernier en date de ces transgresseurs angéliques : Hervé Guibert. »

Provocation, flamboiement, il y a du Rimbaud chez Hervé Guibert. En 1982, il fait paraître chez Minuit son premier roman : *Les Chiens*. « *Les Chiens*, explique-t-il, un court récit avec une composante de fiction sadomasochiste, est un livre que beaucoup de gens n'ont pas supporté. [...] Je sais que Marguerite Duras a haï ce livre violemment au point de faire une fixation négative sur moi. Depuis elle dit : “Ne me parlez pas d'Hervé Guibert, il a écrit *Les Chiens*[4].” »

L'œuvre de l'écrivain-photographe, nourrie d'homosexualité et de morbidité, fera scandale dans une France encore frileuse. Atteint du sida en 1988, Guibert publie deux ans plus tard *À l'ami qui ne m'a pas sauvé la vie*, autofiction dans laquelle il relate la maladie et la mort foudroyante de son ami Michel Foucault – sous les traits de Muzil – et pressent sa propre mort, prochaine et inéluctable (1991, à 36 ans). Première œuvre littéraire sur le sida en France, l'ouvrage se vendra à plus de quatre cent mille exemplaires.

FOLIE-REGNAULT (rue de la)

Tous deux prirent la rue de la Folie-Regnault, gagnèrent la ligne des boulevards extérieurs par la rue du Chemin-Vert.

— Émile Zola, *Les Trois Villes*, 1898

Au 78, les Malaussène de Daniel Pennac

Daniel Pennac, dit-on, habita l'immeuble quand il était étudiant. C'est à cette adresse et dans une ancienne quincaillerie que, dans *Au bonheur des ogres*, premier roman de la série, il loge la tribu. Benjamin, le chef, a beaucoup de travail : « Côté famille, maman s'est tirée une fois de plus en m'abandonnant les mômes, et le Petit s'est mis à rêver d'ogres Noël. Côté cœur, tante Julia a été séduite par ma nature de bouc (de bouc émissaire). Côté boulot, la première bombe a explosé au rayon des jouets, cinq minutes après mon passage. La deuxième, quinze jours plus tard, au rayon des pulls, sous mes yeux. Comme j'étais là aussi pour l'explosion de la troisième, ils m'ont tous soupçonné. Pourquoi moi ? Je dois avoir un don… »

Au bonheur des ogres paraît en « Série noire » en 1985 puis dans la « Blanche » en 2003. La saga familiale sera complétée par sept *Malaussène* : *La Fée carabine*, *La Petite Marchande de prose*, *Monsieur Malaussène*, *Des chrétiens et des Maures*, *Aux fruits de la passion*, et les deux tomes du *Cas Malaussène* (*Ils m'ont menti* et *Terminus Malaussène*).

Suivront romans et essais, avec notamment *Comme un roman* (1992), *Le Dictateur et le Hamac* (2003), *Chagrin d'école* (Renaudot 2007), *Journal d'un corps* (2012), *La Loi du rêveur* (2020). Particularité : tous sont écrits à la première personne.

GODEFROY-CAVAIGNAC (rue)

On arrivait en courant de la rue Sedaine, de la rue Basfroi, de la rue Godefroy-Cavaignac, du boulevard Voltaire. Pierre eut un moment d'inquiétude. Comment se sortir de cette cohue sans être démasqué ?

— Patrice Gauthier, *L'Enfant-crime*, 2009

Au 52, Pierre Henry Proust

Difficile d'exister quand on publie sous le nom de Proust : son *Cri vivant* paraît en même temps que *La Prisonnière*, en 1923, et *La Maison aux mille fenêtres* en même temps qu'*Albertine disparue*, en 1925.

JEAN-PIERRE-TIMBAUD (rue)

« Non, finalement, emmenez-moi rue Jean-Pierre-Timbaud. – Ben faudrait savoir ! »

— Rémi Hesse, *Le Mystère A*, 2018

Au 18, Baudelaire

En 1855, installé rue d'Angoulême (actuelle rue Jean-Pierre-Timbaud), Baudelaire écrit à sa mère : « J'ai choisi ce logement dans le quartier du boulevard du Temple, rue d'Angoulême, 18. La maison est belle et tranquille surtout ; je serai donc logé comme un honnête homme ; enfin ! »

Baudelaire va y résider avec Jeanne Duval pendant six mois, séjour ponctué de disputes qui le feront déménager, seul, au 19, rue Voltaire. Il y rédige pour *Le Pays* ses premières traductions des *Histoires extraordinaires* d'Edgar Poe.

KELLER (rue)

Après, je débouche sur l'avenue Ledru-Rollin, je la descends jusqu'à la hauteur de la rue Keller. Dieu soit loué ! L'épicerie de la rue susnommée est ouverte.

— Jacques Mabyala Molu, *Lettres aoûtiennes*, 1993

Au 8, Charles Vildrac

Poète, conteur, essayiste et auteur dramatique, il figure parmi les dramaturges les plus importants des années 1920. Dans ses *Pages de journal*, il évoque le 8, rue Keller. « Je revois le petit cabinet de travail où je faisais mes devoirs, rue Keller. Je crois être sur la table de la salle à manger de mon enfance ; j'imagine les objets, les visages. »

Après ses études au lycée Voltaire, il publie ses premiers poèmes dans de petites revues et, à l'âge de 20 ans, en 1902, rédige une étude – *Le Verlibrisme* – dans laquelle il se fait le défenseur du vers classique, puis, quelques années plus tard, avec Georges Duhamel dont il a épousé la sœur aînée, s'enflamme pour le vers libre. S'il reste connu comme dramaturge, il fut également un auteur de livres pour enfants avec *L'Île rose* (1924), *Les Lunettes du lion* (1932), *Bridinette* (1935) ou *Amadou le bouquillon* (1949).

MALTE (rue de)

Le coiffeur de la rue de Malte partageait sa vitrine entre les postiches et les conserves.

— Jean-Pierre Chabrol, *Le Canon Fraternité*, 1970

Au 48, Alphonse Lemonnier

Dramaturge et romancier, il écrivit entre 1856 et 1902 une quarantaine de pièces et une dizaine de romans : *Le Trappeur de l'Arkansas* (1862), *Un drôle de petit monsieur* (1863)… Directeur de plusieurs théâtres parisiens, il publia en 1902 *Les Mille et Un Souvenirs d'un homme de théâtre*.

OBERKAMPF (rue)

Il habitait tout en bas de la rue Oberkampf, dans un immeuble jouxtant le cirque d'hiver.

— Jean Echenoz, *Cherokee*, 1983

Au 63, Delphine de Vigan

« Dès qu'une vérité dépasse cinq lignes, c'est du roman. » La citation de Jules Renard convient parfaitement à cette adepte de l'autofiction qui, depuis son premier livre (*Jours sans faim*, 2001, écrit sous le pseudonyme Lou Delvig), cumula les succès avec notamment *Rien ne s'oppose à la nuit* (2011) et *D'après une histoire vraie* (2015). Elle habita rue Oberkampf de 2003 à 2009, écrivant notamment *No et moi*, Prix des libraires 2008. « Moins rogue que Virginie Despentes, écrit *Le Monde*, moins agressive que Christine Angot, moins perchée qu'Amélie Nothomb, elle est l'écrivaine "*next door*", cette fille d'à côté avec qui on pourrait partager un café et une confidence[5]. »

PAUL-BERT (rue)

Je m'enhardis jusqu'à entrer dans un jardin public proche de la rue Paul-Bert. On donnait une aubade. Une fanfare chinoise. Un casse-tête local. Une musique de patronage. Je m'assis sur un banc, épiant les réactions de ce public.

— Léandre Cochetel, *Pourquoi m'as-tu abandonné ?*, 1962

Au 14, le « Moi-de-onze-ans » de Franck Venaille

Il reçut le Grand Prix de poésie de l'Académie française, le Goncourt de la poésie, le Grand Prix national de la poésie, nous laissant notamment *La Descente de l'Escaut* (1995), *Hourra les morts !* (2003), *Chaos* (2007) et une réflexion en forme d'épitaphe : « Je trouve que les poètes ne font pas assez attention aux […] blessures qu'ils s'infligent à eux-mêmes. »

Mort en 2018 après avoir publié plus de trente recueils, il reste inséparable de la rue Paul-Bert où il passa son enfance, où il vola *Les Fleurs du mal* chez Mme Aubijoux, librairie-papeterie-confiserie-épicerie fine, ce qui lui ouvrit la porte de la poésie. Son dernier récit, *L'Enfant rouge*, explore ses errances à l'âge de 11 ans dans le 11e arrondissement et en particulier rue Paul-Bert, centre de l'univers de « Moi-de-onze-ans », le jeune héros du livre.

Au 20, Violette Leduc, la bâtarde

Elle s'abhorrait. Se surnommait « le tampon Jex », à cause de ses cheveux qu'elle trouvait trop gras, trop crépus, trop paillasse. Elle pestait contre son nez, qu'elle jugeait « candide et démesuré » et qu'une opération de chirurgie esthétique rendit plus large et plus inerte : « J'avais donné vingt mille francs pour ressembler à une vieille pierre », se désole-t-elle à la fin de *La Bâtarde*. L'une des pionnières de l'autofiction fit de sa vie la matière principale de ses livres.

En février 1945, elle rencontre Simone de Beauvoir qui accepte de lire le manuscrit de *L'Asphyxie* (qui commence par « Ma mère ne m'a jamais donné la main ») et l'encourage à poursuivre. *La Bâtarde*, commencé en 1958, paraît en 1964 avec une préface dithyrambique de Beauvoir. Le livre frôle le prix Goncourt. Amoureuse du « Castor », qu'elle appelait « S. de B. » en en parlant à ses amis et « Madame » dans ses livres, Violette Leduc en fera l'héritière de ses droits littéraires. Elle disparaît en 1972.

RICHARD-LENOIR (boulevard)

Les filles du boulevard Richard-Lenoir connaissent le plus bel argot. Au passant maugréant à leur offre, elles crient volontiers : « Ah ! va donc, miniature des prairies. » C'est la périphrase pour dire vache.
— Jean Follain, *Paris*, 1935

Au 32, Robert Desnos

Robert Desnos naît le 4 juillet 1900, la même année que René Crevel et que Jacques Prévert, quatre ans après André Breton, trois ans après Aragon et Philippe Soupault. Joli tir groupé.

La famille Desnos déménage dix-huit mois plus tard rue Saint-Martin, dans le quartier de Nerval, près de la tour Saint-Jacques chère à Breton. L'enfance et l'amour du merveilleux ne le quitteront jamais complètement. Contrairement à ses camarades du surréalisme, il saura écrire pour les enfants, avec la fourmi de dix-huit mètres qui n'existe pas, les trois cents millions de papillons arrivés à Châtillon ou l'œuf tout blanc du pélican de Jonathan. Écrites durant l'Occupation, ses *Chantefables pour les enfants sages* sont pour certains des messages cryptés de la Résistance. Affabulations, répondront d'autres.

Au 129, Jean-Louis-Auguste Commerson

Écrivain, journaliste, auteur de vaudevilles, ce roi de l'apophtegme reste inconnu du grand public mais bien connu des chasseurs de bons mots comme « ma cuisinière aime mieux l'Ave Maria que laver la vaisselle » ou « en inventant l'imprimerie, Gutenberg ne se doutait pas des immenses services qu'il rendait à la presse ».

Précurseur d'Alphonse Allais et de *L'Os à moelle*, il laisse notamment les *Pensées d'un emballeur pour faire suite aux Maximes de La Rochefoucauld* (1851) et un *Code civil dévoilé, dédié aux emballeurs, aux réfugiés polonais et aux gardes nationaux sans ouvrage et notamment aux licenciés de l'École de droit, pour cause d'incapacité notoire* (1854). Il décède boulevard Richard-Lenoir en 1879, non sans avoir noté : « Si j'étais né avant mon père, j'aurais pu être le sien. »

Au 132, Jules et Louise Maigret

Si le boulevard Richard-Lenoir est souvent mentionné dans les romans de Simenon, le n° 132 n'est indiqué qu'une fois, dans *Maigret et son mort*. Pourquoi le 132 ? De son propre aveu, Simenon a tiré le n° 132 « au hasard ».

Ce 132 est avant tout le royaume de Mme Maigret, cet autre monde (indispensable) du commissaire, aux antipodes de celui du crime. Un monde de plaisirs simples et souvent odorants : l'encaustique, les petits plats mijotés dans la quiétude d'un intérieur parfaitement tenu. Louise Maigret apparaît dès le début de l'œuvre, dans *Pietr-le-Letton*. Elle sera présente de façon plus ou moins dense dans soixante-neuf romans et dix-huit nouvelles, soit la quasi-totalité des *Maigret*. Que dire d'elle ? C'est une Alsacienne plutôt boulotte, voire « grassouillette » (*Le Revolver de Maigret*), elle ressemble pour certains à une « grosse mémère » (*L'Amie de Madame Maigret*), porte des tabliers de cotonnade de couleur bleue. Elle ne se maquille guère, porte des bigoudis la nuit. Pour sortir, elle se coiffe d'un « chapeau à plume verte » (*Maigret et son mort*) et use à l'occasion d'un « parfum un peu sucré » (*L'Amie de Madame Maigret*).

ROQUETTE (rue de la)

C'était rue de la Roquette, dans une chambre au haut d'un escalier, comme il n'en a jamais rencontré, un escalier où, de temps en temps, le manque de marches vous forçait à vous suspendre à la rampe.

— Edmond et Jules de Goncourt, *Journal des Goncourt. Mémoires de la vie littéraire*, 1887

Au 17, Verlaine pleure Lucien

Verlaine revient vivre à Paris en 1882, après une vague tentative de fermage dans les Ardennes et un emploi de surveillant général de lycée à Reims. L'aventure avec Rimbaud est close depuis sept ans, celle avec Lucien Létinois, son « fils adoptif », va se terminer tragiquement : en avril, le jeune homme meurt de la fièvre typhoïde. Anéanti, le poète achète une concession au cimetière d'Ivry, et va habiter chez sa mère, au 17, rue de la Roquette.

Un de ses plus beaux poèmes sera dédié à Létinois : « Âme, te souvient-il, au fond du paradis, / De la gare d'Auteuil et des trains de jadis / T'amenant chaque jour, venus de La Chapelle ? / Jadis déjà ! Combien pourtant je me rappelle / Mes stations au bas du rapide escalier / Dans l'attente de toi, sans pouvoir oublier / Ta grâce en descendant les marches, mince et leste / Comme un ange le long de l'échelle céleste, / Ton sourire amical ensemble et filial, / Ton serrement de main cordial et loyal, / Ni tes yeux d'innocent, doux mais vifs, clairs et sombres, / Qui m'allaient droit au cœur et pénétraient mes ombres. »

Verlaine va renouer avec les milieux littéraires, publier un essai remarqué : *Les Poètes maudits* (Rimbaud, Corbière, Mallarmé) et préconiser « de la musique avant toute chose » dans *Jadis et Naguère* (1884).

Au 49-51, Michel-Jean Sedaine

À l'emplacement de l'actuelle église Notre-Dame-d'Espérance et de la cité paroissiale qui en dépend s'élevait un petit hôtel particulier disparu à la fin du XIXe siècle. L'ancien gâcheur de plâtre et tailleur de pierres y vécut de 1751 à 1765. Cet autodidacte accéda à une petite notoriété comme librettiste à l'Opéra-Comique puis par deux « comédies sérieuses », *Le Philosophe sans le savoir* (1765) et *La Gageure imprévue* (1768). Couronnement d'une carrière honorable de dramaturge, il fut élu membre de l'Académie française en mars 1786. Selon le *Guide des auteurs* des éditions Magnard, l'intérêt pour ses œuvres chuta durant la Révolution, les royalistes ayant choisi comme chant de ralliement *Ô Richard, Ô Mon Roy*, air extrait de son *Richard Cœur de Lion*[6], succès éclatant de 1784.

Au 49-51, Jules Michelet

La famille Michelet, après un revers de fortune du père, s'installe dans ce quartier excentré en juin 1818, dans l'appartement qu'avait occupé Sedaine dont le buste, exécuté par le sculpteur Pajou, figure encore dans le salon quand ils entrent dans les lieux. Jules Michelet est alors âgé de 20 ans. « Comment trouver, écrira l'historien dans *Ma jeunesse*, à un prix raisonnable, un appartement assez vaste pour garder à chacun de nous une complète liberté ? Mon père avait déjà cherché, vainement […]. Le découragement commençait à le gagner, lorsqu'un matin, il découvrit vers le milieu de la rue de la Roquette, – aujourd'hui le nº 49 –, une délicieuse maison ou plutôt, un petit hôtel, entre cour et jardin, dont le premier étage était à louer pour la modique somme de sept cents francs. Il y avait deux ailes parfaitement indépendantes l'une de l'autre ; nous étions sauvés ! »

Michelet, selon ses dires, y passera les dix plus belles années de sa vie, de 1818 à 1827.

Au 143-147, Léo Malet et Jean Genet à la Petite Roquette

Avant sa période surréaliste, Léo Malet eut sa période anarchiste, fréquentant le foyer végétalien de la rue de Tolbiac (qu'il mentionnera souvent dans ses romans) et vivant au jour le jour dans la capitale. Au printemps 1926, à l'âge de 17 ans, il passe deux mois à la prison pour mineurs de la Petite Roquette pour vagabondage. Il évoquera cette période dans *Le soleil n'est pas pour nous*, deuxième volume de ses souvenirs d'enfance. « Pourquoi la misère se transmet-elle, comme un héritage, le plus sûr des héritages ? y écrit-il. Pourquoi ne peut-on jamais s'en sortir ? » Il s'en sortira, publiant sous les noms de Frank Harding, Léo Latimer, Lionel Doucet, Jean de Selneuves, Noël Letam, Omer Refreger, Louis Refreger, et… Léo Malet, dont le premier *Nestor Burma* (*L'Homme qui mourut au Stalag*, réintitulé *120, rue de la Gare*) paraît en 1943. Les expériences de rue à Lyon ou dans les milieux populaires du 13e arrondissement n'apporteront pas uniquement une toile de fond à son œuvre. Elles lui laisseront un solide racisme et l'écrivain n'hésitera pas à déclarer, dans une interview pour *Libération* en 1985 : « Je vais vous dire une chose : les Arabes m'emmerdent et je ne les aime pas ! Et je les tiens tous pour des cons ! » Et d'ajouter à propos du boulevard Saint-Michel : « Là, c'est les Noirs. Ben oui, c'est Bougnoul'Mich, quoi ! »

Jean Genet connut également l'emprisonnement rue de la Roquette : en 1925, à l'âge de 15 ans. Il s'en souviendra dans *Miracle de la rose* (1946). Question racisme, il écrira : « Un soir, un comédien me demanda d'écrire une pièce qui serait jouée par des Noirs. Mais qu'est-ce que c'est donc, un Noir ? Et d'abord, c'est de quelle couleur ? »

Au 196, Alain-Fournier

Entre 1898 et 1900, Henri-Alban Fournier réside chez une amie de sa mère, directrice d'un pensionnat de jeunes, et suit des cours au lycée Voltaire. Enfant, il sut lire à l'âge de 3 ans et la lecture ne le quitta plus : « Pour ce qui est des livres de prix, Dieu sait la place qu'ont tenue dans ma vie et dans celle de ma sœur ces caisses de livres d'or et de carton qui arrivaient tous les ans en juillet. Mes parents sont instituteurs », écrira-t-il à Jacques Rivière. Lecteur boulimique, comme sa sœur Isabelle, il restera marqué par *Robinson Crusoé* de Daniel Defoe, *La Teppe aux merles* de Stella Blandy, *L'Ami Benoît* de Bernard de La Roche[7] ou *La Roche aux mouettes* de Jules Sandeau, comme il le mentionne dans *Le Grand Meaulnes*.

SAINT-MAUR (rue)

D'accord. Quelle église ? Saint-Joseph de la rue Saint-Maur ? Et, là, bien posément, je leur ai filé le coup de grâce.

— Daniel Pennac, *La Petite Marchande de prose*, 1989

Au 67, M. Hire

Pourquoi M. Hire dispose-t-il, au 67, rue Saint-Maur, d'une pièce au fond d'une cour encombrée de vieilles barriques ? « C'était une vieille cour, une vieille maison. Des plaques d'émail annonçaient un marchand de fût, un menuisier et un imprimeur. On entendait le bruit d'une scie et celui d'une presse. » Et pourquoi Simenon donne-t-il son adresse exacte, ce qu'il ne fait pratiquement jamais ?

Dès 1931, le romancier commence à écrire ce qu'il appellera ses « romans durs » : plus de cent dix titres, du *Relais d'Alsace* (1931) aux *Innocents* (1972). *Les Fiançailles de Monsieur Hire* paraît en 1933. M. Hire s'appelle en fait Hirovitch, c'est un Juif d'origine russe, un homme secret, taciturne, différent. Trop différent : il en mourra, victime du racisme ordinaire de la France des années 1930.

Au 80, Paul Féval

En 1863, après le 69, boulevard Beaumarchais, Paul Féval s'installe rue Saint-Maur où il accueille notamment Charles Dickens en visite à Paris. Après l'immense succès des *Mystères de Londres* (1843, écrit sous le pseudonyme de Sir Francis Trolopp) et du *Bossu*, paru en 1857 dans *Le Siècle*, l'écrivain devient le maître incontesté du feuilleton, qu'il soit régionaliste, historique ou fantastique. Il entame le cycle des *Habits noirs*, huit romans populaires dont la parution s'étalera de 1863 à 1875.

Romancier adulé, il tente vainement de percer au théâtre. « Ma vie, écrit-il à un ami, est devenue impossible, depuis que je fais du théâtre, attendu que j'ai voulu réaliser ce rêve de faire du théâtre sans abandonner le roman. Aux heures où je vivais, ce sont à présent des collaborations qui se croisent et s'enchevêtrent. Cela n'aboutit pas encore beaucoup, cela n'aboutira peut-être jamais, mais nul ne pourra dire que je n'ai pas pioché comme un esclave. »

Président du comité de la Société des gens de lettres de février 1865 à mars 1868, il s'attachera à dégager le théâtre de son amoralité et de son mercantilisme, tout en œuvrant pour donner un véritable statut juridique et financier aux écrivains.

En 1868, Féval emménagera au 88, avenue des Ternes, puis au 129, rue Marcadet.

Au 160, le Cabaret des Marronniers

Au coin des rues de l'Orillon et Saint-Maur existait au temps de Beaumarchais un cabaret installé au milieu de marronniers, lieu recherché de rencontres amoureuses. Beaumarchais l'évoque dans *Le Mariage de Figaro* lorsque Suzanne y donne rendez-vous au comte Almaviva, dans l'acte V : « Le théâtre représente une salle de marronniers, dans un parc ; deux pavillons, kiosques, ou temples de jardins, sont à droite et à gauche ; le fond est une clairière ornée, un siège de gazon sur le devant. »

On y voit Figaro dire du ton le plus sombre : « Ô femme ! femme ! femme ! créature faible et décevante ! Nul animal créé ne peut manquer à son instinct : le tien est-il donc de tromper ? »

SAINT-SÉBASTIEN (passage)

Les deux fabricants d'orfèvrerie ainsi que l'entreprise Noé font régulièrement appel à un planeur formeur qui, après avoir été exproprié de son atelier de la rue de Thorigny, avait décidé de s'implanter passage Saint-Sébastien.

— Marie-Laure Griffaton, in *La Maison des métallos et le bas Belleville*, 2003

Au 1 bis, Jean-François Vilar

Au milieu des années 1990, Jean-François Vilar fréquente Le Petit chez Soi, bistrot tenu par « Jo ». Il s'y sent chez lui, comme il le relate dans *La Plume et le Zinc* : « Des connards se pointaient parfois, avec le tutoiement facile, les santiags proprettes et le crâne rasé. Genre journalistes. […] Jo vira le con, sans problèmes car il était vraiment très con. Les conversations purent reprendre, paisiblement. Le rade, c'est ça. Il est bon d'être entre soi[8]. »

En 1981, chômeur, il a participé à un concours dans *Télérama*. Gagné. *C'est toujours les autres qui meurent* remporte le premier Grand Prix du roman noir *Télérama*, roman mettant sur orbite Victor Blainville, ancien activiste trotskiste, journaliste-photographe érudit, issu de la mythologie surréaliste, héros nonchalant amoureux des chats qui apparaîtra dans ses six autres romans noirs.

Après son dernier ouvrage, *Nous cheminons entourés de fantômes aux fronts troués* (1993) et deux petits livres en 1997[9], Jean-François Vilar va se taire, laissant au repos ses trois pôles d'inspiration : le trotskisme, le surréalisme, et la couleur noire.

TEMPLE (boulevard du)

Ces dimanches passés au boulevard du Temple, chez Flaubert, sauvent de l'ennui du dimanche.

— Edmond et Jules de Goncourt, *Journal des Goncourt. Mémoires de la vie littéraire*, 1887

Au 40, Auguste Maquet

Professeur au lycée Charlemagne, il démissionne en 1836, entre au *Figaro*, décide d'écrire pour le théâtre. En 1838, alors qu'il réside boulevard du Temple, il fait la connaissance d'Alexandre Dumas par l'entremise de Gérard de Nerval et les deux hommes entament aussitôt une collaboration qui durera jusqu'en 1851. Les deux hommes produiront – sous le nom de Dumas – treize pièces de théâtre et dix-huit romans parmi lesquels *Les Trois Mousquetaires* et *Le Comte de Monte-Cristo*. Coauteur ou prête-plume, les historiens sont partagés. La brouille entre les deux hommes commence en 1845 quand Eugène de Mirecourt fait paraître un pamphlet intitulé *Fabrique de romans, maison Alexandre Dumas et Cie*. À partir de cette date, plaintes et procès vont se succéder, Dumas refusant de céder sur la paternité de ses œuvres romanesques. Sa ruine, en 1850, n'arrangera pas leur contentieux et, après 1851, Maquet publiera seul, signant une vingtaine d'ouvrages.

Au 42, Gustave Flaubert

Au milieu des années 1850, Flaubert partage son temps entre Paris (un peu) et Croisset (beaucoup). En octobre 1855, il emménage au 42, boulevard du Temple, troisième étage, au-dessus de l'appartement de sa mère. Il a 31 ans, il vient de rompre avec Louise Colet à laquelle il écrivait en janvier : « Ce qui me semble beau, ce que je voudrais faire, c'est un livre sur rien : un livre sans attache extérieure, qui se tiendrait de lui-même par la force interne de son style, comme la terre sans être soutenue se tient en l'air, un livre qui n'aurait presque pas de sujet ou du moins où le sujet serait presque invisible, si cela se peut. » Ce livre sans sujet, c'est *Madame Bovary*, roman sur lequel il travaille – conseillé par son ami Louis Bouilhet – pendant cinq ans et qui paraît, avec procès et succès, en 1856-1857.

Cette réussite littéraire va transformer le rapport de Flaubert avec Paris. « L'Ours de Croisset » va se muer en lion très social et le grand succès de *Madame Bovary*, renforcé par les cinq rééditions de *Salammbô*, entre 1862 et 1864, va le consacrer en tant qu'écrivain majeur.

Il quitte alors le boulevard du Temple en 1869 pour s'installer 4, rue Murillo.

VOLTAIRE (boulevard)

Il visualisa le boulevard Voltaire, le boulevard Diderot, la rue Jean-Jacques-Rousseau et, subitement, rouvrit les yeux. « C'est impossible, songea-t-il, j'ai l'impression que d'Alembert et Montesquieu n'ont rien. »

— Franck Nouchi, *Le Cerveau de Voltaire*, 2012

Au 10, Henri Pichette

Revenu de Marseille à la Libération, Henri Pichette, à 21 ans, s'installe boulevard Voltaire et se lie d'amitié avec Paul Éluard et Antonin Artaud, qui l'aident à publier ses premiers poèmes : *Xylophonie* (avec Antonin Artaud, 1946) et *Apoèmes* (1947). Cette même année, au théâtre des Noctambules, est représentée sa première pièce : *Les Épiphanies*, mise en scène de Georges Vitaly, jouée par Gérard Philipe, Maria Casarès et Roger Blin. Succès mitigé. Le très conservateur critique du *Figaro* Jean-Jacques Gautier déclare n'y voir que « folie douce, fumisterie et provocation ». Robert Kemp, dans *Le Monde*, évoque un auteur tantôt fou lyrique, tantôt visionnaire effervescent, un « Joyce non contrôlé ». Et de conclure : « Il y a des paillettes d'or… Mais perdues dans l'effroyable bouillie du tout-venant. »

Cinq ans plus tard, Gérard Philipe montera *Nucléa* au TNP, et l'on entendra chanter par André Schlesser sur l'immense scène de Chaillot un vibrant poème, sur une musique de Maurice Jarre : « Les roses ont l'air de monter d'entre mes mains couleur de terre. »

Jusqu'à sa mort, en 2000, Pichette continuera à écrire (et à lire) de la poésie. Une poésie « vitale, vocale, dressée sur l'horizon comme un cri vertical, faite pour être proférée, clamée, hurlée, dans le grand vent d'un monde saccagé ou transfiguré », selon Jean Lacouture.

Au 86, Renée Dunan

Auteure féministe et anarchiste, elle serait née à Avignon en 1892 et produisit, de 1922 à 1934, une cinquantaine d'ouvrages dans des genres très divers : romans policiers, érotisme (*La Culotte en jersey de soie*, 1923), aventures (*Le Mystère du léopard*, 1931), ésotérisme (*Le Mystère du soleil des tombes*, 1934). Critique littéraire (on la surnommait « la vitrioleuse »), elle n'hésitait pas à rendre compte sous pseudonyme de ses propres ouvrages.

« Sur le plan biographique, écrit Patrick Bergeron, si Renée Dunan a laissé des traces, ce n'est qu'au compte-gouttes. Claudine Brécourt-Villars l'a constaté : "Plus on approfondit le mystère Dunan, plus il s'opacifie, comme si l'on avait affaire à un véritable roman d'espionnage." Le sexe même de l'auteure reste sujet à caution, car il n'est pas exclu que le nom de Renée Dunan ait servi de façade à un certain Georges Dunan, dont les détails biographiques ne nous sont pas davantage connus, mais dont le décès a été consigné dans le registre de la mairie de Nice en décembre 1944. Nous serions alors devant un écrivain qui aurait été son propre nègre et qui, à l'inverse d'Henry Gauthier-Villars, dit Willy, aurait usé d'un nom de plume pour se dérober d'autrui et lui dissimuler jusqu'à son sexe. »

Au 150, Max Jacob (et Picasso)

En octobre 1902, Picasso revient de Barcelone et vit dans une grande misère. Max Jacob – tout aussi désargenté – lui propose de partager sa chambre d'hôtel. Les deux hommes occupent le même lit, le peintre le jour, le (futur) poète la nuit. Tandis que Picasso dort, Max Jacob tente de placer quelques toiles chez les marchands et enchaîne les postes éphémères, précepteur, menuisier, manutentionnaire à l'Entrepôt Voltaire… En janvier 1903, Picasso repartira à Barcelone et Max Jacob emménagera 33, boulevard Barbès, prélude à sa période montmartroise.

Notes

1. Victor Hugo, *Les Misérables*, 1862.
2. Collectif, *Paris par écrit. Vingt écrivains parlent de leur arrondissement*, L'Inventaire-la Maison des écrivains, 2002.
3. Jean-Yves Dupuis, « Notice », dans Denis Diderot, *La Religieuse*, Bibliothèque électronique du Québec.
4. Sophie Chérer, « Guibert gagne », *7 à Paris*, 24-30 avril 1991.
5. Philippe Ridet, « Elle est comme ça… Delphine de Vigan », *Le Monde*, 23 mars 2019 (https://www.lemonde.fr).
6. Musique d'André Grétry dont Grimm disait : « M. Grétry est de Liège ; il est jeune, il a l'air pâle, blême, souffrant, tourmenté, tous les symptômes d'un homme de génie. Qu'il tâche de vivre s'il est possible. »
7. Pseudonyme de Jacqueline Rivière, rédactrice en chef de *La Semaine de Suzette*, chroniqueuse aux *Veillées des chaumières*.
8. Jeanne Hilary, *La Plume et le Zinc*, Hazan, 1998.
9. *La Fille du calvaire*, Éditions de la Voûte, coll. « Métro-police », et *Les Fous de Chaillot*, Baleine, coll. « Tourisme et Polar ».

« Quant aux écrivains, à commencer par Georges Courteline, ils sont nombreux à avoir eu une attache avec le 12e et tenter de les énumérer n'apporterait pas grand-chose à l'histoire de l'arrondissement », écrit Michel Dansel dans *Paris Secret*, en 2017.

Nombreux ? Vraiment ? S'il mesure 6,38 kilomètres carrés, ce qui le place en cinquième position du classement des plus grands arrondissements de Paris, le 12e n'est pas vraiment attractif pour le monde littéraire. Il faut s'appeler Modiano pour s'y aventurer (*Voyage de noces*). S'appeler Verlaine, Courteline ou Manchette pour y résider. Ou André Chénier, pour y mourir.

LE 12E ARRONDISSEMENT

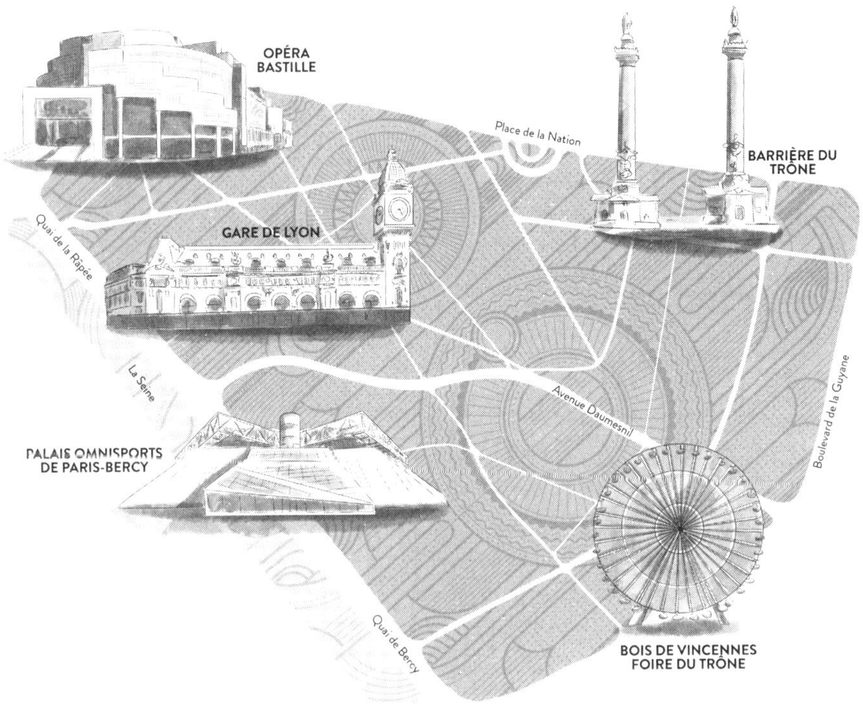

DAUMESNIL (avenue)

Il ne faut pas que vous retourniez avenue Daumesnil... Voyez-vous, Sylvie, une jeune fille, quand elle est jolie comme vous, a bien des embûches à redouter, lorsqu'elle n'a personne pour la défendre...

— Jacques Sanluys, *Fuis l'amour*, 1957

Au 24, Alexandre Jardin président

Combien sont-ils, les écrivains ayant brigué avant lui la présidence de la République ? Deux : Lamartine et Victor Hugo[1]. Alexandre Jardin, dont le mouvement Bleu blanc zèbre est domicilié avenue Daumesnil, annonce sa candidature en décembre 2016 pour la présidentielle de 2017. Il ne recueillera pas les cinq cents signatures d'investiture.

À défaut de millions de voix, il peut compter sur des millions de livres vendus au cours d'une carrière entamée par deux gros succès : *Bille en tête* (Prix du premier roman 1986) et *Le Zèbre* (prix Femina 1988).

DIDEROT (boulevard)

Voyez plutôt le boulevard Diderot. On y peut constater la présence d'une spacieuse villa, connue sous le nom expressif de Mazas, et hantée, elle aussi, par d'excellents esprits, mis provisoirement dans l'impossibilité de frapper, eux.

— Alphonse Allais, *Plaisir d'humour*, 2003

Au 21, Jean Genet et Tahar Ben Jelloun à L'Européen

En 1974, l'auteur du *Journal du voleur* appelle, à sa grande surprise, le Franco-Marocain qui vient de signer son premier roman, *Harrouda* : « Il m'avait demandé de le rejoindre au restaurant L'Européen, en face de la gare de Lyon. Je pris le métro, troublé d'aller rejoindre cet écrivain que je n'avais jamais espéré rencontrer un jour. »

Genet a délaissé l'écriture, il se passionne désormais pour les luttes révolutionnaires et notamment pour la cause palestinienne. Le déjeuner sera le début d'une « amitié exigeante, intermittente, proche et en même temps à éclipses » qui durera jusqu'à la mort de Genet, en 1986. Dans *Jean Genet, menteur sublime* (2010), Tahar Ben Jelloun relatera sa relation privilégiée avec l'auteur du *Notre-Dame des Fleurs.* Il publiera parallèlement une pièce de théâtre, *Beckett et Genet, un thé à Tanger*, pièce qui met en scène au café Hafa une rencontre fictive entre les deux écrivains qui attendent la visite de leur ami Alberto Giacometti lequel, comme Godot, ne viendra pas.

Au 23-25, Rimbaud et la prison Mazas

La prison, qui ferma en 1898, était délimitée par le boulevard Diderot, la rue de Lyon, la rue Traversière, l'avenue Daumesnil et la rue Legraverend. L'une de ses mille neuf cent quatre-vingt-dix-neuf cellules accueillit notamment Arthur Rimbaud qui, le 31 août 1870, faute de billet régulier lors d'une fugue à Paris, est appréhendé à la gare du Nord, conduit au dépôt puis à Mazas. Il en sortira quelques jours plus tard grâce à Georges Izambard qui réglera l'amende.

DOCTEUR-ARNOLD-NETTER (avenue du)

Mais, ce jour-là, Giulio fait la tronche. Depuis peu, un concurrent s'est installé à deux pas. Et il casse les prix, l'impertinent de l'avenue du Docteur-Arnold-Netter.

— Michel Naudy, Pascal Jumel, *Le Cercle noir*, 1998

Au 59, Jean-Patrick Manchette

Ne pas dire « Ah oui, Manchette, le père du néopolar » ou « Attention, c'est aussi un véritable écrivain ». Connu (et reconnu) comme le rénovateur du roman noir français, Jean-Patrick Manchette avait horreur des lieux communs ou des analyses ethno-sociologiques le concernant. On peut lire, dans une de ses *Chroniques* : « Notre genre a été saisi par le marché donc par le commentaire. Nous devons tolérer que le polar soit à présent disséqué par des universitaires et des journalistes. Des professeurs et des ethnologues, certains venus d'Amérique et du Japon, viennent ajouter leur intérêt à celui des crétins locaux. »

Critique littéraire, traducteur, scénariste, critique de cinéma, trotskiste-libertaire puis situationniste, il publia dix livres entre 1971 et 1981, de *Laissez bronzer les cadavres*[2] *!* (1971) à *La Position du tireur couché* (1981), en passant par *Le Petit Bleu de la côte ouest* (1976) et *Fatale* (1977), postfacé par son ami Jean Echenoz. Suivit une longue période de silence romanesque, jusqu'à la publication (posthume) en 1996 de son roman inachevé *La Princesse du sang*, qui devait constituer le début d'une série. Jean-Patrick Manchette meurt du cancer en 1995. L'avenue du Docteur-Arnold-Netter fut sa principale adresse.

DORIAN (rue)

Rien n'avait changé dans cette petite rue sombre coincée entre la rue Dorian et la rue du Sergent-Bauchat.

— Dominique de Cérignac, *On tue chez Molière*, 1994

Au 64, Giuseppe Ungaretti

Né en 1888 à Alexandrie (Égypte), Ungaretti fait partie avec Enrico Pea et Marinetti du grand trio alexandrin de la littérature italienne. En 1912, il se rend en France pour un séjour de deux ans, rencontre Gide, Apollinaire, puis revient après avoir passé la guerre dans les tranchées de Karst, expérience qui lui inspirera *L'Allegria* (1919). De retour à Paris au début des années 1920, demeurant rue Dorian, il se lie avec le groupe surréaliste d'André Breton, qu'il juge « l'esprit le mieux douloureux de ces temps confus », et rencontre Jean Paulhan avec lequel s'instaureront une amitié totale et une correspondance longue de cinquante ans. Il est aujourd'hui considéré comme l'un des plus grands poètes italiens.

LOUIS-ARMAND (place)

C'était fini. J'avais perdu. Nous étions bientôt à destination. Avec sa haute tour et ses quatre énormes horloges, le beffroi de la gare écrasait la place Louis-Armand.

— Guillaume Musso, *La vie est un roman*, 2020

La gare de Lyon

« La gare de Lyon, ça ne vous dit peut-être rien, déclarait Frédéric Pottecher sur France Culture, mais sachez que, pour moi, c'est l'endroit où l'on aligne les trains du soleil et de la Méditerranée, si je n'avais rien à faire dans la vie, je crois que j'irais souvent me promener gare de Lyon… »

Pour Patrick Modiano, le quartier de la gare de Lyon s'inscrit dans les « zones grises » de la capitale, mais la gare elle-même échappe à la tristesse ambiante. « Dans ce décor ingrat, écrit-il dans *Les Boulevards de ceinture*, il existe pourtant une zone privilégiée qui aimante les rêves : la gare de Lyon. C'était devant elle qu'échouait toujours Sylviane Quimphe. À seize ans, elle en explorait les moindres recoins. En particulier les quais de départ des grandes lignes. Les mots “Compagnie internationale des wagons-lits” lui mettaient du rosé aux joues. »

La gare de Lyon fut le monument parisien préféré de Giono : de là partaient les trains qui le ramenaient à Manosque.

MARÉCHAUX (cours des)

Car, à l'heure où ces hommes gardés à vue bavardaient inconsidérément, un autre homme prononçait quelques mots dans la Cour des Maréchaux à Vincennes.

— Georges Le Fèvre, *Et Paris se libéra*, 1945

En août 1749, Rousseau rend visite à son ami Diderot, incarcéré au fort de Vincennes pour avoir exprimé son athéisme dans la *Lettre sur les aveugles à l'usage de ceux qui voient*.

Dans *Les Confessions*, il relate ces retrouvailles : « Moment inexprimable ! Il n'était pas seul ; d'Alembert et le trésorier de la Sainte-Chapelle étaient avec lui. En entrant je ne vis que lui ; je ne fis qu'un saut, un cri ; je collai mon visage sur le sien, je le serrai étroitement sans lui parler autrement que par mes pleurs et mes sanglots ; j'étouffais de tendresse et de joie. Son premier mouvement, sorti de mes bras, fut de se tourner vers l'ecclésiastique, et de lui dire : Vous voyez, monsieur, comment m'aiment mes amis. »

Amitié ? Pas pour longtemps. Rousseau l'introverti et Diderot l'homme social, Rousseau le croyant et Diderot le matérialiste deviendront bientôt les meilleurs ennemis.

MAZAS (place)

Là, contre un pan de mur de la Morgue, place Mazas… Mazas ! Un violoniste qui a donné son nom à une prison.

— André Salmon, *Sylvère ou la Vie moquée*, 1956

Au 2, le petit square d'Alain Demouzon

Dans *Château-des-Rentiers* (1987), Alain Demouzon décrit avec tendresse le petit square de l'institut médico-légal, « carré de verdure terreuse aux allures de jardin oublié, minuscule recoin, antichambre de la maison des morts. Les enfants ne viennent pas jouer ici, les petits vieux vont chauffer leurs douleurs ailleurs. Deux traîne-patins sont installés sur un banc. Ils parlent fort, refont le monde, boivent du pinard pour se chauffer la gueule ; le jour où ils claqueront d'un trop-plein de misère, d'un renvoi de chienne de vie, ils n'auront pas loin à aller ! ».

« Auteur prolifique, écrit Jean Vautrin, Demouzon est un écrivain inclassable, rivé à la tendresse des êtres, à la poésie des murailles, à la noirceur des mœurs, au romanesque des situations contemporaines. […] Cessez de lui dire qu'il est le continuateur de Véry, qu'il est dans la lignée de Simenon, il est l'inventeur de lui-même. »

MOREAU (rue)

C'était un aspect des choses qui n'aurait échappé à personne rue Moreau mais dont on ne se soucia guère rue Rovigo. À l'exception d'Isabelle.

— Edmonde Charles-Roux, *Isabelle du désert*, 2003

Au 5, Verlaine dans l'impasse

Après un séjour en février 1885 à l'Austin Hôtel de la rue d'Amsterdam, puis divers voyages dans les Ardennes, Verlaine s'établit dans le sordide hôtel meublé du Midi (6, cour Saint-François, par le 5, rue Moreau). « Sous le tonnerre intermittent du chemin de fer de Vincennes, écrit Gustave Kahn, à côté des boutiques aux devantures à plein cintre, une petite impasse ; un chantier de bois appuyait contre le viaduc de longs madriers et des échafaudages savants de poutres équarries décorait l'horizon d'une petite boutique de marchands de vins où je trouvais Verlaine uniment placé devant un verre ; il m'en offrit la rime, car sa plaisanterie était demeurée banvillesque. »

Le poète occupe une misérable chambre en terre battue, au rez-de-chaussée, sa mère (qu'il tente d'étrangler, ce qui lui vaudra un mois de prison) loge au premier étage et y décédera un an plus tard. Ce sera son adresse jusqu'au printemps 1887. Toute la partie de la rue où il habitait a été annexée par la résidence Saint-Louis consacrée aux aveugles.

NATION (place de la)

C'était un soir que je promenais Lisa, place de la Nation, jusqu'à la porte de Vincennes, un lundi de Pâques. Nous entrions gratis dans les baraques.

— Alexandre Arnoux, *Paris-sur-Seine*, 1939

Sur la place, la mort d'André Chénier

Une anecdote circule sur son exécution place du Trône-Renversé, en 1794. Le poète aurait soupiré, en se frappant le front : « Je n'ai rien fait pour la postérité. C'est dommage. Il y avait quelque chose, là-dedans », puis aurait corné le livre de Sophocle qu'il lisait avant de le ranger dans sa poche, comme s'il allait reprendre sa lecture. Dans *Stello*, d'Alfred de Vigny, le Dr Noir assiste de loin à l'exécution du poète : « André causait en regardant le soleil couchant. Mon âme s'unit à la sienne, et tandis que mon œil suivait de loin le mouvement de ses lèvres, ma bouche disait tout haut ses derniers vers : "Comme un dernier rayon, comme un dernier zéphire, / Anime la fin d'un beau jour, / Au pied de l'échafaud, j'essaie encore ma lyre. / Peut-être est-ce bientôt mon tour." »

PARROT (rue)

Je l'ai vu déguisé en Arlequin, avec des échantillons multicolores, cadeau de Banach, le tailleur de la rue Parrot…

— Remo Forlani, *Les Gros Mots*, 1973

Au 8, naissance du poète Gilbert Lely

« Yves Bonnefoy raconte comment, en 1943, il acheta par hasard sur les quais une mince plaquette de vers dont le titre seul avait attiré son regard (*Sylphide ou l'Étoile carnivore*), et comment, dès les premiers mots lus, il comprit qu'il venait de découvrir un grand poète. "Muses, vous présidiez au viol imaginaire des belles passantes qui nous coupent le cœur[3]…" »

Surtout connu pour sa vertigineuse et sans cesse améliorée *Vie du marquis de Sade* (1952-1957), Gilbert Lely naquit rue Parrot en 1904, à l'emplacement de l'ancienne prison Mazas. Il fut un proche du surréalisme, admiré notamment par André Breton qui lui écrit, en 1933, quand paraissent ses premiers recueils : « J'aime toujours autant vos poèmes. Votre lampe scabreuse reste de celles qui m'éclairent le mieux. »

Il fut également traducteur (des *Métamorphoses* d'Ovide) et auteur d'un recueil poétique intitulé *Ne tue ton père qu'à bon escient* (1929) dont il envoya un exemplaire à André Breton accompagné d'un autographe : « Goûtes [*sic*] au foie d'une belle jeune fille : cette nourriture est si délicieuse que tu ne pourras plus t'en passer. »

RAPÉE (quai de la)

Après le repas, quai de la Rapée,
les vodka-pamplemousse, le blanc et le rouge,
Leslie m'a prédit un avenir agréable.

— Jean-Marc Roberts, *Une petite femme*, 1998

Au 78, Marie Darrieussecq

Dès l'âge de 5 ans, elle voulut écrire. Après des romans d'enfance, de nombreux premiers chapitres durant l'adolescence, de nombreux manuscrits envoyés-refusés, elle reçoit en 1988, à l'âge de 19 ans, le Prix du jeune écrivain avec le journal *Le Monde* pour sa nouvelle *La Randonneuse.*

Sa première adresse parisienne sera le 78, quai de la Rapée, en face de la morgue, en 1990. « En khâgne à Louis-le-Grand, venue de ma province, j'avais dû trouver un logement car l'internat du lycée Louis-le-Grand n'était pas mixte : réservé aux garçons. Il y avait très peu d'argent dans la famille et je n'ai pu trouver qu'un bouge, à l'époque, un rez-de-chaussée sans lumière que je partageais avec une amie. Le douzième arrondissement évoquait alors les non-lieux de Modiano et Simenon. Dans *La Sentinelle* de Desplechin, on voit la Morgue telle que je l'ai connue, un gros bloc noir-rouge au bord d'une Seine sinistre sur laquelle elle semble voguer avec les morts[4]. »

SAINT-MANDÉ
(avenue de)

C'est, non loin de la voie ferrée qui, après avoir coupé
l'avenue de Saint-Mandé, sur un viaduc, longe
la rue du Gabon, une cossue et vaste maison d'angle…

— Léo Malet, *Casse-pipe à la Nation*, 1957

Au 43, Courteline et le comique de répétition

« Monsieur et cher confrère, en réponse à votre lettre du… par laquelle vous voulez bien me demander mon avis à propos de… J'ai l'honneur de vous informer que je m'en fous complètement. » C'est ainsi que Courteline répond aux demandes d'interviews dans les années 1910, date à partir de laquelle il cesse pratiquement d'écrire : « Mon métier d'écrivain, avouera-t-il, dont j'ai eu le malheur de reconnaître l'inanité, ne m'intéresse plus depuis longtemps, et je l'ai exercé jusqu'à quarante-cinq ans avec le zèle d'un chien qu'on fouette, dans l'espoir de pouvoir enfin ne plus travailler qu'à mon heure, même ne plus travailler du tout. »

Sa légende est en route, de même que ses bons mots :

« Seuls les idiots n'ont pas de doute.
— Vous en êtes sûr ?
— Certain ! »

Le comique de répétition étant une valeur tout aussi sûre, Courteline prend la peine de décéder le jour de son anniversaire, le 25 juin 1929.

Notes

1. Si Charles de Gaulle est indubitablement écrivain, ce n'est qu'un écrivain « occasionnel ».
2. Roman coécrit avec Jean-Pierre Bastid.
3. « L'étoile Gilbert Lély », *Le Monde*, 28 septembre 1990.
4. Correspondance avec l'auteur, juin 2022.

En 1859, la loi Riché organisait le rattachement des communes périphériques à la capitale : Belleville, Grenelle, La Villette, Vaugirard, et une partie des communes d'Auteuil, Batignolles-Monceau, Bercy, Charonne, La Chapelle, Montmartre et Passy. Dans le même temps, le nombre d'arrondissements de Paris passa de douze à vingt. La numérotation fut redistribuée et le 13e fut affecté aux beaux quartiers d'Auteuil. Or, à cette époque où n'existaient que douze arrondissements dans Paris, l'expression « s'être marié dans le 13e arrondissement » signifiait vivre en concubinage. Horreur et colère à Passy ! Un lobbying intense au Parlement rectifia le tir : la numérotation fut changée et le 13e fut affecté aux quartiers populaires d'Austerlitz, de Maison-Blanche et de la Verrerie.

Selon Daniel Picouly, jusqu'en 1859, dire de quelqu'un qu'il « habitait dans le 13e signifiait également qu'il ne savait plus où il habitait, qu'il avait déménagé dans sa tête, bref : qu'il était un peu fou ». Mais on peut parfaitement être un peu fou et vivre en concubinage…

Et c'est ainsi que Victor Hugo ne mourut pas « en son avenue », dans le 13e arrondissement.

LE 13E ARRONDISSEMENT

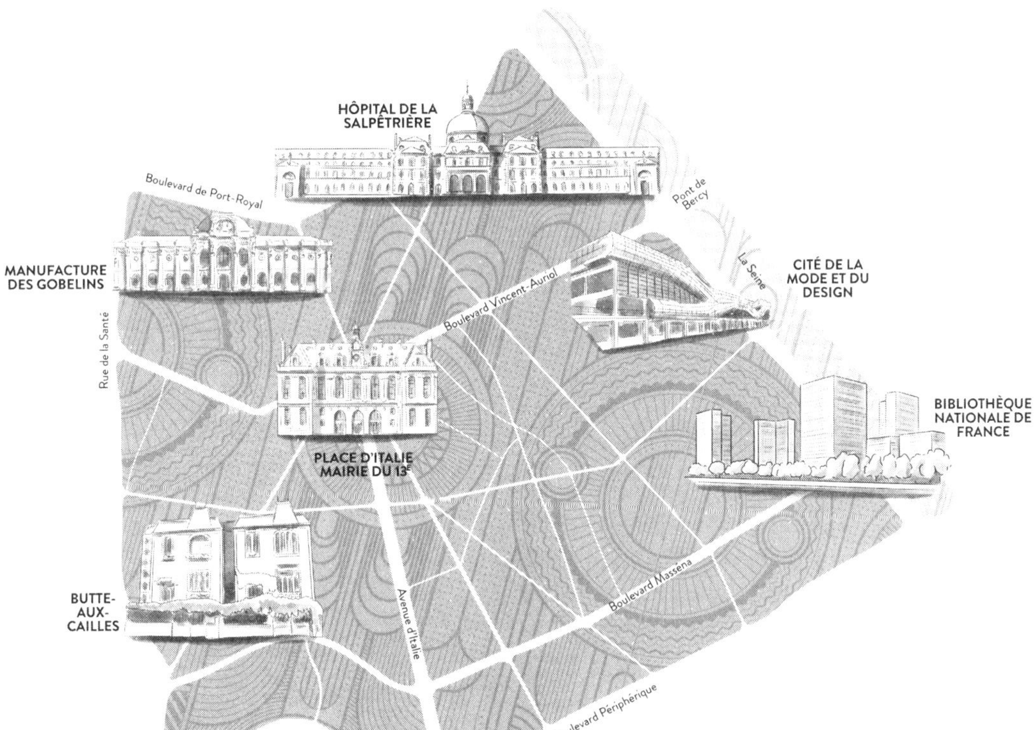

ALBERT-BAYET
(rue)

L'opération, il est vrai était tentante, puisque mon véhicule se trouvait stationné rue Albert-Bayet, non loin du poste de Police.

— Louis-Fabien Agboton, *Le Laquais des coups d'État*, 1998

Au 17, Étienne Lalou

Il est connu pour sa carrière de journaliste et de producteur-réalisateur à la télévision, un peu moins comme écrivain (*Les Bonnes Actions*, 1949, *Les Raisons de vivre*, 1953, *L'Escapade*, 1955, *Le Goût du sel*, 1973, *Le Fond et la Surface*, 1986) et pratiquement pas comme champion de France du 400 mètres, en 1937.

Au 25, Aimé Césaire

L'inventeur de la « négritude » résida de 1945 à 1993 dans une résidence HLM de la rue Albert-Bayet. Ses *Armes miraculeuses*, publiées en 1946, éveillent l'intérêt d'André Breton. Surréaliste, le poète noir ? Sans aucun doute, même si une violence sous-jacente annonce les combats futurs. Deux ans plus tard, sa poésie devient moins abstraite. Avec *Soleil cou coupé* (1948), puis *Corps perdu* (1950), le propos se fait plus politique et traduit une volonté de revalorisation des peuples noirs. En 1956, lors du premier Congrès international des écrivains et artistes noirs, il crée l'événement en lançant : « Laissez entrer les peuples noirs sur la grande scène de l'Histoire ! » À compter de cette date, Aimé Césaire se consacrera au théâtre : *Et les chiens se taisaient* (1956), *Une saison au Congo* (1966), *Une tempête* (1969). Thèmes communs : la décolonisation et la négritude, combats constants du député-écrivain.

ARAGO (boulevard)

Le boulevard Arago est également présent dans le 14e arrondissement.

Boulevard Arago, je ne détachais pas les yeux du mur sombre et interminable de la prison. C'était là où, jadis, on dressait la guillotine.

— Patrick Modiano, *Fleurs de ruine*, 1991

Au 6, Georges Bernanos

En 1913, quittant la rue de Javel, Bernanos s'installe boulevard Arago. De ses études de lettres, on retient surtout la fessée qu'il a infligée en 1908 (il est âgé de 20 ans) à un professeur d'histoire de la Sorbonne, ce qui lui a valu dix jours de prison. Chez les Camelots du roi, muni d'une canne à bout ferré ou de nerfs de bœuf, l'ancien étudiant désormais journaliste militant à *L'Avant-garde de Normandie* n'hésite pas à affronter la police et passe souvent par la case dépôt. Il est alors loyaliste à la frontière du fascisme, antisémite et revendique un « catholicisme sanguin et médiéval ». La guerre ne calmera pas ses fureurs, guerre qui lui apparaîtra comme « fascinante », semblable à une « danse de sauvages ». Il faudra attendre 1926 pour que naisse son premier roman, *Sous le soleil de Satan*, et les années 1930 pour que l'ancien Camelot s'oppose désormais aux ennemis de la République.

Au 72, Jean Tardieu

Le poète y réside dans les années 1990. Boulevard Arago, il partage son espace entre le premier étage, où il travaille le plus souvent dans un petit studio aménagé en bureau, et le cinquième, d'où il contemple, la nuit venue, les tours de la place d'Italie, tours qu'il transformera en conte-poésie dans *Les Tours de Trébizonde*. Sous le tableau lumineux d'Alechinsky, au-dessus de son bureau, il écrit *On vient chercher Monsieur Jean* (1990), livre de souvenirs vagabonds dans sa vie et dans Paris.

Avec *Un solide bon sens* (1968), cet adepte du non-sens et ex-précurseur du théâtre de l'absurde tient à préciser : « J'ose affirmer que quiconque / s'il est mort c'est qu'il a vécu / j'ose affirmer que j'existe / puisque je sais que je meurs. » Jean Tardieu meurt en 1995. Près d'un demi-siècle auparavant, dans *Monsieur Monsieur*, il avait écrit : « Pourquoi qu'a dit rin ? / Pourquoi qu'a fait rin ? / Pourquoi qu'a pense à rin ? / — A'xiste pas. »

AUSTERLITZ (quai d')

Il s'agissait d'un certain Charles Lombard, ancien garçon de café, qui fréquentait les refuges de l'Armée du Salut et en particulier la péniche amarrée quai d'Austerlitz. Pourquoi m'avait-il laissé sa valise ?

— Patrick Modiano, *Fleurs de ruine*, 1991

Au 85, la gare d'Austerlitz

Parmi les dizaines de millions de voyageurs ayant transité par la gare d'Austerlitz, deux petites filles : la Petite Bijou, chez Patrick Modiano, et la moins petite Zazie, chez Queneau.

La première a été abandonnée par sa mère, une étiquette autour du cou indiquant : « Thérèse Cardères, chez Madame Chatillon, chemin du Bréau à Fossombronne-la-Forêt. » La seconde voit sa mère la confier à son « tonton » Gabriel qui, dans la gare, s'offusque de l'odeur : « Doukipudonktan […]. Pas possible, ils se nettoient jamais. […] D'un autre côté, c'est tout de même pas un choix parmi les plus crasseux de Paris. Y a pas de raison. C'est le hasard qui les a réunis. On peut pas supposer que les gens qui attendent à la gare d'Austerlitz sentent plus mauvais que ceux qu'attendent à la gare de Lyon. Non vraiment, y a pas de raison. Tout de même quelle odeur. »

BARRAULT (rue)

Ils vont souvent dîner chez un couple d'amis de Thalie qui habitent au 45 de la rue Barrault, dans le XIIIe (c'est une bonne rue, la rue Barrault).

— Philippe Jaenada, *Sulak*, 2013

Au 11, Le Dilettante

Sous l'impulsion de Dominique Gaultier, Le Dilettante naquit sous forme de librairie en 1976, petite boutique au pied de la Butte-aux-Cailles où l'on trouvait « un peu de tout et beaucoup de rien ». Elle deviendra maison d'édition en 1984, éditant notamment *Grognards et Hussards*, de Bernard Frank, et les premières nouvelles d'Éric Holder (*Nouvelles du Nord*, 1984). Après le succès de *Je voudrais que quelqu'un m'attende quelque part* d'Anna Gavalda (1999), Le Dilettante s'installera 19, rue Racine, puis 7, place de l'Odéon.

CHAMP-DE-L'ALOUETTE (rue du)

Connaissez-vous la rue du Champ-de-l'Alouette ? Il y a bien des chances pour que vous n'en ayez jamais entendu parler, si vous habitez le quartier de la Madeleine.

— Fortuné Du Boisgobey, *Lecoq se dérobe*, 1878

Au 27, Marie Darrieussecq

Après le fabuleux succès de *Truismes* (1996), l'écrivaine du corps (ou de sa disparition) quitte Malakoff pour s'installer dans un petit appartement où elle résidera de 1998 à 2002. Elle y écrit notamment *Naissance des fantômes* (1998) et *Le Bébé* (2002) : « Qu'est-ce qu'un bébé ? Pourquoi si peu de bébés dans la littérature ? Que faire des discours qui les entourent ? Pourquoi dit-on "bébé" et pas "le bébé" ? Qu'est-ce qu'une mère ? Et pourquoi les femmes plutôt que les hommes ? »

Suivront une quinzaine de romans dont *Il faut beaucoup aimer les hommes* (2013), roman d'une passion entre une Blanche et un Noir, entre Hollywood et forêt camerounaise.

CHÂTEAU-DES-RENTIERS (rue du)

Je me suis donc trouvé face à face un dimanche avec un géant barbu, bavard, rêveur, qui avait l'air d'un pharmacien triste, dans le couloir obscur d'une maison de la rue du Château-des-Rentiers.

— Alexandre Vialatte, *Du côté de chez Gallimard*, 1985

Au 70, Christiane Rochefort

Difficile de suivre Christiane Rochefort. Dans *Ma vie revue et corrigée par l'auteur* (1978), elle précise : « Ça ne m'intéresse pas de raconter ma vie, je la connais déjà. »

Dans les années 1970, après avoir quitté la villa Ottoz de la rue Piat, elle s'installe dans un rez-de-chaussée, immeuble sur cour, de la rue du Château-des-Rentiers, quartier ayant gardé son identité ouvrière.

Dans cette rue sans château ni rentiers (et dans la maison qu'elle a achetée en 1981 dans le Var, au Pradet), l'écrivaine (elle aurait préféré le terme « écrevisse ») poursuit sa carrière littéraire, recevant notamment le prix Médicis pour *La Porte du fond* (1988), roman de l'indicible contant l'histoire d'une enfant devant subir les abus sexuels de son père sous le regard hébété de la mère.

CHEVALERET (rue du)

La rue du Chevaleret était longue et étroite
et l'immeuble qu'habitaient Alfred et Marie
se trouvait tout au fond…

— Isabelle Artiges, *Les Petits Mouchoirs de Cholet*, 2017

Au 119, Cyprian Norwid

Ayant longtemps vécu dans des conditions misérables, ce poète-écrivain et auteur dramatique polonais, totalement inconnu de son vivant, devient pensionnaire de l'hospice des Sœurs de la charité, situé rue du Chevaleret, créé en 1860 pour accueillir les Polonais en exil, insurgés ou orphelins. Norwid, atteint de tuberculose, y demeura de 1877 jusqu'à sa mort en 1883. Zenon Przesmycki, le traducteur polonais de Rimbaud, rassemblera ses manuscrits et publiera celui qui deviendra un des plus grands poètes de son pays, malgré, selon certains, « l'obscurité insondable de son style et ses discordances de syntaxe[1] ».

CHOISY (avenue de)

Nous ne sommes pas retournés avenue de Choisy.
Cela ne veut rien dire. Il y a le temps.
Nous n'avons jamais le temps, ni l'un ni l'autre.

— Hélène Cixous, *L'Amour même dans la boîte aux lettres*, 2005

Quelque part sur l'avenue, Michel Houellebecq

« Je n'ai pas envie de loger à Saint-Germain-des-Prés, confie-t-il en avril 2011, j'adore Tang et toutes ses sauces. » Le Prix Goncourt 2010 qui résida rue de la Convention, rue Malar, rue Marguerite-de-Rochechouart, rue Le Verrier, aime vraiment le 13e arrondissement, comme l'aime Jed Martin, son héros de *La Carte et le Territoire*. Il aime également ce que les autres aiment moins, « les arrondissements où, d'ordinaire, la littérature passe sans s'arrêter : Chinatown, les rues ennuyeuses du XVe arrondissement, les tours de la Défense… ».

Les Particules élémentaires (1998), *Plateforme* (2001), *La Possibilité d'une île* (prix Interallié 2005), *La Carte et le Territoire* (prix Goncourt 2010), *Soumission* (2015), *Sérotonine* (2019), *Anéantir* (2022). L'œuvre de Michel Houellebecq est diversement appréciée. Pour certains, un des plus grands romanciers contemporains. Pour d'autres, un trublion littéraire. Pour Jean-Marie Rouart, le « gourou de la débandade générale », « une petite fleur bleue qui a poussé sur le fumier de la décadence. [...] Avec Houellebecq, si décapant que soit son humour, on n'est pas là pour rigoler[2] ».

CINQ-DIAMANTS (rue des)

Venez nous rejoindre au club, un de ces soirs.
Nous nous réunissons dans l'arrière-salle du Caminito,
rue des Cinq-Diamants. Venez. Vous n'êtes plus seul.
— Jean-Marie Laclavetine, *Première ligne*, 1999

Au 49, le mystérieux Julien Torma

Julien Torma, l'ami de Desnos et de Crevel, l'auteur de *Le Grand Troche* (1925) et d'*Euphorismes* (1926), poète non assumé et pataphysicien émérite, a-t-il vraiment existé[3] ? Dans l'affirmative, est-ce son corps que l'on retrouva en 1991, cinquante-sept ans après sa disparition à l'âge de 31 ans, corps momifié dans un massif du Tyrol ? Jean-François Jeandillou, dans son ouvrage *Supercheries littéraires*, indique que Torma aurait résidé rue des Cinq-Diamants chez « la veuve Bomdernat » avant de quitter définitivement la capitale en juin 1927. À l'instar de Rimbaud, qu'il admirait, Torma fut un peu voyou, cynique, aventurier et disparut en Autriche à Vent, en hommage – qui sait ? – à l'enfant aux semelles... de vent.

COYPEL (rue)

« Vous habitez où ? – Rue Coypel, dans le treizième...
J'ai des gosses, voyez-vous, je vais pas lancer
toute ma famille parmi ce foutoir. »
— Romain Slocombe, *La Débâcle*, 2019

Au 4, naissance de Georges Duhamel

Il naît rue Coypel en juin 1884 accueilli par trois fées : la médecine, l'écriture et la musique. Ses travaux pour les laboratoires pharmaceutiques Clin n'ont pas laissé de traces, son roman pacifiste *Civilisation* (1918, sous le pseudonyme de Denis Thévenin) lui vaudra le Goncourt et sa *Chronique des Pasquier* le fauteuil n° 30 de l'Académie française. Côté musique, il adorera Wagner, apprendra à jouer de la flûte dans les tranchées de Verdun, détestera (quelque temps) les fausses notes vivantes du phonographe et engendrera un fils[4] qui fera de *Pierrot le fou* un poème symphonique.

CROIX-JARRY (rue de la)

Dans la rue Watt donne, tout aussi déprimante,
la rue de la Croix-Jarry, une rue courte,
rongée par les mauvaises herbes.
— Boris Vian, *Cantilènes en gelée*, 1949

En littérature, le parrain de la rue de la Croix-Jarry est Raymond Queneau, initiateur de Boris Vian puis de

Patrick Modiano. Dans *Éphéméride*, le Prix Nobel 2014 évoque l'époque où il prenait des cours de maths chez Queneau : « Souvent, au début de l'après-midi, nous prenons ensemble un taxi, et de Neuilly nous revenons tous deux sur la Rive gauche. Il me parle d'une promenade qu'il avait faite avec Boris Vian dans une petite rue que presque personne ne connaît, tout au fond du XIIIe arrondissement, entre le quai de la Gare et la voie ferrée d'Austerlitz : rue de la Croix-Jarry. Il me conseille d'y aller. Plus tard, chaque fois que nous nous verrons, nous parlerons de cette rue de la Croix-Jarry. Il y a quelque temps, j'ai lu que les moments où Queneau avait été le plus heureux, c'était quand il devait écrire des articles sur Paris pour *L'Intransigeant* et qu'il se promenait l'après-midi à travers les rues. »

ESPÉRANCE (rue de l')

Bien sûr, vous pouvez venir chez moi. [...] J'habite au numéro 7 [de la rue de l'Espérance].

— Régis Porte, *Joyeuse Pagaille*, 2006

Au 35, Roland Dubillard

« UN — Vous aimez le gaz, vous ?

DEUX — Oui, j'aime bien. À chaque fois que je veux me suicider, j'ouvre le gaz en grand.

UN — Et ça vous réussit ?

DEUX — Assez bien, oui. Mais ma femme ne peut pas supporter l'odeur du gaz, alors elle le referme tout de suite. Et puis elle me dit : toi, tu t'en fiches, mais qui c'est qui paiera la note du gaz ?

UN — C'est vrai qu'un suicide au gaz ça doit revenir cher. »

Roland Dubillard, prince de l'absurde, fut victime d'un AVC, en 1987, mais, hémiplégique, il ne se suicida pas. Avant de se réfugier dans le sud de Paris, il vécut rue de l'Espérance (!), dans les années 1990, réactualisant sa pièce *Il ne faut pas boire son prochain* (1997) et remplissant ses *Carnets en marge*, un petit millier de pages traitant de choses et d'autres et même plus.

GLACIÈRE (rue de la)

Sous une porte, 23, rue de la Glacière, où nous étions entrés pour nous renseigner, trouvé Descaves, qui s'était mis là à l'abri de la pluie pour attendre le passage de l'omnibus.

— Paul Léautaud, *Journal littéraire. I, 1893-1906*

Au 69, Pierre Klossowski

Il côtoya Rilke, Gide et Bataille puis, après la guerre, Michel Foucault, Gilles Deleuze… Il fera son noviciat de dominicain, puis se consacrera à Sade (*Sade, mon prochain*, 1947).

Frère aîné du peintre Balthus, il s'installe avec sa femme rue de la Glacière en 1966, après avoir vécu rue du Canivet et cour de Rohan. Trois ans auparavant, Gallimard a édité ses *Lois de l'hospitalité*, trilogie comprenant *La Révocation de l'édit de Nantes*, *Roberte, ce soir* et *Le Souffleur*, dont Maurice Blanchot soulignera « l'hilarité du sérieux ». Romancier, essayiste, philosophe, Klossowski va peu à peu délaisser l'écriture pour se consacrer au dessin. Il décède en 2001 à 96 ans, six mois après son frère.

Au 130, Laurent Tailhade

Il traduisit Plaute et Pétrone, rima (*Poèmes aristophanesques*, 1904, *Poèmes élégiaques*, 1907), menaça sa femme de l'abattre si elle continuait à fréquenter l'église, fut un anarchiste farouche, un morphinomane sans complexe, défendit Dreyfus et Oscar Wilde, mais, surtout, il fut un des plus grands polémistes de la fin du siècle, ce qui lui valut une vingtaine de duels, dont un, avec Maurice Barrès, qui lui coûta pratiquement l'usage d'un bras. Laurent Tailhade, de son verbe acéré, tira sur tout ce qui bouge. En 1900 paraît *Imbéciles et Gredins*, somme d'articles au vitriol concoctés par celui que l'on surnomme le « Serpent à sonnets ». Et le « Triomphe de la domesticité », article paru dans *Le Libertaire* en septembre 1901, véritable appel au meurtre contre le tsar Nicolas II, lui vaut un an de prison à la Santé. « Chez Tailhade, écrit Vassilis Alexakis dans *Le Monde*, les livres tenaient lieu de pavés. Les mots aussi, d'ailleurs, comme en témoigne ce recueil d'articles où Tailhade, hautain et furieux, s'en prend pratiquement à tout et à tous : aux voyantes extralucides, aux aristocrates, à Félix Faure, à Barrès, aux académiciens, aux coupeurs de têtes, à Saint-Saëns, aux antisémites, à l'Église catholique, au carnaval. Vers la fin de sa vie, devenu révolutionnaire dégoûté, Tailhade devait même s'attaquer aux anticléricaux et aux antimilitaristes[5]. »

GOBELINS (rue des)

Le mâchefer venait de la gare de Montrouge, l'éponge de carrosserie de la rue des Gobelins. Le frisson passa bien, le public fut intense, respectueux, parfois profond.
— Alexandre Vialatte, *Du côté de chez Gallimard*, 1985

Au 3 bis, Remo Forlani

Écrivain, dramaturge, réalisateur et scénariste, il fut pendant un demi-siècle le « Monsieur Cinéma de RTL », critique aux avis bien trempés. Auteur d'une trentaine d'ouvrages, notamment sur les chats ou le cinéma, il laisse une dizaine de romans nostalgiques et tendres : *Papa est parti, maman aussi* (1986), *Quand les petites filles s'appelaient Sarah* (1987), *Émile à l'hôtel* (1999), et un roman autobiographique : *La Déglingue* (1995). Acteur discret, on a pu également l'apercevoir chez Godard dans *Made in USA* et dans *Éloge de l'amour*. Mais (re)fermons la fenêtre et laissons « Les Volets clos ». Paroles de Remo Forlani, chantées par Nicoletta.

HÔPITAL (boulevard de l')

Dans l'après-midi de cette même journée de Noël 1823, un homme se promenait boulevard de l'Hôpital à Paris.

— Victor Hugo, *Les Misérables*, 1862

Au 50, André Frédérique

André Frédérique, poète à l'humour désabusé, naquit boulevard de l'Hôpital en 1915. Familier de Raymond Queneau, Ionesco, Boris Vian ou Jean Tardieu, admirateur d'Henri Michaux, auteur d'un recueil remarqué (*Histoires blanches*, 1945), il se désolait d'être « oublié avant d'être connu ». Lorsqu'il perd sa mère, en 1955, un ami lui propose d'aller voir un film pour se changer les idées. Frédérique accepte, sous condition qu'il soit en noir et blanc, car il est en deuil. Il sera sans doute le seul poète (et non-poète) à avoir réussi à mettre en faillite deux pharmacies à Paris. Il se suicide en 1957, au 38, rue Frémicourt, à l'âge de 42 ans.

ITALIE (avenue d')

Nous sommes avenue d'Italie, un café-tabac qui n'existe plus où je m'étais fait inscrire en 1943 pour mes décades de cigarettes.

— Alphonse Boudard, *L'Éducation d'Alphonse*, 1987

Au 111, Günter Grass

L'auteur du *Tambour* (1959) – immense succès mondial –, écrivain engagé et controversé, vécut avenue d'Italie entre 1956 et 1960, fréquentant notamment Paul Celan, James Joyce et les tenants du Nouveau Roman.

Parmi ses œuvres les plus connues, outre *Le Tambour* écrit à Paris, figurent *Le Chat et la Souris* (1961), *Les Années de chien* (1963), *Journal d'un escargot* (1972), *Le Turbot* (1977), *Une rencontre en Westphalie* (1979)…

Toute une histoire, publié en 1995, fit scandale, l'écrivain étant suspecté de dénigrer son pays. Il obtiendra le prix Nobel en 1999, « pour avoir dépeint le visage oublié de l'Histoire dans des fables d'une gaieté noire », l'Académie suédoise saluant « un homme des Lumières, à une époque qui s'est lassée de la raison ».

En 2006, dans son autobiographie, *Pelures d'oignon*, il créera l'événement en révélant qu'il était entré dans les rangs de la Waffen-SS en 1944. Il expliquera ce choix par un besoin d'aventure et d'émancipation, et par le devoir de défendre la patrie allemande.

LÉON-MAURICE-NORDMANN (rue)

Rue Léon-Maurice-Nordmann nous fîmes halte dans un petit café. Derrière son comptoir, le patron, un gros homme aux joues roses, rêvait en contemplant le mur…

— Jean-Claude Brisville, *D'un amour*, 1954

Au 158, Alexandre Vialatte

« L'homme n'est que poussière, professait-il. C'est dire l'importance du plumeau[6]. »

Dans cette rue Broca devenue Léon-Maurice-Nordmann résida (de 1934 à 1966) un écrivain discret (il oubliait parfois de faire publier ses écrits) admiré par Nimier et Blondin. Outre ses romans – une douzaine dont *Les Fruits du Congo*, prix Charles-Veillon 1951 –, il publia des chroniques (huit cent quatre-vingt-dix-huit !) hautement appréciées dans *La Montagne*, chroniques qui se terminaient toutes, sans rapport ni trompettes avec le sujet, par : « Et c'est ainsi qu'Allah est grand. » Extrait : « Une Américaine était incertaine / Quant à la façon de cuire un homard. / — Si nous remettions la chose à plus tard ? / Disait le homard à l'Américaine. »

Il fut également à l'origine de l'introduction de Kafka en France par ses traductions du *Procès* (1933) et des principaux ouvrages de l'écrivain austro-hongrois.

PORT-ROYAL
(boulevard de)

Le boulevard de Port-Royal est également présent dans le 5e arrondissement.

Et puis le passant considérable, Samuel Beckett,
sur le boulevard de Port-Royal, démarche souple,
en baskets, comme sur une corniche du Purgatoire.
— Philippe Sollers, *Un vrai roman. Mémoires*, 2007

Au 31, Claudel, ses deux sœurs et sa foi

Après le 135 bis, boulevard du Montparnasse (de 1881 à 1886), le jeune homme vit à Paris avec sa mère et ses deux sœurs (Louise et, occasionnellement, Camille) au 31, boulevard de Port-Royal.

Louise est pianiste, Camille, sculptrice, elle a réalisé en 1884 le buste de son jeune frère « en jeune Romain ». C'est à cette époque qu'à 18 ans, en 1886, il est touché par le génie de Rimbaud (*Les Illuminations*) qui lui apporte, dit-il, « une impulsion absolument essentielle », puis par la foi, alors qu'il assiste en curieux aux vêpres de Notre-Dame. « J'étais debout, près du deuxième pilier, à droite, du côté de la sacristie. Les enfants de la maîtrise étaient en train de chanter ce que je sus plus tard être le Magnificat. En un instant mon cœur fut touché et je crus. Je crus, d'une telle force d'adhésion [...] que, depuis, tous les livres, tous les raisonnements, tous les hasards d'une vie agitée, n'ont pu ébranler ma foi, ni, à vrai dire, la toucher[7]. »

À une époque où, dira-t-il plus tard, « être chrétien, c'est une affirmation d'imbécillité », le jeune homme va garder cette foudroyante conversion secrète. Puis, c'est en apprenant celle – tardive – de Baudelaire, autre poète qu'il admire, qu'il va commencer à partager sa foi.

Trois ans plus tard, à 21 ans, il écrit *Tête d'or*, inaugurant un théâtre qui va susciter admiration et agacement, voire franche animosité. « Plus jamais Claudel », put-on lire sur les murs de Mai 68.

REINE-BLANCHE (rue de la)

Merlin avait projeté deux meurtres après celui de Julie Lacaize : l'un, rue de la Reine-Blanche et l'autre, le dernier, rue de la Victoire.

— Fred Vargas, *Sans feu ni lieu*, 1997

Au 16, les prénoms de Bernardin de Saint-Pierre

Quittant le quai des Grands-Augustins, Bernardin de Saint-Pierre s'installe en 1786 dans la maison d'un quartier pauvre de la capitale, maison qu'il a achetée grâce au succès de ses *Études de la nature* et où il demeure en solitaire. Il y termine la rédaction de *Paul et Virginie*, roman qui sera publié l'année suivante et sur lequel il travaille depuis des années. Prodigieux succès : tous les enfants nés en 1789 et 1790 vont être prénommés Paul ou Virginie, tout comme son maître et ami Rousseau avait parrainé les prénoms Émile et Sophie.

SIGAUD (passage)

Il précise : « Le passage Sigaud, juste à côté, n'est pas mal non plus. Quoique inférieur quant à sa potentialité homicide. »

— Marc Lemonier, *Panique à Paname*, 1998

Quelque part dans le passage, Erik Orsenna

En 1996, Erik Orsenna s'installe dans une petite maison japonaise et marine, disposant de coursives, de claustras et d'un petit escalier menant à un bureau, dans le style pigeonnier de la rue de Bièvre de Mitterrand. Né Éric Arnoult, Erik Orsenna puisa dans *Le Rivage des Syrtes* son nom de plume : Orsenna, c'est quelque part où le héros de Gracq rêve « d'une voile naissant du vide et de la mer ». La mer sera très présente dans la vie d'Orsenna, mais pas le vide : Élysée (conseiller culturel) à 37 ans, Goncourt à 41 ans (*L'Exposition coloniale*, 1988, huit ans d'écriture tous les jours), Académie à 51 ans (1988, au fauteuil de Cousteau, évidemment), trois cent mille exemplaires vendus pour *La grammaire est une chanson douce* (2001), poste de ministre de la Culture décliné sous la présidence de Nicolas Sarkozy.

La maison va s'agrandir et l'écrivain-économiste-businessman va disposer de deux bureaux, l'un pour la fiction, l'autre pour les affaires. Côté fiction, c'est tous les matins de six heures à neuf heures, avec, sur un calendrier d'imprimeur, la notation du nombre de pages écrites.

En 2022, avec Bernard Cerquiglini, il publie *Les Mots émigrés* : « Et si les mots immigrés, c'est-à-dire la quasi-totalité des mots de notre langue, s'ils décidaient de se mettre un beau jour en grève ? Ce jour-là, les apôtres de cette illusoire pureté nationale deviendraient muets. Il n'est pas interdit d'en rêver… »

STÉPHEN-PICHON (avenue)

Il remonta lentement à pied la rue Stephen Pichon en rasant les murs, comme s'il craignait qu'Angèle l'aperçoive.

— Patrick Lagneau, *Page blanche pour roman noir*, 2019

Au 19, la mort de Jean Genet au Jack's Hotel

Le 13 avril 1986, Genet fait une chute dans la chambre 205 qu'il occupe depuis le début du mois. Il décède au petit matin. On découvrira dans la pièce le jeu d'épreuves d'*Un captif amoureux*, ouvrage dans lequel il évoque son soutien aux Black Panthers et aux Palestiniens et qui paraîtra après sa mort.

Quinze jours auparavant, muni de deux valises, il s'est rendu quai de Bourbon chez son avocat et ami, Roland Dumas. Il n'a rien publié depuis vingt-cinq ans et dit à Dumas : « Roland, voici tout mon travail en cours, faites-en ce que vous voudrez ! » Les valises vont dormir pendant vingt-cinq autres années puis seront remises à l'Institut mémoires de l'édition contemporaine. À l'intérieur, des milliers de notes diverses, des scénarios de film (dont un pour David Bowie) et une suite pour *Un captif amoureux*.

WATT (rue)

La rue Watt traverse les voies – qui parfois la surplombent – de la gare de marchandises d'Austerlitz. Existe-t-elle ? Il n'y a pas de maisons et personne n'y passe.

— Boris Vian, *Cantilènes en gelée*, 1949

La rue Watt relie depuis 1863 le quai Panhard-et-Levassor aux rues du Chevaleret et du Loiret. Passage souterrain de cinq cents mètres de long sur douze de large, elle fascina Raymond Queneau qui s'empressa d'y convier Boris Vian. Lequel écrivit aussitôt : « Lorsque j'y ai z'été / Pour la première fois / C'était en février / Mais il n'faisait pas froid / […] J'étais avec Raymond / Qui m'a dit Mon colon, / Il faut que tu constates / Qu'y a rien comme la rue Watt. »

Plus tard, Vian écrira une chanson interprétée par Philippe Clay : « Un jour, j'achèterai / Quelques mètres carrés / Pour planter mes tomates / Dans la rue Watt… »

En 1956, Léo Malet situera rue Watt l'assassinat de Lenantais dans *Brouillard au pont de Tolbiac*.

Notes

1. *Dictionnaire mondial des littératures*, Larousse, 2002.

2. Jean-Marie Rouart, *Ces amis qui enchantent la vie*, Robert Laffont, 2015.

3. En 1972, dans *Julien Torma. Essai d'interprétation d'une mystification littéraire*, Michel Corvin attribue les écrits de Torma à Léon-Paul Fargue et à Noël Arnaud. Henri Béhar, pour sa part, optera pour les pataphysiciens Boris Vian, Jacques Prévert, Eugène Ionesco, Raymond Queneau et Noël Arnaud.

4. Antoine Duhamel (1925-2014), compositeur de musique de films pour Jean-Luc Godard, François Truffaut, Jean-Daniel Pollet, Bertrand Tavernier…

5. Vassilis Alexakis, « Quelques bons exemples "Imbéciles et Gredins" », *Le Monde*, 19 septembre 1970.

6. Alexandre Vialatte, *Chroniques de La Montagne*, t. I, *1952-1961*, Robert Laffont, 2000.

7. Paul Claudel, « Ma conversion », *Revue de la jeunesse*, 13 octobre 1913.

Actuellement, le quatorzième comporte 195 rues, 27 avenues, 19 villas, 16 squares, 15 places, 12 passages, 11 impasses, 10 boulevards, 3 cités, 3 allées, 1 pont (des Cinq-Martyrs-du-Lycée-Buffon), 1 terrasse (Modigliani) et 1 portique (d'Orléans).

— *La Page. Du Mont Parnasse au Mont Rouge*, 1990

Le XIVe est un arrondissement pittoresque, mais il n'y passe ni fleuve, ni rivière, ni canal, c'est un arrondissement aride, il faut dire ce qui est. Quelquefois, il nous prend l'envie de regarder de l'eau.

— Henri Calet, *Le Tout sur le tout*, 1948

Dans le XIVe, franchement, il ne se passe rien.

— Marie Darrieussecq, « Le boulanger de la porte d'Orléans », in *Merci Paris !*, 2017

LE 14E ARRONDISSEMENT

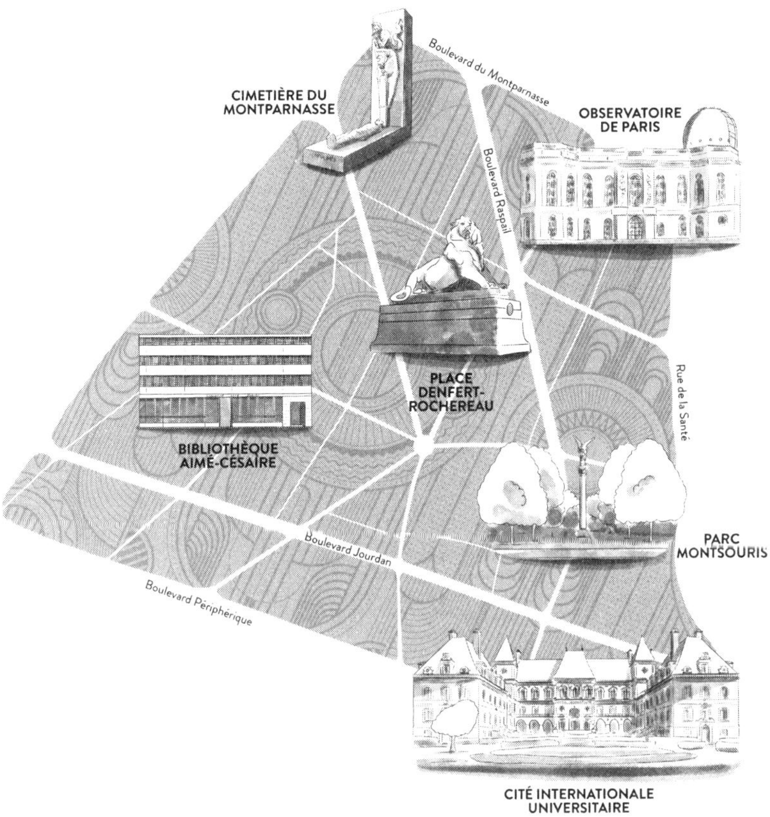

ALÉSIA (rue d')

La rue d'Alésia est également présente dans le 15e arrondissement.

Une amie m'y prête son studio, rue d'Alésia. Après, je n'en sais rien. L'après reste à inventer.
— Malika Mokeddem, *Mes hommes*, 2005

Au 25, la belle maison de Françoise Sagan

Au milieu de la décennie 1970, Françoise Sagan quitte la rue Guynemer et se réfugie dans un quartier plus « populaire ». Son *Profil perdu* n'a pas séduit la critique et elle a besoin de se reconstruire. Elle loue une belle maison dont le rez-de-chaussée donne sur un jardin, s'installe avec Peggy Roche, son amour de toujours. Liaison discrète : lorsqu'elle donne un dîner, Sagan demande à Peggy Roche de sortir puis de venir sonner, comme si elle était invitée.

Bernard Frank, l'ami de toujours, occupe le premier étage avec Denis, le fils de l'écrivaine. Sagan écrit au deuxième étage. En compagne de Werther, le grand chien-loup, et du chat Minou, elle s'attelle à un nouveau roman, *Le Lit défait*. Suivront *Le Chien couchant* (1980) et *La Femme fardée* (1981). C'est rue d'Alésia que Sagan reçoit un soir Annick Geille, jeune rédactrice de *Playboy*, venue lui demander un texte pour son magazine. Annick Geille finira par avoir sa propre chambre rue d'Alésia et vivra une aventure de trois ans avec la romancière.

Au 72, J.-H. Rosny aîné

Son nom reste immédiatement associé à la préhistoire avec *La Guerre du feu* (1909) et à la science-fiction, avec notamment *Les Xipéhuz* (1887), roman dans lequel des humains affrontent une race extraterrestre (ou terrestre, mais extra-humaine), roman publié dix ans avant *La Guerre des mondes* de Wells.

Avec *La Mort de la Terre* (1910), ce n'est pas la chaleur mais le manque d'eau qui guette la planète. L'homme finit par disparaître, remplacé par un nouveau monde minéral où de mystérieux éléments métalliques, les ferromagnétaux, se nourrissent de fer. Rosny aîné a longuement habité 72, rue d'Alésia avant d'aménager au 39, rue Didot en 1911, puis au 47, rue de Rennes en 1912, où il mourut en 1940, après avoir tenu le couvert à l'académie Goncourt pendant trente-sept ans.

Au 107, Gustave Aimard

Enfant abandonné à sa naissance, Aimard en fera un thème récurrent et obsessionnel. Dans presque tous ses livres revient le thème de l'enfant abandonné ou adopté.

« Pendant vingt-cinq ans, écrit-il, je fis la pêche au hareng, la pêche à la morue, la pêche à la baleine ; je fus abandonné sur des îlots perdus, pour tuer des phoques et des morses ; je fus prisonnier des Patagons à la baie de Barbara ; je combattis contre Rosas à Montevideo ; j'assistai à je ne sais plus combien de révolutions au Pérou, au Chili et au Mexique ; j'errai dans les grandes savanes américaines, en compagnie des Comanches, des Mandans et des Dacotahs, qui m'avaient adopté ; je pêchai les perles aux îles Pomotou et à la Nouvelle-Zélande ; je fus tayo [ami] avec les Taïtiens et les Nouveaux-Zélandais ; je servis sous les ordres de Schamyl, au Caucase. » Ainsi parle Gustave Aimard qui fut, en son temps, aussi populaire qu'Eugène Sue ou Paul Féval. Cet aventurier au destin incroyable écrivit une centaine de romans, dont les célèbres *Trappeurs de l'Arkansas* (1858) ou *Les Bandits de l'Arizona* (1882). Vivant en solitaire rue d'Alésia, rêvant de retrouver le fils qu'il a eu avec une Indienne comanche, il finira fou à Sainte-Anne où il décédera en juin 1883.

ALÉSIA (villa d')

Dès le lendemain, il se rendit villa d'Alésia où travaillait alors le peintre. « Dans l'atelier, clair et lumineux, écrit Brassaï, Matisse avait l'air d'un patron des hôpitaux. »

— Serge Sanchez, *Brassaï. Le promeneur de nuit*, 2010

Au 8, les éditions P.O.L

En 1986, Carine Toly, éditrice chez P.O.L, repère une annonce : « Villa d'Alésia, sur cour et jardin, 70 m², loyer modéré. » Elle s'y rend et tombe sous le charme. D'autant que Paul Otchakovsky-Laurens, le patron-fondateur, habite à deux pas. Les auteurs, en revanche (Leslie Kaplan, Marguerite Duras, Catherine de Richaud, Nicole Couderc, Jean Pierre Ceton…), font grise mine. Ils préféraient la rue Jacob.

Au 33, Claude Simon

Le futur Prix Nobel s'y installe à la fin des années 1940 avec Yvonne Ducuing et ses deux filles, dans une grande maison dotée d'un atelier, maison achetée par Joseph Ducuing, le père de sa compagne. Tout en peignant, dans une facture très inspirée de Picasso, il termine l'écriture de son second roman, *La Corde raide*, qui, comme il l'écrit, « tombe à plat ». *Gulliver* paraît en 1952, *Le Sacre du printemps*, en 1954. Puis en 1955, il va plus ou moins renier ses ouvrages antérieurs et, avec *Le Vent* (1957), premier roman édité chez Minuit, entamer sa période « Nouveau Roman ». *La Route des Flandres* obtient le prix de *L'Express* en 1960 et, quatre ans plus tard, Claude Simon déménage pour s'installer place Monge avec Réa Karavas, sa nouvelle compagne, rencontrée chez son éditeur Jérôme Lindon.

ANTOINE-CHANTIN (rue)

9 heures du matin, prise de vue au « Pin-Up Studio », rue Antoine-Chantin.

— Béatrice Leproux, *Mannequins à contre-jour*, 1989

Au 7, Pierre Jean Jouve

Après la rue de Tournon, le poète s'installe rue d'Alésia après la guerre. Il y résidera jusqu'en 1976, date de sa mort. Le « plus marginal des grands écrivains », selon Jean-Paul Louis-Lambert, ce « mouvement littéraire à lui tout seul » essentiellement connu pour son roman *Paulina 1880* (1925), fut poète, romancier, traducteur et critique, et sans doute le seul écrivain à interdire la réédition de certaines de ses œuvres (antérieures à 1925).

L'auteur de *Sueur de sang* fut également un mélomane, joueur de piano, publiant un essai sur le *Don Giovanni* de Mozart ou sur *Wozzeck* d'Alban Berg.

ARAGO (boulevard)

Le boulevard Arago est également présent dans le 13ᵉ arrondissement.

Sur le boulevard Arago, les premières lueurs d'un ciel à la mine de plomb font pâlir la clarté des lampadaires.
— Gilbert Guilleminault, *Le Roman vrai de la IIIᵉ République*, 1956

Au 99, Henri-Pierre Roché

« Vous avez bien travaillé deux ans et demi, lui avait dit Albert Sorel, son professeur à Sciences Po. Vous n'avez ni un nom, ni une fortune, ni une santé à toute épreuve. Vous êtes un idéaliste, un curieux. Renoncez aux concours. Voyagez, écrivez, traduisez. Apprenez à vivre partout. » Henri-Pierre Roché suivit le conseil, à la lettre. Mais si son « tourbillon de la vie » conjugua innombrables voyages et domiciles divers, il garda en permanence un pied (et son cœur) dans l'appartement de sa mère, boulevard Arago.

Il fut dandy, collectionneur, critique, marchand d'art, et, par intermittence, journaliste et écrivain. Premier acheteur de Marie Laurencin, initiateur de Gertrude Stein à la peinture moderne, il se lia d'amitié avec l'écrivain allemand Franz Hessel et les deux garçons serviront de modèles aux célèbres Jules et Jim. À 64 ans, Roché devint le romancier qu'il s'était promis d'être à 25, en publiant *Jules et Jim* (1953) puis *Les Deux Anglaises et le continent* (1956), romans pour lesquels François Truffaut éprouvera un véritable coup de foudre.

ARTISTES (rue des)

Elle a reconnu les marches, c'est la rue des Artistes au-dessus de l'avenue René Coty.
— Marc Bonnel, *Impayables*, 2016

Au 31, René Char

À la fin de l'année 1937, l'ancien surréaliste (membre actif de 1930 à 1934) s'installe à nouveau à Paris avec son épouse Georgette Goldstein, rue des Artistes. Il publie en décembre *Placard pour un chemin des écoliers*, recueil dédié aux enfants victimes de la guerre d'Espagne, propose à Christian Zervos ses premiers écrits sur les peintres Corot et Courbet. Éternel séducteur, il tombe amoureux de Greta Knutson, ex-épouse de Tristan Tzara, écrivant pour elle *Le Visage nuptial* et découvrant par elle Hölderlin et le romantisme allemand. La liaison durera pendant toute la guerre et il s'illustrera parallèlement au sein de la Résistance sous le nom de « capitaine Alexandre ».

AUDE (rue de l')

Il se balançait au clair de lune, accroché haut et court au garde-fou du grand escalier qui va de l'avenue du Parc à la rue de l'Aude, le coin des malfamés.

— Yann Queffélec, *L'Homme de ma vie*, 2015

Au 28, une chambre de Modiano

« On ne retourne pas souvent dans les quartiers du sud. C'est une zone qui a fini par devenir un paysage intérieur, au point qu'on s'étonne que des noms comme Tombe-Issoire, Glacière, Montsouris, le château de la Reine Blanche, figurent dans la réalité, en toutes lettres sur des plans de Paris. Je ne suis jamais revenu rue de l'Aude. Sauf dans mes rêves… »

Le 28, rue de l'Aude, où Jean loue une chambre dans *L'Herbe des nuits*, était déjà l'adresse de Jean Bosmans, le personnage central du précédent roman de Modiano, *L'Horizon*. Ces deux Jean logés dans le même petit immeuble, près du parc Montsouris, seraient-ils un seul et même homme, pris à deux moments différents de sa vie ? Et Modiano a-t-il séjourné rue de l'Aude ?

BARDINET (rue)

Igor habitait un vieil atelier, dont on disait qu'il avait précédemment appartenu à Giacometti, rue Bardinet, dans le quatorzième arrondissement de Paris.

— Denis Grozdanovitch, *Minuscules Extases*, 2009

Au 16 bis, Roger Gilbert-Lecomte

En février 1939, après avoir résidé dans un hôtel de la rue des Canettes et s'être fait arrêter pour trafic de drogue, délit pour lequel il fera un mois de prison, Roger Gilbert-Lecomte édite en avril *La Grande Beuverie* chez Gallimard. L'état de ses poumons, rongés par la tuberculose, se détériore.

Modiano évoque le cofondateur du Grand Jeu dans *Dora Bruder* : « En 1938, il habitait encore ce quartier de la porte d'Orléans, avec une juive allemande, Ruth Kronenberg. Puis en 1939, toujours avec elle, un peu plus loin, le quartier de Plaisance, dans un atelier au 16 bis rue Bardinet. En juillet 1942, son amie Ruth Kronenberg s'est fait arrêter en zone libre au moment où elle revenait de la plage de Collioure. Elle a été déportée dans le convoi du 11 septembre, une semaine avant Dora Bruder. »

Gilbert-Lecomte décède le 31 décembre 1943, du tétanos, dans un hôpital parisien.

BEAUNIER (rue)

L'hôtel du 47 de la rue Beaunier n'était pas très reluisant. Dès l'entrée, une odeur de café bouilli et de cendrier froid prenait à la gorge.

— Nadine Parent, *Jil & Jeanne*, 2017

Au 24, Charles Le Goffic

Cet écrivain breton s'installe rue Beaunier en juillet 1909, dans l'appartement qu'occupait Lénine. Il y résidera jusqu'en 1932, date de sa mort. En 1886, il fonda avec Maurice Barrès une revue littéraire, *Les Chroniques*, puis fit publier plusieurs recueils de poésie, quelques pièces de théâtre et des romans – *La Payse*, *Morgane*, *Passions celtes*, *Le Pirate de l'île Lern* – dans lesquels la Bretagne est omniprésente. Il fut élu à l'Académie française en mai 1930 et Henry Bordeaux le reçut par ces mots : « Toute la Bretagne veut entrer ici avec vous. » Dans *La Vieille Dame du Quai Conti*, le duc de Castries relate que Le Goffic devait mourir de son succès : fatigué par ses obligations sous la Coupole, l'académicien tout neuf ne devait survivre en effet que quelques mois à sa réception officielle.

BOISSONADE (rue)

« Vous savez, rue Boissonade, il y a une vieille dame, Mme Nizan, la femme d'un écrivain, une femme très riche, vous la connaissez ? – Non. »

— Henriette Nizan, Marie-José Jaubert, *Libres Mémoires*, 1988

Au 3, Romain Rolland

Le 6 octobre 1913, de retour de voyage, Romain Rolland décide de quitter son appartement du boulevard du Montparnasse et écrit à une amie : « J'étouffe dans le mien, qui est trop exigu ; je viens d'en louer un autre, plus grand, plus aéré. » En mars 1914, il emménage au 3, rue Boissonade, au cinquième étage : « J'y ai de l'espace, de l'air et de jolies pièces un peu plus confortables. Songez, chère Sofia, que, pendant plus de douze ans, je n'ai jamais eu un fauteuil, ni une chaise longue pour m'étendre. Et j'étais souvent bien fatigué. »

Rue Campagne-Première, l'auteur de *Jean-Christophe* (1904-1912) savoure la proximité des grands jardins de couvents et découvre avec joie qu'il a pour voisin Rainer Maria Rilke, « le premier poète autrichien d'aujourd'hui et un homme d'une personnalité artistique et morale tout à fait délicate ».

Avec la déclaration de guerre, il quitte Montparnasse pour s'installer en Suisse, publiant dans le *Journal de Genève* son célèbre appel pacifiste, « Au-dessus de la mêlée », qui lui vaudra des accusations de traîtrise à son pays. En 1916, l'Académie suédoise lui décernera son prix Nobel de littérature au titre de l'année 1915.

Au 6, Pierre Jean Jouve

Le poète y séjourna de 1923 à 1931, avec pour voisins Jean Paulhan et Bernard Groethuysen. « Pendant trois dures années, écrit-il dans *En miroir* (1954), je regardai à la fois de mes fenêtres deux spectacles bien contraires, le pur grand jardin vert des Sœurs Visitandines, et le boulevard Montparnasse avec son orage artistique et ses fêtards nocturnes. » Sa vie privée est difficile : son fils est gravement malade, il rompt avec son épouse, Andrée, et se brouille avec ses admirations passées, en particulier avec Romain Rolland, dont il célébra cependant l'amitié dans *Heures. Livre de la grâce*. C'est rue Campagne-Première qu'en 1925, sous l'influence de sa nouvelle compagne Blanche Reverchon, il décide de commencer une nouvelle vie : il renie toute sa production littéraire passée, poésie, écrits pacifistes, ses amis sont priés de ne pas lui en parler ni de les commenter.

Au 18-24, Paul Fort et *Vers et Prose*

Ce fut à la fois le domicile de Paul Fort (en 1898) et le siège social de *Vers et Prose*, revue dont le titre fut trouvé par Pierre Louÿs. Créée par Paul Fort, Moréas et André Salmon, elle se promettait de révolutionner le fond et la forme des lettres françaises... L'engouement pour Montparnasse au détriment de Montmartre lui doit beaucoup et elle accueillera, en vers ou en prose, les plus grandes signatures du début du siècle, Barrès, Gide ou Apollinaire...

Au 24, Charles-Ferdinand Ramuz

Fin janvier 1911, l'écrivain et poète suisse s'installe au 24, rue Boissonade, son adresse parisienne jusqu'en 1914. Il a auparavant effectué de nombreux passages à Paris, toujours à Montparnasse, résidant notamment 8, rue des Beaux-Arts, 5, rue Sainte-Beuve, 268, boulevard Raspail, 17, rue Froidevaux, 135, boulevard du Montparnasse, 9, rue Campagne-Première, 14, rue Boissonade et 12, rue Liancourt. « Je dois devenir écrivain », avait-il noté dans son *Journal* le 7 avril 1897, à l'âge de 19 ans. Son premier roman, *La Vie et la Mort de Jean-Daniel Crausaz*, ne sera pas édité et il faudra attendre 1905 pour qu'*Aline* paraisse chez Perrin. Suivront quatre romans dont *Les Circonstances de la vie* (1907), sélectionné pour le Goncourt. Ramuz quittera Paris à la déclaration de la guerre et poursuivra son œuvre en Suisse, où il décède en 1947. Deux ans plus tard, Céline prophétisera que Ramuz, comme lui, serait l'un des rares écrivains encore lus en l'an 2000. Il n'avait qu'à demi raison.

BOULARD (rue)

Au 29 de la rue Boulard, une fois le porche franchi, on se croirait hors de Paris.

— Henri Perruchot, *La Vie de Gauguin*, 1961

Au 1, Jerome Charyn

« Le cimetière Montparnasse, c'est mon jardin privé. Je le touche presque du haut de mon balcon de la rue Boulard. [...] Le vent n'y hurle jamais, la pluie tombe sans creuser le sol, ne laissant qu'un léger tatouage, presque une caresse. Les oiseaux jacassent sans arrêt, rompant le silence de leurs chants qui resteront indéchiffrables, telle une rumeur céleste. »

Dans *Paris par écrit*[1], l'écrivain américain qui vit à Paris dans les années 2000 évoque la tombe d'Alekhine (« un homme sans patrie, comme moi ») et celle de Jean Seberg avec « rien que son nom et les dates de sa naissance et de sa mort ».

Auteur prolifique, il débuta avec *Zyeux-Bleus* (1977), mettant en scène un héros éponyme qu'il n'hésite pas à faire mourir. Un autre, le « Gros type », va prendre sa place : le célébrissime commissaire Isaac Sidel, « personnage de roman noir dans le roman noir du monde » qui, dans sa douzième aventure (*Avis de grand froid*, 2020), devient président des États-Unis.

Au 4, Alfred Droin le parnassien

« Je rappellerai, peut-on lire dans la *Revue des Deux Mondes*, que la première œuvre du futur commandant Droin, *Amours divines et terrestres*, vit le jour en 1901 accompagnée d'une flatteuse préface de Sully Prudhomme. Ce patronage, il ne l'a jamais renié ; et l'on peut constater sans erreur qu'il est un de nos rares poètes en renom qui se soit irréductiblement tenu, malgré l'existence et l'avènement de tant d'écoles nouvelles, dans la ligne du Parnasse, – Parnasse adouci, toutefois, tempéré et qui, rejetant le dogme tant soit peu artificiel de l'impassibilité, en a conservé le "contour pur" et l'idéal de perfection formelle. »

Deux romans distingués par l'Académie française : *La Jonque victorieuse* (1906), *Du sang sur la mosquée* (1914).

Au 39, Claude Lanzmann

Le réalisateur de *Shoah* (1985) résida rue Boulard de 1973 à sa mort, en 2018. En 1994, tourmenté ou curieux des suites inéluctables de son cancer, François Mitterrand l'invita à l'Élysée.

« Lanzmann, s'enquit le chef de l'État, qu'est-ce que la mort ?
— C'est un scandale absolu, monsieur le président. »

S'il fut un cinéaste majeur, Claude Lanzmann fut également écrivain, philosophe, directeur des *Temps Modernes*, ami de Sartre, séducteur insatiable et compagnon de Simone de Beauvoir : « Nous y voilà, écrit-il dans *Le Lièvre de Patagonie* (2009), j'ai aimé aussitôt le voile de sa voix, ses yeux bleus, la pureté de son visage et plus encore celle de ses narines. »

BRUNE (boulevard)

Il faisait doux, et les platanes du boulevard Brune étaient déjà verts. Ici, aux portes de Paris, le vent apportait des bribes d'air de la campagne, et on sentait le printemps.

— Zoé Oldenbourg, *Réveillés de la vie*, 1956

Au 89, Joseph Kessel

Au début des années 1930, meurtri par la mort de sa femme Sandi[2], Kessel quitte la rue de Prony et pose de temps en temps ses valises dans un appartement situé sur le même palier que celui de sa mère Raïssa, boulevard Brune. Le moujik au cœur tendre de la *NRF* poursuit sa carrière de reporter-romancier, une œuvre aux confins « du réel, du rêve, de l'errance et de l'histoire », dira André Malraux. Dans la presse (*Paris-Soir*, *Le Matin*), il dispose d'un crédit illimité pour parcourir le monde, car ses articles peuvent augmenter le tirage d'un quotidien de cent mille exemplaires du jour au lendemain. *Vent de sable* paraît en 1929, *Fortune carrée* en 1932, roman inspiré par son périple au Yémen, en mer Rouge et en Éthiopie-Somalie, et qui met en scène un autre aventurier : Henry de Monfreid. C'est avec lui et Émile Peyré (frère de l'écrivain Joseph Peyré) que Kessel partira à la rencontre des marchés d'esclaves.

CABANIS (rue)

Le Damoclès, le Crillon, le Sans-Souci étaient des lieux morts qu'il chassait de sa mémoire. La rue Cabanis les rejoignait dans cette poubelle dans laquelle il avait enfoui sa jeunesse.

— Claude Cariguel, *L'Insolence*, 1967

Au 1, Antonin Artaud à Sainte-Anne

Il était parti pour le Mexique en 1936, avait rejoint les Tarahumara pour « retrouver une vérité qui échappe au monde de l'Europe », s'était rendu l'année suivante en Irlande afin de restituer aux habitants la canne de saint Patrick, l'évangélisateur de l'île, s'était fait expulser et avait rembarqué pour Le Havre. Le 8 novembre 1937, le préfet de la Seine-Inférieure avait déclaré le sieur Antoine Artaud « dangereux pour l'ordre public et la sûreté des personnes », le faisant interner à l'asile des Quatre-Mares. Il sera transféré, après intervention de sa mère, à l'hôpital Sainte-Anne de Paris, avant de rejoindre en 1939 l'asile de Ville-Évrard à Neuilly-sur-Marne.

À Sainte-Anne, où il restera onze mois, Artaud le Mômo, poète maudit, ne sait plus qui il est, pense s'appeler Antoneo Arland. Un certificat d'avril 1938, signé du Dr Nodet, indique : « Mégalomanie syncrétique : part en Irlande avec la canne de Confucius et la canne de St Patrick. Mémoire parfois rebelle. Toxicomanie depuis cinq ans (héroïne, cocaïne, laudanum). Prétentions littéraires peut-être justifiées dans la limite où le délire peut servir d'inspiration. À maintenir. »

CAMPAGNE-PREMIÈRE (rue)

À la lettre M, elle a ajouté au crayon le nom d'un certain Marchand, une adresse, 31, rue Campagne-Première et un téléphone, ODE 10 97.

— Brigitte Benkemoun, *Je suis le carnet de Dora Maar*, 2019

Au 3, Arthur Rimbaud

Début janvier 1872, Verlaine trouve (et paie) une nouvelle chambre à Rimbaud, dans un logement appartenant à la Compagnie générale des voitures de Paris, à l'angle du boulevard d'Enfer (actuel boulevard Raspail) et de la rue Campagne-Première. Derrière l'immeuble, la remise pour les cochers et sa très forte odeur de chevaux.

Le dessinateur et peintre Jean-Louis Forain, surnommé Gavroche, partage avec lui la chambre misérable dotée d'une seule fenêtre « à tabatière ». « J'ai logé, relate-t-il, deux mois avec lui rue Campagne-Première, dans un taudis épouvantable ; ça lui convenait, ça lui plaisait, il était si sale. Nous n'avions qu'un lit, lui couchait sur les ressorts et moi par terre sur le matelas. » Rimbaud y restera jusqu'à fin mars et, après l'agression à la canne-épée du photographe Carjat, devra quitter Paris pour regagner Charleville.

Au 5, Aragon et les beaux yeux d'Elsa

Lorsque Louis Aragon propose à Elsa Triolet d'habiter avec lui, la jeune femme hésite. « J'ai eu, écrit-il, beaucoup de mal à décider Elsa à venir habiter avec moi, car elle détestait autant ceux qui possédaient quelque chose que ceux qui vivaient dans un appartement chic. Pour elle, une chambre d'hôtel et le contenu de sa valise lui suffisait amplement. »

Le couple s'y installe en avril 1929, il y résidera jusqu'en 1935. « La pièce était grande, relate Georges Sadoul, claire, bien proportionnée, avec sa loggia-chambre à coucher, et au-dessous, une sorte de petit bureau, donnant sur le jardin d'un couvent, où passe maintenant la rue Boissonade. Seul confort, un lavabo dans une sorte de placard, près duquel Elsa fit installer, derrière un paravent, un coin cuisine. Il fallait sortir de l'atelier et monter un étage pour y trouver des "commodités à la turque" communes à plusieurs locataires. »

Tandis qu'Elsa crée des colliers pour la haute couture, écrit des reportages pour des journaux russes et vit de traductions, Aragon se décide à braver l'interdit de Breton et se remet au roman, domaine abandonné depuis *Le Paysan de Paris* (1926). *Les Cloches de Bâle* paraîtra en 1934.

Au 9, Jean Paulhan

Jean Paulhan y résida entre 1918 et 1928 avec sa deuxième femme, Germaine Pascal. Dans un appartement contigu loge son ami le philosophe franco-allemand Bernard Groethuysen.

En 1923, Paulhan travaille au ministère de l'Instruction publique jusqu'à dix-sept heures, et, à partir de dix-huit heures, au siège de la *NRF*, rue de Grenelle, dont il avait hésité, deux ans auparavant, à prendre le secrétariat. Petit à petit, il s'enhardit dans la critique littéraire, signant notamment dans la revue un éreintement du *Lazare* d'Henri Béraud. Béraud fit savoir qu'il se demandait qui pouvait bien être « un certain Jean Paulhan » qui se permettait, dans la *NRF*, de ne pas trouver à son goût son *Lazare*. Paulhan répondit dans *Le Journal littéraire* : « Cher Monsieur Béraud, / Le certain Jean Paulhan / vous dit M..., Monsieur Béraud. / Jean Paulhan. »

Au 9, Léon Werth

En 1918, Léon Werth réside rue Campagne-Première dans un petit atelier de peintre, au cinquième étage. Avant la guerre, en 1913, il a raté de peu le prix Goncourt pour son premier roman, *La Maison blanche*, préfacé par son ami et maître Octave Mirbeau. Puis en 1919, son second roman, *Clavel soldat*, suivi de *Clavel chez les majors*, fait scandale pour son antimilitarisme.

En 1920, il publie *Voyages avec ma pipe*, balade touristique et culturelle en France, salué par *La Voix du Nord* : « Livre étrange ! On y pénètre comme dans un musée de province où l'on serait l'unique visiteur et qui, miracle ! ne contiendrait que des chefs-d'œuvre. »

Écrivain inclassable à la plume acide, à contre-courant de la mode coloniale, il fustige le colonialisme (*Cochinchine* en 1926) et dénonce l'imposture du stalinisme.

Après la rue Campagne-Première, Léon Werth résidera en 1920 rue Antoine-Chantin, puis d'Assas.

Au 17, Rainer Maria Rilke et Stefan Zweig

En 1913, après avoir séjourné à l'hôtel Biron rue de Varenne puis voyagé deux ans à travers l'Europe, Rilke revient à Paris et s'installe rue Campagne-Première dans un atelier d'artiste dans lequel il reçoit notamment Émile Verhaeren, Romain Rolland et Stefan Zweig, qui se souvient dans ses *Journaux* :

« Le matin, courses, lettres, après déjeuner, chez Rilke. [...] Comme naguère rue de Varenne, peu d'objets, un tableau ancien, son blason, une bibliothèque, la massive table noire et le pupitre sur lequel, me dit-il, il aime travailler. [...] Paris lui offre cette forme suprême de solitude qui n'oppresse point, parce que nous touchons ici au tempérament latin, cette ville permet à chacun une prise de contact directe. [...] Il écrit dans de petits carnets de notes dont il change souvent, les poèmes dans un minuscule paroissien, qu'il me montre. Ce sont ses tout derniers poèmes, ramassés sur un espace des plus étroits, d'une écriture élégante, mais toujours ferme. [...] R. a renoncé aux réceptions et veut mener une vie plus calme ; Rilke ne dit jamais de mal de personne, il est d'une beauté merveilleuse, c'est presque avec tendresse qu'il s'intéresse à mes travaux. »

Au 29, l'hôtel Istria

Ce petit hôtel fut, dans l'entre-deux-guerres, un refuge pour peintres désargentés, mais également pour Rilke, Tzara, Aragon, Elsa Triolet, Maïakovski... De 1924 à 1929, Elsa Triolet occupe la chambre 12 dans laquelle elle rédige *Camouflage*, son dernier roman écrit en russe.

En 1928, Maïakovski passe six semaines à Paris et elle lui sert d'interprète.

Maïakovski – son beau-frère – s'est déjà rendu à Paris en 1924, 1925 et 1927, mandaté par le pouvoir soviétique pour noter ses impressions. Il doit montrer dans ses écrits que l'URSS surpasse l'Occident dans tous les domaines, que la France et son peuple pourrissent sous le joug de la décadence capitaliste. D'abord inspiré par la capitale, le poète russe la trouvera rapidement et sincèrement passéiste et bourgeoise.

CASSINI (rue)

Couche où tu voudras ; ne te couche pas du tout si tu veux, mais surtout évite soigneusement la rue Cassini et le boulevard Saint-Michel.

— Léon Groc, *La Révolte des pierres*, 1930

Au 1 ou au 6, Balzac devient Balzac

En mars 1828, l'imprimerie de la rue Visconti fait faillite et Balzac doit plus ou moins fuir les lieux. Après un séjour chez son ami Latouche rue de Tournon, il s'installe rue Cassini dans un petit immeuble de trois niveaux, au 1 ou au 6 selon les versions. Son propriétaire, à sa demande, laisse en permanence un écriteau indiquant « à louer », signe que l'appartement n'est pas habité. Ses « cochonneries littéraires » publiées sous le nom d'Horace de Saint-Aubin commencent à lui faire honte, il se met à rêver d'un destin littéraire semblable au destin militaire de Bonaparte : « Ce qu'il a accompli par l'épée, je l'accomplirai par la plume », déclare-t-il à sa sœur. *Les Chouans*, son premier grand roman, paraît en 1829. Suivra deux ans plus tard son premier grand succès : *La Peau de chagrin* (tirage épuisé en quatre jours).

Balzac restera rue Cassini jusqu'en 1837, publiant notamment, entre 1832 et 1837, *Le Colonel Chabert*, *Eugénie Grandet*,

La Duchesse de Langeais, *Le Père Goriot*, *Le Lys dans la vallée*, *Les Illusions perdues*, *César Birotteau*…

Au 2, Le Grand Meaulnes

« Il arriva chez nous un dimanche de novembre 189… Je continue à dire “chez nous”, bien que la maison ne nous appartienne plus. Nous avons quitté le pays depuis bientôt quinze ans et nous n’y reviendrons certainement jamais. » Ainsi commence *Le Grand Meaulnes* qu’Alain-Fournier écrivit rue Cassini de 1910 à 1913, dans une chambre spartiate qui, selon sa sœur Isabelle, ne contenait « rien d’autre que la bible de Monsieur de Saci achetée sur les quais ». L’ouvrage est achevé au début de l’année 1913 et un prix Goncourt se profile. Mais après onze tours de scrutin, l’académie choisit Marc Elder pour *Le Peuple de la mer*. Manigances ? La presse est unanime à stigmatiser le choix du jury. Alain-Fournier commence alors à écrire un nouveau roman : *Colombe Blanchet*, et esquisse une pièce de théâtre : *La Maison dans la forêt*. Mais son ordre de mobilisation arrive rue Cassini. Il ne reviendra pas du front. Son corps sera retrouvé en 1991 en Lorraine dans une fosse commune où il fut enterré à la hâte avec ses vingt compagnons tués avec lui le 22 septembre 1914.

CELS (rue)

Je me rendis à la rue Cels, juste derrière le cimetière, et je regardai une espèce de piège à rats avec des balcons faisant le tour sur l’arrière-cour.

— Henry Miller, *Tropique du Cancer*, 1934

Au 24, Beauvoir et Sartre à l’hôtel Mistral

Simone de Beauvoir quitte l’hôtel des Bains en octobre 1937 et s’installe rue Cels, à l’hôtel Mistral, où elle résidera jusqu’à septembre 1939. Ce sera son dernier hôtel montparnassien avant Saint-Germain-des-Prés. Sartre y loue également une chambre, mais à un étage différent. Ils y organiseront la première réunion de Socialisme et Liberté, éphémère groupe de résistance « intellectuelle » comprenant notamment Merleau-Ponty, Jean-Toussaint et Dominique Desanti. Lors de l’hiver 1941-1942, Beauvoir obtiendra une nouvelle chambre disposant d’une petite cuisine. Elle y écrira *L’Invitée* (commencé à l’automne 1937 sous le titre de *Légitime défense*, terminé à l’été 1941), roman qui paraîtra en 1943.

CHÂTEAU (rue du)

J'ai une femme, trois enfants, une maison de commerce rue du Château.

— Georges Simenon, *Le Train*, 1961

Au 53, Breton torpille le Grand Jeu

Le 11 mars 1929 se réunissent au bar du Château le groupe surréaliste emmené par Breton et l'équipe du Grand Jeu (Gilbert-Lecomte, Daumal et Roger Vailland) pour une réunion prétendument consacrée à « l'examen critique du sort fait récemment à Léon Trotski ». Comme prévu, la réunion dévie et tourne au procès des trois « joueurs », notamment de Vailland dont une pige alimentaire semble soutenir le préfet de police Chiappe. Pour André Breton, c'est l'occasion rêvée pour semer la zizanie dans un groupe de jeunes gens qu'il convient d'écarter, afin d'être le seul dépositaire du surréalisme.

Au 54, Marcel Duhamel et Jacques Prévert

À l'angle de l'ancienne rue Bourgeois, aujourd'hui disparue, située à l'emplacement de l'actuelle place de Catalogne, Marcel Duhamel, Jacques Prévert et Yves Tanguy (avec sa femme Jeannette) s'installent en 1923 (ou 1924, selon les sources) dans l'ancienne maison d'un marchand de peaux de lapins.

Marcel Duhamel, futur créateur de la « Série noire », dirige l'hôtel Grosvenor, rue Pierre-Charron, ce qui assure un ravitaillement alimentaire de qualité, comme quelques bouteilles de Château d'Yquem. Il a fait couvrir la petite cour intérieure pour la convertir en salle de réunion, bien que le café voisin du 53 tienne parfaitement ce rôle. Avec la rue Fontaine, le 54 va devenir un des centres du surréalisme naissant. « Breton, écrit Prévert dans *Hebdromadaires*, disait de la rue du Château qu'il n'avait pas vu pareille atmosphère de liberté... Il y avait un peintre, Yves Tanguy, qui n'avait jamais peint, un mécène, Marcel Duhamel, qui était alors directeur d'hôtel, et moi qui ne foutais rien. » Au 54 aurait été inventé – par Jacques Prévert ? – le célèbre cadavre exquis. (« Le cadavre – exquis – boira – le vin – nouveau. ») Le petit « phalanstère » va perdurer jusqu'en 1928, jusqu'à dispersion des trois amis. La maison sera ensuite occupée pendant quelques mois par Louis Aragon et Elsa Triolet, puis louée à André Thirion.

Au 54, André Thirion

En 1928, André Thirion et Georges Sadoul reprennent le bail de la rue du Château. Thirion, surréaliste de la seconde heure, ami puis adversaire d'Aragon, fera paraître durant la guerre *Le Grand Ordinaire* (1943), roman politico-érotique faisant partie des grandes œuvres déjantées du surréalisme. Sans nom d'auteur, faussement daté de 1934 pour brouiller les pistes, l'ouvrage fut tiré à trois cents exemplaires dont la moitié fut saisie par la Gestapo.

L'ancien communiste rallié au RPF après la guerre signera *Révolutionnaires sans révolution* (1972), s'attirant un satisfecit de Jean d'Ormesson : « Il ne sera plus possible, écrit-il, d'évoquer l'évolution des idées dans le deuxième quart du xxᵉ siècle sans tenir compte du témoignage d'André Thirion. Mais, surtout, dès aujourd'hui, pour chacun de nous, "Révolutionnaires sans révolution" est le récit merveilleusement amusant d'une vie de luttes et d'aventures qui ne trouve son accomplissement que dans ce retour sur elle-même. » En 1987, Thirion fera paraître *Révisions déchirantes*, la suite de ses Mémoires, puis, dans la lignée du *Grand Ordinaire*, un *Œdipe au bordel*, en 1993.

CHÂTILLON (square de)

On admettra que ces jeudis-là déplaisaient à ma mère, qu'elle préférait mille fois la balade au square de Châtillon.
— Henri Heinemann, *Le Moulin-vert*, 1991

Au 12, Italo Calvino

À partir de 1967, Italo Calvino s'installe à Paris, dans son pavillon du square de Châtillon, et il y restera jusqu'en 1980, conservant par la suite un appartement où il revenait de temps à autre.

Connu en France pour sa trilogie (*Le Vicomte pourfendu*, *Le Baron perché*, *Le Chevalier inexistant*), il fera de la capitale un grand terrain de jeu. « À Paris, écrit-il, j'ai ma maison de campagne, dans le sens où exerçant la profession d'écrivain je peux passer une partie de mon travail dans la solitude, peu importe l'endroit, dans une maison isolée en pleine campagne, ou sur une île, et cette maison de campagne moi je l'ai en plein cœur de Paris[3]. »

Admis à l'Oulipo en octobre 1972, Calvino travaillera notamment avec Raymond Queneau – dont il était déjà le traducteur – et Georges Perec.

Interviewé en juin 1985, il déclarait que s'il pouvait choisir, il aimerait mourir à Paris. Ce sera en Toscane, quelques mois plus tard.

CŒUR-DE-VEY (villa)

Voilà beaucoup plus d'un an que vous êtes venu à Paris pour la dernière fois dans cette horrible maison de l'impasse Cœur-de-Vey.
— Léon Bloy, Henri de Groux, *Correspondance*, 1947

Au 7, le Major de Boris Vian

Jacques Loustalot, dit le Major « de retour des Indes », dessinateur sur cravates et maître en fantaisie, est inséparable de la vie et de l'œuvre de Boris Vian. Facétieux et insolent, avec ses déguisements, son œil de verre (qu'il enlève à volonté pour frapper sur la table et réclamer le silence) et sa manie d'arriver dans les surprise-parties par les toits, Loustalot est un double rêvé de Boris Vian, apparaissant dans de nombreux écrits, de *Vercoquin et le plancton* (où il tombe amoureux de Zizanie) à la nouvelle *Surprise-partie chez Léobille*, en passant par le recueil de poèmes *Un seul Major, un sol majeur*. Le Major se tuera en tombant d'une fenêtre lors d'une « fiesta », laissant Vian inconsolable.

Au 11, pauvre Léon Bloy

En janvier 1895, Léon Bloy quitte la rue d'Alésia et déménage, avec sa femme et ses deux enfants, impasse Cœur-de-Vey. André, leur fils d'à peine 1 an, meurt un mois après leur installation.

Il s'agit d'un petit pavillon insalubre, qu'il évoquera dans *La Femme pauvre*. 1895 sera pour lui « l'année terrible » et pour sa femme Jeanne « l'année noire ». Ils resteront six mois dans leur « taudis hanté et puant », leur « tabernacle de misère et de douleur », incapables de payer l'enterrement et d'honorer leur loyer.

COULMIERS (rue de)

Le proprio de la rue Coulmiers s'appelait Rigaud. Comme le copain de Victor Coulon, futur mari de Rita Cargelo...

— Léo Malet, *Drôle d'épreuve pour Nestor Burma*, 1968

Au 25, Henry de Monfreid

Après avoir vécu rue Monsieur-le-Prince – dans un taudis, selon ses dires –, le futur aventurier-écrivain-navigateur s'installe dans le 14e arrondissement, d'abord rue Didot, au 127, puis rue de Coulmiers. Il aime cet appartement qui donne sur la trouée du chemin de fer de la petite ceinture, le passage des trains lui donne l'impression de voyager. Travaillant chez Maggi, il va démissionner pour se lancer dans l'élevage de poulets près de Cambrai, puis revenir chez Maggi. Une coupure de journal de 1906 va influer sur sa destinée : le journaliste y évoque les millions enfouis dans l'océan ou cachés par les pirates, comme ceux du trésor de La Buse à La Réunion. Pour le chef de service responsable du beurre et de la collecte des crèmes, l'imaginaire et l'aventure se mettent en route.

Au 33, Emmanuel Aegerter

Ce poète-philosophe-historien, auteur de *Guillaume Apollinaire* et d'*Au temps de Guillaume Apollinaire* (avec Pierre Labracherie), résida rue de Coulmiers de 1926 à sa mort, en 1945. Il fut selon André Dumas, qui lui consacra une étude, le premier à utiliser en ses vers les données neuves d'un illustre professeur viennois, nous laissant ainsi *Dix poèmes freudiens* (1927).

DAGUERRE (rue)

Quelque temps plus tard, Agnès Varda nous reçut rue Daguerre, cette fois encore dans sa cuisine.

— Serge Toubiana, *Les Fantômes du souvenir*, 2016

Au 11, Claude Esteban

Poète souvent primé, époux de la peintre Denise Simon, Claude Esteban s'est installé rue Daguerre en 1964. Auteur d'une vingtaine de recueils (dont *Morceaux de ciel, presque rien*, prix Alain-Bosquet 2002), de monographies (*Trois Espagnols. Velázquez, Goya, Picasso*, 2000), de divers récits comme *Soleil dans une pièce vide et autres scènes* (suite de textes tous inspirés d'œuvres d'Edward Hopper, 1991), il mystifia les organisateurs du prix des Deux Magots : en 1984 paraissent *Mémoires minuscules*, signés par un mystérieux Arthur Silent, professeur de psychopathologie animale au Québec et spécialiste de la « nouvelle poésie iroquoise ». Le livre se compose de trente-quatre petites histoires où l'auteur apparaît sous différentes identités, poète belge, archer japonais, agent de change, goûteur de brume… L'ouvrage se voit décerner le prix des Deux Magots et Claude Esteban, déguisé en Arthur Silent (moustachu et manchot), vient recevoir son prix sans que personne ne le reconnaisse.

Au 21, Antonin Artaud

Pendant plusieurs mois, Antonin Artaud est hébergé rue Daguerre chez Annie Bernard et René Thomas avant son départ pour l'Irlande en août 1937. Artaud corrige les épreuves du *Théâtre et son double*, essai sur le concept de théâtre de la cruauté, la cruauté étant la souffrance d'exister. Il travaille également sur *Les Nouvelles Révélations de l'Être*, écrits brûlants et hallucinés qui seront publiés sans nom d'auteur : « C'est un vrai Désespéré qui vous parle et qui ne connaît le bonheur d'être au monde que maintenant qu'il a quitté ce monde, et qu'il en est absolument séparé. Morts, les autres ne sont pas séparés. Ils tournent encore autour de leurs cadavres. Je ne suis pas mort, mais je suis séparé. »

La folie guette : selon Camille Dumoulié, « il trouve rue Daguerre une canne couverte de nœuds et hérissée de pointes » dont il s'empare, affirmant qu'il s'agit de la canne de saint Patrick, laquelle, selon une certaine prophétie, serait rapportée en Irlande à la fin des temps. Quelques semaines avant son départ pour Dublin, presque clochard, il déambule dans Paris en brandissant sa canne, s'en prenant à « tous ceux qui voudraient la toucher comme ils toucheraient son sexe[4] ».

Au 66 (ex-62), Émile Zola

À la fin de l'année 1862, embauché comme commis de librairie chez Hachette, Zola emménage avec sa mère au premier étage de l'ex-62, rue de la Pépinière, précédemment située dans la commune de Montrouge, future rue Daguerre, dans un logement de trois pièces avec vue sur le cimetière Montparnasse. En juillet 1863, ils émigreront au 7, rue des Feuillantines, dans le 5e arrondissement.

DAREAU (rue)

Au bout de la rue Dareau, un cul-de-sac.
Dans ce cul-de-sac, cinq maisons.
— Diane Peylin, *À l'endroit où elles naissent*, 2012

Au 82, Jean-Pierre Giraudoux

Il possédait trois perruques. La première avec laquelle il disait : « Je sors de chez le coiffeur. » La seconde avec laquelle il ne disait rien. Et une troisième avec laquelle il disait : « Il faut que j'aille chez le coiffeur. »

Jean-Pierre Giraudoux naquit rue Dareau en 1919. Comme son père, il servira la France (il fut élu député à 26 ans) et, comme son père, il se tournera vers le théâtre, avec notamment *Amphitryon 39*, suite d'*Amphitryon 38*, la pièce de son père, et une *Électre*, très démarquée de celle de son père.

Fondateur en 1958 du prix Médicis avec Gala Barbisan, il publia de nombreux romans : *Fuites* (1974), *Angeline disparue* (1990), *Sublime* (1992), et des recueils de nouvelles : *Le Mauvais Charme* (1957), *Le Pays sans chemins* (1959), *Nouvelles d'arrière-garde* (1997-1998).

En 1978, il réside 4, rue de la Huchette (5e arrondissement).

DELAMBRE (rue)

La rue Delambre, affluent du fleuve Montparnasse, a un débit fort irrégulier.
— César Santelli, *Chacun son mensonge*, 1959

Au 10, le Dingo Bar

Ce bistrot-bar tenu par Louis Wilson et sa femme Yopi, un des rares à rester ouvert toute la nuit, fut dans les années 1920 un des lieux de rendez-vous de la *lost generation*. C'est rue Delambre que Francis Scott Fitzgerald et Ernest Hemingway se rencontrent pour la première fois, en avril 1925. Dans *Paris est une fête*, « Hem » se souvient : « Il arriva une chose bien étrange la première fois que je rencontrai Scott Fitzgerald. […] Il était donc assis au bar, sa coupe de champagne à la main, quand sa peau parut se tendre sur son visage au point d'en effacer toute boursouflure, et continua à se tendre jusqu'à lui faire une tête de mort. Les yeux s'enfoncèrent dans les orbites et le regard s'éteignit et les lèvres s'étirèrent et toute couleur disparut de son visage soudain cireux. Ce n'était pas une hallucination. Son visage s'était vraiment transformé en une tête de mort ou un masque mortuaire sous mes yeux. »

Au 15, André Breton à l'hôtel des Écoles

En 1920, André Breton quitte l'hôtel des Grands Hommes de la place du Panthéon et emménage pour quelques mois à l'hôtel des Écoles. Il y fait la connaissance de Tristan Tzara, qui arrive de Zurich et qui s'installe dans l'hôtel d'à côté. « Je vous attends, je n'attends plus que vous », lui avait-il écrit en décembre 1919. Orphelin de Vaché, mort en janvier 1919, Breton place tous ses espoirs « révolutionnaires » dans celui qu'il considère comme « un frère » et dont il admire le « Manifeste Dada » : abolition de la logique, de toute hiérarchie, de la mémoire, de l'archéologie, des prophètes, du futur, et promotion du choc (précis) des lignes parallèles pour gagner le combat contre « cette blennorragie d'un soleil putride sorti des usines de la pensée philosophique ». Mais il faudra bientôt déchanter. Dada et surréalisme ne vont pas tarder à devenir des frères ennemis.

Au 33, Simone de Beauvoir à l'hôtel des Bains

Alors qu'elle enseigne au lycée Molière et que Sartre est muté à Laon, Simone de Beauvoir s'y installe en 1937 après avoir résidé à l'hôtel Royal-Bretagne, 11 bis, rue de la Gaîté. Elle y termine son premier livre, *Primauté du spirituel*[5]. « J'ai beaucoup écrit dans ma jeunesse, précisera-t-elle, mais rien qui me parût valable. [...] C'est, somme toute, un roman d'apprentissage où s'ébauchent beaucoup des thèmes que j'ai repris par la suite. Je lui garde une sympathie que j'aimerais voir partagée. » L'ouvrage, refusé par Grasset et par Gallimard, ne sera publié qu'en 1979.

DENFERT-ROCHEREAU (avenue)

Mais l'avenue Denfert-Rochereau était dégagée et, quelques centaines de mètres plus loin, Nena Daconte dit à son mari de tourner à droite...

— Gabriel García Márquez, *Douze Contes vagabonds*, 1992

Au 92, Mme de Chateaubriand et son chocolat

Ce ne fut pas vraiment un mariage d'amour (le mariage fut arrangé par le frère aîné de Chateaubriand afin de lui garantir des revenus décents), mais Céleste de Chateaubriand restera attachée à son époux, malgré ses nombreuses absences et infidélités. Victor Hugo en a laissé un portrait sévère : « C'était une personne maigre, sèche, noire, très marquée de petite vérole, laide, charitable sans être bonne, spirituelle sans être intelligente[6]. »

Elle reste connue pour avoir créé en 1819, au 92 de l'ancienne rue d'Enfer, l'infirmerie Marie-Thérèse, institution chargée d'accueillir les prêtres âgés et les nobles devenues veuves à la suite de la Révolution française. L'administration de l'établissement est un gouffre financier et Céleste monte « un petit commerce » :

toutes les « Madame » et les beaux esprits qui visitent son mari doivent acheter (à prix d'or) des chocolats qu'elle fait fabriquer en grand nombre.

Si Chateaubriand l'évita et la trompa toute sa vie, il lui rendit hommage dans ses *Mémoires* : « Madame est meilleure que moi, bien que d'un commerce moins facile. Ai-je reporté à ma compagne tous les sentiments qu'elle méritait et qui devaient lui appartenir ? Pourrais-je comparer mes qualités telles quelles à ses vertus qui nourrissent le pauvre, qui ont élevé l'Infirmerie Marie-Thérèse en dépit de tous les obstacles ? Qu'est-ce que mes travaux auprès des œuvres de cette chrétienne ? »

Après la mort de sa femme, Chateaubriand s'y installera à demeure, plantera dans le parc vingt-trois cèdres de Salomon et y écrira une grande partie des *Mémoires d'outre-tombe.*

Au 110, André Thérive

Jacques Chardonne le considérait comme « savant comme un monstre, intelligent à vous faire honte ». Mort en 1967, admirateur (et héritier) de Maupassant et de Huysmans, André Thérive laisse une œuvre très variée : romans populistes (comme *Anna*, 1932) et historiques, récits de guerre et de voyage, essais littéraires sur Huysmans, Georges Duhamel, Abel Hermant, Maeterlinck, Julien Benda, Montherlant, Gide, Georges Bernanos…

Son histoire de la littérature française (*Le Retour d'Amazan*, écrit sous la forme d'une conversation) fut considérée par le très stendhalien Henri Martineau comme un « chef-d'œuvre ».

DIDOT (rue)

Devant l'hôpital Broussais, rue Didot, entre Paris et la banlieue une foule se forme, très tôt.

— Olivier Todd, *Un fils rebelle*, 1981

Au 39, Rosny aîné

L'aîné des frères Boex s'y installe en 1911, après avoir quitté la rue d'Alésia et, surtout, avoir quitté son frère afin de pouvoir écrire seul. Le temps est loin où il signait le célèbre *Manifeste des cinq* de 1887[7], violent réquisitoire contre Zola accusé de « boulimie de vente », de « descente au fond de l'immondice » et de « dégénérescence inavouable ». Président de l'académie Goncourt, il vient de publier *La Guerre du feu* (1909), très grand succès de librairie, considéré aujourd'hui comme le chef-d'œuvre du roman préhistorique : « Naoh aperçut, parmi des saules, une femme qui frappait l'une contre l'autre deux pierres. Des étincelles jaillissaient, presque continues, puis un petit point rouge dansa le long d'une herbe très fine et très sèche ; d'autres brins flambèrent, que la femme entretenait doucement de son souffle : le Feu se mit à dévorer des feuilles et des ramilles. »

DUTHY (villa)

It was in a cul de sac called the Villa Duthy, just off the Rue Dido…

— C. Kay-Scott, *Life is too short*, 1943

Au 15, Léo Malet et Jacques Prévert

En avril 1932, Prévert et Léo Malet – qui ne se connaissent pas – emménagent presque simultanément villa Duthy. Malet au premier, Prévert au quatrième ou cinquième étage. Les deux hommes ne feront connaissance qu'en 1935, au Flore, présentés par Yves Tanguy. Prévert, qui a publié l'année précédente *Tentative de description d'un dîner de têtes à Paris-France*, y reçoit la visite d'un groupe de jeunes gens venus lui demander des textes pour leur projet de théâtre ouvrier.

Tandis que Prévert commence à piloter ce qui deviendra le groupe Octobre, Léo Mallet est laveur de vitres, aboyeur chez Potin, téléphoniste, plongeur, ouvrier, rédacteur pour le journal à scandales d'un maître-chanteur, vendeur de journaux à l'angle de la rue Sainte-Anne et de la rue des Petits-Champs, là même où il situera un jour le bureau de son célèbre détective.

Il mène, selon ses dires, « une vie assez aventureuse », ce qui ne l'empêche pas de lorgner du côté de la littérature : « Je gagnais ma vie comme manœuvre et ma femme travaillait de son côté. Un jour, en allant livrer un bidet dans la rue Mogador, je suis passé rue de Clichy devant la librairie de José Corti, le libraire-éditeur, et j'ai aperçu des publications surréalistes. Ça n'était pas donné mais j'ai réussi à me les procurer et ça m'a beaucoup plu, l'écriture automatique… Et c'est comme ça que je suis entré dans le groupe surréaliste. »

Nestor Burma ne sera pas son premier « privé » : en 1941, sous le pseudonyme de Frank Harding, Léo Malet publiera son premier roman et créera le personnage de Johnny Metal, journaliste américain lui permettant « toutes sortes de libertés, sans avoir à s'emmerder avec le décor ».

EDGAR-QUINET (boulevard)

On assassinait commodément tout au long du boulevard Quinet, sous les murs du cimetière.

— André Salmon, *Montparnasse*, 1950

Au 3, le cimetière du Montparnasse

Dix-neuf hectares bien arborés et des pensionnaires très stylés : Sartre, Beauvoir, Duras, Léon-Paul Fargue, Alphonse Boudard, Baudelaire (deux emplacements !), Desnos, Tristan Tzara, Littré, Ionesco, Théodore de Banville, Cioran, Beckett, Sainte-Beuve, Maupassant (tombe franchement immodeste), Kessel, Catulle Mendès, Claude Mauriac, Maurice Leblanc, Paul Bourget, Emmanuel Berl, Pierre Louÿs, Pierre Klossowski…

Au 11, Henry Miller à « l'affreux petit café »

L'indéfectible amitié entre Miller et Cendrars se noue en 1931, lorsque l'écrivain américain crève-la-faim découvre *Moravagine*. « Ce fut au café de la Liberté, qui faisait l'angle de la rue de la Gaîté et du boulevard Edgar-Quinet, que j'abordai ma lecture. Je me souviens à merveille de ce jour-là. Si jamais Cendrars parcourt ces lignes, peut-être sera-t-il amusé – et même touché, qui sait ? – d'apprendre dans quel affreux petit café je m'attaquai aux premières pages de son livre. [...] Cendrars fut le premier écrivain français à s'inquiéter de moi pendant le séjour que je fis à Paris ; il fut aussi la dernière personne que je vis au moment de mon départ[8]. »

Blaise Cendrars, dans *Arts et spectacles* de mars 1956, s'en souviendra : « Il s'était installé dans un petit tabac de la rue Edgar-Quinet. C'est un peu idiot à dire, mais chaque fois que je passe devant, j'y entre. »

Au 29, Sartre et le bon Dieu

Au printemps 1980, dans son appartement du dixième étage avec vue sur la dalle de la tour Montparnasse, Sartre, âgé de 75 ans et à moitié aveugle, songe à sa disparition prochaine. Le philosophe athée aurait alors fait une incroyable déclaration à son ami Benny Lévy : « Je ne pense pas être le résultat d'un pur hasard, de simple poussière de l'univers mais plutôt quelqu'un qui a été attendu, préparé. En bref, un être que seulement un créateur aurait pu créer ; et cette idée d'une main créatrice se réfère à Dieu. » Sartre, converti quelques mois avant sa mort ? Beauvoir confirma dans *La Cérémonie des adieux* (1981).

Au 31, le Sphinx d'Henry Miller

Soixante-cinq filles, cinq sous-maîtresses, deux femmes de chambre, deux barmen : le Sphinx, ouvert en 1931, fut une maison close très cotée à Montparnasse. « L'atmosphère, écrit Brassaï, y était autrement plus chaleureuse depuis qu'Eros avait remplacé Thanatos[9] et les râles et gémissements autrement plus délectables. Parmi les habitués, Albert Londres, Salmon, Simenon qu'on voyait écrire paisiblement tandis que de jolies catins agrippaient un client. » La tenancière – Marthe Lemestre, dite « Martoune » – engagea Henry Miller pour rédiger ses prospectus. « Quand le nouveau bordel ouvrit boulevard Edgar-Quinet, relate-t-il dans *Tropique du Cancer*, je rabiotai quelque chose en rédigeant les prospectus. À savoir une bouteille de champagne et un coup pour rien dans une des chambres égyptiennes. »

Le Sphinx et ses belles influencèrent-ils sa vision de la capitale ? « Paris est comme une prostituée, écrit-il. De loin, elle vous paraît ravissante, vous n'avez de cesse que vous la teniez entre vos bras. Au bout de cinq minutes, vous vous sentez vide, dégoûté de vous-même. Vous avez l'impression d'avoir été roulé. »

Le Sphinx et ses fresques (de Van Dongen) ferment en 1946.

Au 39, Malraux archéologue

En 1924, André Malraux et sa femme Clara se remettent de la « mission archéologique » de l'apprenti écrivain et de ses déboires judiciaires pour « pillage » d'œuvres d'art. Revenus d'Indochine (avant d'y retourner), ils résident quelques jours boulevard Edgar-Quinet. Les trois ans d'emprisonnement ferme de la cour de Saïgon ont été réduits à un an avec sursis, grâce à l'intervention d'intellectuels parisiens. Alors que les parents de Clara demandent à leur fille de « quitter ce vaurien », Malraux signe un contrat pour trois livres chez Grasset, où François Mauriac lui apporte un soutien efficace. Cinq ans plus tard, Malraux convertira son aventure en roman avec *La Voie royale* (1930). Kessel, l'aventurier par excellence, est séduit : « Un très beau livre… Chaque page en est nourrie du suc amer et puissant de l'aventure. »

Au 60, poésie et pugilat au Maldoror

En 1928, le cabaret Le Cri-Cri devint le Maldoror, provoquant aussitôt la fureur d'un André Breton dépositaire de l'imaginaire d'Isidore Ducasse[10]. Et la casse fut réelle pour effacer le sacrilège : à l'occasion d'un bal masqué et costumé, les surréalistes organisèrent une expédition punitive qui dévasta l'endroit en février 1930. Parmi le commando : André Breton, Marcel Noll, André Thirion, Aragon, Éluard, Elsa Triolet, Georges Sadoul, Yves Tanguy et René Char, qui reçut dans la bagarre un coup de couteau dans la cuisse…

FAUBOURG-SAINT-JACQUES (rue du)

Au coin de la rue du Faubourg-Saint-Jacques, il reste un porche néo-classique au fronton duquel on peut lire : liberté, égalité, fraternité, maison et école d'accouchement.

— François Sureau, *L'Or du temps*, 2020

Au 38, l'hôtel voyageur de la Société des gens de lettres

Créée en janvier 1838 par Balzac, Sand, Hugo et Alexandre Dumas (père), sur une idée de Louis Desnoyers, l'institution entend protéger la propriété littéraire et les droits des auteurs. Installée aux Champs-Élysées, au coin de la rue La Boëtie, elle va changer d'adresse en 1928 : André Lévy, un riche promoteur, souhaite raser l'hôtel dans lequel elle est hébergée pour édifier des immeubles de rapport et lui offre de déménager dans le 14e arrondissement. L'hôtel des Champs-Élysées étant classé, il ne peut pas être démoli, et Lévy le fera reconstruire à l'identique – pierre par pierre – sur une parcelle des jardins de l'Observatoire.

À la présidence de la SDGL se succédèrent notamment : Balzac, Dumas père, Paul Féval, Zola, Victor Margueritte, Georges Lecomte, Edmond Haraucourt, Camille Marbo (première femme présidente), François Mauriac, Régine Deforges…

En mai 1968, révolution (littéraire ?) oblige, l'hôtel de Massa fut occupé par Nathalie Sarraute, Michel Butor, Maurice Roche, Jean-Pierre Faye, Jacques Roubaud…

FROIDEVAUX (rue)

J'ai descendu la rue Froidevaux, elle me serre toujours le cœur, parce que c'est un de mes derniers souvenirs de vous…

— Simone de Beauvoir, *Lettres à Sartre, 1940-1963*

Au 4, Camille Marbo

Marguerite Borel, épouse du mathématicien Émile Borel, est une romancière connue sous le nom de Camille Marbo, Prix Femina (à l'époque Prix Vie heureuse) 1913 pour son second roman, *La Statue voilée*, et première femme présidente de la Société des gens de lettres. Suivront une quarantaine de romans et nouvelles, sur une cinquantaine d'années, parmi lesquels des ouvrages pour jeunes filles pendant l'Occupation (*Violette et son cœur*, *L'Oiseau captif*…), des récits situés dans le Rouergue (*La Tour carrée*, 1950) et des Mémoires : *À travers deux siècles, souvenirs et rencontres (1883-1967).*

Au 9, Francis Jansen chez Modiano

« "Si cela vous intéresse, a-t-il dit, je vous montrerai les photos quand elles seront développées." […] J'avais inscrit son numéro de téléphone sur un paquet de cigarettes. D'ailleurs, il était dans le Bottin, nous avait-il précisé. Jansen, 9, rue Froidevaux, Danton 75-21. »

Dans *Chien de printemps*, Modiano loge au 9 un photographe nommé Francis Jansen. On pense bien sûr à Robert Capa qui, en 1939, résida 37, rue Froidevaux et quitta précipitamment Paris devant les menaces de guerre. D'autant plus que Modiano fait de Jansen un proche du photographe, avec lequel il aurait « couvert le Tour de France ».

Au 15, Jacques Rivière

En octobre 1910, Jacques et Isabelle – la jeune sœur d'Alain-Fournier qu'il vient d'épouser – emménagent rue Froidevaux. En décembre, après avoir abandonné les cours de philosophie qu'il donne à l'école Stanislas, Rivière devient secrétaire de la *NRF*, puis, très vite, seconde Jacques Copeau à la direction de la revue. Dès la fin de la guerre, il publie notamment Marcel Proust, François Mauriac, Paul Valéry, Saint-John Perse, Jean Giraudoux, Jules Romains et un jeune inconnu, Louis Aragon. Rivière n'écrira qu'un seul roman : *Aimée*, en 1922. Il meurt de la typhoïde en 1925.

Au 15, Philippe Besson

Dans *Arrête avec tes mensonges* (prix Maison de la presse, 2017), Philippe Besson précise qu'il a résidé pendant quelques années rue Froidevaux. « Quand j'étais enfant, écrit-il, ma mère ne cessait de me répéter : "Arrête avec tes mensonges." J'inventais si bien les histoires, paraît-il, qu'elle ne savait plus démêler le vrai du faux. J'ai fini par en faire un métier, je suis devenu romancier. »

Cet ancien DRH entre en littérature en 2001, publiant simultanément *En l'absence des hommes* et *Son frère*. Suivront sur vingt ans une trentaine d'ouvrages, dont *Un personnage de roman* (2017), récit sur son engagement auprès d'Emmanuel Macron lors des présidentielles de 2017.

Au 17, Au Sans Pareil

En 1930, la maison d'édition de René Hilsum quitte la rue du Cherche-Midi et s'installe rue Froidevaux. Devant les difficultés à gérer les auteurs et la trésorerie, Hilsum se tourne vers l'édition de classiques français tombés dans le domaine public, une collection nommée « Génie de la France ». Malgré un indéniable succès commercial (près de deux cents titres), il doit se résoudre à vendre en 1936. À la boulimique maison Gallimard.

Au 59, Georges Borgeaud

L'écrivain suisse vécut rue Froidevaux de 1951 à 1998, date de sa mort. Enfant illégitime n'ayant pas connu son père, il fera de ce manque une des grandes lignes de son œuvre.

Sa carrière littéraire connut trois grandes consécrations : Prix des critiques pour *Le Préau* (1952), prix Renaudot pour *Le Voyage à l'étranger* (1974), prix Médicis essai pour *Le Soleil sur Aubiac* (1986), ouvrage dans lequel il évoque une France rurale (le Quercy) en partie préservée de la civilisation moderne.

Au 69, Ernest Hemingway

En 1926, de retour d'Espagne, le couple Hemingway décide de se séparer. Hadley s'installe avec leur fils dans un hôtel de la rue de Fleurus et « Hem » sollicite son ami le très riche peintre Gerald Murphy, qui lui prête aussitôt son atelier, le dépanne de quatre cents dollars et promet de témoigner en sa faveur dans l'inéluctable divorce. L'auteur de *Le soleil se lève aussi* accroche au mur *La Ferme* de Miró (œuvre acquise en juin 1925) et commence la rédaction de *L'Adieu aux armes.*

GASSENDI (rue)

Ce qu'ils découvrent dans le minuscule deux-pièces au troisième étage du dix, rue Gassendi, est effrayant.
— François Darnaudet, *Le Taxidermiste*, 1985

Au 30, *Les Gommes* de Robbe-Grillet

En 1951, Alain Robbe-Grillet, ingénieur agronome à l'Institut des fruits et agrumes coloniaux, quitte les Antilles et rentre en France. Il s'installe dans une chambre de bonne au-dessus de l'appartement de ses parents et termine la rédaction des *Gommes*, commencée sur le paquebot du retour. Le roman paraît en 1953[11]. « L'important, confiera-t-il à *L'Express*, n'est pas qu'un roman veuille dire quelque chose ; c'est qu'il soit quelque chose, sans s'occuper de rien signifier. »

La collaboration entre le « Pape du Nouveau Roman » et les Éditions de Minuit va durer près de cinquante ans (*La Jalousie*, 1957, *Djinn*, 1981...), mais c'est chez Fayard que paraîtra en 2007 son dernier ouvrage, *Un roman sentimental*, très controversé pour sa description d'actes pédophiles, incestueux et barbares sur de très jeunes filles.

Robbe-Grillet fut également essayiste, scénariste, réalisateur et même acteur dans *Je t'aime je t'aime* (1968) d'Alain Resnais ou *Le Temps retrouvé* de Raoul Ruiz (1999). Né en 1922, il décède à Caen en 2008. À son enterrement, la faible assistance est accueillie par un texte enregistré en 1981 : « J'aime la vie, je n'aime pas la mort. J'aime les chats, je n'aime pas les chiens. J'aime les petites filles, surtout si elles sont jolies, je n'aime pas beaucoup les petits garçons. [...] Je n'aime pas les salades journalistiques. Je me méfie des psychiatres. J'aime beaucoup agacer les gens et je n'aime pas qu'on m'emmerde. »

GAZAN (rue)

Avant de l'appeler, histoire de réfléchir un brin, il alla prendre un verre au rade d'un troquet de la rue Gazan. Mâche-Toujours.

— Pierre Siniac, *La Nuit du flingueur*, 1986

Au 39, François Caradec

« Mais entrez donc / vous reposer quelques minutes / vous rafraîchir prenez un verre / prenez mon lit mais entrez donc / si vous voulez pour un instant / partager avec moi ma tranche de silence / entrez donc essuyez vos pieds / vous ne mettrez pas très longtemps à m'oublier[12]... »

Mais oui, entrez donc au 39, rue Gazan, rencontrer François Caradec, biographe de Lautréamont, Raymond Roussel, Alfred Jarry, Willy, membre de l'Oulipo et du Collège de 'Pataphysique dont il fut l'un des régents : régent Toponome pour ses recherches sur Jarry, régent Celtipète pour celles sur la Bretagne et régent d'Alcoolisme éthique (dans les bistrots). Il quitta la scène en 2008, non sans avoir écrit *Le Doigt coupé de la rue du Bison*, une enquête du commissaire Pauquet, dont la devise est « *In the pocket* », et un *Dictionnaire des gestes*, ouvrage un peu fou recensant huit cent cinquante gestes corporels, de la tête aux pieds, du hochement de tête d'acquiescement au coup de pied au cul.

GÉNÉRAL-LECLERC (avenue du)

La piscine de l'avenue d'Orléans est souterraine. Une verrière en vitres dépolies donne à la lumière qui vient du square Henri-Delormel la teinte glauque d'un aquarium.

— Roger Vailland, *Bon pied bon œil*, 1950

Au 87, Maurice Bouchor

Ce poète, qui vécut dans l'ancienne avenue d'Orléans dans les années 1920, eut le bonheur de voir quelques poèmes de son recueil *Poèmes de l'amour et de la mer* mis en musique par Ernest Chausson. Certains de ses contes – *Les Fées*, notamment – auraient constitué la première rencontre entre Sartre et la littérature. Comme il le relate dans *Les Mots*, son grand-père, Charles Schweitzer, avait acheté à son attention les *Contes* du poète Maurice Bouchor, récits tirés du folklore et écrits par un homme « ayant gardé des yeux d'enfant ».

Au 129, Jean Moréas

Jean Moréas s'installa à Paris au début des années 1880 et vécut à Montmartre, puis rue Madame, avant de se fixer dans le 14e arrondissement qu'il ne quitta plus. Poète décadentiste puis symboliste, auteur du « Manifeste du symbolisme », il vivait essentiellement la nuit, passant son temps dans les cafés, le Vachette, le Cardinal, le Napolitain, la Closerie, soignant son image de prince des poètes qu'il pensait incarner (sans en avoir le titre). Il résida rue de Coulmiers, boulevard Brune puis avenue d'Orléans, de 1907 à sa mort (en 1910). Plusieurs strophes de ses *Stances* sont dédiées à ce quartier de la porte d'Orléans qu'il aimait tant : « Lieux où mes lentes nuits aiment à s'écouler / Ô chère porte / De mon Paris, déjà le vent a fait rouler / la feuille morte… »

HUYGHENS (rue)

Dans la rue, au-dessous de lui, un homme marchait d'un pas tranquille ; il s'arrêta au coin de la rue Huyghens et de la rue Froidevaux, leva la tête et regarda le ciel : c'était Daniel.

— Jean-Paul Sartre, *L'Âge de raison*, 1945

Au 1, Patrice de La Tour du Pin

Né Patrice de La Tour du Pin Chambly de La Charce O'Connor dans l'hôtel particulier de sa grand-mère (11, rue Pierre-Charron), il descend des rois d'Irlande, de Condorcet et, comme Proust, il consacre sa vie à l'écriture, la sienne, c'est-à-dire la poésie. Après une période postromantique dans l'entre-deux-guerres, il met son lyrisme au service de ses convictions religieuses. En septembre 1960, La Tour du Pin s'installe rue Huyghens avec sa femme et ses quatre filles et reçoit aussitôt le Grand Prix de poésie de l'Académie française. Poète chrétien, il inventa une « théo-poésie » dans laquelle la liberté du verbe poétique n'entre jamais en conflit avec la spiritualité. Sa « somme de poésie » sera éditée en six cent trente pages très serrées chez Gallimard.

Il décède en octobre 1975 rue du Cherche-Midi, où il avait déménagé le mois précédent.

Au 12, Mathieu Delarue dans *Les Chemins de la liberté*

La trilogie avait comme titre initial *Lucifer*, elle deviendra *Les Chemins de la liberté*. Le premier tome – *L'Âge de raison* – paraît en 1945. Sartre loge son héros au 12 de la rue Huyghens, près de la rue Delambre où il réside à l'époque. La sœur de Simone de Beauvoir (dite Poupette) a tapé le manuscrit et se lamente auprès du Castor : « Cela me rend toujours sinistre de taper les œuvres de Sartre. Parler avec lui c'est réconfortant ; lire ses œuvres et penser à autre chose encore, ça pourrait aller encore. Mais vivre là-dedans jusqu'au cou, c'est épouvantable. J'espère qu'il n'est pas à l'intérieur de lui-même comme il dépeint les gens dans ses livres, car sa vie ne serait guère supportable[13]. » On retrouve Mathieu dans *Le Sursis*, paru également en 1945, et l'on peut lire dans *Le Monde* du 17 octobre sous la plume d'Émile Henriot : « Mais laissons la philosophie pour l'instant, et voyons sur quelle conception de la vie l'auteur de *La Nausée*, romancier, entend établir sa doctrine. L'occasion en est fournie par un nouveau roman, considérable, *Les Chemins de la liberté*, dont deux volumes ont paru (*L'Âge de raison*, *Le Sursis*), en attendant un troisième tome où M. Sartre se propose de faire "pressentir les conditions de la délivrance totale" qu'il espère pour ses personnages. Je préviens d'abord le lecteur qu'il s'agit d'un livre écœurant, le talent (indéniable) de cet écrivain aimant à jouer dans l'ignoble et le vénéneux. »

Au 22, Albin Michel

Créée en 1900 par Albin Michel, la maison d'édition connaît son premier succès en 1902 avec *L'Arriviste* de Félicien Champsaur. Elle s'installe rue Huyghens en 1910 et reçoit son premier Goncourt en 1917 avec *La Flamme au poing* d'Henry Malherbe. Deux ans plus tard, *Les Croix de bois* de Dorgelès ratent le prix au profit de… Marcel Proust pour *À l'ombre des jeunes filles en fleurs*.

Plus d'un siècle plus tard, la vénérable maison n'a pas perdu son sens littéraire, ayant contribué au succès d'auteurs comme Robert Sabatier, Didier Van Cauwelaert, Éric-Emmanuel Schmitt, Yasmina Reza, Patrick Besson, Amélie Nothomb, Jacques-Pierre Amette…

JEAN-DOLENT (rue)

J'étais sorti dans la rue Jean-Dolent, ému, fier, et très saoul – il avait souvent rempli mon verre et je m'étais senti obligé de le suivre dans sa systématique beuverie. Les murs de la prison de la Santé dansaient devant moi, allure de gratte-ciels oscillants et flageolants.

— Philippe Labro, *Un début à Paris*, 1994

Au 23, Blaise Cendrars

Blaise Cendrars et sa compagne Raymone Duchâteau résidèrent face au mur de la prison de la Santé, de 1950 à 1959, avec leur chien Wagon-Lit et le chat Légion, au premier étage d'un hôtel particulier mis à leur disposition par un admirateur.

« Son jour, écrit Christian Millau dans *Au galop des Hussards*, est le samedi après-midi. Le public est tellement hétéroclite que, certaines fois, on dirait une rafle. »

En 1955-1956, Cendrars y écrit son dernier ouvrage, *Emmène-moi au bout du monde !*, portrait corrosif d'un Paris d'après-guerre dans lequel on reconnaît Juliette Gréco, Mistinguett, Proust et Cendrars lui-même. En 1959, victime de deux attaques cérébrales, éprouvant de grandes difficultés à marcher, « l'homme foudroyé » déménage pour un rez-de-chaussée de la rue José-Maria-de-Heredia où il décédera en janvier 1961.

JOURDAN (boulevard)

Au lieu de piquer sur Italie, je traverse le boulevard Jourdan (désert, houleux, chahuté par ce feu orange, vert, rouge), et je rebrousse chemin par la rive opposée.

— Yann Queffélec, *Demain est une autre nuit*, 2019

Au 17, la cité universitaire de Sartre et Beauvoir

« C'est là que tout a commencé », confie Beauvoir dans son journal intime de juillet 1929. Sartre, qui loge à la cité universitaire, l'invite à travailler sur Leibniz en compagnie de Maheu[14]. « Ce dernier est venu me chercher et l'AE nous a conduits à la Cité universitaire. Timidité. Sartre m'accueille poliment mais m'intimide. »

La première nuit amoureuse du philosophe et du « Castor » attendra le mois d'octobre, dans la chambre que Beauvoir occupe chez sa grand-mère, au 91 de l'actuelle avenue Denfert-Rochereau.

Au 17, Patrick Modiano à la cité U

« Je me suis réfugié dans le quartier du boulevard Kellermann, et je fréquente la Cité universitaire voisine, ses grandes pelouses, ses restaurants, sa cafétéria, son cinéma et ses habitants. Amis marocains, algériens, yougoslaves, cubains, égyptiens, turcs… » peut-on lire dans *Un pedigree*. Patrick Modiano s'y aventure en 1966, ultime borne de ses dérives vers le sud : « Je fréquentais la Cité universitaire, le pavillon du Maroc, sans être étudiant. C'était une principauté bizarre à la lisière de Paris avec de vrais et de faux étudiants, comme un port franc, surveillé par la police[15]. » Dans *L'Herbe des nuits*, roman poético-policier, le narrateur s'étonne que Dannie occupe une chambre dans le bâtiment des États-Unis, car elle n'est ni américaine ni étudiante. Qui est-elle ? Et qui sont ses amis aux statuts incertains ?

LECLERC (rue)

Sans se retourner vers Antoine resté assis à la terrasse, elle s'engagea dans la rue Leclerc à peu près déserte à cette heure.

— Jean-Paul Delessard, *La Vie d'Elsa*, 2016

Au 1, Léon Moussinac

Critique cinématographique et théoricien des arts, ami d'enfance de Louis Delluc, fondateur avec Vaillant-Couturier et

Aragon de l'Association des écrivains et artistes révolutionnaires, il fut également romancier : *La Tête la première* (1931), *Manifestation interdite* (1935), *Le Radeau de la Méduse* (1944) et *Les Champs-de-Moë* (1945), roman dans lequel il évoque l'âpre quotidien des familles du Haut-Quercy d'où la sienne était issue.

LÉOPOLD-ROBERT (rue)

Il est vrai qu'elle habite à côté de chez lui, rue Léopold-Robert, alors ça s'explique.
— Louis Aragon, *Le Mentir-vrai*, 1980

Au 10, Marguerite Audoux

La bergère de Sologne – née Marguerite Donquichotte – devenue couturière puis romancière doit à Octave Mirbeau, qui règne alors en maître sur la république des lettres, d'être couronnée en 1910 par le prix Femina pour *Marie-Claire*. La légende veut que le manuscrit ait été découvert dans un tiroir de sa machine à coudre par un ami qui l'obligea à le publier.

Dans sa préface, Mirbeau souligne le « sens inné de la langue qui lui permet [...] de travailler sa phrase, de l'équilibrer, de la simplifier, en vue d'un rythme dont elle n'a pas appris à connaître les lois, mais dont elle a, dans son sûr génie, une merveilleuse et mystérieuse conscience ».

Les ventes dépasseront les cent mille exemplaires et l'ouvrage sera traduit en allemand, en anglais, en russe, en catalan, en suédois, en espagnol, en danois, en slovène et en... espéranto. Trois romans suivront, avec un inégal succès.

Marguerite Audoux décède en 1937, date de création du magazine *Marie Claire*, dont le titre serait inspiré de son roman.

Au 10, Franz Hessel

S'il fut l'auteur de plusieurs romans comme *Berlin secret* (1927), roman traitant de la déchéance de la noblesse prussienne au profit d'une nouvelle bourgeoisie affairiste, s'il fut traducteur (notamment de Proust, en compagnie de son ami Walter Benjamin), son nom reste surtout associé au ménage à trois qu'il forma avec Helen Grund, peintre et journaliste de mode, qui deviendra sa femme (à deux reprises), et Henri-Pierre Roché, qui la lui avait présentée et qui écrira un livre paru sans grand succès en 1953, mais promis à un bel avenir cinématographique : *Jules et Jim*.

Franz Hessel est le père de Stéphane Hessel – résistant, grand diplomate, ambassadeur de France –, qui publiera en 2010 un manifeste – *Indignez-vous !* – vendu à quatre millions d'exemplaires dans plus de cent pays.

LUNAIN (rue du)

La lune n'éclaire pas la rue du Lunain,
lieu géographique tordu, chassant la métaphore
de la lune, ni maléfique, ni brillante, tout simplement
la lune absente.
— Jean-Joël Lemarchand, *La Valse des fragments*, 2020

Au 5, Louis de Gonzague Frick

Cet ami indéfectible de Guillaume Apollinaire, poète épris de tournures anciennes et souvent archaïques, fut un dandy portant monocle, familier de Breton, Éluard, Tzara ou Desnos. Il produisit une vingtaine de plaquettes, dirigea quelques revues et reçut un satisfecit de Jean Cocteau dans la préface d'*Oddiaphanies* : « Votre nom singulier orne l'héraldisme de toute une noblesse des Lettres Françaises. Il n'est pas un jour sans qu'Apollinaire ou Max Jacob ne le prononçassent en ma présence, avec une sorte de respect tendre et mystérieux. »

Il dédicaçait son ouvrage avec une grande recherche (Apollinaire lui accola le titre de « prince des dédicaces »), fonda une « école poétique du Lunain » et, pérennité littéraire, servit de modèle à Roland Dorgelès pour le personnage de Crécy-Gonzalve dans *Le Cabaret de la Belle Femme.*

MAINE (avenue du)

L'avenue du Maine est également présente dans le 15e arrondissement.

C'est ainsi qu'il arriva dans l'avenue du Maine,
en pays connu.
— Charles-Louis Philippe, *Bubu de Montparnasse*, 1901

Au 198, le banquet Apollinaire

Pour le soldat blessé et l'auteur du *Poète assassiné*, un grand banquet est organisé le 31 décembre 1916. Le comité d'organisation comprend Matisse, Picasso, Braque, Gris, Max Jacob, Cendrars, Reverdy et Paul Dermée, sont présents de très nombreux peintres, hommes et femmes de lettres.

Apollinaire va prononcer un discours anodin, suivi par d'autres, « officiels » et ennuyeux, qui vont déclencher l'ire des participants. Pendant le repas, les plus jeunes bombardent les « vieux » (Rachilde, Henri de Régnier, Paul Fort…) de boulettes de mie de pain puis entament une farandole endiablée. Apollinaire écrira à Maurice Raynal : « Mon déjeuner a été une sorte d'éclair au magnésium, exactement comme il fallait que ce fût, éclatant et dangereux, bref, mais poussé au paroxysme. »

MAINE (rue du)

Monsieur Rivière, réfléchissez, téléphonez-moi, je suis à Paris, Hôtel du Sud, rue du Maine, jusqu'à dimanche.

— Maurice Rheims, *Le Cheval d'argent*, 1962

Au 1 bis, l'hôtel Central d'Henry Miller

C'est en 1930 que Henry Miller, la quarantaine à peine passée, débarque à Paris, « le cul à l'air et la langue pendante ». Il va y rester neuf ans et jugera sa vie d'avant Paris comme celle d'un « raté accompli ». Il a la chance de rencontrer à Montparnasse le journaliste Alfred Perlès, qui va le prendre sous son aile et lui proposer de partager sa chambre d'hôtel rue du Maine. « Si vous étiez son ami, écrit-il, il partageait ses femmes avec vous, tout comme il aurait partagé son dernier croûton de pain. » Outre l'hôtel Central, il arrive à Miller de dormir dans la cabine de projection du cinéma Vanves.

Miller quittera l'hôtel pour y revenir en août 1931, dans la chambre 40 où il fera monter Anaïs Nin afin de lui montrer « le linge sale » de ses notes. « Plutôt mourir de faim que de ne pas devenir écrivain », professe-t-il. *Tropique du Cancer* sortira en 1934. Dans *J'suis pas plus con qu'un autre* (1976), son seul ouvrage écrit en français, il ouvrira les portes de sa mémoire sur les auteurs français, fustigeant Flaubert, Voltaire, Diderot, Valéry (un vrai « casse-noix »), encensant Céline, Cendrars, Rimbaud ou Joseph Delteil. « En général, écrit-il avec des fautes d'orthographe, j'aime ceux qui sont un peu ou largement fous. L'imbécile, non ! L'idiot, oui ! Il y a une grande distinction entre les deux. Être fou, c'est être poète. Ce sont les imbéciles qui gouvernent le monde. »

MARGUERIN (rue)

« Papa est mort ! », s'écria-t-il tout de suite, bien que dans la brève missive on se bornât à le prier de se rendre tout de suite rue Marguerin…

— Jacques Debû-Bridel, *Les Secondes Noces*, 1937

Au 3, Louis Pergaud

Avec les cinq mille francs-or du prix Goncourt (pour *De Goupil à Margot*, en 1910), Pergaud et sa femme s'installent rue Marguerin mi-avril 1911. Il y écrit *La Revanche du corbeau*, second recueil de nouvelles, *La Guerre des boutons*, paru en 1912, *Le Roman de Miraut, chien de chasse* (1913) et prépare *Lebrac Bûcheron*.

Mobilisé en août 1914, il va tenir jusqu'en avril 1915 un *Carnet de guerre*, qui ne sera publié qu'en 2011. Paul Léautaud rapportera avoir reçu une lettre de Pergaud, précisant qu'il était aux anges : « Je ne donnerais pas ma place pour je ne sais quoi, lui écrit Pergaud. On tire du Boche comme du lapin[16]. » Il décédera près de Verdun en 1915 et, le 4 août 1921, son corps n'ayant jamais été retrouvé, il sera déclaré « mort pour la France ».

Au 11, Lucien Rebatet dans *Je suis partout*

Jusqu'en 1942, la rédaction de *Je suis partout* se trouve rue Marguerin (avant de s'installer rue de Rivoli). 1942 est l'année durant laquelle Rebatet, chroniqueur vedette du périodique, publie *Les Décombres*, « livre éructant, endiablé, célinien, débordant d'injures et d'imprécations, tout entier traversé par une haine universelle et par la rage d'avoir été trompé. Surtout par celui dont on avait tant espéré : Charles Maurras, fondateur de ce qu'il appelle désormais l'Inaction française[17] ».

Initialement refusé par Gallimard et Grasset, l'ouvrage est publié par Denoël à la fin de 1942, avec un avant-propos de l'auteur qui explique : « La France est couverte de ruines, ruines des choses, ruines des dogmes, ruines des institutions. Elles ne sont point l'œuvre d'un cataclysme unique et fortuit. Ce livre est la chronique du long glissement, des écoulements successifs qui ont accumulé ces énormes tas de décombres. »

Tiré à plus de soixante mille exemplaires, l'ouvrage dans lequel l'antisémitisme atteint des sommets et dont chaque page renferme un appel au meurtre est désigné comme « livre de l'année » par Radio Paris, qualifié de « best-seller de l'Occupation ». Malraux y apparaît comme « un maniaque sexuel », un « sous-Barrès bolcheviste, rigoureusement illisible », Mauriac est « le bourgeois riche, avec sa torve gueule de faux Greco, ses décoctions de Paul Bourget macérées dans le foutre rance et l'eau bénite », Bernanos est un « lugubre pochard » et Claudel, malgré son catholicisme de bon ton, « un imbécile pyramidal ».

En 1952, Gallimard publiera (sans succès) *Les Deux Étendards*, son second roman. Cette œuvre sera considérée comme un chef-d'œuvre par plusieurs critiques, dont Antoine Blondin, et François Mitterrand déclarera : « Il y a deux sortes d'hommes : ceux qui ont lu *Les Deux Étendards*, et les autres. »

MÉCHAIN (rue)

… la rue Méchain, dans ce quartier singulier de Paris où l'on trouve le Ciel et l'Enfer, l'Observatoire et la prison…

— Paul Valéry, 1935

Au 7, l'abbé Mugnier

En 1910, une ancienne paroissienne offre à l'abbé Mugnier un petit appartement au 7, rue Méchain, où il résidera durant trente ans. Ce confesseur du Tout-Paris, « aumônier général de nos lettres » selon les dires de Charles Maurras, était connu pour sa soutane élimée, ses galoches à bout carré, son sens de la formule. « C'était, écrit Dominique Fernandez dans *Ramon*, une crème d'homme que son dénuement, plus que le snobisme, poussait à s'asseoir à la table des riches. » Il côtoya (ou confessa) les grands noms de la littérature, ramena Huysmans à la foi catholique, fréquenta Proust, Apollinaire,

Barrès, Morand, Valéry, influença le jeune Cocteau. Il tint son *Journal* de 1879 à 1939, reflet de sa vie sacerdotale et mondaine, document précieux sur la vie littéraire parisienne[18].

« Toutes mes amours, écrit-il dans son *Journal*, n'ont été que littéraires. Mes vœux m'ayant interdit la femme, tout mon cœur est passé dans mes livres. [...] Chateaubriand, Sand, Lamartine, etc., ont pris la place que les jeunes filles, les femmes auraient nécessairement occupée, si ma vocation eût été celle de tout le monde. Combourg, Nohant, Saint-Point, La Chesnaie n'étaient que des voyages de noces. »

Il aimait tant Chateaubriand que, lorsqu'il mourut en 1944, sa servante lui murmura en lui fermant les yeux : « Ah ! Monsieur le Chanoine va être bien content : il va pouvoir enfin faire la connaissance de Monsieur le Vicomte[19]. »

MONTICELLI (rue)

Je vais donc rue Monticelli et de cinq heures de l'après-midi à minuit, il m'a fait passer un examen.
— Pierre Daix, *Braudel*, 1995

Au 1, René Daumal

Des quatre fous de Rimbaud issus du lycée de Reims en 1920 (Roger Gilbert-Lecomte, René Daumal, Roger Vailland, Robert Meyrat), Daumal fut le plus extrême, soucieux de se libérer totalement « des formes logiques de pensée ». Après l'aventure éphémère du *Grand Jeu* (trois numéros entre 1928 et 1932, et un quatrième non publié), il s'engagea dans une autre voie, cherchant sa vérité dans l'islam et l'hindouisme, suivant l'enseignement de Gurdjieff, parcours qu'il évoque dans *La Grande Beuverie*, son premier travail littéraire important. Revenant à la poésie qu'il avait délaissée, il rédige *La Guerre sainte* (dernier ouvrage paru de son vivant) et entreprend son inachevé *Mont Analogue*, « roman d'aventures alpines, non euclidiennes et symboliquement authentiques », comme l'annonce son sous-titre. Sa tuberculose, associée aux nombreuses drogues qu'il expérimenta, lui est fatale en 1944, il décède rue Monticelli à l'âge de 36 ans.

MONTPARNASSE (boulevard du)

Le boulevard du Montparnasse est également présent dans le 6e arrondissement.

Dans un café du boulevard du Montparnasse, les ministres qui viennent de démissionner se retrouvent parfois pour finir la nuit.
— Jean Follain, *Paris*, 1935

Au 86, Léon Valade

Cet ami de Coppée, d'Albert Mérat et de Verlaine, poète parnassien jugé « très fin, très délicat » par Anatole France, obtint un petit succès avec *Nuit de Paris* (1872) : « C'est l'heure unique et douce où vaguent, de fortune, / Glissant d'un pas léger sur le pavé chanceux, / Les poètes, les fous, les buveurs, et tous ceux / Dont le cerveau fêlé loge un rayon de lune. »

Il figure à côté de Rimbaud (qui ne goûtait pas ses vers) sur le célèbre tableau de Fantin-Latour – *Un coin de table* –, et il décrit son jeune voisin dans une lettre à Émile Blémont : « Vous avez bien perdu de ne pas assister au dîner des Affreux Bonshommes. Là fut exhibé, sous les auspices de Verlaine, son inventeur, et de moi, son Jean-Baptiste sur la rive gauche, un effrayant poète de moins de dix-huit ans, qui a nom Arthur Rimbaud. Grandes mains, grands pieds, figure absolument enfantine et qui pourrait convenir à un enfant de treize ans, aux yeux bleus profonds, caractère plus sauvage que timide, tel est ce môme dont l'imagination, pleine de puissances et de corruptions inouïes, a fasciné ou terrifié nos amis. »

Au 96, Ionesco

« À l'aube des années 1990, peut-on lire dans *Marianne* du 5 août 2017, on apercevait parfois, boulevard Montparnasse, un vieil homme au visage de clown triste, marchant entre deux femmes en direction d'une brasserie du quartier. On les retrouvait assis sur une banquette de La Rotonde, et quelques jeunes gens passionnés de théâtre se passaient le mot en murmurant : "C'est Ionesco, avec sa femme et sa fille." On écarquillait alors les yeux devant cette légende vivante… »

« Sémiramis, ma crotte ! » répète l'élément féminin du couple gâteux dans *Les Chaises*. Le couple Ionesco n'est certes pas gâteux, mais parfois « absurde », comme le note Jules Roy : « "J'aurai été écrasée par toi toute ma vie", disait madame sur tous les tons. Et lui pour résumer : "Ma vie avec toi aura été un enfer." […] Puis ils sont partis en trottinant, l'un à côté de l'autre[20]. »

Installé à Montparnasse en 1964, Ionesco y décède en 1994, laissant derrière lui quarante pièces de théâtre et des cohortes de touristes venant en pèlerinage devant le théâtre de la Huchette, où la Cantatrice fait ses gammes sans sourciller depuis plus d'un demi-siècle.

Au 102, La Coupole

La Coupole serait-elle un lieu propice aux coups de foudre littéraires ? C'est au bar de la brasserie qu'Aragon fait la connaissance d'Elsa Triolet : « Je vis pour la première fois, le 6 novembre 1928, assis à ce bar, l'auteur du *Paysan de Paris*, Louis Aragon. Il avait très mauvais genre, des cheveux très noirs et gominés, l'air d'un danseur mondain. Depuis ce jour nous ne nous sommes jamais quittés[21]. »

Trois ans plus tard, l'idylle se noue entre Robert Desnos et Youki : « Je fus frappée, écrit-elle, de ses yeux couleur d'huître, largement cernés de bistre, de sa grande et belle bouche qui souriait avec bonté. »

L'amour, parfois, se transforme en haine : André Breton y gifle le peintre

De Chirico, mécontent de sa nouvelle orientation réaliste. Lawrence Durrell se souvient de cette époque, alors qu'il vivait des jours peu tranquilles à Clichy : « Avec Anaïs Nin, Miller et Perlès, nous étions les trois mousquetaires de La Coupole. On y jouait aux échecs. On peut dire que Perlès y dormait presque. Quant à Anaïs Nin, elle se bagarrait au bar avec ses amants et ses éditeurs. »

La Coupole servira de décor à de nombreux romans, dont *L'Invitée* de Simone de Beauvoir et *La Tête d'un homme* de Georges Simenon, qui y évoque Bob, le légendaire barman « qui voyait tout, savait tout, et ne disait rien ». Après la guerre, après que Hemingway a choisi d'y fêter la libération de Paris et Camus d'y fêter son prix Nobel, on y verra Sartre et Beauvoir venir dîner à leur table attitrée, la 149. En 1975, Renaud viendra y faire la manche à la guitare, prélude à une jolie chanson : « Lewis Carroll / À La Coupole / Parle de fillettes / En salopette / Il les devine / Vêtues de jeans / Pleines de paillettes / Sur les pommettes… »

Au 108, Le Dôme

Au début des années 1920, alors que La Coupole n'est encore qu'un dépôt de bois et de charbon, Le Dôme rayonne et on y retrouve chaque jour les représentants de la *lost generation*, Fitzgerald, Madox Ford, Pound, Hemingway, Sinclair Lewis… Henry Miller y passe des heures en compagnie d'Anaïs Nin et de son éditeur Jack Kahane. « C'était, écrit André Warnod, à la fois la maison commune, la place publique, l'auberge, le forum, l'hôtel des ventes, le ghetto, la cour des miracles. » Le Dôme sera avant le Flore le refuge d'écriture de Simone de Beauvoir et c'est dans ce café que Sartre lui conseille fermement d'écrire de façon plus personnelle : « J'étais assise avec Sartre au fond du Dôme, écrit-elle dans *La Force de l'âge* ; nous parlâmes de mon travail et il me reprocha ma timidité. “Enfin ! Pourquoi ne vous mettez-vous pas en personne dans ce que vous écrivez”, me dit-il avec une soudaine véhémence. » Le Castor suivra le conseil et produira *L'Invitée*, roman dans lequel Le Dôme et ses tables en faux marbre sont omniprésents.

Au 112, chez le père Baty

Lorsqu'il était enfant, ce marchand de vin avait eu l'honneur de servir George Sand à Nohant. Et selon Léon-Paul Fargue, il eut l'honneur de faire crédit à Trotski. Son bistrot-restaurant fut avant, pendant et après la Grande Guerre un lieu de rendez-vous pour écrivains et artistes mobilisés, fréquenté notamment par Guillaume Apollinaire, Blaise Cendrars et Francis Carco. Au rez-de-chaussée de l'hôtel de la Haute-Loire, le café-restaurant pouvait s'enorgueillir d'un obus non explosé fiché dans le mur depuis 1871 que le père Baty astiquait soigneusement chaque matin. Dans *La Gourmandise de Guillaume Apollinaire*, Geneviève Dormann relate qu'au début de l'automne 1918, Cendrars et Apollinaire commentent à la terrasse du restaurant le défilé des corbillards transportant les victimes de la grippe espagnole. Apollinaire en décédera quelques jours plus tard.

Au 120 bis, Marcel Jullian

Producteur, homme de radio et de télévision, créateur d'Antenne 2 et initiateur d'*Apostrophes*, Marcel Jullian fut également éditeur et écrivain, auteur de nombreux ouvrages parmi lesquels *Délit de vagabondage* (1978), *Le Maître de Hongrie* (1980) ou *Loin de Massilia* (1987). Ses Mémoires sont publiés sous le titre *Mémoire buissonnière* entre 2000 et 2002. Il décède en 2004, à 82 ans, alors qu'il quittait la Closerie des Lilas.

Au 142, Émile Zola

En 1865, Montparnasse n'est pas encore ce « quartier de loufdingues » qu'évoque Apollinaire dans *Anecdotiques* (1926). C'est un quartier tranquille où s'installe Zola – sans sa mère – en début d'année. Il va quitter la librairie Hachette où il travaille depuis 1862 et, parallèlement à ses travaux de critique littéraire et artistique, poursuivre son apprentissage d'écrivain. Après les *Contes à Ninon* (1864), il publie *La Confession de Claude* (1865), premier roman inspiré de son amour pour une certaine Berthe, roman témoignant du malaise de l'auteur face à l'émancipation des femmes, notamment sexuelle.

Au 148, Claude Simon

Après avoir résidé au 11 bis, rue Victor-Schoelcher, dans l'immeuble où habitera plus tard Simone de Beauvoir, le futur Prix Nobel de littérature 1985 s'installe boulevard du Montparnasse en 1938 avec Renée Clog (qu'il épousera deux ans plus tard), dans un appartement où il termine, après la guerre, la rédaction de son premier roman, *Le Tricheur*, roman que Maurice Nadeau place au niveau de *L'Étranger*.

Après le suicide de sa compagne, en octobre 1944, le peintre-écrivain quittera l'appartement pour s'installer au printemps 1945 dans un atelier, villa Saint-Jacques[22], puis, plus tard, villa d'Alésia. *Le Vent* paraîtra en 1957, *La Route des Flandres* en 1960. Le « Nouveau Roman » est en route.

Au 160, François Billetdoux

Après des années radiophoniques et une brève carrière dans les cabarets rive gauche (à L'Écluse notamment), son premier grand succès au théâtre intervient en 1959 avec *Tchin-tchin*, pièce que *Carrefour* qualifie de « chef-d'œuvre, miracle de tendresse et d'ironie nous maintenant en permanence entre rire et larmes », et dont l'auteur est, selon Georges Lerminier dans *Le Parisien libéré*, « énormément spirituel, vaguement inquiétant ».

Billetdoux a 32 ans, commencent dix années à succès, avec *Va donc chez Törpe* (1961), *Comment va le monde,*

Môssieu ? Il tourne, Môssieu ! (1964), jusqu'à l'éreintement par la critique de *Silence ! l'arbre remue encore* en 1967. Pendant des années, mis à part une courte pièce, *Ai-je dit que je suis bossu ?*, montée en 1981 par Roger Blin au Petit Montparnasse, Billetdoux désertera les scènes et les coulisses. En 1986, il fait jouer une nouvelle pièce, *Réveille-toi, Philadelphie !*, au théâtre de la Colline. Succès absolu : « Quelle langue ! quelle fantaisie ! quelle audace ! quelle jeunesse ! » s'exclame Armelle Héliot dans *Le Quotidien de Paris*. Le Molière du meilleur auteur lui sera attribué lors de la cérémonie de 1989.

Au 162, Romain Rolland

Les Loups, première de ses huit pièces consacrées à la Révolution française – qui s'inspire métaphoriquement de l'affaire Dreyfus –, est parue en 1898 et a commencé à le faire connaître. Trois ans plus tard, fraîchement divorcé de Clotilde Bréal, Romain Rolland quitte le 76, rue Notre-Dame-des-Champs qu'il occupait depuis 1893 et, après un court séjour chez ses parents au 29, avenue de l'Observatoire, s'installe dans un minuscule trois-pièces du boulevard du Montparnasse. « Quand je me trouvai seul, dans ma cage à poulets du 162, boulevard Montparnasse, si étroite que, debout devant ma table, je pouvais toucher le plafond et les murs[23]… »

En juillet 1903, l'écrivain pacifiste entame la rédaction de *Jean-Christophe*, roman-fleuve qui paraît initialement chez Péguy, dans les *Cahiers de la quinzaine*, et qui sera ensuite édité en dix volumes. L'ouvrage obtiendra le prix Vie heureuse (prix Femina) en 1915 et son auteur recevra le prix Nobel de littérature en 1916 pour 1915, prix qu'il distribuera à des œuvres de bienfaisance.

Au 166, Jean Hugo

L'arrière-petit-fils de Victor Hugo y vécut au début des années 1920, dans un appartement surplombant le jardin d'un couvent. L'atelier s'avérant trop petit pour son activité de peintre, il déménagea rue Washington. Avec Cocteau, il fut un des rares artistes à manier parfaitement la plume et le pinceau et Picasso lui reprocha son humilité dans ces deux domaines : « Tu n'es pas connu comme tu le mérites ; tu ne t'occupes pas assez de ta gloire. » Ses Mémoires, *Le Regard de la mémoire 1914-1945* (suivis de *Carnets 1946-1984*), allient finesse et acuité pour évoquer Cocteau, Radiguet, Cendrars, Colette, Proust ou Max Jacob.

MONTPARNASSE
(rue du)

La rue du Montparnasse est également présente dans le 6e arrondissement.

C'est juste devant l'église. Et si vous ne trouvez pas, il vous suffit de demander aux deux vieilles putes qui font le trottoir au coin du boulevard et de la rue du Montparnasse, ça fait quarante ans qu'elles sont là...
— François Caradec, *Entre miens*, 2010

Au 42, au Falstaff, Hemingway prend une raclée

En 1929, Ernest Hemingway (éméché) défie le journaliste (très sportif) Morley Callaghan. Entre eux, comme arbitre, Francis Scott Fitzgerald qui se réjouit d'avance de la pâtée probable que va prendre son copain Hem. Hemingway a en effet présumé de ses forces, Callaghan lui inflige une véritable raclée tandis que Fitzgerald, totalement ivre, oublie (volontairement ou non) de sonner le gong. Entre Simone de Beauvoir et Sartre, au Falstaff, les rapports sont plus doux. Dans ses *Mémoires d'une jeune fille rangée*, elle se rappelle l'époque de ses premières rencontres avec Sartre : « Après un dîner dans un restaurant alsacien, nous regardâmes le feu d'artifice, assis sur une pelouse de la Cité. Puis Sartre, dont la munificence était légendaire, nous embarqua dans un taxi, et, au Falstaff, rue Montparnasse, nous abreuva de cocktails jusqu'à deux heures du matin. Ils rivalisaient de gentillesse et me racontaient un tas d'histoires. J'étais aux anges. »

Au 53, Beatrice Hastings

Ce fut, écrit Max Jacob, « une grande poète anglaise, enivrée, musicale (une pianiste), bohémienne, élégante... ».

Délaissant Montmartre, elle suit la transhumance culturelle de l'époque et s'installe à Montparnasse. Après une liaison tumultueuse avec Modigliani, elle en vivra une nouvelle en 1920 avec le tout jeune Raymond Radiguet. Cette aventure perdurera jusqu'en février 1922 mais, contrairement à ce qu'on pourrait penser, cette relation entre une femme de 42 ans et un jeune garçon de 17 ne sera pas le socle du *Diable au corps*, Radiguet s'appuyant sur son expérience amoureuse avec une jeune institutrice de neuf ans son aînée.

Beatrice Hastings abandonnera la vie parisienne en 1931 et retournera en Angleterre. Elle se noiera dans l'alcool et, atteinte d'un cancer, se suicidera en octobre 1943.

Au 56, l'Unic Hôtel de Modiano

Dans *L'Herbe des nuits* (2012), Modiano part à nouveau sur les chemins de sa mémoire et évoque « le grand immeuble blanc et beige sale » qui abrite l'Unic Hôtel, dont l'un des patrons, Georges B., est Georges Boucheseiche, un homme qui « n'est pas un enfant de chœur » et qui serait le possible meurtrier de Ben Barka.

« Si je me souviens bien, écrit Modiano, j'étais toujours sur le qui-vive dans ce quartier. L'autre jour, je l'ai traversé par hasard. J'ai éprouvé une drôle de sensation. Non pas que le temps avait passé mais qu'un autre moi-même, un jumeau, était là dans les parages, sans avoir vieilli, et continuait à vivre dans les moindres détails, et jusqu'à la fin des temps, ce que j'avais vécu ici pendant une période très courte. »

Au 57, Françoise d'Eaubonne

À 9 ans, elle termine un long roman. À 12 ans, elle reçoit le prix Denoël des moins de 13 ans. À 27 ans, elle reçoit le Prix des lecteurs 1947 pour *Comme un vol de gerfauts*. À 73 ans, après une soixantaine d'œuvres dont de nombreuses biographies (Mme de Staël, Rimbaud, Verlaine...), elle publie un livre sur... la physique quantique. Cofondatrice du MLF, signataire du manifeste des 343 pour le droit à l'avortement, cette libertaire féministe lance en 1971 le Front homosexuel d'action révolutionnaire (FHAR) avec l'écrivain et journaliste Guy Hocquenghem, un mouvement radical revendiquant le droit à l'homosexualité pour les deux sexes, mouvement soutenu par son ami Michel Foucault.

Avant de mourir en 2005, elle signe un impressionnant volume de souvenirs : *Mémoires irréductibles*.

PLANTES (rue des)

J'ai songé fugacement à inviter la baronne à manger un bœuf gros sel au Rendez-vous des Camionneurs, rue des Plantes, où j'ai depuis peu mon rond de serviette.
— Henri Calet, *Le Croquant indiscret*, 1955

Au 66, Ernest La Jeunesse

« La Jeunesse, écrit Gabriel Reuillard, ressemble à la fois à Bibi-la-Purée, un Bibi-la-Purée qui aurait fait gras, et à Beethoven, à un Beethoven qui n'aurait pas eu de génie. »

Selon les uns, il fut un simple journaliste caricaturiste boulevardier, caricaturé par Alfred Jarry sous le nom d'Allmensch Severus dans *Les Jours et les Nuits* et craint pour sa plume de vipère et la « délicatesse méchante de [son] ironie », pour reprendre la formule d'Edmond de Goncourt.

Pour d'autres, La Jeunesse fut un réel écrivain avec une douzaine d'ouvrages publiés, dont *Les Nuits, les Ennuis et les Âmes de nos plus notoires contemporains* ou, en 1907, *Le Forçat honoraire. Roman immoral* par lequel l'auteur s'insurge contre une littérature policière moutonnière où des détectives-surhommes font toujours triompher le bien.

Ernest La Jeunesse meurt rue des Plantes en 1917, à l'âge de 42 ans.

RASPAIL (boulevard)

Le boulevard Raspail est également présent dans les 6e et 7e arrondissements.

Je ne m'attendris pas trop sur le boulevard Raspail, je ne l'aime pas, surtout cette partie entre le Lutetia et le boulevard Montparnasse...
— Elsa Triolet, *Œuvres romanesques croisées d'Elsa Triolet et Louis Aragon*, 1964

Au 207, Pierre Benoit

Jeune prodige, Pierre Benoit se montra enfant d'une étonnante précocité puisqu'il pouvait réciter, à l'âge de 2 ans, dix-sept fables de La Fontaine et que sa mémoire exercée de bonne heure lui permit de savoir par cœur des milliers de vers dont les tragédies de Racine et une partie de Victor Hugo[24].

En 1912, après le 52, rue Gay-Lussac, il s'installe chez sa compagne Fernande Lefferrer dans une petite chambre sous les toits, cinquième étage sur cour ; et, parallèlement à sa vie dorée de fonctionnaire au sous-secrétariat aux Beaux-Arts, il signe quelques poèmes avec des fortunes diverses : en dix ans, il ne vendra que cinq exemplaires de son recueil *Diadumène* (1914).

Après l'Armistice, avec ses amis Carco, Dorgelès, Mac Orlan, Henri Béraud, il fonde le Bassin de Radoub, association destinée à récompenser le plus mauvais livre de l'année. Le lauréat gagne un billet de train pour retourner chez lui, accompagné d'une lettre lui demandant de ne plus jamais revenir. Après avoir décerné le prix au traité de Versailles, Pierre Benoit se met au travail et devient dès 1918 un écrivain en vogue avec *Kœnigsmark* (qui manque de peu le Goncourt et qui sera le premier « Livre de poche », en 1953) puis *L'Atlantide* (1919).

Après le boulevard Raspail, Pierre Benoit s'installera en 1924 rue d'Assas, adresse qu'il conservera jusqu'en 1947.

Au 217, Jean-François Bizot

En 1965, un jeune homme entre chez un notaire du quai d'Orsay et en ressort avec huit millions de nouveaux francs. Merci, les grands-parents. Que faire ? Les offrir au parti communiste ? Non, il y a mieux à faire. Ce sera *Actuel* puis *Radio Nova.*

« À 20 ans, au milieu des années 60, écrit-il dans la préface de *Free Press* (2006), nous nous sentions comme des enfants accouchant d'un nouveau millénaire [...]. Nous voulions tout réinventer. Une révolte à la fois clocharde, céleste, révolutionnaire, cyberfreaks et vidéo guérilleros, sexplorateurs, écologistes... »

En 1976, au terme de quatre ans de travail, Bizot publie *Les Déclassés*, un roman où se croisent *freaks*, hippies, Black Panthers et MLF, ouvrage qui manque d'une voix le prix Goncourt.

Dans les années 1990, Bizot réside boulevard Raspail. Il décède en 2007 après avoir lutté contre « Jack le squatter », le cancer qu'il combat depuis des années et qu'il évoque dans *Un moment de faiblesse*, paru en 2003.

Au 222, le prix Nobel de Sartre

Après le plasticage de son appartement de la rue Bonaparte, en 1962, Sartre s'installe dans un petit studio du boulevard Raspail, avec vue sur la tour Eiffel, loin du tumulte de Saint-Germain-des-Prés. « Je me sens chez moi à Montparnasse », écrit-il dans *Situations X*.

C'est sur une grosse planche en bois qui fait office de bureau qu'il rédige, deux ans et demi plus tard, une lettre à l'attention de l'Académie suédoise : « Je vous assure d'abord, Monsieur le secrétaire, de ma profonde estime pour l'académie suédoise et le prix dont elle a honoré tant d'écrivains. Toutefois pour des raisons qui me sont personnelles et pour d'autres qui sont plus objectives, je désire ne pas figurer sur la liste des lauréats possibles et je ne peux ni ne veux, ni en 1964, ni plus tard, accepter cette distinction honorifique. »

Sartre l'obtiendra, le refusera. « J'aurais accepté à la rigueur le prix Nobel de la paix pour mon action en faveur des Algériens », confie-t-il à Claude Lanzmann.

Avant Sartre, en 1926, George Bernard Shaw avait refusé le chèque du Nobel, précisant qu'il n'en avait pas besoin, avant de l'accepter pour consacrer le prix à la traduction d'œuvres suédoises en anglais. Quant à Boris Pasternak, sous menace soviétique, il fut contraint en 1958 de refuser la récompense.

Au 225, Louis-Ferdinand Céline

Début 1927, alors qu'il travaille encore comme fonctionnaire international pour la Société des Nations, Céline réside à l'hôtel de la Paix. C'est là que le médecin mué en écrivain termine *L'Église*, comédie en cinq actes qui sera publiée en 1933, jouée en 1936, et qui préfigure le *Voyage au bout de la nuit*. Y apparaît pour la première fois Bardamu, décrit par ses supérieurs comme « docteur en médecine, Français [...]. Scientifiquement médiocre, administrativement nul ».

Dans *Bagatelles pour un massacre*, Céline revient sur son expérience à la Société des Nations : « Par les circonstances de la vie, je me suis trouvé pendant quatre ans titulaire d'un petit emploi à la SdN, secrétaire technique d'un juif [...]. Les places notables, les vrais nougats sont occupés, là comme ailleurs, par les juifs et les maçons. »

L'hôtel de la Paix était situé pratiquement en face du domicile occupé par Sartre dans les années 1960. L'auteur de *La Nausée* (1938) s'en souvint-il quand il mit en exergue de son roman une phrase de Céline dans *L'Église* : « C'est un garçon sans importance collective, c'est tout juste un individu » ?

Au 232, l'hôtel Aiglon de Simenon

En février 1931, Simenon s'installe à l'hôtel Aiglon, près du cimetière du Montparnasse, pour rédiger *La Tête d'un homme*, neuvième roman des aventures du commissaire Maigret. Dans cet hôtel où résidèrent Kiki et son amie Treize, établissement sans portier mais avec un gardien de nuit dormant dans un cagibi, l'écrivain, au mieux de sa forme, abat de la copie : quatre-vingts pages par jour.

Un certain mystère entoure la date et le lieu de rédaction de *La Tête d'un homme*. En effet, le livre de comptes de Simenon mentionne septembre 1930, date à laquelle il n'est pas à Paris mais à Morsang sur son bateau l'*Ostrogoth*. Le roman, qui sera adapté huit fois au cinéma, aurait-il été écrit en deux temps ? Ce ne serait donc plus le neuvième Maigret, mais le cinquième, après *Le Pendu de Saint-Pholien* et avant *Le Chien jaune*[25].

Au 261, Chateaubriand chez Cartier

Le site où était situé l'ancien American Center et où se trouve aujourd'hui la fondation Cartier fut la propriété des Chateaubriand dans les années 1820. « Je n'aperçois pas une maison, écrit-il ; à deux cents lieues de Paris je serais moins séparé du monde. J'entends bêler les chèvres qui nourrissent les orphelins délaissés[26]. » En 1823, l'auteur des *Mémoires d'outre-tombe* y planta (notamment) un cèdre du Liban qui sera abattu en 2020. Sa femme y fonda une maison de retraite pour prêtres et religieuses âgés et sans ressources, le couple cédera sa propriété au diocèse en 1838.

Au 278, les Soirées de Paris d'Apollinaire

Afin de consoler le poète de ses déboires judiciaires et de son emprisonnement à la Santé, ses amis (André Billy, René Dalize, André Salmon et André Tudesq) lui proposent de créer une revue dont le siège serait situé chez la baronne d'Oettigen, dans « une étrange maison dont la façade, selon Jean-Paul Crespelle, s'incurvait pour laisser la place à un acacia planté, selon la légende, par Victor Hugo ».

« Du nouveau, voilà ce que l'on désire, peut-on lire dans le premier numéro, on étouffe dans les cercueils des dieux. Il faut applaudir le courage, la haine qui bave et crie, l'esprit batailleur de ceux qui bondissent contre la routine. »

Apollinaire en fera bon usage : *Le Pont Mirabeau* paraîtra dans le n° 1, *Zone* dans le n° 11. La revue s'arrête en août 1914 avec le n° 26-27, qui comporte quatre calligrammes du poète, dont *Voyage* et *La Cravate et la Montre*.

RAYMOND-LOSSERAND (rue)

Un jour de 1944, tandis qu'elle s'était arrêtée devant les affiches du Vanves, alors que la rue Raymond-Losserand s'appelait encore rue de Vanves, un monsieur lui a demandé si elle ne venait pas de tourner dans un film.

— Henri Calet, *Les Deux Bouts*, 1954

Au 121, Les Marguerites, d'un certain Lucien de Rubempré

Sur la tranche d'immeuble qui se décroche sur la chaussée, au 121, des rayonnages de livres peints en trompe-l'œil accueillent cinquante livres jamais écrits, mais sortis du corpus d'ouvrages réels. Outre la mise en abyme effectuée par Balzac dans *Les Illusions perdues*, avec *Les Marguerites* imité de Lamartine par Lucien de Rubempré, notons *La Vie du duc d'Angoulême* proposée par Flaubert dans *Bouvard et Pécuchet* :

« "Si nous écrivions la vie du duc d'Angoulême ? propose Pécuchet.

— Mais c'était un imbécile !", réplique Bouvard. »

Au 224, Léo Malet

Léo Malet aurait habité en 1938 rue de Vanves, future rue Raymond-Losserand, à un n° 224 qui n'existe plus. Lié au groupe surréaliste depuis 1931, proche de Benjamin Péret avec lequel il a milité au parti trotskiste, il a publié en 1936 *Ne pas voir plus loin que le bout de son sexe*, un recueil de poèmes imprimé à une cinquantaine d'exemplaires. Il tient à l'époque un magasin de journaux à l'angle des rues Sainte-Anne et des Petits-Champs à Paris, où il logera son détective de choc Nestor Burma, juste au-dessus.

RÉMY-DUMONCEL (rue)

Rue Rémy-Dumoncel, dans le quatorzième arrondissement de Paris, se trouve un immeuble blanc, une maison de retraite baptisée Le Tiers Temps.

— Maylis Besserie, *Le Tiers Temps*, 2020

Au 24, fin de partie pour Beckett

En août 1989, Samuel Beckett est admis dans la maison de retraite Le Tiers Temps. Il a 83 ans, sa femme est morte en juillet, il est à moitié aveugle, il ne pèse plus que soixante-trois kilos et n'a plus que quelques mois à vivre, mois pendant lesquels, à défaut de Godot, il va attendre la mort, cloîtré dans une chambre bordée d'un jardin en faux gazon qui sent « la pisse de vieillard[27] », se traitant de « vieux débris » et maudissant sa mère : « Il aurait fallu que je la tue avant de naître. »

En 2020, Maylis Besserie publiera un roman, *Le Tiers Temps*, prix Goncourt du premier roman, sur les derniers jours de l'écrivain irlandais. « Quel livre ! » écrira Jérôme Garcin.

RENÉ-COTY (avenue)

Elle habitait chez ses parents un appartement immense avenue René-Coty. La porte, sur la rue, était verte et grinçait.

— Pascale Gautier, *Villa mon désir*, 1989

Au 27 bis, Jules Romains

Jules Romains s'y installe en 1912 et, l'année suivante, publie *Les Copains*, roman dans lequel Broudier, Bénin, Lesueur, Omer, Huchon, Martin et Lamendin décident de punir Ambert et Issoire, villes qui – au terme d'un repas trop arrosé – les narguent sur la carte de France. Après avoir organisé un concours de bouts-rimés (« Issoire » doit rimer avec « passoire » et « Ambert » avec « camembert »), ils vont se rendre sur place pour semer un gentil chaos. Si la copie de Huchon fleure trop le classicisme (« Ni le désir tendu, ni l'exacte passoire, / N'atteignent la beauté du masculin Ambert, / D'où je t'ai vu, soleil, rond comme un camembert, / Décliner sur Issoire ! »), celle de Lamendin possède un certain souffle : « C'est vous, les villes ! Toi, Issoire, / Mangeant la plaine, comme un qui bouffe un camembert, / Et puis c'est toi, Ambert, / Où des forgerons fous brandissent des passoires ! »

En 1923, Jules Romains fera paraître *Knock ou le Triomphe de la médecine*, pièce dans laquelle on apprend que « tout homme bien portant est un malade qui s'ignore ». Trois ans plus tard, il quittera le 14e arrondissement pour s'installer à Belleville, rue des Lilas, où l'air est plus pur.

Au 31, Tristan Klingsor

Il fut pour Alexandre Arnoux un « poète exquis, délicat, aérien, rompu aux rythmes rigoureusement libres, abondant en images transparentes et irisées, un des plus purs et des plus nécessaires de son temps ». Pour Gérald Schurr, « un homme-orchestre, un artiste complet comme il s'en rencontre à l'époque du Symbolisme, un poète tendre et discret à l'humour teinté de gris, un musicien délicat, un critique et historien d'art qui a jeté un œil neuf sur le XVIIIe siècle ».

Klingsor s'était établi dans cette ancienne avenue du Parc-de-Montsouris en 1906, il y résida jusqu'à sa mort en 1966. Il fut également un peintre de talent et un musicien, élève de César Franck.

Au 52, Queffélec père et fils

Après le 366 bis, rue de Vaugirard, la famille Queffélec s'installe en 1953 au 52 de cette ancienne avenue du Parc-de-Montsouris. Le petit Yann est âgé de 6 ans et les relations avec son père, le célèbre Henri Queffélec, sont orageuses. Pour déposséder le père-écrivain (surnommé « le grand chef Waterman ») de son aura, l'enfant dérobe le stylo-plume paternel.

Trente-deux ans plus tard, le 18 novembre 1985, Yann Queffélec annonce à son père qu'il vient d'obtenir le prix Goncourt. L'accueil est glacial. « J'étais lauréat du Goncourt ! écrira le fils. La honte ! Il ne me le pardonnerait jamais… »

Après *Les Noces barbares*, Goncourt 1985, Yann Queffélec va signer une quarantaine d'ouvrages, dont deux *Dictionnaires amoureux* : celui de la Bretagne et celui de la mer.

ROUET (impasse du)

Il habitait impasse du Rouet, et, je pense que vous le savez, cette impasse est la dernière étape avant l'hôpital, l'asile de fous ou le cimetière.

— Anaïs Nin, *Les Cités intérieures*, 1959

Au 7, Henri Calet

« Je suis un produit d'avant-guerre. Je suis né dans un ventre corseté, un ventre 1900. Mauvais début », juge-t-il dans *La Belle Lurette*.

En 1932, après sa fuite en Amérique du Sud et une bourlingue à travers l'Europe, Calet est toujours « tricard » dans la capitale, recherché pour escroquerie et abus de confiance. Il se terre, à Puteaux, puis dans le 14e arrondissement, impasse du Rouet, et y termine un roman, *La Belle Lurette*. Grâce à Jean Paulhan, l'ouvrage est édité chez Gallimard. Avec succès : Gide, Larbaud, Max Jacob, Pascal Pia salueront l'ouvrage au réalisme vénéneux… *Le Mérinos* (1937) sera plus fraîchement accueilli. C'est après la guerre, à l'automne 1948, que sera publiée son œuvre la plus connue, *Le Tout sur le tout*, longue promenade dans le quartier d'Alésia, ouvrage qui rate le Goncourt, puis le Renaudot, puis le Prix de la critique, et qui témoigne de l'attachement de Calet à l'arrondissement : « Une fois au boulevard de ceinture, on est dans les grands espaces et on respire profondément ; on ne rencontre plus personne. Si j'étais amoureux, c'est dans ce désert que j'irais me cacher avec ma bonne amie. »

SABLIÈRE (rue de la)

La bande aurait été constituée de huit personnes dont une femme, elle avait un chef, « La Serrure » (tout un programme), et se retrouvait tous les soirs au 16, rue de la Sablière.

— Jean-Louis Robert, *Plaisance près Montparnasse*, 2012

Au 26, Henri Calet

En 1945, Henri Calet s'installe avec sa femme au 26, rue de la Sablière. Trois ans plus tard, Paul Guth, qui se rend chez lui pour l'interviewer, écrit dans *La Gazette des lettres* : « Henri Calet habite un building, déprimé, cartonné, aux fenêtres rectangulaires, qui a cru bon de prendre deux mètres de recul pour toiser la douce rue. "Au huitième !", soupire la concierge, l'ascenseur ne fonctionne pas. […] Je croyais trouver un sec fragile, un sourcilleux de haute taille, un gavroche quadragénaire, avec la grisaille aiguë et l'élocution en pointe de la capitale. La porte me révèle un élégant d'attitude modeste, un Espagnol lustré, aux cheveux de velours à peine striés d'une allusion grise. »

Aventurier mi-escroc mi-anarchiste, poète tendre du quotidien et piéton de Paris, Calet, comme Eugène Dabit ou René Fallet, fait partie des « petits maîtres » fâcheusement oubliés de la littérature du XXe siècle.

SAINT-JACQUES (boulevard)

Un Paris vide, aux avenues et aux rues qui paraissent plus larges, plus claires… Le choix du boulevard Saint-Jacques, un des plus lointains de Paris.

— Georges Simenon, *Signé Picpus*, 1944

Au 38, Samuel Beckett et Buster Keaton

En 1960, fort du succès d'*En attendant Godot*, l'écrivain irlandais achète sur plan (avec sa compagne Suzanne Dechevaux-Dumesnil) un appartement de trois pièces au septième étage d'un immeuble neuf. De sa cuisine, il peut apercevoir les prisonniers de la Santé, dont les cris l'empêchent trop souvent de travailler. Il écrit *Oh les beaux jours*, en anglais puis en français, pièce qui sera créée par Roger Blin en 1963 à l'Odéon. En 1965, Beckett intervient comme scénariste sur un court-métrage muet intitulé… *Film*, pour lequel le réalisateur souhaite faire appel à Chaplin. Ce sera Buster Keaton. Ce dernier, très fatigué, gros, asthmatique, ayant dépassé les 72 ans, a vaguement entendu parler du talent inédit d'un certain Beckett et accepte de tourner, n'ayant pour seule exigence que de porter l'un de ses vieux chapeaux cabossés. Pendant le tournage, Beckett ne fournit qu'une consigne à son interprète : « Chercher à ne pas être. Par tous les moyens, effacer toute image et tout relief. » Keaton ne cessera de murmurer : « Je n'y entrave que dalle. »

Quatre ans plus tard, l'écrivain reçoit le prix Nobel de littérature, récompensant l'ensemble de son œuvre qui, « à travers un renouvellement des formes du roman et du théâtre, prend son élévation dans la destitution de l'homme moderne ». Samuel Beckett résidera boulevard Saint-Jacques jusqu'en août 1989.

SANTÉ (rue de la)

L'impasse donnait sur la rue de la Santé, à mi-chemin entre la prison et l'hôpital Cochin. Plus bas, c'était la clinique d'aliénés devant laquelle il passait avant de remonter par la rue du Faubourg-Saint-Jacques.

— Georges Simenon, *Affaires conjugales*, 1952

Au 42, la prison de la Santé

Ils sont quelques-uns à avoir « tâté » de la Santé. Suspecté de complicité dans l'affaire du vol de *La Joconde* au Louvre, Apollinaire y est emprisonné le 7 septembre 1911. Un séjour de cinq jours dont il se souviendra dans *Alcools* : « Que je m'ennuie entre ces murs tout nus / Et peints de couleurs pâles / Une mouche sur le papier à pas menus / Parcourt mes lignes inégales / J'écoute les bruits de la ville / Et prisonnier sans horizon / Je ne vois rien qu'un ciel hostile / Et les murs nus de ma prison… »

En automne 1943, Jean Genet est incarcéré pour avoir volé une édition rare des *Fêtes galantes* de Verlaine. Dans la cellule 27 de la première division, il va achever *Miracle de la rose*, ouvrage qui sera publié en 1946.

Au 46, Lucien Descaves

Après le 15, rue Friant, dans le 14e arrondissement, Lucien Descaves s'installe rue de la Santé au printemps 1900 dans un pavillon avec jardin comportant un vernis du Japon d'une quinzaine de mètres et écrit à Huysmans pour lui communiquer sa nouvelle adresse, toute proche de la prison. Lequel le félicite : « C'est une des rares rues délicieuses qui subsistent à Paris. »

Romancier naturaliste (*La Teigne*, 1886), dramaturge et historien, ce dreyfusard accéda à la notoriété en 1889 avec un brûlot antimilitariste, *Sous-Offs*.

Cofondateur de l'académie Goncourt qu'il animera pendant plus de quarante ans, il fut un spécialiste de la Commune, signant deux romans : *La Colonne* (1901) et *Philémon, vieux de la vieille* (1913).

SEURAT (villa)

En résumé, la villa Seurat est l'écrin qui manquait à McCown pour briller en société.
— Jérôme Kagan, *Eugene McCown*, 2019

Au 1, Frank Townshend

Philosophe et poète, écologiste de la première heure, il fit construire sa maison par André Lurçat à l'entrée de la villa en 1926 et prophétisa dans *Earth* (1929) un univers neuf dans lequel « les bâtiments prennent des formes qui expriment leur signification », des bâtiments « adaptés à leur usage, respectueux de l'environnement. Solides, simples, beaux ».

Au 18, Henry Miller

En 1931, Henry Miller est hébergé dans l'atelier de son ami Michael Fraenkel et entreprend la rédaction du *Tropique du Cancer*, ouvrage qui oscille entre roman, essai, autobiographie et poésie. Selon ses termes, il s'agit d'un « crachat à la face de l'art, un coup de pied dans le cul à Dieu, à l'Homme, au Destin, au Temps, à la Beauté, à l'Amour ».

Le *Tropique* paraît en 1934 et Blaise Cendras écrit, dans *Orbes* : « Un écrivain américain nous est né. Henry Miller, auteur de *Tropic of Cancer*. Livre royal, livre atroce, exactement le genre de livre que j'aime le plus. »

Miller reviendra villa Seurat trois ans plus tard, le 1er septembre 1934, en compagnie d'Anaïs Nin, dans un atelier situé au-dessus de celui de Fraenkel, atelier avec salle de bains, chauffage central, cuisine, plusieurs chambres à coucher, pour 40,25 dollars mensuels. Il s'agit de celui qu'occupa Antonin Artaud en septembre 1933, dont Anaïs Nin trouvera une photo dans un placard.

Henry Miller y écrira *Tropique du Capricorne* et quittera la villa en mai 1939 pour rejoindre Lawrence Durrell en Grèce puis rentrer aux États-Unis.

SOPHIE-GERMAIN (rue)

Sur l'autre rive de la Seine, dans le 14e arrondissement, la rue Sophie-Germain évoque une dame qui introduisit d'importantes idées dans le domaine des nombres premiers.

— Daniel Tammet, *L'Éternité dans une heure*, 2013

Au 6, Paul Fort

Après le 18, rue Boissonade, Paul Fort émigre rue Sophie-Germain en 1902. Fils de Villon et de Verlaine, adepte d'une poésie de la simplicité, professant qu'« il fallait se laisser aller aux charmes du beau hasard », cet ami de Jarry, de Fargue et de Francis Jammes eut un adversaire farouche au *Mercure de France* en la personne de Paul Léautaud. Paul Fort l'appelait « Sent-la-pisse » et Léautaud demandait à sa chienne Barbette de déchiqueter ses recueils de poèmes : « On n'a jamais vu, se plaisait-il à faire remarquer, une œuvre littéraire être appréciée à ce point. »

TOMBE-ISSOIRE (rue de la)

C'est ce soir que je meurs, ma chère Tombe-Issoire, / Ton regard le plus beau ne fut qu'un accessoire / de la machinerie étrange du bonjour.

— Robert Desnos, *Les Gorges froides*, 1926

Au 37, Pierre Albert-Birot, dit PAB

Ce poète inclassable traversa tous les courants de la modernité au début du siècle sans jamais s'affilier au moindre mouvement (sauf au « nunisme », école du « maintenant » dont il est le fondateur et seul membre). Sa revue *SIC* (sigle de *Sons, idées, couleurs*), créée en 1916, fut pendant quatre ans la revue des avant-gardes, la première à diffuser les textes dadaïstes de Tristan Tzara. Et l'on verra, lors des samedis de la Tombe-Issoire, passer Apollinaire, Reverdy, Max Jacob, Cendrars et les très jeunes Aragon et Soupault.

Poète, sculpteur, peintre, typographe, dramaturge, « PAB » vécut 51, boulevard Saint-Jacques jusqu'en 1912 puis rue de la Tombe-Issoire jusqu'en 1919, date de son départ pour… la rue du Départ. Il fut le metteur en scène des *Mamelles de*

Tirésias et aurait suggéré à Apollinaire le mot « sur-réaliste » pour qualifier la pièce.

Albert-Birot est essentiellement connu pour *Grabinoulor*, épopée burlesque écrite de 1918 à 1963, et pour ses petits poèmes-pancartes comme « Ralentissez, n'écrasez pas les paysages ».

Il ne quittera le 14e arrondissement qu'à la veille de la guerre de 1939-1945, pour le 71, rue des Saints-Pères.

Au 120, la « chambre à soi » de Nathalie Sarraute

Dans les années 1930, Nathalie Sarraute réside avec son mari et leurs trois enfants square Henry-Paté, dans le 16e arrondissement. Pour avoir, selon le mot de Virginia Woolf, « une chambre à soi », elle loue en octobre 1936 une pièce sur cour avec kitchenette rue de la Tombe-Issoire, non loin de la rue Marguerin de son enfance, à plus d'une demi-heure de bus de son domicile. Elle y écrira plusieurs *Tropismes* puis finira par la quitter, s'y sentant trop à l'étroit.

VICTOR-SCHOELCHER (rue)

Comme j'étais universitaire, j'avais été désigné et je m'étais rendu, avec une jeune étudiante encore en propédeutique, dans l'appartement de Simone de Beauvoir, rue Victor-Schoelcher. Je fus soumis à un feu roulant de questions.

— Alain Geismar, *Mon Mai 1968*, 2008

Au 11 bis, Simone de Beauvoir

Grâce au Goncourt des *Mandarins*, Beauvoir emménage en 1955 rue Victor-Schoelcher dans un atelier avec mezzanine surplombant les grands carrés de tombes du cimetière du Montparnasse, « un petit duplex plein de poupées et d'objets ramenés d'ici et là, d'un mauvais goût touchant, celui d'une enseignante soviétique », relate Pierre Bénichou. Elle s'y installe en compagnie de Claude Lanzmann, le seul homme avec lequel elle accepta de cohabiter. Le cinéaste se souvient : « Le Castor et moi étions entrés ensemble, cœur battant dans ce logis – le premier et le seul dont elle fut jamais propriétaire – et y avions fait une très amoureuse pendaison de crémaillère. »

Après les années d'écriture de Saint-Germain-des-Prés, les années Victor-Schoelcher seront pour Beauvoir les années de l'engagement et du combat.

Elle prend conscience de ses privilèges de bourgeoise intellectuelle, de sa collusion inconsciente avec le monde masculin. Elle accepte l'étiquette féministe, sympathise avec le MLF, elle signe, en 1971, le fameux « manifeste des 343 salopes », cofonde le mouvement Choisir dont le rôle sera déterminant pour la légalisation de l'interruption volontaire de grossesse.

Son combat féministe durera jusqu'à sa mort, en 1986. « N'oubliez jamais, écrit-elle, qu'il suffira d'une crise politique, économique ou religieuse pour que les droits des femmes soient remis en question. Ces droits ne sont jamais acquis. Vous devrez rester vigilantes votre vie durant. »

Au 11 bis, Anaïs Nin

En 1925, Anaïs et Hugh Guiler, jeunes mariés, s'installent 11 bis, rue Schoelcher avec Rosa, la mère d'Anaïs. Ils habiteront ensuite boulevard Suchet, puis Louveciennes, où Anaïs rencontrera Henry et June Miller.

La liaison avec Miller sera brève, mais intense. Grâce à l'argent de son mari Hugh, elle fera imprimer son *Tropique du Cancer* en 1934 et en rédigera la préface.

Amie et maîtresse de nombreux écrivains (Antonin Artaud, Henry Miller, Edmund Wilson, Gore Vidal, James Agee, Lawrence Durrell...), elle deviendra célèbre en 1966 grâce à la publication de ses journaux intimes et secrets, où, la première, elle lève le voile sur les mystères du désir féminin. Viendra ensuite *Delta of Venus. Erotica*, en 1977, qui fera scandale en traitant notamment de l'inceste consenti (avec son père) ou de la bisexualité féminine (avec la femme de Henry Miller).

Anaïs Nin aimait Paris et elle nota dans son journal : « Parfois je pense à Paris non comme une ville mais comme un havre. Protégé, fermé, abrité, intime. Le bruit de la pluie de l'autre côté de la fenêtre, l'esprit et le corps enclins à l'intimité, aux amitiés, aux amours. Encore une journée intime et abritée d'amitié et d'amour, une alcôve. Paris intime comme une chambre. Tout conçu pour l'intimité. »

Notes

1. Collectif, *Paris par écrit. Vingt écrivains parlent de leur arrondissement*, L'Inventaire-la Maison des écrivains, 2002.
2. Nadia Polizu-Michsunesti, dite Sandi, princesse roumaine rencontrée en 1919, qui meurt en 1928.
3. Italo Calvino, « Eremita a Parigi », *Romanzi e racconti*, Mondadori, 1994.
4. Camille Dumoulié, *Antonin Artaud*, Éditions du Seuil, 1996.
5. Refusé par les éditeurs, il paraîtra chez Gallimard en 1979, sous le titre *Quand prime le spirituel.*
6. Victor Hugo, *Choses vues*, t. I, 1887.
7. Manifeste signé Paul Bonnetain, J.-H. Rosny aîné, Lucien Descaves, Paul Margueritte et Gustave Guiches.
8. Henry Miller, *Les Livres de ma vie*, Gallimard, 1957.
9. L'immeuble du Sphinx, quatre étages, une façade Art déco ornée d'un sphinx en stuc, fut construit sur l'emplacement d'une ancienne marbrerie funéraire.
10. Selon Roger Vitrac, le changement de nom aurait été orchestré par Robert Desnos, bien décidé à mener la vie dure à Breton après leur rupture désormais définitive. Suivra la parution du recueil *Corps et Biens* de Desnos, que Breton éreintera en juillet par Aragon interposé dans le premier numéro du *Surréalisme au service de la révolution* : « C'est cet être nul, ce spécialiste du cafouillage lyrique, ce dindon à mettre à toutes les sauces [...] c'est ce menteur professionnel qui se permet de s'attaquer à tout ce qu'il y a de pur [...]. Il se range définitivement dans la catégorie des mouches à merde. »
11. Il faudra huit ans pour écouler les quatre mille exemplaires.
12. *Les poésies de François Caradec mises toutes ensemble & dédiées aux Lecteurs*, dans *La Quinzaine littéraire.*
13. Lettre d'Hélène de Beauvoir à sa sœur, relatée par Sartre dans *Carnets de la drôle de guerre.*
14. René Maheu, dit « le lama », camarade de Sartre à Normale sup'. Il sera « André Herbaud » dans les *Mémoires d'une jeune fille rangée.* C'est lui qui donna à Beauvoir le surnom de « Castor ».
15. « Patrick Modiano, détective de la mémoire dans un Paris noir », *Le Point*, 3 octobre 2012.
16. Paul Léautaud, *Mots, propos et anecdotes*, La Centaine, 1925.
17. Frédéric Gaussen, « Maurras et Lucien Rebatet, le fasciste parricide », *Le Monde*, 3 mai 2000.
18. Dans *La Vie d'une amitié*, Plon, 1951-1957, la princesse Marthe Bibesco retrace la vie de l'illustre abbé.
19. Relaté par Ghislain de Diesbach dans sa préface du *Journal* de l'abbé Mugnier.
20. Relaté par Jules Roy dans *Les Années cavalières*, Albin Michel, 1998.
21. Paul Guth, *Quarante contre un*, Denoël, 1952.
22. Selon Mireille Calle-Gruber, il échange son appartement contre l'atelier de la villa Saint-Jacques avec le mari de Cécile Éluard.
23. Romain Rolland, *Le Périple*, Émile-Paul, 1946.
24. Selon le discours de l'académicien René de Castrie pour l'inauguration d'une plaque apposée sur la maison de Pierre Benoit rue d'Assas, le 19 octobre 1982.
25. Selon le site https://www.association-jacques-riviere-alain-fournier.com/reperage/simenon/notice_maigret/note_maigret_Tete%20dun%20homme.htm.
26. François-René de Chateaubriand, *Mémoires d'outre-tombe*, t. III, livre XXXVI, chapitre I.
27. Jérôme Garcin, « Les derniers jours de Samuel Beckett », *L'Obs*, 2 mars 2020 (https://www.nouvelobs.com).

Si les bois de Boulogne et de Vincennes n'étaient pas rattachés aux 16e et 12e arrondissements, le 15e serait le plus grand de Paris, couvrant presque dix pour cent de la superficie de la capitale. Il n'en est pas de même de son statut littéraire, fort modeste, à part dans les quartiers jouxtant le 14e. Une curiosité, pourtant. Serait-il le plus surréaliste de Paris ? Y sont en effet attachés Robert Desnos, Raymond Queneau, René Char, René Crevel, Benjamin Péret, Jacques Prévert… Sans oublier, en dehors de tout surréalisme, Samuel Beckett, Paul Auster et Michel Houellebecq qui passaient par là…

LE 15E ARRONDISSEMENT

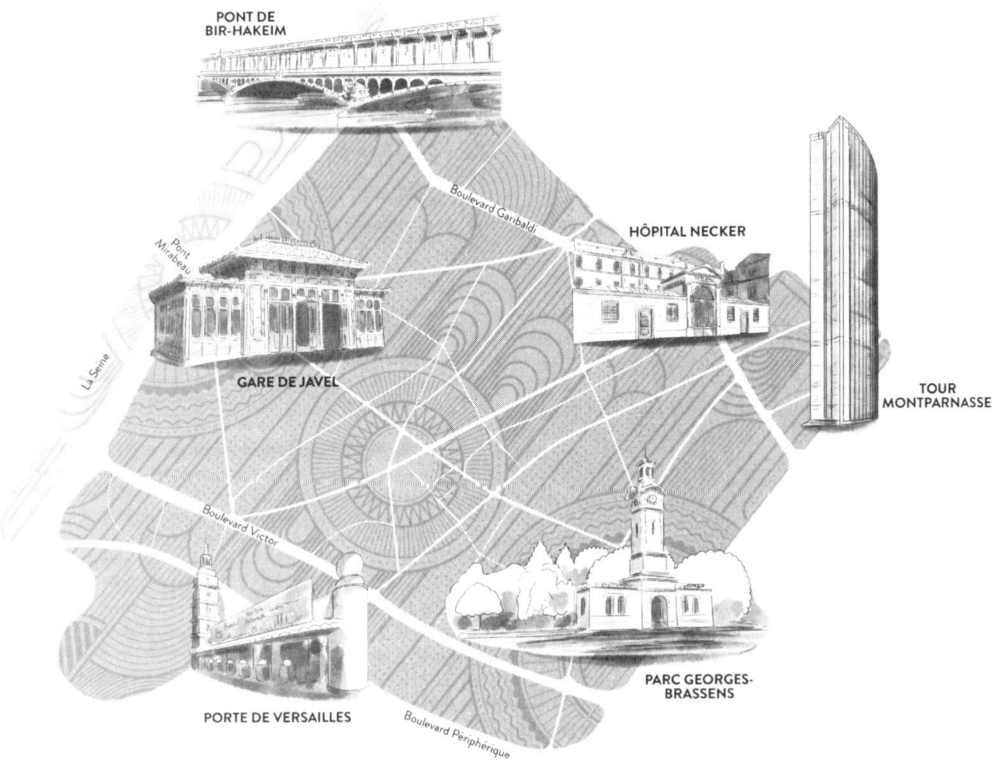

ABBÉ-GROULT
(rue de l')

Colette habitait rue de l'Abbé-Groult, une rue longue, triste et étroite qui s'allonge d'est en ouest…

— Claude-Henri Dupin, *Le Cœur embarrassé*, 1989

Au 82, Georges Bernanos

La famille Bernanos délaisse Neuilly en 1897, elle résidera rue de l'Abbé-Groult jusqu'en 1900 et le jeune Georges fera ses études au collège jésuite de l'Immaculée-Conception, établissement réputé de la rue de Vaugirard.

En janvier 1896, Émile Bernanos a fait l'acquisition d'une maison à Fressin, village situé en Artois, et Georges y passe toutes ses vacances. « J'habitais, écrit-il dans *Les Grands Cimetières sous la lune*, au temps de ma jeunesse, une vieille chère maison dans les arbres, un minuscule hameau du pays d'Artois, plein d'un murmure de feuillage et d'eau vive. » À Fressin, pendant ses longues vacances, Bernanos va faire connaissance avec une littérature française conforme à ses aspirations : les très mystiques Blaise Pascal et Ernest Hello, et les très droitiers Alphonse et Léon Daudet…

Au 129, Maurice Toesca

« Lorsqu'on parle de Toesca dans les dictionnaires et dans la presse, écrit Bernard Clavel dans sa préface du *Lycée de mon père*, on ne manque pas de rappeler qu'il fut élève d'Alain au lycée Henri-IV et que son œuvre témoigne d'une attention toute particulière à la situation des femmes dans notre société. »

Auteur d'une vingtaine de romans dont *Le Singe bleu* (prix Courteline, 1942) et *Le Scandale* (Grand Prix de la Société des gens de lettres, 1950), Maurice Toesca travailla pour la télévision, adaptant plusieurs de ses ouvrages (*La Valse du sous-préfet*), ainsi que des œuvres de Mauriac, Maurois, Jules Renard ou George Sand (*Les Beaux Messieurs de Bois-Doré*). « Rares sont les créateurs assez ouverts, assez généreux pour se pencher avec passion sur l'œuvre de leurs confrères. Toesca est de ceux-là », poursuit Bernard Clavel.

Maurice Toesca fut le biographe de George Sand (il présida Les Amis de George Sand jusqu'en 1981), de Lamartine, de Musset, de Vigny et de Jules Renard. Il résida rue de l'Abbé-Groult dans les années 1990, décédant à Asnières en 1998.

ALENÇON (rue d')

« Vous êtes à deux pas de chez vous… fit-il délicatement. Dans une heure, je vous attendrai au coin de la rue d'Alençon… C'est dit ? »

— J.-H. Rosny, *L'Indomptée*, 1893

Au 3, Lionello Fiumi

Fiumi s'installe à Paris en 1925 pour œuvrer à la diffusion de la littérature italienne. Francophile enthousiaste, il rêve d'une alliance des peuples « latins ».

Nommé secrétaire général du comité de la Société Dante Alighieri à Paris, il anime une revue où il fait paraître, en traduction française, des textes de Dante, de grands classiques italiens (Pétrarque, Boccace) et d'écrivains contemporains comme D'Annunzio ou Grazia Deledda (Prix Nobel de littérature 1926). En juin 1940, fuyant l'occupation de Paris par les nazis, Fiumi repart en Italie. Son rêve panlatin de voir les deux nations prendre le même chemin se brise définitivement : l'Italie déclare la guerre à la France.

ALÉSIA (rue d')

La rue d'Alésia est également présente dans le 14e arrondissement.

Elle descend un escalier rue d'Alésia. C'est long !
C'est long ! Ces escaliers d'immeubles.
Et tous ces paillassons. C'est sinistre.
— Hélène Parmelin, *Le Guerrier fourbu*, 1966

Au 173, Georges Brassens

En 1940, âgé de 20 ans, Georges Brassens « monte à Paris » et réside chez sa tante Antoinette, rue d'Alésia. Il y restera trois ans, s'entraînant au piano et fréquentant la bibliothèque de la rue Mouton-Duvernet, lisant Villon, Verlaine, Hugo, Baudelaire, se mettant à écrire, en s'efforçant « d'arranger les syllabes » et de « faire danser les mots ». Ses premiers pas poétiques interviennent en 1942, avec la publication d'*À la venvole* dans une revue créée par Roger Thérond.

BLOMET (rue)

Rue Blomet, il veut encore s'arrêter. De nouveau,
Elisabeth feint de ne pas s'en apercevoir. C'est son truc.
La rue Blomet est un couloir sans soleil.
— Ange Seidler, *À la petite semaine*, 1937

Au 33, le Bal Nègre de Beauvoir

Robert Desnos, qui habite au 45 de la rue, va faire découvrir ce lieu magique à quelques surréalistes fermement décidés à braver les interdits de Breton (pas d'alcool, pas de musique) et assure la publicité du bal dans *Comœdia* : « Dans l'un des plus romantiques quartiers de Paris, où chaque porte cochère dissimule un jardin et des tonnelles, un bal oriental s'est installé. Un véritable bal nègre [...] où l'on peut passer, le samedi et le dimanche, une soirée très loin de l'atmosphère parisienne. » Quelques années plus tard, la *lost generation* prend le relais avec Miller, Hemingway, Fitzgerald, suivie par les futurs germanopratins : Beauvoir, Merleau-Ponty, Sartre, Vian, Camus...

Simone de Beauvoir évoque le Bal Nègre dans *La Force de l'âge* : « Le dimanche soir, on délaissait les amères élégances du scepticisme, on s'exaltait sur la splendide animalité des Noirs de la rue Blomet. [...] J'aimais regarder les danseurs ; je buvais du punch ; le bruit, la fumée, les vapeurs de l'alcool, les rythmes violents de l'orchestre m'engourdissaient ; à travers cette brume je voyais passer de beaux visages heureux. Mon cœur battait un peu plus vite quand explosait le quadrille final : dans le déchaînement des corps en fête, il me semblait toucher ma propre ardeur de vivre. »

Vingt ans plus tard, Frédéric Dard logera Bérurier et sa femme au-dessus du Bal Nègre dans *Des gueules d'enterrement* (1956) : « Pour une gueule d'enterrement, c'est une gueule d'enterrement... Et pour cause ! La plaie à la tempe, les yeux morts : le bonhomme en photo a tout du macchabée réglementaire. »

Au 45, Robert Desnos

Comme la rue Fontaine ou la rue du Château, le 45 de la rue Blomet fut un des centres névralgiques du surréalisme. Y séjourneront Masson, Desnos, Dédé Sunbeam, puis, plus tard, Malkine, André de la Rivière...

En 1926, Robert Desnos prend la suite d'André Masson dans un atelier où il résidera jusqu'en 1931, date à laquelle il s'installera rue Lacretelle avec Youki. « Cette cour, écrit-il, était un phénomène parisien, clos herbu planté d'un lilas [...] et d'une vigne que le gérant, qui avait des idées esthétiques, fit arracher parce que cela "faisait sale". » L'atelier du poète n'a pas de clé, il ferme avec un cadenas à chiffres dont il oublie souvent la combinaison. Chez lui, l'insolite règne : il aime s'entourer d'objets disparates et curieux, de grandes boules de verre, une épée de cristal qu'il suspend au-dessus du lit, des œuvres de Miró et de Picabia. « Il donnait, se souvient Georges Hugnet, des soirées folles qui souvent se terminaient assez mal. Il avait le génie d'accrocher des rapières à ses murs et j'ai assisté chez lui à des bagarres dignes des dessins de Gustave Doré. »

Rue Blomet, Desnos écrit et publie *La Liberté ou l'Amour* (1927), roman mettant en scène le corsaire Sanglot et Louise Lame dans un délire poético-érotique qui sera condamné pour obscénité par le tribunal de la Seine.

Au 62, la naissance de Louis Pauwels

Il naquit rue Blomet en 1920, il sera journaliste, écrivain et éditeur. Son roman, *L'Amour monstre* (1955), fut très apprécié par Brigitte Bardot qui en conseilla la lecture à Serge Gainsbourg, lequel s'en souviendra dans sa chanson *Initials B.B.* : « Parcourant *L'Amour monstre* de Pauwels / Me vint une vision / Dans l'eau de Seltz. »

Mais ce n'est pas la littérature qui fera la renommée de celui qui qualifia Maurice Papon de « philosophe humaniste » : en octobre 1960, un ovni paraît chez Gallimard, « un étrange ouvrage de 600 pages débordant de civilisations disparues, d'alchimie, de visiteurs venus du futur ou du passé, on ne sait trop, de similitudes jugées "troublantes" entre les dernières découvertes scientifiques et les traditions ésotériques. Le succès du *Matin des magiciens* est immense. Les rationalistes haussent les épaules, l'Église catholique s'inquiète, les sociologues s'interrogent. Les auteurs, Louis Pauwels et Jacques Bergier, sont célèbres du jour au lendemain[1] ».

Au 155, Léon Bloy

En octobre 1887, après avoir publié *Le Désespéré*, roman-pamphlet en partie autobiographique (« Mon Dieu ! que la vie est une horrible dégoûtation ! »), Léon Bloy s'installe au 155 dans un pavillon avec jardin et ouvre au 127 de la rue une pension « pour jeunes filles étrangères et convenables ».

Il fréquente essentiellement ses amis Huysmans et Villiers de L'Isle-Adam, qu'il considère comme compagnons de misère. « Quelle triste, lamentable soirée nous avons passée hier chez Huysmans en compagnie de Villiers ! Nous avons ensemble repassé tous nos déboires, le néant de nos efforts, l'inanité effroyable d'une vocation stérilisée par l'indifférence universelle. Et cela sans aucune issue probable, sans aucun rêve plausible, avec l'exténuation de nos énergies et la vieillesse proche[2]. »

Le décès de Barbey d'Aurevilly et de Villiers de L'Isle-Adam en 1889, puis sa brouille avec Huysmans (qui le caricature dans *Là-bas*) marquent la fin des amitiés. Mais il a près de lui Jeanne Charlotte Molbech, fille du poète danois Christian Frederik Molbech, qui va être partie prenante dans son œuvre. Il commence à écrire son journal intime, nourri des rêves et des pensées de sa femme, écrit et publie en 1892 *Le Salut par les Juifs*, réponse à *La France juive* d'Édouard Drumont.

CÉSAR-FRANCK
(rue)

Je me rendais chaque semaine pour des leçons particulières chez lui, rue César-Franck, une rue bien nommée.

— Joachim Havard de La Montagne, *Mes longs chemins de musicien*, 1999

Au 7, Dominique Fernandez

Le futur lauréat du Goncourt (*Dans la main de l'ange*, 1982) est élevé par sa mère, rue César-Franck. Le 5 août 1944, l'enfant suit en culottes courtes dans la rue de l'Abbaye le cercueil de son père, collaborationniste notoire. Que peut ressentir ce jeune garçon dont le professeur de français au lycée Buffon a été arrêté par les nazis en avril 1942 ? Honte ? Chagrin ? Soixante-trois ans plus tard, il réside toujours rue César-Franck quand Pierre-Jean Remy répond à son discours de réception à l'Académie française : « Vous m'avez dit un jour – et vous nous l'avez répété tout à l'heure – que l'une des raisons – la raison principale peut-être – pour lesquelles vous avez voulu entrer dans notre compagnie, c'était pour que son nom soit prononcé sous cette Coupole, je le prononcerai donc après vous. [...] Ce père absent, si présent, vous le portez en vous depuis votre première enfance. Il était beau, désinvolte, il buvait comme un héros de roman et, pour parrain lors de votre baptême, vous a donné François Mauriac. C'est tout de même un bel héritage ! Son œuvre, très vite, vous l'avez arpentée et ce sont ses livres, et surtout sa vie, qui vous ont donné le besoin d'écrire vous-même : répondre par des livres au silence des livres. »

En 2009, Dominique Fernandez publiera un ouvrage de huit cents pages intitulé *Ramon*, livre-exorcisme sur un père « admiré et méprisé ».

CHASSELOUP-LAUBAT (rue)

Mes parents avaient trouvé, en 1948, un appartement d'une centaine de mètres carrés, à louer, 12, rue Chasseloup-Laubat.

— Dominique Moïsi, *Un Juif improbable*, 2011

Au 12, Henry Céard

Romancier et auteur dramatique, il fut un proche et un disciple d'Émile Zola. Son roman le plus connu, *Une belle journée* (1881), dans lequel une vieille femme ressasse le souvenir d'un adultère manqué, passe pour être le modèle du roman naturaliste. En 1898, Céard se désolidarise de son ami Zola en adoptant une position antidreyfusarde et, en 1906, publie *Terrains à vendre au bord de la mer*, étonnant roman wagnérien se déroulant en Bretagne, longue méditation sur l'art, la musique et le temps. Céard décède rue Chasseloup-Laubat en 1924, six ans après son élection à l'académie Goncourt.

COMMERCE (rue du)

Alors, elle l'entraîna chez elle, ou plutôt chez ses parents, l'appartement sombre et long de la rue du Commerce, où ils avaient leur commerce et un piano.

— Éliette Abécassis, *Nos rendez-vous*, 2020

Au 4, Antonin Artaud

Artaud réside rue du Commerce entre novembre 1931 et octobre 1932. Il y traduit (avec Bernard Steele) *The Case of Mr Crump* de Ludwig Lewisohn, dénonciation de la « bonne pensée » aux États-Unis, ouvrage à scandale et à succès qui paraît sous le titre de *Crime passionnel.* Parallèlement, il publie son manifeste sur le théâtre de la cruauté.

Après la rue du Commerce, à court d'argent, Artaud se réfugiera comme souvent chez sa mère, Euphrasie Nalpas, rue Rouelle.

En 2021, Justine Lévy publiera un journal imaginaire de la mère d'Artaud dans *Son fils* : « Personne ne le comprend comme moi, personne ne l'aime par cœur comme moi. J'ai toujours été là pour lui. Celle qui n'a pas compris sa douleur ne peut pas prétendre l'aimer. C'est mon Antonin, le mien, à moi, et s'il n'est pas à moi alors il n'est à personne, ah voilà que moi aussi je deviens folle de douleur, pourquoi un fils doit-il partir, quitter sa mère, personne ne sait le soigner comme elle, comme moi, comme une mère, personne n'a besoin de lui comme moi, ni de moi comme lui, personne ne me volera mon Antonin. »

CONVENTION
(rue de la)

Côté Muller, un seul nom revenait constamment : Marguerite Muller, domiciliée 27, rue de la Convention à Paris (15e), permis de communiquer n° 2382 délivré par la direction de l'Administration pénitentiaire.

— Roger Borniche, *Le Tigre*, 1982

Au 103, Michel Houellebecq et Marc-Édouard Nabe

Au 103, rue de la Convention ont longtemps habité Michel Houellebecq (au cinquième étage) et Marc-Édouard Nabe (au premier étage), l'enfant terrible des lettres parisiennes. Dans son premier ouvrage, *Au régal des vermines* (1985), il étale crûment ses goûts et ses dégoûts et entend « faire de son nombril le maelström du monde ».

« À l'époque, peut-on lire dans *L'Express*, depuis certaine prestation sulfureuse à *Apostrophes*[3], c'est Nabe la star ; Houellebecq n'est qu'un informaticien qui publie quelques poèmes et collectionne les “râteaux” auprès de la caissière noire du Monoprix voisin[4]. »

Nabe publie en 2000 le quatrième tome de son journal intime, *Kamikaze*, aux Éditions du Rocher. Si l'éditeur considère l'ouvrage comme « unique et révolutionnaire », Michel Polac le trouve « à vomir » et traite son auteur de « raclure de bidet ».

Boudé par les libraires, en délicatesse avec ses éditeurs, Nabe décidera de s'autoéditer, gagnant quelque argent avec *L'Homme qui arrêta d'écrire* (2010) et surtout *L'Enculé* (2011).

Nabe et Houellebecq sont-ils restés amis ? « J'aime bien mes amis, écrit Nabe, mais je préfère les mépriser. »

Au 211, René Char

Début 1934, René Char et sa femme Georgette louent un appartement au 211, rue de la Convention. Pendant deux ans, ils y partageront leur temps avec leur maison de L'Isle-sur-la-Sorgue. L'époque de *Ralentir travaux* – recueil à trois voix signé par Breton, Éluard et Char en 1930 – s'éloigne définitivement. Le poète prend ses distances avec le surréalisme, publie un recueil de poèmes au titre évocateur, *Le Marteau sans maître* (1934), où l'on peut lire : « La poésie est pourrie d'épileurs de chenilles, de rétameurs d'échos, de laitiers caressants, de minaudiers fourbus, de visages qui trafiquent du sacré, d'acteurs de fétides métaphores, etc. » Et de confier à Antonin Artaud : « Le surréalisme est mort du sectarisme imbécile de ses adeptes. »

COTENTIN (rue du)

Plus heureux, les piétons pouvaient, pour gagner la rue du Cotentin et les spacieux déserts du boulevard de Vaugirard, emprunter une passerelle gracile qui sautait d'un bond de chèvre par-dessus les voies ferrées.

— Georges Duhamel, *Le Notaire du Havre*, 1933

Au 34, Claire Sainte-Soline...

Elle habitait un immeuble jouxtant les quais de marchandises de la gare Montparnasse et sa vie parisienne était ponctuée du fracas des trains : « Ce n'est rien, disait-elle, à côté des voitures à cheval qui, il y a peu encore, remontaient ma rue à toute allure jusqu'à l'entrée de la gare ! Le vacarme des roues en fer et des sabots sur les pavés était autrement bruyant, mais l'humain est ainsi fait qu'il s'habitue à tout. J'aime ma rue industrieuse. »

Sous le pseudonyme de Claire Sainte-Soline, Nelly Éva Marguerite Fouillet publie en 1934 son premier roman, *Journée*, évoquant la vie d'un village poi tevin. Suivront une vingtaine d'ouvrages dont *Le Dimanche des Rameaux* (1952), *D'amour et d'anarchie* (1955) et *La Mort de Benjamin*, en 1957, qui manque d'une voix le prix Femina dont elle intégrera le jury l'année suivante. Membre du PEN Club français, habituée de l'émission *Lectures pour tous*, elle explore avec affection les dysfonctionnements de l'âme humaine. Sa fille, Paulette Coquart, sera la première épouse de l'écrivain-académicien Pierre Moinot.

... et Ilya Ehrenbourg

Dans le même immeuble et à la même époque (dans les années 1930) résidait cet écrivain russe, « Russe en France, Français en Russie, Juif aussi bien en France qu'en Russie et en Allemagne », selon René L'Hermitte. Ehrenbourg, témoin des tempêtes de l'URSS, est l'auteur d'une vingtaine d'ouvrages, dont *Les gens, les années, la vie* (1960), gros livre de souvenirs de cet ambassadeur de la culture soviétique à l'étranger, porte-parole de la politique littéraire du pouvoir et de son « petit père des peuples », Staline.

DESNOUETTES (square)

Selon Élisabeth Roudinesco, Sylvia Maklès et Georges Bataille se seraient rencontrés square Desnouettes, près de la porte de Versailles, dans un atelier occupé par Raymond Queneau...

— Michel Surya, *Georges Bataille. La mort à l'œuvre*, 1992

Au 4 bis, Raymond Queneau

Après un court séjour à l'hôtel Daniel du 18, rue Caulaincourt, Queneau et Janine Kahn s'installent fin 1928 square Desnouettes, dans un grand studio aux murs couverts de peintures amies, Masson, Tanguy, Miró.

Pour un problème de femmes, Queneau est entré en conflit avec André Breton. Janine Kahn est la sœur de Simone Kahn, première épouse de Breton. Lorsque ce dernier entame sa procédure de divorce, il jette l'anathème sur son ex-compagne, la déclarant « infréquentable ». Devant le diktat, Queneau refuse. À cette brouille s'ajoutent des différends littéraires et idéologiques. Avec Prévert et Desnos, Queneau signe en 1930 le tract contre Breton (*Un cadavre*) avec un texte intitulé « Dédé », dans lequel le pape du surréalisme devient un « animal à grande tignasse et à tête à crachats », une « vieille vessie religieuse », et où les allitérations en P et en D s'en prennent aux (supposés) instincts refoulés du Maître.

Square Desnouettes, Queneau écrit son premier roman, *Le Chiendent*, qui obtient le premier prix des Deux Magots (1933), suivi de *Gueule de pierre* (1934) et des *Derniers jours* en 1936. Cinq mois plus tard, il commence à tenir dans *L'Intransigeant* une chronique quotidienne intitulée « Connaissez-vous Paris ? » qu'il poursuivra jusqu'en 1938. Entré au comité de lecture de Gallimard, il s'attelle à une encyclopédie des sciences inexactes et à une encyclopédie des fous littéraires…

Les Queneau resteront square Desnouettes jusqu'à juin 1936, date à laquelle ils déménageront à Neuilly. Après la guerre, Queneau signera sous le nom de Sally Mara *On est toujours trop bon avec les femmes*, fondera l'Oulipo avec François Le Lionnais et atteindra la notoriété grand public avec *Zazie dans le métro* (1959).

DOMBASLE (rue)

Il amena sa mère à goûter du bout des dents quelques bouchées de nouilles fraîches achetées chez un crémier italien de la rue Dombasle.

— José Germain, *Les Enfants perdus*, 1936

Au 10, Walter Benjamin

En 1933, après l'incendie du Reichstag, le critique et historien allemand Walter Benjamin s'exile à Paris et réside dans une chambre du 10, rue Dombasle, où il restera jusqu'en 1940. Dans les années 1920, la lecture enfiévrée du *Paysan de Paris* l'avait incité à entreprendre un livre-passerelle entre Lautréamont et les surréalistes. Conçu initialement comme un essai sur l'histoire sociale du Paris du XIXe siècle, l'ouvrage va s'enrichir d'une réflexion sur la modernité équivoque d'un XXe siècle qui lui semble courir à sa perte. L'ouvrage, œuvre foisonnante et inachevée, verra le jour sous forme fragmentaire, à la manière des collages surréalistes : *Paris, capitale du XIXe siècle*, avec comme sous-titre *Le Livre des passages*, sera publié pour la première fois en 1982.

Au 10, Arthur Koestler

À la même époque, Koestler est le voisin de Walter Benjamin et les deux hommes s'affrontent parfois le samedi aux échecs. Koestler vient de publier *Un testament espagnol*, récit de son emprisonnement dans les geôles de Franco. Après l'exécution de Nikolaï Boukharine lors des procès de Moscou, il y rédige sa lettre de rupture avec le parti communiste et entame la rédaction d'un des grands classiques du XXe siècle, *Le Zéro et l'Infini*, ouvrage commencé en 1938 et qu'il terminera un mois avant l'invasion allemande.

Réfugié à Londres, Koestler reviendra à Paris en 1944 et s'installera à l'hôtel Montalembert, à quelques pas de la *NRF*. Publié en France en 1945, *Le Zéro et l'Infini* va dépasser les quatre cent mille exemplaires vendus. Le zéro, c'est l'individu. L'infini, c'est la dictature soviétique. Le Parti communiste français fera intervenir ses canonniers (Garaudy, Kanapa…) et le couple Sartre-Beauvoir déclarera : « Mieux vaut une dictature communiste qu'une dictature gaulliste. »

ÉMILE-ZOLA
(avenue)

Il sortit, tourna dans l'avenue Émile-Zola, marcha entre les tilleuls. Il était seul, mais n'en souffrait pas.

— Michel Houellebecq, *Les Particules élémentaires*, 1998

Au 126, René Dumesnil

Il fut médecin, critique musical et historien des lettres. Ami de Huysmans, spécialiste majeur de Flaubert et de Maupassant, il écrivit en 1936 une importante histoire du réalisme. Ses souvenirs de jeunesse, *Le Rideau à l'italienne*, parus en 1959, évoquent les amis disparus : Descaves, Hennique, Céard, Huysmans, l'abbé Mugnier…

EUGÈNE-MILLON
(rue)

29, rue Eugène-Millon. Tes volets sont fermés. Tout est éteint, t'es pas là.

— Juliette Bouchet, *Le Double des corps*, 2015

Au 15, Valérie Valère

Fin 1978, elle avait publié, à 16 ans, *Le Pavillon des enfants fous* et Christiane Rochefort dans *Le Monde* avait salué la venue d'un écrivain. L'auteure y racontait son séjour pour anorexie, à 13 ans, dans un hôpital psychiatrique. Suivra *Malika* (1979) qui valut à la lycéenne un passage émouvant à *Apostrophes*, puis *Obsession blanche*, en 1981. La voix enfantine et le mal de vivre de cette jeune écrivaine séduiront les jeunes, les ventes de ses trois romans avoisinant les cinq cent mille exemplaires. La voix s'éteindra en 1982 : Valérie Valère se suicide à l'âge de 21 ans.

FAVORITES (rue des)

… et même un peu plus loin, jusqu'à la rue des Favorites… Des cafés déserts où il m'a emmené quelquefois et où il pensait sans doute que personne ne pourrait le repérer.

— Patrick Modiano, *L'Herbe des nuits*, 2012

Au 6, en attendant Godot

Début 1938, alors qu'il réside à l'hôtel Liberia, Samuel Beckett est agressé : « Un soir, relate Arrabal, un clochard du métro, peut-être à moitié ivre, lui avait donné un coup de poignard. Quelques jours plus tard Beckett était allé en prison rendre visite à son agresseur. Il lui avait demandé la raison de son geste. Le clochard après une longue pause, […] lui avait répondu, tel un personnage beckettien : "Est-ce que je sais[5] ?" »

Au printemps 1938, Beckett quitte l'hôtel et emménage avec Suzanne Dechevaux-Dumesnil dans un deux-pièces de la rue des Favorites, cuisine, salle de bains, septième étage sans ascenseur. L'écrivain décide d'écrire désormais en français. En juillet 1946, il entreprend son premier roman en langue française, *Mercier et Camier*, deux personnages errants à la recherche d'on ne sait quoi, ébauche du futur *Godot*. Il y écrira par ailleurs sa trilogie (*Molloy*, *Malone meurt* et *L'Innommable*). « J'ai commencé d'écrire Godot pour me détendre, déclara Beckett lorsqu'il reçut le Nobel de littérature, pour fuir l'horrible prose que j'écrivais à l'époque. » À l'exception des années de guerre, le couple restera rue des Favorites jusqu'en octobre 1960, s'installant ensuite boulevard Saint-Jacques.

FERDINAND-FABRE (rue)

Au milieu de la rue Ferdinand-Fabre, à une cinquantaine de mètres en retrait, se trouve la place du même nom avec un monument blanc devenu gris sous les platanes centenaires peuplés de pigeons badigeonneurs.

— André Galabru, *Sur les pas de Ferdinand Fabre*, 1998

Au 9, Jean Follain à la campagne

Follain, l'avocat-poète, a publié en 1933 son premier recueil, *Cinq poèmes*, alors qu'il vivait à Montmartre rue Myrha. Il s'installe rue Ferdinand-Fabre après la guerre, abandonne peu à peu la magistrature pour se consacrer à la poésie. « De sa génération, écrit Guillevic, Follain a été le premier à écrire en dehors du surréalisme, sinon contre lui. Peut-être parce que, comme moi, il avait vécu longtemps à la campagne. Et la campagne d'abord, c'est le silence. Le surréalisme a produit beaucoup de bruit. Le silence nous a donné une approche des mots. Pour nous, le mot se détache du silence. »

FLORIMONT (impasse)

L'impasse Florimont, telle qu'elle se présentait, avait pourtant toujours été là, mais je n'en avais jamais remarqué l'accès…

— Emmanuelle Cart-Tanneur, *Et dans ses veines coulait la sève*, 2013

Au 7, Georges Brassens chez Jeanne

En mars 1944, après un an de STO en Allemagne, Brassens profite d'une permission pour s'évader et rejoint Paris. Sa tante Antoinette lui conseille de se réfugier chez sa couturière – Jeanne Planche – qui habite avec son mari impasse Florimont. (« Chez Jeanne, la Jeanne, / Son auberge est ouverte aux gens sans feu ni lieu, / On pourrait l'appeler l'auberge du Bon Dieu… ») Avant sa consécration des années 1950, Brassens s'essaiera au roman avec *La lune écoute aux portes* (initialement intitulé *Lali Kakamou*, ouvrage publié à compte d'auteur en 1947 sous une fausse couverture NRF/Gallimard). Suivra six ans plus tard *La Tour des miracles*, publié aux éditions des Jeunes Auteurs réunis.

FONDARY (rue)

Au coin de la rue Fondary, ils s'accroupissent dans un même mouvement. Là-bas, devant la halle du marché, brûlent des flambeaux portés par des soldats. D'autres hommes vont et viennent. On les entend se parler, on perçoit des cliquetis…

— Hervé Le Corre, *Dans l'ombre du brasier*, 2018

Au 87 bis, Pierre Véry

Après avoir exercé quelques petits métiers, gagné ou perdu quelques courses cyclistes, après avoir tenté plusieurs tours du monde avec son ami Pierre Béarn, Véry s'installe rue Fondary. Il a ouvert en 1924 la Galerie du Zodiaque, librairie d'occasion située 52, rue Monsieur-le-Prince. Il l'exploitera jusqu'en 1932, date à laquelle il la revendra à Pierre Béarn. Parallèlement, Véry écrit. En 1929, il publie *Pont-Égaré* et, l'année suivante, reçoit le premier Prix du roman d'aventures pour *Le Testament de Basil Crookes*. À partir de 1934, il se consacre au roman policier et au roman de science-fiction, créant le personnage de Prosper Lepicq qui reviendra dans une demi-douzaine d'enquêtes. En 1938, le grand public découvrira au cinéma ses *Disparus de Saint-Agil* parus trois ans plus tôt.

Après la guerre, célèbre pour *L'Assassinat du Père Noël* ou pour *Goupi-Mains rouges*, Véry s'installe 7, rue du Boccador où, scénariste d'une trentaine de films, il décède en 1960.

GRAMME (rue)

J'ai débouché comme une fusée dans la rue Gramme et j'ai encore foncé jusqu'à la rue de la Croix-Nivert pour m'engouffrer dans le bistrot qui me tendait les bras…

— Michel Vittoz, *Danses du destin*, 2019

Au 17, Benjamin Péret

« Il était une grande maison / sur laquelle nageait un scaphandrier de feu / Il était une grande maison ceinte de képis et de casques dorés / Il était une grande maison pleine de verre et de sang / Il était une grande maison / debout au milieu d'un marécage… »

Au 17, rue Gramme, Péret n'habite pas une grande maison mais une modeste chambre que lui loue en 1951, et jusqu'à sa mort, le poète surréaliste Jean-Louis Bédouin.

« Benjamin, écrit Jean Schuster, l'exécuteur testamentaire de Breton, c'est la poésie, la poésie absolue, celle qui est à l'écoute du monde vivant, qui réinvente la parole des anciens dieux et invente la langue des oiseaux, qui bénit les noces de Quetzalcóatl et de la boulangère du 125, boulevard Saint-Germain, c'est le combattant de la guerre d'Espagne luttant contre Franco mais aussi contre l'infamie stalinienne – rappelons cette photo de sentinelle en plein soleil, la main droite tenant ferme le fusil, la gauche caressant un chat. Mais c'est aussi le teigneux, le jamais content, l'objecteur de conscience et d'inconscience, le fou qui a toujours raison. »

Péret, l'indéfectible ami d'André Breton, fut un poète transgressif et dynamiteur de mots : « Parmi les débris dorés de l'usine à gaz / tu trouveras une tablette de chocolat / qui fuira à ton approche. / Si tu cours aussi vite qu'un tube d'aspirine, / tu iras loin derrière le chocolat / qui bouleverse le paysage / à la manière d'un soulier percé… »

JACQUES-MAWAS (rue)

"This street, he said, rue Jacques Mawas in the fifteenth arrondissement. *It's a very small street, isn't it? Just a few buildings, if I'm not mistaken."*

— Paul Auster, *Winter Journal*, 2012

Au 3 bis, Paul Auster,

En février 1971, Paul Auster s'installe avec sa compagne dans la capitale : « J'ai choisi la France, écrit-il, parce que je parlais le français. Je ne pensais pas y rester quatre ans. » Il résidera rue Jacques-Mawas jusqu'à la fin de l'année, vivant de « petits boulots » (traductions, leçons d'anglais, standardiste au *New York Times* parisien) avant de migrer (sans sa compagne) dans une chambre de bonne de la rue du Louvre prêtée par le poète Jacques Dupin.

Au 9, Nabokov

Lors de ses courts séjours à Paris, entre 1932 et 1936, Vladimir Nabokov est hébergé chez son cousin Nicolas Nabokov. À 33 ans, il a déjà publié en russe quatre romans : *Machenka* (1926), *Roi, dame, valet* (1928), *La Défense Loujine* (1930), *Le Guetteur* (1930), publiés soit à Berlin, soit dans des revues d'émigrés russes à Paris. Malgré le relatif succès remporté par *La Défense Loujine*, Nabokov vit à Berlin dans un grand dénuement. Devant la montée du nazisme, il devra quitter l'Allemagne en 1937 et s'installer à Paris avec sa femme et son fils.

JAVEL (rue de)

La rue de Javel n'était qu'une succession de blocs hétéroclites en matériaux désassortis sans état d'âme.

— Jean Echenoz, *Vie de Gérard Fulmard*, 2020

Au 196, Georges Bernanos

En 1907, Bernanos est âgé de 19 ans et poursuit des études de droit et de lettres. Catholique et monarchiste, admirateur de Maurras et de Drumont, il milite pour l'Action française et ne rechigne pas à faire le coup de poing dans les manifestations de rue. Ses premiers écrits – sept nouvelles et un pamphlet – sont publiés dans *Le Panache*, revue royaliste illustrée. Son premier roman, *Sous le soleil de Satan*, ne sera publié que dix-neuf ans plus tard. Il faudra attendre 1932 – date de sa rupture avec Maurras – et surtout la guerre d'Espagne pour que l'écrivain se désolidarise enfin d'une droite extrême.

JEAN-THÉBAUD (square)

Since Friday I've been doing errands all over the place. I finally got all my things moved to square Jean Thébaud.

— William D. Romey, *Plus ça change*, 1996

Au 2, Louis Parrot

Il écrivit *Où habite l'oubli* (1944), hommage à l'Espagne de García Lorca et de Machado, et il reste lui-même bien oublié. Poète et romancier, personnage clé de la résistance intellectuelle avant et durant la guerre, Louis Parrot fut un ami de García Lorca et surtout de Paul Éluard, qui l'appelait « mon ami parfait » et dont il écrira la monographie dans le premier numéro de la célèbre collection « Poètes d'aujourd'hui ».

En 1946, il frôla le Goncourt avec son récit *Nous reviendrons*, plus beau livre sur l'Espagne, selon Robert Kanters, après *L'Espoir* de Malraux.

LACORDAIRE (rue)

Eh bien, la rue Lacordaire n'est qu'une très petite rue, sale et morne, une rue de pauvres.

— Henri Calet, *Le Tout sur le tout*, 1948

Au 6, Henri Calet

Raymond Barthelmess, futur Henri Calet, y passe une partie de son enfance, admiratif d'un père aux talents variés, comme, notamment, figurant au théâtre : « Il joua dans *Aphrodite*, c'est une de ses meilleures créations : Aphrodite était amenée nue sur la scène par deux nègres. Mon père était un nègre[6]. »

L'enfant sera moins admiratif lorsque le père se mettra en ménage avec Ida, la propre sœur de son épouse. Ils auront un fils, qui sera donc à la fois le demi-frère et le cousin de Raymond.

Calet, c'est Paris, avec des œuvres largement autobiographiques comme *La Belle Lurette* (1935), *Le Tout sur le tout* (1948) ou *Les Grandes Largeurs* (1951), balades dans Belleville, Grenelle, Ménilmontant, La Villette, les Ternes et, surtout, le 14e arrondissement.

Dans son abécédaire *Le Grand N'importe quoi* (2010), Jean-Pierre Marielle saluait la mémoire de Calet : « Son écriture me bouleverse, son attention à l'humanité, qu'elle le déçoive ou l'encourage, la limpidité de ses phrases, sa modestie désespérée, son attention aux autres, son honnêteté viscérale me touchent, sa poésie va au fond du cœur. Vous n'imaginez pas l'état dans lequel me transportent ses livres. »

LACRETELLE (rue)

Je repris donc par la rue Blomet, louvoyant ensuite vers la rue Lacretelle. C'était un quartier un peu indécis, aux confins du XVe arrondissement…

— Jean-François Vilar, *Nous cheminons entourés de fantômes aux fronts troués*, 1993

Au 6, Robert Desnos, Foujita et Youki

En 1931, Desnos signe en son nom le bail de l'appartement qu'ont choisi Foujita et Youki. Il aide la compagne du peintre à emménager, lui tient compagnie lors des voyages de Foujita à New York. Lorsque ce dernier revient des États-Unis, ils vivent tous les trois rue Lacretelle avant que Foujita ne quitte définitivement la France (et Youki). L'ancien amoureux d'Yvonne George s'installe alors avec sa nouvelle « sirène » et y termine *Siramour*, dont les derniers vers augurent mal de l'avenir : « Je sais où je vais / Ce ne sera pas toujours gai / Mais l'amour et moi / L'auront voulu ainsi. »

L'amour de Desnos pour Yvonne George ne fut guère payé de retour. Il en sera de même avec la volage et fantasque Lucie Badoud, dite Youki, ce qui ne signifie pas « neige rose » en japonais comme on le lit très souvent, mais simplement neige.

Au 20, Barjavel

Démobilisé en 1940, Barjavel a fondé à Montpellier *L'Écho des étudiants* dans lequel il accueille deux débutants au bel avenir, Jacques Laurent et François Chalais. De retour à Paris, il se réinstalle rue Lacretelle et retrouve sa place de chef de fabrication chez Denoël. Pendant l'Occupation, il commence à publier ses romans d'anticipation. *Ravage* – le premier dans ce genre – est publié en feuilleton dans l'hebdomadaire collaborationniste *Je suis partout* puis en roman, en 1943, dans la collection « La porte ouverte ». Suivra *Le Voyageur imprudent* en 1944. Précurseur de la science-fiction française, Barjavel n'avait pas une grande idée de l'homme : « [Dieu] avait fait l'homme à son image, mais il l'avait pétri dans la boue qui contient en puissance toutes les pourritures. Il le pesa pourtant avec la même balance qu'il eût employée pour un pur esprit. C'était la vraie justice. L'homme s'il veut rester au Paradis, ou y entrer, doit se nettoyer de la boue dont il est fait. » (*Journal*, 1950.)

Au 28, René Crevel

Le 18 juin 1935, il fixa à son poignet un morceau de carton sur lequel étaient inscrits son nom et son prénom, puis ouvrit le gaz. Tristan Tzara le lui rappelait sans cesse : « Dans "Crevel", il y a "crevé". » Disparaissait l'un des principaux poètes surréalistes, malade de la tuberculose, malade d'avoir vu son père pendu, malade d'avoir haï sa mère, malade de devoir vivre dans un monde dément. Est-il mort de la gifle que Breton infligea à Ilya Ehrenbourg[7] à la Closerie des Lilas, gifle signant la fin d'une éventuelle réconciliation entre surréalisme et communisme ? « Rien ne ressemble à un crime comme un suicide », écrit son ami Marcel Jouhandeau dans *Le Figaro* quelques jours après la mort de Crevel. Qui lui aurait confié : « Breton est mon Dieu. [...] Quand je ne croirai plus en rien, ni en moi, ni en personne, je croirai en Breton. [...] Que Breton me déçoive et je me tuerai[8]. »

LECOURBE (rue)

Un épicier, rue Lecourbe, le regardait en transparence.
À vrai dire, elle n'était pas des plus fameuses,
notre fausse mornifle. On se demandait parfois
comment nous avions pu l'écouler aussi facile.

— Alphonse Boudard, *L'Éducation d'Alphonse*, 1987

Au 320, le cimetière de Vaugirard

Environ deux mille cinq cents pensionnaires, mais guère plus de 0,3 pour cent d'écrivains : Hector Bianciotti, Jean Lartéguy, Lucien Besnard, Eugène Marsan, Marguerite Bourcet, les cousins Marius-Ary Leblond...

MAINE (avenue du)

L'avenue du Maine est également présente dans le 14ᵉ arrondissement.

Ce dimanche, il faisait presque nuit quand je suis arrivé avenue du Maine, et je longeais les grands immeubles neufs sur le côté des numéros pairs. Ils formaient une façade rectiligne. Pas une seule lumière aux fenêtres.
— Patrick Modiano, *L'Herbe des nuits*, 2012

Au 15, Khalil Gibran

Ce poète et peintre libanais résida avenue du Maine de 1908 à 1910. Il est l'auteur d'un ouvrage au succès planétaire : *Le Prophète* (1923), livre d'apprentissage en vingt-six leçons de la sagesse et de l'épanouissement personnel, à la croisée des valeurs d'Orient et d'Occident, car « vous n'êtes pas enfermés dans vos corps, ni emprisonnés dans des maisons ou des champs, ce qui est vous habite plus haut que la montagne et erre avec le vent… C'est une chose libre, un esprit qui enveloppe la terre et se meut dans l'éther ».

POIRIER (villa)

Georgette n'avait eu qu'une préoccupation depuis qu'elle avait mis le pied dans la villa Poirier : c'était de se rendre un compte exact des endroits par où elle pourrait voir Félicien en secret.
— Léon Gozlan, *La Comédie et les Comédiens*, 1859

Au 6, Bernard Clavel

Autodidacte, ce Jurassien vécut de nombreuses vies avant d'être écrivain, notamment comme bûcheron ou lutteur de foire. De la foi en son destin d'écriture naît un premier roman, *L'Ouvrier de la nuit*, présenté ainsi en 1956 : « *L'Ouvrier de la nuit* ou le malheur d'être écrivain. »

Douze ans plus tard, il a le bonheur d'être couronné par le prix Goncourt pour *Les Fruits de l'hiver*, ce qui entraîne la démission d'Aragon, furieux de ne pouvoir imposer son poulain : François Nourissier.

Dans les années 1970, Bernard Clavel, souvent étiqueté romancier du terroir et héritier des feuilletonistes populaires du XIXᵉ siècle, réside dans sa garçonnière de la villa Poirier lorsqu'il séjourne à Paris. Son œuvre comporte de très nombreux romans, parfois constitués en sagas, comme *Les Colonnes du ciel* (1976-1981) ou *Le Royaume du Nord* (1983-1989). À ne pas confondre avec « Maurice-Clavel-messieurs-les-censeurs-bonsoir ».

ROBERT-LINDET
(villa)

Pierre habitait déjà un deux-pièces rue Blomet,
Jacques est venu s'installer villa Robert-Lindet,
tout à côté de chez Suzanne.
— Alain Rustenholz, *Prévert, inventaire*, 1996

Au 7, Jacques Prévert

En 1945, Prévert revient du cap d'Antibes et s'installe villa Robert-Lindet. Le scénariste va se trouver investi poète national quelques mois plus tard. Début 1946 paraît en effet *Paroles* dans la collection « Le Calligraphe », couverture signée Brassaï, quatre-vingt-quinze textes de longueurs inégales, de deux lignes à quelques pages. L'ouvrage va connaître un phénoménal succès pour un livre de poésie, vingt-cinq mille exemplaires vendus la première année. Le talent de Prévert ne fait pas l'unanimité. Paulhan trouve l'ouvrage « répugnant », Albert Camus parle d'un « Béranger du métro », Mauriac, d'un « guignol du pavé qui se prend pour Goya », Cocteau évoque Géraldy et de nombreux intellectuels feront la fine bouche devant ce qu'ils estiment être un univers prolo-poétique en carton-pâte.

ROSA-BONHEUR
(rue)

Ce jour-là, je vois des pâquerettes dans le métro
et du lilas à chaque station. Mon ami qui m'accompagne
m'attend à Sèvres-Lecourbe et nous voici au premier
étage, rue Rosa-Bonheur.
— Jean Dérot, *Boulevard de la différence*, 1988

Au 6, Bernard Grasset

Au milieu des années 1920, Bernard Grasset réside rue Rosa-Bonheur pour le plus grand malheur de ses voisins : de jour ou de nuit, il agresse son perroquet qui pousse alors d'épouvantables clameurs. Associe-t-il l'animal à son grand rival Gaston Gallimard, dont il tente d'arracher les plumes ? Le patron de la rue Sébastien-Bottin est pourtant indulgent : n'a-t-il pas notamment publié sous couverture blanche un livre écrit par son concurrent, *La Chose littéraire*, en 1929 ? Car Grasset, mégalo, se pique d'écrire, ce que Cocteau ne peut s'empêcher de railler, suggérant que, sur la couverture de son prochain livre, on fasse imprimer en gros caractères « Un livre de Bernard Grasset » puis dessous, en petits caractères, « Paroles de Jean Cocteau ».

Légèrement mégalomane, l'éditeur est surtout maniaco-dépressif à tendance hystérique. En 1933, persuadé de l'existence d'un complot ourdi par sa famille, par ses collaborateurs de la rue des Saints-Pères et par son auteur Benoist-Méchin, il va se réfugier dans son « petit appartement confortable et bohème, encombré de journaux, de livres écornés, déchirés, tachés, avec, au mur, des toiles uniquement de lui et dans un coin, un gramophone presque muet [...][9] ».

SAINT-CHARLES
(rue)

Dites-lui que je l'attendrai à deux heures et quart rue Saint-Charles, devant le portail de l'immeuble qui fait l'angle avec le boulevard de Grenelle.
— Georges Simenon, *Le Voleur de Maigret*, 1967

Au 104, Michel Butor

L'obtention du prix Renaudot pour *La Modification* (décembre 1957) procure à l'écrivain, selon ses dires, « une certaine autonomie financière ». Et, l'année suivante, le grand nomade s'installe rue Saint-Charles. Il y écrira son quatrième et dernier roman : *Degrés*. Dans *Arts*, Matthieu Galey écrit : « On est pris dans cette réalité, prisonnier. Cette technique d'envoûtement est proche de celle du cinématographe, qui nous serre dans un décor auquel nous n'échapperons plus. À cet égard, *Degrés* pourrait faire penser aux films de Hitchcock, à *Fenêtre sur cour*, par exemple. Comme le cinéaste, Michel Butor nous propose des faits bruts, des observations, des gestes ; c'est à nous, à nous seuls d'essayer d'en percer les causes et les motifs. Il nous faut participer à l'action quoi que nous en ayons, et c'est avec lui, malgré nous, que nous nous posons "cette question qui est un roman"[10]. »

En 1962, Michel Butor publiera *Mobile*, présenté comme une étude pour une représentation des États-Unis. La presse presque unanime va se déchaîner, à l'instar de Claude Roy qui écrit dans *Libération* : « On reste confondu qu'un écrivain aussi intelligent, que le romancier subtil et profond de *La Modification*, que le critique pénétrant de *Répertoire*, ait pu consacrer tant d'effort, de temps, de patience à un passe-temps aussi puéril et démodé. Apollinaire, Cendrars et Cocteau ont pratiqué il y a cinquante ans, avec bonheur, l'exercice du poème collage, du poème montage. [...] J'ai bien peur que le lecteur ne se dise que le livre n'est ni fait, ni à faire[11]. »

SAINTE-FÉLICITÉ
(rue)

Entré dans une vespasienne voisine, je l'ai vu prendre l'impasse Sainte-Félicité.
— Roger Bourderon, *Rol-Tanguy. Des brigades internationales à la libération de Paris*, 2004

Au 3 bis, le premier livre de Marguerite Duras

Marguerite Duras habita cette petite rue en impasse lorsqu'elle était employée au ministère des Colonies, rue Oudinot, service intercolonial d'information et de documentation, puis, en septembre 1938, comme auxiliaire au « service de propagande de la banane française ».

Elle s'est mariée avec Robert Antelme juste avant qu'il ne reparte pour le front dans l'Est et travaille alors sur le manuscrit de ce qui deviendra *L'Empire français*, publié chez Gallimard en mai 1940 sous la cosignature de Philippe Roques et Marguerite Donnadieu, patronyme que l'écrivaine abandonnera pour le pseudonyme de Marguerite Duras. L'ouvrage est une apologie du colonialisme, dans lequel l'« indigène » africain est décrit comme « encore en enfance », stipulant que les peuples colonisés ne méritent pas d'être représentés politiquement. Duras ne cessera de désavouer ce livre, le présentant comme un livre de commande.

Fin 1940 ou début 1941, avec Robert Antelme, elle déménage tout près, au 26, rue Paul-Barruel, rue dans laquelle subsistent encore les pavés de bois et les rails du tramway « Le Postillon » tiré par des chevaux.

SANTOS-DUMONT (villa)

Le trajet villa Santos-Dumont – boulevard de Courcelles fut accompli en un temps record.

— Maurice-Jean Kniebihler, *Mémoires d'un octogénaire*, 2018

Au 17, Jeanne Champion

Auteure d'une quinzaine de romans, dont *Les Frères Montaurian*, Grand Prix du roman de la Société des gens de lettres en 1980, elle reçut par ailleurs le prix Goncourt de la biographie romanesque 1984 pour son ouvrage sur Suzanne Valadon et se distingua par ses ouvrages historiques.

« Jeanne Champion, écrit Matthieu Galey, est une sorcière de l'écriture, une fascinante affabulatrice qui s'est plusieurs fois introduite par effraction dans des personnages historiques, tels Racine, Jeanne la Folle, mère de Charles Quint. »

Elle fut également une peintre de grand talent, suscitant l'admiration d'Alain Bosquet : « Le cas est unique en notre histoire : nous n'avons jamais eu, homme ou femme, peintre de premier ordre qui fût en même temps un écrivain de premier ordre. »

THÉOPHRASTE-RENAUDOT (rue)

Duroc, hôpital Necker, Sèvres-Lecourbe, Cambronne, oh ! soudain électrisée, regarde, voilà la rue Théophraste-Renaudot !

— Thérèse Piernik, *Un si long périple*, 2008

Au 12, Claude Aveline

Romancier, essayiste, éditeur, dramaturge radiophonique, il résida rue Théophraste-Renaudot de 1950 à 1992. Entré en littérature au début des années 1920 à la suite de sa rencontre avec Anatole France – qu'il ne cessera de célébrer –, il publiera une vingtaine de romans dont une suite policière (*La Double Mort de Frédéric Belot*, 1932), ouvrage salué par Boileau-Narcejac et dédié… au philosophe chrétien Gabriel Marcel.

Claude Aveline publiera également *Le Prisonnier* (1936), roman dont certains soutiennent qu'il annonce étrangement *L'Étranger* de Camus.

VALENTIN-HAÜY (rue)

Rue Valentin-Haüy, un vieux restaurant porte encore sur sa vitre l'inscription en arc de cercle : « Vins et liqueurs. »

— Patrick Modiano, *Livret de famille*, 1977

Au 16, Willy

Après le 6, rue Chambiges, Willy (Henry Gauthier-Villars) s'installe rue Valentin-Haüy. Toujours amateur de bons mots, il appelle Colette « ma veuve » et signe ses lettres « feu Willy ».

Sa petite entreprise en écriture (avec Pierre Veber, Jean de Tinan, Curnonsky, Marcel Boulestin, etc.) tourne toujours et il continue à publier de la littérature légère voire grivoise, avec cependant quelques essais plus « littéraires » comme *L'Ersatz d'amour* (1923).

VAUGIRARD (rue de)

La rue de Vaugirard est également présente dans le 6e arrondissement.

Le vendredi 21 décembre 1978, il faisait un froid de loup rue de Vaugirard.

— Gérard Guégan, *Ascendant Sagittaire*, 2001

Au 185, Erik Orsenna

Aux dîners de famille, l'enfant s'ennuyait. On n'y parlait de rien. « Je me souviens, confie-t-il, avoir un jour quitté la table, j'avais à peine 10 ans, pour regarder par la fenêtre. Nous habitions Paris, à l'angle du boulevard Pasteur et de la rue de Vaugirard, je voyais des gens passer et je me disais : "Il doit y avoir des personnes passionnantes dans la ville, un jour je les rencontrerai[12]." »

Après avoir pris conscience de sa vocation d'écrivain en lisant *Tintin*, le jeune homme va entreprendre des études de philosophie et de sciences politiques, et se mettre à noircir force pages blanches. Il jettera onze manuscrits, proposera le douzième (refusé) et verra le treizième (*Loyola's Blues*) accepté au Seuil en 1974. La porte est ouverte vers une cinquantaine d'ouvrages dont *L'Exposition coloniale* (prix Goncourt 1988), et vers l'Académie française, où il entre en 1998.

Au 285, Michel Foucault

En janvier 1971, nostalgique de la lumière de Sidi Bou Saïd, Michel Foucault s'installe au sommet d'un immeuble, dans « un appartement situé au huitième étage et bordé d'une longue baie vitrée qui tenait à la fois du nouveau monde, du dortoir, de la terre d'asile, de la barricade, du vaudeville, du paradis artificiel, de la maison de vacances et de l'université libre[13] ». [...] « On écoute Mahler sous LSD, on parle littérature, amours, on joue même au frisbee en craignant quand même que le projectile heurte le Picasso accroché au mur[14]. »

Pendant treize ans, Michel Foucault va bâtir une œuvre au carrefour des sciences de l'homme, de l'histoire et de la philosophie, où brille son ouvrage le plus connu : *Surveiller et punir* (1975), qui déchiffre les mécanismes modernes d'exercice du pouvoir disciplinaire. Au-delà de la prison (école, hôpital...), Foucault explore le contrôle des corps, l'administration des âmes et le lissage des pensées qui traversent les institutions.

Figure majeure des *French theorists* avec Derrida, Deleuze, Baudrillard ou Barthes, Michel Foucault meurt du sida en 1984.

Au 288, Jacques Dyssord

Son premier recueil de poésie, *Le Dernier Chant de l'Intermezzo*, paru en 1909 chez Grasset, fut salué par ses compagnons de l'école dite fantaisiste, Tristan Derème, Francis Carco, André Salmon et Paul-Jean Toulet – dont il écrivit une biographie –, et par Guillaume Apollinaire. Il signa par ailleurs plusieurs essais historiques romancés comme *Ninon de Lenclos. Courtisane et « honnête homme »*. Durant la guerre, collaborationniste, il publia une série d'articles sous le titre de « Baudruches » fustigeant les « mauvais maîtres » littéraires responsables de la guerre (Proust, Gide, Mauriac, Valéry, Rimbaud, Cocteau, les surréalistes, les dadaïstes et même Racine !). Inscrit sur la liste noire du CNE, Dyssord cessa toute activité littéraire et décéda en 1952.

Au 366 bis, Henri et Yann Queffélec

Au début des années 1950, Henri Queffélec est déjà un romancier « maritime » reconnu, auteur d'une douzaine de romans dont *Un recteur de l'île de Sein* (1945), porté à l'écran en 1950 par Jean Delannoy sous le titre *Dieu a besoin des hommes*. Après le 2 bis, avenue de la Porte-de-la-Plaine (porte de Versailles), la famille Queffélec s'est installée rue de Vaugirard. « Au 366 bis de la rue Vaugirard, à Paris, relate son fils Yann Queffélec, il y a les bisous de "Bichon", le surnom de Maman, les câlins de la douce Marie, nounou du petit Hervé dit "Boué boué", Anne dite "Tita", et le petit Tanguy dit "Touki"... » Mais il y a surtout l'animosité du père envers son fils Yann, dit Brise-fer, dit le Chouan. Pressent-il, avec une jalousie prémonitoire, que son fils obtiendra le prix Goncourt trente ans plus tard, éclipsant quelque peu avec ses *Noces barbares* ses propres quatre-vingts romans, dont *Un royaume sous la mer*,

Grand Prix du roman de l'Académie française en 1958 ?

Au 374, Jean-Louis Foncine

Cet auteur français de romans pour la jeunesse fut, à partir de 1954, le codirecteur avec Serge Dalens de la célèbre collection « Signe de piste » aux couvertures signées Pierre Joubert (souvent décriées pour leur look un peu trop « éphèbe »). Sa *Bande des Ayacks* (1937) s'est vendue à plus d'un million d'exemplaires.

Notes

1. Dominique Dhombres, « Louis Pauwels, alchimiste d'une étrange mixture idéologique », *Le Monde*, 30 janvier 1997.
2. Lettre de Léon Bloy à Louis Montchal du 5 décembre 1887, cité par Paola Salerni dans *Anarchie, langue, société.* L'Etna chez soi *de Villiers de l'Isle-Adam*, Presses de l'université Paris-Sorbonne, 2004.
3. Dans l'émission *Apostrophes*, en février 1985, la discussion tourne au pugilat sur le plateau après que Nabe a proféré une « haine totale » de l'humanité et déclaré que les livres des autres invités lui sont tombés des mains.
4. Jérôme Dupuis, « Mon voisin Houellebecq », *L'Express*, 29 janvier 2009 (https://www.lexpress.fr).
5. Fernando Arrabal, « Samuel Beckett : Lorsque vingt-cinq ans seront passés », *La Règle du jeu*, 22 décembre 2014 (http://laregledujeu.org).
6. Henri Calet, *Le Tout sur le tout*, Gallimard, 1948.
7. Dans son dernier ouvrage, Ehrenbourg a traité les surréalistes de fainéants, de masturbateurs, de sodomites et de maquereaux...
8. Rapporté par Frédéric Gaussen, « Breton et René Crevel, le surréaliste absolu », *Le Monde*, 5 mai 2000.
9. Jean Bothorel, *Bernard Grasset. Vie et passions d'un éditeur*, Grasset, 1989.
10. Matthieu Galey, « Michel Butor : un travail de sape », *Arts*, 20-26 janvier 1960.
11. Claude Roy, « La chronique de Claude Roy », *Libération*, 6 mars 1962.
12. Sandrine Blanchard, « Erik Orsenna : "Ma terreur, c'est de devenir fou" », *Le Monde*, 13 mai 2018.
13. Jérôme Garcin, « Michel, Jérôme, Hervé, et les autres... », *Le Nouvel Observateur*, 3 janvier 2011 (https://bibliobs.nouvelobs.com).
14. « Mathieu Lindon – Michel Foucault – Hervé Guibert », Reine Blanche Productions (http://reineblancheproductions.com).

Passy-Auteuil est une grande province où les familles se connaissent, se surveillent et parfois se haïssent, pour peu que l'une ait eu plus d'invités, plus de politiciens ou de poètes que l'autre à son thé hebdomadaire, mensuel ou annuel ; pour peu que le fils Untel ait été reçu avec ou sans mention au baccalauréat. Pâtissiers, bouchers, teinturiers ou concierges sont au courant des disputes des ménages, des divorces et des héritages.

— Léon-Paul Fargue, *Le Piéton de Paris*, 1939

LE 16E ARRONDISSEMENT

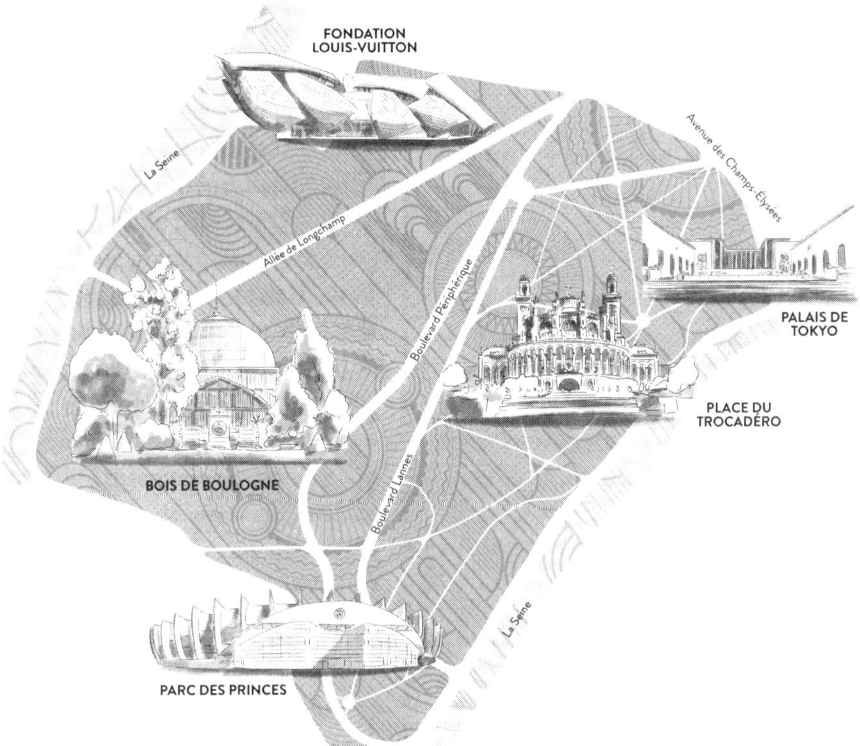

ALBONI (square)

Elle habitait donc square de l'Alboni. Je connaissais cet endroit pour être souvent descendu à la station de métro toute proche.

— Patrick Modiano, *Accident nocturne*, 2003

Au 6, Drieu la Rochelle

Avec sa femme Colette Jeramec, cousine par alliance d'Emmanuel Berl qu'il a épousée en octobre 1917, Drieu s'installe après la guerre dans un appartement aux murs recouverts de feuillages noir et or. C'est l'époque où il s'investit dans la revue *Littérature* et publie à la *NRF* un recueil de poèmes, *Fond de cantine*. Le mariage s'avère un désastre, le couple se sépare durant l'hiver 1920-1921. Drieu, qui s'abîme dans la débauche et l'alcool, qui court les bordels (« délicieux Paris des bordels, quelle douce vie furtive j'ai menée dans tes lumières secrètes »), va alors louer un studio rue de Courcelles. Il n'est encore ni de droite ni de gauche, mais « contre les vieux ». Dans *La Comédie de Charleroi*, nouvelle très autobiographique, on assiste au dialogue suivant :

« Mais je ne suis pas de gauche.
— Êtes-vous de droite ? Cela ne fait rien.
— Je ne suis pas de droite non plus.
— Qu'est-ce que vous êtes ?
— Je suis contre les vieux.
— Eh bien, c'est ça.
— Mais non, Madame, ils sont vieux à droite et à gauche[1]. »

ALFRED-BRUNEAU (rue)

« Tenez, avez-vous entendu parler d'Alfred Bruneau ? – Bruneau ? Jamais. »

— Kléber Haedens, *Salut au Kentucky*, 1948

Au 12, James Hadley Chase

Marie-Caroline Aubert, éditrice en 2007 aux Éditions du Masque, se souvient dans *L'Express* du jour où elle croisa le célèbre romancier *hard-boiled* américain dans l'ascenseur de l'immeuble de la rue Alfred-Bruneau où il habitait, à la fin des années 1960, immeuble dans lequel avait vécu un autre James, James Joyce, en décembre 1931 : « Avec son imperméable beige et son feutre penché, j'ai cru qu'il s'agissait de Philip Marlowe ! J'ai surtout le souvenir d'un homme extrêmement courtois et très chic[2]. »

Pas d'orchidées pour Miss Blandish (1938), son premier grand succès, nécessita (selon la légende) six week-ends de travail et se vendit à des millions d'exemplaires.

ALFRED-DEHODENCQ (rue)

Mais, comme il voulait de l'air pour ses enfants,
il lui fallait un hôtel particulier. Il hésitait entre
une ancienne clinique, rue Alfred-Dehodencq,
près du Bois, et une maison avec un immense jardin,
rue de Berry.

— Joseph Kessel, *Stavisky. L'homme que j'ai connu*, 1934

Au 15, le trésor caché de Marcel Proust

Dans son introduction à *Jean Santeuil*, publié chez Gallimard dans la collection « Quarto » en 2001, Jean-Yves Tadié cite la préface d'André Maurois à l'édition de 1952 : « Il restait, je le savais, dans la maison de la rue Alfred-Dehodencq, beaucoup de papiers qui n'avaient encore pu être classés. Quand Bernard de Fallois, jeune agrégé de lettres, vint me dire qu'il écrivait une thèse sur Proust, je priai Mme Mante (la fille de Robert Proust, le frère de Marcel) de l'autoriser à voir ces dossiers et à les dépouiller. Elle lui remit [...] des caisses de feuillets épars, déchirés, qui au moment de la mort de Marcel étaient au garde-meuble. »

« Si les "Cahiers" préparatoires de la *Recherche* étaient bien classés, relate de Fallois dans un entretien avec Nathalie Mauriac Dyer, il y avait en revanche, dans le grenier de la belle maison de la rue Dehodencq, des lettres, des articles de journaux, des factures, des faire-part, des brouillons de toutes sortes, des fragments des *Plaisirs et les Jours*, d'autres des *Ruskin*, souvent déchirés, formant un ensemble assez disparate[3]. »

AMIRAL-HAMELIN (rue de l')

Il décida de ne rien changer à ses habitudes
et alla chercher sa voiture rue de l'Amiral-Hamelin.

— Emmanuel Yomba II, *Mémoires de chauffeur-taxi parisien*, 2019

Au 26, Hippolyte Taine

En épigraphe de *Thérèse Raquin*, Zola fait figurer la célèbre formule de Taine : « Le vice et la vertu sont des produits comme le vitriol et le sucre. »

À la fin des années 1860, le philosophe-historien se marie et s'installe rue Hamelin. Célèbre pour ses articles philosophiques, littéraires et historiques, il a acquis une forte notoriété avec son *Voyage aux Pyrénées* (1855), *Vie et opinions philosophiques d'un chat* (1858), ou *Notes sur Paris. Vie et opinions de M. Frédéric Thomas Graindorge* (1867), recueil de saynètes sur la vie parisienne. Son œuvre abordera de nombreux domaines : l'art (*Philosophie de l'art*, 1865), la littérature (*Nouveaux Essais de critique et d'histoire : Balzac*, 1865) ou l'histoire (*Les Origines de la France contemporaine*, 1876, ouvrage visant à mettre en lumière les racines de l'instabilité politique française et à y remédier). Élu à l'Académie française en 1878 par vingt voix sur vingt-six votants, il sera souvent dénigré par ses contemporains et délaissé par les générations suivantes. Selon Albert Thibaudet, ses « palais d'idées » n'étaient que des « salles vides, démeublées, humides, peu habitables ». Taine laisse pourtant une œuvre foisonnante, impressionnant notamment Freud par son ouvrage *De l'intelligence* dans lequel il décrit le cerveau humain comme « un théâtre où se jouent à la fois plusieurs pièces différentes, sur plusieurs plans dont un seul est en lumière ».

Au 44, Marcel Proust

Après un bref séjour 8 bis, rue Laurent-Pichat, dans l'immeuble habité par Réjane, Marcel Proust s'installe rue Hamelin en octobre 1919, cinquième étage sans ascenseur, dans un « ignoble taudis où tient juste [s]on grabat ». Il n'y reçoit que les amis, Montesquiou, Hahn, son frère Robert. En novembre, l'attribution surprise du Goncourt pour *À l'ombre des jeunes filles en fleurs* ne l'émeut guère. Lorsque Gaston Gallimard et Léon Daudet frappent à sa porte et que Céleste Albaret décide de le réveiller, l'écrivain ouvre un œil et jette un « Ah ? » poli.

Dans ce logis que Céleste ne trouve même pas digne d'une domestique, couché en permanence, Proust consacrera les deux dernières années de sa vie à la mise au point des derniers volumes de la *Recherche*, multipliant les corrections et les médicaments, Luminal, Véronal, Dial... Il a recueilli chez lui un beau serveur du Ritz d'origine suisse, Henri Rochat, qu'il utilise comme secrétaire et comme partenaire aux... dames. Lassé de ses dépenses et de ses frasques, il demandera à son ami le banquier Finaly (qui gère notamment ses actions Royal Dutch) de l'en débarrasser. Il meurt le 18 novembre 1922 à 51 ans, dans un froid glacial. François Mauriac se rendra sur les lieux et témoignera : « Je suis allé le voir sur son lit de mort rue Hamelin... un homme qui donnait vraiment l'impression d'un dépouillement total... on peut dire que c'était ce qui restait de quelqu'un qui avait laissé son œuvre le dévorer jour après jour. »

Le musée Carnavalet a reconstitué la chambre qu'occupait Proust, avec, notamment, le lit en cuivre à barreaux et « une table de nuit ancienne en palissandre et à battants, que ne quittaient jamais ses affaires de travail : ses manuscrits, ses carnets de notes, son encrier d'écolier, ses porte-plumes[4] ».

Au 46, Francis Vielé-Griffin

En 1890, ce théoricien et pratiquant du vers libre, intime de Mallarmé et d'Henri de Régnier, réside rue Hamelin. Poète symboliste, éditeur de revues politiques et littéraires, il a publié *Cueille d'avril* (1886), *Joies* (1889), va publier *La Chevauchée d'Yeldis* (1893), recueil qui reçoit un écho favorable chez les avant-gardistes, mais également les sarcasmes de son ex-ami Octave Mirbeau : « Il est parfaitement vrai que je me refuse à prendre pour des vers libres, et même pour de la prose esclave, les vers de M. Vielé-Griffin. Si libre qu'il soit, un vers doit exprimer quelque chose, une idée, une image, une sensation, un rythme. Or, je défie M. Edmond Pilon de nous prouver que les vers de M. Vielé-Griffin expriment quelque chose d'autre qu'une mystification, laquelle, vraiment, a trop duré. »

En 1904, le richissime Vielé-Griffin (il ne cesse d'acheter des châteaux) s'installera au 16, quai de Passy puis, en 1922, emménagera dans un fastueux appartement du 77 bis, avenue de Breteuil. Les surréalistes auront une certaine tendresse pour ce poète américain fort peu surréaliste : « Je vous tiens cependant, écrit Aragon, pour un poète véritable que rien n'a détourné de sa voie, ni l'ambition, ni la sottise… » Et André Breton ajoutera : « Son vers est le plus ensoleillé de l'époque, le plus fluide. […] Un recueil de vingt-trois poèmes comme *La Partenza*, pour dire adieu au beau versant de la vie, est un chef-d'œuvre à la fois d'effusion et de mesure. »

ANKARA (rue d')

Par la rue d'Ankara, j'atteignis le quai de Passy.
Une humidité pénétrante montait du fleuve.
Tout était d'un gris sale, d'une dégueulasse couleur blême.
— Léo Malet, *Pas de bavards à la Muette*, 1956

Au 17, Nerval et Maupassant à la clinique Blanche

La maison de Montmartre, rue Norvins, étant devenue trop petite pour accueillir ses nombreux « insensés », Esprit Blanche acquiert en 1846 la maison de campagne de la princesse de Lamballe, située 17, rue Berton.

En octobre 1853, alors que son fils Émile vient de prendre la direction de l'établissement, Gérard de Nerval est amené dans un état de délire furieux. Le poète y séjournera sept mois puis reviendra en août 1854, cinq mois avant son suicide.

« Ma chambre, écrit-il, est à l'extrémité d'un corridor habité d'un côté par les fous, et de l'autre par les domestiques de la maison. Elle a seule le privilège d'une fenêtre, percée du côté de la cour, plantée d'arbres, qui sert de promenoir pendant la journée. Mes regards s'arrêtent avec plaisir sur un noyer touffu et sur deux mûriers de la Chine. Au-dessus, l'on aperçoit vaguement une rue assez fréquentée, à travers des treillages peints en vert. »

Dans sa chambre qu'il nomme son « capharnaüm », Nerval écrit *Aurélia*, texte dans lequel il entreprend de « transcrire les impressions d'une longue maladie qui s'est passée tout entière dans [son] esprit ».

Une trentaine d'années plus tard, en 1892, Émile Blanche recevra rue d'Ankara le pauvre Guy de Maupassant. Dans sa chambre-cellule, s'adressant au mur, « il y peint des interlocuteurs influents, des banquiers, des courtiers de bourse, des hommes d'argent, qu'il met en demeure de lui apporter dans sa cellule des sommes considérables[5] ». Le romancier meurt en juillet 1893, dix-huit mois après son admission, vaincu par la syphilis et les crises de folie. Trois ans auparavant, il avait confié à José Maria de Heredia :

« Je suis entré dans la littérature comme un météore, j'en sortirai par un coup de foudre ! »

ASSOMPTION (rue de l')

« La rue de l'Assomption, c'est après Ranelagh. Je t'indiquerai. » Il le connaît par cœur, le chemin, Abel.
— Roger Borniche, *L'Affaire de la môme Moineau*, 1986

Au 5, James Joyce

Joyce s'y installe en juillet 1920. Deux petites pièces qui donnent sur la rue, une minuscule cuisine, un débarras qui sert de chambre. L'écrivain ne cesse de travailler sur son *Ulysse*, récit d'une unique journée de Léopold Bloom à Dublin et qui retrace l'*Odyssée* de façon parodique. Grâce à Ezra Pound, l'écrivain irlandais va rencontrer, rue de l'Odéon, Sylvia Beach et Adrienne Monnier. En février 1922, *Ulysse* sera publié (en anglais) par la première (chez Shakespeare and Company) et sa traduction paraîtra en 1929 chez la seconde (chez la Maison des amis des livres).

Au 11, Jeanne Loviton, alias Jean Voilier

L'ex-épouse de l'écrivain Pierre Frondaie publie en 1936 son premier roman : *Beauté, raison majeure*. Rue de l'Assomption, dans le petit hôtel particulier qu'elle a fait aménager, elle reçoit le Paris littéraire, Giraudoux, Saint-John Perse, Valéry dont elle sera le dernier grand amour féminin. En 1938 paraît un second roman : *Jours de lumière*. Valéry, égaré par la passion, intrigue auprès des dames jurées du Femina. « S'il n'est pas couronné, écrit-il à Hélène Vacaresco, ce sera un scandale. » Le roman n'obtient que quelques voix, quelques articles « bienveillants » et un éreintement de la part du seul journal n'étant pas sous influence : *L'Homme libre*, qui conseille à l'auteur de retrouver « sa vraie voie », c'est-à-dire repriser les chaussettes. Elle écrira un dernier roman, *Ville ouverte* (1942), que Valéry qualifiera dans une de ses lettres de « chef-d'œuvre », avant qu'elle ne l'abandonne pour Robert Denoël qu'elle compte épouser. Les deux hommes décèdent en 1945, Jeanne Loviton leur survivra d'un demi-siècle.

Au 12, l'obscurité de Julien Benda

Il faillit avoir le Goncourt, frôla également le prix Nobel de littérature et connut une éphémère mais prodigieuse notoriété avec un essai intitulé *La Trahison des clercs* (1927), ouvrage partant en guerre contre tous les « -ismes », nationalisme, bellicisme, antisémitisme… Mais son outrance et la violence de ses pamphlets en firent un « fanatique antifanatique[6] ».

Après la guerre, son appartement (et sa bibliothèque) ayant été pillé par les Allemands, Julien Benda, à 80 ans, résidera à l'hôtel Cayré du boulevard Raspail, hôtel dans lequel descendait souvent Bernanos.

Il se définissait comme « le plus illustre des auteurs obscurs ». Il est aujourd'hui totalement oublié.

Au 18, Georges Perec et ses *Lieux*

Après avoir passé durant la guerre quelques années à Villard-de-Lans, Perec retourne à Paris à la fin de l'été 1945, à l'âge de 9 ans. Adopté par sa tante Esther et son mari, il habitera rue de l'Assomption jusqu'en 1960 et inscrira sur un cahier d'écolier : « Georges Perec / 18, rue de l'Assomption / Escalier A / 3e étage / Porte droite / Paris 16e / Seine / France / Europe / Monde / Univers. » Dans le seul film qu'il a entièrement réalisé, l'écrivain évoque en voix off une fugue qu'il fit à l'âge de 11 ans. « C'était le 11 mai 1947. Il avait 11 ans et 2 mois. Il venait de s'enfuir de chez lui, 18, rue de l'Assomption, 16e arrondissement… »

En 1969, Perec programme un travail colossal : décrire pendant douze ans douze lieux parisiens au rythme de deux lieux par mois, soit deux cent quatre-vingt-huit textes. L'œuvre, qui devait s'intituler *Les Lieux*, n'en comportera que cinq, dont « Allées et venues rue de l'Assomption ». On peut y lire : « Côté pair : 52 : villa avec un jardin / 54 : G. Thébault, Boucherie de l'Assomption / 56 : Hôtel du Ranelagh / Optique Mozart / Chaussures (au coin de l'avenue Mozart) / De l'autre côté de l'avenue Mozart, boulangerie Jouen / 62 : Coiffure / Teinturerie (au coin de l'avenue des Chalets) / 66 : petit immeuble neuf (emplacement de l'ancien cinéma le Caméra) / 68 : immeuble neuf : balcons de verre fumé, fleurs / immeuble vieillot coincé entre deux neufs[7]. »

Au 75, Émile Blavet

Il eut son heure de gloire en 1905 quand, au lendemain de sa mort, de nombreux quotidiens louèrent sa vie et son œuvre, rappelant qu'il était l'auteur de plusieurs pièces de théâtre comme *Le Ruy Blas d'en face* et de nombreux romans (*Mon Oncle Barbassou*, *Le Fils de Monsieur Lecoq*…). Mais les louanges s'interrompirent net quand on apprit qu'Émile Blavet était en parfaite santé. Il mourut rue de l'Assomption en 1924, à 86 ans.

Au 83, Laurent Tailhade et Molière

« Il n'avait besoin, écrit Jules Renard dans son *Journal*, que de deux amis et d'un ennemi, juste ce qu'il faut pour se battre en duel. » En 1908, Laurent Tailhade réside rue de l'Assomption et la plume du célèbre pamphlétaire est toujours aussi acérée. Lors d'une conférence à l'Odéon, il n'hésite pas à charger Molière : « Vous pouvez attaquer les rois, les dieux… Vous pouvez même contester les vers de Mme de Noailles, les épinards de Francis Jammes… mais si quelque jour vous prenez la peine de dire que… *Le Misanthrope* a reculé, au théâtre, les bornes de l'ennui… vous serez traité d'imbécile, de mouchard… Molière est "tabou", n'y touchez pas… » Le critique théâtral Maximin Roll, outré, le traite alors d'illettré. Offense. Le duel est inévitable. Ce ne sera qu'un des dix-sept duels auxquels participa Tailhade, treize au pistolet, quatre à l'épée.

Après avoir résidé au début de la décennie 1910 au 47, rue du Ranelagh, Laurent

Tailhade, pauvre et oublié, passa les dernières années de sa vie rue de l'Assomption avant de mourir à Combs-la-Ville en 1919.

AUTEUIL (rue d')

Dans la marge de la première page, en haut, Antonin Artaud a noté au crayon cette adresse : 76, rue d'Auteuil…

— Antonin Artaud, *Cahiers du retour à Paris, 26 mai-juillet 1946*

Au 2, Molière

C'est, vers 1667, sa résidence parisienne, à l'angle nord de la place, là où commence la rue d'Auteuil. Il s'agit d'un bâtiment à deux niveaux dont l'entrée s'orne de quatre colonnes. Molière y écrit son *Amphitryon*, comédie fortement inspirée d'une pièce de Rotrou, *Les Sosies* (1638), pièce représentée avec succès au Théâtre royal en 1668, deux ans après *Le Misanthrope* et quelques mois avant *L'Avare*. Molière y résida pendant cinq ou six ans, presque en face d'un jeune voisin : Racine.

Au 11 bis, Racine

« Ma foi, sur l'avenir bien fou qui se fiera : Tel qui rit vendredi, dimanche pleurera. » (*Les Plaideurs*, acte I, scène I.) En 1668, à l'âge de 28 ans, Racine loue un pied-à-terre dans lequel, en pleine rivalité avec Corneille (et brouillé depuis peu de temps avec Molière), il écrit *Les Plaideurs*, son unique comédie.

Au 45, Jean Lorrain

Afin de se rapprocher du « grenier » des frères Goncourt, Jean Lorrain quitte la rue de Courty en 1890 et s'installe rue d'Auteuil au premier étage d'un petit hôtel particulier du XVIIIe siècle, l'hôtel de Verrières. En 1897, son premier roman, *Monsieur de Bougrelon*, est salué par la critique, et il devient l'un des journalistes les mieux payés de Paris. Cette même année, il qualifie de « précieux et prétentieux » *Les Plaisirs et les Jours* d'un jeune homme nommé Proust. Duel, comme il se doit. La rencontre a lieu dans la forêt de Meudon, les deux adversaires se ratent à dessein. L'ami de cœur de Liane de Pougy, écrivain subtil au style éblouissant, savait se faire des ennemis : « Lorrain, écrit Léon Daudet, avait une tête poupine et large à la fois de coiffeur vicieux, les cheveux partagés par une raie parfumée au patchouli, des yeux globuleux, ébahis et avides, de grosses lèvres qui jutaient, giclaient et coulaient pendant son discours. Son torse était bombé comme le bréchet de certains oiseaux charognards. Lui se nourrissait avidement de toutes les calomnies et immondices… »

Le scandaleux « enfilanthrope », comme il se désigne lui-même, auteur de *Très russe* (1886) et de *Monsieur de Phocas* (1901), ne vivra pas très vieux : drogue, éther, syphilis, il s'éteint à Nice en 1906, à 50 ans.

Selon Philippe Jullian, qui lui consacra un livre, « son nom exhale une odeur de marais dans le panthéon fin de siècle ; on préfère le sable chaud de Loti, le vieux papier de France, les fleurs séchées de Régnier. [...] Entre Baudelaire et Cocteau, il fut l'écrivain drogué ; avant Jean Genet, il fut l'écrivain pédéraste, se considérant comme l'ambassadeur de Sodome auprès du Tout-Paris. [...] Avec cela, un côté comme il faut, des principes d'une dame de Province, un antisémitisme tempéré par la frivolité... ». Mais, ajoute Philippe Jullian, « nous devons aimer cet homme pour sa méchanceté tendre et l'absurde naïveté de sa vie[8] ».

Au 59, le cénacle de Mme Helvétius

Durant onze ans, rue Sainte-Anne, elle anima le salon de son mari. Devenue veuve en 1771, elle déménagea au 59, rue d'Auteuil dans une superbe maison, entourée de ses chats angoras, et tint pendant près de trente ans un cénacle surnommé « société d'Auteuil », salon fréquenté notamment par Fontenelle, Diderot, Chamfort, ou André Chénier. Turgot la surnomma « Minette », car il la trouvait rusée comme une chatte. Et Benjamin Franklin (qui, comme Turgot, la demanda en mariage) la surnomma « Notre-Dame d'Auteuil » pour sa réputation de grande charité. Son jardin n'était pas bien grand et Bonaparte s'en étonna. « Général, répondit-elle, si l'on savait tout ce qu'il peut tenir de bonheur dans trois arpents de terre, on songerait moins à conquérir le monde. »

AVENUE-FOCH
(square de l')

... sans oublier le gardien du square de l'avenue Foch décédé en 1964 à l'âge de quatre-vingt-dix ans et dont je n'ai malheureusement pas noté le nom.

— Stevan K. Pavlović, *Bijou d'art*, 1978

Au 16, Marcel Pagnol

« À Marseille, écrivait-il, je suis toujours enfant, à Paris, je suis vieux... » Vieux, mais heureux. En février 1958, Pagnol écrit à René Clair : « Mon beau René, J'habite dans une oasis qui s'appelle le square du Bois-de-Boulogne. [...] Dans ce square, je suis heureux comme un pape. Alors téléphone-moi un matin, avant midi, pour me dire quand tu viendras... »

Deux ans auparavant, Pagnol a acheté cet hôtel particulier miraculeusement préservé du tumulte parisien. À la belle saison, par la fenêtre ouverte, il entend le piano d'un voisin : Arthur Rubinstein. En 1957, il a fait paraître *La Gloire de mon père*, roman de l'enfance salué par toute la presse qui sera suivi du *Château de ma mère* (1958), *Le Temps des secrets* (1960) et *Le Temps des amours* (1977). Les quatre tomes se vendront à plus de vingt millions d'exemplaires à travers le monde. Pagnol séjournera square de l'Avenue-Foch avec sa femme, Jacqueline, jusqu'à la fin de sa vie.

BEAUSÉJOUR
(boulevard de)

La voiture, sans ralentir son allure, se dirigea vers la gauche et entra rapidement dans une petite propriété isolée au coin du boulevard Beauséjour.
— Gaston Leroux, *Le Roi Mystère*, 1908

Au 47, la mort d'Henri Bergson

Bergson décède boulevard de Beauséjour en janvier 1941 et Valéry relate dans ses *Cahiers* : « Chez Bergson, à deux heures, je trouve dans une pièce du fond le cercueil sur tréteaux et une trentaine de personnes. Mme B… me dit qu'il lui avait parlé de moi ces derniers temps… […] Les hommes viennent prendre la caisse. On descend. Mme B… et sa fille, seules, montent dans la voiture. Tout le monde s'en va par la neige. En temps normal, c'eût été le Panthéon. »

Le philosophe, soucieux de l'intégrité de son œuvre, avait rédigé un testament en 1937 : « Je déclare avoir publié tout ce que je voulais livrer au public. Donc j'interdis formellement la publication de tout manuscrit, ou de toute portion de manuscrit de moi, qu'on pourrait trouver dans mes papiers ou ailleurs… J'interdis la publication de tout cours, de toute leçon, de toute conférence qu'on aurait pu prendre en note, ou dont j'aurais pris note moi-même. J'interdis également la publication de mes lettres… »

Les manuscrits des œuvres imprimées seront légués à la Bibliothèque nationale. Les autres manuscrits ainsi que la bibliothèque personnelle du philosophe et le mobilier de son cabinet de travail furent légués à la Bibliothèque littéraire Jacques-Doucet. Malgré le testament stipulant la destruction de ses papiers personnels, certains documents furent conservés par ses héritiers à titre de souvenirs.

BEAUSÉJOUR (villa de)

Les hôtels particuliers y portent le doux nom de villa : Villa Erlanger, Villa Boileau, Villa Mozart, Villa Beauséjour.
— Laurence Benaïm, *Jean-Michel Frank. Le chercheur de silence*, 2017

Au 2, Paul Margueritte

Après la Grande Guerre, Paul Margueritte s'installa villa Beauséjour, dans une isba provenant de l'Exposition de 1889. Auteur d'une cinquantaine d'ouvrages, dont une vingtaine écrite avec son frère Victor (jusqu'en 1910), il s'était inscrit dans le courant naturaliste avec des romans comme *Tous quatre* (1885) ou *Pascal Géfosse* (1887) et avait fait partie des premiers jurés Goncourt. Son frère, Victor Margueritte, s'illustrera en 1922 avec le « scandaleux » *La Garçonne*, et ses filles, Lucie et Ève, deviendront également écrivaines.

BENJAMIN-FRANKLIN (rue)

Mme Morisot reçoit chaque semaine le mardi, à heure fixe, au 16 de la rue Franklin. Ses trois filles assistent bien sûr au dîner, que préside Edmé Tiburce.
— Dominique Bona, *Berthe Morisot*, 2019

Au 8, la garçonnière de Robert de Montesquiou

On peut lire, dans le journal des Goncourt (*Mémoires de la vie littéraire*) : « Mardi 7 juillet [1891]. – Visite à Robert de Montesquiou. Un rez-de-chaussée de la rue Franklin, percé de hautes fenêtres, aux petits carreaux du XVIIe siècle, donnant à la maison un aspect ancien. Un logis tout plein d'un méli-mélo d'objets disparates, de vieux portraits de famille, de meubles Empire, de kakemonos japonais, d'eaux-fortes de Whistler. »

Ce prince de la mode parisienne, « souverain des choses transitoires », est plus connu pour son appartenance aux œuvres des autres (Proust et Jean Lorrain, en particulier) que pour son œuvre personnelle qui ne fut pourtant pas négligeable. Seize recueils de poésie, une vingtaine d'essais, deux romans (*La Petite Mademoiselle*, 1911), plusieurs biographies dont une de Paul Verlaine.

BENOUVILLE (rue)

Elle s'habilla, descendit son escalier, prit une voiture, dans une sorte de somnambulisme dont elle ne s'éveilla qu'en se retrouvant sur le trottoir de la rue de Bénouville, à l'angle de la rue Spontini.
— Paul Bourget, *Les Deux Sœurs*, 1885

Au 11, Valéry Giscard d'Estaing

Le futur président avait acquis en 1956 les étages supérieurs de l'hôtel particulier situé au 11, et il en achètera le bas (et ses quatre cents mètres carrés de jardin) en 1985.

En 1994, cet admirateur de Maupassant et de Tolstoï décide de se lancer dans la fiction et publie *Le Passage*, récit des amours d'un notaire de province et d'une jeune femme. Renaud Matignon, dans *Le Figaro*, compare l'auteur à « un Maupassant qui aurait fait la connaissance de la comtesse de Ségur, ou à un Grand Meaulnes qui aurait croisé Bécassine ».

Si le roman reçoit un accueil très réservé, il ouvre à son auteur les portes de l'Académie française en 2003.

En 2009, *La Princesse et le Président*, roman mettant en scène la liaison d'un président français et d'une princesse « du Pays de Galles », va provoquer un tumulte médiatique. Est-ce uniquement un ouvrage de fiction ?

Valéry Giscard d'Estaing (et ses cinq romans) et Léopold Sédar Senghor (avec son immense œuvre poétique) furent les seuls présidents écrivains de fiction. Curiosité du hasard, Giscard fut élu Quai de Conti au fauteuil de Senghor.

BERTON (rue)

Mais il adorait cette lointaine rue Berton et surtout il savait qu'on n'y rencontrait jamais personne.
— Charles Braibant, *Le Rire des dieux*, 1941

Au 21, Jean-Jacques Rousseau chez son ami Mussard

En 1752, l'ancien joaillier François Mussard accueille Jean-Jacques Rousseau, qui, dans ses *Confessions*, évoque la rue Berton : « Une maison très agréable qu'il s'était bâtie, et dans un très joli jardin qu'il avait planté de ses mains. » Rousseau, qui se rend souvent aux Nouvelles Eaux de la rue Raynouard, écrit chez Mussard *Le Devin du village*, intermède en un acte, premier opéra dont les paroles et la musique sont du même auteur.

Au 24, Honoré de Balzac

Le n° 24 de la rue Berton s'ouvre aujourd'hui sur le rez-de-chaussée de la Maison de Balzac, maison qui était à l'époque accessible par la rue Raynouard comme dépendance d'un premier hôtel et qu'il fallait traverser. Cette porte donnant sur la rue Berton est souvent présentée comme une issue de secours permettant au romancier d'échapper, par un escalier intérieur, à ses créanciers.

Balzac habita le niveau donnant sur le jardin de 1840 à 1847. Dans *Le Flâneur des deux rives*, Guillaume Apollinaire évoque son glorieux prédécesseur : « Lorsque je m'installai à Auteuil en 1909, la rue Raynouard ressemblait encore à ce qu'elle était du temps de Balzac. Elle est bien laide maintenant. Il reste la rue Berton, qu'éclairent des lampes à pétrole, mais bientôt, sans doute, on changera cela [...]. C'était primitivement un chemin qui, des berges de la Seine, montait au sommet des coteaux de Passy à travers les vignobles. La physionomie de la rue n'a guère changé depuis le temps où Balzac la suivait lorsque, pour échapper à quelque importun, il allait prendre la patache de Saint-Cloud qui l'amenait à Paris. »

En 1939, Henry Miller emmena Anaïs Nin visiter les lieux. Elle fut, selon Jean Nouvel, frappée par cette « espèce de maison de campagne, la trappe et l'escalier [...] grâce auxquels les maîtresses de Balzac échappaient à leur mari furieux et lui-même à ses créanciers ».

BOILEAU (rue)

Maintenant je regarde les automobiles entrer
dans le premier tronçon de la rue Boileau,
venant du boulevard Exelmans.

— Jacques Roubaud, *Le Grand Incendie de Londres*, 1989

Au 7, Nicolas Evreinoff

Auteur dramatique, théoricien et historien du théâtre, il se fixe à Paris en 1937 et y résidera jusqu'à sa mort en 1953. Sa *Comédie du bonheur*, pièce en trois actes créée à Pétrograd en 1921, sera traduite dans vingt-cinq pays. Charles Dullin, en 1926, la montera au théâtre de l'Atelier.

Au 26, Boileau

« Qui frappe l'air, bon Dieu ! de ces lugubres cris ? / Est-ce donc pour veiller qu'on se couche à Paris ? / Et quel fâcheux démon, durant des nuits entières / Rassemble ici les chats de toutes les gouttières ? J'ai beau sauter du lit, plein de trouble et d'effroi, / Je pense qu'avec eux tout l'enfer est chez moi. »

Est-ce pour ces désagréments, relatés dans *Satires* (1666), que Boileau décida d'aller soigner son asthme à la campagne ? Il séjourna durant près de treize ans à l'emplacement de l'actuel n° 26, dans une maison qu'il vendit en 1709. Voltaire, qui eut l'occasion de la visiter dans les années 1750, la trouvait « fort vilaine et le jardin aussi ».

Au 59, Vladimir Nabokov

En 1937, après avoir été accueilli chez son cousin Nicolas, s'être installé dans un studio rue de Saïgon puis à l'hôtel Royal Versailles rue Le Marois, Vladimir Nabokov est hébergé avec sa famille rue Boileau par Ilya Fondaminsky. Sa *Défense Loujine* (1930) lui a conféré un petit renom littéraire et il commence à écrire en français. L'indulgence, rappelle Gilles Lapouge, n'est pas son fort. « Albert Camus est "horrible" et Sartre est pire. Dostoïevski est un journaliste verbeux, un comédien de boulevard. Ezra Pound est un crétin. Pasternak un pauvre romancier, comme Thomas Mann ou Faulkner. Gorki, Romain Rolland et Tagore sont des "médiocrités formidables". Balzac et Stendhal sont plats et Joseph Conrad scintille comme une boutique de souvenirs exotiques[9]. »

Trois semaines après son départ pour les États-Unis, en 1940, l'immeuble de la rue Boileau sera détruit par les bombes allemandes. Aux États-Unis, sa carrière va s'envoler de façon fulgurante avec la parution de *Lolita* (1955), roman dont l'idée lui est venue à Paris au Jardin des plantes, fin 1939.

Paris sera toujours pour Nabokov un lieu privilégié (quoiqu'il en trouve souvent l'odeur désagréable). « J'aurais pu, déclara-t-il, être un grand écrivain français. » Outre *Lolita*, il évoque Paris dans *La Vraie Vie de Sebastian Knight* (1941), *Pnine* (1957), *Ada* (1969) et *Regarde, regarde les arlequins !* (1974).

BOISSIÈRE (rue)

Le tramway qui roulait sur le quai avait arrêté son vacarme. Aucune voiture n'escaladait la pente qui mène rue Boissière.

— Marcel Cordier, *Un grand amour. Alain-Fournier et Le Grand Meaulnes*, 2008

Au 24, Henri de Régnier

En 1911, Henri de Régnier quitte la rue de Magdebourg et s'installe avec sa femme (Marie de Heredia) dans un vaste appartement situé à l'entresol. « C'était, écrit Jacques de Lacretelle, un décor sans faste, mais d'un ami des choses belles, d'un fureteur qui avait su réunir autour de lui, sur les murs, sur les étagères, sur sa table de travail, vingt souvenirs qui lui rappelaient la beauté du monde et la singularité de l'espèce humaine. »

Il aimait sa femme, sa femme ne l'aimait pas et il en souffrit. Elle le trompa, mais uniquement avec des hommes de lettres : Pierre Louÿs (son beau-frère), Edmond Jaloux, Jean-Louis Vaudoyer, Jean de Tinan, André Chaumeix, D'Annunzio, Henry Bernstein… Sous le nom de Gérard d'Houville, elle publia une trentaine d'ouvrages – romans, poésie, pièces de théâtre. À quarante ans d'intervalle, elle reçut le Grand Prix de littérature de l'Académie française, pour l'ensemble de son œuvre (1918), et le Grand Prix de poésie de l'Académie française, pour l'ensemble de son œuvre poétique (1958).

Au 40, le salon de Marie-Louise Bousquet

« C'était encore l'époque, relate Philippe Soupault, où le sort d'une pièce ou d'un livre se décidait en partie dans quelques salons de Paris dont le sien. » Avant de recevoir au 3, place du Palais-Bourbon, la femme du dramaturge Jacques Bousquet et future représentante française du *Harper's Bazaar* reçut rue Boissière dans les années 1920 la fine fleur littéraire de l'époque : Henri de Régnier (qu'elle appelait « ma grande asperge »), Cocteau, Édouard Bourdet, Fargue, Mauriac, Giraudoux, Valéry ou Edmond Jaloux.

Au 40 bis, René Laporte

En 1931, venu de Toulouse, il s'installe à Paris au 40 bis de la rue Boissière. *Les Chasses de novembre*, son second roman, reçoit le prix Interallié 1936. Après la guerre, il résidera 12, rue Lavoisier, publiant plusieurs romans chez son ami René Julliard, dont les différents volumes des *Membres de la famille* : *Ma dernière volonté* (tome I), *Chacun pour soi* (tome II), *Le Château de sable* (tome III), *Un air de jeunesse* (tome IV), des recueils de poésie chez Seghers et deux pièces de théâtre.

BOSIO (rue)

Plus tard dans la soirée, avec Notre Radieux Souverain et cinq gardes du corps elle marcha cinquante mètres sous les flashes, pour entrer chez Honoré, rue Bosio…

— Patrick Rambaud, *Tombeau de Nicolas Ier et avènement de François IV*, 2013

Au 7, Gabriel Bernard

Auteur prolifique de romans populaires – une soixantaine entre 1916 et 1933 –, il signa notamment en 1927 un *Olive Patin. Policier malgré lui* dans la collection « Romans célèbres de drame et d'amour » de Tallandier, tombé immédiatement dans l'oubli. Dans le *Dictionnaire des littératures policières*, Michel Lebrun le qualifie cependant d'« excellent exemple de romancier populaire, son œuvre réalisant une synthèse de tous les genres en voie de développement à l'époque ».

BOULAINVILLIERS (hameau de)

Le hameau de Boulainvilliers fut un peu le hameau du Symbolisme. Les ombres de Pierre Louÿs et de Claude Debussy doivent s'y croiser sans cesse…

— Maurice-Pierre Boyé, *Portraits et rencontres de la vie littéraire*, 1974

Au 19, Maxime du Camp

Au début des années 1850, après son voyage en Orient en compagnie de Flaubert, Maxime du Camp loge dans le hameau de Boulainvilliers situé à la hauteur du nº 27 de la rue éponyme. Leur périple mouvementé lui a inspiré un récit de voyage – *Égypte, Nubie, Palestine et Syrie* (1852) –, voyage qui fournira la célèbre anecdote de la glace au citron, Flaubert se plaignant de leur situation : « Entre nous, ça manque de glaces au citron dans le désert de Qôseir. » En 1851, Du Camp a fondé la *Revue de Paris*, qui publiera cinq ans plus tard *Madame Bovary*.

Au 29, Fernand Gregh

En 1960, on peut lire dans la *Revue des Deux Mondes* : « Quand, il y a juste dix ans, quelqu'un disait, à Paris, dans un certain milieu, aussi bien politique qu'artistique ou littéraire, "allez-vous au Hameau ?", "dînez-vous au Hameau ?", chacun savait qu'il ne s'agissait pas de Trianon, mais de cette étrange maison de bois disparaissant sous des avalanches de clématites et de vigne vierge, au fond d'un grand jardin envahi d'arbres, lui-même enfoui au bout des allées du hameau de Boulainvilliers, où s'élevait l'ancien pavillon des Eaux et Forêts de l'Exposition de 1878[10]. »

Fondateur, en 1896, de la revue *Le Banquet*, à laquelle collaborèrent Proust, Robert de Flers, Léon Blum et Henri Barbusse, Fernand Gregh connut le succès à 22 ans, pour un court poème que le critique du *Temps* présenta comme un poème inconnu de Verlaine.

Outre son œuvre poétique, il laisse trois livres de souvenirs dans lesquels sa mère, alors qu'il est petit garçon, lui désigne une vieille dame qui trottine dans la rue. Il s'agit de George Sand.

Au 29, Pierre Louÿs

Au début des années 1900, Pierre Louÿs se retire dans une maison en briques rouges du hameau de Boulainvilliers. Il y vivra dix ans dans une grande solitude. En novembre 1916, il retrouve, dans un tiroir resté clos pendant quinze ans, une ébauche oubliée de son *Pervigilium Mortis*, poème de l'amour et de la mort dédié à sa belle-sœur Marie de Heredia : « Ouvre sur moi tes yeux si tristes et si tendres, / Miroirs de mon étoile, asiles éclairés, / Tes yeux plus solennels de se voir adorés, / Temples où le silence est le secret d'entendre. » L'auteur d'*Aphrodite* (1896) s'enferme dans un travail de recherches littéraires, travaille sur quelques adaptations au théâtre de ses œuvres et publie quelques poèmes. Sa santé décline jusqu'à la paralysie et une demi-cécité, l'homme aux deux mille cinq cents maîtresses décède en juin 1925, à l'âge de 54 ans.

BOULAINVILLIERS
(rue de)

Tout le monde sait que l'ancienne gare de la rue de Boulainvilliers est occupée par une dame dentiste, mais lui appartient-elle vraiment ?
— Jacques Réda, *Les Ruines de Paris*, 1977

Au 21 bis, Louis Codet

Romancier (*La Rose du jardin*, 1907, *La Petite Chiquette*, 1908), député de la Haute-Vienne de 1909 à 1910, cet ami d'Apollinaire fut l'un des premiers collaborateurs de *La Nouvelle Revue française* (premier numéro d'Eugène Montfort). À l'âge de 38 ans, il disparaît aux premières heures de la guerre. De nombreuses œuvres seront publiées après sa mort, dont *César Capéran* par Gaston Gallimard en 1918.

Au 37, Fernand Mazade

Ce poète-médecin résida rue de Boulainvilliers de 1896 à 1939. Il fut au début du siècle, avec Paul-Jean Toulet et Gabriel de Lautrec, un des principaux prête-plumes de Willy. Auteur d'une quinzaine de recueils (publiés entre 1882 et 1930), il se considérait comme une éminence poétique. Aux obsèques d'Henri de Régnier (en 1936), il confia à un ami : « Maintenant qu'Henri de Régnier n'est plus, ne suis-je pas le plus grand poète d'aujourd'hui ? »

Au 56, René Goscinny

Né en août 1926 rue du Fer-à-Moulin, Goscinny vécut avant et après la guerre dans une grande précarité. Il faudra attendre la fin des années 1940 pour que sa situation financière s'améliore : « Un jour, écrit-il, j'ai entendu un grand ancien dire : "Le métier de scénariste ? C'est à la portée du premier imbécile venu !" J'ai compris que j'avais trouvé ma voie. »

Après avoir vécu rue Alfred-Bruneau, dans le 16e arrondissement, Goscinny emménage en 1967 non loin de là, dans un appartement avec terrasse au 56, rue de Boulainvilliers. Le 5 novembre 1977, à 51 ans, il succombe à une crise cardiaque, laissant derrière lui quatre orphelins – Iznogoud, Lucky Luke, Astérix, Le Petit Nicolas –, un livre-récit (*Tous les visiteurs à terre*, 1969) et plus de cinq cents millions d'ouvrages vendus.

Il laisse également une femme et une fille de 9 ans, Anne Goscinny, à laquelle sa mère dira qu'il « vaut mieux avoir un père génial pendant neuf ans qu'un con pendant trente ans ». Anne Goscinny deviendra écrivaine et se consacrera à l'œuvre de son père.

BUGEAUD (avenue)

J'ai eu régulièrement avenue Bugeaud un maître d'hôtel, un sommelier, un premier valet de chambre, un second valet de chambre ou aide, pour les gros ouvrages, deux femmes de chambre, un chef cuisinier, une cuisinière et une fille...

— Jules Romains, *Les Hommes de bonne volonté*, 1932

Au 32, Louis Verneuil

Auteur d'environ quatre-vingts pièces de boulevard, dont une vingtaine en collaboration avec Georges Berr, ce dramaturge, scénariste et acteur fut dans les années 1930 aussi célèbre que Sacha Guitry. Il aimait le théâtre et les femmes. Il épousa donc naturellement et successivement la petite-fille de Sarah Bernhardt (pour laquelle il écrit deux pièces : *Régine Armand* et *Daniel*), puis Germaine Feydeau, la fille de Georges Feydeau.

Il se suicidera en 1952 au Grand Hôtel Terminus près de la gare Saint-Lazare, dernier domicile de son beau-père.

CAMOËNS (avenue de)

Le snobisme gâte parfois les plus belles qualités, ce n'était pas le cas avenue de Camoëns.
— Pierre de Boisdeffre, *Contre le vent majeur*, 2014

Au 10, Alexis Léger dit Saint-John Perse

Après son refus, en 1942, de rallier le général de Gaulle puis sa décision de rester aux États-Unis après la Libération, Alexis Léger s'est enfermé dans la posture de poète exilé. *Vents* paraît en 1946, mais les existentialistes l'ignorent et il le leur rend bien. Se sentant étranger aux milieux littéraires parisiens, il affirme ne rien en attendre et surtout pas de reconnaissance. Il est ailleurs, avec ses « vents » : « C'étaient de très grands vents sur toutes faces de ce monde, / De très grands vents en liesse par le monde qui n'avaient ni d'aire ni de gîte, / Qui n'avaient garde ni mesure, et nous laissaient, hommes de paille, / En l'an de paille sur leur erre… Ah ! oui, de très grands vents sur toutes faces de vivants ! »

Ces *Vents* vont souffler dans la bonne direction pour le diplomate-poète : après *Amers*, en 1957, il décroche un prix Nobel de littérature en 1960, trois ans après Camus.

CHAILLOT (rue de)

La Folle : « Courez rue du Ranelagh prévenir Madame Constance de se trouver à deux heures rue de Chaillot… »
— Jean Giraudoux, *La Folle de Chaillot*, 1943

Au 7, Hélène Vacaresco

Cette poétesse roumaine d'expression française (« Allons sur les caps bleus ou sur la verte grève / Pour voir venir au loin le vaisseau de mon rêve ») fut deux fois lauréate de prix littéraires de l'Académie française pour sa poésie.

Après avoir résidé à partir de 1916 au 5, rue Washington, puis au 27, avenue Kléber, elle s'installa rue de Chaillot, y vécut de 1937 à sa mort, en 1947. Elle fait partie du fort courant littéraire roumain qui s'installe à Paris dès 1920 en compagnie de Marthe Bibesco et perdure, plus tard, avec Eugène Ionesco, Emil Cioran, Panaït Istrati, Tristan Tzara, Ghérasim Luca, Benjamin Fondane…

CHALGRIN (rue)

« Vous connaissez la rue Chalgrin, capitaine ? – Oui, mademoiselle. C'est une petite rue que j'aime beaucoup. Elle donne, à droite, dans l'avenue du Bois. »

— Pierre Benoit, *La Châtelaine du Liban*, 1924

Au 5, Anatole France

Anatole France et sa femme s'y installent début 1881, date de parution de son premier roman : *Le Crime de Sylvestre Bonnard*, suivi l'année suivante par *Les Désirs de Jean Servien* puis, en 1889, par un recueil de nouvelles : *Balthasar*.

Les rapports entre France et sa femme vont se dégrader, du fait de sa liaison avec Mme de Caillavet. Un matin de juin 1892, France quitte le domicile conjugal pour s'installer villa Saïd et envoie une lettre de séparation à son épouse. Dans *Le Lys rouge*, il fera dire au prince Albertinelli : « Il faut qu'une femme choisisse : avec un homme aimé des femmes, elle n'est pas tranquille ; avec un homme que les femmes n'aiment pas, elle n'est pas heureuse. »

Au 20, Emmanuel Berl

Les femmes étaient sa grande passion, comme l'attestent ses premiers écrits : *Recherches sur la nature de l'amour. La réalité des sentiments* (1923) et *Méditation sur un amour défunt* (1925). En 1926, il réside rue Chalgrin avec ses deux femmes, son épouse Jacqueline (Bordes) et sa maîtresse Suzanne (Muzard), qui le trompe par ailleurs avec André Breton. Berl divorce de la première, épouse la seconde et se fâche de ce fait avec les surréalistes. Il lance, avec son inséparable ami Drieu la Rochelle, une revue politique et littéraire : *Les Derniers Jours*. Première phrase du premier cahier : « Tout est foutu. Tout ? Tout un monde, toutes les vieilles civilisations. »

Berl et Drieu renvoient communisme et fascisme dos à dos, appellent à de nouveaux horizons sans préciser lesquels. Martin du Gard ricane, Paulhan critique gentiment, Aragon est aux abonnés absents. Faute de convaincre, Berl s'attaque à un roman, un *Ulysse* métissé du *Paysan de Paris*. Un peu trop lourd pour lui, les premières pages resteront dans un tiroir.

Au 20, André Lebey

Romancier, poète, essayiste, ami de Paul Valéry, de Pierre Louÿs et de Jean de Tinan, il publia une soixantaine d'ouvrages dont un nombre important de livres d'études historiques et de textes maçonniques. Son roman *Le Vénérable et le Curé* obtint un certain succès en 1928 aux côtés de *Climats* d'André Maurois ou d'*Axelle* de Pierre Benoit.

Au 20, Roger Vercel

Il s'appelait Cretin et préféra s'appeler Vercel, nom d'un village du Doubs dont étaient originaires ses aïeux. Auteur de romans, de biographies, d'essais et de nouvelles, il obtint le prix Goncourt 1934 pour *Capitaine Conan*, premier roman partiellement autobiographique (porté à l'écran par Bernard Tavernier). La mer sera ensuite son inspiratrice avec *En dérive*, *Au large de l'Éden* et *Remorques* (porté à l'écran par Jean Grémillon). *Été indien*, son dernier livre, paraît en 1956, un an avant sa mort.

Il publia dix-huit romans, la plupart maritimes, mais ne s'aventura jamais au-delà du bassin Vauban de Saint-Malo. René Coty, dit-on, appréciait sa prose.

CHANEZ (rue)

La rue Chanez est encore plus sinistre que dans mon souvenir. Un brouillard cotonneux couvre Paris depuis deux jours, putride et suffocant.

— Benoite Groult, Paul Guimard, *Journal amoureux*, 2021

Au 3, Xanrof

Si l'auteur du *Fiacre*, immense succès lancé par Yvette Guilbert, fut un des chansonniers piliers du Chat Noir et auteur de chansons paillardes pour étudiants, il fut également dramaturge, auteur d'une dizaine de pièces comme *Un coup de foudre* (1908) ou *Le Prince consort*, pièce qui fut jouée en 1905 au New Amsterdam Theater à New York. Conteur, il publia une douzaine de recueils comme *De l'autel à l'hôtel* (1902).

Cet ancien avocat s'appelait en fait Léon Fourneau et on lui doit, dit-on, l'idée de fixer des roulettes sur les valises.

Au 11, Philippe Soupault à la Résidence d'Auteuil

En 1973, l'ancien surréaliste quitte la chambre d'hôtel du quai Voltaire qu'il occupait depuis huit ans. Il a 76 ans, s'installe à la Résidence d'Auteuil. Il y poursuit la rédaction de ses Mémoires et, dans un entretien pour *Le Monde*, il répond aux interrogations concernant son œuvre non poétique :

« Vous avez aussi écrit une dizaine de romans, qui ont disparu des librairies. Les reniez-vous ? Vous avez pourtant, dit-on, frôlé le Goncourt avec l'un d'entre eux[11].

— Je ne les renie pas, je les constate. Ils ont surpris même mes amis. Ce sont des témoignages. Un point, c'est tout. Aucun éditeur ne m'a demandé de les rééditer. Tant pis. En effet, j'ai "frôlé" le prix Goncourt, on a préféré un roman de Thierry Sandre (ancien secrétaire de Pierre Louÿs). Peut-être ce prix Goncourt que j'ai frôlé m'aurait obligé à jouer un rôle pour lequel je n'étais pas fait. Au demeurant je préfère que quelques-uns me lisent dans les bibliothèques publiques plutôt que d'être publié dans les collections de poche que l'on retrouve dans les poubelles et que négligent les chiffonniers. Je ne crois pas aux jugements de la postérité[12]. »

« Vous qui frappez à ma porte, avait-il écrit en 1982, / sachez que je ne réponds plus / je suis sourd comme un Soupault / et muet comme un cachalot. »

Il décédera rue Chanez en 1990, vingt-quatre ans après Breton et huit ans après Aragon.

CHARDIN (rue)

C'est dans ces dispositions que j'allai consulter Mme Fraya, rue Chardin. Je dois dire qu'au premier abord, elle me parut un peu déconcertante.

— Simone de Tervagne, *C'était écrit dans les étoiles*, 1960

Au 10, l'éditeur Alphonse Lemerre

La poésie peut-elle enrichir ? Les poètes, peu souvent. Les éditeurs, parfois. En 1880, au 10, rue Chardin, Alphonse Lemerre fit bâtir un hôtel particulier dont le linteau de la porte d'entrée était orné de l'enseigne de sa maison d'édition. Le corps de logis était en retrait de la rue ; côté cour, un jardin d'hiver, surmonté d'une terrasse, prolongeait la salle à manger. L'illustrateur Henri Pille et Paul Chabas décorèrent l'escalier.

Lemerre mourut chez lui en octobre 1912 et *Le Figaro*, sous la plume de Louis Chevreuse, lui rendit hommage : « On voyait chez lui le jeune Verlaine qui lui avait donné son premier recueil ; Xavier de Ricard, timide et chevelu ; le bel et blond Mendès, déclamant des strophes sonores et tendres ; l'impeccable José-Maria de Heredia, qui avait l'air et l'art de ne bégayer un peu que pour le plaisir de prolonger l'attente admirable de la rime ; Coppée, rêveur et doux, extrêmement spirituel et attendri ; et Leconte de Lisle, au visage olympien ; et, je crois, Théodore de Banville. Toute la poésie d'alors… »

CHERNOVIZ (rue)

Autre nouveauté, l'entrée du cinéma se fait dorénavant par la rue de Passy, et la sortie par la rue de Chernoviz. Rebaptisé « Alexandra », le cinéma cesse définitivement son activité le 16 juillet 1962.

— Ciné-Façades, « Cinéma François-Truffaut », octobre 2020[13]

Au 12, Jacqueline de Romilly

Cette helléniste émérite quitte le 38, rue Guynemer en 1972 et emménage dans un appartement de la rue Chernoviz où elle résidera jusqu'à sa mort.

En 1934, sa mère lui avait offert un livre de grec en lui disant qu'il serait bon qu'elle fît un peu de grec pendant les vacances. « Et j'ai ainsi, écrit Jacqueline de Romilly, appris à connaître Thucydide, sur l'œuvre duquel je ne cesserai plus de travailler pendant un demi-siècle. »

En 1977, à la mort de sa mère[14], elle écrit un livre intitulé *Jeanne*, qu'elle prie Bernard de Fallois de ne publier qu'après sa propre mort. Un chef-d'œuvre, selon certains. L'ouvrage sort en 2011, on peut lire dans *Le Point* : « Avec cet admirable portrait d'une femme adorable, qui embrasse deux générations féminines du XXe siècle, et sur fond de deux guerres civiles européennes, Jacqueline de Romilly a écrit son *Grand Meaulnes*. »

CLAUDE-TERRASSE (rue)

Anatole Deibler, qui habitait rue de Billancourt à Auteuil, aujourd'hui rue Claude-Terrasse, s'apprêtait à rejoindre ses aides… Il allait descendre dans le métro Porte de Saint-Cloud quand il s'affaissa. Il était mort.

— François Foucart, *Anatole Deibler. Profession bourreau*, 1992

Au 38, Eugène Ionesco

Avant la guerre, la famille Ionesco habite rue Madame dans le 6e arrondissement. Suit ensuite le 15e arrondissement avec la rue de Vaugirard, la rue du Théâtre, la rue Blomet et la rue de l'Avre.

En 1945, ils s'installent rue Claude-Terrasse, humide rez-de-chaussée, où ils résideront jusqu'en 1960. Ionesco travaille comme correcteur dans une maison d'éditions administratives, traduit Urmuz, un poète roumain précurseur du surréalisme et de la littérature de l'absurde, et conçoit ses premières pièces, *La Cantatrice chauve* en 1947, *La Leçon* et *Jacques ou la Soumission* en 1950.

La Cantatrice chauve sera jouée au théâtre des Noctambules en 1950 puis au théâtre de la Huchette en 1952. Suivront une vingtaine de pièces écrites rue Claude-Terrasse, dont *Amédée ou Comment s'en débarrasser* (1954). En 1960, Ionesco déménage au 14, rue de Rivoli, où il restera quatre ans.

COLONEL-BONNET (avenue du)

Quand elle ne peut plus se supporter rue du Colonel-Bonnet, elle sort, sans but, sans yeux. La rue ne l'amuse pas, elle marche, parce qu'il faut marcher…

— Elvire de Brissac, *À pleur-joie*, 1968

Au 4, Henry Kistemaeckers (fils)

Romancier, il publia une vingtaine d'ouvrages, notamment *Mon amant !* (1892) ou *L'Illégitime, roman d'une femme*, grand succès de 1896. Auteur dramatique, il fit jouer une trentaine de pièces dont *La Rivale*, coécrite avec Eugène Delard, créée à la Comédie-Française en 1907. Hormis quelques vaudevilles, son registre fut essentiellement la « comédie sérieuse », mettant en scène une intrigue sentimentale sur fond de question sociétale, dont la conclusion est le plus souvent heureuse et conforme aux bonnes mœurs.

Après la guerre, il s'écartera du journalisme et du roman, livrera encore quelques succès à la scène et s'investira totalement dans le cinéma.

COMMANDANT-MARCHAND (rue du)

Elle m'emmenait rue du Commandant-Marchand,
à la porte Maillot où elle avait acheté,
grâce aux munificences de ses adorateurs,
un hôtel particulier qu'elle était en train d'installer
et de meubler magnifiquement.

— Jean Mollet, *Les Mémoires du Baron Mollet*, 1963

Au 14, la damnation de Marcel Jouhandeau

En juin 1929, Marcel Jouhandeau et Élisabeth Toulemont se marient à Saint-Honoré-d'Eylau. Témoins de la mariée : Marie Laurencin et Gaston Gallimard. Témoins du mari : Jean Cocteau et René Crevel. (Waouh !) Les Jouhandeau s'installent alors dans un pavillon de pierre meulière tarabiscoté rue du Commandant-Marchand.

En 1914, le conflit intérieur entre son homosexualité et sa foi catholique avait incité Jouhandeau à se suicider. Il ne donna pas suite et préférera, dans sa vie personnelle et dans ses écrits, créer son propre enfer et y brûler en permanence, comme s'il courait volontairement vers la damnation. Il écrit sans tabous, trouve naturel de scandaliser : « La poule pond, le lion rugit, j'écris. C'est tout. » « L'impudeur fait style », écrira Poirot-Delpech. Son *Monsieur Godeau intime*, en 1926, a montré le chemin : l'histoire d'un homme hanté par Dieu, mais, parallèlement, possédé par ses sens et par ses pulsions. Durant les années 1930, il écrit certaines de ses œuvres les plus célèbres, *Chaminadour I, II* et *De l'abjection*, et il commence à parler explicitement de son homosexualité. En 1937, il publie dans *L'Action française* trois articles farouchement antisémites, repris chez Sorlot sous le titre *Le Péril juif*. En 1941, il participe au « congrès de Weimar » organisé par Goebbels et, en mai 1944, sa femme dénonce Jean Paulhan à la police française comme « Juif ». Il ne sera pourtant pas inquiété à la Libération.

En avril 1948, il rencontrera dans le train Robert Coquet. *L'École des garçons* (1953) et *Du pur amour* (1955) témoigneront d'une histoire d'amour entre un homme de 60 ans et un jeune homme de 20. L'homosexuel catholique le plus illuminé de la littérature française quitte le 16e arrondissement en 1960 pour s'installer à Rueil-Malmaison où il décédera en 1979.

Avant de s'installer rue du Commandant-Marchand, Marcel Jouhandeau résida à l'hôtel Beauséjour du 11, rue Meslay, rue Casimir-Delavigne, 26, rue Gay-Lussac et 27, boulevard de Grenelle.

COMMANDANT-SCHLOESING (rue du)

Tout cela tombait plutôt bien, et ils ont remonté ensemble la rue du Commandant-Schloesing jusqu'au coin de la rue Pétrarque.

— Jean Echenoz, *Envoyée spéciale*, 2016

Au 2, le cimetière de Passy

Bien fréquenté, le plus petit cimetière de Paris accueille de préférence les dramaturges : Henry Bernstein, Maurice Genevoix, Jean Giraudoux, Octave Mirbeau…

CORTAMBERT (rue)

La rue Cortambert est étroite, pentue, infiniment morne…

— Patrice Lelorain, *Revenants*, 2011

Au 13, Serge Doubrovsky

« Quand je tourne au tabac du coin sur la gauche, rue de la Tour, je croise bientôt la rue Cortambert, écrit-il. Au 13, tout en haut, l'appartement avec balcon. […] En face de notre appartement, il y avait un marchand de journaux chez qui j'achetais chaque semaine *Robinson*, et aussi des roudoudous rouges, délicieux à sucer… »

Quarante ans après les roudoudous, dix ans après un très remarqué *Corneille et la dialectique du héros* (1963), il publie *Fils* (1977), œuvre d'autofiction, terme qu'il aurait inventé pour éviter le mot « autobiographie » et qu'il définit comme « une matière entièrement autobiographique écrite de manière entièrement fictionnelle ».

Suivront huit romans, dont *Le Livre brisé*, prix Médicis 1989, *Un homme de passage*, Grand Prix de littérature de la SGDL 2011, et *Le Monstre* (2014).

Au 16, l'adolescence de Julien Green

Né en 1900 au 4, rue Ruhmkorff à Paris, le petit Julian Green connaîtra le 92, rue Raynouard (en 1902), le 93, rue de Passy (en 1904) puis la rue de la Pompe (de 1910 à 1913).

Après la mort de sa mère, en 1914, il connaîtra la pension Mouton, 43, rue de la Tour, puis, en 1916, l'appartement que son père a loué au premier étage du 16, rue Cortambert.

À 16 ans, l'adolescent a envie d'écrire et commence une histoire de France en s'aidant du *Petit Larousse*. Dans l'appartement, il va découvrir un abrégé de doctrine catholique à l'usage des nouveaux convertis, livre qui le rend « catholique de désir ». Il va dans sa chambre, il s'agenouille et rit de bonheur. Dieu est là. Sa sœur, Anne Green, qui vivra avec son frère, consacrera en 1937 un livre (*16 rue Cortambert*) à l'appartement de la rue Cortambert.

La conversion de Julien Green au catholicisme va s'accompagner de passions homosexuelles inassouvies, et l'on apprendra par son journal qu'il passa « sa jeunesse à courir les pissotières, multipliant les aventures homosexuelles, partageant ses amants avec l'homme de sa vie, l'écrivain et journaliste Robert de Saint Jean (1901-1987)[15] ».

Au 57, Colette

En octobre 1914, Henry de Jouvenel, mari de Colette, est appelé sous les drapeaux. La romancière confie sa fille âgée de 1 an à sa belle-mère et occupe un vieux chalet vermoulu appartenant à son mari, chalet qui lui servait de garçonnière avant leur mariage. Elle y crée une sorte de gynécée, invitant ses amies et voisines – Musidora, Marguerite Moreno, Annie de Pène – à réunir leurs maigres ressources. Cuisine et vaisselle pour Musidora, Annie de Pène s'occupe des courses, Colette est chargée du ménage. Marguerite Moreno, peu encline aux tâches ménagères, est chargée du moral des troupes. L'expérience ne durera guère car, deux ans plus tard, le chalet va rendre l'âme sous l'orage. Henry de Jouvenel retournera provisoirement à la vie civile, le couple déménagera près du bois, dans une villa du boulevard Suchet, puis Henri de Jouvenel repartira au front, laissant Colette seule.

CREVAUX (rue)

Dès huit heures, douze voitures de déménagement encombrèrent la rue Crevaux, entre l'avenue du Bois-de-Boulogne et l'avenue Bugeaud.
— Maurice Leblanc, *Arsène Lupin contre Herlock Sholmès*, 1908

Au 8, Maurice Leblanc

À partir de 1906 et jusqu'en 1911, Maurice Leblanc occupe un cinquième étage du 8, rue Crevaux. Il y écrit *Arsène Lupin, gentleman-cambrioleur* (1907), recueil de neuf nouvelles parues dans *Je sais tout* dont *Herlock Sholmès arrive trop tard*, puis une suite : *Arsène Lupin contre Herlock Sholmès*, qui paraît en volume en 1908 et provoque la colère de Conan Doyle.

Atteint d'une maladie nerveuse, Leblanc travaillait sur son balcon, abrité par une véranda jaune qui lui donnait l'illusion d'être au soleil. « Il avait été mis au monde, précise André Billy dans *La Terrasse du Luxembourg*, par Achille Flaubert, frère de l'écrivain et, comme l'auteur de *Madame Bovary*, il portait de longues moustaches et un beau crâne bien poli. Il m'a laissé le souvenir d'un homme fin et courtois, que le succès de ses contes policiers gênait plutôt et dont le talent eût mérité un meilleur emploi. »

Avec *L'Aiguille creuse*, ouvrage conçu en 1908, le « Conan Doyle français » accède à une très forte notoriété et celle d'Arsène Lupin va rayonner dans le monde entier. Leblanc, qui aime mêler sa vie à celle de son héros, loge son gentleman-cambrioleur au 8, rue Crevaux, dans un ensemble de six appartements comportant cinquante-cinq pièces, sous le nom de Félix Davey.

Au 10, Renée Vivien

Pour son premier séjour à Paris, en 1898, la célèbre poétesse britannique réside dans une pension de famille de la rue Crevaux où elle reçoit Natalie Clifford Barney, qui devient sa maîtresse, et qu'elle quittera rapidement, lui reprochant ses multiples aventures.

Ses premiers écrits sont publiés sous le nom de Paule Riversdale, pseudonyme de sa nouvelle amante, la baronne Hélène de Zuylen. Parallèlement à ses recueils de poésie, elle s'essaie au roman : *Une femme m'apparut*, écrit en 1905 et rebaptisé *L'Aimée*, une de ses rares œuvres en prose qui relate la passion dévorante et destructrice entre deux femmes.

Au 12, Gaston de Pawlowski

« De taille gigantesque, écrit Patrice Delbourg dans *Les Jongleurs de mots*, comme son esprit et son intelligence, il s'apparente à une réplique de héros de Swift. Il se sert de son ironie contagieuse pour exprimer les idées les plus subversives, à l'abri de toute censure. » Il fut l'ami d'Alfred Jarry, d'Apollinaire, de Marcel Proust, sportif émérite (vélo, alpinisme), terriblement farceur, inventeur de la baignoire à porte latérale ou du mètre de poche qui ne mesure que dix centimètres. Son *Voyage au pays de la quatrième dimension* (1912) est un classique de la science-fiction et ses *Paysages animés* proposent vingt-six petits textes poético-satiriques portant un regard amusé sur la modernité naissante.

DAVIOUD (rue)

Il chercha la rue Davoust, mais ne trouva que la rue Davioud, à Passy. C'était cela, parbleu ! Il avait mal entendu !

— Hugues Lapaire, *Quelques grains d'humour*, 1934

Au 17, Maurice Genevoix

Après son élection à l'Académie française, en 1949, Maurice Genevoix s'installe rue Davioud. Trente ans auparavant, il a publié *Sous Verdun*, suivi de *Nuits de guerre* (1917), *Au seuil des guitounes* (1918), *La Boue* (1921) et *Les Éparges* (1923), ouvrages qui seront réunis sous le titre *Ceux de 14*, un des grands témoignages sur l'enfer des tranchées avec *Le Feu* d'Henri Barbusse. Après ses souvenirs de guerre, il écrira des romans écolo-régionalistes inspirés par la Sologne et par le Val-de-Loire, écrivant notamment *Raboliot*, prix Goncourt 1925, puis *La Boîte à pêche* (1926), *Rroû* (1931) et *La Forêt perdue* (1967).

Secrétaire perpétuel de l'Académie française en 1958, il démissionnera en 1974 et continuera à écrire jusqu'en 1980, signant une cinquantaine de titres sur plus de soixante ans.

Un siècle après l'inhumation du soldat inconnu, en novembre 2020, l'écrivain entre au Panthéon. « Ce sont tous ceux de 14, déclare le président Macron, qui franchiront le seuil avec leur porte-voix que fut Maurice Genevoix. »

DEBROUSSE (rue)

Myriam attendit quelques instants rue Debrousse puis s'approcha du bâtiment classé et de son imposante grille noire…

— Alexandre Malafaye, *Le Secret de Moïse*, 2011

Au 3, Alexandre Arnoux

Alexandre Arnoux, ascension sociale oblige, quitte la rue Rataud en 1913 et passe du 5e au 16e arrondissement. Il a 29 ans, il vient de publier son premier roman (*Didier Flaboche*, 1912), il résidera rue Debrousse pendant soixante ans.

Il y écrit une trentaine de romans et nouvelles, une dizaine de pièces de théâtre (dont *La Belle et la Bête*, dont se serait inspiré Cocteau), de nombreux essais (dont un sur Tristan Corbière), une vingtaine de scénarios pour le cinéma, ainsi que des ouvrages dédiés à Paris comme *Le Promeneur accompagné*, *Paris sur Seine* et *Paris ma grand'ville*. Selon Henri Clouard, dans son *Histoire de la littérature française* (1947), « Arnoux écrit la langue la plus adroite, la plus brillante d'éclat pur, la plus prestidigitatrice de notre temps ».

« Il lui aura peut-être manqué, nuance Patrick Guay, un succès commercial, un Hôtel du Nord ou une Gueule d'amour, pour éviter l'inévitable, l'oubli auquel sont invariablement condamnés 95 % des romanciers, fussent-ils passablement talentueux. »

DECAMPS (rue)

… et lorsque j'étais enfant j'allais boire, en sortant de l'école Gerson, du lait de deux vaches que l'on pouvait voir « en vitrine », rue Decamps.

— André Castelot, *L'Histoire à table*, 1979

Au 11, Léon Hennique

Connu pour être l'auteur de l'une des six nouvelles (*L'Affaire du grand 7*) des *Soirées de Médan*, publiées en 1880 par Émile Zola, Guy de Maupassant, Joris-Karl Huysmans, Henry Céard, Léon Hennique et Paul Alexis, il est l'auteur d'un roman naturaliste, *La Dévouée* (1878), et d'un roman historique et « spirite » : *Elisabeth Couronneau* (1879). Acteur clé du paysage littéraire de la fin de siècle, il fut un ami intime d'Edmond de Goncourt et sera, avec Alphonse Daudet, son exécuteur testamentaire.

C'est chez lui, rue Decamps, que l'académie Goncourt – dont la vraie dénomination est « Société littéraire des Goncourt » – se réunit pour la première fois le 7 avril 1900. D'après le procès-verbal, les « Dix » ne sont alors que sept : Joris-Karl Huysmans, Octave Mirbeau, Rosny aîné et Rosny jeune, Léon Hennique, Paul Margueritte, Gustave Geffroy. Pour compléter l'assemblée, ils éliront Léon Daudet, en remplacement de son père Alphonse, Élémir Bourges et Lucien Descaves. Léon Hennique assurera avec succès la mise en route de l'académie dont il deviendra le président après la mort de Huysmans, en 1907. En 1910, il cesse d'écrire, déclarant qu'il n'a plus rien à dire. Il dira tout de même en 1919 sa préférence pour *Les Croix de bois* (de Dorgelès, 33 ans), contre *À l'ombre des jeunes filles en fleurs* (de Proust, 48 ans), rappelant qu'Edmond de Goncourt avait souhaité un prix récompensant « un jeune écrivain ». Également choquée, *L'Humanité* titre : « Place aux vieux. »

DELESSERT
(boulevard)

Je l'entendais respirer au bout du fil et j'imaginais ma mère au clavier, boulevard Delessert, son châle en piqué mauve sur les épaules.
— Yann Queffélec, *L'amour est fou*, 2006

Au 1, Michel Audiard et Patrick Modiano

En 1978, à la demande du producteur Gérard Lebovici[16], Patrick Modiano collabore avec Michel Audiard en vue d'adapter *L'Instinct de mort* de Jacques Mesrine, alors en prison. Délaissant son duplex de la rue de l'Assomption, Audiard loue une suite (payée par la production) à l'hôtel de La Trémoille où Modiano le retrouve régulièrement pour élaborer le scénario. « Il me dictait une dizaine de répliques, les faits et gestes des différents personnages, et je devais mettre tout cela au propre. En quelque sorte, je lui servais de secrétaire[17] », relate l'écrivain. Le film n'aboutira pas : Mesrine s'évade, le producteur suspend le projet. N'en subsistent qu'une vingtaine de feuillets et une amitié entre les deux hommes. En 1985, à la mort d'Audiard, Modiano publie dans *Le Point* un article intitulé « Michel, mon ami ».

Si Audiard est immédiatement associé à des dialogues de cinéma (« Quand les types de cent trente kilos disent certaines choses, ceux de soixante kilos les écoutent… »), il fut également romancier, publiant une dizaine d'ouvrages dont un remarqué *La Nuit, le jour et toutes les autres nuits* (1978).

Au 3, Octave Mirbeau

Il s'y installe en avril 1897, il y résidera jusqu'en 1901, date à laquelle il déménagera au 68, avenue du Bois-de-Boulogne (actuel 84, avenue Foch). Journaliste de renom et redoutable pamphlétaire, il a entamé une carrière littéraire fort peu conventionnelle, en marge du naturalisme ambiant, avec *Le Calvaire* (1886), qui aborde notamment la débâcle de l'armée pendant la guerre de 1870, *L'Abbé Jules* (1888), histoire d'un prêtre révolté torturé par ses contradictions,

Sébastien Roch (1890), qui traite du viol d'adolescents par des prêtres, thème tabou qui ne sera évoqué qu'un siècle plus tard. Novateur et anarchiste, Mirbeau souffre de son isolement, mais le succès ne va pas tarder. En 1897, il écrit sa première pièce de théâtre importante : *Les Mauvais Bergers* (1897), pièce noire et pessimiste jouée par Sarah Bernhardt et Lucien Guitry qui, comme *Germinal*, évoque une grève ouvrière. Dreyfusard engagé (il sert de garde du corps à Zola lors du procès de 1898), il va enfin atteindre la consécration avec *Le Journal d'une femme de chambre*, paru en juillet 1900.

DESBORDES-VALMORE (rue)

Il est évident que le hasard seul a pu substituer le nom de Raphaël à celui du Ranelagh, remplacer la rue d'Amboise par la rue Thibaud, l'impasse des Miracles par la rue Lancret, et la rue Notre-Dame par la rue Desbordes-Valmore.

— Victor Fournel, *Paris nouveau et Paris futur*, 1865

Au 24, Paul Guth

Son œuvre fut à son image, sorte de petit lutin faussement candide et malicieux. En 1953, Paul Guth publie *Les Mémoires d'un Naïf*, premier roman d'une série qui comptera sept volumes, publiés entre 1953 et 1970, racontant la vie d'un professeur de français pas si naïf que cela. Il publiera une autre série romanesque, *Jeanne la Mince*, en quatre volumes, de nombreux livres pour enfants et une trentaine d'essais, dans lesquels il fustige le laisser-aller des « temps modernes » : *Lettres à votre fils qui en a ras le bol* (1976), *Notre drôle d'époque comme si vous y étiez* (1977) ou *Lettre ouverte aux futurs illettrés* (1980), recueil à l'irritation tempérée par des recettes de vie comme *Oui, le bonheur !* (1988).

Le père du Naïf résida rue Desbordes-Valmore du début des années 1960 à 1996.

DÔME (rue du)

En 1953, réapparaissait une comtesse de Hults-Bellune, 4, rue du Dôme, et, l'année suivante, à la même adresse et au même numéro de téléphone : Pacheco…

— Patrick Modiano, *Fleurs de ruine*, 1991

Au 1, le dernier mot de Baudelaire

« À onze heures du matin, est décédé en son domicile à Paris, rue du Dôme, 1, Charles-Pierre Baudelaire, âgé de quarante-six ans, homme de lettres[18]. »

En juillet 1866, Baudelaire est admis dans la maison de santé de l'aliéniste Guillaume-Émile Duval. Le poète occupe au rez-de-chaussée une chambre située au fond du jardin, ornée de deux toiles de Manet, dont la *Maîtresse de Baudelaire*, toile peinte en 1862. En août 1867, Baudelaire décède, rongé par la syphilis. Pendant un an, emprisonné dans l'aphasie de Broca, il n'a prononcé qu'un seul mot : « Crénom ! »

Au 8, Charles-Louis Philippe

Autre poète à la vie tout aussi misérable que celle de Baudelaire, Charles-Louis Philippe, que l'on croise rue du Dôme au début de l'année 1895. Ce fils de sabotier rêve de rencontrer Mallarmé et tente de faire carrière (poétique) à Paris. Ce premier séjour ne sera que désillusions et il devra retourner à Cérilly au bout de six mois. Il reviendra un an plus tard, après sa nomination à un petit emploi à l'Hôtel de Ville, dans un sordide garni du 62, rue Saint-Dominique. Il faudra attendre 1897 pour que les premiers écrits de ce peintre des pauvres soient imprimés : *Quatre histoires de pauvre amour*. Son chef-d'œuvre, *Bubu de Montparnasse*, paraîtra en 1901.

DUMONT-D'URVILLE (rue)

Ils ont d'autres biens à Marseille, Nice, Cannes, Monaco et dans les terres, mais je suis sûre d'une chose : ils n'ont rien rue Dumont-d'Urville.

— Anne Cantore, *Promets-moi*, 2018

Au 8, Auguste Vacquerie

Son frère Charles avait épousé Léopoldine, la fille de Hugo, au printemps 1843, un tragique accident de barque leur coûta la vie. En 1840, Auguste Vacquerie a publié un étrange recueil poétique : *L'Enfer de l'esprit* (1840). Huit ans plus tard, il fait jouer sa première pièce, *Tragaldabas*, drame bouffon en cinq actes qui déchaîna un ouragan de sifflets. « S'il n'a pas plus de talent, est-ce sa faute ? » écrira Flaubert à propos des *Funérailles de l'honneur*, drame romantique joué en 1861.

Vacquerie mena une carrière journalistique et littéraire, visitant fréquemment la famille Hugo pendant les années d'exil, et acheta l'hôtel particulier de la rue Dumont-d'Urville en 1882.

DUPONT (villa)

… un petit hôtel de la villa Dupont, laquelle villa serait à la mode si, au lieu de s'appeler villa Dupont, elle s'appelait villa Sarah-Bernhardt.

— Arsène Houssaye, *Les Femmes démasquées*, 1870

Au 5, Maurice Maeterlinck

En août 1890, du jour au lendemain, le futur Prix Nobel de littérature (1911) accède à la célébrité à la suite d'un article signé Octave Mirbeau sur *La Princesse Maleine* paru dans *Le Figaro* : « Je ne sais rien de M. Maeterlinck. Je ne sais d'où il est et comment il est. S'il est vieux ou jeune, riche ou pauvre, je ne le sais. Je sais seulement qu'aucun homme n'est plus inconnu que lui ; et je sais aussi qu'il a fait un chef-d'œuvre. »

Cinq ans plus tard, Maeterlinck s'installe villa Dupont avec la cantatrice Georgette Leblanc, sœur de Maurice Leblanc, dans « une petite avenue si tranquille que les moindres bruits y semblaient insolites », à en croire cette dernière. Ils y tiennent un salon parisien fort couru où l'on croise Oscar Wilde, Paul Fort, Stéphane Mallarmé ou Anatole France. Dramaturge, il écrivit en cinq ans une dizaine de pièces dont *Pelléas et Mélisande* (1892), considérée comme un des sommets du mouvement symboliste, « variation supérieure sur l'admirable vieux mélodrame », note Mallarmé.

Au 15, Pierre Schoendoerffer

Il fut réalisateur et scénariste, mais surtout romancier. « Je place, confia-t-il à *L'Express* en 2003 à l'occasion de la sortie de *L'Aile du papillon*, la littérature au-dessus du cinéma. Les livres ont infléchi ma vie, pas les films. La lecture de *Fortune carrée*, de Joseph Kessel, par exemple. J'avais 15 ans, j'étais malheureux. Je détestais les études. J'avais le sentiment que la vie était minable. Et puis, d'un coup, j'ai découvert ce qu'était la vraie vie. »

Il filma la guerre d'Indochine, puis l'écrivit : en 1963 sera publiée *La 317e Section*, qui deviendra un film en 1964. *L'Adieu au roi*, en 1969, obtiendra le prix Interallié et *Le Crabe-Tambour* (1976), le Grand Prix du roman de l'Académie française, avant d'être adapté par lui-même au cinéma en 1977. Suivront *Là-haut* (1981) et *L'Aile du papillon* (2003). Une œuvre grave laissant peu de place aux femmes, contrairement à celle de son prédécesseur de la villa Dupont, un demi-siècle auparavant : Sacha Guitry.

Au 15, Sacha Guitry

À l'automne 1913, Sacha Guitry et Charlotte Lysès, couple chéri du théâtre parisien, s'installent dans un hôtel particulier de la villa Dupont. *La Prise de Berg-op-Zoom*, comédie-étude de mœurs encensée par la critique, a été jouée au Vaudeville plus de deux cents fois. Guitry est riche, célèbre. Pourquoi aurait-il donc, comme on peut le lire sur Internet, payé son loyer de la villa Dupont à l'architecte Paul Friesé avec une toile de Renoir ?

Au 29, Arsène Lupin

« Cocher, 29, villa Dupont, dit Lupin en montant… Et rapidement.
— Ah ! vous savez donc que nous allons là ? dit le sous-chef.
— Évidemment, je le sais, puisque, hier, j'ai donné rendez-vous à M. Formerie, au 29 de la villa Dupont… »

Dans un hôtel de la villa Dupont, dans une cachette sous les toits, Lupin va mettre à jour « la face livide et convulsée de douleur » du prisonnier attaché par des anneaux de fer engagés dans le corps de la cheminée, deux écuelles vides auprès de lui. Heureusement, l'homme n'est pas mort. Et Lupin ordonne au juge d'instruction : « Du lait, tout de suite ! Du lait additionné d'eau de Vichy. Au galop[19] ! »

DURET (rue)

Ainsi, chaque matin, je faisais la queue au magasin Cercle Bleu de la rue Duret pour un peu de beurre et un quart de lait écrémé.

— Pierre Auer Bacher, *Souvenirs d'une période trouble*, 2020

Au 18, Pierre Boulle

Le cinéma a-t-il tué l'œuvre de Pierre Boulle ? Qui se souvient que *Le Pont de la rivière Kwaï* (1952) et *La Planète des singes* (1963) furent d'abord des romans avant de devenir des films à (très) grand succès ? Peu de lecteurs en France, mais – paradoxalement – des millions aux États-Unis où l'écrivain fut adulé.

Après la guerre, Pierre Boulle vécut rue Duret et se consacra à l'écriture, depuis son premier roman, *William Conrad*, en 1950 jusqu'à *À nous deux, Satan !* (1992). « [Il] aura, écrit *Le Monde* en 1978, consacré une vingtaine de livres à semer le trouble dans les esprits. En introduction de son dernier ouvrage [*Le Nouveau Léviathan*], il avoue ne découvrir qu'aujourd'hui, au bout de vingt-cinq ans, que toute son œuvre reflète, illustre, s'acharne à démontrer la relativité des certitudes humaines. Il écrit pour brouiller les cartes, saper les principes, nous rappeler à l'ordre du doute, et donc de la tolérance. En quelques phrases lapidaires, il scie les barreaux sur lesquels sommeillent nos certitudes et les contraint à repartir, en quête de vérité. »

ÉMILE-AUGIER (boulevard)

Personne ne l'avait encore menacée avec une fourchette. Au bout de l'avenue Paul-Doumer commençait le boulevard Émile-Augier. Elle habitait un peu plus loin, dans les jardins du Ranelagh.

— Katherine Pancol, *La Valse lente des tortues*, 2008

Au 8, Marcel Rouff

S'il reste connu pour *La Vie et la passion de Dodin-Bouffant, gourmet*, ce compagnon gastronomique de Curnonsky produisit une dizaine de romans comme *Au Grand Léonard* (1934), ouvrages qui ne furent pas toujours appréciés de la critique : « Quand Marcel Rouff, écrit *L'Intransigeant* en 1930, aura le courage de choisir parmi les idées qui le tentent, qui se chevauchent et s'embrouillent à plaisir, accordera plus de soin à la présentation de ses idées… il nous donnera une œuvre puissante et originale. »

Au 14, Francis Picabia

En 1918, tout en vivant parallèlement avec sa femme avenue Charles-Floquet, Picabia réside de plus en plus souvent chez sa maîtresse, Germaine Everling, boulevard Émile-Augier. L'année précédente, le célèbre peintre qui conjugua tous les -ismes – fauvisme, futurisme, orphisme, cubisme – a publié son premier recueil de poèmes sous le titre *Cinquante-deux miroirs*. Il revient de Suisse pour cause de santé et, les médecins lui ayant interdit de peindre, il écrit : *Poèmes et dessins de la fille née sans mère*, *L'Athlète des pompes funèbres* et *Râteliers platoniques*.

Surnommé Funny Guy, il va incarner l'esprit dada, passant à la moulinette l'art, les artistes, la religion, la politique, le nationalisme, la bourgeoisie... Il a l'hospitalité facile, recevant André Breton qui vivote comme correcteur dans une maison d'édition et un Tzara désargenté qui arrive de Zurich. Tous les dimanches, chez Germaine Everling, le salon déborde de poètes, de peintres et de musiciens. C'est dans son appartement que Tzara demandera à Georges Auric de composer un petit air pour sa *Chanson dada* qui finit par : « Buvez du lait d'oiseaux / Lavez vos chocolats / dada / dada / Mangez du veau. »

Picabia, figure de proue du mouvement, va signer en 1920 un véritable manifeste dada : *Jésus-Christ Rastaquouère*, ouvrage dans lequel il vilipende « Spinoza le somnifère, Nietzsche l'onaniste, ou Lautréamont le sodomiste ». Francis Picabia continuera à peindre et à écrire. « Pourquoi vous êtes-vous occupé de littérature ? » lui demande-t-on en 1926. « Parce que c'est de la peinture ! » répondit-il.

ERLANGER (avenue)

Le Folbex est vendu par les établissements Geigy, 3, avenue Erlanger, Paris. C'est du chlorobenzylate de sodium imprégnant un papier vert.

— Pierre Jean-Prost, *Apiculture, connaître l'abeille*, 1972

Au 4, Philippe Soupault

« Je ne considère la littérature, déclara-t-il, ni comme un apostolat, ni comme une distraction, ni comme une nécessité. Je n'ai aucun respect pour la littérature et je me méprise souvent d'être ce qu'on nomme sur les registres de l'État un homme de lettres. »

L'écriture fut pourtant ce qui lui permit de vivre. En 1923, journaliste et essayiste célèbre, auréolé de son passé dada et surréaliste, Philippe Soupault se marie avec Marie-Louise Le Borgne, le couple s'installe avenue Erlanger. Le coauteur des *Champs magnétiques* se passionne pour le cinéma et en particulier pour Charlot, sur lequel il avait écrit dans *Littérature* en 1919. Persuadé du génie de Chaplin réalisateur, il fait paraître *Charlot*, biographie imaginaire du personnage de Chaplin. Pour André Breton, la coupe est pleine : exclu du mouvement surréaliste pour « trop de littérature ».

Le poète subira une seconde exclusion, celle de son domicile, en 1933. Devant ses frasques et sa liaison avec Hélène Gordon, sa femme le prie de vider les lieux, il va s'installer dans un hôtel du boulevard Magenta.

ERLANGER (rue)

Je guettais un fait nouveau dans la rue Erlanger,
n'importe lequel m'aurait suffi mais je sais bien
qu'il ne s'en produit guère, ce n'est pas tous les jours
qu'un chanteur de charme s'y jette de son balcon
ni qu'un fils de famille jaune y ingurgite
une étudiante blonde.

— Jean Echenoz, *Vie de Gérard Fulmard*, 2020

Quelque part dans la rue, Serge Rezvani

Peinture (une quinzaine de grandes expositions), romans (une quarantaine), chansons (plus de cent cinquante), théâtre (quinze pièces), essais, poésie, Serge Rezvani est l'homme de tous les talents et d'une vie au pluriel. Son œuvre littéraire comporte des récits autobiographiques depuis *Les Années Lula* (1968) jusqu'à *L'Éclipse* (2003) et *Ultime amour* (2012), de même que des romans imprégnés de poésie comme *La Traversée des monts Noirs* (1992) ou *L'Origine du monde* (2000). Deux de ses chansons – au minimum – traverseront le temps : *Le Tourbillon de la vie* et *J'ai la mémoire qui flanche*, par la grâce chantée de Jeanne Moreau.

Au 15 (ancien 11), Ponson du Terrail

Après la rue des Petites-Écuries, Ponson du Terrail s'installe en 1869 à Auteuil, dans une belle propriété que les bombardements de 1871 endommageront fortement. Pendant des années, son Rocambole a tenu en haleine les lecteurs du *Petit Moniteur* ou du *Petit Journal*, ses pièces ont triomphé au théâtre du Châtelet ou à l'Ambigu, ses romans ont emprunté à tous les genres, aventure, comédie, fantastique, horreur. Égal de Sue ou de Paul Féval, il est l'un des feuilletonistes les plus célèbres sous le Second Empire, jalousé, parodié et souvent raillé : Ponson du Travail, Poncif du Terrail… Il décède en janvier 1871, ayant produit plus de deux cents ouvrages en vingt ans. Il écrivait si vite qu'il se perdait parfois dans ses développements, faisant renaître un personnage après sa mort, laissant passer parfois des « perles » littéraires comme le célèbre : « Il prit son courage à deux mains et son épée de l'autre. »

Au 33, Henry de Monfreid

Au terme de quatre décennies passées en Afrique de l'Est, Monfreid revient en France (en 1948) pour s'installer dans la maison d'Ingrandes, en plein Berry. Il garde cependant un pied-à-terre à Paris, un appartement composé d'une grande pièce et d'une grande cave transformée en case africaine recouverte de bambou dans laquelle il reçoit les amis, Romain Gary, Joseph Kessel, Georges Brassens, Louis Nucéra et le journaliste André Asséo, qui lui propose d'enregistrer un trente-trois tours : « Le dernier aventurier chante la mer », disque dans lequel il s'accompagne au piano. (Flop intégral.) L'aventurier-écrivain qui postula deux fois – en vain – à l'Académie française était-il également un peintre de talent ? À sa mort en 1974, les tableaux de maîtres dont il était si fier se révèlent être des faux : il les aurait peints lui-même.

ÉTATS-UNIS (place des)

Il y avait, entre autres, dit-il, une maison « de l'autre côté de la place des États-Unis où il était reçu l'hiver en fin d'après-midi par une dame portant une robe de crêpe de Chine gris, modèle archétypal des fameux peignoirs d'Odette ».

— *Bulletin d'informations proustiennes*, 1990

Au 3, Edith Wharton

Edith Wharton commença à écrire très tôt puisque *Libre et Légère* (1877), sa première nouvelle, fut publiée alors qu'elle n'avait que 14 ans. Dans ce récit, l'héroïne hésite entre un homme mûr et un jeune amoureux conventionnel, sujet éminemment scabreux dans un outre-Atlantique alors très frileux. Afin d'éviter toute polémique, le livre fut publié sous un pseudonyme masculin : David Olivieri.

Au terme de nombreux voyages en Europe, le couple Wharton s'installe place des États-Unis en 1907. La romancière est alors âgée de 45 ans et vient de connaître son premier succès (cent quarante mille exemplaires écoulés la première année) avec *Chez les heureux du monde*, publié en 1905, roman teinté d'antiaméricanisme aux personnages riches, brutaux et insensibles. Suivront *Le Fruit de l'arbre* et *Les Metteurs en scène* (1907), recueil de huit nouvelles. Le couple quittera la place des États-Unis pour s'installer rue de Varenne en 1910.

Au 11, Marie-Laure de Noailles

Petite-fille de la comtesse de Chevigné (un des modèles de la duchesse de Guermantes chez Proust), elle épouse en 1923 le vicomte Charles de Noailles. Leur hôtel particulier, place des États-Unis, accueillera de 1929 à 1970 la haute société parisienne et internationale dans un intérieur Art déco. L'abbé Mugnier, confesseur des grands de ce monde, dîne en juin 1926 chez « les Charles ». Amusé ou impressionné par les laquais vêtus à la française qui se tiennent sur les marches du grand escalier, il note dans son journal : « Ils inauguraient l'hôtel nouvellement arrangé… Une salle de bal toute lumineuse, un fumoir aux murs tendus de parchemin, avec des sièges en cuir. C'est l'œuvre de Frank. Tout cela est très blanc, nu, étrange, fait pour d'autres habits que ma soutane. »

Sympathisante du Front populaire, la vicomtesse s'engage en 1936 pour les républicains espagnols. L'abbé ironise : « Marie-Laure s'est fait faire une faucille et un marteau en diamants. » Et en mai 1968, accompagnée de Pierre Clémenti, elle se fera conduire en Rolls près des barricades du Quartier latin, afin d'encourager le mouvement étudiant.

La fortune n'empêche ni l'intelligence ni le talent. La descendante du marquis de Sade débute dans les lettres en 1937, avec *Dix Ans sur terre*, suivi d'une dizaine d'ouvrages dont des recueils de poèmes comme *L'An quarante* (1943), *La Viole d'amour* (1944) ou des romans comme *La Chambre des écureuils* (1955), du Sagan avant l'heure. « Elle était libre, écrit François Baudot dans *L'Art d'être pauvre* (2009), elle vomissait l'affectation, son intelligence en donnait aux autres [...]. Elle aura figuré tout à la fois la dernière représentante de son milieu et la première à le dynamiter. Il y a, comme cela, des figures dont le modèle n'est tiré qu'à un seul exemplaire. »

Au 11, Francis de Croisset

En 1910, le romancier-dramaturge épouse Marie-Thérèse de Chevigné, arrière-petite-fille par sa mère du marquis de Sade, et le couple s'installe dans l'hôtel Bischoffsheim de la place des États-Unis. Très mondain, Croisset fut un proche de Proust et lui inspira le personnage d'Albert Bloch (qui deviendra Jacques du Rozier) dans la *Recherche*.

S'il produisit une trentaine de pièces, il fut également un romancier à succès, rapportant de ses voyages en Asie des romans « exotiques » comme *La Féerie cinghalaise* (1926), *Nous avons fait un beau voyage* (1930) ou *La Dame de Malacca* (1935).

Francis de Croisset quittera la place des États-Unis en 1934 pour s'installer au 44, avenue Gabriel, où il décédera à l'âge de 61 ans.

EUGÈNE-POUBELLE (rue)

Je m'arrangeais pour ne pas dire le nom de la rue, car c'était rue Eugène-Poubelle.
— Isabelle Juppé, *De mémoire de grand-mères*, 1995

Au 2, Michel Leiris

Au premier trimestre 1934, Michel Leiris et sa femme s'installent rue Eugène-Poubelle, à l'angle du quai Louis-Blériot. Le gendre du tout-puissant marchand de tableaux Daniel-Henry Kahnweiler vient de publier *L'Âge d'homme*, dans lequel il se décrit « ethnologiquement » : « Je viens d'avoir trente-quatre ans, la moitié de la vie. Au physique, je suis de taille moyenne, plutôt petit. J'ai des cheveux châtains coupés court afin d'éviter qu'ils ondulent, par crainte aussi que ne se développe une calvitie menaçante. Autant que je puisse en juger, les traits caractéristiques de ma physionomie sont : une nuque très droite, tombant verticalement comme une muraille ou une falaise, marque classique (si l'on en croit les astrologues) des personnes nées sous le signe du Taureau ; un front développé, plutôt bossué, aux veines temporales exagérément noueuses et saillantes. [...] Mes yeux sont bruns, avec le bord des paupières habituellement enflammé ; mon teint est coloré ;

j'ai honte d'une fâcheuse tendance aux rougeurs et à la peau luisante [...]. »

Il va bientôt entreprendre sa *Règle du jeu*, vaste et novatrice entreprise autobiographique, et s'installer quai des Grands-Augustins.

Au 2, Jules Supervielle

Dans le même immeuble que Leiris, Jules Supervielle passa les dernières années de sa vie, de 1953 à 1960. Il était insomniaque (« Je ne vois plus le jour / Qu'au travers de ma nuit ») et fragile du cœur (« J'entends les pas de mon cœur / Qui me quitte et se dépêche »).

Il y écrivit en 1959 son dernier recueil de poésie, *Le Corps tragique*, présenté ainsi chez Gallimard : « Il m'arrive souvent de me dire que le poète est celui qui cherche sa pensée et redoute de la trouver – d'où sa tragédie et celle de son corps, écartelé avec lui. Trouve-t-il sa pensée qu'il pourrait bien cesser d'être un poète pour devenir un logicien, un prosateur, quelqu'un qui use d'abstraction pour s'exprimer. C'est dans une image, à l'avant-garde de lui-même, que le poète éprouve le besoin de fixer son esprit toujours en mouvement. Elle lui sert de relais jusqu'à ce que s'élève dans sa nuit personnelle une autre image qui se précise peu à peu. Ainsi se forme la chaîne de tout le poème... »

Supervielle, le prince des poètes, décède l'année suivante. Sur sa tombe, on pourra lire : « Ce doit être ici le relais / Où l'âme change de chevaux. » Cherche-t-il, au-delà des nuages, cette « goutte de pluie qui vient de tomber à la mer » ?

EXELMANS
(boulevard)

« Il se passe quoi ? – Rien, fit-il, morose.
Je suis sur un truc impossible... – La mort du Gallois, boulevard Exelmans ? – Si c'était que ça... »
— Claude Rank, *Les Jaguars*, 1980

Au 56, les lauriers d'Édouard Dujardin

Dans les années 1920, après le 11, rue Spontini, l'auteur de l'illustre *Les lauriers sont coupés* vécut boulevard Exelmans. Édouard Dujardin resterait à jamais ignoré s'il n'était l'inventeur du « monologue intérieur », procédé consistant à suivre les pensées d'un personnage et qui sera repris par Arthur Schnitzler (*Le Lieutenant Gustel*, 1900) puis par James Joyce dans *Ulysse* en 1922 : « Si James Joyce, un jour de l'année 1903, n'avait pas pris le train pour Tours, où l'attirait un concert, il n'aurait sans doute jamais découvert, à la devanture du kiosque de la gare, un volume assez défraîchi intitulé *Les lauriers sont coupés*. Se souvenant que l'auteur, un certain Édouard Dujardin, lui avait été recommandé par son ami George Moore, il acheta le livre. Et c'est ainsi, entre Austerlitz et Saint-Pierre-des-Corps, que cet Irlandais eut la révélation du "monologue intérieur" dont *Ulysses* devait universellement consacrer la fortune[20]. »

Les lauriers sont coupés fut publié en 1887. Huysmans trouva l'ouvrage « curieux », Mallarmé, ami de Dujardin, vanta « ce mode de notation virevoltant et cursif » qui exprimait « le quotidien si précieux à saisir », Valery Larbaud y vit une « curiosité littéraire » et Remy de Gourmont, dans son second *Livre des masques*, signala l'intérêt d'un roman qui lui semblait « la transposition anticipée du cinématographe ».

Au 64, Robert Sabatier

Dans les années 1990, Robert Sabatier réside dans sa « maison de verre, laquée, poncée, un peu clinique, mais digne d'un grand seigneur… » selon Charles Le Quintrec. L'orphelin de Montmartre reste amoureux de son ancien quartier : « La littérature, chez lui, se conjuguait au quotidien, faisait des clins d'œil à l'enfance, recréait une vie rêvée. *La Souris verte* réactivait les souvenirs de guerre. *Le Lit de la merveille* l'imaginait en libraire idéal. *Le Cordonnier de la rue triste* le renvoyait au Paris de sa jeunesse. La nostalgie était, chez lui, comme une seconde nature. Le Montmartre des *Allumettes suédoises* comme le Saugues des *Noisettes sauvages* étaient ses cours de récréation, autant que ses sources d'inspiration[21]. »

Les huit volumes consacrés à la jeunesse d'Olivier totaliseront près de dix millions d'exemplaires vendus, traduits dans quinze pays, dont la Chine, dès 1995.

Sabatier commentait son parcours avec le sourire : « Comme j'arrivais toujours deuxième au Goncourt, Pivot m'avait appelé le Poulidor des Prix. » Et, avec un brin d'amertume, il constatait : « Je suis pour toujours l'auteur des *Allumettes suédoises.* » Histoire de rappeler qu'il est notamment l'auteur d'une dizaine de recueils de poèmes et qu'il publia une importante *Histoire de la poésie française*, fruit de quarante années de travail.

EYLAU (avenue d')

Nous nous sommes garés avenue d'Eylau, on s'y gare toujours facilement.

— Jean-Marc Roberts, *Affaires étrangères*, 1979

Au 13, Jacques de Lacretelle

La Vie inquiète de Jean Hermelin, son premier roman, avait reçu en 1921 le prix Dodo de l'Académie française[22] et son roman suivant, *Silbermann*, le prix Femina 1922. « Cette étude d'un jeune intellectuel juif, écrit Alban Cerisier, par sa mesure et sa juste dissection, était une réussite double, car elle révélait en l'écrivain un sens classique du document humain et une curiosité qui pouvait aborder tous les sujets, même les plus brûlants, avec noblesse et exactitude. […] Gide dira de cet ouvrage : “Décidément j'aime ça beaucoup, mon vieux – beaucoup. Ça me console de Proust[23]…” »

Maurice Druon se souviendra de *Silbermann* : « J'avais quatorze ans quand un de mes professeurs me mit *Silbermann* dans les mains. Ce roman bref et parfait, qui avait rendu Lacretelle célèbre, fut la passerelle par laquelle j'allai des œuvres classiques à celles qui le deviendraient. »

En 1929, Lacretelle obtiendra le Grand Prix de l'Académie française pour *Amour nuptial* et, à partir de 1932, commencera à écrire *Les Hauts Ponts*, quatre volumes qui décrivent la décadence d'une famille sur trois générations. Quittant l'avenue d'Eylau, il ira s'installer rue Vineuse.

Au 13, Claude Lévi-Strauss

À l'automne 1947, Lévi-Strauss revient en Europe, prêt à secouer l'ethnologie française par la somme de connaissances qu'il rapporte dans ses bagages. Il s'installe dans un bel appartement de l'avenue d'Eylau, mais, dans un premier temps, sans chauffage et sans salle de bains. En 1955 paraît *Tristes Tropiques*, livre au succès immense, mêlant autobiographie, ethnologie et réflexion philosophique. Suivra *Anthropologie structurale* (1958), recueil qui amorce son travail sur les peuples premiers et leurs mythes.

FAISANDERIE
(rue de la)

La rue de la Faisanderie était presque déserte. Les rupins déjeunaient tard. L'immeuble où créchait Paul suait le fric.

— Auguste Le Breton, *Razzia sur la chnouf*, 1954

Au 3, Élisabeth de Gramont

Cette descendante d'Henri IV née dans un monde doré épousa à 21 ans Philibert de Clermont-Tonnerre, fréquenta les Guiche, les Montesquiou et Marcel Proust, se lia avec Natalie Barney, devint sa maîtresse, divorça en 1920 et finit par tourner le dos à son milieu pour se rapprocher du peuple de gauche, devenant « la duchesse rouge ».

En 1928 paraît le premier tome de ses Mémoires, *Au temps des équipages*, témoignage d'un monde orgueilleux et frivole proche de celui de l'auteur de la *Recherche*, sur lequel elle écrira vingt ans plus tard (*Marcel Proust*, 1948).

Au 95, Pascal Jardin

En 1975, Pascal Jardin résumait pour le *Who's Who* sa carrière et sa vie.

« Jardin (Pascal), écrivain, auteur de films. Né le 14 mai 1934 à Paris. Fils de Jean Jardin, diplomate puis banquier, et de

Mme, née Simone Duchesse. Marié en premières noces à Mlle Claudine Fayard (deux enfants, Nathalie, Emmanuel) et en secondes noces, le 3 décembre 1964, à Mlle Stéphanie Sauvage (deux enfants, Alexandre, Frédéric). Études : cours privés par précepteurs, dont Jean Giraudoux et Raymond Abellio. Carrière : ouvrier papetier, chauffeur de taxi, puis vendeur de cartes de crédit (1952-1958). Journaliste à *L'Aurore* (1959). Assistant-metteur en scène de Marc Allégret (1960). Dialoguiste d'une centaine de films, dont *Classe tous risques* (1959), *Le Tonnerre de Dieu* (1965), la série des *Angélique, Marquise des Anges* (1964-1968), *Compartiment tueurs* (1964), *Le Chat* (1971), *La Veuve Couderc* (1971), *Le Train* (1973), *La Race des seigneurs* (1974) etc. Œuvres : *La Guerre à neuf ans* (récit, 1971). *Toupie la rage* (roman, 1972). *Guerre après guerre* (récit, 1973). Adresse : 95 rue de la Faisanderie, 75116 Paris. »

Durant les cinq années qui lui restent à vivre, Pascal Jardin publiera *Je te reparlerai d'amour* (roman, 1975), *Comme avant* (comédie, 1976), *Le Nain jaune* (récit, 1978) et *La Bête à bon Dieu* (récit, 1980). Son fils, Alexandre, sera un écrivain à succès et écrira sur son père : *Le Zubial* (1997). « Le jour où mon père est mort, le 30 juillet 1980, la réalité a cessé de me passionner. J'avais quinze ans, je m'en remets à peine. Pour moi, il a été tour à tour mon clown, Hamlet, d'Artagnan, Mickey et mon trapéziste préféré ; mais il fut surtout l'homme le plus vivant que j'ai connu. »

FLANDRIN (boulevard)

Elle était mariée à un gros commerçant
et elle s'ennuyait : le boulevard Flandrin,
ce n'est pas gai, des arbres, des nurses et le terrible vide
des après-midis quand on a vu tous les films.
Stavros l'avait cueillie facilement à la terrasse
d'un café du Trocadéro.

— Jean-Marie Rouart, *La Fuite en Pologne*, 1974

Au 86, Maurice Hennequin

Fils du dramaturge Alfred Hennequin (1842-1887), créateur du vaudeville très structuré baptisé à l'époque « hennequinade », Maurice Hennequin donna en quarante-cinq ans de carrière, de 1885 à 1926, près d'une centaine de pièces, comédies et vaudevilles, seul ou en collaboration comme avec Feydeau pour *Le Système Ribadier* (1892). Certaines de ses pièces obtinrent un immense succès : *Vous n'avez rien à déclarer ?* (1906) ou *Le Monsieur de cinq heures* (1924).

Il résida 42, rue La Bruyère (1887), 38, rue de Châteaudun (1897) et 86, boulevard Flandrin, de 1920 à sa mort, en 1926.

Au 86, Alain Decaux

Membre de l'Académie française, historien populaire français, il a occupé pendant près d'un demi-siècle la scène médiatique avec ses émissions de vulgarisation historique. Grâce à Sacha Guitry, auquel il rendit service pendant la guerre, il publie son premier ouvrage d'histoire à seulement 22 ans : *Louis XVII retrouvé* (1947) dans lequel il soutient la thèse d'un Louis XVII ayant survécu.

Celui que *France-Soir* qualifia de « forçat de l'Histoire » publia une cinquantaine d'ouvrages historiques et écrivit également pour le théâtre, des superproductions à la gloire de Jésus, Marie-Antoinette, de Gaulle ou encore Ben Hur. Il fut ministre, sous François Mitterrand. Lorsqu'il présenta sa démission au président, celui-ci s'en émut :

« C'est politique ?
— Non, monsieur le Président, c'est parce que je ne peux pas me passer d'écrire.
— Bon, mais vous restez de gauche ?
— Oui, monsieur le Président.
— Bien, quel courant ?
— La gauche hugolienne[24]. »

Bien qu'il fût longtemps ignoré par les historiens « bon ton » qui ne voyaient en lui qu'un vulgarisateur habile, sa « micro-Histoire » fut en partie adoubée par Pierre Nora, admiratif de son *Victor Hugo* (1984) pour lequel Decaux déchiffra les vingt mille lettres de la correspondance entre l'écrivain et Juliette Drouet.

FOCH (avenue)

« Quand nous serons bien vieux et bien milliardaires, dit Roger Nimier, nous réveillonnerons sur un banc, au pied de nos hôtels particuliers de l'avenue Foch, d'une gamelle de nouilles arrosées de Dom Pérignon… »

— Antoine Blondin, *Monsieur Jadis ou l'École du soir*, 1970

Au 1 bis, Armand Salacrou

Né en 1899, Armand Salacrou, distributeur-propriétaire de la Marie-Rose (« la mort parfumée des poux », slogan de Desnos), du vermifuge Lune ou du Thé des familles, fut un roi de la publicité radiophonique dont il démonta les mécanismes dans *Poof* (1933). Il fut parallèlement un dramaturge de grand renom, signant vingt-six pièces de théâtre, depuis *L'Inconnue d'Arras* (1936), *La Terre est ronde* (un triomphe en 1938, mise en scène de Dullin) jusqu'à *Boulevard Durand* (1960). Président du Centre français du théâtre, de la Société des auteurs et compositeurs dramatiques (1965-1973), membre de l'académie Goncourt (à partir de 1949), Salacrou publiera ses Mémoires avec *Dans la salle des pas perdus* (1974).

Au 3, Gérard de Villiers

En 2006, pour raisons fiscales, le père de *SAS* avait dû vendre son appartement de cinq cents mètres carrés situé au 46 de l'avenue, et s'était installé, dans un appartement en location, au nº 3. Il meurt endetté en 2013, malgré les cent vingt à cent cinquante millions d'exemplaires écoulés depuis 1965 sur ses deux cent vingt titres.

« Je n'ai jamais eu, expliquait l'écrivain, la prétention d'être un auteur littéraire. Je me considère comme un conteur qui écrit pour distraire des gens à qui je n'envoie pas de message. » Pas de message ? En fait, tout au long de l'œuvre, le prince Malko laisse un message : il est réactionnaire, raciste, phallocrate et machiste.

Au 7, Paul Hervieu

Diplomate, il bifurqua vers la littérature, fréquentant tous les salons littéraires et mondains, côtoyant Marcel Proust, Paul Bourget, Maupassant. Ami d'Octave Mirbeau, qui se détachera de lui pour sa trop grande soif de reconnaissance sociale, il publia une quinzaine de romans d'analyse dont *Diogène le chien* (1882) ou *Peints par eux-mêmes* (1893), roman sous forme de lettres dans lequel les correspondants sont priés de décrire leurs propres vices. Il écrivit également pour le théâtre, avec un ton volontiers moralisateur, et fut élu à l'Académie en février 1900.

Au 12-14, Henry Bataille

Critique acerbe des mœurs des élites dans la France de l'avant-guerre, ses pièces furent jouées par Réjane, Yvonne de Bray ou Cécile Sorel et rivalisèrent avec celles d'Henry Bernstein avant et après la guerre de 1914-1918. Critique tout aussi acerbe, Léon Daudet le considérait comme un « rôtisseur neurasthénique de poulets faisandés » tandis qu'Aragon témoignait une certaine bienveillance pour cet écrivain d'un autre âge. Dans *Les Cloches de Bâle* (1934), il en fait un personnage du roman et lui fait dire : « Je fais partie intégrante de cet univers qui meurt… Un jour viendra où des hommes nouveaux liront mes œuvres avec des yeux dessillés. Ils verront combien j'ai haï le navire qui m'emporte ! »

Après avoir vécu au 12-14, Henry Bataille s'installera au 46 de l'avenue.

Au 23, Renée Vivien

À sa majorité, en 1899, Pauline Mary Tarn s'établit dans un luxueux appartement de l'avenue Foch, l'ancienne avenue du Bois-de-Boulogne, et signe ses poèmes du nom de René (puis Renée) Vivien. Surnommée « Sapho 1900 » (notamment pour ses traductions des textes de l'auteure grecque), la poétesse anglaise de langue française surnage pour sa relation tumultueuse avec la non moins poète et lesbienne Natalie Clifford Barney. Elle décède avenue Foch en 1909 à l'âge de 32 ans.

Au 40, Georges Feydeau

En 1900, Feydeau et sa fastueuse collection de tableaux s'installent avenue du Bois. Après le triomphe du *Dindon* (1896) et de *La Dame de chez Maxim's* (1899), le vaudevilliste est au faîte de sa gloire. La famille Feydeau y séjournera quatre ans avant de déménager au 148, rue de Longchamp, adresse qu'il quittera en 1909 pour aller vivre à l'hôtel Terminus, le bien nommé, après une dispute avec sa femme.

Au 56, Alfred Fabre-Luce

À la fin de sa vie, il demandait à ses visiteurs : « Ne venez plus me voir, vous me diriez des choses intéressantes, et je les oublierais aussitôt. » Sans doute était-ce pour arrêter le temps qu'il entreprit son *Journal secret* le jour de ses 80 ans. On y apprend qu'il passa son enfance (dorée) au premier étage de l'hôtel particulier du 56, avenue Foch, avant d'habiter ensuite au rez-de-chaussée. « Tant que je vivrai, écrit-il, mon enfance sera au-dessus de moi, accessible à travers un plafond que mon imagination traverse sans effort, comme les personnages de Cocteau traversant les glaces. »

Cet oncle par alliance de Valéry Giscard d'Estaing laissa à sa mort, en 1983, une centaine d'ouvrages, biographies, récits de voyage, essais politiques, autobiographies, quatre romans et quatre pièces de théâtre.

Au 59, Adolphe d'Ennery

Auteur prolifique, il écrivit, presque toujours en collaboration (Auguste Anicet-Bourgeois, Eugène Cormon, Charles Desnoyer, Jules Verne...), plus de deux cents œuvres (mélo)dramatiques entre 1831 et 1887. Sa pièce la plus populaire reste *Les Deux Orphelines*, drame en cinq actes et huit tableaux écrit avec Eugène Cormon, pièce qui connaît une réussite sans précédent à Paris en 1874. Dans le même temps, avec Jules Verne, il monte un *Tour du monde en quatre-vingts jours*, somptueux spectacle comportant un éléphant.

En 1887, d'Ennery adapte *Les Deux Orphelines* en roman, succès colossal qui connaîtra treize rééditions et quinze adaptations cinématographiques entre 1906 et 1981.

Au 75 bis, Françoise Sagan

À la fin de sa vie, entre 1999 et 2004, Sagan est hébergée par son amie et dernière compagne, Ingrid Mechoulam, dans son appartement de l'avenue Foch. Elle y termine *Derrière l'épaule*, autobiographie drôle et désabusée, entame la rédaction d'un nouveau roman qu'elle ne pourra achever. « Bonjour détresse », écrira *Paris Match*. Malade et définitivement ruinée par sa condamnation dans l'affaire Elf, l'écrivaine décède en 2004.

Au 84, Octave Mirbeau

« Ah ! qu'une pauvre domestique est à plaindre, et comme elle est seule !... se lamente Célestine, elle peut habiter des maisons nombreuses, joyeuses, bruyantes, comme elle est seule, toujours !... La solitude, ce n'est pas de vivre seule, c'est de vivre chez les autres, chez des gens qui ne s'intéressent pas à vous, pour qui vous comptez moins qu'un chien, gavé de pâtée, ou qu'une fleur, soignée comme un enfant de riche... »

L'auteur du *Journal d'une femme de chambre* (1900) et de *Les affaires sont les affaires* (1903) est un homme de haute taille aux allures de Viking. Dans son appartement de grand standing qu'il loue fort cher à la baronne von Zuylen de 1901 à 1909, il vit parmi les toiles des peintres qu'il a ardemment défendus par sa plume : Cézanne, Van Gogh, Monet, Sisley, Pissaro. « De tous les grands écrivains français, écrit Pierre Michel, Octave Mirbeau est certainement l'un de ceux qui ont été, et sont encore aujourd'hui, le plus méconnus, tant par l'université française que par le grand public. Après avoir, de son vivant, joué un rôle éminent dans l'histoire de la presse, de la littérature, du théâtre et des beaux-arts, [...] il a sombré, après sa mort, en février 1917, sinon dans l'oubli, [...] du moins dans une espèce d'injuste purgatoire, d'où il commence seulement à émerger[25]. »

Mirbeau habita successivement 52, rue de Douai, 4, rue de Laval (aujourd'hui rue Victor-Massé), 14, rue Lincoln, 8, rue Lamennais, 42, avenue de l'Alma (aujourd'hui avenue George-V), 3, boulevard Delessert, 68, avenue du Bois-de-Boulogne (aujourd'hui le 84, avenue Foch), 139, rue de Longchamp, 57, rue Ampère, 1, rue de Beaujon.

FRANÇOIS-MILLET (rue)

La tête baissée, j'ai hâté le pas en m'engageant sur la gauche, rue La Fontaine, puis à droite, rue François-Millet. L'hôtel – le Select – était à l'autre bout.

— Douglas Kennedy, *La Femme du Ve*, 2010

Au 12, Roland Laudenbach

Cofondateur, en 1944, de *La Table ronde*, maison d'édition et revue qu'il dirigera jusqu'en 1966, cet ancien maurrassien fut journaliste, éditeur, écrivain et scénariste. Proche des Hussards (Blondin, Nimier, Déon, Laurent), il s'opposa aux *Temps modernes*, ferrailla contre l'existentialisme de Sartre et – partisan de l'Algérie française – contre le général de Gaulle. Sous son nom ou sous celui de Michel Braspart, il fut également écrivain, publiant notamment *Le Divertissement* (1948), *La Mauvaise Carte* (1951), et une pièce de théâtre, *Bille en tête* (1957), qui fut jouée par son oncle, Pierre Fresnay, l'année suivante.

GALILÉE (rue)

Merci pour les nouvelles que vous me donnez de la rue Galilée. Je prends bonne note de votre renseignement précieux sur Keats. Au revoir ? À quand ?

— Lettre d'André Gide à Edmond Jaloux, 1910

Au 42, James Joyce

Joyce y séjourne de novembre 1932 à juin 1934, il s'agit de sa quinzième adresse parisienne. Harold Nicolson, écrivain et diplomate anglais, lui rend visite : « J'ai marché jusqu'à l'appartement de James Joyce dans la rue Galilée. C'est un petit appartement meublé aussi étouffant qu'une chambre d'hôtel. [...] Joyce portait de grandes pantoufles de chambre à coucher, mais à part cela, on avait l'étrange impression qu'il avait mis son plus beau costume. Il m'a raconté comment l'interdiction avait été retirée à *Ulysse*, "Oolissays", comme il l'appelle, en Amérique. Il espérait qu'elle soit supprimée à Londres... [...] Il m'a dit qu'un homme avait emmené *Ulysse* au Vatican, l'avait caché dans un livre de prières, et l'avait fait bénir par le Pape. »

GEORGES-VILLE (rue)

Mme Ben... Elle était bien jolie. Retirée des affaires en 1913. Quel dommage ! 5, rue Georges-Ville.

— Hugo Patacelli, *Vingt ans maître d'hôtel chez Maxim's*, 1951

Au 2, Colette chez Mathilde de Morny, dite Missy

Mathilde de Morny, marquise de Belbeuf, est la fille du duc de Morny, demi-frère de Napoléon III, et de son épouse la princesse Sophie Troubetskoï (1838-1896), laquelle est peut-être la fille naturelle du tsar Nicolas Ier. Elle est par ailleurs l'arrière-petite-fille de Talleyrand, mais également de l'impératrice Joséphine. Ses écarts (elle fut une des rares femmes à oser porter un costume masculin) et ses inclinations sexuelles en firent une célébrité des années 1900.

Grâce à sa fortune, elle entretint de nombreuses compagnes comme Liane de Pougy et surtout Colette qu'elle reçoit pendant six ans rue Georges-Ville. Elle lui achètera le manoir de Rozven, en Bretagne, et le lui laissera lors de leur rupture en 1911. Colette l'immortalisera sous le nom de Max dans *La Vagabonde*.

Après la Grande Guerre, Mathilde de Morny deviendra dépressive. Solitaire et ruinée, elle se suicidera au gaz à l'âge de 86 ans, en 1944.

Au 3, le salon de Mme Mühlfeld

« Elle recevait en semaine dans un boudoir jaune, ou, le dimanche, dans un grand salon, où chacun pouvait respirer "l'encens le plus intelligent de la rive droite[26]". »

Valéry, habitué du salon, la surnommait « la sorcière », d'après un vers d'une poésie qu'il lui avait dédiée : « Et la sorcière rose, au cœur de son nid jaune. » Rue Georges-Ville, après avoir officié rue Galilée, Mme Mühlfeld reçut à partir de 1908 le gratin littéraire parisien, Barbey d'Aurevilly, Henri de Régnier, Anna de Noailles, Jean Cocteau, Jules Renard, Robert de Montesquiou, André Gide…

GRANDE-ARMÉE (avenue de la)

L'avenue de la Grande-Armée voit danser les feuilles de ses arbres. Je suis heureux.

— *Cahiers Jean Giraudoux*, 2014

Au 29, le crépuscule de Jean-Edern Hallier

Au début des années 1990, il quitte la rue de Birague, passe six mois dans son manoir breton à Edern, près de Briec, puis s'installe avenue de la Grande-Armée, poursuivant son œuvre de pamphlétaire avec, notamment, *Le Refus ou la Leçon des ténèbres* (1994) ou *Les Puissances du mal* (1996), ouvrage dans lequel il accuse Roland Dumas d'avoir voulu l'assassiner.

Endetté, assailli de sommations financières, il voit son appartement saisi et mis à prix pour être vendu en mai 1993 à la salle des criées. Il s'assied sur une petite chaise devant l'immeuble, et, avec Jean Dutourd, crie au complot. « On veut ma peau. » La vente n'aura finalement pas lieu. Quatre ans plus tard, Jean-Edern Hallier décède à Deauville d'un accident de vélo non élucidé. S'il pouvait à nouveau parler, il s'écrierait : « On a eu ma peau. »

Hallier fut-il un écrivain ? « On a quelques écrivains, écrit François Bousquet, de Saint-Simon à Léon Daudet, d'Agrippa d'Aubigné à Léon Bloy, qui furent d'abord de grands pamphlétaires, sans que l'on songe à voir en eux des écrivains de seconde zone. Jean-Edern aurait très bien pu s'inscrire dans cette famille, mais il fut plus libelliste que polémiste, oubliant qu'il était d'abord un écrivain. Cet oubli, c'est peut-être quelque chose de l'ordre de l'acte manqué. Peut-être sentait-il inconsciemment qu'il n'était pas à la hauteur de cette assignation au génie et s'en est tenu à la promotion tonitruante de livres bâclés ou plagiés. […] En réalité, quand on parle de Jean-Edern, il faut oublier "le grand écrivain", titre de l'un de ses premiers livres. Grand, il l'a été et de toutes les manières possibles, mais écrivain sûrement pas[27]. »

GREUZE (rue)

Il avait dû passer les premières années de son enfance, 4, rue Greuze, chez ses grands-parents et ses parents. Par curiosité, j'avais consulté l'annuaire : le 4, rue Greuze était désormais le siège de l'Église chaldéenne.

— Patrick Modiano, *Fleurs de ruine*, 1991

Au 17, Abel Bonnard, en 1920

Son nom reste associé aux heures noires de la Collaboration, où son intransigeance et ses mœurs lui valurent le surnom de « gestapette ». Promis à un grand avenir littéraire, il ne publia pourtant que quelques romans dans un style préproustien (*La Vie et l'Amour*, 1913, *Le Palais Palmacamini*, 1914), des impressions de voyages, des biographies (*La Vie amoureuse d'Henri Beyle, Saint François d'Assise*) et de très nombreux écrits politiques (*Les Modérés. Le drame du présent*, 1936).

En avril 1942, il devient ministre de l'Éducation nationale dans le gouvernement de Pierre Laval, assume une collaboration intense avec l'occupant puis finit par s'enfuir en Espagne en 1944 dans une voiture de l'ambassade d'Allemagne. Il sera condamné à mort par contumace le 4 juillet 1945 pour intelligence avec l'ennemi.

Élu à l'Académie française en 1932, il en fut exclu (son siège fut déclaré vacant) en 1946 et son successeur, Jules Romains, n'évoqua même pas son existence dans son discours de réception.

Abel Bonnard est également répertorié au 78, avenue Mozart, Paris 16e.

GROS (rue)

Il me souvient que Max Jacob, quand il dînait, rue Gros, chez son ami Guillaume Apollinaire, tapait régulièrement sa concierge des cinquante centimes dont il avait besoin pour emprunter le métro.

— Francis Carco, *L'Ami des peintres*, 1944

Au 15, Guillaume Apollinaire

Lorsque Apollinaire rencontre Marie Laurencin, celle-ci vit avec sa mère au 51, boulevard de la Chapelle. Les deux femmes déménagent alors pour le 32, rue La Fontaine, et, début 1909, le poète quitte Montmartre et s'installe tout près de chez elles, au 15, rue Gros, premier étage d'une vieille petite maison. Trois mois plus tard paraît dans le nº 285 du *Mercure de France* un poème dont la gestation a pris six ans et qui fera sa gloire : *La Chanson du mal-aimé* (« Et je chantais cette romance / En 1903… »).

Au 37, Guillaume Apollinaire, suite

En janvier 1910, la rue Gros est atteinte par la crue de la Seine, se transformant en une véritable rivière sur laquelle sont installées des passerelles pour permettre la traversée. Apollinaire décide de déménager et loue quelques mois plus tard un appartement situé plus haut que le nº 15, un rez-de-chaussée sur jardin d'un petit hôtel Second Empire.

En octobre paraît *L'Hérésiarque et Cie*, seize contes composés entre 1902 et 1910, premier livre publié par le poète où burlesque et fantastique mettent à mal les prêtres lubriques, les alchimistes déments, les criminels récompensés et les bourgeois pervers. Si la critique fut plutôt bonne et le livre vigoureusement soutenu par « la bande à Picasso », s'il obtint trois voix au Goncourt, les mauvaises langues évoquèrent une filiation un peu trop nette avec Poe, Nerval, Barbey d'Aurevilly ou Villiers de L'Isle-Adam. La filiation, si elle existe, se situerait plutôt selon les spécialistes du côté de Marcel Schwob avec ses *Vies imaginaires* (1896).

Apollinaire, dont les rapports avec Marie Laurencin deviennent orageux, réside rue Gros quand a lieu en août 1911 le vol rocambolesque de *La Joconde* au musée du Louvre. Suspecté d'être indirectement mêlé au vol, le poète est arrêté, conduit à la Santé où il séjournera cinq jours. Malgré son innocence manifeste, son propriétaire lui donne congé et Apollinaire émigre au 10, rue La Fontaine, fin 1911.

HENRI-HEINE (rue)

« Vous voulez quoi ? – Un simple renseignement. Vous connaissez la rue Henri-Heine ? – Et vous, avez-vous une auto ? »

— Jean Freustié, *Loin du paradis*, 1975

Quelque part dans la rue, Françoise Chandernagor

Major de sa promotion à l'ENA (1969, première femme à atteindre ce rang) puis haut fonctionnaire, elle entre en littérature en 1981 avec *L'Allée du Roi*, roman qui relate les mémoires imaginaires de Mme de Maintenon, seconde épouse de Louis XIV. Le « roman dans l'Histoire » sera son domaine, avec une prédilection pour les femmes et les enfants, ces grands oubliés de l'Histoire. Son succès littéraire ne se démentira pas avec *La Chambre* (2002), *Couleur du temps* (2004) ou sa tétralogie de *La Reine oubliée* (2011-2022) consacrée à la fille de Cléopâtre.

Membre de l'académie Goncourt depuis 1995, voisine de son président, François Nourissier, l'écrivaine réfute les « petits arrangements entre amis » qui collent à la peau de l'institution. « On raconte toujours beaucoup de choses sur le Goncourt et sur le fait que le jury subirait des pressions. En ce qui me concerne, je n'ai jamais reçu aucun appel d'éditeur ni d'écrivain. Et il nous est même arrivé de nous demander si l'auteur existait vraiment. Ce fut le cas, par exemple, pour *Extension du domaine de la lutte*, de Michel Houellebecq. Il faut reconnaître que nous sommes encore traumatisés par Romain Gary[28]… »

Au 23, François Nourissier

En 2008, François Nourissier démissionne de l'académie Goncourt et se replie dans son hôtel particulier d'Auteuil dans lequel il vit depuis 1972.

« Le 16e arrondissement, c'est un choix de chiens, confie-t-il. Mes chiens aimaient bien la verdure et les parcs. » C'est également un choix de santé : après avoir résidé à Saint-Germain-des-Prés – rue Séguier, rue Jacob, rue des Saints-Pères –, sa maladie de Parkinson, « Miss P. », l'héroïne de son *Prince des berlingots* (2003), lui conseille le calme et la verdure.

Son livre *À défaut de génie* (2000) sonnait déjà la charge : « J'écris certaines pages de ce livre en état de perdition. [...] Un sang noir irrigue le texte que nulle transfusion ne saurait sauver. [...] Alentour rôdent la maladie, la folie et la mort. »

L'héritier de Maurice Barrès, de Jacques Chardonne et Paul Morand, parfois assimilé aux Hussards (Blondin, Nimier, Déon, Laurent), fut un écrivain à succès, un critique influent, et un homme incontournable à l'académie Goncourt. Un « capomafia », disaient certains pour qualifier ce faiseur et défaiseur de prix.

Il signa une vingtaine de romans, dont *Une histoire française*, Grand Prix du roman de l'Académie française en 1966, et une vingtaine d'essais, pamphlets et mémoires, dont une lettre à Jacques Chirac de cent soixante-quinze pages.

À sa démission de l'académie Goncourt, il enverra une lettre se terminant par : « Maîtres, cadets, vieux camarades, confidents, complices innocents et complices farceux – que de souvenirs ! Nous nous sommes bien amusés. »

Au 25, Françoise Sagan

Quand elle quitta la rue Henri-Heine, toutes les concierges du quartier – dit-on – vinrent admirer la moquette constellée de trous de cigarettes. Elle s'y était installée en 1969 dans une haute et étroite maison avec jardin privatif et ascenseur intérieur. Cette année-là, en mai, parut *Un peu de soleil dans l'eau froide*, roman plutôt bien accueilli malgré quelques piques de Pierre-Henri Simon dans *Le Monde* : « Il est dommage que ce roman, meilleur que les derniers par la qualité humaine et par le charme, donne encore l'impression du vite écrit et du mal relu. Françoise Sagan a changé d'éditeur, et son nouveau manager ne doit pas savoir encore qu'il faut relire ses textes de près, en surveiller la syntaxe, y traquer les négligences, parfois rétablir les bordures de ses manuscrits mordillés par son chien. »

Sans doute fatiguée à l'idée de produire un nouveau roman, Sagan annonça vouloir entreprendre une étude sur Louis II de Bavière, confiant à *Paris-presse L'Intransigeant* : « C'est le romantisme, Wagner, les châteaux baroques. Lui-même m'a toujours passionnée. Il s'est noyé en entraînant avec lui au fond de l'eau son psychiatre qui l'ennuyait : il n'était pas si fou que cela. Je n'ai rien contre les psychiatres mais je trouve qu'on en fait un usage abusif. »

Au 47, Henry Kistemaeckers (fils)

Romancier, dramaturge (une trentaine de pièces entre 1890 et 1930), il s'intéressa beaucoup aux femmes (*Mon amant !*, 1892, *Par les femmes*, 1893, *L'Illégitime, roman d'une femme*, 1896, *Les Amants romanesques*, 1898, *Volupté d'aventure*, 1901) et à l'automobile (*Will, Trimm & Co*, roman comique de l'automobilisme, 1906, ou *Monsieur Dupont chauffeur*, nouveau roman comique de l'automobilisme, 1908).

HENRI-MARTIN
(avenue)

Parfois, une cavalière fait galoper son cheval pie avenue Henri-Martin, une rose aux lèvres...

— Jean Follain, *Paris*, 1935

Quelque part sur l'avenue, Gilles Martin-Chauffier

Journaliste et romancier (sous son nom ou sous le pseudonyme de Gilles Hemsay), il publia en 1980 son premier roman, *Pourpre*, au Mercure de France. Suivront une douzaine d'ouvrages, dont *Une affaire embarrassante*, prix Jean-Freustié 1995, *Les Corrompus*, prix Interallié 1998, et *Silence, on ment*, prix Renaudot des lycéens 2003.

Au 107-113, le chalet de Lamartine

« C'est la saison où tout tombe / Aux coups redoublés des vents ; / Un vent qui vient de la tombe / Moissonne aussi les vivants[29]. »

Après 1851, ruiné, Lamartine s'est mis à écrire des ouvrages « alimentaires » et a dû accepter d'un gouvernement pourtant haï une petite dotation pour survivre. « On voudrait revenir à la page où l'on aime / Et la page où l'on meurt est déjà sous nos doigts. »

C'est en 1860, neuf ans avant sa mort, que l'illustre poète emménage dans un modeste chalet situé à l'emplacement des 107 à 113 de l'actuelle avenue Henri-Martin (au 135, avenue de l'Empereur), chalet qui ressemble à « une petite ferme suisse » et doit, selon *L'Illustration*, « être considéré comme un refuge en cas de catastrophe ». Derrière l'habitation se trouve la basse-cour, où – toujours selon *L'Illustration* – « les poules, les canards et les lapins vivent en bonne intelligence à côté de l'étable où trois belles vaches sont étendues sur une fraîche litière ». Dans ses *Mémoires*, le poète nous apprend que c'est là tout ce qu'il désirait lorsqu'il se promenait à cheval dans les allées du Bois vingt ans plus tôt : « un ermitage où vivre et rêver » aux confins de la ville et de la campagne.

Lui qui fut encensé par la jeunesse romantique sera par la suite souvent raillé : « Il ne restera pas de Lamartine, écrit Flaubert dans sa correspondance avec Louise Colet, de quoi faire un demi-volume de pièces détachées. C'est un esprit eunuque, la couille lui manque, il n'a jamais pissé que de l'eau claire. »

L'abbé Mugnier, grand connaisseur des âmes littéraires, rapportera avec malice le jugement de Huysmans sur l'auteur du *Lac* : « Lamartine, c'est de l'eau de bidet avec un vieux fond de bénitier. » Lamartine meurt dans son chalet en février 1869, à l'âge de 79 ans.

Au 109, Anna de Noailles

Avant de déménager rue Scheffer en 1910 et de recevoir dans son salon de l'avenue Hoche, Anna de Noailles réside avenue Henri-Martin, dans l'immeuble qui abrite aujourd'hui l'ambassade du Bangladesh. En 1901, elle a fait paraître *Le Cœur innombrable*, recueil poétique au fort retentissement, couronné par l'Académie française : « Il semblait, écrit son biographe François Broche, qu'Anna redonnait le goût de la poésie à un public lassé de tous les excès comme de tous les conformismes, issus du Parnasse, du symbolisme et du naturalisme. » La poétesse y célèbre la nature et les lieux de son enfance et devient « la muse des jardins ».

En 1903, elle rate de peu le premier prix Goncourt (« pas de jupons chez nous », a maugréé Huysmans) et, en 1904, elle crée le prix littéraire Vie heureuse qui deviendra le prix Femina. Cette année-là, Proust se rend avenue Henri-Martin et casse une statuette : « J'ai voulu aller tout de même une fois avenue Henri-Martin et dès les premiers mots, [d']un trop grand geste, j'ai cassé un Tanagra en mille morceaux. Que faire ? » Il en fera un vase que casse Bloch chez Mme de Villeparisis dans *Le Côté de Guermantes*.

HENRY-PATÉ (square)

J'habitais 13, square Henri-Paté, et le balcon de la cuisine, une petite terrasse sur la cuisine, donnait, à cinq étages en dessous, sur un petit jardin qui était derrière une église qui me paraissait très bizarre.
— Françoise Dolto, *Archives de l'intime*, 2008

Au 10, Claude Farrère

Avant la guerre, Claude Farrère et sa femme occupent deux appartements voisins au 10, square Henry-Paté. En 1905, l'écrivain a reçu le prix Goncourt pour *Les Civilisés*, roman peu amène envers la colonisation suivi d'une dizaine d'ouvrages dont *La Bataille*, énorme succès, récit prenant pour cadre le conflit russo-japonais. En octobre 1919, le capitaine de corvette Farrère démissionne de la marine pour se consacrer entièrement à l'écriture et, après la mort de sa femme, déménage avenue de Tokio (actuelle avenue de New-York).

Entre 1902 et 1950, il produira une œuvre foisonnante et très « maritime » présentant des similitudes avec celle de Pierre Loti, sous les ordres duquel il navigua quinze mois.

HERRAN (rue)

Nous rentrions le plus souvent à pied,
par la rue Herran, la rue Decamps,
puis jusqu'à la Muette en suivant la rue de la Pompe.
— Michel Del Castillo, *Une femme en soi*, 1991

Au 10, Robert Scheffer

« Poète et conteur, auteur d'une vingtaine d'ouvrages, il écrivit de nombreux portraits satiriques qui, réunis et publiés en 1911 sous le titre *Plumes d'oies et plumes d'aigles*, lui causèrent de nombreuses et durables inimitiés. Il est aujourd'hui oublié, au point que sa fiche de la BnF comporte des dates biographiques erronées[30]. »

Candidat malheureux à l'académie Goncourt en 1914, il fustigea son créateur et surtout ses membres : « Qu'on les pende, puisqu'ils s'arrogent le droit de juger et d'écarter des œuvres supérieures aux leurs. »

HERRAN (villa)

Annie de Pène habite villa Herran, à l'angle du 85 rue de la Pompe, une maison villageoise à petit perron. Dans cette impasse, elle a pour voisin Maurice Leblanc.

— Dominique Bona, *Colette et les siennes*, 2017

Maurice Leblanc travaille au calme

Au terme de cinq années passées rue Crevaux, et après le formidable succès de *L'Aiguille creuse* (1909), Maurice Leblanc s'installe villa Herran afin de pouvoir écrire dans le calme. Il y restera vingt-huit ans, de 1910 à 1938, y écrivant la plus grande partie de son œuvre. Les aventures d'Arsène Lupin, bien sûr, mais également des écrits plus personnels comme *Les Trois Yeux* (1919), roman d'anticipation, ou *La Vie extravagante de Balthazar* (1924), roman policier dans lequel l'auteur ironise sur le succès de ses *Lupin*, faisant dire à Balthazar : « On se croit élu par le destin pour être le héros d'aventures extraordinaires, et l'on est quoi ? le lamentable fantoche d'un roman policier, confectionné avec les trucs les plus usés, par un bâcleur de feuilletons. » Et, dans sa préface, l'auteur tient à préciser : « Je n'ai jamais prétendu faire penser, mais tout simplement amuser et distraire. Sans doute est-ce là une ambition proportionnée à mes moyens. »

Annie de Pène, l'amie de Colette

Celle que Colette appelait « mon Annie d'enfance » et qui fit partie du « phalanstère » de la rue Cortambert résida avant et pendant la guerre villa Herran. Pionnière du journalisme et du reportage de guerre, elle fit paraître en 1915 *Une femme dans la tranchée*, témoignage qui rencontra un certain succès.

Elle quitte la villa Herran en 1916 pour la rue Pétrarque où elle décède de la grippe espagnole en 1918.

IÉNA (avenue d')

Ses passions étaient ordinairement aiguës et éphémères : pendant quelques jours, il disparaissait de l'avenue d'Iéna, logeant dans un de ces hôtels à une fenêtre par étage où les chambres sont plus petites que les escaliers.

— Ramon Fernandez, *Philippe Sauveur*, 2012

Au 12, Balzac et son Lys

C'était à l'époque l'emplacement approximatif du 13, rue des Batailles, et Balzac, tout en conservant son logement rue Cassini, y emménage en 1835 pour fuir les huissiers. Il loue sous le nom de veuve Durand et termine la rédaction du *Lys dans la vallée*, roman qui sera publié en volume en 1836. Balzac y évoque ses souvenirs d'enfance en Touraine et transpose son amour pour Mme de Berny en une Mme de Mortsauf chaste et dévouée que Félix, son jeune amoureux, fera mourir de chagrin. La scène finale du baiser précédant sa mort choquera la critique : « À quoi bon, peut-on lire dans *Le Temps*, cette morte hideuse et cet impur délire des derniers instants ? Ce n'était pas ainsi que le lys devait tomber. Il fallait effeuiller jour à jour cette belle vie et l'incliner sur sa tige comme une fleur qui a senti de trop près le soleil. Au lieu de cela l'auteur nous retire subitement de ce monde des idéalités flottantes et des rêveuses illusions, pour nous jeter au milieu des réalités les plus repoussantes. »

Au 45, Pierre de Ségur

Né en 1853, le petit-fils de la comtesse eut très tôt conscience de son destin d'historien, comme le relate Robert de Flers : « Elle prend les petites mains de l'enfant dans les siennes, qu'elle a fort belles, et lui dit : “Mon chéri, tu as assez travaillé aujourd'hui. Tes ancêtres vont te faire mal à la tête, tu en as trop ! Mets-toi là et écoute-moi.” Et la comtesse de Ségur commença de lire à son petit-fils modèle *Les Malheurs de Sophie*, *Les Aventures des deux nigauds*, du *Général Dourakine* et de ce *Bon Petit Diable* qui n'est pas exempt d'un léger soupçon de bolchevisme infantile. Le petit Pierre écoutait, écoutait éperdument. Sa destinée ne semble-t-elle point déjà fixée ? Ses aïeux lui avaient enseigné l'Histoire de France. Sa grand'mère venait de lui apprendre la manière de la raconter[31]. »

Son premier ouvrage, à tout seigneur tout honneur, fut consacré en 1895 au maréchal de Ségur, l'un des généraux de Louis XV. Suivront *La Dernière des Condé* (1899), *Le Maréchal de Luxembourg et le prince d'Orange* (1902) et, dans un registre moins militaire, *Le Royaume de la rue Saint-Honoré. Madame Geoffrin et sa fille* (1897) et *Julie de Lespinasse* (1905) que Robert de Flers, dans son discours de réception à l'Académie française, tartine outrageusement : « C'est peut-être le plus attachant de ses ouvrages. On ne peut pousser plus loin ni rendre plus vivante l'étude minutieuse d'une âme défunte. À travers ces trois cents pages, Julie de Lespinasse, cette torche allumée sur l'autel de l'amour, nous apparaît telle qu'elle fut : esprit sage et nature embrasée, se consumant lentement et comme avec délices au cours de quelques rares liaisons bien choisies et qui s'honorent d'avoir été, autant qu'il est possible, successives. »

Tradition oblige, Pierre de Ségur fut le troisième du nom à être élu à l'Académie française, en 1907.

Au 47, Catherine Pozzi

L'œuvre poétique de Catherine Pozzi (*Très Haut Amour. Poèmes et autres textes*) sera essentiellement posthume, de même que son *Peau d'âme*, mélange de conte poétique, de traité scientifique et de philosophie, son *Journal de jeunesse* et ses correspondances.

En janvier 1909, à 26 ans, cette « grande jeune femme, gracieuse et laide », selon Jean Paulhan, épouse un jeune commis d'agent de change, Édouard Bourdet, qui deviendra un auteur dramatique à succès. Le couple se sépare et elle entame alors en 1920 une liaison tumultueuse (plus ou moins secrète) avec Paul Valéry, liaison qui durera huit ans, lui habitant rue de Villejust, elle résidant rue de Longchamp. À l'amour fou succède le désenchantement : Valéry n'est plus qu'un « petit monsieur sec, assis près de son feu, comme serré sur lui-même, un penseur d'appartement ».

Leur correspondance, volumineuse, restera confidentielle, selon ses vœux et le compte rendu d'un notaire : « Il a été brûlé, tant dans une cheminée d'une pièce au rez-de-chaussée que dans les foyers du chauffage central de l'immeuble sis à Paris, 47 avenue d'Iéna : neuf cent cinquante-six lettres, dessins et photos provenant de Monsieur Paul Valéry et trois cent quatre-vingts lettres émanant de Madame Pozzi. »

JACQUES-OFFENBACH (rue)

En ce moment, convalescent, il n'écrit pas. Il se prélasse au soleil avant de rejoindre son appartement parisien, rue Jacques-Offenbach, où il travaille la nuit.

— Frédéric Jacques Temple, *Beaucoup de jours*, 2009

Au 1, Ivan Bounine

Il se prenait pour un géant et souffrit de vivre au milieu de ceux qu'il considérait comme des nains. Dont Dostoïevski. Lors de la révolution d'Octobre de 1918, Bounine, la cinquantaine, est un écrivain reconnu en Russie, célèbre dès 1901 pour son recueil poétique *Chute des feuilles* et son controversé *Village* (1910), fresque poético-épique sur la rudesse et le tragique de l'âme russe, que Gide considérera comme l'ouvrage le plus puissant de la littérature russe du XXe siècle. Fuyant Moscou, Bounine et sa compagne Vera Mouromtseva s'installent à Paris en 1920. Maître des courts récits et nouvelles, souvent comparé à Gustave Flaubert ou Thomas Hardy, l'écrivain russe signe notamment *La Vie d'Arséniev* (roman de 1927) et surtout le recueil de nouvelles *Les Allées sombres* (1946). En 1933, il est le lauréat (surprise) du Nobel de littérature « pour la rigueur avec laquelle il perpétue les traditions de la prose classique russe », prix que le comité suédois n'avait décerné ni à Tolstoï ni à Gorki. Dans ses remerciements, Bounine fera remarquer que cette récompense était accordée pour la première fois à un écrivain exilé. « Il est nécessaire, déclarera-t-il, qu'existent des foyers d'indépendance absolue. Pour tous, pour les écrivains surtout, la civilisation dépend de la liberté de pensée et de la liberté de conscience. »

S'il aima sa patrie, il sut également la détester, écrivant dans *La Gloire* : « Tout d'abord je veux précisément vous dire combien il y a, parmi nos célébrités, de coquins et de dégénérés, et puis je dois vous rappeler que mon but n'était nullement de les accuser ; je voulais montrer que nous autres, Russes, nous avons depuis toujours une vénération pour les coquins et les dégénérés et que cette particularité, notre passion véritablement féminine pour les faux prophètes, est digne de la plus grande attention. »

Ivan Bounine décède à 83 ans, le 8 novembre 1953.

JEAN-DE-LA-FONTAINE (rue)

On m'a raconté l'histoire d'une autre Américaine, qui s'était établie rue La Fontaine pour étudier chez nous les mœurs des domestiques.

— Léon-Paul Fargue, *Le Piéton de Paris*, 1939

Au 10, Guillaume Apollinaire

Meurtri par son emprisonnement à la prison de la Santé, chassé de la rue Gros par son propriétaire, Guillaume Apollinaire s'installe rue La Fontaine le 1er octobre 1911. Dans *Le Pont des Saints-Pères*, André Billy rend compte du désarroi de son ami : « Nous l'entourâmes de notre mieux pour lui faire sentir que rien n'était changé dans notre affection et notre admiration, mais longtemps son humeur, son état d'âme restèrent marqués par les quelques jours qu'il avait passés à la Santé. C'était en lui, toujours si gai, si confiant, je ne sais quelle baisse de lumière intérieure, perceptible surtout pour nous autres qui le fréquentions quotidiennement. Il quitta la rue Gros pour la rue La Fontaine où, avec sa mère et Poussiquette, sa chatte, habitait aussi Marie Laurencin, il y transporta ses fétiches, ses toiles cubistes, ses livres anciens et modernes et ses meubles qui n'étaient pas beaux. »

Se rapprocher de Marie Laurencin ne suffira pas à la reconquérir : devant ses multiples infidélités, la jeune femme l'abandonne. Le poète n'aura plus que *Le Pont Mirabeau* (1912) pour faire son deuil.

Au 14, Henri Jeanson

« Comme tous les paresseux, Henri Jeanson a énormément produit dans sa vie. Il appartenait à la grande race des seigneurs du temps perdu, dont Gérard de Nerval a été le modèle, et dont, heureusement, il reste quelques descendants, Antoine Blondin en tête[32]. » Ainsi Nino Frank et Roger Régent qualifient-ils ce vendeur de savonnettes à la porte de Vincennes qui deviendra un redoutable journaliste à la plume assassine.

En avril 1932, Jeanson apostrophe le préfet de police Jean Chiappe en titrant « Little flic Quiappe, préfet sur talonnettes » et en écrivant : « Lorsque j'ai déménagé, j'ai envoyé à M. Quiappe la carte suivante : Henri Jeanson, 14, rue de La Fontaine, Auteuil 33-12. Et j'ai ajouté de ma main sur cette carte : Pour tous renseignements s'adresser à la concierge. Au cas où, selon sa louable habitude, M. Quiappe voudrait, soit mettre de la coco dans mes poches, soit me compromettre dans j'ignore quelle affaire, il sait où me trouver : 14, rue La Fontaine, 2e étage à droite. La sonnette fonctionne. »

Avec notamment *Pépé le Moko*, Jeanson entame en 1936 une longue carrière de dialoguiste-scénariste à succès (« Atmosphère, atmosphère… Est-ce que j'ai une gueule d'atmosphère ? »), ouvrant la voie à Michel Audiard.

Au 39, Jules Verne abandonne la Bourse

Fin 1863, la situation financière de Jules Verne s'améliore. Il vient de signer en octobre un contrat de vingt ans avec Hetzel et les ventes de son premier ouvrage, *Cinq Semaines en ballon*, se présentent sous de bons augures. Il s'installe avec sa femme rue La Fontaine, bien décidé à abandonner la Bourse pour se consacrer à ses écrits. « C'est moderne, dit-il à ses amis, c'est nouveau, c'est de "la féerie scientifique" ; si ça réussit, je lâche tout, parce que je tiens un filon et que, depuis des années, j'en rumine un tas d'autres qui suivront celui-ci. » Le « filon » s'avérera prolifique : soixante-deux romans publiés sur quarante ans, toujours chez Hetzel, dans ce « style insipide, ennuyeux et correct » qui déplaira tant à Henry Bataille.

Au 57, Juliette Drouet

« Nous faisons chacun de notre côté notre petit travail, disait-elle : toi, tu écris des chefs-d'œuvre, moi je t'aime. Il me semble que mon œuvre ne sera pas inférieure à la tienne. » Victor Hugo répondait : « Si mon nom vit, ton nom vivra… » Et il avait raison.

Le nom de Juliette Drouet figure sur les vingt mille lettres qu'ils s'écrivirent, entre 1833 et 1883, date de son décès rue La Fontaine, au terme de cinquante ans d'esclavage volontaire : « Que votre volonté soit faite : ô Toto et tenez-moi compte par tout votre amour de l'abnégation entière que je fais de ma volonté, de ma vie et de mes plaisirs ! » ou encore « tu es le maître de mes actions, comme de mes pensées, de mes paroles, de mon cœur, de ma vie et de mon âme. Je vous aime, voilà mes entraves. Avec cela, vous pouvez vous dispenser du collier, de la chaîne et de tous les autres ornements de l'esclavage ».

Au 96, Marcel Proust

En 1871, alors que la famille réside rue Roy, dans le 8e arrondissement, Mme Jeanne Weil-Proust, enceinte, décide de fuir la Commune et de se réfugier provisoirement chez Louis Weil, son oncle, dans le village d'Auteuil. La maison est située au milieu d'un terrain de mille cinq cents mètres carrés qui relie la rue La Fontaine à la rue de la Source et comporte une écurie pour deux chevaux et une remise pour deux voitures. Le 10 juillet, elle accouche difficilement d'un nourrisson dont le père, Adrien Proust, doute de la viabilité. L'enfant vivra mais sera asthmatique durant toute sa vie. Peu après la naissance, les Proust regagneront leur appartement de la rue Roy qu'ils habiteront jusqu'en 1873.

La maison fut vendue puis détruite pour construire une série d'immeubles, eux-mêmes démolis lors du percement de l'avenue Mozart.

JULES-SANDEAU (boulevard)

Une chose était sûre : ses parents demeuraient du côté droit du boulevard Émile-Augier, en venant de La Muette, puisqu'il n'y avait pas de côté gauche : le côté gauche s'appelait boulevard Jules-Sandeau.

— Emmanuel Carrère, *La Moustache*, 2014

Au 9, Charles-Henry Hirsch

Poète, romancier et dramaturge, ami de Paul Fort, il publia entre 1899 et 1939 une trentaine de romans populaires comme *La Danseuse rouge* ou *Nini Godache*. Interviewé par *Les Nouvelles littéraires*, en 1922, il livre quelques souvenirs : « J'avais 12 ans quand Victor Hugo m'embrassa, le soir de sa quatre-vingtième année. J'ai vu Barbey d'Aurevilly, je vois toujours ses cravates – aux filigranes d'or. À 18 ans, j'ai dîné avec Verlaine. Je dus abandonner le divin maître sous la table ; ce fut un des plus grands chagrins de ma jeunesse. J'ai connu, voici bientôt trente ans, un des premiers dadaïstes, il s'appelait Michel Féline[33]... »

KLÉBER (avenue)

Zut, elle l'avait sur le bout de la langue. Un général de l'Empire ou un maréchal. Hoche, Marceau, Kléber... Kléber, c'était ça : avenue Kléber...

— Régine Deforges, *101, avenue Henri-Martin*, 1983

Au 19, les crêpes du Majestic

Au 19 de l'avenue Kléber était situé dans les années 1920 un des principaux palaces parisiens. Claudel, parrain du fils de Francis Jammes, invite l'enfant et commande pour lui des crêpes flambées. Le maître d'hôtel y met le feu et Claudel, se penchant, dit à l'enfant : « Regarde ces belles flammes, André Gide y grillera dans de toutes pareilles[34]. »

Au 37, la librairie Au Sans Pareil

Parallèlement à sa maison d'édition située rue du Cherche-Midi, Robert Hilsum ouvre en 1920 une librairie du même nom avenue Kléber. Il y organise au mois de mai 1921 la première exposition consacrée à Max Ernst où sont exposées quarante-deux « peintopeintures » en présence notamment de Philippe Soupault, Benjamin Péret, Serge Charchoune et André Breton, son ancien condisciple au collège. Lieu de rencontre du mouvement dada, c'est également le siège social (provisoire) de la revue *Littérature*, revue qu'Hilsum avait créée avec Breton, Aragon et Soupault.

Au 44, D'Annunzio et ses neuf cent quatre-vingt-dix-neuf plumes de paon

Poursuivi par ses créanciers, Gabriele D'Annunzio se réfugie en France. Dès 1893, Proust s'est dit « ravi » de son roman *L'Intrus* (1892), et *Le Feu*, publié en 1900, fait déjà partie des grands romans de la littérature italienne.

Écrivain et poète, maladivement régi par le sexe, D'Annunzio – qui rêve d'une œuvre totale – s'intéresse également à la peinture, à la photographie et à la musique. Il est par ailleurs verrier, disposant d'un atelier avenue de Suffren.

En octobre 1914, l'abbé Mugnier lui rend visite : « Été voir, hier, Gabriele D'Annunzio chez lui, 44 avenue Kléber. Il occupe au quatrième un appartement dont j'ai vu le petit salon. Il en a dissimulé la laideur, selon lui, avec des paravents, des tringles, des étoffes ton d'or. C'est assez encombré. Par terre, des coupes où des fleurs baignent, sur la cheminée un Bouddha [...], des plumes de paon qui porteraient malheur si elles n'atteignaient pas le nombre de 999. Ce chiffre conjure tout, m'a dit le romancier poète. »

Au 63, Jean Dutourd

En juillet 1978, à deux heures trente, alors que Dutourd séjourne dans le Midi, l'appartement qu'il occupe au premier étage de l'avenue Kléber est plastiqué, détruisant son immense salon et son beau mobilier Napoléon III. L'attentat est revendiqué par une « Section franco-arabe du refus » qui prévient : « Nous avons détruit le repaire du provocateur Jean Dutourd, homme de plume au service de la presse juive. Ce premier avertissement aux intellectuels devrait faire réfléchir tous les nationalistes revanchards français. » Cet incident, peut-on lire sur le site de l'Académie française, eut néanmoins une heureuse conséquence : Jean Dutourd fut élu à l'Académie française, au fauteuil de Jacques Rueff, le 30 novembre de la même année (trente et unième fauteuil). Il put constater par la suite combien Voltaire voyait juste en affirmant que cette compagnie « est toujours une espèce de rempart contre les fanatiques et les fripons ».

Auteur de soixante-dix romans et essais, Dutourd connut un grand succès avec *Au bon beurre*, portrait acerbe d'une famille de crémiers pendant l'occupation allemande, prix Interallié 1952.

Au 88, Louis de Blois

Parallèlement à son activité politique (ministre de la Marine et sénateur de Maine-et-Loire), il fut également écrivain, publiant une douzaine de romans dont *La Vocation*, Grand Prix du roman de l'Académie 1916.

On peut lire, dans *La Revue universelle* du 1er juin 1928 : « Ajoutons qu'il est ancien officier de marine, propriétaire dans le Beaugeois, et qu'il est aussi un écrivain distingué, sous le pseudonyme d'Avesnes.

Ses lecteurs ne doutent point qu'il n'entre un jour à l'Académie. »

Louis de Blois ne fut pas de l'Académie, vota les pleins pouvoirs à Pétain et décéda en 1945.

Au 99, la garçonnière de Willy

Dans *La Vagabonde* (1910), roman de vengeance, Colette se déchaîne contre Willy dont elle vient de divorcer. Il apparaît sous le nom d'Adolphe Taillandy, peintre mondain sans talent mais qui couche avec toutes ses clientes, « homme d'affaires, manieur et escamoteur d'argent, cynique et brutal, plat et fuyant selon les besoins de l'affaire ». Le choix du nom n'est pas anodin : c'est le nom qu'avait choisi Willy pour louer sa garçonnière du 99, avenue Kléber. Un Willy qui serre les dents devant le portrait qu'elle dresse de lui : « Il fleurissait en mensonges avec une force, une variété, une prodigalité, que l'âge n'a point épuisées. En même temps qu'il ciselait l'ingénieuse traîtrise, agencée avec mille soins, parée de toutes les recherches d'une fourberie magistrale, je lui voyais gaspiller sa fougue astucieuse en impostures grossières, superflues, goujates, en contes enfantins et presque imbéciles. »

Tout noir, le gros Willy avec son huit-reflets ? François Caradec décrétera les torts partagés dans *Feu Willy, avec ou sans Colette* (1984) et *Willy : le père des Claudine* (2003).

LA PÉROUSE (rue)

Le long de la rue La Pérouse dont tous les immeubles semblaient abandonnés [...], il se sentait gagné par l'amnésie. Il avait déjà tout oublié de son enfance et de son adolescence. Il était brusquement délivré d'un poids.

— Patrick Modiano, *L'Horizon*, 2010

Au 2, Miguel de Unamuno

Miguel de Unamuno, célèbre auteur du *Sentiment tragique de la vie* (1912), vécut rue La Pérouse de 1924 à 1925, exilé à la suite de ses articles contre la dictature de Primo de Rivera. Il y écrit notamment *Comment se fait un roman*, mise en abyme littéraire sur l'élaboration d'un roman. « Je ne puis, écrit-il, me rappeler sans un frisson d'angoisse ces infernales matinées de ma solitude parisienne, pendant cet hiver de l'été 1925, alors que dans ma chambrette de la pension du n° 2 de la rue Lapérouse je me consumais en me dévorant tandis que j'écrivais le récit que j'intitulai *Comment se fait un roman.* »

Poète, écrivain, dramaturge, philosophe, l'écrivain espagnol échappa cependant à toute catégorisation. « Poète, peut-on lire dans le *Larousse encyclopédique*, il n'entre pas dans les cadres des mouvements contemporains. Romancier, il échappe aux critères traditionnels. Les philosophes le tiennent pour marginal, les hommes d'Église pour hérétique. Comme don Quichotte, son maître, Unamuno s'est porté témoin de la Vérité totale, risquant la mésaventure ; comme lui, il n'a jamais cessé d'être l'humble hidalgo de son village, l'Espagne, et, à l'heure de la mort, comme lui, comme Emmanuel (comme le Christ), il a mis fin à son roman, à sa divine mission sur terre. Ainsi étancha-t-il sa soif d'éternité, car il a rejoint les morts et les vivants qui ont fait et continuent à faire l'éternelle Espagne dans les transes de son histoire. »

Au 4, Laure Hayman alias Odette Swann

Elle a 37 ans, il en a 17. Elle a été la maîtresse du grand-oncle Louis (et sans doute, également, du père de Marcel). Le jeune homme tombe amoureux. Au Jour de l'an 1893, il lui offre un Saxe pour sa très belle collection de porcelaines et elle l'appellera dès lors « mon petit Saxe psychologique ». Les rapports s'aigriront : elle ne supportera pas de devenir Odette Swann dans *Guermantes*. En mai 1922, alors qu'il utilise ses dernières forces pour terminer son œuvre, Laure Hayman lui écrit des lettres d'insultes, l'écrivain se plaint auprès de Gaston Gallimard : « Une femme que j'ai aimée il y a trente ans m'écrit une lettre furibonde pour me dire qu'Odette c'est elle, que je suis un monstre… »

Proust flirte avec la mauvaise foi : difficile de nier la filiation. Laure et Odette habitent la même rue La Pérouse, toutes deux ont la manie de parler anglais à propos et hors de propos et elles sont la maîtresse du (réel) grand-oncle Louis pour l'une et du (fictif) oncle Adolphe pour l'autre.

LANNES (boulevard)

Ô facteur il faut que tu vêtes / Ton habit vert en drap d'Elbeuf / Pour ouïr un nid de fauvettes / Chantant Boulevard Lannes neuf.

— Adresse figurant sur l'enveloppe d'une lettre adressée à Méry Laurent

Au 11, Paul Claudel

Claudel s'y installe en 1946, il y réside de septembre à juin, passant l'été dans son château de Brangues aux confins de la Savoie et du Dauphiné. En avril, à 78 ans, il intègre l'Académie française. Et, participant peu après à un premier vote, il déclare : « Mais c'est amusant ces élections, on devrait en faire plus souvent. »

En 1940, il s'était réjoui de l'avènement de Pétain et de « la fin de cet immonde régime parlementaire qui, depuis des années, dévorait la France comme un cancer généralisé ». L'année suivante, ce fut l'ode à Pétain : « France, écoute ce vieil homme sur toi qui se penche et qui te parle comme un père. » Puis, trois ans plus tard, ce fut l'ode à de Gaulle : « Et vous, monsieur le Général, qui êtes mon fils, et vous qui êtes mon sang, et vous, monsieur le soldat ! et vous, monsieur mon fils, à la fin qui êtes arrivé ! »

Paul Claudel décède en 1955 et André-Paul Antoine, journaliste à *L'Information*, revient sur ce numéro d'équilibriste : « Si M. Paul Claudel mérite quelque admiration, ce n'est ni comme poète, ni comme diplomate, ni comme Français, c'est comme maître-nageur. »

Au 15, Joseph Kessel

En 1934, la compagne de l'écrivain – Katia[35] – le convainc de quitter le boulevard Brune pour s'installer dans un quartier plus bourgeois. Elle prend les choses en main : décoration raffinée, domestiques, vaste bureau donnant sur le bois de Boulogne, parking pour la Renault Vivastella Grand Sport flambant neuve. En sa compagnie, aux virées planétaires de l'écrivain s'ajoutent désormais les virées nocturnes et parisiennes sur la Butte, nuits peuplées de proxénètes, de musiciens, de boxeurs et de marchands de drogues. Jef boit beaucoup, enchaîne Gauloises ou Camel, casse les verres à la russe et n'oublie pas d'écouter tout son petit monde pour nourrir son œuvre. *La Passante du Sans-Souci* paraît en 1936, Kessel résidera boulevard Lannes jusqu'en 1950. Grand résistant, le grand monsieur : « Ami, entends-tu le vol noir des corbeaux sur nos plaines ? » Les paroles sont écrites en 1943 par Maurice Druon et Joseph Kessel, la musique est d'Anna Marly. À la BBC, l'air est sifflé afin qu'il soit perceptible à l'écoute en dépit du brouillage allemand… La résistance à laquelle il participe va lui inspirer l'un de ses plus grands romans, *L'Armée des ombres* (1943).

Au 34, Sylvain Bonmariage

Entre 1907 et 1966, date de sa mort, il publia plus de soixante-dix ouvrages dont de nombreux romans et des Mémoires (*Mémoires fermés*, *Catherine et ses amis*, 1949) remplis d'historiettes plutôt méchantes dans le style des *Guêpes* d'Alphonse Karr, historiettes dans lesquelles il égratigne Barrès, France, Apollinaire, Colette, Anna de Noailles ou « ces imbéciles de critiques », comme Jules Lemaître. Son *Willy, Colette et moi* (1954) fit grand bruit par l'étalage intime des limites, petitesses et gros travers de l'écrivaine à peine enterrée.

Au 47, Jules Supervielle

« Boulevard Lannes, que fais-tu au milieu du ciel / Avec tes immeubles de pierre que viennent flairer les années, / Si à l'écart du soleil de Paris et de sa lune / Que le réverbère ne sait plus s'il faut qu'il s'éteigne ou s'allume… ? » (*Gravitations*, 1925.)

C'est en 1912 que le poète franco-uruguayen, auteur de *L'Homme de la pampa*, s'installe boulevard Lannes. Il y restera vingt-trois ans, se liant d'amitié avec Rilke, Henri Michaux, Jean Paulhan. Sa poésie chantait sa communion avec l'univers et l'amour des animaux, où « les brebis de la Lune / Tourbillonnent vers [sa] prairie », où « tous les poissons de la Lune / Plongent loin dans [sa] rêverie ».

En 1960, quelques mois avant sa mort, Supervielle sera élu Prince des poètes, après Paul Fort et avant Jean Cocteau.

LAURENT-PICHAT (rue)

Réjane se retira pour aller mourir, sa besogne terminée, dans son petit appartement de la rue Laurent-Pichat, près du Bois, au mois de juin 1929.

— Pierre Magnier, *Les Potins du compère*, 1956

Au 8 bis, Marcel Proust

En 1919, la tante de Proust vend l'immeuble du 102, boulevard Haussmann, l'obligeant à quitter les lieux qu'il occupait depuis 1907. Il loue alors un appartement, à un prix paraît-il exorbitant, au fils de l'actrice Réjane dont il s'inspirera pour camper la Berma dans *Guermantes* et dans *Le Temps retrouvé*. Aussitôt installé, il lui écrit pour se plaindre du bruit : « Vous serez gentil de dire à Madame votre mère que je n'ai, rue Laurent-Pichat, ni piano ni maîtresse. Je suis innocent des bruits de l'immeuble qui amènent des réclamations d'un étage à l'autre. Les voisins dont me sépare la cloison font d'autre part l'amour tous les jours avec une frénésie dont je suis jaloux. Quand je pense que pour moi cette sensation est plus faible que celle de boire un verre de bière fraîche, j'envie des gens qui peuvent pousser des cris tels que la première fois j'ai cru à un assassinat, mais bien vite le cri de la femme, repris une octave plus bas par l'homme, m'a rassuré sur ce qui se passait. Je ne suis pas responsable de ce boucan qui doit être entendu jusqu'à des distances aussi grandes que ce cri des baleines amoureuses que Michelet montre dressées comme les deux tours de Notre-Dame[36]. »

LAURISTON (rue)

« Andrée fréquentait la bande de la rue Lauriston. » Cette phrase m'avait frappé. Nous aussi, à l'école, nous formions une bande : le fils du fleuriste, le fils du coiffeur et deux ou trois autres dont je ne me souviens plus.

— Patrick Modiano, *Remise de peine*, 1988

Au 16 bis, René Ghil

En 1886, Mallarmé préface le *Traité du verbe*, ouvrage d'un jeune poète de 24 ans : René Ghil. Sous le nom d'« instrumentation verbale », ce dernier va défendre le principe de sons fondamentaux permettant, grâce à leur orchestration, une « audition colorée », comme dans les *Voyelles* de Rimbaud. Il glissera peu à peu vers une « poésie scientifique », utilisant une syntaxe personnelle et des néologismes la plongeant dans une obscurité ésotérique. On lui prête cependant une certaine influence sur les futuristes russes et italiens, sur Breton et Aragon, et sur le courant lettriste d'Isidore Isou.

Au 84, la revue *La Phalange*

Créée en 1906, cette « revue mensuelle de littérature et d'art » paraîtra jusqu'en 1914, accueillant André Gide, Francis Carco, Remy de Gourmont, Valery Larbaud, Jules Romains, Francis Jammes, Max Jacob et Guillaume Apollinaire, qui y tient la critique des romans. Il y fera paraître plusieurs poèmes dont *La Tzigane*, en novembre 1907 : « La tzigane savait d'avance / Nos deux vies barrées par les nuits / Nous lui dîmes adieu et puis / De ce puits sortit l'Espérance… »

En mars 1914, dans le n° 93 paraissent trois poèmes aux accents symbolistes écrits par un jeune homme de 18 ans sortant du lycée Chaptal : *Le Saxe fin*, *Rieuse* et *Hommage*, d'André Breton.

Au 101 bis, Joseph Bialot

Curieux destin que d'habiter rue Lauriston quand on est une victime de la Shoah. À 55 ans, rescapé d'Auschwitz, après avoir été tour à tour ouvrier agricole, apprenti ébéniste et bonnetier, Joseph Bialot abandonne l'entreprise de tricot familiale et se lance dans l'écriture de ses premiers romans policiers, *Le Salon du prêt-à-saigner* et *Babel-ville* (1978). Suivront une vingtaine de romans noirs dont *Un violon pour Mozart* (1989), prix Mystère de la critique 1990, et de nombreux romans historiques (*Le Semeur d'étincelles*, 1996).

Bialot publie en 2002 *C'est en hiver que les jours rallongent*, témoignage de sa déportation en 1944 à l'âge de 20 ans. Il décède dix ans plus tard et sur le faire-part inséré dans les grands quotidiens, son humour ne flanche pas : « Matricule 193.143 à Birkenau, matricule B.9718 à Auschwitz, ces chiffres ne sont jamais sortis au loto dans cet ordre ! A vécu ! »

Au 106, Henry de Montherlant

« En 1899, écrit Montherlant dans *Mais aimons-nous ceux que nous aimons ?*, mes parents et moi nous quittâmes notre appartement de l'avenue de Villars, où j'étais né, pour nous loger sous les ailes de mon grand-père et de ma grand'mère maternels : vaste maisonnée, un peu analogue à une *gens* romaine, sept "maîtres" et six serviteurs, vivant ensemble de façon quasi familiale, dans un H. P. en briques du seizième, avec belle serre et jardinet minuscule. » Précoce, l'enfant. À 7 ans, il tombe sous le charme d'un « petit garçon […] aux grandes mèches ondulées » qui fréquente comme lui le cours Fénelon de la rue de la Pompe. Et, dès 1905, externe au lycée Janson-de-Sailly et âgé de 10 ans, il écrit de petits volumes, s'amuse à rédiger des préfaces et des postfaces. « J'étais vraiment un littérateur-né, dès sept ou huit ans ! » écrit-il dans *Archives du XXe siècle*. L'enfant se passionne pour l'Antiquité romaine et le latin. Les Montherlant quittent la rue Lauriston en 1907 pour s'installer à Neuilly, passage Saint-Ferdinand, dans un nouvel hôtel particulier dans lequel Montherlant résidera jusqu'en 1925. Son premier livre, *La Relève du matin*, sera refusé par tous les éditeurs parisiens. Il le publiera à compte d'auteur et, en 1921, recevra le prix Montyon de l'Académie française. Il faudra attendre 1936 et *Les Jeunes Filles* – immense succès et scandale non moins immense – pour que Montherlant s'impose comme un auteur majeur.

LONGCHAMP (rue de)

La chambre, sise au rez-de-chaussée, donne, par deux hautes fenêtres, sur la rue de Longchamp que montent et descendent de nombreuses autos.

— Michel Del Castillo, *Le Vent de la nuit*, 1972

Au 27, Maurice Magre

Dramaturge (une quinzaine de pièces) et romancier (une vingtaine de romans), Maurice Magre commença sa carrière par un *Conseils à un jeune homme pauvre qui vient faire de la littérature à Paris* puis se spécialisa dans l'exotique, le scandaleux ou l'ésotérique, s'attirant ce commentaire du *Figaro* en 1924 : « Magre est un anarchiste, un individualiste, un sadique, un opiomane. Il a tous les défauts, c'est un très grand écrivain. Il faut lire son œuvre. »

Le Monde, en 1949, rend compte d'un roman posthume, *Les Frères de l'or vierge* : « Les noms de Conrad et de Stevenson ne viennent pas sans raison à l'esprit, *Les Frères de l'or vierge* leur doivent quelque chose. Ils doivent aussi à Kipling. On y trouvera un récit de la fuite des animaux devant l'incendie qui rappelle la trêve de l'eau du *Livre de la jungle*. Ils doivent aussi à Maurice Magre : je veux dire qu'on y respire des vapeurs de magie ; il y passe les phantasmes nés de l'attirance des trésors cachés et presque une hérésie diabolique. »

Au 78, Paul Celan

En juin 1940, en Bucovine, la persécution des Juifs commence avec l'arrivée des Soviétiques. Un an plus tard, les troupes allemandes et roumaines prendront le relais. Paul Celan se rappelle les « exécutions, l'étoile jaune, le ghetto. Les déportations en masse en Transnistrie. La file large et sombre des gens pressés les uns contre les autres, poussés dans les rues avec leurs paquets ». Ses parents sont déportés, sans retour, lui-même est interné. En 1948, il décide de quitter la Roumanie et s'installe à Paris, à l'hôtel d'Orléans (31, rue des Écoles), vivant chichement de petits jobs et de traduction. Il résidera quatre ans plus tard avec sa femme, la peintre Gisèle de Lestrange, au 5, rue de Lota, puis 29 bis, rue de Montevideo, puis encore, en 1958, au 78, rue de Longchamp où il résidera neuf ans. Écrivant initialement en allemand, il prit cette langue en horreur et truffa sa poésie de termes étrangers, « babélisant » une œuvre difficile hantée par l'angoisse de la persécution.

Considéré comme le plus grand poète de langue allemande de la seconde moitié du XXe siècle, il se suicide en avril 1970, en se jetant dans la Seine, probablement depuis le pont Mirabeau qu'il avait évoqué dans un poème prémonitoire : « De la dalle, / du pont, d'où, / il a rebondi / trépassé dans la vie, volant / de ses propres blessures, / – du Pont Mirabeau[37]. »

Au 139, Octave Mirbeau

Mirbeau quitte l'avenue du Bois-de-Boulogne en 1910 pour un appartement situé rue de Longchamp. Il y restera jusqu'en novembre 1915, date à laquelle il s'installera au rez-de-chaussée du 57, rue Ampère. Le succès du *Journal d'une femme de chambre* (1900) et de *Les affaires sont les affaires* (1903) est déjà loin. En 1908, il fait paraître un objet littéraire non identifié, *La 628-E8*, récit à la frontière du roman et du reportage, hymne à l'automobile et notamment à la Charron 628-E8. Curieusement, Mirbeau introduit dans l'épais ouvrage trois chapitres consacrés à la mort de Balzac, texte qui fait scandale, l'auteur soutenant que Mme Hanska trompait Balzac avec le peintre Jean Gigoux alors que l'écrivain agonisait dans la pièce voisine.

Quelque part dans la rue, Michel Del Castillo

« J'ai rendez-vous avec mon assassin. C'est mon père et il s'appelle Michel. » L'incipit de *De père français* développe un des thèmes majeurs de l'œuvre de l'auteur qui ne cessa de creuser l'image d'un père impardonné et celle d'une mère trop aimée qui l'abandonna. Ce récit paraît en 1998, quarante-deux ans après qu'un jeune homme de 22 ans a déposé chez Julliard un manuscrit intitulé *Tanguy*, roman qui relate trois années d'horreur passées par l'adolescent à l'Asilo Durán, principale maison de redressement barcelonaise. Publié en 1957, *Tanguy*, livre fondateur de son œuvre, connaîtra un succès mondial. Suivront une trentaine de romans dont *Le Vent de la nuit*, prix des Deux Magots et Prix des libraires 1972, *La Nuit du décret*, prix Renaudot 1981, *Rue des Archives*, prix Maurice-Genevoix 1994, et de nombreux essais dont *Colette, une certaine France*, prix Femina 1999.

En 2008, Michel Del Castillo fait paraître *Le Temps de Franco*, ouvrage dans lequel il renvoie dos à dos nationalistes et républicains, déniant à Franco les titres de fasciste et de dictateur, générant une intense émotion parmi la diaspora républicaine.

LOUIS-DAVID (rue)

Il descendait tantôt à l'hôtel Régina de Passy, tantôt chez sa fille Aline à qui il avait offert un appartement rue Louis-David.

— Jean Dutourd, *La Chose écrite*, 2009

Au 20 bis, Jacques Chabannes

Né en 1900, il dialogua les premiers films parlants, travailla pendant trente-sept ans à la télévision pour laquelle il fut le premier adaptateur du répertoire boulevardier. Dramaturge, il signa une dizaine de pièces et, romancier, obtint le prix Scarron 1957 pour *Prince Carolus* (1956) et un Grand Prix de l'Académie française avec *Les Quatre Vents du monde* (1958).

LUBECK (rue de)

La scène se passe à Paris, rue de Lübeck. Derrière un imposant bureau, un homme se tient, droit et, sans hésitation possible, heureux.

— François Chalais, *La Peau de l'arlequin*, 1975

Au 25, Georges-Emmanuel Clancier, dit GEC

« GEC », comme l'appelaient ses amis, commença vers 1930 à publier ses poèmes dans les *Cahiers du Sud* puis, pendant la guerre, participa à l'aventure de la revue *Fontaine* dirigée depuis Alger par Max-Pol Fouchet.

En 1942, il publie son premier roman, *Quadrille sur la tour*. Le succès viendra une quinzaine d'années plus tard avec la tétralogie *Le Pain noir* (1956-1961), adaptée à la télévision par Serge Moati en 1974-1975.

Dans *L'Éternité plus un jour* (1969), Clancier relate l'histoire de sa génération : « J'ai voulu, précise-t-il, que se reflètent les espoirs, les illusions, les combats, les blessures d'une génération dont la jeunesse rencontra Guernica et la maturité Oradour. »

Suivront dans les années 1980 trois récits autobiographiques : *L'Enfant double*, *L'Écolier des rêves* et *Un jeune homme au secret*, augmentés en 2016 – à l'âge de 102 ans ! – d'un ultime volume, *Le Temps d'apprendre à vivre*, couvrant les années allant de la guerre d'Espagne jusqu'à 1947. Sa femme, la célèbre psychanalyste et femme de lettres Anne Clancier, écrivit notamment sur Guillaume Apollinaire et Raymond Queneau.

MAGDEBOURG (rue de)

À l'autre extrémité y débouchait, venant de la rue de Magdebourg, un jeune homme vêtu d'un complet pain d'épice et coiffé d'une casquette à carreaux blancs et noirs.

— Henri Lavedan, *Panteau*, 1923

Au 9 bis, Robert Ganzo

L'œuvre poétique de ce libraire résistant – qui fut également un peintre de talent – naît avec *Orénoque* (1937, salué par Éluard) et se clôt avec *Résurgences* en 1954. Héritier de Mallarmé et de Valéry, ses textes ciselés firent l'objet de nombreuses mises en musique, comme ses *Sept chansons pour Agnès Capri* (1938) préfacées par Léon-Paul Fargue, dans la veine de Desnos ou de Prévert. Il fut par ailleurs un grand collectionneur de pierres. Franck Venaille se souvient de ses visites au vieux poète de 95 ans : « Des deux placards, dans son appartement proche du Trocadéro, l'un recelait ses livres les plus précieux, tandis que l'autre, fermé à clef comme un trésor, contenait sa collection de pierres choisies pour leurs formes insolites, anthropomorphiques ou pour leurs dessins gravés par les millénaires et dont il aimait traduire le graphisme sur une feuille qu'il vous donnait en partant. Face à ce monde lithique, il y avait en lui, préservé jusqu'au dernier souffle, cet émerveillement de l'enfant qui reste le secret du poète. »

Au 14, Henri de Régnier et Gérard d'Houville

En 1898, quittant la rue du Boccador, Henri de Régnier et sa femme Marie (née de Heredia) s'installent rue de Magdebourg. Elle accouche en septembre, l'enfant est de Pierre Louÿs. Le mari, non dupe, accepte la demande de sa femme qu'il en soit le parrain. André Gide, naïvement, félicite Régnier, s'attardant sur sa « ressemblance » avec le nourrisson.

Marie de Régnier, sous le pseudonyme de Gérard d'Houville, commence à publier ses propres poèmes dans la *Revue des Deux Mondes*. Elle écrira une vingtaine de romans et sera la première femme à recevoir le Prix de littérature de l'Académie française.

MALAKOFF (avenue de)

Boni de Castellane donnait des dîners de trente couverts dans l'entresol de son hôtel encore inachevé de l'avenue de Malakoff, servis par trente valets de pied poudrés en livrée rouge cinabre…

— Élisabeth de Gramont, *Clair de lune et taxi*, 2019

Au 123 bis, Patrick Modiano

S'il n'y a pas de 123 bis, avenue de Malakoff, Harry Dressel, en revanche, a réellement existé et Modiano s'en souvient dans *Livret de famille* : « J'avais envoyé à deux journaux néerlandais un texte qui devait paraître dans la rubrique des "Recherches" avec la photo de Dressel. "Toute personne susceptible de donner des détails sur les activités du fantaisiste et chanteur Harry Dressel jusqu'en 1937, prière d'écrire à M. P. Modiano, c/o Dressel, 123 bis avenue Malakoff, Paris." »

Au 129, les jeudis de Florence Gould

Après la guerre, les « Jeudi-Florence » reprennent et l'on voit Paul Morand, Léautaud, Jouhandeau ou Paulhan se rendre chez la célèbre mécène qui « s'ennuie sur son sac d'or », selon la formule de Jules Roy. Dans son salon fréquenté par la « droite littéraire » se font et se défont les candidatures à l'Académie.

Au 148, Drieu la Rochelle

En 1921, Drieu la Rochelle sous-loue à son ami Jean-Michel Frank une garçonnière « coûteusement vide ». C'est l'époque où Drieu, l'ami de Rigaut et d'Aragon, considère l'Action française comme « une bande de crapules » et publie *Mesure de la France*, essai dans lequel il soutient que la « der des der », hélas, ne sera pas la dernière. Il restera un an avenue de Malakoff et écrira à son ami Jean Boyer : « Si je ne pars pas et reste à Paris pourriez-vous me prêter pour quelques temps vers octobre l'appartement du boulevard de Courcelles en attendant que je trouve un logement car j'ai bazardé l'avenue Malakoff ? »

MARRONNIERS
(rue des)

Son enfance s'était écoulée rue des Marronniers, dans une petite maison d'Auteuil. Cette rue sentait le coupe-gorge à partir de 4 heures en hiver.
— Élisabeth de Gramont, *Les Marronniers en fleurs*, 2018

Au 2, Claude Lévi-Strauss

En 1957, l'auteur de *Tristes Tropiques* (1955) quitte la rue Saint-Lazare pour revenir dans le 16e arrondissement. « C'est, écrit Emmanuelle Loyer dans la biographie qu'elle lui consacre, un vaste appartement bourgeois, au cinquième étage avec ascenseur, sis dans un groupe d'immeubles construits au début du siècle, en briques, légèrement en retrait de la rue. […] En allant vivre rue des Marronniers, Claude Lévi-Strauss suit une règle classique de nombreuses tribus qu'il a étudiées : il est en résidence matrilocale [de la mère de l'épouse]. »

L'ethnologue va bientôt rejoindre le Collège de France et sa leçon inaugurale restera célèbre : « Vous permettrez donc, mes chers Collègues, qu'après avoir rendu hommage aux maîtres de l'anthropologie sociale dans le début de cette leçon, mes dernières paroles soient pour ces sauvages, dont l'obscure ténacité nous offre encore le moyen d'assigner aux faits humains leurs vraies dimensions : hommes et femmes qui, à l'instant où je parle, à des milliers de kilomètres d'ici, dans quelque savane rongée par les feux de brousse, ou dans une forêt ruisselante de pluie, retournent au campement pour partager une maigre pitance, et évoquer ensemble leurs dieux ; ces Indiens des tropiques, et leurs semblables de par le monde, qui m'ont enseigné leur pauvre savoir où tient, pourtant, l'essentiel des connaissances que vous m'avez chargé de transmettre à d'autres ; bientôt, hélas, tous voués à l'extinction, sous le choc des maladies et des modes de vie – pour eux, plus horribles encore – que nous leur avons apportés ; et envers qui j'ai contracté une dette dont je ne serais pas libéré, même si, à la place où vous m'avez mis, je pouvais justifier la tendresse qu'ils m'inspirent, et la reconnaissance que je leur porte, en continuant à me montrer, tel que je fus parmi eux, et tel que, parmi vous, je voudrais ne pas cesser d'être : leur élève, et leur témoin. »

Au 6, René Crevel

Après un séjour du 3 janvier au 20 mars 1928 à Berlin, cette « étrange Babylone ruinée » (formule d'Aragon), ville où il s'est rendu afin de consulter un spécialiste de la tuberculose, Crevel rentre à Paris et réside pour quelques semaines rue des Marronniers, chez son ami et amant le jeune diplomate chilien Tony Gandarillas, un septième étage de Passy où « le regard couvre un immense panorama de Paris, comme du pont d'un paquebot […]. Par temps de lune, Paris ensorcelé se prosterne à vos pieds[38] ». Tout en reprenant le chemin de la nuit parisienne, Crevel déprime. Les relations avec Breton se font distantes, il se brouille avec Cocteau, il ne parvient plus à écrire. Il faudra attendre 1929 pour que paraisse *Êtes-vous fous ?* : « Une rouquine qui accouche d'un enfant bleu, une star de music-hall qui a pour amants des jumeaux, des Turcs pressés de devenir occidentaux, un berger suisse homosexuel qui finit à Berlin comme assistant d'un chirurgien pour transsexuels, une ibsenienne qui voyage avec un fakir, un rat de cinquante kilos, un taureau d'appartement... Tireur d'élite du massacre surréaliste, Crevel est là tout entier[39]. »

MESNIL (rue)

Ils allèrent jusqu'à la rue Mesnil, et de là, au domicile du commissaire, M. Decointre. Puis, accompagnés d'une demi-douzaine d'hommes, ils s'en revinrent...

— Maurice Leblanc, *Arsène Lupin contre Herlock Sholmès*, 1908

Au 18, Noël Arnaud

Éditeur (notamment d'Éluard pendant la guerre), poète, surréaliste révolutionnaire puis post-Dada, membre éminent du Collège de 'Pataphysique, président de l'Oulipo (1984, après la mort de François Le Lionnais), on lui doit aussi bien une *Encyclopédie des farces et attrapes et des mystifications* (avec François Caradec, 1964) que des *Vies parallèles de Boris Vian* (1966), des *Poèmes algol* (1968) ou un « Mémoire pour l'internement d'un parapluie ».

En 1960, il élabora une *Anthologie des charabias, galimatias et turlupinades*, rendant compte de sept siècles d'anagrammes, de glossolalies, de tautogrammes, de contrepèteries, de boniments, d'incohérences et autres parodies, depuis les poètes satiriques du Moyen Âge jusqu'aux avant-gardistes du XXe siècle.

MICHEL-ANGE (rue)

Suzanne m'a envoyé un télégramme : « Inutile de revenir rue Michel-Ange. Lettre explicative suit. Sympathiques souvenirs. »

— Henry Bordeaux, *Le Fantôme de la rue Michel-Ange*, 1922

Au 52, Saint-Exupéry cherche un titre

« C'est délicieux d'atterrir, après on s'ennuie », déclarait-il. À Paris comme ailleurs, Saint-Exupéry ne se pose dans un lieu que pour mieux en décoller. Après la place Vauban puis la rue Barbet-de-Jouy, il s'installe en 1938 rue Michel-Ange, sans sa femme Consuelo, dans un petit studio dans lequel il travaille sur l'essai qu'il annote depuis huit ans et pour lequel il cherche le titre parfait. *Terre des humains* deviendra *Étoiles par grand vent* puis adoptera son titre définitif : *Terre des hommes.*

Au 82, Lucien Descaves

Enfant du peuple, il avait appris à lire avec *Les Misérables* et fut un des piliers du naturalisme triomphant du début des années 1880 avec Zola, Goncourt, Alexis, Daudet ou Huysmans. Il meurt rue Michel-Ange en 1949, dernier témoin de la naissance de l'académie Goncourt en 1900.

Après avoir signé une cinquantaine de romans et pièces de théâtre, il publie ses Mémoires un an avant sa mort – *Souvenirs d'un ours*, témoignage drolatique sur plus d'un demi-siècle d'attribution du prix Goncourt : « Tel il se voit, écrit Émile Henriot, hirsute, grognant et griffu, content de son mauvais caractère, claqueur de portes et disant tout, n'ayant pas cessé, depuis soixante ans de combat, de se mettre en travers, de jeter sa serviette sur la table au milieu du dîner ou du déjeuner, et de sortir, affirmant que c'est la dernière fois qu'on l'a vu. »

MIGNARD (rue)

Rue Mignard, il y a un boucher remarquable. M. Thibault. Poète du rognon…

— Christian Millau, *Paris m'a dit*, 2000

Au 11, Eugène Manuel

« Il y a maintenant à Paris plus de poètes que de becs de gaz », écrit Henry Murger dans *Scènes de la vie de jeunesse* (1851). Au 11, rue Mignard, une plaque rend hommage à Eugène Manuel. N'a-t-il pas écrit *Poésies du foyer et de l'école*, en 1888 ?

Au 13, Jean-Paul Sartre

Jean-Paul Sartre y voit le jour le 21 juin 1905, au domicile de ses grands-parents maternels. Son père est mort de la fièvre jaune lorsqu'il avait 15 mois et « Poulou » va reporter son affection sur son grand-père, Charles Schweitzer, professeur d'allemand et cousin du célèbre docteur. Pendant dix ans, rue Mignard puis rue Legoff, le petit garçon aux boucles blondes va être choyé et adoré par les siens. Il le racontera dans *Les Mots*, en 1964. Mais il n'aimera jamais l'enfance, son monde romanesque n'étant peuplé que d'adultes. Sartre en convient : « Des amis s'étonnaient, quand j'avais trente ans : "On dirait que vous n'avez pas eu de parents. Ni d'enfance." Et j'avais la sottise d'être flatté. »

MONTMORENCY (boulevard de)

Auteuil est comme la campagne de Passy avec son boulevard de Montmorency, ses quais, son viaduc, près de l'église, son restaurant du Mouton Blanc, curiosité historique, ancien lieu de rendez-vous de La Fontaine, de Molière et de Racine.

— Léon-Paul Fargue, *Le Piéton de Paris*, 1939

Au 67 (anciennement 53), l'atelier des Goncourt

En 1868, Jules et Edmond de Goncourt quittent la rue Saint-Georges et prospectent Auteuil afin de trouver calme et verdure. Une maison de leur amie Jeanne de Tourbey leur plaît beaucoup et ils s'emballent. « Elle ressemble, écrivent-ils à Flaubert, à un vide-bouteille du sultan Misapouf, mais sa cocasserie nous a complètement toqués. » L'affaire ne se fait pas et les deux frères dénichent alors boulevard de Montmorency une maison louis-philipparde dans laquelle ils emménagent six semaines après l'avoir achetée, en compagnie de Rose Malingre, leur servante, qui servira de modèle au personnage principal de *Germinie Lacerteux* (1865). Au rez-de-chaussée, un vestibule, la cuisine, la salle à manger ainsi qu'un grand et un petit salon. Le premier étage est celui d'Edmond : bureau, chambre, salle de bains, cabinet dit « de l'Extrême-Orient ». Le deuxième est à Jules, avec sa chambre et deux petites pièces inoccupées. Malheureusement, le calme n'est pas au rendez-vous : les enfants des voisins, le train de la Petite Ceinture…

Jules s'éteint le 20 juin 1870, il n'a pas 40 ans, la guerre est déclarée, la maison va souffrir des bombardements : « Jeudi 4 mai. – Mauvaises nouvelles d'Auteuil et du boulevard Montmorency. Les obus pleuvent autour de ma maison. La grille de la porte de la villa vient d'être défoncée. J'accompagne Burty à l'Hôtel de Ville, où il va essayer d'attraper un laissez-passer en blanc, pour un pauvre diable qui veut s'enfuir. Il s'agit de découvrir le poète Verlaine, nommé chef de bureau de la Presse[40]. »

En 1881, Edmond fera le tour du propriétaire dans son ouvrage *La Maison d'un artiste*, avec le vestibule, la salle à manger, les salons, l'escalier, le cabinet de l'Extrême-Orient. Mais la pièce la plus connue est bien sûr le grenier, inauguré le 1er février 1885 : « Je cherche, écrit Edmond dans son journal en novembre 1884, à faire des trois petites pièces du second sur le jardin une sorte d'atelier sans baie, pour y installer, à l'instigation de mes amis de la littérature, une parlote littéraire le dimanche. » La « parlote » deviendra une institution et accueillera tous les dimanches après-midi les amis d'Edmond, de Zola (qui parle de « chapelle littéraire ») à Murger, de Huysmans à Maupassant, de Heredia à Daudet père et fils. Car, selon Jean Ajalbert, l'accès au grenier équivaut « à une haute consécration professionnelle ».

MOZART (avenue)

Écoutez l'histoire affreuse / L'aventure douloureuse / D'un fêtard / Qui chaque soir / Rentrait tard / Dans son appartement de l'avenue Mozart

— Boris Vian, *Le Fêtard*, 1958

Au 21, André Fontainas

En 1889, son premier recueil de vers, *Le Sang des fleurs*, lui avait ouvert les portes du salon de Mallarmé. Considéré comme un témoin important de l'époque symboliste, il sera poète, critique d'art, critique littéraire et dramatique, précédant Léautaud au *Mercure de France*.

Au 52 bis, Maurice de Faramond

Dramaturge, Faramond laisse une dizaine de pièces créées entre 1899 (*La Noblesse de la terre*) et 1911. « M. de Faramond, écrit Léautaud dans *Le Théâtre de Maurice Boissard*, excelle dans ce théâtre de mœurs campagnardes, dont il rend les rudesses, les couleurs crues et dures, la poésie rêche, avec autant d'art que de sobriété, nous communiquant, pourrait-on dire, comme une odeur de terre. » Ses drames terriens eurent du succès, et Alfred Vallette, dans le *Mercure de France*, parla de « presse faramondesque » pour qualifier une abondante critique.

Au 56, Francis de Miomandre

Le 3 décembre 1908, le sixième prix Goncourt est attribué à Francis de Miomandre, 28 ans, pour son roman fantaisiste intitulé *Écrit sur de l'eau…* Dans la *NRF*, Gide rend compte : « Léger comme une bulle, inconsistant, bizarre, il se dérobe sous la critique et semble sans cesse en formation. Il pourrait être insupportable ; il est charmant. L'auteur s'y ébroue gracieusement et avec une non feinte jeunesse ; tour à tour réaliste mais plein d'humour et d'ironie, amoureux déplorablement chimérique, à la fois tendre et narquois, il rit des déplaisances de la vie et ne prend au sérieux que sa sentimentalité discrètement triste. » Le soir, il reçoit son prix de cinq mille francs et dîne avec les jurés. Commentaire de Jules Renard : « Un petit mousquetaire, un gosse avec de l'aplomb, bien décidé à ne pas avoir l'air gauche, quoi qu'il arrive. »

Après ce coup de maître, le petit mousquetaire fera une longue carrière littéraire, produisant de 1908 à 1960 une cinquantaine de romans, essais et récits. Il adorait les animaux, posséda un caméléon, un singe, un serin saxon, un âne, des chiens et des chats, écrivant de petits livres pleins de charme. Paul Léautaud, pourtant avare de compliments, loua son écriture poétique et picturale : « La nuit devenait de plus en plus dense et finissait par prendre la consistance onctueuse et douce de l'encre de Chine longuement remuée dans le godet par son bâton d'or. »

MUETTE (chaussée de la)

« C'est clair comme du jus de chique. Mais, évidemment, vous avez l'habitude… – Lisez donc. – Chaussée de la Muette. Anciennement rue de Berri… »

— Léo Malet, *Pas de bavards à la Muette*, 1956

Au 8, Henry Bordeaux

Il fit partie dans les années 1910 des quatre B, B comme « bons sentiments », aux côtés de Bourget, Barrès et Bazin. Son premier roman, *Jeanne Michelin*, fut publié en 1895, et le dernier, *Le Flambeau renversé*, le sera en 1961 – il a alors 91 ans. Entre les deux, soixante-dix autres romans pétris de nationalisme catholique et bourgeois.

Quittant la rue du Ranelagh, il s'installe chaussée de la Muette dans les années 1920, après son élection à l'Académie française. Il y décède en 1963. Dans *Le Monde*, Pierre-Henri Simon écrit : « À prendre dans son ensemble cette carrière littéraire, il apparaît qu'elle fut rapide, brillante, longtemps éclairée des feux d'une notoriété enviable, mais assez tôt touchée par l'approche d'un long crépuscule. »

Au 10, René Crevel

Après le 15, rue de la Pompe, la famille Crevel déménage en 1910 chaussée de la Muette. Quatre ans plus tard, sa mère conduit l'adolescent de 14 ans devant le cadavre de son père qui vient de se pendre, afin de lui donner une leçon de vie. Ce sera plutôt une leçon de mort puisque Crevel se suicidera en 1935. Entre les deux, une existence de dandy solitaire et mondain, homosexuel, surréaliste de la première heure. C'est lui, plus que Desnos, qui entraînera le groupe de la rue Fontaine à pratiquer les sommeils hypnotiques. Exclu du mouvement en 1925, il renouera avec Breton en 1929 puis, tuberculeux, malade de ne pouvoir rapprocher surréalistes et communistes, il choisira la nuit éternelle.

Au 16, Maurice Sand

Un an après le décès de sa mère, en 1876, Maurice Sand s'installe avec sa famille chaussée de la Muette, dans un hôtel particulier où il fait construire, en annexe, un théâtre de marionnettes. S'il fut un véritable professionnel de cet art fort couru, il fut également peintre, spécialiste des papillons et écrivain, produisant une dizaine de fictions romanesques, dans le genre « scientifique » comme *Callirhoé* (son premier roman, 1864), sentimental (*Miss Mary*, 1868), ou des récits de voyage comme *Six mille lieues à toute vapeur* (1862). Début 1888, il retournera vivre à Nohant, seul, et y décédera sept mois plus tard.

MURAT (boulevard)

Ils avaient obliqué dans la partie du boulevard dite « côté Seine », toujours sombre même par beau temps, et bordée de maigres acacias survivant en apnée…

— Bernard Chapuis, *Onze ans avec Lou*, 2012

Au 23, André Lichtenberger

Comme le stipule l'*Encyclopédie Larousse* en 1932, Lichtenberger est « un écrivain varié, érudit, un psychologue humoriste, plein de vigueur et de finesse ». Son nom reste associé à *Mon petit Trott* (1898), ouvrage pour enfants qui servit de base aux dictées, dans les écoles primaires des années 1950, et à la série *Nane* (1924-1937), treize albums parus au préalable dans *La Semaine de Suzette*.

Il publia de nombreux romans dont *Les Centaures* (1904), considéré comme l'un des premiers romans relevant de la fantasy.

Au 122, André Malraux et Marcel Pagnol

De retour d'Indochine, en 1926, après avoir séjourné dans une pension du quai de Passy, André et Clara Malraux posent provisoirement leurs valises boulevard Murat. Malraux se remet à l'édition de livres de luxe, publie un faux journal intime de Baudelaire (*Années de*

Bruxelles écrit par son ami Pascal Pia) et fait paraître chez Grasset *La Tentation de l'Occident*, essai épistolaire dans lequel il est expliqué que Dieu serait mort après la guerre. À défaut de succès littéraire, l'ouvrage va permettre à Malraux – qui travaille à la rédaction des *Conquérants* – de se positionner à Saint-Germain-des-Prés comme un « futur grand écrivain ».

Au-dessous de chez lui, au rez-de-chaussée, réside Marcel Pagnol, qui habitait auparavant dans un atelier insalubre de la rue du Faubourg-du-Temple et qui cherche à se rapprocher d'Orane Demazis, qui habite à deux pas et avec laquelle l'idylle est au zénith. Il vient de terminer *Topaze* et, dans son minuscule appartement de vingt mètres carrés, il entasse des objets devant servir à la construction de ses obsessions : une machine à mouvement perpétuel, ainsi qu'une automobile à trois roues, la « Topazette ». Aurait-il croisé Nabokov, qui réside dans l'immeuble en novembre 1932 chez un de ses cousins, Rausch von Traubenberg ?

NARCISSE-DIAZ
(rue)

Et donc étranger, même à Paris où j'étais né quelques années plus tôt, dans un quartier hautain et modianesque, rue Narcisse-Diaz…

— Jean-Luc Coatalem, *La Consolation des voyages*, 2004

Au 7, la clinique Mirabeau chez Modiano

« Tard dans la nuit, à une date lointaine où j'étais sur le point d'atteindre l'âge de la majorité, je traversais la place des Pyramides vers la Concorde quand une voiture a surgi de l'ombre. » Le narrateur d'*Accident nocturne*, renversé par une « Fiat couleur vert d'eau », est hospitalisé à la clinique Mirabeau. Retrouvera-t-il la conductrice ? Et sait-il que, le 16 février 1938, un émigré russe hospitalisé sous le nom de Léon Martin y décéda, probablement assassiné par le KGB ? Il s'agissait de Lev Sedov, le fils de Trotski.

NEW-YORK (avenue de)

En bonne logique, le quai est débaptisé en 1945 et devient l'avenue de New-York, tandis que le musée conserve son nom d'origine.

— Alain Baraton, *Mes jardins de Paris*, 2020

Au 8, André Billy

André Billy quitte la rue de Seine en 1922 et emménage dans un deux-pièces de l'avenue de Tokio, ancien quai Debilly et future avenue de New-York. Il passera une partie de sa vie à écrire celle des autres, signant notamment des ouvrages sur Balzac, Diderot, Sainte-Beuve, Max Jacob ou Apollinaire. Élu à l'académie Goncourt en 1943, il devra attendre 1944 pour que sa nomination soit validée, du fait d'une « fronde » menée par La Varende et Sacha Guitry, dont il avait dénoncé les attitudes collaborationnistes durant la guerre. S'il écrivit une vingtaine de romans et de nombreux essais, ses souvenirs d'un demi-siècle sur la capitale sont particulièrement intéressants, avec *Paris vieux et neuf* (1909), *Paris littéraire en 1910* (1945), *La Terrasse du Luxembourg* (1945), *Le Pont des Saints-Pères* (1947), *Le Balcon au bord de l'eau* (1949), *Le Badaud de Paris et d'ailleurs* (1959).

Au 36, Claude Farrère

Japonophile convaincu, l'ancien officier de marine s'installe tout naturellement avenue de Tokio à la fin des années 1910, dans l'ancien domicile du prince Korun de Kapurthala. Son passé militaire et ses multiples voyages alimentent de nombreux ouvrages, *Croquis d'Extrême-Orient* (1921), *Histoires de très loin et d'assez près* (1923), récits l'apparentant à Pierre Loti, Henry de Monfreid ou Joseph Peyré. L'écrivain s'illustrera en mai 1932 en s'interposant entre le président Doumer et son assassin, ce qui lui vaudra deux balles dans le bras.

En 1935, ce Croix-de-Feu entre à l'Académie française, battant Paul Claudel par quinze voix contre dix, élection jugée par Mauriac comme « la plus scandaleuse qui se soit jamais perpétrée quai Conti ». Mauriac s'en plaint auprès de Maurras, évoque un « outrage au poète ». Maurras, en réponse, se félicite de l'échec « d'un rhéteur barbare, d'un pseudo diplomate, d'un mauvais Français ».

NEWTON (rue)

« La place de l'Étoile, la rue Newton, la rue Galilée qui donne presque dans la rue Copernic et croise la rue Kepler... – C'est le quartier des astronomes, et c'est bien logique si près d'une grande étoile ! »

— Thierry Delahaye, *Petites histoires des noms de rue*, 2015

Au 16, Octave Feuillet

Surnommé par les frères Goncourt le « Musset des familles » pour un idéalisme qu'ils jugent trop fade, Octave Feuillet s'installe rue Newton au milieu des années 1850, louant un pavillon avec jardinet situé alors entre le boulevard de Passy et la rue des Bassins, sur l'actuelle rue Newton, pavillon que reprendra Wagner.

Académicien à partir de 1862, le célèbre romancier (*Le Roman d'un jeune homme pauvre*, 1858) et dramaturge (*La Belle au bois dormant*, 1865) restera fidèle à un lectorat plutôt féminin, peu tenté par le naturalisme et friand des mœurs du « grand monde ».

NICOLO (rue)

Le peintre espagnol file, arrête un taxi au bout de la rue Gauguet et se fait conduire rue Nicolo. Lorsqu'il arrive, les pompiers encombrent l'escalier. Dalí se fraie un passage jusqu'à la civière sur laquelle René Crevel est allongé.

— Dan Franck, *Le Temps des bohèmes*, 2015

Au 25, les fleurs de Louise Cortambert

« Tenez, amour, voici pour vous du romarin comme souvenir [...] et voici une pensée en guise de pensée », peut-on lire dans *Hamlet* par la voix d'Ophélia. Si Shakespeare se réfère souvent au langage symbolique des fleurs, Louise Cortambert, elle, en fit un livre – *Le Langage des fleurs* (1800) – sous le nom de plume de Charlotte de La Tour. On y apprend, notamment, que les narcisses seraient synonymes d'égoïsme et les pivoines, de honte.

Au 25, la mort de René Crevel

La veille, à la Closerie des Lilas, il a tenté – en vain – de réconcilier ses deux familles : le surréalisme et le communisme. Aragon l'a raccompagné dans son petit deux-pièces de la rue Nicolo. Crevel s'y suicide au gaz, le 18 juin 1935. « La vie que j'accepte est le plus terrible argument contre moi-même », avait-il écrit dans *La Révolution surréaliste*.

C'est à l'une de ses maîtresses, la comtesse argentine Tota Cuevas de Vera, qu'il laisse en guise de testament une ultime demande posée sur la table de sa cuisine : « Prière de m'incinérer. Dégoût. » L'auteur de *La Mort difficile* a 34 ans. *Le Figaro*, sous la plume de Guermantes, évoque un enfant terrible, un grand garçon, brusque, faible, tendre et révolté : « Il n'avait apparemment pas dit ce qu'il avait à dire ici-bas et qu'il eût peut-être exprimé si la maladie et le désespoir lui en avaient laissé le temps ; car on ne peut tenir pour une expression accomplie de son intelligence ou de sa sensibilité les quelques livres qu'il a écrits. [...] Il était un de ces "enfants terribles" nés avec le premier lustre du siècle et dont l'adolescence devait être singulièrement enténébrée par la guerre. »

PASSY (rue de)

Quelle tête ferais-je, si j'habitais rue de Passy ?
— Jules Roy, *Les Années cavalières*, 1998

Au 9, Jean-Loup Dabadie

Il écrivait « au stylographe ». En bleu pour les premiers jets, en violet pour la première version et en noir pour la version définitive. Certes, il n'a pas signé de roman. Ni de pièce de théâtre. Mais dans sa *Réponse au discours de réception de M. Jean-Loup Dabadie*, Frédéric Vitoux lui déclare sous la Coupole : « Aucun doute : vous êtes un écrivain de cinéma. Ou mieux : un romancier de cinéma. Et c'est ce romancier que j'ai plaisir ici même à saluer, pour le dernier plan de notre séance, pour lequel j'imaginerais fort bien un lent panoramique sur la salle, sur vos amis venus vous applaudir, alors que je lance la phrase rituelle, la dernière réplique attendue, à votre intention, mon cher Jean-Loup : "Soyez le bienvenu parmi nous, Monsieur !" »

Au 12, Proudhon et la propriété

Précurseur de l'anarchisme, seul théoricien révolutionnaire du XIXe siècle à être issu du milieu ouvrier, il est l'auteur de plus de soixante essais. En 1840, dans son ouvrage majeur, *Qu'est-ce que la propriété ? ou Recherches sur le principe du Droit et du Gouvernement*, il lance la célèbre formule souvent attribuée à Marx : « La propriété, c'est le vol. » Il meurt rue de Passy à 56 ans.

Au 31, Gabriel Boissy

Son œuvre resterait totalement incolore si le contributeur de Wikipédia n'attirait pas notre attention sur *Stances du mortel sourire* (1930) : « Ce volume ne fait que cinquante pages, mais pour atteindre un style parfait, une facture impeccable, Gabriel Boissy y travaille pendant vingt ans. Il choisit des mots simples mais chargés de sens et de pouvoir évocateur. Malheureusement, ses œuvres n'ont jamais connu de gros tirages. »

Au 58, Mme de Genlis

Son *Adèle et Théodore ou Lettres sur l'éducation* (1782), réponse à l'*Émile* de Jean-Jacques Rousseau, lui apporta une célébrité fulgurante et de nombreux quolibets – notamment des encyclopédistes – sur son statut de femme-écrivain. Vingt ans plus tard, son roman *Mademoiselle de Clermont* obtint un grand succès. Et elle continua à écrire, à raison de plusieurs livres par an, soit au total plus de cent quarante ouvrages. En 1886, plus d'un demi-siècle après sa mort, Henri Carton l'assassine à tort et avec mépris dans son *Histoire des femmes écrivains de la France* : « Peu d'écrivains, surtout parmi les femmes, ont été aussi féconds que Mme de Genlis. Elle tenta presque tous les genres, sans réussir à s'élever au-dessus du médiocre. »

Au 93, Julien Green et le diable

Quittant le 92, rue Raynouard, la famille Green s'installe rue de Passy en 1904.

« Nous habitions, à cette époque, dans le bas de la rue de Passy, une vieille maison. Un jour prochain elle s'effondrera toute seule, à moins qu'un démolisseur ne l'y aide. Peut-être qu'alors, dans le fracas des murailles croulantes, des cris s'échapperont de ces pierres comme on dit qu'il s'en éleva des tours éventrées de la Bastille. »

Comme le rappelle René de Obaldia dans son discours de réception à l'Académie française, le diable caché dans un réduit servant de penderie s'intéresse très vite au petit Julien, alors âgé de 6 ans : « Je m'étais mis dans la tête, écrit ce dernier, que le diable en personne logeait là. À l'heure où la lumière hésite, j'allais me placer devant la porte et, d'une voix étranglée, j'appelais le diable. Je comptais jusqu'à trois… Le silence était aussi terrifiant que si j'avais entendu le reclus prononcer des mots articulés. »

Le diable sera pour Julien Green un compagnon de route privilégié et, quelques années plus tard, il lui apparaîtra revêtu d'une redingote dans un cinéma de plein air passant des films d'épouvante.

« Le diable, le Malin, le mal, poursuit Obaldia, c'était pour Julien Green une réalité tangible, comme la lutte impitoyable entre le bien et le mal, entre la lumière et les ténèbres, entre Dieu et Satan. Et toute son œuvre romanesque, tous ses personnages, ne sont vraiment compréhensibles que sous cet éclairage… »

PAUL-VALÉRY
(rue)

En définitive, c'est la petite rue de Villejust, où Valéry vécut longtemps, qui va recevoir son nom. Cette solution est raisonnable.

— Georges Duhamel, *Tribulations de l'espérance*, 1947

Au 40, Paul Valéry

En 1900, Paul Valéry épouse Jeannie Gobillard, cousine germaine de Julie Manet (nièce d'Édouard Manet), cette dernière épousant le même jour Ernest Rouart. Le couple Valéry va résider deux ans avenue Victor-Hugo avant de s'installer en 1902 dans l'immeuble construit par les parents de Julie Manet, dont la jeune fille a hérité en 1895, aux troisième et quatrième étages.

S'il a, depuis 1892, renoncé à la poésie et à l'héritage incontesté de Mallarmé (« Les autres font des livres. Moi, je fais mon esprit », confie-t-il à Gide), il continue à écrire avec notamment la publication de *La Soirée avec Monsieur Teste* (1896), et, surtout, la rédaction souterraine de ses *Cahiers*. Levé tôt, avant tout le monde, il prépare lui-même son café, roule sa cigarette et prend place au bureau. La poésie ne doit pas être une fin en soi, mais un moyen de parvenir à une forme de connaissance. Aussi l'artiste, loin de la « littérature littéraire », doit-il comprendre ses propres mécanismes mentaux. Il faut « entrer en soi-même armé jusqu'aux dents ».

C'est André Gide qui, vers 1913, va déclencher le retour à la poésie. Valéry se laisse convaincre de la nécessité de se « dégourdir les doigts » et d'aligner quelques vers après vingt ans de silence. L'exercice devait durer quelques heures ou quelques jours, il durera quatre années au terme desquelles sortira *La Jeune Parque* (1917), poème de cinq cents vers qui le porte vers la gloire.

Après la guerre, il publie *La Crise de l'esprit* et son incipit tonitruant (« Nous autres, civilisations, savons maintenant que nous sommes mortelles »), et va devenir une sorte de « poète officiel » comblé d'honneurs. Dans le discours de réception à l'Académie qu'il prononce en juin 1927, il se permet de faire l'éloge d'Anatole France sans prononcer son nom. Le Prix Nobel de littérature qu'Aragon voulait gifler sur son lit de mort ne s'était-il pas, autrefois, opposé à la publication de poèmes de Mallarmé ?

Pendant plus de cinquante ans, Valéry résida rue de Villejust, écrivant jour après jour une œuvre monumentale de plus de vingt-huit mille pages, ses *Cahiers*. Sa pensée scintillante et lucide reste d'un modernisme confondant, comme en témoigne cette réflexion prémonitoire dans *Mélange* (1941) : « Nous ne pouvons plus distinguer nettement l'état de guerre et l'état de paix, la victoire de la défaite, la disette de l'abondance ; et voici que tous les intérêts des vivants sont enchevêtrés. »

Paul Valéry décède rue de Villejust en 1945. Charles de Gaulle ordonnera immédiatement des funérailles nationales, les premières octroyées à un écrivain depuis celles de Victor Hugo.

Au 44, Colette

Après sa séparation en 1906 avec Willy (qui s'installe avec Marguerite Maniez près de la place de l'Alma), Colette réside au rez-de-chaussée d'une maison flanquée d'une cour ombragée de la rue de Villejust. Elle a récupéré son portrait par Ferdinand Humbert, un service à poisson qui n'a jamais servi, un sac de billes en verre, une lampe à fleurs de lilas et quelques livres. Pour la première fois, Colette vit seule et s'en émerveille : « Tantôt soulevée d'une allégresse nouvelle, tantôt assoupie dans une sécurité sans borne et sans motif, je sais que je voulus vivre et mourir là », écrit-elle dans *Trois... six... neuf...*. Elle demandera à sa propriétaire (« américaine et invisible ») un bail de vingt ans, mais apprendra que l'immeuble est voué à la démolition.

Colette joue le soir aux Folies Bergère, et, dans l'annuaire, ne figure pas comme « femme de lettres », mais apparaît dans la rubrique « artistes dramatiques ». Elle restera deux ans rue de Villejust, avant d'émigrer dans un autre rez-de-chaussée, rue Torricelli.

PERGOLÈSE (rue)

Nous habitions un appartement en location rue Pergolèse. Mes beaux-parents possédaient une villa de vacances à Biarritz.
— Gilles Perrault, *Go !*, 2002

Au 10, Francis Scott Fitzgerald

En juin 1929, Fitzgerald et sa femme Zelda reviennent de Cannes et louent pour l'hiver un appartement rue Pergolèse, appartement qu'ils occuperont épisodiquement jusqu'en 1931, date de leur retour aux États-Unis. Entre alcoolémie et dégradation schizophrénique de sa femme, Fitzgerald y termine *Tendre est la nuit*, quatrième roman très autobiographique commencé en 1925. Cette histoire de décomposition faussement désinvolte d'un être trop fragile pour ne pas être broyé par son époque et de l'échec inexorable d'un couple sera publiée – sans succès – en 1934. Elle deviendra un best-seller mondial, symbole du mal de vivre de la *lost generation* sur la Côte d'Azur des années 1920. Ce sera le dernier roman de l'auteur de *Gatsby*, *Le Dernier Nabab* (1941) restant inachevé.

PERRICHONT (avenue)

Peut-être serait-il bon que Ghéon et Schlumberger adressent un petit mot de remerciement au dit Lebasque : 25, avenue Perrichon, XVIe.
— André Gide, *Correspondance. 1901-1950*

Au 14, Georges de La Fouchardière

Il se fit connaître avec la création du très célèbre personnage du Bouif, héros d'une dizaine d'ouvrages, série inaugurée avec *Le Crime du Bouif* (1914), roman débutant par la découverte d'un cadavre écorché, décapité et perché dans un arbre. Dans un registre tout aussi réjouissant, il signera *La Chienne* (1929), dans lequel un employé tue une prostituée qui s'était moquée de lui, roman adapté à l'écran par Jean Renoir. Journaliste à *Paris-Soir*, il quitte le journal en 1940 pour rejoindre *L'Œuvre* de Marcel Déat et fait scandale en écrivant : « Tout le monde n'a pas compris que la France est vaincue, qu'elle doit se soumettre au vainqueur correct et tenter une loyale collaboration. »

PÉTRARQUE (rue)

L'irréparable ne fut d'ailleurs pas loin de se produire rue Pétrarque, un soir qu'il rendait visite à des amis. L'agresseur, homme beau et puissant, répugna-t-il en définitive à tuer un homme si visiblement malade, hâve et amaigri ?

— Michel Surya, *Georges Bataille. La mort à l'œuvre*, 1992

Au 7, Roger Vailland

En 1927 et 1928, le jeune homme, en délicatesse avec son père, loge rue Pétrarque chez sa grand-mère, dans un immeuble qui disparaîtra avec le percement de l'avenue Paul-Doumer. Après s'être s'inscrit en classe préparatoire à Louis-le-Grand pour tenter Normale sup', puis à la Sorbonne pour obtenir une licence de lettres, il renonce aux études, mène une vie agitée par la drogue, la poésie hallucinatoire, l'alcool et le « dérèglement de tous les sens ». Avec trois amis – Roger Gilbert-Lecomte, René Daumal et Robert Meyrat –, il va créer la revue *Le Grand Jeu*, « petite secte hérétique du mouvement surréaliste[41] » dont il a trouvé le titre, revue éphémère (quatre numéros) qu'il domiciliera rue Pétrarque.

PICCINI (rue)

La seule réalité que je parvienne à déchiffrer, c'est la rue Piccini.

— Michel Del Castillo, *De père français*, 1998

Au 6, la mort de Radiguet

En mars 1923, *Le Diable au corps* électrise le monde littéraire, une « bombe de cynisme, de fraîcheur et de génie », écrira André Fraigneau. Sur le bandeau, Grasset a fait inscrire : « Le chef-d'œuvre d'un romancier de dix-sept ans. » En fait, Radiguet est âgé de 20 ans et n'a plus que quelques mois à vivre. Le 12 décembre 1923, à cinq heures du matin, il décède de la fièvre typhoïde dans la clinique du Dr Baup, rue Piccini. Trois jours auparavant, dans son délire, il a confié à Jean Cocteau : « Écoutez, écoutez une chose terrible. Dans trois jours je vais être fusillé par les soldats de Dieu. »

Au 10, Maurice Leblanc

Maurice Leblanc quitte la rue Clapeyron en 1894 et s'installe rue Piccini. Sa carrière littéraire marque le pas lorsque Pierre Lafitte, directeur de *Je sais tout*, lui demande en 1905 de composer une nouvelle policière avec l'équivalent d'un Sherlock Holmes français. Maurice Leblanc, qui voulait être le « romancier de la vie délicate des âmes », va effectuer sa première avancée sur la pente glissante de la littérature populaire. Arsène Lupin va naître et son créateur en éprouver une sorte de honte, sans se rendre compte qu'il révolutionne un genre vieillissant. « Sous l'influence de Leblanc, c'est une certaine manière collective de rêver qui change. […] Avant, sévit le mélodrame, avec ses enfants volés, ses reconnaissances pathétiques, ses cas de conscience déchirants, ses tempêtes sous un crâne […]. Après, quelle transformation ! L'action est devenue enquête. C'est le raisonnement qui la mène avec une rapidité inconnue et des renversements de situation d'une nouveauté bouleversante[42]. »

PIERRE-GUÉRIN (rue)

Deux fois par semaine je me rendais au gymnase de la rue Pierre-Guérin où, sur la planche à glisser, Michel Leiris découvrait qu'il n'aimait pas le courage.
— Clara Malraux, *Le Bruit de nos pas*, 1992

Au 44, Alfred Savoir

En 1934, *La Critique cinématographique* rend compte du décès du dramaturge rue Pierre-Guérin : « Alfred Savoir si français et si parisien de culture était d'origine polonaise (son véritable nom était Poznánski). Arrivé à Paris en 1903, il se passionna immédiatement pour notre littérature, il fut l'auteur de nombreuses pièces : *La Femme de Barbe-Bleue*, *La Grande Duchesse et le Garçon d'étage*, *La Petite Catherine*, *La Couturière de Lunéville*, *La Margrave*, qu'il avait adaptées pour le cinéma et qui prolongèrent si heureusement sur l'écran leurs succès du théâtre. »

PIERRE-IER-DE-SERBIE (avenue)

Il fallut partir un jour. Moyses, dont la sœur venait de se marier avec Henrion, qui prenait le « Grand Écart », se mit à la recherche d'un endroit nouveau et s'arrêta à l'avenue Pierre-Ier-de-Serbie.
— Léon-Paul Fargue, *Le Piéton de Paris*, 1939

Au 12, Nathalie Sarraute

Nathalie Sarraute s'y installe avec son mari en 1937 et y résidera jusqu'à sa mort, dans un vaste appartement situé au premier étage.

Après des études de droit, elle devient avocate. Passionnée de lecture, elle découvre Joyce, Virginia Woolf et surtout Marcel Proust qui influence sa vocation. En 1932, elle écrit ses premiers textes, *Tropismes*, une description des mouvements intérieurs et imperceptibles de notre conscience. Refusé par Gallimard et Grasset, l'ouvrage sera publié en 1939 chez Denoël, ignoré par la critique mais salué par Sartre et Max Jacob.

Il faudra attendre la parution de *Martereau* (1953) pour que son talent soit reconnu, sauf par Simone de Beauvoir qui – mortifiée par sa complicité avec

Sartre – claironne qu'elle écrit « comme un fer à repasser ».

En 1956, Nathalie Sarraute publie *L'Ère du soupçon*, texte fondateur du Nouveau Roman qu'elle va incarner avec Alain Robbe-Grillet, Michel Butor, Claude Simon… Parallèlement à son œuvre romanesque, elle commence à écrire pour le théâtre : *Le Silence*, *Le Mensonge*, *Pour un oui ou pour un non*…

Elle décédera à l'âge de 99 ans alors qu'elle travaille à sa septième pièce.

« Il me semble qu'écrire, déclara-t-elle à Maurice Blanchot, c'est jeter et jeter encore sa ligne pour ramener quelque chose qui glisse et se dérobe, et, lorsqu'on l'a hissé, quand c'est là, étalé au grand jour, cela meurt. Et on recommence. » Pour ramener ce « quelque chose », Nathalie Sarraute n'écrivait pas chez elle, elle choisissait de se rendre, chaque jour, dimanche compris, dans un café libanais de l'avenue Marceau. De la même façon qu'elle louait « une chambre à elle », rue de la Tombe-Issoire, lorsque la famille résidait square Henri-Paté.

Au 32, Henri Lavedan

Cet académicien oublié, farouche antidreyfusard aux côtés de Pierre Louÿs et José Maria de Heredia, auteur d'une trentaine de pièces, s'installe en 1906 à Auteuil dans cette ancienne sente des Vignes.

Après la guerre, il délaissera la scène et les mélos bien-pensants comme *Le Duel* (1905) pour se consacrer à la fiction avec, notamment, une grande fresque romanesque en sept volumes, *Le Chemin du salut* (1920-1924).

Il résidera ensuite au 60, rue des Saints-Pères, puis décédera au Portugal en 1940. Jean Giraudoux, présent sur place à Alcobaça, sera stupéfié de voir son nom s'étaler en première page : « J'ouvre les journaux et je crois mal lire. La seconde colonne est à Serrano Suner et à Mussolini, qui le reçoit, la troisième à Staline, la quatrième à Churchill. Et deux cent quatre-vingt-sept avions ont été abattus dans la journée. Et Dakar est bombardé. Et l'on se bat en Indo-Chine. Mais mes yeux ne quittent pas la première colonne. Elle m'apprend ce que seule la presse portugaise a jugé son devoir de révéler : la mort de Henri Lavedan. […] Il est donc encore un pays pour lequel compte la mort d'un auteur médiocre[43]. »

POMPE (rue de la)

La même et grande pâtisserie souffle toujours
son haleine tiède au coin de la rue de la Pompe,
accueillante aux dames bien nées qui se restaurent
de crème fouettée ou de parmesanes,
avant ou après l'adultère rapide de notre temps.

— Léon-Paul Fargue, *Le Piéton de Paris*, 1939

Au 9, le bon sens de François Ponsard

Figure de proue d'une école conservatrice dite « du bon sens » qui tente de contrer le courant romantique, Ponsard fait jouer à l'Odéon son *Lucrèce* (1843), pièce en cinq actes et en vers que l'on oppose aux

Burgraves de Victor Hugo. Il s'agit d'une tragédie que certains, ivres de classicisme et d'art ancien, saluent aussitôt comme un renouveau de Corneille. Le critique Jules Janin vante son « beau style », ses « honnêtes sentiments » et ses « honnêtes pensées ».

Pour rendre ses « bonnes lettres » au théâtre, Ponsard poursuivra son combat avec *Ulysse* (1852), tragédie avec chœurs, entrera à l'Académie française en 1855, triomphera avec *Le Lion amoureux* (1866) et se fâchera avec l'Église avec *Galilée* (1867).

En 1853, l'intense spéculation du moment lui avait inspiré une pièce jouée à l'Odéon – *L'Honneur et l'Argent* –, comédie contenant un vers promis à la postérité : « Quand la borne est franchie, il n'est plus de limite. »

Au 11, le chalet de Jules Janin

En 1854, le célèbre « prince des critiques » se fit construire un chalet dans lequel il vécut de décembre 1857 jusqu'à sa mort, en 1874, un « jardin dans la ville, un Paris dans les champs ». Il le nommera tour à tour son « joujou », sa « cabane » et son « Louvre de bois ». « Au commencement, se souviendra-t-il dans ses *Contes du Chalet*, on se sentait bien isolé. Il fallait un certain courage pour s'installer en plein désert, sur une voie à peine tracée, et, pendant trois hivers, nous restâmes seuls, effrayés de cette solitude et de ce grand silence. Mais, le matin venu, la beauté naturelle de ce lieu champêtre effaçait toutes les mauvaises impressions. »

Il s'était fait connaître à plus de 50 ans avec son roman *L'Âne mort et la femme guillotinée* (1827), suivi de *La Confession* (1830) et *Barnave* (1831), ouvrage dans lequel il attaquait la famille d'Orléans. Il collabora à la *Revue de Paris*, à la *Revue des Deux Mondes*, au *Figaro*, et fut pendant quatre décennies le critique redouté du *Journal des débats*, n'hésitant pas à oublier toute objectivité pour un mot d'esprit. Ses démêlés avec Balzac furent nombreux comme lorsqu'en 1840 il traîne *Vautrin* dans la boue, « œuvre de désolation, de barbarie et d'ineptie ». Baudelaire, pour sa part, ne voyait en lui « ni savoir, ni style, ni bons sentiments ».

En avril 1870, il est élu à l'Académie française, au fauteuil d'un Sainte-Beuve qui ne s'était pas fait prier pour l'éreinter : « Janin, malgré tout son esprit et quoi qu'il fasse, est un écrivain qu'il ne faut jamais prendre au sérieux. Le fond même de son inspiration est le turlupinage. » Les Goncourt enfonceront le clou : « Tout est faux chez ce faux bonhomme. »

Au 19, Tristan Derème et *Le Petit Prince*

Tristan Derème résida pratiquement toute sa vie au 19, rue de la Pompe, où il s'installa en 1921 au-dessus du restaurant Kugler dans un immeuble aujourd'hui disparu. Ce poète de l'école fantaisiste, ami de Toulet et de Carco, est probablement à l'origine du *Petit Prince* ; Saint-Exupéry se serait en effet largement inspiré des étoiles, du mouton, de la rose, du renard et du désert figurant dans un ouvrage de Derème : *Patachou, petit garçon* (1929).

Au 58, André Billy

André Billy réside rue de la Pompe dans les années 1910. En 1907, il s'est fait remarquer par sa description des milieux ecclésiastiques avec *Bénoni*, roman issu de son séjour entre 10 et 14 ans au séminaire de Notre-Dame-de-Liesse, l'histoire d'un gamin qui faillit devenir curé de campagne. C'est l'époque de ses longues déambulations parisiennes, souvent menées en compagnie de Léautaud ou d'Apollinaire, balades qui lui inspireront les deux tomes de *Paris vieux et neuf*, *La Rive droite* et *La Rive gauche* (1909), et dont il se souviendra dans ses souvenirs littéraires avec notamment *Paris littéraire en 1910* (1945).

Au 89, François Mauriac

En novembre 1913, six mois après la parution de son premier roman, *L'Enfant chargé de chaînes*, et après son mariage à Talence avec Jeanne Lafon, François Mauriac quitte le 45, rue Vaneau pour emménager au 89, rue de la Pompe, étage le plus élevé, sur cour. Un vaste atelier sert de salon et un petit escalier mène aux combles. Claude Mauriac, fils de François Mauriac, évoque l'appartement dans son journal : « Rue de la Pompe, en ces temps très anciens, nos parents recevaient parfois leurs amis, l'été. C'était ce qu'ils appelaient des balcon-parties. [...] Quelques-unes des photos de maman gardent trace de ces balcon-parties. Les trois M – comme on les appelait – Morand, Maurois, Mauriac, y étaient, un jour de juin 1927 pris ensemble par notre mère. »

En 1922 paraît *Le Baiser au lépreux*, premier livre dont il « ne rougisse pas » et qui connaît un succès immédiat : vingt mille exemplaires écoulés en quatre mois. La totale consécration viendra en 1927 avec *Thérèse Desqueyroux*, souvenir du procès à Bordeaux en 1906 d'une empoisonneuse au sujet de laquelle – jeune homme – il nota dans son cahier : « Pauvre femme que je vis hier au banc de la cour d'assises, droite et pâle devant les hommes qui vous jugeaient, n'avez-vous pas senti monter vers vous, si pitoyable, si vaincue, un peu de mon humaine pitié ? » Pour écrire son roman, Mauriac néglige le mobile sentimental de l'affaire et s'éloigne de son cadre judiciaire : « Je me suis souvenu des dépositions des témoins, j'ai utilisé une histoire de fausses ordonnances dont l'accusée s'était servie pour se procurer les poisons. Mais là s'arrête mon emprunt direct à la réalité. Avec ce que la réalité me fournit, je vais construire un personnage tout différent et plus compliqué. »

En 1930, Mauriac quitte l'appartement de la rue de la Pompe pour celui de l'avenue Théophile-Gautier, appartement qu'il occupera jusqu'à sa mort.

Au 115, le QI de Jacques Attali

« Après un rapide calcul, écrit Laurent Telo dans *Le Monde*, en août 2016, on peut estimer que la planète Terre a accueilli, au cours de son histoire, environ 110 milliards d'êtres humains de type standard, mais qu'elle a dû s'arrêter net, le 1er novembre 1943, devant le cinquième élément : Jacques Attali. »

Treize ans plus tard, en 1956, la famille Attali quitte Alger pour s'installer à Paris. Simon, le père, s'est enquis du meilleur lycée de la capitale, a opté pour Janson-de-Sailly et acheté un appartement juste en face. Les études de Jacques Attali (QI de 160 ou plus) seront éclatantes : major de promotion à Polytechnique, docteur d'État en sciences économiques, ingénieur de l'École des mines de Paris, diplômé de l'Institut d'études politiques de Paris, troisième de la promotion Robespierre de l'ENA. Il sera haut fonctionnaire, économiste, conseiller spécial de François Mitterrand et… parolier de Barbara.

« Il y a deux sortes de parents, relate-t-il. Ceux qui demandent à un enfant plongé dans un livre : tu n'as rien d'autre à faire ? Et ceux qui demandent à un enfant occupé ailleurs : tu n'as donc rien à lire ? Les miens appartenaient résolument à cette dernière catégorie. » Non seulement il lira, mais il écrira. Plus de quatre-vingts essais, biographies, romans ou pièces de théâtre. *La Vie éternelle*, son premier roman, obtint en mai 1989 le Grand Prix du roman de la Société des gens de lettres. Suivront *Le Premier Jour après moi* (1990), *Il viendra* (1994), *Les Portes du ciel* (1999), *Notre vie, disent-ils* (2014) et deux romans policiers, *Premier Arrêt après la mort* (2017), *Meurtres, en toute intelligence* (2018).

PORTE-MAILLOT
(place de la)

Mary habitait cette zone composite entre l'avenue de la Grande-Armée et l'avenue Foch, là où s'amorce le seizième arrondissement massif et résidentiel, mais où les rues subissent encore l'attraction des magasins de cycles et du fantôme de Luna Park.

— Patrick Modiano, *Une jeunesse*, 1981

Au 2, tous à Luna Park !

À l'emplacement de l'actuel Palais des Congrès, au carrefour des Sablons, se trouva pendant près d'un demi-siècle le plus grand parc de loisirs de Paris, le Luna Park.

En 1912, après un banquet à la Closerie des Lilas, on y poursuit les festivités de l'élection de Paul Fort comme « prince des poètes » – il a devancé Raoul Ponchon, Henri de Régnier, Richepin, Verhaeren et Francis Jammes. Apollinaire s'y fera photographier en compagnie de Picabia et de sa femme, s'accoudant au bastingage d'un paquebot factice. Après la guerre, on y verra les surréalistes prendre d'assaut le Scenic Railway, la Water Chute ou Les Roues diaboliques. Breton adorait y passer ses soirées, dans le « paradis des pièges » aux miroirs déformants et aux maisons hantées. Une célèbre photo de 1930 l'immortalise dans une voiture en carton avec Max Morise, Paul Éluard, Robert Desnos et leurs amies du moment, tandis que Max Ernst pédale laborieusement sur un vélo. Célébré par Raymond Queneau dans *Pierrot mon ami*, son second roman (1942), le Luna Park, renommé « Uni Park » par l'auteur, ferma en 1934.

PRÉSIDENT-KENNEDY (avenue du)

J'ai été au tabac du quai de Passy[44] *écrire une petite lettre à Bost, et puis je suis montée dans la chambre que Védrine s'est installée au 6ᵉ étage de sa maison et qui est assez plaisante, avec une grande vue sur les toits.*

— Simone de Beauvoir, *Lettres à Sartre, 1940-1963*, 1990

Au 12, Henri Duvernois

Avant la Première Guerre mondiale, au 12, quai de Passy, pratiquement au bord de l'eau, se tenait une auberge qui proclamait : « Il vaut mieux boire un coup ici qu'en face ! » L'auberge disparut au profit d'un bel immeuble dans lequel s'installa Henri Duvernois. Lui aussi avait de l'esprit (« la Toussaint est le jour où les morts de demain vont rendre visite à ceux d'hier ») et par ailleurs un talent protéiforme. Dans les années 1920, ce romancier, nouvelliste et dramaturge, auteur de *Crapotte* (1918), roman à succès, est un auteur reconnu. Entre 1914 et 1937, date de sa mort, il produisit une vingtaine de comédies, de nombreux contes et une quinzaine de romans dont *Le Club des canards mandarins*, qui lui vaut d'entrer dans la populaire (et célèbre) collection de portraits « Félix Potin ». « Si beaucoup de ses romans et nouvelles ont pris un charmant coup de vieux, quelques-uns ont gardé une distinction troublante qui mérite qu'on le tire de son purgatoire », précisent les éditions de L'Arbre vengeur qui le rééditent. *L'Obs* rend hommage à son statut de flâneur parisien amoureux des Boulevards : « C'est là que Duvernois aperçoit un badaud qui feuillette le livre de Maeterlinck, *La Vie des Abeilles*. Puis le feuilleteur s'adresse au libraire : “Vous n'auriez pas un livre du même genre, mais sur les vaches[45] ?” »

Avant de mourir à 61 ans, en 1937, Henri Duvernois publie un curieux roman : *L'Homme qui s'est retrouvé*. L'histoire d'un homme d'une soixantaine d'années qui s'embarque dans un voyage interstellaire et qui atterrit quarante ans plus tôt, pour rencontrer le jeune homme qu'il fut.

Au 22, Roger Vailland

Après avoir cofondé puis quitté le Grand Jeu, Vailland a côtoyé les surréalistes de la rue du Château avant de se faire évincer par Breton et Aragon : trop personnel, pas assez docile. Fin 1933, reporter à *Paris-Soir*, il réside dans un hôtel meublé du quai de Passy, publiant ses reportages comme « Leïla » et « La Visirova », reportages à la limite du roman-feuilleton. Car le journalisme ne lui plaît pas. « Je pourrais, écrit-il à son père, si je voulais, me faire ce qu'on appelle une situation dans le journalisme. Mais c'est justement ce que je ne veux pas. Être journaliste est une situation morale très gênante : admiré par les imbéciles, méprisé par ceux qui ont quelque intelligence parce qu'on est forcé de faire des papiers superficiels, d'une fantaisie douteuse, écrits vite, sans idées personnelles. » Ses idées personnelles, issues de son expérience dans la

Résistance, devront attendre la fin de la guerre. *Drôle de jeu*, son premier roman, paraît en 1945.

RAFFET (rue)

Le taxi s'arrête au 42 de la rue Raffet, une rue ravissante, tranquille, du XVIe arrondissement.
— Paul-Émile Victor, *L'Iglou*, 2003

Au 19, Yvan Goll

En 1927, le poète s'installe rue Raffet avec sa femme, dans un quartier où, dit-il, « on faisait encore la vendange ». Dadaïste puis surréaliste, il s'opposa à Breton sur le plan théorique (son manifeste surréaliste parut, malheureusement pour lui, en même temps que celui de Breton), mais également à coups de canne, notamment durant le célèbre pugilat de 1926 au théâtre des Champs-Élysées lors de la représentation des « danses grotesques » de Valeska Gert. (Les troupes de Breton, giflé par Goll, battirent en retraite.)

Parmi ses œuvres les plus marquantes, *La Mort de Lassalle* (1921), *Mathusalem* (1922), *La Tour Eiffel* (1924), *La Septième Rose* (1928) et un roman, *Agnus Dei* (1929).

Après la rue Raffet, le couple Goll s'installera au 49, quai de Bourbon en 1936, sur le quai d'Anjou en 1937 puis au 14, rue de Condé, dans l'ancien hôtel d'Henry de Jouvenel, résidence qui fut pillée par les Allemands et où il perdit sa correspondance avec Romain Rolland, Rilke et James Joyce.

Au 28, le comte de Monte-Cristo

Dumas situe la « maison de campagne » du comte de Monte-Cristo au 28, rue de la Fontaine, aujourd'hui rue Raffet. « En vingt minutes on fut à Auteuil. L'émotion de l'intendant avait été toujours croissant. En entrant dans le village, Bertuccio, rencogné dans l'angle de la voiture, commença à examiner avec une émotion fiévreuse chacune des maisons devant lesquelles on passait. "Vous ferez arrêter rue de la Fontaine, au n° 28", dit le comte en fixant impitoyablement son regard sur l'intendant, auquel il donnait cet ordre. La sueur monta au visage de Bertuccio ; cependant il obéit, et, se penchant en dehors de la voiture, il cria au cocher : "Rue de la Fontaine, n° 28." »

Au 41, Édouard Estaunié

« On entendait les oiseaux chanter, l'eau [d'une source] couler [et] des roses jaunes grimpaient au mur », écrit la *Revue des Deux Mondes* à propos de son domicile. Après avoir résidé jusqu'en 1921 au 75, rue de Vaugirard, Édouard Estaunié se fit construire une villa rue Raffet. Sur le site de l'Académie française, on apprend que « de roman en roman, Édouard Estaunié se révéla un admirable analyste de l'âme humaine et de ses tourments », qu'il fut élu Quai de Conti en novembre 1923 et que Robert de Flers, dans son discours de réception, souligna qu'il avait « écrit cinq ou six fois le roman de la détresse humaine ». En revanche, l'auguste institution ne mentionne pas qu'Estaunié fut également ingénieur et qu'il est sans doute l'inventeur du mot « télécommunication ».

Surnommé « le romancier de la province », Estaunié publia une vingtaine de romans, depuis *Un simple* (1891) jusqu'à *Une sainte parmi nous* (1937). Il décède rue Raffet en 1942.

RANELAGH (rue du)

Rue du Ranelagh, un peu plus haut que le débouché de l'avenue, un petit café-bar pouvait servir de poste de guet. Il y alla.

— Philippe Hériat, *L'Innocent*, 1954

Au 10, Pierre Mac Orlan

Après son mariage en 1913 avec Marguerite Luc, la fille de Berthe du Lapin Agile, Mac Orlan séjourne au 10 de la rue du Ranelagh. Son premier livre, *Les Pattes en l'air*, recueil de contes humoristiques, est paru en 1911 et son premier roman, *La Maison du retour écœurant*, l'année suivante. Dans *Le Flâneur des deux rives*, Apollinaire évoque « cet auteur gai dont l'imagination est pleine de cow-boys et de soldats de la Légion étrangère. [...] Quand on entre, c'est un dédale de couloirs, d'escaliers, de cours, de balcons où l'on se retrouve à grand-peine. [...] Au-dessus de la cheminée de la pièce principale se trouve une toute petite caricature de moi-même par Picasso ».

L'auteur du *Quai des brumes*, de *La Bandera* et d'une cinquantaine de romans, l'écrivain du « fantastique social » à l'œuvre traversée par les notes graves du piano du pauvre, parent de Carco et de Blaise Cendrars, conservera l'appartement de la rue du Ranelagh jusqu'à août 1927, avant de s'installer dans une ancienne fromagerie transformée en maison d'habitation achetée en 1922. « Je lâche complètement Paris », écrit-il à Carco.

Il y reviendra. Un pied-à-terre rue Tardieu, en bas de la butte Montmartre, pour faciliter dans les années 1930 ses velléités de scénariste, puis Montmartre à nouveau, en 1957, rue Constance, pour être au plus près du monde de la chanson.

Au 44, l'enfance de Mallarmé

Début août 1844, les Mallarmé quittent la rue Laferrière et s'installent rue du Ranelagh, dans la propriété de Boulainvilliers, spacieuse demeure achetée douze mille francs, grande maison dite « le Chalet » agrémentée d'un vaste jardin. Trois ans plus tard, la mère de Mallarmé meurt de la tuberculose, elle n'a que 28 ans. Le père, dévoué à son travail et dépourvu de toute sensibilité, confie alors l'enfant à une pension chic d'Auteuil, où ses camarades vont se moquer de ses origines roturières. L'enfant rêve et va s'inventer le titre de comte de Boulainvilliers.

Dans le hameau de Boulainvilliers réside Dubois-Davesnes, auteur dramatique et régisseur de la Comédie-Française, et ses trois filles. L'une d'elles, Fanny, va s'attacher à l'enfant triste, lui apprendre à dessiner et à composer des vers. À l'âge de 8 ans, il lui adressera son premier poème connu : « Ma chère Fanny / Ma bonne amie / Je te promets d'être sage / À tout âge / Et de toujours t'aimer / Stéphane Mallarmé. »

Au 44, Henry Bordeaux

L'auteur des *Roquevillard* (1906) et de *La Chartreuse du reposoir* (1924), académicien en 1919, fut un des écrivains les plus prolifiques de la littérature française, publiant près de deux cents ouvrages dont certains dépassèrent les cinq cent mille exemplaires vendus, depuis *Le Pays natal* (1900) jusqu'au *Flambeau renversé* (1961), écrit à 91 ans.

Avant de résider chaussée de la Muette, cet écrivain solide et rassurant, adepte des bons sentiments, habita rue du Ranelagh avant la Première Guerre mondiale. Savait-il qu'un petit bambin de 5 ans – Stéphane Mallarmé – avait vécu quelque temps dans l'immeuble, en 1847 ? Défenseur officiel de l'Église, toujours content de lui, ravi de faire partie des « quatre B » (Barrès, Bourdet, Bazin, Bordeaux), il s'attira cette remarque de l'abbé Mugnier, le curé des « pipoles » : « C'est un Bordeaux qui se boit lui-même. »

Au 46, Arnould Galopin

Grand romancier populaire, auteur d'une cinquantaine d'ouvrages, il fut l'un des plus prolifiques héritiers de Jules Verne et de H. G. Wells, écrivant, fidèle à son nom, essentiellement pour les adolescents : *Le Tour du monde de deux gosses* (1908), *Un poilu de 12 ans* (1920), *Un aviateur de 15 ans* (1926), *Le Petit Chasseur de panthères* (1928), *Le Petit Détective* (1934). Son roman *Le Bacille* (1928), mettant en scène un scientifique fou utilisant la guerre biologique pour se venger, a été réédité en 2011 par L'Arbre vengeur.

Au 51, Élémir Bourges

« C'est le seul moyen de ne pas trop penser à cette horrible et infâme vie », écrivit-il, en parlant de la littérature. L'auteur de la trilogie romanesque *Sous la hache* (1883), *Le Crépuscule des dieux* (1884) et *Les oiseaux s'envolent et les fleurs tombent* (1893) et de *La Nef* (1922) résida au 51, rue du Ranelagh, cinquième étage, à la fin de sa vie. Farouche misanthrope, il n'ouvrait à un visiteur que si ce dernier insistait au moins cinq minutes. Il se disait alors : « Ce doit être un véritable ami. »

Si Gide le considère comme « le plus charmeur depuis Mallarmé », Henri de Régnier ne fut pas un grand fan : « Bourges paraît n'avoir de remarquable que son gilet de velours rouge. » Pas plus qu'André Wurmser : « L'appartement d'Élémir Bourges était d'une propreté méticuleuse et pourtant rien au monde n'a jamais été aussi poussiéreux. » Il reste à Charles Dantzig d'enfoncer le clou : « Il y a des malheurs dans la vie. L'un d'eux est d'être un écrivain natif de Manosque et de ne pas s'appeler Jean Giono. La rareté d'Élémir Bourges réside dans son prénom[46]. »

Au 82, Georges Lecomte

En 1910, quittant le 19, rue des Saints-Pères, Georges Lecomte s'installe 18, boulevard Auguste-Blanqui puis rue du Ranelagh où il résidera jusqu'à sa mort en 1958, à l'âge de 91 ans.

Cet auteur d'une quinzaine de romans, des *Cartons verts* (1901) à *Servitude amoureuse* (1949), de quelques pièces de théâtre et de critiques d'art fut élu en 1924 à l'Académie française puis devint secrétaire perpétuel en 1946. En 1949, il publie ses Mémoires – *Ma traversée* –, dans lesquels on apprend qu'il assista aux funérailles… de Lamartine durant l'hiver de 1869. Il faut dire qu'il avait 2 ans.

Au 111, Alain Peyrefitte

En février 2002, à l'Académie française, Gabriel de Broglie rend hommage à Alain Peyrefitte auquel il succède : « Peut-on imaginer, demande-t-il, une existence plus riche de travaux et de lauriers que celle d'Alain Peyrefitte, normalien, énarque, chercheur, diplomate, député, ministre, écrivain, académicien, journaliste, chroniqueur ? »

L'ancien ministre du général de Gaulle s'était fixé un programme : « 1948-1958 : vie diplomatique ; 1958-1968 : vie politique ; 1968-1978 : vie littéraire ». Il avait pourtant commencé sa vie littéraire en 1948 avec *Les Roseaux froissés*, son premier (et seul) roman. C'est dans le domaine des essais que sa plume fit merveille, avec notamment *Quand la Chine s'éveillera… le monde tremblera* (1973) et *Le Mal français* (1976), immenses succès de librairie.

Au 117, Octave Mirbeau

Rentré à Paris fin avril 1888, le couple Mirbeau s'installa au 2, square du Ranelagh, propriété qui s'ouvre au niveau du 117 de la rue du même nom. En 1886, il a publié son premier grand roman, *Le Calvaire*, récit très autobiographique d'une passion amoureuse dévastatrice, puis, en 1888, sort *L'Abbé Jules*, abbé provocateur et blasphémateur, cumulant tous les péchés imaginables, proférant des « T'z'imbéé… ciles ! » d'imprécateur, charge féroce contre l'Église et la bourgeoisie provinciale. L'abbé, comme Mirbeau, n'est guère optimiste : l'homme est une bête méchante et stupide ; la justice est une infamie ; l'amour est une cochonnerie ; Dieu est une chimère.

L'œuvre de Mirbeau sera nourrie de ses révoltes, de sa hargne et de son mépris pour une société qui ne cherche qu'à « tuer l'homme dans l'homme », à le transformer en « une croupissante larve ». Don Quichotte anarchique, l'auteur du *Journal d'une femme de chambre* sera un des premiers « intellectuels » à s'engager publiquement en faveur de Dreyfus.

RAYMOND-POINCARÉ (avenue)

Ils s'étaient arrêtés sur le trottoir de l'avenue Raymond-Poincaré. Buq ôta l'épingle de sûreté qui fermait l'une des poches de sa culotte et tira son porte-monnaie.

— Marcel Aymé, *Le Moulin de la Sourdine*, 1948

Au 51, *Le Silence de la mer* de Pierre Moinot

De 1950 à 1970, avant de s'installer rue du Cherche-Midi, Pierre Moinot vécut au cinquième étage du 51. C'est là qu'il écrivit plusieurs de ses romans, *Armes et Bagages*, *La Chasse royale*, *Le Sable vif*, des scénarios (*Repos à Bacoli*, *Quand la liberté venait du ciel*) et une pièce de théâtre : *Héliogabale*. C'est également là qu'il montra à un Vercors ébahi sa traduction en français de *The Silence of the Sea*. Moinot pensait que l'auteur du texte était anglais, il l'avait traduit en français en 1943, l'avait fait ronéotyper et circuler, sans se douter qu'il s'agissait d'une traduction d'une traduction, et que Vercors avait écrit son récit en français un an auparavant. Cette « traduction » est aujourd'hui dans le fonds Vercors, à la bibliothèque Doucet.

Au 65, le jeune Cocteau

Quittant la Trinité, Eugénie Cocteau et son fils Jean s'installent en 1906 dans cette ancienne avenue de Malakoff. Au terme de ses médiocres études à Condorcet, le jeune homme va papillonner quelques années entre sorties nocturnes, premiers vers et liaisons féminines (il aurait été « initié » amoureusement par Mistinguett, à l'âge de 18 ans). En 1908, sa *Lampe d'Aladin* et deux autres recueils sont lus au théâtre Femina, source d'une (petite) notoriété qui lui ouvre les portes des salons littéraires de la rive droite. Cocteau et sa mère migreront en 1910 vers la rue d'Anjou.

RAYNOUARD (rue)

« Maintenant il me parle d'un truc rue Raynouard. – Et c'est pas bien, la rue Raynouard ? – Comment veux-tu que je le sache ? » Bientôt, cependant, notre mère ne parle plus que de la rue Raynouard. Quand on sera rue Raynouard, elle pourra à nouveau tenir son rang.

— Lionel Duroy, *Le Chagrin*, 2010

Au 34, François Raynouard

Il est assez rare qu'un écrivain donne son nom à une voie parisienne dans laquelle il résida. C'est le cas de François Raynouard, de Victor Hugo, de Balzac, de Béranger et de Léopold Sédar Senghor. Avocat, député au Corps législatif de 1806 à 1814, représentant aux Cent-Jours, il fit jouer huit tragédies et publia de nombreux essais historiques. En 1805, sa pièce *Les Templiers* triompha à la Comédie-Française et en librairie, fut très appréciée par Napoléon et lui ouvrit les portes de l'Académie française. Puis, en 1809, sa pièce *Les États de Blois ou la Mort du duc de Guise* déplut fortement à l'Empereur au point d'être interdite, ce qui l'incita à abandonner le théâtre pour se consacrer à l'étude des langues du Moyen Âge et en particulier au provençal classique, l'amenant à formuler l'hypothèse d'une langue romane unique, matrice des différentes langues du Midi de l'Europe. Il décède rue Raynouard en 1836.

Au 47 (et 24, rue Berton), « M. de Breugnol »

En octobre 1840, un certain « M. de Breugnol » loue rue Raynouard un appartement de cinq pièces en rez-de-jardin. Il s'agit de Balzac, soucieux de distancer ses créanciers. Par courrier du 16 novembre 1840, il annonce à Mme Hanska : « À compter du moment où vous recevrez cette lettre, écrivez-moi à l'adresse suivante : M. de Breugnol, rue Basse, nº 19 à Passy, près Paris. Je suis là, caché pour quelque temps [...], il m'a fallu déménager très lestement et me fourrer là où je suis. »

À l'abri des fâcheux, le romancier va vivre sept années dans cette maison qu'il appellera « sa prison », disposant d'une seconde entrée au 24, rue Berton dont il apprécie la commodité, plus que Théophile Gautier qui écrit : « Il fallait descendre trois étages pour arriver au premier. »

« Travailler, écrit Balzac à Mme Hanska, c'est me lever tous les soirs à minuit, écrire jusqu'à huit heures, déjeuner en un quart d'heure, travailler jusqu'à cinq heures, dîner, me coucher, et recommencer le lendemain. »

Malgré les fortes chaleurs (un blanchisseur fait bouillir son linge au-dessous de son bureau), le romancier y écrira *Une ténébreuse affaire* (1841), *La Rabouilleuse* (1842), *La Cousine Bette* (1847), *Le Cousin Pons* (1847), *Splendeurs et misères des courtisanes* (1838-1847) et y corrigera l'ensemble de sa *Comédie humaine*. Balzac quittera la rue Raynouard en 1847 pour s'installer rue Fortunée, future rue Balzac.

Au 62, Théophile Dumersan

À l'âge de 18 ans, en 1798, cet auteur précoce commence à alimenter les théâtres de boulevard. Il va composer en deux ans une vingtaine de pièces dont *L'Ange et le diable* (1800), drame qui connaît plus de cent représentations. On lui attribue deux cent trente-huit pièces de théâtre, dont plus de cinquante vaudevilles sous sa seule signature.

Il demeura rue Raynouard de 1820 à 1835, quelques années avant la création au théâtre des Variétés de ses *Saltimbanques*, grand succès de 1838, « farce désopilante » selon le *Grand Dictionnaire universel du XIXe siècle*.

Il décède en 1849 et l'on peut lire dans *La Presse* : « Dans la vie privée, c'était un aimable petit vieillard, rempli d'obligeance, et qui avait gardé, sous ses rides nombreuses, toute la gaieté de la jeunesse. »

Au 92, Julien Green

Au 92 était située la villa Raynouard, « une jolie maison Empire au fond d'un grand jardin » dans laquelle les Green vécurent à partir de 1902. Julien s'appelle encore Julian, il a 2 ans, il est américain et descend du côté de sa mère d'un sénateur démocrate de la Géorgie au Congrès américain. Dans *Terre lointaine*, Julien Green évoque des parents pauvres, mais unis et « terriblement heureux ».

Les Green quitteront la rue du Ranelagh pour le 93, rue de Passy en 1904, puis emménageront rue de la Pompe, en 1910, « parmi les riches », dans « un immeuble moderne avec, ô merveille, l'électricité ».

RÉMUSAT (rue de)

J'avais rendez-vous avec Barbara rue de Rémusat, dans le seizième arrondissement – une rue « très littéraire », puisqu'elle fut habitée aussi par François Mauriac[47]...

— François Bott, *La Traversée des jours*, 2010

Au 29, Henri Lenormand

Aujourd'hui presque oublié, Henri Lenormand fut un des auteurs les plus célèbres de l'entre-deux-guerres. Ses pièces – une trentaine depuis *La Folie blanche* (1906) jusqu'à *Le Simoun* (1937) – témoignent de sa passion pour le travail de Freud, par son exploration du rôle de l'inconscient dans les passions humaines. Créant ce qu'il nomme « un théâtre d'évasion » conciliant réalisme et onirisme, joué par Pitoëff, Baty, Gémier, Dullin, il fera paraître après-guerre *Les Confessions d'un auteur dramatique*, observatoire de quarante années de vie artistique de 1910 à 1945.

SAÏD (villa)

Le rigodon qu'est tout ! perlipopette que ça saute !... cervelles en gibelotte, esclaves aux murènes, dodus, chrétiens aux jaguars, collabos Villa Saïd... et demain tenez vous m'en direz des nouvelles !... de ces marmites écumantes à tous les carrefours... pour qui ? pour qui ? pour vous, pardi !

— Louis-Ferdinand Céline, *D'un château l'autre*, 1957

Au 5, Rocambole

Avec Arsène Lupin, Rouletabille et Fantômas, Rocambole fait partie des héros populaires qui prirent le pas sur leurs créateurs. C'est dans la villa Saïd que Ponson du Terrail loge son Rocambole dans *La Résurrection de Rocambole.*

« Écoute, dit Rocambole, il ne faut pas s'exposer à aller à Auteuil avec cette jeune fille.
— Mais... où la conduire ?
— Villa Saïd, chez nous, c'est-à-dire chez le major Avatar. C'est un lieu d'asile impénétrable, et la police ne viendra pas nous y chercher. »

Au 5, Anatole France

En 1892, Anatole France quitte sa femme et son domicile de la rue Chalgrin pour s'installer rue de Sontay. Son épouse n'a pas supporté plus longtemps sa liaison avec Mme Arman de Caillavet. Deux ans plus tard, il déménage villa Saïd dans un petit hôtel particulier payé soixante-dix mille francs qu'il transforme en musée : « Dès le seuil, le visiteur était accueilli par des objets rares et précieux. La sonnette était une petite tête florentine de bronze, et la boîte aux lettres était scellée par des médailles antiques. Le vestibule regorgeait de trésors, tandis que l'escalier s'irisait de vitraux anciens et que la chambre à coucher du maître s'ornait d'un lit Renaissance à colonnes torses et d'une sculpture romaine qu'il avait dénichée près de Naples dans une hutte de pêcheurs[48]. »

Villa Saïd, France écrira notamment sa tétralogie *Histoire contemporaine* (1897-1901), *Sur la pierre blanche* (1903), roman dans lequel il conduit le lecteur dans un Paris de l'an 2270, et son roman historique sur la Terreur : *Les dieux ont soif* (1912).

Le Prix Nobel 1921 a probablement inspiré Proust pour camper l'écrivain Bergotte dans la *Recherche*. On le reconnaît plus nettement dans *Sous le soleil de Satan*, de Georges Bernanos, sous les traits de l'académicien Saint-Marin, « illustre vieillard qui exerce la magistrature de l'ironie ». France meurt en 1924, s'attirant les foudres des surréalistes. « Avez-vous déjà giflé un mort ? écrit Aragon dans le célèbre tract *Un cadavre*. Certains jours j'ai rêvé d'une gomme à effacer l'immondice humaine. » Et d'ajouter : « Je tiens tout admirateur d'Anatole France pour un être dégradé. » Pauvre Anatole France ! « La tristesse de la nuit lui entra dans le cœur », peut-on lire dans *Le Lys rouge*.

La mort d'Anatole France ne fut pas la seule à être saluée par les anarcho-surréalistes. Breton s'attaqua également à Loti et Barrès : « Loti, Barrès, France, marquons tout de même d'un beau signe blanc l'année qui coucha ces trois sinistres bonshommes : l'idiot, le traître et le policier. »

Au 19, Henri Rochefort

À 66 ans, au moment de son (troisième) mariage, Rochefort s'installe villa Saïd. L'année précédente, en 1896, au terme d'une carrière littéraire comportant quelques romans et une quinzaine de pièces de théâtre, il a publié *Les Aventures de ma vie*, livre qu'il n'a pas eu grand mal à remplir, car il fut journaliste, pamphlétaire, dramaturge, critique, vaguement communard, bagnard, évadé, député, boulangiste, antidreyfusard, membre de l'Action française. Il fut également l'homme aux trente procès et aux vingt duels, chiffre qu'il va améliorer dès l'année suivante : à la suite d'une polémique avec Alfred Léon Gérault-Richard, directeur de presse, il se bat à l'épée en mai 1898 sur un terrain de tennis situé entre la villa Saïd et la villa Dupont. Blessé à la poitrine, il ne pourra pas poursuivre le combat. En 1910, il quitte la villa Saïd pour s'installer au 1, avenue Bugeaud, où il décède trois ans plus tard.

SAINT-DIDIER (rue)

« Où m'emmènes-tu ? demanda-t-il. – Rue Saint-Didier, chez M. et Mme Passereau. Ils nous attendent. »

— Henri Troyat, *Les Eygletière*, 1970

Au 68, Henri Ghéon

Son texte militant en faveur de l'homosexualité, *La Vie secrète de Guillaume Arnoult* (1914), aurait inspiré le *Corydon* de Gide, dont il fut l'ami et le compagnon de vices et virées nocturnes au début des années 1900.

Après avoir participé à la création et à l'essor de la *NRF*, critique littéraire, dramatique et artistique de renom, il fait jouer ses pièces au théâtre du Vieux-Colombier. La guerre va changer son destin : il renie sa vie de débauche, considère Gide « plus perdu que s'il était mort » et rencontre la grâce en 1915, conversion au catholicisme qu'il relate dans *L'Homme né de la guerre* (1919).

Dans les années 1920, il rejoint le Tiers-Ordre dominicain et devient frère Pierre-Dominique. Il va désormais mettre ses écrits au service de Dieu et engager une rénovation du théâtre chrétien, écrivant et faisant jouer ainsi une centaine de pièces dont certaines s'apparentent à des mystères du Moyen Âge.

En 1934, il s'installera dans un petit appartement de la rue Saint-Didier dans lequel il décède dans la solitude en 1944.

SCHEFFER (rue)

Je ne me rappelle plus ce que je lui dis, sinon cette phrase que je prononçai au coin de la rue Scheffer et de la rue Cortambert : « Il est sept heures moins le quart. »

— Julien Green, *Jeunes années*, 1984

Au 28, les parents de Patrick Modiano

Fin 1942, l'actrice Louisa Colpeyn – qui fut également *girl* dans des revues de music-hall à Anvers et à Bruxelles – rencontre Albert Modiano, juif italien, chez Toddie Werner, dite Mme Sahuque, au 28, rue Scheffer. « Ils se sont rencontrés dans un climat assez trouble, puisque mon père était obligé de se cacher, évidemment. Dans ce Paris de l'Occupation où les choses étaient beaucoup moins tranchées qu'on l'a dit. […] J'ai toujours trouvé qu'il y avait quelque chose de […] romantique […] dans la rencontre de mes parents. Elle avait 22 ans, elle était actrice, il se cachait… Ils se sont mariés après, évidemment, en 1946[49]. »

Louise Colpeyn, la mère trop absente, sera l'une des héroïnes récurrentes des ouvrages de son fils.

Au 38, Sacha Guitry et « la Printemps »

Réfugiée chez Cocteau en avril 1917, Charlotte Lysès se désole de la liaison de son mari avec « la Printemps ». Cocteau tente de la rassurer, assure que Guitry la quittera vite, que Printemps ne dure que l'espace d'une saison. Pourtant, quatre saisons plus tard, c'est le divorce et, le 10 avril 1919, le dramaturge épouse Yvonne Printemps avec, pour témoins, Sarah Bernhardt (qui arrive à la mairie du 16e en chaise à porteurs), Georges Feydeau, Tristan Bernard et Lucien Guitry.

Le couple s'installe rue Scheffer, dans l'appartement que Guitry occupe depuis 1917. Le 8 octobre, pour la première fois, Yvonne, Sacha et Lucien se donnent la réplique dans *Mon père avait raison*, au théâtre de la Porte Saint-Martin. Ce sera « le plus beau soir de ma vie », dira Guitry.

Au 40, Anna de Noailles

« Cette jeune femme illustre prêta sa voix à toute une jeunesse tourmentée. Sa poésie fut le cri de notre adolescence », écrit François Mauriac dans ses Mémoires. « Elle était, ajoute Jean Rostand, plus intelligente, plus malicieuse que personne. Ce poète avait la sagacité psychologique d'un Marcel Proust, l'âpreté d'un Mirbeau, la cruelle netteté d'un Jules Renard. »

La poétesse s'installe rue Scheffer en 1910, elle y résidera jusqu'à sa mort, en 1933. Elle y écrira *Les Innocentes, ou la Sagesse des femmes* (1923), un recueil de prose poétique, *Exactitudes* (1930), et une autobiographie : *Le Livre de ma vie* (1932). Sa poésie paraît aujourd'hui quelque peu mièvre et ampoulée, comme en témoignent ces quelques vers : « J'écris pour que le jour où je ne serai plus / On sache comme l'air et le plaisir m'ont plu, / Et que mon livre porte à la foule future / Combien j'aimais la vie et l'heureuse Nature. » (*L'Ombre des jours*, 1902.)

SINGER (rue)

Un vieux prêtre important, mais ce qui s'appelle important, dans le sens d'« imbu de soi-même et de ses principes », se trouve presque tous les jours sur mon chemin un peu plus haut, un peu plus bas, entre la rue Singer et la rue des Vignes, à huit heures du matin.

— Marcel Jouhandeau, *Un monde*, 1950

Au 21, Édouard Dujardin

L'inventeur du monologue intérieur termina ses jours rue Singer où il mourut en 1949. Germanophile engagé, il fit partie, à plus de 80 ans, du voyage organisé à Bayreuth en 1943 par l'Institut allemand et fit paraître durant l'Occupation deux livres, *Rencontres avec Houston Stewart Chamberlain*, dans lequel il admire les théories racistes et antisémites de l'écrivain, et le fascisant *De l'ancêtre mythique au chef moderne*. Le succès de *Les lauriers sont coupés* est d'un autre siècle et l'auteur totalement oublié. Paul Léautaud, toujours aussi tendre, prétendit qu'après la guerre, Dujardin exerça ses talents dans les ouvrages pornographiques.

Au 36, Jacques Rigaut

Il écrivit peu – une centaine de pages d'aphorismes, de récits inachevés et d'ébauches de romans –, mais sa vie brilla comme une œuvre immense. « Mon livre de chevet, avait-il écrit, c'est un revolver. » Pour Jacques Rigaut, rentré des États-Unis en 1927, la rue Singer sonne la fin du voyage. Il va y passer ses derniers mois, vivant dans le luxe, l'alcool, la drogue et les dettes, faisant venir sur place manucure et coiffeur, faisant livrer des fleurs et ses repas par cycliste.

En 1929, dandy à l'insolence glacée, incarnation suprême de l'esprit dada pour Robert Desnos, il entre dans une maison de santé à Châtenay-Malabry pour désintoxication. Il va chercher le revolver qu'il avait confié jadis à Pierre de Massot et, âgé de 30 ans, décide d'en finir. « Jacques Rigaut, après de très minutieux soins de toilette, et en apportant à cette sorte de départ toute la correction extérieure qu'elle exige : ne rien laisser qui dépasse, prévenir au moyen de coussins toute éventualité de tremblement qui puisse être une dernière concession au désordre, se tire une balle dans le cœur », écrira André Breton.

Que reste-t-il de Jacques Rigaut ? Peu d'écrits. Mais le grave et beau visage de Maurice Ronet dans *Le Feu follet*.

Au 40, Eugène Scribe au zénith

Le dramaturge le plus joué de France réside rue Singer dans les années 1850. Il est alors à l'apogée de sa prodigieuse carrière, sur le plan théâtral, financier et honorifique, précédant en 1834 Victor Hugo à l'Académie française (il vota contre son admission). « M. Scribe, écrit Dumas, a fait la même révolution dans le vaudeville que celle que nous avons faite dans le drame. » Mais les compliments s'arrêtent là. Engagé à ses côtés pour la renaissance de la Société des auteurs en 1829, Scribe provoqua sa consternation en se déclarant favorable au retour de la censure préalable, arguant que « le talent ne perd rien à un frein salutaire qui le préserve des excès de tous genres ».

SPONTINI (rue)

La même année et le même hiver, les samedis où je n'étais pas au collège, je faisais le guet rue Spontini devant l'immeuble où habitait celle dont j'ai oublié le prénom et que j'appellerai « la fille de Stioppa ».
— Patrick Modiano, *Souvenirs dormants*, 2017

Au 11-13, Édouard Dujardin

Dans les années 1890, Édouard Dujardin loua, rue Spontini, un rez-de-chaussée ouvert à tous ses amis, poètes et peintres. Il avait fondé *La Revue wagnérienne* où publiaient Verlaine, Mallarmé, Villiers, Huysmans, Catulle Mendès et poursuivait, avant d'écrire son fameux *Les lauriers sont coupés*, une existence de dandy bohème. Mallarmé l'aimait bien, écrivant sur l'enveloppe : « Monsieur Dujardin-jardini / Attendu que le traître insigne / Vit rue, au treize, Spontini / Malgré Lohengrin et le Cygne. »

Par contre, un certain Anatole Isengrain ne devait pas trop l'apprécier, notant dans ses *Souvenirs* : « Prétentieux touche-à-tout friqué mais sans génie, ce glorieux paltoquet a ouvert son salon et sa table à quelques artistes véritables, sans parvenir jamais, ne serait-ce que par osmose, à s'enrichir de leur talent. Tour à tour faquin du demi-monde, faux artiste, sportif de salon et dandy d'opérette, il a dilapidé sa fortune d'héritier en gadgets mondains, aux courses, en travaux de dilettante, en médiocres putasseries, malade de ne pouvoir jouer dans la cour des grands. »

Au 51, André Castelot

Après une (petite) carrière de décorateur d'intérieur, il devint avant la guerre un des familiers puis secrétaire de l'écrivain Alphonse de Châteaubriant. À la Libération, il va enquêter sur deux mèches de cheveux, celles de Marie-Antoinette et de l'enfant du Temple, enquête qui va se traduire par un premier livre : *Louis XVII. L'énigme résolue*. Sa voie est désormais tracée. Biographe hors pair, ami et complice d'Alain Decaux rencontré en 1945, il va écrire des « romans vrais », livres historiques très documentés sur de nombreux personnages, depuis la reine Margot jusqu'à Louis-Philippe, avec mention spéciale pour la période Bonaparte-Napoléon. Sa conception très « événementielle » de l'histoire et son sens du spectacle (*La Tribune de l'histoire*, *La caméra explore le temps*, ses spectacles « son et lumière ») irriteront parfois les historiens traditionnels.

SUCHET (boulevard)

« Allons donc ! dans la maison du boulevard Suchet ? – Oui, j'ai toutes raisons de croire qu'un événement s'y produira. – Quel événement ? – Je ne sais pas. »

— Maurice Leblanc, *Les Dents du tigre*, 1921

Au 47, Anaïs Nin

En 1928, après le 11 bis, rue Schoelcher, Anaïs et Hugh Guiler emménagent boulevard Suchet. Après trois ans de mariage, Anaïs constate l'échec de sa relation avec un trop gentil mari. Elle découvre D. H. Lawrence, lui consacre un essai qui paraîtra en 1932. Insatisfaite de sa vie mondaine, elle connaît des périodes de dépression ou d'hyperactivité, traque l'extase sous toutes ses formes. En 1929, le krach boursier oblige les Guiler à quitter leur luxueux appartement du boulevard Suchet pour une petite maison à Louveciennes. Anaïs Nin va y rencontrer un écrivain en herbe, Henry Miller.

Au 62, guerre et paix chez Colette

En novembre 1916, alors que Jouvenel est à la guerre, Colette quitte son « chalet-gynécée » de la rue Cortambert et s'installe boulevard Suchet, dans un hôtel particulier doté d'une grande tonnelle appartenant à la célèbre comédienne Ève Lavallière. « Cette maison où j'étais seule – l'homme dans l'Est, l'enfant aux champs –, résonnait comme un tonneau vide quand les avions de bombardement passaient au-dessus d'elle », écrit-elle dans *Trois… six… neuf…*.

Très vite, la maison va devenir invivable : « Ce que je m'étais évertuée trois ans à lui donner, le petit hôtel le perdit en un mois. Le rez-de-chaussée redevint humide et triste, la salle à manger me refoula au premier étage… »

Boulevard Suchet, en pleine guerre, Colette publie *La Paix chez les bêtes* (1916), ouvrage dans lequel elle rend hommage au monde des animaux et fustige celui des « deux-pattes ». Elle résidera boulevard Suchet jusqu'en 1928, y terminant *Chéri*, roman initialement conçu comme une pièce de théâtre et qui sera publié en 1921.

SYCOMORES (avenue des)

On trouve en tout cas les coordonnées dudit Gide (André) dans le carnet d'adresses de Cravan : « 18 bis Avenue des Sycomores, Villa Montmorency, Paris XVIe. »

— Bertrand Lacarelle, *Arthur Cravan, précipité*, 2010

Au 5, Hugo et son fils

De retour d'exil en 1870, Hugo a résidé 5, avenue Frochot, puis 66, rue de La Rochefoucauld. En 1873, il réside d'août à octobre dans la villa Montmorency, avenue des Sycomores, afin d'être auprès de son fils – François-Victor –, interné pour démence à la clinique du Dr Blanche. Hugo vient de mettre le point final à *L'Année terrible* (1872), termine *Quatre-vingt-treize* (1874) et prépare *L'Art d'être grand-père*, ce qui n'empêche pas ledit grand-père, comme le mentionnent quelques sites, de tromper sa compagne de l'époque avec sa lingère.

Au 18 bis, Gide

Ce devait être un « rêve mis en pierre », ce fut un enfer. En 1900, Gide vend son château de La Roque, achète un terrain avenue des Sycomores et charge Louis Bonnier de construire sa villa Montmorency. L'architecte de la Ville de Paris l'entraîne dans des dépenses faramineuses et accouche d'une sorte de chalet baroque « inchauffable et à peu près inhabitable », que Cocteau ressent comme « une maison symbolique, où les fenêtres ne regardent pas en face », et que Jean Loisy décrit comme « une simili-forteresse, percée de meurtrières, où l'on découvrait un singulier entrelacs de petites pièces et de couloirs autour de l'immense salle des gardes qu'était la bibliothèque ».

Léon Pierre-Quint relate une de ses visites : « On allait le voir le plus souvent à Auteuil, dans sa "villa" de l'avenue des Sycomores, bâtisse baroque, en style 1900, avec des fenêtres hublots étagées le long de la façade. Une vieille bonne, un peu infirme, que Gide gardait par bonté, ouvrait la porte. On attendait dans un hall nu, en pierre, d'où partait un escalier de bois avec une rampe rouge. Dans l'ombre une très vaste composition de Maurice Denis : *Hommage à Cézanne*, dont Gide a fait don tout récemment au Luxembourg. [...] La "villa" était si vaste qu'il fallait, pour se chauffer, s'approcher d'une grande cheminée sans trappe. Tout le reste de la pièce était sombre, triste, presque noir. Sur une petite table, une lampe de bureau, seule clarté. On se réfugiait avec Gide dans ce coin de chaleur et de lumière. Assis de biais, tournant presque le dos à l'interlocuteur, il se penchait en avant sur lui-même, ou se balançait, le genou dans ses mains. De temps à autre, il ajoutait une bûche et tisonnait le feu avec des pincettes[50]. »

Gide y vivra de mi-février 1906 à début août 1928.

THÉOPHILE-GAUTIER (avenue)

Le ciel lentement s'éclaircit, mais le vert sommet des platanes de l'avenue Théophile-Gautier demeure noyé de pluie. Odeur légère des lilas dans la pièce. « Maître, dis-je, quelle belle, quelle féconde existence que la vôtre ! »

— Christine Garnier, *L'Homme et son personnage. Confidences d'écrivains*, 1955

Au 38, François Mauriac

Quittant le 89, rue de la Pompe, l'auteur du *Désert de l'amour* (1925) et de *Thérèse Desqueyroux* (1927) s'installe en 1930 dans un immeuble neuf de style Art déco de l'avenue Théophile-Gautier dans lequel il résidera jusqu'à sa mort, en 1970. À un appartement surchargé succède un appartement presque ascétique : « Au cadre de vie traditionnel de la rue de la Pompe, surchargé d'étoffes anciennes, de reliques et de souvenirs de famille, se substitue, avenue Théophile-Gautier, celui d'une cellule de moine saisi par l'Ange du moderne. Portes de paille, murs badigeonnés de blanc, fauteuils recouverts de toile bise, sièges au ras du sol, appliques de Giacometti, escalier en staff, rideaux de ficelle aux fenêtres[51]... »

Mauriac n'aimait pas son appartement : « Je ne m'y suis jamais attaché, écrira-t-il, j'y suis resté par paresse, par indifférence surtout. » S'il s'est débarrassé du bric-à-brac matériel de la rue de la Pompe, l'écrivain en conserve un héritage mental qui alimente son écriture. *Le Nœud de vipères* paraît deux ans plus tard, roman dans lequel Louis, haineux avocat d'assises sur le point de mourir, décortique les déchirements de « la meute familiale ».

Au sommet de sa gloire, le futur Prix Nobel est élu à l'Académie française l'année suivante, reçu par un André Chaumeix qui n'apprécie pas la noirceur de l'œuvre : « Vous êtes le grand maître de l'amertume… À vous lire, monsieur, j'ai cru que vous alliez troubler l'harmonieuse image que je garde de votre région… J'ai failli prendre la Gironde pour un fleuve de feu, et la Guyenne pour un nœud de vipères… »

TOUR (rue de la)

Je vais dans un petit bistrot dont c'est le jour du bœuf gros-sel. Généralement, après, je prends par l'avenue Paul-Doumer, la rue de la Tour et le boulevard Delessert.

— Collectif, *Regards sur Paris*, 1963

Au 24, Maurice Merleau-Ponty

Enfant et adolescent, le futur philosophe vécut une enfance heureuse dans les beaux quartiers, étudiant à Janson-de-Sailly, puis à la khâgne de Louis-le-Grand. En 1926, il entre à Normale sup' où il se lie avec Aron, Nizan, Sartre et Simone de Beauvoir, qui n'est pas insensible au charme de celui qu'elle appelle Jean Pradelle dans ses *Mémoires d'une jeune fille rangée* (1958) : « L'allure d'un jeune homme de bonne famille ; mais sans rien de gourmé. Un visage limpide et assez beau, le regard velouté, un rire d'écolier, l'abord direct et gai. »

Reçu deuxième à l'agrégation de philosophie en 1930, héritier d'Edmund Husserl, il sera l'un des fondateurs de la phénoménologie. Compagnon de Sartre, il entrera en désaccord sur le plan politique (notamment sur le marxisme), mais également sur le concept de liberté, pilier de l'existentialisme. Pour Merleau-Ponty, la liberté est autant une situation qu'un choix : « Le choix que nous faisons de notre vie a toujours lieu sur la base d'un certain donné. Nous choisissons notre monde et le monde nous choisit. »

Au 83-85, Jean Richepin

En décembre 1926, Jean Richepin décède à la villa Guibert, 83-85, rue de la Tour, à l'âge de 77 ans. Un demi-siècle auparavant, sa *Chanson des gueux* (« Venez à moi, claquepatins, loqueteux, joueurs de musettes… ») avait fait scandale et lui avait valu cinq cents francs d'amende et un mois de prison. Le gueux est devenu un écrivain prolifique, publiant des romans d'obédience populiste : *Miarka, la fille à l'ourse* (1883), *Braves gens* (1886), *Césarine* (1888), et des pièces de théâtre à succès comme *Nana-Sahib* (1883) ou *Le Chemineau* (1897). Élu à l'Académie française en 1908, troquant sa carrière de révolté contre les honneurs bourgeois et républicains, il fut reçu par Maurice Barrès, qui s'amusa : « [Si on] m'avait prédit qu'un jour, dans une circonstance exceptionnelle et dans une compagnie singulière, je vous entendrais émettre vos théories littéraires, j'aurais été bien intrigué. Contempler le fameux Richepin dans une compagnie singulière ! Où me donne-t-elle rendez-vous ? Quel pourra bien être, me serais-je demandé, le lieu de cette rencontre fatidique ? Une clairière à la brune, le quai d'un grand port méditerranéen où bourdonnent des débardeurs, la Cour des Miracles, voire sous un pont de la Seine ? »

TROCADÉRO-ET-DU-11-NOVEMBRE (place du)

La place du Trocadéro était glaciale et toujours
à l'ombre coincée entre le mur cyclopéen du cimetière
de Passy, qui mordait sur elle bien plus fort
qu'aujourd'hui, et le monument énorme, rond,
et d'aussi mauvais goût qu'une pièce montée
qui lui bouchait la vue.
— Max Olivier-Lacamp, *Les Deux Asies*, 2014

Au 1, le TNP

Une salle souterraine démesurée de deux mille huit cents places que l'ONU venait tout juste de libérer. Les trompettes de Maurice Jarre comme accueil. Des prix très accessibles. Des contrats avec les comités d'entreprise. Des représentations qui démarrent à vingt heures. Des portes fermées pour les retardataires qui devront attendre la fin du premier acte pour entrer. L'interdiction des pourboires. La gratuité du vestiaire et des toilettes. Lieu symbolique d'un théâtre populaire de qualité et oxymoresque (« élitaire pour tous », comme dira Vitez), se considérant avant toute chose comme un service public, le nom du Théâtre national populaire reste associé aux noms de Jean Vilar et de ses comédiens, Gérard Philipe, Daniel Sorano, Georges Wilson, Maria Casarès… De 1952 à 1963, première période, ce théâtre révolutionnaire accueillera des millions de spectateurs et verra le triomphe de Gérard Philipe dans *Le Cid*, *Le Prince de Hombourg*, *Lorenzaccio* ou *Les Caprices de Marianne*.

Au 4, Romain Coolus

Il fut l'un des plus habiles auteurs boulevardiers du début du XXe siècle et signa, entre 1893 et 1934, une quarantaine de pièces dont la première, *Le Ménage Brésile*, fit scandale par son apparent cynisme. Selon Alfred Jarry, Coolus aurait fait partie des élèves du brave Pr Hébert, le modèle d'Ubu, au lycée de Rennes. D'où lui viendraient peut-être, comme Jarry, le goût du théâtre et une écriture parfois particulière, comme en atteste ce texte paru dans *La Revue blanche* en 1894 : « Un polichinelle romantique fait "*couic, couic*" sur mon guignol mental, rosse magistralement le conducteur omnibusard, l'apostrophant, l'invectivant, l'ahurissant : "Ah ! brute *(pan !)* butor *(pan, pan !)* bélitre ! *(le grand Pan est ressuscité !)*, je t'apprendrai à te permettre cette invasion hune dans mes territoires privés *(boum dorsal !)* Tu sauras, maître crétin ! *(boum rénal)*, que l'on n'entre dans mon home *(homérique moulinet)* qu'après avoir discrètement de quelques tambourinages sollicité l'honneur d'un sésamisme toujours problématique *(dommages occipitaux)*[52]." »

Le talent de Coolus fut salué par Octave Mirbeau, avant qu'il ne bifurque vers le théâtre de boulevard et soit assimilé à l'« odieux caquetage qui sévit aujourd'hui chez les jeunes écrivains ».

Romain Coolus décède en 1952 au 4, rue de la Bourse, dans le 2e arrondissement.

VICTOR-HUGO
(avenue)

À cette époque, l'avenue qui va du Trocadéro au Rond-Point de Longchamp était presque toute en terrains vagues, souvent dépourvus de palissades, et l'on y pouvait apercevoir des veines géologiques avec leurs fossiles. L'avenue Victor-Hugo d'aujourd'hui s'appelait alors l'avenue d'Eylau. Ce changement de nom n'a guère été suivi d'un changement d'aspect.

— Léon-Paul Fargue, *Le Piéton de Paris*, 1939

Au 14, Guy de Maupassant

Après un séjour à Grasse auprès de sa mère, en 1889, Maupassant loue un appartement avenue Victor-Hugo. « Paris. Novembre, écrit François Tassart dans ses *Souvenirs sur Guy de Maupassant.* – Nous déménageons. Nous allons de la rue Montchanin à l'avenue Victor-Hugo, malgré tout ce que j'ai pu dire à mon maître pour le détourner de cette installation défectueuse dans un entresol situé au-dessus des fours d'un boulanger. »

La location s'avérera désastreuse, le boulanger empêchant l'écrivain de dormir. Maupassant quittera l'appartement fin avril 1890 pour s'installer rue du Boccador. Malade, il ne parvient plus à écrire et songe au suicide.

Au 57, Paul Valéry

En mai 1900, Valéry se marie avec Jeanne Gobillard dont la mère, née Morisot, est la sœur de Berthe Morisot. Le mariage est célébré en l'église Saint-Honoré-d'Eylau. Gide est le témoin à la mairie, Pierre Louÿs, à l'église. Avec sa femme et sa belle-sœur, Valéry s'installe avenue Victor-Hugo. Il quitte alors le ministère de la Guerre pour devenir le secrétaire particulier de l'un des administrateurs les plus en vue de l'agence Havas, Édouard Lebey. Il restera deux ans avenue Victor-Hugo, avant de rejoindre la rue de Villejust.

Au 124, Victor Hugo

En novembre 1878, Hugo et Juliette Drouet s'installent dans ce qui est alors le 130, avenue d'Eylau, un petit hôtel particulier à deux étages coiffé d'un toit plat dont un grand salon, au rez-de-chaussée, s'ouvre sur un vaste jardin planté de tilleuls et de marronniers. Hugo loge dans une petite chambre mansardée au second, Juliette, dans un cabinet attenant.

Immensément célèbre, l'écrivain voit en février 1881 la foule défiler sous ses fenêtres pour célébrer ses 80 ans. Quelques mois plus tard, l'avenue est rebaptisée et l'hôtel devient le nº 50 ; Hugo peut ainsi se faire écrire à « Victor Hugo, en son avenue ». Une voie de Paris avait déjà eu l'occasion de porter son nom : durant la Commune, en 1871, une partie du boulevard Haussmann avait été brièvement dénommée boulevard Victor-Hugo.

Le vendredi 22 mai 1885, dans l'après-midi, Victorien Sardou sort du domicile du poète pour annoncer « la fatale nouvelle » : l'auteur de *Notre-Dame de Paris* est mort. Funérailles nationales, Arc de Triomphe voilé de noir, Panthéon. Une foule immense suit un « corbillard des pauvres », comme il l'a demandé : « Je donne cinquante mille francs aux pauvres, je désire être porté dans leur corbillard, je refuse l'oraison de toutes les églises, je demande une prière à toutes les âmes. »

La mort du poète n'attrista pas tout le monde. « Il était fou depuis trente ans », écrit *La Croix*. « Un solennel gâteux n'est plus », imprime *Le Courrier*. Leconte de Lisle, impatient de prendre sa place, se réjouit que Hugo ait enfin « désencombré l'horizon ».

VICTORIEN-SARDOU (rue)

Il retourna dans le grand salon qui donnait sur la rue Victorien-Sardou et ouvrit la fenêtre. Cette voie était sans issue. Était-ce un signe ? Était-il dans une impasse ?

— Jacques P. Fleurance, *Je suis celui qui hait*, 2018

Au 6, René Char

Après la guerre et jusqu'au début des années 1950, René Char loue un appartement pour ses périodes parisiennes. En 1945 paraît *Seuls demeurent*, premier vrai succès littéraire. Suivront l'année suivante les deux cent trente-sept « fragments » des *Feuillets d'Hypnos*, notes, poèmes, témoignages et aphorismes écrits pendant la Résistance, ouvrage dédié à Albert Camus. *Fureur et Mystère* paraît en 1948. « Pourquoi le cacher ? écrit Yves Berger. Ce n'est pas une poésie facile. Ses difficultés sont à proportion, en nous, des vieilles habitudes de voir et de leur résistance : René Char ou la jeunesse des mots, du monde… Il faut le lire et le relire pour, peu à peu, sentir en soi la débâcle des vieilles digues, de l'imagination paresseuse… Poésie qui se gagne, comme la terre promise de la légende et de l'histoire : celui-là qui y plante sa tente, qu'il soit assuré de s'en trouver plus fort et plus juste. »

VIGNES (rue des)

Ils montèrent en voiture en criant au cocher : « Rue des Vignes, 23 ! » C'était une singulière rue que cette rue des Vignes qui ne mène nulle part, peu connue et si peu fréquentée que l'herbe y pousse dru.
— Émile Gaboriau, *La Corde au cou*, 1890

Au 27, René Boylesve

Quand on évoque les quatre B (Barrès, Bourdet, Bazin, Bordeaux), on oublie le cinquième (Pierre Benoit) et même un sixième dont le critique littéraire Charles du Bos écrivait, en 1927, qu'« avec le recul, [son] œuvre apparaîtra la plus importante et la plus solide qu'ait fait le roman français entre Flaubert et Proust ».

En 1906, Boylesve s'installe avec sa femme dans un bel hôtel particulier de la rue des Vignes, construit par ses beaux-parents au milieu d'un parc qui englobe presque la totalité du périmètre circonscrit aujourd'hui par les rues des Vignes, des Marronniers, Raynouard et de Boulainvilliers, propriété dont il ne reste rien à part le petit théâtre du Ranelagh. Il y écrira essentiellement des nouvelles, une soixantaine, sera élu à l'Académie française en 1918 et décédera en 1926.

VILLE-L'ÉVÊQUE (rue de la)

Mon appartement était situé rue de la Ville-l'Évêque, dans le pavillon d'un mystérieux jardin, où les bruits venaient mourir comme la lumière.
— Jules Barbey d'Aurevilly, *Une vieille maîtresse*, 1851

Au 10 bis, les diableries de Jules Barbey d'Aurevilly

L'auteur des *Diaboliques*, de *L'Ensorcelée* et d'*Un prêtre marié* résida rue de la Ville-l'Évêque vers 1842 en compagnie d'une Espagnole dont il fera la Vellini dans *Une vieille maîtresse*, son premier grand roman : « Elle voulut habiter avec moi, dans mon appartement, rue Ville-l'Évêque. Je ne m'en souciais qu'à moitié : non par un motif élevé de convenance ; j'étais si jeune et si fou ! mais pour une raison plus frivole, tirée de la seule élégance des mœurs. Je ne trouvais pas digne de moi de n'avoir qu'une maison avec ma maîtresse comme avec une femme légitime ; mais elle l'exigea violemment, et elle m'étreignait dans les liens d'une félicité si puissante que je cédai. »

Publié en 1851, le roman fit scandale, Barbey se délectant de ses diableries, évoquant les « yeux vampires [de la Vellini] qui vous suçaient le cœur en vous regardant » ou des scènes sataniques : « Elle enfonça [le stylet] avec une résolution souveraine. Un flot d'un pourpre profond inonda son bras bistré. "Tiens ! bois !", me dit-elle. Et je bus à cette coupe vivante qui frémissait sous mes lèvres. Il me semblait que c'était du feu liquide, ce que je buvais ! »

Théophile Gautier apprécia. « Depuis la mort de Balzac, écrivit-il, nous n'avons pas encore vu un livre de cette valeur et de cette force. »

Au 18, Sand et Chopin

Rien ne va plus : en novembre 1847, elle lui a renvoyé le piano qu'il voulait lui laisser en souvenir. Et le 4 mars 1848, ils se voient pour la dernière fois rue de la Ville-l'Évêque. Chopin sort de chez Carlotta Mariani, Sand y entre. Les deux (ex-)amants se croisent sur le palier, se saluent. « Je serrai sa main tremblante et glacée, écrira-t-elle. Je voulus lui parler. Il s'échappa. »

Au 28, Adolphe Belot

Dramaturge, il fit jouer une vingtaine de pièces entre 1859 et 1880, dont un grand succès, *Le Testament de César Girodot* (1859), comédie qui fut jouée plus de cinq cents fois à l'Odéon. Romancier, il laissa une quarantaine de romans et nouvelles d'esprit coquin comme *Mademoiselle Giraud, ma femme* (1870), roman « lesbien » publié initialement sous forme de feuilleton dans *Le Figaro* et qui dut être interrompu : « Le feuilleton que nous publions en ce moment, *Mademoiselle Giraud, ma femme*, a éveillé quelques susceptibilités. On trouve qu'il repose sur une donnée trop délicate et qu'il est dangereux de traiter des sujets aussi scabreux dans un journal. M. Adolphe Belot, plutôt que de modifier son œuvre, préfère en arrêter la publication. » Publié l'année suivante sous forme de roman, l'ouvrage connut cinquante-quatre rééditions durant la décennie 1870. Belot poursuivit son œuvre populaire-érotique avec une trentaine de titres alléchants comme *Une affolée d'amour* (1885) ou *Cinq Cents Femmes pour un homme* (1889). Il décède rue de la Ville-l'Évêque en 1890.

Au 54, Fabre d'Églantine

En 1789, délaissant sa femme, le père d'*Il pleut, il pleut, bergère* s'installe avec l'actrice Caroline Rémy dans un appartement de l'hôtel du duc d'Aumont, rue de la Ville-l'Évêque, au coin de la rue d'Astorg. S'enthousiasmant pour la Révolution, il en propage les principes, ce qui lui attire la faveur du public. Il écrit *Le Philinte de Molière ou la Suite du Misanthrope*, pièce d'esprit révolutionnaire représentée avec succès. Mais succès et belle adresse ne plaisent pas à tous les révolutionnaires, comme le relate Patrice Balson : « L'installation tout ce qu'il y a de peinard ! Et pas n'importe où ! Dans l'hôtel du duc d'Aumont ! S'il vous plaît ! Avec Caroline ! Son actrice ! Le logis tout confort ! En bas la berline ! Les chevaux ! Tout ce qu'il faut ! Les révolutions, ça peut rapporter[53] ! » La Révolution n'apportera à Fabre d'Églantine qu'une mort par guillotine, en avril 1794, en compagnie de Danton et de Camille Desmoulins.

VINEUSE (rue)

Ils s'étaient quittés à sept heures et le métro Châtelet, changement à Étoile, l'avait mené en une demi-heure à Passy. Elle avait salué en passant la marchande de journaux du coin de l'avenue Delessert et la crémière de la rue Vineuse.

— Roger Vailland, *Un jeune homme seul*, 1951

Au 21, Pierre-Jean de Béranger

« Paris adieu ; je sors de tes murailles / J'ai dans Passy trouvé gîte et repos » : l'auteur du *Roi d'Yvetot* s'installe rue Vineuse en 1841, à l'âge de 60 ans. Il y restera jusqu'en 1848, dans une mansarde qui fait office de salon, de cabinet de travail et de chambre à coucher.

Difficile d'imaginer l'immense célébrité de ce chansonnier-poète durant plusieurs décennies. « Béranger se promène dans la rue ; un miséreux lui tend son chapeau et le poète laisse tomber deux sous. Un homme se précipite et dit au pauvre diable :

"Cédez-moi les deux sous que vient de vous donner ce monsieur, et je vous remets à la place une pièce de cinq francs.
— Et pourquoi ? fit l'homme.
— Parce que ce 'monsieur', c'est Béranger !
— Béranger ! reprit l'autre, en retirant ses deux sous, je les garde[54] !" »

Chanteurs et musiciens des rues de Paris, qui l'adoraient, seront près de mille à lui rendre hommage en 1848. Pour Chateaubriand, Pierre-Jean de Béranger est « un des plus grands poètes que la France ait jamais produit », pour Goethe, « le génie bienfaisant du siècle » et pour Sainte-Beuve, « un poète de pure race, magnifique et inespéré ».

Béranger, adulé de son vivant, était lucide : « On m'a surfait. Me comparer à La Fontaine, c'est un blasphème. M'égaler à Horace, c'est une absurdité. […] J'ai toujours pensé que mon nom ne me survivrait pas. »

Au 49, Marcel Prévost

En 1890, fort du succès de son second roman, *Mademoiselle Jaufre* (1889), Marcel Prévost quitte la fonction publique pour se consacrer à la littérature. Après quelques romans s'intéressant à la vie de province, le futur académicien se spécialise dans l'étude du caractère féminin, signant des ouvrages comme *Lettres de femmes* (1892) ou *L'Automne d'une femme* (1893). Son roman le plus connu, *Les Demi-vierges* (1894), s'attacha à décrire les ravages que la vie parisienne et l'éducation moderne provoquent chez les jeunes filles. Il fut également dramaturge et sa pièce *La Plus Faible* (1904) connut un grand succès à la Comédie-Française.

Féministe avant-gardiste, mais malgré tout un chouïa paternaliste, jeune académicien (dès mai 1909, au fauteuil de Victorien Sardou), il s'enthousiasma dans *Le Figaro* de l'attribution du premier prix Nobel de littérature à une femme, Selma Lagerlöf, en décembre 1909 : « Les femmes, sur le champ littéraire, ont voulu s'habiller et s'armer en hommes pour lutter contre l'homme. Fâcheuse erreur ! Plus sûres de leur force, qu'elles aillent au combat avec les armes et le costume de leur sexe, qu'elles cherchent dans leur sensibilité de femmes les accents que les hommes ne trouveront jamais ; qu'elles écoutent, autour du foyer, chanter l'âme de la race dans le balbutiement de l'enfant. Alors, elles nous donneront enfin ! une vraie littérature féminine, qu'elles sont certes capables de nous donner. Alors, nous saluerons parmi elles une Selma Lagerlöf au génie latin. »

Au 49, Jacques de Lacretelle

Figure marquante de la vie littéraire des années 1910 à 1940, intime du Tout-Paris des arts et des lettres (mais un peu « décaduc », pour parler comme son ami Marcel Proust), Jacques de Lacretelle est surtout connu pour son prix Femina de 1922, *Silbermann*.

Après avoir résidé avenue d'Eylau, il s'installe rue Vineuse dans les années 1930. Entre *La Vie inquiète de Jean Hermelin* (1920) et *Quand le destin nous mène* (1981), il publia une cinquantaine de romans. En 1936, il succéda à Henri de Régnier à l'Académie française, troisième du nom à intégrer le Quai de Conti. Il y siégera durant quarante-huit ans.

Au 49, Pierre Louÿs

Pierre Louÿs réside rue Vineuse en 1890-1891 et fait imprimer des cartes de visite ainsi libellées : « Monsieur Pierre Louÿs 49 rue Vineuse prie Monsieur André Gide de donner de ses nouvelles. »

Au 49, André Chaumeix

Il fut élu à l'Académie française en 1930 au fauteuil de Georges Clemenceau et François Mauriac souligna qu'on pouvait « arriver à tout en ne publiant rien ».

À l'avènement du régime de Vichy en 1940, André Chaumeix, avec la majorité des académiciens, devient un partisan du maréchal Pétain et de la collaboration. Selon Philipponnat et Lienhardt, il aurait servi de modèle à Irène Némirovsky pour camper l'écrivain opportuniste Gabriel Corte dans son roman *Suite française*.

Il meurt le 23 février 1955, le même jour que Paul Claudel, également membre de l'Académie et guère plus glorieux pendant la guerre. *Le Monde* écrit gentiment : « Très affecté par la disparition de l'auteur de *L'Annonce faite à Marie*, André Chaumeix avait été pris d'un malaise à son domicile au début de l'après-midi de mercredi et devait succomber peu après. » Puis : « De son œuvre rien de durable ne paraît devoir subsister, car elle s'est éparpillée au fil des jours et des semaines. Sa pensée elle-même représentait une forme de libéralisme généreux, mais trop traditionaliste pour s'adapter aux évolutions hardies d'une société moderne en voie de transformation. »

VITAL (rue)

L'après-midi, elle allait rejoindre un autre petit homme brun au visage bouffi, dans un hôtel meublé de la rue Vital, voisine de l'avenue Paul-Doumer.

— Patrick Modiano, *Rue des Boutiques Obscures*, 1978

Au 27, Jules Supervielle

« Avant la guerre, écrit Paul Guth, au temps des appartements bien ancrés, Jules Supervielle habitait au bord de la Muette et de son chemin de fer. Je le retrouve en meublé, dans un pavillon de la rue Vital, enseveli sous les sureaux de Passy. »

Après le boulevard Lannes, le poète uruguayen et sa famille nombreuse s'installent rue Vital en 1946. Troisième poète français (avec Lautréamont et Laforgue) à avoir vu le jour à Montevideo, il y écrit pour le théâtre – *Robinson* (1948), *Shéhérazade* (1949) – et se consacre à cette « chose légère, ailée et sacrée » qu'est la poésie (selon Platon).

Au 32, Bergson et la littérature

Après le 31, rue Erlanger, Bergson emménage après la guerre rue Vital avec sa femme et sa fille Jeanne dans une maison qu'il occupera jusqu'à la fin des années 1920. En 1927, il reçoit le prix Nobel de littérature, le cinquième prix français, mais, à demi-paralysé, ne pourra se rendre à Stockholm.

Bergson, un littéraire ? Ses détracteurs (Benda, Russell) lui reprochèrent « de préférer les émotions philosophiques aux idées philosophiques, l'intuition aux concepts, l'imagination au raisonnement et de n'être au fond qu'un littérateur, qui plus est un mystique[55] », arguant que « sa philosophie ne vaut pas plus qu'un bon roman ».

En revanche, André Chaumeix ne tarit pas d'éloges sur son style « d'une rare perfection. […] Il a eu une manière d'écrire qui est le plus souvent sobre et nue, où l'on reconnaît le mathématicien. Mais quand il le faut, il a pour se faire comprendre l'art d'user des images, qui ne sont jamais des ornements, qui sont des arguments. Il a même par le rythme et les métaphores un don charmant de poésie et une fluidité platonicienne. Dans ses ouvrages, le lecteur trouve tous les tons, qui se succèdent naturellement selon l'objet à définir et qui sont comme les couleurs de l'arc-en-ciel la manifestation de la lumière[56] ».

Notes

1. Cité par Pierre Andreu, Frédéric Grover, *Drieu la Rochelle*, Hachette, 1979.
2. Delphine Peras, « Pas de répit pour Miss Blandish », *L'Express*, 1er juillet 2007 (https://www.lexpress.fr).
3. Nathalie Mauriac Dyer, « Bernard de Fallois – "L'histoire d'un roman est un roman" », *Genesis*, 2013.
4. Céleste Albaret, *Monsieur Proust*, Robert Laffont, 1973.
5. Albert-Marie Schmidt, *Maupassant par lui-même*, Éditions du Seuil, 1962.
6. Expression de Pierre-André Taguieff.
7. Georges Perec, « Allées et venues rue de l'Assomption », *L'Arc*, 1979.
8. Philippe Jullian, *Jean Lorrain ou le Satiricon 1900*, Fayard, 1974.
9. Gilles Lapouge, *Maupassant, le sergent Bourgogne et Marguerite Duras*, Albin Michel, 2017.
10. Michel Robida, « Fernand et Harlette. Fernand-Gregh au Hameau », *Revue des Deux Mondes*, février 1970.
11. *Les Frères Durandeau*, Grasset, 1924.
12. Marion Renard, « "Je ne suis pas sérieux, c'est vrai !" », *Le Monde*, 9 août 1974.
13. https://sallesdecinemas.blogspot.com/2020/10.
14. Jeanne Malvoisin (dite Jeanne Maxime-David), romancière et dramaturge, dont *Amélie* (1934) frôla le Goncourt.
15. Florent Georgesco, « "Journal intégral", de Julien Green : amour, mystique et contingences », *Le Monde*, 1er novembre 2019.
16. Gérard Lebovici, producteur, éditeur et agent d'artistes, qui pourrait figurer parmi les personnages de Modiano. Il est assassiné dans un parking de l'avenue Foch en 1984, quatre balles dans la nuque, dans des conditions inexpliquées.
17. Selon Denis Cosnard, *Dans la peau de Patrick Modiano*, Fayard, 2010.
18. Eugène Crépet, *Charles Baudelaire*, A. Messein, 1906.
19. Maurice Leblanc, « Santé-Palace », in *813*, Pierre Lafitte, 1910.
20. Matthieu Galey, « Édouard Dujardin, qui révéla Joyce à lui-même », *Le Monde*, 31 janvier 1968 (https://www.lemonde.fr).
21. http://www.gillespudlowski.com/54530/livres/hommage-robert-sabatier-lenfant-fugueur.
22. Prix annuel, créé en 1893, destiné à « récompenser des actes de vertu ou de courage, ou bien des ouvrages traitant d'économie politique, de socialisme pratique, en tout cas utiles à la religion, à la morale et aux bonnes mœurs, au choix de l'Académie, qui pourra réunir plusieurs prix en un seul ».
23. Alban Cerisier, *Une histoire de la NRF*, Gallimard, 2009.
24. Cité dans Pierre Assouline, « Alain Decaux, la voix de l'histoire », *L'Histoire*, mai 2016, et sur Wikipédia.
25. Pierre Michel, *Les Combats d'Octave Mirbeau*, Les Belles Lettres, 1995.
26. Maurice Martin du Gard, *Les Mémorables*, Flammarion, 1957.
27. François Bousquet, journaliste et écrivain, dans « Jean-Edern Hallier. Un dandy de grand chemin », *Rébellion*, 26 juin 2013 (http://rebellion.hautetfort.com).
28. Pascale Frey, « Une journée avec Françoise Chandernagor », *Elle*, 3 novembre 2008.
29. Lamartine, *Pensée des morts*.
30. Bulletin mensuel *Quintes-feuilles*, nº 14, février 2014.
31. Discours de réception de Robert de Flers, à la place vacante du marquis Pierre de Ségur, le 16 juin 1921.
32. Nino Frank et Roger Régent dans Henri Jeanson, *Henri Jeanson en verve*, Pierre Horay, 1971.
33. Dadaïste en 1892 ? Plutôt symboliste. André Breton voyait en Marcel Féline « l'un des plus attachants poètes de la fin du siècle dernier ».
34. Relaté par Salim Jay dans *Les écrivains sont dans leur assiette*, Éditions du Seuil, 1991.
35. Catherine Gangardt (1903-1972), avec laquelle il se marie en 1939 et dont il divorcera ensuite.
36. Ghislain de Diesbach, *Proust*, Perrin, 1991.

37. Paul Celan, *La Rose de personne*, traduction de Martine Broda, Nouveau commerce, 1979.
38. Harold Acton, *Mémoires d'un esthète*, Julliard, 1991.
39. https://www.gallimard.fr/Catalogue/GALLIMARD/L-Imaginaire/Etes-vous-fous.
40. Edmond et Jules de Goncourt, *Journal des Goncourt. Mémoires de la vie littéraire*, 1887.
41. Selon l'expression de Claude Roy.
42. Boileau-Narcejac, *Le Roman policier*, Payot, 1964.
43. Jean Giraudoux, *Littérature*, Grasset, 1941.
44. Le quai de Passy devient l'avenue du Président-Kennedy en 1964.
45. François Forestier, « Quand Henri Duvernois décrétait le Boulevard "d'utilité publique" », *L'Obs*, 25 février 2022 (https://www.nouvelobs.com).
46. Charles Dantzig, *Dictionnaire égoïste de la littérature française*, Grasset, 2005.
47. François Mauriac habita au 38, avenue Théophile-Gautier et non rue de Rémusat.
48. Andrée Jacob, « La villa Saïd où vécut Anatole France va-t-elle changer de visage ? », *Le Monde*, 17 octobre 1968.
49. « Patrick Modiano. Entretien avec Dominique Jamet », *Lire*, octobre 1975.
50. Léon Pierre-Quint, *André Gide. L'homme. Sa vie. Son œuvre*, Stock, 1952.
51. Jean-Luc Barré, *François Mauriac*, Fayard, 2009.
52. http://lesfeeriesinterieures.blogspot.com/2008/04/romain-coolus-auteur-sautillant-de.html.
53. Patrice Balson, *Un beau dimanche révolutionnaire*, Librinova, 2019.
54. Paul Jarry, « Les Chansons de nos grand'mères », *Bulletin de la Société archéologique, historique et artistique Le Vieux Papier*, 1913.
55. Pascal Engel, « Bergson est-il un philosophe ? », *En attendant Nadeau*, 9 février 2022 (https://www.en-attendant-nadeau.fr).
56. André Chaumeix, « Hommage à Bergson », *Revue des Deux Mondes*, mai 1949.

Entre 1853 et 1870, Paris va subir un séisme urbain facilité par un décret du 26 mars 1852 autorisant l'administration à exproprier un propriétaire privé chaque fois qu'elle le juge utile. Un nouvel arrondissement, numéro 17, va alors prendre deux visages : à l'ouest, celui de la plaine Monceau, proie du baron Haussmann, à l'est, moins malmené, celui des Batignolles. Et au milieu ne coule pas une rivière, mais la rue de Rome de Stéphane Mallarmé.

La littérature s'inscrira dans la mutation sociologique de l'époque : l'ouest sera bourgeois, fief des écrivains ayant réussi (Alexandre Dumas, Victorien Sardou, Edmond Rostand, Maupassant), l'est sera plus prolétaire, poétique, avec Verlaine, ou contestataire, avec Émile Zola.

LE 17E ARRONDISSEMENT

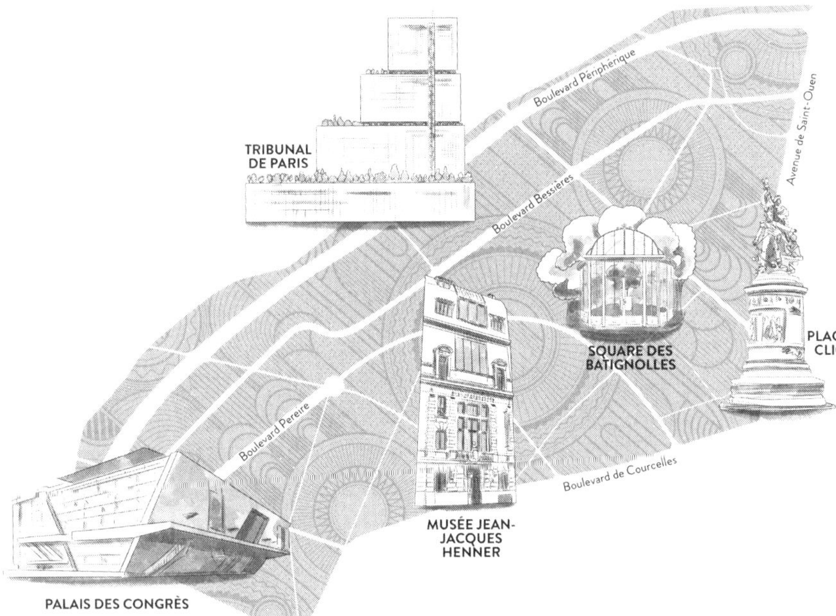

ACACIAS (rue des)

« Il a téléphoné hier soir, vers dix heures.
Il paraît qu'il n'a pas trouvé Lognon rue des Acacias.
– Où est-il ? – Torrence ? Toujours là-bas.
Il vient d'appeler à nouveau pour demander
s'il doit continuer la planque. »
— Georges Simenon, *La Patience de Maigret*, 1965

Au 3, Jean Dutourd

« Le "2" c'est une boulangerie / Le "6" c'est un brocanteur / Le "12" c'est une charcuterie / Le "16" un marchand de couleurs[1] », dit la chanson de Jean Nohain. Et au 3, il y a quoi ? Il y a Jean Dutourd qui y naît en 1920 et perd sa mère à l'âge de 7 ans, tragédie qu'il relatera dans *Jeannot. Mémoires d'un enfant* (2000).

Se considérant comme « bon à rien sauf à écrire », le futur académicien inaugure sa carrière après la guerre en publiant *Le Complexe de César*, prix Stendhal 1946, et *Au bon beurre*, prix Interallié 1952. Polémiste, pourfendeur du socialisme, il se fera quelques ennemis comme en atteste la bombe qui fit sauter son appartement parisien de l'avenue Kléber, bombe « déposée par des gens qui n'aimaient pas son style », précise le site de l'Académie française.

ALFRED-ROLL (rue)

L'appartement de J.P.O. était situé rue Alfred-Roll,
en bordure des anciens boulevards des Maréchaux,
près de la porte d'Asnières, dans un grand triangle
où s'étaient regroupés les plus gros milliardaires
de la capitale, afin de mieux tirer les prix.
— Gilles Schlesser, *Trois Bulles d'éternité*, 1991

Au 1, Edmond Rostand

En 1897, quittant la rue Fortuny, Edmond Rostand et sa femme – la poétesse Rosemonde Gérard – s'installent dans un petit hôtel (détruit) correspondant à l'actuel n° 29 de la rue Alphonse-de-Neuville. Le triomphe de *Cyrano* est phénoménal, le théâtre de la Porte Saint-Martin ne désemplit pas, les tournées Montcharmont diffusent la pièce dans toute la France, la pièce est traduite dans de très nombreuses langues et fait le tour du monde. Rue Alfred-Roll, Rostand prépare *L'Aiglon*, qui connaîtra – au théâtre Sarah-Bernhardt – un triomphe à peine moins important. Fatigué par les répétitions et ses incessantes sollicitations parisiennes, le dramaturge tombe malade, une pneumonie se transforme en pleurésie. Il va se réfugier à Cambo, dans le Pays basque, y achète un terrain d'une quinzaine d'hectares et se fait construire une maison pour laquelle il détourne l'eau d'un ruisseau, engage une trentaine de domestiques, et il peuple le jardin d'animaux blancs : paons blancs, chevaux blancs, chiens blancs… Totalement bloqué sur le plan littéraire, il mettra dix ans à écrire *Chantecler*.

Au 14, Sacha Guitry

Le 14, rue Alfred-Roll, à l'angle du boulevard Berthier, correspond à l'ancien 30, rue Alphonse-de-Neuville, où résida Sacha Guitry après son séjour au 38, rue Scheffer.

En 1916, alors marié à Charlotte Lysès, il commence à courtiser Yvonne Wigniolle-Dupé dite Yvonne Printemps et la fait jouer pour la première fois dans l'une de ses pièces, *Il faut l'avoir*.

Il l'a et divorce. Guitry et Yvonne Printemps se marient en avril 1919, avec pour témoins Sarah Bernhardt et Georges Feydeau (pour la mariée), Tristan Bernard et Lucien Guitry (pour le marié), et vont s'installer en 1921 rue Alfred-Roll. Le mariage durera douze ans, divorce prononcé en 1931 pour le plus grand bonheur des prétoires et des journaux à scandale. Guitry souffrait de troubles érectiles, ce qui explique peut-être l'anecdote bien connue selon laquelle, un jour qu'ils se promenaient dans un cimetière, Guitry dit à sa femme : « Tu sais, un jour on écrira sur ta tombe : "Yvonne Guitry, enfin froide." » Et l'intéressée de répondre : « Sur la tienne, on mettra : "Sacha Guitry, enfin raide." »

Guitry commanda à Vuillard un portrait de sa femme et, après leur séparation, recevant une nouvelle compagne avenue Élisée-Reclus, il demandera au maître d'hôtel : « Remontez donc Mlle Printemps au grenier. »

ALPHONSE-DE-NEUVILLE (rue)

Un officier avait été chargé de la chercher partout, cette Chanel, même que c'était un peu dommage qu'elle n'habitât plus la rue Alphonse-de-Neuville.
— Edmonde Charles-Roux, *L'Irrégulière*, 2009

Au 10, Joséphin Peladan

Il se prétendait mage et se fit appeler « Sâr », empruntant ce terme à l'ancien perse. Son premier roman, *Le Vice suprême* (1884), avait été préfacé par un Barbey d'Aurevilly enthousiaste : « L'auteur du *Vice suprême* a en lui les trois choses les plus haïes du temps présent. Il a l'aristocratie, le catholicisme et l'originalité. »

Fervent de spiritualisme et d'occultisme, le « Sâr » tenta de se dresser contre le naturalisme de Zola, « ce Porc-Zola, ce pourceau qui est en même temps un âne ». Installé en 1901 rue Alfred-Roll, barbe en pointe, drapé d'un burnous noir en poil de chameau filamenté de fils d'or, il fut la cible des caricaturistes, qualifié de « Sar dîne à l'huile », « Platon du Terrail » ou, par Willy, de « faux mage de Hollande ».

Si Anatole France se désolait d'un « tapage insupportable de style », Peladan n'était pas loin d'en convenir, concédant avec humour que ses romans ne tenaient que par le brochage.

Il meurt en 1918, peu de temps avant Apollinaire qui écrit dans le *Mercure de France* : « Cet amant des arts morts, ce héraut d'une décadence hypothétique restera une figure singulière, magique et religieuse, un peu effacée, un peu ridicule, mais d'un grand attrait et d'une infinie délicatesse, un lys d'or à la main. »

Au 22, la salade d'Alexandre Dumas fils

Après avoir vendu le 98 de l'avenue de Villiers à Ferdinand Dreyfus, Dumas fils et sa seconde femme – Henriette Cécile Regnier de La Brière – s'installent rue Ampère, avant de déménager en juin 1895 dans un autre appartement lui appartenant, au 22, rue Alphonse-de-Neuville.

Conscient de sa fin prochaine, soucieux de l'avenir de ses deux filles et de sa jeune épouse, le dramaturge rédige un testament partageant la succession en trois parts égales.

Sa dernière pièce, *Francillon*, comédie jouée (triomphalement) en 1887 au Théâtre-Français, traite à nouveau du thème de l'adultère. L'action se déroulant pour partie dans un restaurant, Dumas fils y inclut une recette de cuisine qui deviendra célèbre : la « salade Francillon ». « Des pommes de terre cuites dans du bouillon et coupées en tranches tièdes, de l'huile d'olive, du vinaigre d'Orléans, un demi-verre de vin blanc (Château-Yquem, si possible, indique Dumas fils), sel, poivre, fines herbes en abondance. Annette y ajoute de très grosses moules, cuites au court-bouillon et des rondelles de truffes réchauffées au vin de Champagne. La “salade Francillon” franchira les portes de la Comédie-Française pour s'installer bien vite sur les tables des restaurants à la mode[2]. »

AMPÈRE (rue)

Il a eu la chance de son côté : rue Ampère,
il sort l'argent de « la paie », dépose la monnaie
dans la boîte à biscuits. Reste à savoir qui est « le pigeon ».
— Paul Pavlowitch, *Un autre monde*, 2004

Au 30, Marie Bashkirtseff et Maupassant

Elle lui avait écrit, lorsqu'il était à Cannes : « Maintenant écoutez-moi bien, je resterai toujours inconnue (pour tout de bon) et je ne veux même pas vous voir de loin, votre tête pourrait me déplaire, qui sait ? Je sais seulement que vous êtes jeune et que vous n'êtes pas marié, deux points essentiels même dans le bleu des nuages. Mais, je vous avertis que je suis charmante ; cette douce pensée vous encouragera à me répondre. » Signature : Mme R. D. G., poste restante, bureau de la Madeleine.

Maupassant sera curieux, séduit, puis exaspéré de cet anonymat. Il lui écrit : « Vous pouvez être, il est vrai, une femme jeune et charmante… […] Mais vous pouvez être aussi une vieille concierge nourrie des romans d'Eugène Sue ? Vous pouvez être une demoiselle de compagnie lettrée et mûre et sèche comme un balai ? [...] Je me méfie de tout avec les inconnues. Êtes-vous une mondaine ? Une sentimentale ? ou simplement une romanesque ? ou encore simplement une femme qui s'ennuie – et qui se distrait. »

Il découvrira l'identité de la belle, morte quelques mois plus tard à l'âge de 25 ans. Elle laisse un journal tenu sans interruption de 1873 (elle avait 14 ans) à sa mort en 1884.

ANATOLE-DE-LA-FORGE (rue)

Au coin de la rue des Acacias, il trouva un taxi.
« Conduisez-moi rue Lauriston. Vite ! »
Le chauffeur prit l'avenue Carnot puis la rue Anatole-de-La-Forge.

— Erich Maria Remarque, *Arc de Triomphe*, 1947

Au 5, Marguerite Yourcenar

Née Marguerite Antoinette Jeanne Marie Ghislaine Cleenewerck de Crayencour, elle y vécut épisodiquement de 1912 (elle est alors âgée de 9 ans) à 1929, avec son père, l'accompagnant par ailleurs dans ses voyages : Londres, le Midi de la France, la Suisse, l'Italie où elle découvre avec lui la villa d'Hadrien à Tivoli.

En 1929, elle publie son premier roman, *Alexis ou le Traité du vain combat*, longue lettre de rupture dans laquelle un homme, pianiste renommé, tente d'exprimer son homosexualité à sa femme. Héritière à ses débuts du classicisme d'un André Gide (dont elle pastiche pour son titre un autre traité, *La Tentative amoureuse ou le Traité du vain désir*, 1893), Yourcenar publie deux ans plus tard *La Nouvelle Eurydice*, s'attirant les sarcasmes de Brasillach : « Elle a choisi un maître, et au lieu d'écrire les livres de Mme Yourcenar, elle recopie les livres d'André Gide. » L'auteure de *L'Œuvre au noir* récusera sur le tard cette parenté : « Je n'aime pas beaucoup Gide. Je le trouve sec et parfois superficiel[3]. »

Au 5, Paul Claudel chez sa fille

Depuis le 1er avril 1946 et jusqu'à octobre, en alternance avec Brangues, Claudel réside chez sa fille et son gendre Méquillet (directeur des automobiles Voisin, condamné par le comité d'épuration). Il y prépare son discours de réception à l'Académie française et suit les répétitions du *Père humilié* au théâtre des Champs-Élysées.

Dans une lettre à son fils Henri, il décrit l'appartement du boulevard Lannes dans lequel il va bientôt s'installer, un appartement « ravissant mais pas très grand : deux salons, une galerie et trois chambres à coucher, en face du Bois de Boulogne ».

APENNINS (rue des)

Jérôme entra dans le bureau de poste de la rue des Apennins. Enfin, il serait plus exact de dire qu'il prit sa place dans l'impressionnante queue.
— Patrick Eudeline, *Rue des Martyrs*, 2009

Au 17, Gustave Le Rouge

Quittant la rue Lacaille, Gustave Le Rouge s'installe rue des Apennins en 1903. Il va signer de très nombreux romans d'aventures dont, en 1904, *Le Voleur de visage*, roman qui préfigure *Le Mystérieux Docteur Cornélius*, son œuvre la plus connue. Monument feuilletonesque, il paraît sur dix-huit fascicules en 1912 et 1913, mettant en scène un savant fou, génie du mal et « sculpteur de chair humaine ».

Le Rouge, qui avait été l'intime de Verlaine[4], s'attire les sarcasmes d'André Salmon (qui le traite de « Jules Verne des midinettes »), mais captive un Blaise Cendrars admiratif de cet anar qui se moque des droits d'auteur : « Sa conversation, écrit-il dans *L'Homme foudroyé*, était pleine de visions, de prophéties du langage des sphères, de correspondances occultes et de sous-entendus cocasses et réalistes qui faisaient rire. Ces impromptus en fusée qui montaient droit au ciel et qui interrompaient soudainement leur trajectoire dans un éclatement et un éblouissement étaient d'un grand poète. »

Au 19, Émile Zola

Au début de l'année 1866, Zola a quitté Hachette pour se consacrer entièrement à l'écriture. Il va faire entrer dans ses romans ce nouveau Paris que fait naître Haussmann, ses boulevards, ses gares, ses Halles et ses grands magasins.

Après le 23, rue Truffaut (en 1868) puis le 14, rue La Condamine (en 1869), il s'installe rue des Apennins en 1874, fréquente en voisin les peintres impressionnistes du groupe des Batignolles. Il y écrit *La Conquête de Plassans*, quatrième tome de la série des *Rougon-Macquart*, roman qui décrit une Église manipulatrice et complice du pouvoir politique. « Instructif et désolant », écrit Émile Blémont. « Mais quel monde que celui où M. Zola nous promène, écrit Brunetière dans la *Revue des Deux Mondes*, et quelle imagination malade que celle qui prétend nous intéresser à des personnages qui ne sont pas seulement criminels ou vicieux (il dépendrait de l'art du romancier qu'on les supportât encore), mais franchement ignobles, ignobles dans les portraits qu'on en trace, plus ignobles dans la vulgarité des appétits qui les font mouvoir ! »

Quant à Flaubert, mission à moitié accomplie : « Je viens de lire d'un trait, aujourd'hui même, le dernier roman de Zola, *La Conquête de Plassans*, et j'en suis encore tout ahuri. C'est roide. Ça vaut mieux que *Le Ventre de Paris*. Il y a, vers la fin, deux ou trois choses superbes. »

BATIGNOLLES (boulevard des)

« Alors, c'est le boulevard des Batignolles qu'on aperçoit de ta fenêtre ? — Mais oui, mon petit chat. — Vous mentez, madame ! Ce n'est pas le boulevard des Batignolles, c'est un canal ! »

— Alphonse Allais, *Vive la vie !*, 1892

Au 10, la marquise de Ricard

Au milieu des années 1860, la marquise de Ricard – épouse d'un ancien général de Napoléon – tint boulevard des Batignolles un salon littéraire fréquenté par Théophile Gautier, Catulle Mendès, José Maria de Heredia, Villiers de L'Isle-Adam, François Coppée… On y vit de nombreuses femmes y réciter des vers, dont Mlle Allart, future épouse d'Alphonse Daudet. Verlaine évoquera ce salon qui fermera en 1868, supplanté par celui de Nina de Callias, rue Chaptal : « Catulle Mendès a raconté très agréablement dans sa *Légende du Parnasse contemporain* ces belles et bonnes soirées dont, avec sa conversation charmeuse, son élégance et les vers admirables qu'il disait d'une façon exquise, il était, de compagnie avec François Coppée, tout esprit et toute grâce aussi, l'un des plus aimables ornements. »

Verlaine, par son ami Lepelletier, va y faire des rencontres décisives, comme celle du libraire-éditeur Alphonse Lemerre. Louis de Ricard, fils de la marquise, fut le premier à publier un poème de Verlaine – *Monsieur Prudhomme* – dans sa revue *Le Progrès*, en 1863.

BATIGNOLLES (rue des)

J'ai vu, rue des Batignolles, opérer le type du justicier-fou.

— Claude Roy, *Nous*, 1972

Au 5, l'enfance de Françoise Dorin

Être la fille d'un célèbre chansonnier prédispose-t-il à l'écriture ? Enfant, Françoise Dorin se faufile dans les coulisses et suit son père partout. « À 7 ans, confiera-t-elle à Paul-Louis Mignon, les jeux de mots n'avaient plus de secret pour moi. » Françoise Dorin écrira plus de vingt-cinq romans à succès : *Va voir maman, papa travaille* (1976) ou *Les Lits à une place* (1980) que Michel Cournot égratigna amicalement : « Dorin a son public, un public si courtois, si affable, si fidèle, qu'il n'ose même jamais demander à Françoise Dorin de se forcer quand même un petit peu les méninges. » Elle écrit pour le théâtre dans l'esprit Guitry (*Un sale égoïste*, 1970, *Si t'es beau, t'es con*, 1977, *L'Étiquette*, 1983) et, en 1984, la Société des auteurs et compositeurs dramatiques lui attribuera un demi-Grand Prix du théâtre, car ex-æquo avec… Samuel Beckett.

En 1974, Françoise Dorin avait fait jouer une pièce intitulée *Le Tube*. Rien de plus normal pour l'auteure de *Que c'est triste Venise* ou de *N'avoue jamais*.

Au 60, Saint-Georges de Bouhélier

Son père – Auguste Alfred Le Pelletier de Bouhélier – est parfois présenté comme un fils naturel de Napoléon Ier. Avant la Grande Guerre, le fils réside rue La Condamine, au 45. Après avoir publié des récits lyriques – *La Route noire* (1900), *Julia ou les Relations amoureuses* (1903) – et des vers philosophiques, il fait paraître *La Romance de l'homme* (1912), apologie de la cause ouvrière.

Fondateur de l'école naturiste, ami de Zola et dreyfusard de la première heure, il s'installe rue des Batignolles en 1919, écrit surtout pour le théâtre, produisant une quinzaine de pièces autour de sujets religieux, politiques ou historiques (*Napoléon*, 1933, *Jeanne d'Arc, la Pucelle de France*, 1934, *Le Roi-Soleil*, 1938). Il obtint un certain succès avec *Le Carnaval des enfants*, pièce jouée à l'Odéon et à la Comédie-Française et comprenant la réplique : « Ah ! pourtant un petit peu de bonté sur la terre, ce serait si beau. »

BERTHIER (boulevard)

Aussi bien l'orage, lointain et qui n'éclaterait pas sur Paris, arrêtait la brise derrière une muraille violette, droite contre le ciel. Sur les fortifications, au long du boulevard Berthier, une foule clairsemée de Parisiens en espadrilles, d'enfants demi-nus en jerseys rouges, semblait attendre, sous les arbres dénudés par l'été, qu'une marée montante accourût de Levallois-Perret.

— Colette, *La Fin de Chéri*, 1926

Au 15, André Malraux

Début 1929, Malraux et sa femme Clara passent du deux-pièces et demie du boulevard Murat à un trois-pièces boulevard Berthier. *Les Conquérants* est paru en septembre 1928 et l'écrivain vient de poser un pied chez Gallimard avec la parution d'un petit livre, épopée lyrique peuplée de dragons et de sirènes intitulée *Royaume-farfelu*. *Les Conquérants*, boosté par la publicité tapageuse de Grasset, rate cependant le Goncourt. Malraux aura plus de chance avec *La Voie royale*, premier prix Interallié, en 1930.

« La parution de *La Voie royale* et celle de *La Condition humaine* marquent une date dans la littérature, écrit Jean-Marie Rouart. Si ces livres ont fait l'effet d'un coup de tonnerre au sein de la génération qui avait vingt ans en 1930, c'est que soudain, avec Malraux, le roman sortait de l'ornière intimiste, petite-bourgeoise et provinciale où se complaisaient les Gide, les Maurois et les Chardonne : autant de bons auteurs, de parfaits stylistes, mais qui tricotaient leurs intrigues désuètes comme des jeunes filles condamnées à faire tapisserie devant l'Histoire en marche[5]. »

Au 21, Guillaume Apollinaire

Après sa rupture avec Marie Laurencin, Apollinaire se réfugie chez ses amis Serge Férat et la baronne Hélène Oettingen, partis pour l'Italie. Abattu et prostré, car la peintre refuse toute réconciliation, il poursuit sans entrain ses *Soirées de Paris.* La baronne tente de le secouer : « Je vous vois faible et bête et je ne comprends pas comment vous vous laissez choir ainsi. » Apollinaire tente de réagir en s'étourdissant dans de folles équipées automobiles en compagnie de Picabia. Puis, au terme d'une ultime tentative auprès de Laurencin, il décide de tourner la page et de quitter la rive droite en signant un bail pour le 1er octobre au 202, boulevard Saint-Germain. Rue La Fontaine, dans son courrier, il a reçu un appel au secours d'un certain Blaise Cendrars, emprisonné à la Santé pour le vol d'un exemplaire de *L'Hérésiarque et Cie*. Il a lu un poème intitulé *Les Pâques*, que Cendrars lui avait adressé en avril, poème présentant d'étranges similitudes avec sa propre écriture. Apollinaire va probablement s'en inspirer et publier *Zone* avant que ne paraisse le texte de Cendrars.

Au 43, Georges Rodenbach

En 1877-1878, ce poète et romancier flamand – condisciple d'Émile Verhaeren au célèbre collège Sainte-Barbe de Gand où passa également Maeterlinck – réside à Paris et loue un appartement meublé au 29, rue d'Assas. Il y publie ses premiers recueils de vers, fréquente le club des Hydropathes et noue des relations avec Catulle Mendès, François Coppée, Maurice Barrès…

Installé définitivement à Paris en 1888, d'abord au 25, rue Boursault, puis au 2, rue Gounod, et enfin au 43, boulevard Berthier, il garde la nostalgie de sa Flandre natale, canaux, brouillard, lieux clos, villes mortes. *Bruges-la-Morte* (1892), publié sous forme de feuilleton dans *Le Figaro* puis chez Flammarion, roman crépusculaire sur l'amour et la mort, remporte un grand succès. Souvent cité dans le journal des Goncourt, il fut également un habitué des mardis de la rue de Rome, chez Mallarmé.

Il fut, en 1897, pressenti pour cofonder l'académie Goncourt. Il lui aurait fallu, pour cela, acquérir la nationalité française qu'on lui proposa. Il la déclina. Proust lui témoigna une « admiration extrêmement vive » et s'en inspira – dit-on – pour camper le personnage de Swann. Le 25 décembre 1898, Rodenbach meurt boulevard Berthier, à l'âge de 43 ans.

BIOT (rue)

À Paris, le soir même, il rendit visite à Loulou le Placardier. Le fournisseur en chair fraîche tenait ses assises rue Biot, dans un petit bar fréquenté par les vedettes du théâtre d'en face et par quelques barbeaux.

— Auguste Le Breton, *Les Pègriots*, 1973

Au 15, Verlaine

En 1890, Paul Verlaine végète d'hôtel en hôtel et d'hôpital en hôpital, passant de l'hôtel des Mines, boulevard Saint-Michel, à l'hôtel Biot, rue Biot. Il ne sort que pour s'oublier dans l'alcool, alors que ses amis tentent de l'aider en souscrivant des aides à l'Instruction publique. À des milliers de kilomètres, à Harar, Arthur Rimbaud n'est pas mieux, se plaignant par courrier auprès de sa mère et de sa sœur des « déserts peuplés de nègres stupides, sans routes, sans courriers, sans voyageurs ». Verlaine apprendra sa mort en décembre 1891. Il décédera lui-même quatre ans et un mois plus tard.

BIZERTE (rue de)

N'y remarque-t-on pas aujourd'hui encore, à l'angle de la rue de Bizerte, deux petits immeubles affublés chacun d'un hublot en forme d'œil-de-bœuf ?

— Henri Heinemann, *Les Années Batignolles*, 1997

Au 1 bis, Gilles Deleuze

Cet enfant des beaux quartiers (il est né en 1925 avenue de Wagram) emménage durant l'été 1970 au 1 bis, rue de Bizerte, « un appartement bizarrement silencieux près de la fourmillante place Clichy », écrit-il à Pierre Klossowski. Son séjour aux Batignolles reste célèbre par le film tourné dans les lieux en 1988-1989 par Pierre-André Boutang, film sans montage constitué d'un seul plan fixe et qui, par contrat, ne devait être montré qu'après sa mort. Il s'agit pour le philosophe retraité d'entretiens pour la télévision sous forme d'abécédaire avec notamment A comme « animal » (« L'aboiement est la honte du règne animal »), B comme « boisson », D comme « désir », L comme « littérature », M comme « maladie », P comme « professeur », S comme « style » (« Ah, eh ben, nous voilà bien… […] C'est pas une p'tite question, ça ! ») et W comme… « Wittgenstein » : « Ça, déclare Deleuze, je ne veux pas parler de ça. Pour moi, c'est une catastrophe philosophique… […] il n'y a pas de mots pour décrire ce danger-là, [...] c'est grave, surtout qu'ils sont méchants, les wittgensteiniens. Et puis, ils cassent tout, s'ils l'emportent, alors là il y aura un assassinat de la philosophie, c'est des assassins de la philosophie. »

BOURSAULT (rue)

Il revint à grands pas, gagna le boulevard extérieur, et le suivit jusqu'à la rue Boursault qu'il habitait.

— Guy de Maupassant, *Bel-Ami*, 1885

Au 12, Maurice Sand

Le fils de George Sand s'y installe en 1852 et va y résider une dizaine d'années, durant lesquelles il publie plusieurs « romans scientifiques », mouvement littéraire issu du fantastique s'appuyant sur les techniques et la science, avec notamment *Callirhoé*, paru en 1864. Il s'installera ensuite au 16, chaussée de la Muette, avec son célèbre théâtre de marionnettes.

Au 24, Léon Dierx

André de Fouquières le surnomma l'Homère des Batignolles et Guillaume Apollinaire, dans son *Flâneur des deux rives*, consacre plusieurs pages à la visite qu'il fit « aux Batignolles » à ce prince des poètes, successeur de Mallarmé en 1898. Arthur Rimbaud apprécia ses poèmes et son *Bateau ivre* présente d'étranges analogies avec *Le Vieux Solitaire* (1864) composé par Dierx, dans lequel on peut lire : « Je suis tel qu'un ponton sans vergues et sans mâts, / Aventureux débris des trombes tropicales, / Et qui flotte, roulant des lingots dans ses cales, / Sur une mer sans borne et sous de froids climats. / Les vents sifflaient jadis dans ses mille poulies. / Vaisseau désemparé qui ne gouverne plus, / Il roule, vain jouet du flux et du reflux, / L'ancien explorateur des vertes Australies ! »

Vers la fin de sa vie, le poète souffrait du cœur et était atteint de cécité. « Ah ! Si je pouvais ne pas me réveiller demain ! » déclara-t-il à sa concierge, un soir qu'il rentrait rue Boursault. Le lendemain, 11 juin 1912, il est retrouvé mort en travers de son lit[6].

BROCHANT (rue)

De cette escale parisienne, Paul n'a gardé que quelques images incertaines : le salon de coiffure de sa mère, le logement sombre donnant sur une cour intérieure, la rue Truffaut, la rue Brochant, son marché couvert, une petite église vaguement campagnarde près du square, les portes d'un cinéma avec chacune un gros hublot bleu...

— Pierre Vauconsant, *Le Livret de famille*, 2014

Au 35, Léon Frapié

Écrivain de l'enfance, marié à une institutrice des quartiers pauvres, il obtint le prix Goncourt 1904 pour son troisième roman : *La Maternelle*. Huysmans, président du jury, commente élogieusement : « Ça pue le paupérisme de Paris et la crasse des gosses, c'est nerveux, pris sur le vif ! »

Le « Poulbot des lettres », romancier social et souvent moralisateur, fera ensuite paraître de nombreux contes et romans dans la même veine : *L'Écolière* (1905), *La Boîte aux gosses* (1907), *L'Enfant perdu* (1913), *Gamins de Paris* (1925)… Après la rue Brochant, Frapié s'installera au 62, avenue de Clichy, où il décédera en 1949.

Au 45, André Billy

Après la mort de son père, en 1900, André Billy, sa mère et ses sœurs vont habiter chez ses grands-parents, rue Brochant, en face de la brasserie du Libre Échange, café-concert à la mode. Élève des jésuites, il échappera de justesse à un destin de curé de campagne. Sous ses fenêtres, une station de fiacres et un restaurant pour cochers. L'enfant puis l'adolescent va pouvoir découvrir Paris grâce aux lignes Batignolles-Clichy-Odéon ou Square des Batignolles-Jardin des Plantes, Paris dont il deviendra un des grands chroniqueurs littéraires.

CARDINET (rue)

« Madame Duval, estimez-vous que les parents de votre gendre se soient montrés de bons parents avec leur fils infirme pendant les années qu'il a passées rue Cardinet ? », demanda le président.

— Guy des Cars, *La Brute*, 1952

Au 53, Pierre Frondaie

Acteur, compagnon de scène de Sarah Bernhardt, dramaturge et romancier, il devint la coqueluche du Paris littéraire des années 1920. En 1926 paraît *L'Homme à l'Hispano*, fabuleux succès : « Blanche, magnifique comme une barque royale, mais terrestre et reposée sur ses roues puissantes, l'Hispano recueillait les dernières lueurs du jour sur sa carrosserie aux apparences d'ivoire et d'argent. » Ce best-seller, mélo tendance Harlequin, sera traduit en quinze langues, fera la fortune de son éditeur, les frères Émile-Paul : plus de deux cent mille exemplaires en trois ans, ce qui, chez eux, place *L'Homme à l'Hispano* juste derrière *Le Grand Meaulnes*.

Résidant 3, boulevard Suchet, Frondaie et sa femme s'installent alors 14, rue des Marronniers. Ils divorceront, elle deviendra Jeanne Loviton, alias Jean Voilier, le grand et tardif amour de Paul Valéry. Durant la guerre, Frondaie s'installe rue Cardinet. Il perdra de sa superbe à la Libération, faisant partie des cent cinquante-sept noms de la liste noire publiée dans *Les Lettres françaises* en octobre 1944, pour avoir appelé en 1940 à une « collaboration raisonnable et nécessaire ».

CARNOT (avenue)

L'avenue Carnot était déserte, paisible, avec des lumières douces derrière les rideaux des appartements.

— Georges Simenon, *Maigret a peur*, 1953

Au 20, Aragon s'ennuie

Dans la pension de famille tenue par sa mère (qu'Aragon nommera Étoile-Famille dans *Les Voyageurs de l'impériale*), dans cette « immense avenue vide avec le soleil à chaque bout », le petit Louis compte les jours entre 1899 et 1904 : « Je regardais passer les fiacres et les vélos / On s'ennuie à cinq ans seul sur le macadam / Que je la haïssais cette avenue Carnot… » Heureusement, la pension accueille de belles étrangères dont il se souviendra dans un poème du *Roman inachevé* : « Elle avait la marche légère / Et de longues jambes de faon, / J'aimais déjà les étrangères / Quand j'étais un petit enfant ! »

Sa famille – les Toucas-Massillon – quittera l'avenue Carnot en octobre 1904 pour s'installer à Neuilly. Pour Aragon, la petite enfance n'aura pas été un long fleuve tranquille. Naissance du côté des Invalides, transfert à Toulon, treize mois en Bretagne, avenue de Villars, avenue Carnot… Dans *Le Roman inachevé*, Aragon relate que tout enfant, il lisait déjà auprès de sa mère. Un atlas.

CAROLINE (rue)

Traverser la place Clichy, […] longer la rive droite du boulevard des Batignolles, prendre la rue Darcet, la première à gauche est la rue Caroline. Une demi-heure à pied maximum. Je faillis ne jamais arriver à bon port.

— Yann Queffélec, *Boris après l'amour*, 2002

Au 8, Maurice Barrès

En 1893, le député Barrès, auteur de la trilogie romanesque *Le Culte du moi* (*Sous l'œil des barbares*, 1888, *Un homme libre*, 1889, *Le Jardin de Bérénice*, 1891), quitte la rue Legendre et s'installe rue Caroline. Dans *Pigalle 1900*, André de Fouquières note : « Il avait loué, au 11[7], un hôtel aujourd'hui disparu et qui était la propriété d'Eugène Letellier, directeur du *Journal* […], entre les murailles grises de ce coin sans grâce des Batignolles. »

Rue Caroline, Barrès va entreprendre sa nouvelle trilogie *Le Roman de l'énergie nationale* dont le premier tome, *Les Déracinés*, prémices d'un nationalisme virulent, paraîtra en 1897, avec son volet politique au mépris écrasant : « Que les pauvres aient le sentiment de leur impuissance, voilà une condition première de la paix sociale. »

Barrès quittera la rue Caroline pour émigrer en 1896 à Neuilly, boulevard Maillot, où il résidera jusqu'à sa mort, en 1923.

CLAIRAUT (rue)

Ayant perdu toute notion de distance, je me perds en bas de l'immeuble de la rue Clairaut dans lequel je vis depuis quinze ans.

— Alexandra Alévêque, *Les gens normaux n'existent pas*, 2017

Au 10, Auguste de Villiers de L'Isle-Adam

« C'était à la tombée d'un soir d'automne, en ces dernières années, à Paris. Vers le sombre faubourg Saint-Germain, des voitures, allumées déjà, roulaient, attardées, après l'heure du Bois. L'une d'elles s'arrêta devant le portail d'un vaste hôtel seigneurial, entouré de jardins séculaires. […] Un homme de trente à trente-cinq ans, en deuil, au visage mortellement pâle, descendit. Sur le perron, de taciturnes serviteurs élevaient des flambeaux. Sans les voir, il gravit les marches et entra. C'était le comte d'Athol. »

Ainsi commence « Véra », l'un de ces *Contes cruels* (1883) que Villiers de L'Isle-Adam écrivait à plat ventre sur le tapis. Cet admirateur de Poe et de Baudelaire, qui se voulait descendant de Philippe de Villiers de L'Isle-Adam, grand-maître de l'ordre de Saint-Jean-de-Jérusalem (1521-1534), fut un initiateur du symbolisme et son roman *L'Ève future* inaugura la science-fiction moderne.

CLAUDE-POUILLET (rue)

Jeudi matin, Lou Tausk se trouve à son domicile de la rue Claude-Pouillet, retenu par des travaux de maintenance. Il n'est pas retourné rue Pali-Kao depuis pas mal de temps…

— Jean Echenoz, *Envoyée spéciale*, 2016

Au 5, naissance de Georges Perros

Georges Poulot, dit Georges Perros, fut comédien (au TNP avec Gérard Philipe) et écrivain, connu pour ses *Poèmes bleus* et ses *Papiers collés*, notes et réflexions griffonnées sur des bouts de papiers, œuvre proche de celle de La Rochefoucauld ou de Chamfort. Il fut lecteur pour Vilar au début des années 1950 et lui adressait des fiches de lecture réjouissantes : « Pièce d'un certain Y. G, intitulée *François Villon*. C'est en alexandrins / Une mine de riens / J'ai sauté dessus. »

Il se retira en Bretagne à la fin des années 1950, poursuivant ses collages, son œuvre poétique, ses correspondances avec Jean Grenier, Brice Parain, Michel Butor, Jean Paulhan ou Bernard Noël. Son mal-être ne l'oubliera pas, perceptible dans *Une vie ordinaire* (1967) : « Je suis né dans une mansarde / d'où l'on entendait le matin / des laitiers qui drelin drelin / réveillaient les biberonneuses. / Ici naquit

Georges Machin / qui pendant sa vie ne fut rien… »

CLICHY (avenue de)

L'avenue de Clichy est également présente dans le 18e arrondissement.

Elle n'en finit pas, cette avenue de Clichy, et elle est assez mal fréquentée…
— Fortuné Du Boisgobey, *Le Pouce crochu*, 1885

Au 13, Léon Dierx

Au début des années 1890, avant de s'installer aux Batignolles, rue Boursault, le Prince des poètes réside avenue de Clichy. Et Mallarmé libelle son enveloppe : « À moins qu'il ne hante la nue / Ne vogue où mûrit le letchi / Monsieur Léon Dierx avenue / Si proche 13, de Clichy. »

COLONELS-RENARD (rue des)

Ils partageaient une garçonnière, rue des Colonels-Renard, où Winegrain m'entraîna souvent.
— Patrick Modiano, *Memory Lane*, 1981

Au 6, Georges Ivanovitch Gurdjieff

Ce gourou ésotérique auteur de *Rencontres avec des hommes remarquables* (1960) s'y installe dans les années 1920 et y dispense ses cours. « Là, écrit Max-Pol Fouchet, les disciples avancés dans "L'Enseignement" sont conviés à la lecture des écrits du Maître : lectures de manuscrits déroutants, à la fois cocasses et sérieux, où s'entrecroisent fables, plaisanteries, conseils… »

Sage illuminé pour les uns, misérable charlatan pour les autres, Gurdjieff décède rue des Colonels-Renard en 1949, en confiant à ses disciples son ultime enseignement : « Je vous laisse dans de beaux draps. »

COURCELLES (boulevard de)

Le boulevard de Courcelles est également présent dans le 8e arrondissement.

On était en vue du boulevard de Courcelles et Firmin commençait à se sentir très ému. Il allait apercevoir la maison de la mystérieuse dame de ses pensées.
— Tristan Bernard, *Mathilde et ses mitaines*, 1912

Au 40, le très proustien Gaston Arman de Caillavet

Nonobstant une vingtaine de pièces, dont *L'Habit vert* (1912) cosignée avec Robert de Flers, Caillavet est connu pour être le fils de Léontine Lippmann, dite Mme Arman de Caillavet, modèle de Mme Verdurin dans la *Recherche*, et pour être lui-même un des modèles de Proust pour le personnage de Robert de Saint-Loup. Il épousa en 1893 Jeanne Pouquet, dont Proust pensait être amoureux. Et de leur union naquit une fille, Simone de Caillavet, qui se maria en secondes noces avec André Maurois, un des biographes de Proust.

Au 64, Victorien Sardou et son jeune voisin

Après le 4, boulevard Malesherbes en 1885, la rue du Général-Foy en 1886, la rue de Madrid en 1892, le dramaturge emménage boulevard de Courcelles en 1902, près de Proust qui réside au 45 de la rue de Courcelles. L'auteur de *La Tosca* et de *Madame Sans-gêne* est âgé de 70 ans, le jeune homme de 30. Marcel Proust va puiser ici et là dans la vie de son célèbre voisin : les actrices imaginaires qui traversent la *Recherche* doivent beaucoup aux Dejazet, Rachel, Réjane ou Sarah Bernhardt actrices chez Sardou. *Odette* n'est-elle pas une pièce de l'académicien ? Par ailleurs, le Verduron, propriété de Sardou à Marly, n'aurait-il pas influencé le choix de Verdurin ?

Victorien Sardou décède boulevard de Courcelles en 1908. « La vie exemplaire, déclara-t-il en paraphrasant Goethe, c'est le rêve de la jeunesse réalisé par l'âge mûr. J'ai fait mieux. La réalité a dépassé mon rêve. »

Au 70, Robert de Flers

En 1905, Robert de Flers quitte l'avenue Hoche et s'installe boulevard de Courcelles. Il poursuit sa collaboration avec Gaston Arman de Caillavet, le couple produisant notamment *L'amour veille* (1907), *L'Âne de Buridan* (1909), *Papa* (1911), *L'Habit vert* (1912), *Monsieur Brotonneau* (1914). Après la mort de Caillavet en 1915, il se tourne vers Francis de Croisset et écrit avec lui *Le Retour* (1920), *Les Vignes du Seigneur* (1923), *Romance* (1923), *Les Nouveaux Messieurs* (1925), *Le Docteur Miracle* (1926), ainsi que le livret de *Ciboulette*, opérette sur une musique de Reynaldo Hahn (1923).

L'Habit vert, satire des fausses gloires littéraires et de l'Académie française, ne l'empêcha pas d'y être élu en 1920.

COURCELLES (rue de)

La rue de Courcelles est également présente dans le 8e arrondissement.

Après la mort d'Auguste, grand-mère déménagea dans un appartement plus petit, rue de Courcelles.
— Gilles Jacob, *L'Échelle des Jacob*, 2020

Au 93, Willy et Colette

En 1901, Willy et Colette quittent la rue Jacob et emménagent au 93, dans un atelier de peintre au sixième étage. Willy poursuit avec Colette l'écriture des *Claudine* et, après *Claudine à l'école* (publié en 1900 sous son seul nom), paraît *Claudine à Paris* (1901), signé pour la première fois sous leurs deux noms : Willy et Colette Willy.

Le célèbre journaliste et critique musical, auteur de romans légers (*Un vilain monsieur !*, 1898, *Suzette veut me lâcher*, 1900), initie sa femme au Tout-Paris littéraire et libertin : « On apprend, signale une fiche de police, que le romancier Willy, auteur de *Claudine à Paris*, demeurant 93, rue de Courcelles, a retenu pour l'après-midi du 29 avril écoulé un petit appartement sis au 4e étage d'une maison discrète de la rue Pasquier dans le but de s'y rencontrer avec deux lesbiennes, sa femme légitime [Colette] et une dame âgée d'environ 30 ans, que l'on croit être la comtesse de Noailles. »

Au 105, Henri Barbusse

Le Feu, prix Goncourt 1916, lui avait apporté une renommée mondiale. Dans les années 1930, l'écrivain quitte la rue Albert-de-Lapparent pour s'installer rue de Courcelles.

Membre du Parti communiste français dès 1923, il s'est lié d'amitié avec Lénine et Gorki et poursuit son interrogation sur le rôle politique de l'écrivain et sur l'existence d'une littérature révolutionnaire, publiant *Les Enchaînements* (1925-1926), fresque romanesque évoquant les grands drames de l'histoire et la nécessité de profonds changements sociaux. Partageant sa vie entre Aumont-en-Halatte et la rue de Courcelles, pèlerin de la paix et de l'antifascisme (« honte à la gloire militaire, honte aux armées, honte au métier de soldat, qui change les hommes tour à tour en stupides victimes et en ignobles bourreaux[8] »), il ne cesse d'intervenir dans les congrès antiguerre, notamment en Espagne, au Danemark, aux États-Unis, en URSS. Il meurt en 1935 lors d'un de ses voyages à Moscou, empoisonné, selon certains, sur ordre de Staline, qui n'aurait pas apprécié sa biographie : *Staline. Un monde nouveau vu à travers un homme* (1935).

Au 177 bis, Colette et Willy (suite)

En 1902, Willy et Colette déménagent du 93 au 177 bis de la rue de Courcelles, s'installant dans un petit immeuble situé entre la place Pereire et le boulevard Berthier. Ils logent au second étage dans l'appartement d'un ancien ministre des Travaux publics et au-dessus du prince Alexandre Bibesco. Sur le mur d'un salon sans caractère, un tableau (monumental) représentant Colette auprès de Willy, tel un petit toutou bien sage. L'argent ne manque pas : les deux premiers *Claudine* ont enrichi le ménage et, dès leur installation, *Claudine à Paris* est créée au théâtre des Bouffes Parisiens, avec Polaire dans le rôle de Claudine. Colette est une des premières femmes à suivre la mode des garçonnes, à couper ses très longs cheveux nattés. En quelques années, elle va s'émanciper et revendiquer de signer désormais seule ses ouvrages. En 1906, elle quittera Willy et s'installera 44, rue Villejust – aujourd'hui rue Paul-Valéry –, puis rue Torricelli.

DAMES (rue des)

Je le revoyais, l'air un peu niais,
sous son épais manteau de janvier, le col relevé,
inspectant la façade de notre 70 rue des Dames.

— Isabelle Marsay, *Rue des Dames*, 2013

Au 30, Georges Bernanos

« Les romans de Bernanos sont une plaine boueuse par temps couvert. Y passe un curé à vélo qui a de forts mollets et une soutane tachée », écrit Charles Dantzig dans son *Dictionnaire égoïste de la littérature française.*

Sous le soleil de Satan (1926) lui assura son premier succès. Le *Journal d'un curé de campagne* et son fragile curé d'Ambricourt suivront en 1936. Son œuvre explorera sans cesse le combat du bien et du mal et mettra souvent en scène le prêtre catholique, chargé du salut de ses paroissiens. Homme de droite, Bernanos participa pourtant à la guerre d'Espagne aux côtés des républicains (*Les Grands Cimetières sous la lune*, 1938), puis, après les accords de Munich, s'exila au Brésil. Revenu en France après la guerre, il déclina les offres de de Gaulle pour intégrer le gouvernement. Pressenti pour siéger sous la Coupole, il décline également l'invitation : « Quand je n'aurai plus qu'une paire de fesses pour penser, répond-il, j'irai l'asseoir à l'Académie. »

Au 42, Simenon et Colette

De retour dans la capitale depuis septembre 1923, Simenon et sa femme Tigy logent début 1924 dans une chambre de l'hôtel Beauséjour, 42, rue des Dames. Il écrit des contes, souvent humoristiques ou galants, court les rédactions pour placer ses écrits. Dans *Un homme comme un autre*, il se remémore sa rencontre avec Colette : « Mon rêve était d'avoir un conte chaque semaine dans le *Matin*, comme Henri Duvernois. La directrice littéraire était Colette, qui avait épousé le directeur du *Matin*, Henry de Jouvenel. Elle recevait les manuscrits le mercredi. Je m'y rends avec deux contes que j'avais écrits, pensais-je, dans le style des contes du *Matin*. Le mercredi suivant, lorsque j'allai pour connaître le résultat de cette sorte d'examen, Colette hocha la tête… "Trop littéraire, jeune homme. Beaucoup trop littéraire. Surtout, pas de littérature !…" Je fus un certain temps à comprendre ce qu'elle voulait dire : pas de fausse littérature. Je me remis au travail. J'écrivis cette fois non pas deux contes mais trois et je les portai à Colette. La semaine suivante elle était déjà un peu plus encourageante. "C'est mieux. Mais encore trop de littérature, trop de mots rares, trop de phrases…" Enfin, un mercredi, elle retint un de mes contes. Maintenant, elle m'appelait : "Mon petit Sim…" […] Le conte parut. Puis j'en eus d'autres. Puis vint le jour où Colette m'annonça que je pouvais lui écrire un conte chaque semaine. Et, ce jour-là, je crois bien que je me suis saoulé. J'avais enfin atteint un but que je m'étais fixé depuis longtemps. »

DARCET (rue)

Rue Darcet. Elle est brève, comme une vie sans histoire et sans relief.

— Jean-Jacques Lévêque, *Les Années impressionnistes*, 1990

Au 1, l'hôtel Bertha de Simenon

Muni d'un maigre pécule et d'une valise à la serrure cassée maintenue fermée par une courroie, Simenon arrive à Paris le 11 décembre 1922. L'hôtel Bertha – situé à l'emplacement d'une ancienne boulangerie détruite par un obus de la Grosse Bertha en 1918 – sera son premier logement en décembre 1922-janvier 1923. Il s'agit d'une mansarde dans laquelle sa tête heurte le plafond, sans tapis, sans chauffage, ses nuits sont rythmées par le bruit des brosses des « bonnes » qui cirent les chaussures des clients. Décidé à vivre de sa plume, il se met à écrire des contes pour les journaux. À un rythme soutenu : les spécialistes de Simenon auraient recensé près d'un millier de contes et nouvelles rédigés au cours de ces années 1920.

DAUBIGNY (rue)

Il existe derrière le lycée Carnot une minuscule rue Daubigny où ont vécu, au fil du temps, Marie Laurencin, Paul Morand, Joseph Kessel et Patrick Modiano.

— Marc Lambron, *Quarante ans. Journal 1997*, 2017

Au 9, Paul Morand

« J'écris pour être riche et estimé », déclarait-il en 1919. Il sera riche et très estimé de lui-même. À la mi-mars 1921, Paul Morand prend la suite de Marie Laurencin en emménageant dans un petit pavillon avec atelier au 9, rue Daubigny. « C'est, écrit Pauline Dreyfus, l'époque où il va écrire *Tendres Stocks* et *Ouvert la nuit* qui sont de petites révolutions littéraires. Cela va périmer toute une littérature boursouflée, une littérature de la description, de la psychologie. Il va écrire sec, mince et musclé et faire "jazzer" la langue. C'est le Morand avant-gardiste des années 1920. »

Après *Ouvert la nuit*, il publie *Fermé la nuit* en 1923. L'homme pressé va faire du « voyageur chic » sa marque de fabrique, ponctuant les années 1920-1930 de ses récits de voyage, romans ou nouvelles, prônant « le corps maigre et sec du récit court ». Son antisémitisme devient de plus en plus patent et, en 1933, dans un article retentissant, « De l'air… De l'air ! », il s'en prend au déclin de l'Occident, à la liberté des mœurs, aux Noirs, aux homosexuels, n'hésitant pas à écrire : « En ce moment tous les pays tuent leur vermine sauf le nôtre […]. Ne laissons pas Hitler se targuer d'être seul à entreprendre le relèvement moral de l'Occident. »

Durant la guerre, l'écrivain-diplomate choisira le confort plutôt que l'aventure, Laval plutôt que de Gaulle. Lequel dira de Paul Morand : « Les possédants sont possédés par ce qu'ils possèdent. »

Au 10, Émile Henriot

Son père, Henri Henriot, est l'immortel inventeur de l'expression « Comment vas-tu-yau de poêle ? » et l'auteur de *Paris en l'an 3000*, ouvrage dans lequel la capitale est recouverte d'une épaisse couche de glace après le passage d'un météore. Cela incita-t-il le fils à faire une carrière sage et appliquée ? Critique littéraire de renom, notamment au *Monde*, Émile Henriot publia des ouvrages « de second rayon » comme il les qualifiait lui-même

(*Les Occasions perdues*, 1931, *La Rose de Bratislava*, 1948). Il fut également essayiste : *Stendhaliana* (1924), *Alfred de Musset* (1928), *Portraits de femmes. D'Héloïse à Marie Bashkirtseff* (1935), *Portrtaits de femmes. De Marie de France à Katherine Mansfield* (1937), *Poètes français. De Turold à Chénier* (1944), *Poètes français. De Lamartine à Valéry* (1946). Élu à l'Académie française en 1945, il décède rue Daubigny en avril 1961.

Au 15, Joseph Kessel est amoureux

Tout en résidant dans la journée avec sa femme Katia boulevard Lannes, Kessel passe ses soirées et ses nuits rue Daubigny avec son nouvel amour, la chanteuse de music-hall Germaine Sablon pour laquelle il a éprouvé un véritable coup de foudre au Monseigneur, à Pigalle. Katia n'est pas (trop) inquiète et maintient le contact. Chaque matin, elle téléphone à neuf heures pour s'enquérir de l'état de son mari, savoir si tout va bien et s'il n'est pas rentré trop saoul. La liaison va durer deux ans durant lesquels Kessel écrira *Une balle perdue* et *Le Repos de l'équipage* (1935). Ayant quitté Germaine, paraît-il, goujatement, il la retrouvera à Londres pendant la guerre, elle chantera le *Chant des partisans* qu'il a écrit avec son neveu Maurice Druon.

DAUTANCOURT
(rue)

Dans la nuit du 8 décembre 19.., un petit hôtel de la rue Dautancourt explosa dans un superbe feu d'artifice.

— Didier Blonde, *Gaz à tous les étages*, 1985

Au 1, Émile Zola

En avril 1867, Émile Zola et Alexandrine Meley quittent le Quartier latin et traversent la Seine pour s'installer dans le quartier des Épinettes, au n° 1 de l'ancienne rue Moncey, au coin de l'avenue de Clichy. L'écrivain y aurait terminé *Thérèse Raquin*, son troisième roman, prémices d'un naturalisme qui ne plaît pas à tout le monde. La critique est féroce, *Le Figaro* parle de « littérature putride », l'auteur est accusé de pornographie. Zola avait envoyé l'ouvrage à Sainte-Beuve, sollicitant « une sévérité méritée ou quelques éloges fortifiants ». « Ouvrage remarquable », répondit le critique.

DULONG (rue)

Allait-il remonter rue Dulong ? Revoir Angélique ? Non ! Pas maintenant.

— Raymond Guérin, *L'Apprenti*, 1946

Au 83, *Une vie* de Maupassant

Soucieux de rejoindre son père qui a emménagé deux mois plus tôt boulevard des Batignolles, lassé du bruit de la rue Clauzel, Maupassant émigre vers l'ouest en 1882. Il s'installe au quatrième étage d'un petit immeuble en pierre de taille, dans un appartement calme et lumineux, engage une cuisinière et un valet de chambre, François Tassart, qui restera à ses côtés jusqu'à la fin tragique dans la maison du Dr Blanche. Il est âgé de 32 ans et son premier roman, fortement influencé par Flaubert, paraît l'année suivante : *Une vie*, en 1883.

Dans *Bel-Ami* (1885), il logera Georges Duroy dans une petite chambre de la rue Boursault, de l'autre côté de la voie ferrée, un Georges Duroy qui, comme lui, regarde les trains filer vers les bords de Seine et son cher Étretat.

ÉDOUARD-DETAILLE (rue)

C'est ainsi qu'il sortait de la propriété tantôt prenant la rue Édouard-Detaille tantôt celle d'Alphonse-de-Neuville, selon l'humeur d'une Coco que rien ni personne n'arrivait à distraire.

— Madeleine Mansiet-Berthaud, *Mademoiselle dite Coco*, 2020

Au 7, le postérieur d'Alphonse Allais

En décembre 1895, jeune marié, l'humoriste s'installe rue Édouard-Detaille, troisième étage porte gauche, dans un immeuble construit par le père de Tristan Bernard et que l'on surnomme « l'immeuble des humoristes ».

Dans son *Journal*, Jules Renard persifle : « Dîner Alphonse Allais. Ce bohème qui a passé sa jeunesse et pas mal de sa maturité dans les cafés et les hôtels meublés, le voilà rangé, dans un appartement de 3 500 francs. Il y a une baignoire avec de l'eau chaude tout le temps. Les visiteurs n'ont qu'à tourner le robinet pour se brûler. Il y a une cuisinière, un groom qui s'appelle Gaëtan, qui apporte les lettres sur un plateau et dit timidement : "Madame est servie." »

Les tableaux militaires d'Édouard Detaille auraient-ils inspiré l'humoriste ? « L'Angleterre, c'est un pays extraordinaire, écrit-il. Tandis qu'en France nous donnons à nos rues des noms de victoires : Wagram, Austerlitz..., là-bas on leur colle des noms de défaites : Trafalgar Square, Waterloo Place. »

Son célèbre Captain Cap et ses outrances firent bien rire les Parisiens, proposant notamment dans son programme électoral de prolonger l'avenue Trudaine jusqu'à la place de la Concorde. « Par quel bout ? » s'informèrent quelques électeurs. « Par les deux bouts », répondit le Captain. Et, sachant qu'une fois qu'on a passé les bornes, il n'y a plus de limites, il proposa également de « prendre l'argent là où il se trouve : chez les pauvres. D'accord, ils n'en ont pas beaucoup, mais ils sont si nombreux ! ».

Au 9, Tristan Bernard

En 1892, Myrthil Bernard (père de Tristan) fit construire sur un terrain vague de la plaine Monceau une dizaine d'immeubles qui, dès 1893, furent occupés par toute la famille : parents, enfants, oncles, cousins. Ce qui fit dire à Tristan Bernard : « Eau, gaz et juifs à tous les étages. »

Tristan (de son vrai prénom Paul) était né à Besançon, dans la même rue que Victor Hugo : « Nous sommes nés tous les deux à Besançon, aimait-il rappeler, tous les deux dans la Grand-Rue, lui au 138, moi, plus modestement, au 23. »

Humoriste facétieux, il ajouta une strophe aux *Stances à Marquise* de Pierre Corneille, ce qui fut plus tard tout à fait du goût de Georges Brassens : « Peut-être que je serai vieille, / Répond Marquise, cependant / J'ai vingt-six ans, mon vieux Corneille, / Et je t'emmerde en attendant. »

Grand absent de l'Académie française, il s'en consola : « Je préfère faire partie de ceux dont on se demande pourquoi ils ne sont pas à l'Académie plutôt que de ceux dont on se demande pourquoi ils y sont. »

Au 11, Pierre Loti

La présence de Pierre Loti dans cette rue n'est pas avérée. Mais le très précieux site Paris révolutionnaire[9] en fait état. Il s'appelait Julien Viaud et devint Loti en 1872, au cours d'un voyage en Polynésie, surnom signifiant « rose » et qui lui fut donné par des Tahitiennes. Pour la petite histoire, il était le neveu de Jean-Louis Adolphe Viaud, connu pour avoir été l'un des marins abandonnés sur le radeau de la Méduse en 1816. (Jeune mousse, il ne fut pas mangé, comme on le lit souvent, mais mourut des fièvres quelques semaines après le naufrage, à Dakar.)

Pierre Loti est un homme de petite taille, portant des talons hauts parfois montés sur des ressorts, ce qui lui donne une démarche de criquet. Ses galons d'officier (lieutenant de vaisseau) ne l'empêchent pas de se farder de blanc, de teindre ses moustaches et de souligner son regard d'un trait de khôl. Poseur, il figure volontiers sur les vignettes du chocolat Guérin-Boutron ou sur celles de la collection « Félix Potin ». Sa carrière militaire ne l'empêche pas d'écrire et de devenir un des principaux écrivains de son temps. Le 21 mai 1891, à 42 ans, il est élu à l'Académie française au fauteuil 13, par dix-huit voix sur trente-cinq votants contre Émile Zola.

À part Anatole France, Loti n'a guère d'amis dans le milieu littéraire. L'anecdote est connue : devant écrire à Victorien Sardou, qu'il détestait, Loti adressa la lettre à « Victorien Sardi, Marlou-le-Roi ». Comme il avait fait suivre sa signature de la mention de son grade, il reçut en réponse une carte libellée en ces termes : « À Monsieur Pierre Loto, capitaine de vessie. »

Notons que Victorien Sardou fut gratifié d'une rue parisienne dans le 16e arrondissement, un an après sa mort en 1908. Alors que Loti, que nenni. « Plus et moins qu'un romancier, écrit Jean-Marie Rouart, il s'est façonné un style qui fait impression mais qu'il vaut mieux ne pas regarder de trop près de peur d'en apercevoir les grosses ficelles et les puériles supercheries. Il faut le prendre tel quel, avec son côté racoleur de foire, moucharabieh et harem de pacotille, exotisme à gogo, caravansérail et navigation petit bateau[10]. »

EUGÈNE-FLACHAT

(rue)

Deux ou trois jours après, le ministre m'appelle pour me dire qu'il était heureux de m'annoncer la libération des Tristan Bernard. Nous allons donc avec Sacha rue Eugène-Flachat, car je désirais m'assurer qu'ils étaient libérés.

— Denis Demonpion, *Arletty*, 1996

Au 22, Tristan Bernard

Paul Bernard décida de devenir Tristan, du nom d'un cheval qui lui avait porté chance. Il fut barbu, turfiste, joueur de roulette, avocat sans cause à défendre ni clients, directeur d'une usine d'aluminium, directeur sportif du vélodrome Buffalo (en 1892), pionnier de la bicyclette et de l'automobile, collectionneur des éditions de *Paul et Virginie*, cavalier, arbitre de boxe (il arbitra en 1912 un combat de Carpentier), romancier, auteur dramatique, poète, acteur, journaliste, conférencier, rédacteur en chef du *Chasseur de chevelures*, président d'honneur de l'Académie de l'humour, inventeur d'histoires drôles, faiseur de mots croisés.

Après avoir résidé rue Édouard-Detaille, il s'installa rue Eugène-Flachat en 1928. À près de 60 ans, il y poursuivit sa carrière de romancier (*Le Voyage imprévu*, 1928, *Hirondelles de plages*, 1929) et de dramaturge, faisant jouer *Jules, Juliette et Julien*, *ou l'École du sentiment* (1929) et *L'École des charlatans* (1930), sa cinquantième pièce depuis *Les Pieds nickelés* en 1895.

Arrêté durant la guerre comme Israélite et conduit avec sa femme au camp de Drancy, il ne dérogea pas à son art du bon mot : « Notre position s'améliore : nous vivions dans l'angoisse, maintenant nous allons vivre dans l'espoir. »

Au 22, Jean-Jacques Bernard

En 1922, les Compagnons de la Chimère de Gaston Baty montent *Martine*, sa pièce la plus connue, pièce qui sera reprise à la Comédie-Française en 1934. Fils de Tristan Bernard, Jean-Jacques Bernard produira une vingtaine de pièces et une dizaine de romans (*Les Tendresses menacées*, 1931).

Avec *Le Camp de la mort lente*, publié en décembre 1944, il sera – après avoir été interné en tant que Juif à Royallieu – l'un des premiers à évoquer les conditions de détention des camps de concentration.

FERMIERS (rue des)

Dans la rue des Fermiers, les vaches, franchissant d'un saut les portes charretières, se rassemblaient en mugissant aux sons de la corne du pâtre.

— André Theuriet, *La Maison des deux barbeaux*, 1885

Au 11, Noël Ruet

Le poète belge s'installa définitivement à Paris peu après la Seconde Guerre mondiale. Compagnon à ses débuts des poètes « fantaisistes » (Carco, Derème, Klingsor, Toulet, Léon Vérane…), il prit après la guerre une trajectoire plus dramatique avec *Le Bouquet du sang* (1958) ou *Ma blessure chante* (1961). En 1951, ayant envoyé quelques poèmes à Montherlant, il reçut la réponse suivante : « Les poèmes que vous m'envoyez sont de ceux, et de ceux seuls, qui peuvent me toucher, au milieu des poèmes-caca de mode aujourd'hui[11]… »

FORTUNY (rue)

Mme Honoré, la concierge de la rue Fortuny, une petite vieille active, quoiqu'un peu romanesque, était armée des instructions les plus sévères ; et chaque fois que Mareuil se montrait dans la loge, elle lui récitait en témoignage de zèle : « Quand la dame blonde est en haut, je ne laisse pas monter la dame brune. »

— Fernand Vandérem, *La Cendre*, 1894

Au 2, Edmond Rostand et *Cyrano de Bergerac*

En 1891, la poétesse-comédienne Rosemonde Gérard épouse Edmond Rostand, le couple s'installe rue Fortuny. Après *Les Romanesques*, comédie jouée à la Comédie-Française en 1894, Rostand écrit *Cyrano de Bergerac* dont la répétition générale a lieu en décembre 1897. Les malheurs s'enchaînent : décor monté à l'envers, comédien malade, l'auteur veut retirer sa pièce, implore le pardon de Coquelin devant le désastre qui s'annonce. Mais le « four » annoncé se mue en triomphe. À peine sortis du théâtre, les spectateurs cherchent un libraire pour acheter le fascicule et, dans la seconde quinzaine de janvier 1898, l'éditeur Fasquelle procédera à cinq tirages de l'ouvrage qui dépassera les cent mille exemplaires vendus au mois de juin.

La critique va se déchaîner, le plus souvent pour l'encenser (Francisque Sarcey, Émile Faguet…), rarement pour le dénigrer, comme le fait un certain André Gide qui persifle : « Chaque public a le Shakespeare qu'il mérite. »

Au 13, les bureaux de Marcel Pagnol

« Vous allez traiter vous-même une affaire. Comme c'est la première, je l'ai choisie facile, et comme vous faites toujours une gueule d'enterrement, je l'ai choisie gaie » : *Topaze*, bien sûr.

En 1933, en gagnant son procès contre la Paramount, Marcel Pagnol, redoutable homme d'affaires, récupère les droits de la pièce (ainsi que ceux de *Marius*) et quitte ses bureaux de la rue de la Grange-Batelière, devenus trop étroits, pour la rue Fortuny, la bien nommée, bureaux assortis d'un petit appartement. « Cela me change de mon "cafoutche[12]" du boulevard Murat », déclare-t-il en souriant. À cette adresse, il produira *Angèle* (1934), *César* (1936), *Regain* (1937), *La Femme du boulanger* (1938), *La Fille du puisatier* (1940). En 1948, Pagnol revendra ses bureaux pour s'installer 53, avenue George-V.

FOURCROY (rue)

L'autre soir, comme il consultait un plan de Paris au café d'Epinay, il avait repensé à elle, il avait même cherché et trouvé la rue Fourcroy.

— Jacques de Lacretelle, *La Monnaie de plomb*, 1935

Au 4, Myriam Harry

Elle eut, dit-on, trois amours littéraires : Huysmans, Anatole France et Jules Lemaître, que l'on retrouve dans un de ses derniers ouvrages, *Trois Ombres* (1932).

Sa *Conquête de Jérusalem* fut pressentie comme possible Goncourt en 1904 mais ces messieurs s'opposèrent à telle audace : couronner une femme ! Cette « injustice » fut à l'origine de la création du prix Femina (prix Vie heureuse dans un premier temps, du nom de la revue qui en eut l'initiative), et Myriam Harry fut la première à l'obtenir, le 28 janvier 1905.

Au 18, Georges Ribemont-Dessaignes

Poète et dramaturge (mais également peintre et musicien), il fut l'un des précurseurs avec Tzara et Picabia de l'esprit dada avant de rejoindre les surréalistes en 1921, de les quitter en 1929 pour le Grand Jeu en 1929, puis de délaisser toute littérature en 1934. « Être civilisé, c'est planter des épinards dans un cimetière », professait-il du temps de Dada. Seul dramaturge du mouvement, il fit jouer des pièces de théâtre, qui, comme *L'Empereur de Chine* (1921), préfigurent le théâtre des années 1950. Son œuvre est tombée dans l'oubli, belle victoire pour le principe d'« indifférence » qu'il revendiquait. Il meurt en 1974, après avoir murmuré : « *È finita la commedia !* » Il va rejoindre le zéro auquel il aspire depuis 1929 : « Sous le masque j'ai mis le vide / Dans le vide j'ai mis les mille lettres de l'alphabet, / Cela fait un beau concert / Bien qu'il n'y ait personne. / Et pourtant, j'attends, j'attends, j'attends, / J'attends le zéro qui ne viendra jamais. »

GALVANI (rue)

Je ne serais pas surpris que les rues Galvani et Vernier, qui se croisent entre la rue Bayen et la rue Laugier, dussent leur tracé à des allées de l'ancien parc.

— André de Fouquières, *Le Quartier Monceau*, 1954

Au 9, Jean Richepin

Son premier recueil poétique, *La Chanson des gueux*, l'avait fait condamner en 1876 à un mois de prison et cinq cents francs d'amende pour outrage aux bonnes mœurs. Un demi-siècle plus tard, le gueux de jadis est devenu propriétaire foncier et, quand il ne voyage pas, il soigne ses rosiers et s'amuse avec ses enfants. Après la publication de plusieurs romans très populaires comme *La Glu* (1881) ou *Miarka, la fille à l'ourse* (1883), il quitte la rue Séguier en 1884 et s'installe rue Galvani, dans une « maison de saltimbanque » qui ressemble à une roulotte.

Il y restera jusqu'en 1924. Brassens se souviendra de Richepin, créant deux chansons à partir de ses textes, *Les Oiseaux de passage* et *Les Philistins* : « Philistins, épiciers / Tandis que vous caressiez, / Vos femmes / En songeant, aux petits / Que vos grossiers appétits / Engendrent / Vous pensiez, ils seront / Menton rasé, ventre rond / Notaires / Mais pour bien vous punir / Un jour vous voyez venir / Sur terre / Des enfants non voulus / Qui deviennent chevelus / Poètes… »

GÉNÉRAL-CATROUX (place du)

« Eh bien, nous ferons route ensemble ; j'ai justement affaire place Malesherbes[13]*. – Vous ne vous fiez pas à moi ? » dit Combaz en riant.*

— Hector Malot, *Baccara*, 1886

Au 14, Czesław Miłosz

Écrivain-diplomate à la manière de Paul Claudel ou de Saint-John Perse, souvent confondu avec son lointain cousin, Oscar Vladislas de Lubicz-Milosz, il fut poète, romancier, essayiste et traducteur polonais, s'exilant à Paris en 1951. Considéré comme un des poètes majeurs du XXe siècle, il est l'auteur de très nombreux recueils, d'essais comme *La Pensée captive* (1953), de romans comme *Sur les bords de l'Issa* (1956), roman autobiographique qui constitua une véritable thérapie pour l'auteur. Czesław Miłosz reçut le prix Nobel de littérature en 1980.

GEORGES-BERGER
(rue)

Elle aurait ensuite à traverser l'avenue de Villiers, le boulevard Malesherbes pour arriver à la rue Georges-Berger qui s'ouvre devant le parc Monceau.

— Jean-Fernand Daniel, *La Révolte des ciseaux*, 2010

Au 12, Maurice Barrès

Après avoir résidé au 23, rue Chaptal, Maurice Barrès s'installe en 1891 dans ce qui est encore un tronçon de la rue Legendre. Zola est alors au sommet de sa gloire et Maurice Barrès va être son ennemi juré, avant et pendant l'affaire Dreyfus. « Qu'est-ce que M. Émile Zola ? écrit-il. Je le regarde à ses racines : cet homme n'est pas un Français. »

Au début du nouveau siècle, les trois volumes du *Culte du moi* lui vaudront l'admiration de la jeunesse dont il apparaît comme « le prince ». Mentor du traditionalisme français, Barrès fera partie des « quatre B » (avec Paul Bourget, René Bazin et Henry Bordeaux) attachés aux valeurs familiales, à l'armée et à la terre de naissance.

« Il ne faut jamais s'attaquer à ceux qu'on n'est pas sûr d'achever », écrira-t-il. Au printemps 1921, deux ans avant sa mort, les dadaïstes emmenés par Breton organiseront son procès. Accusé de « crime contre la sûreté de l'esprit », Maurice Barrès écopera de vingt ans en haussant les épaules.

GOURGAUD (avenue)

Maman, elle aussi, a remarqué l'inconnu à la méridienne. Elle presse le pas, rougit, elle presse le pas quand le péril est dépassé, l'avenue Gourgaud franchie.

— Colette, *L'Ingénue libertine*, 1909

Au 3, Henri Troyat

Paul Guth se souvient de sa rencontre avec Henri Troyat en 1952 : « [Il] habite la maison que je convoiterais si j'avais de la convoitise. Avenue Gourgaud, près la station Pereire, le mystère du chemin de fer de ceinture, gorgé d'herbe et d'iris. Une maison blanche de deux étages, dans le style des résidences d'été d'Île-de-France… »

Prix Goncourt (à 27 ans) pour *L'Araigne* en 1938, le géant russe va y écrire de nombreux cycles romanesques comportant chacun de multiples volumes : *Tant que la terre durera* (1947-1950), *Les Semailles et les Moissons* (1953-1958), *La Lumière des Justes* (1959-1963).

À 48 ans, en 1960, il est reçu à l'Académie française : « Avec M. Henri Troyat, c'est le benjamin de l'Académie qui a pris place jeudi sous la Coupole. […] Il domine d'une tête ses parrains, qui sont M. François Mauriac et M. André Maurois. L'assistance est brillante, huppée, en grande partie féminine. Diplomates, actrices, acteurs, écrivains : le turban en paille d'argent de Mme Françoise Rosay, les lunettes du prince Pierre de Monaco, les épaules puissantes de Philippe Hériat, la crinière léonine de Joseph Kessel, des chapeaux garnis de violettes audacieusement printaniers[14]. »

Trois ans plus tard, Henri Troyat quitte l'avenue Gourgaud pour s'installer rue Bonaparte.

GUERSANT (rue)

Les pompiers remontaient, depuis la caserne Champerret, la rue Guersant à contresens, gyrophare et sirène…

— Jean-Baptiste Harang, *Nos cœurs vaillants*, 2010

Au 33, Robert Margerit

Tout en vivant à Thias, près de Limoges, Robert Margerit et sa femme louent en 1952 une « cage à poules » au 33, rue Guersant afin de se rapprocher du monde de l'édition parisienne. Julien Gracq s'intéresse à cet écrivain provincial : « Le seul roman français qui m'ait vraiment intéressé depuis la Libération est un ouvrage obscur de Robert Margerit, *Mont-Dragon.* » Un livre va l'extraire de l'obscurité : *Le Dieu nu*, prix Renaudot 1951. Malgré cela, il doute : « Je n'arrive toujours pas à me considérer comme un écrivain. Voilà le drame. » Ou, en 1954 : « Au fond, j'aimerais tant devenir écrivain ! » Il publiera cependant une dizaine d'ouvrages entre 1951 et 1968, dont *La Révolution*, saga en quatre volumes, Grand Prix du roman de l'Académie française. Il laisse par ailleurs un journal mémoriel, *Singulier, pluriel.*

Au 45, Jules Michelet

En 1849, Michelet réside rue de Villiers, future rue Guersant. Si la révolution de février 1848 l'a ravi, la répression de juin l'a brisé. « Que la mémoire de ce jour soit abolie », a-t-il écrit dans son journal. Puis, en décembre, après le coup d'État, il a noté : « Je m'en veux du 2-Décembre ; je le reproche et à moi et à toute la classe lettrée, écrivante ou parlante, aux gens de lettres, à la presse et au Parlement. Nous n'avons rien fait pour le peuple et nous en sommes punis […]. Entrons, s'il se peut, dans de meilleures voies. » Ces « meilleures voies » consisteront à refuser de prêter serment à l'Empereur, à accepter de perdre sa chaire du Collège de France et la direction de la section historique des archives. Il va s'exiler à Nantes et, de 1852 à juillet 1853, il y rédigera les deux derniers tomes de l'*Histoire de la Révolution française.*

HENRI-ROCHEFORT (rue)

Dedans donne la rue Henri-Rochefort, bordée d'hôtels particuliers dont la réputation sulfureuse était venue jusqu'aux oreilles de la sage petite dame.

— Flora Cès, *L'Arbre écarlate*, 2002

Au 22, le prémonitoire Henry de Gorsse

Le dramaturge s'y installe en 1898, il y résidera jusqu'à sa mort en 1936. De 1894 à 1935, il fit jouer une quarantaine de pièces, écrites le plus souvent en collaboration avec d'autres auteurs. En 1920, *En l'an 2020* est jouée au théâtre du Châtelet, pièce mettant en scène un employé de ministère à qui on injecte « le mystérieux sérum du Dr Fox ». Le jeune homme va faire une sieste longue d'un siècle et se retrouver dans un Paris où l'on circule sur d'étranges « trottoirs roulants », où les policiers sont armés de « bâtons électriques », où les femmes disposent de « robots aspirateurs » autonomes et où l'on communique par des téléphones munis d'une caméra. Henry de Gorsse ne s'arrête pas là : dans sa pièce, le lancement d'une « fusée obus » en direction de Mars tourne mal, l'Homme va devoir rester sur la Terre.

JACQUES-BINGEN (rue)

Même étalage de parvenu dans l'appartement qu'il habitera pendant cinq ans rue Montchanin (aujourd'hui Jacques-Bingen) près de la place Malesherbes.

— Guy Godlewski, *Ces grands esprits fragiles*, 1983

Au 10, le bric-à-brac de Maupassant

Il disposait d'un rez-de-chaussée de cinq pièces et d'un sous-sol dans un hôtel particulier construit par son cousin, le peintre Louis Le Poittevin. Aidé d'un tapissier, il avait choisi un rouge grenat pour la salle à manger, un bleu clair pour le salon, un jaune pour la chambre. Au fil des ans et des voyages, l'écrivain s'était réfugié dans un bric-à-brac d'antiquités hétéroclites et souvent féminines, s'attirant ce commentaire d'Edmond de Goncourt : « L'invraisemblable et étrange mobilier ! Cré matin, le bon mobilier de putain ! »

Maupassant habita rue Montchanin, aujourd'hui rue Jacques-Bingen, de mai 1884 à 1889. Irrité par le bruit des voitures sur le pavé, fatigué de voir depuis son salon un sinistre terrain vague, il fit condamner la vue par un voile puis déménagea quelques mois plus tard.

Au 13, les dîners à la sonnette de Mme Aubernon

Perpétuant la tradition maternelle, Mme Aubernon de Nerville tient, rue Montchanin, un salon littéraire, recevant dans les années 1890 le jeune Marcel Proust, Alexandre Dumas fils, Guy de Maupassant ou Robert de Montesquiou. D'une rigueur toute militaire, elle mène ses dîners (« dîner intime » un vendredi sur deux, « dîner sérieux » tous les samedis) à la baguette, usant de la sonnette (en porcelaine) pour distribuer les tours de parole. Son célèbre salon (dans lequel Mme Arman de Caillavet rencontre Anatole France) est évoqué dans *L'Immortel* d'Alphonse Daudet et dans *Révoltée* de Jules Lemaître.

Dans *Le Monde où l'on s'ennuie*, Édouard Pailleron le décrit comme « un monde où l'on cause et où l'on pose, où le pédantisme tient lieu de science, la sentimentalité de sentiment et la préciosité de délicatesse, où l'on ne dit jamais ce que l'on pense et où l'on ne pense jamais ce que l'on dit [...], un monde où l'on avale sa canne dans l'antichambre, et sa langue dans le salon ».

JEAN-BAPTISTE-DUMAS (rue)

Rue Jean-Baptiste-Dumas, on essaie de se consoler. La maison est silencieuse. C'est un petit hôtel particulier caché derrière une grande porte cochère, au bout d'une allée bordée d'arbustes. Il a été occupé par des Allemands qui l'ont saccagé en partant.

— Dominique Missika, *Les Inséparables*, 2018

Au 12, Émile Bergerat

Gendre de Théophile Gautier, il fut romancier, auteur dramatique et chroniqueur sous le nom de Caliban, d'Ariel, ou de l'Homme masqué.

Ses *Contes de Caliban* (1909) connurent un certain succès avec des contes facétieux (« Coco et Bibi »), des contes féeriques (« Cendrillon en automobile ») ou des contes tragiques (« Les Chemises sanglantes »). Dramaturge, il adapta en « comédie héroïque » *Le Capitaine Fracasse* de son beau-père, fit jouer *La Pompadour* – « comédie dramatique » – et écrivit *L'Héritage d'Œdipe*, « une comédie en vers présentée à la Comédie-Française le 5 mai 1911 avant d'être refusée[15] ».

JOUFFROY-D'ABBANS (rue)

Il fallait, pour atteindre l'extrémité de la rue Jouffroy où elle habitait, abandonner, la mort dans l'âme, les rassurantes perspectives – Malesherbes, Carnot – ou l'espèce de chemin de halage du boulevard Pereire…

— François Nourissier, *Bleu comme la nuit*, 1958

Au 22, Fernando Arrabal

Il s'installa en France en 1955 et résida dans un premier temps au collège d'Espagne de la cité universitaire. En 1958, on peut lire dans *Le Monde* : « Toujours à l'affût de talents nouveaux, Jean-Marie Serreau – qui n'est pas étranger à la découverte d'un Beckett, d'un Adamov, d'un Brecht ou d'un Vinaver – s'apprête à lancer un jeune écrivain d'origine espagnole mais de langue française, Arrabal. »

Le jeune exilé tiendra ses promesses et fera de la provocation, de la violence, du sadisme et du sexe les moteurs de son œuvre. Cofondateur du mouvement Panique avec Roland Topor et Alejandro Jodorowsky, auteur de sept films (*Viva la Muerte* en 1971, *J'irai comme un cheval fou* en 1973, *L'Arbre de Guernica* en 1975…), d'une quinzaine de romans (*Baal Babylone*, *L'Enterrement de la sardine*…), il produira une centaine de pièces de théâtre (*Fando et Lis*, *Le Cimetière des voitures*, 1958, *Et ils passèrent des menottes aux fleurs*, 1969).

En juin 2021, il est interrogé par le site Le Petit Journal. Question : « Vous avez pris part aux quatre avatars de la modernité (le dadaïsme, le surréalisme, le mouvement panique et la pataphysique). Quelle est votre définition de la modernité ? » Réponse : « Depuis [le] big-bang et le tohu-bohu tout est décidé avec la rigueur mathématique de la confusion[16]. »

Grand joueur d'échecs, Fernando Arrabal fut nommé en 1990 transcendant satrape du Collège de 'Pataphysique, distinction que connurent deux autres joueurs d'échecs, Marcel Duchamp et Boris Vian.

Les adresses parisiennes d'Arrabal : 62, rue Pergolèse, boulevard de Strasbourg en 1966, 2, rue de Vienne (dans le 8e arrondissement) en 1971, 22, rue Jouffroy-d'Abbans en 1973.

LA CONDAMINE (rue)

« Rue de la Condamine, répondit le libraire après avoir consulté un dictionnaire volumineux. – Rue de la Condamine ! », s'écria le docteur en pâlissant.

— Marc Monnier, *Un détraqué*, 1883

Au 14, Émile Zola vs Balzac

C'est dans un petit pavillon situé au fond de la cour qu'entre 1869 et 1870, Émile Zola met sous enveloppe à l'attention de son éditeur Lacroix un projet de dix romans relatant l'histoire d'une famille de profiteurs du Second Empire. Dans *Différences entre Balzac et moi*, rédigé en 1869, il écrit : « Mon œuvre, à moi, sera tout autre chose. […] Je ne veux pas comme Balzac avoir une décision sur les affaires des hommes, être politique, philosophe, moraliste. Je me contenterai d'être savant, de dire ce qui est en cherchant les raisons intimes. »

Albert Lacroix accepte et les deux hommes signent un contrat à long terme, l'écrivain ayant la garantie d'une rémunération de cinq cents francs par mois. C'est rue La Condamine que Zola écrira les cinq premiers titres, de *La Fortune des Rougon* (1871) à *La Faute de l'abbé Mouret* (1875).

LACAILLE (rue)

On gèle rue Lacaille, il pleut rue des Saussaies,
ne fait chaud qu'à demi rue de la Michodière
et l'on perd ses cheveux dans la rue Croulebarbe.

— François Caradec, *Que j'aime à faire apprendre au π-éton de Paris*, 2002

Au 1 bis, Gustave Le Rouge

Après avoir exercé différents métiers (employé d'une compagnie de chemins de fer, secrétaire au cirque Priami, marionnettiste, chansonnier…), Gustave Le Rouge se marie en 1902 avec Henriette Torri dite Riri, couturière et modèle du sculpteur Antoine Bourdelle, et s'installe au 1 bis (ou 21 bis), rue Lacaille. Il s'associe avec Gustave Guitton pour écrire quelques romans populaires (*Les Conquérants de la mer*, *La Princesse des airs*, 1902), se fâche avec lui, se lance seul dans le roman d'aventures avec de belles réussites comme *Le Prisonnier de la planète Mars* (1908) ou *La Guerre des vampires* (1909), prélude à son immense succès : *Le Mystérieux Docteur Cornélius* (1912-1913).

LÉCLUSE (rue)

J'obéis, et il prit place à mes côtés après avoir crié au cocher, d'un ton impératif : « Rue Lécluse, 39, aux Batignolles… et, bon train ! »

— Émile Gaboriau, *Le Petit Vieux des Batignolles*, 1876

Au 26, les bocaux de Mme Verlaine

Paul Verlaine et sa mère déménagent en 1866 du 14 au 26 de la rue, troisième étage. Verlaine est âgé de 22 ans, il édite (à compte d'auteur chez Alphonse Lemerre) son premier recueil, *Poèmes saturniens*, dont il adresse un exemplaire à Victor Hugo. Lequel lui répond depuis Guernesey : « Une des joies de ma solitude, c'est, Monsieur, de voir se lever en France, dans ce grand dix-neuvième siècle, une jeune aube de vraie poésie. Toutes les promesses de progrès sont tenues et l'art est plus rayonnant que jamais. Je vous remercie de me faire lire votre livre. » Verlaine commence à courir cafés et salons littéraires et, rue Lécluse, les relations entre la mère et le fils deviennent difficiles. « Je crois que maintenant M. Paul est bien mais il donne trop d'ouvrage à sa mère. Tous les mardis il invite deux ou trois jeunes gens à dîner, il n'est pas vraiment raisonnable ; c'est bien de la dépense car tout est bien cher à Paris[17]. »

C'est au 26, rue Lécluse que Verlaine – éméché ? – casse les bocaux dans lesquels sa mère conservait les fœtus de ses fausses couches. Deux frères et une sœur dans trois flacons dont il ne supporte plus la vue. Il quittera la rue Lécluse en août 1870 après son mariage avec Mathilde Mauté.

LEGENDRE (rue)

D'où me vient ce faible pour la rue Legendre ? Allez-y voir, vous trouverez peut-être, moi j'y renonce…

— Ludovic Janvier, *Paris par cœur*, 2016

Au 54, Paul Éluard et Nusch

« La courbe de tes yeux fait le tour de mon cœur », avait-il écrit en 1926 dans *Capitale de la douleur*, cette douleur de voir Gala dans les bras de Max Ernst. En fait, Gala choisira de les quitter l'un et l'autre, succombant en 1928 au charme de Salvador Dalí. Deux ans plus tard, Éluard et René Char se promènent sur les Grands Boulevards. Ils rencontrent une « jeune fille pauvre » figurante au Grand Guignol : Maria Benz, dite Nusch, dont Éluard tombe bientôt amoureux et qu'il épousera en 1934. Après avoir logé dans l'appartement de la rue Becquerel, puis dans le studio d'Éluard rue Fontaine, le couple s'installera rue Legendre dans un deux-pièces disposant d'une très belle vue au cinquième étage, y restera jusqu'en 1938. Éluard y écrit *La Vie immédiate* (1932), recueil de cinquante-quatre poèmes inspirés par sa femme : « Confiance de cristal / Entre deux miroirs / La nuit tes yeux se perdent / Pour joindre l'éveil au désir. »

LEMERCIER (rue)

Tu pourrais aussi travailler rue Lemercier. Tu l'as fait quelquefois. Je ne te dérangeais pas, je te laissais bien tranquille. Te savoir là me suffisait.

— Bertrand de La Salle, *Les Forces cachées*, 1937

Au 2, Pierre Baour-Lormian

Partisan des classiques, il s'opposa dans les années 1830 aux romantiques qui, aussitôt, le surnommèrent Balourd-Dormant. Sur son site, l'Académie française dont il fit partie dès 1815 n'est guère tendre avec lui : « Poète descriptif et auteur dramatique, il écrivit une traduction en vers de la *Jérusalem délivrée* et des *Poèmes galliques* imités d'Ossian. […] L'ensemble de ses œuvres est très médiocre. »

Au 43, Verlaine et Monsieur Prudhomme

La famille Verlaine s'installe rue Lemercier en 1863. Paul est âgé de 19 ans, il découvre Baudelaire, les cafés et l'absinthe. Après un stage de comptabilité rue du Faubourg-Saint-Honoré, il est embauché par une compagnie d'assurances puis travaille comme expéditionnaire à la mairie du 9e arrondissement, rue Drouot. Il fréquente le salon de la marquise de Ricard, publie alors ses premiers poèmes dont un étonnant *Monsieur Prudhomme* bien éloigné de ses futurs *Poèmes saturniens* : « Monsieur Prudhomme songe à marier sa fille / Avec Monsieur Machin, un jeune homme cossu. / Il est juste-milieu, botaniste et pansu, / Quant aux faiseurs de vers, ces vauriens, ces maroufles, / Ces fainéants barbus, mal peignés, il les a / Plus en horreur que son éternel coryza, / Et le printemps en fleur brille sur ses pantoufles. »

LÉON-COSNARD
(rue)

Miraculeusement, une place venait d'être libérée sur le petit parking à l'angle de la rue de Tocqueville et de la rue Léon-Cosnard.

— Josette Bruce, *OSS 117. Au finish*, 1980

Au 4, Pierre Corrard

« Livre charmant et édité avec goût, écrit Guillaume Apollinaire dans *L'Intransigeant*, le 8 août 1911. Pierre Corrard vient de faire paraître des poèmes : *À volets clos*, où l'auteur dit ses sentiments, chante la vie quotidienne, les combats de boxe, les chemins de fer, les saisons et les fleurs. Il a trouvé des images très fortes et des correspondances toutes neuves entre son âme et les choses de son temps. Un train qui roule est pour lui matière à belles trouvailles poétiques. »

Deux ans plus tard, dans son roman *La Bohème d'aujourd'hui*, Pierre Corrard fera un signe d'amitié à l'auteur d'*Alcools* en campant le personnage du chef d'école Fantasmagore.

Poète et romancier français, Corrard fait partie, avec Alain-Fournier, René Dalize, Louis Codet, Gabriel-Tristan Franconi, Charles Péguy, Louis Pergaud, Victor Segalen, Lucien Rolmer et Jean de La Ville de Mirmont, des écrivains « morts pour la France » durant la guerre de 1914-1918.

MAC-MAHON
(avenue)

Avenue Mac-Mahon, les feuillages des arbres, d'un vert humide, étalaient leurs ombres légères dans le soleil matinal. Sans hâte, un taxi grilla un feu rouge…

— Tristan Renaud, *Entre deux étés*, 1963

Au 3, Jacques Sternberg

En 1947, Jacques Sternberg, 24 ans, réside au 4, rue Georges-Berger, bien décidé à troquer son métier d'emballeur contre celui d'écrivain. Les débuts sont difficiles : refus chez Gallimard, chez Julliard, au Seuil. En 1951, il déménage pour la porte d'Auteuil (1, rue Chanez) puis, en 1950, s'installe au 3, avenue Mac-Mahon. Il faudra attendre 1953 pour que son premier livre, *La Géométrie dans l'impossible*, paraisse chez Éric Losfeld.

À compter de cette date, il ne cessera de publier : plus de mille cent nouvelles, de nombreuses anthologies et une quinzaine de romans dont *Sophie, la mer et la nuit*, seul de ses livres à recevoir les honneurs de la presse, ou *Toi, ma nuit*, son plus mauvais roman selon lui, mais qui rencontre un honnête succès.

Premier auteur français de la collection « Présence du futur », maître de l'humour et de la dérision, il aimait arpenter le bitume et la mer : trois cent mille kilomètres en Solex, vingt mille miles en dériveur. Dans *188 contes à régler*, des « contes-gouttes » ultrabrefs, Sternberg évoque la perversité divine : « Dieu était arrivé à bout de ses peines quand il pensa à celles qu'il réservait à l'homme récemment créé et il fut assez satisfait de les résumer en affirmant : "Né de la poussière, tu seras destiné à redevenir poussière." Et pour peaufiner le sadisme de sa trouvaille, il donna à l'homme la conscience de n'être que poussière et l'intelligence d'inventer un jour l'aspirateur. »

Au 13, Jean Rameau, poète

« À ses débuts, entre les années 1880 et 1890, beau comme un dieu qui se serait fait ægipan, brun de poil et de peau, avec sa barbe bifide et bouclée, ses cheveux follement ondulés, point trop gêné par une légère claudication, il avait obtenu des succès foudroyants dans les salons de la grande bourgeoisie parisienne, où il déclamait volontiers ses vers[18] », peut-on lire sur une page qui lui est dédiée. Le poète landais s'intitulait lui-même « fils spirituel de Victor Hugo » et aurait composé plus de soixante romans et… cinq mille contes et chroniques. Paris lui déplut et il reprit le train vers ses Landes natales : « Le train hurle, ivre d'ombre, et halète. Paris / Fuit dans le noir, comme un vain songe qui s'écroule… / Adieu, boulevards drus embaumés d'âcre foule ! / Adieu, salons où l'âme a des poudres de riz ! »

MALESHERBES
(boulevard)

Le boulevard Malesherbes est également présent dans le 8e arrondissement.

Elle tira de son corsage la lettre du médecin. « Oh ! dit la jeune femme, boulevard Malesherbes ! Ça doit être des gens riches ! – Vous croyez ? – Oui, c'est un des beaux quartiers de Paris. Vous avez de la chance. »

— René Bazin, *Donatienne*, 1903

Au 112, le poète Bernard Noël

En 1956, lors d'un mois de janvier glacial, Noël rédige en une dizaine de nuits une suite de textes qui constitueront *Extraits du corps*, recueil de poésies qui paraît chez Minuit deux ans plus tard. « J'habitais alors un atelier de sculpteur à peu près vide. Dans l'un des angles, on avait aménagé une petite cuisine de trois mètres carrés maximum, espèce de réduit en planches avec une porte. J'écrivais là, à la chaleur d'un réchaud à gaz sur lequel bouillait de l'eau[19]. » Après *Extraits du corps*, il met presque dix ans à écrire un nouveau livre (*La Face de silence*) et vit Mai 68 comme « une insurrection intime à la fois suicidaire et libératoire ». En guise de réponse à une société qu'il juge ultraviolente, il publie en 1969 *Le Château de Cène*, récit érotique et baroque devenu depuis un classique. « À un certain moment du gaullisme, écrit-il à un ami, le roman érotique m'est apparu comme une arme contre la bêtise politique – la seule arme contre cette société satisfaite et puante. » Poursuivi et condamné pour atteinte aux bonnes mœurs, Noël va créer le concept de « sensure », cette perversion et vacuité du langage assassiné par le capitalisme, la communication, la télévision. Sa vie sera essentiellement consacrée à la poésie, souvent engagée, à travers plus de cinquante recueils très souvent primés, depuis le prix Antonin-Artaud pour *La Face de silence* en 1967 jusqu'au Grand Prix de poésie de l'Académie française en 2016 pour l'ensemble de son œuvre. Bernard Noël est décédé en avril 2021.

Après le boulevard Malesherbes, il résida 7, impasse Saint-Denis (2e arrondissement) et 19, villa de l'Adour (19e arrondissement).

Au 137, l'ironiste Pierre Veber

Auteur prolifique, Pierre Veber produisit en quarante ans de carrière une centaine de comédies burlesques, vaudevilles et pièces diverses, de même qu'une cinquantaine de romans (*L'Aventure*, 1898, *Amour, amour !*, 1900), nouvelles ou contes humoristiques et ironiques. Sa collaboration avec Maurice Hennequin fut source de grands succès comme *Vous n'avez rien à déclarer ?* (1906), hissant le duo au niveau des incontournables de Flers et Caillavet. Auteur très parisien, beau-frère de Tristan Bernard dont il avait épousé la sœur (« j'ai fait, disait-elle, un mariage d'humour »), il naquit 106, rue de Richelieu, vécut boulevard Malesherbes dans les années 1930 et décéda en 1942 au 15, rue Moncey.

Au 137, Albert Millaud

Cet écrivain, journaliste et auteur dramatique est surtout connu pour la qualité de ses pseudonymes : Baron Grimm, La Bruyère, Lafontaine ou Saint-Simon. Sa première pièce, *Le Péché véniel*, est jouée en 1872 et ses *Physiologies parisiennes*, tableaux malicieux sur les travers de son époque, sont publiées en 1886. Auteur de plusieurs livrets, il signe notamment la comédie-opérette *Mam'zelle Nitouche* (1883, en collaboration avec Henri Meilhac), vaudeville dédié à sa maîtresse, l'actrice Anna Judic.

Au 147, Pierre Louÿs et ses femmes

Poète symboliste, ami de Gide et de Valéry, célèbre par ses scandaleuses *Chansons de Bilitis* (1894) suivies d'une non moins scandaleuse *Aphrodite* (1896), Pierre Louÿs s'installe boulevard Malesherbes en 1897, en compagnie d'une jeune Mauresque nommée Zohra Bent Brahim. « Viens vite [...], écrit-il à Debussy. Tu ne peux pas imaginer comme elle est brune, et c'est joli sur les draps blancs un corps de femme en chocolat. »

L'homme qui revendiquera plus de deux mille cinq cents maîtresses fut, avec Henri de Régnier, amoureux de Marie, la fille de

José Maria de Heredia. Régnier l'épousa (mariage arrangé pour raisons financières), Louÿs en fit sa maîtresse le lendemain du mariage. Le vieux Régnier ne fut pas vraiment son copain : « Il a tout l'air, écrivit Louÿs, d'un cadavre debout, oublié sous la pluie par un assassin distrait. » Et, pour faire bonne mesure, Louÿs épousa Louise, la sœur de Marie, en 1899. Trois ans plus tard, après avoir publié *Les Aventures du roi Pausole* (1901), Louÿs quitte le boulevard Malesherbes pour s'installer dans une maison en briques rouges du hameau de Boulainvilliers. Lorsque, en 1925, ses héritiers inventorieront ses papiers, ils découvriront, selon Jean-Paul Goujon, plus de quatre cents kilos de manuscrits érotiques.

Au 160, Catulle Mendès

Homme-orchestre de la vie littéraire du Second Empire et de la Troisième République, épousant tous les styles, il aura été poète, romancier, dramaturge, nouvelliste, conteur, librettiste, critique littéraire, critique dramatique, historien de la Commune, écrivant une vingtaine de pièces de théâtre et publiant une soixantaine de romans. Accusé par certains de n'être qu'un imitateur des grands auteurs qu'il vénéra comme Victor Hugo, il fut considéré par d'autres comme écrivain majeur de la « décadence », dans la lignée de Baudelaire.

Ce monstre sacré des décennies 1880 à 1900 s'installe boulevard Malesherbes en janvier 1909. Il n'y vivra pas longtemps. « Le 1er février 1909, écrit André Billy, à cinq heures du matin, sous le tunnel de Saint-Germain, un lampiste [a] découvert le cadavre de Catulle Mendès horriblement mutilé. Le tragique accident [fait] dans la littérature et la presse, dans le public aussi, une sensation énorme. Mendès était une des vedettes de ce qu'on appelait alors le Tout-Paris. Je ne lui avais jamais parlé, mais je l'avais souvent croisé sur le boulevard et je le revois encore à une soirée chez Mme Aurel, rue de Berry, en habit, le plastron cassé, l'œil globuleux et vague, le teint coloré, la peau grasse, la barbe et la chevelure en désordre. »

Au 167, Bonjour tristesse

En 1953, à 18 ans, enfermée près de la Sorbonne au café Cujas puis dans l'appartement familial du boulevard Malesherbes, Françoise Quoirez écrit en quelques semaines son *Bonjour tristesse*, roman dont le titre provient d'un poème d'Éluard : « Bonjour tristesse. / Tu es inscrite dans les lignes du plafond. / Tu es inscrite dans les yeux que j'aime / Tu n'es pas tout à fait la misère, / Car les lèvres les plus pauvres te dénoncent / Par un sourire. » (Elle récidivera en 1970, pour son huitième roman, *Un peu de soleil dans l'eau froide*, dont le titre provient d'un autre poème d'Éluard.)

L'incipit est connu : « Sur ce sentiment inconnu dont l'ennui, la douceur m'obsèdent, j'hésite à apposer le nom, le beau nom grave de tristesse. »

En janvier 1954, elle porte son manuscrit chez René Julliard et, quelques jours après l'avoir lu, l'éditeur signe un contrat avec Françoise devenue Sagan, pseudonyme emprunté à Proust. Premier tirage, cinq mille exemplaires, épuisés en quelques jours. En un an, il s'en vendra près d'un million. Le vieil Émile Henriot, qui tient la rubrique littéraire au *Monde*, hume avec délices ce « petit chef-d'œuvre de cynisme et de cruauté ». D'emblée, il l'ensevelit sous les comparaisons les plus flatteuses : « C'est l'ouvrage d'une jeune fille de 18 ans, probablement très pure, mais d'imagination inventive, et que l'on a pu comparer en bloc, toutes proportions gardées, pour cet extraordinaire début au féroce Choderlos de Laclos des *Liaisons dangereuses*, à l'innocente vitrioleuse des *Hauts de Hurlevent*, Emily Brontë, et à Radiguet, le glacial incendiaire du *Diable au corps*. »

Quel souvenir Sagan gardera-t-elle de l'appartement du 167 ? « Celui d'un couloir qui fait au moins vingt-trois mètres. Un endroit bizarre où les chambres sont assez mal faites et les pièces de réception trop grandes », se rappelle-t-elle. Un long couloir où, déjà amoureuse de la vitesse, elle tente de battre à l'âge de 6 ans des records du tour sur son âne à roulettes.

Au 169, Jules Mary

Cet ami de jeunesse et camarade de classe de Rimbaud débarque à Paris en 1872. Feuilletoniste à la petite semaine, il parvient à faire jouer un petit vaudeville aux Folies-Marigny, ce qui lui rapporte quatre-vingts francs. Il fait froid, il s'empresse de dépenser sa fortune chez un fripier, achetant un pardessus hongrois doté de trente-deux poches qui excitera longtemps la jalousie d'Arthur Rimbaud.

La fortune, il va la rencontrer en devenant un roi du feuilleton, de la « suite à demain », avec des œuvres comme *Roger-la-Honte* (1886), *Le Régiment* (1890), *La Pocharde* (1898), *Trompe-la-Mort* (1913-1914)…

Ses feuilletons étaient parfois écrits un peu trop rapidement : dans *La Revanche de Rose-Manon* (1901), un homme d'une trentaine d'années est doté douze lignes plus loin de « cinq filles en âge d'être mariées et deux garçons employés de ministère ».

Jules Mary produisit une quarantaine de romans entre 1880 et 1925, dont certains furent adaptés au cinéma comme *Roger-la-Honte*. Le 19 août 1922, *Ciné-journal* écrit : « Jules Mary n'est plus. Son imagination qui fut considérable fit beaucoup d'heureux et, lorsque je cherche à savoir pourquoi, je suis obligé de reconnaître que ses lecteurs n'étaient point difficiles. »

Au 190, le troisième salon de Mme Adam

Après la rue de Rivoli et le boulevard Poissonnière, Mme Adam (née Juliette Lambert) et son sénateur de mari s'installent en 1887 boulevard Malesherbes. L'ancienne égérie républicaine va progressivement se tourner vers la droite radicale, soutenir le mouvement antidreyfusard puis être oubliée, malgré le nom donné de son vivant à une rue du 17e arrondissement :

rue Juliette-Lamber. Féministe engagée, elle fera partie du premier jury du prix Vie heureuse (octroyé à partir de 1904, ancêtre du prix Femina), laissera une cinquantaine d'ouvrages, publiera ses *Souvenirs* en sept volumes et vivra centenaire à quelques mois près.

Au 202, Lucien Fabre

Ingénieur au talent protéiforme, il commença comme poète (*Connaissance de la déesse*, 1920, préfacé par Valéry), poursuivit comme vulgarisateur éclairé des théories d'Einstein (*Les Théories d'Einstein. Une nouvelle figure du monde*, 1921) puis enchaîna avec le prix Goncourt en 1923 pour *Rabevel ou le Mal des ardents*, roman en trois volumes relatant « la vie d'un homme d'affaires dans un style qui voulait être balzacien, mais qui devait surtout à Ponson du Terrail[20] ».

MARÉCHAL-JUIN (place du)

Place Pereire[21]. 17 h 52, la surveillée gare sa voiture avec difficulté et se rend à pied au n° 1, au café Le Royal Pereire, où elle s'assoit en terrasse…

— Geneviève Dormann, *Mickey l'ange*, 1977

Au 4, la place Pereire chez Modiano

« Il faisait nuit et bien que nous entrions dans l'hiver, l'air était tiède. Place Pereire, nous nous sommes assis à la terrasse des Hortensias. Hutte aimait ce café, parce que les chaises y étaient cannelées, "comme avant". »

Les Hortensias, ce café-restaurant de la place Pereire, apparaît dans *Rue des Boutiques Obscures*, le sixième roman de Patrick Modiano pour lequel il obtint le prix Goncourt en 1978. On y rencontre Guy Roland, un détective devenu amnésique, qui décide de partir à la recherche de sa propre identité.

MÉDÉRIC (rue)

Après, ce sera peut-être un peu dur de dormir dans l'appartement que mon père me prête rue Médéric, où je n'ai pas que de bons souvenirs. Au contraire.

— Christine Angot, *Un amour impossible*, 2015

Au 32, Roger Nimier et Céline

Ça avait débuté comme ça : par l'envoi à Céline, en février 1949, de son premier roman *Les Épées*, dédicacé au « Maréchal des logis Destouches qui paie aujourd'hui trente ans de génie et de liberté, respectueusement, le cavalier de 2e classe Roger Nimier, février 1949 ».

Amnistié en 1951, Céline revient en France et Nimier sera un de ses principaux soutiens dans la presse, faisant notamment la promotion en 1957 de *D'un château l'autre*, arrangeant une interview de Céline par Madeleine Chapsal pour *L'Express*.

En 1955, il se permet d'inviter l'écrivain chez lui, rue Médéric. Céline lui répond :

« Mon cher Hussard, Néo-Barbusse, Géant des Lettres, Commissaire des Peuples, Idole du nouveau Femina, Ami, Votre invitation me touche, ma femme me traite de tous les noms parce que j'ai 61 ans, impotent, mutilé 75 p 100, gâteux pour tout dire !... elle se faisait une joie d'aller vous voir et Mme Nimier, Rue Médéric... Mais comme les très vieilles momies je ne me déplace plus du tout. Ma femme par contre bouge beaucoup, énormément, danse dans les étages... elle comptait sur vous pour lui envoyer des élèves... votre prestige personnel, et celui de "Femina" !... »

Céline ne viendra pas rue Médéric, mais Nimier se rendra souvent dans la villa de Meudon, les deux hommes éprouvant de sérieuses affinités politiques et littéraires. « Je ne sais pas, écrivit Céline à Nimier, si c'est ma "liberté" ou mon "génie" qui m'ont fourré dans l'état où je me trouve mais ça doit être plutôt à mon sens ma connerie ! Moins con je ne serais jamais tombé si bas ! Je vois bien d'autres génies qui s'en tirent à merveille ! Malraux, Giono ! Gide ! Duhamel, des centaines ! Et pourris d'honneur ! Vous êtes vous-même "génial" je le vois, foutre ! et vous portez superbement ! »

MOINES (rue des)

Le 82 de la rue des Moines était une maison construite en briques et moellons, avec un premier étage carré et un second mansardé.

— Catulle Mendès, *La Maison de la vieille*, 1894

Au 15, l'*Arbre mon ami* de Minou Drouet

En 1956 paraît *Arbre mon ami*, recueil de poèmes d'une petite fille de 8 ans qui devient aussitôt un grand succès de librairie. Controverse. Ne serait-ce pas la mère, l'auteure ? C'est ce que semble penser Jean Cocteau, expert ès poèmes : « Tous les enfants sont poètes, sauf Minou Drouet », déclare-t-il. Minou Drouet se soumettra avec succès à plusieurs tests d'écriture poétique sur des sujets fixés à l'avance, mais le doute sur son talent littéraire subsistera. « On a fait de moi un animal qui a mal », écrira-t-elle. Dans un chapitre de *Mythologies*, Roland Barthes analyse le « mythe » Minou Drouet : « Un arbre est un arbre. Oui, sans doute. Mais un arbre dit par Minou Drouet, ce n'est déjà plus tout à fait un arbre, c'est un arbre décoré, adapté à une certaine consommation, investi de complaisances littéraires, de révoltes, d'images, bref d'un usage social qui s'ajoute à la pure matière. »

André Breton, à qui l'on demanda de considérer ces textes comme le ferait un expert judiciaire, fut aussi formel que Cocteau. « Il n'est pas un enfant de cet âge et bien au-delà qui puisse par elle-même et à elle seule, écrire ce qu'on prête à Minou Drouet. » Après un ou deux ans de célébrité, la controverse s'éteindra. Minou Drouet publiera vers 20 ans quelques livres pour enfants, des fables et un roman, sans grand succès.

Au 82, le salon de la « dame aux éventails »

C'est une maison de briques assez modeste avec un étage mansardé qui donne, à l'arrière, sur le 17, rue Saint-Georges, maintenant rue des Apennins, pas loin des « fortifs » et des usines Gouin. Nina de Callias de Villard, poète et pianiste, y tient salon.

Cette « dame aux éventails » peinte par Manet recevait le mercredi et le dimanche, invitant les parnassiens – Verlaine, Dierx, Mallarmé, Heredia – à rivaliser d'esprit avec Alphonse Allais, Mac-Nab, Zola ou Daudet, Wagner tenant le piano. L'ambiance était si folle qu'elle surnommait son salon « le petit Charenton ». Dans leur journal, les Goncourt relatent les soirées de la rue des Moines : « Du dîner jusque bien avant dans la nuit, un cénacle de jeunes et révoltées intelligences, se livraient, fouettées par l'alcool, à toutes les débauches de la pensée, à toutes les clowneries de la parole, remuant les paradoxes les plus crânes, et les esthétiques les plus subversives, dans la surexcitation d'une jolie femme, d'une Muse légèrement démente. »

Charles Cros, amant de la belle, fut un habitué de la maison. Quand il la quitta au terme d'une liaison de huit ans, elle fit peindre des harengs saurs sur le mur de son salon. Car : « Il était un grand mur blanc – nu, nu, nu, / Contre le mur une échelle – haute, haute, haute, / Et, par terre, un hareng saur – sec, sec, sec. »

MONT-DORE (rue du)

Le poète vagabond quitte fréquemment sa mansarde de la rue de Savoie pour savourer le calme de l'appartement modeste de la rue du Mont-Dore, dont les meubles bien astiqués exhalent un doux parfum provençal.

— Jean-Paul Caracalla, *Vagabondages littéraires dans Paris*, 2010

Au 17, Blaise Cendrars et Raymone

En septembre 1917, sur les Grands Boulevards, Cendrars a rencontré Raymone Duchâteau, une jeune actrice « plus belle que le ciel et la mer » spécialisée dans les rôles de sottes et qui habite dans le quartier des Batignolles – 17, rue du Mont-Dore. Blaise, en pleine déprime depuis la perte de son bras droit sur le front de Champagne, tombe amoureux. Elle va repousser « ce pouilleux », mais lui proposera une relation platonique. Il l'épousera civilement en… 1949 à Sigriswil, en Suisse, puis religieusement le 1er mai 1959 à l'église Saint-Dominique à Paris, après sa conversion au catholicisme.

Unis quarante-trois ans par un amour mystique, démoniaque et insondable, ils forment l'un des couples les plus étonnants du monde littéraire du xxe siècle. Pendant des décennies, Cendrars lui écrira rue du Mont-Dore puis à « Mlle Raymone, 20 bis, rue Pétrarque – Paris XVIe ».

NIEL (avenue)

L'histoire avait commencé par un chapeau haut de forme que Basso essayait dans le magasin ensoleillé du boulevard Saint-Michel. Un rendez-vous avenue Niel, dans une garçonnière. Une noce le soir, à la guinguette à deux sous.

— Georges Simenon, *La Guinguette à deux sous*, 1931

Quelque part sur l'avenue, Bernard Pivot

Un sept-pièces bourgeois. Chaque jour, une trentaine de livres attendent devant la porte, soit environ dix mille par an. Bernard Pivot fait le tri, en lit trente à quarante par mois pour *Apostrophes.*

Sa fille se souvient de l'époque où il était interdit de courir dans les couloirs, car un médecin généraliste officiait à l'étage du dessous. « De temps en temps, un mur de livres s'effondrait avec un grondement de tremblement de terre. Dans la salle d'attente, les clients étaient "absolument terrorisés". "Que se passe-t-il ? demandaient-ils au toubib – Ce n'est rien, ce sont les piles qui s'écroulent chez les Pivot[22]" », se rappelle-t-elle dans une interview pour *Le Parisien* en mars 2018.

Critique au *Figaro littéraire*, après un premier roman (*L'Amour en vogue*, 1959), Bernard Pivot avait fait paraître *La Vie, oh là là* (1966), ouvrage salué par Alain Bosquet dans *Le Monde* : « Les billets de Bernard Pivot sont ailés, pertinents, drôles, enlevés avec une aisance qui est de l'art. Un écrivain est là, qui joue encore à se cacher. On attend une œuvre solide… » L'œuvre fictionnelle de Bernard Pivot sera mince, mais son œuvre journalistique sera phénoménale, avec les sept cent vingt-quatre numéros d'*Apostrophes* diffusés de 1975 à 1990.

L'émission, immense succès grand public, ne sera pas toujours appréciée par les intellectuels, notamment par Deleuze qui évoquera « l'état zéro de la critique littéraire, la littérature devenue spectacle de variétés ».

Au 30 bis, Pétrissans

Dans les années 1930, on croisait Céline et Tristan Bernard dans cette « cave » fondée en 1895 par un certain Marcel (ou Martin) Pétrissans. Tristan Bernard, pilier de comptoir, venait y boire son « ordinaire supérieur » et s'inspira des lieux pour sa pièce *Le Petit Café.*

Le bar apparaît chez Modiano dans *Les Boulevards de ceinture* : « Nous avons pris un dernier verre, avenue Niel, dans ce curieux bar Petrissan's [*sic*]. Un homme âgé est entré en titubant. Il est venu s'asseoir à notre table et m'a parlé de l'armée Wrangel. J'ai cru comprendre qu'il en avait fait partie. »

Au 44, Léo Claretie

Léo Eugène Hector Claretie, neveu (ou cousin) de Jules Claretie, fut journaliste, critique littéraire et romancier. Auteur de nombreux récits de voyage et de romans, il publia en 1886 *Paris depuis ses origines jusqu'en l'an 3000*, roman d'anticipation dans la veine de *L'An 2440* de Louis-Sébastien Mercier. Il imagine qu'en 1987, Paris est désormais au bord de la mer, que les marchands de coraux tiennent un marché sous l'eau auquel on accède par un système de cloche meublée. Les voyageurs se déplacent en véhicule aérien, la presse paraît toutes les deux heures et un toit immense se déploie au-dessus de la capitale lorsqu'il pleut. Avait-il anticipé sa mort ? Il décède le 16 juillet 1924 à Servon-sur-Vilaine, en se jetant du train du rapide Paris-Brest.

Au 84, le suicide de Gilles Deleuze

Le 4 novembre 1995, atteint d'une grave maladie respiratoire devenue insupportable, Gilles Deleuze se suicide en se jetant par la fenêtre. Son disciple et ami Richard Pinhas évoque la fin du philosophe : « Je crois profondément qu'il a accompli là un dernier grand acte de liberté, le dernier possible. Je dis cela avec beaucoup de déférence et beaucoup d'amour. Quand on est face à la douleur permanente et qu'une machine respire à votre place, on ne peut pas durer très longtemps. Il venait de publier *L'Immanence : une vie*, dans la revue *Philosophie*, le dernier texte publié de son vivant[23]. »

Au 177 (qui n'a jamais existé), la drôle d'odeur du papier peint

Au « 177 » est située la pseudo-agence de police privée qui emploie le héros de *La Ronde de nuit*, le second roman de Patrick Modiano, vaste promenade dans l'arrondissement durant l'Occupation. « Il flottait, 177, avenue Niel, une drôle d'odeur, à cause des meubles vieillots et du papier peint. La lumière n'était jamais franche. »

NOLLET (rue)

Il a atterri dans un hôtel miteux, au 55, rue Nollet, où il vit entouré d'artistes tout aussi fauchés que lui, mais nettement plus jeunes.

— Yseult Williams, *La Splendeur des Brunhoff*, 2018

Au 1, Alfred de Vigny, chaud lapin

En avril 1838, le poète loue rue Nollet un atelier pour loger sa maîtresse la peintre Julia Dupré. Tout en perpétuant une liaison finissante mais très érotique avec Marie Dorval (qui, à son désespoir, « fréquente » Jules Sandeau), il entame une liaison passionnée avec Julia Dupré, dont il relate les rendez-vous torrides dans un agenda.

En septembre, Vigny mettra un terme à ces deux passions et se retirera dans son domaine de Charente. Il renouera avec la poésie, abandonnée depuis sept ans, écrira en octobre son poème le plus connu (des écoliers d'antan), *La Mort du loup*, dans lequel, comme chacun sait, les nuages courent sur la lune enflammée.

Au 10, le premier poème de Verlaine

Quand sa famille s'installe rue Nollet après un bref passage rue des Petites-Écuries, en 1851, le jeune Paul Verlaine juge sévèrement sa nouvelle rue, « ces énormes maisons de plâtre, écrira-t-il dans *Louise Leclercq*, à cinq ou six étages, avec leurs innombrables volets gris, comme des poitrines de squelettes à plat », ces « mornes enfilades de bâtisses à suer les revenus ».

Interne à la pension Landry, 32, rue Chaptal, puis élève à Condorcet, il adresse à 14 ans son premier poème à Victor Hugo accompagné d'un mot : « Me sentant quelque goût pour la poésie, j'éprouve le besoin de m'en ouvrir à un maître habile, et à qui pourrais-je, mieux qu'à vous, Monsieur, confier les premiers pas d'un élève de quatrième ? »

Le poème est scolaire à souhait, évoquant une mort « telle qu'un moissonneur, dont l'aveugle faucille / Abat le frais bleuet, comme le dur chardon, / Telle qu'un plomb cruel qui, dans sa course, brille, / Siffle, et, fendant les airs, vous frappe sans pardon ».

Au 55, l'école d'art de Max Jacob

« J'ouvrirai une école de vie intérieure, et j'écrirai sur la porte : école d'art. » Ce sont les mots que Max Jacob place quelques années avant sa mort en exergue de ses *Conseils à un jeune poète* (1941). En 1928, après s'être retiré une première fois dans l'abbaye de Saint-Benoît-sur-Loire, il est retourné à la vie parisienne et mondaine et s'est installé dans une humble chambre de l'hôtel Nollet, « hôtel interlope, à la réputation discutable ». L'ami d'Apollinaire et de Picasso va y recréer un second Bateau-Lavoir, école accueillant musiciens (Henri Sauguet habite également l'hôtel), poètes et écrivains (Follain, Artaud, Cocteau…).

PEREIRE (boulevard)

Leucé habitait un studio au septième étage d'un immeuble neuf du boulevard Pereire. La vue était très dégagée, sur des toits de zinc et des cheminées et, en se penchant par la fenêtre, on découvrait au fond du boulevard la tranchée du chemin de fer.

— Marcel Aymé, *Le Bœuf clandestin*, 1939

Au 54, Miguel Zamacoïs

Dramaturge, auteur de poèmes et de romans populaires, il débuta en 1905 au théâtre des Nouveautés avec sa première pièce : *Le Gigolo*, suivi par *Les Bouffons* (1907) dont Sarah Bernhardt fit un succès.

Quarante ans plus tard, après avoir publié une trentaine d'ouvrages, il fera paraître un volume de souvenirs, *Pinceaux et Stylos*, retraçant soixante ans de vie parisienne. On le compara à Edmond Rostand, en moins étincelant, et il souffrit de n'être qu'un poète mineur. Son poème le plus connu est « L'accent » (dans *La Fleur merveilleuse*, 1910), que Fernandel aimait déclamer : « Non, je ne rougis pas de mon fidèle accent ! Je veux qu'il soit sonore et clair, retentissant ! »

Au 169, la maison d'enfance de Roger Nimier

Baccalauréat en poche, Roger Nimier entame des études à la Sorbonne à la rentrée 1942, tout en étant employé par la maison de philatélie Miro, dirigée par son oncle. Le jeune homme a des dons : « J'avais Roger Nimier comme condisciple au lycée Pasteur, relate Michel Tournier. Il était effrayant de précocité : il avait tout lu, tout compris, tout assimilé à seize ans. »

À 18 ans, Nimier boucle son premier roman, *L'Étrangère*, roman refusé par Gallimard mais que la « Blanche » publiera vingt ans plus tard à titre posthume. Le style Nimier est déjà présent, désinvolture et impertinence, dès l'incipit : « Je suis plus bête que coupable. Croyez-vous que je changerai un jour ? J'ai bien peur d'être né comme ça. » Le second coup d'épée – *Les Épées* – est publié en 1948. Nimier a 23 ans. Dans *L'Aurore*, Maurice Dekobra rend compte de l'ouvrage : « Dans *Les Épées*, M. Roger Nimier, qui est incontestablement un garçon de talent – encore qu'il ait le tort pour se faire valoir de citer des peintres à tort et à travers – campe un héros pour qui le bien et le mal se présentent à parfaite égalité dans la comédie qu'il se joue à lui-même, avec airs bravaches, ironie glaciale et recherche de l'absurde. Il convoite sa sœur, se félicite que sa mère soit adultère, entre dans la Résistance puis dans la Milice, tue, torture et s'amuse à anéantir le bonheur de sa sœur. Charmant jeune homme, comme on voit ! Mais au moins M. Roger Nimier a un talent vif, dur, inquiétant… »

PRINTEMPS (rue du)

Thadée Natanson était tombé fou de la jeune cousine qui vivait seule dans un logement modeste du XVIIe arrondissement, rue du Printemps.

— Edmonde Charles-Roux, *L'Irrégulière*, 2009

Au 1, Roger Martin du Gard

En octobre 1906, marié depuis huit mois, Roger Martin du Gard s'installe rue du Printemps. Il tente de terminer *Une vie de saint*, biographie d'un prêtre, mais n'y parvient pas. Meurtri par cet échec, inquiet quant à son destin d'écrivain, il consulte quelques psychiatres et neurologues. Peut-être cette inquiétude influe-t-elle sur le titre de son premier roman, *Devenir !*, commencé en 1908 et qui paraît en juin 1909 à compte d'auteur chez Ollendorff. Rassuré, Martin du Gard entame alors la rédaction de *Jean Barois*, refusé par Grasset mais édité par la *NRF* de son ami Gaston Gallimard en 1913. Pour l'auteur et pour la jeune maison d'édition, *Jean Barois* constitue le premier grand succès.

Au 2, Henry Malherbe

Il n'écrivit qu'un seul roman et ce fut le bon : en 1917, il reçoit le prix Goncourt pour *La Flamme au poing*. Dans ses souvenirs – selon Wikipédia –, Lucien Descaves se remémore la réaction de Daudet après le scrutin : « Je ris encore de l'effarement de Léon Daudet qui, ne sachant pas que Malherbe était Israélite, avait voté pour lui ! »

Au 7, Émile Goudeau

Du Quartier latin à Montmartre, cet employé au ministère des Finances fréquenta la bohème lettrée de la capitale à travers le club des Zutistes, le club des Hirsutes et celui des Hydropathes dont il fut le fondateur. Paul Vivien, son biographe, le définit comme ayant « l'esprit alerte et prompt comme un pétard, [auteur de] vers, qui sont beaux, si beaux que personne ne comprend ». Ses Mémoires (*Dix ans de bohème*, 1888), agrémentés de *Paysages parisiens* (1892) et *Paris qui consomme* (1893), constituent un document précieux sur la vie sociale et littéraire de la fin du siècle. Il meurt en son domicile, au 7, rue du Printemps, en 1906.

Au 20, Mme Aurel

Aurel est le nom de plume d'Aurélie de Faucamberge, épouse du dramaturge Alfred Mortier, auteure d'une trentaine d'ouvrages mystico-érotiques comme *Pour en finir avec l'amant* (1908), *La Semaine d'amour* (1913) ou *La Vierge involontaire* (1930). Elle tenait salon le jeudi dans sa maison de la rue du Printemps et s'attira les foudres de Paul Léautaud qui note dans son *Journal* : « Si bête, si sotte, si prétentieuse qu'on la connaisse, une autre occasion se présente toujours de la découvrir encore plus bête et sotte et prétentieuse. » Et qui ajoute : « Mme Aurel croit me dire une grande injure en m'appelant "crapaud". J'ouvre le dictionnaire : "Crapaud : animal utile qui détruit la vermine." »

PRONY (rue de)

Le taxi arrivait rue de Prony. Il s'y arrêta.
« Restons encore une minute, fit Vittoria ;
il ne faut pas engager l'avenir à la légère. »
— Yves Lecœur, *L'Escalier de J.-P. Sartre*, 1956

Au 43, Joseph Kessel

En 1921, ce sans domicile fixe de la planète Terre, cousin éloigné de Conrad, London, Stevenson ou Cendrars, s'installe rue de Prony et, tout en voyageant-baroudant, écrit ses premiers romans. Il y résidera – quand il est à Paris – jusqu'en juin 1928. *La Steppe rouge* paraît en 1922, *L'Équipage* en 1923. À la *NRF*, son profil atypique ne plaît pas à tout le monde. Si Gaston Gallimard croit à l'avenir littéraire de son poulain, Gide fait la moue et Paulhan doute : courir le monde, accumuler informations et sensations, en tirer des reportages de presse puis un roman, est-ce vraiment de la littérature ? N'est-ce pas là un « système » à but commercial ?

Au 49, les cinq sous de Paul d'Ivoi

Son grand-père, Édouard, et son père, Charles, signèrent également certains de leurs livres du nom de Paul d'Ivoi. Mais Paul est évidemment le plus connu de la lignée avec *Les Cinq Sous de Lavarède*, roman coécrit avec Henri Chabrillat, paru en 1894. Dans la mouvance des *Voyages extraordinaires* de Jules Verne, d'Ivoi va entamer et rédiger sur vingt ans un cycle de *Voyages excentriques*, vingt et un romans qui se distinguent de Jules Verne par un rapport plus étroit avec l'actualité, une certaine fantaisie et, surtout, une plus grande importance accordée aux femmes.

RENNEQUIN (rue)

Sur leur conseil, j'achète un petit appartement rue Rennequin, dans le 17ᵉ arrondissement. Un charmant deux-pièces prolongé par une terrasse.

— Patrick Segal, *Vivre, tout simplement*, 2013

Au 69, Léon Bazalgette

Ce critique littéraire et animateur de revues se distingue pour son travail de traduction de Whitman et la diffusion de l'œuvre de Verhaeren. « Ce qui était extraordinaire chez Léon Bazalgette, écrit Stefan Zweig, cet ami entre mes amis, dont le nom est fort injustement oublié dans la plupart des tableaux de la littérature française contemporaine, c'est qu'au milieu de cette génération de poètes il mettait toute sa force créatrice au service d'œuvres étrangères, réservant ainsi toute la merveilleuse intensité de sa nature à ceux qu'il aimait[24]. »

ROME (rue de)

Choses et gens : tout est ici, un peu comme l'odeur de la rue de Rome, où l'on ne sait pas trop ce que l'on sent, si c'est la m… ou la fleur d'oranger.

— Edmond et Jules de Goncourt, *Journal des Goncourt. Mémoires de la vie littéraire*, 1887

Au 52, Méry Laurent

La massive et blonde comédienne, vêtue d'un ample déshabillé blanc, fait salon et reçoit l'élite littéraire et picturale de la capitale dans un décor de cocotte proposant à profusion passementeries, pompons, fourrures et coussins, tapis d'Orient et satyres peints au plafond. Peintres (Manet, bien sûr) et écrivains (Coppée, Huysmans, Mallarmé), tous adorent « l'arôme émané de Méry ». Elle inspira sans doute Zola pour le personnage de *Nana* et son amant, le Dʳ Evans, lui offrira une « maison de campagne » dont Marcel Proust se souviendra pour camper l'intérieur de chez Mᵐᵉ Swann.

Au 54, Léon Gandillot

Parmi les vignettes des célébrités de Félix Potin, il figure comme Gandillot, sans prénom, signe de grande notoriété. Il fut selon Jules Lemaître « l'individu le plus gai de sa génération ». Vaudevilliste à succès, il produisit une trentaine de pièces depuis *Les Femmes collantes* (1886) jusqu'à *Sauvé des eaux* (1911). En 1914, dans *Le Figaro*, il écrivit une charge remarquée contre le monologue en usage dans les salons : « Sous l'oppression du monologue, votre nervosité s'exaspère, un désespoir incurable vous saisit avec un trouble de toutes vos sensations. Les lumières vous semblent livides ; les plantes vertes, tout en zinc qu'elles soient, paraissent s'étioler ; la flamme qui brillait aux yeux des vierges s'évanouit et elle est remplacée par l'expression du regard d'une vache qui voit passer un train ; et le parfum qui se dégage du décolletage des femmes se transforme en un âcre relent de transpiration. »

Au 68, Charles Robert-Dumas

Charles Robert-Dumas est un auteur très lu entre 1910 et 1950, produisant une quinzaine de recueils de contes pour enfants (*Contes de ma mère-grand*) issus de la culture populaire. Organisés en volumes aux noms de couleurs, ses contes sont ancrés dans un Moyen Âge de fantaisie. Parallèlement, il produisit de nombreux romans d'espionnage et de science-fiction, dont un étonnant *La Machine à prédire la mort* (1938).

Au 89, Stéphane Mallarmé

Quittant la rue de Moscou, Mallarmé s'installe en mars 1875 au quatrième étage du 87 de la rue de Rome (qui deviendra le 89). L'appartement comporte quatre pièces et donne sur la rue Beudant. Dans *Mes souvenirs sur Mallarmé*, Georges Moore évoque la rue : « La partie de la rue de Rome qui confine à la place de l'Europe est bordée de belles maisons mais l'extrémité, dès que l'on a dépassé le boulevard extérieur, n'est plus qu'un bas quartier. La maison qu'habitait Mallarmé ne payait pas de mine [...], un escalier mal tenu et tortueux montait en spirale étroite jusqu'au-delà du troisième étage. »

En 1883, les « mardis » de la rue de Rome prennent leur essor : « Le 1er mardi soir (après huit heures) qu'il vous sera loisible de vous égarer rue de Rome, montez donc fumer une cigarette et causer, au 89. J'y suis toujours pour quelques jeunes et vieux amis. » Les invités se réunissent autour d'une table au milieu de laquelle trône un pot en porcelaine permettant à chacun de puiser du tabac. La renommée poétique de Mallarmé va s'accélérer à partir de 1884, lorsque son vieil ami Paul Verlaine le fait figurer dans sa série des *Poètes maudits* et lui consacre un long article louant sa modernité. Reconnu comme un maître par les jeunes générations, d'Henri de Régnier à Paul Valéry, Mallarmé poursuit sa quête de beauté pure qui va l'entraîner vers un hermétisme d'avant-garde.

Au 97, Alec Scouffi et Modiano

Poète et romancier égyptien, remarqué pour son roman *Au Poiss' d'Or, hôtel meublé* (1929), Alec Scouffi est assassiné en 1932 à son domicile de la rue de Rome. Personnage récurrent chez Modiano, cet homosexuel « au visage de bouledogue » apparaît dans *Livret de famille* et dans *Rue des Boutiques Obscures* : « Ça s'est passé pendant la nuit… Il avait fait monter quelqu'un dans son appartement… Il faisait monter n'importe qui dans son appartement… […] Si vous aviez vu la tête de certains garçons qu'il invitait chez lui, le soir… Même en plein jour, j'aurais eu peur… »

Au 145, Thierry Sandre

Cet ancien secrétaire de Pierre Louÿs fut romancier (sous les noms de Charles Moulié, Thierry Sandre et Jean Dumoulin), essayiste, auteur d'ouvrages pour la jeunesse, traducteur ou adaptateur de textes grecs, latins et arabes. Parmi sa production romanesque (une vingtaine de romans), une trilogie (*Le Chèvrefeuille*, *Le Purgatoire*, *Le Chapitre XIII*) qui obtint le prix Goncourt 1924.

Au 159, Georges Conchon

Ce haut fonctionnaire publie son premier roman en 1953 – *Les Grandes Lessives* – et *Le Monde* écrit : « L'ouvrage marque un beau début, et il honore le réaliste et clairvoyant M. Conchon. On lui voudrait seulement un peu plus de tendresse humaine. Je mets son volume sur les mêmes rayons que ces grands romans lus depuis dix ans et dont le souvenir n'est pas effacé : *Famille Boussardel*, d'Hériat ; *Les Membres de la famille*, de Laporte, et le premier volume de Druon, *Les Grandes Familles*, qui partait si bien. Que M. Conchon ne se presse pas : on l'attend à son prochain livre. »

Georges Conchon se pressera : prix Fénéon pour *Les Honneurs de la guerre* (1955), Prix des libraires pour *La Corrida de la victoire* (1959), Prix des volcans pour *L'Esbroufe* (1961) et prix Goncourt pour *L'État sauvage* (1964). Plusieurs de ses romans ultérieurs seront adaptés au cinéma : *Sept Morts sur ordonnance*, *Le Sucre*, *La Banquière*…

Georges Conchon a-t-il résidé rue de Rome ? Un seul site le stipule (Staroad). Le romancier-scénariste-réalisateur décède en 1990.

RUHMKORFF (rue)

L'angle droit que forme la rue Ruhmkorff, mécanicien allemand sans doute peu soucieux d'euphonie, est pour ainsi dire bercé par un demi-cercle qui l'adoucit.

— Jacques Réda dans les *Cahiers de la Villa Gillet*, 1996

Au 4, Julien Green

Julien Green y naît en 1900 et, soixante-douze ans plus tard, Pierre Gaxotte répond au discours de réception de Julien Green à l'Académie française : « Vers 1830, votre grand-père paternel […] avait des dettes et deux dollars en poche. Il en donna un à un pauvre hère. Après quoi il fit fortune : vous voyez bien, Monsieur, que l'irréel est pour vous un héritage de famille. Mais la moralité de la fortune étant d'être périssable, en 1893 votre père quitta les États-Unis pour diriger en France le bureau d'une firme cotonnière. Il s'était marié avec une jeune fille du Sud, de Savannah, et,

– vous le savez mieux que moi, mais Gide est mort convaincu que vous aviez vu le jour à la Nouvelle-Orléans – vous êtes né à Paris, dans le 17e arrondissement, rue Ruhmkorff. »

Dans son *Journal*, en 1933, Green notera : « Un appartement délicieux, pas de revenants, pas un soupçon de tristesse, rien que de bonnes pensées partout… »

SAINT-FERDINAND (rue)

La rue Saint-Ferdinand, c'était la rue où, pendant un mois, j'avais vendu des œufs et des yaourts, et je sus tout de suite que c'était chez sa première femme que Drieu était venu mourir.

— Pierre Andreu, *Le Rouge et le Blanc*, 1977

Au 23, le suicide de Drieu la Rochelle

Début mars 1945, Drieu quitte l'avenue de Breteuil et, traqué, se réfugie rue Saint-Ferdinand. Sa troisième tentative de suicide – pour « liquider clair et net le héros manqué, le guerrier avorté » – sera la bonne. « Le suicide c'est la ressource des hommes dont le ressort a été rongé par la rouille », écrivait-il en 1931 dans *Le Feu follet*. Quatorze ans et une guerre plus tard, on peut lire dans *Combat*, le 17 mars 1945, l'entrefilet suivant : « L'écrivain Pierre Drieu la Rochelle, qui dirigea *La Nouvelle Revue française* pendant l'Occupation et collabora à plusieurs feuilles pro-allemandes, s'est donné la mort. On a découvert son cadavre dans la cuisine d'un appartement situé 23 rue Saint-Ferdinand. Drieu la Rochelle s'était suicidé au gaz d'éclairage, après avoir avalé une forte dose de toxiques… »

Il se sera sans cesse trompé : abandon des surréalistes dans les années 1920, conversion au fascisme en 1934, adhésion au Parti populaire français (PPF) de Jacques Doriot, directeur collaborationniste de *La Nouvelle Revue française* qu'Otto Abetz considérait comme l'une des trois puissances du pays, avec la haute finance et le parti communiste.

SAINT-SENOCH (rue de)

L'annuaire des abonnés au téléphone, à savoir le Bottin commercial de 1920, indique en sa page 2456 que Léo Fontan, dans la profession d'artiste peintre, habite au 10 rue Saint-Senoch.

— Daniel Auliac, *Léo Fontan*, 2004

Au 1, Colette

L'immeuble dans lequel elle réside étant promis à la démolition, Colette quitte la rue de Villejust (actuelle rue Paul-Valéry) en 1906 et s'installe à contrecœur rue Torricelli, future rue de Saint-Senoch. La liaison qu'elle entretient avec Missy – Mathilde de Morny – lui apporte une certaine stabilité affective après sa rupture avec Willy. Entre son *Dialogues de bêtes* (1904) et *La Retraite sentimentale* (1907), elle poursuit (jusqu'en 1912) une carrière au music-hall avec des numéros qui font scandale. Dans

« Rêve d'Égypte », au Moulin Rouge, en 1907, elle embrasse Missy, ce qui provoque l'interdiction de la pièce par le préfet de police. Et, un an plus tard, elle se dénude dans un nouveau numéro intitulé « La Chair ». Son passage sur les planches sera évoqué dans *La Vagabonde* (1910) et *L'Envers du music-hall* (1913).

SAUSSURE (rue de)

« Oui, rue de Saussure, fait Vonette. Je me souviens d'avoir trouvé ce nom bizarre. Chaussure… »

— Jean-Pierre Maurel, *Malaver s'en mêle*, 1994

Au 54, Louis Lemercier

Au 54 de cette ancienne rue de la Santé, Louis Lemercier, écrivain et marionnettiste français, crée en mai 1862 l'Érôtikon Théâtron, marionnettes érotiques, devant un public réunissant toutes les célébrités parisiennes du moment. Parallèlement, il publie toutes sortes de livres, vaudevilles, petits romans, essais comme *Les Courtisanes célèbres* dans lequel, en préface, il livre son credo littéraire : « Ce livre peut être sérieux, comme il peut être frivole. De toutes façons, il ne saurait être banal. Le public lecteur ne demande au livre qu'il achète que trois choses : 1° Que le titre ne soit pas une supercherie ; 2° Qu'il l'instruise, l'amuse ou l'intéresse ; 3° Qu'il soit décemment écrit. (Le mot décemment est ici employé au double point de vue de la langue et des mœurs.) L'auteur croit avoir rempli ces trois conditions. »

SIMON-CRUBELLIER (rue)

Un ami de Georges Perec s'appelle Jean Crubellier. Les Choses *de Perec évoque le* Commandant-Crubellier, *un bateau de Marseille à Tunis.*

— Dominique Bertelli, *Perec et l'image*, 1998

Au 11, La Vie mode d'emploi

Cette adresse fictive est le lieu choisi par Perec pour poser l'immeuble de *La Vie mode d'emploi*. Un hall d'entrée, une loge de la concierge, un magasin d'antiquités au rez-de-chaussée, six étages, des combles, des caves, des escaliers, un ascenseur, tout est prêt pour un puzzle de sept cents pages écrit serré, une peinture de l'humanité étonnante et foisonnante, de 1875, date de création de l'immeuble, jusqu'en 1975.

« Voilà toute une semaine, écrit Jacqueline Piatier dans *Le Monde* du 29 septembre 1978, que j'explore avec passion, patience et peine, tantôt dans l'hilarité, tantôt dans l'émotion, parfois dans l'ennui, toujours dans l'étonnement, l'énorme nef que Georges Perec vient de lancer sur notre mer littéraire. Et, tout compte fait, après m'être battue avec ces impressions contradictoires, je pense que *La Vie mode d'emploi* est un livre extraordinaire, d'une importance capitale non seulement dans la création de l'auteur, mais dans notre littérature, par son ampleur, son organisation, la richesse de ses informations, la cocasserie de ses inventions, par l'ironie qui le travaille de bout en bout sans en chasser la tendresse, par sa forme d'art enfin : un réalisme baroque qui confine au burlesque. »

TERNES (avenue des)

J'aime la grâce de cette rue industrielle / Située à Paris entre la rue Aumont-Thiéville et l'avenue des Ternes[25].

— Guillaume Apollinaire, *Zone*, 1912

Au 88, Paul Féval

En 1868, à 52 ans, Paul Féval quitte le 69, boulevard Beaumarchais et emménage avenue des Ternes. Plus lu que Balzac, grand rival de Dumas, l'auteur du *Bossu* et de deux cents romans sera soudainement délaissé par ses lecteurs à partir de 1875, année de sa reconversion à la religion catholique. Il rachète toutes ses œuvres pour les réécrire dans un sens plus conforme à la morale catholique. Il finira mal : ruiné par des spéculations financières hasardeuses, écrivant des livres bien-pensants, il est atteint de paralysie vers 1880 et meurt fou quelques années plus tard.

Au 96, à la villa des Ternes, Pierre Lambert-Thiboust

Il signa, en moins de vingt ans, une centaine de pièces – comédies, vaudevilles et drames –, depuis *L'Hôtel Lambert* (1848) jusqu'à *La Puce à l'oreille* (1867), à ne pas confondre avec la pièce du même nom de Georges Feydeau. Il décède villa des Ternes en 1867.

Au 96, à la villa des Ternes, Edmond About

Délaissant ses ambitions théâtrales (*Guillery*, 1856, *Gaëtana*, 1862), Edmond About décide de se consacrer au roman. S'il fait désormais partie de la « littérature de grenier », section distribution des prix, celui que l'on appelait « le petit-fils de Voltaire », l'ami d'Alexandre Dumas fils et de George Sand fit fortune avec *Le Roi des montagnes* (1857), *L'Homme à l'oreille cassée* (1862) ou *Le Nez d'un notaire* (1862), romans écrits villa des Ternes.

Au 96, à la villa des Ternes, Yves Berger

« Les éditions Grasset étaient alors dans les choux, relate Dominique Fernandez, tous les auteurs importants avaient fui, à la suite des dérapages de Bernard Grasset pendant l'Occupation. Yves plut immédiatement à Privat, et ce fut le début de la grande aventure qui, en quelques années, remit une maison moribonde au premier rang de la création littéraire. »

Directeur littéraire chez Grasset de 1960 à 2000, surnommé « grand manitou des prix littéraires », Yves Berger obtint le Femina en 1962 pour *Le Sud*, et le prix Médicis 1994 pour *Immobile dans le courant du fleuve*. Il laisse une douzaine de livres presque entièrement consacrée à l'Amérique des Indiens et, dans le questionnaire de Proust, à la question « Quels sont vos héros préférés ? », il répond : Christophe Colomb, Sacajawea (« la femme-oiseau » chez les Shoshones), Tecumseh (de la tribu des Shawnee, qui refusa le traité de Greenville), Chef Joseph (grand chef des Nez-Percés), Scarlett O'Hara, le général Lee et… Gutenberg.

Il décède villa des Ternes en novembre 2004.

TERNES (place des)

« Je vais te déposer place des Ternes, près d'une station de taxis. Tu en prendras un et tu te feras conduire. Retiens le nom de Mme Ruchon. »

— Georges Simenon, *Marie qui louche*, 1951

Au 9, Raymond Hesse

Une quinzaine d'ouvrages, dont un *Vauriens, voleurs, assassins* (1925), dans lequel le VVA, syndicat des vauriens, voleurs et assassins, se met en grève. Plus de crimes, plus de viols, plus de vols, plus de policiers, chômage des serruriers et personnel pénitentiaire, grand chambardement dans tout le pays.

Frédérick Tristan

Sur la place habitait dans les années 1980 le romancier Frédérick Tristan, Prix Goncourt 1983 pour *Les Égarés* (huit cent mille exemplaires vendus) et Grand Prix de littérature de la Société des gens de lettres (SGDL) en 2000 pour l'ensemble de son œuvre.

Auteur d'une trentaine d'ouvrages – romans, contes, poésie, essais –, il publia son autobiographie en 2010 : *Réfugié de nulle part*, récit dans lequel il relate ses rencontres avec André Breton, Mircea Eliade, Emmanuel Levinas et son expérience internationale de franc-maçon.

Privé de passé par une amnésie consécutive aux bombardements de l'exode à l'âge de 9 ans, traumatisme qui fit de lui « un enfant du vide », il s'inventa des vies, comme celle de Danielle Sarréra, son plus célèbre hétéronyme, jeune poétesse lyonnaise qui se serait donné la mort, en 1949, à l'âge de 17 ans, et encensée par la critique à la fin des années 1970 pour ses poèmes. Couronné par son Goncourt et désormais en pleine lumière littéraire, Frédérick Tristan s'obligea à révéler sa qualité d'auteur, les féministes ayant pris Danielle Sarréra comme porte-drapeau.

TOCQUEVILLE (rue de)

Là, tournant à droite, elle prit la rue de Tocqueville où, presque aussitôt, elle disparut sous un porche.

— François Nyrol, *Poupée de Noël*, 1938

Au 8, Francis de Croisset

Il s'appelait Franz Wiener et il était allemand. Il se fit naturaliser français et choisit le nom de Croisset, village où vécut Flaubert. Ayant débuté par des poésies et des chroniques, il se consacra au théâtre, faisant représenter des comédies d'une audace calculée : *Qui trop embrasse* (1899), *Chérubin* (1901), *Le Paon* (1904). Élégant, brillant, mondain, il se lia d'amitié en 1902 avec Marcel Proust, Proust qui, dix ans auparavant, avait ressenti « un trouble douloureux » pour la comtesse de Chevigné, laquelle deviendra en 1910 la belle-mère de Francis de Croisset.

TOCQUEVILLE (square de)

Quelques mois plus tard, Patrick Modiano m'écrit qu'il a retrouvé la trace d'une Nicole Alexandre, de deux ans plus jeune que Dora : elle habitait dans le XVIIe arrondissement, 2, square de Tocqueville. Était-ce bien la mienne ?

— Françoise Verny, *Serons-nous vivantes le 2 janvier 1950 ?*, 2005

Au 1, Léopold Sédar Senghor

À la fin des années 1950, le député-poète – ce « Français peint en noir[26] » – dispose d'un pied-à-terre square de Tocqueville. Ses premières œuvres poétiques ont paru pendant l'après-guerre : *Chants d'ombre* (1945), *Hosties noires* (1948), ainsi qu'une *Anthologie de la nouvelle poésie nègre et malgache de langue française* (1948), préfacée par Jean-Paul Sartre. « Sur la plage rythmique, les canards sauvages en groupe songent, immobiles muets. Je songe à mon enfant dernier, l'enfant de l'avenir[27]. » Sa poésie sera exclusivement d'inspiration africaine, s'imprégnant de ses paysages, de ses espaces, de ses parfums, une poésie inséparable de la musique qui selon lui devrait l'accompagner. Tout aussi inséparable, la politique irrigue son œuvre où le concept de négritude veille à revaloriser une Afrique dépossédée de son histoire et de sa langue.

Il fut en 1935 le premier Africain à obtenir une agrégation en philologie classique. Il sera le premier Africain élu à l'Académie française, en 1983.

TORRICELLI (rue)

Cette voie nouvellement ouverte dans le prolongement de la rue Torricelli quand Colette s'y installe prendra le nom de rue de Saint-Senoch en 1909.

— Marie-Odile André, *Colette à la plage*, 2018

Au 25, Colette

« J'habitai exprès un rez-de-chaussée entre deux maisons en construction. Dès le petit matin, les boueux accotés à mes persiennes dialoguaient longuement[28]. » Rue Torricelli où elle s'installe en 1908, Colette poursuit sa double activité, écriture et scène (danse, théâtre, pantomime). Elle publie *Les Vrilles de la vigne* (1908), entame la rédaction de *La Vagabonde* qui paraîtra en 1910. Le divorce avec Willy est prononcé, Missy lui offre la maison de Rozven à Saint-Coulomb, environnement qui inspirera plus tard des passages de *La Maison de Claudine* (1922) et du *Blé en herbe* (1923).

TRUFFAUT (rue)

La rue Lécluse est toute proche de la rue Truffaut, dans le XVIIe. Quel est donc ce Truffaut qui avait le toupet de ne pas s'appeler François ?

— Éric Neuhoff, *Lettre ouverte à François Truffaut*, 1987

Au 23, le budget d'Émile Zola

L'écrivain y réside en 1868 et 1869, dans un pavillon où il a écrit *Madeleine Férat*, un an après la parution de *Thérèse Raquin*. Publié d'abord en feuilleton sous le nom de *La Honte*, Zola doit se battre contre la censure qui veut l'interdire pour atteinte aux bonnes mœurs.

Le Gaulois s'en étonne : étant donné que le feuilleton n'a pas ému les populations « plus qu'il ne convient à un modeste roman », il n'est pas logique de vouloir l'interdire en librairie.

Les finances de Zola sont serrées et il écrit à Théodore Duret, directeur de *La Tribune* : « Le prix de la ligne de mes articles n'est pas encore fixé [...], vous m'aviez répété à plusieurs reprises que ce prix serait de vingt-cinq centimes la ligne. [...] Je vis de ma plume, et j'ai grand besoin de savoir ce que je gagne pour régler mon petit budget. »

Au 66, Michel Lebrun

Il fut Michel Lebrun, Michel Lenoir, Michel Lecler, Olivier King, Laurence Nelson, Pierre Anduze, Lou Blanc, Glop, et Michel Cade, nom qui lui fut donné lors de sa naissance en 1930. Grand Prix de littérature policière en 1956 avec *Pleins feux sur Sylvie*, il publia ensuite une cinquantaine de romans et nouvelles policières, travailla pour le cinéma, rédigeant adaptations et dialogues, et pour la télévision (scénario et/ou dialogues pour *Les Cinq Dernières Minutes*).

Surnommé « bénédictin du crime » pour son érudition, membre fondateur de l'Oulipo, il publia de nombreux ouvrages critiques sur le roman policier et le roman noir. Son célèbre *Almanach du Crime*, recension annuelle des publications du genre (de 1980 à 1988), fait référence. Grand piéton de Paris, il relate dans *Rue de la Soif* (1991) ses déambulations cocasses ou nostalgiques dans les bistrots de la capitale.

Au 70, Henri Bachelin et le journal de Jules Renard

Après avoir vécu pendant dix ans dans une mansarde du 4, rue Nollet, celui qu'André Billy surnomma « l'ermite des Batignolles » emménage en 1912 au 70, rue Truffaut. Il recevra en 1918 le prix Femina-Vie heureuse pour *Le Serviteur* puis, en 1919, le prix Jean-Revel pour *Le Village*. Suivront, jusqu'en 1938, une vingtaine de romans.

Bachelin fut un grand ami de Jules Renard et on lui doit en partie la publication du *Journal*, si l'on en croit son entretien avec Paul Léautaud en novembre 1927 : « J'ai eu du reste assez de peine à décider Mme Renard. Savez-vous, mon cher, que j'ai été obligé de discuter avec elle pendant deux heures, obligé de répondre à des objections de ce genre : “Alors, moi, et mes deux enfants, avec nos noms, on nous verra là-dedans ?” »

VIÈTE (rue)

C'est dans l'atelier de De Nittis, rue Viète, qu'Alphonse a entendu Edmond lire son dernier roman, La Faustin, *devant José Maria de Heredia, Émile Zola, l'éditeur Charpentier, Henry Céard et Paul Alexis.*

— Stéphane Giocanti, *C'était les Daudet*, 2013

Au 3, Pierre L'Ermite

Il s'appelait Eugène Edmond Loutil, curé de Saint-François-de-Sales, il connut la Commune et la guerre d'Algérie, faillit acheter le Moulin Rouge (en 1915, pour en faire un sanctuaire religieux) et publia sous le nom de Pierre L'Ermite, entre 1896 et 1960, plus de soixante-dix ouvrages, dont vingt-sept romans et onze recueils de nouvelles. Son audience auprès d'un public essentiellement catholique fit pâlir de nombreux écrivains, ses livres comme *La Grande Amie* ou *La Vieille Fille* dépassant fréquemment les deux cent mille exemplaires. Il résida rue Viète dans les années 1930.

VILLIERS (avenue de)

Ils avaient repris l'avenue de Villiers. « Écoute, mon Maxime, fit-elle résolument, en se pressant contre sa poitrine, je voudrais cet hôtel. »

— Émile Bergerat, *Le Viol*, 1885

Au 30, Louis Armand

« Dans cette maison, annonce une plaque sur la façade, a vécu de 1944 à 1971 Louis Armand de l'Académie française. » Wikipédia nous apprendra qu'il écrivit *De la Savoie au pays d'Aoste par le tunnel du Mont-Blanc* (1965) ainsi que *Propos ferroviaires* (1969). Il convient de préciser qu'il fut président de la SNCF.

Au 73 (ou 77), Charles Foleÿ

Auteur prolifique et populaire (romans, pièces de théâtre, poésie), il se spécialisa dans le « mystérieux-angoissant » avec des titres comme *Des pas dans la nuit*, *Fleurs d'ombre*, ou *Kowa la mystérieuse* (1908), ouvrages que *Romans à lire et romans à proscrire*, guide de l'inénarrable abbé Bethléem, mentionne comme « captivant[s], pas pour jeunes filles ». Dans une biographie succincte sur le site du Club historique Andrésy, on apprend que Foleÿ donnait « des Causeries d'Histoire extrêmement goûtées » et qu'il est l'auteur d'*Au Téléphone* (1902), « ce drame poignant dont le tragique moderne, nouveau, imprévu, assura le triomphe[29] ».

Au 87, Philippe Hériat

Cet arrière-petit-fils de Zulma Carraud, l'égérie de Balzac, obtient le prix Renaudot 1931 pour son premier roman, *L'Innocent*. En 1939 paraît *Les Enfants gâtés*, premier tome édité des *Boussardel*, saga de mille cinq cents pages qui décrit l'ascension d'une famille de 1815 jusqu'aux années 1950, ascension accompagnée de vicissitudes : « Au nom du sens de l'argent, nous devions, dans la famille, nous soutenir sans nous aimer : nous devions nous voir sans plaisir, nous fréquenter sans préférence, nous marier sans tendresse. » Couronné par le prix Goncourt, *Les Enfants gâtés* sera suivi de *Famille Boussardel* (1944), *Les Grilles d'or* (1957), *Le Temps d'aimer* (1968).

« Il n'a pas comme Mauriac, écrit Pierre-Henri Simon, les intérêts d'un dieu à défendre [...] ni comme Martin du Gard les grands soucis d'historien, de sociologue et d'humaniste dogmatique qui alourdissent de débats et de dissertations la narration des *Thibault* ; ni, comme Gide, les revendications d'une morale particulière [...] ni une foi politique à défendre, comme Nizan, ni de vieux ressentiments à purger en sarcasmes, comme Hervé Bazin. Il n'a pas d'autre souci que de peindre les mœurs comme elles vont, les êtres comme ils sont, sans colère ni sympathie outrées, avec toutefois un sens humain qui retrouve les blessures du cœur sous les colères, les nostalgies d'affection sous les égoïsmes et les secrètes mais fortes persistances de l'hérédité et de l'éducation sous la révolte. »

Juré Goncourt pendant vingt ans, Philippe Hériat décède en 1971 avenue de Villiers.

Au 98, Alexandre Dumas fils

En 1862, Dumas fils acquiert un hôtel particulier comportant un jardin dans lequel il installera un chalet de travail de style alsacien acheté à l'Exposition universelle de 1878. Il a 38 ans, il y résidera jusqu'à sa mort, en 1895.

Sa *Dame aux camélias* (1848, adaptée au théâtre en 1852), de même que *Le Fils naturel* (1858) et *Un père prodigue* (1859) ont assuré sa renommée, quoi qu'en dise Zola : « Je n'aime guère le talent de M. Alexandre Dumas fils. C'est un écrivain extrêmement surfait, de style médiocre et de conception rapetissée par les plus étranges théories. J'estime que la postérité lui sera dure. »

En 1881, Dumas fils fait jouer *La Princesse de Bagdad*, pièce dans laquelle réapparaissent ses idées fixes : « Une admiration, mêlée d'effroi, pour le pouvoir corrupteur de l'argent ; une adoration, mêlée de terreur, pour la puissance de la femme[30]. » La critique est médiocre, le succès mitigé. « Est-ce la fin d'un règne ? » se demande Barbey d'Aurevilly. Pendant quatre ans, Dumas fils restera muet. Pas une pièce, pas un roman. Puis il écrira et fera jouer *Denise* (1885), succès éclatant qui fait sangloter le public à la Comédie-Française. Sa dernière pièce sera *Francillon* (1887), dans laquelle « rien ne manqua de la faune dumafiste : ni le mariant inconscient ; ni la femme blessée ; ni l'ami, cercleux impénitent mais philosophe ; ni l'ami raisonneur ; ni la fraîche personne mi-ingénue de convention, mi-jeune fille avertie de 1887. Mais le dialogue étincelait, l'action bondissait, le public acclamait son vainqueur[31] ».

Au 104, Henry Becque

Il avait logé au nº 87, il s'installe à nouveau avenue de Villiers, nº 104, en 1895. Le dramaturge au réalisme grinçant y résidera jusqu'à sa mort, en 1899, aboutissement d'une vie miséreuse aggravée par un eczéma incurable.

Au 115, Paul Mahalin

Parmi ses quelque quarante romans surnagent des « suites » de Dumas père dont il est le plus grand contributeur, avec notamment *Le Fils de Porthos* (1883) et *Le Filleul d'Aramis* (1896). Aramis n'en revient toujours pas : il meurt deux fois de façon différente dans les deux livres, ce qui n'arrive pas souvent au commun des mortels.

Paul Féval et son Lagardère eurent également les faveurs de Paul Mahalin avec *La Filleule de Lagardère* (1885).

WAGRAM (avenue de)

L'avenue de Wagram est également présente dans le 8e arrondissement.

Les domestiques de grandes maisons dansent le soir avenue de Wagram…
— Jean Follain, *Paris*, 1935

Au 65, Arthur Conan Doyle

« Il occupait, avenue de Wagram, cette belle maison, précédée d'une pelouse et d'une grille, qu'on apercevait sur la gauche en descendant de l'Arc de Triomphe, et qui devait, je présume, exister dès avant la percée de l'avenue, car le lichen en dévorait les tuiles grises et l'âge en marbrait de rouille les murs décolorés. Grande d'apparence avec ses cinq fenêtres de façade, elle s'approfondissait à l'arrière en une chambre unique. »

Ainsi commence *L'Entonnoir de cuir*, d'Arthur Conan Doyle, qui habita l'avenue de Wagram chez son oncle Michael Conan à Paris, en juillet 1876, avenue servant de cadre à sa nouvelle.

Notes

1. *27, rue des Acacias*, paroles de Jean Nohain, musique de Mireille.
2. Relaté sur https://booknode.com/francillon_0363272.
3. Shusha Guppy, « Marguerite Yourcenar, the Art of Fiction », *The Paris Review*, printemps 1988.
4. Gustave Le Rouge lui consacra deux ouvrages : *Les Derniers Jours de Paul Verlaine*, préfacé par Maurice Barrès, et *Verlainiens et décadents*.
5. Jean-Marie Rouart, *Ces amis qui enchantent la vie*, Robert Laffont, 2015.
6. Selon Gaston Picard, *La Muse française*, 1938, mentionné sur https://7lameslamer.net/leon-dierx-les-sources-2050.
7. Il s'agit en réalité du 8 et non du 11.
8. Henri Barbusse, *Le Feu*, Flammarion, 1916.
9. parisrevolutionnaire.com.
10. Jean-Marie Rouart, *Ces amis qui enchantent la vie*, Robert Laffont, 2015.
11. http://www.terresdecrivains.com/Des-ecrivains-dans-le-17e.
12. En « marseillais », un cafoutche est un placard ou une petite mansarde.
13. En 1864, la place Malesherbes devient la place du Général-Catroux.
14. Jean Couvreur, « L'Académie française a reçu son benjamin », *Le Monde*, 27 février 1960.
15. Selon le site http://www.cultivonsnous.fr/157696-emile-bergerat-histoire-et-biographie-de-bergerat.
16. https://lepetitjournal.com/valence/fernando-arrabal-rien-ne-me-detourne-de-mon-bonheur-decrire-293889.
17. Victoire Bertrand à Clarisse Pérot, citée dans Paul Verlaine, *Correspondance générale de Verlaine*, établie par Michael Pakenham, Fayard, 2005, p. 176.
18. https://www.centrecultureldupaysdorthe.com/figures-du-pays-d-orthe/jean-rameau/jean-rameau-3.
19. http://atelier-bernardnoel.com/2021/08.
20. *Le Monde*, 12 janvier 1950.
21. La place Pereire devient la place du Maréchal-Juin en 1973.
22. Pierre Vavasseur, « Cécile et Bernard Pivot : ralliez-vous à ces insoumis », *Le Parisien*, 25 mars 2018 (https://www.leparisien.fr).
23. Richard Pinhas, « Le suicide de Deleuze : son dernier acte de liberté », *Multitudes*, 23 décembre 2005 (https://www.multitudes.net).
24. Stefan Zweig, *Le Monde d'hier. Souvenirs d'un Européen*, Albin Michel, 1948.
25. Rue Roger-Bacon ? Avenue de Verzy ? Plutôt rue Guersant, selon Michel Décaudin, dans *Le Dossier d'Alcools*, Droz, 1971.
26. Selon Félix Houphouët-Boigny.
27. Léopold Sédar Senghor, « Je repasse », *Lettres d'hivernage*, Éditions du Seuil, 1973.
28. Colette, *En pays connu*, Ferenczi, 1950.
29. http://histoire.andresy.free.fr/foley/charles%20foley.htm.
30. André Maurois, *Les Trois Dumas*, Hachette, 1957.
31. *Ibidem*.

Si le 18e arrondissement figure en bonne place dans la cartographie littéraire de Paris, c'est sans doute pour l'attrait qu'exerça Montmartre sur les auteurs nécessiteux, anarchisants ou hostiles à tout embourgeoisement, les poètes en particulier, comme Nerval, Reverdy ou Max Jacob.

Après la Première Guerre mondiale, Montparnasse lui succéda comme aimant culturel, mais quelques grands noms perpétuèrent la renommée littéraire du quartier : Dorgelès, Mac Orlan, Jules Romains, Céline, Marcel Aymé…

En marge de la Butte, saluons Paul Éluard du côté de La Chapelle, Verlaine chez sa mère, et deux des trois satrapes de la terrasse du Moulin Rouge, Jacques Prévert et Boris Vian.

LE 18E ARRONDISSEMENT

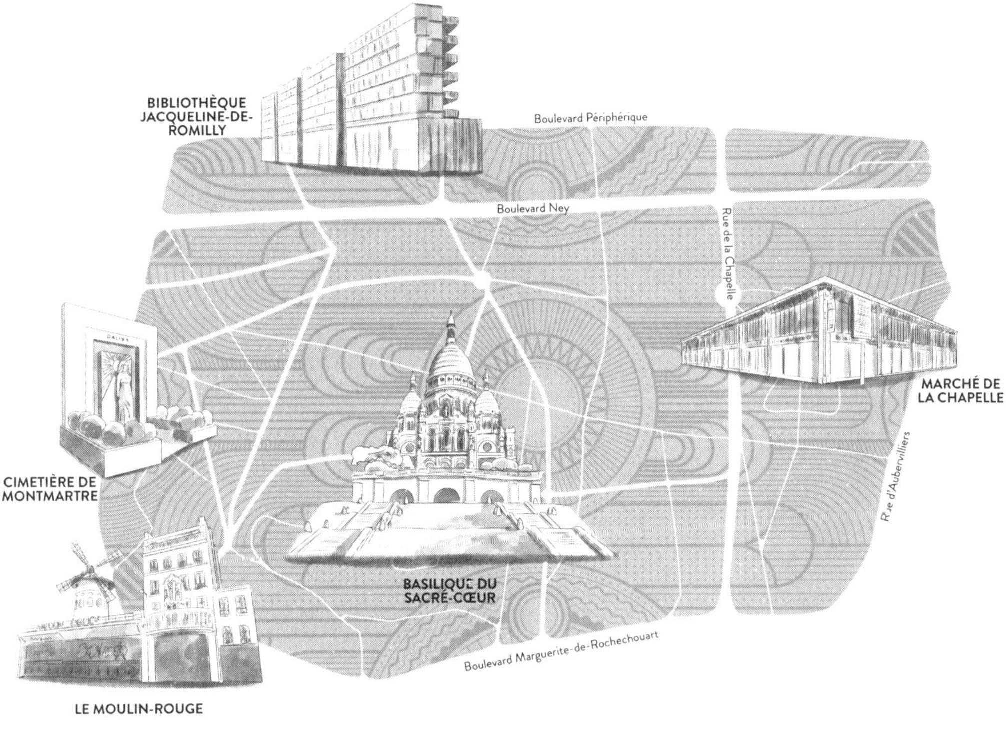

ABBESSES (rue des)

Bref, il a été convenu que Gourmont et moi viendrions dimanche à deux heures rue des Abbesses. Paupe voulait me donner un médaillon de Beyle en plâtre. Je lui ai dit que je l'ai en bronze, il en était renversé et m'a demandé où et comment je l'ai eu.

— Paul Léautaud, *Journal littéraire. I, 1893-1906*

Au 11, le *Drôle de jeu* de Roger Vailland

En 1944, Roger Vailland réside alternativement rue des Abbesses et rue Ravignan. C'est rue des Abbesses qu'il commence la rédaction de *Drôle de jeu*, roman sur la Résistance qui obtiendra le prix Interallié 1945. Désinvolte et insolent, l'auteur virevolte entre Saint-Just et Valmont, professant à l'image de son héros Marat : « La guerre exige la même loyauté que l'amour, c'est pourquoi l'homme noble n'admet que deux occupations, la guerre et l'amour. »

Cinq ans plus tard, en 1950, paraît *Bon pied bon œil*. Dans *Le Monde*, Émile Henriot écrit : « On voit que M. Roger Vailland a beaucoup fréquenté les mémorialistes du XVIIIe siècle, amoureux de la vie et curieux de précisions stylisées dans des formules sèches ; il a aussi lu et particulièrement pratiqué Stendhal, dont il s'efforce de s'approprier les procédés, l'esprit de généralisations affirmatives et la rapidité d'élocution, qui parfois dans une phrase bien venue, un peu à l'esbroufe, permet de donner au paradoxe l'accent même de la vérité. »

Au 56, Raymond Escholier

Il fut conservateur du Petit Palais, directeur de cabinet d'Aristide Briand, directeur de collection et *Cantegril*, écrit avec son épouse, reçut le prix Femina 1921. Suivront deux romans de guerre : *Le Sel de la terre* (1924), inspiré de son expérience des tranchées, et *Mahmadou Fofana* (1928), ouvrage dédié à l'armée d'Orient. Il fut également historien de l'art et de la littérature, et, en 1929, un intéressant débat l'opposa à Léon Daudet : Adèle Hugo a-t-elle vraiment trompé son mari avec Sainte-Beuve ?

ABREUVOIR (rue de l')

Il y avait à Montmartre, dans la rue de l'Abreuvoir, une jeune femme prénommée Sabine, qui possédait le don d'ubiquité. Elle pouvait à son gré se multiplier et se trouver en même temps, de corps et d'esprit, en autant de lieux qu'il lui plaisait souhaiter.

— Marcel Aymé, *Les Sabines*, 1943

Quelque part dans la rue, Pierre Mac Orlan

« Je hais ce temps-là, écrira-t-il, qui m'évoque des souvenirs de misère et de ventre creux. » Ce « temps-là », c'est 1900, lorsqu'il s'installe à Montmartre dans, selon Jean-Paul Clébert, « un rez-de-chaussée au fond d'un jardin fleuri ». Il a 18 ans, fréquente le Zut et le Lapin Agile, écrit des poèmes et envisage de devenir peintre, « non pas tant pour la somme d'émotion [que la peinture pouvait lui] procurer que pour la situation sociale indépendante [qu'elle offrait] à ceux qui [la] pratiquaient ». Mac Orlan résidera ensuite au Bateau-Lavoir et à l'hôtel Bouscarat, place du Tertre, s'essayant à l'écriture de chansons et tentant de placer ses tableaux. Sa carrière d'écrivain commence par la rédaction de légendes pour les dessins de Gus Bofa. Suivront des contes, *Les Pattes en l'air* (1911), et un premier roman, *La Maison du retour écœurant* (1912), « réjouissant barbouillage de jeunesse », selon l'écrivain Gilbert Sigaux.

ARMÉE-D'ORIENT (rue de l')

Il habite alors à Montmartre dans un studio de la rue de l'Armée-d'Orient situé dans une petite maison qui servait autrefois à loger les danseuses du Moulin Rouge.

— Bertrand Tessier, *Jean-Pierre Melville*, 2017

Au 9, Patrick Modiano

Au début des années 1970, Patrick Modiano, jeune marié, s'installe avec sa femme au 9, rue de l'Orient. « Nous habitions en face d'une ancienne salle de théâtre non insonorisée, que des musiciens pouvaient louer pour répéter. Je me souviens surtout d'une des anciennes figures du rock français... comment s'appelait-il ?... Dick Rivers. À l'époque, j'écrivais tard la nuit. Lui répétait le matin et me réveillait. J'ai dû changer mes horaires[1]... »

Au 10-12, Apollinaire et *Les Mamelles de Tirésias*

Le 24 juin 1917, au conservatoire Renée-Maubel de la rue de l'Orient, a lieu la première des *Mamelles de Tirésias*. Préfiguration des soirées dada, la pièce fait scandale par ses allusions à la guerre et André Breton passe la soirée à empêcher Jacques Vaché de manifester à coups de revolver contre une pièce qu'il juge « trop artistique ».

Dans la préface de ses *Mamelles de Tirésias*, Apollinaire utilise pour la première fois le terme « surréaliste », emprunté à son ami le poète Pierre Albert-Birot, terme qui sera repris par André Breton : « Pour caractériser mon drame, écrit Apollinaire, je me suis servi d'un néologisme qu'on me pardonnera car cela m'arrive rarement et j'ai forgé l'adjectif surréaliste qui [...] définit assez bien une tendance de l'art qui si elle n'est pas plus nouvelle que tout ce qui se trouve sous le soleil n'a du moins jamais servi à formuler aucun credo, aucune affirmation artistique et littéraire. »

Au 11, Paul Fort

« Le bonheur est dans le pré. Cours-y vite, cours-y vite. / Le bonheur est dans le pré. Cours-y vite. Il va filer. » En 1908, Paul Fort s'installe rue de l'Orient (aujourd'hui de l'Armée-d'Orient) puis file quelques mois plus tard au 68, rue Lepic.

BARBÈS (boulevard)

… et, presque en courant, par les rues accidentées de Montmartre, Pouf atteignit, sans le savoir, le boulevard Barbès.

— Bach, *Pouf Paf Pif*, 1951

Au 33, Max Jacob

Max Jacob s'installe en janvier 1903 au 33, boulevard Barbès, après avoir partagé quelques mètres carrés avec Picasso boulevard Voltaire. C'est l'époque des rencontres avec André Salmon et Apollinaire, avec lequel il se brouille, ne supportant pas la présence de Marie Laurencin. Apollinaire lui écrit boulevard Barbès, en août 1907 : « Reviens nous voir rue Léonie, nous ne t'avons rien fait, ni moi ni mon amie. Nous t'aimons beaucoup. Guillaume Apollinaire. » Les deux amis se réconcilieront et Max Jacob déménagera deux mois plus tard dans une des chambrettes du Bateau-Lavoir.

Poète, peintre, licencié en droit, astrologue et tireur de cartes, critique dramatique et professeur de piano, Max Jacob sera un des piliers du Montmartre des années 1900-1910.

BECQUEREL (rue)

La rue Becquerel est en très grande pente, avec des escaliers bien raides, par paliers. Elle tombe. Les immeubles qui la bordent ne méritent pas d'être décrits.

— Jean-François Vilar, *Nous cheminons entourés de fantômes aux fronts troués*, 1993

Au 7, Éluard, Gala et Salvador Dalí

Au début de l'année 1929, Paul et Gala Éluard décident de vivre séparément. En juin, Paul loue pour sa femme un appartement situé au premier étage de la rue Becquerel et fait la connaissance d'un jeune peintre catalan âgé de 25 ans qui l'invite à venir le voir, avec Gala, à Cadaqués. Coup de foudre entre le peintre et la belle blonde de 35 ans : « Et son dos sublime, athlétique et fragile, tendu et tendre, féminin et énergique, me fascinait comme autrefois le dos de ma nourrice. Je ne vis plus que cet écran du désir qui s'achevait par l'étranglement de la taille et la rondeur des fesses. »

Dalí et Gala se marieront en 1932 et le peintre ne cessera de proclamer son amour : « J'aime Gala plus que ma mère, plus que mon père, plus que Picasso et plus que l'argent. »

CALMELS (rue)

Ils échouèrent dans un hôtel meublé rue Calmels, dans le 18e arrondissement. « Avoir souffert tant de mois pour en arriver là », disait la mère de Reine…

— Renée Kerdudou-Fouquier, *Le Long Chemin*, 1994

Au 8, Eugène Dabit

Mouvementée, la petite enfance géographique d'Eugène Dabit : après le 28, passage Duhesme (1898), le 143, rue du Mont-Cenis (1899-1903), le 9, rue de Suez (1903-1904), ses parents s'installent au 8, rue Calmels. Dabit sera balayeur sur la ligne Nord-Sud, portier d'ascenseur à la station Lamarck-Caulaincourt.

En 1923, ses parents deviennent propriétaires de l'hôtel du Nord, quai de Jemmapes. Dabit observera, notera, écrira. En sortira un livre, publié chez Denoël en 1929, et dont sera tiré un célèbre film qui fera oublier le nom de l'auteur.

Eugène Dabit décédera en août 1936 à Sébastopol, alors qu'il accompagnait André Gide en Russie. Il projetait de réunir ses écrits sur Paris, publiés entre 1931 et 1935, ouvrage qui sera édité par Le Dilettante sous le nom de *Ville lumière*.

CAMILLE-TAHAN (rue)

Vers la fin de sa vie, [Rictus] habitait une mansarde, au fond de la rue Camille-Tahan, sorte d'impasse bourgeoise qui vient se casser le nez contre le mur du cimetière Montmartre.

— Roland Dorgelès, *Bouquet de bohème*, 1947

Au 3, le presque Goncourt de Roland Dorgelès

Le 1er avril 1919, Roland Dorgelès reçoit son pécule de démobilisation (cinquante-deux francs) et retourne à la vie civile rue Camille-Tahan alors que ses *Croix de bois* sortent le jour même en librairie. Le roman, tiré à dix mille exemplaires, va connaître un formidable succès. Mais le Goncourt va lui échapper, avec Léon Daudet à la manœuvre : quatre voix contre six à Marcel Proust. Albin Michel, mauvais perdant, fera imprimer « prix Goncourt » sur le bandeau du livre, suivi, en lettres minuscules, de « quatre voix sur dix », provoquant évidemment la fureur de Proust et de Gaston Gallimard. Prix de consolation ? Dorgelès obtiendra le prix Femina.

Au 8, Jehan Rictus

Poète virtuose, gouailleur timide et tendre, il s'attacha, comme Richepin, à évoquer la souffrance des exclus et des sans-abri, état qu'il avait connu dans les années 1880 : « Quand j'pass' triste et noir, gn'a d'quoi rire. / Faut voir rentrer les boutiquiers, / Les yeux durs, la gueule en tir'lire, / Dans leurs comptoirs comm' des banquiers. »

Après avoir résidé une quinzaine d'années rue Lepic, l'auteur des *Soliloques du pauvre* s'installe rue Camille-Tahan en 1914. Il y vivra jusqu'à sa mort, en 1933. Dorgelès, qui fut un compagnon montmartrois, le considérait avec une certaine pitié : « Avec ce pseudonyme et cette dégaine, écrit-il dans *Bouquet de bohème*, il lui était interdit d'être heureux. Il ne le fut jamais. »

Après la guerre de 1914-1918, curieusement, le poète des pauvres penchera à droite, sympathisant avec l'Action française, écrira que les travailleurs puent des pieds et qu'ils feraient mieux d'arrêter de picoler.

Jehan Rictus s'appelait en réalité Gabriel Randon (vaguement « de Saint-Amand »). Le succès venant, il eut (comme Villiers de L'Isle-Adam) le goût du blason et se « découvrit » une filiation qui le faisait descendre de François Ier et du maréchal Randon. Et lorsqu'il reçut la Légion d'honneur en 1933, « la République, bonne fille, n'hésita pas à lui faire plaisir jusqu'au bout : son diplôme est au nom de Randon de Saint-Amand[2] ! ».

CAUCHOIS (rue)

Les Deux-Moulins était situé à l'angle des rues Lepic et Cauchois. Après être sorti, je réalisai sur le tard que je m'étais trompé de chemin et étais en train de remonter la rue Cauchois. C'était une vieille rue paisible, principalement résidentielle. Je n'y reconnus absolument rien.

— Josh Lanyon, *Jefferson Blythe*, 2019

Au 8, Bernard-Marie Koltès

Matériau de base : la solitude. On naît seul, on vit seul et on meurt seul. Bernard-Marie Koltès meurt du sida à l'âge de 41 ans.

Cet auteur dramatique écrivit une quinzaine de pièces jouées dans le monde entier : *Les Amertumes* (1970), *Combat de nègre et de chiens* (1979), *Dans la solitude des champs de coton* (1985) ou *Roberto Zucco* (1988), considérée comme son chef-d'œuvre – seule de ses pièces majeures à n'avoir pas été créée par Patrice Chéreau.

Au 10, Guy Hocquenghem

À la fin des années 1970, l'écrivain-journaliste-philosophe et militant historique du Front homosexuel d'action révolutionnaire (FHAR) s'installe au 10, dans un appartement que lui a trouvé son ami Copi, résident de l'immeuble. Gabriel Matzneff, un des habitués de la rue

Cauchois, se souvient de ses soirées : « Je suis allé dîner chez Guy Hocquenghem avec Gilles Châtelet et Copi. Grâce à celui-ci, je suis reparti avec une bonne provision de bon hasch. »

En 1986, Hocquenghem quittera la rue Cauchois pour un bâtiment moderne au 53-55 de l'avenue du Maine, à côté de Montparnasse. Il meurt du sida en 1988 à l'âge de 41 ans, comme son voisin, Bernard-Marie Koltès.

CAULAINCOURT
(rue)

Le seul fait de posséder un appartement rue Caulaincourt […] vous transforme en artiste.

— Léon-Paul Fargue, *Le Piéton de Paris*, 1939

Au 18, Raymond Queneau n'aime plus Breton

En 1924, par l'intermédiaire de son ami Pierre Naville, Queneau avait rejoint le mouvement surréaliste de la rue Fontaine. Quatre ans plus tard, il s'installe avec sa femme dans un immeuble Art déco abritant un hôtel : le Daniel. Côté Breton, la rupture se précise. Queneau est déjà fatigué des diktats incessants du « patron » quand survient un différend « familial » : il vient d'épouser Janine Kahn, la sœur de Simone Kahn, première épouse d'André Breton, lequel – après divorce – jette l'anathème sur Simone, la déclarant « infréquentable » pour les membres du groupe. Queneau refuse, les deux hommes se fâchent. Avec Prévert, Desnos, Queneau, Boiffard, Bataille (le meneur de la bande), Morise, Ribemont-Dessaignes, Vitrac, Leiris, Limbour, Baron et Carpentier, Queneau signera en 1931 le fameux tract contre Breton (*Un cadavre*) avec une contribution intitulée *Dédé*.

Au 18 bis, *Une jeunesse* de Modiano

Dans ce roman, M. et Mme Memling résident au 18 bis, qui serait mitoyen de la chambre de Raymond Queneau si le numéro existait. « C'était au début de la rue Caulaincourt, de l'autre côté du pont de fer qui surplombe le cimetière Montmartre. Et le loyer ? Tout à fait modique, le loyer. »

Au 55, Louis Nucéra

En 1942, à 14 ans, le jeune homme décroche son certificat d'études et sa mère lui dit : « À présent, je suis tranquille. Tu ne mourras pas de faim[3]. » Fort de cette prophétie, Nucéra sera employé de banque, journaliste, attaché de presse dans une maison de disques, directeur littéraire chez Lattès, écrivain.

Son premier roman, *L'Obstiné*, paraît en 1970 et il s'installe dans son perchoir de la rue Caulaincourt d'où l'on voit « le grand livre de Paris ». Suivront une trentaine de contes et romans, dont *Chemin de la Lanterne*, prix Interallié 1981. Les amis se nomment Kessel, Brassens, Devos, Alphonse Boudard, et l'on parle souvent vélo, la passion de Nucéra. Il lui consacrera deux livres : *Le Roi René* (1976) et

Mes rayons de soleil (1987), dans lequel il raconte comment, en 1965, il refit seul le Tour de France gagné par Coppi (en trente-neuf jours pour les quatre mille huit cent treize kilomètres). Le vélo le perdra : il meut à Carros en 2000, sur son vélo, renversé par une voiture.

Au 59, Patrick Cauvin

Il était deux. Claude Klotz et Patrick Cauvin. La mort et l'amour. La violence et la tendresse. « J'étais loin d'imaginer, confia-t-il, que Cauvin battrait Klotz, qu'il vendrait plus de livres, et que cette double identité continuerait à désarçonner les gens. »

Aux noirs thrillers de Claude Klotz (*Paris-Vampire*, 1970, *Darakan*, 1978, *Jungle*, 1986, *Killer Kid*, 1989) s'opposèrent les lumineuses histoires d'amour de Patrick Cauvin dont la première, *E = mc², mon amour*, roman publié en 1977, succès retentissant auquel il donnera une suite vingt-quatre ans plus tard avec *Pythagore, je t'adore*. Sur trente-cinq ans, les « deux » auteurs signèrent une trentaine de best-sellers. Conteur hors pair, féru de cinéma, Cauvin fut souvent adapté à l'écran (*Monsieur Papa*, 1977) et signa trois scénarios pour Patrice Leconte.

Au 60, André Warnod

Critique d'art au *Figaro*, dessinateur et écrivain, connu pour être l'inventeur de l'appellation « École de Paris » (en 1925), il fut l'une des grandes figures de Montmartre et publie, outre ses essais sur son quartier, de nombreux romans : *Lily, modèle* (1919), *Miquette et ses deux compagnons* (1920), *Le Chèque volé* (1934). Il laisse un précieux livre de souvenirs sur Montmartre et Montparnasse : *Drôle d'époque* (1960).

Au 65, chez Manière

Ce restaurant (actuellement le Cépage Montmartrois) fut fréquenté par les artistes de la Butte. Après Dorgelès ou Mac Orlan dans les années 1910, on y croisera Céline, Giraudoux, et le commissaire Maigret, venu prendre un verre avec l'inspecteur Lognon dans *Maigret et l'homme tout seul*.

Au 89, Modiano et Simenon au Rêve

« Ils étaient assis sur l'une des banquettes du Rêve, un café de la rue Caulaincourt que Louis aimait bien à cause de son nom. Cela les amusait, Odile et lui, de dire : “Rendez-vous à cinq heures au Rêve…” » Modiano, comme ses personnages d'*Une jeunesse* (1981), aimait venir s'asseoir au Rêve durant sa période montmartroise. D'autres écrivains apprécièrent ce bistrot tenu par la famille Planchon : Blaise Cendrars, Céline, Marcel Aymé ou Simenon qui, durant l'été 1924, y commence l'écriture du *Roman d'une dactylo*, ouvrage qu'il publiera sous le pseudonyme de Jean Du Perry.

CAVALLOTTI (rue)

Rue Cavallotti… c'est vrai ! … vous l'occupiez, je crois, sous un autre nom ? …

— Jules Romains, *Vorge contre Quinette*, 1939

Au 7, le perroquet de Marthe Bibesco

Au début des années 1920, la princesse roumaine Marthe Bibesco aime se rendre "chez Tonton", petit restaurant de la rue Cavallotti où elle prend des notes pour ce qui va devenir un de ses plus grands succès : *Le Perroquet vert*, publié chez Grasset en 1924. Le restaurant, six ans plus tard, change de nom. Chez Tonton devient Le Perroquet Vert, adresse très à la mode de l'entre-deux-guerres.

Devenue l'une des personnalités mondaines les plus marquantes de Paris, trait d'union entre « le monde » et le monde des lettres, Marthe Bibesco tiendra un salon réputé, recevant Paul Claudel, Marcel Proust, Rainer Maria Rilke, Paul Valéry, Jean Cocteau, Francis Jammes, François Mauriac, Max Jacob et l'abbé Mugnier, son directeur de conscience, avec lequel elle entretiendra une correspondance de 1911 à 1944.

CHAMPIONNET (rue)

La rue Championnet, l'une des plus longues de Montmartre, était, il y a peu de temps encore, une simple route de banlieue, déserte et bien loin de Paris. […] Sur plusieurs palissades s'élevaient des constructions bizarres tenant autant du hangar que de la hutte, […] des abris, non des demeures.

— Hector Malot, *Mondaine*, 1896

Au 37, Sadegh Hedayat

« Le passé et l'avenir ne sont que deux néants », écrivit-il. Considéré comme l'un des plus grands écrivains de l'Iran moderne, Sadegh Hedayat, qui fit connaître dans son pays Tchekhov et Kafka, est célèbre pour son roman *La Chouette aveugle*, salué par André Breton lors de sa parution en français en 1953. Peu avant son suicide au gaz dans sa mansarde de la rue Championnet, en avril 1951, l'écrivain exilé se décrivit comme « ni d'ici ni d'ailleurs ; chassé de là, non arrivé là ». Il aurait pu ajouter « pessimiste, pauvre et seul pour l'éternité ».

Au 206, Émile Verhaeren

Le poète belge, sorte de Hugo flamand, auteur des *Campagnes hallucinées* (1893) et des *Villes tentaculaires* (1895), s'installe rue Championnet en novembre 1898.

« Verhaeren, c'est prodigieux ! lui écrit Mallarmé, vous avez conduit le vers au point où il ne soit plus que la forme verbale, intime, spontanée et de vous jaillie, à quoi s'en tient votre abondante furie continue… » Et Remy de Gourmont de louer le « galop fou de sa pensée ivre de visions futures », en le comparant à « un forgeron barbare ».

Il avait célébré dans son œuvre les machines et la civilisation industrielle. En 1916, sur le quai de la gare de Rouen, il meurt écrasé par le train qui devait le ramener à Paris.

CHAPELLE (rue de la)

Nous suivions la rue du Faubourg-Saint-Denis et la rue de la Chapelle, Véveine et moi, parce que c'était le chemin le plus court…

— Maxence Van der Meersch, *La Fille pauvre*, 1934

Au 94, le jeune Jean Anouilh

« Au lycée, son désir de "faire chic" frisait le complexe du pauvre. Il habitait alors avec ses parents rue de la Chapelle, dans le 18e arrondissement. Mais il disait volontiers "avenue de la Chapelle", ce qui faisait de lui un résident des beaux quartiers[4]. »

Par le lycée Chaptal, l'enfant fréquente Molière, Corneille. Mais un jour, il tombe par hasard sur une pièce de Cocteau : *Les Mariés de la tour Eiffel*. L'adolescent frissonne : « Jean Cocteau venait de me faire un cadeau somptueux et frivole : il venait de me donner la poésie du théâtre. »

Le jeune Anouilh va découvrir Bernard Shaw, Claudel, Pirandello, Giraudoux, dont il apprend *Siegfried* par cœur. En attendant de devenir dramaturge, il est engagé aux Magasins du Louvre au bureau des réclamations. Sa première mission, relate sa fille, concerne un litige de livraison : « La vicomtesse d'Eristal n'a pas reçu son balai mécanique. »

CHARLES-DULLIN (place)

Après elle longeait Lariboisière et montait par Barbès vers la place Charles-Dullin.

— Manz'ie, *Warrant*, 1968

Au 4, Mircea Eliade

Ce philosophe et romancier roumain (*La Nuit bengali*, 1933) vécut place Charles-Dullin de 1965 à 1985. Nationaliste pur et dur assimilable à un « nazi roumain », il rédigea en 1942 un livre à la gloire de « l'État chrétien et totalitaire » du dictateur portugais Salazar (*Salazar și revoluția în Portugalia*), ouvrage dans lequel il affirmait que « l'État salazarien, qui est un État chrétien et totalitaire, est fondé d'abord et au premier chef sur l'amour ».

CHEVALIER-DE-LA-BARRE (rue du)

Ils redescendirent de Montmartre par la rue du Chevalier-de-La-Barre, vertigineuse, avec ses vieilles demeures provinciales, sa rampe sur le côté, ses immeubles et ses hôtels en contrebas.
— Robert Sabatier, *Les Allumettes suédoises*, 1969

Au 35, le Sacré-Cœur

Pour Dorgelès, là-haut, c'est la campagne : « On finit de faire les foins devant le Sacré-Cœur. "Quoi ? Le Sacré-Cœur, c'est cette drôle d'église avec son dôme rond au milieu des échafaudages ! J'aime encore mieux la cathédrale d'Amiens[5]." »

Pour Max Jacob, le Sacré-Cœur est un château : « Le Bon Dieu est dans son château ; / Le soir on en voit les vitraux. / J'ai vu de loin sa maison dans la nuit / Haute et découpée comme un biscuit. »

Pour Jacques Roubaud, le monument sent le nouveau-né : « Je te vois / Ô biberon / Avec ta grosse tétine en forme de croix / Sacré Cœur ! / mais vous êtes sept biberons ! / je vous aperçois très bien du bas de la pente / square Saint-Pierre / trois petits biberons / trois moyens biberons / et un gros… »

Et pour André Breton, dans *Les Vases communicants* : « Il faut aller voir de bon matin, du haut de la / colline du Sacré-Cœur, à Paris, la ville se dégager / lentement de ses voiles splendides, avant d'étendre / les bras. »

Au 40, la fureur de Léon Bloy

Peu avant de quitter le château des Brouillards, Léon Bloy écrit dans son journal : « Forcés de fuir la rue Girardon où les puanteurs combinées du propriétaire et de la concierge faisaient inhabitable notre demeure, nous trouvons au sommet de la Butte, parmi les vieux arbres, un pavillon aimable qui semble donné de Dieu, rue de La Barre, dans l'ombre du Sacré-Cœur. »

Dans son nouveau logis, Bloy rédige *Le Sang du Pauvre* (1909), violent discours contre le matérialisme. « Même dans la frénésie de l'insulte, écrit Mirbeau, il est magnifique encore ; il peut dire de lui-même qu'il est un "joaillier en malédictions". Il sertit d'or l'excrément ; il monte sur des métaux précieux, précieusement ouvrés, la perle noire de la bave. Quand il en arrive à ce point d'orfèvrerie et de ciselure, l'excrément lui-même devient un joyau. Nul n'a plus le droit d'en sentir l'originelle odeur, et tous peuvent s'en barbouiller la face sans honte[6]. »

La situation financière de Bloy ne s'est pas améliorée, malgré ses nombreuses publications : « C'était l'époque, raconte le musicien Eugène Borel, à laquelle on se réunissait chez lui le dimanche pour dîner. Chacun apportait quelque chose, de manière qu'il y ait des restes pour le lundi et le mardi[7]. »

Bloy quitte Montmartre en 1911 pour aller habiter à Bourg-la-Reine, place Condorcet, puis 7, rue André-Theuriet, dans la maison où résidait Péguy. Il y décède en 1917.

CHRISTIANI (rue)

À condition de trouver l'adresse. Rue Christiani. Christiani ? Où diable est-ce que ça se trouve ? Christi, Christian, ah, Christiani ! Une chance, c'est à côté.

— Jean Rey, *Africa blues*, 1991

Au 17, Aristide Bruant

« À présent, où qu'vous voulez qu'j'aille ? / Vous vouderiez-t-y que j'travaille ? / J'pourrais pas… j'ai jamais appris… / Va falloir que j'vole ou que j'tue… / Hardi ! Joyeux, pas vu… pas pris… / Dans la rue. »

La rue, le célèbre chansonnier ne l'a connue qu'un moment. À compter de son triomphe au Chat Noir, il va, dès 1881, vivre dans l'aisance en solide bourgeois. En 1896, il s'installe au 17, rue Christiani, quatrième droite, dans un grand appartement de cent quarante mètres carrés. Il y décédera en 1925, laissant sur Paris un important et étonnant patrimoine poétique et romanesque.

CLICHY (avenue de)

L'avenue de Clichy est également présente dans le 17e arrondissement.

Feinstein avait commencé par une toute petite chemiserie, avenue de Clichy. Puis, un an après son mariage, il avait repris une assez grosse affaire des Boulevards, en se faisant aider par les banques.

— Georges Simenon, *La Guinguette à deux sous*, 1931

Au 92, Émile Zola

Soucieux de quitter les garnis et les chambres d'étudiant de la rive gauche, Zola s'affranchit de sa mère et franchit la Seine en 1867, quittant la rue de Vaugirard pour une rive droite plus bourgeoise, s'installant non loin du faubourg Montmartre et des journaux pour lesquels il feuilletonne. Il vient de publier son deuxième roman, *La Confession de Claude* (1865), et une nouvelle, *Villégiature*, caricature de la petite-bourgeoisie. Pense-t-il déjà aux Rougon-Macquart ? Le premier tome de la série – *La Fortune des Rougon* – paraîtra en 1871.

CLICHY (boulevard de)

Plus loin, il s'en souvenait, il y avait le boulevard de Clichy, avec ses sex-shops et ses boutiques de lingerie érotique.

— Michel Houellebecq, *La Carte et le Territoire*, 2010

Au 8, Boris Vian

Adieu, Michelle, et adieu, le grand cinq-pièces de la rue du Faubourg-Poissonnière. En avril 1951, Vian quitte sa femme et ses enfants pour vivre dans une chambre de bonne de huit mètres carrés du boulevard de Clichy avec Ursula Kübler, danseuse rencontrée l'année précédente dans un cocktail Gallimard.

« C'est Boris qui m'a quittée, relate Michelle Vian, disparue en 2017, trente-huit ans après lui. Il a emporté les Marcel Aymé, les Queneau, les disques d'Ellington et de Fats Waller. C'est tout. Et puis *L'Arrache-cœur* qu'il n'arrivait pas à finir. » Dans *Constellation*, en mars 1952, sous le pseudonyme de Claude Vernier, Boris décrit les petits travaux de rénovation qu'il a effectués dans un article intitulé « Un appartement dans un dé à coudre ».

Début 1953, le couple emménagera cité Véron, dans un atelier servant d'entrepôt qu'Ursula a découvert sur les toits du Moulin Rouge en venant prendre ses cours de danse chez Hot d'Déé. Sans eau, ni électricité, ni chauffage, rien d'insurmontable pour un ingénieur/bricoleur comme Vian.

Au 20, Jean Lorrain

Dans les années 1880, Jean Lorrain réside à Montmartre, fréquentant un Paris canaille qu'il considère comme « le laboratoire des expériences défiant l'ordre moral de la bourgeoisie dominante ». Il y écrit ses premiers romans, dont *Très russe* (dont le titre initial était *Villa mauresque*, 1886), roman dans lequel il massacre Maupassant sous les traits de Beaufrilan : « Il roucoule et paonne, frise ses moustaches, joue avec ses bagues, croise ses jambes qu'il a fortes, et tend son pied qu'il a petit, il raconte des faits divers [...], assaisonne le tout d'esprit et de mots à vingt-cinq centimes la ligne, abîme ses ennemis, vilipende ses amis, compromet les autres, parle de sa chroniquette, vit son article et, ravi de sa personne, sourit aux anges et à lui-même. »

Maupassant, furieux, lui envoya ses témoins, mais Lorrain déclina, lui assurant qu'il n'était pas visé personnellement. Il faut dire que l'habileté de Maupassant au pistolet calmait les ardeurs.

Jean Lorrain va devenir un des chroniqueurs les mieux payés et les plus redoutés de la capitale.

Au 60, Robert Kemp

Il fut, au *Monde*, une autorité incontestée en matière de littérature et de théâtre. Ses milliers d'articles furent réunis pour former *La Vie des livres* (1955) ou *Au jour le jour* (1958). Élu à l'Académie française en 1956, il meurt en 1959 et Émile Henriot salue la mémoire d'un confrère : « Nous ne lirons plus un livre sans nous demander : Qu'en aurait-il dit ? »

Au 64-66, le café Radio

Dans son *Guide du Paris surréaliste*, Henri Béhar rappelle qu'André Breton changeait parfois le lieu de rendez-vous de ses troupes et délaissait le Cyrano. Est-ce le café Radio qu'évoque Marie-Dominique Massoni sur le site du Groupe de Paris du mouvement surréaliste ? Elle écrit : « Ainsi, dans l'hiver 1925, le groupe, afin d'éviter la compagnie de quelques fâcheux, décida de quitter le Cyrano, place Blanche, et se retrouva dans un autre café sur les hauteurs de Montmartre. Las ! Le lieu était sinistre, la mauvaise humeur s'abattit sur le groupe. Mieux valait affronter les indésirables qu'être plombé : toute boisson perd sa saveur si elle est bue dans un lieu détestable. »

Au 64-66, Prévert à l'hôtel Le Radio

Jacques et Simone Prévert ont quitté la rue du Château et, en 1928, s'installent provisoirement à l'hôtel Le Radio, partageant cette adresse avec Giacometti qui les accueille parfois dans son atelier du 14, rue Hippolyte-Maindron. Il y compose ses premiers poèmes et s'essaie au scénario pour des projets cinématographiques de Duhamel.

À l'emplacement de l'hôtel Le Radio s'ouvrira après la guerre Les Trois Baudets, où Mouloudji chantera… du Prévert.

Au 82, la Grande Brasserie Cyrano

Au début du XXe siècle, l'ancienne brasserie Les Percherons fréquentée par Zola devient la Grande Brasserie Cyrano et, en 1924, André Breton va en faire le quartier général du jeune mouvement surréaliste. Loin du haïssable Montparnasse, proche du domicile de Breton, la brasserie est le refuge des prostituées, des souteneurs, des trafiquants de coco, un monde populaire et interlope en adéquation avec le projet esthétique du mouvement. On s'y retrouve à six heures pour l'apéritif, « cérémonial d'allégeance envers Breton », selon André Thirion, on y discute orientations politiques, on y lance des anathèmes littéraires : « Au café Cyrano, écrit Maxime Alexandre, nous écrivions vers ce temps-là des lettres d'injures collectives aux écrivains en vogue, de même qu'aux peintres, aux critiques littéraires et artistiques. »

L'arrière-salle, dans laquelle se tiennent les surréalistes devant leurs légendaires Mandarin-Curaçao ou Picon-grenadine, préfigure parfois les procès de Moscou : sans aller jusqu'à fusiller, sous la houlette du président Breton, on y excommunie par jugements expéditifs. En novembre 1926, Antonin Artaud et Philippe Soupault sont sèchement exécutés.

L'amour n'y est pourtant pas totalement absent. C'est au Cyrano, en novembre 1927, que Breton aperçoit Suzanne Muzard au bras d'Emmanuel Berl et en tombe immédiatement et éperdument amoureux.

Au 82, la cage de verre de Georges Simenon

En cette même année 1927, le quotidien *Paris-Matinal* propose à Georges Simenon d'écrire en trois jours et trois nuits, enfermé dans une cage de verre devant le Moulin Rouge, un roman dont le sujet, le titre et les personnages lui seraient communiqués par un huissier au moment où il y pénétrerait. La cage est commandée, le journal fait faillite, l'opération est annulée, mais la rumeur est telle que tout Paris est persuadé que l'exploit a eu lieu, certains affirmant qu'ils étaient là, qu'ils l'avaient vu.

Au 92, René Crevel et Jean Genet à la brasserie Graff

Mitoyenne du Moulin Rouge, la brasserie Graff fut dans les années 1920 un passage obligé pour les adulateurs des nuits montmartroises et, en particulier, le lieu de rendez-vous de ces messieurs : « Les homosexuels étaient noyés dans la masse, raconte Jean Weber. Il y avait d'abord des prostituées femmes, puis plus loin des prostitués hommes, puis ensuite la brasserie tout simplement, avec des dîneurs attablés. »

« Les tantes, là-haut, avaient leur langage à part », écrit Jean Genet dans *Notre-Dame des Fleurs*. Au Graff, « la tante » est non seulement tolérée, mais elle fait partie de la culture maison. On y voit René Crevel, qui use ses fonds de culotte sur les banquettes de velours rouge, et l'inévitable Jean Genet – Divine, son double romanesque, entre à la brasserie pour boire un thé au début de l'ouvrage. « Les belles dames de la brasserie, écrit-il, ne pouvaient plus descendre s'y faire une beauté sans tomber sur des messieurs s'occupant entre eux. »

Modiano se souvient : « Mon père me traînait souvent par là. Il fréquentait toujours les mêmes endroits : le restaurant Charlot roi des coquillages ou la brasserie Graff, un lieu bizarre que l'on retrouve dans les bouquins de Genet[8]. »

Au 130 ter, Germain Nouveau

En 1889, quittant Montparnasse, Nouveau réside quelque temps dans l'immeuble où Picasso logera en 1909. L'abus d'alcool et l'exaltation religieuse vont le conduire deux ans plus tard à être enfermé cinq mois à Bicêtre. Avant de partir pour l'Italie et l'Espagne, il deviendra clochard à Paris, griffonnant des poèmes et des dessins sur un des carnets que Jules Mouquet éditera en 1951 sous le titre *Le Calepin du mendiant*.

Lors de sa récusation de l'authenticité de *La Chasse spirituelle*, poème attribué à Rimbaud, compagnon de Nouveau en 1874, André Breton écrit dans *Flagrant délit* (1949) : « Chaque fois qu'il m'arrive de le nommer, je cède tout entier à sa magie, avec délice j'écoute refleurir le chant grégorien dans ses vers. »

Au 130 ter, Paul Féval fils

Il commença par exploiter la veine paternelle en écrivant de multiples suites au *Bossu* : *Le Fils de Lagardère* (1893, avec A. d'Orsay), *Les Chevauchées de Lagardère*

(1909), etc. Il s'inspira par ailleurs des *Mystères de Londres* de son père pour publier *Les Bandits de Londres*. Précurseur de la combinaison de superhéros, type Batman contre Fantômas, il fit se rencontrer d'Artagnan et Cyrano dans une série de sept romans puis, vers la fin de sa vie, s'engagea dans une veine fantastique avec des romans comme *Le Réveil d'Atlantide* (avec H. J. Magog, en 1923), une des premières manifestations de la science-fiction à la française. Il décède boulevard de Clichy en 1933.

CLICHY (place de)

Ça a débuté comme ça. Moi, j'avais jamais rien dit.
Rien. C'est Arthur Ganate qui m'a fait parler.
Arthur, un étudiant, un carabin lui aussi, un camarade.
On se rencontre donc place Clichy.

— Louis-Ferdinand Céline, *Voyage au bout de la nuit*, 1932

Au 14, le Wepler de Miller

Henry Miller, qui découvre le café en 1928, en fera un arrêt incontournable dans *Jours tranquilles à Clichy* : « Du côté de la place Clichy, se trouve le café Wepler qui fut longtemps mon repère favori. Je m'y suis assis à l'intérieur ou sur la terrasse, par tous les temps. Je le connaissais comme un livre. Les visages des serveurs, des directeurs, des caissières, des putains, des habitués même ceux des dames des lavabos sont gravés dans ma mémoire comme les illustrations d'un livre que je lirais tous les jours. »

Au 16, Villiers de L'Isle-Adam

Mallarmé lui écrit, en 1888, libellant ainsi l'enveloppe : « Monsieur le comte de Villiers / De L'Isle Adam ; qu'on serait aise / De voir parmi mes familiers / À Paris, place Clichy, seize. » Villiers y réside quelques mois (en compagnie de sa bonne flanquée de deux enfants) avant d'émigrer rue Fontaine. Il vient de publier *L'Ève future* (1886), roman fantastique considéré comme une des œuvres fondatrices de la science-fiction française. Il publie par ailleurs ses *Histoires insolites* et ses *Nouveaux Contes cruels* (1888), salués par Huysmans, qui lui apportent un petit succès littéraire. Mais il est bien tard : il meurt d'un cancer en août 1889.

CLIGNANCOURT (rue de)

« Vous ne voudriez pas qu'il y soit à cette heure-ci !
– Où pourrais-je le trouver ? – À sa place, tiens !
Au coin de la rue de Clignancourt et du boulevard Rochechouart. »

— Georges Simenon, *Monsieur Gallet, décédé*, 1931

Au 26, Jacques Prévert et Robert Sabatier au Palais de la Nouveauté

En 1888, Georges Dufayel dote le Palais de la Nouveauté d'un phare électrique installé sur son dôme et crée rue de Clignancourt une entrée gigantesque surmontée d'un relief représentant « le Progrès entraînant dans sa course le Commerce et l'Industrie ». Jacques Prévert, dans *Enfance*, se remémore ses visites au Palais en compagnie de ses parents : « On allait aussi à Paris, chez Dufayel, pour acheter des choses à crédit et voir en même temps le cinématographe, la lanterne magique qui bougeait. »

Dans *Les Allumettes suédoises* de Robert Sabatier, le jeune Olivier aime se rendre dans ce temple du modernisme : « Il entrait souvent chez Dufayel, au "Palais de la Nouveauté", pour admirer les lourdes bicyclettes Auto-Moto à pneus demi-ballons, les vélos-porteurs à guidons en forme de cornes de buffles et les fins courriers à boyaux, élancés comme des gazelles, ou ces tandems auxquels rêvaient Jean et Élodie. »

Au 86, le sac de billes de Joseph Joffo

« À l'angle, se souvient Joffo, il y avait un grand bistro qui s'appelait le Clair de Lune. C'était le rendez-vous des brocanteurs. En face il y avait le salon de coiffure de mon père. Tous les petits juifs du coin, tous les brocs venaient s'y faire coiffer. »

En 1939, les époux Joffo et leurs sept enfants résident au 86. En dessous de leur appartement, Joffo-Coiffure. La guerre va les disperser, Joseph et son frère Maurice vont fuir le régime nazi à travers toute la France. Après la guerre, la coiffure reprend ses droits, ce qui se traduit par l'ouverture d'une dizaine de salons dans Paris. Au début des années 1970, Joseph décide d'écrire sur son épopée de petit Juif traqué. Ce sera *Un sac de billes*, roman refusé par une quinzaine de maisons d'édition, mais finalement – immense succès – publié par Jean-Claude Lattès en 1973. Suivront une quinzaine de romans, essentiellement autobiographiques. Joseph Joffo sera, par ses interventions dans les écoles, une référence pour parler de la Shoah aux enfants. Son frère Maurice, en revanche, connaîtra la rigueur des faits divers.

Joffo écrivit *Un sac de billes* pour ses enfants et petits-enfants. « Deux cents exemplaires à compte d'auteur, aimait-il à dire, cela m'aurait suffi. » En cinquante ans, il en a été vendu plus de vingt millions.

CONSTANCE (rue)

« Dans la rue Constance ? – Exactement. Elle est là depuis une demi-heure. Elle a dit qu'elle y resterait environ deux heures et qu'elle irait ensuite prendre un verre avec le psy. »

— Erica Spindler, *Rapt*, 2010

Au 14, Pierre Mac Orlan

En 1927, Mac Orlan s'était juré de ne jamais revenir à Montmartre. Il y revint pourtant, rue Tardieu dans les années 1930 et rue Constance en 1957, dans un appartement en entresol financé par la vente de son portrait par Pascin.

Dans *Le Monde* du 26 février 1982, Robert Sabatier évoque leur rencontre rue Constance : « Le personnage de légende était là avec son béret à pompon, ses knickerbockers de trimardeur, son gros pull-over, sa bouffarde, son chien et son accordéon, mais aussi sa gentillesse malicieuse, son goût de surprendre avec bonhomie, son savoir populaire et sa haute culture, qui me le firent apparaître comme un condensé des héros de ses romans où il s'agit toujours d'éloigner la quotidienneté de la vie en y ayant paradoxalement recours, de la peindre en couleurs, le gris ayant, lui aussi, droit de cité sur la palette. Car cet homme qui fut peintre se mêla aux milieux d'avant-garde, les Picasso, Apollinaire, Max Jacob, Salmon, à ses copains qu'il retrouverait à l'académie Goncourt, Dorgelès et Carco, tous amoureux d'un Paris coloré et tendre, et qui chez lui put prendre des aspects fantastiques. »

Malgré la présence, rue Constance, de son amie Monique Morelli, Mac Orlan s'y ennuya et revendit en 1961, retournant avec sa femme Marguerite à Saint-Cyr-sur-Morin, où il décède en juin 1970. Par testament, l'écrivain demande que soit attribué un prix littéraire portant son nom, récompensant un écrivain ou un artiste, de préférence âgé et dans le besoin. Le prix perdurera, mais pas ses attendus : Patrice Pluyette est âgé de 31 ans – et pas vraiment dans le besoin – lorsqu'il reçoit en 2008 le prix Mac-Orlan pour *La Traversée du Mozambique par temps calme*.

CORTOT (rue)

La rue Cortot étalait ses petits pavés ronds comme des dos de tortues.

— Pierre Mac Orlan, *La Cavalière Elsa*, 1922

Au 6, Erik Satie

Le créateur de *Trois Morceaux en forme de poire* (1903) et de *Véritables Préludes flasques (pour un chien)* vécut rue Cortot entre 1890 et 1898. « Ésotérik Satie », comme l'appelait Alphonse Allais, ce « musicien médiéval et doux, égaré dans ce siècle » (Debussy), écrivait des chroniques, textes réunis dans *Mémoires d'un amnésique* (1912) et *Les Cahiers d'un mammifère* (1924). Il vécut dans la misère, qu'il surnommait « la petite fille aux grands yeux verts », et décéda en 1925 à Arcueil. « Toute ma jeunesse on me disait : vous verrez quand vous aurez cinquante ans. J'ai [eu] cinquante ans, je n'ai rien vu. »

Au 12, Pierre Reverdy

Quittant le 7 de la rue Ravignan, Pierre Reverdy, poète au cœur tendre et aux colères homériques, s'installe au Bateau-Lavoir puis, le 15 février 1913, émigre un peu plus loin, rue Cortot. « Il était, quand nous avions vingt ans, Soupault, Breton, Éluard et moi, toute la pureté pour nous du monde. Notre immédiat aîné, le poète exemplaire. » Aragon se souvient du logement de la rue Cortot : « Je le revois dans ce temps de misère et de violence, un hiver qu'il régnait chez lui un froid terrible, sa femme malade, et dans le logement au-dessus ce diable d'Utrillo qui faisait du boucan, c'était à tuer. [...] Je me rappelle ce jour où il lui avait fallu vendre à un de ces hommes riches qui aiment tant l'art un petit Braque qui n'était pas seulement pour lui un tableau, et comme à la dernière minute de se dépouiller, il avait farouchement saisi la toile et l'avait baisée de ses lèvres, à la stupéfaction de l'amateur éclairé. »

Reverdy, précurseur du surréalisme (« Le rêve est un filon d'où il faut extraire les morceaux d'or »), deviendra le directeur de *Nord-Sud*, célèbre revue littéraire financée par le couturier Jacques Doucet. Il délaisse Montmartre en 1922 pour la rue Fontaine, puis habite rue Vignon, au n° 9, dans un appartement que Jean Cocteau occupera plus tard. Enfin, en 1926, il quittera la capitale pour s'installer à Solesmes, à l'ombre de la célèbre abbaye bénédictine, un peu comme Max Jacob partit en retraite à Saint-Benoît-sur-Loire.

Au 12, Léon Bloy et *Celle qui pleure*

En 1907, ce mystique de la douleur réside dans un atelier de la rue Cortot, dans une maison dont il dira que « peu de maisons à Paris sont habitées proportionnellement par un si grand nombre de crapules ». En septembre, il écrit à sa femme qui se trouve au Tréport : « Nous sommes mal, c'est certain, mais nous pourrions – Dieu nous laissant à notre fantaisie – être beaucoup plus mal. Nous avons souffert dans cette misérable maison comme nous avions souffert déjà partout ; mais c'est là que j'ai fait *Celle qui pleure*. [...] C'est peut-être un lieu béni. »

Bloy est persuadé que *Celle qui pleure* sera regardé par Stock, éditeur auquel il le destine, comme une aubaine, une « bonne fortune inespérée ». L'ouvrage paraîtra au Mercure de France, sans grand succès.

Au 16, Aristide Bruant

Après avoir habité rue Saint-Vincent, Bruant s'installe en 1885 rue Cortot, à l'angle de la rue des Saules, dans une vieille maison entourée d'un grand jardin possédant chenil, poulailler et pigeonnier. Il y restera dix ans, poursuivant sa carrière au Mirliton, postulant à l'Académie française en 1894 et préparant son œuvre majeure : *Les Bas-fonds de Paris* (1897), roman-fleuve de deux mille cinq cents pages brossant au vitriol le portrait des Parisiens.

COUSTOU (rue)

J'habitais une chambre rue Coustou près de la place Blanche. J'essayais d'écrire un premier livre.

— Patrick Modiano, *Remise de peine*, 1988

Au 11, Patrick Modiano

Patrick Modiano résida au n° 11 à la fin des années 1960 et il loge à cette adresse la Petite Bijou, devenue Thérèse, dans le roman du même nom paru en 2001. Qui s'étonne et se souvient : « Et le premier soir, j'ai pensé que ma mère avait peut-être habité la chambre dans laquelle je me trouvais. C'est donc le soir où je cherchais à louer une chambre et où j'ai vu l'adresse dans le journal, 11 rue Coustou, que le déclic s'est produit. Depuis quelque temps déjà, j'ouvrais la vieille boîte à biscuits, je feuilletais l'agenda et le carnet d'adresses, je regardais les photos… »

CUSTINE (rue)

« Ça me rapproche de chez moi, de la rue Custine. C'est plus gai que de prendre le bus. – Tu passes par Nation, toi, pour monter sur Montmartre ? C'est un genre. »

— Patrick Eudeline, *Rue des Martyrs*, 2009

Au 17, naissance de Paul Géraldy

« Assieds-toi, va ! Reprends près de moi ton ennui. / Moi près de toi je reprendrai ma solitude. » Son recueil de poèmes *Toi et Moi*, paru en 1913 (il a lors 28 ans), obtint un prodigieux succès – un million d'exemplaires ! – auprès d'un public essentiellement féminin. Son style « très simple », novateur à l'époque, s'apparente à celui de Francis Jammes ou de Jean Follain. Il reste cependant inconnu, ne figurant dans aucune anthologie. Il est par ailleurs l'auteur d'une quinzaine de pièces de théâtre.

Au 36, Jacques Hillairet

Un dictionnaire recensant les rues de Paris ? Parut en 1280 l'ouvrage d'un certain Guillot puis, quelques siècles plus tard, un dictionnaire signé J. de La Tynna (1816). Puis un autre, en 1844, par les frères Lazare. Puis encore un autre signé Charles Lefeuve, en 1858 et 1867. Enfin, l'ouvrage du marquis de Rochegude, en 1910.

En 1960, l'ancien colonel Auguste Coussillan – Jacques Hillairet – fait paraître aux Éditions de Minuit son *Dictionnaire historique des rues de Paris* : cinq mille trois cent trente-quatre allées, avenues, boulevards, chaussées, chemins de ronde, cités, couloirs, cours, enclos, galeries, hameaux, impasses, passages, places, ponts, ports, quais, rues, ruelles, sentes et sentiers, squares et villas. Un monument.

DAMRÉMONT (rue)

Un ministre peut-il habiter rue Lepic ? Un consulat acceptera-t-il de s'installer rue Damrémont ? C'est douteux.

— Léon-Paul Fargue, *Le Piéton de Paris*, 1939

Au 73, naissance d'André Malraux

Il naît en 1901 rue Damrémont, voie bourgeoise et commerçante. Peu d'affinités littéraires au départ : son père est employé de commerce, sa mère sans profession. L'enfant passe à Montmartre les deux premières années de sa vie avant de partir avec sa mère à Bondy, le père ayant quitté le domicile conjugal.

« Presque tous les écrivains que je connais aiment leur enfance, je déteste la mienne », écrira-t-il dans ses *Antimémoires* (1967). S'il n'aima pas son enfance, il aima Montmartre et sa butte. Amateur d'art et de littérature, il y reviendra en 1920 pour rendre visite à Max Jacob et lui soumettre ses poèmes.

ÉMILE-GOUDEAU (place)

Le fiacre s'arrêta au pied de l'escalier séparant la première partie de la rue Ravignan de son extrémité en forme de cirque et qui est devenue aujourd'hui la place Émile-Goudeau, du nom de cet assommant bonhomme.

— André Salmon, *Souvenirs sans fin. 1908-1920*

Au 11, Roger Vailland dans la Résistance

Au 11 se tenait pendant la guerre le Grand Hôtel Goudeau, futur Timhotel, point de chute de Roger Vailland alors engagé dans la Résistance. C'est à Montmartre, dans une planque de Daniel Cordier, qu'il découvre Stendhal (*Lucien Leuwen*) et décide d'écrire un roman. *Drôle de jeu* sortira en 1945.

Au 13, le Bateau-Lavoir

Vers 1860, à la suite d'un affaissement de terrain, la guinguette Le Poirier sans Pareil ferme ses portes et laisse la place à une fabrique de pianos. Trente ans plus tard, le propriétaire (un certain Sébastien Maillard) compartimente la baraque constituée de brique et de bois en minuscules ateliers d'artistes. Le Bateau (« -Lavoir », ajoute Max Jacob par dérision devant le manque d'eau) est lancé. Picasso, sur sa porte, a inscrit : « Au rendez-vous des poètes. » On y croisera effectivement Guillaume Apollinaire, Francis Carco, Blaise Cendrars, Roland Dorgelès, Max Jacob, Alfred Jarry, Maurice Raynal, Pierre Mac Orlan, Pierre Reverdy, André Salmon…

Au 13 ter, Alphonse Karr étonne Dumas

En 1828, avant de devenir « l'homme le plus spirituellement mal élevé » de son temps, ce géant à tête d'Apache s'installe à l'âge de 20 ans dans l'ancien vestiaire d'une guinguette désaffectée (la guinguette Tivoli dite du Poirier), provoquant l'étonnement d'Alexandre Dumas, ami et bibliothécaire du duc d'Orléans, qui lui rend visite.

« J'étais ravi, écrit Karr, de ce logement qui était en effet charmant. De grands arbres, des buissons, des pelouses, une grotte avec une source limpide, la vue s'étendant sur tout Paris qui la nuit faisait l'effet de la mer, le bruit lointain des voitures rappelant celui des vagues[9]. »

Karr y écrira une vingtaine de romans (depuis *Sous les tilleuls*, 1832, jusqu'à *Voyage autour de mon jardin*, 1845), y résidera jusqu'au coup d'État du futur Napoléon III. À la fin du siècle, l'ancien logement de Karr sera habité par Mme Coudray, la concierge du Bateau-Lavoir.

ÉTEX (rue)

Cinq ans après, je me trouvais chez moi, demeurant à cette époque rue Étex. Donc, un matin, j'allais et venais dans ma chambre.
— Camille Flammarion, *Les Maisons hantées*, 1923

Au 14, Cami

Cami, Pierre-Henri de son prénom, est un auteur (et illustrateur) de livres comiques comme *Quand j'étais jeune fille…, mémoires d'un gendarme* (1937) ou *Je ferai cocu le percepteur, roman fiscal et passionnel* (1949). Il pasticha Dumas (*Le Fils des Trois Mousquetaires, roman héroï-comique*, 1929), Arthur Conan Doyle (*Loufock-Holmès, le détective idiot*, 1908), et sa production théâtrale fut tout aussi débridée : *Dupanloup ou les Prodiges de l'amour* (1923) ou *Les Grands-parents terribles* (1939). Par ailleurs, il imagina une parodie burlesque du baron de Münchhausen avec *Les Aventures sans pareilles du baron de Crac* ou « Comment le baron de Crac partit à la recherche de l'Atlantide, sauva Antinéa et survola le Sahara à dos de vache ».

GABRIELLE (rue)

De la rue Gabrielle, où je rendais visite à Max, au « Bateau-Lavoir » de la place Ravignan, le trajet n'était pas long. J'appris un beau jour à le faire, et je peux doublement dire « un beau jour » car j'imagine que ce fut au printemps que je découvris, sa grande fenêtre ouverte, la pièce où peignait Juan Gris.
— Georges Auric, *Quand j'étais là*, 1979

Au 1, Paul Gordeaux

Inventeur de l'onomatopée tripartite « bla bla bla », Paul Gordeaux fut dans les années 1950 l'auteur le plus lu de France (sous le pseudonyme de Philippe d'Olon), grâce à ses productions quotidiennes dans *France-Soir* avec les bandes dessinées verticales *Le crime ne paie pas* et *Les Amours célèbres*. Pour mémoire, il écrivit une comédie, *Prisonnier de mon cœur* (1929), et un recueil de nouvelles, *Les Contes de Madame* (1946).

Au 17, Max Jacob et le jeune Malraux

En 1913, quittant la rue Ravignan, Max Jacob s'installe dans une pièce unique donnant sur la cour, au rez-de-chaussée. Elle dispose d'un fauteuil et de deux chaises dépaillées pour recevoir les visiteurs. « Il vivait, relate Picart Le Doux dans *Monelle de Montmartre*, dans un repaire minable [...]. Sur une table bancale, ses richesses s'entassaient, des manuscrits, ceux de *Saint-Matorel*, de *Cinématoma*, du *Cornet à dés*. Une boîte de couleur sans danger, des pinceaux épilés, un pot de gouache. Max dessinait des cartes postales comme Utrillo. Il poétisait la banalité[10]. »

Après la mort d'Apollinaire, la petite mansarde en sous-sol va devenir le rendez-vous des jeunes poètes. L'un d'eux, en 1919, apporte quelques vers. Il s'agit d'André Malraux. Dans *Apollinaire, Max Jacob, Gide, Malraux & Cie*, Georges Gabory évoque un jeune dandy soucieux de ses effets. « À le voir si bien habillé – gants de peau, canne à dragonne et perle à la cravate – on l'aurait pris pour un visiteur du dimanche, un homme du monde. »

GANNERON (rue)

On s'est fait tout de suite des confidences, nous deux. Je lui ai raconté mon existence, il m'a raconté la sienne. Un jour, il m'a menée rue Ganneron, dans son appartement, et il m'a montré sa cantine d'officier...

— Eugène Dabit, *Un mort tout neuf*, 1934

Au 9, Céline à 4 ans

Interrogé sur son enfance par le magazine *Arts* en 1961, Céline rognonne : « Ma jeunesse ? Mais ça n'intéresse personne... ça a si peu d'importance. Ce n'est rien, ma jeunesse, ça n'existe plus... [...] Vos lecteurs, ils veulent des choses gaies, le monde est bien assez moche comme ça... Alors, inventez, c'est pas moi qui vous contredirai... »

Né en 1894, le petit Louis-Ferdinand Auguste Destouches vécut dix mois rue Ganneron, de novembre 1898 à juillet 1899, avant d'emménager avec ses parents au célèbre passage Choiseul.

GERMAIN-PILON (rue)

La très jolie fille [...] lui indique une autre boîte [...], précisant avec tact que les filles y sont plus vieilles et moches, mais qu'assurément ce sera moins coûteux. Franck la remercie bien, traverse la rue Germain-Pilon et il est minuit dix.

— Jean Echenoz, *Vie de Gérard Fulmard*, 2020

Au 13, Bernard Dimey

Il résida successivement rue Ramey, rue Paul-Albert, rue Saint-Vincent, rue Cauchois, et s'installe rue Germain-Pilon en 1961 dans un petit appartement loué à son ami le clown et cinéaste Pierre Etaix. Il y écrira ses premiers poèmes et ses premières chansons. Au-delà de *Syracuse* (pour Henri Salvador) et de *Mon truc en plumes* (pour Zizi Jeanmaire), Dimey fut un authentique poète. Il laisse un *Bestiaire de Paris*, long texte poétique de soixante-six quatrains.

Au 23, Champfleury et ses chats

En 1858, après dix ans passés rue des Maçons-Sorbonne (rue Champollion) puis rue Notre-Dame-de-Recouvrance, nº 21, Jules François Félix Husson dit Champfleury rejoint Montmartre. Ami de Baudelaire, ce journaliste et critique d'art, ancien compagnon de bohème d'Henry Murger, produisit une œuvre très éclectique comprenant contes, romans, essais, ouvrages historiques et quelques vaudevilles. Amoureux des chats, il signa un grand succès littéraire et commercial : *Les Chats : histoire, mœurs, observations, anecdotes* (1869, illustrations de Manet, Delacroix, Viollet-le-Duc, Mérimée… !). On y trouve notamment un portrait de Chanoine, le chat de Victor Hugo : « La moustache était celle d'un magyar hongrois, et quand solennellement l'animal s'avança vers moi, me regardant de ses yeux flamboyants, je compris que le chat s'était modelé sur le poète et reflétait les grandes pensées qui emplissaient le logis. »

GIRARDON (impasse)

La bise se chargeait de cristaux, dispersait ses gemmes glaciales, au grand bonheur des morveux de l'impasse Girardon. Mal chaussés, nourris à la sauvette, les gamins gardaient assez d'énergie pour jouer à saute-mouton, à bouscule-gendarme ou à braque-bourgeois au milieu de ce piteux décor…

— Julien Delmaire, *Minuit, Montmartre*, 2017

Au 6, Jules Romains

Quittant ses parents et la rue Lamarck, Jules Romains, qui n'est encore que Louis Farigoule, s'installe impasse Girardon en 1910. Il y résidera deux ans. Il vient de passer toute son enfance et son adolescence autour de la Butte et s'en souviendra dans *Les Hommes de bonne volonté*, dans le merveilleux voyage à travers Montmartre et la capitale du petit Louis Bastide, flanqué de son cerceau.

GIRARDON (rue)

On serait resté rue Girardon on aurait tout de suite eu notre compte… la « corrida » fignolée… écorcherie à vif, premier temps… Second temps, lardé à la broche, et aux petits oignons, piments, au petit feu.

— Louis-Ferdinand Céline, *Rigodon*, 1969

Au 4, Céline dans de beaux draps

Au terme de remplacements en Bretagne et en Normandie, Céline revient à Paris et, en mars 1941, s'installe rue Girardon dans un trois-pièces traversant bénéficiant d'une belle vue sur les toits de Paris. L'auteur du *Voyage* y rédige *Notre-Dame de la Débinette*, dernier de ses quatre pamphlets antisémites publiés en février 1941 par les Nouvelles Éditions françaises, succursale de Denoël, sous le titre *Les Beaux Draps*. En 1942, il écrit *Scandale aux abysses*, scénario de dessin animé jamais réalisé et l'essentiel de *Guignol's Band*, tout en recevant ses amis, Marcel Aymé ou René Fauchois. Le 21 avril 1943, de sa fenêtre, il assiste au bombardement allié sur les Batignolles : « Deux heures d'apocalypse parfaitement réussies. » Lorsque la défaite de l'Allemagne se fait inéluctable, l'écrivain quitte Montmartre précipitamment pour se réfugier au Danemark. L'appartement va être saccagé, les manuscrits volés, ils réapparaîtront miraculeusement en août 2021, *Guerre*, puis *Londres* seront publiés en 2022.

Après la guerre, dans *Drôle de jeu*, Roger Vailland logera Chloé, la copine de Marat, dans l'appartement situé au-dessous de celui de Céline. L'appartement d'un certain Champfleury, avec lequel Vailland et quelques amis avaient envisagé d'assassiner l'auteur du *Voyage*.

Au 6, Fantômas et le royaume des Larves…

Dans *Le Bouquet tragique*, paru en 1912, rien de tel qu'une maison truquée pour servir les infâmes plans de Fantômas qui, rendu quasiment aveugle par un coup de feu tiré par son propre fils, peut ainsi, grâce à une seconde issue, rejoindre le royaume des Larves et parsemer sa route de roses noires, ces fleurs qui poussent dans les souterrains…

Au 13, Nerval et Léon Bloy au château des Brouillards

Son appellation provient probablement de la proximité de l'Abreuvoir et de la Fontaine-du-But, dont les eaux en hiver enveloppaient le paysage d'épaisses brumes. Situé dans l'allée des Brouillards qui part du 13, rue Girardon, le château accueillit Nerval dans les années 1830, lequel rêva de l'acheter avec sa vigne voisine. « Il y a dix ans, écrit-il, j'aurais pu l'acquérir au prix de trois mille francs. On m'en demande aujourd'hui trente mille […], il ne faut plus y penser, hélas, je ne serai jamais propriétaire. J'aurais fait faire dans cette vigne une construction si légère ! Une petite villa dans le goût de Pompéi avec un impluvium et une cella, quelque chose comme la maison du poète tragique[11]. »

En 1904 et 1905, dans un des pavillons (le n° 3) qui bordent le château, vécut Léon Bloy, ce « furieux à éruptives comme le sera Céline[12] », qui y rédige *Le Mendiant ingrat* et termine *Quatre ans de captivité à Cochons-sur-Marne*, deux des quatre tomes de son journal. Léon Bloy résidera ensuite, de 1906 à 1908, au 12, rue Cortot, dans le même immeuble que Pierre Reverdy.

Au 13, Paul Alexis

Paul Alexis emménage rue Girardon en 1886, quittant le 32 bis, rue de Laval. Auteur de romans naturalistes comme *Madame Meuriot* (1890), de nouvelles et de pièces de théâtre (*Charles Demailly*, 1892), il fut, selon Henry Céard, « l'ombre de Zola » qu'il rencontra en 1869 et dont il écrira une biographie. Critique d'art, il signera « Trublot », du nom d'un des personnages de *Pot-Bouille*. Assidu à Médan, il fait partie du « groupe des six » qui comprend également, autour de Zola, Céard, Hennique, Huysmans et Maupassant. « Certains jours, écrit ce dernier, on pêchait à la ligne. Hennique alors se distinguait, au grand désespoir de Zola qui n'attrapait que des savates. Moi, je restais étendu dans la barque la *Nana*, ou bien je me baignais pendant des heures, tandis que Paul Alexis rôdait avec des idées grivoises, que Huysmans fumait des cigarettes, et que Céard s'embêtait, trouvant stupide la campagne[13]. »

JOSEPH-DE-MAISTRE (rue)

En haut de la rue Caulaincourt, pour éviter l'appel de la Coccinelle qui me narguait toujours sur son arrêt de bus, criblée de papillons « enlèvement demandé », j'obliquai dans la rue Joseph-de-Maistre, prit le grand virage de la rue Lepic et mon cœur s'arrêta.

— Didier Van Cauwelaert, *Corps étranger*, 1998

Au 8, Ghérasim Luca s'oralise

Ses cours de culture (méta)physique sont restés célèbres : « [S'allonger] sur le vide / bien à plat sur la mort / idées tendues / la mort étendue au-dessus de la tête / la vie tenue des deux mains / Élever ensemble les idées / sans atteindre la verticale[14]... »

Ce poète français d'origine roumaine, précurseur de la poésie orale, navigua en marge du surréalisme puis, après la guerre, se fixa à Paris. En 1973, Gilles Deleuze lui rend hommage, soulignant à quel point ses « effets de bégaiement » renouvellent la poésie (« Passionné nez passionnem je / je t'ai-je t'aime je / je je jet je t'ai jetez / je t'aime passionnem t'aime[15] »), portant le langage à ses limites et « taillant dans sa langue une langue étrangère ».

Expulsé de son logement décrété insalubre, il se suicidera en 1994 en se jetant dans la Seine comme son ami Paul Celan. « Il n'y a plus de place pour les poètes en ce monde », écrit-il à sa compagne dans sa lettre d'adieu.

Au 12-14, Jean Genet et Truffaut au Terrass Hôtel

À la fin des années 1940, Jean Genet réside souvent au Terrass Hôtel. En 1950, il y reçoit une lettre d'un certain François Truffaut, 18 ans, qui a lu *L'Enfant criminel* et qui souhaite saluer son auteur pour lui soumettre un petit texte intitulé *Jean Genet, mon prochain*. Genet lui donne rendez-vous, ils se rencontrent au Terrass Hôtel à la mi-avril 1951. Truffaut cherche-t-il un père de substitution ? Genet lui dédicace un exemplaire du *Journal du voleur* avec ces mots : « Quand je vous ai vu entrer dans ma chambre, j'ai cru me voir quand j'avais 19 ans. J'espère que vous garderez longtemps cette gravité du regard et cette façon simple et un peu malheureuse de vous exprimer. Vous pouvez compter sur moi. »

Genet, dit-on, quitta le Terrass Hôtel en emportant les draps. Truffaut, pour sa part, se souviendra de *L'Enfant criminel* pour faire voler par Antoine Doinel une machine à écrire dans *Les Quatre Cents Coups* (1959).

JUNOT (avenue)

Il faut quand même ajouter que Céline en a voulu à Marcel Aymé de l'avoir campé dans sa nouvelle Avenue Junot, *sous les traits déplaisants.*

— Marc-Henri Cadier, *En lisant Louis-Ferdinand Céline et bien d'autres*, 2008

Au 15, Tristan Tzara

En 1926, Tristan Tzara et sa femme, la riche et séduisante peintre suédoise Greta Knutson, font construire par l'architecte Adolf Loos une maison très spartiate. Auteur d'un ouvrage intitulé *Ornement et Crime*, Loos est hostile à toute forme de décoration et maintient que la beauté doit s'exprimer par les lignes architecturales.

Avenue Junot, le fondateur de Dada va composer ses grandes suites poétiques (*L'Homme approximatif*, 1931, *Où boivent les loups*, 1932). Greta Knutson, pour sa part, le quittera pour vivre une grande histoire d'amour avec René Char, de 1938 à 1943.

Au 47, Jacques Prévert

Paroles, paru en mai 1946, a procuré au poète aisance financière et notoriété. Prévert et sa future épouse Janine Tricotet, ex-femme de Fabien Loris, s'installent avenue Junot. Michèle, leur fille, naît en novembre, ils se marient en mars 1947. En 1954, résolu à ne pas quitter Montmartre, Prévert s'installera au 6 bis, cité Véron.

Au 47, Georges Perec

L'avenue Junot fait partie des douze « lieux » sélectionnés par Perec, rues, places ou carrefours liés à des souvenirs, à des événements ou à des moments importants de son existence, lieux qu'il s'oblige à décrire chaque année dans son projet intitulé *Lieux*.

Avenue Junot, il évoque le n° 47, sans citer le passage de Prévert, mais en citant celui de Théodore Fraenkel, l'ami de Breton, « le surréaliste qui n'écrivit jamais une ligne ».

Perec n'aimait pas l'avenue Junot : « Endroit con avec des boutiques moches », écrit-il dans « Junot, souvenir 2 ». Mais peut-être est-ce par dépit : il ne cesse d'accumuler du retard sur la « tentative d'épuisement » de ce lieu particulier.

LAMARCK (rue)

Rue Lamarck, malgré la pluie, nous discutons tous les sept, de la qualité du ris de veau et de la crème anglaise.

— Jean-Marc Roberts, *Affaires étrangères*, 1979

Au 54, Jules Romains

La famille Farigoule s'installe en 1895 dans un petit appartement de trois pièces, sombre, situé au premier étage. Louis Farigoule, futur Jules Romains, vivra chez ses parents jusqu'en 1910, avant de s'installer impasse Girardon.

Il sera poète (*La Vie unanime*, 1908), dramaturge (*Knock*, bien sûr, mais également douze autres pièces) puis romancier avec *Les Copains* et *Les Hommes de bonne volonté*, fresque romanesque constituée de vingt-sept volumes qui fit beaucoup d'ombre aux *Thibault* de Martin du Gard.

Agrégé de philosophie, il suivit également à l'ENS de la rue d'Ulm des cours de physiologie et publia en 1919 un mémoire sur une vision « extrarétinienne », soutenant que les fonctions de la vue pouvaient être remplacées par un sens parallèle, le sens paroptique. On se moqua et il s'écrivit, relate *Le Bouquin des méchancetés* de François Xavier Testu : « Farigoule, les yeux bandés / Y voit. Cela ne surprend guère : / Quand on écrit avec ses pieds, / On peut lire avec son derrière. »

LEPIC (rue)

La rue Lepic est comme le fleuve de Montmartre qui arrose le pays, lance des affluents dans l'épaisseur du quartier, entretient la flore et produit des places qui ont plus d'importance dans l'histoire de la Troisième République qu'une nuée de ministres ou de décrets.
— Léon-Paul Fargue, *Le Piéton de Paris*, 1939

Quelque part dans la rue, le « je » de Colette Fellous

En 1967, la jeune fille de 17 ans quitte Tunis et rejoint Paris. Elle entame des études de lettres, fait un peu de théâtre, envisage d'écrire. Elle réside alors au 3, rue de Grenelle, sans savoir qu'il s'agit là d'une ancienne adresse de Gallimard, son futur éditeur. En 1971, elle s'installe à Montmartre, rue Lepic. C'est Roland Barthes – dont elle a suivi les cours au « petit séminaire » du 6, rue de Tournon – qui va donner en 1975 le coup d'envoi de sa carrière littéraire. Dans un café de l'Odéon, il lui déclare : « Dites “je”, vous avez le droit, écrivez, lancez-vous… » Elle va suivre le conseil et, sur une trentaine d'ouvrages, se plonger dans son double héritage franco-tunisien. « J'ai appris très tôt à être déchirée, à ne pas m'étonner de ce sentiment, à respirer avec. À aimer partir puis revenir, à être toujours entre deux ou trois villes, à jongler en équilibre sur plusieurs langues et même à ne pas tout comprendre d'un lieu, pour mieux en saisir les sensations, les nuances », écrira-t-elle dans *Pièces détachées* (2016).

Avenue de France, publié en 2001, propose une trilogie autobiographique qui se termine avec la publication de *Plein été* (2007). *Aujourd'hui* (2005) lui vaudra le prix Marguerite-Duras, sa grande amie, sur laquelle elle publiera en 2022 *Le Petit Foulard de Marguerite D.*

Au 12, le Lux Bar de Bernard Dimey et de Mouloudji

Grande figure de Montmartre, Bernard Dimey était un des habitués du Lux Bar, de même que Mouloudji, lorsqu'il habitait rue Robert-Planquette. Michel Célie, le patron des disques Déesse, se souvient : « On se retrouvait au Lux, le midi, bien souvent, il y avait Jean Wiener, Bernard Dimey, Prévert, Mouloudji, Caussimon, on rigolait parce que les touristes montaient à Montmartre pour voir des artistes et qu'ils passaient à côté de nous sans nous voir. »

Dimey, dans un poème, évoque les lieux : « Les feignants du Lux-Bar, les paumés, les horribles, / Tous ceux qui, rue Lepic, vienn'nt traîner leurs patins, / Les rigolos du coin, les connards, les terribles / Qui sont déjà chargés à dix heur' du matin… / Les racines au bistrot, ça va pas jusqu'à Blanche, / Et même les Abbesses, ils ont jamais vu ça ! / Avec dix coups d'rouquin ils se font leur dimanche / Et je les aime bien, je n'sais pas trop pourquoi. »

Au 14, Gaston Couté

Il dormait là où son ivresse le terrassait, écumait à ses débuts Al Tarlane, l'Âne rouge, le Funambule, le Conservatoire de Montmartre, le Carillon, l'Alouette, les Noctambules, le Grillon ou les Quat'z'Arts. En 1905, le « gars qu'a mal tourné », poète beauceron auteur du *Champ de naviots*, s'installe rue Lepic. Les années noires sont derrière lui : « Ohé là-bas ! bourgeois qui passe, / Arrive ici que je t'embrasse ; / T'es mon frère que je te dis / Car, quoique t'as de bieaux habits / Et moi des hardes en guenille, / J'ons tous deux la même famille. »

Le 27 juin 1911, atteint de delirium tremens, Couté sera transporté à Lariboisière, il y décédera le lendemain, à 31 ans.

Au 63, le poète Yves Bonnefoy

« Tout est toujours à remailler du monde. / Le paradis est épars, je le sais, / C'est la tâche terrestre d'en reconnaître / Les fleurs disséminées dans l'herbe pauvre[16]. » Yves Bonnefoy est décédé en 2016 (à 93 ans) dans son appartement du 63 qu'il occupait depuis les années 1950. Ce traducteur (Shakespeare, Yeats…), critique d'art, professeur au Collège de France, plusieurs fois pressenti pour le prix Nobel de littérature, est considéré comme un des plus grands poètes français de la seconde moitié du XXe siècle.

Se dégageant du surréalisme (il fonda avec André Breton l'éphémère revue *La Révolution la nuit*), il veut rendre au réel sa place première (« La tâche du poète est de montrer un arbre, avant que notre intellect nous dise que c'est un arbre »), se soustraire à la trop grande duplicité de l'image (« La mer intérieure éclairée d'aigles tournants, / Ceci est une image. / Je te détiens froide à une profondeur où les images ne tiennent plus ») et se méfier de l'esthétisme : « La part esthétique, dans le poème, c'est l'occasion qui deviendrait la faute si on lui sacrifiait la vérité. »

Au 63, Philippe Léotard

Autre poète du 63, mais plutôt dans le genre maudit-destroy : l'interprète de Ferré et auteur du *Portrait de l'artiste au nez rouge* (1988), de *Pas un jour sans une ligne* (1992) et de *Clinique de la raison close* (1997). Il écrivit comme il chantait, de sa voix rauque d'oiseau de nuit. Il laisse des chansons qui sont des poèmes, des chansons qui tremblent, comme lui : « Je ne regarde plus la mer, je suis le sel. Sèche-toi encore un peu sur mes mains qui tremblent. »

Au 64 puis au 50, Jehan Rictus

« Je suis un placard à Douleurs, / Je suis l'Artiste, le Rêveur, / Le Lépreux des Démocraties[17]. » En novembre 1895, Rictus s'installe rue Lepic et débute aux Quat'z'Arts où il récite des poèmes sur les exclus et les clochards. Le plus connu, *Le Revenant*, relate la rencontre d'un sans-abri avec le Christ. En 1897 paraît *Les Soliloques du pauvre*, suivi de *Doléances* en 1900 et des *Cantilènes du malheur* en 1902. En 1904, il déménage au nº 50 où il résidera jusqu'en 1913. Expulsé de la rue Lepic, il s'installera rue Camille-Tahan pour ses vingt dernières et très bourgeoises années.

Au 66, la salle du Grenier jaune

Ouvert en 1921 dans leur propre maison par Louise Lara et Édouard Autant (les parents de Claude Autant-Lara), le Grenier fut sous le nom d'Art et Action un lieu-laboratoire d'expression où se jouèrent des œuvres du futuriste Marinetti, du symboliste René Ghil, du présurréaliste Pierre Albert-Birot (*Le Bondieu*, 1922), de même que Michel de Ghelderode, Maïakovski, et où avaient lieu des lectures de Mallarmé, Rimbaud, Aragon (*L'Armoire à glace un beau soir*, 1920)… La salle fermera en 1939.

Au 68, Paul Fort et Margot-mon-Page

En 1909, rue Lepic, on vit Apollinaire et Max Jacob décharger les meubles hissés sur la charrette tirée par un percheron massif. Il s'agissait du mobilier de Paul Fort qui, en compagnie de la poétesse Marguerite Gillot (qu'il surnommait Margot-mon-Page), s'installa au rez-de-chaussée. Le futur « prince des poètes » n'apprécia pas Montmartre et fut l'un des premiers à amorcer la transhumance culturelle de la Butte vers Montparnasse.

Au 78, Félix Fénéon

Employé au ministère de la Guerre et, selon Octave Mirbeau, rédigeant des rapports qui sont « des façons de chefs-d'œuvre, nets, précis, d'une langue administrative parfaite », Félix Fénéon quitte la rue Vaneau au début des années 1890 pour s'installer rue Lepic et entamer une carrière de journaliste et critique d'art.

Selon Wikipédia, Jean Paulhan le présente comme un « critique au goût très sûr, qui savait que Rimbaud, Jules Laforgue, Stéphane Mallarmé, Paul Valéry et Guillaume Apollinaire seraient les grands écrivains de son temps et non Sully Prudhomme ou François Coppée, et qui rendait justice aux impressionnistes puis aux postimpressionnistes quand ses confrères encensaient l'art académique ».

Il fut également militant anarchiste et fut accusé d'être l'auteur de l'attentat du Foyot, rue de Tournon (4 avril 1894), attentat qui coûta un œil à son ami Laurent Tailhade. Brièvement emprisonné puis acquitté grâce aux témoignages de nombreux intellectuels comme Mirbeau ou Mallarmé, il fit rire l'assistance lors du procès : « Je ne lance de bombes que littéraires. » Quittant la rue Lepic en 1894, il va s'installer passage Tourlaque, entrer au *Figaro* puis au *Matin* et se rendre célèbre pour ses « nouvelles en trois lignes ».

Au 89, Courteline

En 1890, Georges Moinaux (ou Moineau, dit Courteline) quitte la rue d'Orchampt et s'installe rue Lepic avec sa femme (l'actrice Suzanne Berty) et ses deux enfants.

Menant une « vie de guéridon[18] », il fréquente surtout l'auberge du Clou (avenue Trudaine) où, chaque jour à heure fixe, devant un « précipité » (mélange de Pernod et d'anisette), il écrit, joue aux cartes, engueule ses partenaires et mesure la bêtise de ses contemporains grâce à son fameux « conomètre ».

Au 98, le Voyage de Céline

Ça a débuté comme ça : en août 1929, chassé par les punaises de l'immeuble et la tristesse de la banlieue, le Dr Louis Destouches quitte son logement de Clichy (36, rue d'Alsace) et s'installe rue Lepic avec la danseuse Elizabeth Craig, dans un appartement constitué d'une grande pièce, d'une chambre, d'une cuisine (transformée en bureau) et d'une salle de bains.

Le médecin des pauvres, des poux et des véroles, celui qui a mis au point un comprimé contre la toux, le Nican, à base de serpolet et de coquelicot, a probablement commencé à écrire son *Voyage*. C'est rue Lepic qu'il l'achèvera. Sa compagne raconte : « Aussitôt qu'il s'enfermait dans son bureau, il devenait un autre homme [...]. Penché sur ses papiers, il avait l'air d'un vieillard, tout en lui avait l'air vieux, et je me disais : "Est-ce bien Louis ?" [...] quand il en ressortait, c'était quelqu'un de complètement différent. "Il vous fixait avec sur le visage un air désespéré qui vous donnait envie de pleurer. Il me regardait comme pour dire : 'Toi tu ne comprends rien, tu ne sais pas à quel point la vie est tragique[19] !'" »

En avril 1932, tout est fini, rédigé, dactylographié. Le médecin peut se mettre en quête d'un éditeur. *Voyage au bout de la nuit* paraît chez Denoël début octobre 1932, ratant le Goncourt au profit des *Loups* de Guy Mazeline.

Céline entame alors un nouveau roman. Ce sera *Tout doucement*, puis *Chanson morte*, textes qui donneront finalement *Mort à crédit* (1936).

Céline résidera rue Lepic jusqu'en 1941, puis déménagera au 4, rue Girardon.

MARCADET (rue)

Alors, en levant les yeux, elle aperçut la plaque de la rue Marcadet, elle eut tout d'un coup l'idée d'aller voir Goujet à sa forge.

— Émile Zola, *L'Assommoir*, 1876

Au 166, Yves Martin

« Vu par sa caméra-œil, écrit Raphaël Sorin dans *L'Express* en 1996, Paris reste un réservoir infini d'images et de sensations, une cité sans voiles, un harem à ciel ouvert. Ses poèmes, inédits ou réédités, sont autant de mélancolies fondant sous la langue comme des bonbons. »

Ce colosse aux rouflaquettes et aux longs cheveux, fou de cinéma, de femmes et de marche dans Paris, cousin de Fargue et de Follain, fut un poète de l'image et de la vie ordinaire : « Connais-tu Paris ? on descend un soir, / la Seine d'un bleu profond, câline entre les tilleuls… […] / Le métro aérien éclate, loin et dans les troquets le rhum crisse. »

Ou : « Au château tremblant, canal de l'Ourcq-Saint-Martin / Trépignaient les mariniers sous les drapeaux de frites. / Les moules sautaient dans des cuves rouges / Avec des clins d'œil bleus. »

Parmi ses recueils : *Le Marcheur* (1972), *De la rue elle crie* (1982), *Visions d'Anvers* (1987), *Assez ivre pour être vivant* (1987), *Manège des mélancolies* (1996).

MARCEL-AYMÉ
(place)

Elle remonte l'avenue à grandes foulées et s'arrête sur la place Marcel-Aymé, devant le Passe-Muraille. Ce carré planté d'arbres chétifs, à deux pas du Bateau-Lavoir où Picasso inventa le cubisme, domine l'atelier de Gen Paul…

— Cécile de Ménibus, *Je voudrais tout prendre d'elle*, 2020

Dans le mur, ce cher Dutilleul

« Il n'a pas la place qu'il mérite dans les livres scolaires », s'attriste Michel Lécureur dans *Marcel Aymé devant l'Histoire* (2017). À défaut de place dans les livres scolaires, le père de Delphine et Marinette s'est vu attribuer une place bien à lui. La place Marcel-Aymé. Avec, sortant du mur, la statue de ce bon Dutilleul, prêt à répondre aux administrés : « Me reportant à votre honorée du tantième courant et, pour mémoire, à notre échange de lettres antérieur, j'ai l'honneur de vous informer… »

MARGUERITE-DE-ROCHECHOUART
(boulevard)

Le boulevard Marguerite-de-Rochechouart est également présent dans le 9e arrondissement.

« Tu es devenu antiquaire ? – Si on veut. Je rachète de vieux meubles et je les retape dans un petit atelier que j'ai loué boulevard Rochechouart. Tu sais, en ce moment, tout le monde est plus ou moins antiquaire… »
— Georges Simenon, *L'Ami d'enfance de Maigret*, 1968

Au 17 bis, Oscar Méténier

Il obtint quelques succès avec des romans, des nouvelles et des pièces naturalistes mettant en scène le milieu des bas-fonds qu'il côtoya comme secrétaire de commissariat dans différents quartiers de Paris. Installé en 1888 boulevard de Rochechouart, il abandonne sa carrière policière et se consacre à l'écriture. Il produira une vingtaine de pièces plus ou moins à scandale et une trentaine de romans.

« Comme Pierre Loti, écrit Laurent Tailhade dans *Petits Mémoires de la vie*, […] il se glorifiait, à bon droit, de ne savoir aucune chose. En récompense de quoi le succès ne se fit pas attendre. […] Il avait, en effet, vu juste : "Pas d'idée et pas de style, cela suffit pour atteindre à la notoriété comme à l'argent." »

Son plus grand succès fut *Mademoiselle Fifi*, pièce adaptée de la célèbre nouvelle de Maupassant, dans laquelle la présence sur scène d'uniformes allemands fit scandale. Cette même année, il acheta un ancien atelier d'artiste au fond de la cité Chaptal et le transforma en théâtre afin d'y jouer ses pièces, théâtre qui deviendra le Grand Guignol.

Au 72, Zola à l'Élysée-Montmartre

Le 29 avril 1879, un bal est organisé à l'Élysée-Montmartre pour fêter la centième représentation de *L'Assommoir*, pièce d'Émile Zola issue de son roman. « Les invités (le Tout-Paris littéraire et théâtral) doivent être déguisés en ouvriers et blanchisseuses, écrit Nicolas d'Estienne d'Orves. La gauche caviar avant l'heure[20]. »

Au 84, le Chat Noir

Au Chat Noir, une petite pièce au fond, bien sombre, n'attire pas la clientèle. Rodolphe Salis, astucieux, décide de la baptiser l'Institut et d'habiller ses serveurs en académiciens. Le réduit devient un endroit « in », on y voit Verlaine, Mallarmé, Jules Vallès et les chat-noiristes célèbres : Alphonse Allais, Charles Cros, Jules Jouy, Mac-Nab, Aristide Bruant… Pour assurer la promotion du lieu, Rodolphe Salis crée une revue hebdomadaire (*Le Chat noir*) dont huit cent dix numéros paraîtront de 1882 à septembre 1897. Elle accueillit notamment Paul Verlaine et Jean Richepin et fut l'une des premières à publier des articles du sulfureux Jean Lorrain.

MARX-DORMOY (rue)

On est sortis de la librairie, on a emprunté la rue Riquet et on s'est attablés au Roi du café. Comme je donnais le dos sur la rue Marx-Dormoy, je pouvais lire dans ses yeux les notes qu'il accordait à chaque derrière d'une fille qui traversait l'artère.

— Alain Mabanckou, *Black Bazar*, 2013

Au 35, Paul Éluard

« Contrairement à une légende […], soutient Léon-Paul Fargue, La Chapelle n'est ni un quartier de crimes ni un quartier de punaises. C'est un endroit charmant, et même sérieux. »

Peut-être. Mais toujours est-il qu'Éluard habita un des quartiers les plus désolés de Paris, celui des gares de marchandises, des entrepôts, des gazomètres, des pyramides de charbon, de coke et de mâchefer : La Chapelle.

Démobilisé (pour la seconde fois de sa vie), le poète emménage (avec Nusch) en décembre 1940 au troisième étage droit d'une grande bâtisse sale et décrépite, dans ce qui est alors la rue de la Chapelle. Il y rédige la préface de *L'Honneur des poètes*, publication (par les Éditions de Minuit en 1943) de vingt-deux poèmes anonymes qu'Éluard a écrits ou recueillis auprès d'Aragon, de Desnos et autres noms célèbres sous pseudonyme.

Éluard qualifie son quartier de « beau quartier », prétend s'y sentir bien. Mais il n'a pas les moyens d'habiter le 6e arrondissement : il a dilapidé l'héritage de son père, gagne difficilement sa vie en revendant des œuvres d'art primitif ou les tableaux qu'il reçoit en cadeau de ses amis, comme Picasso.

Après la guerre, l'appartement sera un lieu de rencontre, Claude Roy se souvient d'un petit appartement peint en beige et gris, moulures « Belle Époque » au plafond, livres et tableaux un peu partout, un grand portrait de Nusch aux seins nus peint par Picasso et des tableaux de Max Ernst, Fernand Léger, Chirico. « J'ai retrouvé plus tard une atmosphère très proche dans l'atelier d'André Breton au 42 de la rue Fontaine », note Claude Roy. Ils s'entouraient de ce qu'ils aimaient, « leur coquille était à leur image ».

MONT-CENIS (rue du)

Je me suis enfui en hurlant du côté de la rue du Mont-Cenis. L'air frais m'a glacé.

— Guy Le Clec'h, *Une folle joie*, 1961

Au 29, Paul Dermée

Le poète belge s'installe à Paris en 1910, rencontre Guillaume Apollinaire, Valery Larbaud, Max Jacob, lance le terme « cubisme littéraire ». En décembre 1916, il participe à la revue *SIC* de Pierre Albert-Birot puis, en mars 1917, à celle de Pierre Reverdy, *Nord-Sud*, dont il sera le collaborateur le plus assidu. Au début des années 1920, il vit au centre de tout : dadaïstes, futuristes, futurs surréalistes, rêvant de réaliser un rassemblement de toutes les avant-gardes.

Quatorze ans avant Orson Welles, en 1924, il diffusa sur Radio-Paris une pièce intitulée *Maremoto*, pièce qui déclencha la première panique radiophonique de l'histoire pour l'appel désespéré par TSF, « en direct », d'un navire en perdition dans l'Atlantique. L'émission, qui fit la une des journaux le lendemain matin, fut interdite par… le ministère de la Marine.

Au 79, la genèse de Dada et du surréalisme à la brasserie Nord-Sud

Ce fut une ancienne halte de diligences puis une cabane-buvette pour les ouvriers lors du percement de la ligne de métro Nord-Sud. La buvette se transforma en brasserie, prit le nom de la ligne et, sous l'égide de Pierre Reverdy, vit la naissance des premiers numéros de la revue *Nord-Sud* à laquelle participèrent Guillaume Apollinaire, André Breton, Max Jacob, Philippe Soupault, Tristan Tzara. Dada est en route.

MYRHA (rue)

Je partais pour l'école en suivant la rue Léon,
la rue Myrha. Les boutiques s'ouvraient ;
un tombereau roulait, il en tombait des ordures
et une poussière de cendres. Je ne me pressais pas.
— Eugène Dabit, *Faubourgs de Paris*, 1933

Au 6, le poète Jean Follain

En 1924, parisien depuis peu, l'étudiant en droit s'installe en bas de Montmartre, attiré par l'aura poétique de la Butte. Paris le fascine, il rêve sur des plans qu'il apprend par cœur, redessine de mémoire les rues et les arrondissements. Remarqué par André Salmon, il se lie d'amitié avec Max Jacob et, parallèlement à la magistrature, commence à publier. *Cinq Poèmes* et *La Main chaude* sont édités en 1933 dans la revue *Sagesse*. En 1935, il publie *Paris*, sorte de croquis d'instants à la Doisneau. « D'évidence, écrit Bernard Morlino dans *Le Figaro*, Follain appartient au club des piétons célestes, sorte de rotary de poètes qui voient au-delà des apparences. […] Son Paris est composé de jeunes filles parfumées à l'héliotrope, des petites rides de la Seine, de momies aztèques endormies, de lions de pierre, de célibataires bilieux, de ciel gris d'argent et de cimetières à la folle végétation. Ce gastronome du français mérite quatre étoiles au Michelin littéraire[21]. »

NICOLET (rue)

Lucas se retourne, s'enfuit, fonce rue Paul-Albert, à droite, passage Cottin… Il a disparu rue Nicolet, les escaliers Biron, est redescendu, a regagné la rue Custine. Sauvé.

— Alain Sevestre, *Revolver*, 2003

Au 14, Verlaine et Rimbaud chez les Mauté

« Il cessa d'être laid, et je pensais au conte de *La Belle et la Bête* où l'amour transforme la bête en prince charmant », relate Mathilde Mauté dans ses Mémoires. Elle a 17 ans, Verlaine, 26. Malgré les réticences des parents, ils se marient en août 1870 et le couple s'installe au deuxième étage d'un immeuble de la rue Nicolet.

Vers le 10 septembre, ils accueilleront Rimbaud dans une autre chambre de l'étage. « C'était, relate Mathilde, un grand et solide garçon à la figure rougeaude, un paysan. […] Les cheveux hirsutes, une cravate en corde, une mise négligée. Les yeux étaient bleus, assez beaux, mais ils avaient une expression sournoise que, dans notre indulgence, nous prîmes pour de la timidité. »

Rimbaud commettra des « indélicatesses » et devra quitter la rue Nicolet deux ou trois semaines après son arrivée, emportant un crucifix (qu'il restituera à Verlaine).

NORVINS (rue)

Il suivit la rue de Norvins, sur la crête de Montmartre, gagna la rue des Saules, dont il descendit la pente raide, entre des murs moussus, de l'autre côté de Paris.

— Émile Zola, *Les Trois Villes*, 1898

Au 2, Couté chez Bouscarat

Ses soliloques – petits tableaux de couleur noire – furent des cris de révolte contre la société : « Je suis descendu bien souvent / Jusqu'au cabaret où l'on vend / L'ivresse trop brève ; / J'ai fixé le ciel étoilé / Mais le ciel, hélas ! m'a semblé / Trop haut pour mon rêve. »

En 1898, le poète beauceron réside chez Bouscarat en compagnie de Mac Orlan. Ce dernier se souvient dans *Rue Saint-Vincent* : « Nous habitions deux chambres, Couté et moi, qui donnaient sur une petite cour intérieure où les ivrognes venaient pisser en sortant du cabaret qui constituait le rez-de-chaussée de l'hôtel. Nous étions tous les deux dans une très mauvaise passe et sans Bouscarat qui nous faisait crédit, je ne sais pas trop comment nous aurions fait pour nous loger. Couté composait des chansons qu'il allait vendre pour une somme très modique à un éditeur du Faubourg-Saint-Martin. De mon côté, j'essayais de vendre quelques dessins ou je m'abrutissais sur des besognes mal payées et stupides. »

Couté sera ensuite domicilié au 5, rue Norvins (alors impasse du Tertre), « dans ses meubles », avant de déménager au 42, rue des Trois-Frères.

Au 13, Beatrice Hastings et Max Jacob

Au printemps 1915, la poétesse anglaise quitte Montparnasse et s'installe rue Norvins dans une petite maison où logea autrefois Émile Zola. « Nous nous étions, relate-t-elle, Max Jacob et moi, arrangé une vie tranquille dans ma petite maison et jardin, sur la butte Montmartre. Dedo [Amedeo Modigliani] avait l'habitude de venir soûl et de casser les vitres pour entrer [...]. Max était mon chien de garde, récompensé par une charmante petite chambre à la grille. (En 1915, j'ignorais encore l'aversion de Max pour les femmes.) Il allait à la messe chaque matin, travaillait toute la journée dans son studio de la rue Gabrielle et revenait entre dix et onze heures avec toutes les nouvelles et potins de ceux qui lui avaient rendu visite dans la journée. Personne, pas même la pire commère, n'a jamais pensé à mal de nous deux. On nous acceptait tels qu'on était : un ménage littéraire[22]. »

Au 22, Nerval à la clinique du Dr Blanche

« Celui qui se consacre à la direction d'un pareil établissement doit être à la fois le médecin, l'infirmier, l'ami, le consolateur, le confident de ses malades », déclarait-il. En 1821, dans l'ancienne Folie Sandrin, le Dr Esprit Blanche a ouvert un asile révolutionnaire, pension où les patients partagent la vie quotidienne de la famille Blanche. Gérard de Nerval y est soigné de mars à novembre 1841. Le diagnostic est difficile, Esprit Blanche hésite entre méningite, délire furieux, démonomanie, théomanie, hallucinations, avant de juger le poète incurable. Nerval, pour sa part, conserve sa lucidité : « J'avais été fou, écrit-il à un ami fin 1841, cela est certain, si toutefois la conservation complète de la mémoire et d'une certaine logique raisonnante qui ne m'a pas quitté un seul instant ne peut donner à mon mal d'autre caractère que ce triste mot : folie ! Pour le médecin c'était cela sans doute bien qu'on m'ait toujours trouvé des synonymes plus polis ; pour mes amis cela n'a pu guère avoir d'autre sens ; pour moi seul, cela n'a été qu'une sorte de transfiguration de mes pensées habituelles, un rêve éveillé, une série d'illusions grotesques ou sublimes, qui avaient tant de charme que je ne cherchais qu'à m'y replonger sans cesse, car je n'ai pas souffert physiquement, hormis du traitement qu'on a cru devoir m'infliger[23]. »

Après avoir quitté la maison de santé, Nerval va entreprendre un long voyage – voulu comme thérapeutique – en Orient.

Au 26 (2, place Marcel-Aymé), Marcel Aymé

En 1963, au terme de trente années passées rue Paul-Féval, Marcel Aymé emménage rue Norvins, dans un cinquième étage, au milieu de ses livres classés par couleurs. Et « là-dessus, le chat fit son entrée dans la cuisine et salua tout le monde poliment[24] ».

Toujours aussi subversif, l'auteur des *Contes du chat perché* a refusé la Légion d'honneur (« Et je les ai priés qu'ils voulussent bien, leur Légion d'honneur, se la carrer dans le train ») et a décliné les sollicitations, Mauriac en tête, pour intégrer l'Académie française. Ce frondeur tendre et féroce, amoureux des petites gens, maître de l'humour et du merveilleux, meurt le 14 octobre 1967, enterré au cimetière Saint-Vincent de Montmartre. En 1986, le petit renfoncement de la rue Norvins devient la place Marcel-Aymé. Coincé sans passe dans la muraille, Garou-Garou nous rappelle les talents de conteur de son créateur. « Il disposait, écrivit Antoine Blondin, de beaucoup d'indulgence pour l'humanité tout entière. Sa fréquentation vous améliorait. »

ORCHAMPT (rue d')

On m'a ramassée sous une porte un matin,
rue d'Orchampt à Montmartre, en pleine guerre.
Comme c'était la Sainte-Claire, la concierge
qui m'a trouvée m'a appelée Clara, et comme
grand nom on m'a donné celui de la rue. V'là tout.
— Roland Dorgelès, *À bas l'argent*, 1965

Au 5, Courteline et les biftecks trop cuits

En 1885, Courteline loge dans un modeste hôtel montmartrois, l'hôtel du Poirier, avant d'emménager en 1890 dans une petite maison à tourelle, possible ancien pavillon suédois de l'Exposition de 1889, en compagnie de sa femme, l'actrice Suzanne Berty, qu'il aime présenter comme « jolie comme un cœur, bête comme une oie et rouée comme une potence ». La vie du couple est mouvementée comme le relate Dorgelès qui, dans *Quand j'étais montmartrois*, évoque « des biftecks trop cuits qu'on se jetait à la figure ».

Courteline, dans son œuvre, fera la part belle aux scènes de ménage, notamment dans *Les Boulingrin* (1898) où une dispute se termine par des meubles brisés, des coups de revolver et un incendie.

Au 75 bis, le don singulier de Dutilleul

Rue d'Orchampt, le 75 bis n'existe pas, sauf chez Marcel Aymé où, dans *Le Passe-muraille*, réside au troisième étage « un excellent homme nommé Dutilleul qui poss[ède] le don singulier de passer à travers les murs sans en être incommodé ».

ORDENER (rue)

« Hum, pas grand-chose ! La Seine monte, mais ce sont des nouvelles pour les Parisiens. Madame veuve Lazare, 60, rue Ordener, a été assassinée par un garçon laitier. »

— Louis Aragon, *Anicet ou le panorama*, 1921

Au 3, Eugène Émile Paul Grindel, dit Paul Éluard

En 1913 paraît *Premiers Poèmes*, recueil signé Paul-Eugène Grindel. Quatre ans plus tard, sous le nom de Paul Éluard (du nom de sa grand-mère Félicie), est publié *Le Devoir et l'Inquiétude* suivi de *Poèmes pour la paix* (1918) : « Toutes les femmes heureuses ont / Retrouvé leur mari – il revient du soleil / Tant il apporte de chaleur. / Il rit et dit bonjour tout doucement / Avant d'embrasser sa merveille. »

La « merveille » s'appelle Elena Diakonova, dite Gala, qu'il a épousée en 1916 et, démobilisé, le poète s'installe avec elle et leur fille Cécile dans un appartement du 3, rue Ordener, situé trois étages au-dessus de celui de ses parents. Par l'intermédiaire de Jean Paulhan, Éluard rencontre André Breton puis Louis Aragon et Philippe Soupault. Il sera de toutes les manifestations dada, promettra à Breton de « ruiner la littérature » et de ne plus rien produire. Heureusement pour la poésie, la littérature saura le rattraper.

ORNANO (boulevard)

Je suis allé quelquefois au cinéma, boulevard Ornano. Au Clignancourt Palace, à la fin du boulevard, à côté du « Verse-Toujours ».

— Patrick Modiano, *Dora Bruder*, 1997

Au 41, Dora Bruder

« Ce sont des personnes qui laissent peu de traces derrière elles, écrit Patrick Modiano dans *Dora Bruder*. Presque des anonymes. Elles ne se détachent pas de certaines rues de Paris, de certains paysages de banlieue, où j'ai découvert, par hasard, qu'elles avaient habité. Ce que l'on sait d'elles se résume souvent à une simple adresse. »

Dans un *Paris-Soir* daté du 31 décembre 1941, Patrick Modiano remarque une petite annonce ainsi libellée : « PARIS. On recherche une jeune fille, Dora Bruder, 15 ans, 1 m 55, visage ovale, yeux gris marron, manteau sport gris, pull-over bordeaux, jupe et chapeau bleu marine, chaussures sport marron. Adresser toutes indications à M. et Mme Bruder, 41 boulevard Ornano, Paris. » De cette petite annonce naîtra une enquête menée par Modiano pendant des années, et un roman paru en 1997 : *Dora Bruder*.

Au 70 bis, Saint-Exupéry

Après la rue Vivienne puis un bref passage rue Petit, Saint-Exupéry loge à l'hôtel Titania, 70 bis, boulevard Ornano, hôtel lugubre où il résidera d'octobre 1924 à septembre 1925. Employé à la Société générale d'entreprises rue du Faubourg-Saint-Honoré, il écrit à son ami Charles Sallès : « Ma situation me dégoûte. Je bâille dans un bureau de 2 m sur 2 et regarde la pluie tomber dans la cour. Je fais aussi des additions… […] La vie est bien mélancolique. Je continue à acheter des billets de loterie pour qu'elle soit un peu plus imprévue. »

Éconduit par Louise de Vilmorin, il commence à écrire la vague histoire d'un aviateur qui se consume d'amour. Grâce à sa tante Yvonne de Lestrange qui anime quai Malaquais un haut lieu de la littérature parisienne, il peut espérer être publié dans une revue dont la renommée ne cesse de grandir : la *NRF*.

L'année 1926 verra la publication d'une première nouvelle – *L'Aviateur* – dans laquelle Saint-Ex relate ses sensations de pilote. Il prend conscience, cette année-là, que ses deux passions, écrire et voler, ne sauraient être dissociées.

ORNANO (square)

Longueur 66 mètres, largeur 6, ça finit en impasse et c'est plutôt moche au bout, avec ces vilaines portes bleues à barreaux.

— Anonyme, 2021

Au 7, Hervé Le Tellier

D'où nous vient cette adresse qui aurait été la sienne dans les années 1990 ? Mystère. Ce qui est certain, c'est que l'auteur de *L'Anomalie* – prix Goncourt 2020 – affectionne le 18e arrondissement et qu'enfant il vécut rue Duhesme dans un appartement « vraiment petit ». Comme Mouloudji, il eut une mère folle. Et comme Mouloudji, sa vie est un roman. Flasheur à *Libération*, gardien de nuit dans un hôpital psychiatrique, employé dans une morgue, professeur de maths, journaliste scientifique, chroniqueur culinaire sous le pseudonyme – notamment – de Jennifer Honeymoon, journaliste à France Culture (*Des Papous dans la tête*), membre de l'Oulipo depuis 1992, correspondant de François Mitterrand[25], poète (*L'Herbier des villes*, *Les Opossums célèbres*, dans lequel on découvre le « calamarcelproust »), encyclopédiste de l'inutile, dramaturge (ah ! le salon de coiffure « Aux tifs de la Bretonne » dans *Madame Colbert*), bref, il est l'auteur (en date de 2023) d'une quarantaine d'ouvrages insolitodisparates (romans, poésie, théâtre).

OSLO (rue d')

En jouant dans la cave d'un immeuble en démolition, 28, rue d'Oslo, trois enfants ont découvert un cadavre.
— Claude Béziau, *Les Reporters*, 1965

Au 6, Cami

Ce célèbre caricaturiste, créateur de Loufock-Holmès, plus grand humoriste « *in the world* » selon Chaplin, fut un écrivain à succès, signant par exemple *Le Jugement dernier, roman prématuré* (1928), *Quand j'étais jeune fille…, mémoires d'un gendarme* (1937) ou *Je ferai cocu le percepteur, roman fiscal et passionnel* (1949).

PAUL-FÉVAL (rue)

Il demanda : « La rue Féval, s'il vous plaît ? – Connais pas. – Ça ne m'étonne pas. Personne, ici, ne la connait. Vous en faites pas. Je la trouverai. »
— Jean Drault, *Galupin, touriste*, 1933

Au 9 ter, Marcel Aymé

Marcel Aymé s'installe rue Paul-Féval en 1933 avec sa femme Marie-Antoinette et la fille de celle-ci, Colette. Malgré le Renaudot pour *La Table-aux-crevés* (1929), la grande notoriété n'est pas encore advenue. « Vers 1930, écrit-il, la littérature, qui semblait devoir n'être pour moi qu'un honorable passe-temps, devint mon métier. Cette tentative d'autonomie, sur le plan matériel, parut bientôt vouée à l'échec. Tout à coup les choses s'arrangèrent lorsque je publiai *La Jument verte*, qui fut considérée comme un roman licencieux. Les suivants, qui ne l'étaient à aucun degré, déçurent beaucoup, mais il me resta un public qui s'attacha à mes livres pour des raisons meilleures que celles qui avaient fait le succès de la *Jument.* »

La vie de l'écrivain s'organise. Les fins de matinées sont consacrées aux amis qu'il retrouve chez Pomme, à l'angle des rues Lepic et Tholozé, chez Barbe, place du Tertre, au Rêve, rue Caulaincourt. Les après-midis et surtout les soirées sont consacrés à l'écriture : *Les Contes du chat perché* (de 1934 à 1946), *Travelingue* (1941), les nouvelles du *Passe-muraille* (1943), *Uranus* (1948) et du théâtre, comme *La Tête des autres*, mis en scène au théâtre de l'Atelier. Malgré un immense succès populaire, malgré son talent à concilier réalisme et fantastique, ses ouvrages sont généralement éreintés par une critique qui ne lui pardonne pas son anticonformisme. En juillet 1963, le père de Delphine et Marinette quitte l'appartement pour s'installer au 26, rue Norvins, où il passera les quatre dernières années de sa vie.

PERS (impasse)

Bâtie après la guerre de 1870, la maison du 9, impasse Pers, exhalait une ancienne opulence bourgeoise, le genre de demeure que se fait construire un rentier.
— Pierre Lemaitre, *Miroir de nos peines*, 2020

Au 9, Louise Belmont dans *Au revoir là-haut*

Pourquoi les personnages principaux d'*Au revoir là-haut* (Goncourt 2013 de Pierre Lemaitre) habitent-ils dans cette impasse au curieux nom ? « J'ai travaillé, confie-t-il, sur plan à partir d'un atlas de Paris datant des années 1930. Je voulais que l'intrigue se situe dans le 18e arrondissement, soit un quartier ouvrier et artisan. J'aimais le nom de cette impasse, son emplacement proche des rues Ordener et Damrémont. »

Le 9, impasse Pers continuera à vivre dans *Miroir de nos peines*, ouvrage qui clôt la trilogie, dans lequel le personnage secondaire de Louise Belmont dans *Au revoir là-haut* devient un personnage principal du roman.

RACHEL (avenue)

J'ai pris le métro, la ligne Nord-Sud, comme on disait, celle qui reliait l'avenue Rachel au Condé. À mesure que passaient les stations, je remontais le temps.
— Patrick Modiano, *Dans le café de la jeunesse perdue*, 2007

Quelque part dans l'avenue, André Malraux

Après la Grande Guerre, en 1919, André Malraux séjourne dans un meublé de l'avenue Rachel. Ses centres d'intérêt : les livres rares, les objets d'art, l'écriture et la critique littéraire. Il travaille alors pour René-Louis Doyon, libraire-éditeur qui tient La Connaissance dans la galerie de la Madeleine. Malraux y rencontre un jeune homme de son âge, Pascal Pia, avec lequel il chine et chante parfois dans les cours. Il y rencontre également Max Jacob, sur lequel il écrit en 1920 son premier article : « Les Origines de la poésie cubiste ».

Au 20, le cimetière de Montmartre

Vigny, Stendhal, Zola, Guitry, Théophile Gautier, les frères Goncourt, Henry Murger, Feydeau, Labiche, Marceline Desbordes-Valmore, Heine, Renan, Ponson du Terrail, Lautréamont, Alexandre Dumas fils, Jouhandeau, ils sont nombreux à reposer au bas de Montmartre.

En 1990, c'est un vieillard éternellement jeune de 92 ans qui s'éteint, lui qui aimait à dire : « Quand on est jeune, c'est pour la vie ! » Le dernier survivant des premiers surréalistes aimait résumer sa vie de façon simple : « Né un lundi / baptisé un mardi / marié un mercredi / malade un jeudi / agonisant un vendredi / mort un samedi / enterré un dimanche / C'est la vie de Philippe Soupault[26]. »

RAVIGNAN (rue)

Je remontais la rue Ravignan, j'étais pas à la rigolade… renfrogné, disons… je remontais la rue Ravignan je m'entends appeler, héler !… voilà ce que j'aime pas !… je me retourne. Marie-Louise ! Ah ! que je fais…

— Louis-Ferdinand Céline, *Féerie pour une autre fois*, 1952

Au 7, Max Jacob et les anges

Max Jacob s'installe en 1907 dans une pièce obscure située en fond de cour, à côté des poubelles, dans laquelle il écrit et dessine à la lueur d'une lampe à pétrole. L'endroit serait totalement misérable s'il ne recelait pas un trésor : un paravent illustré par son ami Pablo Picasso.

En septembre 1909, le poète tombe à genoux, sujet à une vision : « Mes yeux s'emplirent de larmes soudaines. Un ineffable bien-être descendit sur moi, je restai immobile, sans comprendre. » Durant tout l'automne, le Tout-Montmartre commente la grande nouvelle : Max Jacob serait en contact permanent avec les anges ! Roland Dorgelès défend une hypothèse plus prosaïque : « Jésus lui serait apparu pendant qu'il était à genoux pour chercher ses pantoufles. » Pour d'autres, l'éther dont Max Jacob abuse ne serait pas étranger à l'affaire. Fin 1911, harcelé par ses voisins qui n'en supportent plus les effluves, le poète se fâche avec son propriétaire et quitte son « cubicule » pour emménager au Bateau-Lavoir, dans l'ancien atelier d'André Salmon. Un autre poète, Pierre Reverdy, va prendre sa place, avant d'intégrer, à son tour, le Bateau-Lavoir en avril 1912.

Au 16, Camus sur la Butte

En débarquant d'Algérie, en mars 1940, Albert Camus s'installe à l'hôtel du Poirier dans les hauteurs de la Butte, face au Bateau-Lavoir. L'air y serait-il moins susceptible d'aggraver sa tuberculose chronique ou est-ce par souci financier ? Toujours est-il qu'il n'aime pas Montmartre et que Paris lui semble étranger. « D'où vient, écrit-il dans ses *Carnets*, que savoir rester seul à Paris un an dans une chambre pauvre apprend plus à l'homme que cent salons littéraires et quarante ans d'expérience de la "vie parisienne" ? »

Dans sa chambre obscure, entre mars et mai 1940, il termine le premier brouillon d'un roman dont il cherche le titre tout en travaillant à *Paris-Soir*, rue du Louvre.

Le 4 juin 1940, grâce aux émoluments du quotidien, il quitte l'hôtel du Poirier et emporte le manuscrit de *L'Étranger* à l'hôtel Madison, à Saint-Germain-des-Prés.

ROBERT-PLANQUETTE (rue)

Enfin il découvrit le passage Lepic qui de la rue aboutit, après un coude, à une sortie rue Robert-Planquette. On passe sous une voûte, à demi close par un portail de fer, et c'est une ruelle étroite, avec une loge pour la concierge, une série de petits magasins.

— Henry Bordeaux, *L'Affaire de la rue Lepic*, 1938

Au 7, Le Pied-à-terre de Mouloudji

Au début des années 1970, Mouloudji quitte la rue de Provence et vient s'installer en bas de Montmartre. En 1975, il publie chez Seghers *Complaintes*, recueil de poèmes et de textes de chansons. La mort de Raymond Queneau, en 1976, le privant de tout soutien chez Gallimard, le chanteur-écrivain décide d'auto-éditer son nouveau roman. *Le Pied-à-terre* paraît en 1977, histoire d'un vieux professeur de chant désargenté, âgé de 99 ans, qui cherche par tous les moyens de quoi acheter une minuscule concession au Père-Lachaise. Suivront dans les années 1980-1990 trois livres de souvenirs : *Le Petit Invité* (1989), *La Fleur de l'âge* (1991), *Le Coquelicot* (1997).

Au 35, François Coppée

La rue Robert-Planquette se nomma, de 1843 à 1926, l'avenue des Tilleuls, et François Coppée y résida dans les années 1860. Employé de bureau au ministère de la Guerre, il publie ses premiers vers en 1864, réédités et enrichis dans *Le Reliquaire* (1866). Avec *Les Intimités* (1867) et *Poèmes divers* (1869), il devient un poète à succès, conforté par la représentation de sa pièce *Le Passant* (1869). Héraut du Parnasse auprès de Leconte de Lisle, il est brocardé par Verlaine et Rimbaud, sympathisants communards, qui n'apprécièrent pas sa pièce *Fais ce que tu dois* (1871), acclamée par le public et comportant une dénonciation de la Commune. Verlaine et Rimbaud finiront dans la misère, Coppée finira à l'Académie française.

SAINT-VINCENT (rue)

Nous vivions toujours réunis en tas au coin de la rue Saint-Vincent et de la rue des Saules, rassemblés comme des feuilles mortes trop légères et que le vent dispersait et poursuivait par malice.

— Pierre Mac Orlan, *Rue Saint-Vincent*, 1928

Au 30, Aristide Bruant

Aristide Bruant y réside dans les années 1880 avant son emménagement rue Cortot, à l'angle de la rue des Saules. En 1889, il publie son premier recueil de chansons et monologues, *Dans la rue*, ouvrage illustré par Steinlen qui soulève l'enthousiasme d'Anatole France, de Barrès et de François Coppée, qui le compare, « en ligne directe légitime », à François Villon. Le premier texte intitulé

« Philosophe » annonce la tonalité subversive de l'auteur : « Va, mon vieux, va comme j'te pousse, / À gauche, à doit', va, ça fait rien, / [...] Va, mon vieux, va, n'te fais pas d'bile. / T'es dans la ru', va, t'es chez toi. »

Au 36, André Salmon et les *Demoiselles*

« On meurt de faim en regardant tomber la neige », écrira-t-il en évoquant sa vie sur la Butte au début du siècle. En 1908, le poète et critique d'art André Salmon quitte sa maison adossée au cimetière de la rue Saint-Vincent et trouve un petit atelier au Bateau-Lavoir, proche de Picasso. Les toiles de l'Espagnol le plongent dans une perplexité étonnée et admirative. L'une d'elles, en particulier, pour laquelle son ami Apollinaire propose le titre *Le Bordel philosophique*, retiendra son attention. Il la dénomme *Les Demoiselles d'Avignon*, titre qui restera.

Dans *La Négresse du Sacré-Cœur*, roman paru en 1920, Salmon relatera son séjour à Montmartre avant qu'il ne quitte la Butte pour rejoindre la rive gauche.

SAULES (rue des)

Cette maison de la rue des Saules, cette atroce maison de misère et de souffrance, elle était restée en la mémoire de Pierre comme l'abominable cloaque où le Paris pauvre agonisait.

— Émile Zola, *Les Trois Villes*, 1898

Au 4, le Lapin Agile

Dans les années 1860 à 1880, c'était encore le Cabaret des Assassins avec ses murs décorés de scènes des crimes du célèbre Troppmann. C'est en 1903 qu'il adopte le nom qu'il porte encore aujourd'hui quand, après l'avoir acheté, Aristide Bruant en confie aussitôt la gérance au père Frédé (« le tavernier du quai des brumes », comme dit Max Jacob) et à Berthe, son épouse, qui demande au peintre André Gill de leur dessiner une enseigne. Tout le monde connaît la fameuse anecdote de la main anonyme inscrivant sur la façade : « Là peint A. Gill. » Le cabaret accueillera bientôt tous les peintres et écrivains de la Butte, qui y boivent des « combines » (cerises, vin blanc, grenadine, guignolet). Harry Baur tonitrue tandis que Charles Dullin récite Verlaine, Rimbaud et Baudelaire. C'est au Lapin Agile – cette « boîte à musique et à mélancolie » pour Louis Nucéra – que Pierre Mac Orlan rencontre Marguerite, la fille de Berthe, qu'il épouse en 1912.

SQUARE-CARPEAUX (rue du)

Soleil encore sur la ville, en attendant d'aller chercher Cécilia à son bureau, je suis allé lire mon journal au square Carpeaux.

— Patrick Cauvin, *Belles Galères*, 2016

Au 9, Marcel Aymé

En 1930, Marcel Aymé est déjà un écrivain reconnu, lauréat du prix Renaudot pour *La Table-aux-crevés*. Il emménage au printemps au huitième étage d'un immeuble neuf et, dans un appartement bénéficiant d'une belle vue sur la tour Eiffel, travaille sur un nouveau roman promis à un grand avenir et qui paraîtra en 1933 : *La Jument verte*. « Au village de Claquebue naquit un jour une jument verte, non pas de ce vert pisseux qui accompagne la décrépitude chez les carnes de poil blanc, mais d'un joli vert de jade. En voyant apparaître la bête, Jules Haudouin n'en croyait pas ses yeux, ni les yeux de sa femme… » Succès, scandale pour une œuvre jugée licencieuse. Il s'en vendra soixante mille exemplaires en un an, mettant l'écrivain – mensualisé par Gallimard – définitivement à l'abri du besoin.

TARDIEU (rue)

Dans la petite imprimerie de la rue Tardieu où il s'installa en quittant la rue de Douai, furent imprimées les premières plaquettes de Pierre Reverdy, de Philippe Soupault et composés un certain nombre des poèmes formels de mon recueil intitulé Calligrammes.

— Guillaume Apollinaire, *Le Flâneur des deux rives*, 1918

Au 1, Pierre Souvestre et Fantômas

L'auteur du *Dictionnaire français-anglais de l'automobile* (1910), plus connu comme créateur de Fantômas, habita au nº 1, de 1906 à 1914. Marcel Allain, son secrétaire puis coauteur, prendra la suite dans l'appartement (et épousera Henriette Kistler, la compagne de Pierre Souvestre) en 1926. Dans la nouvelle *L'Évadée de Saint-Lazare*, les auteurs logent Fantômas chez eux, rue Tardieu.

TOURLAQUE
(passage)

Avec cette pétoire, je descendais en triomphe tout droit jusqu'au passage Tourlaque, pour atterrir, garanti, au dépôt. C'était trop cave de mètre filé dans cette ratière.

— Albert Simonin, *Touchez pas au grisbi !*, 1953

Au 4, Félix Fénéon

En avril 1904, après avoir vécu au 78, rue Lepic, Fénéon s'installe passage Tourlaque. Deux ans plus tard, journaliste à la revue *Le Matin*, il relate chaque jour avec un sang-froid impassible et souvent cynique des faits divers généralement morbides, acrobaties littéraires qui deviennent célèbres sous le nom de « nouvelles en trois lignes », sortes de tweets avant l'heure qu'il s'oblige à écrire avec un maximum de cent trente-cinq caractères typographiques : « Prenant son état civil au mot, Mlle Bourreau a voulu exécuter M. Bomborger. Il survivra aux trois coups de couteau de son amie. » Ou : « Le Dunkerquois Scheid a tiré trois fois sur sa femme. Comme il la manquait toujours, il visa sa belle-mère : le coup porta. »

Fénéon résidera passage Tourlaque jusqu'en 1902, date de son emménagement rue Damrémont. Il résidera ensuite 15, rue Eugène-Carrière, 132, avenue de Clichy puis 10, avenue de l'Opéra. Malade, il décédera à Châtenay-Malabry à 83 ans, quelques mois avant la Libération, regrettant de vivre si longtemps comme les carpes d'Apollinaire : « Dans vos viviers dans vos étangs / Carpes que vous vivez longtemps ! / Est-ce que la mort vous oublie / Poissons de la mélancolie[27] ? »

VAUVENARGUES
(rue)

Elle m'a bien expliqué : « Vous avez le carrefour ici, vous restez bien sur votre trottoir et vous rentrez dans telle rue, la rue Vauvenargues. »

— Sami-Ali, *Le Banal*, 1980

Au 74, Georges Bataille

En 1927, Georges Bataille quitte l'appartement où il vivait avec sa mère et son frère, se marie l'année suivante avec l'actrice Sylvia Maklès et va s'installer rue Vauvenargues après un court séjour avenue de Ségur. Sous le pseudonyme de Lord Auch, il achève et publie *Histoire de l'œil* sans mention d'éditeur, ouvrage sulfureux illustré par André Masson.

Surréaliste (tendance rue du Château), mais dubitatif quant à la finalité du mouvement, il s'attira les foudres d'André Breton dans le *Second Manifeste du surréalisme* (1930). Bataille y est décrit comme un malade psychasténique naviguant avec délectation dans un univers « souillé, sénile, rance, sordide, égrillard, gâteux ».

Longtemps tenu pour un écrivain maudit, fasciné par la mort, mêlant mysticisme et érotisme, Georges Bataille laisse une œuvre qui, selon son ami Michel Leiris, est une « ouverture entre les ouvertures pour accéder tant soit peu au vide insaisissable de la mort ». En 1970, Gallimard publie le premier volume de ses œuvres complètes. Michel Foucault, qui en rédige la préface, écrit : « On le sait actuellement : Bataille est un des écrivains principaux de son siècle. »

VÉRON (cité)

Je me suis demandé si Annette, la semaine prochaine, accueillerait tous nos amis, ainsi que nous le faisions chaque année le 14 juillet, sur notre grande terrasse de la cité Véron.

— Patrick Modiano, *Voyage de noces*, 1990

Au 6 bis, Boris Vian, Jacques Prévert et le chien Ergé

Un an avant que Jacques Prévert ne s'y installe à son tour, Boris Vian et Ursula Kübler emménagent dans d'anciennes loges du Moulin Rouge transformées en appartements, au troisième étage. Ni eau ni électricité. Pas de chauffage. Boris louera d'abord deux pièces, puis trois, puis cinq, bricolant dans un appartement évolutif des meubles sur mesure, notamment pour y loger sa collection de 78 tours. Après avoir construit la salle de bains, il s'aperçoit que la baignoire n'y rentre pas. « Pas paniqué le moins du monde, il décide alors de faire un trou dans le mur pour l'y faire passer. Celle-ci fut ainsi disposée à cheval entre deux pièces et Boris Vian prenait donc son bain la tête dans sa chambre à coucher et les pieds dans sa salle de bains[28] ! »

Sur ses conseils, l'année suivante, Prévert s'installe cité Véron avec sa femme Janine et sa fille Michèle. Les deux hommes partagent une terrasse dominant le Moulin Rouge, laquelle sert de lieu d'accueil aux riches heures du Collège de 'Pataphysique (société de recherches savantes et inutiles) dont ils font tous deux partie, de même qu'Ergé, le chien briard de Jacques Prévert, la terrasse devenant rapidement la « Terrasse des Trois Satrapes ». Vian disparaît en 1959, Prévert quittera les lieux en 1977.

Dans *Voyage de noces*, Modiano loge Jean B. cité Véron : « J'ai profité du 14 juillet pour me glisser dans notre appartement de la cité Véron sans attirer l'attention de personne. J'ai emprunté l'escalier qu'on n'emploie plus, derrière le Moulin-Rouge. »

VÉRON (rue)

J'ai mon cœur qui sort sur la table, tout[e] ma vie, je me suis donné bien du mal aussi là-bas ; J'ai bien lutté moi contre la mort partout, rue des Bournaires, rue Véron, rue Triolot, et à Sartrouville, et à Bezons, et partout, maintenant elle m'attrape.

— Louis-Ferdinand Céline, *Féerie pour une autre fois*, 1952

Au 11, fin de bohème pour Henry Murger

Après le 48 (ancienne numérotation), rue Notre-Dame-de-Lorette, le 80, rue de Clichy, le 70, rue Truffaut, la rue Neuve-Coquenard (rue Lamartine),

Henry Murger et sa compagne Anaïs Latrasse louent en janvier 1858 un petit pavillon rue Véron.

Ils y resteront jusqu'à fin 1860, Murger décédera un mois plus tard.

Au 36, Louis Edmond Duranty

« Que le nom de Duranty n'ait jamais dépassé un cercle étroit d'amateurs, voilà une des malchances littéraires les plus injustifiées », écrivait Albert Thibaudet dans son *Histoire de la littérature française de 1789 à nos jours*, parue en 1936. Doctrinaire, celui que l'on prit longtemps pour le fils naturel de Mérimée fut, avec son ami Champfleury, un précurseur du réalisme, doctrine illustrée par son *Malheur d'Henriette Gérard*, roman qui paraît en 1860, trois ans après *Madame Bovary* qu'il couvre de sarcasmes : réalisme de salon ! Farouche ennemi du romantisme, il partit en guerre contre *Les Contemplations* de Hugo et contre la poésie en général, comparant les poètes à la race nuisible et envahissante des lapins qui ne cessent de se multiplier. Critique d'art influent, ami de Manet, de Degas et de Courbet, il sera un des premiers à défendre les impressionnistes.

YVONNE-LE-TAC
(rue)

Tu sors place des Abbesses et tu vas, tout à côté, rue Yvonne-le-Tac. Là se trouve le martyrium à l'endroit supposé du supplice.
— Bernard Noël, *La Place de l'autre*, 2013

Au 20, Hector Malot

En 1859, Hector Malot s'installe à Paris, au 20 de ce qui est à l'époque la rue Antoinette. Il a 29 ans et son premier roman, *Les Amants*, a connu un certain succès. Il faudra attendre une trentaine d'ouvrages et près de vingt ans pour que paraisse en 1878 son œuvre la plus célèbre : *Sans Famille*. Très proche de Jules Vallès, ami de Zola et de Rodin, cet auteur réaliste et prolifique (plus de soixante romans) eut la malchance de naître, selon Séverine, entre deux génies des lettres : Balzac et Zola.

Il emménagera au 13, rue Berthe en 1861 et, en 1864, fera construire un chalet dessiné par son ami l'architecte Victor Poitrineau en face du bois de Vincennes, chalet où il résidera jusqu'à sa mort en 1907.

Notes

1. *Les Inrockuptibles*, 17 au 23 janvier 1996.
2. André de Fouquières, *Mon Paris et ses Parisiens. Pigalle 1900*, Pierre Horay, 1955.
3. Louis Nucéra, *Mes ports d'attache*, Grasset, 1994.
4. Caroline Anouilh, *Drôle de père*, Michel Lafon, 1990.
5. Dans Micheline Dupray, *Roland Dorgelès. Un siècle de vie littéraire française*, Presses de la Renaissance, 1986.
6. Octave Mirbeau, « Léon Bloy », *Le Journal*, 13 juin 1897, p. 1.
7. Rapporté par Jean-Paul Clébert dans *Les Hauts Lieux de la littérature à Paris*.
8. *Les Inrockuptibles*, 17 au 23 janvier 1996.
9. Alphonse Karr, *Le Livre de bord*, Calmann-Lévy, 1880.
10. Cité par Jean-Paul Clébert dans *Les Hauts Lieux de la littérature à Paris*.
11. Corinne Bayle, *Gérard de Nerval. La marche à l'étoile*, Éditions Champ Vallon, 2001.
12. Charles Dantzig, *Dictionnaire égoïste de la littérature française*, Grasset, 2005.
13. Guy de Maupassant, *Les Soirées de Médan*, Charpentier, 1880.
14. Ghérasim Luca, *Le Chant de la carpe*, Éditions José Corti, 1986.
15. Ghérasim Luca, *Amphitrite*, 1949.
16. Yves Bonnefoy, « L'Adieu », *Ce qui fut sans lumière*, Mercure de France, 1987.
17. Jehan Rictus, *Les Soliloques du pauvre*, 1897.
18. Aller de café en café.
19. Citée par Yves Bouin dans *Céline*, Gallimard, 2009.
20. Nicolas d'Estienne d'Orves, *Dictionnaire amoureux de Paris*, Plon, 2015.
21. Bernard Morlino, « Le livre du jour : Paris de Jean Follain », *Le Figaro*, 13 décembre 2006.
22. Beatrice Hastings, *The Old New Age*, Blue Moon Press, 1936.
23. http://www.gerard-de-nerval.net/lacrise-de1841a.html.
24. Marcel Aymé, « La Patte du Chat », *Les Contes du chat Perché*, Gallimard, 1944.
25. Lire l'hilarant *Moi et François Mitterrand*, relation épistolaire entre l'auteur et l'ancien président de la République, parue chez JC Lattès en 2016.
26. Philippe Soupault, *Chansons*, 1921.
27. Guillaume Apollinaire, « La Carpe », *Le Bestiaire ou Cortège d'Orphée*, Raoul Dufy, 1911.
28. https://www.lessoireesdeparis.com/2019/06/17/une-matinee-chez-boris-vian-cite-veron.

Selon Henri Calet, qui s'y connaît en matière d'arrondissement, le 19e, quartier populaire, a la forme vague d'un jambon.

LE 19E ARRONDISSEMENT

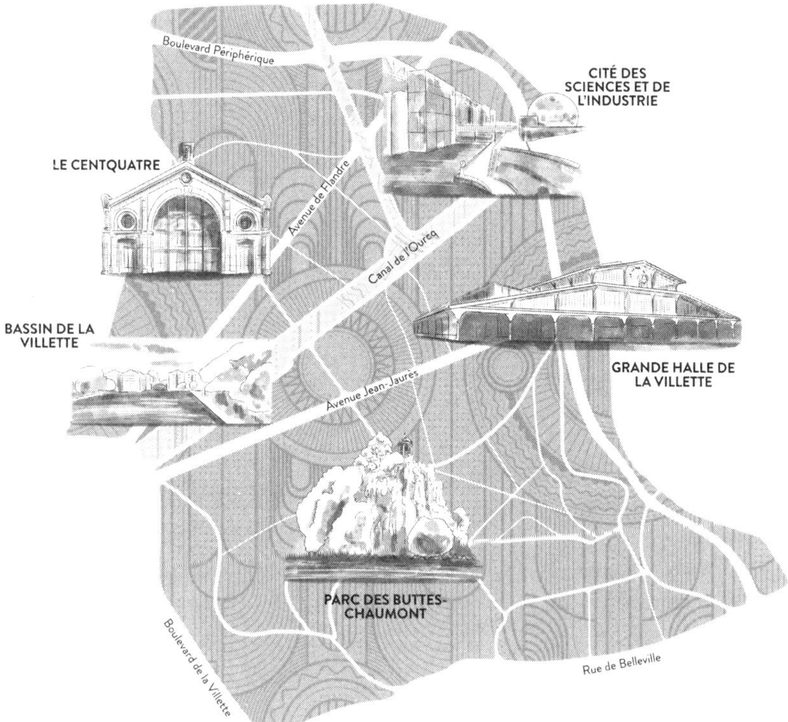

ANNELETS (rue des)

Il avait monté une petite imprimerie, rue de Crimée, au pied de l'escalier raide en forme d'Y qui mène à la rue des Annelets.

— Jean-Pierre Le Dantec, *Étourdissements*, 2015

Au 29, Jean Echenoz

Dans *Envoyée spéciale* (2016) – ou comment envoyer une grande blonde (?) déstabiliser la Corée du Nord – apparaît un nommé Pak Dong-bok : « Nous ne prendrons pas la peine de [le] décrire, précise l'auteur, il ne va jouer qu'un rôle mineur et nous n'avons pas que ça à faire. » Quatre ans plus tard, c'est Gérard Fulmard (qui « ressemble à n'importe qui, en moins bien ») qui déboule dans l'œuvre de Jean Echenoz et l'écriture est toujours aussi jazzy : « Franck la remercie bien, traverse la rue Germain-Pilon et il est minuit dix. »

Depuis *Le Méridien de Greenwich* (1979), cet admirateur de Flaubert et de Jean-Patrick Manchette a produit une vingtaine de romans dont *Cherokee* (1983) – pour lequel il reçoit le prix Médicis – et *Je m'en vais* (1999) – qui lui vaut le Goncourt –, romans désinvoltes dotés d'une écriture virtuose et distanciée. Echenoz, comme Modiano, possède sa « petite musique ». « Même si on y aspire, on ne fait jamais quelque chose de tout à fait neuf, précise-t-il dans une conférence, on n'échappe pas à son écriture. Mais je me demande si tous les livres qu'on écrit ne sont pas les “prête-noms” d'un livre imaginaire qu'on voulait écrire et qu'on n'écrira jamais. »

Echenoz fait la part belle aux rues de Paris dans ses romans. Dans sa vie également : 14, avenue de l'Observatoire (1970-1971), 20, rue de Varenne (1972-1975), 68, rue de Bagnolet (1975-1978), 10, rue Saint-Sébastien (1979-1982), 35, rue de la Folie-Méricourt (1982-1986), 29, rue des Annelets (1986-2010)...

ATLAS (rue de l')

Elle était née à Belleville, rue de l'Atlas ; cela ne pardonne pas.

— Henri Calet, *Un grand voyage*, 1952

Au 6, le souvenir d'enfance de Georges Perec

Dans *W ou le Souvenir d'enfance*, Georges Perec précise : « Je suis né le samedi 7 mars 1936, vers neuf heures du soir, dans une maternité sise 19, rue de l'Atlas, à Paris, 19e arrondissement. C'est mon père, je crois, qui alla me déclarer à la mairie. Il me donna un unique prénom – Georges – et déclara que j'étais français. »

En fait, Georges Perec naît au no 6 (et non au 19), dans une maternité de deux étages nommée villa Annette. Mauvais souvenir, donc. Mais dans le cent cinquième souvenir de *Je me souviens*, on peut le croire lorsqu'il écrit : « Je me souviens de Bébé Cadum. »

BOTZARIS (rue)

Cintrée devant les Buttes-Chaumont, la rue Botzaris somnolait. Sur le goudron gercé d'un trottoir, des gosses avaient tracé des marelles.

— Pierre Naudin, *Les Mauvaises Routes*, 1959

Au 1, Aragon aux Buttes-Chaumont

Un soir d'été 1925, Aragon, Breton et Marcel Noll se mettent en quête d'un lieu soumis au « vent de l'éventuel ». Ce sera les Buttes-Chaumont, alors ouvertes la nuit, qu'Aragon décrira dans *Le Paysan de Paris*. Avec ses escaliers imitant la pierre, ses faux étangs, ce parc, qui « vu de haut a la forme d'un bonnet de nuit », semble un peu magique, preuve que le surréel s'enracine bien dans le réel. « Les Buttes-Chaumont, écrit-il, levaient en nous un mirage commun sur lequel nous sentions […] la même prise. Toute noirceur se dissipait, sous un espoir immense et naïf. Enfin, devant nous s'ouvraient une chasse miraculeuse, un terrain d'expériences où il n'était pas possible que nous n'eussions mille surprises, et qui sait ? une grande révélation qui transformerait la vie et le destin. »

DANUBE (villa du)

Au long de ces années, je suis allé deux fois par semaine villa du Danube, dans le XIXe arrondissement, pour pendant trois quarts d'heure d'horloge – Mme C. était une freudienne de la vieille école –, raconter tout ce qui me passait par la tête.

— Emmanuel Carrère, *Le Royaume*, 2014

Quelque part dans la rue, Pascal Quignard

Une interrogation : pourquoi le mot « littérature » est-il d'origine inconnue ? Une crise d'anorexie et de mutisme en 1950, à l'âge de 2 ans. Un premier roman, *Carus*, qui reçoit le Prix des critiques en 1980. Un solide succès avec *Le Salon du Wurtemberg* en 1986. *Tous les matins du monde*, en 1991. Une carrière chez Gallimard qui s'achève en 1994 et un commentaire : « Je laissais derrière moi l'adresse, la vie individuelle, la vie joignable, la vie privée localisée. Je cessais de répondre à la sonnette du nom propre[1]. »

Ensuite ? L'abandon de toute ambition musicale (il joue du violoncelle, du piano, de l'orgue). Un refuge à Sens dans une maison sans Internet et sans fil de sonnette et son commentaire à Jérôme Garcin : « Je me suis senti protégé. J'étais à la fois au cœur d'une ville de province et hors d'atteinte. J'aime habiter sous un pont, qui s'appelle le pont du

Diable, et dans la seule compagnie des chauves-souris[2]. »

Le Grand Prix du roman de l'Académie française pour *Terrasse à Rome*, en 2000. Le Goncourt en 2002 pour l'ensemble des trois tomes de *Dernier Royaume*, mélange d'aphorismes et d'érudition, un des Goncourt les moins rentables de l'histoire et un autre commentaire : « Je voulais, dans un même livre, emprunter à toutes les formes : contes, traités, portraits, lectures, souvenirs, et tous les genres, de la philosophie à l'étymologie, de l'histoire à la musique, afin d'être le plus honnête possible. » Ce fut le début du *Dernier Royaume*. Vint ensuite *Villa Amalia*, prix Jean-Giono 2006, qui met en scène un personnage porté par le souhait de tout quitter, de n'être plus soi, de se découvrir ailleurs. Suivent *Les Larmes* (Prix de littérature André-Gide 2017) et *L'Amour, la Mer* (2022). Dans le *Dictionnaire sauvage Pascal Quignard* de Mireille Calle-Gruber, on peut lire : sauvage est « celui qui erre tout seul ».

Pascal Quignard a résidé rue Poliveau, 5e arrondissement, dans les années 1970 et au 1, rue Gerbier, 11e arrondissement, dans les années 1990.

DOCTEUR-POTAIN
(rue du)

Alexios avait neuf ans quand j'ai quitté l'appartement de la rue du Docteur-Potain : j'ai eu un instant l'illusion, en poussant la porte du Mandarin, que j'allais rencontrer un petit garçon d'autrefois.
— Vassilis Alexakis, *La Clarinette*, 2015

Quelque part dans la rue, Pierre David

Sous les alias de Pierre Larue, Jean Jacques Vernon, Pierre Favre, Serge Auviel, Jean Raniec, ce régent du Collège de 'Pataphysique, ami de Queneau, est un poète et essayiste surréaliste, auteur-éditeur de *Merdre*, fascicule périodique tiré à chaque parution à dix-neuf exemplaires, pas plus, pas moins, soit le plus faible tirage du monde pour une revue.

ÉMILE-DESVAUX (rue)

Camille Bombois habite rue Émile-Desvaux dans le XXe [sic] arrondissement, une ruelle étroite et serpentine, bordée de part et d'autre de pavillons coquets.

— Boris Vian, *Camille Bombois*, 1952

Au 10, Francis Ponge

Douze Petits Écrits, premiers pas poétiques, paraissent en 1926 à la *NRF*, suivis d'une longue période de non-publication. Travaillant aux Messageries Hachette dans un emploi qu'il qualifie de « bagne », Ponge n'a guère le temps d'écrire. Licencié en 1937, il en aura le temps et en 1942 paraît son œuvre majeure : *Le Parti pris des choses*.

Promoteur d'une poésie matérialiste dotée d'une once de surréalisme, il sera le poète du quotidien, à contre-courant de la tradition poétique. Mot d'ordre : rester au plus près du réel et se méfier de la tentation du beau. Pendant dix ans, le poète consacrera son écriture à la définition-description des objets de tous les jours, des divinités comme la cigarette, la bougie, le cageot, le galet, le pain, la radio, la valise ou le savon : « Le savon a beaucoup à dire. Qu'il le dise avec volubilité, enthousiasme. Quand il a fini de le dire, il n'existe plus. Une sorte de pierre mais qui ne se laisse pas rouler par nature : elle vous glisse entre les doigts et fond à vue d'œil plutôt que d'être roulée par les eaux. »

FLANDRE (avenue de)

En cherchant où pouvait être la boutique d'opticien de l'oncle Rives, je suis tombé, au 44, rue de Flandres, sur un antique cimetière juif portugais, caché derrière un atelier et un garage.

— Roger Grenier, *Paris, ma grand'ville*, 2015

Au 101, le kiosquier Jean Rouaud

Une belle histoire. Pendant sept ans, dans son kiosque sans chauffage devant le 101, il a supporté le froid de l'hiver parisien, la canicule d'été, assuré l'ouverture à six heures du matin. Et pendant trois ans, tout en tenant le kiosque, il a écrit un roman. En automne 1990, coup de tonnerre chez Drouant : le prix Goncourt est attribué à un inconnu, Jean Rouaud, marchand de journaux avenue de Flandre, pour son premier roman, *Les Champs d'honneur*. Cinq cent mille exemplaires sont vendus en quatre mois. Le kiosquier quitte son édicule pour se consacrer à l'écriture. Suivront quatre autres romans toujours chez Minuit, avant que l'auteur ne parte chez Gallimard puis Grasset, où il publie notamment *Être un écrivain*, quatrième volume de sa *Vie poétique*, autobiographie littéraire contenant une critique acerbe de la tentative de déconstruction du roman « par un quarteron de théoriciens menés par Barthes », lequel apparaît sous le délicat sobriquet de « Clown blanc ».

GEORGES-LARDENNOIS (rue)

En moyenne, je monte la côte de la rue Georges-Lardennois trois fois par jour.

— Michel Alibert, *Ballade pour un soldat perdu*, 1988

Au 6, Pierre Naville

Fils de banquier, il fut une grande figure du surréalisme, fondant en 1922 la revue d'avant-garde *L'Œuf dur* avec Philippe Soupault, Max Jacob, Aragon, Cendrars. Puis, après la rencontre de Breton, il codirige (avec Benjamin Péret) les trois premiers numéros de la revue *La Révolution surréaliste*, publie ses exercices d'écriture automatique (*Les Reines de la main gauche*) et installe le Bureau de recherches surréalistes au 15, rue de Grenelle, dans un immeuble appartenant à son père.

Il s'éloignera d'André Breton après une querelle sur la possibilité d'une peinture surréaliste (Breton pense qu'elle est possible, lui que non) et ses doutes à voir le mouvement « changer la vie ». Au milieu des années 1930, il s'installe dans un petit studio de la rue Georges-Lardennois avec Denise Lévy – née Kahn, la muse d'Aragon qu'il finira par épouser. À la question « Que peuvent les surréalistes ? », il avait répondu qu'ils devaient « s'engager résolument dans la voie révolutionnaire, la seule voie révolutionnaire, la voie marxiste ». Il sera trotskiste militant et s'intéressera aux sciences du comportement, devenant une sommité scientifique en matière de sociologie du travail.

LILAS (rue des)

La rue des Solitaires, la rue des Lilas, la rue du Pré-Saint-Gervais, petites rues calmes, aboutissent ici. On y rencontre des vendeurs ambulants ; des femmes, qui traînent des marmots, crient : « Fleurissez-vous, mesdames, c'est vingt sous ! » ou « Lacets, beaux lacets, mes lacets ! ».

— Eugène Dabit, *Faubourgs de Paris*, 1933

Au 7, Jules Romains

En 1930, Jules Romains quitte le parc Montsouris et s'installe rue des Lilas. Il y rédige les quatorze premiers volumes (sur vingt-sept, soit sept cent soixante-dix-neuf chapitres) des *Hommes de bonne volonté*, son œuvre majeure, synthèse multiforme de vingt-cinq années de vie française entre 1908 et 1933, saga qui se distingue de celles de ses prédécesseurs – Balzac, Zola – par son éclatement : « Dans la préface de 1932, Romains reproche implicitement à l'auteur de *La Comédie humaine*, explicitement à celui des *Rougon-Macquart* une unité de façade, et dénie même à ce dernier d'avoir retracé l'histoire "concrète" d'une famille, l'hérédité devenant à ses yeux un principe aussi artificiel qu'abstrait[3]. »

Après avoir habité Belleville durant sept ans, l'écrivain rejoindra le 16e arrondissement : rue Wilhem en 1930, boulevard Murat et avenue Pierre-Ier-de-Serbie en 1933.

Au 9, Jean Guéhenno

En 1929, Jean Guéhenno quitte le 28, rue Émile-Desvaux et s'installe rue des Lilas.

Fils de cordonnier, il connut la misère, les sacrifices de son père pour le faire entrer au collège, et il quitta l'école à 14 ans pour gagner sa vie. Ce qui ne l'empêcha pas de continuer à préparer seul le baccalauréat, d'obtenir des bourses, de passer le concours de l'École normale supérieure en 1911. L'opposition à la guerre et la lutte contre la misère seront ses deux combats. Dans son premier roman, *La Jeunesse morte*, il exprime sa foi pacifiste : « Douze millions de morts pour rien. » En 1928, il publie *Caliban parle*, dénonciation de la culture bourgeoise et de l'inégalité des chances devant le savoir. Il devient rédacteur en chef de la revue *Europe* auprès de son ami Romain Rolland, puis, en 1935, il cofonde *Vendredi*, le grand hebdomadaire de la gauche.

Son œuvre sera essentiellement autobiographique et *Changer la vie*, en 1961, lui ouvrira les portes de l'Académie française.

PAUL-DE-KOCK
(rue)

Au rendez-vous suivant, il me fit découvrir la rue Paul-de-Kock.

— Laure Adler, in *Paris, aux noms des femmes*, 2005

Au 7, Eugène Dabit et sa grosse villa

Dabit fut un enfant du 19e, comme il le rappelle dans *Faubourgs de Paris* : « C'était une joie, le dimanche, lorsque mes parents m'annonçaient que nous irions à Belleville, chez la tante Tollard. Elle tenait, en haut de la rue de Ménilmontant, un fonds de mercerie-papeterie où maman et ses frères, orphelins, avaient passé leur jeunesse. »

À peine la rue Paul-de-Kock est-elle inaugurée, en 1927, qu'Eugène Dabit et son épouse Béatrice Appia quittent le boulevard Sérurier et s'installent au n° 7, dans une maison construite spécialement pour eux par l'architecte hollandais Hermanus Van Charente. La maison dispose d'un jardin et de vastes verrières, opulence qui n'empêche pas Dabit d'écrire sur la misère parisienne, fort de son vécu dans les logements HBM du quartier et de son expérience comme portier à l'hôtel du Nord de ses parents. Dès son installation, il soumet le manuscrit de *L'Hôtel du Nord* à Gide, lequel, en décembre, le transmet avec avis favorable à Roger Martin du Gard qui lui rend visite en 1928 et écrit : « Je n'ai jamais rencontré un être aussi authentiquement artiste, il me montre ses toiles, les mêmes qualités que ses livres, honnêteté de vision, honnêteté de moyens, grande finesse de sensibilité, profonde chaleur amoureuse, presque câline, répandue dans tout ce qu'il fait. »

L'Hôtel du Nord sera publié chez Denoël en 1929 et Dabit tentera, avec *Petit-Louis* (1930), de faire fructifier son image d'écrivain populiste.

RIQUET (rue)

Le lendemain, il essaya de reprendre les plis de sa vie de célibataire et, gagnant la rue Riquet, alla regarder le brouillard du matin s'étirer sur les plaines brunes du quartier de La Chapelle.

— Marcel Aymé, *Le Nain*, 1934

Quelque part dans la rue, Albert Simonin

Il naît dans un milieu modeste en 1905, obtient à 12 ans son certificat d'études primaires, quitte l'école pour gagner sa vie, apprend l'argot en jouant sur les « fortifs », devient petit ramoneur comme il le raconte dans les *Confessions d'un enfant de La Chapelle*. Il deviendra taxi de nuit (mais également fondeur, fumiste, journaliste, représentant en perles et brillants), ce qui lui inspire son premier livre : *Voilà taxi* (1935), ouvrage écrit en argot et comportant un glossaire. Après plusieurs romans populaires sous différents pseudonymes, il deviendra célèbre à près de 50 ans, en 1953, avec *Touchez pas au grisbi !*, un « Série noire » qui lui vaut le prix des Deux Magots et l'estime de Roger Nimier : « Enfin Simonin vint, furtif Furetière qui remit de l'ordre dans le crime, comme Malherbe l'avait fait dans les vers. »

ROMAINVILLE (rue de)

54, rue de Romainville, avait noté le détective. Il se retrouva devant un vieil immeuble de trois étages à la façade décatie.

— Michel Tourscher, *Flics requiem*, 2013

Au 9, la lampe allumée d'Eugène Dabit

« C'était dans cette maison, écrit Eugène Dabit, cette rue, ce quartier, l'unique lumière. Au reste, si fragile, qui toujours semblait menacée de mourir, et qui demeurait toutefois comme un phare, sensible, triomphante, dernier signe de vie dans un monde en proie à un lourd sommeil. » *La Lampe*, une des plus belles nouvelles de Dabit, dépeint avec pudeur ses interrogations à propos d'une femme habitant au 9, dont la lampe toujours allumée au premier étage l'obsède. Et puis un jour ou une nuit, la lampe s'éteint.

SIMON-BOLIVAR
(avenue)

Si on veut éviter le changement, on descend à Jaurès, et on monte l'avenue Simon-Bolivar, celle qui fait un large mouvement grimpant et tournant pour aller à la rencontre du parc, beaucoup plus haut, à la station nommée précisément Buttes-Chaumont.

— Jacques Roubaud, *Impératif catégorique*, 2008

Au 62, Emmanuel Berl

En 1929, Berl quitte la rue Chalgrin, séjourne quelque temps à l'hôtel Madison, boulevard Saint-Germain, puis s'installe dans un meublé de l'avenue Simon-Bolivar, vue sur les Buttes-Chaumont et le Panthéon. Avec son voisin Jean Guéhenno, ce grand bourgeois du Vésinet se balade dans Belleville, hume les quartiers populaires, peaufine ses articles pour *Monde* dans lesquels il défend, au grand étonnement de ses amis, une ligne marxiste, et pourfend les turpitudes bourgeoises. Il se promet d'incendier l'Académie française et, à l'occasion de la représentation du *Sexe faible*, d'Édouard Bourdet, regarde avec délectation la littérature « pourrir par la tête ». *Mort de la morale bourgeoise* paraît en 1930, *Frère bourgeois mourez-vous ? Ding ! Ding ! Dong !*, en 1938. Son entrée en littérature sera tardive et se fera avec *Sylvia*, en 1952, à l'âge de 60 ans.

Notes

1. Pascal Quignard, *Les Paradisiaques*, Grasset, 2005.
2. Jérôme Garcin, « Pascal Quignard : "Ici, je suis hors d'atteinte" », *Le Nouvel Observateur*, 6 septembre 2012 (https://bibliobs.nouvelobs.com).
3. Sophie Guermès, « "Retrouver les choses par le dedans" », dans *Genesis*, n° 42, Presses universitaires de la Sorbonne, 2016.

Que serait Paris sans le XXe arrondissement ? Rien, un trou, une béance, un être incomplet en dix-neuf morceaux : une ville ridicule. Celui qui n'a jamais coursé les filles par le petit passage entre la rue Sorbier et la rue de la Bidassoa, jeté des œufs sur les passants du haut de la rue Villiers-de-l'Isle-Adam, descendu en traîneau à roulettes la rue de la Bidassoa, flâné rue des Cascades, rue de la Mare, rue des Rigoles, maraudé passage des Entrepreneurs, passage des Soupirs, voyagé rue de la Chine, rue du Cambodge ou fait du patin à roulettes rue de la Cloche peut toujours s'arracher les yeux d'admiration devant l'obélisque de la Concorde, l'Arc de Triomphe, le Louvre et autres plaisanteries mineures, il ne comprendra jamais rien à Paris. Il ne comprendra d'ailleurs jamais rien à rien, s'il ne comprend pas le XXe arrondissement.

— Gérard Mordillat, in *Merci Paris !*, 2017

LE 20E ARRONDISSEMENT

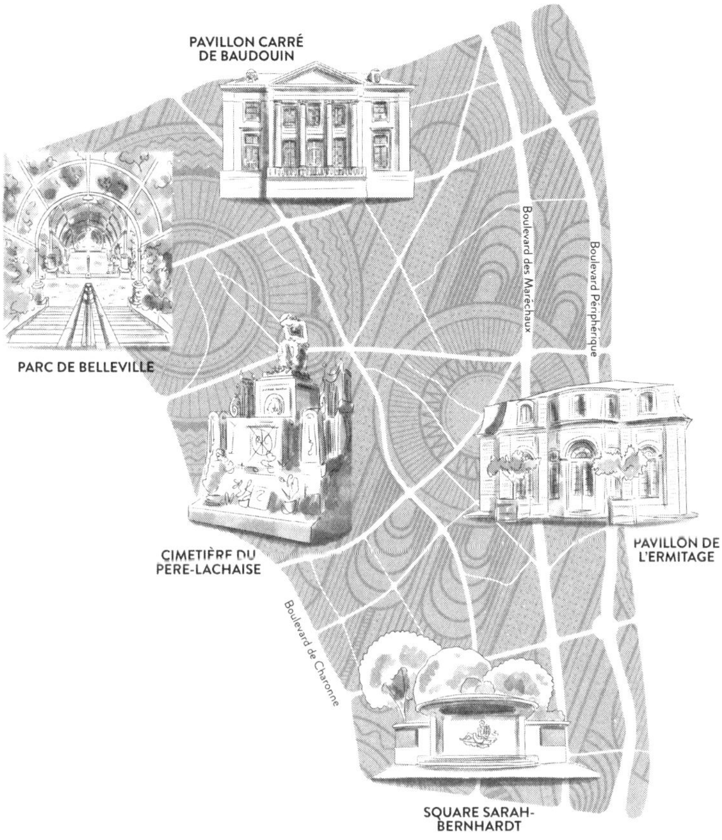

BAGNOLET (rue de)

Le Soleil de la rue de Bagnolet / N'est pas un soleil comme les autres / Il se baigne dans le ruisseau / Il se coiffe avec un sceau…
— Robert Desnos, *État de veille*, 1943

Au 166, la première naissance de Guy Debord

Le fondateur de l'Internationale situationniste naît rue de Bagnolet le 28 décembre 1931. Sa mère a 20 ans, sa grand-mère gère la boutique de chaussures laissée par son défunt mari, son père est malade, il décédera quatre ans plus tard. Guy Debord, dans son œuvre, s'acharnera à nier son enfance, à évoquer « la ruine » de sa famille, l'absence d'héritage, ce qui lui permettra de se positionner comme un « enfant perdu » ne devant rien à personne. Après un long détour par Nice, Pau et Cagnes, Debord reviendra à Paris en 1951 pour retrouver le groupe lettriste d'Isidore Isou rencontré à Cannes. Ce sera chez Moineau, rue du Four, à Saint-Germain-des-Prés. Et selon ses dires, il s'agira là de sa véritable naissance.

BELLEVILLE (rue de)

C'était l'hiver rue de Belleville et il y avait cinq personnages. Six, en comptant la plaque de verglas. Sept, même, avec le chien qui avait accompagné le Petit à la boulangerie.
— Daniel Pennac, *La Fée carabine*, 1987

Au 5, l'enfance de Jean Meckert

Au 5, rue de Belleville s'ouvrait dans les années 1920 la rue Vincent où Jean Meckert passa son enfance. Curieux destin pour cet auteur dont *Les Coups*, considéré comme un chef-d'œuvre du roman populiste, initialement paru chez Gallimard en 1942, resta longtemps ignoré. Faute de lecteurs, Gallimard refusera ses manuscrits et, à partir de 1954, Meckert se tournera vers la littérature populaire pour subsister : il sera John puis Jean Amila (abréviation d'« ami l'anar »), pseudonymes sous lesquels il signera une vingtaine de romans de la « Série noire », parmi lesquels *Pitié pour les rats* (1964) ou *Le Boucher des Hurlus* (1982), œuvre saluée par Jean-Patrick Manchette ou Didier Daeninckx.

En janvier 1975, Jean Meckert est retrouvé inconscient sur un trottoir d'une rue de Belleville. À son réveil, à l'hôpital, il ne se souvient de rien. L'agression le laisse profondément amnésique, incapable d'écrire pendant des années, frappé d'épilepsie et diminué physiquement. A-t-il été agressé par un commando de barbouzes pour avoir dénoncé dans l'un de ses romans (*La Vierge et le Taureau*) les essais nucléaires dans le Pacifique ?

Il décède en 1995, regrettant dans son livre posthume *Comme un écho errant* d'avoir toujours été « classé marginal, anar de banlieue et, pour tout dire "prolétarien", sous-catégorie littéraire totalement créée par de pédants intellectuels pour ne pas avoir à mélanger torchons et serviettes ».

Jean Meckert, alias Jean Amila, est par ailleurs répertorié par Staroad au 10, rue Civiale, Paris 10e.

Au 112, Charles-Simon Favart

En 1767, celui que Voltaire surnomma « le Molière de l'opéra » et qui parodiait gaiement les tragédies de son temps acheta une petite maison à Belleville. Il y résidera vingt-cinq ans avec sa femme Justine, y décédera en 1792 à 82 ans, enterré dans son jardin avec cette épitaphe : « Sous le lilas et sous la rose / Le successeur d'Anacréon / Favart digne fils d'Apollon / En cet humble tombeau repose. »

Justine et Charles-Simon Favart, couple phare de l'Opéra-Comique, composèrent environ cent cinquante pièces (comédies et opéras-comiques pour la plupart), dont *Annette et Lubin*, en 1762. « C'est un succès fou, commente Favart. On nous reproche qu'il y a trop d'esprit ; mais je réponds à cela que nous n'avons pas eu le temps d'être plus bêtes. »

COURONNES (rue des)

Nous, c'était le haut de la rue de la Mare, au croisement de la rue des Couronnes, des Cascades, des Envierges et Levert. Pour aller les retrouver, je pouvais emprunter la rue de Belleville à partir de la station de métro Pyrénées…

— Henri Raczymow, *Heinz*, 2011

Au 23, Franck Courtès

Il fut photographe pendant vingt ans, « sans cesse à la recherche de lieux insolites pour faire ses photos : Lionel Richie dans un parking, Jacques Derrida dans des toilettes, Jean-Louis Murat à New York, Michel Polnareff à Los Angeles[1] ».

Photographe de renom, donc, puis ce fut la panne : « La photographie était ma raison d'être, écrit-il dans *La Dernière Photo* (2018). J'étais photographe. J'ai été extrêmement photographe, passionnément photographe, hanté par la photographie. Mon amour immodéré s'est mué en une haine qui n'a d'égale que celle d'un amant trahi. »

Courtès change d'objectif. Il sera romancier. Il inaugure sa carrière avec un recueil de nouvelles chez Lattès, *Autorisation de pratiquer la course à pied* (Grand Prix de la Société des gens de lettres 2013), suivi de deux romans, *Toute ressemblance avec le père* (2014) et *Sur une majeure partie de la France* (2016).

Quittant la rue des Couronnes, où il résida pendant quinze ans, en 2016, il s'installe rue des Arènes, dans le 5e arrondissement, dans un immeuble mitoyen de la maison de Jean Paulhan. Il s'agit d'un studio que lui prête sa mère qui habite à quelques pas, ce qui lui permet d'évoquer auprès de ses amis « un joli petit logement, avec vue sur mère ».

ÉTIENNE-DOLET
(rue)

J'allais franchir le passage pour piéton de la rue de Ménilmontant afin de rejoindre la rue Étienne-Dolet, quand je m'arrêtai tout à coup, pour me réfugier sous la marquise de béton de la brasserie Le Balcon.
— Éric Laurrent, *Clara Stern*, 2005

Au 8, le philosophe Louis Althusser

Le 16 novembre 1980, le philosophe étrangle son épouse, la sociologue Hélène Rytmann, dans leur appartement de Normale sup', rue d'Ulm. Althusser est alors envoyé en centre hospitalier, après avoir expliqué avoir tué son épouse « en prévision de la retraite ».

Interné à Sainte-Anne, puis à Soisy-sur-Seine, bénéficiant d'un non-lieu pour « démence au moment des faits », il s'installera en septembre 1983 dans un appartement acheté par sa femme « en prévision de la retraite », rue Lucien-Leuwen. Le philosophe décède en octobre 1990 d'une crise cardiaque. Sur son bureau, un manuscrit : *L'avenir dure longtemps* (1992), tentative d'explication de son geste, ouvrage qui sera vendu à trente mille exemplaires en quelques semaines.

Au 26, Gaston Marot et Edmond Rostand

Gaston Marot, spécialiste du boulevard (*Pan ! dans l'œil !*, 1867) et du comique troupier (*V'là l'général*, 1870), connut de son vivant, entre 1861 et 1909, un succès inversement proportionnel à l'oubli dans lequel il tomba après sa mort en 1916.

Auteur de plus de cent pièces, il cosigna en 1888 – avec le parfait inconnu Edmond Rostand – un vaudeville intitulé *Le Gant rouge*, vaudeville dans lequel, écrivit le critique du *Temps*, « on ne rencontre pas un seul mot spirituel ». La pièce ne dépassa pas les vingt représentations et tomba dans l'oubli. Mais en 1903, devant les succès accumulés par l'auteur de *Cyrano*, Gaston Marot décida de la faire rejouer. Edmond Rostand, conscient de ce « péché de jeunesse », s'y opposa. La Société des auteurs se déclarant incompétente, on se tourna vers les tribunaux lorsqu'un arrangement survint. Gaston Marot fut indemnisé et *Le Gant rouge* disparut définitivement.

JOURDAIN (rue du)

J'ai appris le français à l'école maternelle du 9 de la rue du Jourdain.

— Henri Weber, *Rebelle Jeunesse*, 2018

Au 3, Henri Strentz

Son destin de poète se joua vers l'âge de 10 ans, lorsqu'il vit à Valvins, près de Fontainebleau, un monsieur bien mis qui ramassait les papiers gras laissés par les promeneurs du dimanche. « C'est M. Mallarmé », lui disait-on avec déférence. Et l'enfant à jamais associa poésie et beauté de la nature.

Poète et dramaturge, il est surtout connu pour ses essais et critiques (*Paul Verlaine, son œuvre*, 1925, *Arthur Rimbaud, son œuvre*, 1927, *Gérard de Nerval, son œuvre*, 1933). Collaborateur des *Soirées de Paris* auprès d'Apollinaire, il laisse quelques romans, contes et nouvelles dont *L'Homme aux mirages* (1935), roman dans lequel il décrit son enfance dans un Paris de 1890, entre fiacres, cirque Medrano et ménagerie Pezon.

LEVERT (rue)

Pour qui connaît le haut du XXe arrondissement, la rue Levert abrite une école de garçons, laïque et obligatoire.

— Gabriel Garran, *Géographie française*, 1957

Au 147, Fantômas, génie du mal

La rue Levert s'arrête au n° 39, mais cela n'arrête pas Fantômas puisqu'on découvre au n° 147, dans une malle mystérieuse, le cadavre de Lord Beltham qu'il a assassiné. L'inspecteur Juve ne doute de rien : il va l'arrêter, le faire juger et guillotiner.

MALTE-BRUN (rue)

Plus tard, nous avons joué au billard au café de la Poste rue des Pyrénées ou au Perroquet Vert rue Malte-Brun.

— Gérard Mordillat, *Merci Paris !*, 2017

Au 17, Lavelli au théâtre national de la Colline

Dans cet ancien cinéma Le Zénith, Jorge Lavelli propose à Jack Lang de programmer des œuvres d'auteurs contemporains inédites à Paris. Sa première création sera *Le Public* (1988), pièce surréaliste et scandaleuse de Federico García Lorca, du théâtre « sous le sable » qui met en scène l'impossibilité d'atteindre la vérité du théâtre par la transgression des interdits décrétés par « le public ».

MÉNILMONTANT (rue de)

Tous les vendredis, c'était l'habitude, on descendait au Féerique de la rue de Belleville, ou bien au Pyrénées Palace, dans la rue de Ménilmontant ; ça dépendait de l'affiche.

— Jean Meckert, *La Ville de plomb*, 1949

Au 24, Henry Poulaille

« Pour parler de la misère, il faut l'avoir connue », professait-il. La littérature doit être faite pour le peuple et par le peuple. Créateur du courant dit « littérature prolétarienne », il est l'auteur d'ouvrages totalement dans la ligne et semi-autobiographiques : *Le Pain quotidien* (1931), *Les Damnés de la terre* (1935), *Seul dans la vie à 14 ans* (1980)...

Au 119-121, l'enfance des petits Goncourt

C'était alors, surplombant Paris, une belle maison de famille du village de Ménilmontant et les frères Goncourt y passèrent leur petite enfance dans les années 1820-1830. André Billy, leur biographe, évoque un « parc enchanté ». « Avant la Révolution, écrit-il, la propriété comprenait, outre ce grand corps de bâtiment à deux étages où avaient été aménagés deux salons et une chapelle, des jardins d'agrément, des serres, des écuries pour vingt chevaux, des remises, des volières à faisans et à pigeons, des terrasses, une melonnière et de nombreuses dépendances. »

Edmond de Goncourt, dans son journal, évoque pour sa part les « goûtés de framboises » et « trois femmes habillées de jolies robes de mousseline » (dont sa mère et sa tante) avec lesquelles il va se promener sur le boulevard Beaumarchais ou vers Saint-Antoine.

PELLEPORT (rue)

Il baissa la vitre de la patrouilleuse et jeta sa dent, notant mentalement l'adresse : 54, rue Pelleport. Étrange, la vie ! Au départ, disons à la naissance, il y avait statistiquement peu de chance que sa dent finisse au 54, rue Pelleport.

— Frédéric H. Fajardie, *Retour à Zlin*, 1996

Au 126, Jean-Jacques Rousseau

Cinquante ans avant les Goncourt, Rousseau aime herboriser dans Ménilmontant : « Je gagnais les hauteurs de Ménilmontant, et de là prenant les sentiers à travers les vignes et les prairies, je traversais Charonne le riant paysage qui sépare ces deux villages, puis je fis un détour pour revenir par les mêmes prairies en prenant un autre chemin[2]... »

C'est en descendant de Ménilmontant, rue Pelleport, qu'il est renversé par un chien danois en octobre 1776, scène qu'il racontera dans la « deuxième promenade » de ses *Rêveries du promeneur solitaire* (1782, posthume).

Rousseau a été blessé dans sa chute, on le donne pour mort. « Jean-Jacques a très bien fait de mourir, ironise Voltaire. On prétend qu'il n'est pas vrai que ce soit un chien qui l'ait tué. Il est guéri des blessures que son camarade le chien lui avait faites, mais on dit que le 12 décembre, il s'avisa de faire l'Escalade [fête genevoise] dans Paris avec un vieux genevois nommé Romilly ; il mangea comme un diable et, s'étant donné une indigestion, il mourut comme un chien. »

PIAT (rue)

C'est rue Piat que j'ai commencé à poser des questions, à faire des objections, à émettre des idées !

— Maurice Joyeux, *Souvenirs d'un anarchiste*, 1986

Au 43, Christiane Rochefort

Ce fut une rebelle qui aborda par la littérature des sujets délaissés comme le droit des femmes, l'homosexualité, l'inceste ou la vie dans les grands ensembles. En 1958, *Le Repos du guerrier* est un incroyable succès et, avec ses droits d'auteur, l'écrivaine va s'acheter une « petite folie Régence » dans la villa Ottoz, au cœur d'un Belleville voué à disparaître, « une voie privée qui desservait de petits immeubles ouvriers, dans sa partie commençante, avec des établissements artisanaux au rez-de-chaussée, puis, après un rond-point tournant à angle légèrement obtus et accrochés au flanc d'une corniche au-dessus de Paris, des pavillons voire des sortes d'hôtels particuliers. De la configuration ancienne ne subsiste plus de nos jours, au 43 de la rue Piat, que le portail d'entrée en ferronnerie ouvragée avec inscription de l'appellation[3] ».

Après *Le Repos du guerrier*, Christiane Rochefort publiera une dizaine de romans dont *Les Petits Enfants du siècle* (1961), dans lequel les enfants naissent « des allocations et d'un jour férié », *Les Stances à Sophie* (1963), *Printemps au parking* (1969) ou *Encore heureux qu'on va vers l'été*, en 1975.

Au 43, Jean Dolent

Le petit pavillon que l'écrivain et critique d'art Jean Dolent habitait au fond de la villa Ottoz fut, entre 1880 et 1905, le rendez-vous dominical de bien des écrivains – Charles Morice, Fagus, Gustave Kahn, Jules Renard, Octave Mirbeau, Anatole France... – et des artistes – Rodin, Fantin-Latour, Gauguin, Odilon Redon, Eugène Carrière, Pierre Puvis de Chavannes...

Jean Dolent composa la plupart de ses livres en cheminant le long de la côte de Belleville, matin et soir durant cinquante-trois ans, quand il se rendait à son lieu de travail dans le quartier du Temple ou en revenait. En 1929, vingt ans après sa mort, il apparaît dans le *Grand Larousse* : « Charles Antoine Fournier, dit Jean Dolent, né en 1835 et décédé en 1909. Littérateur, la fantaisie de son esprit allait de pair avec celle d'un style finement orné. » Puis il disparaîtra dans les éditions ultérieures. Disparaîtra également en 1976 la plaque de rue qui était visible sur un muret de la villa Ottoz, au niveau du rond-point central, qui mentionnait son œuvre (*Amoureux d'art*, *L'Insoumis*, *Maître de sa joie*, etc.), son séjour pendant trente ans villa Ottoz et le décrivait brièvement : « Son arme, l'ironie, sa force, la grâce, sa noblesse, l'indépendance. »

PYRÉNÉES (rue des)

Je retournai, le mardi suivant, rue des Pyrénées, en compagnie de Mlle Calien, qui avait une course à faire place Voltaire.

— Hervé Bazin, *Lève-toi et marche*, 1952

Quelque part dans la rue, Gérard Mordillat

Difficile de dissocier Gérard Mordillat, ancien ouvrier imprimeur, du 20e arrondissement : « Depuis cinq générations, précise-t-il, ma famille loge au sixième étage d'un immeuble rue des Pyrénées, au coin de la rue Orfila, un médecin dont je préfère ignorer qu'il fut celui de Louis XVIII. »

En 1981, *Vive la sociale !* inaugure une longue lignée de romans dont *Rue des Rigoles* (2002), autobiographie romancée relatant une enfance parfois buissonnière entre Belleville, Ménilmontant et Charonne.

Gérard Mordillat sera le romancier des sans domicile fixe, des sans-papiers, des sans-rien. Sur une quarantaine de titres et une trentaine de films, carton rouge à la main, il mène sa barque à gauche, très à gauche, dans l'attente du Grand Soir.

Plus haut dans la rue, Jacques Réda

« Le désespoir, déclare-t-il, n'existe pas pour un homme qui marche. » Jacques Réda marcha beaucoup, comme l'illustre le choix de certains titres de ses ouvrages : *Les Ruines de Paris* (1977), *Hors les murs* (1982), *L'Herbe des talus* (1984), *Celle qui vient à pas légers* (1985), *Châteaux des courants d'air* (1986), *Recommandations aux promeneurs* (1988), *Le Sens de la marche* (1990), *La Liberté des rues* (1997)…

Poète et chroniqueur de jazz, éditeur de *La Nouvelle Revue française* (de 1987 à 1995), familier du vers de quatorze pieds, cet arpenteur des deux rives explora Paris en déambulations poétiques, lentes et sans but précis. Après avoir habité plus de trente ans dans le 15e, arrondissement rébarbatif auquel il prêtera un charme sournois « aux confins du banal et du magique », il s'installa rue des Pyrénées, une rue qui lui plaît car « elle monte et elle tourne ». Mais la ville n'est plus ce qu'elle était et les voitures envahissent tout : « Roulez, je leur crie, tas d'anathèmes, roulez ; empuantissez l'air et bloquez les Périphériques, vous n'empêcherez pas le vent qui sent déjà la neige et le poil de loup de souffler… »

Envie d'une petite promenade dans le quartier ? Dans *Le vingtième me fatigue*, Réda inventorie avec humour et poésie les bâtisses, façades, cours et trottoirs de l'arrondissement.

RAMPONEAU (rue)

J'irai voir rue Ramponeau demain, j'espère qu'ils auront une paire à ma pointure, celles-ci me frottent au talon, je vais choper des ampoules.

— Virginie Despentes, *Vernon Subutex*, 2015

Quelque part dans la rue, Éric Hazan

Tout commença par *L'Invention de Paris. Il n'y a pas de pas perdus* (2002), qu'il écrivit rue Ramponeau, de même que *Le Tumulte de Paris* (2021), son septième ouvrage consacré à la capitale. Cet ancien chirurgien cardiovasculaire, admiratif de Louis-Sébastien Mercier, ne cesse d'ausculter la ville et, comme Balzac et Baudelaire, part à la recherche de ce qui disparaît pour que restent vivantes l'histoire de la ville et sa mémoire. Il rêve par ailleurs de reconstruire, de raser le périphérique, mais « il ne faudrait pas confier ça aux architectes à la mode mais aux artisans du 93, aux maçons, aux couvreurs, aux zingueurs, qui connaissent bien leur métier et qui savent ce qu'est un métier ».

REPOS (rue du)

Au coin de la rue déserte, je lus à la lueur de la lune, la plaque : « Rue du Repos. » Il y avait là une maison basse, aux volets fermés. Je frappai.

— Jean Cassou, *Les Massacres de Paris*, 1935

Au 12-16, le cimetière du Père-Lachaise

« Être enterré au Père-Lachaise, c'est comme avoir des meubles en acajou. L'élégance se reconnaît là », déclare Hugo dans *Les Misérables*. Alors on s'y presse. Et que de monde, de Colette à Proust en passant par Saint-Simon. On y croise le sphinx ailé d'Oscar Wilde et le buste (très flatteur, signé David d'Angers) d'un Honoré de Balzac qui connaît bien les lieux puisqu'en 1819, Rastignac y assiste aux tristes funérailles du père Goriot, locataire comme lui de la pension Vauquer, abandonné par ses filles qui n'ont même pas payé l'enterrement.

« Rastignac, resté seul, fit quelques pas vers le haut du cimetière et vit Paris tortueusement couché le long des deux rives de la Seine, où commençaient à briller les lumières. Ses yeux s'attachèrent presque avidement entre la colonne de la place Vendôme et le dôme des Invalides, là où vivait ce beau monde dans lequel il avait voulu pénétrer. Il lança sur cette ruche bourdonnante un regard qui semblait par avance en pomper le miel, et dit ces mots grandioses : “À nous deux maintenant !” »

Parmi les quelque quatre-vingts écrivains enterrés au Père-Lachaise : Apollinaire, Balzac, Beaumarchais, Blondin, Colette, Daudet, Éluard, La Fontaine, Molière, Musset, Nerval, Perec, Proust, Racine, Radiguet, Romains, Wilde…

SAINT-FARGEAU (rue)

Elle en donnait pour exemple les nombreuses veuves qui peuplaient la rue Pelleport, la rue Haxo, la rue Saint-Fargeau, l'avenue Gambetta, à commencer par elle-même.

— Jean Dutourd, *Portraits de femmes*, 1991

Au 125, Fantômas

Fantômas, sous le nom de M. Moche, réside au quatrième étage. Le corps de l'encaisseur Bernard, qu'il a assassiné, est caché dans un mur de l'appartement. Le génie du crime se doute-t-il que son ombre plane déjà sur la littérature ? En mars 1914, Cendrars lui consacre un poème publié dans *Les Soirées de Paris*, Apollinaire lui témoigne son admiration dans un article du 26 juillet 1914 du *Mercure de France* et Max Jacob lui adresse deux poèmes dans *Le Cornet à dés* (1917). En attendant Desnos et sa *Complainte*, en 1933 : « Écoutez,… Faites silence… / La triste énumération / De tous les forfaits sans nom, / Des tortures, des violences / Toujours impunis, hélas ! / Du criminel Fantômas. »

STENDHAL (rue)

« Stendhal, ça fait bizarre dans ce quartier. Par ici on voit plutôt les politiques, Gambetta, le Père Lachaise. – François, tu sais bien, le Père Lachaise n'est pas un politique. »

— Jean-Paul Aron, *Point mort*, 1964

Au 3 ter, la rue Lucien-Leuwen

Dans le 20e arrondissement, la petite rue Lucien-Leuwen commence au 3 ter de la rue Stendhal. Logique et sympathique. Il s'agit d'une des rares voies portant le titre d'un roman (on pourrait également citer la promenade Dora-Bruder, mais Dora Bruder a existé). D'où la question : pourquoi la capitale ne compte-t-elle pas plus d'adresses aux noms de héros de la littérature ? S'adresser à Didier Blonde, il a sans doute un avis. (Et lire son *Carnet d'adresses de quelques personnages fictifs de la littérature*, paru en 2020.)

VILIN (rue)

À l'extrémité de la rue Vilin, un belvédère domine un escalier qui descend vers le passage Julien-Lacroix.
— Gérard Bauër, *Rendez-vous avec Paris*, 2015

Au 24, Georges Perec

Dans *W ou le Souvenir d'enfance*, Perec évoque la rue Vilin où il habita de 1936 à 1942 : « C'est une petite rue qui part de la rue des Couronnes, et qui monte, en esquissant vaguement la forme d'un S, jusqu'à des escaliers abrupts qui mènent à la rue du Transvaal et à la rue Olivier-Métra. [...] Il y a un an, la maison de mes parents, au numéro 24, [...] était encore à peu près intacte. On y voyait même, donnant sur la rue, une porte en bois condamnée au-dessus de laquelle l'inscription COIFFURE DAMES était encore à peu près lisible. »

À partir de 1969, durant les travaux de démolition, Perec reviendra une fois par an rue Vilin afin d'établir un relevé de ce qu'il voit, numéro par numéro, au fil des disparitions. En 1981, le n° 24 qui abritait la boutique de coiffure de sa mère disparaît à son tour. Perec n'y survivra pas, il meurt l'année suivante[4].

Notes

1. Clémentine Mercier, « Franck Courtès prend ses déclics et ses claques », *Libération*, 30 mai 2018.

2. Jean-Jacques Rousseau, *Les Rêveries du promeneur solitaire*, 1782.

3. Maxime Braquet, « Souvenirs de Belleville : la villa Ottoz », 2013 (https://laconnectrice.wordpress.com/2013/01/30/souvenirs-de-belleville-la-villa-ottoz-par-maxime-braquet).

4. Selon d'autres sources, dont le site de Nicolas Morin (https://www.nicolasmorin.com/cuisine/perec-dans-paris), la bâtisse du 24, rue Vilin a été rasée en mars 1982, le mois même de la mort de Georges Perec.

BIBLIOGRAPHIE (TRÈS) SÉLECTIVE

Principaux sites consultés :

Archives de Paris (https://archives.paris.fr/arkotheque).
Autour du père Tanguy (http://autourduperetanguy.blogspirit.com).
Nos trésors cachés (https://www.nos-tresors-caches.com).
Retronews (https://www.retronews.fr).
Staroad (https://staroad.fr).
Sur les pas des écrivains (https://www.terresdecrivains.com).
Wikipédia.

Archives des titres de presse :

L'Express.
Libération.
Le Monde.
Le Nouvel Observateur.
Le Point.

Ouvrages de référence consultés :

Annuaire des lettres, des arts et des théâtres du journal Le Constitutionnel, Lacrampe et Cie, 1845-1846.
Annuaire des lettres, des arts et des théâtres du journal Le Constitutionnel, Lacrampe et Comp., 1846-1847.
Annuaire général des lettres, 1931 et 1933.
Annuaires du téléphone de Paris, alphabétique, par rues, par professions, depuis 1920.
Collection « *Who's Who* ».
Collection « Qui est qui ».
Hillairet, Jacques, *Dictionnaire historique des rues de Paris*, Éditions de Minuit, 1960.

Mais également :

BANCQUART, Marie-Claire, *Paris dans la littérature française après 1945*, Éditions de la Différence, 2006.

BÉHAR, Henri (dir.), *Guide du Paris surréaliste*, Éditions du Patrimoine-Centre des monuments nationaux, 2012.

BUSNEL, François, *Mon Paris littéraire*, Flammarion, 2016.

CAIN, Georges, *Nouvelles Promenades dans Paris*, Flammarion, 1908.

— *Promenades dans Paris*, Flammarion, 1906.

CARACALLA, Jean-Paul, *Vagabondages littéraires dans Paris*, La Table ronde, 2003.

CLÉBERT, Jean-Paul, *Les Hauts Lieux de la littérature à Paris*, Bordas, 1992.

— *Paris insolite*, Gallimard, « Folio », 1972.

Collectif, *Paris par écrit. Vingt écrivains parlent de leur arrondissement*, L'Inventaire-la Maison des écrivains, 2002.

DANTZIG, Charles, *Dictionnaire égoïste de la littérature française*, Grasset, 2005.

ESTIENNE D'ORVES, Nicolas d', *Dictionnaire amoureux de Paris*, Plon, 2015.

FARGUE, Léon-Paul, *Le Piéton de Paris*, Gallimard, 1939.

FOUQUIÈRES, André de, *Mon Paris et ses Parisiens*, Horay, 1953-1959.

LEFEUVE, Charles, *Les Anciennes Maisons de Paris. Histoire de Paris rue par rue, maison par maison*, Reinwald-Twietmeyer, 1875.

MURAT, Laure, *Paris des écrivains*, Éditions du Chêne, 1996.

PHILIPPON, Henri (dir.), *Almanach de Saint-Germain-des-Prés*, L'Ermite, 1950.

ROCHEGUDE, Félix de, *Promenades dans toutes les rues de Paris*, Hachette, 1910.

RUSTENHOLZ, Alain, *Les Traversées de Paris*, Parigramme, 2006.

SARROT, Jean-Christophe, *Balades littéraires dans Paris du XVIIe au XIXe siècle*, Nouveau Monde éditions, 2004.

SARRUT, Germain, BOURG, Edme-Théodore (dir.), *Paris pittoresque*, Bureau de la publication, 1842.

SCHLESSER, Gilles, *Promenades littéraires dans Paris*, Parigramme, 2017.

— *Paris dans les pas de Patrick Modiano*, Parigramme, 2019.

STÉPHANE, Bernard, *Petite et Grande Histoire des rues de Paris*, Albin Michel, 1998.

VIAN, Boris, *Manuel de Saint-Germain-des-Prés*, Éditions du Chêne, 1974.

Le Guide du promeneur (vingt arrondissements), Parigramme.

INDEX DES NOMS

A

C

D

E

H

I

J

K

L

M

Q

R

T

U

V

W

INDEX DES VOIES

C

D

E

F

G

M

P

Q

R

S

T

U

V

W

Y

TABLE DES MATIÈRES

Pour plus d'information :
www.lisez.com
Imprimé sur du papier issu de forêts gérées durablement.

Cet ouvrage a été achevé d'imprimer en octobre 2023
dans les presses de Normandie Roto Impression s.a.s.
61250 Lonrai
Dépôt légal : octobre 2023
N° d'édition : 66089/01 - N° d'impression : 2304213

Imprimé en France